2025년
개정증보판
KB217127

TAX AFFAIRS

사례와 함께하는

# 상속세 및
# 증여세법 해설

나성길 · 정찬우 · 정평조 공저

**SAMIL** | 삼일인포마인

www.samili.com 사이트 **제품몰** 코너에서 본 도서 **수정사항**을 클릭하시면
정오표 및 중요한 수정 사항이 있을 경우 그 내용을 확인하실 수 있습니다.

## 2025년 개정판을 내면서

지난해 정기국회에서는 상속세 및 증여세법("상증법")의 개정은 없었다. 세법은 매년 연례행사처럼 개정되어 왔는데 유독 상증법만 건너뛴 것이다.

정부는 지난해 여름 상증법 개편안을 발표하면서 경제규모에 비하여 지나치게 낮은 면세점을 현실화한다고 홍보하였다. 입법 관계자들은 입법안의 취지에는 공감하지만 개정 범위와 규모에 관해서는 이견을 나타내기도 하였다.

최근의 이슈로, 정부는 지난 3월 12일 상증법의 과세체계를 기존의 유산세 방식에서 유산취득세 방식으로 전환하는 세제개편안을 발표하였다. 개편에 따른 법률안은 향후 공청회, 입법예고 등을 거쳐 5월경에 국회에 제출될 예정으로 금년 국회통과를 전제로 2028년도에 시행될 것으로 예상된다.

본서의 2025년 개정판에서는 상증법의 위임을 받은 상증법 시행령과 조세특례제한법령에 규정된 상속세 및 증여세 관련 개정규정 등을 반영하였고, 지난 1년 동안 생성된 주요 대법원 판례 등을 보완하였다. 또한 헌법재판소의 위헌결정으로 형제자매가 유류분 권리자에서 삭제된 민법의 개정내용을 추가하였다.

상증법 시행령 등 상속세 및 증여세 관련 주요 세법의 개정내용은 다음과 같다.

• 가업상속공제 대상 자산 범위 합리화
• 동거주택 상속공제 요건 합리화
• 지배주주 등에 대한 증여의제가 적용되는 특정법인의 범위 확대
• 공익법인 등에 대한 감사인 지정제도의 보완
• 가업상속공제 대상 업종 추가
• 가업승계에 대한 증여세 과세특례 중 '가업'의 범위 조정
• 상속으로 인한 납세의무의 승계 보완 등

이 책자가 10년 이상 중단없이 출판된 데에는 독자분들의 변함없는 사랑의 힘 덕분이다. 머리 숙여 감사를 드린다. 아울러 출판업계의 어려운 환경에도 불구하고 출간을 허락한 삼일피더블유씨솔루션 이희태 대표이사님과 편집부 임직원에게도 고마운 마음을 전한다.

2025년 3월
저자 올림

# 머리말

### 우리에게 세금은 무엇일까요?

세금은 그것을 바라보는 시각에 따라 국가가 사회공동체 유지에 필요한 경비를 갹출하기 위해 요구하는 최소한의 희생으로 볼 수도 있고 사회적 약자를 위한 가진 자들의 자발적인 구휼로도 볼 수 있을 것입니다. 전자든 후자든, 주머니에서 금전이 빠져 나갈 때 납세자는 고통을 감내하여야 합니다. 다만, 후자의 경우라면 누군가를 도왔다는 자기만족감이 그런 아픔을 적게나마 상쇄할 수는 있겠지요.

우리의 일상은 대부분 세금과 연관된다고 볼 수 있습니다. 벤저민 프랭클린은 이 세상을 살면서 피할 수 없는 두 가지는 죽음과 세금이라 했습니다. 이 둘은 피하기 어렵다는 점과 고통을 감내하여야 한다는 공통점을 가졌지요. 주지하다시피 상속세는 죽음과 세금이 모두 연관되어 있습니다. 그러니 고통이 배가될 수도 있겠지요.

꽃샘추위가 맹위를 떨치던 어느 해 봄 날, 생로병사 과정인 죽음은 어찌할 수 없다 하더라도 적어도 상속세와 증여세로 인해 억울한 심경을 가진 분들에게 작은 도움이나마 드리는 것이 세무전문가로 호구책을 삼는 자들의 최소한의 도리가 아니겠는가 하는 소박한 마음에서 저자들은 이 책자를 꾸미기로 했습니다.

세무학은 법학, 재정학 및 회계학에 대한 간단치 않은 지식이 있어야 접근이 가능한 분야입니다. 더구나 상속세 및 증여세는 조세그물의 최종단계에 위치하다 보니 전 단계에 드리워진 조세그물, 예컨대 법인세와 소득세에 대한 이해를 필요로 합니다. 그래서 실무를 하시는 분들은 물론 세무전문가의 길을 걷고자 하는 수험생이나 학생들이 이 분야를 이해하는데에 어려움을 겪을 수밖에 없는 실정이기도 합니다. 그러므로 저자들은 독자들이 이 분야를 가능한 쉽게 이해할 수 있도록 실무과정에서 마주한 사례들을 소개하고 거기에 관련 법률을 접목시키는 방식으로 쓰고자 노력하였습니다.

또한 사회과학에서 유일한 하나의 정답이 존재하는 분야는 드물기 마련인 점을 감안하여 "이것이 정답입니다."라고 말하기보다는 "이러한 사실이 있고 거기에 이러한 논쟁과 견해가 있으되 궁극적으로 이렇게 결론을 내렸습니다."라는 방식으로 서술하고자 하였습니다. 하지만 그 결론이 유일무이한 정답이라고 말하기는 어려우니 독자들께 판단을 유보하기도 하였습니다.

이 책을 펴내기까지 많은 분들의 은혜를 입고, 신세를 졌습니다. 조세에 관한 지식이 일천하던 시절 대학강단에서 배움의 은혜를 베풀어 주신 송쌍종·김완석 교수님과 세법 해석의 길잡이가 되어 주시는 이전오·이준봉 두 분 교수님께 감사드립니다. 또한 이론과 실무의 병행연구를 추구하는 사단법인 한국조세연구포럼의 최경수 전임 회장님을 비롯한 역대 회장님들과 회원님들의 격려도 이 책을 쓰는데 동기가 되었습니다.

아울러, 국세청에서 상속세 및 증여세 분야 예규 등을 오랫동안 담당했던 김주석 국세공무원교육원 교수님과 본청 자산과세국의 여러 동료분들의 도움도 빼놓을 수 없습니다.

초고단계에서 힘을 보탠 삼일회계법인 세무본부팀원들과 마무리단계에서 검증 작업을 해 주신 전종성·서창우 회계사님과 법무법인 태평양의 유철형 변호사님의 자문도 큰 힘이 되었습니다.

어려운 출판환경에도 불구하고 흔쾌히 출판을 맡아 주신 삼일인포마인 송상근 대표이사님께 감사드리며 좋은 편집으로 품격을 높여준 편집부 모든 분들께 고마움을 전합니다.

늘 그렇지만 언제나 묵묵히 지원해 주는 가족들, 사랑하고 감사합니다.

한 송이 국화꽃을 피우려고 소쩍새는 봄부터 무시로 울어야 한다지요. 저희에겐 인고의 시간을 거쳐 세상에 나온 자식 같은 책자입니다만, 현명한 독자분들에게 권유하기엔 모든 면에서 부족한 부분이 많음을 느끼고 있습니다. 세무현장 등 실무계에서 늘 쫓기다시피 생활해 온 저자들이 충분한 시간을 가지지 못한 상황에서 글을 쓰다 보니 이론적으로나 실무적으로 내용의 깊이를 다하지 못하였음을 솔직히 고백하지 않을 수 없습니다.

여러 가지 부족한 부분에 대해서는 독자 여러분들의 따끔한 질책과 격려를 바라며, 다음 개정판에서는 더 나은 모습으로 찾아 뵙기를 약속드립니다.

### "우리는 어디서 왔는가? 우리는 무엇인가? 우리는 어디로 가는가?"

(Paul Gauguin, 1848~1903)

우리네 신산스런 삶의 어제와 오늘 그리고 미래에 대한 화두를 던지는 듯한 고갱의 그림 앞에서 조세의 어제와 오늘 그리고 미래를 생각하며…

2014년 가을
저자 올림

# 차 례

Contents

# 차 례

Contents

Contents

# 차 례

Contents

Contents

제 4 편  상속 · 증여재산의 평가 / 625

# 차 례

# Contents

Contents

이 책에서는 현행 조세법령을 다음과 같이 약어로 표시하였다.

○ 상증법 : 상속세 및 증여세법
○ 상증령 : 상속세 및 증여세법 시행령
○ 상증칙 : 상속세 및 증여세법 시행규칙
○ 국기법 : 국세기본법
○ 국기령 : 국세기본법 시행령
○ 국기칙 : 국세기본법 시행규칙
○ 국징법 : 국세징수법
○ 국징령 : 국세징수법 시행령
○ 소득법 : 소득세법
○ 소득령 : 소득세법 시행령
○ 소득칙 : 소득세법 시행규칙
○ 법인법 : 법인세법
○ 법인령 : 법인세법 시행령
○ 부가법 : 부가가치세법
○ 부가령 : 부가가치세법 시행령
○ 조특법 : 조세특례제한법
○ 조특령 : 조세특례제한법 시행령
○ 조특칙 : 조세특례제한법 시행규칙
○ 조처법 : 조세범 처벌법
○ 자본시장법 : 자본시장과 금융투자업에 관한 법률
○ 기타 법도 이에 준하여 표시

은 법률상 사망으로 간주(의제)되는 실종선고와는 다르다.[69]

### 3) 실종선고

자연인의 생사가 확인되지 않은 상태가 장기에 걸쳐 진행되는 경우가 있다. 사망의 개연성은 크지만 그렇다고 사망의 확정도 없는 경우에 이를 방치하면 그 부재자의 법률관계의 불확정으로 이해관계자에게 불이익을 준다. 이에 법원이 실종선고를 하고 일정시기를 표준으로 하여 사망과 동일한 법률효과가 생기게 하고 있다. 이 실종선고를 받은 사람이 실종자이다.

부재자란 종래의 주소나 거소를 떠나서 당분간 돌아올 가망이 없어서 그의 재산이 관리되지 못하고 방치되어 있는 자를 말한다. 이러한 부재자의 경우 실종기간 만료일[70]에 사망한 것으로 간주된다. 그리고 바로 그 시점에 상속이 개시된다. 실종자가 생존하고 있는 경우 또는 사망시기가 서로 다른 경우에도 반대증거 제시로 실종선고를 번복할 수 없고 반드시 법원에서 실종선고 취소의 심판을 받아야 하는 점에서 인정사망과 차이가 있다.

민법 제28조는 실종선고의 상속개시 시점을 실종기간 만료일로 하고 있다. 그러나 민법 규정을 따를 경우 국세부과의 제척기간[71]이 경과되어 상속세 과세가 불가능한 사례가 발생하기 때문에 상증법 제2조 제2호에서는 민법과 다르게 실종선고일을 사망일(즉, 상속개시일)로 간주하는 특례를 두고 있다.

### 4) 동시사망

선박의 침몰이나 태풍 등의 자연재해와 같이 동일한 사고로 여러 사람이 사망한 경우 각 사람의 사망시점이 불분명하고 서로 달라서 상속개시의 시점이 문제가 된다. 이 문제를 해결하기 위해 민법은 2인 이상이 동일한 위난으로 사망한 경우에는 동시에 사망한 것으로 추정하고 있다.[72] 이는 추정규정이므로 사망일시가 명백하면 번복될 수 있다.

동시사망의 경우 사망자 상호 간에는 상속이 개시되지 아니하므로 동시 사망자들이 친자 간이라도 상속은 개시되지 아니한다. 그러나 대습상속은 예외로 보고 있다.[73] 예컨대, 공해상을 항해 중이던 여객선이 풍랑을 만나 침몰하여 배에 타고 있던 할아버지와 아버지가 사

---

69) 추정은 반대의 증거가 제출되면 규정의 적용을 면할 수 있지만, 간주는 반대 증거의 제출을 허용하지 않고 법률이 정한 효력이 당연히 생기게 된다.
70) 보통실종은 실종일로부터 5년, 전쟁·항공기 실종 등 특별실종은 위난발생일로부터 1년이 실종만료일이 된다.
71) 일정한 권리에 대하여 법이 정하는 존속기간을 말한다. 존속기간이 만료하면 권리는 당연히 소멸한다. 제척기간에는 시효의 중단과 정지제도를 인정하지 않는바, 그것은 법률관계를 조속히 확정하려는데 있다.
72) 민법 제30조(동시사망)
73) 대법원 99다13157(2001. 3. 9.) : "피상속인의 자녀가 상속개시 전에 전부 사망한 경우 피상속인의 손자녀는 본위상속이 아니라 대습상속을 한다."

망한 경우 아버지는 할아버지의 재산을 상속받을 수 없다. 하지만 손자는 아버지를 대신하여 할아버지의 재산을 상속받을 수 있는 것이다.

### (2) 상속개시의 장소

상속은 피상속인의 주소지에서 개시한다(민법 제998조). 이 규정은 상속사건의 재판관할을 정하는데 의의가 있다.

피상속인의 상속개시 당시의 주소가 국내에 있었는지 또는 국외에 있었는지에 따라 상속세 과세대상의 범위가 달라지며, 관할 세무관서가 달라진다.

## 3 재산상속의 형태

### (1) 개요

자연인의 사망으로 인한 재산상속의 형태에는 피상속인의 의사표시가 필요 없이 법률상 당연히 재산이 이전되는 전형적인 상속과 피상속인의 의사표시를 필요로 하는 유증 및 사인증여가 있다.

상증법에서는 유증·사인증여도 사망으로 인하여 상속인들에게 재산이 무상이전된다는 점에서 상속과 동일하게 상속세 과세대상으로 규정하고 있다. 한편, 2020. 12. 22. 개정 상증법에서는 신탁법상의 「유언대용신탁」과 「수익자연속신탁」을 상속의 범위에 추가하여 해당 신탁의 수익을 상속세 과세대상으로 하였다.

### (2) 유증(遺贈)

유언(遺言)으로 다른 사람에게 재산적 이익을 무상으로 주는 것이 유증이다. 이른바 그 유언이 "내가 죽거든 누구는 나의 재산의 얼마를 가져라"라는 식으로 이루어지며, 유언을 한 사람이 사망해야 효력이 발생한다.

유증은 유언을 하는 자의 단독행위(다른 사람의 승낙이나 동의와 같은 것을 필요로 하지 않고 오로지 자기의 의사만으로 법률적 효과가 발생하는 행위를 뜻함)인 점에서 증여자와 수증자의 계약행위인 증여와 다르다.

자연인은 누구든지 생전에 자유롭게 자신의 재산을 처분할 수 있는 유증의 자유가 있으나, 여기에는 일정한 제한이 있다. 유증자유에 대한 가장 중요한 제한은 유류분제도이다. 이에 대하여는 뒤에서 별도로 살펴본다.

유증에 의하여 재산을 받는 자를 수유자(受遺者), 유증을 이행하여야 할 의무를 지는 상속인을 유증의무자라고 한다. 수유자는 유증을 받지 아니할 수 있는 자유(유증의 수령포기)를 가지기 때문에 그의 의사에 반하여 유증을 강요당하지 않는다.

유증에는 포괄유증과 특정유증이 있다. 포괄유증은 상속재산의 전부 또는 일부를 일정한 비율로 표시하는 유증이다. 예컨대 "내 재산의 1/3은 전 부인에게 준다"와 같이 표시하는 것이다. 유증을 받을 자의 지위는 상속인과 동일하다. 따라서 포괄적으로 상속재산을 받게 되는 자는 상속인과 같이 유증사실을 알든 모르든 유증 목적인 상속재산을 법률상 당연히 승계·취득한다. 이 점에서는 상속과 포괄유증은 동일하다고 볼 수 있다.

포괄유증과 달리 상속재산 중 특정재산(예를 들면, 고향의 전답)을 지정하여 유증하는 것이 특정유증이다. 특정유증의 재산을 받게 될 자는 피상속인의 사망 후 언제든지 유증을 승인하거나 포기할 수 있다. 이때 그 포기의 효력은 유언자의 사망 시로 소급하여 발생한다. 포괄유증이 소극재산(부채)도 승계하는데 대하여 특정유증은 부채는 승계되지 않는 차이점이 있다.

유언은 다음과 같은 5가지 엄격한 방식에 의해서만 그 효력이 인정된다(민법 제1060조 및 제1065조).

## 1) 자필증서에 의한 유언

자필증서에 의한 유언은 유언 중에서 가장 간단한 방식이다. 그 요건은 유언자가 유언의 내용이 되는 전문과 연월일·주소·성명을 자신이 쓰고 날인할 것을 요구한다(민법 제1066조 제1항). 자필증서에 의한 유언은 본인이 직접 쓰는 것이 절대적 요건이므로, 타인에게 구수(口授), 필기시킨 것, 타이프라이터나 점자기를 사용한 것은 자필증서로서 인정되지 않는다. 따라서 이러한 방식은 모두 무효이다. 다만, 자기 스스로 썼다면 외국어나 속기문자를 사용한 것도 그리고 가족에게 의문의 여지없는 정도의 의미가 명확한 관용어나 약자·약호를 사용한 유언도 유효하다.

유언서 작성 시 연월일도 반드시 자필로 기재하여야 하며 유언서 말미나 봉투에 기재하여도 무방하나 연월일이 없는 유언은 무효이다. 연월일의 자필이 중요시되는 것은 언제 유언이 성립되었느냐를 명확히 하는 이외에, 유언자의 유언능력을 판단하는 표준시기를 알기 위하여도, 혹은 유언이 2통으로 작성된 경우에 전·후의 유언 내용이 저촉되는 때에는, 뒤의 유언으로써 그 저촉되는 부분의 앞의 유언을 취소한 것으로 볼 수 있으므로, 유언에 연월일이 없으면 어느 유언이 전·후의 것인지 불명확하기 때문이다.

성명의 기재가 없는 유언서 또는 성명을 다른 사람이 쓴 유언서는 무효이다. 이 경우 성명의 기재는 그 유언서가 누구의 것인가를 알 수 있는 정도면 되므로 호나 자, 예명 등도 허용이 된다고 본다. 성과 이름을 다 쓰지 않더라도 유언자 본인의 동일성을 알 수 있는 경우에는 유효하지만, 성명의 자서(自書) 대신 자서를 기호화한 인형(印形)같은 것을 날인한 것은 인정되지 아니한다. 사후 문자의 삽입·삭제·변경을 할 때에는 유언자가 자서하고 날인하여야 한다(민법 제1066조 제2항).

대법원 판례에 따르면 "법정된 요건과 방식에 어긋난 유언은 그것이 유언자의 진정한 의사에 합치하더라도 무효라고 하지 않을 수 없고, 민법 제1066조 제1항은 '자필증서에 의한 유언은 유언자가 그 전문과 연월일, 주소, 성명을 자서하고 날인하여야 한다'고 규정하고 있으므로, 유언자의 날인이 없는 유언장은 자필증서에 의한 유언으로서의 효력이 없다"라고 하였다(대법원 2006다25103, 25110, 2006. 9. 8.).

### 2) 녹음에 의한 유언

유언자의 진의가 담긴 육성을 녹음기에 녹취한 유언은 그 효력을 인정한다. 사람의 목소리도 개인의 글씨처럼 특색이 있음을 인정하는 것이다. 하지만 유언자가 녹음 당시 의사표현 능력이 없는 상태이거나 타인의 강박에 의하여 유언이 녹음된 경우라면 그 효력이 문제될 수 있다. 따라서 반드시 증인이 참석하여 기명 날인하여야 효력이 있다. 민법 제1072조에서는 증인이 될 수 없는 증인결격자를 규정하고 있는데, 미성년자, 피성년후견인과 피한정후견인, 유언에 의하여 이익을 받을 사람 및 그의 배우자와 직계혈족은 증인이 될 수 없다.

### 3) 공정증서에 의한 유언

유언공정증서는 유언자가 사망 후 효력이 발생되며 수유자가 여러 명일 경우에는 수유자별로 각각 유증이 가능하며 사망 후 별도의 법원의 검열절차 없이 유언집행자의 인감증명서를 첨부하면 바로 소유권이전이 가능한 제도이다. 이 경우 유언자와 2명 이상의 증인은 반드시 공증사무실로 배석을 하여야 한다.

### 4) 비밀증서에 의한 유언

비밀증서에 의한 유언이라 함은 유언을 생전에 공개되지 않도록 비밀증서로서 하는 것을 말한다. 비밀증서의 작성은 본인이 숙지한 후 서명한 것이면 스스로 작성하지 않아도 무방하다.

민법 제1069조에서는 비밀증서에 의하는 유언의 요건을 요구하고 있다. 그 요건은, ① 유언자가 필자의 성명을 기입한 증서를 엄봉(단단히 봉함)날인하고, ② 엄봉한 날인증서를

2인 이상의 증인의 면전에 제출하여 자기의 유언서임을 표시하여, ③ 봉서표면에 유언자의 제출연월일을 기재하고, 유언자와 증인이 각자 서명 또는 기명날인하여 그 표면에 기재된 날로부터 5일 내에 공증인 또는 법원서기에게 제출하여 그 봉인상에 확정일자인을 받을 것 등이다.

### 5) 구수증서에 의한 유언

구수증서에 의한 유언은 질병 기타 급박한 사유로 인하여 자필증서, 녹음, 공정증서, 비밀증서에 의한 유언을 할 수 없는 경우에 유언자가 2인 이상의 증인의 참여로 그 1인에게 유언의 취지를 구수하고 그 구수를 받은 자가 이를 필기낭독하여 유언자의 증인이 그 정확함을 승인한 후 각자 서명 또는 기명날인하여야 유효한 유언이 된다(민법 제1070조 제1항).

유언취지의 구수라 함은 말로써 유언의 내용을 상대방에게 전달하는 것을 뜻하는 것이므로, 증인이 제3자에 의하여 미리 작성된 유언의 취지가 적혀 있는 서면에 따라 유언자에게 질문을 하고 유언자가 동작이나 간략한 답변으로 긍정하는 방식은, 원칙적으로 유언취지의 구수에 해당한다고 보기 어렵다고 새긴다. 민법이 유언의 방식을 엄격하게 규정한 것은 유언자의 진의를 명확히 하고 그로 인한 법적 분쟁과 혼란을 예방하기 위한 것이므로, 법정방식에 어긋난 유언은 그것이 유언자의 진정한 의사에 합치하더라도 무효가 된다 함은 앞서 언급한 바와 같다.

### 6) 유언집행자

유언자는 유언으로 유언집행자를 지정하거나 제3자에게 위탁할 수 있다(민법 제1093조). 유언집행자가 지정되지 않은 경우에는 상속인이 유언집행자가 된다(민법 제1095조). 유언집행자가 없거나 사망, 결격 기타 사유로 인하여 없게 된 때에는 법원은 이해관계인의 청구에 의하여 유언집행자를 선임하여야 한다. 법원이 유언집행자를 선임한 경우에는 그 임무에 관하여 필요한 처분을 명할 수 있다(민법 제1096조).

유언집행자는 유증의 목적인 재산의 관리 기타 유언의 집행에 필요한 행위를 할 권리의무가 있다(민법 제1101조). 지정 또는 선임에 의한 유언집행자는 상속인의 대리인으로 본다(민법 제1103조).

상속이 개시된 때에 그 상속인[「민법」 제1000조, 제1001조, 제1003조 및 제1004조에 따른 상속인을 말하고, 「상속세 및 증여세법」 제2조 제5호에 따른 수유자(受遺者)를 포함한다.] 또는 「민법」 제1053조에 규정된 상속재산관리인은 피상속인에게 부과되거나 그 피상속인이 납부할 국세 및 강제징수비를 상속으로 받은 재산의 한도에서 납부할 의무를 진다. 피상속인에게 한 처분 또는 절차는 제1항에 따라 상속으로 인한 납세의무를 승계하는 상속인이나 상속재산관리인에 대해서도 효력이 있다(국세기본법 제24조). 이 경우 유언집행인은 상속재산관리인의 지위에서 상속으로 인한 납세의무를 승계한다고 할 것이다.

### 7) 유언의 철회

유언자는 언제든지 유언 또는 생전행위로써 유언의 전부나 일부를 철회할 수 있다. 유언자는 그 유언을 철회할 권리를 포기하지 못한다(민법 제1108조). 전후의 유언이 저촉되거나 유언 후의 생전행위가 유언과 저촉되는 경우에는 그 저촉된 부분의 전유언은 이를 철회한 것으로 본다(민법 제1109조).

유언자가 고의로 유언증서 또는 유증의 목적물을 파훼한 때에는 그 파훼한 부분에 관한 유언은 이를 철회한 것으로 본다(민법 제1110조).

부담있는 유증받은 자가 그 부담의무를 이행하지 아니한 때에는 상속인 또는 유언집행자는 상당한 기간을 정하여 이행할 것을 최고하고 그 기간 내에 이행하지 아니한 때에는 법원에 유언의 취소를 청구할 수 있다. 그러나 제3자의 이익을 해하지 못한다(민법 제1111조).

### (3) 사인증여(死因贈與)

증여자(피상속인)의 사망으로 인하여 효력이 생기는 증여가 사인증여이다. 예를 들면, 할아버지가 생전에 "내가 죽으면 선산아래에 있는 전답은 장손에게 준다"는 내용을 가진 계약이 이에 해당한다.

사인증여나 유증은 증여자 혹은 유언자의 사망으로 인하여 효력이 발생하는 사인행위(死因行爲)로서 재산의 무상이전인 점은 같으나, 사인증여는 증여자와 수증자의 생전계약에 의해 증여자의 사망을 법정요건으로 하여 재산이 무상이전된다는 점에서 단독행위인 유증과 차이가 있다.

사인증여는 ① 수증자의 승낙의사를 요건으로 하는 낙성계약이고, ② 특정방식을 요하지 않는 불요식행위이며, ③ 사인증여를 받은 자는 증여자의 사망 시 상속인에 대해 사인증여계약의 이행을 청구할 수 있을 뿐, 상속인과 동일한 권리·의무를 갖지 못한다.

## (4) 유언대용신탁

### 1) 개념과 특징, 개정법에 따른 과세 사례

신탁이란 믿고(信) 맡긴다(託)는 뜻이다. 특정인이 금전·부동산 등의 재산을 특별한 믿음을 바탕으로 특정 목적을 위하여 신탁회사에 맡기는 것이다. 해당 재산을 인수한 신탁회사는 해당 재산을 맡긴 이의 이익을 위하여 또는 특정의 목적을 위하여 그 재산을 관리·운용·처분한 후 발생한 이익은 해당재산을 맡긴 이 혹은 그 자가 지정한 자에게 돌려주는 제도이다.

신탁법에서는 신탁을 "신탁을 설정하는 자('위탁자')와 신탁을 인수하는 자('수탁자') 간의 신임관계에 기하여 위탁자가 수탁자에게 특정의 재산(영업이나 저작재산권의 일부를 포함한다)을 이전하거나 담보권의 설정 또는 그 밖의 처분을 하고 수탁자로 하여금 일정한 자('수익자')의 이익 또는 특정의 목적을 위하여 그 재산의 관리, 처분, 운용, 개발, 그 밖에 신탁 목적의 달성을 위하여 필요한 행위를 하게 하는 법률관계를 말한다(신탁법 제2조)"라고 정의하고 있다.

유언대용신탁이란 상속 시 재산을 물려주는 사람("피상속인")이 수탁자("금융기관")와 계약을 맺고 피상속인의 생전과 사후로 나누어 재산의 수익자와 상속받을 사람을 정하는 신탁의 한 형태이다. 2020. 12. 22. 개정 상증법에서는 유언대용신탁과 수익자연속신탁을 '상속'의 범위에 포함하여 상속세로 과세됨을 명확히 하고 있다.

유언대용신탁에서 수익자가 될 자로 지정된 자가 위탁자의 사망 시에 수익권을 취득하는 신탁 또는 수익자가 위탁자의 사망 이후에 신탁재산에 기한 급부를 받는 신탁의 경우에는 위탁자가 수익자를 변경할 권리를 갖는다. 다만, 신탁행위로 달리 정한 경우에는 그에 따른다(신탁법 제59조).

민법상의 유언이 엄격한 형식을 갖추어야 효력을 갖는 반면, 유언대용신탁은 금융기관과 계약 체결만으로 유언을 대체할 수 있다. 생전에는 자신을 수익자로 정해 신탁한 재산에서 일정 수입을 보장받고 자신이 사망하면 상속되도록 미리 정할 수 있다. 복잡한 유언절차를 피하면서 본인의 의지대로 공신력 있는 금융기관으로 하여금 수탁자로서 상속을 집행하게 할 수 있다.

유언대용신탁은 계약의 일종이다. 그러므로 그 내용을 다양하게 정할 수 있다. 위탁자가 사망한 경우 상속인 등 지정한 자에게 신탁재산과 수익을 모두 주게 하는 경우, 수익권만을 주게 하는 경우, 수익자를 지정하지 않는 경우 등이 모두 가능하다.

상증법의 개정에 따른 유언대용신탁의 과세 사례를 보면 다음과 같다.[74]

| (사례) A는 본인의 상가(시가 10억 원, 매월 300만 원 임대료 수입 발생 중)에 대해 B신탁사와<br>유언대용신탁 설정<br>○ A 생전에는 A가 임대료 수익을 받고, A 사망 이후 차남에게 상가 소유권 이전 | |
|---|---|
| (현행) A 사망 시 차남이 증여받은 것으로 보아 증여세 과세 후 상속재산에 포함하여 상속세 과세<br>* 기납부 증여세는 차감 | (개정안) A 사망 시 증여세는 과세하지 않고 상속세로 과세 |

## 2) 쟁점

피상속인이 생전에 공동상속인 중 특정 자녀 1인에게만 원본과 수익을 몰아주는 형식의 유언대용신탁을 설정한 경우 공동상속인과 다툼의 소지를 남길 수 있다.[75] 민법에서는 공동상속인들의 유류분 반환청구권 행사를 보장하고 있기 때문이다. 유류분청구권은 미리 포기해도 효력이 없다. 피상속인 생전에 유류분을 포기한다고 선언하고 피상속인 사후에 유류분을 주장하는 공동상속인이 있으면 유언대용신탁을 이행하는데 차질이 생길 수 있다.

상증법에서는 일반적인 신탁이익의 증여와 그 계산방법에 관하여 규정하고 있다(상증법 제33조, 상증령 제25조). 하지만 유언대용신탁 설정 시에 증여세와 상속세를 각각 어떻게 산정

---

74) 기획재정부, 「2020년 세법개정안 문답자료」, 2020. 7. 22., 16면

75) 2020년 3월 22일, 수원지방법원 성남지원은 2017년 사망한 A씨의 첫째 며느리와 그 자녀들이 A씨의 둘째 딸을 상대로 11억여 원을 돌려달라며 유류분 반환청구소송을 제기하였으나 패소하는 판결을 선고하였다. 이는 둘째 딸을 편애한 A씨가 2014년 둘째 딸에게 재산을 물려주기 위해 사망 3년 전 하나은행이 운용하는 '유언대용신탁' 자산인 '하나 리빙 트러스트 신탁재산'(신탁재산은 현금 3억 원과 수도권 부동산 세 건이었다)에 가입하였고, 그 후 A씨의 사망으로 둘째 딸이 신탁재산을 상속받게 되자 원고측인 첫째 며느리(남편은 사망)와 그 자녀들이 '유류분'을 주장하였지만, 법원이 이를 인정하지 않았기 때문이다. 즉, 유언대용신탁 상품은 유류분 대상 재산에 포함하지 않는다고 본 것이다.
민법(제1113조, 제1114조)과 대법원 판례에 따르면, 유류분은 상속이 시작될 시점에 피상속인이 소유하고 있던 재산(적극재산)과 생전에 상속인 또는 제3자에게 증여가 완료된 재산(증여재산)을 기반으로 계산된다. 피상속인이 생전에 상속인에게 증여한 재산은 시기와 관계없이 유류분 대상이 되지만 금융기관처럼 제3자에게 증여한 재산은 상속 개시 전 1년간 이뤄진 것만 포함된다. 재판부는 대법원 판례를 반영하여 유언대용신탁이 이뤄지면 재산의 소유권은 하나은행으로 넘어가므로 피상속인 소유의 재산이라고 볼 수 없다고 판단하였다.
그동안 학계에서는, 신탁재산이 유류분 반환청구의 대상이 되는지에 대해서는 많은 논의가 있었는데, 이번 사건은 그와 관련하여 법원이 내린 첫 판결이라는 점에서 의미가 있다. 항소가 이루어져 향후 대법원에 이르기까지 이번 판결이 그대로 확정된다면, 그동안 상속세 분야에서 주목을 받지 못했던 '유언대용신탁'은 '상속세 절세전략'의 새로운 패턴으로 자리잡을 가능성이 높아지게 될 것이다. 그러한 변화가 올 경우 1979년 처음 도입된 민법상의 '유류분' 제도는 40여 년 만에 사실상 사문화될 가능성이 높아지게 되고, 향후 국내 상속 관행에 적잖은 변화가 올 것으로 예상된다.

할 것인지에 관한 규정은 미비하다. 피상속인의 생전의 경우 일반적인 신탁이익의 증여규정에 따라 증여세를 산정할 수 있을 것이다. 하지만 피상속인의 사후에 상속인이 받게 될 수익과 원본의 이익에 대해서 명확한 규정이 없어 혼선이 예상된다. 상증법상의 일반적인 시가산정방법 혹은 보충적 평가방법을 생각해 볼 수 있으나 과세요건을 명확히 규정하도록 한 조세법률주의에 반하는 해석이어서 논란을 야기할 수밖에 없을 것이다. 시급히 입법으로 보완하여야 할 것이다.

## (5) 수익자연속신탁

신탁법 제60조(수익자연속신탁)는, "신탁행위로 수익자가 사망한 경우 그 수익자가 갖는 수익권이 소멸하고 타인이 새로 수익권을 취득하도록 하는 뜻을 정할 수 있다. 이 경우 수익자의 사망에 의하여 차례로 타인이 수익권을 취득하는 경우를 포함한다."고 규정하고 있다. 앞서 언급한 대로 2020. 12. 22. 개정 상증법은 수익자연속신탁도 상속세 과세대상으로 하고 있으며, 각 수익자에 귀속될 수익권의 가액을 한도로 상속세를 과세한다.

수익자연속신탁 또한 자산의 소유권은 수탁자가 지닌 채, 수익권에 대하여 피상속인이 생전 계약한 사항대로 수익자를 지정하여 그 계약 사항대로 이행할 수 있다는 장점이 있다. 소유권과 수익권이 구분되어 있다는 것이 특징이다.

상증법의 개정에 따른 수익자연속신탁의 과세 사례를 보면 다음과 같다.[76)]

| | |
|---|---|
| (사례) A는 상가(시가 10억 원, 매월 300만 원 임대료 수입 발생 중)에 대해 B신탁사와 수익자연속신탁 설정<br>○ A 생전에는 A가 임대료 수익을 받고, A 사망 이후 배우자 사망 시까지는 배우자에게 임대료 수입 귀속, 배우자 사망 후에는 자녀에게 상가 소유권 이전 | |
| (현행) A 사망 시 부인이 증여받은 것으로 보아 증여세 과세 후 상속재산에 포함하여 상속세 과세<br>　* 기납부 증여세는 차감 | (개정안) A 사망 시 증여세는 과세하지 않고 상속세로 과세<br>○ A 사망 시 배우자에게 상속세 과세, 배우자 사망 시 배우자의 상속재산에 포함하여 자녀에게 상속세 과세 |

---

76) 기획재정부, 「2020년 세법개정안 문답자료」, 2020. 7. 22., 16면

## 4 상속순위

상속이 개시될 때에 상속인의 자격을 가진 사람이 한 명 밖에 없을 경우에는 상속순위의 문제가 일어나지 않지만, 상속인의 자격을 가진 사람이 여럿인 경우에는 상속인의 순위를 정해 둘 필요가 있다.

상속이 개시되는 경우, 상속순위는 대개 법정상속에 의하여 결정되지만 법정상속에 앞서 유언, 협의분할이 있으면 그에 따른다. 따라서 상속순위는 유언상속, 협의분할 및 법정상속 순으로 결정한다.

민법은 법정상속의 경우 피상속인의 직계비속, 직계존속, 형제자매, 4촌 이내의 방계혈족 순으로 하며(민법 제1000조), 선순위 상속인이 1인이라도 존재하는 경우에는 후순위 상속인은 상속을 받을 수 없게 된다.[77] 동순위의 상속인이 여러 명인 때에는 최근친(촌수 기준)을 선순위로 하고, 촌수가 같은 상속인이 여러 명인 때에는 공동상속인이 된다(민법 제1000조 제2항).

| 상속순위 |

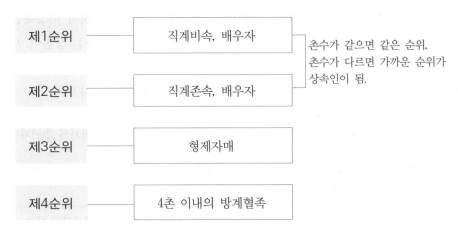

(1) 제1순위 – 직계비속

1순위자는 피상속인의 직계비속이다. 직계비속은 남녀의 구별, 자연혈족과 법정혈족의 차이 혹은 혼인 중의 출생자인지 여부 등을 묻지 않는다. 또한 태아는 이미 출생한 것으로 간주하므로 직계비속에 포함된다.

피상속인의 직계비속이 여러 명이 있는 경우에 그들의 촌수가 같으면 공동상속인이 되고, 촌수가 다르면 최근친자가 선순위의 상속인이 된다. 예컨대 아들과 손자가 있을 때에는 아

---

77) 김주수 · 김상용, 「친족 · 상속법」, 법문사, 2014., 583면

들이 손자보다 우선하여 상속인이 된다.

참고로, 2008. 1. 1. 이후 친양자 입양(민법 제908조의 2)은 입양으로 인하여 친생부모와 친족관계가 소멸되므로 친생부모의 사망 시 상속인으로서 상속재산을 받을 수 없다.

## (2) 제2순위 – 직계존속

2순위자는 피상속인의 직계존속이다. 직계존속이 여러 명인 경우에 그 직계존속의 촌수가 같으면 같은 순위의 상속인이 되고, 촌수를 달리하면 촌수가 가장 가까운 자가 우선하여 상속인이 된다. 예컨대 부모와 조부모가 있으면 부모가 선순위가 된다.

직계존속은 부계이건 모계이건 양가 측이건 생가 측이건 묻지 않는다.[78] 성별에 따른 차별이 없는 것도 직계비속과 동일하다. 직계존속에 대하여는 대습상속이 인정되지 않는다.

## (3) 제3순위 – 형제자매

3순위자는 피상속인의 형제자매이다. 형제자매는 남녀의 차별, 기혼·미혼의 차별, 자연혈족과 법정혈족의 차별, 동복과 이복의 차별을 묻지 않으며 형제자매의 수가 여러 명인 때에는 같은 순위의 상속인이 된다.

## (4) 제4순위 – 4촌 이내의 방계혈족

4순위자는 피상속인의 3촌부터 4촌 이내의 방계혈족이다. 피상속인의 직계비속, 직계존속, 배우자 및 형제자매가 없는 경우에만 상속인이 된다. 방계혈족은 4촌 이내면 되고 성별, 기혼 여부 등을 묻지 않는다. 4촌 이내의 방계혈족 사이에서는 피상속인과의 촌수가 가까운 근친자가 선순위이고, 같은 촌수의 근친자가 여러 명인 때에는 동순위 공동상속인이 된다.[79]

## (5) 배우자

피상속인의 배우자는 언제나 상속인이 된다. 여기서 말하는 배우자는 법률상의 배우자만을 뜻하므로 사실혼 관계에 있는 배우자는 제외된다. 피상속인의 배우자는 제1순위 상속인

---

78) 2008. 1. 1.부터 친양자제도가 시행되어 친양자의 친생부모를 비롯한 생가 측 직계존속은 상속인이 되지 못한다. 친양자 입양이 확정되면 기존의 친족관계는 소멸하므로, 친생부모를 비롯한 생가 측 혈족은 더 이상 친족에 포함되지 않기 때문이다(김주수·김상용, 앞의 책, 585면).

79) 3촌이 되는 방계혈족으로는 백숙부, 고모, 외숙부, 이모, 조카, 질녀, 이질, 생질 등이 공동상속인이 되며, 4촌이 되는 방계혈족으로는 종형제자매, 고종형제자매, 외종형제자매, 이종형제자매 등이 공동상속인이 된다.

과 같은 순위가 되고, 제1순위가 없는 때에는 제2순위 상속인과 같은 순위의 상속인이 되며, 1·2순위 상속인이 없는 경우에는 단독상속인이 된다.

### (6) 특별연고자의 재산분여

상속인의 존부를 알 수 없고, 상속인 수색공고기간(1년 이상) 내에 상속권을 주장하는 자가 없는 때에는 가정법원은 법률상의 상속인이 아닌 다음에 해당하는 자의 청구에 의하여 상속재산을 분여할 수 있다(민법 제1057조의 2).
  1) 피상속인과 생계를 같이하고 있던 자
  2) 피상속인을 요양간호한 자 기타 피상속인과 특별한 연고가 있는 자(예 : 사실혼관계 배우자, 장기간 피상속인의 요양간호종사자 등)

### (7) 국가

상속인이 없고, 상속인 수색공고기간 만료 후 2월 이내에도 재산분여를 청구하는 자가 없는 경우에는 상속인 부존재로서 상속재산은 국가에 귀속된다(민법 제1058조).

## 5 대습상속 및 상속결격

### (1) 대습상속

대습상속(代襲相續)은 상속인이 될 직계비속 또는 형제자매가 상속개시 전에 사망하거나 결격자가 된 경우로서 그 직계비속이 있는 때에는 그 직계비속이 사망하거나 결격된 자의 순위에 갈음하여 상속인이 되는 것을 말한다(민법 제1001조).

상속개시 전에 사망하거나 결격된 자의 배우자는 위 대습상속인과 같은 순위로 공동상속인이 되고, 그 상속인이 없는 때에는 단독상속인이 된다(민법 제1003조 제2항).

### (2) 상속결격

상속인에게 법률이 정한 일정한 사유가 발생한 경우에 특별히 재판상의 선고를 기다리지 않고 법률상 당연히 상속인이 될 자격을 잃는 것을 상속결격이라 한다. 본래 피상속인의 유산을 상속인에게 승계시키는 것은 피상속인과 상속인 간의 윤리적·경제적인 결합관계가 있는 것을 전제로 하고 있으므로 이러한 협동체적 결합관계를 깨뜨리는 비행이 있는 자에게는 상속권을 인정해서는 안 된다는 것이 상속결격제도의 취지이다.

상속결격의 법정사유는 다음과 같다(민법 제1004조).

1) 고의로 직계존속, 피상속인, 그 배우자 또는 상속의 선순위나 동순위에 있는 자를 살해하거나 살해하려 한 자
2) 고의로 직계존속, 피상속인과 그 배우자에게 상해를 가하여 사망에 이르게 한 자
3) 사기 또는 강박으로 피상속인의 상속에 관한 유언 또는 유언의 철회를 방해한 자
4) 사기 또는 강박으로 피상속인의 상속에 관한 유언을 하게 한 자
5) 피상속인의 상속에 관한 유언서를 위조·변조·파기 또는 은닉한 자

상속결격의 효과는 다음과 같다.[80]

첫째, 상속결격사유가 발생하는 상속인은 당연히 상속할 자격을 잃는다. 상속개시 전에 결격사유가 생기면 그 상속인은 후일에 상속이 개시되더라도 상속을 할 수 없고, 상속개시 후에 결격사유가 생긴 경우에는 일단 유효하게 개시한 상속도 그 개시당시로 소급하여 무효가 된다.

둘째, 상속결격자는 피상속인에 대하여 상속인이 될 수 없음과 동시에 또한 수증결격자도 되므로 유증을 받을 수도 없다(민법 제1064조).

셋째, 결격의 효과는 결격자의 일신에만 미치므로, 결격자의 직계비속이나 배우자가 대습상속하는 데에는 아무런 지장이 없다.

## 6 상속의 승인과 포기

### (1) 개요

상속이 개시되면 상속인은 법률상 당연히 피상속인에 속하고 있던 재산상의 지위를 승계하게 된다. 그러나 상속인의 개인의사를 무시하고 권리·의무의 승계를 강제할 수는 없으므로, 상속재산으로 적극재산보다 채무 등 소극재산이 많은 때에는 상속인에게 부담을 주게 되므로 민법은 상속의 승인 또는 포기제도를 통해서 상속인의 의사에 따라 일단 발생한 상속의 효과를 확정하도록 하는 등 상속인을 보호하기 위한 제도를 두고 있다.

### (2) 상속의 승인

상속의 승인이란 피상속인에게 속하였던 재산상의 모든 권리와 의무를 승계하는 것으로서 단순승인과 한정승인이 있다.

---

80) 김주수·김상용, 앞의 책, 600~601면

## 1) 단순승인

단순승인이란 피상속인의 권리·의무를 무제한·무조건으로 승계하는 것을 말한다(민법 제1025조). 단순승인은 상속의 효력을 전면적으로 승계하는 것이기 때문에 상속에 따라 승계한 채무를 전부 변제할 수 없는 경우에는 상속인 자신의 고유재산으로 변제하여야 한다. 민법은 단순승인을 본래의 상속형태로 보고, 다만 다음의 법정단순승인 사유가 있는 경우에도 상속인이 단순승인을 한 것으로 본다(민법 제1026조).

상속인의 단순승인에 관한 의사의 유무를 묻지 않고 다음과 같은 일정한 행위 또는 부작위를 한 경우에는 그 상속인이 단순승인한 것으로 본다. 이를 법정단순승인이라 한다(민법 제1026조).

가. 상속인이 상속재산에 대한 처분행위를 한 때
나. 상속인이 상속개시 있음을 안 날로부터 3월 내에 한정승인 또는 포기를 하지 아니한 때
다. 상속인이 한정승인 또는 포기를 한 후에 상속재산을 은닉하거나 부정소비하거나 고의로 재산목록에 기입하지 아니한 때

## 2) 한정승인

한정승인이란 상속인이 상속으로 인하여 취득할 재산의 한도 내에서 피상속인의 채무와 유증을 변제할 조건으로 상속을 승인하는 것을 말한다(민법 제1028조). 이는 피상속인의 소극재산인 채무가 적극재산보다 많은 경우에 상속인의 의사를 묻지 아니하고 채무의 전부를 승계시키는 것은 상속인에게 부담이 되기 때문에 상속인을 보호하기 위한 제도이며, 상속인이 한정승인을 하는 경우에는 상속개시 있음을 안 날로부터 3월 이내에 상속재산의 목록을 첨부하여 법원에 한정승인의 신고를 하여야 한다(민법 제1030조).

상속인이 상속채무가 상속재산을 초과하는 사실을 중대한 과실 없이 3월 이내에 알지 못하고 단순승인을 한 경우에는 상속채무가 많은 것을 안 날로부터 3월 내에 한정승인을 할 수 있다(민법 제1019조 제3항).

2022. 12. 13. 민법의 개정에 따라, 미성년자인 상속인이 상속채무가 상속재산을 초과하는 상속을 성년이 되기 전에 단순승인한 경우에는 성년이 된 후 그 상속의 상속채무 초과사실을 안 날부터 3개월 내에 한정승인을 할 수 있는 길이 트였다(민법 제1019조 제4항 신설).[81]

---

81) 현행 민법은 상속인이 상속개시 있음을 안 날부터 3개월 내에 단순승인·한정승인 또는 포기를 할 수 있도록 하고 3개월의 법정기간을 적극적인 선택 없이 경과하면 단순승인으로 의제하되, 상속인이 상속채무가 상속재산을 초과하는 사실을 중대한 과실 없이 위 기간 내에 알지 못하고 단순승인을 한 경우를 구제하기 위하여 그 사실을 안 날부터 3개월 내에 특별한정승인을 할 수 있도록 규정하고 있다.
그러나 미성년자 상속인의 경우 스스로 법률행위를 할 수 없기 때문에 법정대리인이 상속을 단순승인하거

한편, 이러한 요식행위로서의 신고에 의하지 아니한 한정승인의 의사표시는 효력이 없다. 한정승인을 한 상속인은 상속으로 인하여 취득한 재산의 한도 내에서만 피상속인의 채무와 유증을 변제하면 되고, 자기의 고유재산으로써 변제할 필요는 없다.

## (3) 상속의 포기

상속의 포기란 상속의 개시 시에 상속인으로서의 효력인 피상속인의 재산에 대한 모든 권리의무의 승계를 부인하고, 상속개시 당시부터 상속인이 아니었던 것과 같은 효력을 발생하게 하려는 단독의 의사표시를 말한다. 상속을 포기하려는 자는 상속개시가 있음을 안 날로부터 3월 내에 가정법원에 상속포기 신고를 하여야 한다(민법 제1041조).

공동상속인의 경우에도 각 상속인은 단독으로 상속을 포기할 수 있다. 상속을 포기한 자는 처음부터 상속인이 아니었던 것으로 보므로 피상속인의 재산상의 모든 권리의무는 상속을 포기한 자에게 승계되지 아니한다. 그 상속을 포기한 자의 상속분은 다른 공동상속인의 상속분의 비율로 각 상속인에게 귀속한다(민법 제1043조). 상속의 포기는 상속개시된 때에 소급하여 그 효력이 있다.

## 7 상속분

상속분이란 전체 상속재산의 관념적·분량적인 일부를 말하는 것으로, 보통 상속재산 전체에 대한 계수적 비율로 표시한다.

상속분에는 피상속인의 의사에 따라 정하여지는 지정상속분과 법률의 규정에 의하여 정하여지는 법정상속분이 있다.

## (1) 지정상속분

피상속인은 유언에 의하여 공동상속인의 상속분을 지정할 수 있다. 그러나 유류분에 반

나 특별한정승인을 하지 않으면 상속채무가 상속재산을 초과하더라도 미성년자 상속인 본인의 의사와 관계 없이 피상속인의 상속채무를 전부 승계하여 상속채무에서 벗어날 수 없고 성년이 된 후에도 정상적인 경제생활을 영위하기 어렵게 되는 문제가 있다.
이와 관련하여 대법원 2020. 11. 19. 선고 2019다232918 전원합의체 판결에서도 상속채무가 상속재산을 초과함에도 미성년자 상속인의 법정대리인이 한정승인이나 포기를 하지 않는 경우의 미성년자 상속인을 특별히 보호하기 위하여 별도의 입법조치가 바람직하다는 다수의견이 있어 이러한 개정이 이루어지게 되었다.
이러한 개정에 따라, 상속개시 당시 미성년자인 상속인의 법정대리인이 상속을 단순승인을 하였더라도 이와 관계없이 미성년자인 상속인이 성년이 된 후 한정승인을 할 수 있는 특별절차를 마련함으로써 미성년자 상속인의 자기결정권 및 재산권을 보호할 수 있게 되었다(법률 제19069호, 2022. 12. 13., 개정이유).

하는 지정을 할 수 없으며 만약 유류분에 반하는 지정을 하였을 경우에는 침해를 받은 유류분권리자는 반환을 청구할 수 있다(민법 제1115조).

## (2) 법정상속분

피상속인이 공동상속인의 상속분을 지정하지 아니하였을 경우의 상속분은 민법이 규정한 법정상속분에 의하게 된다.

이 경우 같은 순위 상속인이 여러 명인 때에는 그 상속인들이 상속분을 균분으로 하며, 피상속인 배우자의 상속분은 직계비속 또는 직계존속과 공동으로 상속할 경우 직계비속 또는 직계존속 상속분의 5할을 가산한다(민법 제1009조 제2항).

| 1991. 1. 1. 이후 법정상속분의 비율[82] |

| 구 분 | 상속인 | 상속분 | | 비율 |
|---|---|---|---|---|
| 자녀 및 배우자가 있는 경우 | 장남, 배우자만 있는 경우 | 장 남 | 1 | 2/5 |
| | | 배우자 | 1.5 | 3/5 |
| | 장남, 장녀(출가), 차남, 차녀, 배우자가 있는 경우 | 장 남 | 1 | 2/11 |
| | | 장 녀 | 1 | 2/11 |
| | | 차 남 | 1 | 2/11 |
| | | 차 녀 | 1 | 2/11 |
| | | 배우자 | 1.5 | 3/11 |
| 자녀는 없고 배우자 및 직계존속이 있는 경우 | 부모와 배우자만 있는 경우 | 부 | 1 | 2/7 |
| | | 모 | 1 | 2/7 |
| | | 배우자 | 1.5 | 3/7 |

한편, 상속개시 전에 사망 또는 결격된 자(피대습상속인)에 갈음하여 상속인이 된 자(대습상속인)의 상속분은 피대습상속인의 상속분에 의한다. 이때 피대습상속인의 직계비속이 여러 명인 때에 그 상속분은 피대습상속인의 상속분의 한도에서 법정상속분에 의하여 정한다(민법 제1010조).

---

82) 국세공무원교육원, 앞의 책, 439면

| 구 분 | 상속인 | 상속분 | 비율 |
|---|---|---|---|
| 상속인으로 장남, 장녀, 사망한 차남만 있는 경우 | 장남, 장녀, 차남 ☞ 차남은 사망(피대습상속인)하였으며 그 배우자와 자 1인이 있는 경우 | 장 남 1<br>장 녀 1<br>차 남 1<br>(대습상속)<br>배우자 1.5<br>자 1 | 5/15<br>5/15<br>5/15<br>(5/15)<br>3/15<br>2/15 |

│대습상속의 경우 상속분의 비율│

## (3) 증여 또는 유증받은 자의 상속분

### 1) 의의 및 취지

공동상속인 중에 특별수익자(피상속인으로부터 재산의 증여 또는 유증받은 자)가 있는 경우에 그 수증재산이 자기의 상속분에 달하지 못한 때에는 그 부족한 부분의 한도에서 상속분이 있다(민법 제1008조).

일반적인 경우에는 상속인의 지정상속분 또는 법정상속분에 따라서 상속을 분할하기만 하면 되는 경우도 있으나 공동상속인 중의 일부가 피상속인으로부터 상속재산을 미리 받은 것으로 볼 수 있는 생전증여나 유증을 받고 있는 때에는 이를 도외시해서 상속분을 산정하게 되면 그러한 특별이익을 받은 상속인은 이중의 이득을 얻는 것이 되어 불공평한 결과가 생기고 또한 피상속인의 의사에도 반하는 것이 될 수도 있다. 여기서 민법은 그러한 유증 또는 증여가 있는 경우에 현실적인 상속분을 산정함에 있어서 고려하도록 한 것이다.

### 2) 특별수익자의 상속분 계산

우리 민법은 특별수익자의 상속분 산정방식에 관하여 특별규정을 두고 있지 않다. 일반적으로 피상속인이 상속개시 시에 가지고 있었던 재산의 가액에 특별수익이라고 할 수 있는 증여의 가액을 더한 것을 상속재산으로 보고 이를 상속비율로 나누어서 각 공동상속인의 상속분을 산출한다. 이 산출된 상속분에서 특별수익이 되는 유증 또는 증여의 액을 뺀 것이 특별수익자의 구체적인 상속분이다.

상속재산에 가산되는 특별수익은 상속분의 선급으로서의 의미를 갖는 증여를 말한다. 예를 들면, 사업을 하는 아들의 영업자금을 대주거나 결혼을 하는 딸에게 주택을 마련해 주는 경우가 여기에 해당할 것이다. 이 또한 민법에 특별한 규정이 없어 상속인 간에 다툼이 생길 여지가 있다. 가산될 증여재산가액의 평가는 상속개시 시점을 기준으로 한다.[83]

83) 대법원 96스62, 1997. 3. 21. : "공동상속인 중에 피상속인으로부터 재산의 증여 또는 유증 등의 특별수익을

산정의 결과 수증재산이 수증자의 상속분에 미달된다는 것이 판명된 때에는 그 자는 미달분만큼 상속분을 더 받는다. 만일에 수증재산이 수증자의 상속분을 초과하고 있으면 초과수익자는 초과분을 반환하여야 하나 그가 상속을 포기하면 초과분도 그대로 보유하고 반환할 필요가 없게 될 것이다.[84]

### 3) 사례

서울 강남에 대형 아파트 한 채를 소유하고 있는 A씨가 급작스럽게 심장마비를 일으켜 사망하였다. A씨는 2명의 아들을 두고 있었는데, 큰아들은 공부를 잘하여 국내 유명외고를 졸업한 후 미국 유명 법대를 나와 현재 국내 유수의 로펌(Law firm)에서 변호사로 일하고 있었다. 작은아들은 공부를 잘하지는 못하였으나 이재에 밝아 중소사업체를 운영하며 그럭저럭 살아가고 있었다.

A씨의 장례식이 끝난 후 재산상속분을 어떻게 나눌지를 협의하던 형제는 난항에 부딪히고 말았다. 평소 입버릇처럼 A씨가 큰아들에게 들어 간 학비가 자신이 소유하던 강남 대형 아파트 한 채 가격은 족히 들어갔다고 한 것을 기억하고 있던 작은아들은 형에게 그 부분을 특별수익으로 인정하라고 압박을 해 왔던 것이다.

이때 형 입장에서는 어떤 선택을 해야 할까?

자신의 학비를 감당해 준 부모님의 은공을 생각해서 특별수익으로 인정을 해야 할 것인가? 아니면 통상의 경우 학비는 특별수익이 되지 않는 것이라며 자신의 상속분을 받아야겠다고 주장할 것인가?

### (4) 기여분제도

### 1) 의의 및 취지

공동상속인 중에서 피상속인의 재산 유지 또는 증가에 관하여 특별히 기여한 자(피상속인을 특별히 부양한 자 포함)가 있는 경우에는 피상속인이 상속개시 당시에 가지고 있던 재산의 가액에서 기여상속인의 기여분을 공제한 것을 상속재산으로 보아 공동상속인 간의 상속분을 산정한 후 이 산정된 상속분에다 기여분을 가산한 금액을 기여상속인의 상속분으로 하는 것으로서, 이는 공동상속인 사이의 실질적 공평을 꾀하려는 제도이다(민법 제1008조의 2).

---

받은 자가 있는 경우에는 이러한 특별수익을 고려하여 상속인별로 고유의 법정상속분을 수정하여 구체적인 상속분을 산정하게 되는데, 이러한 구체적 상속분을 산정함에 있어서는 상속개시 시를 기준으로 상속재산과 특별수익재산을 평가하여 이를 기초로 하여야 할 것이다."
84) 김주수 · 김상용, 앞의 책, 641~642면

기여분은 공동상속인의 협의에 의하여 결정되나, 공동상속인이 기여분에 관하여 협의가 되지 아니하거나 협의할 수 없는 때에는 가정법원은 기여자의 청구에 의하여 기여분을 결정하게 된다. 다만, 기여분은 상속이 개시된 때의 피상속인의 재산가액에서 유증의 가액을 공제한 금액을 초과하지 못한다. 이러한 제한을 두는 이유는 기여분보다는 유증을 우선시하기 위한 것이다.

### 2) 기여자의 상속분 계산

기여자의 상속분은 상속개시 당시의 피상속인의 재산가액에서 기여자의 기여분을 공제한 것을 상속재산으로 간주하여 산정한 법정상속분에 기여분을 가산하여 계산한다. 예컨대, 늙고 병든 어머니를 십수 년간 지극정성으로 봉양한 큰아들은 그 기여분으로 현재 어머니 소유의 아파트를 받게 하자고 상속인 간에 협의한다고 하면 전체 상속재산에서 아파트를 제외한 나머지 재산을 상속재산으로 간주하여 각자의 상속분을 계산하는 것이다. 큰아들은 상속재산 중에서 자신의 몫과 아파트를 상속재산으로 받게 될 것이다.

기여분은 공동상속인 간의 실질적 공평을 실현하기 위한 제도이므로 기여분의 가액이 상속재산가액의 상당한 부분을 차지한다 하더라도 다른 공동상속인의 유류분을 침해한 것이 되지 아니하여 유류분 반환청구의 대상에 해당되지 않는다.

### 3) 사례

피상속인의 재산을 증식하는데 기여하지도 않았을 뿐만 아니라 피상속인의 뜻을 어기고 재산만 탐내는 상속인에게는 상속재산을 나누어 주지 않아도 된다는 법원의 판단이 나온 적이 있다. 피상속인의 큰아들이 부친이 남긴 상속재산을 나눠달라고 어머니와 동생을 상대로 상속재산 분할청구 소송을 제기한 것에 대한 결정이었다.[85]

고인이 된 피상속인 A씨는 젊은 시절 선친으로부터 경기도에 있는 땅 2만 평가량을 상속받았다. 당시 그 땅은 황무지에 가까울 정도로 척박했다. A씨 부부는 온갖 고생과 노력을 다해 땅을 개간했다. 그 결과 나무는커녕 풀 한 포기 없던 임야는 사과나무·배나무가 울창한 과수원으로 바뀌었고, 돌무더기로 가득하던 전답은 옥토로 변해 화훼와 버섯 같은 고소득 작물 농장이 되었다.

A씨에게는 두 아들이 있었다. 큰아들은 어릴 때부터 농장에서 육체노동을 하는 것이 아주 싫었다. 그는 항상 도시로 나가 새로운 일에 도전하기를 꿈꿨고, 성년이 되자 A씨에게 독립을 위한 자금을 달라고 했다. 그때마다 A씨는 장래 큰아들이 땅을 물려받아 가꾸면서

---

85) "Why, Why, 일 안한 장남 상속재산 못 줘", 조선일보 2011년 7월 23일자

어머니와 동생을 돌봐야 한다며 만류했다.

하지만 결국 큰아들은 결혼과 함께 서울로 분가했다. 농촌에서 시부모를 모시며 평생 농사에 전념하기를 극구 거부한 아내의 부추김도 작용했다. A씨는 그런 큰아들 부부를 위해 과수원과 농장을 담보로 은행에서 수억 원을 대출받아 주었다. 큰아들은 그 자금으로 카센터·음식점·주점 등 다양한 영업을 시도했으나, 어느 하나 제대로 성공하지 못하고 실패만 반복했다. 그 후 큰아들은 몇 차례 더 A씨로부터 자금을 지원받았으나 급기야 신용불량자로 전락하는 신세가 되었다.

그 충격으로 A씨는 몸져누워 가족들 간병 없이는 거동조차 불편할 만큼 건강이 악화되었다. 그때부터 A씨의 아내는 둘째 아들과 함께 과수원과 농장을 도맡아 가꿨다. 약 10년의 세월이 흐르자 큰아들 때문에 지게 된 빚은 모두 청산되고 농장과 음식점의 재산가치는 때마침 불어닥친 수도권 개발바람 등에 힘입어 수십 배에 이를 정도로 커졌다.

긴 투병 끝에 A씨는 숨을 거뒀고 A씨의 장례를 마치자마자 큰아들은 아버지 명의로 남아 있는 농장과 음식점에 대한 상속지분을 나눠달라고 어머니에게 요구했다. 어머니와 동생은 현재의 농장과 음식점이 대부분 자신들의 피땀 어린 노력으로 이룬 것이고, 큰아들이 아버지 생전에 많은 돈을 가져간 점을 들어 그 요구를 거부했다. 결국 큰아들은 어머니와 동생을 상대로 법원에 상속재산분할 심판청구를 했던 것이다.

하지만 법원은 큰아들의 상속권을 거의 인정하지 않았다. 그 이유가 무엇일까?

현행 민법은 공동상속인 중 상속재산의 유지 또는 증가, 피상속인 부양에 특별히 기여한 상속인에 대해 그 기여도만큼 우선적으로 상속재산을 분배한다. 그런 후에 남은 상속재산만 공동상속인들이 분배하는 것이 '기여분제도'이다. A씨의 재산에 대한 그의 아내와 둘째 아들의 기여도가 매우 컸고 큰아들은 부친 생전에 먼저 분배받은 재산이 많았기 때문에, 법원은 상속재산의 대부분을 어머니와 둘째 아들에게 분배하도록 결정한 것이다.

## 8 상속재산의 분할

### (1) 상속재산 분할의 의미

민법에서 상속인이 여러 명이 있는 경우에 상속재산을 공유로 한 것은 공유상태를 상속의 통상의 방식으로 인정한 것이 아니고, 최종적으로 각 상속인에게 귀속할 때까지의 과도적 상태를 정한 것이라고 할 수 있다. 따라서 상속재산 분할은 상속개시로 인하여 생긴 공동상속인 간의 상속재산의 공유상태를 종료시키고 공동상속인별 상속분에 따라 그 배분귀

속을 확정시키는 일종의 청산행위라 할 것이다.[86]

## (2) 상속재산의 분할방법

### 1) 유언에 의한 분할

피상속인은 유언으로 상속재산의 분할방법을 정하거나, 이를 정할 것을 공동상속인이 아닌 제3자에게 위탁할 수 있다(민법 제1012조). 분할방법의 지정 또는 지정의 위탁을 한 유언이 무효이든가 또는 분할방법지정을 위탁받은 제3자가 이를 실행하지 아니한 경우에는 협의에 의한 분할을 하고, 만약 협의가 되지 아니할 때에는 가정법원의 조정 또는 심판에 의하여 분할할 수 있다.

### 2) 협의에 의한 분할

유언에 의한 분할방법의 지정이 없거나 분할방법지정 위탁이 없는 경우, 위탁을 받은 자가 지정을 실행하지 않은 경우, 분할방법의 지정·분할방법지정 위탁을 한 유언이 무효인 경우 그리고 유언에 의한 분할금지가 없는 경우 등의 사유가 있을 경우 공동상속인은 언제든지 협의에 의하여 상속재산을 분할할 수 있다(민법 제1013조 제1항). 협의분할 시에는 공동상속인(포괄적 수증자 포함) 전원이 참가하여야 하며, 일부 상속인만으로 이루어진 협의분할은 무효이다.[87]

### 3) 조정 또는 심판에 의한 분할

공동상속인 간에 상속재산 분할의 협의가 성립되지 않는 때에는 각 공동상속인은 가정법원에 분할을 청구할 수 있다(민법 제269조 및 제1013조 제2항).

## (3) 상속재산 분할의 효과

상속재산의 분할은 상속개시된 때로 소급하여 그 효력이 있다. 그러나 제3자의 권리를 해하지 못한다(민법 제1015조). 예를 들어 상속재산인 부동산·동산 및 채권을 3인의 상속인 甲·乙·丙이 공유하고 있다가 분할에 의하여 甲은 부동산, 乙은 동산, 丙은 채권을 가지게 되면 이는 상속개시 당시부터 각각 당해 목적물을 상속한 것이 되어 공유상태는 존재하지 않은 것으로 본다. 그러나 이 소급효는 현물분할의 경우에만 인정되는 것이며 상속재산을 매각하여 그 대금을 분배하는 경우 등에는 소급효가 생기지 않는다.

86) 김주수·김상용, 앞의 책, 656면
87) 김주수·김상용, 앞의 책, 659면

## 9 유류분

### (1) 유류분(遺留分)의 의의

#### 1) 유류분의 기원

유류분의 기원은 로마법에 있는 것으로 본다. 로마는 명장 한니발이 이끄는 카르타고 군대를 무찌르고 포에니 전쟁에서 승리한 이후 세계를 무대로 하는 상업국가로 성장했다. 이에 따라 무역거래 및 개인재산 처분에 있어 자유를 보장하는 쪽으로 관련 법률이 발전했다.

그 결과 사적(私的) 소유에 대한 근본적인 존중은 법정상속보다 우선시되었던 유언의 자유로 나타난 것이다. 하지만 이에 따른 많은 부작용이 속출하자 유언의 자유에 대한 제한으로 유류분(遺留分) 제도와 유사한 의무분(義務分) 제도를 둔 것이다. 예컨대 피상속인이 특정 1인의 상속인에게 모든 유산을 물려주는 경우라 할지라도 법정상속분의 4분의 1까지는 상속인에게 주도록 하는 제도를 두었던 것이다.

#### 2) 유류분의 의의

민법은 제1112조부터 제1118조에 걸쳐 유류분 제도를 규정하고 있다. 민법은 사적 자치의 원칙의 연장선에서 유언의 자유를 인정하고 있는바, 이에 따라 피상속인은 법정상속분과 다르게 자유로이 자신의 재산을 처분할 수 있다. 그런데 피상속인이 유언을 통하여 생전에 재산을 임의대로 처분하게 되면 법정상속인이 상속에서 배제될 수 있고, 상속인의 생계가 위협을 받을 수 있다. 이러한 결과는 법정상속제도를 인정하는 취지에 정면으로 반하게 된다.

따라서 피상속인의 재산처분을 일정부분 제한함으로써 상속인이 상속받을 권리를 보호하기 위한 것이 유류분제도이다. 이 제도는 피상속인의 재산처분의 자유 · 유언의 자유를 보장하면서도 피상속인의 재산처분행위로부터 유족들의 생존권을 보호하고, 상속재산 형성에 대한 기여 및 상속재산에 대한 기대를 보장하려는데 그 입법취지가 있다.

### (2) 유류분의 인정 범위

유류분이 인정되는 자는 법정상속인 중 피상속인의 직계비속, 배우자, 직계존속 및 형제자매(2025. 1. 30. 이전까지)이다. 이들이 언제나 유류분을 갖는 것은 아니며 상속개시 시 순위상 상속권이 있어야 한다. 예를 들면, 제1순위자인 직계비속과 배우자가 있는 경우에는 직계존속이라 하더라도 유류분은 인정되지 않는다. 태아가 살아서 출생하면 직계비속으로서 유류분을 가진다. 그리고 대습상속인도 피대습자의 범위 내에서 유류분을 가진다.

민법은 법정상속분의 일정비율을 유류분으로 하는데, 그 비율은 다음과 같다(민법 제1112조).

1) 피상속인의 직계비속은 그 법정상속분의 2분의 1

2) 피상속인의 배우자는 그 법정상속분의 2분의 1

3) 피상속인의 직계존속은 그 법정상속분의 3분의 1

4) 피상속인의 형제자매는 그 법정상속분의 3분의 1(삭제, 2025. 1. 31. 시행)

최근, 헌법재판소는 민법 제1112조 등 유류분에 관한 위헌제청 및 헌법소원 사건(2020헌가4등)에 대하여 2024년 4월 25일 재판관의 일치된 의견으로, ① 피상속인의 형제자매의 유류분을 규정한 민법 제1112조 제4호를 단순위헌으로 결정하고, ② 유류분상실사유를 별도로 규정하지 아니한 민법 제1112조 제1호부터 제3호 및 기여분에 관한 민법 제1008조의2를 준용하는 규정을 두지 아니한 민법 제1118조는 모두 헌법에 합치되지 아니하고 2025. 12. 31.을 시한으로 입법자가 개정할 때까지 계속 적용된다는 결정을 선고하였다.

이에 따라, 2024. 9. 20. 민법(법률 제20432호) 개정으로 2025. 1. 31.부터 형제자매의 경우 유류분 권리자에서 삭제되었다.

한편, 법무부가 2021. 11. 9. 유류분 권리자에서 형제자매를 삭제하는 민법 일부 개정법률안을 입법예고하면서, 그 이유를 다음과 같이 들었다.

"현재의 유류분 제도는 과거 상속이 주로 장남에게만 이루어지던 장자상속 문화가 만연하던 사회적 분위기 속에서, 여성을 비롯한 다른 자녀의 최소한의 상속분을 보장하기 위하여 1977년 민법에 처음 도입되었다. 당시 배우자와 자식 외에 형제자매를 유류분 권리자에 포함한 것은 과거 농경사회와 대가족제를 바탕으로 모든 가족구성원들이 서로를 부양하고, 따라서 모든 재산이 가족 전체의 재산이라는 이른바 가산 관념이 반영된 것이다. 그러나 약 40여 년이 지난 현재, 우리나라의 농경사회와 대가족제를 전제한 가산관념이 희박해졌고, 1인가구 비율이 증가하는 등 가족제도가 근본적으로 변화되어 왔다. 특히 형제자매의 경우에는 과거에 비해 유대관계가 약화되고 평소 독립적으로 생계를 유지하는 경우가 많아 상호 부양하는 경우는 적어서, 피상속인 사망 시 상속분에 대한 기대를 보장할 필요성이 낮아졌다. 반면, 망인이 자기 재산을 보다 자유롭게 처분할 수 있어야 한다는 목소리는 커지고 있다."

## (3) 유류분의 산정

구체적인 유류분액을 결정하려면 그 산정의 기초가 되는 상속재산가액을 확정하여야 한다. 상속인 각자의 유류분액은 상속재산액에 그 상속인의 유류분의 비율을 곱한 것이기 때문이다. 민법 제1113조에서는 "유류분은 피상속인의 상속개시 시에 있어서 가진 재산의 가액에 증여재산의 가액을 가산하고 채무의 전액을 공제하여 이를 산정한다. 조건부의 권리 또는 존속기간이 불확정한 권리는 가정법원이 선임한 감정인의 평가에 의하여 그 가격을 정한다"고 규정하고 있다. 증여는 상속개시 전의 1년간에 행한 것에 한하여 민법 제1113조의 규정에 의하여 그 가격을 산정한다. 당사자 쌍방이 유류분 권리자에 손해를 가할 것을 알고 증여를 한 때에는 1년 전에 한 것도 같다(민법 제1114조).

유류분 산정에 있어 상속개시 시에 피상속인이 보유한 재산을 그 대상으로 한다는 데에는 이론이 없다. 하지만 피상속인이 사전증여한 재산 가액에 있어서는 그 기한을 어떻게 정할 것인가 하는 점은 상속인 간에 다툼이 발생할 개연성이 매우 높다. 앞서 설명한 대로 유류분에 포함되는 증여는 상속개시 전의 1년간에 행한 것에 한하지만 당사자 쌍방이 유류분 권리자(법정상속인)에 손해를 가할 것을 알고 증여를 한 때에는 1년 전에 한 것도 상속재산에 포함된다고 규정하고 있기 때문이다.

당사자 쌍방이 유류분 권리자에 손해를 가할 것을 알지 못한 상태에서 이루어진 증여의 경우는 어떻게 볼 것인가? 이 경우에도 수증자가 공동상속인인 경우에는 증여가 이루어진 시기에 관계없이 유류분 산정대상이 되는 재산으로 보아야 한다는 것이 민법의 입장이다. 다만, 수증자가 공동상속인이 아니라면 상속개시 전 1년 내에 증여한 분만 유류분에 속한다고 보아야 할 것이다. 이는 민법 제1118조에서[88] 민법 제1008조[89]를 준용하도록 규정하고 있기 때문이다.

상속세 산정의 목적상 사전증여를 통하여 상속세를 회피하는 것을 방지하기 위하여 상속개시 전 10년 내에 배우자나 자녀 등 상속인에게 증여한 재산은 상속재산에 포함하도록 하고 있다. 10년의 기한을 두고 있는 것이다. 따라서 사전증여 후 10년이 경과하여 상속이 이루어지면 당해 증여재산은 상속재산에서 제외되는 것이다. 유의할 것은 이는 상속세를 산정하기 위한 법정기한일 뿐이지 민법상 유류분의 산정기한을 정하는 기준은 아니라는 것이다.

### (4) 현행 유류분 제도에 대한 헌법재판소의 판단

이상으로 살펴본 바와 같이, 상속인이 유류분청구권을 행사하면 피상속인의 재산을 수증(受贈)한 행위가 적법한 경우에도, 그 수증자가 공동상속인이든 제3자이든 묻지 않고, 유류

---

88) 민법 제1118조(준용규정) : 제1001조, 제1008조, 제1010조의 규정은 유류분에 이를 준용한다.
89) 민법 제1008조(특별수익자의 상속분) 공동상속인 중에 피상속인으로부터 재산의 증여 또는 유증을 받은 자가 있는 경우에 그 수증재산이 자기의 상속분에 달하지 못한 때에는 그 부족한 부분의 한도에서 상속분이 있다.

분청구의 한도에서 수증행위의 효과와 수증자의 재산권이 부인되는 관계로 피상속인의 재산처분권 행사가 제한받을 수밖에 없다. 유류분 청구는 그 청구의 한도에서 피상속인의 재산처분권과 수증자의 재산권을 사후적으로 침해한다고 말할 수 있기 때문이다.

이에 대해 헌법재판소는 2010. 4. 29. 재판관 7대 2의 결정으로, "피상속인의 상속개시 시에 있어서 가진 재산의 가액에 증여재산의 가액을 가산하여 유류분을 산정하도록 규정한 민법 제1113조 제1항 중 증여재산의 가액을 가산하는 부분 및 공동상속인의 증여재산은 그 증여가 이루어진 시기를 묻지 않고 모두 유류분 산정을 위한 기초재산에 산입하도록 하는 민법 제1118조 중 민법 제1008조를 유류분에 준용하는 부분은 헌법에 위반되지 않는다"고 선고하였다.[90] 당해 선고에서는 유류분에 포함되는 증여재산은 상속개시 시점의 시가로 한다는 점도 헌법에 위배되지 않는다고 판단하였다.

## (5) 유류분 반환청구권의 행사

유류분 권리자가 피상속인의 증여 및 유증으로 인하여 그 유류분에 부족이 생긴 때에는 부족한 한도에서 그 재산의 반환을 청구할 수 있다. 증여 및 유증을 받은 자가 수인인 때에는 각자가 얻은 유증가액의 비례로 반환하여야 할 것이다. 반환의 청구권은 유류분 권리자가 상속의 개시와 반환하여야 할 증여 또는 유증을 한 사실을 안 때로부터 1년 내에, 상속이 개시한 때로부터 10년 내에 하지 않으면 소멸한다.

## (6) 사례

남해안 조그마한 소도시에 재산 많기로 소문난 최 부자에게는 두 명의 아들이 있었다. 큰아들은 공부를 곧잘 해 수도권에 있는 한의대에 합격했다. 큰아들이 서울에서 한의원을 개업하게 되자 2억여 원의 거금을 지원해 주었다. 1980년대 말 무렵의 일이었다. 공부가 변변치 못했던 둘째 아들은 고향에서 농사를 짓게 되었다. 최 부자는 큰아들과의 형평을 생각하여 당시 시세에 맞추어 수만 평의 전답을 둘째에게 사전증여해 주었다. 당시에는 특별히 한 아들에게 치우치지 않은 적절한 증여로 별다른 잡음이 발생하지 않았다.

문제는 20여 년이 훨씬 더 지난 뒤, 최 부자가 운명을 달리하면서 발생했다. 큰아들이 개업한 한의원은 한방을 기피하는 풍조 등의 영향으로 매년 근근이 명맥을 유지할 정도로 영업이 부진하여 손안에 재산이 거의 없었다. 반면, 묵묵히 고향에서 농사만 짓던 작은아들이 소유하고 있던 농지는 그 사이 수십 배 폭등을 하여 약 100억여 원으로 올라 있었다. 농지가

---

90) 헌재 2007헌바144, 2010. 4. 29.

풍광이 좋은 곳에 위치하고 있고 인근의 대단위 중공업회사가 세계적인 기업으로 성장한데다, 대도시와 연결되는 교량이 신축되어 부동산의 가치가 천정부지로 오른 탓이었다.

장례를 치르고 난 후 큰아들은 작은아들을 찾아와 자신 몫의 재산을 내놓으라고 다그쳤다. 어이없어 하며 형의 제안을 완강히 거절하던 작은아들도 소송을 불사한 형에게 결국 재판결과에 따라 유류분을 내어 줄 수밖에 없었다. 여태 잘 지내왔던 형제애는 단번에 금이 가고 말았다. 법원이 작은아들이 보유하고 있던 재산을 상속재산에 포함하였음은 물론 그 시가를 사전증여된 시점이 아니라 상속개시 시점으로 정하여 유류분을 결정한 탓에 20억여 원 이상[91]에 해당하는 농지를 형에게 주어야 했던 것이다. 만약 최 부자가 작은아들에게도 2억여 원의 현금을 증여하고 그 돈으로 작은아들이 지금의 농지를 사들여 보유하고 있었다면 이런 일은 발생하지 않았을 것이다.

---

91) 최 부자가 큰아들에게 지원했던 현금 2억 원과 작은아들에게 증여한 100억 원의 농지 외에 다른 재산이 없다고 가정하면(부인은 사별하였고 각종 공제액은 고려하지 않음), 큰아들에 대한 유류분은 102억 원의 50%인 51억 원에 2분의 1을 곱하면 약 26억 원이 유류분대상 재산이 될 것이다.

# 제5장

# 주요국의 상속세 및 증여세 체계

## 제**1**절 개 요

　과거 정부 일각에서 상속세 세율 인하 혹은 폐지를 주장하고 나섰다. 스웨덴, 뉴질랜드, 포르투갈, 싱가포르 등 일부 국가에서 이미 상속세를 폐지했고 상속세를 유지하는 국가들의 경우도 상속세율이 소득세율보다 높지 않다는 것이 그 이유였다. 또한 상속세 징수율이 낮고 전체 세수 규모도 총 재정의 1% 이내에 머무는 등 미미한 수준이라 세입 측면에서 큰 의미가 없다는 것이다.

　그러나 이러한 정부의 상속세 세율 인하 등에 대해 반대론의 논지도 상당하다. 현재와 같이 소득에 비해 낮은 소득세를 납부하는 환경 속에서는 상속세를 폐지해서는 안 된다는 것이다. 상속세를 폐지한 나라들에서는 상속세 없이도 소득재분배를 이미 충분히 달성하고 있다는 것이다. 특히 국가의 재정적자가 날로 증가하고 있는 시점에서 상속세마저 폐지하자는 주장은 받아들이기 힘들다고 보고 상속세의 상징성에 대해서도 생각을 해 봐야 한다는 것이다. 한 세대가 축적한 부는 기본적으로 세대를 넘어 그대로 이전되기보다는 그 부를 창출하도록 도와준 해당 사회에 환원해서 다음 세대는 같은 출발선에서 다시 출발해야 한다는 것이다.

　또한 미국과 같은 선진국에서는 상속세를 폐지해야 한다는 주장이 심심찮게 나타나곤 한다. 그러나 흥미로운 점은 세계 10대 부자의 반열에 있는 워렌 버핏(Warren Buffett)이나 빌 게이츠(Bill Gates) 같은 거부들이 상속세 폐지에 반대하고 있다는 점이다. 건강한 자본주의 체제 구축을 위해 필수적이라는 것이다. 앞선 세대로부터 아무런 반대급부 없이 많은 재산을 일시에 물려받게 되면 자립의지를 꺾어 버릴 가능성이 높고 자본주의의 활기를 잃게 만들 수 있다는 것을 그 이유로 내세우고 있다.

　상속세 존치 혹은 폐지 논란에도 불구하고 미국, 일본, 독일 등 선진국에서는 상속세를 존치하고 있다. 이들 나라의 상속세 및 증여세의 과세 체계를 간략하게나마 살펴봄으로써 우리나라 상증법 구조와의 차이점을 이해하는데 도움을 받을 수 있을 것이다. 이에 주요국의 상속세 및 증여세 체계를 간략히 소개하기로 한다.

## 제2절 주요국의 상속세 및 증여세 체계

### 1 미 국

미국에서는 상속세와 증여세를 포괄하여 이전세(transfer tax)라고 한다. 상속세는 연방정부 차원의 유산세(estate tax), 세대생략이전세(generation-skipping transfer tax) 및 주정부차원의 상속세(inheritance tax)로 나누어진다. 증여세는 연방세로 분류되긴 하지만 일부 주에서도 부과하고 있는 것으로 나타나고 있다. 유산세는 피상속인(사망자)으로부터 자산이 이전되는 권리에 대하여 과세하는 세금이다. 유산세는 피상속인에게 부과되므로 납세의무자는 유산집행인 또는 유산관리인이 된다.[92] 미국의 경우, 증여세는 우리와 달리 증여자가 납부하는 것이나, 증여자가 세금을 내지 않으면 수증자가 납세의무자가 된다. 따라서 증여자가 거주자인 경우에는 전 세계에 소재한 증여재산에 대하여, 비거주자인 경우에는 미국 내에 소재하는 유형재산을 증여하는 경우에만 증여세 납세의무가 있다. 증여자가 증여세를 납부하지 아니하면 수증자가 대신 납부할 의무가 있다.[93]

연간 13,000달러를 초과하여 동일인(배우자 제외)에게 증여하거나 사용이 제한된 조건부 증여를 하는 경우 증여세를 납부하여야 한다.

세대생략이전세는 세대를 건너뛰어 상속되는 유산신탁기금에 대해 권리나 이해관계를 가진 개인에게 부과되는 세금이다. 이는 세대 간 자산양도 시 부과되는 상속세를 회피하기 위하여 유산신탁기금을 이용하여(예컨대 할아버지로부터 아버지를 건너뛰고 손자에게) 직접 자산양도가 이루어지는 경우 최고세율로 과세하는 세금이다.

자산을 상속받는 자는 자산 자체에 대하여 소득세를 내지는 않지만 피상속인의 사망 이후 자산분배에 이를 때까지 상속자산으로부터 발생하는 이자, 배당, 부동산소득 등에 대하여 유산소득세를 납부하여야 한다. 유산소득세 신고의무는 자산관리인에게 있다.

미국시민권자인 배우자에게 이전된 자산에 대해서는 그 배우자가 사망할 때까지 유산세

---

92) 김진 · 원종학, 「상속 · 증여세의 경제적 효과 연구」, 한국조세연구원, 2006. 12., 51~68면
93) 국세청 · 뉴욕총영사관, 「재미동포가 알아야 할 한 · 미 세금상식」, 2013. 2., 191면

혹은 증여세가 면제된다.[94)]

미국은 상속세 과세표준이 1만 달러 이하인 경우 18%, 100만 달러 초과분에 대해서는 40%가 적용된다.[95)]

**2** 일 본

일본의 상속세는 유산취득세를 원칙으로 하면서 과세의 공평성 측면에서 유산과세체계를 병용하는 방식으로 운용되고 있다. 상속세는 상속 또는 유증에 의하여 재산을 취득한 자에게 부과된다. 상속인, 수유자, 사인증여에 의한 수유자가 상속세 납세의무자가 된다.[96)]

상속세 과세대상재산은 상속 및 유증에 의하여 금액으로 측정이 가능한 경제적 가치를 가진 모든 재산이 그 대상이 되며 사망보험금, 생명보험계약에 관한 권리, 사망퇴직금 등의 의제상속재산도 포함한다.

상속세 총액 산정 시에는 실제 유산분할과 관계없이 유산총액 및 법정상속인의 수 그리고 법정상속분이라는 객관적인 기준에 따라 산정을 한다. 그 다음 각 상속인의 상속세 부담분을 계산할 때에는 상속세 총액을 실제 상속인의 상속비율에 따라 안분하여 산출세액을 계산하고 이 산출세액으로부터 각종 세액공제 등 인적사정이 고려된 조정이 이루어져 개인별 상속세액을 산출하게 된다.

증여란 당사자가 일방적으로 자신의 재산을 무상으로 타인에게 주는 의사표시를 하고 상대방이 이것을 승낙함으로써 성립되는 계약을 의미한다. 증여세는 원칙적으로 개인 간의 증여에 의하여 취득한 모든 재산을 과세대상으로 하고 있는데 간주증여(보험금 등)를 포함한다. 일본에는 유산세가 없다.

2015년 이후의 일본의 상속세율과 증여세율은 다음과 같다.[97)] 일본의 경우 상속세와 증여세의 산정 시 적용되는 과세표준(과세구간)이 서로 상이한 점은 우리와 차이가 있다.

---

94) http://taxsummaries.pwc.com/uk/taxsummaries/wwts.nsf/ID/JDCN-89HU8V : Note that assets bequeathed to an individual's spouse are exempt from estate and gift tax until the spouse's death, if such spouse is a US citizen.
95) IBFD(2023), "Individual Taxation-US"
96) 김진·원종학, 앞의 논문, 69~101면
97) 일본 국세청 홈페이지(http://www.nta.go.jp)에서 참조

| 상속세율 |

| 과세표준 구간(JPY) | | 세율(%) | 누진공제(JPY) |
|---|---|---|---|
| 0 | 10,000,000 | 10 | 0 |
| 10,000,000 | 30,000,000 | 15 | 500,000 |
| 30,000,000 | 50,000,000 | 20 | 2,000,000 |
| 50,000,000 | 100,000,000 | 30 | 7,000,000 |
| 100,000,000 | 200,000,000 | 40 | 17,000,000 |
| 200,000,000 | 300,000,000 | 45 | 27,000,000 |
| 300,000,000 | 600,000,000 | 50 | 42,000,000 |
| 600,000,000 | And above | 55 | 72,000,000 |

| 증여세율(직계존속이 아닌 경우) |

| 과세표준 구간(JPY) | | 세율(%) | 누진공제(JPY) |
|---|---|---|---|
| 0 | 2,000,000 | 10 | 0 |
| 2,000,000 | 3,000,000 | 15 | 100,000 |
| 3,000,000 | 4,000,000 | 20 | 250,000 |
| 4,000,000 | 6,000,000 | 30 | 650,000 |
| 6,000,000 | 10,000,000 | 40 | 1,250,000 |
| 10,000,000 | 15,000,000 | 45 | 1,750,000 |
| 15,000,000 | 30,000,000 | 50 | 2,500,000 |
| 30,000,000 | And above | 55 | 4,000,000 |

## 3 독 일

독일의 상속 및 증여세는 연방세이며 동일한 세율이 적용된다. 독일의 상속세는 유산취득과세형을 취하고 있다. 상속세와 증여세는 각각 상속인과 수증인이 취득한 재산가액을 토대로 과세표준이 산출된다. 상속인 등의 경제적 능력이 증가하는 것에 초점을 맞추고 있는 것이다. 상속세 및 증여세가 조세수입에서 차지하는 비중은 2015년 기준으로 0.56%를 차지하고 있다.[98] 독일 상속증여세법은 상속증여세 과세대상 사안은 사망으로 인한 재산의 취득, 생존자 간의 증여, 조건부 증여, 가족재단으로 규정하고 있다. 사망으로 인한 재산의 취득에 상속세를, 생존자 간의 증여 그리고 조건부 증여를 과세대상으로 규정하고 있다.[99]

---

98) OECD, "Revenue Statistics – Comparative tables", 2016.
99) 김유찬 · 이유향, 「주요국의 조세제도」, 한국조세연구원, 2009. 10., 357~379면

상속세는 독일 거주자가 일생 증여한 재산에 대하여 사망시점에서 부과된다. 독일 거주자가 아닌 경우 독일에 소재한 재산에 대해서만 과세된다. 상속세 및 증여세율은 각 과세대상그룹별, 과세표준별로 7~50%가 적용된다. 피상속인과 상속인 사이의 관계를 고려하여 EUR 20,000~EUR 500,000까지 다양한 공제가 허용된다. 상속인인 배우자는 약 EUR 256,000의 추가공제가 주어진다. 다만, 상속인인 배우자가 상속세가 과세되지 않는 연금을 받게 되는 경우 추가공제 금액은 일정비율만큼 줄어들게 된다.[100]

상속의 경우 상속인, 증여의 경우 증여자와 수증자(연대납세의무를 진다), 조건부 상속 및 증여의 경우 조건에 의하여 재산 등을 취득하는 자, 가족재단의 경우 가족재단 등이 납세의무자이다.

독일은 상속인과 피상속인의 개인적인 관계에 따라 과세등급을 달리하여 세율도 차등화하고 있다. 독일 상속증여세법에서는 과세등급을 다음과 같이 3단계로 구분하고 있다.

 (1) 제1과세그룹 : 배우자·등록된 파트너, 자녀 및 입양자녀, 손자·손녀, 증손자·증손녀(상속의 경우, 부모 및 조부모가 1그룹에 추가적으로 포함)
 (2) 제2과세그룹 : 형제자매, 삼촌·이모, 조카, 양부모, 이혼한 배우자(증여의 경우, 부모 및 조부모가 2그룹에 추가적으로 포함)
 (3) 제3과세그룹 : 기타 가족 등

상속세 및 증여세를 통합하여 운용하고 있는 독일은 세부담의 중립성이 보장될 수 있도록 상속과 증여에 적용되는 세율은 생전 증여재산과 상속재산에 대하여 누진구조가 동일하게 설정되어 있다. 세율과 인적공제를 적용하는데 있어서 상속 개시일부터 소급하여 10년간에 피상속인으로부터 증여를 받은 것이 있는 경우 또는 당해 증여일로부터 소급하여 10년간에 그 동일한 증여자로부터 받은 증여가 있는 경우에는 그 증여가액은 과세유산금액 또는 증여가액에 합산하여 세액을 산정하고 기납부 증여세액을 공제한다. 외국납부세액공제제도도 두고 있다.

100) http://taxsummaries.pwc.com/uk/taxsummaries/wwts.nsf/ID/JDCN-89HSF2 : Progressive tax rates of 7% up to 50% and tax-free amounts between EUR 20,000 and EUR 500,000 apply, depending on the value and the degree of the relationship between donor and beneficiary. For a surviving spouse, an additional tax-free allowance of EUR 256,000 is granted. This allowance is reduced by the discounted value of any pension entitlements, which are not subject to inheritance tax.

## 4 프랑스

### (1) 상속세

프랑스는 상속세와 증여세 모두 취득과세형 방식을 취하고 있다. 상속세는 피상속인의 유산에 대해 프랑스 거주자의 경우 국내외의 모든 재산으로, 비거주자의 경우 국내재산에 부과한다. 일정기간 내의 증여재산을 상속재산의 가액에 합산한 후 일정한 부채를 차감하여 상속세 과세가액을 산정한다.

상속세의 납세의무자는 상속인과 유증을 받는 자이다. 상속세의 과세물건은 상속으로 인하여 취득하는 재산이며, 1992. 1. 1. 이후 증여분 중 상속개시일로부터 10년 이내에 속하는 증여분은 상속세 과세대상에 포함된다.[101] 만약 피상속인 혹은 증여자가 프랑스 거주자가 아니라면 상속 혹은 증여시점으로부터 소급하여 지난 10년 중 최소 6년 이상 프랑스 거주자라면 전 세계 자산이전 소득에 대해서 과세가 된다.[102]

상속세의 세율은 누진구조로 되어 있으며, 직계상속 및 배우자상속의 경우(5~45%)와 방계 및 기타의 경우(35~45%)에 대한 상속세율을 달리 규정하고 있다.

### (2) 증여세

재산의 무상이전 혹은 낮은 대가 이전에 대하여 증여세를 부과한다. 증여세의 납세의무자는 수증자이다. 증여세의 과세대상은 재산적 가치가 있는 모든 자산이다. 과세표준 계산 시에 상속세와는 달리 부채는 공제되지 아니한다. 우리나라의 경우 부담부증여의 경우 부채를 공제하는 것과는 차이가 있다. 증여세의 세율은 상속세와 같이 5~45%이다.

## 5 영 국

### (1) 개요

영국의 상속세는 한 개인의 생애 동안의 증여와 그의 사망 시점에서의 재산에 부과된다. 영국의 상속세는 1975년에 유산세(estate duty)를 대체하기 위해 도입되었으며, 관련 법규

---

101) 안창남, 「주요국의 조세제도」, 한국조세연구원, 2009. 10., 320~338면
102) http://taxsummaries.pwc.com/uk/taxsummaries/wwts.nsf/ID/JDCN-89HSD3 : French inheritance or gift tax may be due by beneficiaries of gifts or inheritance. If the deceased or the donor is a tax resident of France, tax will be due in France on worldwide assets transmitted. If the deceased or donor is not a tax resident of France, tax will be due on worldwide assets transmitted to the donee if the donee has been a tax resident of France for at least six out of the last ten years.

는 1984년의 상속세법(Inheritance Tax Act 1984)과 추후 제정된 재정법(Finance Act)이다. 우리나라 과세체계와 가장 큰 차이점은 우리의 경우 증여세가 상속세와 함께 보완적인 체계를 이루고 있는데 반해, 영국의 경우 상속세만이 존재할 뿐 증여는 자본이득의 차원에서 다루고 있다는 점이다. 영국의 경우 높은 면세점 수준으로 상속세 부담비율이 매우 낮은 점이 우리와 비슷하다.

## (2) 상속세 과세대상 증여 자산

개인 간에 생애에 걸쳐 이루어지는 대부분의 재산의 이전(transfer)은 증여세로부터 완전히 면제된다. 다만, 자산 증여가 이루어진지 7년 안에 증여자가 사망하게 되는 경우에만 해당 자산에 상속세가 부과된다.[103]

## (3) 납세의무자

영국에 본적지(Domicile)가 있는 개인들은 세계 모든 곳에서의 재산에 대해 상속세를 납부하여야 할 의무가 있다.[104] 그러나 영국에 Domicile이 없는 거주자는 영국 내의 재산에 대해서만 상속세를 납부하여야 할 의무가 있다. 다시 말해, 영국에 본적지(Domicile)가 없는 자는 해외 자산 증여에 대한 상속세 신고·납부 의무가 없다(Section 6, Inheritance Tax Act 1984).[105]

## 6 기타 국가

OECD 국가 중 뉴질랜드, 캐나다, 스웨덴, 호주, 이탈리아, 포르투갈, 슬로바키아 등과 아시아 국가 중 싱가포르, 홍콩 등은 상속세와 증여세를 과세하지 않는다. 캐나다 등 상속세 폐지국가는 상속인의 유산 처분 시 자본이득(양도소득)으로 과세하고 있다. 대만은 침체된

---

103) http://taxsummaries.pwc.com/uk/taxsummaries/wwts.nsf/ID/UKWE-8T8EKH
104) Non-UK domiciled individuals are only charged to inheritance tax("IHT") on chargeable lifetime transfers of UK assets or assets situated in the United Kingdom on their death. Foreign situated property, certain UK funds, and exempt gilts are considered as 'excluded property' for IHT purposes and will not form part of the non-UK domiciled individual's UK estate. If a non-UK domiciled individual has been resident in the United Kingdom in 17 out of the previous 20 years, they will be considered as 'deemed domiciled' in the United Kingdom and will be liable to IHT on their entire worldwide assets unless this is overridden by an applicable tax treaty.
105) Property situated outside the United Kingdom is excluded property if the person beneficiary entitled to it is an individual domiciled outside the United Kingdom(Section 6 Excluded property).

경제를 진작시키기 위해 상속 및 증여에 대해 10단계 누진세율(최고 50%) 과세체계를 2009년부터 단일세율(10%)로 전환하였다.

| [참고자료 1] 최근 OECD 주요국의 상속세제 동향[106] |

| 국가 | 상속세 | 세 율 | 연도 | 주요 개정 사항 |
|------|--------|-------|------|----------------|
| 미국 | 유지 | 18~40%<br>(12단계 누진세율) | 2001 | 감세법안 가결(2002~2009년에 걸쳐 비과세 확대, 최고세율 체감, 2010년 유산세 폐지) |
| | | | 2010 | 유산세 일시 정지 |
| | | | 2011 | 유산세의 부활 |
| | | | 2013 | 최고세율 인상, 생존 배우자가 사망 배우자가 남긴 공제액을 사용할 수 있는 조치의 항구화 |
| 영국 | 유지 | 40% | 2007 | 생존한 배우자가 사망 배우자가 남긴 공제액을 사용할 수 있도록 함. |
| | | | 2010 | 비과세 물가연동 동결 |
| 독일 | 유지 | 배우자, 자녀, 부모, 손자녀 : 7~30%(7단계 누진세율)<br>형제, 양자녀, 양부모 등 : 15~43%(7단계 누진세율) | 2008 | 공제액 인상, 세율 적용금액 인상, 세율 인상(2구간 및 3구간) |
| | | 기타: 30~50%<br>(2단계 누진세율) | 2010 | 세율 인하(2구간) |
| 프랑스 | 유지 | • 직계 : 5~45%<br> (7단계 누진세율)<br>• 형제 : 35~45%<br> (2단계 누진세율)<br>• 4촌 이내 친족 : 55%<br>• 기타 : 60% | 2006 | 생애증여의 누적기간 축소(10년→6년) |
| | | | 2007 | 배우자 등에 대해 과세 면제, 공제액 인상(직계, 형제) |
| | | | 2012 | 세율 인상(직계), 생애증여 누적기간 연장((6년→10년), 공제액 인하(직계) |
| | | | 2013 | 공제액과 세율 등의 물가연동 폐지 |
| | | | 2014 | 부동산 시장 활성화를 위해 2015년 말 이전에 이루어진 토지 증여 및 2016년 말 이전에 신규주택을 자녀 및 증손자녀에게 증여한 거래에 대해 10만 유로 특별공제 적용 |
| 덴마크 | 유지 | • 배우자 : 0% | 1995 | 유산취득세 방식에서 유산세 및 유산취 |

---

106) 立岡健二郎, "相続税の課税方式に関する理論的考察-取得税方式への回帰に向けて-", 「ＪＲＩレビュー」 Vol.4, No.5, 2013., 117면[(図表11)先進諸国における最近の相続税制の動向]의 내용을 중심으로 국회예산정책처에서 개정내용을 추가하여 발간한 「2016 조세의 이해와 쟁점」, 104~105면에서 인용하였다.

| 국가 | 상속세 | 세율 | 연도 | 주요 개정 사항 |
|---|---|---|---|---|
| | | • 근친자 : 15%<br>• 기타 : 36% | | 득세 절충형 방식으로 변경 |
| 핀란드 | 유지 | • 배우자, 직계, 배우자의 직계 : 7~16%<br>(4단계 누진세율)<br>• 기타 : 20~30%<br>(3단계 누진세율) | 2008<br>2009<br>2012 | 공제액 인상<br>세율인하<br>최고세율 구간 추가 |
| 이탈리아 | 폐지 후<br>재도입 | • 배우자, 직계 : 4%<br>• 형제, 기타 친족 : 6%<br>• 기타 : 8% | 2001<br>2006<br>2007 | 상속세 폐지<br>상속세 재도입(유산취득세 방식), 단일 세율<br>형제를 배우자, 직계 범위로 구분하여 기타 친족 세율 적용 |
| 네덜란드 | 유지 | • 배우자, 자녀 : 10~20%<br>(2단계 누진세율)<br>• 손자녀 : 18~36%<br>(2단계 누진세율)<br>• 기타 : 30~40%<br>(2단계 누진세율) | 2010 | 공제액 인상, 세율구분 축소, 최저세율 인상, 최고세율 인하 |
| 노르웨이 | 유지 | • 자녀 : 6~10%<br>(2단계 누진세율)<br>• 기타 : 8~15%<br>(2단계 누진세율) | 2009 | 공제액 인상, 세율 인하 |
| 일본 | 유지 | 10~55%<br>(8단계 누진세율) | 2003<br>2008<br>2013 | 최고세율 인하, 상속 시 정산 과세제도의 도입<br>가업승계 납세유예제도 시행<br>최고세율 인상, 기초공제 인하 |
| 스페인 | 유지 | 7.65~81.6% | | 특별한 개정사항 없음. 다만, 2014년 3월 세법 개정위원회의 보고서에 따르면, 상증세에 대한 세제혜택을 일괄적으로 폐지하고 현재 지자체에서 운영되고 있는 동 세목에 대해 중앙정부 차원에서 정비가 필요하다고 권고함. |
| 오스트리아 | 폐지 | - | 2008 | 상속세 폐지 |
| 포르투갈 | 폐지 | - | 2004 | 상속세 폐지 |
| 스웨덴 | 폐지 | - | 2004 | 상속세 폐지 |
| 뉴질랜드 | 폐지 | - | 1999 | 상속세 폐지 |
| 호주 | 폐지 | - | 1979 | 상속세 폐지 |

| 국가 | 상속세 | 세 율 | 연도 | 주요 개정 사항 |
|---|---|---|---|---|
| | | | 1985 | 사망 시 양도소득과세 도입 |
| 캐나다 | 폐지 | – | 1972 | 상속세 폐지, 사망 시 양도소득과세 도입 |

| [참고자료 2] OECD 주요국의 조세구조 비교 : 2021년 기준[107] |                          (단위: %)

| 구분 | 과세방식 | 상속과세 | | 소득과세 | | 국민부담률 |
|---|---|---|---|---|---|---|
| | | 최고세율 | 상속세 비중 | 최고세율 | 소득세 비중 | |
| 한국 | 유산세 | 50% | 0.7 | 45% | 6.1 | 29.9 |
| 덴마크 | 유산세 | 15% | 0.2 | 27.09% | 24.5 | 46.9 |
| 영국 | 유산세 | 40% | 0.3 | 45% | 9.9 | 33.5 |
| 미국 | 유산세 | 40% | 0.1 | 37% | 11.2 | 26.6 |
| 벨기에 | 유산취득세 | 30% | 0.7 | 50% | 11.2 | 42.0 |
| 칠레 | 유산취득세 | 25% | 0.1 | 40% | 2.4 | 22.2 |
| 핀란드 | 유산취득세 | 19% | 0.3 | 31.25% | 12.8 | 43.0 |
| 프랑스 | 유산취득세 | 45% | 0.7 | 45% | 9.5 | 45.1 |
| 독일 | 유산취득세 | 30% | 0.3 | 45% | 10.5 | 39.5 |
| 그리스 | 유산취득세 | 10% | 0.1 | 44% | 6.3 | 39.0 |
| 헝가리 | 유산취득세 | 18% | 0.0 | 15% | 5.2 | 34.0 |
| 아일랜드 | 유산취득세 | 33% | 0.1 | 40% | 6.9 | 21.1 |
| 이탈리아 | 유산취득세 | 4% | 0.0 | 43% | 11.2 | 43.3 |
| 일본 | 유산취득세 | 55% | 0.5 | 45% | 6.2 | 33.2 |
| 리투아니아 | 유산취득세 | 10% | 0.7 | 45% | 7.7 | 32.8 |
| 룩셈부르크 | 유산취득세 | 16% | 0.0 | 38% | 10.1 | 38.6 |
| 네덜란드 | 유산취득세 | 20% | 0.0 | 49.5% | 8.6 | 39.7 |
| 폴란드 | 유산취득세 | 7% | 0.0 | 32% | 5.4 | 36.8 |
| 포르투갈 | 유산취득세 | 10% | 0.0 | 48% | 7.0 | 35.8 |
| 슬로베니아 | 유산취득세 | - | 0.0 | 50% | 5.4 | 37.4 |
| 스페인 | 유산취득세 | 34% | 0.3 | 24.5% | 8.8 | 38.4 |
| 스위스 | 유산취득세 | 50% | 0.2 | 11.5% | 8.6 | 28.0 |
| 평균 | | 26.7% | 0.2 | 38.7% | 8.9 | 35.8 |

* 자료: OECD Tax Database를 바탕으로 작성

---

107) 백경엽, "상속증여세 과세체계 국제비교 및 시사점", 국회입법조사처, 2023, 28면

| [참고자료 3] OECD 주요국의 자본이득세 부과 국가 비교[108] |

| 회원국명 | 상속세 | 증여세 | 자본이득세 |
|---|---|---|---|
| 호주 | × | × | 0~45% |
| 오스트리아 | × | × | × |
| 캐나다 | × | × | 15~33% |
| 콜롬비아 | × | × | 15% |
| 코스타리카 | × | × | × |
| 체코 | × | × | × |
| 에스토니아 | × | × | × |
| 아이슬란드 | 5% | × | 22% |
| 라트비아 | × | × | 20~31% |
| 멕시코 | × | × | × |
| 뉴질랜드 | × | × | × |
| 노르웨이 | × | × | × |
| 슬로바키아 | × | × | × |
| 스웨덴 | × | × | 30% |

108) 백경엽, 앞의 논문 28면

제 2 편

# 상속세

# 상속세 개설

## 제1절    상속세의 계산 흐름도

상속세는 자연인(사람)의 사망으로부터 발생한다. 사람이 사망하면 그가 소유하던 재산이나 채무가 있게 마련이고, 재산을 물려받은 사람들은 그 재산(상속재산)에서 물려받은 채무를 공제하고 나머지 재산에 대하여 상속세를 납부하도록 하고 있다.

현행 상증법에서는 재산상속만을 과세하도록 하고 있으므로 피상속인의 일신(一身)에 전속한 것은 상속세를 과세하지 않는다.

상증법은 제3조에서 '상속세 과세대상'을 규정하고, 제3조의 2에서 '상속세 납부의무'를 규정하고 있다. 이들 조항을 종합하면, 상속(유증, 사인증여, 특별연고자에 대한 상속재산의 분여 포함)으로 인하여 상속개시일(실종선고의 경우 실종선고일) 현재 피상속인(거주자 또는 비거주자)의 모든 상속재산을 상속받은 상속인(상속을 포기한 사람, 특별연고자, 유증을 받은 자 포함)은 상증법에 따라 부과된 상속세에 대하여 상속재산 중 각자가 받았거나 받을 재산에 일정비율을 적용하여 산정한 상속세를 납부할 의무를 진다.

이와 같이 상속세 납부의무가 있는 자는 다음의 「상속세 계산흐름도」에 따라 계산한 상속세를 신고·납부하여야 한다.

먼저, 상속세 과세가액은 상속재산가액에서 과세 제외 자산과 공과금 등을 뺀 후 사전증여재산을 더하여 계산한다. 다음으로 산출세액은 과세가액에서 상속공제와 감정평가수수료를 뺀 후의 과세표준에 세율을 곱하여 계산한다.

마지막으로 납부할 상속세액(고지세액)은 산출세액에서 기납부 증여세액공제 등 각종의 세액을 공제하고, 납세자의 신고내용에 따른 가산세를 더한 후 총결정세액을 계산하고, 여기에 연부연납 등을 신청하는 경우 이를 차감한 후의 세액으로 한다.

계산흐름도를 그림으로 나타내면 다음과 같다.

| 상속세 계산흐름도 |

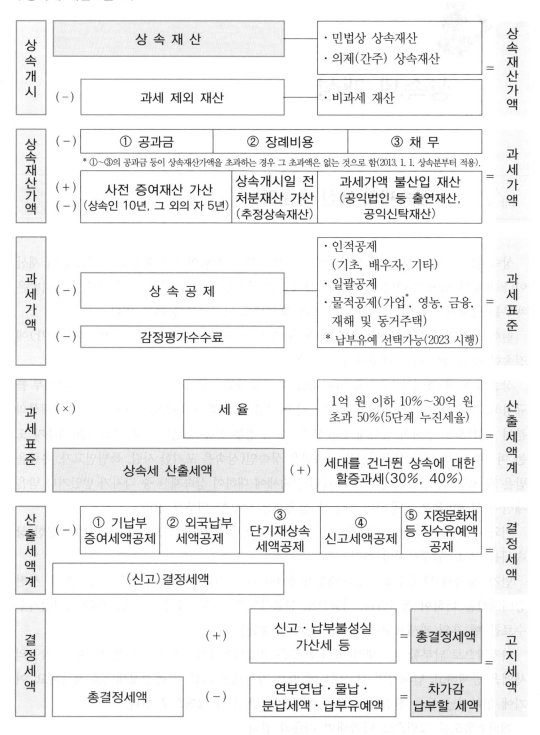

**상속세 과세원인**

## 1 상속개시일

상속세 과세원인인 상속개시일은 자연사망과 실종선고로 구분하여 판단한다. '상속개시일'이란 피상속인이 사망한 날을 말한다. 자연사망인 경우에는 사망신고서에 첨부되는 의사 등의 사망진단서 또는 사체검안서에 의하여 가족관계등록부에 기재된 사망 연·월·일·시·분으로 사망시기를 확인한다.[1] 그러나 실종선고에 의하여 사망한 것으로 간주되는 경우에는 실종기간이 만료되는 시점으로 판단하는 민법과 달리 실종선고일을 상속개시일로 규정하고 있다(상증법 제2조 제2호).

## 2 상속세 과세대상의 범위

### (1) 과세대상의 범위

상속세 과세대상이 되는 재산의 범위는 피상속인이 사망할 당시 거주자인가 또는 비거주자인가에 따라 다르다. 따라서 상속인이 거주자인가 비거주자인가는 과세대상의 범위에 영향을 미치지 않는다.

피상속인이 거주자인 경우에는 국내와 국외에 소재하는 모든 재산이 상속세 과세대상이 되고, 비거주자인 경우에는 국내에 소재하는 재산에 대해서만 상속세를 과세한다(상증법 제3조).

거주자는 국내에 주소를 두거나 183일[2] 이상 거소를 둔 사람을 말하며, 비거주자는 거주자가 아닌 사람을 말한다(상증법 제2조 제8호). 피상속인이 거주자인가를 판단할 때에는 피상속인의 국적은 영향을 미치지 않는다. 비거주자가 국내에 영주를 목적으로 귀국하여 국내에서 사망한 경우에는 거주자로 본다(상증령 제2조 제2항). 거주자와 비거주자의 판정은 소득세법 시행령 제2조의 2 및 제3조에 따른다(상증령 제2조 제2항).

거주자나 내국법인의 국외사업장 또는 해외현지법인(내국법인이 발행주식 총수 또는 출자지분의 100분의 100을 직접 또는 간접 출자한 경우에 한정) 등에 파견된 임원 또는 직원이나 국외에서 근무하는 공무원은 거주자로 본다(소득령 제3조).

---

1) 피상속인의 공부상 사망일과 사실상의 사망일이 다른 경우 사실상의 사망일을 상속개시일로 본다(재삼 01254-1797, 1992. 7. 6.).
2) 2015. 12. 15. 공포된 개정 상증법의 이전에는 1년이었다. 이러한 개정으로 거주자의 판정기준은 소득세법과 일치하게 되었다.

| 상속세 과세대상의 범위 |

| 피상속인 | 과세대상 | 비 교 |
|---|---|---|
| 거주자 | 거주자의 국내외 모든 상속재산(거주자의 유증재산, 사인증여재산 포함) | 무제한 납세의무 |
| 비거주자 | 국내에 있는 비거주자의 모든 상속재산 | 제한적 납세의무 |

## (2) 과세범위 판단을 위한 개념

### 1) 주소와 거소

상증법 제2조 제8호에 따른 주소와 거소에 대해서는 소득세법 시행령 제2조, 제4조 제1항·제2항 및 제4항에 따른다(상증령 제2조 제1항).

주소는 각자의 생활의 근거가 되는 곳을 말한다. 이 경우 생활의 근거가 되는 곳인지의 여부는 객관적인 사실에 의하여 판정하며, 원칙적으로 주민등록지를 기준으로 하되, 국내에서 생계를 같이하는 가족 및 국내에 소재하는 재산의 유무 등 생활관계의 객관적 사실에 따라 판정한다. 거주자가 2 이상의 주소지를 두고 있는 경우에는 주민등록법의 규정에 의하여 등록된 곳을 주소지로 한다.

내국인으로서 해외이주법에 따라 해외이주신고를 하고 출국한 자는 국내에 주소가 없는 것으로 본다.

거소는 주소 이외의 장소 중 상당기간에 걸쳐 거주하는 장소로서 주소와 같이 밀접한 일반적 생활관계가 형성되지 아니한 장소를 말한다.

### 2) 주소의 판정

국내에 거주하는 개인이 다음의 어느 하나에 해당하는 경우에는 국내에 주소를 가진 것으로 본다(소득령 제2조 제3항).

① 계속하여 183일(2015. 2. 3. 개정 전에는 1년) 이상 국내에 거주할 것을 통상 필요로 하는 직업을 가진 때

② 국내에 생계를 같이하는 가족이 있고, 그 직업 및 자산상태에 비추어 계속하여 183일 (2015. 2. 3. 개정 전에는 1년) 이상 국내에 거주할 것으로 인정되는 때

한편, 국외에 거주 또는 근무하는 자가 외국 국적을 가졌거나 외국 법령에 의하여 그 외국의 영주권을 얻은 자로서 국내에 생계를 같이하는 가족이 없고, 그 직업 및 자산상태에 비추어 다시 입국하여 주로 국내에 거주하리라고 인정되지 아니하는 때에는 국내에 주소가 없는 것으로 본다(소득령 제2조 제4항).

## 3) 거주(거소) 기간의 계산

국내에 거소를 둔 기간은 입국일의 다음 날부터 출국하는 날까지로 한다. 국내에 거소를 두고 있던 개인이 출국 후 다시 입국한 경우에 생계를 같이하는 가족의 거주지나 자산 소재지 등에 비추어 그 출국목적이 관광, 질병의 치료 등으로서 명백하게 일시적인 것으로 인정되는 때에는 그 출국한 기간도 국내에 거소를 둔 기간으로 본다(소득령 제4조 제1항 및 제2항).

「재외동포의 출입국과 법적 지위에 관한 법률」 제2조에 따른 재외동포가 입국한 경우 생계를 같이하는 가족의 거주지나 자산소재지 등에 비추어 그 입국목적이 관광, 질병의 치료 등 기획재정부령으로 정하는 사유에 해당하여 그 입국한 기간이 명백하게 일시적인 것으로 기획재정부령으로 정하는 방법에 따라 인정되는 때에는 해당 기간은 국내에 거소를 둔 기간으로 보지 아니한다(소득령 제4조 제4항, 2016. 2. 17. 신설.).

| 거주자와 비거주자의 법 적용상 차이점[3] |

| 구 분 | 피상속인이 거주자인 경우 | 피상속인이 비거주자인 경우 |
|---|---|---|
| ① 신고기한 | 상속개시일이 속하는 달의 말일로부터 6개월 이내 | (피상속인이나 상속인이 외국에 주소를 둔 경우)상속개시일이 속하는 달의 말일로부터 9개월 이내 |
| ② 과세대상 재산 | 국내·외의 모든 상속재산 | 국내에 소재한 상속재산 |
| ③ 과세가액 공제금액 | | |
| • 공과금 | 상속개시일 현재 피상속인이 납부하여야 할 공과금으로서 납부되지 않은 금액 | 국내 소재 상속재산에 대한 공과금, 국내 사업장의 사업상 공과금 |
| • 장례비용 | 피상속인의 장례비용 | 공제 안됨. |
| • 채무 | 모든 채무 공제 | 국내 소재 상속재산을 목적으로 유치권·질권 또는 저당권으로 담보된 채무, 국내 사업장의 사업상 채무 |
| ④ 과세표준의 계산 | | |
| • 기초공제(2억 원) | ○ | ○ |
| • 가업상속공제 | ○ | × |
| • 영농상속공제 | ○ | × |
| • 그 밖의 인적공제 | ○ | × |
| • 일괄공제(5억 원) | ○ | × |

3) 상증법 집행기준 3-0-2(거주자·비거주자의 상속세 적용 차이). 참고로, 국세청장이 제정하여 시행 중인 "상증법 집행기준"은 상속세 및 증여세법령(조특법상의 상속·증여분야 포함)과 기본통칙을 토대로 판례, 질의회신, 심판결정례 등 다양한 사례를 반영하여 법령체계 순으로 편재되어 있어 실무에서 활용도가 높다. "집행기준"은 일선 직원들의 법적용의 통일성을 확보하고 업무의 효율성, 정확성에 기여하는 것으로 평가된다.

| 구 분 | 피상속인이 거주자인 경우 | 피상속인이 비거주자인 경우 |
|---|---|---|
| • 배우자공제(5~30억 원) | ○ | × |
| • 금융재산상속공제 | ○ | × |
| • 재해손실공제 | ○ | × |
| • 동거주택 상속공제 | ○ | × |
| • 감정평가수수료공제 | ○ | ○ |

\* 공제 : ○, 공제불가 : ×

### (3) 상증법상 북한주민의 거주자 여부[4]

**1) 개요**

해방 이후 남과 북으로 흩어져 교류가 끊긴 이산가족은 남과 북에 통일된 집계치가 없어 전체 수치는 파악하기 어렵지만, 남한의 통계치를 기준으로 판단하면 최소 13만 명 이상일 것으로 추정되고 있다. 남한에서 이산가족 상봉을 신청한 사람은 2023년 12월 31일 기준으로 133,984명이며 이 중 사망자가 94,391명, 생존자가 39,593명에 이르고 있다. 생존자 중에서 70세 이상의 고령층이 33,339명(84%)으로 대다수를 차지하고 있다.[5]

남한의 남녀평균 수명이 82.7세임을 감안하면 70세 이상 이산가족의 기대여명은 12년 정도로 나타난다.[6] 고령층의 남북한의 이산가족이 그들의 가족과 상봉할 수 있는 시간이 그리 많이 남지 않은 것으로 추정되는바 이는 남북한 이산가족의 상봉을 서둘러야 하는 근거로 대두되고 있다.

남북한은 남북연락사무소를 2018년 9월 14일자로 개소하여 남북한 간 교류분위기를 고조시키고 있고, 2018년 9월 19일 남북평양공동선언문에서 "남과 북은 금강산 지역의 이산가족 상설면회소를 빠른 시일 내 개소하기로 하였으며, 이를 위해 면회소 시설을 조속히 복구하기로 하였다."고 발표하여 이산가족상봉 재개 가능성을 높인바 있다. 하지만 근래에 북한의 정치경제적 상황이 급변하고 우리 정부가 대북기조를 변경함으로써 남북관계는 경색국면에 들어섬에 따라 이산가족상봉 분위기는 급격하게 냉각되고 있다. 북한이 어떤 입장에 있든지 간에 우리 정부와 국민은 이산가족상봉을 인류의 관점에서 추진해야 할 사안으로 인식하고 지속적인 노력을 기울이고 있다.

향후 이산가족상봉이 정례화 되면 북한주민들이 남한소재 재산의 상속 여부를 확인할 가

---

4) 정찬우, "북한주민의 남한재산 상속 시 세제상 거주자지위 여부와 과세문제", (사)한국조세연구포럼, 「조세연구」 제18권 제4집, 2018. 12., 119~143면
5) 통일부, 이산가족정보통합시스템
6) 통계청, 「생명표」, 2022

능성이 있으며, 이는 상속권한의 회복요구로 자연스럽게 이어질 것으로 생각된다.

북한에 남겨진 상속인(이산가족)은 가족 간 생이별이라는 아픔에 더하여 남한의 피상속인이 생전 일군 재산을 상속받는데 제약이 있을 수밖에 없어 이중의 어려움을 겪어야 한다. 상속인으로서의 지위를 법원으로부터 인정받는 방법은 여러 가지 법적절차를 거쳐야 가능하다. 대한적십자 혹은 제3국의 북한인권센터, 탈북자지원기관 등을 통한 생사확인 및 DNA 검사 등을 거쳐 상속인의 생물학적 일치여부를 확인하여야 하기 때문이다. 이러한 여러 절차를 거쳐 상속인지위를 확인한 경우라 하더라도 피상속인이 남긴 재산이 남한에 소재하고 있어 실질적인 지배가 불가능하다. 또한 남한의 상속인들 사이에 분배가 완료된 경우라면 상속인 간 조정 또는 상속재산분할청구소송 등을 통하여 상속재산을 되찾아 와야 하는 어려움이 있다.

최근 대법원은 북한의 이산가족도 남한의 피상속인의 혈육임이 입증되는 경우 상속인의 지위를 인정하면서도 상속회복청구권의 행사에 민법상의 제척기간을 적용하여야 한다는 결정을 하였다. '남북주민 사이의 가족관계와 상속 등에 관한 특례법'(이하 "남북가족특례법"이라 한다)은 민법의 특별법적 지위에 있으나 상속회복청구권의 제척기간에 대하여 별도로 규정하고 있지 아니한바 민법상의 제척기간을 적용하여야 한다는 취지였다.[7]

### 2) 현행 법령의 미비

북한의 이산가족이 남한의 피상속인이 남긴 재산의 상속인 지위를 소송, 중재 혹은 조정을 통하여 인정받아 남한의 재산에 대하여 분배를 받는 경우 현실적으로 여러 가지 문제가 발생할 수 있다. 우선 북한은 사회주의국가로 개인의 사유재산을 인정하지 않고 있어 남한 소재 재산이 북한 주민에게 제대로 전달될 것이란 보장이 없다. 또한 북한에 거주하는 상속인은 현실적으로 남한의 재산을 직접 관리할 수 없어 법률대리인 혹은 남한의 가족들이 대신 관리를 하여야 한다.

현행 국내세법 어디에서도 북한주민이 보유한 남한재산에 대한 과세방법과 관련된 규정을 두고 있지 않다. 선례도 찾아보기 어려운 실정이다. 북한의 수많은 이산가족이 상속인의 지위를 회복하여 법률적 소유권을 갖게 된 경우 해당 재산 및 과실에 대한 세제상 처리방안에 대하여 상당한 혼란이 발생할 수 있다.

남북가족특례법은 남한 내 재산에 대하여 상속권을 가진 북한주민들의 재산권을 보호하는 제반규정을 구비함에 있어 해당 재산에서 발생할 수도 있는 과실(이자, 배당, 임대료 등)에 대한 과세규정 및 해당 재산에 대하여 국내세법에 따라 부과되거나 부과될 재산제세

---

7) 대법원 2014다46648, 2016. 10. 19., : 서울남부지법 2014나2179, 2016. 10. 19.

에 대한 규정을 입법화할 필요가 있었다.

### 3) 입법방안

이와 같은 입법상의 미비점에 대한 보완책으로 남북가족특례법에 세제상 처리방안에 관한 별도의 장을 마련할 필요성이 대두된다. 남북가족특례법상에 별도의 장으로 보완하여야 할 주요사항을 살펴보면 다음과 같다.

첫째, 북한주민은 헌법해석상 거주자로 보아야 하나 세법상 비거주자로 분류하는 것이 현행 세법해석 및 세제상 집행에 보다 부합한 해석이라고 생각된다.

둘째, 북한주민이 남한소재 재산을 상속으로 보유하게 된 경우 남북가족특례법상의 상속재산관리인을 통하여 관리하게 되는바, 이 경우 상속재산관리인이 지방세기본법 및 국세기본법상 납세관리인 역할을 수행할 수 있도록 법규정이 보완되어야 한다.

셋째, 상증법에서도 지방세법의 규정과 같이 북한주민이 상속개시 후 상속재산에 대하여 각 상속인의 상속분이 확정되어 등기 등이 된 후, 상속회복청구의 소에 의한 법원의 확정판결에 의하여 상속인 및 상속재산에 변동이 있는 경우에는 추가로 납부하여야 할 세금이 없을 개연성이 높은 점 및 북한주민의 납세를 위한 행정부담을 줄여준다는 점에서 상속으로 보지 않도록 입법화하는 방안도 검토할 필요가 있겠다.

# 제 2 장

# 상속세의 납부의무와 성립·확정

## 제 **1** 절    상속세의 납부의무자

상속으로 인하여 재산을 취득한 상속인과 유증, 사인증여(증여채무 이행 중 증여자가 사망한 경우의 해당 증여를 포함)에 따라 재산을 취득한 자 또는 유언대용신탁 및 수익자연속신탁에 의하여 신탁의 수익권을 취득한 자(이하 "수유자"라 한다)는 상속재산(제13조에 따라 상속재산에 가산하는 증여재산 중 상속인이나 수유자가 받은 증여재산을 포함한다) 중 각자가 받았거나 받을 재산을 기준으로 대통령령으로 정하는 비율에 따라 계산한 금액을 상속세로 납부할 의무가 있다. 위 상속인에는 특별연고자 중 영리법인은 제외하며, 수유자에도 영리법인은 제외한다. 영리법인의 경우에는 법인세를 부담하기 때문에 상속세 납부의무자에서 제외하고 있는 것이다(상증법 제3조의 2 제1항).

위 상속인에는 법정상속인(민법 제1000조), 대습상속인(민법 제1001조), 피상속인의 배우자(민법 제1003조), 상속결격자(민법 제1004조)를 말하며, 상속개시 후 상속포기자(민법 제1019조)와 특별연고자(민법 제1057조의 2)를 포함한다.[8]

특별연고자 또는 수유자가 영리법인인 경우로서 그 영리법인의 주주 또는 출자자(이하 "주주등"이라 한다) 중 상속인과 그 직계비속이 있는 경우에는 대통령령으로 정하는 바에 따라 계산한 지분상당액을 그 상속인 및 직계비속이 납부할 의무가 있다(상증법 제3조의 2 제2항).

상속세 납부의무자에는 자연인(개인)뿐만 아니라 법인도 포함되나 상속재산을 취득한 영리법인은 법인세를 부담하기 때문에 영리법인이 부담할 상속세는 면제하되, 2014. 1. 1. 이후 상속개시분부터는 그 영리법인의 주주 중 상속인과 그 직계비속이 있는 경우에는 면제세액의 일정지분 상당액을 그 상속인 및 직계비속이 납부하도록 하였다.

---

8) 상증법 제2조 제4호

또한 상속인이 불분명한 경우 등에는 추정상속인, 상속재산관리인이나 유언집행자가 납세의무자가 되며,[9] 상속인 또는 수유자는 상속받은 재산의 범위 내에서 연대납부의무를 지게 된다.

한편, 상속인이 상속개시 전 10년 이내에 증여받은 재산과 상속인이 아닌 자가 5년 이내에 증여받은 재산은 상속세 과세가액에 가산하여 상속세를 과세한다. 그러나 상속인이 아닌 자가 피상속인으로부터 사전 증여받은 재산만 있는 경우에는 상속세 납부의무가 없다.

상속세 납부의무자를 그림으로 나타내면 다음과 같다.

| 상속세 납부의무의 범위[10] |

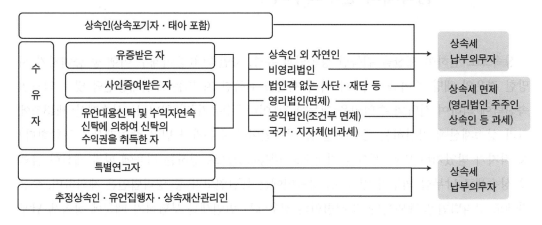

## 1 상속인

피상속인의 모든 재산적 권리와 의무를 포괄적으로 승계하는 상속인이 일반적으로 상속세 납부의무자가 된다. 이때 상속인은 민법상 상속순위에 따른 선순위 상속인을 의미한다. 설령, 선순위상속인이 상속을 포기하여 민법상 상속인에 해당되지 않더라도 1999. 1. 1.부터 상속세 납부의무를 부여하고 있다.

---

9) 상속인이 미확정된 경우 국세기본법 제82조 제5항은 "…납세관리인이 있는 경우를 제외하고 상속인이 확정되지 아니하였거나 상속인이 상속재산을 처분할 권한이 없는 경우에는 특별한 규정이 없으면 추정상속인, 유언집행자 또는 상속재산관리인에 대하여 상증법 중 상속인 또는 수유자에 관한 규정을 적용할 수 있다"라고 규정하고 있다.
10) 국세공무원교육원, 「재산제세실무」, 2014., 449면

## 2 상속을 포기한 상속인 등

공동상속인 중 민법 제1019조 제1항의 규정에 따라 상속개시 있음을 안 날로부터 3월 이내에 가정법원에 상속포기를 신고하여 상속재산을 받지 아니한 상속인은 민법상 상속인이 아니므로, 상증법에서 상속포기자에 대한 별도 규정을 두지 않은 한 상속을 포기한 자에게 상속세 납부의무를 지울 수 없게 된다.

그런데 아래와 같이 개정되기 전의 종전 규정에 대해, 피상속인으로부터 생전증여를 받은 상속인이 상속개시 후 상속을 포기하는 경우 상속세 납부의무 여부에 대해서 법해석상 논란이 있었다.[11]

이러한 논란이 있자, 1998. 12. 28. 상증법 제3조 제1항을 개정하여 상속을 포기(민법 제1019조 제1항)하거나 상속결격(민법 제1004조)된 상속인도 상속세 연대납부의무가 있는 상속인에 포함됨을 명확히 규정하였다. 상속개시 전에 피상속인으로부터 재산을 증여받거나 피상속인이 상속개시 전에 재산을 처분하는 등으로 현금화하여 우회 상속한 후 상속인들이 상속을 포기하는 방법으로 상속세를 회피할 우려를 방지하기 위한 규정으로 볼 수 있다.

해당 개정규정은 상속을 포기한 자도 상속인으로 보도록 하고 있으므로 생전증여를 받은 상속인이 상속개시 후에 상속을 포기하더라도 상속세 납부의무를 지게 된다. 그러나 피상속인으로부터 생전증여를 받지 아니한 상속인이 상속을 포기한 경우에는 취득한 상속재산이 없어 실질적으로 납부의무를 지지 않는다.[12]

## 3 태 아

상속순위에 관하여 태아는 이미 출생한 것으로 보고 있으므로(민법 제1000조 제3항), 태아도 출생 후 취득한 상속재산에 대하여 상속세 납부의무를 지게 되며 국세기본법상 상속으로 인한 피상속인의 납세의무도 승계된다.

---

11) 구 상증법하에서 대법원은, 상속을 포기한 자는 상속개시 초부터 상속인이 아닌 것으로 확정되어 상속세의 납부의무가 없다고 보았다(대법원 97누5022, 1998. 6. 23.). 이에 반해 헌법재판소는 구 상증법 제18조 제1항 본문 중 '상속인의 범위'에 "상속개시 전에 피상속인으로부터 상속재산가액에 가산되는 재산을 증여받고 상속을 포기한 자"가 포함되지 않는 것으로 해석하는 한 헌법에 위반된다고 한정위헌결정을 함으로써 상속개시 후에 상속을 포기한 자도 '상속인의 범위'에 포함되는 것으로 해석해야 한다는 입장이다(헌재 2003헌바10 전원재판부, 2008. 10. 30.). 한편, 헌법재판소는 동 결정에서, "입법자는 1998. 12. 28. 법률 제5582호로 「상속세 및 증여세법」 제3조를 개정하여 '민법 제1019조 제1항의 규정에 의하여 상속을 포기한 자'를 상속세 납세의무자인 상속인의 범위에 포함시켰는 바, 이는 구 상증법 제18조 제1항 본문 중 "상속인" 부분이 규정하는 상속인의 범위에 상속포기자를 포함하지 않음으로써 발생하는 문제점을 인식하고 이를 시정하고자 한 것으로 이해된다"고 밝히고 있다.
12) 김두형, 「상속세 및 증여세법 강의」, 광교이택스, 2012., 42면

## 4 후순위 상속인이 상속받은 경우

상속인 중 상속순위가 선순위인 단독상속인 또는 같은 순위의 공동상속인 전원이 민법 제1019조에 따라 상속을 포기함으로써 그 다음 순위에 있는 상속인이 재산을 상속받게 되는 경우에는 그 후순위 상속인이 받았거나 받을 상속재산의 비율에 따라 상속세를 납부할 의무를 지게 된다. 이때 후순위 상속인이 받은 상속재산에 대해서 증여세는 과세하지 아니한다. 이 경우 그 다음 순위 상속인이 피상속인의 1촌 외의 직계비속(손자, 외손자, 증손자 등)인 경우에는 상증법 제27조(세대를 건너뛴 상속에 대한 할증과세)의 규정에 의하여 계산한 상속세액에 30%(피상속인의 자녀를 제외한 직계비속이면서 미성년자에 해당하는 상속인 또는 수유자가 받았거나 받을 상속재산의 가액이 20억 원을 초과하는 경우에는 40%)를 가산하여 상속세를 과세한다.

## 5 수유자

피상속인의 유증 또는 사인증여에 의하여 상속재산을 취득하는 상속인이 아닌 수유자, 또는 유언대용신탁 및 수익자연속신탁에 의하여 신탁의 수익권을 취득한 자도 그가 받거나 받을 재산의 점유비율에 따라 상속세를 납부할 의무를 진다.

수유자의 범위에 대하여 다음과 같은 개정이 있었다.

수유자 중 '사인증여'에 대하여, 2002. 12. 31. 이전 상속분의 경우 증여계약을 체결한 후 증여재산의 소유권을 이전하지 못하고 증여자가 사망한 경우에 해당 증여재산에 상속세와 증여세가 동시에 부과되는 이중과세 문제가 있었다. 그 이유는 해당 증여재산이 상속재산에는 포함되는 반면 상속채무로는 공제되지 아니하기 때문이다.

이에 따라 2003. 1. 1. 이후 상속개시분부터 증여채무 이행 중에 증여자가 사망한 경우에는 당해 증여재산을 취득한 자를 수유자에 포함시켜 사인증여에 의하여 상속재산을 취득한 경우와 동일하게 그 수유자에게 상속세를 부과하고 증여재산 취득시점에서 증여세는 과세하지 않도록 하였다.

또한, 2021. 1. 1. 이후부터는 유언대용신탁 및 수익자연속신탁에 의하여 신탁의 수익권을 취득한 자도 수유자로 보도록 하여 상속세 납부의무를 지게 되었다.

### 6  특별연고자

상속권을 주장하는 자가 없는 때에는 가정법원은 피상속인과 생계를 같이하거나 피상속인을 요양간호한 자, 기타 피상속인과 특별한 연고가 있던 자의 청구에 의하여 상속재산의 전부 또는 일부를 분여할 수 있다. 이 경우 특별연고자도 피상속인의 재산을 실질적으로 상속받은 것이므로 상속세 납부의무가 있다.

### 7  영리법인

영리법인이 무상으로 받은 자산가액은 법인세가 과세되기 때문에 이중과세를 조정하기 위해 상증법 제3조의 2 제1항에서는 '특별연고자 및 수유자가 영리법인인 경우에는 상속세 납부의무자에서 제외한다'고 규정하고 있다.

그러나 영리법인을 이용한 변칙상속에 대한 과세 강화를 위하여 2014. 1. 1. 이후 상속분부터는 그 영리법인의 주주 또는 출자자 중 상속인과 그 직계비속이 있는 경우에는 다음과 같이 계산된 지분상당액에 대하여 그 상속인 및 직계비속이 납부할 의무가 있다고 개정하였다. 지분상당액은 다음과 같이 계산한다(상증령 제3조 제2항).

★

지분상당액 = 〔영리법인이 받았거나 받을 상속재산에 대한 상속세 상당액 − (영리법인이 받았거나
받을 상속재산 × 10%)*〕× (상속인과 그 직계비속의 주식 또는 출자지분의 비율)

* Gross-up 제도를 감안하여 10%로 소득세와의 이중과세 조정

### 8  비영리법인

비영리법인이 유증에 의하여 재산을 취득하는 경우에는 상속세 납세의무가 있다. 다만, 상증법 제16조(공익법인 등의 출연재산에 대한 상속세 과세가액 불산입)에 규정된 공익법인이 일정한 요건을 충족하여 취득하는 상속재산은 상속세 과세가액에 산입하지 않는다.

## 제2절 　상속인별 납부할 상속세액 및 연대납부의무의 범위

### 1 　상속인·수유자별 납부할 상속세액

상속인(법정상속인, 대습상속인, 피상속인의 배우자, 상속결격자, 상속개시 후 상속포기자와 특별연고자) 또는 수유자(유증, 사인증여, 유언대용신탁 및 수익자연속신탁)는 상증법에 따라 부과된 상속세에 대하여 상속재산 중 각자가 받았거나 받을 재산을 기준으로 상증법 시행령 제3조 제1항에 의거 계산한 금액을 상속세로 납부할 의무가 있다. 여기에서의 상속재산에는 상증법 제13조(상속세 과세가액)에 따라 상속재산에 가산하는 증여재산 중 상속인이나 수유자가 받은 증여재산을 포함한다. 또한 '받았거나 받을 재산'을 기준으로 상속세 납부의무를 규정하고 있으므로 현실적으로 상속재산을 취득할 것을 의미하지 않는다. 만일 공동상속인들 사이에 과세표준 신고기한까지 상속재산이 분할되지 않은 경우에는 법정상속분에 따라 취득한 것으로 계산하여 신고하여야 한다.

상속인 또는 수유자별(이하 "상속인별"이라 한다)로 납부할 상속세액은 상증법에 따라 부과된 상속세에 대하여 상속세 과세표준 상당액 중 상속인별 상속세 과세표준 상당액(상속재산에 가산하는 상속개시 전 10년 또는 5년 이내에 증여받은 재산의 과세표준 포함)이 점유하는 비율을 적용하여 계산하며, 이를 도식화하면 다음과 같다.

★

$$\frac{\text{상속인·수유자별}}{\text{납부할 상속세액}} = \frac{\text{상속세}}{\text{산출세액}} \times \frac{\text{피상속인 사망 전 10년 또는 5년 이내 증여받은 재산의 과세표준 + 상속인·수유자별 상속세 과세표준}}{\text{상속세 과세표준 상당액}}$$

위 산식에서 상속세 산출세액에 곱하여 지는 '상속인별 상속세 납부비율'(대통령령으로 정하는 비율)은 상증령 제3조 제1항에서 규정하고 있다.

"상속인별 상속세 납부비율" 계산식은 상증법 집행기준 3의 2−3−1에서 이를 알기 쉽게 도식화하고 있다.

★

$$\begin{array}{l}\text{상속재산에 가산한}\\ \text{상속인·수유자별 사전}\\ \text{증여재산 과세표준}\end{array} + \left[\begin{array}{ccc}\text{상속세}&\text{사}&\text{전}\\ \text{과 세}&-&\text{증여재산}\\ \text{표 준}&&\text{과세표준}\end{array}\right] \times \cfrac{\begin{array}{c}\text{상속인·수유자별}\\ \text{과세가액상당액}\end{array} - \begin{array}{c}\text{가산한}\\ \text{상속인·수유자별}\\ \text{증여 재산가액}\end{array}}{\text{(상속세 과세가액} - \text{사전증여 재산가액)}}$$

(상속세 과세표준 − 상속인 및 수유자가 아닌 자에게 증여한 사전증여재산 과세표준)

## 2 상속인·수유자별 연대납부의무의 범위

### (1) 개요

상속인과 수유자는 다음의 금액 범위에서 다른 상속인 등이 납부하지 아니한 상속세에 대하여 각자가 받았거나 받을 재산을 한도로 연대하여 납부할 의무가 있다(상증법 제3조의 2 제3항). 이 경우 "각자가 받았거나 받을 재산"이라 함은 상속으로 인하여 얻은 자산(법 제13조 제1항에 따라 가산한 증여재산을 포함)의 총액에서 부채총액과 그 상속으로 인하여 부과되거나 납부할 상속세 및 법 제13조 제1항에 따라 가산한 증여재산에 대한 증여세를 공제한 가액을 말한다(상증령 제3조 제3항).

★

상속으로 얻은 자산(증여재산 포함)의 총액 − 부채총액 − 상속세 및 증여세액

상속세의 연대납부의무 사례를 보자.[13]

공동상속인 배우자와 자녀(甲, 乙)가 상속재산을 각각 15억 원, 10억 원, 10억 원으로 분할·취득하여 납부할 상속세액이 각각 3억 원, 2억 원, 2억 원이라고 가정한다. 만약 자녀 乙이 이를 납부하지 않았다면 배우자는 상속재산 15억 원의 한도 내에서, 자녀 甲은 상속받은 재산 10억 원의 한도 내에서 乙이 납부하지 아니한 2억 원에 대하여 납부할 책임이 있다.

이때 관할 세무서장은 乙이 납부하지 않는 상속세 2억 원에 대하여 배우자로부터 그 전액을 받을 수도 있고, 甲으로부터 그 전액을 받을 수도 있다. 배우자와 乙이 상속세를 납부하지 아니하면 세무서장은 甲으로부터 5억 원을 징수할 수도 있다. 연대납부의무자 중 어느 한 사람이 乙의 상속세 2억 원을 전액 또는 일부 납부하여 공동면책되었다면 그는 다른 상속인들의 부담부분에 대하여 구상권을 행사할 수 있다.

13) 최명근·최봉길, 앞의 책, 84면

## (2) 공익법인이 수유자인 경우

공익법인이 수유자인 경우 연대납세의무를 부담하는가에 대하여 상증법에서는 특별한 규정을 두고 있지 않다. 관련 법령(상증법 제3조의 2 제3항)을 엄격하게 해석하면 공익법인이 수유자의 지위에 있는 한 해당 공익법인이 받았거나 받을 재산을 한도로 연대하여 납부할 의무가 있다. 다만, 공익법인에 유증된 재산은 원칙적으로 상속세를 면제하는 취지를 고려하면 연대납세의무 또한 면제된다고 해석할 수 있다.

## (3) 영리법인이 수유자인 경우

수유자가 영리법인인 경우에는 그 영리법인이 납부할 상속세를 면제하되, 그 영리법인의 주주 또는 출자자 중 상속인과 그 직계비속이 있는 경우에는 법정(상증령 제3조 제2항) 지분 상당액에 대하여 그 상속인 및 직계비속이 상속세를 납부할 의무가 있는 것으로 보아 이들에게도 연대납세의무를 부여한다.

---

## 제3절  상속세 납세의무의 성립 및 확정

### 1 납세의무 성립의 원인

상증법 제3조는 상속(유증, 사인증여 및 특별연고자에 대한 상속재산의 분여, 유언대용신탁 및 수익자연속신탁 포함)으로 인하여 상속개시일 현재 상속재산이 있는 경우에 그 상속재산에 대하여 상속세를 부과한다고 하고 있다.

### (1) 상속

상속은 사망으로 개시되며, 상속인은 피상속인의 사망과 동시에 그 권리·의무를 포괄적으로 승계한다. 상속은 의사표시를 요건으로 하지 않으며 사망이라는 하나의 자연적 사실에 법률효과를 부여한다.

민법상 실종선고가 있는 경우에는 실종선고 기간이 만료하는 때에 사망한 것으로 보지만, 상증법에서는 국세부과의 제척기간을 고려하여 실종선고일에 상속이 개시된 것으로 본다(상증법 제2조 제2호).

## (2) 유증과 사인증여

상증법 제2조에서 '상속'이란 유증에 의한 수유(受遺)와 사인증여에 의한 수증(受贈)을 포함하는 의미로 사용된다. 유증이나 사인증여는 그 효과가 증여자의 사망 시에 발생한다는 점에서 상속과 비슷하다.

유증과 사인증여는 모두 생전의 재산처분행위로서 유증자의 사망에 의하여 그 효력이 발생하는 점에서 공통점이 있다. 그러나 유증은 유언이라는 의사표시로 재산을 다른 사람에게 증여하는 망인의 단독행위인데 비하여, 사인증여는 망인과 수증자 사이의 무상계약이라는 점에서 차이가 있다. 여기서 유의할 것은 유언이라는 의사표시를 필요로 하는 유증이다. 유언은 방식이 엄격할 뿐 자유롭게 보장되므로 사유재산의 처분행위인 유증도 자유롭게 할 수 있으나 유류분에 의하여 제한을 받는다. 사인증여는 증여자가 생전에 재산의 무상수여를 약속하고 수증자가 이를 승낙하여야 성립하는 계약이다. 사인증여에는 유증의 효력에 관한 규정이 준용된다(민법 제562조).

## (3) 특별연고자[14]에 대한 상속재산의 분여

상속이 개시된 경우에 피상속인에게 상속인이 없거나 분명하지 않을 때에는 가정법원은 피상속인과 같이 살고 있었거나 피상속인을 요양, 간호한 사람 기타 피상속인과 특별한 연고가 있는 사람의 청구에 의하여 상속재산의 전부나 일부를 그들에게 나누어 줄 것을 결정할 수 있다. 가정법원에 대한 상속재산 분여의 청구는 상속인 수색의 공고기간 종료 후 2개월 이내에 하여야 한다(민법 제1057조의 2 제2항).

특별연고자에 대한 상속재산의 분여 제도는 피상속인의 유증과 같은 맥락에서 보아도 무리가 없다고 할 것이고,[15] 상증법 제2조는 유증 및 사인증여와 같이 상속으로 보아 과세하는 규정을 두고 있다.

## (4) 신탁의 수익

상증법 제2조의 '상속'의 범위에 「신탁법」 제59조에 따른 유언대용신탁과 「신탁법」 제60조에 따른 수익자연속신탁을 추가하여 해당 신탁의 수익도 상속세 과세대상으로 하고 있다. 2020. 12. 22. 상증법 개정 시 신설되었으며, 새로운 유형의 신탁에 대한 과세방식을 명확히 규정하기 위함이다.

---

14) 예를 들면, 사실혼부부가 오래 동거생활을 하다가 일방이 사망한 경우, 사실상 양자 등이 여기에 해당된다.
15) 김두형, 앞의 책, 56면

## 2 납세의무의 성립시기

납세의무의 성립시기는 납세의무자의 구분, 재산평가의 시기, 과세표준신고서의 제출기한 등에 있어서 판정의 기준이 되는 중요한 사항이다.

### (1) 상속의 경우

상속세의 납세의무의 성립시기는 상속이 개시되는 때이다(국기법 제21조 제2항 제2호). 상속개시의 시기는 사망 등 상속개시의 원인이 발생한 때이며, 사망과 동시에 당연히 상속이 개시되므로 상속인이 이를 알았는지에 관계없이 상속이 개시된다. 실종선고로 인하여 상속이 개시되는 경우에는 실종선고일이 상속개시일이 된다(상증법 제2조 제2호). 민법 제28조는 실종선고기간이 만료한 때에 사망한 것으로 보지만, 상증법은 국세부과의 제척기간을 감안하여 실종선고일로 규정하고 있는 것이다.

유산세 과세방식을 적용하고 있는 우리나라의 경우 상속이 개시되는 때를 기준으로 상속세를 계산하므로 상속에 의한 재산의 취득시기는 크게 문제가 되지 아니한다.

### (2) 유증의 경우

유증은 피상속인의 유언에 의하여 배우자나 자녀 등에게 재산을 주는 것을 말하는데, 유언자가 사망한 때로부터 유언의 효력이 생긴다. 이와 같이 유증은 유언자의 사망을 효력발생의 정지조건(停止條件 : 조건이 이루어질 때까지는 효력이 발생되지 않는 것으로서 유언자가 사망하면 유증의 효력이 발생한다)으로 하므로 유언을 한 사람이 사망해야 효력이 발생한다. 사인증여도 마찬가지라 할 것이다.

하지만, '유언자가 甲이 세무사시험에 합격하면 1억 원을 그에게 주라고 유언한 경우'와 같이 정지조건부 유증의 경우 상속세 납세의무의 성립시기는 조건이 성취된 때, 즉 甲이 세무사시험에 합격한 때가 된다. 민법은 "유언은 유언자가 사망한 때로부터 그 효력이 생기고, 유언에 정지조건이 있는 경우에는 그 조건이 유언자의 사망 후에 성취한 때에는 그 조건이 성취한 때로부터 유언의 효력이 생긴다"고 규정하고 있기 때문이다(민법 제1073조).

한편, 정지조건부 유증의 경우라도 재산의 평가시기는 상증법 제60조에 따라 상속개시일로 하는 점에 유의할 필요가 있다.

## (3) 특별연고자에 대한 재산 분여의 경우

특별연고자에 대한 재산 분여의 경우에는 민법 등에서 특별히 규정하고 있지 않아 법 적용상 문제가 있을 수 있다.

납세의무의 성립시기에 대한 해석론으로는 첫째, 상증법 제2조 제1호의 법 조문의 형식으로 보아 유증, 사인증여와 동일하게 상속이 개시된 때로 보는 견해이다. 둘째, 특별연고자에 대한 재산 분여는 가정법원의 결정에 의하여 이루어지고 실제 재산 분여는 민법에 따른 절차상 상속개시 후 상당기간을 경과하여 이루어지는 점을 고려하여 가정법원의 결정으로 재산을 취득한 때에 납세의무가 성립하는 것으로 보는 견해가 있을 수 있다.

특별연고자에 대한 재산 분여의 특징을 고려할 때, 가정법원의 결정으로 재산을 취득한 때에 납세의무가 성립하는 것으로 해석하는 것이 타당하다.[16]

## 3 납세의무의 확정시기

상속세는 증여세와 함께 정부가 세액을 확정하는 부과과세 세목이다. 상증법 제67조는 상속인 등 납세의무자에게 과세표준의 신고의무를 부담시키고 있으나 이는 납세협력의무의 이행으로서 납세의무를 확정시키는 효력이 없다. 그리하여 세무서장 등이 납세의무자의 신고에 따라 과세표준과 세액을 결정하는 때에 납세의무가 확정되며, 만일 신고가 없거나 신고세액에 탈루 또는 오류가 있으면 상증법 제76조에 따라 직권으로 조사하여 결정한다.

세무서장 등은 제76조에 따라 결정한 과세표준과 세액을 상속인·수유자 또는 수증자에게 통지하는 경우에는 납세고지서에 과세표준과 세액의 산출근거를 명시하여 통지하여야 한다.[17] 이 경우 상속인이나 수유자가 2명 이상이면 그 상속인이나 수유자 모두에게 통지하여야 한다.[18]

---

16) 상증법 제67조 제1항 및 제5항의 규정에 비추어 보아도 이러한 해석이 가능하다. 즉, 상증법 제67조 제1항은 "제3조의 2에 따라 상속세 납부의무가 있는 상속인 또는 수유자는 상속개시일이 속하는 달의 말일부터 6개월 이내에 제13조와 제25조 제1항에 따른 상속세의 과세가액 및 과세표준을 대통령령으로 정하는 바에 따라 납세지 관할 세무서장에게 신고하여야 한다"고 규정하고 있으며, 특히 제5항은 "제1항의 신고기한까지 상속인이 확정되지 아니한 경우에는 제1항의 신고와는 별도로 상속인이 확정된 날부터 30일 이내에 확정된 상속인의 상속관계를 적어 납세지 관할 세무서장에게 제출하여야 한다"고 규정하고 있기 때문이다.

17) 만약, 지방국세청장이 과세표준과 세액을 결정한 것에 대하여는 지방국세청장이 조사·결정하였다는 것을 명시하여야 한다(상증령 제79조).

18) 상증법 제77조. 한편, 2015년 말까지는 상속인 또는 수유자가 2인 이상인 경우에는 대표자 1인에게만 통지할 수 있었다(2016. 2. 5. 개정 전 상증령 제79조 제2항).

## 제4절 상속세의 과세관할과 납세지

### 1 과세관할

#### (1) 상속개시지가 국내인 경우

상속세는 피상속인의 주소지(주소지가 없거나 불분명한 경우에는 거소지를 말하며, 이하 "상속개시지"라 한다)를 관할하는 세무서장(국세청장이 특히 중요하다고 인정하는 것에 대하여는 관할 지방국세청장으로 하며, 이하 "세무서장 등"이라 한다)이 과세한다(상증법 제6조 제1항). 즉, 상속재산의 규모가 일정금액 이상이거나 피상속인이 대규모 기업집단을 지배하고 있었던 경우 등에는 지방국세청장이 상속세를 조사하여 과세하고 있다.

#### (2) 상속개시지가 국외인 경우

상속개시지가 국외인 경우에는 국내에 있는 재산의 소재지를 관할하는 세무서장 등이 과세하고, 상속재산이 둘 이상의 세무서장 등의 관할구역 안에 있을 경우에는 주된 재산의 소재지를 관할하는 세무서장 등이 과세한다(상증법 제6조 제1항 단서). 이 경우 '주된 재산의 소재지'라 함은 과세관할별로 계산한 상속재산가액의 합계액이 가장 큰 곳을 말한다.

#### (3) 실종선고에 의한 상속개시의 경우

실종선고에 의한 상속개시의 경우에는 피상속인의 상속개시지를 관할하는 세무서장이 과세하고, 피상속인의 상속개시지가 불분명한 경우에는 주된 상속인(상속지분이 큰 자를 말하며, 지분이 큰 자가 2인 이상일 경우에는 연장자로 한다)의 주소지를 관할하는 세무서장이 과세한다.[19]

#### (4) 과세관할을 위반한 상속세의 신고 및 과세처분의 효력

상속세의 납세의무자가 관할 세무서를 위반하여 상속세를 신고한 경우에도 그 신고의 효력에는 영향이 없다(국기법 제43조 제2항). 그러나 국세의 과세표준과 세액을 결정 또는 경정 결정하는 때에는 그 국세의 납세지를 관할하는 세무서장 외의 세무서장이 행한 결정 또는

---

19) 상증법 기본통칙 6-0…1(실종선고에 의한 상속개시의 경우 과세관할)

경정결정처분은 그 효력이 없다(국기법 기본통칙 44-0…3).

## 2  상속재산의 소재지

피상속인이 국내에 주소를 두지 아니한 상태에서 사망한 경우에는 국내에 소재하는 상속재산에 대해서만 상속세가 과세되기 때문에 상속재산의 소재지가 국내인지 또는 국외인지의 여부는 상속세 과세대상 물건을 확정하는데 중요한 의미를 갖는다. 상속재산의 소재지에 관한 규정은 증여세의 경우에도 동일하게 적용되며, 상속재산의 소재지는 상속개시 당시의 현황에 의하여 판정한다(상증법 제5조).

| 상속재산의 소재지 |

| 상속재산 구분 | 소재지 |
| --- | --- |
| ① 부동산 또는 부동산에 관한 권리 | 부동산의 소재지 |
| ② 광업권 또는 조광권 | 광구의 소재지 |
| ③ 어업권 또는 입어권 | 어장에서 가장 가까운 연안 |
| ④ 선박 | • 선적(船籍)의 소재지<br>• 등기·등록이 제외되는 선박에 대하여는 그 선박 소유자의 주소지(상증법 기본통칙 5-0…1) |
| ⑤ 항공기 | 항공기 정치장(定置場)의 소재지 |
| ⑥ 주식·출자지분 또는 사채 | • 발행 법인의 본점 또는 주된 사무소의 소재지<br>• 외국법인이 국내에서 발행한 주식 등은 취급 금융회사 등 영업장의 소재지 |
| ⑦ 금전신탁 | • 그 신탁재산을 인수한 영업장의 소재지<br>• 금전신탁 외 신탁재산은 신탁한 재산소재지 |
| ⑧ 위 "⑥" 및 "⑦" 외의 금융재산 | 그 재산을 취급하는 금융회사 등 영업장의 소재지 |
| ⑨ 금전채권("⑥"~"⑧" 제외) | 채무자의 주소지 |
| ⑩ 위 "②"부터 "⑨"에 해당하지 않는 그 밖의 유형재산 또는 동산 | 그 유형재산의 소재지 또는 동산이 현재 있는 장소 |
| ⑪ 특허권·상표권 등 등록이 필요한 권리 | 그 권리를 등록한 기관의 소재지 |
| ⑫ 저작권, 출판권, 저작인접권 | 저작물이 발행되었을 경우 그 발생장소 |
| ⑬ 위 "①"부터 "⑫"까지를 제외한 그 밖의 영업장을 가진 자의 그 영업에 관한 권리 | 그 영업장의 소재지 |
| ⑭ 기타의 재산 | 그 재산 권리자의 주소 |

## 제5절 상속인 등의 납세의무 승계

### 1 납세의무 승계자

상속이 개시된 때에 그 상속인[민법 제1000조(상속의 순위), 제1001조(대습상속), 제1003조(배우자의 상속순위) 및 제1004조(상속인의 결격사유)에 따른 상속인을 말하고, 상증법 제2조 제5호에 따른 수유자를 포함] 또는 민법 제1053조에 규정하는 상속재산관리인은 피상속인에게 부과되거나 그 피상속인이 납부할 국세 및 강제징수비를 상속으로 받은 재산의 한도에서 납부할 의무를 진다(국기법 제24조 제1항).

2014. 12. 23. 개정된 국세기본법은 상속포기자의 조세회피 방지를 위해 상속포기자의 보험금을 납세의무 승계 대상에 포함시켰다. 즉, 납세의무 승계를 피하면서 재산을 상속받기 위하여 피상속인이 상속인을 수익자로 하는 보험계약을 체결하고, 상속인은 민법 제1019조 제1항에 따라 상속을 포기한 것으로 인정되는 경우로서 상속포기자가 피상속인의 사망으로 인하여 보험금을 받는 때에는 상속포기자를 상속인으로 보고, 보험금을 상속받은 재산으로 보아 납세의무를 승계하도록 하였다(국기법 제24조 제2항).

한편, 2024. 12. 31. 개정된 국세기본법은 위 승계범위를 확대하는 개정이 있었다. 즉, ① 피상속인이 상속인을 수익자로 하는 보험계약을 체결하고 그 피상속인의 사망으로 상속인이 보험금을 수령하는 경우, 지금까지는 상속인이 상속포기자인 경우에만 그 보험금을 납세의무가 승계되는 상속재산으로 보았으나 앞으로는 상속을 한정승인한 경우에도 그 보험금을 납세의무가 승계되는 상속재산으로 보며, ② 상속을 포기하거나 한정승인하지 아니한 상속인의 경우에도 피상속인이 국세 등을 체납한 상태에서 해당 보험료를 납입한 경우에는 보험료 납입기간 중 국세 등을 체납한 기간의 비율에 비례하는 보험금을 납세의무가 승계되는 상속재산으로 보도록 하였다.

이상과 같은 개정으로 현행 국세기본법 제24조 제2항의 규정은 다음과 같다.

> **국기법 제24조(상속으로 인한 납세의무의 승계)**
> ② 제1항에 따른 납세의무 승계를 피하면서 재산을 상속받기 위하여 피상속인이 상속인을 수익자로 하는 보험계약을 체결하고 피상속인의 사망으로 상속인이 보험금(「상속세 및 증여세법」 제8조에 따른 보험금을 말한다. 이하 이 조에서 같다)을 받은 경우에는

다음 각 호의 구분에 따른 금액을 상속인이 상속받은 재산으로 보아 제1항을 적용한다. 〈신설 2014. 12. 23., 2021. 12. 21., 2024. 12. 31.〉

1. 「민법」 제1019조 제1항에 따라 상속을 한정승인 또는 포기한 상속인이 보험금을 받은 경우 : 상속인이 받은 보험금 전액
2. 피상속인이 국세 또는 강제징수비를 체납한 상태에서 해당 보험의 보험료를 납입한 경우로서 상속인(「민법」 제1019조 제1항에 따라 상속을 한정승인 또는 포기한 상속인은 제외한다)이 보험금을 받은 경우 : 다음의 계산식에 따라 계산한 금액

$$\text{상속받은 재산으로 보는 보험금} = A \times \frac{B}{C}$$

A : 상속인이 받은 보험금
B : 피상속인이 최초로 보험료를 납입한 날부터 마지막으로 보험료를 납입한 날까지의 기간 중 국세를 체납한 일수
C : 피상속인이 최초로 보험료를 납입한 날부터 마지막으로 보험료를 납입한 날까지의 일수

## 2 납세의무의 승계시기

상속으로 인한 납세의무의 승계시기는 상속이 개시된 때이다. 상속은 사망으로 인하여 개시된다. 또한 실종선고의 경우에는 실종기간이 만료한 때에 사망한 것으로 의제되나, 상속은 실종선고일에 개시된 것으로 본다(상증법 제2조 제2호). 따라서 상속으로 인한 납세의무의 승계시기는 사망한 때 또는 실종선고일이다. 태아에게 상속이 된 경우에는 그 태아가 출생한 때에 상속으로 인한 납세의무가 승계된다(국기법 기본통칙 24-0-4).

## 3 승계되는 납세의무의 범위

### (1) 승계대상 국세

상속인 등은 피상속인에게 부과되거나 피상속인이 납부할 국세 및 강제징수비의 납세의무를 승계한다. 즉, 상속개시 당시 피상속인에게 부과된 국세뿐만 아니라 장래에 부과되거나 납부할 국세를 포괄적으로 승계한다. 상속으로 인한 납세의무의 승계는 피상속인이 부담할 제2차 납세의무도 포함하며, 이러한 제2차 납세의무의 승계에 반드시 피상속인의 생전에 국세징수법 제12조에 따른 납부고지가 있어야 하는 것은 아니다(국기법 기본통칙 24-0-1).

## (2) 승계하는 납세의무의 한도

상속인 등이 승계하는 납세의무는 "상속으로 받은 재산가액"을 한도로 하는바, "상속으로 받은 재산"은 다음 계산식에 따른 가액으로 한다. 이 경우 자산총액과 부채총액의 가액은 상속세 및 증여세법 제60조부터 제66조까지의 규정을 준용하여 평가한다(국기령 제11조 제1항, 제2항).

> ★
>
> 상속받은 재산가액 = 상속받은 자산총액 − (상속받은 부채총액 + 상속으로 인하여 부과되거나 납부할 상속세)

위 공식에서 상속으로 받은 재산의 가액을 계산함에 있어서 국세기본법 제24조 제1항에 따른 상속인이 받은 자산·부채 및 납부할 상속세와 같은 조 제2항에 따라 상속재산으로 보는 보험금 및 그 보험금을 받은 자가 납부할 상속세를 포함한다(국기령 제11조 제3항).

## (3) 상속인별 납세의무 승계액

상속으로 인한 납세의무의 승계에 있어 상속인이 2인 이상(공동상속)일 때에는 각 상속인은 피상속인에게 부과되거나 그 피상속인이 납부할 국세 및 강제징수비를 승계한다. 승계받는 세액은 민법 제1009조(법정상속분)·제1010조(대습상속분)·제1012조(유언에 의한 지정상속분) 및 제1013조(협의에 의한 분할상속분)에 따른 상속분을 아래 "ⓐ" 또는 대통령령으로 정하는 비율(아래 "ⓑ")에 따라 계산한 승계세액을 상속으로 받은 재산의 한도에서 연대하여 납부할 의무를 진다(국기법 제24조 제3항).

> ★
>
> - **민법상 상속인·상속재산만 있는 경우(ⓐ)**
>
>   ⓐ = 승계대상세액 × 상속인별 민법상 상속분
>
> - **상속인 중 수유자, 상속포기자가 있거나, 유류분을 받을 자[20] 또는 보험금이 있는 경우 (ⓑ)**
>
>   ⓑ = 승계대상세액 × $\dfrac{\text{상속인별 상속재산}}{\text{상속받은 재산합계액}}$

---

20) 피상속인의 납세의무가 상속인에게 승계되지 아니하고 누락되는 것을 방지하기 위하여, 공동상속인 중 민법에 따른 유류분을 받은 사람이 있으면 민법상의 법정상속비율 대신 대통령령으로 정하는 바에 따라 실제 상속받은 재산의 가액 비율(언급한 공식)로 납세의무를 승계하도록 2021. 12. 21. 국세기본법 제24조 제3항이 개정되었다.

## 4　대표자의 신고 및 지정

상속인이 다수인 경우 각 상속인은 피상속인의 납부할 국세 및 강제징수비를 납부할 대표자를 정하여(국기법 제24조 제3항 후단), 상속 개시일로부터 30일 이내에 관할 세무서장에게 신고하여야 한다.

세무서장은 대표자 신고가 없는 경우에는 상속인 중 1인을 대표자로 지정할 수 있다. 이 경우 세무서장은 그 뜻을 적은 문서로 지체없이 각 상속인에게 통지하여야 한다(국기령 제12조).

## 5　납세의무 승계에 관한 처리 절차

납세의무를 승계함에 있어, 상속인이 있는지 분명하지 아니할 때에는 상속인에게 하여야 할 납세의 고지·독촉이나 그 밖에 필요한 사항은 상속재산관리인에게 하여야 한다. 상속인이 있는지 분명하지 아니하고 상속재산관리인도 없을 때에는 세무서장은 상속개시지를 관할하는 법원에 상속재산관리인의 선임을 청구할 수 있다. 피상속인에게 한 처분 또는 절차는 국세기본법 제24조 제1항에 따라 상속으로 인한 납세의무를 승계하는 상속인이나 상속재산관리인에 대해서도 효력이 있다(국기법 제24조 제4~6항).

# 제3장

# 상속재산

## 제1절 상속재산의 범위

### 1 개 요

상속세가 과세되는 재산은 상속·유증 또는 사인증여(증여채무 이행 중에 증여자가 사망한 경우의 당해 증여 포함), 유언대용신탁 및 수익자연속신탁, 특별연고자의 상속재산 분여로 인하여 상속인 또는 수유자가 취득하는 재산을 말한다(상증법 제2조 및 제3조). 이를 본래의 상속재산이라 한다.

상속세 과세대상을 규정한 상증법 제3조의 규정에도 불구하고 상증법 제2조 제3호는 상속재산의 구체적인 개념 파악이 어려운 점을 고려하여 상속재산의 범위를 다음과 같이 규정하고 있다.

"상속재산"이란 피상속인에게 귀속되는 모든 재산을 말하며, 다음의 물건과 권리를 포함한다. 다만, 피상속인의 일신(一身)에 전속(專屬)하는 것으로서 피상속인의 사망으로 인하여 소멸되는 것은 제외한다.

가. 금전으로 환산할 수 있는 경제적 가치가 있는 모든 물건

나. 재산적 가치가 있는 법률상 또는 사실상의 모든 권리

상증법 제2조 제3호가 규정한 상속재산의 범위는 민법이 규정하는 상속재산의 범위와 동일하다.[21]

이상의 내용을 종합하면, '상속재산'은 토지·건물·예금 등 피상속인에게 귀속되는 재산으로서 금전으로 환가할 수 있는 경제적 가치가 있는 모든 물건과 재산적 가치가 있는 법률

---

21) 채수열, 「상속세 및 증여세법」, 박영사, 2012., 54면

상 또는 사실상의 모든 권리를 포함하며(피상속인의 일신전속권(一身專屬權)은 제외), 유증재산과 사인증여재산을 포함한다.

★

본래의 상속재산 = 민법상 상속재산 + 유증재산 + 사인증여재산

## 2 민법과 다른 상증법상 상속재산의 범위(총 상속재산가액)

　상증법 제2조 및 제3조의 규정을 보면, 민법상의 상속재산을 상속세 과세대상으로 하고 있다. 그런데 민법이 적극재산인 재산적 권리와 소극재산인 재산적 의무를 상속재산으로 규정한 것과 달리, 상증법은 제13조에서 채무 등 소극재산은 상속재산가액에서 차감하여 상속세 과세가액을 산정하도록 하고 있다.

　상증법은 민법과 달리 보험금, 신탁재산, 퇴직금 등을 상속재산으로 보도록 규정하여 상속·유증 또는 사인증여에 의하여 이전되는 재산은 아니지만 실질적으로 이와 동일한 결과가 되는 것으로 인정되는 일정재산에 대하여 이를 상속재산으로 의제(간주)하여 상속세를 과세하도록 규정하고 있다(상증법 제8~10조). 이는 민법상으로 보면 상속재산이 아닌데 세법이 상속재산으로 보는, 즉 의제(擬制)하는 것이므로 의제상속재산이라고 한다.

★

의제상속재산 = 생명·손해보험금 + 신탁재산 + 퇴직금 등

　또한 상증법은 제15조 제1항에서 상속세 과세가액에 산입하는 것으로 '추정상속재산'을 규정하고 있다. 추정상속재산은 상속개시일 전에 피상속인이 재산을 처분하여 받거나 재산에서 인출한 금액 또는 부담한 채무액 중 그 사용 용도가 객관적으로 명백하지 않은 금액 중 일부를 상속인에게 과세포착이 어려운 현금으로 상속한 것으로 추정하여 상속세 과세가액에 산입하는 것을 말한다.

　이상의 설명을 종합하여 상속세가 과세되는 상속재산의 범위는 다음과 같이 정리할 수 있다.

★

총 상속재산 = 본래의 상속재산 + 의제(간주)상속재산 + 추정상속재산

### 3  민법상 상속재산에 포함되는 특수한 경우의 상속재산

한편, 매매계약 이행 중에 상속이 개시되는 경우 등 특수한 경우에 상속재산에 포함하는 것이 타당한지 여부의 판단에 어려움이 있다. 이에 대해 국세청은 행정해석으로 다음과 같이 판정하고 있다.

#### (1) 상속개시 후 상속등기 외의 사유로 소유권이전된 상속재산

상속개시 당시 피상속인의 명의로 된 재산이 상속의 원인이 아닌 증여 또는 매매 등의 원인으로 소유권이 이전되는 경우 아래와 같이 사실상의 소유권이전 원인에 따라 상속재산에 포함하거나 제외한다.[22]

첫째, 피상속인이 증여하기로 계약을 체결하였으나 소유권이전을 못하고 사망하여 상속개시 후 증여등기를 한 경우 당해 재산은 상속재산에 포함시켜 상속세를 과세하고 증여등기 등이 된 시점에서는 증여세를 과세하지 않는다.

둘째, 위 첫째 내용을 적용할 때 상속인 외의 자를 취득자로 하여 피상속인으로부터 직접 소유권이전등기 등을 한 경우 그 재산은 상속재산에 포함한다. 이 경우 그 재산이 피상속인으로부터 유증 또는 사인증여(상증법 제14조 제1항 제3호에 따른 증여채무의 이행 중에 증여자가 사망한 경우의 해당 증여를 포함한다)된 것이 아닌 경우에는 상속인이 그 취득자에게 소유권을 이전한 것으로 본다.

#### (2) 매매계약 이행 중에 상속이 개시된 경우[23]

피상속인이 재산을 매도하기 위하여 매매계약을 체결하고 계약금 또는 중도금을 수령하고 잔금을 수령하기 전에 사망한 경우에는 당해 재산은 상속재산에 포함하며 이때의 재산평가액은 총 매매가액에서 피상속인이 수령한 계약금 또는 중도금을 차감한 가액으로 한다.

만약, 매수 중에 사망한 경우로서 피상속인이 잔금까지 지급하고 소유권만을 이전하지 못한 상태에서 사망하였다면 당해 재산은 상속재산에 포함시키는 것이며, 잔금을 지급하지 못한 상태에서 사망하였다면 피상속인이 지급한 계약금 및 중도금을 부동산 매수채권으로 보아 상속재산에 포함시킨다.

---

22) 상증법 기본통칙 2-0…2(상속개시 후 명의이전된 재산의 상속재산 포함 여부)
23) 상증법 기본통칙 2-0…3(부동산 매매계약 이행 중인 재산의 상속재산 포함 여부)

**사례 1** 피상속인이 부동산을 매도하는 중에 사망한 경우 상속세 과세방법은?

○ 2023. 7. 5. 피상속인이 乙에게 A부동산을 매도하기로 계약을 체결하고 잔금수령하기 전(①) 또는 수령 후(②)에 사망한 경우 사례별 과세방법은?

- 매매가액 12억 원(계약금 2억 원, 중도금 4억 원, 잔금 6억 원을 수령하기로 함)

| '23. 7. 5. | '23. 8. 5. | '24. 3. 2. | '24. 3. 20. | '24. 3. 31. | '24. 4. 10. |
|---|---|---|---|---|---|
| △ | △ | ① | △ | ② | △ |
| 계약금 2억 원 수령 | 중도금 4억 원 수령 | 피상속인 사망 | 잔금 6억 원 수령 | 피상속인 사망 | 乙명의로 소유권 이전 |

(①시점 사망 시) A부동산 6억 원을 상속재산에 포함시키고 피상속인이 수령한 6억 원의 사용처 미소명 시 과세

(②시점 사망 시) A부동산 상속재산에서 제외. 12억 원 사용처 소명요구하고 미소명 시 상속추정하여 과세

**사례 2** 피상속인이 부동산을 매수하는 중에 사망한 경우 상속세 과세방법은? (사례 1의 반대 거래)

○ 2023. 11. 5. 피상속인이 乙로부터 B부동산을 매수하기로 계약을 체결하고 잔금을 지급하기 전(①) 또는 지급한 후(②)에 사망한 경우 사례별 과세방법은?

- 매매가액 11억 원(계약금 2억 원, 중도금 4억 원, 잔금 5억 원 지급하기로 함)

| '23. 11. 5. | '23. 11. 27. | '24. 4. 20. | '24. 5. 5. | '24. 5. 25. | '24. 6. 10. |
|---|---|---|---|---|---|
| △ | △ | ① | △ | ② | △ |
| 계약금 2억 원 지급 | 중도금 4억 원 지급 | 피상속인 사망 | 잔금 5억 원 지급 | 피상속인 사망 | 상속인 명의 소유권 이전 |

(①시점 사망 시) B부동산 매수채권 6억 원을 상속재산에 포함하여 과세

(②시점 사망 시) B부동산이 상속재산이며 평가액은 11억 원

### (3) 명의신탁재산의 상속재산 포함 여부

상속재산 포함 여부는 피상속인의 이름으로 되어 있는 재산인지, 제3자 명의로 된 재산인지 여부에 관계없이 해당 재산의 실질적인 소유권이 피상속인에게 있는지 여부에 따라 판단한다. 이는 명의신탁시기에 명의수탁자에게 증여한 것으로 의제하여 증여세가 과세된 경우에도 동일하다.

따라서 상속개시일 현재 피상속인이 제3자에게 명의신탁한 재산은 상속재산에 포함되는 것이며, 피상속인 명의로 등기 등이 되어 있으나 피상속인이 명의만을 빌려준 명의수탁재산은 상속재산에 포함되지 않는다.

또한, 피상속인이 차명계좌를 통해 관리한 예금의 경우에도 상속재산에 포함되는 것이며, 피상속인 명의의 예금계좌의 경우에도 제3자가 당해 예금계좌를 실질적으로 지배·관리하는 등 피상속인은 명의만 빌려준 것으로 확인되면 상속재산에 포함하지 않는다.

---

**사 례**  피상속인이 명의신탁 또는 명의수탁받은 주식에 대한 상속세 과세방법은?[24]

[명의신탁 내용 및 상속개시일]

○ 2023. 11. 5. 甲이 타인으로부터 취득한 주식을 乙에게 명의신탁함으로써 乙에게 증여한 것으로 의제하여 증여세가 부과되고 乙명의로 주주명부에 등재된 상태에서,

– 甲 또는 乙이 사망한 경우 당해 주식에 대한 상속세 과세방법은?

(가정 1) 명의신탁자인 甲이 사망한 경우 ☞ 甲의 상속재산에 7억 원을 포함하여 과세함.

| '23. 11. 5. | '23. 12. 5. | '24. 3. 10. ① | '24. 6. 15. |
|---|---|---|---|
| 피상속인 甲의<br>주식 취득 | 乙명의로<br>명의개서 | 甲<br>사망 | 상속인<br>명의로 환원 |
| 주식평가액 ☞ | (5억 원) | (7억 원) | (6.5억 원) |

(가정 2) 명의수탁자인 乙이 사망한 경우 ☞ 乙의 상속재산으로 보지 않음

| '23. 11. 5. | '23. 12. 5. | '24. 2. 10. ① | '24. 7. 15. |
|---|---|---|---|
| 甲의<br>주식 취득 | 乙명의로<br>명의개서 | 乙<br>사망 | 甲<br>명의로 환원 |
| 주식평가액 ☞ | (5억 원) | (7억 원) | (6.5억 원) |

---

24) 국세공무원교육원, 앞의 책, 462면

제**2**절 **의제(간주) 상속재산**

**1** 생명보험금 또는 손해보험금

보험금은 피상속인을 경유하여 수령한 것이 아니라 보험계약에 따라 지정된 수령인이 직접 원시취득한 것이 되어 민법상 상속재산에 포함되지 아니하나, 피상속인이 보험료를 지불하고 그의 사망을 원인으로 하여 상속인이 취득하였다는 점에서는 민법상 상속재산과 경제적 실질이 동일하므로 실질과세의 원칙에 따라 상속재산으로 의제하여 상속세를 과세한다(상증법 제8조).

상속재산으로 의제하는 보험금은 피상속인의 사망으로 인하여 지급받는 생명보험금 또는 손해보험금으로서 피상속인이 보험계약자가 된 보험계약에 따라 지급받는 것을 말한다. 또한 피상속인이 보험계약자가 아닌 경우에도 피상속인이 실질적으로 보험료를 지불하였을 때에는 해당 보험금도 상속재산으로 본다.

★

$$의제상속재산 = 보험금 \ 수령액 \times \frac{피상속인이 \ 부담한 \ 보험료 \ 합계액}{피상속인의 \ 사망 \ 시까지 \ 납입된 \ 보험료의 \ 합계액}$$

이 경우 피상속인이 부담한 보험료는 보험증권에 기재된 보험료의 금액에 의하여 계산하고 보험계약에 의하여 피상속인이 지급받는 배당금 등으로 당해 보험료에 충당한 것이 있을 때에는 그 충당된 부분의 배당금 등의 상당액은 피상속인이 부담한 보험료에 포함한다(상증령 제4조 제2항).

**사 례** **상속재산에 포함할 보험금의 금액은?**

○ 甲의 사망으로 인한 생명보험금은 1억 원이며, 총납입보험료는 2천만 원(甲의 부담분 1천만 원, 상속인 부담분 1천만 원)인 경우 상속재산으로 보는 금액은?

$$5천만 \ 원 = 1억 \ 원 \times \frac{1천만 \ 원}{2천만 \ 원}$$

한편, 피상속인의 사망으로 지급받는 생명보험의 보험금을 상속재산으로 의제하여 상속세를 부과하도록 규정하고 있는 구 「상속세 및 증여세법」(1996. 12. 30. 법률 제5193호로 전부 개정된 것) 제8조 중 '생명보험의 보험금'에 관한 부분이 실질적 조세법률주의에 위배되거나 납세의무자의 재산권을 침해하는지 여부에 대하여 헌법재판소는 위 부분이 헌법에 위배되지 않는다고 결정하였다.[25]

## 2  신탁재산

### (1) 개요

신탁법에 의하여 피상속인(위탁자)이 신탁한 재산의 명목상 소유권 등은 수탁자에게 귀속되나 위탁자는 신탁을 해지할 수 있는 등 실질적인 권리를 가지고 있으므로 다음에 해당하는 신탁재산은 위탁자인 피상속인의 상속재산으로 의제하여 상속세를 부과한다(상증법 제9조).

① 피상속인이 신탁한 재산. 다만, 제33조(신탁이익의 증여) 제1항에 따라 수익자의 증여재산가액으로 하는 해당 신탁의 이익을 받을 권리의 가액(價額)은 상속재산으로 보지 아니한다.

② 피상속인이 신탁으로 인하여 타인으로부터 신탁의 이익을 받을 권리를 소유하고 있는 경우에는 그 이익에 상당하는 가액을 상속재산에 포함한다.

위 내용 중 신탁의 이익을 받을 권리를 소유하고 있는 경우의 판정은 상증령 제25조(신탁이익의 계산방법 등)의 규정에 따라 원본 또는 수익이 타인에게 지급되는 경우를 기준으로 한다(상증령 제5조).

한편, 2020. 12. 22. 상증법 개정에 따라 상속으로 보는 '수익자연속신탁'의 수익자가 사망함으로써 타인이 새로 신탁의 수익권을 취득하는 경우 그 타인이 취득한 신탁의 이익을 받을 권리의 가액은 사망한 수익자의 상속재산에 포함한다.

---

25) 피상속인이 실질적으로 보험료를 지불하고 그의 사망을 원인으로 일시에 무상으로 수취하는 생명보험금은 유족의 생활보장을 목적으로 피상속인의 소득능력을 보충하는 금융자산으로서의 성격도 지니고 있는 등 그 경제적 실질에 있어서는 민법상의 상속재산과 다를 바 없다. 또 이 사건 법률조항에 의하여 생명보험금 전부를 상속재산으로 의제하여 상속세를 부과하는 것이 그 일부나 전부에 대하여 소득세를 부과하는 것보다 이 사건 생명보험금의 경제적 실질에 부합하는 조세부과이고, 또 실질과세의 원칙 등을 실현하기 위한 적절한 수단이라고 할 것이다. 따라서 이 사건 법률조항은 법률상의 형식과 경제적 실질이 서로 부합하지 않는 경우에 그 경제적 실질을 추구하여 그에 과세함으로써 과세형평과 실질과세의 원칙을 실현함과 아울러 인위적인 상속세 회피를 방지하기 위한 것으로서, 그 입법목적의 정당성이나 방법의 적절성이 인정된다(헌재 2007 헌바137, 2009. 11. 26.).

| 신탁재산에 대한 흐름도 |

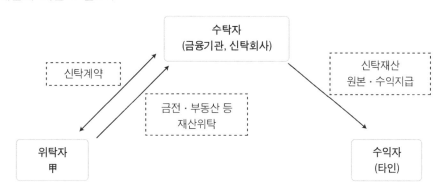

## (2) 종중에 신탁한 재산의 경우

피상속인이 종중에 신탁한 재산의 경우 상속재산으로 볼 수 있을까?

해당 신탁의 성격에 따라 상속재산으로 볼 수도 있고 그렇지 않을 수도 있다. 예컨대 종중의 구성원(종원)이면서 상속인인 자가 해당 신탁재산을 처분할 수 없고 해당 재산에서 발생하는 과실을 온전히 종중의 유지·관리를 위하여 사용한다면 상속재산으로 보기 어려울 것이다. 이 경우 해당 재산은 타익신탁으로 피상속인의 관리범위에서 벗어난 것으로 보았다는 의미이다.

하지만 해당 재산을 상속인 혹은 종원이 임의로 처분할 수 있을 뿐만 아니라 그 과실을 종원이면서 상속인인 일부에게 배분하고 있다면 이는 신탁재산으로 보아 상속세 과세대상 재산에 해당한다고 할 것이다. 이 경우는 그 실질을 관리신탁으로 볼 수 있을 것이다.

실제 사례를 보자.

1960년대 국토개발이 한창 진행되던 무렵 사업으로 부를 일군 A씨는 경기도 ○○일대 수십만 제곱미터의 토지를 매입하였다. 1970년 후반에 본인의 가족을 종중의 구성원으로 하는 소종중을 설립하고 이어 1980년대 초반에 본인 소유토지를 그 종중에 신탁하였다. A씨는 신탁재산을 향후 50년 동안 처분을 금지하고 종중이 관리를 하도록 하였다.

2000년대 중후반에 이르러 A씨와 그의 배우자는 차례로 사망하였다. 이때 상속인들은 해당 신탁재산을 타익신탁으로 추정하고 상속재산으로 신고하지 않았다. 2010년대 초반, 해당 재산은 종중의 정관이나 종원의 의사와 관계없이 공공사업 목적으로 LH공사에 수용되었다.

LH공사는 해당 재산을 수용하면서 매매대금을 종중의 구성원인 상속인들에게 배분하였다. 이에 각 상속인들은 동 금원을 해당 재산의 양수도대금으로 인식하여 양도소득세를 납부하였다.

하지만 그로부터 3년여가 지난 후 과세관청은 해당 재산은 망인인 A씨가 관리신탁을 한 것으로 사망 당시 상속재산에 포함하여야 한다는 취지로 상속세를, 토지수용보상금을 토지의 양도로 보아 양도소득세 등을 고지하였다. 이에 상속인들이 불복하여 소송을 제기하였다.

쟁점은 해당 재산을 상속재산으로 볼 수 있는지 여부 및 상속세 신고·납부를 해태한 부분에 대한 가산세를 부과할 수 있는지 여부 등 두 가지였다. 이에 대해 법원은 해당 신탁재산을 상속재산으로 보아야 하며 가산세 부과는 정당하다는 취지로 판단하였다.

법원은 우선 해당 사건의 신탁등기에 관한 등기권리증 신탁원부에는 '신탁의 목적 관리'라고 기재되어 있어 신탁의 목적이 '관리'라는 점을 특정하고 있는 점, 이 사건 신탁기간이 50년으로 그 기간 내 임의처분을 금지하고 있긴 하지만 그러한 점을 등기하지 않아 당사자 혹은 종원의 임의처분을 막을 수 있는 근거가 부족한 점 및 이 사건 신탁은 '타익신탁'은 맞지만 객관적 근거자료가 부족하고 신탁재산 자체의 처분 가부 또는 처분대가에 관한 귀속 관련 약정이 없는 점 등을 고려하면 이 사건 신탁은 종중으로 하여금 토지임대수익의 일부를 받도록 하고 종중에 관리만을 위탁한 관리신탁으로 보일뿐 제출된 증거만으로는 종중이 처분신탁을 받았다고 보기에 부족한바 상증법 제9조에 따른 상속재산으로 보는 신탁재산임이 상당하다고 판단하였다.

또한 가산세 부과는 다음과 같은 사정들을 고려하면 상속인들이 상속세 등의 신고·납부 의무를 알지 못한 것이 무리가 아니었다고 할 수 있거나, 그 의무의 이행을 상속인들에게 기대하는 것이 무리라고 하는 등 정당한 사유가 있다고 보기 어렵고 상속인들이 제출한 증거들과 주장하는 사정만으로 이와 달리 보기 어렵다고 판시하였다.

첫째, 구 상증법 제9조 제1항에 의하면, 원칙적으로 망인이 신탁한 재산은 상속재산으로 간주되고, 타인이 신탁의 이익을 받을 권리를 소유하고 있는 경우에는 그 이익에 상당하는 가액만이 상속세 과세표준에서 제외될 뿐인바, 이러한 위 조항의 해석에 견해의 대립이 있다고 보기 어려운 점

둘째, 원고들이 기 제출한 소명서상 해당 재산이 실질적으로 자손의 공동소유라는 취지의 기재가 있는 점

셋째, 상속인들이 상속세 등을 신고·납부하지 않은 것은 이 사건 신탁으로 인하여 이 사건 토지가 망인의 상속재산에 포함되는지 여부 등에 관한 법률상의 오해나 부지에 기인한 것으로 보이는 점

넷째, 상속인들이 이 사건 토지가 망인의 상속재산에 포함되는지 여부 등에 관하여 과세관청에 질의 등을 한 바가 없고 이에 관하여 과세관청의 견해표명도 없어서 상속인들이 상속세를 신고·납부하지 않은 것이 과세관청의 잘못된 언동에 기인한 것으로 볼 수도 없는

점 등(대법원 2017두61478, 2017. 12. 7. 심리불속행, 서울고법 2017누39985, 2017. 8. 25., 서울행법 2016구합65411, 2017. 2. 10.)

### 3 퇴직금 등

피상속인에게 지급될 퇴직금, 퇴직수당, 공로금, 연금 또는 이와 유사한 것이 피상속인의 사망으로 인하여 지급되는 경우에 그 금액은 상속재산으로 본다(상증법 제10조). 여기에서 "퇴직금, 퇴직수당, 공로금, 연금 또는 이와 유사한 것"이란 퇴직급여지급규정 등에 의하여 지급받는 금품과 피상속인이 근무하고 있는 사업과 유사한 사업에 있어 피상속인과 같은 지위에 있는 자가 받거나 받을 수 있다고 인정되는 금액을 감안하여 피상속인의 지위·공로 등에 따라 지급되는 금품을 말한다(상증법 기본통칙 10-0…1).

다만, 퇴직금 등이라도 다음의 경우에는 상속재산으로 보지 아니한다(상증법 제10조 단서).

① 국민연금법에 따라 지급되는 유족연금 또는 사망으로 인하여 지급되는 반환일시금

② 공무원연금법, 공무원 재해보상법 또는 사립학교교직원 연금법에 따라 지급되는 퇴직유족연금, 장해유족연금, 순직유족연금, 직무상유족연금, 위험직무순직유족연금, 퇴직유족연금부가금, 퇴직유족연금일시금, 퇴직유족일시금, 순직유족보상금, 직무상유족보상금 또는 위험직무순직유족보상금

③ 군인연금법 또는 군인 재해보상법에 따라 지급되는 퇴역유족연금, 상이유족연금, 순직유족연금, 퇴역유족연금부가금, 퇴역유족연금일시금, 순직유족연금일시금, 퇴직유족일시금, 장애보상금 또는 사망보상금

④ 산업재해보상보험법에 따라 지급되는 유족보상연금·유족보상일시금·유족특별급여 또는 진폐유족연금

⑤ 근로자의 업무상 사망으로 인하여 근로기준법 등을 준용하여 사업자가 그 근로자의 유족에게 지급하는 유족보상금 또는 재해보상금과 그 밖에 이와 유사한 것

⑥ 전직대통령예우에 관한 법률 또는 별정우체국법에 따라 지급되는 유족연금·유족연금일시금 및 유족일시금(상증령 제6조)

한편, 피상속인에게 지급하기로 확정된 퇴직금을 상속인이 포기한 경우에는 상속인이 당해 퇴직금을 상속받아 퇴직금 지급의무자에게 증여한 것으로 본다.

## 제3절  추정상속재산

### 1  제도의 취지

추정상속재산 제도를 둔 이유는 피상속인이 사망하기 전에 부동산·주식 등의 재산을 처분하거나 상속재산가액에서 차감되는 금전을 차입한 후 현금 등으로 은밀히 상속인에게 증여 또는 상속함으로써 상속세 등을 부당하게 경감시키는 것을 방지하기 위함이다. 피상속인이 사망하기 전 일정기간 내에 재산을 처분하였거나 채무를 부담한 금액이 일정금액 이상인 경우에는 그 금전에 대한 사용처를 상속인으로 하여금 입증하도록 하고 그 용도가 객관적으로 명백하지 아니한 금액에 대해서는 현금 등으로 상속받은 것으로 추정하여 상속세 과세가액에 산입한다.

이와 같이 피상속인이 상속개시일 전 처분한 재산 등을 상속재산으로 추정하여 총 상속재산가액에 포함한다. 상증법은 제15조에서 이러한 추정상속재산을 상속세 과세가액에 산입하도록 규정하고 있다.

### 2  상속개시일 전 처분재산 등 및 채무부담의 상속추정

피상속인이 재산을 처분하였거나 채무를 부담한 경우로서 다음의 어느 하나에 해당하는 경우에는 이를 상속받은 것으로 추정하여 상증법 제13조에 따른 상속세 과세가액에 산입한다(상증법 제15조 제1항).

① 피상속인이 재산을 처분하여 받은 금액이나 피상속인의 재산에서 인출한 금액이 상속개시일 전 1년 이내에 재산 종류별로 계산하여 2억 원 이상인 경우와 상속개시일 전 2년 이내에 재산 종류별로 계산하여 5억 원 이상인 경우로서 용도가 객관적으로 명백하지 아니한 경우

② 피상속인이 부담한 채무를 합친 금액이 상속개시일 전 1년 이내에 2억 원 이상인 경우와 상속개시일 전 2년 이내에 5억 원 이상인 경우로서 용도가 객관적으로 명백하지 아니한 경우

즉, 피상속인이 상속개시일 전 재산을 처분하거나 채무를 부담한 경우로서 재산처분액 또는 채무부담액이 다음에 해당될 경우 상속재산으로 추정하여 상속세 과세가액에 산입한다(상증법 집행기준 15-0-1).

| 기 간 | 상속개시 전 재산처분액 또는 채무부담액 |
|---|---|
| 상속개시일 전<br>1년 이내 | 재산종류별 또는 채무합계액으로 계산하여 2억 원 이상인 경우로서 용도 불분명한 경우 |
| 상속개시일 전<br>2년 이내 | 재산종류별 또는 채무합계액으로 계산하여 5억 원 이상인 경우로서 용도 불분명한 경우 |

위 경우, 피상속인이 재산을 처분한 경우는 재산종류별로, 피상속인이 상속개시 전 채무를 부담한 경우에는 채무의 합계액을 기준으로 1년 이내에 2억 원 이상인지, 2년 이내에 5억 원 이상인지 여부를 판단한다.

상속추정 대상재산의 범위와 관련하여, 1999. 12. 31. 이전에는 상속개시 전 처분재산 등의 사용처 소명대상기간을 상속개시 전 1년 이내로 제한하는 규정만을 두었었다. 그러나 고액재산가의 경우 상속개시 1년 전부터 재산을 처분하는 방법으로 사전상속에 악용하는 경우가 많아 이를 방지하기 위해 처분가액 및 부담채무액의 크기에 따라 사용처 소명대상기간을 1년 이내에는 2억 원 이상으로, 2년 이내에는 5억 원 이상으로 차등하여 2000. 1. 1. 이후 상속개시되는 분부터 적용하도록 하였다.

## 3 상속추정 처분재산의 종류 및 처분재산가액의 계산

상증법 제15조 제1항 제1호에서, 피상속인이 재산을 처분하여 받은 금액이나 피상속인의 재산에서 인출한 금액이 상속개시일 전 1년 이내에 재산 종류별로 계산하여 2억 원 이상인 경우와 상속개시일 전 2년 이내에 재산 종류별로 계산하여 5억 원 이상인 경우로서 용도가 객관적으로 명백하지 아니한 경우에 이를 상속받은 것으로 추정하여 상증법 제13조에 따른 상속세 과세가액에 산입하도록 하고 있다. 여기서 "재산 종류별"이란 다음의 구분에 따른 것을 말한다(상증령 제11조 제5항). 이 경우 재산종류별로 피상속인이 처분한 재산가액은 실제 수입한 금액으로 하며, 실제 수입한 금액이 확인되지 않으면 당해 재산의 처분당시 시가로 하되 시가가 불분명한 경우에는 상증법상 보충적 평가방법에 따른 평가액으로 한다.

① 현금 · 예금 및 유가증권(상품권 포함)

② 부동산 및 부동산에 관한 권리

③ 위 "①, ②" 외의 기타재산(특허권, 실용신안권, 광업권 등)

요약하면, 상속인이 처분재산가액 등의 사용처를 소명하여야 할 재산종류별, 기간별 가액은 다음과 같다.

| 사용처를 소명해야 할 처분재산(예금인출)별 및 기간별 가액기준 |

| 구 분 | 1년 이내 | 2년 이내 |
|---|---|---|
| • 현금·예금 및 유가증권 | 2억 원 이상 | 5억 원 이상 |
| • 부동산 및 부동산에 관한 권리 | 2억 원 이상 | 5억 원 이상 |
| • 기타재산(특허권 등) | 2억 원 이상 | 5억 원 이상 |

● 처분재산에 따른 사용처 소명대상 여부 판정 사례

'23. 1. 1.　　　　　　'24. 1. 1.　　　　　　'25. 1. 1.

△　　　　　　　△　　　　　　　▲

상속개시일

(사례 1) '23. 4. 5. A토지 5.7억 원, '24. 4. 1. B건물 1억 원, '24. 9. 1. C입주권 3천만 원 처분

☞ 1년 이내는 1.3억 원으로 2억 원 이상이 되지 않으므로 B와 C는 소명 대상이 아니나, 2년 이내 처분재산가액이 7억 원이므로 A, B, C 모두 사용처 소명 대상임.

(사례 2) '23. 4. 5. D주식 0.5억 원, '24. 4. 1. E수익증권 2억 원, '24. 9. 1. F예금인출 2억 원 처분

☞ 1년 이내는 4억 원으로 E와 F는 소명 대상이 되나, 2년 이내 처분재산이 4.5억 원으로 5억 원 이상이 되지 않으므로 D주식은 사용처 소명 대상이 아님.

## 4 용도가 객관적으로 명백하지 않은 사유 및 상속추정가액의 계산

### (1) 용도가 객관적으로 명백하지 않은 사유

상속개시일 전 재산을 처분하거나 인출한 경우 또는 채무를 부담한 경우의 처분대금·인출액·채무액의 용도가 객관적으로 명백하지 아니한 경우란 다음의 어느 하나에 해당하는 경우를 말한다(상증령 제11조 제2항). 이에 따라 용도가 객관적으로 명백하지 아니하면 동 금액은 상속세 과세가액에 산입하게 된다.

① 피상속인이 재산을 처분하여 받은 금액이나 피상속인의 재산에서 인출한 금전 등 또는 채무를 부담하고 받은 금액을 지출한 거래상대방이 거래증빙의 불비 등으로 확인되지 아니하는 경우

② 거래상대방이 금전 등의 수수사실을 부인하거나 거래상대방의 재산상태 등으로 보아 금전 등의 수수사실이 인정되지 아니하는 경우

③ 거래상대방이 피상속인의 특수관계인으로서 사회통념상 지출사실이 인정되지 아니하는 경우

④ 피상속인이 재산을 처분하거나 채무를 부담하고 받은 금전 등으로 취득한 다른 재산이 확인되지 아니하는 경우

⑤ 피상속인의 연령·직업·경력·소득 및 재산상태 등으로 보아 지출사실이 인정되지 아니하는 경우

## (2) 상속추정하지 않는 경우 및 상속추정 재산가액

그러나 처분재산가액 또는 채무부담액에 대한 용도가 객관적으로 명백하지 아니한 금액이 다음 "①, ②" 중 적은 금액에 미달하는 경우에는 처분금액 등 전부를 용도가 명백한 것으로 보며,[26] 그 금액 이상인 경우에는 용도가 명백하지 않은 금액에서 다음의 "①, ②" 중 적은 금액을 차감한 금액을 상속세 과세가액에 산입한다(상증령 제11조 제4항).

① 재산처분금액, 인출된 금전, 채무부담 금액의 20%에 상당하는 금액

② 2억 원

요약하면 다음과 같다.[27]

| 추정상속재산가액의 계산 및 상속추정배제 기준 |

| 구 분 | 재산처분액·채무부담액 |
|---|---|
| 추정상속 재산가액 | 사용처불분명 금액* − Min(①처분재산가액·인출금액·채무부담액×20%, ②2억 원) |
| 상속추정의 배제 | 사용처불분명 금액 〈 Min(①처분재산가액·인출금액·채무부담액×20%, ②2억 원) |

* 사용처불분명 금액 = 처분재산가액·인출금액·채무부담액 − 사용처 입증액

이 경우 상속개시 전 처분재산에 대한 사용처 소명대상 여부 및 80% 이상 소명 여부는 재산종류별 또는 채무별로 각각 판단하며, 사용처 불분명금액에서 2억 원 상당을 차감하는 것도 재산종류별로 차감하는 것이다.[28] 상속인이 변제할 의무가 없다고 추정되는 사채(私

---

26) 그 이유는 피상속인의 사후에 상속인이 그 처분대금 등의 용도를 전부 입증하기 어려운 점을 감안한 것이다.
27) 상증법 집행기준 15-11-6
28) 재산상속 46014-57, 2003. 3. 6. 및 대법원 2001두3570, 2002. 7. 12.

債)는 전액을 소명하지 못한 경우에는 미소명금액 전부를 상속재산에 포함하여 상속세를
과세한다.

> **사 례** 다음의 사례에 의해 피상속인 재산처분 또는 인출금액의 추정상속금액을
> 산출하면?

| 재산 종류 | 입증대상금액<br>(억 원) | 입증금액<br>(억 원) | 입증비율<br>(%) | 용도불분명<br>(억 원) | 추정상속가액<br>(억 원) |
|---|---|---|---|---|---|
| 합 계 | 17 | 9.1 | 53.5 | 7.9 | 5.2<br>(7.2−2) |
| 부동산<br>처분대금 | 5 | 4.3 | 86 | 0.7 | |
| 금융기관<br>채무부담액 | 12 | 4.8 | 40 | 7.2 | |

(해설) ① 부동산 처분대금은 80% 이상 입증되고 용도불분명 금액이 2억 원 미만이므
로 추정상속가액에서 제외된다.

② 채무부담액은 입증비율이 80% 미만이므로 상속추정금액이 계산되며 그 금액
은 용도불분명금액(7.2억 원)에서 입증하여야 할 금액 12억 원의 20%와 2억
원 중 적은 금액인 2억 원을 차감하면 5.2억 원이 추정상속재산으로 계산된다.

## (3) 상속추정금액에 대한 개정연혁

상속세 과세가액에 가산하는 상속추정금액을 계산함에 있어서 사용처불분명 금액에서
일정금액을 차감하는 기준이 2002. 12. 30. 상증법 개정으로 아래와 같이 변경되었다.

| 상속추정금액의 개정 연혁 |

| 2002. 12. 31. 이전 | 2003. 1. 1. 이후 |
|---|---|
| • 사용처를 밝히지 못한 금액이 처분재산가액의 20% 상당액과 2억 원 중 적은 금액보다 적을 경우에는 과세하지 아니하나, 많을 경우에는 사용처를 밝히지 못한 금액 전액을 과세 | • 많을 경우에도 처분재산가액의 20% 상당액과 2억 원 중 적은 금액을 차감한 잔액에 대해서 만 과세 |

이와 같이 개정한 것은, 피상속인이 우발적 사고 등에 의하여 갑자기 사망한 경우 재산처
분액 또는 부담한 채무액을 어디에 사용하였는지 여부를 상속인이 정확하게 입증하기 어려
운 현실을 감안하여 상속인의 입증책임 부담을 완화하고, 사용처 미소명금액에 따라 전액

이 과세 또는 과세제외되는 문턱효과를 제거하기 위한 것이다.[29]

다음의 사례를 통하여 개정 전후의 상속세 과세가액의 범위를 쉽게 알 수 있다.

● 개정 전·후 상속추정금액의 계산사례

| ㉠ 처분재산 가액 | ㉡ 2억 원과 "㉠"의 20% 중 적은 금액 | ㉢ 사용처 불분명 금액 | ㉣ 상속세 과세가액 | |
|---|---|---|---|---|
| | | | 2002. 12. 31. 이전 | 2003. 1. 1. 이후 |
| 10억 원 | 2억 원 | 1.9억 원 | 과세 제외 | 과세 제외 |
| | | 3억 원 | 3억 원 | 1억 원 |
| 15억 원 | 2억 원 | 1.9억 원 | 과세 제외 | 과세 제외 |
| | | 2.5억 원 | 2.5억 원 | 5천만 원 |

(해설) 이러한 개정 규정을 적용하면, 처분재산가액 10억 원인 경우로서 사용처 불분명 금액이 1.9억 원인 경우는 전액 과세 제외되고 3억 원인 경우는 3억 원이 과세되던 것을, 1.9억 원인 경우는 과세 제외되고 3억 원인 경우에도 2억 원을 차감한 1억 원에 대해서만 상속세 과세가액에 가산되는 것이다.

## 5 상속세 과세가액에 산입되는 처분가액 등의 범위

### (1) 처분가액 등의 계산 방법

피상속인이 재산을 처분하거나 피상속인의 재산에서 인출한 금액은 재산종류별로 다음의 구분에 따라 계산한 금액을 합한 금액으로 한다(상증령 제11조 제1항).

① 피상속인이 재산을 처분한 경우에는 그 처분가액 중 상속개시일 전 1년 또는 2년 이내에 실제 수입한 금액

② 피상속인이 금전 등의 재산을 인출한 경우에는 상속재산 중 상속개시일 전 1년 또는 2년 이내에 실제 인출한 금전 등. 이 경우 당해 금전 등이 기획재정부령이 정하는 통장 또는 위탁자계좌 등을 통하여 예입된 경우에는 상속개시일 전 1년 또는 2년 이내에 인출한 금전 등의 합계액에서 당해 기간 중 예입된 금전 등의 합계액을 차감한 금전 등으로 하되, 그 예입된 금전 등이 당해 통장 또는 위탁자계좌 등에서 인출한 금전 등이 아닌 것을 제외한다(상증령 제11조 제1항 제2호).

---

29) 재정경제부, 「2002년 간추린 개정세법」, 2003., 353면

위 "②"에서 "기획재정부령이 정하는 통장 또는 위탁자계좌 등"이라 함은 「금융실명거래 및 비밀보장에 관한 법률」 제2조 제1호에 따른 금융회사등을 통하여 계속 반복적으로 금융거래를 하는 사실 및 그 거래내역을 확인할 수 있는 문서를 말한다(상증칙 제2조의 3).

### (2) 통장 인출금액의 소명대상금액 계산방법[30)

통장 또는 위탁자계좌 등을 통하여 입금과 출금이 반복되는 예금 등의 경우에 사용처 소명대상인 상속개시일 전 1년 또는 2년 이내에 피상속인이 실제 인출한 금전 등의 금액은 상속개시 전 1년 또는 2년 이내에 인출한 금전 등의 합계액에서 당해 기간 중 예입된 금전 등의 합계액을 차감한 금전(순인출액) 등으로 한다.[31) 다만, 그 예입된 금전 등이 통장 또는 위탁자계좌 등에서 인출한 금전 등이 아닌 경우에는 차감하지 아니한다.

★
소명대상(순인출액) = 총인출액 − 총예입액 + 별도 조성된 자금의 예입액

---

**사례 1**    **소명대상 해당 여부의 판단방법**

(가정) • 2년 내 총인출액 12억 원
      • 총예입액 10.2억 원
      • 별도로 조성된 금액 4억 원
        ⇨ 2년 내 총인출액 12억 원 − 총예입액 10.2억 원 + 별도로 조성된 금액 4억 원
          = 5.8억 원

(판단) 예입액에 별도로 조성된 자금이 포함되었음을 과세관청에서 입증하지 못하면 순인출액이 1.8억 원이 되어 소명대상 금액에 미달(단, 사전증여 여부 확인 필요)

---

30) 상증법 집행기준 15-11-2(통장 인출금액의 추정상속재산가액 계산방법)
31) 예금의 입·출금이 계속된 경우에는 인출액에서 입금액을 차감한 순인출액을 기준으로 처분재산에 대한 사용처 소명 여부를 확인하되, 입금액이 별도로 조성된 자금임이 확인되는 경우에는 그러하지 아니하며 입금액이 별도로 조성된 금액이라는 것은 과세관청에서 입증해야 한다(대법원 2000두1232, 2002. 4. 23. 등).

**사례 2** **소명대상 해당 여부의 판단방법**

(가정) A, B통장 인출금액이 각각 20억 원, 25억 원임. A, B통장 예입금액이 각각 10억
원, 15억 원이며, A통장에서 인출되어 B통장으로 재입금되지 않은 금액은 3억 원
이다. 또 B통장에서 인출되어 A통장으로 재입금되지 않은 금액은 2억 원이다.
　　⇨ 이 경우 사용처 소명대상(순인출액)은?

(판단) A, B통장 인출금액 45억 원(20억 원+25억 원)에서 예입한 금액 25억 원(10억 원+15
억 원)을 차감하고 각각의 통장으로 재입금되지 않은 5억 원(3억 원+2억 원)을 가산
하면 25억 원의 예금인출금액이 계산되므로 25억 원에 대해 사용처를 입증해야 한다.
　　☞ 45억 원(총인출액) − 25억 원(총예입액) + 5억 원(별도조성된 금액) = 25억 원

● 적용 관련 해석사례

① 2개 이상의 통장 계좌 등을 가지고 거래한 경우 인출한 금전 등의 합계액 및 예입된
금전 등의 합계액은 모든 통장 또는 위탁자계좌를 기준으로 하여 계산한다.

② 피상속인의 예금 인출액 등이 타인명의의 예금으로 예입된 경우 타인명의 예금이 실제
로 피상속인의 차명계좌로 상속재산가액에 포함된 경우에는 피상속인의 예금계좌의
인출한 금액에서 예입된 금액을 차감하고, 타인명의 예금이 증여된 것으로 확인된 경
우에는 사전증여재산으로 상속세 과세가액에 산입한다.[32]

③ 부동산 처분대금을 예입한 후 인출한 경우 예금인출금액에 포함한다.[33]

## **6** 상속세 과세가액에 산입되는 채무의 범위

채무부담액에 대한 사용처 소명 범위는 상속세 과세 시 뺀 채무로서 그 채무의 성격에
따라 두 가지로 구분하고 있는바, 국가·금융회사 등에 진 채무는 상속개시 전 일정기간
내에 일정금액 이상을 부담한 경우에만 사용처를 소명하도록 하고 있다(상증법 제15조 제1항
제2호).

그 외 개인 간의 사채로서 변제의무 여부가 불분명한 채무는 기간별 금액기준에 불구하고
채무 전액에 대하여 사용처를 소명하도록 규정하고 있다.[34]

32) 상증법 집행기준 15−11−2
33) 감심 2010−18, 2010. 3. 25.
34) 상증법 제15조 제2항 및 국세공무원교육원, 앞의 책, 469면

제2편 상속세

| 사용처를 소명해야 할 채무부담액별 및 기간별 가액 기준 |

| 구 분 | 1년 이내 | 2년 이내 |
| --- | --- | --- |
| • 국가·지자체·금융회사 등의 채무부담액 | 2억 원 이상 | 5억 원 이상 |
| • 변제의무가 없다고 추정되는 채무부담액 | 상속채무로 공제한 금액 전부 | |

### (1) 국가·지방자치단체·금융회사 등의 채무 등 상속인이 부담할 것이 확실한 채무

피상속인이 부담한 채무의 합계액이 상속개시일 전 1년 이내에 2억 원 이상 또는 2년 이내에 5억 원 이상인 경우에 그 채무부담액에 대하여 사용처를 소명하도록 요구하고 그 사용처가 불분명한 경우에는 상속받은 것으로 추정한다. 여기서 금융회사 등이라 함은 「금융실명거래 및 비밀보장에 관한 법률」 제2조 제1호에 따른 금융회사 등으로 한다.

### (2) 개인의 채무 중 상속인이 변제할 의무가 없는 것으로 추정되는 채무

위 "(1)"의 금융기관 등 외의 자에 대한 채무로서, 대통령령으로 정하는 바에 따라 상속인이 변제할 의무가 없는 것으로 추정되는 경우에는 상속세 과세가액에 산입한다(상증법 제15조 제2항). 여기서 "대통령령으로 정하는 바에 따라 상속인이 변제할 의무가 없는 것으로 추정되는 경우"란 상증법 시행령 제10조 제1항 제2호에 규정된 채무부담계약서, 채권자확인서, 담보설정 및 이자지급에 관한 증빙 등에 의하여 상속인이 실제로 부담하는 사실이 확인되지 아니하는 경우를 말한다.

# 상속세 과세가액의 계산

## 제1절 과세가액 계산의 기본구조

상속세 과세가액이란 상속이나 유증 등에 의하여 취득한 재산(본래의 상속재산) 및 의제 (간주)·추정상속재산을 상증법에 따라 평가한 가액에서 비과세 상속재산과 공익법인 등에 출연한 재산 및 공과금·장례비용과 채무를 차감한 후에 상속개시일 전 일정 기간 내에 상속인 또는 상속인 외의 자에게 증여한 재산을 가산한 금액을 말한다. 이를 표로 정리하면 다음과 같다.

| 상속세 과세가액 계산의 구조 |

| 구 분 | 내 용 |
|---|---|
| 총상속재산가액 | • 민법상 상속재산  • 간주상속재산  • 추정상속재산 |
| (-) 비과세 상속재산가액 | • 전사자 등에 대한 비과세(제11조)<br>• 국가 등 유증재산·금양임야 등 비과세재산(제12조) |
| (-) 과세가액 불산입액 | • 공익법인등에 출연한 재산에 대한 상속세 과세가액 불산입(제16조)<br>• 공익신탁재산에 대한 상속세 과세가액 불산입(제17조) |
| (-) 공제금액* | • 공과금, 장례비, 채무(제14조) |
| (+) 합산대상 사전증여재산가액 | • 사전증여재산(제13조)<br>• 특례적용 증여재산(창업자금, 가업승계주식) |
| = 상속세 과세가액 | |

\* 공제금액(공과금, 장례비 및 채무의 합계액)이 상속재산의 가액(총상속재산가액 − 비과세 상속재산가액 − 과세가액 불산입액)을 초과하는 경우 그 초과액은 없는 것으로 본다(상증법 제13조 제1항).

## 제2절 비과세되는 상속재산

상증법은 상속재산 중 사회정책적인 목적 또는 과세하는 것이 국민정서상 바람직하지 않은 경우에는 과세제외 재산으로 분류하여 비과세하고 있다. 피상속인이 전사 등을 한 경우 모든 재산을 비과세하는 것과 일반적인 사망의 경우 법령에서 열거하고 있는 상속재산만을 비과세하는 것으로 구분한다.

### 1 전사자 등에 대한 상속세 비과세

전쟁, 사변 또는 이에 준하는 비상사태로 토벌 또는 경비 등 작전업무 수행 중 사망하거나 해당 전쟁 또는 공무의 수행 중 입은 부상 또는 그로 인한 질병으로 사망하여 상속이 개시되는 경우에는 상속세를 부과하지 아니한다(상증법 제11조).

### 2 국가 등 유증재산 · 금양임야 등에 대한 상속세 비과세

상속재산 중 상증법 제12조(비과세되는 상속재산)에서 비과세되는 상속재산으로 열거한 다음의 재산에 대해서는 상속세를 과세하지 않는다.

① 국가 · 지방자치단체 또는 공공단체[35]에 유증(사인증여 포함)한 재산

② 금양임야[36]와 묘토 및 족보와 제구(민법 제1008조의 3에 규정된 재산)

제사를 주재하는 상속인(다수의 상속인이 공동으로 제사를 주재하는 경우에는 그 공동으로 주재하는 상속인 전체)이 승계받은 다음 재산의 면적 범위 이내의 가액으로 하되, ㉠ 금양임야와 ㉡ 묘토인 농지의 합계액이 2억 원을 초과할 때에는 2억 원을 한도로 하며, ㉢ 족보와 제구의 합계액이 1천만 원을 초과하는 경우에는 1천만 원을 한도로 하여 비과세한다.

㉠ 피상속인이 제사를 주재하고 있던 선조의 분묘(무덤)에 속한 9,900㎡(3,000평) 이내의 금양임야

---

35) 상증령 제8조 제1항 : 지방자치단체조합, 공공도서관 · 공공박물관 또는 이와 유사한 것으로서 기획재정부령이 정하는 것

36) 금양임야는 지목에 관계없이 피상속인의 선조의 분묘에 속하여 있는 임야이며, 묘토인 농지는 피상속인이 제사를 주재하고 있던 선조의 분묘와 인접거리에 있는 것으로 상속개시일 현재 묘제용 재원으로 실제 사용하는 농지를 말한다.

ⓛ 분묘(무덤)에 속하는 1,980㎡(600평) 이내의 묘토인 농지

ⓒ 족보 및 제구(2013. 2. 15. 시행령 개정하여 1천만 원 한도 적용함)

이상을 요약하면 다음과 같다.

| 금양임야 등 비과세 요건 |

| 대상재산 | 비과세 요건 | 비과세 한도 |
|---|---|---|
| 금양임야 (9,900㎡ 이내) | ① 피상속인 제사 주재 선조의 분묘가 있을 것<br>② 제사를 주재하는 상속인이 상속받을 것<br>　(선조 분묘가 없는 피상속인 조성 금양임야 제외) | 2억 원 |
| 묘토인 농지 (1,980㎡ 이내) | ① 위 분묘에 속한 농지<br>② 제사를 주재하는 상속인이 상속받을 것 | |
| 족보와 제구 | 별도의 비과세 요건 없음. | 1천만 원 (2013. 2. 15. 이후 상속개시분부터 한도액 설정) |

여기서 주의할 것은, 분묘가 속한 금양임야 및 묘토인 농지에서 '분묘'는 피상속인이 제사를 주재하고 있던 선조의 것을 말하므로 상속개시 후에 금양임야와 묘토로 사용하기로 한 재산은 상속세 비과세 대상이 아니다.[37] 또한, 여러 명의 상속인이 공동으로 금양임야 등을 상속받은 경우에는 제사를 주재하는 상속인의 지분만 비과세하고, 그 이외의 상속인이 받은 금양임야 등의 지분가액은 상속세 재산가액에 산입한다(상증법 집행기준 12-8-3).

③ 정당법의 규정에 의한 정당에 유증 등을 한 재산[38]

④ 근로복지기본법에 따른 사내근로복지기금, 우리사주조합, 공동근로복지기금 및 근로복지진흥기금에 유증 등을 한 재산

⑤ 사회통념상 인정되는 이재구호금품, 치료비 및 불우한 자를 돕기 위하여 유증한 재산

⑥ 상속재산 중 상속인이 상속세 과세표준 신고기한 이내에 국가·지방자치단체 또는 공공단체에 증여한 재산

---

37) 대법원 97누15753, 1997. 12. 26. 및 상증법 집행기준 12-8-2
38) 2005. 1. 1. 이후 불법정치자금에 대해서는 몰수·추징에 관계없이 상속세를 과세한다(조특법 제76조 제3항, 2004. 12. 31. 법률 제7322호 개정).

## 1 제도의 취지

상증법 제16조 및 제17조에서는 공익목적 출연재산에 대한 상속세 과세가액 불산입 규정을 두고 있다.[39] 이는 국가나 지방자치단체 등이 수행하여야 할 공익사업을 민간단체에서 대신 수행하는 것에 대하여 세제혜택을 줌으로써 공익사업에 출연을 유도하고 활성화시키기 위한 것이다.

그런데 공익법인에 상속재산을 출연하여 상속세를 면제받은 후에 그 출연자가 그 재산을 공익법인의 본래 목적에 사용하지 아니하고 출연자 및 그 특수관계인에게 이익을 향유하게 하거나, 임의로 처분하는 등으로 상속세 회피수단으로 악용되는 것을 방지하기 위하여 재산을 출연받은 공익법인 등이 지켜야 할 의무를 규정하고 이를 제대로 이행하지 아니한 경우에는 상속세를 추징하도록 하고 있다.

## 2 공익법인 등에 출연한 재산에 대한 상속세 과세가액 불산입

### (1) 개요

#### 1) 공익법인의 설립 · 운영에 관한 법률상의 정의

공익법인의 설립 · 운영에 관한 법률("공익법인법") 제2조 [적용 범위]에 따르면, 공익법인법은 재단법인이나 사단법인으로서 사회 일반의 이익에 이바지하기 위하여 학자금 · 장학금 또는 연구비의 보조나 지급, 학술, 자선(慈善)에 관한 사업을 목적으로 하는 법인("공익법인")에 적용된다.

동 법 시행령 제2조에서는 "사회일반의 이익에 공여하기 위하여 학자금 · 장학금 또는 연구비의 보조나 지급, 학술 · 자선에 관한 사업을 목적으로 하는 법인"을 다음과 같이 규정하고 있다.

① 학자금 · 장학금 기타 명칭에 관계없이 학생 등의 장학을 목적으로 금전을 지급하거나 지원하는 사업 · 금전에 갈음한 물건 · 용역 또는 시설을 설치 · 운영 또는 제공하거나 지원하는 사업을 포함한다.

---

39) 상증법 제48조 내지 제52조에서는 공익목적 출연재산에 대한 증여세 과세가액 불산입규정을 두고 있으며, 제도의 취지는 상속세와 동일하다.

② 연구비·연구조성비·장려금 기타 명칭에 관계없이 학문·과학기술의 연구·조사·
개발·보급을 목적으로 금전을 지급하거나 지원하는 사업·금전에 갈음한 물건·용
역 또는 시설을 제공하는 사업을 포함한다.

③ 학문 또는 과학기술의 연구·조사·개발·보급을 목적으로 하는 사업 및 이들 사업을
지원하는 도서관·박물관·과학관 기타 이와 유사한 시설을 설치·운영하는 사업

④ 불행·재해 기타 사정으로 자활할 수 없는 자를 돕기 위한 모든 자선사업

⑤ 위 "①~④"에 해당하는 사업의 유공자에 대한 시상을 행하는 사업

공익법인의 범위에는 위에서 열거하고 있는 사업과 그 이외의 사업을 함께 수행하는 법
인을 포함한다.

### 2) 상증법상의 공익법인등

상증법은 공익법인의 정의규정을 별도로 두고 있지는 않으며 그 범위에 관한 사항만을
규정하고 있다. 2020. 12. 31. 과세기간 전까지는 성실공익법인을 별도로 규정하여 공익법인
과 차별 적용하였으나, 2021. 1. 1. 이후부터는 성실공익법인과 공익법인을 통합하는 등 공익
법인 분류체계를 개선하고, 공익법인이 출연받은 재산에 대한 공익목적 사용의무를 강화하
여 공익법인의 투명성과 공익성을 제고하도록 하였다(상증법 제16조 제2항, 2020. 12. 22. 개정).

### 3) 과세가액 불산입의 내용

문화의 향상, 사회복지 및 공익 증진을 목적으로 하는 공익법인 등에게 상속세 신고기한
내에 출연한 재산은 상속세 과세대상에 포함하지 않는다. 즉, 상속재산 중 피상속인이나 상
속인이 종교·자선·학술 관련 사업 등 공익성을 고려하여 대통령령으로 정하는 사업을 하
는 자("공익법인등")에게 출연한 재산의 가액으로서 상증법 제67조에 따른 신고기한(법령
상 또는 행정상의 사유로 공익법인등의 설립이 지연되는 등 대통령령으로 정하는 부득이한
사유가 있는 경우에는 그 사유가 없어진 날이 속하는 달의 말일부터 6개월까지를 말한다)
이내에 출연한 재산의 가액은 상속세 과세가액에 산입하지 아니한다(상증법 제16조 제1항).

현행 상증법은 이러한 혜택을 부여하는 조건으로 공익법인의 범위, 출연방법 등을 규정하
여 공익과 선행을 앞세워 변칙적으로 세금을 탈루하는 수단으로 이용되는 것을 막고 있다.

## (2) 상속세 과세가액 불산입 요건

### 1) 공익법인등의 범위

상속세를 면제받을 수 있는 공익법인등의 범위는 상증법 시행령 제12조에서 규정하고 있다. 최근 법령 개정을 통하여 공익사업으로 열거된 공익법인을 법인세법(및 소득세법)상 손금산입에 혜택을 주는 기부금단체로 일치시켰다.

기존 법령이 공익법인등의 범위를 규정함에 있어서 공익법인의 명칭을 열거하지 않고, 공익사업의 종류를 열거하고 있는 점에서 비영리법인 또는 공공법인이라 하여 모두가 세제 혜택을 주는 공익법인등에 해당되지는 않음에 유의해야 한다.

공익법인등은 다음 각 호의 어느 하나에 해당하는 사업을 하는 자를 말한다.
① 종교의 보급 기타 교화에 현저히 기여하는 사업
② 「초·중등교육법」 및 「고등교육법」에 의한 학교, 「유아교육법」에 따른 유치원을 설립·경영하는 사업
③ 「사회복지사업법」의 규정에 의한 사회복지법인이 운영하는 사업
④ 「의료법」에 따른 의료법인이 운영하는 사업
⑤ 「법인세법」 제24조 제2항 제1호에 해당하는 기부금을 받는 자가 해당 기부금으로 운영하는 사업
⑥ 「법인세법 시행령」 제39조 제1항 제1호 각 목에 따른 공익법인등 및 「소득세법 시행령」 제80조 제1항 제5호에 따른 공익단체가 운영하는 고유목적사업.[40] 다만, 회원의 친목 또는 이익을 증진시키거나 영리를 목적으로 대가를 수수하는 등 공익성이 있다고 보기 어려운 고유목적사업은 제외한다.
⑦ 「법인세법 시행령」 제39조 제1항 제2호 다목에 해당하는 기부금을 받는 자가 해당 기부금으로 운영하는 사업. 다만, 회원의 친목 또는 이익을 증진시키거나 영리를 목적으로 대가를 수수하는 등 공익성이 있다고 보기 어려운 고유목적사업은 제외한다.

### 2) 출연자, 출연시기 및 출연시한

#### 가. 출연자

피상속인이나 상속인이 상속세 과세표준 신고기한 이내에 종교·자선·학술 관련 사업 등 공익성을 고려하여 공익법인등에게 출연한 상속재산의 가액에 대해서는 상속세 과세가

---

40) 이를 적용할 때, 설립일부터 1년 이내에 「법인세법 시행령」 제39조 제1항 제1호 바목에 따른 공익법인등으로 고시된 경우에는 그 설립일부터 공익법인등에 해당하는 것으로 본다.

액에 산입하지 아니한다.

### ① 피상속인

피상속인은 생전처분 또는 유언으로 재산을 출연하여 공익법인을 설립하거나, 설립된 공익법인에 그의 재산을 출연할 수 있다.

### ② 상속인

상속인이 공익법인에 출연한 재산이 상속세 과세가액에 산입하지 않으려면 다음의 요건을 모두 갖추어야 한다(상증령 제13조 제2항).

ⓐ 상속인의 의사(상속인이 2명 이상인 경우에는 상속인들의 합의에 의한 의사로 한다)에 따라 상속받은 재산을 상증법 제16조 제1항에 따른 기한(상속세 신고기한)까지 출연할 것

ⓑ 상속인이 위 "ⓐ"에 따라 출연된 공익법인등의 이사 현원(5명에 미달하는 경우에는 5명으로 본다)의 5분의 1을 초과하여 이사가 되지 아니하여야 하며, 이사의 선임 등 공익법인등의 사업운영에 관한 중요사항을 결정할 권한을 가지지 아니할 것[41]

## 나. 출연시기

공익법인등에 출연한 재산의 출연시기는 동 공익법인등이 출연재산을 취득한 때를 말한다. 즉, 출연재산이 부동산인 경우는 당해 부동산의 소유권이 공익법인등의 명의로 이전된 때, 동산의 경우는 공익법인등이 출연대상 물권을 인도받은 때, 선박·자동차·항공기의 경우에는 등기·등록을 한 때가 된다.

## 다. 출연시한

상속세 신고기한까지 출연이 이행된 경우에만 상속세 과세가액에 산입하지 아니한다. 상속세 신고기한까지 출연이 이행되어야만 과세가액 확정이 가능하다는 점을 고려한 것이다.

다만, 법령상 또는 행정상의 사유로 공익법인등의 설립이 지연되는 등 다음과 같은 부득이한 사유가 있어 상속세 신고기한까지 출연을 이행할 수 없는 경우에는 그 사유가 없어진 날이 속하는 달의 말일부터 6개월까지 그 출연을 이행하도록 출연이행기간의 유예를 두었다(상증법 제16조 제1항, 상증령 제13조 제1항).

① 재산의 출연에 있어서 법령상 또는 행정상의 사유로 출연재산의 소유권의 이전이 지연되는 경우

---

41) 이는 공익법인의 사업운영에 관한 중요사항을 결정할 권한을 상속인이 갖는 경우 공익법인 등에의 출연을 상속세 회피 등의 수단으로 활용할 수 있으므로 이를 방지하기 위함이다.

② 상속받은 재산을 출연하여 공익법인 등을 설립하는 경우로서 법령상 또는 행정상의 사유로 공익법인 등의 설립허가 등이 지연되는 경우

## (3) 상속세 과세가액 불산입의 제한

### 1) 과세가액 불산입 제한의 취지

피상속인 또는 상속인 등이 공익법인을 이용하여 내국법인을 지배하면서 상속세를 부담하지 않게 되면, 공익의 증진이라는 사회목적을 위하여 공익법인등에 출연한 재산에 대하여 상속세를 과세하지 아니하는 법률의 취지에 반하게 된다.

다시 말해서, 출연자가 공익법인에 내국법인의 주식을 출연하였다 하여 상속세는 부담하지 아니하면서 그가 보유한 내국법인의 주식과 그의 출연으로 의결권 있는 주식을 보유한 공익법인을 통하여 내국법인의 지배를 유지할 수 있다. 이는 출연자가 상속세를 회피하기 위한 수단으로 공익법인에 출연하는 결과만을 초래하게 된다.[42]

이러한 점을 고려하여 상증법 제16조 제2항은 출연자가 보유한 의결권 있는 내국법인의 주식과 공익법인이 보유한 의결권 있는 내국법인의 주식이 일정한도를 초과할 경우에 그 초과 출자분을 상속세의 과세대상으로 하도록 규정하고 있다.

### 2) 과세가액 불산입 제한 요건

#### 가. 내국법인의 의결권 있는 주식을 일정비율 초과하여 출연하는 경우

① 원칙: 10% 초과 보유분의 과세가액 산입

피상속인 또는 상속인이 공익법인에 출연한 내국법인의 주식 또는 출자지분("주식등")과 다음의 어느 하나의 주식 등을 합한 것이 당해 내국법인의 의결권 있는 발행주식 총수 또는 출자총액(자기주식과 자기출자지분은 제외한다. "발행주식총수등")의 100분의 10을 초과하는 경우 그 초과하는 가액을 상속세 과세가액에 산입한다(상증법 제16조 제2항).

( ⅰ ) 출연자가 출연할 당시 해당 공익법인등이 보유하고 있는 동일한 내국법인의 주식 등
( ⅱ ) 출연자 및 그의 특수관계인이 해당 공익법인등 외의 다른 공익법인등에 출연한 동일한 내국법인의 주식등
( ⅲ ) 상속인 및 그의 특수관계인이 재산을 출연한 다른 공익법인등이 보유하고 있는 동일한 내국법인의 주식등

---

42) 채수열, 앞의 책, 92면

● 특수관계인의 범위(2016. 1. 1. 이후)

[상증법 제2조 제10호]

10. "특수관계인"이란 본인과 친족관계, 경제적 연관관계 또는 경영지배관계 등 대통령령으로 정하는 관계에 있는 자를 말한다. 이 경우 본인도 특수관계인의 특수관계인으로 본다.
[본조신설 2015. 12. 15.]

[상증령 제2조의 2]

제2조의 2(특수관계인의 범위) ① 법 제2조 제10호에서 "본인과 친족관계, 경제적 연관관계 또는 경영지배관계 등 대통령령으로 정하는 관계에 있는 자"란 본인과 다음 각 호의 어느 하나에 해당하는 관계에 있는 자를 말한다.

1. 「국세기본법 시행령」 제1조의 2 제1항 제1호부터 제5호까지의 어느 하나에 해당하는 자(이하 "친족"이라 한다) 및 직계비속의 배우자의 2촌 이내의 혈족과 그 배우자

2. 사용인(출자에 의하여 지배하고 있는 법인의 사용인을 포함한다. 이하 같다)이나 사용인 외의 자로서 본인의 재산으로 생계를 유지하는 자

3. 다음 각 목의 어느 하나에 해당하는 자

가. 본인이 개인인 경우 : 본인이 직접 또는 본인과 제1호에 해당하는 관계에 있는 자가 임원에 대한 임면권의 행사 및 사업방침의 결정 등을 통하여 그 경영에 관하여 사실상의 영향력을 행사하고 있는 기획재정부령으로 정하는 기업집단의 소속 기업[해당 기업의 임원(「법인세법 시행령」 제40조 제1항에 따른 임원)과 퇴직 후 3년(해당 기업이 「독점규제 및 공정거래에 관한 법률」 제31조에 따른 공시대상기업집단에 소속된 기업인 경우는 5년)이 지나지 않은 사람(이하 "퇴직임원"이라 한다)을 포함한다]

나. 본인이 법인인 경우 : 본인이 속한 기획재정부령으로 정하는 기업집단의 소속 기업(해당 기업의 임원과 퇴직임원을 포함한다)과 해당 기업의 임원에 대한 임면권의 행사 및 사업방침의 결정 등을 통하여 그 경영에 관하여 사실상의 영향력을 행사하고 있는 자 및 그와 제1호에 해당하는 관계에 있는 자

4. 본인, 제1호부터 제3호까지의 자 또는 본인과 제1호부터 제3호까지의 자가 공동으로 재산을 출연하여 설립하거나 이사의 과반수를 차지하는 비영리법인

5. 제3호에 해당하는 기업의 임원 또는 퇴직임원이 이사장인 비영리법인

6. 본인, 제1호부터 제5호까지의 자 또는 본인과 제1호부터 제5호까지의 자가 공동으로 발행주식총수 또는 출자총액(이하 "발행주식총수등"이라 한다)의 100분의 30 이상을 출자하고 있는 법인

7. 본인, 제1호부터 제6호까지의 자 또는 본인과 제1호부터 제6호까지의 자가 공동으로 발행주식총수등의 100분의 50 이상을 출자하고 있는 법인

8. 본인, 제1호부터 제7호까지의 자 또는 본인과 제1호부터 제7호까지의 자가 공동으로

재산을 출연하여 설립하거나 이사의 과반수를 차지하는 비영리법인

② 제1항 제2호에서 "사용인"이란 임원, 상업사용인, 그 밖에 고용계약관계에 있는 자를 말한다.

③ 제1항 제2호 및 제39조 제1항 제5호에서 "출자에 의하여 지배하고 있는 법인"이란 다음 각 호의 어느 하나에 해당하는 법인을 말한다.

1. 제1항 제6호에 해당하는 법인

2. 제1항 제7호에 해당하는 법인

3. 제1항 제1호부터 제7호까지에 해당하는 자가 발행주식총수등의 100분의 50 이상을 출자하고 있는 법인

[본조신설 2012. 2. 2.]

② 예외 : 보유한도 요건의 완화

과세가액 불산입 제외한도 규정(10% 초과)에 대한 예외로 공익법인을 이용한 상속세 회피와 무관한 경우에는 보유한도를 완화하도록 하였으며, 반대로 상호출자제한기업집단과 특수관계에 있는 공익법인등의 경우 등에 대해서는 보유한도를 강화하였다.

2020. 12. 22. 상증법 개정에 따라 예외 요건이 적용되는 경우는 다음과 같다(상증법 제16조 제2항 제2호).

ⓐ 요건이 완화되는 경우 : 20% 초과 보유분의 과세가액 산입

다음의 요건을 모두 갖춘 공익법인등("ⓑ" 또는 "ⓒ"에 해당하는 공익법인등은 제외)에 출연하는 경우 : 100분의 20

   (i) 출연받은 주식등의 의결권을 행사하지 아니할 것

   (ii) 자선 · 장학 또는 사회복지를 목적으로 할 것

ⓑ 요건이 강화되는 경우 : 5% 초과 보유분의 과세가액 산입

「독점규제 및 공정거래에 관한 법률」 제31조에 따른 상호출자제한기업집단과 특수관계에 있는 공익법인등[43] : 100분의 5

ⓒ 요건이 강화되는 경우 : 5% 초과 보유분의 과세가액 산입

다음의 요건(상증법 제48조 제11항 각 호)을 충족하지 못하는 공익법인등 : 100분의 5

   (i) 상증법 제48조 제2항 제3호에 따른 운용소득에 100분의 80을 곱하여 계산한 금액

---

43) 상증법 제16조 제2항 제2호 나목에서 "「독점규제 및 공정거래에 관한 법률」 제14조에 따른 상호출자제한기업집단과 특수관계에 있는 공익법인등"이란 같은 조 제1항에 따라 지정된 상호출자제한기업집단에 속하는 법인과 같은 법 시행령 제3조 제1항 제1호 각 목 외의 부분에 따른 동일인관련자의 관계에 있는 공익법인등을 말한다(상증령 제13조 제5항).

이상을 직접 공익목적사업에 사용할 것

(ⅱ) 상증법 제2항 제7호에 따른 출연재산가액에 100분의 1을 곱하여 계산한 금액 이
상을 직접 공익목적사업에 사용할 것

(ⅲ) 그 밖에 공익법인등의 이사의 구성 등 대통령령으로 정하는 요건을 충족할 것

"공익법인등의 이사의 구성 등 대통령령으로 정하는 요건"이라 함은 다음과 같다(상증령
제41조의 2 제3항).

◉

(ⅰ) 출연자(재산출연일 현재 해당 공익법인등의 총 출연재산가액의 100분의 1에 상당하
는 금액과 2천만 원 중 적은 금액 이하를 출연한 자는 제외한다) 또는 그의 특수관계
인이 공익법인등의 이사 현원(이사 현원이 5명 미만인 경우에는 5명으로 본다)의 5분
의 1을 초과하지 않을 것. 다만, 제38조(공익법인등이 출연받은 재산의 사후관리) 제
12항 각 호에 따른 사유로 출연자 또는 그의 특수관계인이 이사 현원의 5분의 1을 초
과하여 이사가 된 경우로서 해당 사유가 발생한 날부터 2개월 이내에 이사를 보충하
거나 교체 임명하여 출연자 또는 그의 특수관계인인 이사가 이사 현원의 5분의 1을
초과하지 않게 된 경우에는 계속하여 본문의 요건을 충족한 것으로 본다.

(ⅱ) 상증법 제48조 제3항에 따른 자기내부거래를 하지 아니할 것

(ⅲ) 상증법 제48조 제10항 전단에 따른 광고·홍보를 하지 아니할 것

## 나. 출연재산 전액을 과세가액에서 제외하는 경우

### ① 제도의 취지

주식 등을 출연한 피상속인 또는 상속인이 그 출연한 공익법인의 경영권을 지배할 여지
가 없는 경우에는 출연한 주식 등 전액을 상속세 과세가액에 산입하지 아니한다. 이는 성실
공익법인을 통한 기업의 간접지배 목적이 없는 주식기부에 대해서는 동일기업 주식보유한
도를 초과하더라도 상속세를 부담하지 않도록 요건을 완화한 것이다. 기업의 주식기부 활
성화를 위한 조치로 변칙상속이나 경영권 우회 지배목적이 없는 것이 명백한 주식기부에
대해서는 동일기업 주식보유한도를 초과하더라도 상속세 부담을 경감할 필요가 있음을 반
영하였다.

앞에서 살펴본 내국법인의 의결권 있는 주식을 5% 내지 20% 초과 출연 시 그 초과분에
대해서는 상속세 과세가액에 산입하여야 하나, 법정 요건에 해당하는 공익법인에 출연하는
경우에는 출연비율에 관계없이 상속세 과세가액에 산입하지 아니한다(상증법 제16조 제3항).

② 적용요건

앞서 살펴본 바와 같이, 그 내국법인의 발행주식총수등의 100분의 10(100분의 20 또는 5)을 초과하는 경우에도 다음의 어느 하나에 해당하는 경우에는 그 초과하는 가액을 상속세 과세가액에 산입하지 아니한다.

ⓐ 상증법 제49조 제1항 각 호 외의 부분 단서[44])에 해당하는 공익법인등으로서 상호출자 제한기업집단과 특수관계에 있지 아니한 공익법인등에 "그 공익법인등의 출연자와 특수관계에 있지 아니한 내국법인"[45])의 주식등을 출연하는 경우로서 주무관청이 공익법인등의 목적사업을 효율적으로 수행하기 위하여 필요하다고 인정하는 경우

ⓑ 상호출자제한기업집단과 특수관계에 있지 아니한 공익법인등으로서 제48조 제11항 각 호의 요건을 충족하는 공익법인등(공익법인등이 설립된 날부터 3개월 이내에 주식등을 출연받고, 설립된 사업연도가 끝난 날부터 2년 이내에 해당 요건을 충족하는 경우를 포함한다)에 발행주식총수등의 제2항 제2호 각 목에 따른 비율을 초과하여 출연하는 경우로서 해당 공익법인등이 초과보유일부터 3년 이내에 초과하여 출연받은 부분을 매각(주식등의 출연자 또는 그의 특수관계인에게 매각하는 경우는 제외한다)하는 경우

ⓒ 「공익법인의 설립·운영에 관한 법률」 및 그 밖의 법령에 따라 내국법인의 주식등을 출연하는 경우

---

44) 제49조(공익법인등의 주식등의 보유기준) ① 공익법인등이 1996년 12월 31일 현재 의결권 있는 발행주식총수 또는 출자총액(이하 이 조에서 "발행주식총수등"이라 한다)의 100분의 5를 초과하는 동일한 내국법인의 의결권 있는 주식 또는 출자지분(이하 이 조에서 "주식등"이라 한다)을 보유하고 있는 경우에는 다음 각 호의 어느 하나에 해당하는 기한까지 그 발행주식총수등의 100분의 5(이하 "주식등의 보유기준"이라 한다)를 초과하여 보유하지 아니하도록 하여야 한다. 다만, 제48조 제11항 각 호의 요건을 충족하는 공익법인등과 국가·지방자치단체가 출연하여 설립한 공익법인등 및 이에 준하는 것으로서 대통령령으로 정하는 공익법인등에 대해서는 그러하지 아니하다.
45) "그 공익법인등의 출연자와 특수관계에 있지 아니한 내국법인"이란 다음 각 호의 어느 하나에 해당하지 않는 내국법인을 말한다(상증령 제13조 제7항, 2021. 2. 17. 개정).
　　① 출연자(출연자가 사망한 경우에는 그 상속인을 말한다) 또는 그의 특수관계인(해당 공익법인등은 제외한다)이 주주 또는 출자자이거나 임원의 현원(5명에 미달하는 경우에는 5명으로 본다) 중 5분의 1을 초과하는 내국법인으로서 출연자 및 그의 특수관계인이 보유하고 있는 주식 및 출자지분의 합계가 가장 많은 내국법인
　　② 출연자 또는 그의 특수관계인(해당 공익법인등은 제외한다)이 주주등이거나 임원의 현원 중 5분의 1을 초과하는 내국법인에 대하여 출연자, 그의 특수관계인 및 공익법인등 출자법인[해당 공익법인등이 발행주식총수등의 100분의 5(법 제48조 제11항 각 호의 요건을 모두 충족하는 공익법인등인 경우에는 100분의 10)를 초과하여 주식등을 보유하고 있는 내국법인을 말한다. 이하 이 호에서 같다]이 보유하고 있는 주식등의 합계가 가장 많은 경우에는 해당 공익법인등 출자법인(출연자 및 그의 특수관계인이 보유하고 있는 주식등의 합계가 가장 많은 경우로 한정한다)

**다. 과세가액에 불산입된 출연재산이 상속인 등에게 귀속되는 경우**

공익법인등에 출연한 재산의 가액을 상속세 과세가액에 산입하지 아니한 경우로서 다음의 어느 하나에 해당하는 경우에는 대통령령으로 정하는 가액을 상속세 과세가액에 산입한다(상증법 제16조 제4항).

① 상속세 과세가액에 산입하지 아니한 재산과 그 재산에서 생기는 이익의 전부 또는 일부가 상속인(상속인의 특수관계인을 포함한다)에게 귀속되는 경우

② 위 "나. ② ⓑ"에 해당하는 경우로서 초과보유일부터 3년 이내에 발행주식총수등의 100분의 20 또는 5를 초과하여 출연받은 주식등을 매각(주식등의 출연자 또는 그의 특수관계인에게 매각하는 경우는 제외한다)하지 아니하는 경우

위에서 "대통령령으로 정하는 가액"은 다음의 구분에 따른 재산의 가액 또는 이익에 대하여 상속개시일 현재 상증법 제4장(재산의 평가)의 규정에 따라 평가한 가액을 말한다(상증령 제13조 제8항).

① 상속인에게 귀속되는 경우 : 상속인(상속인의 특수관계인을 포함한다)에게 귀속되는 재산의 가액 또는 이익

② 상증법 제16조 제3항 제2호에 해당하는 경우로서 초과보유일부터 3년 이내에 발행주식총수등의 같은 법 제16조 제2항 제2호 각 목에 따른 비율(20%, 5%)을 초과하여 출연받은 주식등을 매각(주식등의 출연자 또는 그의 특수관계인에게 매각하는 경우는 제외한다)하지 아니하는 경우 : 발행주식총수등의 100분의 10을 초과하여 출연받은 주식등의 가액

## 3 공익신탁재산에 대한 상속세 과세가액 불산입

### (1) 개요

상속재산 중 피상속인 또는 상속인이 「공익신탁법」에 따른 공익신탁으로서 종교·자선·학술 또는 그 밖의 공익을 목적으로 하는 신탁(이하 "공익신탁"이라 한다)을 통하여 공익법인 등에 출연하는 재산의 가액은 상속세 과세가액에 산입하지 아니한다(상증법 제17조 제1항). 공익신탁법은 공익을 목적으로 하는 신탁의 설정·운영 및 감독 등에 관하여 「신탁법」에 대한 특례를 정함으로써 신탁을 이용한 공익사업을 쉽고 편리하게 할 수 있도록 하여 공익의 증진에 이바지하는 것을 목적으로 한다.

"신탁"이란 신탁을 설정하는 자(위탁자)와 신탁을 인수하는 자(수탁자) 간의 신임관계

에 기하여 위탁자가 수탁자에게 특정의 재산(영업이나 저작재산권의 일부를 포함한다)을 이전하거나 담보권의 설정 또는 그 밖의 처분을 하고 수탁자로 하여금 일정한 자(수익자)의 이익 또는 특정의 목적을 위하여 그 재산의 관리, 처분, 운용, 개발, 그 밖에 신탁 목적의 달성을 위하여 필요한 행위를 하게 하는 법률관계를 말한다(신탁법 제2조).

### (2) 공익신탁의 요건

공익신탁재산에 대한 상속세 과세가액 불산입 규정이 적용되는 공익신탁은 다음의 요건을 갖춘 것으로 한다(상증령 제14조).
① 공익신탁의 수익자가 상증법 시행령 제12조에 규정된 공익법인등이거나 그 공익법인등의 수혜자일 것
② 공익신탁의 만기일까지 신탁계약이 중도해지되거나 취소되지 아니할 것
③ 공익신탁의 중도해지 또는 종료시 잔여신탁재산이 국가·지방자치단체 및 다른 공익신탁에 귀속될 것

### (3) 공익신탁의 이행 기한

한편, 상속세 과세가액에 산입하지 아니하는 재산은 상속세 과세표준 신고기한까지 신탁을 이행하여야 한다. 다만, 법령상 또는 행정상의 사유로 신탁 이행이 늦어지면 그 사유가 끝나는 날이 속하는 달의 말일부터 6개월 이내에 신탁을 이행하여야 한다.

**상속재산가액에서 빼는 공과금 등**

상속재산에서 빼는 공과금 등에 대해서는 피상속인이 거주자냐 또는 비거주자냐에 따라 상속재산의 가액에서 차감하는 범위가 다르다. 즉, 피상속인이 거주자인 경우에는 모든 공과금 등이 공제되나, 비거주자인 경우에는 국내 상속재산의 공과금, 국내 상속재산에 유치권·질권·저당권이 담보된 채무, 국내 사업장의 공과금·채무가 공제된다(상증법 제14조).[46]

★

거주자 = 공과금 + 장례비용 + 채무

비거주자 = $\frac{\text{해당 상속}}{\text{재산의 공과금}}$ + $\frac{\text{해당 상속재산을 목적으로 하는 유치권·}}{\text{질권·저당권으로 담보된 채무}}$ + $\frac{\text{국내 사업장}}{\text{공과금·채무}}$

여기서 주의할 것은, 상속세 과세가액을 계산할 때 상증법 제13조(상속세 과세가액)는 상속재산의 가액에서 공과금 등을 뺀 후 사전증여재산가액을 가산하도록 하고 있는데, 2013. 1. 1. 개정 전에는 공과금 등이 상속재산가액을 초과하는 경우에 사전증여재산가액을 가산한 금액에서 빼주는 결과를 가져와 사전증여재산가액을 합산하여 누진세율을 적용하는 취지에 맞지 않는 문제점이 있었다. 이러한 문제를 고려하여 2013. 1. 1. 이후 상속받는 분부터 공과금 등이 상속재산가액을 초과하는 경우에는 그 초과액은 없는 것으로 보도록 상증법 제13조 후단이 신설되었다는 점이다.

## 1 공과금

### (1) 거주자의 경우

거주자의 사망으로 인하여 상속이 개시된 경우에는 상속개시일 현재 피상속인이 납부할 의무가 있는 것으로서, 상속인에게 승계된 조세·공공요금 및 국세기본법 제2조 제8호의 규정에 해당하는 공과금(공공요금에 해당하는 경우를 제외한다)을 공제한다.

이때 국세기본법에서 규정한 '공과금'이란 국세징수법에 규정하는 강제징수의 예에 의하여 징수할 수 있는 채권 중 국세·관세·임시수입부가세 및 지방세와 이에 관계되는 가산금 및 강제징수비 외의 것을 말한다.

46) 비거주자에게는 장례비용은 공제되지 아니한다.

상속개시일 현재 피상속인에게 납부의무가 성립된 것으로서 상속인에게 승계된 공과금은 상속개시 후에 고지서 등이 발부된 경우에도 공제되는 것이나, 상속개시일 이후 상속인의 귀책사유로 인한 납부 또는 납부할 가산금, 가산세, 강제징수비, 벌금, 과료, 과태료 등은 공제되지 아니한다(상증법 기본통칙 14-9…1).

피상속인 사망한 해에 종합소득세합산대상 소득이 있는 경우 해당 종합소득세 신고기한은 사망한 날이 속하는 달의 말일부터 6개월 이내이다.[47] 생존 거주자의 일반적인 종합소득세 신고기한인 다음연도 5월 말일까지가 아닌 점을 유의하여야 한다. 피상속인이 거주자인 경우의 상속세 신고기한과 동일한 기한을 유지하고 있다. 피상속인의 사망연도에 해당하는 소득에 대한 종합소득세는 상속세 신고 시 공제하여야 할 공과금으로 보아 차감할 수 있다.

참고로 피상속인으로부터 상속받은 취득세 대상 재산에 대한 취득세의 신고기한도 피상속인의 상속세 신고기한에 맞춰 상속일이 속하는 달의 말일로부터 6개월 이내로 규정하고 있다.[48] 다만, 해당 취득세는 상속인이 부담하여야 세금에 해당하여 피상속인의 공과금으로 볼 수는 없어 상속재산에서 공제할 수 없다.

## (2) 비거주자의 경우

비거주자의 사망으로 인하여 상속이 개시된 경우에는 ① 상속세가 부과되는 국내에 소재하는 상속재산에 관한 공과금, ② 피상속인의 사망 당시 국내에 사업장이 있는 경우로서 그 사업장에 갖춰 두고 기록한 장부에 의하여 확인되는 사업상의 공과금을 공제한다.

---

47) 소득세법 제74조【과세표준확정신고의 특례】① 거주자가 사망한 경우 그 상속인은 그 상속 개시일이 속하는 달의 말일부터 6개월이 되는 날(이 기간 중 상속인이 출국하는 경우에는 출국일 전날)까지 사망일이 속하는 과세기간에 대한 그 거주자의 과세표준을 대통령령으로 정하는 바에 따라 신고하여야 한다. 다만, 제44조 제2항에 따라 상속인이 승계한 연금계좌의 소득금액에 대해서는 그러하지 아니한다. (2013. 1. 1. 단서신설)
  ② 1월 1일과 5월 31일 사이에 사망한 거주자가 사망일이 속하는 과세기간의 직전 과세기간에 대한 과세표준확정신고를 하지 아니한 경우에는 제1항을 준용한다. (2009. 12. 31. 개정)
  ③ 제1항과 제2항은 해당 상속인이 과세표준확정신고를 정해진 기간에 하지 아니하고 사망한 경우에 준용한다.
48) 지방세법 제20조【신고 및 납부】① 취득세 과세물건을 취득한 자는 그 취득한 날(「부동산 거래신고 등에 관한 법률」 제10조 제1항에 따른 토지거래계약에 관한 허가구역에 있는 토지를 취득하는 경우로서 같은 법 제11조에 따른 토지거래계약에 관한 허가를 받기 전에 거래대금을 완납한 경우에는 그 허가일이나 허가구역의 지정 해제일 또는 축소일을 말한다)부터 60일[무상취득(상속은 제외한다) 또는 증여자의 채무를 인수하는 부담부 증여로 인한 취득의 경우는 취득일이 속하는 달의 말일부터 3개월, 상속으로 인한 경우는 상속개시일이 속하는 달의 말일부터, 실종으로 인한 경우는 실종선고일이 속하는 달의 말일부터 각각 6개월(외국에 주소를 둔 상속인이 있는 경우에는 각각 9개월)] 이내에 그 과세표준에 제11조부터 제13조까지, 제13조의 2, 제13조의 3, 제14조 및 제15조의 세율을 적용하여 산출한 세액을 대통령령으로 정하는 바에 따라 신고하고 납부하여야 한다.

## 2 장례비용

장례비용은 피상속인이 거주자인 경우에만 공제하며, 피상속인의 사망일부터 장례일까지 장례에 직접 소요된 금액 중 다음 구분에 따른 합계액을 공제한다. 이 경우 "장례비용"에는 시신의 발굴 및 안치에 직접 소요되는 비용과 묘지 구입비(공원묘지 사용료 포함), 비석, 상석 등 장례에 직접 소요된 제반비용을 포함한다. 49재 비용은 장례비용에 해당하지 아니한다.

● 상속재산가액에서 공제하는 장례비용 = 1 + 2

① 피상속인의 사망일부터 장례일까지 장례에 직접 소요된 금액
  • 장례비가 5백만 원 미만 시 : 5백만 원을 공제
  • 장례비가 5백만 원 초과 시 : Min(장례비용 증빙액, 1천만 원)

② 봉안시설 및 자연장지의 사용금액
  • Min(봉안시설 및 자연장지의 사용비용 증빙액, 5백만 원)

**사 례**  다음과 같은 경우 상속재산에서 공제할 수 있는 장례비용은?

| 장례비용 등 경비내역 |

| 구 분 | 장례비용 | 봉안시설 등 사용료 | 49재 비용 | 합 계 | 공제금액 |
|---|---|---|---|---|---|
| 가정 1 | 4백만 원 | 3백만 원 | 7백만 원 | 1천 4백만 원 | 8백만 원 |
| 가정 2 | 7백만 원 | 6백만 원 | 3백만 원 | 1천 6백만 원 | 12백만 원 |
| 가정 3 | 1천 2백만 원 | 3백만 원 | 5백만 원 | 2천만 원 | 13백만 원 |
| 가정 4 | 1천 5백만 원 | 7백만 원 | 6백만 원 | 2천 8백만 원 | 15백만 원 |

\* 장례비용, 봉안시설 등 사용료는 전부 영수증에 의하여 확인된 금액이라고 가정함.

**(해설)** 장례비용은 5백만 원 미만인 경우에는 5백만 원으로 하고, 그 금액이 1천만 원을 초과하는 경우에는 1천만 원으로 적용함. 49齋 비용은 공제되는 장례비용에 해당되지 않으며, 봉안시설 등 사용료는 5백만 원을 한도로 함.

### 3 채 무

채무란 명칭여하에 불구하고 상속개시 당시 피상속인이 부담하여야 할 확정된 채무로써 공과금 외의 모든 부채를 말한다. 다만, 피상속인이 상속개시 전 10년 이내에 상속인에게 진 증여채무와 상속개시 전 5년 이내에 상속인이 아닌 자에게 진 증여채무는 상속재산의 가액에서 공제하지 않는다. 그 이유는 사망을 앞두고 이루어진 증여채무(증여하기로 약속하고 아직 증여하지 않은 상태로 남아있는 채무를 말한다)는 상속세 회피목적의 가공채무일 가능성이 크기 때문이다.

### (1) 거주자의 경우

채무는 피상속인이 변제하여야 할 의무가 있는 것이면 공제할 수 있다. 즉, 채권자가 누구인가에 관계없이 상속개시 당시 피상속인이 부담하여야 할 것으로 확정된 금액을 공제하므로 상속개시 전의 미지급이자는 공제할 수 있으나, 상속개시 후의 기간경과에 따른 지급이자는 공제할 수 없다.

### (2) 비거주자의 경우

피상속인이 비거주자인 경우에 국내에 소재하는 상속재산에 대해서만 상속세를 부과함으로써 채무의 경우에도 ① 당해 상속재산을 목적으로 유치권, 질권, 전세권, 임차권(사실상 임대차계약이 체결된 경우를 포함), 양도담보권·저당권 또는 「동산·채권 등의 담보에 관한 법률」에 따른 담보권으로 담보된 채무, ② 피상속인의 사망 당시 국내에 사업장이 있는 경우로서 그 사업장에 갖춰 두고 기록한 장부에 의하여 확인되는 사업상의 채무만을 공제한다.

### (3) 공제가능한 그 밖의 채무의 범위[49]

#### ① 미지급이자의 채무인정 범위

상속개시일 현재 소비대차에 의한 피상속인의 채무에 대한 미지급이자는 공제할 수 있는 채무에 해당한다. 다만, 법인세법 제52조의 규정에 따라 부당행위계산의 부인으로 계상한 인정이자는 포함하지 아니한다.

---

49) 상증법 기본통칙 14-0…3(채무의 범위) 및 14-0…4(사용인의 퇴직금상당액에 대한 채무인정 범위)

② 보증채무의 채무인정 범위

피상속인이 부담하고 있는 보증채무 중 주채무자가 변제불능의 상태로서 상속인이 주채무자에게 구상권을 행사할 수 없다고 인정되는 부분에 상당하는 금액은 채무로서 공제한다.

③ 연대채무의 채무인정 범위

피상속인이 연대채무자인 경우에 상속재산에서 공제할 채무액은 피상속인의 부담분에 상당하는 금액에 한하여 공제할 수 있다. 다만, 연대채무자가 변제불능의 상태가 되어 피상속인이 변제불능자의 부담분까지 부담하게 된 경우로서 당해 부담분에 대하여 상속인이 구상권행사에 의해 변제받을 수 없다고 인정되는 경우에는 채무로서 공제할 수 있다.

④ 사용인의 퇴직금상당액에 대한 채무인정 범위

피상속인이 사업상 고용한 사용인에 대하여 「근로자퇴직급여보장법」상 상속개시일까지의 퇴직금상당액은 상속개시 당시의 피상속인의 채무에 포함한다.

## (4) 채무의 입증방법 등

상속세 과세가액을 계산함에 있어서 공제할 채무금액은 상속개시 당시 피상속인의 채무로서 상속인이 실제 부담하는 사실이 다음의 어느 하나에 의하여 증명되는 것을 말한다. 이러한 채무의 입증방법 등은 거주자와 비거주자 모두 동일하게 적용된다(상증령 제10조).

① 국가·지방자치단체 및 금융회사 등에 대한 채무는 해당 기관에 대한 채무임을 확인할 수 있는 서류

② 위 "①" 외의 자에 대한 채무는 채무부담계약서, 채권자확인서, 담보설정 및 이자 지급에 관한 증빙 등에 의하여 그 사실을 확인할 수 있는 서류

## 제5절 상속재산가액에 더하는 상속개시 전 증여재산가액

### 1 제도의 취지

피상속인이 사망하기 전 일정기간 내에 증여한 재산은 상속세 과세가액에 합산하여 상속세를 과세한다. 이는 생전 분산증여를 통해 초과누진세율 체계인 상속세를 회피하는 것을 방지하는 것이 목적으로 도입되었다. 피상속인이 살아있을 때에 상속인 또는 상속인이 아닌 자에게 증여한 재산에는 증여세가 과세되었다. 따라서 합산하는 증여재산에 대한 증여세액은 상속세 산출세액에서 기납부 증여세액으로 공제하여 동일한 재산에 대하여 증여세와 상속세가 이중으로 부과되는 것을 방지하고 있다.[50]

한편, 상속세 과세가액에 합산하는 증여재산에 대하여 증여세가 부과되지 아니한 경우에는 해당 증여재산에 대하여 증여세를 먼저 과세하고 그 증여재산가액을 상속세 과세가액에 합산하여 상속세를 부과하며 증여세 상당액을 기납부세액으로 공제한다.[51]

### 2 상속세 합산과세대상 증여재산의 범위

#### (1) 증여재산의 범위

피상속인이 생존 시 증여한 다음의 증여재산가액은 상속재산에 가산한다(상증법 제13조 제1항). 비거주자의 사망으로 인하여 상속이 개시되는 경우에는 국내에 있는 재산을 증여한 경우에만 그 증여재산을 상속재산가액에 가산한다(상증법 제13조 제2항).

| 합산과세대상 증여재산의 범위 |

| 피상속인 | 증여를 받은 자 | 사전증여재산 가액 |
| --- | --- | --- |
| 거주자 | 상속인 | 상속개시일 전 10년 이내 증여한 국내·외 모든 재산가액 |
| | 상속인 아닌 자 | 상속개시일 전 5년 이내 증여한 국내·외 모든 재산가액 |
| 비거주자 | 상속인 | 상속개시일 전 10년 이내 증여한 국내 소재 재산가액 |
| | 상속인 아닌 자 | 상속개시일 전 5년 이내 증여한 국내 소재 재산가액 |

---

50) 상증법 제28조(증여세액공제) 제1항
51) 상증법 집행기준 13-0-8(상속세 과세가액에 가산하는 증여재산에 대한 과세방법)

상속인의 범위는 민법 규정에 의한 선순위 상속인에 한정되므로 상속재산의 전부 또는 일부를 받은 자로서 선순위 상속인이 있는 경우 후순위 상속인은 상속인이 아닌 자에 해당된다(상증법 집행기준 13-0-3).

증여재산가액을 합산함에 있어서 적용기간은 1998년 이전에는 각각 5년, 3년이었으나 과세관청의 사후관리 능력 및 소멸시효 등을 감안하여 그 기간을 각각 10년, 5년으로 연장하였다.[52]

한편, 상속개시일 전 5년 이내에 피상속인이 상속인이 아닌 자에게 증여한 재산가액을 상속세 과세가액에 가산토록 하고, 이와 같이 상속재산에 가산한 증여재산에 대한 증여세액은 상속세 산출세액에서 공제하고 있는 구 「상증법」(2000. 12. 29. 법률 제6301호로 개정된 것) 제13조 제1항 제2호와 제28조 제1항 본문이 재산권을 침해하는지 여부에 대하여 헌법재판소는 2006년 7월 27일 재판관 전원의 일치된 의견으로 위 본문은 헌법에 위배되지 않는다고 결정하였다.[53]

## (2) 합산과세하지 않는 증여재산

상속세 과세가액에 가산하는 증여재산은 민법상 증여에 의해 취득한 재산뿐만 아니라 상증법에서 증여로 취급하여 과세하는 재산을 포함하되 증여세가 비과세되는 재산, 공익법인 등에 출연하여 과세가액 불산입된 재산, 장애인이 증여받아 과세가액 불산입된 재산 및 조세특례제한법에 따라 증여세 감면을 받은 농지 등은 합산과세하지 아니하며, 2004. 1. 1. 이

---

52) 1999. 1. 1. 이후 최초로 상속이 개시된 부분부터는 합산기간이 각각 10년, 5년으로 연장되었는데, 이 법 시행 전에 상속이 개시되었거나 증여된 것에 대하여는 종전의 규정에 의하도록 부칙 제4조가 규정하고 있다. 따라서 본법 개정 이전에 증여가 이루어진 경우로서 합산기간(5년, 3년)이 경과된 증여분에 대해서는 본 개정법을 적용함에 있어 합산하지 않는다(법률 제5582호, 1998. 12. 28. 개정, 부칙 제4조).

53) 이 사건 법률조항의 입법취지는 피상속인이 생전에 증여한 재산의 가액을 가능한 한 상속세 과세가액에 포함시킴으로써 조세부담에 있어서의 상속세와 증여세의 형평을 유지함과 아울러 피상속인이 사망을 예상할 수 있는 단계에서 장차 상속세의 과세대상이 될 재산을 상속개시 전에 상속인 이외의 자에게 상속과 다름없는 증여의 형태로 분할, 이전하여 누진세율에 의한 상속세 부담을 회피하려는 부당한 상속세 회피행위를 방지하고 조세부담의 공평을 도모하기 위한 것이라는 점에서 그 목적의 정당성이 인정되고, 이러한 입법목적을 달성하기 위해서 생전증여재산 가액을 상속재산 가액에 가산함으로써 정당한 누진세율의 적용을 받도록 하는 것은 적절한 수단이라고 볼 수 있으며, 증여의 목적이나 경위를 따짐이 없이 일정한 기간 내의 증여에 대하여는 이를 모두 상속재산 가액에 가산하도록 하되 사후적 구제조항으로서 상속재산 가액에 합산되는 증여재산에 대한 증여세액을 상속세 산출세액에서 공제하고 있는 것은 일응 불가피한 필요, 최소한의 조치라고 할 수 있을 뿐만 아니라, 이로 인하여 제한되는 상속권 내지 재산권이 위 입법목적에 의하여 보호되는 공익보다 더 중요하다고 보여지지도 아니한다. 또한, 상속세의 공공성 및 공익성, 국세기본법상 국세부과의 제척기간 등 다른 조세관련 법률에서 정한 기간과의 균형 등을 참작하면, 이 사건 법률조항의 5년이라는 기간은 합리적 재량의 범위를 일탈하였다고 볼 만한 사정이 없으므로 이 사건 법률조항은 재산권을 침해하지 않는다(헌재 2005헌가4 전원재판부, 2006. 7. 27.).

후 상속개시분부터 증여자 등이 불분명한 다음의 증여재산은 합산과세하지 않도록 하였다.
이상의 설명을 표로 정리하면 다음과 같다.

| 상속세 과세가액에 합산하지 않는 증여재산[54] |

| 구 분 | 재산 종류 | 관련 규정 |
|---|---|---|
| 증여세 비과세재산 | • 비과세되는 증여재산 | 상증법 제46조 |
| 과세가액에 불산입되는 재산 | • 공익법인등에 출연한 재산 | 상증법 제48조 제1항 |
| | • 공익신탁한 재산 | 상증법 제52조 |
| | • 장애인이 증여받은 재산 | 상증법 제52조의 2 제1항 |
| 합산배제 증여재산 (2004. 1. 1. 이후 상속개시분부터) | • 재산취득 후 해당 재산의 가치가 증가 | 상증법 제31조 제1항 제3호 (종전 상증법 제32조 제3호 나목) |
| | • 전환사채 등의 주식전환이익, 양도이익 | 상증법 제40조 제1항 제2호 및 제3호 |
| | • 주식 등의 상장 등에 따른 이익의 증여 | 상증법 제41조의 3 |
| | • 합병에 따른 상장 등 이익의 증여 | 상증법 제41조의 5 |
| | • 재산취득 후 재산가치 증가에 따른 이익의 증여 | 상증법 제42조의 3 (2015. 12. 15. 신설) |
| | • 재산 취득자금 등의 증여 추정 | 상증법 제45조 (2022. 1. 1. 이후 증여추정분부터) |
| | • 명의신탁재산의 증여의제 | 상증법 제45조의 2 (2019. 1. 1. 이후 증여의제분부터) |
| | • 특수관계법인과의 거래를 통한 이익의 증여의제 | 상증법 제45조의 3 (2012. 1. 1. 이후 사업연도분부터) |
| | • 특수관계법인으로부터 제공받은 사업기회로 발생한 이익의 증여의제 | 상증법 제45조의 4 (2016. 1. 1. 이후 사업연도분부터) |
| 조특법상 특례 | • 영농자녀가 증여받는 농지 등 | 조특법 제71조 제5항 |
| 비실명 특정채권 | • 금융실명법 부칙에 따라 조세특례가 적용되는 특정채권 | 「금융실명거래 및 비밀보장에 관한 법률」 제3조 및 부칙 제9조 |

54) 상증법 제13조 제3항, 상증법 제47조 제1항 및 상증법 집행기준 13-0-4(상속세 과세가액에 합산하지 않는 증여재산)

**3** 특수한 경우의 증여재산 합산 여부

① 상속포기한 상속인의 증여재산

1999. 1. 1. 이후 민법상 상속포기한 상속인도 상증법 제3조 제1항(현행은 제2조 제4호)에서는 상속인에 포함시키고 있으며, 종전에도 대법원 판례에 의해 상속인이냐 상속인 외의 자이냐 여부는 상속개시일을 기준으로 하여 판단하며, 상속개시 후 가정법원에 상속포기서를 제출하여 민법상 상속인에 해당하지 아니하는 자도 상속인으로 보아 그가 증여받은 재산을 합산하여 과세한다.[55]

② 상속인이 아닌 자가 증여받은 재산

상속인 외의 자연인뿐만 아니라 영리법인, 비영리법인 또는 기타단체가 증여받은 재산을 모두 합산하되 공익법인등이 증여받은 재산은 합산하지 않는다.

③ 창업자금 등 증여세 과세특례적용을 받은 증여재산

증여세 과세특례가 적용된 창업자금과 가업승계한 주식의 가액은 증여받은 날부터 상속개시일까지의 기간이 상속개시일로부터 10년 이내인지 여부와 관계없이 상속세 과세가액에 합산한다(조특법 제30조의 5 제9항).

④ 상속개시일 이전에 수증자가 먼저 사망한 경우의 증여재산

상속개시일 이전에 수증자(상속인·상속인 아닌 자)가 피상속인으로부터 재산을 증여받고 피상속인의 사망(상속개시일) 전에 사망한 경우에는 상속인 등에 해당하지 아니하므로 피상속인의 상속세 과세가액에 사전증여재산가액을 합산하지 아니한다. 피상속인이 상속인에게 증여한 재산을 증여세 신고기한을 경과해 반환받고 사망하여 증여세가 부과된 경우로서, 반환받은 재산이 상속재산에 포함되어 상속세가 과세되는 때에는 사전증여재산에 해당하지 않는다(상증법 집행기준 13-0-6).

⑤ 대습상속의 요건을 갖춘 상속인이 피상속인으로부터 10년 이내 받은 증여재산

피상속인이 사망하여 상속이 개시된 때에 대습상속의 요건을 갖추어 구 상증세법상 상속인이 되었다면, 그 상속인이 상속개시일 전 10년 이내에 피상속인으로부터 증여받은 재산의 가액은 구 상증세법 제13조 제1항 제1호에 따라 상속인에 대한 증여로 보아 상속세 과세가액에 합산된다.[56]

---

55) 대법원 93누8092, 1993. 9. 28.
56) 대법원 2016두54275, 2018. 12. 13.

⑥ 피상속인이 생전에 증여한 것이 명백한 재산

상증법 제15조에 따르면, 상속개시일 전 1년 이내에 상속재산을 처분한 것 중 2억 원 이상 또는 2년 이내 5억 원 이상으로서 그 용도가 객관적으로 명백하지 않은 것은 상속세 과세가액에 산입한다고 규정하고 있다.

해당 규정은 피상속인의 재산 중 사망 전 1년 또는 2년 이내에 처분한 재산이 상속인과 상속인 외의 자에게 증여하였는지가 불분명한 경우에 적용된다. 그러므로 해당 재산을 피상속인이 상속인 혹은 상속인 외의 자에게 증여한 것임이 분명하다면 상증법 제13조에 의거하여 증여세 과세가액에 산입된다. 또한 피상속인의 사망일로부터 1년 또는 2년 이전에 처분한 재산의 경우에도 상속인에게 10년, 상속인 외의 자에게 5년 이내에 증여된 것임이 분명하다면 상증법 제13조에 따라 상속세 과세가액에 산입된다. 만약, 1년 또는 2년 이전에 처분된 재산으로서 증여되었는지 여부가 불분명하거나, 5년 이전에 상속인 이외의 자에 증여된 경우, 또는 10년 이전에 상속인에게 증여된 재산은 당연히 상속세 과세가액에 산입할수 없다. 결론적으로, 상증법 제15조와 제13조는 상호보완적 규정으로 볼 수 있다.

## 4 합산과세하는 증여재산의 평가[57]

① 상속재산가액에 합산하는 사전증여 재산가액은 상속개시일이 아닌 증여일 현재의 시가에 따라 평가하며, 시가가 불분명한 경우에는 보충적 평가방법에 따라 평가한 가액에 따른다.
② 상속개시일 전에 부담부증여한 재산을 상속재산가액에 합산하는 경우 증여재산가액에서 수증자가 인수한 채무를 차감한 증여세 과세가액을 합산한다.

---

57) 상증법 집행기준 13-0-7(사전증여 재산가액의 평가)

# 제5장 상속세 과세표준의 계산

## 제1절 과세표준 계산의 구조

상속세 과세표준이란 상속세의 세율을 적용하여 세액을 산출하기 위한 기초가 되는 금액으로, 상속세 과세가액에서 상속공제액과 감정평가수수료를 뺀 가액으로 한다. 피상속인이 거주자인 경우에는 모든 상속공제액을 적용하고 비거주자인 경우에는 기초공제 2억 원과 감정평가수수료만을 공제하여 과세표준을 계산한다. 상속공제는 거주자 또는 비거주자의 사망으로 상속이 개시되는 경우에 적용되며, 각 공제항목별로 제한없이 모두 적용할 수 있는 것이 아니라 상속공제 종합한도 범위 내에서만 공제가 가능하다. 이러한 과정을 통해 산출된 상속세 과세표준이 과세최저한(50만 원 미만)에 해당하면 상속세를 부과하지 아니한다(상증법 제25조 제2항). 표로 정리하면 다음과 같다.

| 상속세 과세표준 계산의 구조 |

| 구 분 | 내 용 |
|---|---|
| 상속세 과세가액 | |
| (-) 상속공제 | |
| ① 인적공제 | • 기초공제 • 그 밖의 인적공제 • 배우자상속공제 |
| ② 일괄공제(선택) | • Max(기초공제 2억 원+그 밖의 인적공제합계액, 5억 원) |
| ③ 물적공제 | • 가업상속공제 • 영농상속공제 • 금융재산상속공제 • 재해손실공제 • 동거주택상속공제 |
| (-) 감정평가수수료공제 | |
| = 상속세 과세표준 | |

## 과세가액에서 차감하는 상속공제

### 1 기초공제

거주자나 비거주자의 사망으로 상속이 개시되는 경우에는 상속세 과세가액에서 2억 원을 공제한다(상증법 제18조). 이를 "기초공제"라 한다. 2000. 12. 31. 이전에는 피상속인이 비거주자인 경우 상속공제를 적용받을 수 없었으나, 2001. 1. 1. 이후 상속개시 분부터는 기초공제(2억 원)만은 적용된다.

2022. 12. 31. 개정 전의 구 상증법 제18조는 기초공제를 규정하면서 제2항에서 가업상속공제와 영농상속공제를 동시에 규정하고 있었으나, 알기 쉬운 세법 실현과 법 체계의 정합성 차원에서 제18조의 2(가업상속공제), 제18조의 3(영농상속공제) 및 제18조의 4(가업상속공제와 영농상속공제의 동시 적용 배제)로 구분하여 규정되었다. 납세자의 관점에서 법 해석과 적용을 용이하게 한다는 차원에서 올바른 방향의 개정이다.

가업상속공제와 영농상속공제는 인적 및 물적인 요건을 전제로 하지만 물적제도에 가깝기 때문에, 법 조문의 순서에도 불구하고 인적공제로 분류되는 기초공제, 배우자상속공제, 미성년자 공제 등 그 밖의 인적공제, 일괄공제의 다음순서로 다루고자 한다.

### 2 배우자 상속공제

#### (1) 취지 및 배우자의 의의

배우자 상속공제는 피상속인의 재산형성에 배우자의 기여분이 있다는 점을 고려하여 전체 상속재산 중 일정비율까지는 과세를 유보하고 그 후 잔존 배우자가 사망하였을 때 완결과세를 한다는데 입법취지가 있다. 그런데 배우자 상속공제를 한도 없이 적용할 경우 고액재산가의 세부담이 지나치게 줄어드는 문제점이 있어 그 한도를 정하고 있다.

공제받을 수 있는 배우자란 민법상 혼인관계에 있는 자, 즉 가족관계등록부에 배우자로 등재된 자를 말한다.[58] 따라서 혼인신고를 하지 않은 사실혼 관계에 있는 배우자는 공제받을 수 없다. 사실혼 관계에 있는 자는 민법상 상속권이 없기 때문이다.

---

58) 상증법 기본통칙 19-0…1(배우자 상속공제)

## (2) 공제금액

거주자의 사망으로 배우자가 실제 상속받은 금액은 상속세 과세가액에서 공제한다. 배우자 상속공제는 상속세 과세표준 신고기한의 다음 날부터 9개월(2021. 1. 1. 이후 결정·경정하는 분부터 적용, 개정 전은 6개월)이 되는 날(이하 "배우자상속재산분할기한"이라 한다)까지 배우자의 상속재산을 분할한 경우와 그렇지 않은 경우로 구분하여 그 공제금액에 차이를 두고 있다. 분할한 사람은 배우자가 실제 상속받은 재산가액을 공제한도액(30억 원)범위 내에서 공제하고, 분할하지 않은 사람은 5억 원을 공제한다. 따라서 배우자 상속공제액은 최소 5억 원에서 최대 30억 원까지 가능하다.

| 분할 여부에 따른 배우자 상속공제액의 구분 |

| 배우자 상속재산 분할기한 내에 분할한 경우 | 분할하지 않은 경우 |
| --- | --- |
| 다음 "①"과 "②" 중 적은 금액 공제(5억 원 미달 시 5억 원 공제)<br>① 배우자가 실제 상속받은 금액<br>② 배우자 상속공제 한도액 : Min(한도금액, 30억 원) | 5억 원 |

### 1) 배우자가 실제 상속받은 금액

배우자가 실제 상속받은 금액은 배우자상속재산분할기한 내에 배우자가 상속받은 재산(등기·등록·명의개서 등을 요하는 경우에는 그 등기·등록·명의개서 등이 된 것에 한함)가액에서 배우자가 승계한 채무·공과금 등을 차감하여 계산한다. 이에 대한 계산식은 다음과 같다.

| 배우자가 실제 상속받은 금액[59] |

배우자가 상속받은 상속재산가액(사전증여재산가액 및 추정상속재산가액 제외)
 － 배우자가 승계하기로 한 공과금 및 채무액
 － 배우자 상속재산 중 비과세 재산가액
 － 배우자 상속재산 중 과세가액불산입액
 ───────────────────────────
 　배우자가 실제 상속받은 금액

배우자가 상속받은 재산의 가액 및 승계한 채무 등의 금액은 상속세를 결정할 때의 가액에 의하므로 신고 당시보다 공제액이 늘어나거나 줄어들 수 있다.

2009. 12. 31. 이전 상속개시분의 경우에는 배우자의 상속재산분할기한까지 배우자의 상

---

59) 상증법 집행기준 19-17-1

속재산을 분할하고 그 내용을 관할 세무서장에게 신고한 경우에 한하여 적용하였으나, 2010. 1. 1. 이후 상속이 개시되는 분부터는 재산분할을 신고하지 않은 경우에도 배우자 상속재산분할기한 내에 분할사실이 확인된 재산은 공제되는 것으로 개정되었다.

### 2) 배우자 상속공제액

★

배우자 상속공제액 : Min(①, ②) ☞ 5억 원 미만이면 최소 5억 원 공제
① 배우자가 실제 상속받은 금액
② 배우자 상속공제 한도 : Min(ⓐ, ⓑ)  * 상증법 제19조 제1항
　ⓐ : 다음의 계산식에 따라 계산한 한도금액
　　〈한도금액〉=(A-B+C)×D-E
　　A : 대통령령으로 정하는 상속재산의 가액
　　B : 상속재산 중 상속인이 아닌 수유자가 유증 등을 받은 재산의 가액
　　C : 상속개시일 전 10년 이내에 피상속인이 상속인에게 증여한 재산가액
　　D : 민법에 따른 배우자의 법정상속분(공동상속인 중 상속을 포기한 사람이 있는 경우에는 그 사람이 포기하지 아니한 경우의 배우자 법정상속분을 말함)
　　E : 제13조에 따라 상속재산에 가산한 증여재산 중 배우자가 사전증여받은 재산에 대한 제55조 제1항에 따른 증여세 과세표준
　ⓑ : 30억 원

위 한도금액을 계산함에 있어, A(대통령령으로 정하는 상속재산의 가액)는 '상속으로 인하여 얻은 자산총액'에서 다음의 가액을 뺀 것을 말한다(상증령 제17조 제1항, 2017. 2. 7. 개정).
① 상증법 제12조의 규정에 의한 비과세되는 상속재산
② 상증법 제14조의 규정에 의한 공과금 및 채무
③ 상증법 제16조의 규정에 의한 공익법인등의 출연재산에 대한 상속세과세가액 불산입 재산
④ 상증법 제17조의 규정에 의한 공익신탁재산에 대한 상속세과세가액 불산입 재산

여기에서 '상속으로 인하여 얻은 자산총액'은 상속재산가액(유증재산·사인증여재산 포함), 간주(의제)상속재산가액 및 추정상속재산가액을 합친 금액을 말한다.

상증법 제19조 제1항과 동법 시행령 제17조 제1항을 종합하여 배우자 상속공제 한도금액을 계산하는 구조를 다음과 같이 정리해 볼 수 있다.

| 배우자 상속공제 한도금액[60] |

| | | 계산방법 | 계산 시 유의사항 |
|---|---|---|---|
| A | 상속<br>개시 | 총상속재산가액 | 상속재산가액(유증재산·사인증여재산 포함) + 간주상속재산가액 + 추정상속재산가액 |
| | ( − ) | 비과세되는 상속재산 | 비과세 상속재산(상증법 제12조) |
| | ( − ) | 공과금 및 채무액 | 장례비는 차감하지 않음(상증령 제17조 제1항 제2호). |
| | ( − ) | 과세가액 불산입액 | 공익법인 등 출연재산 및 공익신탁재산<br>(상증법 제16조 및 제17조) |
| B | ( − ) | 상속재산 중 상속인이 아닌 수유자가 유증 등을 받은 재산의 가액 | 상속인에게 유증한 재산의 가액은 차감하지 않음. |
| C | ( + ) | 상속개시 전 10년 이내에 피상속인이 상속인에게 증여한 재산가액 | 증여재산가액 중 상속개시 전 5년 이내에 상속인 외의 자에게 증여한 재산가액은 합산하지 않음(상증법 제13조 제1항 제1호). |
| D | ( × ) | 배우자의 법정상속분 | 공동상속인 중 상속을 포기한 사람이 있는 경우에는 그 사람이 포기하지 아니한 경우의 배우자 법정상속분을 말함.[61] |
| E | ( − ) | 배우자 사전증여받은 재산에 대한 증여세 과세표준 | 상증법 제13조에 따라 상속재산에 가산한 증여재산 중 배우자가 사전증여받은 재산에 대한 상증법 제55조 제1항에 따른 증여세 과세표준 |
| | = 배우자 상속공제 한도금액 | | 배우자가 실제 상속받은 금액이 없거나 상속받은 금액이 5억 원 미만이면 배우자의 상속재산 분할 여부에 관계없이 5억 원을 공제(상증법 제19조 제4항) |

---

60) 2016. 12. 20. 개정되기 전의 배우자 상속공제에 대한 상증법 제19조의 법문이 이해하기 어려운 구조로 되어 있었다. 내용에 대한 개정 없이 이를 계산식으로 알게 쉽게 하였다(2017. 1. 1. 이후 적용).
61) 예컨대 배우자, 아들, 딸 중 딸이 상속포기한 경우 민법상 배우자 상속지분은 3/5이지만 배우자 상속공제 한도액 계산 시에는 3/7을 배우자 상속지분으로 한다.

### 3) 배우자 상속공제액의 계산사례

**사례연구**

**가정**

○ 피상속인: 甲(2024. 5. 1. 사망)
○ 상속인 등: 배우자(乙), 자(丙), 부친(丁), 손자(丙의 자)
○ 상속재산
　－오피스텔: 16억 원(배우자가 상속)　－주식: 8억 원(자가 상속)
　－K예금: 2억 원(배우자가 상속)　　　－L예금: 5천만 원(손자에게 유증)
　－토지에 포함된 금양임야와 묘토가액(자가 상속): 7천만 원
○ 사망보험금: 3억 원
○ 상속개시 전 1년 이내 처분재산: 토지 3억 원(전부 용도불명)
○ 이재구호금품 유증: 1천만 원
○ 공과금: 3천만 원, 금융기관 채무: 8천만 원, 장례비: 1천만 원
　* 공과금, 채무, 장례비는 배우자가 모두 부담함.
○ 공익법인 유증: 3억 원
○ 상속개시 전 증여재산가액
　－배우자(2019. 8. 30.): 9억 원
　－상속인 외의 자(조카)(2022. 7. 10.): 1억 원
○ 적법한 신고기한 내에 배우자 재산분할 신고하였음.

**해설**

배우자 상속공제액 계산(앞 표의 한도액 계산식 적용)
가. 배우자가 실제 상속받은 금액: 16억 원(오피스텔)+2억 원(K예금)+3억 원(사망보험금)×3/5－0.3억 원(공과금)－0.8억 원(채무)＝18.7억 원
　* 장례비는 차감하지 않음.
나. 배우자 상속공제 한도액: (A－B+C)×D－E＝(28.4－0.5+9)×3/5－3＝19.14억 원
　(A) 상속재산의 가액: ①－②＝32.6억 원－4.2억 원＝28.4억 원
　　　① 총상속재산가액: 16억 원(오피스텔)+8억 원(주식)+2억 원(K예금)+0.5억 원(L예금)+0.7억 원(금양임야)+3억 원(사망보험금)+2.4억 원(추정상속재산)
　　　　＝ 32.6억 원
　　　　* 추정상속재산: 3억 원(토지)－Min(3억 원×20%, 2억 원)＝ 2.4억 원
　　　② 비과세상속재산 등 공제액: 4.2억 원
　　　　－이재구호금품 유증: 0.1억 원
　　　　－공과금 및 채무액(공과금 3천만 원+채무 8천만 원): 1.1억 원

　　　* 장례비는 차감하지 않음.

　　－공익법인 유증: 3억 원

(B) 상속인이 아닌 손자에 대한 유증: 0.5억 원(L예금)

(C) 상속개시 전 상속인에게 한 사전증여재산가액: 9억 원(배우자)

(D) 배우자의 법정상속분 = A － B ＋ C = 28.4 － 0.5 ＋ 9 = 36.9 × 3/5 = 22.14억 원

(E) 사전증여받은 재산에 대한 증여세 과세표준: 3억 원(9억 원－6억 원)

(F) 배우자 상속공제 한도 금액: 22.14억 원 － 3억 원 = 19.14억 원

(G) 한도액: Min(19.14억 원, 30억 원) = 19.14억 원

다. 배우자 상속공제액

　= 18.7억 원[Min(① 실제 상속받은 금액 18.7억 원, ② 한도액 19.14억 원)]

## (3) 부득이한 사유로 배우자상속재산분할기한 내에 분할하지 못한 경우

다음과 같은 부득이한 사유로 배우자상속재산분할기한까지 배우자의 상속재산을 분할할 수 없는 경우로서 배우자상속재산분할기한(부득이한 사유가 소(訴)의 제기나 심판청구로 인한 경우에는 소송 또는 심판청구가 종료된 날)의 다음 날로부터 6개월이 되는 날(배우자의 상속재산분할기한의 다음 날부터 6개월을 경과하여 과세표준과 세액의 결정이 있는 경우에는 그 결정일)까지 상속재산을 분할하고 그 내용을 신고한 경우에는 배우자의 상속재산분할기한 이내에 분할한 것으로 본다. 다만, 상속인이 그 부득이한 사유를 대통령령으로 정하는 바에 따라 배우자상속재산분할기한까지 납세지 관할 세무서장에게 신고하는 경우에 한정한다(상증법 제19조 제3항). 이를 다음과 같은 흐름도를 보면 쉽게 이해할 수 있다.

| (사망일) | (6월) | (1년 3월) | (1년 9월) | 상속세 결정일 |
|---|---|---|---|---|
| ◆ | ◆ | ◆ | ◆ | ◆ |
| 상속<br>개시일 | 상속세<br>과세표준<br>신고기한 | (원칙)<br>배우자상속재산<br>분할기한 | (부득이한 경우)<br>배우자상속재산<br>분할연장기한 | (최장)<br>배우자상속재산<br>분할연장기한 |

부득이한 사유는 다음과 같다(상증령 제17조 제2항).

① 상속인 등이 상속재산에 대하여 상속회복청구의 소를 제기하거나 상속재산 분할의 심판을 청구한 경우

② 상속인이 확정되지 아니한 부득이한 사유 등으로 배우자 상속분을 분할하지 못하는 사실을 관할 세무서장이 인정하는 경우

상속재산을 분할할 수 없는 사유를 신고하는 자는 상속재산분할기한까지 미분할사유를 입증할 수 있는 서류를 첨부하여 신고하여야 한다.

### (4) 배우자상속재산의 분할을 하지 아니한 경우 ☞ 5억 원 공제

### (5) 실제 상속받은 재산 등이 5억 원 미만인 경우 등 ☞ 5억 원 공제

배우자가 실제 상속받은 재산이 없거나 상속받은 금액이 5억 원 미만인 경우에는 5억 원을 공제한다. 즉, 배우자가 상속을 포기한 경우에도 배우자상속공제를 받을 수 있으며, 이때의 공제금액은 5억 원이 된다.

### (6) 부부가 같은 날에 사망한 경우 배우자 상속공제[62]

#### ① 동시에 사망한 경우

부와 모가 동시에 사망하였을 경우 상속세의 과세는 부와 모의 상속재산에 대하여 각각 개별로 계산하여 과세하며, 이 경우 배우자 상속공제는 적용되지 않는다. 민법에 따르면 2인 이상이 동일한 위난으로 사망한 경우에는 동시에 사망한 것으로 추정한다(제30조). 비행기나 선박사고로 부모가 사망하였는데 사망시간을 추정하기 어려운 경우 동시에 사망한 것으로 추정되는 것이다.

#### ② 같은 날에 시차를 두고 사망한 경우

부와 모가 같은 날에 시차를 두고 사망한 경우 상속세의 과세는 부와 모의 재산을 각각 개별로 계산하여 과세하되 먼저 사망한 자의 상속세 계산 시 배우자 상속공제를 적용하고, 나중에 사망한 자의 상속세 과세가액에는 먼저 사망한 자의 상속재산 중 그의 지분을 합산하고 단기재상속에 대한 세액공제를 한다.

---

62) 상증법 집행기준 19-17-6(부부가 같은 날에 사망한 경우 배우자 상속공제)

사 례   **배우자 상속공제 요건 충족 여부**

청구인들이 주고받은 이메일 내용에 의하면 청구인들이 상속재산 중 일부는 배우자 단독상속분으로, 나머지는 법정상속비율대로 분할하기로 협의하였음을 알 수 있고, 이에 따라 상속인별 상속재산을 평가하여 신고하였으므로, 상속부동산 중 일부의 등기원인이 단순 '상속'으로 되어 있다는 사정만으로 상속부동산 전체에 대한 분할협의가 없었다고 보기는 어렵다.

**사실관계**

(1) 청구인들은 2018. 5. 28. 피상속인의 사망으로 상속이 개시되자 2018. 7. 13. 상속부동산(15건)에 대하여 소유권이전등기를 경료하였다. 그중 법정 상속지분대로 상속한 11건은 등기원인*을 단순 '상속'으로 하였고, 배우자가 단독으로 상속한 4건에 대해서는 '협의분할에 의한 상속'으로 하여 등기를 경료하였다. 이후 배우자 상속공제액을 ◇◇◇원으로 하여 상속세 ○○○원을 신고하였다.

 * 상속재산의 등기원인에는 '상속' 또는 '협의분할에 의한 상속'이 있음.

(2) 처분청은 상증법 제19조 제2항에서 상속재산의 분할협의(제1요건), 그에 따른 등기(제2요건) 및 분할 사실의 신고(제3요건)를 한 경우에만 실제 상속재산에 대한 배우자 상속공제를 적용할 수 있으므로, 청구인들이 배우자 상속공제의 3가지 요건을 충족하지 못하였다고 보고 배우자 일괄상속공제액 5억 원*을 초과하는 금액에 대한 공제를 부인하여 청구인들에게 상속세 △△△원을 결정·고지하였다.

 * 배우자가 실제 상속받은 금액이 없거나 5억 원 미만인 경우 및 상증세법 제19조 제2항의 요건을 충족하지 못하는 경우에는 기본 5억 원을 공제(상증법 제19조 제4항)

**쟁점**

배우자 상속공제 요건을 충족하지 못한 것으로 보고 배우자 일괄상속공제액 초과분을 공제부인한 처분의 당부

**판단**

(1) (제1요건) 청구인들이 주고받은 이메일 내용에 의하면 청구인들이 상속재산 중 일부는 배우자 단독상속분으로, 나머지는 법정상속비율대로 분할하기로 협의하였음을 알 수 있고, 이에 따라 상속인별로 상속재산을 평가하여 신고하였으므로, 상속부동산 중 일부의 등기원인이 단순 '상속'으로 되어 있다는 사정만으로 상속부동산 전체에 대한 분할 협의가 없었다고 보기는 어렵다.

(2) (제2요건) 상증법 제19조 제2항은 배우자의 상속재산을 분할(등기 등이 필요한 경우에는 그 등기된 것에 한정)한 경우에 적용한다고 규정하고 있을 뿐, 그 등기원인을 '협의분할에 의한 상속'으로 한정하고 있지 않고 있으므로 청구인들은 제2요건 또한

충족한 것으로 볼 수 있다.

(3) (제3요건) 상증법 해당 조항은 상속재산의 분할 신고를 하지 않은 경우 배우자 상속 공제를 5억 원으로 제한하는 것이 과도하다는 이유로 재산분할 신고를 하지 않은 경우에도 실제로 재산분할이 된 경우에는 배우자 상속공제를 인정하도록 개정된 것이므로, 설령 청구인들이 제3요건을 충족하지 못하였다고 하더라도 배우자 상속공제를 적용하는 데에 아무런 영향이 없다(조세심판원 조심 2020중7887, 2021. 11. 3.).

## 3 그 밖의 인적공제

### (1) 공제액

거주자의 사망으로 상속이 개시되는 경우로서 다음의 자가 있는 때에는 다음의 공제액을 인원수의 제한 없이 상속세 과세가액에서 공제한다(상증법 제20조 제1항). 이러한 기타 인적공제는 공제요건에 해당하는 자가 상속의 포기 등으로 상속을 받지 아니하는 경우에도 적용한다.[63]

| 그 밖의 인적공제(2022. 12. 31. 개정) |

| 구 분 | 공제 요건 | 공제액 |
|---|---|---|
| 자녀 | 나이, 동거 여부, 자녀수 제한 없음. | 1인당 5천만 원 |
| 미성년자 | 배우자를 제외한 상속인 및 동거가족* 중 미성년자(19세 미만) | 1인당 1천만 원×19세가 될 때까지의 연수(2016년 말까지는 소수점 이하는 버림) |
| 연로자 | 배우자를 제외한 상속인 및 동거가족* 중 65세 이상인 자 | 1인당 5천만 원 |
| 장애인 | 배우자를 포함한 상속인 및 동거가족* 중 장애인** | 1인당 1천만 원×기대여명의 연수*** |

* 동거가족 : 상속개시일 현재 피상속인이 사실상 부양하고 있는 직계존비속(배우자의 직계존속을 포함한다) 및 형제자매를 말한다(상증령 제18조 제1항).
** 장애인 : 「소득세법 시행령」 제107조 제1항 각 호의 어느 하나에 해당하는 사람으로 한다(상증령 제18조 제3항).
*** 2011. 1. 1. 이후 상속개시분의 경우 통계청장이 승인하여 고시하는 통계표에 따른 성별·연령별 기대여명(期待餘命)의 연수(2016년 말까지는 소수점 이하는 버림)를 적용하고, 2010. 12. 31. 이전 상속분은 75세에 달하기까지의 연수를 적용한다(상증법 제20조 제1항 제4호).
※ 2022. 12. 31. 개정 상증법에서는 인적공제 중 자녀공제와 미성년자공제에 태아를 포함하였다.

---

63) 상증법 기본통칙 20-18…1(그 밖의 인적공제)

| 동거가족의 범위 |

한편, 2022. 12. 31. 개정 전 상증법하에서 상속개시일 시점에서 태어나지 않은 태아(胎兒)에게도 그 밖의 인적공제 중 자녀공제와 미성년자공제를 받을 수 있는지가 문제되었다. 아래의 사례와 같이, 조세심판원은 「조세심판관합동회의」를 거쳐 "상속세 납세의무를 부담하도록 하면서도 명문규정이 없다는 이유로 상속공제라는 혜택 또는 권리를 제한하는 것은 불합리하다"며, 1996년 이후 상속공제를 미적용하였던 입장을 26년만에 바꿔 청구인의 손을 들어주었다.

**사 례**  **태아의 인적공제 적용 가능 여부(구 상증법하에서의 결정례)**

쟁점공제의 취지 등을 고려할 때, 청구인이 상속개시일까지 출생하지 아니하였다고 하여 이의 적용을 배제한 것이 과세의 형평이나 쟁점공제를 규정한 조항의 합목적성 등에 비추어 타당하다고 볼 수 없다.

**사실관계**

(1) 청구인들 3인은 피상속인의 상속인들로서, 피상속인의 사망에 따른 상속세 신고 시 복중 태아였던 청구인 AAA를 상증세법 제20조 제1항 제1호 및 제2호에서 규정한 자녀공제 및 미성년자공제(이하 "쟁점공제"라 함) 적용대상으로 하여 상속세를 신고·납부하였다.

(2) 처분청은 피상속인 사망일 현재 태아여서 아직 출생하지 아니한 청구인 AAA가 쟁점공제 대상에 해당하지 아니한다고 보아 AAA에 대한 쟁점공제를 부인하여 청구인들에게 상속세 ○○○원을 결정·고지하였다.

**쟁점**

상속개시일 현재 태아였던 청구인에 대하여 상증법상 자녀공제 및 미성년자공제 적용이 가능한지 여부

> **판단**
>
> (1) ① 상속세 납세의무를 부담하는 것에 반하여 상속공제라는 혜택 (혹은 권리)를 제한
>     하기 위해서는 그 요건에 대한 명문의 규정이 필요할 것이나 그러한 규정이 존재하
>     지 아니하는바, 상속개시일 당시 태아였던 AAA는 민법 등의 규정에 따라 이 건 상
>     속에 있어서 1순위 상속인, 즉 직계비속(자녀)으로 의제되고 실제로 그렇게 상속세가
>     과세되었으므로, 쟁점공제의 적용에 있어서도 일관되게 피상속인의 상속인(자녀이고
>     만 19세가 되지 아니하였으므로 미성년임)으로 보는 것이 합리적이라 할 것인 점, ②
>     처분청이 제시한 예규 등은 행정청 내부를 규율하는 규정일 뿐 국가와 국민 사이에
>     효력을 가지는 법규가 아닌바, 대외적인 구속력이 있는 법규명령으로서의 효력을 갖
>     는다고 보기 어려운 점 등에 비추어,
> (2) 상속개시일 현재 복중 태아였던 청구인 AAA가 상속인의 지위에는 있으나 상증법상
>     쟁점공제를 태아에게 적용한다는 명시적인 규정이 없다는 등의 이유로 쟁점공제를
>     적용할 수 없다는 등의 이유로 쟁점공제를 적용할 수 없다는 처분청의 부과처분은
>     취소하는 것이 합리적이라 판단된다(조세심판원 조심 2020부8164, 2022. 1. 26.).

## (2) 태아(胎兒) 등에 대한 공제절차

자녀공제와 미성년자공제를 적용받음에 있어 상속인인 태아의 공제를 받고자 하는 경우
에는 기획재정부령이 정하는 임신 사실을 확인할 수 있는 서류를 상속세과세표준신고와 함
께 납세지 관할 세무서장에게 제출하여야 한다. 태아에 대한 공제는 「국민건강보험법」 시
행규칙 제24조 제1항에 따라 산부인과 전문의가 임신 사실을 확인한 서류에 의하여 태아의
존재 여부가 확인되는 경우에 한하여 이를 적용한다(상증령 제18조 제2항, 상증칙 제7의 2).

장애인에 대한 공제를 받으려는 사람은 상속세과세표준신고를 할 때 기획재정부령으로
정하는 장애인증명서를 납세지 관할 세무서장에게 제출해야 한다. 이 경우 해당 장애인이
「국가유공자 등 예우 및 지원에 관한 법률」에 따른 상이자의 증명을 받은 사람 또는 「장애
인복지법」에 따른 장애인등록증을 교부받은 사람인 경우에는 해당 증명서 또는 등록증으
로 장애인증명서를 갈음할 수 있다(상증령 제18조 제4항).

## (3) 중복적용 여부

동일인이 둘 이상의 인적공제대상이 되는 경우 자녀공제는 미성년자공제와 중복적용 가
능하고, 장애인 공제는 다른 인적공제(자녀·미성년자·연로자) 및 배우자공제와 중복적용
이 가능하다(상증법 제20조 제1항). 즉, 각각의 금액을 합산하여 공제한다. 그러나 나머지 공제
는 중복하여 적용받을 수 없다.

## **4** 일괄공제

### (1) 원칙

거주자의 사망으로 상속이 개시되는 경우 상속인이나 수유자는 '일괄공제액 5억 원'과 '기초공제 2억 원 + 그 밖의 인적공제 합계액' 중 큰 금액을 선택하여 공제를 받을 수 있다 (상증법 제21조 제1항).

### (2) 선택의 배제

다음의 경우 위와 같은 선택이 불가능하다(상증법 제21조 제1항 단서 및 제2항).
① 상속세 과세표준 신고기한 내에 신고가 없는 경우 : 일괄공제(5억 원)를 적용한다.
② 국기법 제45조의 3에 따른 '기한후 신고'가 없는 경우 : 일괄공제(5억 원)를 적용한다.[64]
③ 피상속인의 배우자가 단독으로 상속받은 경우 : 일괄공제를 배제하고 기초공제와 그 밖의 인적공제의 합계액으로만 공제한다. 여기서 '배우자가 단독으로 상속받은 경우'라 함은 피상속인의 상속인이 그 배우자 단독인 경우를 말한다.[65] 따라서 공동상속인이 상속포기를 함에 따라 배우자가 단독으로 상속받는 경우에는 일괄공제를 적용할 수 있다.

## **5** 가업상속공제

### (1) 개요

#### 1) 취지 및 개념

가업상속제도는 전문성과 경쟁력을 갖춘 중소·중견 장수기업의 기술과 비법의 승계를 지원한다는 취지에서 도입되었다. 상속세는 최고세율이 50%에 달한다. 상속인들이 상속세금에 대한 대비가 부족한 상황에서 갑작스런 상속이 이루어지는 경우 과도한 상속세 부담으로 인하여 피상속인이 평생에 걸쳐 일군 회사를 매각할 수밖에 없는 상황에 이를 수도 있다. 이러한 점을 감안하여 정부는 가업상속공제의 범위를 넓히는 한편, 입법적으로 미비한 점을 계속하여 보완해 나가고 있다.

가업상속이란 거주자의 사망으로 상속이 개시되는 경우로서, 상속개시일 현재 피상속인이 10년 이상 영위한 가업을 상속받은 자 중 당해 가업에 종사하는 상속인이 상속받는 가

---

64) 상증법 제21조 제1항(2019. 12. 31. 개정)
65) 상증법 기본통칙 21 - 0…1(일괄공제의 적용배제)

업을 말한다. 가업상속 재산가액에 해당하는 금액은 상속세 과세가액에서 공제한다. 가업 상속공제 제도는 중소기업 등의 원활한 가업승계를 지원하기 위하여 최대 600억 원까지 상 속공제를 하여 가업승계에 따른 상속세 부담을 크게 경감시켜 주는 제도이다.

여기서 가업이란, 대통령령으로 정하는 중소기업 또는 대통령령으로 정하는 중견기업 (상속이 개시되는 소득세 과세기간 또는 법인세 사업연도의 직전 3개 소득세 과세기간 또 는 법인세 사업연도의 매출액의 평균금액이 5천억 원 이상인 기업은 제외한다)으로서 피상 속인이 10년 이상 계속하여 경영한 기업을 말한다(상증법 제18조의 2 제1항, 조문신설).

## 2) 연혁

2016년 말 이전 가업상속공제에서 말하는 가업이란 중소기업 또는 규모의 확대 등으로 중소기업에 해당하지 아니하게 된 기업(상속이 개시되는 사업연도의 직전 사업연도의 매출 액이 3천억 원 이상인 기업 및 상호출자제한기업집단 내 기업은 제외)으로서 피상속인이 10년 이상 계속하여 경영한 기업을 의미했다. 2016. 2. 5. 이후 상속이 개시되는 분부터는 가업을 공동으로 상속받아 신고기한 내에 임원으로 취임하고 2년 내에 대표이사 등에 취임 한 경우에도 가업상속공제를 받을 수 있다.

2017. 12. 19. 상증법의 개정으로 중견기업에 해당하는 기업에 대해서는 상속세 납부능력 의 검증을 위하여 가업상속인의 가업상속재산 외의 상속재산이 해당 가업상속인이 납부하 는 상속재산의 일정비율을 초과하는 경우에는 가업상속공제를 적용하지 아니한다.

가업상속에 따른 납세부담을 경감하기 위하여 가업상속공제를 받지 아니하여도 대통령 령으로 정하는 요건에 따라 가업을 상속하는 경우에는 가업상속재산에 대한 상속세 연부연 납이 가능하도록 하였다.

2019. 12. 31. 개정 상증법에서는 가업상속기업이 경영여건 변화에 탄력적으로 대응할 수 있도록 가업상속공제 사후관리 기준을 완화하되 기업인의 준법경영책임을 강화하며, 가업 승계 시 상속세 납부에 따른 단기적 현금확보 부담을 완화하기 위하여 연부연납특례의 적 용대상을 가업상속에서 중소기업 및 중견기업 상속으로 확대하였다.

2022. 12. 31. 개정 상증법에서는 가업상속공제의 대상이 되는 중견기업의 기준을 연매출 '4천억 원 미만'에서 '5천억 원 미만'으로 확대하고, 가업상속공제 금액의 최대 한도를 '500 억 원'에서 '600억 원'으로 상향 조정하였다.

2024. 2. 29. 상증령의 개정을 통하여 가업상속공제 요건 및 사후관리 기준 일부를 완화하 였다. 우선 가업상속공제를 받은 후 표준산업분류상 중분류 내에서 업종변경을 허용하던 것을 대분류 내에서 업종변경을 허용하는 것으로 가업상속공제 사후관리 기준을 완화하였

다. 또한 상속인이 가업상속받은 기업의 본사를 기회발전특구로 이전하거나 가업상속받은 기업의 본사가 기회발전특구에 소재하는 경우로서 기회발전특구에 소재하는 본사 및 그 밖의 사업장에서 해당 기업의 전체 상시 근무인원의 100분의 50 이상이 근무하는 경우에는 상속인이 가업상속받은 기업의 대표이사로 취임하지 않아도 되는 등 기회발전특구에 소재한 기업의 가업상속공제 요건을 완화하였다.

## (2) 공제요건

가업상속공제를 받으려면 가업요건, 피상속인 요건 및 상속인 요건을 모두 갖춘 경우에만 가능하다. 중견기업의 경우 가업상속공제 적용을 받으려면 상속세 납부능력 요건을 추가로 충족하여야 한다(상증법 제18조의 2 제2항).

이 경우 가업상속이 이루어진 후에 가업상속 당시 최대주주 또는 최대출자자(상증령 제19조 제2항에 따른 최대주주 또는 최대출자자를 말한다. "최대주주등")에 해당하는 자(가업상속을 받은 상속인은 제외한다)의 사망으로 상속이 개시되는 경우는 적용하지 아니한다(상증령 제15조 제3항).

### 1) 일반적 적용요건

| 가업상속공제 적용요건 |

| ① 가업 요건 | ② 피상속인 요건 | ③ 상속인 요건 |
|---|---|---|
| • 중소기업 : 상속개시일이 속하는 소득세 과세기간 또는 법인세 사업연도의 직전 소득세 과세기간 또는 법인세 사업연도 말 현재 다음 각 호의 요건을 모두 갖춘 기업<br> ⅰ) 별표에 따른 업종을 주된 사업으로 영위할 것<br> ⅱ) 조특령 제2조 제1항 제1호 및 제3호의 요건을 충족할 것<br> ⅲ) 자산총액이 5천억 원 미만일 것<br>• 중견기업 : 상속개시일이 속하는 소득세 과세기간 또는 | • 피상속인의 사업계속 보유 요건 : 중소기업 또는 중견기업의 최대주주등인 경우로서 피상속인과 그의 특수관계인의 주식등을 합하여 해당 기업의 발행주식총수 등의 100분의 40[「자본시장과 금융투자업에 관한 법률」 제8조의 2 제2항에 따른 거래소(이하 "거래소"라 한다)에 상장되어 있는 법인이면 100분의 20] 이상을 10년 이상 계속하여 보유할 것<br>• 피상속인의 대표이사 재직 요건 : 가업의 영위기간(한 | • 상속인이 다음의 요건을 모두 갖춘 경우<br> ⅰ) 상속개시일 현재 18세 이상<br> ⅱ) 상속개시일 전에 상증령 제15조 제3항 제1호 나목에 따른 영위기간 중 2년 이상 가업에 종사(2014. 2. 20. 이전은 2년 전부터 계속하여 직접 가업에 종사)[68]<br> -다만, 피상속인이 65세 (2016. 2. 4. 이전은 60세) 이전에 사망하거나 천재지변 및 인재 등 부득이한 사유로 사망한 경우에는 2년이 안되어도 가능<br> ⅲ) 상속세 과세표준 신고기한 |

| ① 가업 요건 | ② 피상속인 요건 | ③ 상속인 요건 |
|---|---|---|
| 법인세 사업연도의 직전 소득세 과세기간 또는 법인세 사업연도 말 현재 다음 각 호의 요건을 모두 갖춘 기업<br>i ) 별표에 따른 업종을 주된 사업으로 영위할 것<br>ii ) 조특령 제9조 제4항 제1호 및 제3호의 요건을 충족할 것<br>iii ) 상속개시일의 직전 3개 소득세 과세기간 또는 법인세 사업연도의 매출액[66]의 평균금액이 5천억 원(2021년 말까지는 3천억 원, 2022년 말까지는 4천억 원) 미만인 기업일 것 | 국표준산업분류상 동일한 대분류 내의 다른 업종으로 주된 사업을 변경하여 영위한 기간은 합산) 중 다음의 어느 하나에 해당하는 기간을 대표이사(개인사업자인 경우 대표자를 말한다. 이하 "대표이사등")로 재직할 것<br>i ) 100분의 50 이상의 기간<br>ii ) 10년 이상의 기간(상속인이 피상속인의 대표이사 등의 직을 승계하여 승계한 날부터 상속개시일까지 계속 재직한 경우로 한정)[67]<br>iii ) 상속개시일부터 소급하여 10년 중 5년 이상의 기간 | 까지 임원으로 취임<br>iv ) 상속세 과세표준 신고기한부터 2년 이내에 대표이사 등으로 취임[69]<br>• 2014. 2. 21. 이후, 위 요건 중 18세 이상, 2년 이상 가업종사, 임원 및 대표이사취임 요건은 가업상속인의 배우자가 충족한 경우에도 적용 |

위의 가업요건 중 '별표에 따른 업종'은 다음과 같다.

---

66) 매출액은 기획재정부령으로 정하는 바에 따라 계산하며, 소득세 과세기간 또는 법인세 사업연도가 1년 미만인 소득세 과세기간 또는 법인세 사업연도의 매출액은 1년으로 환산한 매출액을 말한다.

67) 상속인이 피상속인의 대표이사 등의 직을 승계하여 승계한 날부터 상속개시일까지 계속 재직한 경우에는 피상속인이 10년 이상 계속하여 경영('상속개시일부터 소급하여 10년 이상 계속 경영'의 의미가 아님)한 기업이면 가업상속공제가 허용되는 것이다. 이는 고령화, 질병 등으로 피상속인이 상속개시일 현재 가업에 종사하지 않은 경우에도 예외를 인정하는 것이다.

68) 상속개시일 2년 전부터 가업에 종사한 경우로서 상속개시일부터 소급하여 2년에 해당하는 날부터 상속개시일까지의 기간 중 제6항 제2호 다목(상속인이 법률에 따른 병역의무의 이행, 질병의 요양 등 기획재정부령으로 정하는 부득이한 사유에 해당하는 경우)에 따른 사유로 가업에 종사하지 못한 기간이 있는 경우에는 그 기간은 가업에 종사한 기간으로 본다(상증령 제15조 제3항 제2호 나목).

69) 가업상속받은 기업이 다음 각 호의 요건을 모두 갖춘 경우에는 이 요건을 적용하지 아니한다(상증령 제15조 제25항, 2024. 2. 29. 신설).
   1. 다음 각 목의 어느 하나에 해당하는 경우
      가. 본점 또는 주사무소(이하 본사)를 「조세특례제한법」 제99조의 4 제1항 제1호 가목 1)부터 5)까지 외의 부분에 따른 기회발전특구로 이전한 경우
      나. 본사가 기회발전특구에 소재하는 경우
   2. 기회발전특구에 소재하는 본사 및 그 밖의 사업장에서 해당 기업의 업무에 종사하는 상시 근무인원(「조세특례제한법 시행령」 제60조의 2 제7항에 따른 상시 근무인원을 말한다)의 연평균 인원(매월 말 현재의 인원을 합하고 이를 해당 개월 수로 나누어 계산한 인원을 말한다)이 해당 기업의 업무에 종사하는 전체 상시 근무인원의 연평균 인원의 100분의 50 이상인 경우

[별표] 가업상속공제를 적용받는 중소 · 중견기업의 해당 업종
(상증령 제15조 제1항 및 제2항 관련)

1. 한국표준산업분류에 따른 업종

| 표준산업분류상 구분 | 가업 해당 업종 |
|---|---|
| 가. 농업, 임업 및 어업 (01~03) | 작물재배업(011) 중 종자 및 묘목생산업(01123)을 영위하는 기업으로 서 다음의 계산식에 따라 계산한 비율이 100분의 50 미만인 경우 [제15조 제7항에 따른 가업용 자산 중 토지(「공간정보의 구축 및 관리 등에 관한 법률」에 따라 지적공부에 등록하여야 할 지목에 해당하는 것을 말한다) 및 건물(건물에 부속된 시설물과 구축물을 포함한다)의 자산의 가액] ÷ (제15조 제7항에 따른 가업용 자산의 가액) |
| 나. 광업(05~08) | 광업 전체 |
| 다. 제조업(10~33) | 제조업 전체. 이 경우 자기가 제품을 직접 제조하지 않고 제조업체(사업장이 국내 또는 「개성공업지구 지원에 관한 법률」 제2조 제1호에 따른 개성공업지구에 소재하는 업체에 한정한다)에 의뢰하여 제조하는 사업으로서 그 사업이 다음의 요건을 모두 충족하는 경우를 포함한다. 1) 생산할 제품을 직접 기획(고안 · 디자인 및 견본제작 등을 말한다)할 것 2) 해당 제품을 자기명의로 제조할 것 3) 해당 제품을 인수하여 자기책임하에 직접 판매할 것 |
| 라. 하수 및 폐기물 처리, 원료 재생, 환경정화 및 복원업(37~39) | 하수 · 폐기물 처리(재활용을 포함한다), 원료 재생, 환경정화 및 복원업 전체 |
| 마. 건설업(41~42) | 건설업 전체 |
| 바. 도매 및 소매업 (45~47) | 도매 및 소매업 전체 |
| 사. 운수업(49~52) | 여객운송업[육상운송 및 파이프라인 운송업(49), 수상 운송업(50), 항공 운송업(51) 중 여객을 운송하는 경우] |
| 아. 숙박 및 음식점업 (55~56) | 음식점 및 주점업(56) 중 음식점업(561) |
| 자. 정보통신업 (58~63) | 출판업(58) |
| | 영상 · 오디오 기록물제작 및 배급업(59). 다만, 비디오물 감상실 운영업(59142)을 제외한다. |
| | 방송업(60) |
| | 우편 및 통신업(61) 중 전기통신업(612) |
| | 컴퓨터 프로그래밍, 시스템 통합 및 관리업(62) |
| | 정보서비스업(63) |

| 표준산업분류상 구분 | 가업 해당 업종 |
|---|---|
| 차. 전문, 과학 및 기술서비스업(70~73) | 연구개발업(70) |
| | 전문서비스업(71) 중 광고업(713), 시장조사 및 여론조사업(714) |
| | 건축기술, 엔지니어링 및 기타 과학기술 서비스업(72) 중 기타 과학기술 서비스업(729) |
| | 기타 전문, 과학 및 기술 서비스업(73) 중 전문디자인업(732) |
| 카. 사업시설관리 및 사업지원 서비스업(74~75) | 사업시설 관리 및 조경 서비스업(74) 중 건물 및 산업설비 청소업(7421), 소독, 구충 및 방제 서비스업(7422) |
| | 사업지원 서비스업(75) 중 고용알선 및 인력 공급업(751, 농업노동자 공급업을 포함한다), 경비 및 경호 서비스업(7531), 보안시스템 서비스업(7532), 콜센터 및 텔레마케팅 서비스업(75991), 전시, 컨벤션 및 행사 대행업(75992), 포장 및 충전업(75994) |
| 타. 임대업 : 부동산 제외(76) | 무형재산권 임대업(764, 「지식재산 기본법」 제3조 제1호에 따른 지식재산을 임대하는 경우로 한정한다) |
| 파. 교육서비스업(85) | 교육 서비스업(85) 중 유아 교육기관(8511), 사회교육시설(8564), 직원 훈련기관(8565), 기타 기술 및 직업훈련학원(85669) |
| 하. 사회복지 서비스업(87) | 사회복지서비스업 전체 |
| 거. 예술, 스포츠 및 여가 관련 서비스업(90~91) | 창작, 예술 및 여가 관련 서비스업(90) 중 창작 및 예술 관련 서비스업(901), 도서관, 사적지 및 유사 여가 관련 서비스업(902). 다만, 독서실 운영업(90212)은 제외한다. |
| 너. 협회 및 단체, 수리 및 기타 개인 서비스업(94~96) | 기타 개인 서비스업(96) 중 개인 간병인 및 유사 서비스업(96993) |

2. 개별법률의 규정에 따른 업종

| 가업 해당 업종 |
|---|
| 가. 「조세특례제한법」 제7조 제1항 제1호 커목에 따른 직업기술 분야 학원 |
| 나. 「조세특례제한법 시행령」 제5조 제9항에 따른 엔지니어링사업 |
| 다. 「조세특례제한법 시행령」 제5조 제7항에 따른 물류산업 |
| 라. 「조세특례제한법 시행령」 제6조 제1항에 따른 수탁생산업 |
| 마. 「조세특례제한법 시행령」 제54조 제1항에 따른 자동차정비공장을 운영하는 사업 |
| 바. 「해운법」에 따른 선박관리업 |
| 사. 「의료법」에 따른 의료기관을 운영하는 사업 |
| 아. 「관광진흥법」에 따른 관광사업(카지노, 관광유흥음식점업 및 외국인전용 유흥음식점업은 제외한다) |

| 가업 해당 업종 |
|---|
| 자. 「노인복지법」에 따른 노인복지시설을 운영하는 사업 |
| 차. 법률 제15881호 노인장기요양보험법 부칙 제4조에 따라 재가장기요양기관을 운영하는 사업 |
| 카. 「전시산업발전법」에 따른 전시산업 |
| 타. 「에너지이용 합리화법」 제25조에 따른 에너지절약전문기업이 하는 사업 |
| 파. 「근로자직업능력 개발법」에 따른 직업능력개발훈련시설을 운영하는 사업 |
| 하. 「도시가스사업법」 제2조 제4호에 따른 일반도시가스사업 |
| 거. 「연구산업진흥법」 제2조 제1호 나목의 산업 |
| 너. 「민간임대주택에 관한 특별법」에 따른 주택임대관리업 |
| 더. 「신에너지 및 재생에너지 개발·이용·보급 촉진법」에 따른 신·재생에너지 발전사업 |
| 러. 「소상공인 보호 및 지원에 관한 법률」 제16조 제1항 제2호부터 제4호까지의 규정에 따른 요건을 갖추어 같은 법 제16조의 2 제2항에 따라 백년소상공인으로 지정된 소상공인이 운영하는 사업 |

## 2) 중견기업의 상속세 납부능력 요건

가업이 중견기업에 해당하는 경우로서 가업을 상속받거나 받을 상속인의 가업상속재산 외의 상속재산의 가액이 해당 상속인이 상속세로 납부할 금액에 100분의 200을 곱한 금액을 초과하면 해당 상속인이 받거나 받을 가업상속재산에 대해서는 가업상속공제를 적용하지 아니한다(상증법 제18조의 2 제2항).

가업상속재산 외의 재산으로 상속세를 납부할 능력이 있는 중견기업의 경우 가업상속공제 혜택을 배제한다는 취지로 신설되었다. 본 규정은 2019. 1. 1.부터 시행한다.

상증법 제18조의 2 제2항에서 "가업을 상속받거나 받을 상속인의 가업상속재산 외의 상속재산의 가액"이란 가업상속인이 받거나 받을 상속재산(상증법 제13조의 규정에 의하여 상속재산에 가산하는 증여재산 중 가업상속인이 받은 증여재산을 포함한다)의 가액에서 다음의 금액을 차감한 금액을 말한다.

① 해당 가업상속인이 부담하는 채무의 금액
② 해당 가업상속인이 받거나 받을 가업상속 재산가액

중견기업의 가업상속공제의 적용을 배제하는 산식은 다음과 같다.

★

〔가업상속재산 외 상속재산 〉 가업상속인 부담 상속재산 × 2〕 → 가업상속공제 적용배제

### (3) 가업상속 재산가액

가업상속공제 대상이 되는 '가업상속 재산가액'이란 다음의 구분에 따라 위 공제요건 중 상속인의 요건을 모두 갖춘 상속인이 받거나 받을 상속재산의 가액을 말한다(상증령 제15조 제5항).

① 소득세법을 적용받는 가업 : 가업에 직접 사용되는 토지(「소득세법」 제104조의 3에 따른 비사업용 토지는 제외), 건축물, 기계장치 등 사업용 자산의 가액에서 해당 자산에 담보된 채무액을 뺀 가액

② 법인세법을 적용받는 가업 : 가업에 해당하는 법인의 주식등의 가액[70][해당 주식등의 가액에 그 법인의 총자산가액(상속개시일 현재 법 제4장에 따라 평가한 가액을 말한다) 중 상속개시일 현재 다음의 어느 하나에 해당하는 자산(상속개시일 현재를 기준으로 법 제4장에 따라 평가한 가액을 말한다. 이 조 및 제68조에서 "사업무관자산"이라 한다)을 제외한 자산가액이 차지하는 비율을 곱하여 계산한 금액에 해당하는 것을 말한다]

ⓐ 「법인세법」 제55조의 2에 해당하는 자산

ⓑ 「법인세법 시행령」 제49조에 해당하는 자산 및 타인에게 임대하고 있는 부동산(지상권 및 부동산임차권 등 부동산에 관한 권리를 포함). 다만, 해당 법인이 소유한 주택(「주택법」 제2조 제6호에 따른 국민주택규모 이하인 주택 또는 상속개시일 현재 「소득세법」 제99조 제1항에 따른 기준시가가 6억 원 이하인 주택으로 한정한다)으로서 해당 법인의 임원 및 직원(다음의 어느 하나에 해당하는 자는 제외하며, 이하 "임직원"이라 한다)에게 5년 이상 계속하여 무상으로 임대하고 있는 주택은 제외한다.

aa) 해당 법인의 발행주식총수 또는 출자총액의 100분의 1 이상의 주식등을 소유한 주주등

bb) 해당 법인의 상증법 제63조 제3항 전단에 따른 최대주주 또는 최대출자자와

---

70) 가업상속승계 특례 적용에 있어서 사업무관자산으로 보는 "영업활동과 직접 관련이 없이 보유하고 있는 주식"의 의미가 매우 중요하다. 대법원은, 법인의 영업활동과 직접 관련하여 보유하고 있는 주식은 법인의 제품의 생산활동, 상품·용역의 구매 및 판매활동 등과 직접 관련하여 보유하는 주식을 의미하고, 투자활동이나 재무활동과 관련하여 보유하는 주식, 법인이 단순히 관계회사에 대한 지배권, 경영권을 보유할 목적으로 보유하고 있는 주식은 제외한다고 해석하였다(대법원 2021. 12. 30. 선고 2021두52389 판결 ; 서울고법 2021. 8. 19. 선고 2019누46349 판결의 심리불속행 기각).
한편, 가업상속 시 자회사주식의 업무관련성에 대해서는 비록 완전자회사 건이지만 지난 2018년에 대법원에서 업무관련성을 인정하였고(대법원 2018. 7. 13. 선고 2018두39713 심리불속행 기각), 그 이후 감사원과 조세심판원에서도 업무관련성을 인정한바 있다(감심 2019-270, 2020. 3. 5. ; 조심 2018서4162, 2020. 6. 19. 외 다수). 또한, 가업승계의 경우에도 조세심판원은 상기 가업상속 관련 대법원 판례를 수용하여 완전자회사 주식(조심 2018서4162, 2020. 6. 19. 외) 및 완전 자회사가 아닌 경우에도 과세특례를 인정한 사례가 있다(조심 2021서2825, 2021. 12. 9.).

제2조의 2 제1항 제1호의 관계에 있는 자

ⓒ 「법인세법 시행령」 제61조 제1항 제2호에 해당하는 자산. 다만, 임직원에게 대여한 다음의 어느 하나에 해당하는 자산은 제외한다.

aa) 임직원 본인 또는 자녀의 학자금

bb) 주택(대여일 당시 「소득세법」 제99조 제1항에 따른 기준시가가 6억 원 이하인 주택으로 한정한다)에 대한 전세금(주택의 등기를 하지 않은 전세계약에 따른 임대차보증금을 포함한다)

ⓓ 과다보유현금[상속개시일 직전 5개 사업연도 말 평균 현금(요구불예금 및 취득일부터 만기가 3개월 이내인 금융상품을 포함한다) 보유액의 100분의 200을 초과하는 것을 말한다]

ⓔ 법인의 영업활동과 직접 관련이 없이 보유하고 있는 주식등, 채권 및 금융상품("ⓓ"에 해당하는 것은 제외한다)

★

$$\text{가업에 해당하는 법인의 주식 등의 가액} \times \frac{\text{법인의 총자산가액} - \text{사업무관자산가액}}{\text{법인의 총자산가액}}$$

## (4) 공제금액

가업상속 공제금액은 가업상속 재산가액의 100%(2014년부터)를 공제하되 가업영위기간별로 한도액에 차등을 두었다. 2017년까지는 가업영위기간을 10년 이상, 15년 이상, 20년으로 나누었던 것을 2018년부터는 10년 이상, 20년 이상, 30년 이상으로 그 기간을 조정하였다. 가업상속공제액을 도출하기 위한 산식은 다음과 같다.

★

가업상속 공제액$^{(*)}$ : Min(①, ②)

① 가업상속재산가액의 100%
② 상속공제 한도액 : 10년 이상 300억 원, 20년 이상 400억 원, 30년 이상 600억 원('23년부터)

 (*) 가업상속 공제액의 연혁 : 2012. 1. 1.~2013. 12. 31.에는 가업상속재산의 70%와 2억 원(미달 시 그 가액) 중 큰 가액을 가업상속공제액으로 하며, 2009. 1. 1.~2011. 12. 31.에는 가업상속재산의 40%와 2억 원(미달 시 그 가액) 중 큰 가액을 가업상속공제액으로 한다.
(**) 2014년부터는 아래 표의 가업영위기간별 공제한도액 범위 내의 금액과 가업상속 재산가액에 100%를 곱한 금액 중 적은 금액을 가업상속 공제액으로 한다.

| 가업영위기간에 따른 한도액 변화 추이(2017. 12. 31.까지) |

| 가업영위기간 | | 10년 이상~ 15년 미만 | 15년 이상~ 20년 미만 | 20년 이상 |
|---|---|---|---|---|
| 상속개시일 구간별 공제 한도액 | '09. 1. 1.~'11. 12. 31. | 60억 원 | 80억 원 | 100억 원 |
| | '12. 1. 1.~'13. 12. 31. | 100억 원 | 150억 원 | 300억 원 |
| | '14. 1. 1.~'17. 12. 31. | 200억 원 | 300억 원 | 500억 원 |

| 가업영위기간에 따른 한도액 변화 추이(2018. 1. 1.이후) |

| 가업영위기간 | | 10년 이상~ 20년 미만 | 20년 이상~ 30년 미만 | 30년 이상 |
|---|---|---|---|---|
| 상속개시일 구간별 공제 한도액 | '18. 1. 1.~'22. 12. 31. | 200억 원 | 300억 원 | 500억 원 |
| | '23. 1. 1.~ | 300억 원 | 400억 원 | 600억 원 |

* 2018. 1. 1. 이후부터는 가업영위기간이 10년 이상~20년 미만, 20년 이상~30년 미만 및 30년 이상으로 개정되었다.

| 사례 : 가업상속재산 유무에 따른 납부세액 비교[71] |

• 30년 이상 경영한 중소기업으로 가업상속재산만 600억 원이며,
• 상속인은 자녀 1명이고, 가업상속공제와 일괄공제만 있는 경우
• 상속개시일 : 2022. 5. 1.

| 가업상속공제 비적용 시 | 구 분 | 가업상속공제 적용 시 |
|---|---|---|
| 600억 원 | 상속재산가액 | 600억 원 |
| 없음. | 가업상속공제액 | (500억 원) |
| (5억 원) | 일괄공제 | (5억 원) |
| 595억 원 | 상속세 과세표준 | 95억 원 |
| 50%(누진공제 4.6억 원) | 세율 | 50%(누진공제 4.6억 원) |
| 292.9억 원 | 산출세액 | 42.9억 원 |
| (8.8억 원) | 신고세액공제 | (1.29억 원) |
| 284.1억 원 | 자진납부세액 | 41.61억 원 |

* 가업상속공제 적용 시 242.5억 원의 상속세를 적게 부담

---

71) 국세청, 「중소·중견기업 경영자를 위한 가업승계 지원제도 안내」, 2022. 4., 23면

## (5) 가업상속공제의 신청 등

가업상속공제를 받으려는 자는 가업상속재산명세서 및 기획재정부령으로 정하는 가업상속 사실을 입증할 수 있는 서류를 상증령 제64조에 따른 상속세과세표준신고와 함께 납세지 관할 세무서장에게 제출하여야 한다(상증령 제15조 제22항). 한편, 납세지 관할 세무서장은 상속인이 법 제18조의 2 제5항 각 호 및 같은 조 제8항 제2호에 해당하는지를 매년 확인·관리해야 한다(상증령 제15조 제24항).

## (6) 가업상속공제 의무요건 위반 시 상속세 추징

### 1) 2022. 12. 개정 사항

2022. 12. 31. 개정된 상증법은 사후관리 규정을 대폭 완화함으로써, 그동안 중소기업 등에서 지속적으로 제기해 왔던 애로사항을 상당부분 반영하였다. 즉, 가업상속공제를 받은 상속인이 일정 기간 가업에 종사하여야 하는 등의 의무를 부담하는 사후관리 기간을 7년에서 5년으로 단축하고, 사후관리 기간 동안 적용되는 가업용 자산의 처분 제한 기준(20% → 40% 이상) 완화, 정규직근로자의 수와 총급여액의 유지 기준(매년 80% 이상 & 7년 통산 100% 이상 → 5년 통산 90% 이상 유지)을 완화하였다. 개정 규정은 2023. 1. 1. 이후 상속이 개시되는 분부터 적용한다.

한편, 이와 같이 개정된 사후관리 규정은, 다음의 요건을 모두 충족하는 상속인(이하 "사후관리를 받고 있는 상속인"이라 한다) 및 이 법 시행 전에 상속이 개시된 경우로서 이 법 시행 이후 가업상속공제를 받는 상속인에 대해서도 적용한다.

① 이 법 시행 전에 종전의 제18조 제2항 제1호에 따른 공제를 받았을 것
② 이 법 시행 당시 종전의 제18조 제6항 각 호 외의 부분 전단, 같은 항 제1호 마목 및 같은 조 제9항 각 호 외의 부분에 따른 사후관리 기간이 경과하지 아니하였을 것
③ 이 법 시행 전에 종전의 제18조 제6항 및 같은 조 제9항 제2호에 따른 상속세 및 이자상당액이 부과되지 아니하였을 것

다만, 이 법 시행 전에 종전의 제18조 제6항 제1호 가목[해당 가업용 자산의 100분의 20(상속개시일부터 5년 이내에는 100분의 10) 이상을 처분한 경우]에만 해당하여 가업용 자산의 처분비율을 고려하여 상속세 및 이자상당액을 부과받은 상속인에 대해서는 위 "①" 및 "②"의 요건을 충족하는 경우 개정된 사후관리 규정을 적용한다.[72] 이에 따라, 개정 전에 상속이 개시된 상속인도 다음의 요건을 갖춘 경우 유리한 개정 규정을 적용받을 수 있게 되었다.

---

72) 법률 제19195호(2022. 12. 31. 일부개정) 부칙 제7조 제2항

### 2) 추징사유 및 상속재산 가산금액

가업상속공제 후 의무요건을 위반했을 때는 상속세를 추징한다. 즉, 가업상속공제를 받은 상속인이 상속개시일부터 5년 이내에 대통령령으로 정하는 정당한 사유 없이 다음 하나의 사유에 해당하면 공제받은 가업상속공제액에 해당일까지의 기간을 고려하여 100분의 100을 곱하여 계산한 금액(다음 "①"에 해당하는 경우에는 가업용 자산의 처분 비율을 추가로 곱한 금액을 말한다)을 상속개시 당시의 상속세 과세가액에 산입하여 상속세를 부과한다. 이 경우 대통령령으로 정하는 바에 따라 계산한 이자상당액을 그 부과하는 상속세에 가산한다(상증법 제18조의 2 제5항).

① 가업용 자산의 100분의 40 이상을 처분한 경우

☞ 가업상속공제액 × 자산처분비율[73] × 기간별(상속개시일부터 5년 이내인 경우) 추징률(100%)

★

$$\text{자산처분비율} = \frac{\text{가업상속받은 재산 중 처분 재산가액(상속개시일 현재 평가액)}}{\text{가업상속재산가액(상속개시일 현재 평가액)}}$$

가업용 자산은 소득세법을 적용받는 가업은 가업에 직접 사용되는 토지, 건축물, 기계장치 등 사업용 자산으로, 법인세법을 적용받는 가업은 가업에 해당하는 법인의 사업에 직접 사용되는 사업용 고정자산(사업무관자산은 제외한다)을 말한다(상증령 제15조 제9항).

② 해당 상속인이 가업에 종사하지 않게 된 경우

☞ 가업상속공제액 × 기간별(상속개시일부터 5년 이내인 경우) 추징률(100%)

이 경우, 가업에 종사하지 않게 된 경우라 함은, ⅰ) 상속인(제3항 제2호 후단에 해당하는 경우에는 상속인의 배우자)이 대표이사 등으로 종사하지 아니한 경우[74], ⅱ) 가

---

[73] 개정 상증법 제18조의 2 제5항 제1호에 해당하여 상속세를 부과한 후 재차 같은 목에 해당하여 재차 상속세를 부과하는 경우 종전에 처분한 자산의 가액은 제외하고 산정한다(상증령 제15조 제10항).

[74] 가업상속받은 기업이 다음 각 호의 요건을 모두 갖춘 경우에는 이 요건을 적용하지 아니한다(상증령 제15조 제25항, 2024. 2. 29. 신설).
   1. 다음 각 목의 어느 하나에 해당하는 경우
      가. 본점 또는 주사무소(이하 본사)를 「조세특례제한법」 제99조의 4 제1항 제1호 가목 1)부터 5)까지 외의 부분에 따른 기회발전특구로 이전한 경우
      나. 본사가 기회발전특구에 소재하는 경우
   2. 기회발전특구에 소재하는 본사 및 그 밖의 사업장에서 해당 기업의 업무에 종사하는 상시 근무인원(「조세

업의 주된 업종을 변경하는 경우[75], iii) 해당 가업을 1년 이상 휴업(실적이 없는 경우를 포함)하거나 폐업하는 경우를 포함한다(상증령 제15조 제11항).

그런데 위 "ii)"의 경우 가업의 주된 업종을 변경하더라도 다음의 적용시기별로 요건을 충족하는 경우에는 추징사유에서 제외된다.

| 사후관리 요건 중 업종유지의무 완화(상증령 제15조 제11항) |

| 종 전 | 1차 개정[76]<br>(2016. 2. 5.) | 2차 개정[77]<br>(2020. 2. 11.) | 3차 개정<br>(2024. 2. 29.) |
|---|---|---|---|
| 가업의 주된 업종을 변경하는 경우는 가업에 종사하지 않는 것으로 판단<br><br>〈예외〉<br><br>• 세분류* 내에서 주된 업종을 변경하는 경우는 허용<br>* (표준산업분류) 대분류 → 중분류 → 소분류 → 세분류 → 세세분류 | • 소분류 내에서 주된 업종을 변경하는 경우는 허용<br>* 다만, 상속개시일 기준 영위하고 있던 업종(세분류기준)의 매출액이 매년 30% 이상을 유지하는 경우에 한정 | • 중분류 내에서 주된 업종을 변경하는 경우는 허용<br>• 위 외의 경우로서 상증령 제49조의 2에 따른 평가심의위원회의 심의를 거쳐 업종의 변경을 승인하는 경우 | • 대분류 내에서 주된 업종을 변경하는 경우는 허용 |

특례제한법 시행령」 제60조의 2 제7항에 따른 상시 근무인원을 말한다)의 연평균 인원(매월 말 현재의 인원을 합하고 이를 해당 개월 수로 나누어 계산한 인원을 말한다)이 해당 기업의 업무에 종사하는 전체 상시 근무인원의 연평균 인원의 100분의 50 이상인 경우

75) 가업상속받은 기업이 가업의 주된 업종을 변경하는 경우에도 불구하고 위 각주 75) 각 호의 요건을 모두 충족하는 경우에는 한국표준산업분류에 따른 구분에 관계 없이 별표에 따른 업종으로 변경할 수 있다. 이 경우 둘 이상의 독립된 기업을 가업상속받은 경우에는 개별 기업별로 적용 여부를 판단한다(상증령 제15조 제25항, 2024. 2. 29. 신설).

76) 가업상속공제를 받은 상속인이 가업을 상속받은 후 상속 당시 영위하던 업종의 매출액 비중을 매년 30% 이상을 유지하는 경우, 사후관리 기간 중 한국표준산업분류에 따른 소분류 내 주된 업종의 변경을 허용함으로써 업종유지의무를 완화하였다(2016. 2. 5. 개정).

77) 상증령 제15조 제11항의 개정규정은 이 영 시행 전에 법률 제16846호 상속세 및 증여세법 일부 개정법률 부칙 제3조 제2항에 따른 사후관리를 받고 있는 상속인에 대해서도 적용한다(부칙 제3조, 2020. 2. 11.).

③ 주식 등을 상속받은 상속인의 지분이 감소한 경우

☞ 가업상속공제액 × 기간별(상속개시일부터 5년 이내인 경우) 추징률(100%)

여기서 "상속인의 지분이 감소한 경우"란 ⅰ) 상속인이 상속받은 주식등을 처분하는 경우, ⅱ) 해당 법인이 유상증자할 때 상속인의 실권 등으로 지분율이 감소한 경우, ⅲ) 상속인의 특수관계인이 주식등을 처분하거나 유상증자할 때 실권 등으로 상속인이 최대주주등에 해당되지 아니하게 되는 경우, ⅳ) 해당 법인의 감자(주주 또는 출자자의 주식 및 출자지분의 비율에 따라서 무상으로 균등하게 감자하는 경우는 제외)로 인하여 상속인의 보유주식 수가 감소한 경우를 포함한다(상증령 제15조 제12항). 다만, 상속인이 상속받은 주식 등을 상증법 제73조에 따라 물납(物納)하여 지분이 감소한 경우는 제외하되, 이 경우에도 상속인은 상증법 제22조 제2항에 따른 최대주주나 최대출자자에 해당하여야 한다.

이 경우 '지분'이란 사전적 의미로 볼 때 공유자 각자의 지분 비율을 의미하므로 균등 유상감자와 같이 유상감자하였더라도 청구인의 지분율이 유지되었다면 '지분이 감소한 경우'에 해당한다고 볼 수 없다(조심 2017부5161, 2018. 3. 26.).

④ 다음 "ⓐ" 및 "ⓑ"에 모두 해당하는 경우(5년 통산)

☞ 가업상속공제액 × 기간별(상속개시일부터 5년 이내인 경우) 추징률(100%)

ⓐ 상속개시일부터 5년간 대통령령으로 정하는 정규직근로자(이하 "정규직근로자[78]") 수의 전체 평균이 상속개시일이 속하는 소득세 과세기간 또는 법인세 사업연도의 직전 2개 소득세 과세기간 또는 법인세 사업연도의 정규직근로자 수의 평균[79]의 100분의 90에 미달하는 경우

---

78) "대통령령으로 정하는 정규직근로자"란 근로기준법에 따라 계약을 체결한 근로자를 말한다. 다만, 다음 각 호의 어느 하나에 해당하는 사람은 제외한다(상증령 제15조 제13항, 2020. 2. 11. 신설).
   1. 근로계약기간이 1년 미만인 근로자(근로계약의 연속된 갱신으로 인하여 그 근로계약의 총 기간이 1년 이상인 근로자는 제외한다)
   2. 「근로기준법」 제2조 제1항 제9호에 따른 단시간근로자로서 1개월간의 소정근로시간이 60시간 미만인 근로자
   3. 「소득세법 시행령」 제196조에 따른 근로소득원천징수부에 따라 근로소득세를 원천징수한 사실이 확인되지 않고, 다음 각 목의 어느 하나에 해당하는 금액의 납부사실도 확인되지 않는 자
   가. 「국민연금법」 제3조 제1항 제11호 및 제12호에 따른 부담금 및 기여금
   나. 「국민건강보험법」 제69조에 따른 직장가입자의 보험료
79) "정규직근로자 수의 평균"은 해당 기간 중 매월 말일 현재의 정규직근로자 수를 합하여 해당 기간의 월수로 나누어 계산한다(상증령 제15조 제17항).

ⓑ 상속개시일부터 5년간 대통령령으로 정하는 총급여액(이하 "총급여액[80]")의 전체 평균이 상속개시일이 속하는 소득세 과세기간 또는 법인세 사업연도의 직전 2개 소득세 과세기간 또는 법인세 사업연도의 총급여액 평균의 100분의 90에 미달하는 경우

한편, 개정 전 2022년 말까지 적용된 위 "①"에서 "④"까지의 추징기준과 추징률은 다음과 같다(상증령 제15조 제15항, 2014. 2. 21. 신설).

| 추징기준의 개정내용 |

| 2013. 12. 31. 이전 | 2014. 1. 1. 이후 | 2020. 1. 1. 이후 |
|---|---|---|
| 10년 이내에 추징사유 발생 시 기간에 관계없이 전액추징 | 7~10년 기간별 추징률(7년 미만 100%)을 적용하여 추징<br>* 추징대상금액=가업상속공제액 ×기간별 추징률<br>* 자산처분의 경우 자산처분비율 고려 (2019. 1. 1. 이후) | 7년 이내에 추징사유 발생 시 기간별 추징률(7년 미만 100%)을 적용하여 추징 |

| 기간별 추징률(2019년 말까지) |

| 기 간 | 7년 미만 | 7년 이상~ 8년 미만 | 8년 이상~ 9년 미만 | 9년 이상~ 10년 미만 |
|---|---|---|---|---|
| 추징률 | 100% | 90% | 80% | 70% |

| 기간별 추징률(2022년 말까지) |

| 기 간 | 5년 미만 | 5년 이상~7년 미만 |
|---|---|---|
| 추징률 | 100% | 80% |

위 "④"의 가업상속 후 고용유지의무를 판단함에 있어 가업에 해당하는 법인이 분할하거나 다른 법인을 합병하는 경우 정규직근로자 수 및 총급여액은 다음에 따라 계산한다(상증령 제15조 제18항).

---

80) "대통령령으로 정하는 총급여액"이란 제13항에 따른 근로자(「조세특례제한법 시행령」 제26조의 4 제2항 제3호에 해당하는 사람을 제외하되, 기준고용인원 산정기간에 같은 호에 해당되는 사람만 있을 경우에는 포함한다)에게 지급한 「소득세법」 제20조 제1항 제1호 및 제2호에 따른 소득의 합계액을 말한다(상증령 제15조 제14항, 2020. 2. 11. 신설).

i) 분할에 따라 가업에 해당하는 법인의 정규직근로자의 일부가 다른 법인으로 승계되어 근무하는 경우 그 정규직근로자는 분할 후에도 가업에 해당하는 법인의 정규직근로자로 본다.

ii) 합병에 따라 다른 법인의 정규직근로자가 가업에 해당하는 법인에 승계되어 근무하는 경우 그 정규직근로자는 상속이 개시되기 전부터 가업에 해당하는 법인의 정규직근로자였던 것으로 본다.

합병 혹은 분할하는 경우에도 합병 및 분할 전 정규직근로자 수를 유지하도록 하여 가업상속공제의 사후관리제도를 합리화하였다.

### 3) 추징 제외 사유(상증령 제15조 제8항)

| 구 분 | 정당한 사유 |
|---|---|
| 위 "①"의 경우<br>(처분한 경우) | • 가업용 자산이 「공익사업을 위한 토지 등의 취득 및 보상에 관한 법률」, 그 밖의 법률에 따라 수용 또는 협의 매수되거나 국가 또는 지방자치단체에 양도되거나 시설의 개체(改替), 사업장 이전 등으로 처분되는 경우<br>• 가업용 자산을 국가 또는 지방자치단체에 증여하는 경우<br>• 가업상속받은 상속인이 사망한 경우<br>• 합병·분할, 통합, 개인사업의 법인전환 등 조직변경으로 인하여 자산의 소유권이 이전되는 경우. 다만, 조직변경 이전의 업종과 같은 업종을 영위하는 경우로서 이전된 가업용자산을 그 사업에 계속 사용하는 경우에 한함.<br>• 내용연수가 지난 가업용 자산을 처분하는 경우<br>• 가업의 주된 업종 변경과 관련하여 자산을 처분하는 경우로서 변경된 업종을 가업으로 영위하기 위하여 자산을 대체취득하여 가업에 계속 사용하는 경우(2020. 2. 11. 신설)[81]<br>• 가업용 자산의 처분금액을 「조세특례제한법」 제10조에 따른 연구·인력개발비로 사용하는 경우(2020. 2. 11. 신설) |
| 위 "②"의 경우<br>(가업에<br>미종사) | • 가업상속받은 상속인이 사망한 경우<br>• 가업상속받은 재산을 국가 또는 지방자치단체에 증여하는 경우<br>• 상속인이 법률에 따른 병역의무의 이행, 질병의 요양 등 기획재정부령으로 정하는 부득이한 사유[82]에 해당하는 경우 |
| 위 "③"의 경우<br>(지분감소) | • 합병·분할 등 조직변경에 따라 주식 등을 처분하는 경우. 다만, 처분 후에도 상속인이 합병법인 또는 분할신설법인 등 조직변경에 따른 법인의 최대주주 등에 해당하는 경우에 한함.<br>• 해당 법인의 사업확장 등에 따라 유상증자할 때 상속인의 특수관계인 외의 자에게 주식 등을 배정함에 따라 상속인의 지분율이 낮아지는 경우. 다만, 상속인이 최대주주등에 해당하는 경우에 한함.<br>• 상속인이 사망한 경우. 다만, 사망한 자의 상속인이 원래 상속인의 지위를 승 |

| 구 분 | 정당한 사유 |
|---|---|
| | 계하여 가업에 종사하는 경우에 한함. |
| | • 주식 등을 국가 또는 지방자치단체에 증여하는 경우 |
| | • 「자본시장과 금융투자업에 관한 법률」 제390조 제1항에 따른 상장규정의 상장요건을 갖추기 위하여 지분을 감소시킨 경우. 다만, 상속인이 최대주주등에 해당하는 경우에 한함. |
| | • 주주 또는 출자자의 주식 및 출자지분의 비율에 따라서 무상으로 균등하게 감자하는 경우[*] |
| | • 「채무자 회생 및 파산에 관한 법률」에 따른 법원의 결정에 따라 무상으로 감자하거나, 채무를 출자전환하는 경우[*] |
| | (*) 지분감소가 없는 무상감자 등에 대해 가업상속공제 관련 상속세 추징에 대한 예외를 허용함으로써 가업상속 후 원활한 가업 유지 지원하기 위함. |

### 4) 조세포탈 등에 따른 가업상속공제 적용의 배제

피상속인 또는 상속인이 가업의 경영과 관련하여 상속개시일 전 10년 이내 또는 상속개시일부터 5년(2022년까지는 7년) 이내의 기간 중 조세포탈 또는 회계부정 행위로 징역형 또는 대통령령으로 정하는 벌금형을 선고받고 그 형이 확정된 경우 가업상속공제 적용을 배제하여 기업인의 준법경영책임을 강화하였다. 이 신설규정은 피상속인 또는 상속인이 2020. 1. 1. 이후 조세포탈 또는 회계부정 행위를 한 경우로서 이 법 시행 이후 상속이 개시된 분부터 적용한다.

즉, 피상속인 또는 상속인이 가업의 경영과 관련하여 조세포탈 또는 회계부정 행위(「조세범 처벌법」 제3조 제1항 또는 「주식회사 등의 외부감사에 관한 법률」 제39조 제1항에 따른 죄를 범하는 것을 말하며, 상속개시일 전 10년 이내 또는 상속개시일부터 5년(2022년까지는 7년) 이내의 기간 중의 행위로 한정한다)로 징역형 또는 대통령령으로 정하는 벌금형[83]을 선고받고 그 형이 확정된 경우에는 다음의 구분에 따른다(상증법 제18조의 2 제8항).

---

81) 상증령 제15조 제8항의 개정규정은 이 영 시행 전에 법률 제16846호 상속세 및 증여세법 일부 개정법률 부칙 제3조 제2항에 따른 사후관리를 받고 있는 상속인에 대해서도 적용한다(부칙 제3조, 2020. 2. 11.).
82) "기획재정부령으로 정하는 부득이한 사유"란 상속인이 법률의 규정에 의한 병역의무의 이행, 질병의 요양, 취학상 형편 등으로 가업 또는 영농에 직접 종사할 수 없는 사유가 있는 경우를 말한다. 다만, 그 부득이한 사유가 종료된 후 가업에 종사하지 아니하거나 가업상속받은 재산을 처분하는 경우를 제외한다(상증칙 제6조, 2016. 3. 21. 개정).
83) 법 제18조의 2 제8항 각 호 외의 부분에서 "대통령령으로 정하는 벌금형"란 다음 각 호의 어느 하나에 해당하는 것을 말한다(상증령 제15조 제19항).
　① 조세포탈의 경우 : 「조세범 처벌법」 제3조 제1항 각 호의 어느 하나에 해당하여 받은 벌금형
　② 회계부정의 경우 : 「주식회사 등의 외부감사에 관한 법률」 제39조 제1항에 따른 죄를 범하여 받은 벌금형(재무제표상 변경된 금액이 자산총액의 100분의 5 이상인 경우로 한정한다)

① 상증법 제76조에 따른 과세표준과 세율의 결정이 있기 전에 피상속인 또는 상속인에 대한 형이 확정된 경우 : 가업상속공제를 적용하지 아니할 것

② 상증법 제18조의 2 제1항의 규정에 따라 가업상속공제를 받은 후에 상속인에 대한 형이 확정된 경우 : 가업상속공제 금액을 상속개시 당시의 상속세 과세가액에 산입하여 상속세를 부과할 것. 이 경우 대통령령으로 정하는 바에 따라 계산한 이자상당액을 그 부과하는 상속세에 가산한다.

### 5) 의무요건 위반 시의 상속인 신고 · 납부의무

가업상속공제 후 상속인이 상증법 제18조의 2 제5항(사후관리 요건)을 위반했을 때 또는 상증법 제18조의 2 제8항 제2호에 따른 형이 확정된 경우 상속세를 추징하는바, 상속인은 상증법 제18조의 2 제5항 각 호의 어느 하나 또는 제8항 제2호에 해당하게 되는 날이 속하는 달의 말일부터 6개월 이내에 대통령령으로 정하는 바에 따라 납세지 관할 세무서장에게 신고하고 해당 상속세와 이자상당액을 납세지 관할 세무서, 한국은행 또는 체신관서에 납부하여야 한다. 다만, 상증법 제18조의 2 제5항 또는 제8항 제2호에 따라 이미 상속세와 이자상당액이 부과되어 납부한 경우에는 그러하지 아니한다(상증법 제18조의 2 제9항).

상속세와 이자상당액을 납부하려는 상속세 납세의무자는 위 내용과 같이 신고를 할 때에는 기획재정부령으로 정하는 가업상속공제 사후관리추징사유 신고 및 자진납부 계산서를 납세지 관할 세무서장에게 제출하여야 한다(상증령 제15조 제23항).

### 6) 상속세에 가산하는 이자상당액

위 "5)"의 상증법 제18조의 2 제5항(사후관리 요건)을 위반했을 때 상속세에 가산하는 이자상당액의 계산은 다음 "①"의 금액에 "②"의 기간과 "③"의 율을 곱하여 계산한다(상증령 제15조 제16항).

① 상증법 제18조의 2 제5항 각 호 외의 부분 전단에 따라 결정한 상속세액

② 당초 상속받은 가업상속재산에 대한 상속세 과세표준 신고기한의 다음 날부터 상증법 제18조의 2 제5항 각 호의 사유가 발생한 날까지의 기간

③ 상증법 제18조의 2 제5항 각 호 외의 부분 전단에 따른 상속세의 부과 당시의 국기법 시행령 제43조의 3 제2항 본문에 따른 이자율을 365로 나눈 율

한편, 위 "5)"의 상증법 제18조의 2 제8항 제2호에 따른 형이 확정된 경우로서 상속세에 가산하는 이자상당액의 계산은 다음 "①"의 금액에 "②"의 기간과 "③"의 율을 곱하여 계산한다(상증령 제15조 제20항).

① 상증법 제18조의 2 제8항 제2호 전단에 따라 결정한 상속세액

② 당초 상속받은 가업상속재산에 대한 상속세 과세표준 신고기한의 다음 날부터 상증법
법 제18조의 2 제8항 제2호의 사유가 발생한 날까지의 기간

③ 상증법 제18조의 2 제8항 제2호 전단에 따른 상속세의 부과 당시의 국기법 시행령 제
43조의 3 제2항 본문에 따른 이자율을 365로 나눈 율

## (7) 양도소득세 이월과세 규정을 적용받은 재산의 상속세 추징방법

### 1) 제도의 취지

가업상속공제는 상속 단계에서 과도한 상속세의 부담을 경감하려는 취지의 제도이나, 상
속인이 가업상속재산을 가업에 사용하지 않고 양도(처분)하는 경우 피상속인의 보유기간
동안의 자본이득에 대한 양도세까지 과세되지 아니하여 과세형평성을 저해하는 문제가 있
다. 그리하여 가업상속공제가 적용된 자산 부분에 대해서는 피상속인의 취득가액을 적용하
여 양도차익을 계산하도록 소득세법 제97조의 2(양도소득의 필요경비 계산 특례) 제4항 및
제5항이 신설되었다. 이 규정은 2014. 1. 1. 이후 상속받아 양도하는 분부터 적용한다.

◉ 가업상속재산에 대한 양도세 이월과세 도입 전·후 양도차익 계산 사례

아버지(피상속인)가 10억 원에 취득한 주식이 사망시점에 시가 100억 원,
아들(상속인)의 주식처분시점에 시가 200억 원인 경우
 •(종전) 100억 원 = 양도가액(200억 원) - 상속개시일 현재 시가(100억 원)
 •(개정) 190억 원 = 양도가액(200억 원) - 피상속인 취득가액(10억 원)

이 신설규정은 가업상속공제를 적용받은 재산으로서 양도세 과세대상 재산에 한하여 적
용되며, 배우자 등 이월과세와 같이 가업상속재산에 대한 취득가액과 취득시기를 피상속인
의 취득가액과 취득시기를 적용하도록 하는 것이다. 이러한 신설규정의 취지는 부의 대물
림 방지를 위한 상속세제의 취지, 다른 자산과의 과세형평성 등을 고려하여 상속인이 가업
상속재산을 가업에 사용하지 않고 처분하는 경우 피상속인의 자본이득에 대해 양도세를 과
세하는 것이 타당하다는 이유에서이다.

### 2) 상속세 추징방법

상증법 제18조의 2 제5항(사후관리요건 위반) 또는 제8항 제2호(상속인에 대한 형이 확
정된 경우)에 따라 상속세를 부과할 때, 소득세법 제97조의 2 제4항에 따라 납부하였거나

납부할 양도소득세가 있는 경우에는 이월과세 규정을 적용하여 계산한 양도소득세액에서 이월과세를 적용하지 않고 계산한 양도소득세액을 뺀 금액을 상속세 산출세액에서 공제한다. 다만, 공제한 해당 금액이 음수(陰數)인 경우에는 영으로 본다(상증법 제18조의 2 제10항, 상증령 제15조 제21항).

> ★
>
> 이월과세 적용으로 증가된 양도소득세 상당액 (ⓐ − ⓑ)
>
> ⓐ 이월과세를 적용하여 계산한 양도소득세액(취득시기·가액을 피상속인 기준으로 적용)
> ⓑ 이월과세 적용없이 계산한 양도소득세액(취득시기·가액을 상속인 기준으로 적용)

상속세를 추징할 때 상증법 제18조의 2 제1항에 따른 가업상속공제가 적용된 자산의 양도차익을 계산할 때 양도가액에서 공제할 필요경비는 제97조 제2항에 따른다. 다만, 취득가액은 아래의 "①"과 "②"를 합한 금액으로 한다(소득법 제97조의 2 제4항).

> ★
>
> 가업상속에 대한 취득가액 = ① + ②
>
> ① 피상속인의 취득가액 × 가업상속공제적용률
>
>     \* 가업상속공제적용률         =    상속세 과세가액에서 공제한 가업상속공제액
>        (소득령 제163조의 2 제3항)                                   가업상속재산가액
>
> ② 상속개시일 현재 해당 자산가액 × (1 − 가업상속공제적용률)

## 6 영농상속공제

### (1) 개념

피상속인이 상속개시 8년(2023. 2. 27.까지 상속이 개시된 경우는 2년) 전부터 영농(양축·영어·영림 포함)에 종사한 경우로서 상속개시일 현재 상속인이 18세 이상이고, 상속개시일 2년 전부터 계속하여 직접 영농에 종사하는 상속인이 농지 등의 전부를 상속받은 경우 당해 농지 등의 가액 중 30억 원(2022년은 20억 원)의 범위 내에서 공제받을 수 있다(상증법 제18조의 3 제1항).

'직접 영농에 종사하는 경우'란 피상속인 또는 상속인이 소유농지 등 자산을 이용하여 농작물의 경작 또는 다년생 식물의 재배에 상시 종사하거나 농작업의 2분의 1 이상을 자기의

노동력으로 수행하는 경우를 말한다(상증령 제16조 제4항). 다만, 2015. 2. 3. 이후 상속개시분부터는 피상속인 또는 상속인의 영농 관련 소득을 제외한 사업소득금액과 총급여액의 합계액이 연간 3,700만 원 이상인 과세기간이 있는 경우에 그 연도는 피상속인 또는 상속인이 영농에 종사하지 아니한 것으로 본다. 이 경우 사업소득금액이 음수인 경우에는 해당 금액을 0으로 본다(상증령 제16조 제4항 단서).

## (2) 공제요건(상증령 제16조 제2항, 제3항 및 제5항)

다음의 영농상속재산 요건, 피상속인 요건 및 상속인 요건을 모두 충족해야 공제할 수 있다.

| 영농상속재산 요건 | 피상속인 요건 | 상속인 요건 |
|---|---|---|
| • 소득세법의 적용을 받는 영농에 대한 다음 상속재산(2012. 2. 2. 이후 상속분부터는 피상속인이 상속개시일 2년 전부터 영농에 사용한 자산의 가액으로 한정)<br>ⅰ) 농지법 제2조 제1호 가목에 따른 농지<br>ⅱ) 초지법에 따라 초지조성허가를 받은 초지<br>ⅲ) 보전산지 및 영림계획에 따른 조성기간 5년 이상인 산림지<br>ⅳ) 어선법에 따른 어선<br>ⅴ) 내수면어업법·수산업법에 따른 어업권 및 양식산업발전법에 따른 양식업권<br>ⅵ) 농업용 등으로 설치하는 창고 등의 건축물로서 등기한 건축물과 그 부수토지<br>ⅶ) 염전<br>• 법인세법을 적용받는 농업법인의 주식 등의 가액 | • 소득세법을 적용받는 영농<br>ⅰ) 상속개시일 8년(2023. 2. 27.까지 상속이 개시된 경우는 2년, 이하 동일) 전부터 계속하여 직접 영농에 종사할 것. 다만, 상속개시일 8년 전부터 직접 영농에 종사한 경우로서 상속개시일부터 소급하여 8년에 해당하는 날부터 상속개시일까지의 기간 중 질병의 요양으로 직접 영농에 종사하지 못한 기간 및 「공익사업을 위한 토지 등의 취득 및 보상에 관한 법률」이나 그 밖의 법률에 따른 협의매수 또는 수용(이하 "수용등")으로 인하여 직접 영농에 종사하지 못한 기간(1년 이내의 기간으로 한정한다)은 직접 영농에 종사한 기간으로 본다.<br>ⅱ) 농지·초지·산림지(이하 "농지등")가 소재하는 시[84)·군·구(자치구), 그와 연접한 시·군·구 또는 해당 농지등으로부터 직선거리 30킬로미터 이내(산림지의 경우에는 통상적으로 직접 경영할 수 있는 지역을 포 | • 소득세법을 적용받는 영농<br>ⅰ) 상속개시일 현재 18세 이상<br>ⅱ) 상속개시일 2년 전부터 계속하여 직접 영농에 종사[상속개시일 2년 전부터 직접 영농에 종사한 경우로서 상속개시일부터 소급하여 2년에 해당하는 날부터 상속개시일까지의 기간 중 상증령 제15조 제8항 제2호 다목에 따른 사유로 직접 영농에 종사하지 못한 기간 및 수용 등으로 인하여 직접 영농에 종사하지 못한 기간(1년 이내의 기간으로 한정한다)은 직접 영농에 종사한 기간으로 본다]할 것. 다만, 피상속인이 65세 이전에 사망하거나 천재지변 및 인재 등 부득이한 사유로 사망한 경우에는 그러하지 아니하다. |

| 영농상속재산 요건 | 피상속인 요건 | 상속인 요건 |
|---|---|---|
| | 함)에 거주하거나 어선의 선적지 또는 어장에 가장 가까운 연안의 시·군·구, 그와 연접한 시·군·구 또는 해당 선적지나 연안으로부터 직선거리 30킬로미터 이내에 거주할 것<br><br>• 법인세법을 적용받는 영농<br>ⅰ) 상속개시일 8년 전부터 계속하여 해당기업을 경영[상속개시일 8년 전부터 해당 기업을 경영한 경우로서 상속개시일부터 소급하여 8년에 해당하는 날부터 상속개시일까지의 기간 중 질병의 요양으로 경영하지 못한 기간은 해당 기업을 경영한 기간으로 본다]할 것<br>ⅱ) 법인의 최대주주 등으로서 본인과 그 특수관계인의 주식 등을 합하여 발행주식총수 등의 50% 이상을 계속 보유 | ⅲ) 농지 등 소재지에 거주<br>• 법인세법을 적용받는 영농<br>ⅰ) 상속개시일 현재 18세 이상<br>ⅱ) 상속개시일 2년 전부터 계속하여 해당 기업에 종사(상속개시일 2년 전부터 해당 기업에 종사한 경우로서 상속개시일부터 소급하여 2년에 해당하는 날부터 상속개시일까지의 기간 중 상증령 제15조 제8항 제2호 다목에 따른 사유로 해당 기업에 종사하지 못한 기간은 해당 기업에 종사한 기간으로 본다)할 것. 다만, 피상속인이 65세 이전에 사망하거나 천재지변 및 인재 등 부득이한 사유로 사망한 경우에는 그러하지 아니하다.<br>ⅲ) 상속세 과세표준 신고기한까지 임원으로 취임하고, 신고기한부터 2년 이내에 대표이사등으로 취임할 것 |

## (3) 공제금액

농지 등의 가액을 30억 원(2022년은 20억 원, 2021. 12. 31. 이전은 15억 원, 2015. 12. 31. 이전은 5억 원, 2011. 12. 31. 이전은 2억 원) 한도로 공제한다.

---

84) 특별자치시와 「제주특별자치도의 설치 및 국제자유도시 조성을 위한 특별법」 제10조 제2항에 따른 행정시를 포함한다(이하 이 조에서 같다).

## (4) 영농상속공제의 신청

영농상속공제를 받으려는 사람은 영농상속재산명세서 및 기획재정부령으로 정하는 영농상속 사실을 입증할 수 있는 서류를 상속세과세표준신고와 함께 납세지 관할 세무서장에게 제출하여야 한다(상증령 제16조 제11항).

## (5) 영농상속재산 처분한 경우 등 상속세 추징

### 1) 개정 사항

영농상속공제를 적용하지 않는 사유로 영농상속재산을 처분한 경우 등 뿐만 아니라, 영농과 관련하여 피상속인이나 상속인이 조세포탈 행위 등으로 징역형 등이 확정된 경우에도 영농상속공제를 적용하지 아니하도록 신설하였다.

### 2) 추징사유 및 상속재산 가산금액

영농상속공제를 받은 상속인이 상속개시일부터 5년 이내에 대통령령으로 정하는 정당한 사유 없이 다음의 어느 하나에 해당하면 제1항에 따라 공제받은 금액에 해당일까지의 기간을 고려하여 대통령령으로 정하는 율(100분의 100)을 곱하여 계산한 금액을 상속개시 당시의 상속세 과세가액에 산입하여 상속세를 부과한다. 이 경우 대통령령으로 정하는 바에 따라 계산한 이자상당액을 그 부과하는 상속세에 가산한다(상증법 제18조의 3 제4항, 상증령 제16조 제7항).

① 영농상속공제 대상인 상속재산(이하 "영농상속재산")을 처분한 경우

② 해당 상속인이 영농에 종사하지 아니하게 된 경우

이 경우, 상속세에 가산하는 이자상당액의 계산은 다음 "①"의 금액에 "②"의 기간과 "③"의 율을 곱하여 계산한다(상증령 제16조 제8항).

① 상증법 제18조의 3 제4항 각 호 외의 부분 전단에 따라 결정한 상속세액

② 당초 상속받은 영농상속재산에 대한 상속세 과세표준 신고기한의 다음 날부터 상증법 제18조의 3 제4항 각 호의 사유가 발생한 날까지의 기간

③ 상증법 제18조의 3 제4항 각 호 외의 부분 전단에 따른 상속세의 부과 당시의 국기법 시행령 제43조의 3 제2항 본문에 따른 이자율을 365로 나눈 율

한편, 2023. 1. 1. 부터는 피상속인 또는 상속인이 영농과 관련하여 조세포탈 또는 회계부정 행위로 징역형 또는 대통령령으로 정하는 벌금형[85]을 선고받고 그 형이 확정된 경우에

---

85) "대통령령으로 정하는 벌금형"란 다음 각 호의 어느 하나에 해당하는 것을 말한다(상증령 제16조 제9항).
　　① 조세포탈의 경우 : 「조세범 처벌법」 제3조 제1항 각 호의 어느 하나에 해당하여 받은 벌금형

는 다음 각 호의 구분에 따라 영농상속공제를 적용하지 않거나 상속세를 추징한다(상증법 제18조의 3 제6항).

① 상증법 제76조에 따른 과세표준과 세율의 결정이 있기 전에 피상속인 또는 상속인에 대한 형이 확정된 경우 : 영농상속공제를 적용하지 아니할 것

② 영농상속공제를 받은 후에 상속인에 대한 형이 확정된 경우 : 영농상속공제 금액을 상속개시 당시의 상속세 과세가액에 산입하여 상속세를 부과할 것. 이 경우 대통령령으로 정하는 바에 따라 계산한 이자상당액을 그 부과하는 상속세에 가산한다.

이 경우, 상속세에 가산하는 이자상당액의 계산은 다음 "①"의 금액에 "②"의 기간과 "③"의 율을 곱하여 계산한다(상증령 제16조 제10항).

① 상증법 제18조의 3 제6항 제2호 전단에 따라 결정한 상속세액

② 당초 상속받은 영농상속재산에 대한 상속세 과세표준 신고기한의 다음 날부터 상증법 법 제18조의 3 제6항 제2호의 사유가 발생한 날까지의 기간

③ 상증법 제18조의 3 제6항 제2호 전단에 따른 상속세의 부과 당시의 국기법 시행령 제43조의 3 제2항 본문에 따른 이자율을 365로 나눈 율

### 3) 추징 제외 사유(상증령 제16조 제6항)

상증법 제18조의 3 제4항에서의 "대통령령으로 정하는 정당한 사유"란, ① 영농상속받은 상속인이 사망하는 경우, ② 영농상속받은 상속인이 해외이주하는 경우, ③ 영농상속재산이 공익사업법 등에 의하여 수용된 경우, ④ 영농상속재산을 국가·지방자치단체에 양도하거나 증여하는 경우, ⑤ 영농상 필요에 따라 농지를 교환·분합 또는 대토하는 경우, ⑥ 물납 등의 사유로 주식등을 처분한 경우, ⑦ 병역의무이행, 질병요양, 취학상 형편 등으로 영농에 종사할 수 없는 경우에는 상속세를 추징하지 아니한다.

### 4) 의무요건 위반 시의 상속인 신고·납부의무

상속인이 제4항(사후관리요건 위반) 또는 제6항 제2호(영농상속공제를 받은 후에 상속인에 대한 형이 확정된 경우)에 해당하는 경우 상속세 납세의무자는 상속인이 제4항 각 호의 어느 하나에 해당하는 날이 속하는 달의 말일 또는 제6항 제2호에 해당하는 날이 속하는 달의 말일부터 6개월 이내에 대통령령으로 정하는 바에 따라 납세지 관할 세무서장에게 신고하고 해당 상속세와 이자상당액을 납세지 관할 세무서, 한국은행 또는 체신관서에 납부

---

② 회계부정의 경우 : 「주식회사 등의 외부감사에 관한 법률」 제39조 제1항에 따른 죄를 범하여 받은 벌금형(재무제표상 변경된 금액이 자산총액의 100분의 5 이상인 경우로 한정한다)

하여야 한다. 다만, 제4항 또는 제6항 제2호에 따라 이미 상속세와 이자상당액이 부과되어 이를 납부한 경우에는 그러하지 아니하다(상증법 제18조의 3 제7항).

상속세와 이자상당액을 신고하는 때에는 기획재정부령으로 정하는 영농상속공제 사후관리추징사유 신고 및 자진납부 계산서를 납세지 관할 세무서장에게 제출하여야 한다(상증령 제16조 제12항). 한편, 납세지 관할 세무서장은 상속인이 법 제18조의 3 제4항 각 호 및 같은 조 제6항 제2호에 해당하는지를 매년 확인·관리해야 한다(상증령 제16조 제13항).

## (6) 가업상속공제와 영농상속공제의 동시 적용 배제

상증법 제18조의 2(가업상속공제) 및 제18조의 3(영농상속공제)은 동일한 상속재산에 대하여 동시에 적용하지 아니한다(상증법 제18조의 4).

## **7** 금융재산 상속공제

거주자의 사망으로 상속이 개시되는 경우로서 상속개시일 현재 상속재산가액 중 대통령령으로 정하는 순금융재산의 가액이 있으면 다음의 구분에 따른 금액을 상속세 과세가액에서 공제하되, 그 금액이 2억 원을 초과하면 2억 원을 공제한다(상증법 제22조 제1항). 순금융재산의 가액은 금융재산가액에서 금융채무[86]를 뺀 가액을 말한다.

① 순금융재산가액이 2천만 원 초과하는 경우 : 해당 순금융재산가액의 20% 또는 2천만 원 중 큰 금액

② 순금융재산가액의 가액이 2천만 원 이하인 경우 : 그 순금융재산의 가액

"대통령령으로 정하는 금융재산"이란 금융회사등이 취급하는 예금·적금·부금·계금·출자금·신탁재산(금전신탁재산에 한한다)·보험금·공제금·주식·채권·수익증권·출자지분·어음 등의 금전 및 유가증권과 그 밖에 기획재정부령으로 정하는 것을 말한다(상증령 제19조 제1항).

"그 밖에 기획재정부령으로 정하는 것"이란 다음의 어느 하나에 해당하는 것을 말한다.

① 한국거래소에 상장되지 아니한 주식 및 출자지분으로서 금융회사 등이 취급하지 아니하는 것

② 발행회사가 금융회사 등을 통하지 아니하고 직접 모집하거나 매출하는 방법으로 발행한 회사채

---

86) 금융채무란 시행령 제10조(채무의 입증방법 등) 제1항 제1호(국가·지방자치단체 및 금융회사등에 대한 채무는 해당 기관에 대한 채무임을 확인할 수 있는 서류)에 따라 입증된 금융회사 등에 대한 채무를 말한다.

금융재산에는 대통령령으로 정하는 최대주주 또는 최대출자자가 보유하고 있는 주식등과 제67조에 따른 상속세 과세표준 신고기한까지 신고하지 아니한 타인 명의의 금융재산은 포함되지 아니한다(상증법 제22조 제2항). 대통령령으로 정하는 최대주주 또는 최대출자자란 주주등 1인과 그의 특수관계인의 보유주식등을 합하여 그 보유주식등의 합계가 가장 많은 경우의 해당 주주등 1인과 그의 특수관계인 모두를 말한다(상증령 제19조 제2항).

금융재산 상속공제를 받고자 하는 자는 금융재산 상속공제신고서를 상속세과세표준신고와 함께 납세지 관할 세무서장에게 제출하여야 한다.

## 8 재해손실공제

거주자의 사망으로 상속이 개시되는 경우로서 상속세 신고기한 이내에 화재·붕괴·폭발·환경오염사고 및 자연재해 등의 재난으로 인하여 상속재산이 멸실·훼손된 경우의 손실가액을 상속세 과세가액에서 공제하며, 손실가액에 대한 보험료 등의 수령 또는 구상권 행사에 의해 당해 손실가액 상당액을 보전받을 수 있는 경우 당해 금액을 제외한 금액을 공제액으로 한다(상증법 제23조 제1항). 상속세 과세가액에서 공제하는 손실가액은 재난으로 인하여 손실된 상속재산의 가액으로 한다.

재해손실공제를 받고자 하는 상속인이나 수유자는 기획재정부령이 정하는 재해손실공제신고서에 당해 재난의 사실을 입증하는 서류를 첨부하여 상속세과세표준신고와 함께 납세지 관할 세무서장에게 제출하여야 한다.

## 9 동거주택 상속공제

### (1) 개념

거주자의 사망으로 상속이 개시되는 경우로서, 다음 "(2)"의 동거주택 상속공제 요건을 모두 갖춘 경우에는 상속주택가액(소득세법 제89조 제1항 제3호에 따른 주택부수토지의 가격을 포함하되, 상속개시일 현재 해당 주택 및 주택부수토지에 담보된 피상속인의 채무액을 뺀 가액을 말함)의 100분의 100(2015년 말까지는 100분의 40, 2019년 말까지는 100분의 80)에 상당하는 금액을 상속세 과세가액에서 공제하되, 그 금액이 6억 원(2019년 말까지는 5억 원)을 초과하는 경우에는 6억 원(2019년 말까지는 5억 원)을 한도로 공제한다(상증법 제23조의 2 제1항, 2019. 12. 31. 개정). 2014. 1. 1. 이후 상속분부터는 직계비속인 상속인이 피상속인과 동거하고 해당 주택을 상속받는 경우에 한하여 공제할 수 있다. 따라서 배우자가 상속을 받는 경우에는 동거주택 상속공제를 받을 수 없다.

## (2) 동거주택 상속공제 요건

① 피상속인과 상속인(직계비속 및 민법 제1003조 제2항[87]에 따라 상속인이 된 그 직계비속의 배우자인 경우로 한정하며,[88] 이하 이 조에서 같다)이 상속개시일부터 소급하여 10년 이상(상속인이 미성년자인 기간은 제외한다) 계속하여 하나의 주택에서 동거할 것[89]

② 피상속인과 상속인이 상속개시일부터 소급하여 10년 이상 계속하여 1세대를 구성하면서 대통령령으로 정하는 1세대 1주택(이하 "1세대 1주택"이라 한다)에 해당할 것. 이 경우 무주택인 기간이 있는 경우에는 해당 기간은 전단에 따른 1세대 1주택에 해당하는 기간에 포함한다.

87) 제1003조(배우자의 상속순위) ① 피상속인의 배우자는 제1000조 제1항 제1호와 제2호의 규정에 의한 상속인이 있는 경우에는 그 상속인과 동순위로 공동상속인이 되고 그 상속인이 없는 때에는 단독상속인이 된다 (1990. 1. 13. 개정).
② 제1001조(대습상속)의 경우에 상속개시 전에 사망 또는 결격된 자의 배우자는 동조의 규정에 의한 상속인과 동순위로 공동상속인이 되고 그 상속인이 없는 때에는 단독상속인이 된다(1990. 1. 13. 개정).
88) 2021. 12. 21. 상증법 개정 시, 피상속인과 상속인이 10년 이상 계속 하나의 주택에서 동거한 경우 상속주택가액의 전부를 공제받을 수 있는 상속인의 범위를 직계비속으로 한정하던 것을, 직계비속의 사망 등으로 대습상속을 받은 직계비속의 배우자도 공제받을 수 있도록 동거주택 상속공제의 범위를 확대하였다. 개정규정은 이 법 시행(2022. 1. 1.) 이후 상속이 개시되는 분부터 적용되나, 이 법 시행 전에 상속이 개시되어 이 법 시행 이후에 상속세의 과세표준과 세액을 결정 또는 경정하는 경우에도 적용한다(부칙 제2조 및 제3조).
89) 다음의 구 상속세 및 증여세법(2010. 1. 1. 법률 제9916호로 개정되기 전의 것) 제23조의 2 제1항에 대하여 판례는 다음과 같이 해석하고 있다.

> 제23조의 2(동거주택 상속공제) ① 거주자의 사망으로 인하여 상속이 개시되는 경우로서 피상속인과 상속인이 상속개시일부터 소급하여 10년 이상 계속하여 동거한 주택이 다음 각 호의 요건을 모두 갖춘 경우에는 주택가액(주택에 부수되는 토지의 가액을 포함한다)의 100분의 40에 상당하는 금액을 상속세 과세가액에서 공제한다. 다만, 그 금액이 5억 원을 초과하는 경우에는 5억 원을 한도로 한다.
> 1. 상속개시일 현재 「소득세법」 제89조 제1항 제3호에 따른 일세대 일주택(같은 호에 따른 고가주택을 포함한다)일 것
> 2. 상속개시일 현재 무주택자인 상속인이 상속받은 주택일 것

"구 상속세 및 증여세법(2010. 1. 1. 법률 제9916호로 개정되기 전의 것) 제23조의 2 제1항이 동거주택을 상속세 과세가액에서 공제하도록 규정한 취지는 1세대 1주택 실수요자의 상속세 부담을 완화시키기 위한 것일 뿐만 아니라 상속인의 주거안정을 도모하려는 데에 있다고 할 것이고 피상속인의 주택 보유기간은 상속인의 주거안정과 직접적인 관련이 없는 점, 위 규정의 문언도 '피상속인과 상속인이 상속개시일부터 소급하여 10년 이상 계속 동거한 주택'이라고 하였을 뿐이므로 위 '동거'라는 용어에 주택의 '소유' 또는 '보유'라는 개념이 포함되어 있다고 보기는 어려운 점, 위 규정이 정한 '상속개시일 현재 소득세법 제89조 제1항 제3호에 따른 1세대 1주택'이라는 요건에 의하여 보유요건이 별도로 요구되는 점 등을 종합하여 보면, 구 상속세 및 증여세법 제23조의 2 제1항이 동거주택 상속공제의 대상으로 정하고 있는 '피상속인과 상속인이 상속개시일부터 소급하여 10년 이상 계속 동거한 주택'은 피상속인이 상속개시일부터 소급하여 10년 이상 계속 소유한 주택에 국한되는 것으로 볼 수 없다."(대법원 2012두2474, 2014. 6. 26.)

③ 상속개시일 현재 무주택자이거나 피상속인과 공동으로 1세대 1주택을 보유한 자로서 피상속인과 동거한 상속인이 상속받은 주택일 것[90]

## (3) 동거주택 상속공제액 계산

★

**동거주택 상속공제액(한도 6억 원) = 주택가액(부수토지가액 포함) × 100%**

상속공제액을 계산함에 있어서 주택 부수토지에 대해서는 2012. 12. 31.까지는 면적에 대한 규정이 없었으나, 2013. 1. 1. 이후 상속개시분부터는 소득세법 제89조 제1항 제3호에 따른 주택부수토지(도시지역 : 주택정착면적의 5배, 그 밖의 지역 : 주택정착면적의 10배)로 한정하였다.

## (4) 동거주택 상속공제 대상 1세대 1주택

동거주택 상속공제 대상 주택은 피상속인과 상속인이 동거주택 판정기간에 계속하여 1세대를 구성하면서 그 주택이 소득세법 제88조 제6항에 따른 1세대 1주택(고가주택을 포함)을 소유하여야 하며, 2011. 1. 1. 이후 상속개시분부터는 1세대가 다음의 어느 하나에 해당하여 2주택 이상을 소유한 경우에도 1세대가 1주택을 소유한 것으로 본다(상증령 제20조의 2 제1항).

① 피상속인이 다른 주택을 취득(자기가 건설하여 취득한 경우를 포함)하여 일시적으로 2주택을 소유한 경우(다른 주택을 취득한 날부터 2년 이내에 종전의 주택을 양도하고 이사하는 경우만 해당)[91]

② 상속인이 상속개시일 이전에 1주택을 소유한 자와 혼인한 경우(혼인한 날부터 5년 이내에 상속인의 배우자가 소유한 주택을 양도한 경우만 해당)

③ 피상속인이 「근현대문화유산의 보존 및 활용에 관한 법률」 제2조 제2호 가목에 따른 국가등록문화유산에 해당하는 주택을 소유한 경우

④ 피상속인이 소득세법 시행령 제155조 제7항 제2호에 따른 이농주택을 소유한 경우

---

90) 2012. 12. 31. 이전 상속개시분까지는 상속개시일 현재 상속인 중 무주택자가 상속받았으면 동거주택 상속공제 대상이었으나, 2013. 1. 1. 이후 상속개시분부터는 상속개시일 현재 동거중인 무주택 상속인이 상속받은 경우에만 동거주택 상속공제 대상으로 한정하였다.
한편, 2020. 1. 1. 이후 상속개시분부터는 무주택 상속인뿐만 아니라 피상속인과 공동으로 1주택을 보유한 상속인도 동거주택 상속공제를 적용받을 수 있도록 하여 1세대 1주택자의 상속세 부담을 낮추었다.
91) 상증령 제20조의 2(동거주택의 범위) 제1항 제1호를 적용할 때 상속개시일에 피상속인과 상속인이 동거한 주택을 동거주택으로 본다(2017. 2. 7. 신설).

⑤ 피상속인이 소득세법 시행령 제155조 제7항 제3호에 따른 귀농주택을 소유한 경우

⑥ 1주택을 보유하고 1세대를 구성하는 자가 상속개시일 이전에 60세 이상의 직계존속을 동거봉양하기 위하여 세대를 합쳐 일시적으로 1세대가 2주택을 보유한 경우로서 세대를 합친 날부터 5년 이내에 피상속인 외의 자가 보유한 주택을 양도한 경우(2012. 2. 2. 이후 상속개시분부터 적용)

⑦ 피상속인이 상속개시일 이전에 1주택을 소유한 자와 혼인함으로써 일시적으로 1세대가 2주택을 보유한 경우로서 혼인한 날부터 5년 이내에 피상속인의 배우자가 소유한 주택을 양도한 경우(2012. 2. 2. 이후 상속개시분부터 적용)

⑧ 피상속인, 상속인 또는 상속인의 배우자가 피상속인의 사망 전에 발생된 제3자로부터의 상속으로 인하여 여러 사람이 공동으로 소유하는 주택을 소유한 경우. 다만, 피상속인, 상속인 또는 상속인의 배우자가 해당 주택의 공동소유자 중 가장 큰 상속지분을 소유한 경우(상속지분이 가장 큰 공동 소유자가 2명 이상인 경우에는 그 2명 이상의 사람 중 다음의 순서에 따라 다음에 해당하는 사람이 가장 큰 상속지분을 소유한 것으로 본다)는 제외한다(2020. 2. 11. 이후 결정 또는 경정하는 분부터 적용)

　ⅰ) 해당 주택에 거주하는 자
　ⅱ) 최연장자

## (5) 부득이한 사유로 동거하지 못한 경우의 특례

피상속인과 상속인이 징집, 취학, 근무상 형편 또는 질병 요양 등 부득이한 사유에 해당하여 동거하지 못한 경우에는 계속하여 동거한 것으로 보되, 그 동거하지 못한 기간은 동거기간에 산입하지 않는다(상증법 제23조의 2 제2항 및 상증령 제20조의 2 제2항).

● 동거기간 계산 사례

• 2012. 1. 30.부터 피상속인과 상속인이 동거를 시작
• 2020. 1. 31. 근무상 형편으로 상속인이 피상속인과 동거하지 못함.
• 2021. 1. 31. 상속인이 피상속인과 다시 계속하여 동거
• 2023. 1. 31. 상속인과 동거하는 상태에서 피상속인 사망
　☞ 2012. 1. 30.~2020. 1. 30. 기간 중 8년과 2021. 1. 31. 이후 동거기간(2년 초과)을 합산하여 10년 이상인 경우 동거기간 요건을 충족하게 됨.

## 10 상속공제 적용의 한도

앞에서 살펴본 인적·물적 공제항목은 무제한으로 상속세 과세가액에서 공제하는 것은 아니다. 상속공제 한도액 적용을 받는 상속공제의 범위는 기초공제(제18조), 가업상속공제(제18조의 2), 영농상속공제(제18조의 3), 배우자공제(제19조), 그 밖의 인적공제(제20조), 일괄공제(제21조), 금융재산 상속공제(제22조), 재해손실공제(제23조), 동거주택 상속공제(제23조의 2)이다.

즉, 공제할 금액은 상증법 제13조에 따른 상속세 과세가액에서 ① 선순위 상속인 외의자에게 유증(사인증여 및 증여이행 중 상속개시된 경우 증여를 포함. 이하 "유증 등"이라 함)한 재산의 가액, ② 선순위 상속인의 상속포기로 그 다음 순위의 상속인이 상속받은 재산의 가액, ③ 상증법 제13조에 따라 상속세 과세가액에 가산한 증여재산가액 등을 차감한 잔액을 한도로 하여 상속공제를 적용한다(상증법 제24조). 다만, 위 "③"은 상속세 과세가액이 5억 원을 초과하는 경우에만 적용한다(상증법 제24조, 2015. 12. 15. 개정).

| | 상속세 과세가액 |
|---|---|
| ( − ) | 선순위 상속인이 아닌 자에게 유증 또는 사인증여한 재산가액 |
| ( − ) | 선순위 상속인의 상속포기로 그 다음 순위의 상속인이 상속받은 재산가액 |
| ( − ) | (상속세 과세가액이 5억 원을 초과하는 경우에만) 상속세 과세가액에 가산한 사전증여재산가액 − (증여재산공제액 + 혼인·출산 증여재산 공제액 + 신고기간 내 재해 등으로 손실된 재해손실공제액) |
| = | 상속공제 적용한도액 |

이러한 취지는 상속공제를 본래의 상속인이 상속받을 때 실제로 물려받은 재산을 한도로 적용하겠다는 의미이다.

**사 례  상속공제 한도액 계산**

[상속재산 및 사전증여재산 가산액 현황]
- 상속개시일 : 2024. 5. 1.
- 상속인 : 배우자, 子1, 子2
- 상속인 및 수유자의 상속재산 분할내용

(단위 : 억 원)

| 상속재산합계액(①) | 배우자 | 子1 | 子2 | 공익법인<br>유증가액 | 손자가 상속개시 후<br>취득한 증여재산 |
|---|---|---|---|---|---|
| 40 | 10 | 5 | 5 | 8 | 12 |

• 공과금, 채무등 공제액(②) : 10억 원

• 사전증여재산 합산내용

(단위 : 억 원)

|  | 배우자* | 子1 | 며느리 | 영리법인 | 합 계 |
|---|---|---|---|---|---|
| 증여재산가액 | 10 | 4 | 2 | 3 | 19(③) |
| 증여세 과세표준** | 4 | 3.5 | 1.9 | 3 | 12.4(④) |

 * 배우자에 대한 증여재산공제액은 2008. 1. 1. 증여분부터 6억 원임.

 ** 2020. 1. 7. 증여받은 것으로 가정함.

[상속세 과세가액 및 상속공제 한도액]

• 상속세 과세가액(⑤) : ① 40억 원 − 공익법인유증 8억 원 − ② 10억 원 + ③ 19억 원
　　　　　　　　　　 = 41억 원

• 상속공제 한도액 : ⑤ 41억 원 − 손자의 증여재산 12억 원 − ④ 12.4억 원 = 16.6억 원

## 제3절 과세가액에서 차감하는 감정평가수수료

상속세를 신고·납부하기 위하여 상속재산을 평가하는데 드는 수수료로서 납세자가 부담한 감정평가수수료를 다음의 구분에 따라 공제한다(상증령 제20조의 3 제1항).

① 「감정평가 및 감정평가사에 관한 법률」에 따른 감정평가법인등의 평가에 따른 수수료(상속세 납부목적용으로 한정한다) : 5백만 원 한도

② 중소기업 비상장주식의 평가수수료 : 국세청평가심의위원회 또는 지방청평가심의위원회에서 신용평가전문기관에 평가를 의뢰한 경우에만 비상장법인별·감정평가기관별 평가수수료를 1천만 원 한도 내에서 공제(예 : 2개의 비상장법인을 2개의 기관에서 평가받은 경우 최대 4천만 원까지 공제 가능)

③ 판매용이 아닌 서화·골동품 등 예술적 가치가 있는 유형자산 평가에 대한 감정수수료 : 500만 원 한도(2014. 2. 21. 이후 평가하는 분부터 적용)

위 "①" 내지 "③"의 수수료를 공제받고자 하는 자는 당해 수수료의 지급사실을 입증할 수 있는 서류를 상속세과세표준신고와 함께 납세지 관할 세무서장에게 제출하여야 한다.

# 상속세 산출세액 및 결정세액의 계산

제 1 절 **산출세액의 계산**

산출세액은 상속세 과세표준에 해당 세율을 곱하여 계산한 금액에 세대를 생략한 상속에 따른 할증과세액을 가산하여 계산한다.

★

상속세 산출세액 = (상속세 과세표준 × 세율) + 세대생략 할증과세액

## 1 상속세의 과세표준

앞서 살펴본 바와 같이, 상속세 과세표준은 피상속인이 거주자인 경우 상속세 과세가액에서 상속공제액과 감정평가수수료를 빼서 계산하며, 비거주자의 경우에는 상속세 과세가액에서 기초공제(2억 원)와 감정평가수수료만을 빼서 계산한다. 거주자와 비거주자에 불구하고 해당 상속세 과세표준이 50만 원에 미달할 때에는 상속세를 부과하지 않는다(상증법 제25조).

## 2 상속세 세율

상속세의 세율은 다음과 같이 최저 10%에서부터 최고 50%까지 5단계 초과누진세율로 구성되어 있다(상증법 제26조). 증여세의 세율도 상속세와 동일하다.

| 법령에 따른 세율 |

| 과세표준 | 세율(2000. 1. 1. 이후) |
|---|---|
| 1억 원 이하 | 과세표준의 100분의 10 |
| 1억 원 초과 5억 원 이하 | 1천만 원+(1억 원을 초과하는 금액의 100분의 20) |
| 5억 원 초과 10억 원 이하 | 9천만 원+(5억 원을 초과하는 금액의 100분의 30) |
| 10억 원 초과 30억 원 이하 | 2억 4천만 원+(10억 원을 초과하는 금액의 100분의 40) |
| 30억 원 초과 | 10억 4천만 원+(30억 원을 초과하는 금액의 100분의 50) |

위 법령에 규정된 세율방식 대신 누진공제액을 적용하여 간편하게 계산할 수 있다.

| 간편식에 따른 세율적용 |

| 과세표준 | 세 율 | 누진공제 |
|---|---|---|
| 1억 원 이하 | 10% | – |
| 1억 원 초과 5억 원 이하 | 20% | 1천만 원 |
| 5억 원 초과 10억 원 이하 | 30% | 6천만 원 |
| 10억 원 초과 30억 원 이하 | 40% | 1억 6천만 원 |
| 30억 원 초과 | 50% | 4억 6천만 원 |

## 3 세대를 건너뛴 상속에 대한 할증과세

상속인 또는 수유자가 피상속인의 자녀를 제외한 직계비속인 경우에는 상속세 산출세액에 상속재산 중 그 상속인 또는 수유자가 받았거나 받을 재산이 차지하는 비율을 곱하여 계산한 금액의 100분의 30(피상속인의 자녀를 제외한 직계비속이면서 미성년자에 해당하는 상속인 또는 수유자가 받았거나 받을 상속재산의 가액이 20억 원을 초과하는 경우에는 100분의 40)에 상당하는 금액을 가산한다.

그 이유는, 세대마다 재산을 상속시킨 경우와의 상속세 부담이 형평을 이루도록 하기 위함이다. 예컨대, 할아버지가 바로 손자에게 상속하는 것과 같이 세대를 생략한 상속의 경우 한 세대가 부담할 상속세가 회피되는 결과를 가져오게 되어 불합리하기 때문이다. 세대를 건너뛴 상속에 대한 할증과세 공식은 다음과 같다.

★

$$\text{할증과세 금액} = \text{상속세 산출세액} \times \frac{\text{피상속인의 자녀를 제외한 직계비속이 상속받은 재산가액}}{\text{총상속재산가액(상속인 또는 수유자가 받은 사전증여재산가액 포함)}} \times \frac{30\%}{(40\%)}$$

다만, 민법 제1001조에 따른 대습상속(예 : 아버지가 조부모보다 먼저 사망하거나 상속 결격자가 되어 손자가 상속받는 경우)인으로 상속받은 경우에는 할증과세하지 않는다.[92]

## 제**2**절　결정세액의 계산

### **1** 계산구조

　　상속세 산출세액
　( - )　기납부증여세액공제
　( - )　외국납부세액공제
　( - )　단기재상속세액공제
　( - )　신고세액공제
　( - )　지정문화재 등 징수유예액 공제
　　=　상속세 결정세액(신고·납부세액)

### **2** 증여세액공제

#### (1) 개념

　상증법 제13조(상속세 과세가액)에 따라 상속재산에 가산한 증여재산에 대한 증여세액 (증여 당시의 그 증여재산에 대한 증여세 산출세액을 말한다)은 상속세 산출세액에서 공제한다. 이와 같이 상속재산에 가산한 증여재산가액이 있는 경우에는 이중과세를 조정하기 위하여 그 증여재산에 대한 증여 당시의 증여세 산출세액을 다음과 같이 공제한다. 다만, 상속세 과세가액에 가산하는 증여재산이 국세부과제척기간 만료일로 인하여 증여세가 부과되지 아니하는 경우와 상속세 과세가액이 5억 원 이하인 경우에는 당해 증여세 산출세액은 공제하지 않는다(상증법 제28조 제1항, 2015. 12. 15. 단서개정).

---

92) 그 이유는 민법에 따른 대습상속의 경우에는 자의적으로 세대를 건너뛴 것이 아니므로 할증과세하지 아니한다. 한편, 상속포기에 따라 후순위 상속인이 상속받게 되는 경우에는 대습상속이 아니므로 상속인이 피상속인의 자녀가 아닌 경우 할증과세 대상이다(상증법 집행기준 27-0-2).

## (2) 공제한도액

상속재산에 가산한 사전증여재산에 대한 증여세액은 상속세 산출세액에서 다음의 금액을 공제한다.

★

증여세액 공제금액 : Min(①, ②)
① 상속세 과세가액에 가산한 증여재산에 대한 증여 당시 증여세 산출세액
② 공제 한도액

① 증여재산의 수증자가 상속인이나 수유자일 경우 : 그 증여세 산출세액을 각자가 납부할 상속세액에서 공제한다. 이때 공제할 증여세액은 다음 금액을 한도로 한다.[93]

★

$$\text{공제한도액} = \begin{matrix} \text{상속인 등} \\ \text{각자가 납부할} \\ \text{상속세 산출세액} \end{matrix} \times \frac{\text{상속인 등 각자의 증여재산에 대한 증여세 과세표준}}{\begin{matrix}\text{상속인 등 각자가 받았거나 받을 상속재산(증여재산} \\ \text{포함)에 대한 상속세 과세표준 상당액}\end{matrix}}$$

상속인별 각자 납부할 상속세액은 상속세 산출세액에 상속인별 납부의무비율을 곱하여 산정한다. 상속인별 납부의무비율에 대해서는 상증법 집행기준 3의 2-3-1(상속인별 상속세 납부비율 계산방법)에서 도식화하고 있는바, 이를 나타내면 다음과 같다.

★

$$\frac{\begin{matrix}\text{상속재산에 가산한} \\ \text{상속인·수유자별 사전} + \\ \text{증여재산 과세표준}\end{matrix} \left[ \begin{pmatrix}\text{상속세} \\ \text{과세} - \begin{matrix}\text{사전} \\ \text{증여재산} \\ \text{과세표준}\end{matrix} \\ \text{표준}\end{pmatrix} \times \frac{\begin{matrix}\text{상속인·수유자별} \\ \text{과세가액 상당액}\end{matrix} - \begin{matrix}\text{가산한} \\ \text{상속인·수유자별} \\ \text{증여재산가액}\end{matrix}}{(\text{상속세 과세가액} - \text{사전증여재산가액})} \right]}{(\text{상속세 과세표준} - \text{상속인 및 수유자가 아닌 자에게 증여한 사전증여재산 과세표준})}$$

② 증여재산의 수증자가 상속인이나 수유자가 아닌 경우 : 그 증여세 산출세액을 상속세 산출세액에서 공제한다. 이때 공제할 증여세액은 다음 금액을 한도로 한다.

---

93) 상증법 집행기준 28-20의 4-1(증여세액공제 한도액)

★

$$공제한도액 = 상속세\ 산출세액 \times \frac{사전증여재산에\ 대한\ 증여세\ 과세표준}{상속세\ 과세표준}$$

증여세액공제는 상속인 등이 많은 경우 그 계산방식이 매우 복잡하고 잘못 계산할 가능성이 높은바, 이상의 설명을 바탕으로 계산 사례[94]를 살펴볼 필요가 있다.

## (3) 증여세액공제 계산 사례

- 피상속인 사망 : 2009. 4. 1.
- 배우자, 장남, 차남에게 법정상속지분대로 상속됨.
- 피상속인이 2008. 4. 1. 장남에게 증여한 재산 : 100백만 원
  (증여재산 과세표준 : 70백만 원, 기납부 증여세액 : 13백만 원)
- 상속재산 가액 : 1,000백만 원      • 상속세 과세가액 : 1,100백만 원
- 상속 공제 : 700백만 원          • 상속세 과세표준 : 400백만 원

① 상속세 산출세액

상속세 산출세액 = 400백만 원 × 20% − 10백만 원 = 70백만 원

② 상속인 각자가 납부해야 할 산출세액

| 구 분 | 상속인별 납부의무비율 | 상속인 각자가 납부해야 할 산출세액 |
|---|---|---|
| 배우자 | $(400 - 70) \times \dfrac{1,000 \times 1.5 \div 3.5}{1,100 - 100} \div 400 = 0.3536$ | 24,752,000원 |
| 장남 | $\left[ 70 + (400 - 70) \times \dfrac{1,000 \times 1 \div 3.5}{1,100 - 100} \right] \div 400 = 0.4107$ | 28,749,000원 |
| 차남 | $(400 - 70) \times \dfrac{1,000 \times 1 \div 3.5}{1,100 - 100} \div 400 = 0.2357$ | 16,499,000원 |

94) 상증법 집행기준 28−20의 4−2(증여세액공제 계산 사례)

③ 장남의 증여세액공제 : Min(ⓐ, ⓑ) = 12,249,573원

　ⓐ 13백만 원(기납부 증여세액)

　ⓑ $28,749,000원 \times 70 \;/\; \left[\, 70 + (400 - 70) \times \dfrac{1,000 \times 1 \div 3.5}{1,100 - 100} \,\right] = \underset{\text{(공제한도액)}}{12,249,573원}$

### (4) 할증과세로 인한 세대생략가산액의 증여세액공제 여부

대법원은, "증여자의 자녀가 아닌 직계비속에 대한 증여에 해당하여 구 상증세법(2013. 3. 23. 법률 제11690호로 개정되기 전) 제57조에 의한 할증과세가 이루어진 이후에 증여자의 사망으로 인한 상속이 개시되어 수증자가 민법 제1001조의 대습상속 요건을 갖추어 상속인이 되었다면, 구 상증세법 제28조(증여세액 공제) 제1항 본문에 따라 상속세 산출세액에서 공제하는 증여세액에는 할증과세로 인한 세대생략가산액을 포함한다"고 판시하였다.[95] 즉, 할증과세로 인한 세대생략가산액도 증여세액공제에 포함되어야 한다는 것이다.

할증과세로 인한 증여세액의 공제 여부에 대해 현행 상증세법에는 명문의 규정이 없다 하더라도 이중과세 방지를 목적으로 하는 증여세액공제 제도의 취지에 비추어 그 증여세액을 공제해 주는 것이 합목적적 해석에 부합하고, 이러한 점에서 대법원 판결은 타당하다고 판단된다.

---

[95] 대법원 2016두54275, 2018. 12. 13.: 대법원이 이렇게 판시한 이유는 다음과 같다.

"상속세는 재산상속을 통한 부의 세습과 집중의 완화 등을 위하여 마련된 것으로, 구 상증세법 제27조는 세대생략으로 인한 과세상 불균형 등을 방지하기 위하여 상속으로 인한 부의 이전이 세대를 건너뛰어 이루어진 경우 할증과세를 하되, 세대생략에 정당한 사유가 있는 대습상속의 경우를 할증의 대상에서 제외하고 있다. 이러한 상속세의 과세 목적과 더불어 상속개시 시점을 기준으로 상속세 과세대상이 원칙적으로 정하여진다는 점 등을 고려하면 미리 증여의 형식으로 부를 세습함으로써 상속세의 부담을 부당하게 감소시키는 행위를 방지할 필요가 있다. 이에 따라 구 상증세법은 제57조에서 세대생략 상속과 마찬가지로 세대생략 증여에 대하여도 할증과세를 하고 있으며, 제13조 제1항 제1호에서 상속인에 대한 일정한 범위의 사전증여재산을 상속세 과세가액에 가산하도록 하고 있다.

한편, 상속인은 상속재산 중 각자가 받았거나 받을 재산의 비율에 따라 상속세를 납부할 의무가 있는데, 이는 피상속인의 사망을 계기로 무상으로 이전되는 재산을 취득한 자에게 실질적 담세력을 고려하여 취득분에 따른 과세를 하기 위한 것이므로, 상속세의 납부세액을 결정할 때 이를 반영하여야 한다. 구 상증세법 제28조가 사전증여재산에 대한 증여세액을 상속세산출세액에서 공제하도록 규정함으로써 사전증여재산을 상속세 과세가액에 가산하여 누진세율에 의한 과세의 효과를 유지하면서도 이중과세를 배제하고자 하는 것도 역시 같은 취지에서이다.

따라서 세대를 건너뛴 증여로 구 상증세법 제57조에 따른 할증과세가 되었더라도, 그후 증여자의 사망으로 상속이 개시된 시점에 수증자가 대습상속의 요건을 갖춤으로써 세대를 건너뛴 상속에 대하여 할증과세를 할 수 없게 되어 세대생략을 통한 상속세 회피의 문제가 생길 여지가 없다면, 세대생략 증여에 대한 할증과세의 효과만을 그대로 유지하여 수증자 겸 상속인에게 별도의 불이익을 줄 필요가 없다."

## 3 외국납부세액공제

거주자의 사망으로 국외 소재 상속재산에 대해 외국법령에 따라 상속세를 부과받은 때에는 다음의 금액을 상속세 산출세액에서 공제한다(상증법 제29조 및 상증령 제21조 제1항). 이는 국제적인 이중과세를 조정하기 위한 조치이다.

★
외국납부세액공제 : Min(①, ②)
① 한도액 : 외국법령에 의하여 부과된 상속세액
② 상속세 산출세액 × $\dfrac{\text{외국법령에 의해 상속세가 부과된 재산에 대한 상속세 과세표준}}{\text{상속세 과세표준}}$

외국납부세액공제를 받고자 하는 자는 기획재정부령이 정하는 외국납부세액공제신청서를 상속세과세표준신고와 함께 납세지 관할 세무서장에게 제출하여야 한다.

● 계산 사례[96]

○ 상속세 과세내역

| 구 분 | 총상속재산 | 국외상속재산 |
|---|---|---|
| 재산가액 | 50억 원<br>(국외분 20억 원 포함) | 20억 원 |
| 공제금액 | 10억 원 | 10억 원 |
| 과세표준 | 40억 원 | 10억 원 |
| 산출세액 | 15억 원 | 4억 원 |

○ 외국납부세액 공제금액의 계산
  - 15억 원 × 10억 원/40억 원 = 3.7억 원
  - 4억 원(한도액) > 3.7억 원
  - 공제세액 ☞ 3.7억 원

## 4 단기재상속에 대한 세액공제

상속개시 후 10년 이내에 상속인이나 수유자의 사망으로 다시 상속이 개시되는 경우에는 전(前)의 상속세가 부과된 상속재산(제13조에 따라 상속재산에 가산하는 증여재산 중 상

---

96) 임채문 · 김주석, 「상속증여세」, 광교이택스, 2014., 480면

속인이나 수유자가 받은 증여재산을 포함) 중 재상속되는 상속재산에 대한 전의 상속세 상당액을 상속세 산출세액에서 공제한다(상증법 제30조). 이는 단기간 내에 상속이 여러 차례 개시된 경우 대부분의 상속재산이 상속세로 납부됨으로써 상속인의 경제적 생활이 심히 곤란해지는 문제를 해소하기 위함이다.

단기재상속에 대한 세액공제의 계산식은 다음과 같으며, 재상속된 각각의 상속재산별로 구분하여 계산한다(상증령 제22조).

★

$$\text{단기재상속 공제액} = \text{전}(前)\text{의 상속세 산출세액} \times \cfrac{\text{재상속분의 재산가액} \times \cfrac{\text{전}(前)\text{의 상속세 과세가액}}{\text{전}(前)\text{의 상속재산가액}}}{\text{전}(前)\text{의 상속세 과세가액}} \times \text{공제율}$$

위 산식에서 '재상속분의 재산가액'은 전(前)의 상속재산가액에서 전(前)의 상속세 상당액을 뺀 것을 말하며, 적용하는 공제율은 매년 10%씩 체감한 율을 적용한다.

| 공제율 |

| 재상속기간 | 1년 내 | 2년 내 | 3년 내 | 4년 내 | 5년 내 | 6년 내 | 7년 내 | 8년 내 | 9년 내 | 10년 내 |
|---|---|---|---|---|---|---|---|---|---|---|
| 공제율 (%) | 100 | 90 | 80 | 70 | 60 | 50 | 40 | 30 | 20 | 10 |

단기재상속에 대한 공제되는 세액은 상속세 산출세액에서 상증법 제28조에 따라 공제되는 증여세액 및 상증법 제29조에 따라 공제되는 외국납부세액을 차감한 금액을 한도로 한다(상증법 제30조 제3항, 2019. 12. 31. 개정).

**5 신고세액공제**

상증법 제67조에 따라 상속세 과세표준을 신고한 경우에는 상속세 산출세액(제27조에 따라 산출세액에 가산하는 금액을 포함)에서 다음의 금액을 공제한 금액의 100분의 3[97]에 상당하는 금액을 공제한다(상증법 제69조).

① 제74조에 따라 징수를 유예받은 금액

② 이 법 또는 다른 법률에 따라 산출세액에서 공제되거나 감면되는 금액

---

97) 다만, 2018년 1월 1일부터 2018년 12월 31일까지의 기간동안에 상속이 개시되어 상속세과세표준신고를 한 경우에는 부칙 제8조(신고세액공제에 관한 특례)에 따라 100분의 5를 적용한다.

이상의 설명에 따라 신고세액공제를 계산하는 산식은 다음과 같다.

---

**상속세 산출세액**

+   세대생략 할증과세액
−   지정문화재 등 징수유예액 공제
−   증여세액공제
−   외국납부세액공제
−   단기재상속에 대한 상속공제
−   상속세 신고세액공제 대상액 × 공제율(%) = **신고세액공제**
−   연부연납신청액
−   물납신청액
−   납부유예액

=   **상속세 자진납부세액**

---

한편, 최근 법령개정에 따라 상속세 신고세액공제율은 다음과 같은 변화가 있으므로 적용 시 유의하여야 한다.

| 상속세 신고세액공제율의 변화추이 |

| 구 분 | 2016년 말까지 | 2017년 | 2018년 | 2019년 이후 |
|---|---|---|---|---|
| 공제율 | 100분의 10 | 100분의 7 | 100분의 5 | 100분의 3 |

신고세액공제는 자진납부하는 것을 요건으로 하는 것이 아니므로 무납부 시에도 이를 적용한다. 위 '상속세 산출세액'이란 상증법 제67조의 규정에 의하여 신고한 상속세 과세표준에 대한 산출세액을 말한다. 신고한 과세표준에 포함되어 있는 상속재산의 평가가액의 차이 및 각종 공제액의 적용상 오류 등으로 인한 과다신고금액은 신고한 과세표준에서 제외한다.[98]

그리고 공동상속인이 상속재산의 과세표준과 세액을 신고함에 있어 각자의 지분별로 각각 신고한 경우에도 지분별로 신고한 상속재산을 합산하여 이를 기준으로 신고세액공제 규정을 적용한다(상증법 기본통칙 69−0…1).

---

98) 상증법 기본통칙 69−0…1(신고세액 공제방법)

## 6 지정문화유산 등에 대한 상속세 징수유예액 공제

### (1) 제도 개요

납세지 관할 세무서장은 상속재산 중 다음과 같이 문화유산자료등과 박물관자료등 및 국가지정문화유산등이 있는 경우에는 대통령령으로 정하는 바에 따라 계산한 그 재산가액에 상당하는 상속세액의 징수를 유예한다(상증법 제74조 제1항).

① 「문화유산의 보존 및 활용에 관한 법률」 제2조 제3항 제3호에 따른 문화유산자료 및 「근현대문화유산의 보존 및 활용에 관한 법률」 제6조 제1항에 따른 국가등록문화유산(이하 "문화유산자료등"이라 한다)과 「문화유산의 보존 및 활용에 관한 법률」에 따른 보호구역에 있는 토지로서 대통령령으로 정하는 토지[99]

② 「박물관 및 미술관 진흥법」에 따라 등록한 박물관자료 또는 미술관자료로서 같은 법에 따른 박물관 또는 미술관(사립박물관이나 사립미술관의 경우에는 공익법인등에 해당하는 것만을 말한다)에 전시 중이거나 보존 중인 재산(이하 "박물관자료등")

③ 「문화유산의 보존 및 활용에 관한 법률」에 따른 국가지정문화유산 및 시·도지정문화유산과 같은 법에 따른 보호구역에 있는 토지로서 대통령령으로 정하는 토지[100](이하 "국가지정문화유산등")[101]

④ 「자연유산의 보존 및 활용에 관한 법률」에 따라 지정된 천연기념물등과 같은 법에 따른 보호구역에 있는 토지로서 대통령령으로 정하는 토지[102](이하 "천연기념물등")

한편, 상속인이 상속재산 중 박물관자료 또는 미술관자료를 제67조에 따른 신고기한(박물관이나 미술관을 설립하는 경우로서 부득이한 사유가 있는 경우에는 그 사유가 없어진 날이 속하는 달의 말일부터 6개월을 말한다)까지 대통령령으로 정하는 방법으로 「박물관 및 미술관 진흥법」에 따른 박물관 또는 미술관에 전시하거나 보존하는 경우에도 징수유예 적용대상이 된다(상증법 제74조 제8항). 이 경우, 상속인이 박물관 또는 미술관을 설립하여 상

---

99) "대통령령으로 정하는 토지"란 같은 호에 따른 문화유산자료등의 보호를 위하여 「문화유산의 보존 및 활용에 관한 법률」에 따라 지정된 보호구역의 토지를 말한다(상증령 제76조 제2항).
100) "대통령령으로 정하는 토지"란 「문화유산의 보존 및 활용에 관한 법률」에 따른 국가지정문화유산 및 시·도지정문화유산의 보호를 위하여 같은 법에 따라 지정된 보호구역의 토지를 말한다(상증령 제76조 제3항).
101) 2022. 12. 31. 개정 전에는 "국가지정문화재등"을 상속세가 비과세되는 재산으로 규정하고 있었다. 그런데 국가지정문화재 등을 상속세 회피 수단으로 악용하는 경우를 방지하고, 문화재의 유지·보존을 유도하기 위하여 2023. 1. 1.부터는 국가지정문화재등에 대해서도 상속세를 부과하되, 상속인이 이를 유상으로 양도하기 전까지는 해당 상속세액의 징수를 유예하도록 개정함으로써, 이와 같이 징수유예 대상에 포함하게 되었다.
102) "대통령령으로 정하는 토지"란 「자연유산의 보존 및 활용에 관한 법률」에 따른 천연기념물등의 보호를 위하여 같은 법에 따라 지정된 보호구역의 토지를 말한다(상증령 제76조 제4항).

속재산 중 박물관자료 또는 미술관자료를 당해 박물관 또는 미술관에 전시·보존하는 경우에는 상속세과세표준 신고기한까지 박물관 또는 미술관을 설립하여 전시·보존하여야 한다. 다만, 박물관 또는 미술관의 설립에 있어 법령상 또는 행정상의 사유로 지연되는 경우에는 그 사유가 종료된 날부터 6개월 이내로 한다(상증령 제76조 제8항, 2024. 5. 7. 신설).

## (2) 징수유예되는 상속세액의 계산

징수유예되는 상속세액은 상속세 산출세액에 상속재산(법 제13조의 규정에 의하여 상속재산에 가산하는 증여재산을 포함한다) 중 법 제74조 제1항 각 호의 어느 하나에 해당하는 재산이 차지하는 비율을 곱하여 계산한 금액으로 한다(상증령 제76조 제1항). 이를 도식화하면 다음과 같다.

★

$$징수유예\ 상속세액 = 상속세\ 산출세액 \times \frac{징수유예대상\ 지정문화재\ 등\ 재산가액}{총상속재산가액}$$

## (3) 징수유예액의 추징

납세지 관할 세무서장은 문화유산자료등, 박물관자료등, 국가지정문화유산등 또는 천연기념물등을 상속받은 상속인 또는 수유자가 이를 유상으로 양도하거나 그 밖에 대통령령으로 정하는 사유로 박물관자료등을 인출(引出)하는 경우에는 즉시 그 징수유예한 상속세를 징수한다(상증법 제74조 제2항). 대통령령으로 정하는 사유란 다음의 어느 하나에 해당하는 경우를 말한다.

① 박물관 또는 미술관의 등록이 취소된 경우
② 박물관 또는 미술관을 폐관한 경우
③ 문화체육관광부에 등록된 박물관 자료 또는 미술관 자료에서 제외되는 경우

그러나 납세지 관할 세무서장은 징수유예 기간에 문화유산자료등, 박물관자료등, 국가지정문화유산등 또는 천연기념물등을 소유하고 있는 상속인 또는 수유자의 사망으로 다시 상속이 개시되는 경우에는 그 징수유예한 상속세액의 부과 결정을 철회하고 그 철회한 상속세액을 다시 부과하지 아니한다(상증법 제74조 제3항).

## (4) 담보제공 등

상증법 제74조 제1항에 따른 징수유예를 받으려는 자는 그 유예할 상속세액에 상당하는 담보를 제공하여야 한다. 그러나 제1항 제3호에 국가지정문화유산등 및 같은 항 제4호에 따른 천연기념물등에 대한 상속세를 징수유예 받으려는 자는 그 유예할 상속세액에 상당하는 담보를 제공하지 아니할 수 있다. 이 경우, 납세담보를 제공하지 아니한 자는 매년 말 관할 세무서장에게 대통령령으로 정하는 바에 따라 국가지정문화유산등 또는 천연기념물등의 보유현황을 제출하여야 하며, 관할 세무서장은 보유현황의 적정성을 점검하여야 한다. 아울러, 납세담보를 제공하지 아니한 자가 국가지정문화유산등 또는 천연기념물등을 유상으로 양도할 때에는 국가지정문화유산등 또는 천연기념물등을 양도하기 7일 전까지 그 사실을 대통령령으로 정하는 바에 따라 관할 세무서장에게 신고하여야 한다(상증법 제74조 제4항 내지 제7항, 상증령 제76조 제6항 및 제7항).

# 제3편

# 증여세

제 3 편

# 증여세

제**1**장

# 총 설

---

제**1**절 **증여세 과세**

## 1 개 요

증여세는 부의 무상이전에 대한 세금이다. 다른 사람의 증여로 인하여 상증법 제4조에 따른 증여재산이 생긴 경우 그 증여재산에 대하여 증여세가 과세된다. 2015. 12. 15. 개정 시 신설된 "증여"의 정의에 따르면, "증여"란 그 행위 또는 거래의 명칭·형식·목적 등과 관계없이 직접 또는 간접적인 방법으로 타인에게 무상으로 유형·무형의 재산 또는 이익을 이전(移轉)(현저히 낮은 대가를 받고 이전하는 경우를 포함한다)하거나 타인의 재산가치를 증가시키는 것을 말한다. 다만, 유증, 사인증여, 유언대용신탁 및 수익자연속신탁은 제외한다.

한편, 증여재산에 대하여 수증자에게 소득세, 법인세가 과세되는 경우에는 증여세가 과세되지 아니한다. 소득세, 법인세가 소득세법, 법인세법 또는 다른 법률(조세특례제한법 등)에 따라 비과세되거나 감면되는 경우에도 또한 같다(상증법 제4조의 2 제3항). 이는 하나의 과세물건에 대하여 두 번 이상 과세가 되는 것을 방지하기 위한 규정이다.

우리나라의 증여세 과세체계는 수증자를 기준(취득과세형)으로 하여 증여자별·수증자별로 과세가액을 합산과세하고, 10년 이내에 동일인으로부터의 증여가액을 누적과세한다. 이는 분산증여를 통한 누진부담의 회피를 방지하는데 있다.

지방자치단체나 그 밖의 공공단체는 상속세 또는 증여세의 부가세를 부과할 수 없다(상증법 제86조). 부가세(Sur-tax) 부과를 상증법상 금지시킨 것이다.[1] 흔히 부가가치세(Value Added Tax)를 부가세로 줄여서 말하는 경우가 많은데, 여기서 말하는 부가세는 부가가치

---

[1] 국가가 부과하는 국세에 대해서는 상속세를 부가할 수 있다고 해석된다.

세의 줄임말이 아니라 취득세에 부가되는 농어촌특별세 같은 성격의 조세를 말한다. 법인세나 소득세에 부가되는 지방소득세는 2014년부터 독립세로 전환되었다.

## 2 증여세 과세대상의 범위

### (1) 개요

증여세 과세대상의 범위는 증여재산을 받는 사람(수증자)이 거주자 또는 비거주자인지에 따라서 그 범위가 달라진다. 수증자가 거주자인 경우 증여받은 국내외의 모든 재산이 증여세 과세대상이 되는 반면, 수증자가 비거주자인 경우는 증여받은 재산 중 국내의 재산만 증여세 과세대상이 된다(상증법 제4조의 2 제1항). 거주자 또는 비거주자의 판정 등에 대해서는 소득세법의 규정에 따른다.

상속세는 피상속인이 자연인(개인)인 경우에만 과세되지만, 증여세는 증여자가 자연인또는 법인인지에 관계없으며 수증자가 개인인 경우뿐만 아니라 비영리법인인 경우에도 과세된다(상증법 제4조의 2 제1항). 수증자가 거주자인 경우에는 본점이나 주사무소가 국내에 있는 비영리법인도 포함된다. 비거주자에는 본점이나 주사무소의 소재지가 국내에 없는 비영리법인도 물론 포함된다.

상증법 제4조에서 규정하는 증여세 과세대상은 다음과 같다. 2015. 12. 15. 상증법 개정시 종전의 제2조에서 규정되었던 것을 제4조로 옮겨 규정되었다.

### (2) 과세대상

다음의 어느 하나에 해당하는 증여재산에 대해서는 이 법에 따라 증여세를 부과한다(상증법 제4조 제1항, 제2항).
① 무상으로 이전받은 재산 또는 이익
② 현저히 낮은 대가를 주고 재산 또는 이익을 이전받음으로써 발생하는 이익이나 현저히 높은 대가를 받고 재산 또는 이익을 이전함으로써 발생하는 이익(비특수관계자 간 거래인인 경우에는 거래의 관행상 정당한 사유가 없는 경우로 한정함)
③ 재산 취득 후 해당 재산가치가 증가한 경우의 그 이익(비특수관계자 간 거래인인 경우에는 거래의 관행상 정당한 사유가 없는 경우로 한정함)
④ 상증법 제33조부터 제39조까지, 제39조의 2, 제39조의 3, 제40조, 제41조의 2부터 제41조의 5까지, 제42조, 제42조의 2 또는 제42조의 3에 해당하는 경우의 그 재산 또는 이익

⑤ 상증법 제44조 또는 제45조에 해당하는 경우의 그 재산 또는 이익

⑥ 위 "④"에서 나열하고 있는 경우와 경제적 실질이 유사한 경우 등 위 "④"의 개별 규정을 준용하여 증여재산의 가액을 계산할 수 있는 경우의 그 재산 또는 이익

한편, 위 과세대상 외에 상증법 제4조 제2항 내지 제4항에서 별도로 규정하는 과세대상은 다음과 같다. 이에 대해서는 후술하는 '제2절 특수한 경우의 증여세 과세대상'에서 상세히 알아본다.

① 상증법 제45조의 2부터 제45조의 5까지의 규정에 해당하는 경우에는 그 재산 또는 이익을 증여받은 것으로 보아 그 재산 또는 이익에 대하여 증여세를 부과한다.

② 상속개시 후 상속재산에 대하여 등기·등록·명의개서 등(이하 "등기등"이라 한다)으로 각 상속인의 상속분이 확정된 후, 그 상속재산에 대하여 공동상속인이 협의하여 분할한 결과 특정 상속인이 당초 상속분을 초과하여 취득하게 되는 재산은 그 분할에 의하여 상속분이 감소한 상속인으로부터 증여받은 것으로 보아 증여세를 부과한다. 다만, 제67조에 따른 상속세 과세표준 신고기한까지 분할에 의하여 당초 상속분을 초과하여 취득한 경우와 당초 상속재산의 분할에 대하여 무효 또는 취소 등 대통령령으로 정하는 정당한 사유가 있는 경우에는 증여세를 부과하지 아니한다.

③ 수증자가 증여재산(금전은 제외한다)을 당사자 간의 합의에 따라 제68조에 따른 증여세 과세표준 신고기한까지 증여자에게 반환하는 경우(반환하기 전에 제76조에 따라 과세표준과 세액을 결정받은 경우는 제외한다)에는 처음부터 증여가 없었던 것으로 보며, 제68조에 따른 증여세 과세표준 신고기한이 지난 후 3개월 이내에 증여자에게 반환하거나 증여자에게 다시 증여하는 경우에는 그 반환하거나 다시 증여하는 것에 대해서는 증여세를 부과하지 아니한다.

위 상증법 제4조의 규정을 내용별로 구분하여 표로 정리하면 다음과 같으며, 이를 통해 증여세 과세대상을 쉽게 파악할 수 있다.

| 2016. 1. 1. 이후 법령체계변환에 따른 증여세 과세대상 |

| 구분 | 내용 |
|---|---|
| 증여세 과세대상<br>포괄규정<br>(상증법 제4조 제1항<br>제1호 내지 제3호) | ① 무상으로 이전받은 재산 또는 이익(민법 증여계약 포함)<br>② 현저히 낮은(높은) 대가를 주고(받고) 재산 또는 이익을 이전받음으로써<br> 발생하는 이익(비특수관계인은 거래 관행상 정당한 사유가 없는 경우)<br>③ 재산 취득 후 해당 재산의 가치가 증가한 경우의 이익<br> (비특수관계인은 거래 관행상 정당한 사유가 없는 경우)<br>④ 아래 17개 유형의 예시규정과 경제적 실질이 유사한 경우로서 예시규정을<br> 준용하여 증여재산의 가액을 계산할 수 있는 경우의 그 재산 또는 이익 |
| 17개 증여예시<br>(상증법 제4조<br>제1항 제4호) | ① 신탁이익의 증여(타인을 위한 원금·수익의 신탁)<br>② 보험금의 증여(보험금 불입자와 수취인이 다른 경우)<br>③ 저가 양수 또는 고가 양도에 따른 이익의 증여<br>④ 채무 면제·변제·인수에 따른 증여<br>⑤ 부동산무상사용에 따른 이익의 증여<br>⑥ 불공정 합병에 따른 대주주 이익의 증여<br>⑦ 증자 시 불균등 저가·고가 신주배정에 따른 이익 증여<br>⑧ 감자 시 불균등 저가·고가 주식소각에 따른 이익 증여<br>⑨ 현물출자 시 불균등 저가·고가 발행에 따른 이익 증여<br>⑩ 전환사채 등의 인수·주식전환·양도 시 이익의 증여<br>⑪ 초과배당에 따른 이익의 증여<br>⑫ 주식등의 상장에 따른 상장시세차익의 증여<br>⑬ 금전의 무상대출·저리대출에 따른 이익의 증여<br>⑭ 주식의 합병 상장에 따른 상장시세차익의 증여<br>⑮ 재산 사용 및 용역 제공 등에 따른 이익의 증여<br>⑯ 포괄적 주식교환, 법인 조직변경 등에 따른 이익의 증여<br>⑰ 재산 취득 후 재산가치 증가에 따른 이익의 증여 |
| 2개 증여추정<br>(상증법 제4조<br>제1항 제5호) | ① 배우자, 직계존비속 간에 재산 양도 시 증여추정<br>② 재산취득 또는 채무상환자금에 대한 증여추정<br>* 실명이 확인된 계좌(국내·외)에 보유하고 있는 재산은 명의자가 그 재산을<br> 취득한 것으로 추정 |
| 4개 증여의제<br>(상증법 제4조 제2항) | ① 명의신탁재산의 증여의제<br>② 특수관계법인과의 거래를 통한 이익의 증여의제<br>③ 특수관계법인으로부터 제공받은 사업기회로 발생한 이익의 증여의제<br>④ 특정법인과의 거래를 통한 이익의 증여의제 |
| 기타 증여재산<br>(상증법 제4조<br>제3항 및 제4항) | ① 상속재산 재분할로 상속인 간 몫의 변동 시 증여재산으로 보는 것<br>② 증여재산의 반환 및 재증여 시 증여재산으로 보는 것 |

(3) 사례

십수 년 이상 캐나다에 거주하여 비거주자인 상태의 재외동포가 동거 중인 배우자(비거주자, 처(妻))에게 현금증여를 하고 수년이 지난 후 그 처가 국내에 거주할 목적으로 귀국하면서 해외에 거주 당시 증여받은 현금을 들여온 경우 증여세를 과세할 수 있을까?

결론부터 말하자면, 이 사례의 경우 국내에서 증여세를 부과할 수 없다. 그 이유는 우리나라 상증법이 비거주자 간에 이루어진 증여의 경우 그 증여대상물건(재산)이 국내에 소재하는 경우에 한하여 증여세가 과세되기 때문이다. 따라서 비거주자 간에 해외에서 이루어진 자산증여는 우리나라 상증법상의 증여세 과세대상이 되지 않는다. 반면, 캐나다의 경우 재산증여에 대한 증여세가 없으므로 캐나다에서 증여한 재산에 대하여 증여세를 납부하지 않아도 된다.

다만, 위 사례의 경우 주의할 것은, 현금은 그 특성상 이전이 자유로워 그 이전시점을 특정하기가 쉽지 않은 고유의 특성으로 과세관청과 다툼의 소지가 발생할 가능성이 높은 점이다. 예컨대, 과연 당해 현금이 비거주자 간에 해외에서 증여가 된 것인지 아니면 국내로 귀국 후 거주자인 상태에서 혹은 비거주자일지라도 국내에서 증여가 된 경우라면 증여세를 과세할 수가 있다는 점이다. 따라서 현금의 이전시점에 대한 명확한 근거서류(예 : 금융기관간 계좌이체증명서 등)를 구비해 두는 것이 추후 발생할지도 모를 과세관청과의 분쟁을 줄이는 길이 될 것이다.

## 제**2**절　특수한 경우의 증여세 과세대상

### **1** 당초 상속분을 초과하여 취득한 재산

(1) 원칙

상증법 제4조 제3항에서는 상속개시 후 상속재산에 대하여 등기·등록·명의개서 등(이하 "등기등"이라 한다)으로 각 상속인의 상속분이 확정된 후, 그 상속재산에 대하여 공동상속인이 협의하여 분할한 결과 특정 상속인이 당초 상속분을 초과하여 취득하게 되는 재산은 그 분할에 의하여 상속분이 감소한 상속인으로부터 증여받은 것으로 보아 증여세를 부과한다. 이는 상속분이 확정된 후에 민법상 협의분할 제도를 이용하여 증여세 부담 없이 재산을 취득하는 것을 방지하기 위한 규정이다.

(2) 예외

위 원칙적인 규정에도 불구하고, 제67조에 따른 상속세 과세표준 신고기한까지 분할에 의하여 당초 상속분을 초과하여 취득한 경우[2]와 당초 상속재산의 분할에 대하여 무효 또는 취소 등 대통령령으로 정하는 정당한 사유가 있는 경우에는 증여세를 부과하지 아니한다. 여기서 "무효 또는 취소 등 대통령령으로 정하는 정당한 사유"란, 다음의 어느 하나에 해당하는 경우를 말한다(상증법 제4조 제3항 단서 및 상증령 제3조의 2).

① 상속회복청구의 소에 의한 법원의 확정판결에 의하여 상속인 및 상속재산에 변동이 있는 경우
② 채권자대위권[3]의 행사에 의하여 공동상속인들의 법정상속분대로 등기 등이 된 상속재산을 상속인 사이의 협의분할에 의하여 재분할하는 경우
③ 상속세 과세표준 신고기한 내에 상속세를 물납하기 위하여 민법 제1009조의 규정에 의한 법정상속분으로 등기·등록 및 명의개서 등을 하여 물납을 신청하였다가 물납허가를 받지 못하거나 물납재산의 변경명령을 받아 당초의 물납재산을 상속인 간의 협의분할에 의하여 재분할하는 경우

이상의 원칙 및 예외규정을 종합하여 다음의 사례를 통해 증여세 과세 여부를 쉽게 판단할 수 있다.

---

2) 예를 들면, 어머니가 상속을 포기하고 상속인인 누이, 형, 여동생 그리고 본인("공동상속인")이 각각 1/4의 상속지분을 가진 상황에서 최초로 공동상속인 간의 협의를 통하여 본인이 상속재산의 제일 큰 비중을 차지하는 아파트(상속재산의 약 80%)를 취득하기로 하고 어머니를 모시기로 한 경우, 비록 본인의 상속지분(25%)을 초과하여 상속재산을 취득하였지만 그 초과분에 대하여 증여세를 과세하지 않는 것이다. 이는 민법상 상속재산은 언제든지 협의분할이 가능하고 그 효력은 상속개시 당시로 소급되어 인정되고 있기 때문이다(민법 제1013조, 제1015조).

3) 채권자가 자기의 채권을 보전하기 위하여 채무자의 권리를 대신 행사할 수 있는 권리(민법 제404조 제1항). 간접소권(間接訴權)·대위소권이라고도 하며 실체법상 법정재산관리권이며 채권의 대외적 효력의 하나이다. 이러한 권리행사를 인정하는 것은 변제를 받기 위하여 채무자의 재산을 유지·충실(充實)하자는 데에 취지가 있다. 대위권을 행사할 수 있는 요건은 다음과 같다. ① 채권보전의 필요가 있어야 한다. 채권자가 채무자의 무자력(無資力)을 입증하면 이 요건이 충족된다. 통설·판례상 특정 채권의 보전을 위하여 필요한 경우에는 채권자대위권을 인정한다. ② 채권자의 채권이 이행기에 있어야 하며, 이행기 전 채권은 법원허가를 받아야 한다. 그러나 보존행위는 그러하지 아니한다(민법 제404조 제2항). ③ 채무자가 스스로 그 권리를 행사하지 않는 경우이어야 한다. ④ 그 권리가 채무자의 일신전속권이 아니어야 한다(민법 제404조 제1항). 한편, 대위권은 채권자가 자기의 이름으로 행사하며 채권자가 보존행위 이외의 권리를 행사할 때에는 채무자에게 통지해야 하고(민법 제405조 제1항) 이 통지를 받은 뒤에는 채권자가 그 권리를 처분해도 대항하지 못한다(민법 제405조 제2항).

## (3) 판단

> **사 례**  상속지분 확정 후 재협의분할에 따라 상속지분이 변경된 경우 증여세 과세 여부 판단[4)]

---

**[상속세 신고기한 이전 · 이후의 재분할]**

| 2024. 2. 1. | 2024. 3. 1. | 2024. 5. 1. | 2024. 8. 31. | 2024. 10. 1. |
|---|---|---|---|---|
| ◆ | ◆ | ▲ | ◆ | ▲ |
| 상속개시일 | 상속등기 | 협의분할 재등기<br>(증여세 과세 제외) | 상속세<br>신고기한 | 협의분할 재등기<br>(증여세 과세) |

**[상속회복청구의 소 확정판결에 따른 재분할]**

| 2024. 2. 1. | 2024. 5. 1. | 2024. 8. 31. | 2024. 10. 1. |
|---|---|---|---|
| ◆ | ◆ | ◆ | ▲ |
| 상속개시일 | 상속등기 | 상속세<br>신고기한 | 상속회복청구소에<br>의한 재분할<br>(증여세 과세 제외) |

**[채권자대위권 행사 및 물납재산 불허가 등에 따른 재분할]**

| 2024. 2. 1. | 2024. 5. 1. | 2024. 8. 31. | 2024. 10. 1. |
|---|---|---|---|
| ◆ | ◆ | ◆ | ▲ |
| 상속개시일 | 상속등기 | 상속세<br>신고기한 | 협의분할 재등기<br>(증여세 과세 제외) |

---

4) 상증법 집행기준 4-3의 2-1를 재구성한 것임.

## 2 증여재산의 반환 또는 재증여의 경우

### (1) 개요

수증자가 증여를 받은 후 그 증여받은 재산(금전은 제외한다)을 당사자 간의 합의에 따라 증여세 과세표준 신고기한까지 반환하는 경우에는 처음부터 증여가 없었던 것으로 본다. 다만, 반환하기 전에 증여세 과세표준과 세액을 결정받은 경우에는 그러하지 아니하다(상증법 제4조 제4항).

수증자가 증여받은 재산(금전은 제외한다)을 증여세 신고기한이 지난 후 3개월 이내에 증여자에게 반환하거나 증여자에게 다시 증여하는 경우에는 그 반환하거나 다시 증여하는 것에 대해서는 증여세를 부과하지 아니한다(상증법 제4조 제4항 후단).

다만, 증여재산이 금전에 해당하면 반환·재증여의 시기에 관계없이 당초 증여분과 반환·재증여분 모두 증여세 과세대상이 된다. 금전의 경우 증여의사의 진정성을 입증하기가 쉽지 않을 뿐만 아니라 증여재산의 반환이라는 금전거래관계를 포착하기도 어렵기 때문에 증여가 확정된 것으로 의제하는 것이다.

위 내용을 표로 요약하면 다음과 같다.[5]

| | 반환 또는 재증여시기 | 당초 증여에 대한 증여세 과세 여부 | 반환 증여재산에 대한 증여세 과세 여부 |
|---|---|---|---|
| 금전 | 금전(시기에 관계없음) | 과세 | 과세 |
| 금전 외 | 증여세 신고기한 이내(증여받은 날이 속하는 달의 말일부터 3개월 이내) | 과세 제외 | 과세 제외 |
| | 신고기한 경과 후 3개월 이내(증여받은 날이 속하는 달의 말일부터 6개월 이내) | 과세 | 과세 제외 |
| | 신고기한 경과 후 3개월 후(증여받은 날이 속하는 달의 말일부터 6개월 후) | 과세 | 과세 |
| | 증여재산 반환 전 증여세가 결정된 경우 | 과세 | 과세 |

한편, 기본통칙도 증여를 받은 자가 증여계약의 해제 등에 따라 증여받은 재산(금전을 제외한다)을 증여자에게 반환하거나 다시 증여하는 경우 증여세 과세방법을 다음과 같이 정하고 있다(상증법 기본통칙 4-0…3).

---

5) 상증법 집행기준 4-0-4(증여재산을 반환 또는 재증여한 경우)

① 증여세 신고기한 내에 반환하는 경우에는 반환하기 전에 증여세 과세표준과 세액을 결정받은 경우를 제외하고 처음부터 증여가 없었던 것으로 본다. 당초 증여분과 반환 또는 재증여하는 경우 모두 증여세 과세에서 제외하는 것이다.

② 증여세 신고기한 다음 날로부터 3개월 이내에 반환하거나 다시 증여하는 경우에는 당초 증여에 대하여는 과세하되, 반환 또는 재증여에 대하여는 과세하지 아니한다.

③ 증여세 신고기한 다음 날부터 3개월 후에 반환하거나 재증여하는 경우에는 당초 증여와 반환·재증여 모두에 대하여 과세한다.

## (2) 혼수품의 반환

결혼한 지 수개월 만에 파혼한 경우 혼수용품으로 신부가 가져온 거액의 예단비(현금)를 신랑 측으로부터 되돌려 받았다면 증여세는 어떻게 부과되어야 할까? 상증법 제46조 제5호 및 상증령 제35조 제4항 제4호에 따르면 혼수용품으로서 통상 필요하다고 인정되는 금품의 경우 비과세로 분류하고 있다. 따라서 동 예단비가 통상 필요하다고 인정되는 범위내의 금품으로 본다면 당초 예단비 지급에 대하여 증여세를 과세할 수가 없다. 하지만 통상적으로 필요하다고 인정되는 범위를 벗어난 경우라면 상황이 달라질 수 있다. 당초 예단비와 반환받은 예단비 모두 증여세 과세대상이 되는 것이다. 이에 대해서는 증여세 비과세 부분에서 자세히 다룰 것이다.

## (3) 부동산의 반환

부동산의 경우 "반환"이라 함은 등기원인에 불구하고 당초 증여자에게 등기부상 소유권을 사실상 무상이전하는 것을 말한다(상증법 기본통칙 4-0…3 ②).

현금이 아닌 재산을 증여한 사례를 보자.

강화도에서 과수원을 운영하고 있던 A씨는 나이가 들어 과수원 일구기가 힘에 겨워 아들이 자신을 대신하여 과수원을 잘 관리해 주기를 기대하고 증여했다. 그러나 서울에서 중소기업에 다니던 아들은 과수원 관리에는 도통 관심이 없고 한시라도 과수원 부지를 매각하려 하였다. 이에 A씨는 당초 과수원을 증여한 날로부터 5개월여가 지난 시점에 이르러 아들에게 증여한 과수원을 되돌려 받았다.

수개월이 지난 후 A씨는 세무서로부터 당초 증여한 과수원의 시가에 대하여 증여세를 추징하겠다는 통지서를 받았다. 증여세 신고기한(증여일이 속하는 달의 말일로부터 3개월 이내)이 지난날로부터 3개월 이내에 재산을 되돌려 받는 경우 당초 증여재산은 증여세 과세대상이 됨을 알지 못한 결과였다.

만약 A씨가 증여세 신고기한으로부터 3개월이 지난 후 당초 증여한 재산을 되돌려 받았다면 증여세는 어떻게 될까? 이 경우에는 당초 증여분과 반환 또는 재증여분 모두 증여세 과세대상이 된다. 만약 증여의 대상물이 금전이라면 당초 증여분이든 반환 또는 재증여분이든 시기에 관계없이 증여세 과세대상이 된다.

### (4) 명의신탁받은 주식의 반환

#### 1) 주식을 반환하는 경우

권리의 이전이나 그 행사에 등기 등이 필요한 재산(토지와 건물은 제외)의 실제소유자와 명의자가 다른 경우에는 실질과세원칙에 불구하고 그 명의자로 등기 등을 한 날에 조세회피목적이 없는 경우 등을 제외하고는 그 재산의 가액을 명의자가 실제소유자로부터 증여받은 것으로 본다(상증법 제45조의 2). 상세내역에 대하여는 후술하기로 한다.

명의신탁받은 주식을 증여세 과세표준 신고기한 내에 과세표준과 세액의 결정을 받기 전에 반환하는 경우 혹은 그 이후 반환하는 경우 증여세를 과세할 수 있을까?

상증법 제4조 제4항에서 '증여를 받은 후 그 증여받은 재산을 당사자 간의 합의에 따라 제68조의 증여세 과세표준 신고기한(3월)까지 반환하는 경우에는 처음부터 증여가 없었던 것으로 본다. 다만, 반환하기 전에 과세표준 과세액의 결정을 받은 경우에는 그러하지 아니하다'고 규정하면서 상증법 제45조의 2에 의하여 증여로 의제되는 명의신탁에 대하여 위 규정의 적용을 배제하는 규정을 따로 두고 있지 않고 있다.

상증법 제4조 제4항에서 명의신탁재산의 반환 시 증여세 부과에 대하여 특별히 규정하고 있는 바는 없으나 명의신탁 재산의 경우도 다른 재산과 달리 취급할 이유는 없다고 본다(대법원 2001두8765, 2011. 9. 29.). 그러므로 명의신탁받은 주식을 증여세 과세표준 신고기한 내에 과세표준과 세액의 결정을 받기 전에 반환하는 경우 상증법 제4조 제4항 및 상증법 기본통칙 45의 2-0…2의 규정[6]에 따라 처리하면 될 것이다.

문제는 명의신탁주식의 증여세 과세표준 신고기한 후 반환하는 경우 증여세를 과세할 수 있는가 하는 점이다. 이와 관련하여 판례는 증여세 과세표준 신고기한 내에 당사자들의 합의에 의하여 증여재산을 반환하는 경우나 명의신탁받은 재산을 반환하는 경우 모두 그 재산을 수증자 또는 명의수탁자가 더 이상 보유하지 않게 된다는 측면에서 실질적으로 다르

---

6) 법 제45조의 2에 따른 증여에 해당하는 재산의 신탁을 해지하여 그 재산의 실제소유자인 위탁자 명의로 환원하는 경우 그 환원하는 것은 증여에 해당하지 아니하나, 실제소유자 외의 자에게 무상으로 명의이전하는 경우에는 그 명의를 이전한 날에 실제소유자가 그 명의를 이전받은 자에게 증여한 것으로 본다(2011. 5. 20. 개정).

지 아니한 점 등에 비추어 증여세를 과세하지 않는 것으로 해석하고 있다(대법원 2011두8765, 2011. 9. 29.).[7] 명의신탁 재산을 환원하는 것은 본인의 재산을 원상회복하는 것과 같으므로 증여세를 과세하는 것이 타당하지 않다는 것이다. 왜냐하면 본인이 본인에게 증여하고 증여세를 납부하는 모순이 생기기 때문이다.

### 2) 주식의 매각대금을 반환하는 경우

명의신탁으로 받은 주식을 매각하여 그 대금을 위탁자에게 돌려주는 경우는 증여세를 과세하는 것이 적법한 것일까? 당초 위탁된 주식의 원본을 반환하는 것이든 당해 주식을 매각한 후 그 대금을 돌려주는 것이든 경제적 실질에서는 동일하다. 따라서 증여세를 과세할 수 없다고 볼 여지는 있다. 하지만 명의신탁에서 증여로 의제되는 재산은 명의신탁주식 그 자체이지 명의신탁된 주식의 처분대금이 아닌바, 명의수탁자가 명의신탁재산의 처분대가 또는 가액상당의 금전을 명의신탁자에게 반환하는 것을 증여받은 재산의 반환으로 보아 증여세를 부과할 수 없다고 해석한다면 명의신탁행위를 증여로 의제하여 과세함으로써 조세회피목적의 명의신탁을 억제하고자 하는 법의 취지가 몰각되게 될 것이다. 그러므로 명의신탁된 주식을 처분한 대금을 반환하는 경우는 증여세가 과세된다고 보아야 한다(대법원 2005두10200, 2007. 2. 8.).

### 3) 명의신탁주식 취득 시 증여세 신고 · 납부 후 경정청구를 통하여 반환받는 경우

타인의 현금을 증여받아 특정법인의 주식을 취득한 후 매매를 가장하여 당해 주식을 돌려받은 사안에서 그 실질이 명의신탁임을 이유로 당초 증여받은 현금에 대한 증여세를 돌려받기 위해 경정청구를 한 사건이 있었다. 이 경우 증여세 문제는 어떻게 될까?

당해 건이 명의신탁을 통한 주식 취득이라면 '상증법 제45조의 2 명의신탁재산의 증여의제' 규정에 따라 증여세를 납부하여야 한다. 이렇게 되면 당초 증여현금에 대한 증여세 납

---

7) 판결요지 : 구 상속세 및 증여세법(2007. 12. 31. 법률 제8828호로 개정되기 전의 것. 이하 '구 상증법'이라 한다)은 제31조 제4항에서 "증여를 받은 후 그 증여받은 재산을 당사자 간의 합의에 따라 제68조의 증여세 과세표준 신고기한(3월) 내에 반환하는 경우에는 처음부터 증여가 없었던 것으로 본다. 다만, 반환하기 전에 과세표준과 세액의 결정을 받은 경우에는 그러하지 아니하다."고 규정하면서 구 상증법 제45조의 2에서 증여로 의제되는 명의신탁에 대하여 위 규정의 적용을 배제하는 규정을 따로 두고 있지 않고, 증여세 과세표준 신고기한 내에 당사자들 합의에 의하여 증여재산을 반환하는 경우나 명의신탁받은 재산을 반환하는 경우 모두 그 재산을 수증자 또는 명의수탁자가 더 이상 보유하지 않게 된다는 면에서 실질적으로 다르지 아니한 점 등에 비추어 볼 때, 구 상증법 제31조 제4항은 증여로 의제된 명의신탁재산에 대하여 명의신탁을 해지하고 반환하는 경우에도 적용된다고 보아야 하고, 이는 명의수탁자가 명의신탁받은 재산을 명의신탁자 명의로 재산을 반환하는 경우뿐 아니라 명의신탁자의 지시에 따라 제3자 명의로 반환하는 경우도 마찬가지라고 보아야 한다.

부와 명의신탁재산에 대한 증여세가 부과되어 이중과세 문제가 발생할 수 있다. 그러므로 당초 증여현금에 대한 증여세를 돌려받기 위해 경정청구 기한 내에 경정청구를 하여야 한다.

당해 사안에 대하여 과세관청은 여러 정황을 고려하여 명의신탁된 주식이 아니라는 결정을 하는 한편, 납세자가 당초 현금증여를 통하여 주식취득을 하였다고 신고하였다가 추후 이를 번복하여 당해 주식은 명의신탁재산임을 주장하는 것은 납세자의 신의성실원칙에 위배된다는 입장을 밝히면서 경정청구 거부처분을 하였다. 이에 납세자의 불복청구에 조세심판원은 과세관청의 처분이 정당하다는 결정을 하였다(조심 2011부2822, 2012. 8. 30.).

하지만 당해 사안에 대한 법원의 입장은 달랐다. 조세법률주의에 의하여 합법성의 원칙이 강하게 작용하는 조세 실체법에 대하여 신의성실의 원칙을 적용하는 것은 합법성을 희생하여서라도 구체적 신뢰보호의 필요성이 인정되는 경우에 한하여 허용된다고 할 것이다라고 판단하였다(대법원 2013두6329, 2013. 7. 26.).

과세관청은 실지조사권을 가지고 있을 뿐만 아니라 경우에 따라서는 그 실질을 조사하여 과세하여야 할 의무가 있으며, 과세처분의 적법성에 대한 입증책임도 부담하고 있으므로, 납세의무자가 증여받은 사실이 없음에도 증여를 받았다고 증여세의 과세표준과 세액을 신고하였다가 나중에 증여받은 사실이 없다고 주장하면서 이를 경정하여 줄 것을 구하거나 경정거부처분에 대한 취소를 구한다는 사정만으로는 신의성실의 원칙에 위반될 정도로 심한 배신행위를 하였다고는 볼 수 없는바, 과세관청이 납세의무자의 증여세 신고를 그대로 믿고 과세하였다고 하더라도 이를 보호받을 가치가 있는 신뢰라고 할 수도 없다고 본 것이다.

대법원은 납세의무자에게 신의성실의 원칙을 적용하기 위해서는 객관적으로 모순되는 행태가 존재하고, 그 행태가 납세의무자의 심한 배신행위에 기인하였으며, 그에 기하여 야기된 과세관청의 신뢰가 보호받을 가치가 있는 것이어야 한다고 판단하고 있다(대법원 2005두6300, 2006. 1. 26. 등).

### (5) 증여받은 재산의 반환 후 재증여하는 경우 상속세 과세가액 가산 여부

#### 1) 개요

증여받은 재산에 대하여 증여세를 납부한 상태에서 사정변경이 발생하여 당초 증여를 취소하고 특수관계에 있는 자에게 재증여가 있은 경우, 상증법상 당해 재산은 두 번의 실질적인 증여와 한 번의 취소로 인한 증여 등 도합 세 번의 증여가 발생한 셈이 된다. 이와 같은 상황에서 당해 재산을 증여한 자가 사망하였다면 상속개시일 전 10년 이내에 피상속인이 상속인에게 증여한 재산가액과 상속개시일 전 5년 이내에 피상속인이 상속인이 아닌 자에게 증여한 재산가액을 합산하도록 한 규정(상증법 제13조 제1항)에 따라 하나의 재산을 세 번에 걸쳐 합산하게 된다. 이론적으로는 하나의 재산이 여러 차례에 걸쳐 10년(혹은 5년)까지 증여와 취소가 되풀이되었다면 그때마다 상속재산에 가산하게 되어 이중 삼중의 과세가 되어 매우 불합리한 결과에 이르게 되는 것이다. 물론 상증법상의 증여로 의제되어 그때마다 증여세를 납부하였다면 기납부 증여세액을 상속세 납부 시에 공제받게 될 것이므로 산술적으로 완전한 이중과세가 되는 것은 아니지만, 불합리한 과세처분이 온전히 치유되는 것은 아니다.

## 2) 사례

전북의 소도시에서 자영업을 하던 A씨는 슬하에 아들 한 명과 세 명의 딸을 두고 있었다. 사업으로 적지 않은 재산을 모은 A씨는 자신의 사후에 자녀들이 다툴 것을 염려하여 현금과 부동산을 네 자녀에게 골고루 나누어 주기로 마음먹었다. 현금은 현재 가치가 명확하여 균등하게 안분한 결과에 자녀들은 동의를 하였지만 부동산은 그렇지가 못하였다. 아무래도 자신의 대를 이을거라 여긴 하나뿐인 아들에게 상당 부분의 부동산이 이전되기에 이르자 세 명의 딸들은 이를 못마땅하게 여기고 노골적으로 A씨에게 불만을 표시하곤 했다.

이런 상황이라면 자신의 생전에 재산분쟁이 날 것을 염려한 나머지 A씨는 아들에게 증여했던 부동산 중 일부를 되돌려 받아 세 명의 딸 중 가장 형편이 어려운 맏이에게 증여했다. 이 과정에서 자녀들은 자신이 받은 현금 및 부동산(당초 증여 및 증여 취소분과 재차 증여분 포함)에 대한 증여세를 적절하게 납부하였다.

얼마 후 A씨는 사망하였고 상속인들은 상속재산 및 상속개시일 전 10년 이내에 증여받은 재산을 가산하여 상속세 신고를 하였다. 다만, 증여, 증여 취소 및 재차 증여된 동일 재산의 경우 이중으로 가산되는 점을 발견하여 재차 증여분에 대해서만 합산하여 신고하였다.

하지만 과세관청은 구 상증법 제31조에 근거하여 당초 증여분과 취소분 및 재차 증여분은 모두 유효한 증여이므로 각각 증여세를 부과함은 물론 상증법 제13조 제1항에 따라 상속개시일 전 10년 이내에 피상속인이 상속인에게 증여한 재산가액은 상속재산가액에 가산하도록 규정을 엄격히 적용하는 경우 상속개시 전 피상속인의 증여가 있었다면 그 횟수 등에 관계없이 이를 가산하는 것이 타당하다고 판단하였다. 예컨대 동일 재산을 상속인에게 여러 차례 증여한 경우 합산하지 않는다는 법 규정이 미비한 상황에서는 당연히 이들 각각을 사전증여재산으로 보아 상속세 과세가액에 가산하는 것이 정당하다는 입장이었다.

## 3) 조세심판원 판단

이에 대하여 심판원은 수회에 걸쳐 동일한 재산을 상속개시 전에 증여한 경우 상속세 과

세가액에 가산할 증여재산은 상속개시일에 가장 근접한 시점에 증여한 재산으로 하는 것이 타당하다 판정하였다.[8] 그 논거는 다음과 같다.

상증법 제13조 제1항에 제1호에 의하면 상속개시일 전 10년 이내에 피상속인이 상속인에게 증여한 재산가액을 상속세 과세가액에 가산하도록 하면서 이중과세를 방지하기 위해 상속세 산출세액에서 사전증여에 대하여 납부한 증여세액을 공제하도록 규정하고 있는바, 이와 같은 규정의 취지는 누진세율의 적용을 회피하고자 수개 또는 하나의 부동산을 상속개시일 전에 시기를 달리하여 분할 증여 등의 방법으로 피상속인이 증여하는 행위를 방지하기 위한 것이다.

원래 증여세는 개개의 증여행위마다 별개의 과세요건을 구성하는 것이어서 동일한 부동산에 대하여 그 시기를 달리하는 복수의 과세요건이 성립되는 경우 개개의 증여에 대하여 각각 증여세를 부과하는 것이 타당하나, 우리나라가 채택하고 있는 유산세 과세방식의 상속세체계로 보면 상속세 과세대상은 상속개시일 현재 피상속인을 기준으로 피상속인이 소유하거나 소유한 것으로 추정되는 재산으로서 상속분으로 분할하기 전의 총유산액이라는 점과 사전증여재산을 상속세 과세가액에 가산하는 대상재산은 증여를 하지 않았다면 상속재산이 되었을 재산가액을 초과하지 않는 범위 내로 제한하는 것이 타당한 점 등으로 볼 때, 피상속인이 상속개시일 전에 분산증여를 통한 조세회피목적 없이 동일한 부동산을 시기를 달리하여 상속인에게 증여한 후 부득이한 사유에 의하여 반환받았다가 다시 다른 상속인에게 증여한 경우 이를 각각 상속세 과세가액에 합산하여 상속세를 과세하게 되면 사실상 상속세 과세가액에 이중으로 가산되는 모순을 초래한다.

따라서 이는 사전증여재산의 합산과세제도의 본래 취지나 실질과세원칙에 비추어 합리적인 것이라고 볼 수 없으며, 이때 수회에 걸쳐 동일한 재산을 상속개시 전에 증여한 경우 상속세 과세가액에 가산할 증여재산은 상속개시일에 가장 근접한 시점에 증여한 재산으로 하는 것이 합리적이라는 점으로 볼 때, 처분청이 당초 증여, 증여 취소분 및 재차 증여된 부동산의 증여재산가액을 상속세 과세가액에 합산하여 과세한 처분은 잘못이 있는 것으로 판단된다.

위 심판례는 일단 합리적인 판단으로 보이지만 관련 법령의 근거가 부족한 점과 만약 증여한 부동산의 가액이 급격히 하락한 경우 당초 증여를 취소하고 재차 증여를 통하여 상속세 과세가액에 가산되는 증여재산가액을 줄이려는 의도를 효과적으로 차단할 수 없다는 문제점이 있다.

---

8) 국심 2007광4793, 2009. 4. 20.의 사실관계 등을 일부 각색하였다.

## 3 기타의 경우

### (1) 국외재산을 국내로 반입하는 경우

국내에 주소를 둔 상속인이 국외에 주소를 둔 피상속인의 국외재산을 상속받아 동 재산을 국내로 반입하거나 동 재산으로 국내재산을 취득하는 경우 동 재산에 대하여는 증여세를 부과하지 아니한다. 또한 국외에 주소를 둔 자가 자기소유재산(증여받은 국외소재재산을 포함한다)을 국내로 반입하거나 동 재산으로 국내재산을 취득하는 경우 동 재산에 대하여는 증여세를 부과하지 아니한다(상증법 기본통칙 4-0…4).

### (2) 증여받은 재산을 유류분으로 반환하는 경우

#### 1) 증여세 비과세

국내의 한 대기업 회장인 A씨는 2012년 초, 형제자매 중 일부로부터 상속회복청구소송을 당하였다. 소송의 쟁점은 시효와 유증이었다. 상속회복청구권은 상속권자나 법정대리인이 상속권의 침해 사실을 안 날로부터 3년 또는 상속권 침해 행위가 있은 날로부터 10년이 지나면 소멸된다(민법 제999조). 1심과 2심에서 모두 A씨가 승소한 후 종료되었다.

한편, 유류분 반환청구소송의 경우 유류분 권리자가 상속의 개시와 반환하여야 할 증여 또는 유증을 한 사실을 안 때로부터 1년 내에 하지 아니하면 시효에 의하여 소멸한다. 상속이 개시한 때로부터 10년을 경과한 때도 같다(민법 제1117조). 증여는 상속개시 전의 1년간에 행한 것에 한하여 민법 제1113조의 규정에 의하여 그 가액을 산정한다. 당사자 쌍방이 유류분권리자에 손해를 가할 것을 알고 증여를 한 때에는 1년 전에 한 것도 같다(민법 제1114조). 공동상속인 중에 피상속인으로부터 재산의 증여에 의하여 특별수익(생전 증여를 받은 재산)을 한 자가 있는 경우에는 민법 제1114조의 규정은 그 적용이 배제되고, 따라서 그 증여는 상속개시 전의 1년 간에 행한 것인지 여부에 관계없이 유류분산정을 위한 기초재산에 산입된다(대법원 93다11715, 1995. 6. 30.). 즉, 공동상속인 중 1인이 피상속인으로부터 생전 증여를 받은 재산(특별수익)은 상속재산을 미리 준 것에 불과하기 때문에 1년 기한의 제한을 받지 않고 또한 손해를 끼칠 것을 알았는가의 여부에 상관없이 유류분 산정기초에 합산된다.

유류분 권리자가 유류분 반환청구권을 행사하는 경우 그의 유류분을 침해하는 증여 또는 유증은 소급적으로 효력을 상실한다(대법원 2010다42624, 2013. 3. 14.). 그러므로 피상속인(사망한 자)의 증여에 의하여 재산을 수증받은 자가 민법 제1115조(유류분의 보전)의 규정에 의하여 증여받은 재산을 유류분 권리자에게 반환한 경우 반환한 재산가액은 당초부터 증여

가 없었던 것으로 본다(상증법 기본통칙 4-0…5). 당초부터 증여가 없었던 것으로 보는 것이 므로 당초 증여분과 반환분 모두 증여세 납부의무가 없는 것이다. 이는 유류분을 반환받은 상속인이 그 반환받은 재산에 대하여 상속받은 것으로 보아 상속세를 부담하기 때문이다. 동일한 재산에 대하여 동일인이 아닌 자가 상속세와 증여세를 각각 부담하는 불합리한 점 을 방지하기 위한 조치로 해석된다.

한편, 유류분 권리자가 유류분으로 반환받는 재산이 당초의 사전증여재산과 다른 경우에 는 어떻게 할 것인가? 이에 대하여 유권해석에서는 당초 유류분 재산에 대한 상속세와 교 환에 따른 양도소득세 납세의무가 각각 있는 것으로 보고 있다(서면4팀-1686, 2006. 6. 12.). 유류분으로 반환받은 재산(부동산)을 다른 재산(현금)과 교환한 거래로 본 것이다.

증여에 대하여는 유증을 반환받은 후가 아니면 이것을 청구할 수 없다(민법 제1116조, 반환 의 순서). 즉, 유류분 반환청구의 대상이 되는 유증과 증여, 일반상속재산이 동시에 있는 경 우, 유류분 권리자가 유류분을 현금으로 반환받는 것으로 합의한 경우 반환받은 현금은 유 류분 산정의 기초가 되는 재산가액에 포함된 유증재산을 먼저 반환받은 것으로 본다.

우리나라는 상속세의 과세방법에 대하여 유산과세형 과세방식을 채택하고 있어 피상속 인의 유산총액을 기준으로 상속세를 계산하고 있으나 상속인 또는 수유자는 상속세를 '각 자가 받았거나 받을 재산'을 한도로 연대하여 납부하여야 할 의무가 있고(상증법 제3조의 2 제3항), 각 상속인은 상속으로 인하여 납세의무가 승계된 국세 및 강제징수비를 '상속으로 인하여 얻은 재산'을 한도로 연대하여 납부할 의무가 있으며(국기법 제24조), 상속세 납세고 지는 상속인이나 수유자가 2명 이상이면 그 상속인이나 수유자 모두에게 통지하도록 규정 하고 있다(상증법 제77조 및 상증령 제79조).

그러므로 법원 조정결정에 따라 유류분 반환이 되었다고 하더라도 총 상속세액에는 변동 이 없으며, 유류분 반환 후에도 납부한 상속세액이 연대납세의무한도액의 범위 내에 있다 면 연대납세의무를 이행한 것이므로 유류분 반환에 따른 지분변동에 따라 기납부한 상속세 를 환급결정하는 것은 아니다(조심 2010서2338, 2011. 5. 4.).

### 2) 상속세 납부의무

위에서 살펴본 바와 같이 증여받은 재산을 유류분 권리자에게 반환한 경우 반환한 재산 가액은 당초부터 증여가 없었던 것으로 보아 증여세 납부의무가 없다. 하지만 증여를 받을 당시 재산 가액과 유류분으로 반환받을 당시의 가액이 달라지는 경우 추가로 상속세를 부 담하는 경우가 발생할 수 있다. 사례를 통하여 살펴보자.

부인과 3명의 아들을 둔 중소기업 오너 A씨는 십수 년 전 자신이 운영 중인 회사의 가업을 잇겠다는 의사를 밝힌 큰아들인 B씨에게 자신이 보유 중이던 회사의 주식("쟁점주식") 전부를 증여하였다. 나머지 두 명의 아들들은 일찌감치 가업에는 관심이 없음을 밝히고 각자 자신의 길을 택해 변호사와 신문기자로 생활하고 있었다.

쟁점주식 증여 당시에는 회사의 가치가 미미하여 B씨가 납부한 증여세는 1천여만 원이 채 되지 않을 정도였다. 하지만 A씨가 사망할 당시 회사의 가치는 천정부지로 올라 수백억 원 이상의 가치를 지닌 회사로 성장해 있었다.

A씨의 장례를 치르고 상속세 신고를 마칠 때까지는 상속인들은 고인을 잃은 슬픔을 서로 위로하고 추억담을 나누며 좋은 관계를 유지했다. 문제는 그 이후 발생했다. 변호사인 C씨가 돌연 유류분 소송을 제기하자 신문기자인 D씨도 이에 동조하여 형제들이 법원에서 얼굴을 붉히는 지경에 이르렀다. 소송은 법원의 조정으로 민법에서 정한 유류분에 해당하는 주식을 B씨가 C와 D씨에게 반환하는 조건으로 일단락이 되었다.

위와 같은 상황하에서 다음과 같은 몇 가지 쟁점이 발생할 수 있다.

## 가. 당초 증여와 상속세 추가 납부

### ① 증여세 환급

앞서 살펴본 바와 같이, 증여받은 재산을 유류분 권리자에게 반환한 경우 반환한 재산가액은 당초부터 증여가 없었던 것으로 보는 것이므로 당초 수증자가 납부한 증여세는 환급받을 수 있다. 통상의 경정청구 기한은 법정신고기한이 지난 후 5년(2014. 12. 31. 이전은 3년) 이내로 제한하고 있지만, 최초의 신고·결정 또는 경정에서 과세표준 및 세액의 계산 근거가 된 거래 또는 행위 등이 그에 관한 소송에 대한 판결(판결과 같은 효력을 가지는 화해나 그 밖의 행위를 포함한다)에 의하여 다른 것으로 확정되었을 때는 그 사유가 발생한 것을 안 날부터 3개월(2015년 이전은 2개월) 이내에 결정 또는 경정할 수 있다(국기법 제45조의 2 제2항 제1호).

쟁점사안의 경우 십수 년 전에 발생한 증여이지만 법원의 조정이 있은 날로부터 3개월(2015년 이전은 2개월) 이내에 경정청구를 하는 경우 환급을 받을 수 있을 것이다.

### ② 상속세 추납

상속개시일 전 10년 이내에 피상속인이 상속인에게 증여한 재산가액의 경우 상속재산가액으로 본다(상증법 제13조 제1항 제1호). 앞서 살펴본 바와 같이, 유류분 권리자에게 반환한 증여재산은 당초부터 증여가 없었던 것으로 보는 것이므로 당초 증여가 상속개시일로부터 10년 이내에 있었는지 여부와 관계없이 상속재산가액에 포함할 수 없다. 그렇지만 유류분 권리자가 반환받은 재산은 상속개시 시점에 상속을 원인으로 취득한 재산으로 보는 것이므

로 상속재산가액에 포함되어야 할 것이다. 왜냐하면, 증여 등의 목적물에 대한 권리는 당연히 유류분 권리자에게 복귀하고 유류분 권리자가 해당 재산을 상속받은 것이므로 상속인의 상속세 납부의무가 있는 것이기 때문이다(조심 2013중2731, 2013. 9. 5. 및 조심 2013서1622, 2013. 6. 27. 등).

이때 상속재산가액을 당초 증여시점의 시가로 할 것인지 혹은 상속개시시점의 시가로 할 것인지가 문제될 수 있다. 만약 상속재산의 가액에 가산하는 증여재산의 가액은 증여일 현재의 시가에 따른다는 규정(상증법 제60조 제4항)에 따라 당초 증여 당시의 시가를 상속재산가액으로 한다면(이 경우는 상속개시일로부터 10년 이내인 증여에 한한다) 이는 당초 증여를 없었던 것으로 본다는 해석과 배치된다. 그러므로 유류분 대가로 받은 시점인 상속개시시점의 시가로 봄이 타당할 것이다.

유류분제도는 유언자유주의와 법정상속주의의 절충된 제도로써 상속재산의 일부를 상속인에게 강제귀속시켜 상속인의 생활기반 및 가족공동체의 화합을 도모하기 위한 제도인 만큼, 상속개시일 현재 시가에 따라 평가된 생전 증여재산가액을 유류분 산정의 기초로 판단하고 있다(민법 제1113조 제1항).

한편, 조세심판원과 과세관청의 입장도 증여받은 재산을 유류분 권리자에게 반환하는 경우에 상속개시일을 현재의 시가에 따라 평가가액을 적용하고 있다(조심 2013서1622, 2013. 6. 27. 및 재산세과−35, 2012. 2. 2. 등).

쟁점사안의 경우 쟁점주식의 상속개시 당시 시가를 상속재산가액으로 보아 산정된 상속세를 추가로 납부하여야 하는 것이다.

### 나. 상속세 추납분의 납세의무

유류분 권리자에게 반환된 재산이 상속재산가액에 포함됨으로 인하여 상속세 추가납부의무가 발생하게 되는 경우 당해 상속세의 납세의무는 유류분 권리자에게 있다고 보아야 할까? 상증법에 따라 부과된 상속세는 상속재산 중 각자가 받았거나 받을 재산을 기준으로 대통령령으로 정하는 바에 따라 계산한 비율에 의하여 상속세를 납부할 의무가 있다. 또한 상속인 또는 수유자 각자가 받았거나 받을 재산을 한도로 연대하여 납부할 의무를 진다(상증법 제3조의 2 제3항).

쟁점사안의 경우 수정신고를 통하여 재계산된 상속세를 상속인 각자가 받았거나 받을 재산을 기준으로 계산한 비율에 의하여 상속세를 납부하고 상속세 전액에 대하여 연대납세의무를 부담하여야 할 것이다.

## (3) 취득원인 무효에 대한 증여세 과세 제외

증여를 받은 후 그 증여받은 재산(금전은 제외한다)을 당사자 간 합의에 따라 증여세 과세표준 신고기한까지 반환하는 경우에는 처음부터 증여가 없었던 것으로 본다. 다만, 반환하기 전에 증여세 과세표준과 세액을 결정받은 경우에는 그러하지 아니함은 앞서 언급하였다. 이러한 취지에 따라, 증여세 과세대상이 되는 재산이 취득원인무효의 판결에 의하여 그 재산상의 권리가 말소되는 때에도 증여세를 과세하지 아니하며 과세된 증여세는 취소한다. 다만, 형식적인 재판절차만 경유한 사실이 확인되는 경우에는 그러하지 아니하다(상증법 기본통칙 4-0…6).

## (4) 위자료 등으로 취득한 재산의 경우

### 1) 위자료

이혼 등에 의하여 정신적 또는 재산상 손해배상의 대가로 받는 위자료는 조세포탈의 목적이 있다고 인정되는 경우를 제외하고는 증여에 해당하지 않는다(상증법 기본통칙 4-0…7). 한편, 사망 직전 동거관계의 청산에 따른 정신적 물질적 보상의 대가를 현금으로 지급한 위자료의 경우 법률혼이 아닌 사실혼 관계의(사망 등으로 인한) 청산에 대한 대가를 지급하는 경우라 할지라도 증여세를 부과하지 아니하는 것으로 판단하고 있다(조심 2008서1709, 2008. 9. 1.).

### 2) 재산분할

이혼 시 재산분할에 의하여 취득한 재산에 대해서는 1996년 12월 31일 이전에는 증여세를 과세하여 왔다. 그 이후 헌법재판소의 위헌판결(96헌재14, 1997. 10. 30.)에 따라 이혼으로 인한 재산분할 상당액은 증여세 과세대상에서 제외되었다.

구 상증법(제29조의 2 제1항 제1호)상 협의 또는 재판상 이혼에 의한 재산분할청구를 하여 재산을 취득한 자 중 상속세의 배우자 인적공제액을 초과하는 재산을 취득한 자에게 그 초과부분에 대한 증여세 납부의무를 부과하고 있었다. 당해 법률조항의 입법목적은 혼인관계가 청산된다는 점에서 이혼과 사망의 경우가 동일하다는 점에 착안, 배우자의 사망으로 상속받는 재산에 대하여 상속세를 부과하고 있는 만큼 이와 과세상 형평을 유지하기 위하여 이혼으로 인한 재산분할청구로 취득한 재산에 대하여도 증여세를 부과한다는데 있는 것으로 보인다. 다만, 상속세의 배우자 인적공제제도에 상응하여 그 공제액을 초과하는 수증부분에 대하여만 증여세를 부과토록 하였다. 본 조항은 위장이혼 등의 방법으로 상속세나 증여세를 면탈하는 것을 방지한다는 의미도 있었던 것으로 보인다.

앞서 언급한 헌법재판소 결정문에 따르면, 이혼 시의 재산분할제도는 본질적으로 혼인 중 쌍방의 협력으로 형성된 공동재산의 청산이라는 성격에, 경제적으로 곤궁한 상대방에 대한 부양적 성격이 보충적으로 가미된 제도로 판단하였다(대법원 95므175, 182, 1995. 10. 12. : 대법원 93스6, 1993. 5. 11. : 대법원 90므446, 1991. 1. 15. 참조).

이와 같이 재산분할의 본질은 실질적인 부부공동재산의 청산에 있으므로 재산분할에 의하여 분할되는 재산은 사실상 재산취득자의 소유에 지나지 아니하고, 재산분할에 의한 자산이전은 공유물의 분할 내지 잠재화되어 있던 지분권의 현재화에 지나지 않기 때문에 이혼 시 배우자가 가진 재산분할청구권은 재산을 무상으로 취득하는 증여와는 하등의 관련이 없어 증여세를 부과할 여지는 전혀 없다고 판단한 것이다.

또한 재산분할 중의 부양적 요소에 관하여 보더라도 이는 부양의무이행의 성격을 지니는 것이므로 증여세의 부과대상이 된다고 할 수 없을 뿐만 아니라, 민법상 부양의무자 상호 간의 치료비·생활비 또는 교육비로서 통상 필요하다고 인정되는 금품은 비과세하고 있는 점(구 상증령 제4조 제1항 제1호)에 비추어 보더라도 이에 대하여도 증여세가 부과될 근거는 없다는 것이다.

### 3) 위자료와 재산분할의 구분

이혼 시 배우자로부터 위자료 혹은 재산분할로 넘겨받은 재산에 증여세가 부과되지 않는 다는 점에 차이가 없다. 그런데 양도소득세 과세대상이 되는 재산(부동산 등)을 위자료로 넘겨 받은 경우 그 상대방 배우자에게 양도소득세 납부의무가 발생할 수 있다. 상대방 배우자의 명의로 된 재산을 자신의 명의로 전환하는(재산을 찾아가는) 재산분할에 대해서는 양도소득세 납부의무가 없는 것과 차이가 있는 것이다.

그렇다면 이혼 시 위자료 부분과 재산분할 부분이 특정되지 아니한 채 자산이 이전된 경우 양도소득세의 과세대상이 되는 위자료 부분의 입증책임은 누구에게 있을까?

통상 과세처분의 위법을 이유로 그 취소를 구하는 행정소송에서는 과세요건의 존재에 대한 입증책임을 처분청에 두고 있다(대법원 95누3398, 1995. 10. 13. 및 대법원 87누285, 1989. 10. 24. 등). 이혼 시 위자료 혹은 재산분할 여부를 명확히 하지 않음을 이유로 한 과세처분의 경우도 이와 다르지 않을 것이다. 그러므로 협의이혼 또는 재판상 화해나 조정에 의한 이혼을 하면서 위자료와 재산분할, 자녀양육비 등의 각각의 액수를 구체적으로 정하지 아니한 채 자산을 이전한 경우 그 자산 중 양도소득세의 과세대상이 되는 유상양도에 해당하는 위자료 및 자녀양육비의 입증책임도 원칙적으로는 처분청에 있다고 보아야 할 것이다(대법원 2001두4573, 2002. 6. 14.).

다만, 이때 처분청이 위자료나 자녀양육비의 액수까지 구체적으로 주장·입증할 필요는 없고, 단지 그 액수를 정할 수 있는 자료를 법원에 제출하는 것으로 충분하며, 이에 대하여 법원은 이와 같은 자료를 토대로 혼인기간, 파탄의 원인 및 당사자의 귀책사유, 재산 정도 및 직업, 당해 양도자산의 가액 등 여러 사정을 참작하여 직권으로 위자료나 자녀양육비의 액수를 정하여야 할 것이다(대법원 99두12014, 2001. 5. 8.). 그런데 위자료에 해당하는 부분이 구체적으로 얼마나 되는지 불분명하고 이에 대하여 납세자가 주장하거나 입증하지 않았다는 이유로 그 전부를 위자료로 처분하였다면 이는 과세요건의 입증책임에 관한 법리를 오해한 나머지 심리를 다하지 아니한 위법을 저지른 것으로 보아야 할 것이다(대법원 2001두4573, 2002. 6. 14.).

### 4) 재산분할과 실질과세 적용 여부[9]

이혼 시 재산분할의 경우에도 실질과세 규정을 적용할 수 있을까?

최근 대법원은 이에 대하여 법률상의 부부관계를 해소하려는 당사자 간의 합의에 따라 이혼이 성립한 경우 그 이혼에 다른 목적이 있다 하더라도 그 이혼이 가장이혼으로 무효가 아닌 이상 원칙적으로 증여세 과세대상으로 볼 수 없다고 판시하였다. 다만, 민법 제839조의 2 제2항의 규정 취지에 반하여 상당하다고 할 수 없을 정도로 과대하고 상속세나 증여세 등 조세를 회피하기 위한 수단에 불과하여 그 실질이 증여라고 평가할 만한 특별한 사정이 있는 경우에는 그 상당한 부분을 초과하는 부분에 한하여 증여세 과세대상이 될 수 있다고 판시한 것이다(대법원 2016두58901, 2017. 9. 12.).

해당 사건의 사실관계는 다음과 같다.

가. 원고는 1982. 5. 24. 망인과 혼인신고를 한 후 약 30년간 혼인생활을 하여 왔다. 혼인 당시 망인에게는 전처와 사이에서 낳은 이AA 등 5명의 자녀가 있었고, 원고와 망인 사이에는 자녀가 없었다.

나. 원고는 2011. 3. 2. 전처의 자녀들인 이AA 등과의 상속재산분쟁을 회피하기 위하여 당시 만 82세인 망인을 상대로 이혼 및 재산분할 청구소송을 제기하였다. 위 소송절차가 진행되던 중 2011. 4. 15. 원고와 망인 사이에 '원고와 망인은 이혼하되, 망인이 원고에게 재산분할로 현금 10억 원을 지급하고 액면금 40억 원의 약속어음금 청구채권을 양도한다'는 등의 내용으로 조정이 성립되어 그에 따라 현금지급 등이 모두 이행되었다.

다. 원고는 이혼 후에도 망인의 사망 시까지 망인의 수발을 들고 재산을 관리하면서 망인

---

9) 황남석, "이혼 시의 재산분할과 실질과세", 『속보 삼일총서』(제36호), 2017. 9., 41~43면

과 함께 종전과 같은 주소지에서 동거하였다. 망인은 이혼 후 약 7개월이 경과 한 2011. 12. 1. 위암으로 사망하였다.

라. 피고('세무서장')는 원고가 망인의 사망 직전 가장이혼을 하고 재산분할 명목으로 재산을 증여받은 것으로 보아 2014. 2. 18. 원고에 대하여 증여세를 부과하였다.

위와 같은 사실관계에서 원심(고법 2016누38183, 2016. 10. 20.)은 해당 사건의 경우 이혼은 법률상 이혼이라는 외형만을 갖춘 가장이혼이라는 전제하에 그 이혼의 목적은 혼인생활 청산이 아닌 재산분할을 위한 것인바 그 재산분할은 사전증여에 해당한다고 판단하였다. 증여세 부과가 적법하다고 본 것이다.

하지만 대법원의 판단은 달랐다. 해당 사건 이혼은 법률상의 부부관계를 해소하려는 원고와 망인 간의 합의에 따라 성립된 것으로 설령 그 이혼에 다른 목적이 있다 하더라도 원고와 망인에게 이혼의 의사가 없다고 볼 수 없다. 또한 장차 망인이 사망했을 때 발생할 수 있는 이AA 등과의 상속재산분쟁을 회피하기 위하여 원고와 망인이 미리 의견을 조율하여 망인의 사망이 임박한 시점에 이혼을 하고 이혼 후에 원고가 망인과 동거하면서 사실혼 관계를 유지한 사정만으로는 이 사건 이혼을 가장이혼으로 인정하기 어려운바 이 사건 재산분할은 원칙적으로 증여세 과세대상이 될 수 없다고 판단하였다.

본 사건 판결에서 어떤 경우를 가장이혼으로 보아야 할 것인가가 쟁점이 된다. 이와 관련된 견해로는 혼인관계를 실질적으로 해소하려는 당사자 간 의사합치가 필요하다는 실질적 의사설과 당사자 간 의사합치에 따른 이혼신고에 초점을 둔 형식적 의사설이 주류를 이룬다.

민법은 형식적 의사설에 무게를 두고 있다. 이혼을 초래한 원인과 동기가 무엇이든지 상관없이 부부가 자유로운 의사로써 서로 이혼하겠다는 의사의 합치만 있으면 된다. 당사자 간 이혼하겠다는 의사의 합치만 있으면 언제든지 소정의 서류를 구비하여 남편의 본적지 또는 현 주소지를 관할하는 가정법원(가정법원이 없는 곳에서는 지방법원)의 법관 앞에 부부가 함께 출두하여, 이혼의사의 합치가 이루어졌다는 확인을 받은 후 3개월 이내에 남편의 본적지 또는 현 주소지의 시·구·읍·면사무소에 신고함으로써 성립되는 이혼방법을 채택하고 있기 때문이다(민법 제834조 및 제836조, 호적법 제79조의 2 등).

대법원도 대체로 형식적 의사설을 따르고 있는 것으로 보인다. 최근 대법원은 이혼한 부부는 개별세대로 보아야 한다며 세금회피목적 위장이혼이 의심스럽다는 이유만으로 법률상 하자가 없는 협의이혼을 무시하고 부동산 양도소득세를 부과할 수 없다고 결정하였다. 과세당국으로서는 이혼이 무효라는 점을 입증하지 못하면 이혼으로 개별세대가 된 부부를 임의로 동일한 세대로 판단해 양도소득세를 과세할 수 없다고 판시하였다(대법원 2016두35083, 2017. 9. 7.).

해당 사건의 판결 경우도 형식적 의사설에 입각하여 판단한 것으로 보인다. 앞서 사실관계에서 언급한 바와 같이 양 당사자들은 법률적 이혼을 한 이후에도 사실혼 관계를 유지하고 있었음에도 불구하고 대법원은 이를 가장이혼이 아니라고 보았다. 그러므로 해당 판결은 가장이혼이 아니라는 전제하에서 예외적으로 증여세를 과세할 만한 사정이 있는지 여부에 대하여 원심의 심리가 미진하다고 보고 있는 것이다.

해당 판결에 따르면, 형식적 이혼신고를 전제로 재산분할을 한 경우 그 실질이 이혼을 이용한 조세회피 사례로 의심이 된다 하더라도 과세관청에서 이를 입증할 수 없다면 증여세를 과세하기가 어렵다는 결론에 이른다.

## (5) 정치자금의 수수 및 반환

정치자금법에 따라 정당(같은 법에 따른 후원회 및 선거관리위원회를 포함한다)에 기부한 정치자금에 대해서는 상속세 또는 증여세를 부과하지 아니한다(조특법 제76조 제2항). 그러나 정치자금법상 정치자금 외의 정치자금에 대해서는 정당법에 따른 정당에 유증 등을 한 재산의 상속세 비과세(상증법 제12조 제4호), 정당법에 따른 정당이 증여받은 재산의 가액의 증여세 비과세(상증법 제46조 제3호) 및 다른 세법의 규정에도 불구하고 그 기부받은 자가 상속받거나 증여받은 것으로 보아 상속세 또는 증여세를 부과한다(조특법 제76조 제3항).

정치자금법 및 정당법 등 관련 법률이 정하는 바에 따라 기부받는 정치자금은 증여세를 부과하지 않으나 그러한 법률에 정하는 바에 따르지 않은 정치자금 등의 수수에 대해서는 상속세 또는 증여세를 부과하는 것이다.

만약 정당이나 정치인 등이 불법정치자금임을 인지하고 당해 자금을 증여자에게 반환한 경우에 증여세 문제는 어떻게 될까?

현금을 증여한 당사자에게 반환하는 경우 증여세가 부과됨은 앞서 설명한 바와 같다(상증법 제4조 제4항). 그렇다면 불법정치자금을 현금으로 기부하였다가 되돌려 받았다면 당초 기부된 현금은 물론이거니와 되돌려 받은 현금 역시 증여세가 과세된다고 보아야 할 것이다. 불법정치자금의 경우 별개로 처리되어야 할 합리적인 이유도 없을뿐더러 관련 법규정도 별도로 없기 때문이다.

참고로, 조세특례제한법 제76조 제3항의 규정에 불구하고 정치자금법상의 정치자금 외 정치자금을 수수한 경우 불법정치자금이라는 것을 안 날로부터 30일 이내에 반환하는 경우 증여세 과세대상이 아니라는 과세관청의 해석이 있다(국세청 법규과-374, 2010. 2. 19.). 이는 정치자금의 성격상 정치자금을 받은 시점에 불법정치자금인지 여부를 확인하기 어렵다는 점을 고려한 해석으로 보인다. 하지만 불법정치자금인지 여부에 대한 검찰의 수사가 시작된 이후 반환한 경우라면 당해 자금을 수수한 날로부터 3개월 이내 그리고 불법정치자금임을 안 날로부터 30일 이내에 돌려준 경우라 하더라도 증여세가 과세된다고 새긴다(대법원 2013두6411, 2013. 4. 30.).

### (6) '자식연금'의 증여세 과세 여부

부모가 자녀에게 부동산(아파트)을 팔고, 매매대금을 장기간에 걸쳐 생활비조로 지급받은 경우 증여로 볼 수 있는지가 문제된다. 이에 대해 대법원은 증여가 아닌 매매로 보는 것이 타당하기 때문에 증여세가 면제된다는 판결[10]을 내렸다. 이 사안은 언론에 대서특필되었고, 다양한 경제거래가 존재하는 현실에서 세금문제의 중요성을 부각시키고 있다.

해당 사건의 사실관계는 다음과 같다.

보험설계사인 원고는 2010. 6월경 어머니로부터 1억 6천만 원 상당의 아파트를 물려받았다. 그는 세무서에서 증여세 2,166만 원을 부과받자 조세심판원에 심판청구를 하였다. 그는 어머니에게 2002년부터 10여 년간 매달 120만 원씩 생활비를 보내고 있고, 어머니의 아파트 담보채무 6,200만 원도 대신 갚는 등 대가를 지급한 매매계약이라고 주장하였다.

조세심판원은 원고의 매매계약 주장은 받아들이지 않았고, 대신 아파트 담보채무를 변제한 부분만 인정하여 증여세 922만 원으로 조정하였다. 원고는 다시 법원에 소송을 제기하였고, 1심과 2심은 "원고의 거래가 아무 대가관계가 없는 단순증여라기보다 소유주택을 담보로 맡기고 평생 연금방식으로 매월 노후 생활자금을 지급받는 주택연금과 비슷하다고 볼 수 있다"면서 증여세 전부에 대한 취소판결을 내렸다. 대법원도 원심[11]의 판결을 받아들여 승소가 확정되었다.

이 판결은 부모가 생활비를 받는 대가로 아파트를 물려줄 때 증여세 면제 사유가 된다는

---

10) 대법원 2014두9752, 2014. 10. 15.

11) 이 사건의 원심인 서울고등법원은, "① 원고의 부모는 별다른 수입이 없는데다가 위 아파트 외에 다른 재산이 없는 상태여서 다액의 채무를 변제할 자력이 없었고, 이로 인해 원고가 여러 차례 부모의 채무를 대신 변제한 것으로 보이는 점 ② 원고는 모친에게 매월 120만 원씩 지급하였는데, 원고가 출가한 딸이고 남편과 자녀 3명을 두고 있는 상태이며 상당한 정도의 수입도 있었던 반면, 다액의 채무도 부담하고 있었던 사정 등 원고의 가족관계, 수입, 재산상태 등을 감안하면 이러한 금원의 지급을 단지 부모에 대한 부양의무의 이행에 불과하다고 보기 어려운 점 ③ 위 아파트는 원고 부모의 유일한 재산으로 보이는데, 모친이 위 아파트를 두 아들이 아니라 출가한 딸인 원고에게 무상으로 이전할 특별한 이유를 찾기 어려운 점 등을 종합하여 보면, 원고가 위 아파트를 모친으로부터 증여받은 것으로 보기 어렵고, 오히려 비록 양도인이 모친이지만 취득 전후를 통하여 정당한 대가를 지급하고 매수한 것이거나 적어도 부담부증여로 취득한 것으로 봄이 상당하다고 할 것"이라고 판시하였다.

의미를 담고 있다는 점에서 의미가 있다 하겠다.

이른바 '자식연금', '주택연금' 등의 거래의 경우 그 형식이 다양할 것이므로, 본 사안에서의 법원의 판단이 "거래당사자인 부모와 자녀의 수입이나 재산상태, 자녀가 부모로부터 부동산을 이전받은 이후 부모에게 그 대가로 지급한 금원의 정도 등 관련된 정황을 종합하여 자녀가 부모에게 지급하는 전체적인 대가의 합계액이 이전받은 부동산의 대가에 상당하는 금액이라고 하면 증여가 아니라 일반적인 매매거래로 볼 수 있다"고 한 것이므로, 이와 다른 내용이라면 증여로 볼 여지도 충분히 내재되어 있다 할 것이다.

따라서 거래관계를 종합적으로 판단하는 법원의 입장을 고려할 때, 이 사례와 비슷한 거래라 하더라도 내용에 따라 판단이 달라질 수 있다는 점을 유의할 필요가 있다.

## 제3절 증여세 납부의무

### 1 개 요

수증자는 증여재산에 대하여 증여세를 납부할 의무가 있다(상증법 제4조의 2 제1항). 증여세의 납세의무는 원칙적으로 재산을 증여받은 수증자이며 수증자를 거주자, 비거주자, 비영리법인, 법인격 없는 단체 등으로 구분하여 납세의무의 범위를 정하고 있다.

상증법 제4조의 2에서 규정하는 증여세 납부의무의 범위를 정리하면 다음과 같다.

| 증여세 납부의무 |

| 수증자 | 과세대상 |
|---|---|
| • 거주자<br>• 국내 비영리법인 | 제4조(증여세 과세대상)에 따라 증여세 과세대상이 되는 모든 증여재산 |
| • 비거주자<br>• 국외 비영리법인 | (2017. 1. 1. 이후)<br>제4조(증여세 과세대상)에 따라 증여세 과세대상이 되는 국내에 있는 모든 증여재산<br><br>(2013. 1. 1.부터 2016. 12. 31.까지)<br>제4조(증여세 과세대상)에 따라 증여세 과세대상이 되는 국내에 있는 모든 증여재산과 거주자로부터 증여받은 국외 예금이나 국외 적금 등 대통령령으로 정하는 재산 |

## 2 유형별 납부의무의 구분

### (1) 거주자와 비거주자

증여받을 당시 수증자가 거주자인 경우에는 국내외에 소재한 모든 증여받은 재산에 대하여 증여세를 납부할 의무가 있다. 거주자의 경우 증여재산공제를 받을 수 있으며 영농자녀가 증여받는 농지등에 대한 증여세의 감면(조특법 제71조), 창업자금에 대한 증여세 과세특례(조특법 제30조의 5) 및 가업의 승계에 대한 증여세 과세특례(조특법 제30조의 6) 혜택을 받을 수 있다.

반면에 수증자가 증여일 현재 비거주자인 경우, 2016. 12. 31.까지는 국내에 있는 모든 수증재산과 거주자로부터 증여받은 국외 예금이나 국외 적금 등 다음과 같은 수증재산에 대해서 증여세를 납부할 의무를 진다(구 상증법 제2조 제1항 제2호, 구 상증령 제2조 제3항).

① 거주자로부터 증여받은 국외 예금이나 국외 적금 등 금융거래(「금융실명거래 및 비밀보장에 관한 법률」 제2조 제3호에 따른 금융거래 및 이와 유사한 거래를 포함한다)를 위하여 해외금융회사에 개설한 계좌에 보유한 재산

② 거주자로부터 증여받은 외국법인(증여재산 취득일 현재 자산총액 중 국내 소재 자산 가액의 합계액이 차지하는 비율이 100분의 50 이상인 법인을 말한다)의 주식 또는 출자지분

위 규정은 2013. 1. 1.부터 증여받는 분부터 적용한다. 거주자 등이 국내원천이 있는 재산을 해외로 유출한 후 변칙적인 방법으로 비거주자에게 증여하는 것을 방지하기 위하여 비거주자에 대한 증여세 과세범위를 확장하였다.

그러나 2016. 12. 20. 상증법 개정 시 수증자가 비거주자인 경우에는 제4조에 따라 증여세 과세대상이 되는 국내에 있는 모든 증여재산만 증여세 납부의무를 지도록 범위가 조정되었다. 즉, 국외 예금이나 국외 적금 등 국외재산을 상증법에 따른 증여세 과세대상에 제외하여 국조법 제21조(현재는 제35조)에 따라 증여세를 부과하도록 과세방법을 개선함에 따른 것이었다.[12]

한편, 거주자가 비거주자에게 국외에 있는 재산을 증여(증여자의 사망으로 인하여 효력이 발생하는 증여는 제외한다)하는 경우에 증여자는 「국제조세조정에 관한 법률」 제35조에 따라 증여세를 납부할 의무가 있다. 이 경우 2014. 12. 31. 이전 증여분은 해당 재산에

---

12) 상증법 제4조의 2 제1항 제2호와 국조법 제21조 제1항이 2016. 12. 20. 동시에 개정되어 2017. 1. 1. 이후부터 시행되게 되었다.

대하여 상증법이나 외국의 법령에 따라 증여세(이와 같은 성질을 가지는 조세를 포함)가 과세되는 경우(세액을 면제받는 경우도 포함)에는 증여세 부과가 면제되었으나, 2015. 1. 1. 이후 증여분부터는 증여세가 낮은 국가를 이용한 해외 편법증여를 방지하기 위해 국조법 제21조(현재는 제35조)가 개정되었다. 이를 정리하면 다음과 같다.

| 외국에서 증여세를 과세 또는 면제받은 경우 증여세 과세 ⇒ "㉮" 또는 "㉯" |

| 구 분 | 2014. 12. 31. 이전 증여분 | 2015. 1. 1. 이후 증여분 |
|---|---|---|
| ㉮ 수증자가 증여자의 특수관계인[13]이 아닌 경우 | 외국에서 증여세가 과세(면제)되면 국내에서 증여세 납부의무 면제 | 2014. 12. 31. 이전 증여분과 동일 |
| ㉯ 수증자가 증여자의 특수관계인에 해당하는 경우<br>* 2014. 12. 23. 신설 (국조법 제21조 제3항) | 외국에서 증여세가 과세(면제)되면 국내에서 증여세 납부의무 면제 | 증여자가 국내에서 납부하되, 외국에서 납부한 세액을 증여세 산출세액에서 공제(국조법 제21조 제3항, 2014. 12. 23. 신설)<br><br>☞ 증여세 산출세액에서 공제할 외국납부세액의 계산<br><br>* 외국납부세액공제액 : Min(㉠, ㉡)<br>㉠ 외국의 법령에 따라 납부한 증여세액<br><br>㉡ 증여세 산출세액 × $\dfrac{\text{외국법령에 따른 증여세 과세표준}}{\text{상증법에 따른 증여세 과세표준}}$ |

## 1) 거주자와 비거주자의 구분

### 가. 정의

거주자란 국내에 주소를 두거나 183일 이상 거소를 둔 사람을 말하고, 비거주자는 거주자가 아닌 사람을 말한다(상증법 제2조 제8호). 현행 상증법은 주소와 거소, 거주자 판정기준 등에 대하여는 소득세법을 따르도록 하고 있다.

한편, 상증법의 거주자·비거주자 개념에는 소득세법과 달리 비영리법인의 경우도 포함한다. 거주자·비거주자 여부는 대한민국 국민이라는 개념과는 구분되는 것이며 당해 개인의 국적이나 외국영주권의 취득 여부와도 관련이 없다(국업 46017-136, 2001. 3. 1.).[14]

---

13) 국기법 제2조 제20호에 따른 특수관계인
14) 미국 영주권자가 소득세법 제119조 제1호에서 규정하는 이자소득을 수취하는 경우, 당해 소득에 대하여 한·미 조세조약 제13조(이자)에서 규정하는 제한세율을 적용할 수 있는지 여부는 당해 이자소득 수취시점에 소

소득세법상의 거주자·비거주자와 유사한 개념으로서는 조세특례제한법상의 "내국인"과 외국인투자촉진법상의 "외국인·대한민국국민" 등이 있다. 그러나 조세특례제한법상의 내국인이란 소득세법상의 거주자와 법인세법상의 내국법인을 총칭하는 개념(조특법 제2조 제1항)이며, 외국인투자촉진법상의 외국인·대한민국국민은 원칙적으로 당해 개인의 국적 여부에 따라 구분한다.[15] 이는 주된 생활의 근거에 따라 거주자·비거주자를 구분하는 소득세법과 차이가 있다.

### 나. 주소

주소와 거소는 민법상의 개념에 따르며 주소는 이 중 생활의 근거가 되는 곳으로 두 곳 이상 둘 수 있다고 규정(민법 제18조)하고 있다. 소득세법에서도 동 개념을 원용하여 국내에서 생계를 같이하는 가족 및 국내에 소재하는 자산의 유무 등 생활관계의 객관적 사실에 따라 판정한다고 규정(소득령 제2조 제1항)하고 있다.

사람의 사회적 활동은 특정의 토지, 즉 장소를 중심으로 하여서 행하여지는 것이 보통이며, 법률생활의 안정을 위하여서는 일상생활에 있어서 계속되는 법률관계에 관하여 어느 정도의 고정적인 장소적 중심을 정한다는 것이 요청된다. 사람과 장소와의 관계는 법률상 여러 가지의 사항에 관하여 문제가 되고, 그 주요한 것은 본국, 등록기준지, 주민등록지, 현재지, 재산소재지, 법률행위지, 주소, 거소, 사무소 및 영업소 등이 있다. 민법은 모든 사람에게 공통해서 일반적으로 법률상 문제가 되는 주소와 거소에 관하여서만 일반적 규정을 두는데 그치고, 그 밖의 장소에 관하여는 각개의 경우에 개별적으로 규정하고 있다.

주소의 개수에 관하여서 입법례는 단일주의와 복수주의로 나누어진다. 오늘날 생활관계의 다양성과 복잡화에 비추어 보면 복수주의가 타당하다. 민법에서는 "주소는 두 곳 이상 있을 수 있다"(민법 제18조 제2항)는 명문의 규정을 두어 복수주의를 취하고 있다.

### 다. 거소

거소는 주소지 외의 장소 중 상당기간에 걸쳐 거주하는 장소로서 주소와 같이 밀접한 일반적 생활관계가 형성되지 아니한 장소를 말한다(소득령 제2조 제2항). 개인에 따라서는 거소만 가지는 자가 있을 수 있고 또한 그 밖에 주소도 가지는 자가 있을 수 있다.

---

득 귀속자가 국내세법상 거주자에 해당하는지 여부에 따라 결정되는 것이다.
또한, 특정인이 국내세법상 거주자에 해당하는지 여부는 가족관계, 자산관계 등 생활관계의 객관적 사실을 소득세법의 관련규정에 근거하여 국적이나 영주권의 소지 여부에 관계없이 판단하는 것이므로 상기 미국영주권자의 과거 출입국자료나 영주권증서, 사회보장청 등록카드 등은 향후 이자소득 수취시점에 당해 소득 수취자가 소득세법상 거주자에 해당하는지 여부에 관한 판단에 참고자료가 될 수 있으나 절대적인 기준이 될 수는 없다.

15) 외국인투자촉진법 제2조 제1항 제1호 및 제2호

183일 이상 거소를 두었는지 여부 판단 시 거주기간 계산은 소득세법 시행령 제4조 제1항 및 제2항의 규정에 의하므로, 같은 조 제3항의 규정인 '국내에 거소를 둔 기간이 2 과세기간에 걸쳐 183일 이상인 경우에는 국내에 183일 이상 거소를 둔 것으로 본다'는 규정은 상증법에는 적용되지 않는다.

거주기간의 계산 시, 국내에 거소를 둔 기간은 입국하는 날의 다음 날부터 출국하는 날까지로 하며, 국내에 거소를 두고 있던 개인이 출국 후 다시 입국한 경우에 생계를 같이하는 가족의 거주지나 자산소재지 등에 비추어 그 출국목적이 관광·질병의 치료 등으로서 명백하게 일시적인 것으로 인정되는 때에는 그 출국한 기간도 국내에 거소를 둔 기간으로 본다 (소득령 제4조 제1항 및 제2항).

### 라. 주소와 거소의 판정

국내에 거주하는 개인이 다음의 어느 하나에 해당하는 경우에는 국내에 주소를 가진 것으로 본다(소득령 제2조 제3항).

① 계속하여 183일(2015. 2. 3. 개정 전에는 1년) 이상 국내에 거주할 것을 통상 필요로 하는 직업을 가진 때

② 국내에 생계를 같이하는 가족이 있고, 그 직업 및 자산상태에 비추어 계속하여 183일 이상 국내에 거주할 것으로 인정되는 때

국외에 거주 또는 근무하는 자가 외국국적을 가졌거나 외국법령에 의하여 그 외국의 영주권을 얻은 자로서 국내에 생계를 같이하는 가족이 없고 그 직업 및 자산상태에 비추어 다시 입국하여 주로 국내에 거주하리라고 인정되지 아니하는 때에는 국내에 주소가 없는 것으로 본다(소득령 제2조 제4항).

외국을 항행하는 선박 또는 항공기의 승무원의 경우 그 승무원과 생계를 같이하는 가족이 거주하는 장소 또는 그 승무원이 근무기간 외의 기간 중 통상 체재하는 장소가 국내에 있는 때에는 당해 승무원의 주소는 국내에 있는 것으로 보고, 그 장소가 국외에 있는 때에는 당해 승무원의 주소가 국외에 있는 것으로 본다(소득령 제2조 제5항).

### 2) 거주자로 보는 경우

거주자나 내국법인의 국외사업장 또는 해외현지법인(내국법인이 발행주식총수 또는 출자지분의 100분의 100을 직접 또는 간접 출자한 경우에 한정) 등에 파견된 임원 또는 직원이나 국외에서 근무하는 공무원은 거주자로 본다(소득령 제3조). 하지만 단순히 해외파견이라는 사실만으로 무제한 동 규정이 적용되는 것은 아니며 생활의 근거가 국내에 있고 파견

기간의 종료 후 다시 국내에 재입국할 것으로 인정되는 경우라야 거주자에 해당되고 그러하지 아니한 경우에는 비거주자로 보아야 할 것이다.[16]

비거주자가 국내에 영주를 목적으로 귀국하여 국내에서 사망한 경우에는 상증법 제2조 제8호에 따른 거주자로 본다(상증령 제2조 제2항).

### 3) 비거주자로 보는 경우

주한외교관 등의 경우는 국내에 주소유무 등에 관계없이 그 신분에 따라 비거주자로 구분된다. 주한외교관과 그 세대를 구성하는 가족은 외교관계에 관한 비엔나협약 제34조 및 제37조의 규정에 따라 당해 접수국에 원천을 둔 개인소득에 대한 조세 등에 한하여 과세하므로 그 거주기간에 불구하고 비거주자로 구분된다(서면2팀-2517, 2006. 12. 8.).[17]

## (2) 영리법인과 비영리법인

영리법인은 각 사업연도의 소득금액에 대하여 법인세를 납부한다. 영리법인이 타인으로부터 재산을 증여받거나 기타 경제적 이익을 얻게 되면 당해 소득은 영리법인의 자산수증이익으로 각 사업연도 소득금액에 포함되어 법인세가 과세된다. 따라서 법인세가 과세된 재산에 대하여 증여세를 과세하게 되면 하나의 과세물건에 대하여 이중으로 과세하는 결과가 되므로 증여세를 면제하는 것이다.

비영리법인이 재산을 증여받는 경우에는 증여세 납세의무가 있다. 원칙적으로 비영리법인은 수익사업에 대해서만 법인세를 부담하므로 수익사업과 관련되지 아니한 증여재산에 대해서는 증여세 납세의무가 있는 것이다. 따라서 수익사업과 관련하여 증여받은 재산에 대하여 법인세가 부과(비과세·감면 포함)되는 때에는 증여세가 부과되지 않는다.

다만, 비영리법인이라 할지라도 공익법인 등에 해당하는 경우에는 공익법인 등이 출연받은 재산에 대해서는 증여세 과세가액에 산입하고 있지 않으며 사후관리를 통해 관리를 하고 있다. 이에 대해서는 후술한다.

---

16) 소득세법 기본통칙 1-3…1(국외사업장 등에 파견된 임원 또는 직원의 거주자·비거주자 판정)
　① 거주자 또는 내국법인의 국외사업장 또는 해외현지법인(100% 출자법인)에 파견된 임원 또는 직원이 생계를 같이하는 가족이나 자산상태로 보아 파견기간의 종료 후 재입국할 것으로 인정되는 때에는 파견기간이나 외국의 국적 또는 영주권의 취득과는 관계없이 거주자로 본다.
　② 제1항의 규정에 준하여 국내에 생활의 근거가 있는 자가 국외에서 거주자 또는 내국법인의 임원 또는 직원이 되는 경우에는 국내에서 파견된 것으로 본다.
17) 「외교관계에 관한 비엔나 협약」 제34조 및 제37조의 규정에 의하여 주한 외교관의 세대를 구성하는 그의 가족은 국내원천소득에 대하여 우리나라에 납세의무가 있는 것이며, 소득세법 기본통칙 1-3(외교관 등 신분에 의한 비거주자)의 규정에 의하여 주한외교관의 세대를 구성하는 가족으로 대한민국국민이 아닌 자는 비거주자로 보는 것이다.

## (3) 법인격이 없는 사단·재단 또는 그 밖의 단체

법인격 없는 사단, 재단 또는 그 밖의 단체인 경우에는 국세기본법 제13조 제4항에 따른 법인으로 보는 단체에 해당하는 경우 비영리법인으로 보며 그 외의 경우는 거주자 또는 비거주자로 보아 상증법을 적용한다(상증법 제4조의 2 제8항).

## (4) 명의신탁재산의 증여세 납세의무자

증여세의 납세의무자 규정(상증법 제4조의 2 제1항)에도 불구하고 상증법 제45조의 2에 따라 재산을 증여한 것으로 보는 경우(명의자가 영리법인인 경우를 포함한다)에는 실제소유자가 해당 재산에 대하여 증여세를 납부할 의무가 있다(상증법 제4조의 2 제2항). 2018. 12. 31. 상증법 개정으로 명의신탁재산의 증여세 납세의무자를 명의자에서 실소유자로 변경하였다.

이러한 개정으로, 명의신탁재산에 대하여 물적납세의무를 부과하는 규정을 신설하였다.[18] 즉, 실제소유자가 상증법 제45조의 2에 따른 증여세·가산금 또는 강제징수비를 체납한 경우에 그 실제소유자의 다른 재산에 대하여 강제징수를 하여도 징수할 금액에 미치지 못하는 경우에는 「국세징수법」에서 정하는 바에 따라 상증법 제45조의 2에 따라 명의자에게 증여한 것으로 보는 재산으로써 납세의무자인 실제소유자의 증여세·가산금 또는 강제징수비를 징수할 수 있다(상증법 제4조의 2 제9항).

## 3 증여세 납부의무의 면제

상증법 제35조부터 제37조까지 또는 제41조의 4에 해당하는 경우로서 '수증자가 증여세를 납부할 능력이 없다고 인정되는 경우로서 강제징수를 하여도 증여세에 대한 조세채권을 확보하기 곤란한 경우'에는 그에 상당하는 증여세의 전부 또는 일부를 면제한다(상증법 제4조의 2 제5항). '수증자가 증여세를 납부할 능력이 없다고 인정될 때'에 해당하는지의 판단 시점은 증여세 납세의무의 성립 시점, 즉 그와 같은 증여가 이루어지기 직전을 기준으로 판단하여야 한다.[19]

---

18) 권리의 이전이나 그 행사에 등기 등이 필요한 재산의 실제소유자와 명의자가 다른 명의신탁재산에 대하여 종전에는 명의자에게 과세하고 실제소유자에게는 연대납세의무만 부여하였으나, 조세회피목적으로 명의신탁을 활용하는 주체는 실제소유자라는 점을 감안하여 앞으로는 납세의무자를 실제소유자로 변경함에 따라 명의신탁재산에 대한 물적 납세의무를 명의자에게 증여한 것으로 보는 재산으로도 증여세·가산금 또는 강제징수비를 징수할 수 있도록 신설한 것이다.

19) 구 상속세 및 증여세법(2011. 12. 31. 법률 제11130호로 개정되기 전의 것) 제4조 제3항(이하 "법률조항"이라 한다)은 수증자가 소극적으로 채무면제를 받는 것에 그치거나(제36조), 저가·고가양도에 따른 시가와 실제 대가와의 차액(제35조) 또는 부동산이나 금전을 무상으로 사용하거나 대출받음에 따른 이익 상당액(제37조,

납부의무 면제규정은 수증자가 재산을 증여받은 경우에도 증여받은 재산 혹은 금전적 이익을 이미 소비하였거나 관리소홀 등의 사유로 증여세를 납부할 능력이 없어 조세채권의 확보가 어려운 상황이 발생할 수 있다. 수증자가 증여세를 납부할 능력이 없음에도 불구하고 증여세 부과 후 강제징수를 통하여 결손처분의 절차를 밟게 되는 등 불필요한 행정낭비의 문제가 있어 2004년에 증여세를 면제하도록 개정하였다(구 상증법 제4조 제3항).[20]

다음 유형의 경우 증여세의 전부 또는 일부를 면제한다.
① 저가 양수 또는 고가 양도에 따른 이익의 증여(상증법 제35조)
② 채무면제 등에 따른 증여(상증법 제36조)
③ 부동산무상사용에 따른 이익의 증여(상증법 제37조)
④ 금전무상대출 등에 따른 이익의 증여(상증법 제41조의 4)

위에서 언급한 증여유형의 경우 증여자의 연대납부의무도 면제한다(상증법 제4조의 2 제6항 단서).

## 4  증여세 납세의무의 확장

### (1) 개요

2인 이상의 자연인이 하나의 동일한 납세의무를 연대하여 부담하는 경우 그 복수의 자를 연대납세의무자라고 한다.[21] 연대납세의무에 대해서는 민법의 연대채무에 관한 규정이 대부분 준용된다.[22] 민법상 연대채무란 수인의 채무자가 동일한 내용의 급부에 관하여 각각

---

제41조의 4) 등을 얻은 경우에까지 적극재산을 증여받은 경우와 동일하게 증여세를 과세하는 것은 지나치게 가혹하다는 고려에서 예외적으로 그와 같은 경우에 증여세를 납부할 능력이 없는 수증자에 대하여는 증여세 납세의무를 부담하지 아니하도록 한 규정이다. 증여세 납세의무의 부담 여부에 관한 규정에서 정한 요건이 충족되는지는 이를 사후적 요건으로 볼 특별한 사정이 없는 이상 원칙적으로 증여세 납세의무의 성립 시점을 기준으로 판단하여야 하는 점, 법률조항은 '수증자가 증여세를 납부할 능력이 없다고 인정될 때'에 해당하는지의 판단 시점에 관하여 따로 정하지 아니하고 있는데 만일 증여세 납세의무의 성립 이후 과세관청의 부과처분 등 집행 시점을 기준으로 이를 판단하게 되면 결국 증여세 납세의무의 부담 여부가 과세관청의 임의에 따라 좌우될 우려가 있어 부당한 점 등에 비추어 보면, 법률조항에서 정한 '수증자가 증여세를 납부할 능력이 없다고 인정될 때'에 해당하는지는 문제되는 증여세 납세의무의 성립 시점, 즉 그와 같은 증여가 이루어지기 직전을 기준으로 판단하여야 하고, 그 시점에 이미 수증자가 채무초과 상태에 있었다면 채무초과액의 한도에서 증여세를 납부할 능력이 없는 때에 해당한다(대법원 2014두43516, 2016. 7. 14.). 한편, 본 사건의 원심에서는 '수증자가 증여세를 납부할 능력이 없다고 인정될 때'에 해당하는지 여부는 과세관청의 증여세 부과처분 시점을 기준으로 판단하였다.
20) 2015. 12. 15. 개정 전의 규정은 제4조 제3항이다. 국세청, 「개정세법 해설」, 2004., 191면
21) 최명근, 「세법학총론」, 2006, 220면
22) 국세기본법 제25조의 2(연대납세의무에 관한 「민법」의 준용) 이 법 또는 세법에 따라 국세 및 강제징수비를

독립하여 전부의 급부를 하여야 할 채무를 부담하고 그 가운데 한 사람의 채무자가 전부의 급부를 하면 모든 채무자의 채무가 소멸하는 다수당사자의 채무를 말한다. 다시 말하면, 채권자가 수인의 채무자 중 그 어느 채무자에 대하여 또는 동시나 순차로 모든 채무자에 대하여 채무의 전부나 일부의 이행을 청구할 수 있는 채무를 말한다(민법 제414조). 이 경우에 수인의 채무자는 채무 전부를 각자 이행할 의무를 지고 그 가운데 한 사람의 채무자가 채무의 전부를 이행하면 다른 채무자의 채무는 소멸하게 된다(민법 제413조).

## (2) 민법 준용에 따른 해석[23]

어느 연대채무자에 대한 이행청구는 다른 연대채무자에게도 효력이 있다. 이를 이행청구의 절대적 효력이라 한다(민법 제416조). 이를 세법에 적용하면, 연대납세의무자 1인에 대한 고지 또는 독촉은 다른 연대납세의무자에 대하여도 그 효력이 발생한다. 따라서 과세관청은 연대납세의무자 1인에 대하여 고지 또는 독촉을 하여도 되고 그 전원에 대하여 동시 또는 순차적으로 고지 또는 독촉을 하여도 된다. 다만, 국세기본법 제8조 제2항 단서조항에서 납세의 고지와 독촉에 관한 서류는 연대납세의무자 모두에게 각각 송달하여야 한다고 규정하고 있다. 또한 국세징수법 기본통칙 9-0…1(연대납세의무자 등에 대한 납세의 고지)에서는 국세기본법 제25조(연대납세의무)와 상증법 제3조의 2(상속세납부의무) 및 제4조의 2(증여세납부의무)에 따라 연대납세의무를 지는 자에게 납세고지를 하는 경우에는 연대납세의무자 전원을 고지서에 기재하여야 하며, 각자에게 모두 고지서를 발부하여야 한다고 규정하고 있다.[24]

연대납세의무자 1인에 대하여 소멸시효가 완성되거나 그 1인에 대하여 납세의무를 면제

연대하여 납부할 의무에 관하여는 「민법」 제413조부터 제416조까지, 제419조, 제421조, 제423조 및 제425조부터 제427조까지의 규정을 준용한다.
23) 최명근, 앞의 책, 222~223면
24) 연대납세의무자에 대한 서류 송달의 특칙을 규정하고 있는 국세기본법 제8조 제2항은, 국세기본법 또는 세법에서 연대납세의무를 지도록 규정하고 있는 경우는 납세의무자 상호 간에 공유자, 공동사업자, 공동상속인 등과 같이 특별히 긴밀한 관계가 있는 경우이기 때문에 그중 1인에 대하여 서류를 송달하면 나머지 연대납세의무자에게도 그 내용이 통지될 수 있다는 것을 전제로 하여, 원칙적으로 대표자를 명의인으로 하여 송달하고 대표자가 없는 때에는 연대납세의무자 중 특정한 1인을 명의인으로 하여 송달하면 이로써 다른 연대납세의무자에게도 송달된 효력이 발생하는 것으로 하고, 다만 과세표준과 세액의 확정 및 징수에 관계되는 납세의 고지나 강제징수에 관계되는 독촉에 관한 서류는 연대납세의무자 모두에게 각각 송달하도록 규정함으로써 세무행정의 능률과의 조화를 기하고 있는 것이라 할 것이므로, 국세기본법 또는 세법에 규정하는 서류로서 납세의 고지 및 독촉에 관한 서류 이외의 서류가 연대납부의무자 중 1인을 명의인으로 하여 송달된 경우에는, 특별한 사정으로 인하여 송달받은 연대납세의무자로부터 그 내용을 통지받을 수 없었음을 주장·입증하는 연대납세의무자를 제외하고는, 나머지 연대납세의무자에 대하여도 그 송달의 효력이 미친다고 해석함이 상당하다(대법원 99두7135, 2002. 3. 15.).

한 때에는 그 자의 부담부분에 한하여 그 범위 내에서 다른 연대납세의무자의 납세의무가 소멸 또는 면제된다(민법 제419조 및 제421조). 연대납세의무자 중 1인이 납세의무의 전부 또는 일부를 이행한 경우에는 다른 연대납세의무자의 납세의무도 그 이행한 한도만큼 소멸한다. 이 경우 납세의무를 이행한 연대납세의무자는 자기 부담분을 초과한 금액에 대하여 다른 연대납세의무자에게 구상권을 행사할 수 있다(민법 제425조 및 제427조).

### (3) 상증법상 증여세 연대납부의무

#### 1) 개요

증여세의 납부의무자는 수증자이다. 하지만 수증자로부터 조세채권 확보가 곤란하거나 수증자가 비거주자 등에 해당하면 수증자가 부담하는 증여세에 대해 증여자도 연대납부의무를 진다(상증법 제4조의 2 제6항).

① 수증자의 주소 또는 거소가 분명하지 아니한 경우로서 증여세에 대한 조세채권을 확보하기 곤란한 경우
② 수증자가 증여세를 납부할 능력이 없다고 인정되는 경우로서 강제징수를 하여도 증여세에 대한 조세채권을 확보하기가 곤란한 경우
③ 수증자가 비거주자인 경우

#### 2) 명의신탁자가 부담하는 연대납세의무의 범위

위에서 살펴본 바와 같이 2018. 12. 31. 상증법 개정으로 명의신탁재산에 대한 증여세 납세의무자가 명의자에서 실소유자로 변경되었다.

그러므로 아래에서 살펴볼 내용은, 2018. 12. 31. 이전 증여의제된 명의신탁재산에 한하여 적용할 수 있을 것이다.

명의수탁자의 증여세 납세의무에 대하여 명의신탁자가 연대납세의무를 진다는 것에 대하여는 법령해석상 이견이 없다. 만약 명의수탁자의 상속인이 상속재산을 한정승인(피상속인의 부채범위까지로 상속재산을 한정상속함)한 경우, 명의신탁자의 연대납세의무는 그 한정승인된 범위까지만 미치는 것인지 아니면 당초 명의신탁한 재산 전체에 대하여 미치는 것인지에 대해서는 법령의 해석이 명확하지 않다.

이에 대하여 대법원은 명의신탁자는 명의수탁자의 상속인이 한정승인을 하더라도 이와 관계없이 당초 증여세 전액에 대하여 납세의무를 진다고 결정하였다(대법원 2015두50290, 2017. 7. 18.).

구 국세기본법(2007. 12. 31. 법률 제8830호로 개정되기 전의 것) 제25조의 2는 '이 법 또

는 세법에 의하여 국세·가산금과 강제징수비를 연대하여 납부할 의무에 관하여는 민법 제413조 내지 제416조, 제419조, 제421조, 제423조 및 제425조 내지 제427조의 규정을 준용한다'고 규정하고 있고, 위와 같이 준용되는 민법 제423조 등은 이행청구(제416조), 채무면제(제419조), 소멸시효의 완성(제421조) 이외에는 어느 연대채무자에 관한 사항이 다른 연대채무자에게 효력이 없다고 규정하고 있으며, 구 국세기본법 제3조에서는 개별 세법이 연대납세의무에 대한 특례규정을 두고 있지 아니한 경우에는 국세기본법이 우선하여 적용된다고 규정하고 있다.

일반적으로 증여세의 납세의무자는 해당 재산을 양수한 수증자이고, 증여자의 증여세 납부의무는 주된 채무인 수증자의 납세의무에 대한 종된 채무이다. 따라서 증여자의 연대납세의무는 주된 납세의무자인 수증자의 납세의무가 확정된 뒤의 연대납부책임으로 보아야 한다(대법원 91누12813, 1992. 2. 25. ; 대법원 94누3698, 1994. 9. 13. 등 참조). 반면, 구 상증법(2010. 1. 1. 법률 제9916호로 개정되기 전의 것) 제45조의 2 제1항이 규정하는 명의신탁재산 증여의제는 조세회피목적의 명의신탁행위를 방지하기 위하여 실질과세원칙의 예외로서 실제소유자로부터 명의자에게 해당 재산이 증여된 것으로 의제하여 증여세를 과세하도록 하는 제도이므로 일반적인 증여세 및 그에 따른 연대납세의무와는 그 성격을 달리한다.

이러한 취지에서 구 상증법은 명의신탁재산 증여의제 규정의 목적과 효과를 부정하는 결과가 초래되는 경우를 방지하고자 2002. 12. 18. 법률 제6780호로 개정되면서부터 일반적인 증여세와 달리 수증자에 대한 조세채권의 확보가 곤란하지 아니하여도 명의신탁자가 증여세 연대납세의무를 부담하도록 하였고, 제4조 제1항 단서에 후단을 신설하여 명의신탁재산 증여의제에 따른 증여세에 있어서는 명의자인 영리법인이 면제받더라도 실제소유자가 해당 증여세를 납부할 의무가 있다는 규정을 두고 있다.

또한, 구 상증세법은 명의신탁자가 증여세 연대납세의무를 부담하는 경우에 대하여 구 국기법 제25조의 2의 특례규정을 두고 있지 않을 뿐만 아니라 관련 규정의 해석에 의하더라도 위 규정의 적용이 배제된다고 볼 수 없다.

그러므로 명의신탁재산 증여의제의 과세요건을 충족하여 명의신탁자의 증여세 연대납세의무가 성립한 이상, 비록 과세처분에 의하여 그러한 납세의무가 확정되기 전이라고 하더라도 민법 제416조, 제419조, 제421조에 해당하는 경우 이외에는 명의수탁자에 관한 사항이 명의신탁자의 증여세 연대납세의무에 영향을 미치지 않는다고 할 것이고, 명의수탁자가 사망하여 그 상속인이 명의수탁자의 증여세 납세의무를 상속재산의 한도에서 승계하였다고 하더라도 달리 볼 것은 아니다.

### 3) 기타 연대납세의무

IMF 체제 이후 정부는 지속적으로 외환자유화 확대정책을 추진해 왔다. 이런 상황에서 수증자가 증여일 현재 비거주자인 경우에는 자칫 조세채권의 일실을 가져올 수 있으므로 이 경우에는 증여자에게 증여세 신고의무와 연대납부의무를 부여하였다. 그리고 명의신탁재산 의 증여의제 규정에 의한 증여세에 대해 명의신탁자에게 명의수탁자와 동일하게 연대납세 의무를 부여한 것은 증여세 회피사례를 방지하기 위한 취지로 규정된 것이다. 증여자가 연대 납부의무자로서 수증자의 증여세를 대신 납부하는 경우에는 연대납부의무자 자신이 납부해 야 할 세금을 납부하는 것이므로 증여세가 과세되지 않는다. 즉, 재차증여로 보지 않는 것이 다. 하지만 연대납부의무 없는 상황에서 증여자가 증여세를 대신 납부하게 되면 새로운 증여 에 해당되어 증여세를 대신 납부할 때마다 증여세가 과세된다(서면4팀-1130, 2007. 4. 6.).

한편, 증여세를 결정 고지할 당시 수증자가 사망하고 수증자의 상속인이 상속받은 재산 이 없거나 상속받은 재산이 납부할 증여세에 미달하는 경우에도 세무서장은 납세의무의 승 계자인 상속인에게 증여세를 결정고지한 후 연대납세의무자인 증여자에게 지정통지를 하 는 것이며, 상속인은 상속받은 재산을 한도로 증여세 납세의무를 승계하는 것이다(재산세과 -121, 2010. 2. 26.).

## (4) 증여세 연대납부의무의 면제

연대납부의무자의 요건을 충족한 경우라 하더라도, 다음의 경우에는 연대납부의무를 지 우지 아니한다. 과세기술상 연대납부의무를 지우는 것이 불합리한 경우이거나 지나친 경우 혹은 자본거래 등이 여기에 해당한다(상증법 제4조의 2 제6항 단서).

1) 현저히 낮은 대가를 주고 재산 또는 이익을 이전받음으로써 발생하는 이익이나 현저 히 높은 대가를 받고 재산 또는 이익을 이전함으로써 발생하는 이익(다만, 특수관계 인이 아닌 자 간의 거래인 경우에는 거래의 관행상 정당한 사유가 없는 경우로 한정) (상증법 제4조 제1항 제2호)

2) 재산 취득 후 해당 재산의 가치가 증가한 경우의 그 이익(다만, 특수관계인이 아닌 자 간의 거래인 경우에는 거래의 관행상 정당한 사유가 없는 경우로 한정) (상증법 제4조 제1항 제3호)

3) 저가양수 또는 고가양도에 따른 이익의 증여(상증법 제35조)

4) 채무면제 등에 따른 증여(상증법 제36조)

5) 부동산 무상사용에 따른 이익의 증여(상증법 제37조)

6) 합병에 따른 이익의 증여(상증법 제38조)

7) 증자에 따른 이익의 증여(상증법 제39조)

8) 감자에 따른 이익의 증여(상증법 제39조의 2)

9) 현물출자에 따른 이익의 증여(상증법 제39조의 3)

10) 전환사채 등의 주식전환 등에 따른 이익의 증여(상증법 제40조)

11) 초과배당에 따른 이익의 증여(상증법 제41조의 2)

12) 주식 등의 상장 등에 따른 이익의 증여(상증법 제41조의 3)

13) 금전무상대출 등에 따른 이익의 증여(상증법 제41조의 4)

14) 합병에 따른 상장 등 이익의 증여(상증법 제41조의 5)

15) 재산사용 및 용역제공 등에 따른 이익의 증여(상증법 제42조)

16) 법인의 조직 변경 등에 따른 이익의 증여(상증법 제42조의 2)

17) 재산 취득 후 재산가치 증가에 따른 이익의 증여(상증법 제42조의 3)

18) 재산 취득자금 등의 증여 추정(상증법 제45조)

19) 특수관계법인과의 거래를 통한 이익의 증여의제(상증법 제45조의 3)

20) 특수관계법인으로부터 제공받은 사업기회로 발생한 이익의 증여의제
   (상증법 제45조의 4)

21) 특정법인과의 거래를 통한 이익의 증여의제(상증법 제45조의 5)

22) 공익법인 등이 출연받은 재산에 대한 과세가액 불산입 등(상증법 제48조)

공익법인 등이 출연받은 재산에 대한 과세가액 불산입 등의 경우, 출연자가 해당 공익법인의 운영에 책임이 없는 경우로서 다음의 요건을 모두 갖추었을 때에는 연대납부의무가 면제된다(상증령 제3조의 3).

① 공익법인 등이 출연받은 재산에 대하여 사후관리에 의한 증여세 또는 가산세 부과사유 발생일부터 소급하여 재산출연일까지의 기간이 10년 이상일 것

② 위 "①"의 기간 중 출연자 또는 그와 특수관계인이 해당 공익법인의 이사 또는 임직원(이사 제외)이 아니었어야 하며, 이사의 선임 등 공익법인의 사업운영에 관한 중요사항을 결정할 권한을 가지지 아니하였을 것

이상을 종합하면, 증여세 과세대상(상증법 제4조 제1호), 신탁이익의 증여(상증법 제33조), 보험금의 증여(상증법 제34조), 배우자 등에게 양도한 재산의 증여추정(상증법 제44조) 유형에 해당하는 경우로서 수증자로부터 증여세를 징수할 수 없는 경우와 수증자가 비거주자인 경우 등에는 증여자에게 연대납부의무를 부여하게 되는 것이다.

제 **4** 절　　**증여재산의 취득시기**

## 1  개 요

　민법상 증여는 당사자 일방이 무상으로 재산을 상대방에 수여하는 의사를 표시하고 상대방이 이를 승낙함으로써 그 효력이 생긴다(민법 제554조). 증여계약 성립일이 증여일(증여재산 취득시점)인 것이다. 민법상 증여는 계약이다. 반드시 서면으로 형식을 갖출 필요는 없으나 서면으로 약정하지 않은 계약은 각 당사자는 이를 해제할 수 있다(민법 제555조).

　증여재산의 취득시기를 언제로 볼 것인가 하는 문제는 상증법상 증여세 부과권 제척기간의 기산, 신고기한, 재산평가의 기준일 및 법령의 적용시점 등과 관련이 있다. 증여세의 납세의무 성립일은 증여에 의하여 재산을 취득하는 때로 규정하고 있다(국기법 제21조 제1항 제3호).

　증여재산의 취득시기(증여일)는 증여재산의 종류에 따라 그 시기를 달리하고 있으며 크게 증여재산의 일반적 취득시기와 특정한 경우, 즉 증여예시, 추정, 의제재산에 대한 취득시기로 구분할 수 있다.

## 2  증여재산의 일반적인 취득시기

　증여재산의 취득시기는 재산을 인도한 날 또는 사실상 사용한 날 등 대통령령으로 정하는 날로 한다(상증법 제32조 및 상증령 제24조). 다만, 증여의 예시규정인 상증법 제33조(신탁이익의 증여)부터 제39조(증자에 따른 이익의 증여)까지, 제39조의 2(감자에 따른 이익의 증여), 제39조의 3(현물출자에 따른 이익의 증여), 제40조(전환사채 등의 주식전환 등에 따른 이익의 증여), 제41조의 2(초과배당에 따른 이익의 증여)부터 제41조의 5(합병에 따른 상장 등 이익의 증여)까지, 제42조(재산사용 및 용역제공 등에 따른 이익의 증여), 제42조의 2(법인의 조직변경 등에 따른 이익의 증여), 증여추정규정인 제44조(배우자 등에게 양도한 재산의 증여추정) 및 제45조(재산 취득자금 등의 증여추정), 증여의제규정인 제45조의 2(명의신탁재산의 증여의제)부터 제45조의 5(특정법인과의 거래를 통한 이익의 증여의제)까지가 적용되는 경우에는 각 규정에서 정하는 바에 따른다. 부동산의 경우는 등기접수일, 현금의 경우 인도받은 날이다(재산-1282, 2009. 6. 26.).

| 증여재산의 취득시기 요약 |

| 재산 구분 | 증여재산의 취득시기 |
|---|---|
| • 권리 이전이나 행사에 등기·등록을 요하는 재산<br>(상증령 §24 ① 1호) | – 권리의 이전이나 그 행사에 등기·등록을 요하는 재산 : 등기·등록접수일<br>– 등기를 요하지 아니하는 부동산의 취득 : 실제로 부동산의 소유권을 취득한 날 |
| • 증여 목적하에 수증인 명의로 완성한 건물<br>• 증여 목적하에 수증인 명의로 분양권을 취득 또는 이를 타인으로부터 전득<br>(상증령 §24 ① 2호) | 다음 ①, ②, ③ 중 빠른 날<br>① 건물의 사용승인서 교부일<br>② 사용승인 전 사실상 사용 또는 임시사용 시 그 사용일 또는 임시사용일<br>③ 무허가 건축물인 경우 그 사실상 사용일 |
| • 타인의 기여에 의한 재산가치 증가<br>(상증령 §24 ① 3호) | ① 개발사업의 시행 : 개발구역으로 지정되어 고시된 날<br>② 형질변경 : 해당 형질변경허가일<br>③ 공유물의 분할 : 공유물 분할 등기일<br>④ 사업의 인가·허가 또는 지하수개발·이용의 허가 등 : 해당 인·허가일<br>⑤ 주식등의 상장 및 비상장주식의 등록, 법인의 합병 : 주식등의 상장일 또는 비상장주식의 등록일, 법인의 합병등기일<br>⑥ 생명보험 또는 손해보험의 보험금 지급 : 보험사고가 발생한 날<br>⑦ 그 외의 경우 : 재산가치증가사유가 발생한 날 |
| • 주식 또는 출자지분<br>(상증령 §24 ②) | – 수증자가 배당금의 지급이나 주주권의 행사등에 의하여 해당 주식등을 인도받은 사실이 객관적으로 확인되는 날<br>– 해당 주식등을 인도받은 날이 불분명하거나 해당 주식등을 인도받기 전에 취득자의 주소와 성명등을 주주명부 또는 사원명부에 기재한 경우 : 그 명의개서일 또는 그 기재일 |
| • 무기명채권<br>(상증령 §24 ③) | – 이자지급 사실 등으로 취득사실이 객관적으로 확인되는 날<br>– 그 취득일이 불분명한 경우에는 이자지급 또는 채권상환을 청구한 날 |
| • 위 외의 자산<br>(상증령 §24 ① 4호) | 인도한 날 또는 사실상의 사용일 |

## (1) 등기·등록을 요하는 재산

토지, 건축물, 구축물, 건설기계, 항공기 등 권리의 이전이나 행사에 등기 또는 등록을 요하는 재산의 증여재산 취득시기는 등기 또는 등록접수일이다. 다만, 민법 제187조에 의하여 등기를 요하지 아니하는 부동산의 취득에 대하여는 실제로 부동산의 소유권을 취득한 날로 한다(상증령 제24조 제1항 제1호). 민법 제187조에서는 상속, 공용징수, 판결, 경매 기타 법률의 규정에 의한 부동산에 관한 물권의 취득은 등기를 요하지 아니한다. 그러나 등기를 하지 아니하면 이를 처분하지 못한다고 규정하고 있다.

그렇다면 소유권이전등기가 되어 있지 않은 건물을 증여받은 경우 언제를 취득시기로 볼 것인가 하는 점이 문제될 수 있다. 유권해석(서면4팀-275, 2005. 2. 21.)에서는 건물을 사실상 인도받은 날을 취득시기로 보고 있다.

참고로 토지거래허가구역 내의 토지를 증여하는 경우 증여재산의 취득시점은 토지거래허가의 부여시점이 아닌 소유권 이전등기 접수일로 판단한 사례가 있다(조심 2009서163, 2009. 3. 18.).

## (2) 증여목적으로 건축 중인 건물 등

건물을 신축하여 증여할 목적으로 수증자의 명의로 건축허가를 받거나 신고를 하여 해당 건물을 완성한 경우 혹은 건물을 증여할 목적으로 수증자의 명의로 해당 건물을 취득할 수 있는 권리("분양권")를 건설사업자로부터 취득하거나 분양권을 타인으로부터 전득한 경우에는 그 건물의 사용승인서 교부일이 증여재산의 취득시기이다. 이 경우 사용승인 전에 사실상 사용하거나 임시사용승인을 얻은 경우에는 그 사실상의 사용일 또는 임시사용승인일로 하고, 건축허가를 받지 아니하거나 신고하지 아니하고 건축하는 건축물에 있어서는 그 사실상의 사용일로 한다(상증령 제24조 제1항 제2호).

## (3) 타인의 기여에 의한 재산가치 증가

증여세 완전포괄주의 과세의 일반원칙에 따라, 타인의 기여에 의한 재산가치 증가 등 경제적 이익을 얻은 경우에는 재산가치의 증가 사유가 발생한 날을 증여재산의 취득시기로 본다(2013. 2. 15. 신설). 이후 타인의 기여에 의한 유형을 상증법에 따라 보다 세분화하고 명확화 하여 2015. 2. 3. 이후 증여분부터 적용하도록 하였다(상증령 제24조 제1항 제3호).

① 개발사업의 시행 : 개발구역으로 지정되어 고시된 날
② 형질변경 : 해당 형질변경 허가일
③ 공유물 분할 : 공유물 분할등기일
④ 사업의 인가·허가 또는 지하수개발·이용의 허가 등 : 해당 인가·허가일
⑤ 주식 등의 상장 및 비상장주식의 등록, 법인의 합병 : 주식 등의 상장일 또는 비상장주식의 등록일, 법인의 합병등기일

⑥ 생명보험 또는 손해보험의 보험금 지급 : 보험사고가 발생한 날
⑦ 위 "①"부터 "⑥"까지의 규정 외의 경우 : 재산가치 증가사유가 발생한 날

## (4) 주식 또는 출자지분

증여받는 재산이 주식 또는 출자지분("주식 등")인 경우에는 수증자가 배당금의 지급이나 주주권의 행사 등에 의하여 해당 주식 등을 인도받은 사실이 객관적으로 확인되는 날에 취득한 것으로 본다. 다만, 해당 주식 등을 인도받은 날이 불분명하거나 해당 주식 등을 인도받기 전에 상법 제337조[25] 또는 같은 법 제557조[26]에 따른 취득자의 주소와 성명 등을 주주명부 또는 사원명부에 기재한 경우에는 그 명의개서일 또는 그 기재일로 한다(상증령 제24조 제2항).

## (5) 무기명 채권

증여받은 재산이 무기명 채권인 경우에는 해당 채권에 대한 이자지급사실 등에 의하여 취득사실이 객관적으로 확인되는 날에 취득한 것으로 본다. 다만, 그 취득일이 불분명한 경우에는 해당 채권에 대하여 취득자가 이자지급을 청구한 날 또는 해당 채권의 상환을 청구한 날로 한다(상증령 제24조 제3항).

통상 무기명 채권의 경우 채권의 점유자는 적법한 소지인으로 추정한다. 따라서 사채원부에 취득자를 기재하는 등의 별도의 대항요건 없이 이를 증여할 수 있어 증여사실과 채권의 사실상 인도일을 확인하는 것이 어려울 수 있다. 그러므로 상증법에서는 무기명 채권을 증여하는 경우 해당 채권에 대한 이자지급사실 등에 의하여 취득사실이 객관적으로 확인되는 날을 취득시기로 보도록 하되, 그 취득일이 불분명한 경우에는 취득자가 이자지급을 청구하거나 채권의 상환을 청구한 날을 취득시기로 한 것이다.

## (6) 그 밖의 재산

위에서 설명한 부분 이외의 재산에 대해서는 당해 재산을 인도한 날 또는 사실상의 사용일을 증여재산의 취득시기로 한다(상증령 제24조 제1항 제4호).

---

25) 주식의 이전은 취득자의 성명과 주소를 주주명부에 기재하지 아니하면 회사에 대항하지 못한다.
26) 지분의 이전은 취득자의 성명, 주소와 그 목적이 되는 출자좌수를 사원명부에 기재하지 아니하면 이로써 회사와 제3자에게 대항하지 못한다.

## 3 기타의 경우 증여재산 취득시기

기타의 개별적인 증여예시규정, 증여추정, 증여의제에 해당하는 증여재산에 대한 취득시기는 각 개별 법령에서 그 시기를 규정하고 있다.

### (1) 증여예시 규정

#### 1) 신탁의 이익을 받을 권리의 증여시기

신탁의 이익을 받을 권리의 증여시기는 원칙적으로 원본 또는 수익이 수익자에게 실제 지급되는 때이다. 예외적으로, ① 수익자로 지정된 자가 그 이익을 받기 전에 위탁자가 사망한 경우에는 위탁자가 사망한 날, ② 신탁계약에 의한 원본 또는 수익지급 약정일까지 원본 또는 수익이 수익자에게 지급되지 아니한 경우에는 해당 원본 또는 수익을 지급하기로 약정한 날, ③ 원본 또는 수익을 여러 차례 나누어 지급하는 경우에는 해당 원본 또는 수익이 최초로 지급된 날로 한다. 다만, 다음 각 목의 어느 하나에 해당하는 경우에는 해당 원본 또는 수익이 실제 지급된 날로 한다(상증령 제25조 제1항).

가. 신탁계약을 체결하는 날에 원본 또는 수익이 확정되지 않은 경우

나. 위탁자가 신탁을 해지할 수 있는 권리, 수익자를 지정하거나 변경할 수 있는 권리, 신탁 종료 후 잔여재산을 귀속받을 권리를 보유하는 등 신탁재산을 실질적으로 지배·통제하는 경우

#### 2) 보험금의 증여시기

생명보험이나 손해보험에서 보험사고(만기보험금 지급의 경우를 포함)가 발생한 경우 해당 보험사고가 발생한 날을 증여일로 하여 보험금 상당액을 보험금 수령인의 증여재산가액으로 한다(상증법 제34조 제1항). 즉, 보험금의 증여는 보험증권 등에 기재된 보험사고가 발생한 때가 되는 것이며 보험사고에는 만기보험금 지급을 포함한다. 보험사고가 발생한 때에 보험금을 수령할 권리가 확정된다는 점을 고려한 규정으로 보인다.

한편, 보험사고가 발생하는 즉시 보험금을 수취하는 경우라면 증여세를 신고·납부하는데에 문제는 없겠지만 통상 보험사고가 발생하면 그 시시비비를 가리는 경우가 많아 증여세 신고·납부 기한 내에 보험금이 지급되기 힘든 현실을 고려하여 실제 보험금 수령일을 기준으로 하거나, 무납부 등에 대한 가산세를 면제하는 것이 합리적일 것이다.

### 3) 재산의 저가양수 또는 고가양도에 따른 이익의 증여시기

재산의 저가양수 또는 고가양도에 따른 이익의 증여시기는 해당 재산의 양수일 또는 양도일을 증여일로 한다. 양수일 또는 양도일은 각각 해당 재산의 대금을 청산한 날을 기준으로 한다. 다만, 소득세법 시행령 제162조 제1항 제1호부터 제3호까지의 규정에 해당하는 경우에는 다음에 따른 날을 말한다.

① 대금을 청산한 날이 분명하지 아니한 경우에는 등기부·등록부 또는 명부 등에 기재된 등기·등록접수일 또는 명의개서일
② 대금을 청산하기 전에 소유권이전등기(등록 및 명의의 개서를 포함한다)를 한 경우에는 등기부·등록부 또는 명부 등에 기재된 등기접수일
③ 장기할부조건의 경우에는 소유권이전등기(등록 및 명의개서를 포함한다) 접수일·인도일 또는 사용수익일 중 빠른 날

한편, 매매계약일부터 대금청산일 전일까지 환율이 100분의 30 이상 변동하는 경우에는 매매계약일을 기준으로 한다(상증법 제35조 제1항, 상증령 제26조 제5항).

### 4) 채무면제 등에 따른 증여시기

채무면제 등에 따른 증여는 이익을 받은 때가 증여일이 된다. 면제 등을 받은 날은 다음의 구분에 따른 날로 한다(상증령 제26조의 2, 2016. 2. 5. 신설).

① 채권자로부터 채무를 면제받은 경우 : 채권자가 면제에 대한 의사표시를 한 날
② 제3자로부터 채무의 인수를 받은 경우 : 제3자와 채권자 간에 채무의 인수계약이 체결된 날

한편, 건축주들이 지급할 건축비상당액을 대표이사가 부담하기로 약정하고 대표이사 가수금과 상계처리한 경우 채무변제이익의 증여시기는 회사장부에 계상한 때로 본다는 해석사례가 있다(서면4팀 – 1388, 2004. 9. 3.).

### 5) 부동산 무상사용에 따른 이익의 증여시기

타인의 부동산을 무상으로 사용함으로 인하여 발생한 이익의 증여시기는 그 부동산의 무상사용을 개시한 날로 한다. 이 경우 당해 부동산에 대한 무상사용기간이 5년을 초과하는 경우에는 그 무상사용을 개시한 날부터 5년이 되는 날의 다음 날에 새로이 해당 부동산의 무상사용을 개시한 것으로 본다(상증령 제27조 제2항 및 상증법 기본통칙 37 – 27…2).[27]

---

27) 상증법 기본통칙 37 – 27…2(부동산 무상사용에 따른 증여재산가액의 계산) 영 제27조 제5항에 따라 부동산

### 6) 합병에 따른 이익의 증여시기

합병에 따른 이익의 증여시기는 합병등기를 한 날로 한다(상증법 제38조 제1항).

### 7) 증자에 따른 이익의 증여

증자에 따른 이익의 증여시기는 주식대금 납입일 등 대통령령으로 정하는 날이다(상증법 제39조 제1항). 법 제39조 제1항 각 호 외의 부분에서 "주식대금 납입일 등 대통령령으로 정하는 날"이란 다음의 구분에 따른 날을 말한다(상증령 제29조 제1항, 2017. 2. 7. 개정).

① 「자본시장과 금융투자업에 관한 법률 시행령」 제176조의 9 제1항에 따른 유가증권시장에 주권이 상장된 법인 또는 대통령령 제24697호 자본시장과 금융투자업에 관한 법률 시행령 일부개정령 부칙 제8조에 따른 코스닥시장에 상장된 주권을 발행한 법인이 해당 법인의 주주에게 신주를 배정하는 경우 : 권리락(權利落)이 있는 날

② 법 제39조 제1항 제3호에 해당하는 경우 : 전환주식을 다른 종류의 주식으로 전환한 날

③ 위 "①" 및 "②" 외의 경우 : 주식대금 납입일(주식대금 납입일 이전에 실권주를 배정받은 자가 신주인수권증서를 교부받은 경우에는 그 교부일)

### 8) 감자에 따른 이익의 증여시기

감자에 따른 증여이익의 증여시기는 주주총회 결의일을 기준으로 한다(상증법 제39조의 2 제1항).

### 9) 현물출자에 따른 이익의 증여시기

현물출자에 따른 이익의 증여시기는 현물출자 납입일로 한다(상증법 제39조의 3 제1항). 상법에서는 신주의 인수인은 납입 또는 현물출자의 이행을 한 때에는 납입기일의 다음 날부터 주주의 권리의무가 있다고 규정하고 있다(상법 제423조 제1항).

### 10) 전환사채 등의 주식전환 등에 따른 이익의 증여시기

전환사채 취득일은 당해 전환사채의 대금을 청산한 날(대금청산일 전에 전환사채를 교부받은 경우에는 그 교부일)을 말한다(상증법 기본통칙 40-30…1).

### 11) 특정법인과의 거래를 통한 이익의 증여시기

상증법에서 특별히 규정하고 있는 바는 없으나 거래유형별로 따져 특정법인과의 거래일

---

무상사용에 따른 이익을 계산함에 있어 당초 증여시기로부터 5년이 경과한 후에도 계속하여 해당 부동산을 무상으로 사용하는 경우에는 5년이 되는 날의 다음 날 새로이 무상사용을 개시한 것으로 보아 다시 5년간의 부동산 무상사용에 따른 이익을 계산하여 증여세를 과세한다(2011. 5. 20. 개정).

또는 증여일을 증여시기로 보아야 할 것이다.[28] 특정법인과의 거래를 통한 이익의 증여규정(제41조)은 2015. 12. 15. 개정 시 삭제되었다.

## 12) 주식 또는 출자지분의 상장 등에 따른 이익의 증여시기

기업의 경영 등에 관하여 공개되지 아니한 정보를 이용할 수 있는 지위에 있다고 인정되는 자(최대주주등)의 특수관계인이 해당 법인의 주식등을 증여받거나 취득한 경우 그 주식등을 증여받거나 취득한 날부터 5년 이내에 그 주식등이 증권시장에 상장됨에 따라 그 가액이 증가한 경우로서 그 주식등을 증여받거나 취득한 자가 당초 증여세 과세가액 또는 취득가액을 초과하여 이익을 얻은 경우에는 그 이익에 상당하는 금액을 그 이익을 얻은 자의 증여재산가액으로 한다(상증법 제41조의 3 제1항).

위 이익은 해당 주식등의 상장일부터 3개월이 되는 날(그 주식등을 보유한 자가 상장일부터 3개월 이내에 사망하거나 그 주식등을 증여 또는 양도한 경우에는 그 사망일, 증여일 또는 양도일을 말한다. 이를 "정산기준일"이라 한다)을 기준으로 계산한다(2015. 12. 15. 개정). 상장일은 증권시장에서 최초로 주식등의 매매거래를 시작한 날로 한다.

전환사채등을 증여받거나 유상으로 취득(발행 법인으로부터 직접 인수·취득하는 경우를 포함)하고 그 전환사채등이 5년 이내에 주식등으로 전환된 경우에는 그 전환사채등을 증여받거나 취득한 때에 그 전환된 주식등을 증여받거나 취득한 것으로 본다. 이 경우 정산기준일까지 주식등으로 전환되지 아니한 경우에는 정산기준일에 주식등으로 전환된 것으로 본다. 한편, 그 전환사채등의 만기일까지 주식등으로 전환되지 아니한 경우에는 정산기준일을 기준으로 과세한 증여세액을 환급한다(2015. 12. 15. 개정).

## 13) 금전무상대출 등에 따른 이익의 증여시기

타인(특수관계인이 아닌 자 간의 거래인 경우에는 거래의 관행상 정당한 사유가 없는 경우에 한정하여 적용)으로부터 1천만 원 이상의 금전을 무상으로 또는 적정 이자율보다 낮은 이자율로 대출받은 경우에는 그 금전을 대출받은 날을 기준으로 계산한다. 이 경우 대출기간이 정해지지 아니한 경우에는 그 대출기간을 1년으로 보고, 대출기간이 1년 이상인 경우에는 1년이 되는 날의 다음 날에 매년 새로 대출받은 것으로 보아 해당 금액을 계산한다. 1천만 원 미만의 금액을 1년 이내에 여러 차례로 나누어 대출받은 경우에는 각각의 대출받은 날을 기준으로 계산한다(상증법 제41조의 4 및 상증령 제31조의 4).

---

28) 국세공무원교육원, 「상속세 및 증여세 실무」, 2015. 3., 333면

### 14) 합병에 따른 상장 등 이익의 증여시기

주주등의 특수관계인이 최대주주등으로부터 주식등을 증여받거나 취득한 날을 말한다.

### 15) 그 밖의 이익의 증여 등

개별 거래 건별로 앞서 살펴본 증여유형에 따라 그 증여시기를 정한다.

## (2) 증여추정

### 1) 배우자 등에게 양도한 재산의 증여추정

배우자 또는 직계존비속에게 양도한 재산은 양도자가 그 재산을 양도한 때에 그 재산의 가액을 양도한 것으로 추정한다(상증법 제44조 제1항). 추정하는 것이므로 납세자가 달리 입증을 하면 증여추정으로 보지 않을 수도 있다. 재산을 양도한 때라 함은 등기 · 등록접수일을 말한다.

### 2) 재산취득자금 등의 증여추정

재산취득자금 등을 증여로 추정하는 경우 그 재산을 취득한 때에 그 재산의 취득자가 증여받은 것으로 추정한다. 채무를 자력으로 상환하였다고 인정하기 어려운 경우 그 채무를 상환한 때를 증여시기로 추정한다(상증법 제45조 제1항 및 제2항).

## (3) 명의신탁 재산의 증여의제 시기

권리의 이전이나 그 행사에 등기등이 필요한 재산(토지와 건물을 제외한다)의 실제소유자와 명의자가 다른 경우에는 실질과세원칙(국기법 제14조)에도 불구하고 그 명의자로 등기등을 한 날(그 재산이 명의개서[29]를 하여야 하는 재산인 경우에는 소유권취득일이 속하는 해의 다음 해 말일의 다음 날을 말한다)에 그 재산의 가액(그 재산이 명의개서를 하여야 하는 재산인 경우에는 소유권취득일을 기준으로 평가한 가액을 말한다)을 명의자가 실제소유자로부터 증여받은 것으로 본다(상증법 제45조의 2 제1항). 즉, 주식등을 다른 자의 명의로 개서한 경우는 그 명의개서일을 말하는 것이며, 주식등을 매매에 의하여 소유권을 취득하였으나 취득자의 명의로 이전하지 않는 경우에는 소유권 취득일이 속하는 해의 다음 해 말일의 다음 날이 증여시기인 것이다.

---

29) "명의개서를 한 날"이라 함은 상법 제337조의 규정에 의하여 취득자의 주소와 성명을 주주명부(자본시장법 제316조에 따른 실질주주명부를 포함한다)에 기재한 때를 말한다(상증법 기본통칙 45의 2-0…3).

상증법 제45조의 2에 따른 증여에 해당하는 재산의 신탁을 해지하여 그 재산의 실제소유자인 위탁자 명의로 환원하는 경우 그 환원하는 것은 증여에 해당하지 아니하나, 실제소유자 외의 자에게 무상으로 명의이전하는 경우에는 그 명의를 이전한 날에 실제소유자가 그 명의를 이전받은 자에게 증여한 것으로 본다(상증법 기본통칙 45의 2 - 0···2).

### (4) 특수관계법인과의 거래를 통한 이익의 증여의제 시기

특수관계법인과의 거래를 통한 이익으로 발생한 증여의제이익의 계산은 수혜법인의 사업연도 단위로 하고, 수혜법인의 해당 사업연도 종료일을 증여시기로 본다(상증법 제45조의 3 제3항). 법인의 과세소득은 과세기간이 끝나는 때에 성립(국기법 제21조)하는 점을 고려하여 수혜법인의 사업연도 말일을 증여시기로 의제한 것이다.

법인의 경우 통상 연단위로 사업연도를 정하고 있으므로 사업연도가 1월 1일 시작한다면 12월 31일을 증여시기로 본다.

### (5) 특수관계법인으로부터 제공받은 사업기회로 발생한 이익의 증여의제 시기

지배주주등의 주식보유비율이 100분의 30 이상인 법인(이하 "수혜법인"이라 한다)이 지배주주와 대통령령으로 정하는 특수관계에 있는 법인(대통령령으로 정하는 중소기업과 그 밖에 대통령령으로 정하는 법인은 제외한다)으로부터 대통령령으로 정하는 방법으로 사업기회를 제공받는 경우에는 그 사업기회를 제공받은 날("사업기회제공일")이 속하는 사업연도("개시사업연도")의 종료일에 그 수혜법인의 지배주주등이 다음 계산식에 따라 계산한 금액("증여의제이익")을 증여받은 것으로 본다(상증법 제45조의 4 제1항).

### (6) 특정법인과의 거래를 통한 이익의 증여의제 시기

특정법인의 주주등과 특수관계에 있는 자가 그 특정법인과 재산이나 용역을 무상으로 제공하는 등의 거래를 하는 경우에는 거래를 한 날을 증여일(증여시기)로 하여 그 특정법인의 이익에 특정법인의 주주등의 주식보유비율을 곱하여 계산한 금액을 그 특정법인의 주주등이 증여받은 것으로 본다(상증법 제45조의 5 제1항).

## 제5절  과세관할

### 1  개 요

증여세는 정부부과 과세제도를 채택하고 있다. 과세관청의 부과처분에 의하여 납부할 세액을 확정하는 과세방식이다. 납세의무자가 과세표준신고서를 납세지를 관할하는 세무서장에게 제출하면 과세관청(세무서장)이 확정하는 것이다. 과세표준신고서는 신고 당시 해당 국세의 납세지를 관할하는 세무서장에게 제출하여야 한다. 다만, 전자신고를 하는 경우에는 지방국세청장이나 국세청장에게 제출할 수 있다(국기법 제43조 제1항).

납세지 관할 세무서장 이외의 세무서장에게 제출된 경우에도 당해 신고의 효력에는 영향이 없다(국기법 제43조 제2항).

### 2  증여세의 관할

#### (1) 신고 과세관할

**1) 수증자의 주소지**

증여세는 원칙적으로 수증자의 주소지(주소지가 없거나 분명하지 않은 경우에는 거소지를 말한다)를 관할하는 세무서장 등이 과세한다. 다만, 다음의 어느 하나에 해당하는 경우에는 증여자의 주소지를 관할하는 세무서장 등이 과세한다(상증법 제6조 제2항).

① 수증자가 비거주자인 경우

② 수증자의 주소 및 거소가 분명하지 아니한 경우

③ 명의신탁재산의 증여의제규정(상증법 제45조의 2)에 따라 재산을 증여한 것으로 보는 경우

**2) 증여재산 소재지**

수증자와 증여자가 모두 비거주자인 경우, 수증자와 증여자의 주소 및 거소가 분명하지 아니한 경우 및 수증자가 비거주자이거나 주소 또는 거소가 분명하지 아니하고, 증여자가 다음의 하나에 해당하는 경우에는 증여재산의 소재지를 관할하는 세무서장 등이 과세한다(상증법 제6조 제3항).

① 합병으로 인한 이익을 증여한 자가 대주주등이 아닌 주주등으로서 2명 이상일 때 주주등 1명으로부터 이익을 얻은 것으로 보고 이익을 계산하는 경우(상증법 제38조 제2항)

② 증자에 따른 증여이익을 계산할 때 신주를 배정받을 수 있는 권리를 포기하거나 그 소유주식 수에 비례하여 균등한 조건으로 배정받을 수 있는 수에 미달(신주를 배정받지 아니한 경우를 포함한다)되게 신주를 배정받은 소액주주가 2명 이상인 경우에는 소액주주 1명이 그 권리를 포기하거나 신주를 미달되게 배정받은 것으로 보고 이익을 계산하는 경우(상증법 제39조 제2항)

③ 현물출자에 따른 증여이익을 계산할 때 현물출자자가 아닌 주주 또는 출자자 중 제39조 제3항에 따른 소액주주가 2명 이상인 경우에는 소액주주가 1명인 것으로 보고 이익을 계산하는 경우(상증법 제39조의 3 제2항)

④ 특수관계법인과의 거래를 통한 증여의제 이익을 계산하는 경우(상증법 제45조의 3)

⑤ 특수관계법인으로부터 제공받은 사업기회로 발생한 이익을 계산하는 경우(상증법 제45조의 4)

## (2) 결정 · 경정 과세관할

국세의 과세표준과 세액의 결정 또는 경정결정은 그 처분 당시 그 국세의 납세지를 관할하는 세무서장이 한다(국기법 제44조). 증여세의 경우 그 처분 당시 납세지를 관할하는 세무서장은 결정 또는 경정결정하는 때의 증여세 과세관할 세무서장을 말한다.

증여세의 과세표준과 세액을 결정 또는 경정결정하는 때에 그 납세지를 관할하는 세무서장 이외의 세무서장이 행한 결정 또는 경정결정처분은 그 효력이 없다.[30] 다만, 세법 또는 다른 법령 등에 의하여 권한 있는 세무서장이 결정 또는 경정결정하는 경우에는 그러하지 아니하다(국기법 기본통칙 44 - 0···3).

## 3 증여재산의 소재지

증여자와 수증자가 모두 비거주자이거나 주소 또는 거소가 분명하지 않은 경우에는 증여재산 소재지의 과세관할 세무서장 등이 증여세를 과세하도록 규정하고 있다. 따라서 증여재산의 소재지를 어느 곳으로 볼 것인지에 따라 증여세 관할 세무서가 달라질 수 있다.

증여재산의 소재지는 다음의 구분에 따라 정하는 장소로 한다. 증여재산 소재지의 판정은 증여 당시의 현황에 따른다(상증법 제5조).

---

30) 관할을 위반하여 고지한 증여세 부과처분의 효력은 무효이다.

**3**편 증여세

| 증여재산의 소재지 |

| 증여재산 구분 | 소재지 |
|---|---|
| ① 부동산 또는 부동산에 관한 권리 | 부동산의 소재지 |
| ② 광업권 또는 조광권 | 광구의 소재지 |
| ③ 어업권 또는 입어권 | 어장에서 가장 가까운 연안 |
| ④ 선박 | • 선적(船籍)의 소재지<br>• 등기·등록이 제외되는 선박에 대하여는 그 선박 소유자의 주소지(상증법 기본통칙 5-0…1) |
| ⑤ 항공기 | 항공기 정치장(定置場)의 소재지 |
| ⑥ 주식·출자지분 또는 사채 | • 발행 법인의 본점 또는 주된 사무소의 소재지<br>• 외국법인이 국내에서 발행한 주식 등은 취급 금융회사 등 영업장의 소재지 |
| ⑦ 금전신탁 | • 그 신탁재산을 인수한 영업장의 소재지<br>• 금전신탁 외 신탁재산은 신탁한 재산소재지 |
| ⑧ 위 "⑥" 및 "⑦" 외의 금융재산 | 그 재산을 취급하는 금융회사 등 영업장의 소재지 |
| ⑨ 금전채권("⑥~⑧" 제외) | 채무자의 주소지 |
| ⑩ 위 "②"부터 "⑨"에 해당하지 않는 그 밖의 유형재산 또는 동산 | 그 유형재산의 소재지 또는 동산이 현재 있는 장소 |
| ⑪ 특허권·상표권 등 등록이 필요한 권리 | 그 권리를 등록한 기관의 소재지 |
| ⑫ 저작권, 출판권, 저작인접권 | 저작물이 발행되었을 경우 그 발생장소 |
| ⑬ 위 "①"부터 "⑫"까지를 제외한 그 밖의 영업장을 가진 자의 그 영업에 관한 권리 | 그 영업장의 소재지 |
| ⑭ 기타의 재산 | 그 재산 권리자의 주소 |

# 증여재산가액의 산정

## 제1절 증여세의 계산 흐름도

증여세는 재산의 무상이전을 그 과세대상으로 한다는 점에서 상속세와 동일하며 일반적으로 상속세의 보완세로서의 성격을 가진다. 다만, 증여세는 생존 중에 당사자 간의 계약에 의하여 이전하는 재산에 대하여 과세되고 상속세는 피상속인의 사후에 상속개시에 의하여 재산이 이전되는 경우에 과세된다는 점에서 차이가 있다.

증여세는 증여자별·수증자별로 10년 이내에 동일인으로부터 증여받은 재산가액이 있으면 이를 합산하여 누적과세한다.

증여세 납부의무가 있는 자는 다음의 「증여세 계산흐름도」에 따라 계산한 증여세를 신고·납부하여야 한다. 계산흐름도를 정리하면 다음과 같다.

먼저 증여세 과세가액은 민법 및 상증법상 증여재산과 증여추정, 증여의제 재산을 증여재산가액으로 하여 비과세 등 과세제외자산과 부담부증여 등 채무액을 공제하고 여기에 동일한 증여자로부터 증여받은 재산은 10년간 합산하여 과세한다. 이는 분산증여를 통한 누진과세의 부담을 회피하는 것을 방지하는데 목적이 있다.

다음으로 증여세 과세표준은 증여세 과세가액에서 증여재산공제, 재해손실공제 및 감정평가수수료를 공제하여 계산한다. 과세표준에 초과누진세율(10~50%의 5단계)을 곱하여 산출세액을 계산하고, 여기에 세대생략 증여에 대한 30%(수증자가 증여자의 자녀가 아닌 직계비속이면서 미성년자인 경우로서 증여재산가액이 20억 원 초과 시 100분의 40) 할증액을 가산하여 산출세액의 합계액을 계산한다.

마지막으로 납부할 증여세액(고지세액)은 산출세액 합계액에서 기납부 증여세액공제 등 각종의 세액을 공제하고, 납세자의 신고내용에 따른 가산세를 더한 후 총결정세액을 계산하고 여기에 연부연납 등을 신청하는 경우 이를 차감한 후의 세액으로 한다.

**| 증여세 계산흐름도 |**

| 증여 성립 | | 증여재산가액<br>(§31~§45의 5) | • 민법·상증법상 증여재산, 증여추정, 증여의제 | 증여세 과세 가액 |
|---|---|---|---|---|
| | (−) | 비과세(§46)<br>불산입재산(§48) | • 사회통념상 인정되는 피부양자의 생활비, 교육비 등<br>• 공익법인 등에 출연한 재산 등 | |
| | (−) | 채 무 액 | • 증여재산에 담보된 채무인수액<br>　(임대보증금, 금융회사채무 등) | |
| | (+) | 증여재산 가산액<br>(§47 ②) | • 해당 증여일 전 10년 이내에 동일인으로부터 받은 증여<br>　재산가액의 합계액이 1천만 원 이상인 경우 그 가액을<br>　가산<br>　※ 동일인 : 증여자가 직계존속인 경우 그 배우자 포함 | |

| 증여세 과세 가액 | | 증여재산공제<br>(§53, §53의 2) | • 배우자 6억 원, 직계존속 5천만 원(미성년자 2천만 원),<br>　직계비속 5천만 원, 기타친족 1천만 원<br>• 혼인·출산 각 1억 원 ※ 증여재산공제 한도액은 10년<br>　간 누계, 비거주자는 공제 안됨. | 과 세 표 준 |
|---|---|---|---|---|
| | (−) | 재해손실공제<br>(§54) | • 신고기한까지 재난으로 멸실·훼손된 손실가액 | |
| | (−) | 감정평가수수료<br>(영 §46의 2) | • 부동산 : 감정평가수수료는 5백만 원 한도<br>• 비상장주식 : 신용평가전문기관수수료별로 각각 1천만 원 한도<br>• 서화골동품 등 : 감정수수료 5백만 원 한도 | |

| 과세 표준 | (×) | 세율(§56) | 과세표준 | 1억 이하 | 5억 이하 | 10억 이하 | 30억 이하 | 30억 초과 | 산 출 세 액 계 |
|---|---|---|---|---|---|---|---|---|---|
| | | | 세율 | 10% | 20% | 30% | 40% | 50% | |
| | | | 누진<br>공제액 | 0 | 1천만 원 | 6천만 원 | 1억<br>6천만 원 | 4억<br>6천만 원 | |

**증여세 산출세액** (+) 세대생략증여 30(40)% 할증(직계비속 사망 시 예외)(§57)

| 산출 세액 계 | (−) | 박물관자료 등<br>징수유예액<br>공제<br>(§75) | 납부<br>세액공제<br>(§58) | 외국납부<br>세액공제<br>(§59) | 신고<br>세액공제<br>(§69) | 그 밖의<br>공제·감면세액 | 결정 세액 |
|---|---|---|---|---|---|---|---|

| 결 정 세 액 | (+) | 신고·납부 불성실가산세 등 | = | **총결정세액** | 고지 세액 |
|---|---|---|---|---|---|
| | | 총결정세액 | (−) 연부연납·분납세액·<br>납부유예액(조특법) = | **차가감 납부할세액** | |

제**2**절  **증여재산의 범위 연혁**

증여재산의 범위는 증여세 과세물건의 범위를 결정하는 것이다. 사회 및 경제환경이 복잡다기화되는 현상을 구조적으로 어떻게 증여재산의 틀 안에 포섭할 것인지의 문제와 관련이 있다. 조세법률주의 관점에서 모든 증여행위를 과세규정으로 열거하여 입법화할 수 있으면 최적의 방안이 되겠지만 현실적으로 가능하지 않다.

증여세는 열거주의, 유형별 포괄주의, 완전포괄주의 등 크게 세 가지 방식으로 운영되어 왔다. 2000년도까지는 과거 민법상의 증여재산과 상증법상 열거한 증여의제 또는 증여추정 재산에 대하여만 과세할 수 있었다. 2001년부터는 여섯 가지 유형의 자본거래 증여의제와 유사한 경우에도 추가적인 법령보완 없이 증여세를 과세할 수 있도록 유형별 포괄주의를 도입하였다. 2003년부터는 여덟 가지 증여의제 유형에 대하여도 유형별 포괄주의를 적용하여 시행해 왔다.

2004. 1. 1. 이후부터는 상증법상 증여의 개념을 새로이 포괄적으로 규정함으로써 이에 해당하는 모든 재산이나 이익에 대하여 증여세 과세가 가능하도록 하는 완전포괄주의 과세 방식으로 전환하였다.[31]

현행 상증법상 증여세 과세대상은 민법상 증여계약에 따라 재산이 무상으로 이전되는 것을 기본으로 하여 자본거래의 증여예시,[32] 자본거래 외 증여예시,[33] 기타이익의 증여, 증여추정[34] 및 증여의제 등으로 규정되어 있다.

---

31) 완전포괄주의에 대한 상세내용은 전술한 "제1편 제2장 제3절" 내용을 참조
32) 합병, 증자, 감자, 현물출자, 상장시세차익, 합병시세차익에 따른 증여의 이익 등
33) 신탁이익, 보험금, 저가·고가양도, 채무면제, 부동산무상사용, 전환사채 등 주식전환, 특정법인과의 거래, 금전무상대부 등
34) 배우자 등에 양도 시 증여추정 및 재산 취득자금 등 증여추정

## 제3절 증여재산가액의 산정

### 1 증여재산가액 계산 규정의 개요

증여세가 부과되는 과세물건은 증여로 인하여 취득한 증여재산이다. 현행 상증법은 증여세에 대하여 원칙적으로 완전포괄주의를 채택(상증법 제2조 제6호 및 제4조)하고 있다.

하지만 과세요건에 관한 사항의 입법미비로 인한 집행상의 문제점을 보완하기 위하여 2013. 1. 1. 증여재산가액 계산의 일반원칙을 신설하였다. 2015. 12. 15. 개정된 현행 과세대상별 증여재산가액 계산방법을 요약하면 다음과 같다.

| 과세대상별 구분 | 증여재산의 범위 | 계산방법 |
|---|---|---|
| ① 증여세 과세대상 포괄규정 | -재산 또는 이익을 무상으로 이전<br>-재산 또는 이익을 현저히 낮은 대가를 주고 이전받거나 현저히 높은 대가를 받고 이전<br>-재산 취득 후 해당 재산의 가치가 증가 | 상증법 제31조 제1항 (일반원칙) |
| ② 증여예시, 증여추정 및 증여의제 규정 | -신탁이익의 증여 등 17개 증여예시 유형<br>(제33조부터 제39조까지, 제39조의 2, 제39조의 3, 제40조, 제41조의 2부터 제41조의 5까지, 제42조, 제42조의 2 또는 제42조의 3에 해당하거나 이와 유사한 경우)<br>-배우자 등 재산양도 등 2개 증여추정 유형<br>(제44조, 제45조)<br>-명의신탁재산 등 4개 증여의제 유형<br>(제45조의 2부터 제45조의 5까지) | 증여예시 등 해당 규정 |

위 "①"의 경우에는 상증법 제31조에서 규정하는 방법으로 증여재산가액을 산정하고, 위 "②"의 경우에는 해당 규정에 따라 증여재산가액을 계산한다(상증법 제31조).

## 2 증여재산가액의 산정방법

### (1) 개요

재산(이익)을 무상으로 이전받은 경우에는 증여재산의 시가 상당액을, 재산(이익)의 유상이전의 경우에는 시가와 대가의 차액을 그리고 기여에 의한 재산가치 증가의 경우에는 재산의 평가차액을 증여재산가액으로 한다.

### (2) 증여재산가액 산정의 일반원칙

증여재산의 가액은 다음의 방법으로 계산한다(상증법 제31조).

#### 1) 재산 또는 이익을 무상으로 이전받은 경우

재산 또는 이익을 무상으로 이전받은 경우에는 증여받은 재산의 시가(상증법 제4장에 따라 평가한 가액을 말한다)에 상당하는 금액을 증여재산가액으로 한다. 제35조(저가양수 또는 고가양도에 따른 이익의 증여) 및 제42조(재산사용 및 용역 제공 등에 따른 이익의 증여)를 적용할 때에도 이 조에서의 시가를 동일하게 적용한다(상증법 제31조 제1항 제1호).

#### 2) 재산 또는 이익을 유상으로 이전받은 경우

재산 또는 이익을 현저히 낮은 대가를 주고 이전받거나 현저히 높은 대가를 받고 이전한 경우에는 시가와 대가의 차액을 증여재산가액으로 한다. 이 경우에는 시가와 대가의 차액이 3억 원 이상이거나 시가의 100분의 30 이상인 경우로 한정하여 적용한다(상증법 제31조 제1항 제2호).

#### 3) 재산취득 후 재산의 가치가 증가하는 경우

재산취득 후 해당 재산의 가치가 증가하는 경우에는 증가사유가 발생하기 전과 후의 재산의 시가 차액으로서 "대통령령으로 정하는 방법에 따라 계산한 재산가치상승금액"을 증여재산가액으로 한다. 이 경우에는 그 재산가치상승금액이 3억 원 이상이거나 해당 재산의 취득가액 등을 고려하여 "대통령령으로 정하는 금액"의 100분의 30 이상인 경우로 한정하여 적용한다(상증법 제31조 제1항 제3호).

"대통령령으로 정하는 방법에 따라 계산한 재산가치상승금액"이란 다음 "①"의 가액에서 "②~④"의 가액을 모두 뺀 금액을 말한다(상증령 제23조 제1항).

① 해당 재산가액 : 재산가치 증가사유가 발생한 날 현재의 가액(상증법 제4장에 따라 평가한 가액을 말한다)

② 해당 재산의 취득가액 : 실제 해당 재산을 취득하기 위하여 지불한 금액(증여받은 재산의 경우에는 증여세과세가액을 말한다)

③ 통상적인 가치 상승분 : 기업가치의 실질적인 증가로 인한 이익과 연평균지가상승률·연평균주택가격상승률 및 전국소비자물가상승률 등을 감안하여 해당 재산의 보유기간 중 정상적인 가치상승분에 상당하다고 인정되는 금액

④ 가치상승기여분 : 해당 재산가치를 증가시키기 위하여 수증자가 지출한 금액

또한 "대통령령으로 정하는 금액"이란 위 "②~④"의 금액을 합계한 금액을 말한다(상증령 제23조 제2항).

### (3) 증여예시 규정 등의 증여재산가액 산정방법

위 일반적 산정원칙규정에도 불구하고 상증법 제33조(신탁이익의 증여)부터 제39조(증자에 따른 이익의 증여)까지, 제39조의 2(감자에 따른 이익의 증여), 제39조의 3(현물출자에 따른 이익의 증여), 제40조(전환사채 등의 주식전환 등에 따른 이익의 증여), 제41조의 2(초과배당에 따른 이익의 증여)부터 제41조의 5(합병에 따른 상장 등 이익의 증여)까지, 제42조(재산사용 및 용역제공 등에 따른 이익의 증여), 제42조의 2(법인의 조직변경 등에 따른 이익의 증여) 또는 제42조의 3(재산취득 후 재산가치 증가에 따른 이익의 증여)에 해당하거나 이와 유사한 경우, 제44조(배우자 등에게 양도한 재산의 증여추정), 제45조(재산취득자금 등의 증여추정), 제45조의 2(명의신탁재산의 증여의제)부터 제45조의 5(특정법인과의 거래를 통한 이익의 증여의제)에 해당하는 경우에는 해당 규정에 따라 계산한 금액을 증여재산가액으로 한다.

# 증여세 과세제외 재산

# 제3장

## 제1절 개 요

상증법 제2조 제6호에서 증여를 "그 행위 또는 거래의 명칭·형식·목적 등과 관계없이 직접 또는 간접적인 방법으로 타인에게 무상으로 유형·무형의 재산 또는 이익을 이전(移轉)(현저히 낮은 대가를 받고 이전하는 경우를 포함한다)하거나 타인의 재산가치를 증가시키는 것을 말한다. 다만, 유증, 사인증여, 유언대용신탁 및 수익자연속신탁은 제외한다."로 정의하여 완전포괄주의를 도입하였음은 앞서 언급하였다. 그러므로 상증법 혹은 기타 법률에 의하여 증여세가 과세되지 않거나(비과세) 면제됨을 열거하고 있지 아니하면 원칙적으로 과세되는 것으로 해석할 수 있다.

증여세가 비과세되는 특정 증여재산은 원천적으로 증여세 과세대상에서 제외된다. 따라서 사후관리 등이 필요치 않다. 특정 조건 없이 과세에서 제외하는 것이다. 반면에 증여세 과세가액불산입은 원칙적으로 증여세 과세대상에 해당하지만 특정요건을 갖춘 경우 면제 혜택을 주는 경우로 사후관리를 받는다. 사후관리 요건을 충족하지 못하는 경우 면제된 증여세가 추징될 수 있다.

## 제2절 비과세되는 증여재산

### 1 상증법상 비과세 증여재산

상증법상 비과세되는 증여재산으로 열거하고 있는 재산은 다음과 같다(상증법 제46조).

### (1) 국가나 지방자치단체로부터 증여받은 재산의 가액

국가나 지방자치단체가 개인에게 증여를 하는 경우는 당사자가 국가를 위하여 큰 공을 세웠거나 국가를 위하여 희생한 경우에 해당할 것이다. 그런데 국가나 지방자치단체로부터 증여받은 재산에 증여세를 부과하게 되면 증여의 효과가 반감되고 말 것이다. 따라서 국가나 지방자치단체로부터 증여받은 재산은 비과세로 규정하고 있는 것이다.

### (2) 소액주주 조합원이 우리사주조합으로부터 취득한 주식의 시세차익

내국법인의 종업원으로서 「근로복지기본법」 또는 「자본시장과 금융투자업에 관한 법률」에 따른 종업원단체("우리사주조합")에 가입한 자가 해당 법인의 주식을 우리사주조합을 통하여 취득한 경우로서 그 조합원이 소액주주의 기준[35]에 해당하는 경우 그 주식의 취득가액과 시가의 차액으로 인하여 받은 이익에 상당하는 가액에 대해서는 증여세를 부과하지 아니한다.

정부에서 자본시장을 활성화한다는 취지에서 당해 시세차익을 증여세 비과세로 분류한 것이다. 종업원은 자신이 근무 중인 회사의 주식을 시가보다 낮은 가액으로 취득함으로 이익을 얻게 될 뿐만 아니라 추후 당해 주식을 양도하는 단계에서도 양도소득세를 부담하지 않을 것이므로 주식거래에 상당한 혜택을 부여하고 있는 셈이다.[36]

### (3) 「정당법」에 따른 정당이 증여받은 재산의 가액

2004. 12. 31. 이전에는 정당이 받은 정치자금은 상증법에 따라 증여세가 비과세되었다. 조특법의 개정으로 2005. 1. 1. 이후 기부(寄附)분부터는 거주자가 「정치자금법」에 따라 정당(같은 법에 따른 후원회 및 선거관리위원회를 포함한다)에 기부한 정치자금만 증여세를 부과하지 아니한다(조특법 제76조 제1항).

그러나, 위 정치자금 외의 정치자금에 대해서는 상속세 비과세(상증법 제12조 제4호), 증여세 비과세(상증법 제46조 제3호) 및 다른 세법의 규정에도 불구하고 그 기부받은 자가 상속받거나 증여받은 것으로 보아 상속세 또는 증여세를 부과한다(조특법 제76조 제3항). 불법정치자금에 대해서는 다른 법률에 따라 몰수되거나 추징되는지 여부에 관계없이 증여세를 과세하는 것이다.

---

35) "소액주주"라 함은 당해 법인의 발행주식총수 등의 100분의 1 미만을 소유하는 경우로서 주식 등의 액면가액의 합계액이 3억 원 미만인 주주 등을 말한다(상증령 제29조 제5항).

36) 현행 소득세법에서 소액주주가 상장주식을 거래소를 통하여 매매하는 경우에 발생하는 양도차익에 대하여 양도소득세 과세대상에서 제외하고 있다(소득령 제157조).

한편, 정치자금은 이를 지출한 해당 과세연도의 소득금액에서 10만 원까지는 그 기부금액의 110분의 100을, 10만 원을 초과한 금액에 대해서는 해당 금액의 100분의 15(해당 금액이 3천만 원을 초과하는 경우 그 초과분에 대해서는 100분의 25)에 해당하는 금액을 종합소득산출세액에서 공제한다. 다만, 사업자인 거주자가 정치자금을 기부한 경우 10만 원을 초과한 금액에 대해서는 이월결손금을 뺀 후의 소득금액의 범위에서 손금에 산입한다(조특법 제76조 제1항, 2014. 1. 1. 개정).

### (4) 사내근로복지기금, 공동근로복지기금, 우리사주조합 및 근로복지진흥기금이 증여받은 재산의 가액

「근로복지기본법」에 따른 사내근로복지기금 및 공동근로복지기금이나 동법에 따른 우리사주조합 및 근로복지진흥기금이 증여받은 재산의 가액은 증여세를 부과하지 아니한다.

### (5) 사회통념상 인정되는 이재구호금품, 치료비, 피부양자의 생활비, 교육비, 그 밖에 이와 유사한 것으로서 해당 용도에 직접 지출한 것

#### 1) 생활비와 교육비

증여세가 비과세되는 생활비 또는 교육비는 필요시마다 직접 이러한 비용에 충당하기 위하여 증여로 취득한 재산을 말하는 것이며, 생활비 또는 교육비의 명목으로 취득한 재산의 경우에도 그 재산을 정기예금·적금 등에 사용하거나 주식, 토지, 주택 등의 매입자금 등으로 사용하는 경우에는 증여세가 비과세되는 생활비 또는 교육비로 보지 아니한다(상증법 기본통칙 46-35…1 ①).

#### 2) 학자금 또는 장학금 기타 이와 유사한 금품

#### 3) 기념품·축하금·부의금 기타 이와 유사한 금품으로서 통상 필요하다고 인정되는 금품

기념품이나 경조금 등을 증여받은 수증인이 자진하여 증여세를 신고·납부하기는 관습상 쉽지 않을 것이다. 1995. 12. 31. 이전에는 기념품·축하금·부의금 기타 이와 유사한 금품으로서 20만 원 미만은 비과세하는 것으로 규정(구법 제8조의 2 제1항 제2호 및 동법 시행령 제4조 제1항 제4호)되어 있었으나 현실성이 없어 금액기준이 사회통념상 인정되는 금품으로 개정되었다. 상증법에서는 사회통념상 인정되는 금품의 범위에 대해서는 명백히 정의하지 않았다. 결국 사회통념이나 사실관계 여부에 따라 판단하여야 하는 판단의 영역으로 남겨두

었다. 기념품 등과 같은 증여재산에 대하여 증여세 과세가 쉽지 않음을 인정하는 조항으로 볼 수 있다.

### 4) 혼수용품으로서 통상 필요하다고 인정되는 금품

통상 필요하다고 인정하는 혼수용품은 일상생활에 필요한 가사용품에 한하며, 호화·사치용품이나 주택·차량 등은 포함하지 아니한다(상증법 기본통칙 46-35…1 ③).

우리의 결혼문화에는 예단으로 보내는 관습이 있다. 결혼 전 신랑·신부가 양가에 대한 인사차원에서 건네지는 현물예단 내지는 현금예단을 보내는 것이다. 물론 예단비가 법이나 관습으로 그 크기가 정해져 있지는 않다. 개인의 경제상황이라든지 가풍 등에 따라 천차만별이기 때문이다.

결혼 예단비로 10억 원을 건넨 뒤 단기간에 결혼이 파경에 이르렀다면 예단비 대부분을 이혼한 아내 측에 돌려줘야 한다는 법원의 판결이 있다.[37]

2010년 9월 결혼한 A씨(아내)는 남편 가족에게 예단비로 10억 원이나 되는 거액을 건넸다. 하지만 부부는 가족에게 줄 선물의 규모나 금액에 대한 이견, 종교적 갈등, 성격 차이 등으로 불화를 겪었다. 이어 B씨(남편)가 이혼하겠다는 의사를 밝힌 뒤 A씨와 별거에 들어갔고 결혼과정에서 주고받은 예단비 등을 두고 갈등이 생기자 서로 맞소송을 냈던 것이다.

법원은 결혼 5개월 만에 파경에 이른 부부가 서로를 상대로 낸 이혼 소송에서, 두 사람은 이혼하고 남편 B씨가 8억 7,000만 원을 A씨에게 지급하도록 판결했다. 재판부는 "결혼 전후 주고받은 예물과 예단은 혼인이 성립하지 않으면 반환하기로 조건이 붙은 증여와 유사하다"고 그 이유를 설명했다. 또 결혼이 짧은 기간에 파경에 이른 것은 혼인이 성립하지 않은 것과 마찬가지라고 재판부는 판단했다.

법원관계자는 "예단비를 부모나 친족이 받았더라도 반환 책임자는 혼인 당사자이며, 결혼이 단기간에 파탄났으면 반환해야 한다는 점을 명확히 한 판결"이라고 설명했다.

이번 판결은 단기간에 이뤄진 결혼 파경으로 인한 예단비는 돌려줘야 한다는 점이 핵심이다.

결혼 시 주고받는 혼수가 자녀에게 세금부담 없이 재산을 물려주는 루트로 변질되고 있다는 것은 공공연한 비밀이다. 자녀에게 재산을 한몫 떼어주는 방법의 하나로 이용되고 있는 것이다.

혼수에 대해 현행 상증법 체계하에서 과연 과세를 할 수는 없는 것일까? 앞서 살펴본 바대로 포괄주의 과세체계를 가지고 있는 현행 상증법에 따르면 재산적 가치를 가진 부의 무상이

---

37) 서울가정법원(2010드합2787, 2011. 2. 6.) 가사4부

전에는 증여세가 과세되어야 한다. 따라서 원칙적으로 증여세가 부과되어야 마땅하다.

현행 상증법 제46조에는 '사회통념상 필요하다고 인정되는 금품'에 대해서는 비과세하도록 규정하고, 관련 상증령 제35조에서 '혼수용품으로 통상 필요하다고 인정되는 금품'에 대해서는 세금을 부과하지 않는다. 다만, 상증법 기본통칙 46-35…1 ④에서 "통상 필요하다고 인정하는 혼수용품은 일상생활에 필요한 가사용품에 한하며, 호화·사치용품이나 주택·차량 등은 포함하지 아니한다"는 해석을 내놓고 있다.

문제는 여기서 말하는 '통상 필요하다고 인정되는 금품'의 명확한 기준이 없다는 점이다. 우리 세법의 맹점 중 하나는 과세요건이 불명확하다는 것이다. 본 사례가 그러하다.

'통상 필요'에 대해 개인이 느끼는 기준은 다르다. 수천억 원의 재산을 가진 재벌이 통상 필요로 하는 수준과 전세를 전전하는 일반 서민들이 느끼는 통상 필요 수준이 같을 수가 없다. 그렇다고 예단비의 기준을 산정하기도 쉽지 않다. 앞 사례와 같이 10억 원 수준의 예단비에 대하여 증여세를 과세하겠다고 통지를 했을 때, 과연 당사자들은 이를 받아들일지도 의문이다. 다른 사례들과 형평성이 문제가 될 수 있기 때문이다.

비자금 조성혐의로 옥고를 치른 전직 대통령 자녀의 경우를 보자.

과세관청에서 그 자녀가 보유한 재산이 그의 나이나 직업 등을 고려하였을 때 지나친 거액이어서 증여의 혐의가 있다며 증여세를 추징했다. 이에 그는 외할아버지가 결혼식 때 경조금으로 들어 온 20억 원을 증식한 후 자신에게 주었다며 증여세 추징에 대하여 소송을 제기했다.

이 사건에 대해 재판부는 "20억 원을 결혼축의금이라고 하지만, 결혼축의금을 조성하고 그 돈을 증식한 경위에 대한 객관적인 증거자료는 전혀 없다"라며 그 자녀에 대해 패소 판결했다.

만약 위 사건의 경우 결혼축의금임이 명백한 증빙에 의하여 입증이 되었다면 과연 재판부는 어떤 판결을 내렸을까? 우리의 관습이 인정하는 경조금의 범위를 어떻게 볼 것인가 그리고 축의금에 대하여 과세하고자 하는 경우 그 기준을 얼마로 할 것인지 및 과세 형평성 사이에서 많은 번민을 했을 것이다.

요약하자면, 결혼 혼수 등으로 오가는 금품에 대해서는 가격과 상관없이 과세하지 않게 되어 있지만, 명확한 기준이 없는 것이다. 엄청난 액수의 결혼 예물이 오가는 것임에도 명확한 기준이 없어 과세하지 못한다면 과세형평 문제가 발생할 수밖에 없을 것이다.

결혼 선물로 부모가 자녀에게 고가의 스포츠회원권, 골프회원권, 아파트나 상가를 물려주는 경우에는 과세 대상으로 본다. 당해 재산이 이전되려면 등기, 등록 등의 절차를 거치는 과정에서 과세관청에 포착이 된다. 앞서 언급한 통칙에서 규정하고 있는 "통상 필요하다

고 인정하는 혼수용품은 일상생활에 필요한 가사용품에 한하며, 호화·사치용품이나 주택·차량 등은 포함하지 아니한다"는 해석조항에 저촉을 받기 때문이기도 하다.

증여세 부과라는 차원에서 예단비라는 명목으로 현금으로 주는 경우와 현물을 주는 경우에 명백히 차이가 발생하고 있는 것이다. 우리 세법이 보다 진지하게 이 문제를 고민해야 할 것으로 보인다.

### 5) 타인으로부터 기증을 받아 외국에서 국내에 반입된 물품으로서 당해 물품의 관세의 과세가격이 100만 원 미만인 물품

### 6) 사내근로복지기금 등으로부터 증여받은 주택취득보조금

무주택근로자가 건물의 총연면적이 85제곱미터 이하인 주택(주택에 부수되는 토지로서 건물 연면적의 5배 이내의 토지를 포함한다)을 취득 또는 임차하기 위하여 상증법 제46조 제4호의 규정에 의한 사내근로복지기금 및 공동근로복지기금으로부터 증여받은 주택취득 보조금 중 그 주택취득가액의 100분의 5 이하의 것과 주택임차보조금 중 전세가액의 100분의 10 이하의 것은 증여세를 부과하지 않는다.

### 7) 불우한 자를 돕기 위하여 언론기관을 통하여 증여한 금품

### (6) 신용보증기금 등 특정단체가 증여받은 재산의 가액

「신용보증기금법」에 따라 설립된 신용보증기금, 「기술보증기금법」에 따른 기술보증기금, 「지역신용보증재단법」에 따른 신용보증재단 및 동법 제35조에 따른 신용보증재단중앙회, 「예금자보호법」 제24조 제1항에 따른 예금보험기금 및 동법 제26조의 3 제1항에 따른 예금보험기금채권상환기금, 「한국주택금융공사법」 제55조에 따른 주택금융신용보증기금(동법 제59조의 2에 따라 설치된 주택담보노후연금보증계정을 포함한다)으로부터 받은 증여 재산의 가액에 대해서는 증여세를 부과하지 아니한다.

### (7) 국가, 지방자치단체 또는 공공단체가 증여받은 재산의 가액

### (8) 장애인을 보험금 수령인으로 하는 특정 보험

「장애인복지법」에 의한 장애인 및 「국가유공자 등 예우 및 지원에 관한 법률」에 의한 상이자 등을 수익자로 한 보험의 보험금을 말한다. 이 경우 비과세되는 보험금은 연간 4천만 원을 한도로 한다(상증령 제35조 제6항). 장애인을 연금보험 수익자로 한 경우로서 매월 연금을 수령할 경우 연간 4천만 원까지는 증여세 비과세에 해당하게 된다.

### (9) 국가유공자 등 유족이 받는 성금 등의 가액

「국가유공자 등 예우 및 지원에 관한 법률」에 따른 국가유공자의 유족이나 「의사상자 등 예우 및 지원에 관한 법률」에 따른 의사자(義死者)의 유족이 증여받은 성금 및 물품 등 재산의 가액에 대해서는 증여세를 부과하지 아니한다(2015. 12. 15. 신설).

### (10) 비영리법인의 재산 등을 승계받은 경우 승계받은 재산의 가액

비영리법인의 설립근거가 되는 법령의 변경으로 비영리법인이 해산되거나 업무가 변경됨에 따라 해당 비영리법인의 재산과 권리·의무를 다른 비영리법인이 승계받은 경우 승계받은 해당 재산의 가액에 대해서는 증여세를 부과하지 아니한다(2016. 12. 20. 신설).

## 2 「금융실명거래 및 비밀보장에 관한 법률」(약칭 : 금융실명법)에 따른 증여세 면제 재산

금융회사 등은 거래자의 실지명의에 의하여 금융거래를 하여야 한다. 예외적으로 특정채권에 대해서는 실명의 확인을 하지 아니할 수 있다(금융실명법 제3조 제1항 및 제2항).

법률 제5493호(1997. 12. 31.)로 제정된 「금융실명거래 및 비밀보장에 관한 법률」[38] 부칙 제9조에 따르면, "특정채권의 소지인에 대하여는 조세에 관한 법률에 불구하고 자금의 출처 등을 조사하지 아니하며, 이를 과세자료로 하여 그 채권의 매입 전에 납세의무가 성립된 조세를 부과하지 아니한다. 다만, 그 채권을 매입한 자금 외의 과세자료에 의하여 조세를 부과하는 경우에는 그러하지 아니하다"고 규정하고 있다.

특정채권이란 1997. 12. 31.부터 1998. 12. 31. 사이에 재정경제부장관이 정하는 발행기간·이자율 및 만기 등의 발행조건으로 발행된 채권으로 다음과 같은 채권을 말한다(금융실명법 제3조 제2항 제3호).[39]

(1) 고용안정과 근로자의 직업능력향상 및 생활안정 등을 위하여 발행되는 고용안정채권

(2) 외국환거래법 제13조에 따른 외국환평형기금 채권으로서 외국통화로 표시된 채권

---

38) 이 법은 「금융실명거래 및 비밀보장에 관한 긴급재정경제명령」(1993. 8. 12. 대통령긴급재정경제명령 제16호)을 골격으로 제정된 법률이다.

39) 2016. 12. 1. 시행 중인 현행 법령을 기준으로 설명하였다.

(3) 중소기업의 구조조정 지원 등을 위하여 중소기업진흥공단이 발행하는 채권

(4) 「자본시장과 금융투자업에 관한 법률」 제329조에 따라 증권금융회사가 발행한 사채

(5) 그 밖에 국민생활안정과 국민경제의 건전한 발전을 위하여 발행되는 「예금자보호법」 제26조의 2의 규정에 의한 예금보험기금채권

(6) 「금융회사부실자산 등의 효율적 처리 및 한국자산관리공사의 설립에 관한 법률」 제40조의 규정에 의한 부실채권정리기금채권

특정채권의 소지인이란 특정채권을 보유하고 있는 자 및 특정채권을 만기상환받은 자로서 동 채권의 발행기관 또는 금융회사로부터 만기상환사실을 실명으로 확인받은 자를 말한다.

1997년 말 IMF 체제로 외환위기를 맞이한 정부는 유동성확보를 위하여 특정채권의 소지인에게는 채권의 취득자금원을 확인하지 아니하여 사실상 증여세와 상속세를 면제하였던 것이다.

## 제3절 공익법인등이 출연받은 재산에 대한 과세가액 불산입등

### 1 개 요

'공익법인이 출연받은 재산'에 대하여는 증여세를 부과하지 아니한다(상증법 제48조 제1항). 이는 공익법인의 활동을 조세정책적 차원에서 지원하기 위한 규정으로서, 공익법인이 영위하는 공익사업은 원래 국가 또는 지방자치단체가 수행하여야 할 업무라는 점을 고려한 것이다.

상증법 제4절의 "공익법인등이 출연받은 재산에 대한 과세가액 불산입" 규정은 제48조 (공익법인등이 출연받은 재산에 대한 과세가액 불산입등), 제49조(공익법인등의 주식 등의 보유기준), 제50조(공익법인등의 세무확인 및 회계감사의무), 제50조의 2(공익법인등의 전용계좌 개설·사용의무), 제50조의 3(공익법인등의 결산서류 등의 공시의무), 제50조의 4 (공익법인등에 적용되는 회계기준), 제51조(장부의 작성·비치의무)로 세분화되어 있어 관리에 주의가 필요하다.

최근 개정 법률에 따르면, 공익법인의 투명성과 공익성을 제고하기 위한 목적으로 성실공익법인과 공익법인을 구분하지 않고 통합하여 공익법인의 분류체계를 정비하고 공익법인이 출연받은 재산에 대한 공익목적 사용의무를 강화하도록 규정하고 있다.[40]

상기 규정의 이해를 돕기 위하여 대법원 전원합의체 판결(2011두21447, 2017. 4. 20.)을 위 규정들에 대한 설명에 앞서 살펴본다.

## 2  사 례

### (1) 사안의 개요

우리나라는 선진국에 비하여 상대적으로 개인의 기부문화가 활성화되지 못한 나라로 평가되고 있다. 그 이유 중 하나는 고속성장을 하는 과정에서 주변을 돌아다 볼 여유가 없었기 때문일 수도 있다. 하지만 근래에 들어 개인의 고액기부사례가 심심찮게 매체에 소개되고 있다.

개인('A씨')이 사업을 통하여 일군 부의 거의 전액을 자신의 모교에 기부한 사례가 있어 소개한다. 해당 기부가 이루어진 6년 뒤 A씨가 기부한 주식을 증여받은 장학재단에 거액의 증여세가 부과되어 이른바 선의의 기부에 대한 세금폭탄 사건으로 회자된 사건이다. 선의의 기부문화 활성화에 역행하는 과잉과세처분이라는 언론의 보도가 잇달았다. 이하 사건의 전말을 살펴본다.

A씨는 서울의 빈민촌으로 불리던 청계천 판자촌에서 태어나 가난한 어린 시절을 보내다 만26세라는 늦은 나이에 수원의 모 대학에 입학하여 혼자 힘으로 등록금을 벌면서 어렵게 대학을 졸업한 이후 프랑스에 유학, 박사학위를 취득하고 KAIST에서 교수로 봉직하였다.

이후 1991년 '○○교차로'라는 회사를 창업하였다. 사업이 탄탄대로를 걸어가며 발전을 하자 자신을 그 자리에 있게 해 준 모교에 보은하는 마음으로 본인 및 6촌 동생은 2003년 보유하던 주식 90%(시가 약 180억 원 상당) 및 수십억 원의 현금을 모교에 기부하였다.

그는 기부의 변으로 다음과 같은 말을 남겼다.

"'자식에게 상자에 가득 찰 정도의 황금을 남겨주는 것보다 한 권의 책을 남겨주는 것이 더 유익하다'라고 하시던 어머니의 유지와 더불어, 지금 제가 갖고 있는 200억 원 상당의 회사는 제 능력에 넘치는 것이기 때문에 학교에 기증한다."

하지만 A씨의 모교는 현금증여는 받되 주식은 직접 증여받은 사례도 없거니와 운용할 인력이나 경험도 없다며 난색을 표하였다. 이에 그 대안으로 A씨 등이 2005년에 직접 장학재단을 설립하고 해당 장학재단에 주식을 기부하는 방식으로 증여가 이루어지게 되었다. 해당 장학재단은 이후 주식배당금 등으로 6년여간 모교와 국내 19개 대학 733명의 학생에

40) 법률 제17654호, 2020. 12. 22.

게 약 41억여 원의 장학금 및 연구비를 지원했다.

A씨는 2005년 12월 해당 장학재단 제3대 재단이사장에 취임하기에 이른다. 해당 장학재단의 증여세 부과 여부를 검토하던 관할 세무서장은 2008년 9월 장학재단에 증여세 약 140억 원을 부과하고 증여자인 A씨에게는 연대납세의무를 부과하였다. 부과처분사유로 든 근거는 다음과 같다.

'○○장학재단이 이 사건 주식을 출연받은 것은 공익목적사업의 효율적 수행을 위한 것이기는 하나, 장학재단이 ○○교차로의 의결권 있는 발행주식총수의 100분의 5를 초과한 이 사건 주식을 출연받았고, A씨와 ○○교차로는 특수관계에 있다.'

현행 세법은 공익법인 등을 이용한 계열회사 지배 등 공익법인 등을 지주 회사화하는 것을 막기 위해 기업의 공익법인에 대한 기부 가운데 내국법인 주식의 5%를 초과하여 출연하는 경우에는 그 초과분에 대해 증여세를 부과할 수 있도록 되어 있기 때문이다.

해당 장학재단은 2008년 11월 감사원에 심사청구를 제기하였으나 2009년 9월 기각되었다. 이에 A씨는 법원에 소송을 제기하기에 이른 것이다.

## (2) 하급심 법원의 판단

1심 법원은 "주식의 기부 전에 A씨 등이 ○○교차로의 지배주주였으므로, 법률을 형식적으로 해석하면 증여세 과세요건은 해당하나, 주식을 장학사업에 사용할 의사만 있었을 뿐 경제적 세습과 무관한 경우에까지 위 법률조항을 적용하는 것은 위헌적이므로, 합헌적으로 제한해석하여 증여세를 부과한 과세처분이 위법하다"고 판시하였다.

그러나 원심인 고등법원은 "주식의 법정한도 초과 기부에 대하여 증여세를 과세하지 않는 제도는 예외적으로 혜택을 주는 제도로서, 입법자의 재량 범위 내에 있고, 비록 원고에게 과세하는 것이 장학재단의 존속을 불가능하게 하는 불합리한 결과를 발생시키더라도 법정요건이 충족되는 이상 과세처분은 적법하다"고 하여 원고 패소판결을 내렸다.[41]

## (3) 대법원의 판단

### 1) 심판대상 규정에 대한 대법원의 해석

구 상증법(2007. 12. 31. 법률 제8828호로 개정되기 전의 것) 제48조 제1항 본문은 '공익법인이 출연받은 재산'에 대하여는 증여세를 부과하지 아니한다고 규정하고 있다.

---

41) 서울고법 2010누26003, 2011. 8. 19.

그런데 구 상증법 제48조 제1항 단서는 '공익법인이 내국법인의 주식을 출연받은 경우 출연받은 주식등이 당해 내국법인의 의결권 있는 발행주식 총수의 100분의 5를 초과하는 경우'에는 증여세를 부과하도록 규정하고 있다. 공익법인에 출연한 재산에 대하여 증여세를 부과하지 않는 점을 틈타서 공익법인에 대한 주식 출연의 방법으로 공익법인을 내국법인에 대한 지배수단으로 이용하면서도 상속세 또는 증여세를 회피하는 것을 막기 위한 것이다.

한편, 구 상증법 제48조 제1항 단서는 그 괄호 안에서 '법 제16조 제2항 각 호 외의 부분 단서의 규정에 해당하는 경우를 제외한다'고 규정함으로써 구 상증법 제48조 제1항 단서 규정에 의하여 증여세가 부과되는 범위를 제한하고 있다. 즉, 구 상증법 제16조 제2항 단서는 '공익법인에 출연자와 특수관계에 있지 아니하는 내국법인의 주식을 출연하는 경우'에는 증여세가 부과되지 않도록 규정하고 있다. 내국법인의 의결권 있는 발행주식 총수의 100분의 5를 초과하는 주식을 공익법인에 출연하더라도, 공익법인에 대한 주식 출연의 방법으로 공익법인을 내국법인에 대한 지배수단으로 이용할 우려가 없는 경우에는 다시 원칙으로 돌아가 증여세를 부과하지 않으려고 하는 것이다.

이상을 종합하면, 출연된 내국법인의 주식이 그 내국법인 발행주식 총수의 100분의 5를 초과하는 경우라고 하더라도 출연된 주식에 대하여 증여세를 부과하기 위해서는 그 출연자와 내국법인 사이에 '특수관계'가 인정되어야 한다.

한편, 위 단서 규정의 위임에 따른 구 상증령(2003. 12. 30. 대통령령 제18177호로 개정되기 전의 것) 제13조 제4항은 "법 제16조 제2항 단서에서 '당해 공익법인의 출연자와 특수관계에 있지 아니하는 내국법인'이라 함은 다음 제1호 및 제2호에 해당하지 아니하는 내국법인을 말한다."라고 규정하고 있고, 제1호에서는 '출연자 또는 그와 특수관계에 있는 자(출연자와 제6항 각 호의 1의 관계에 있는 자를 말하되, 당해 공익법인을 제외한다)가 주주이거나 임원의 현원 중 5분의 1을 초과하는 내국법인'이라는 요건('주주 요건')과 '출연자 및 그와 특수관계에 있는 자(출연자와 제6항 각 호의 1의 관계에 있는 자를 말한다)가 보유하고 있는 주식의 합계가 가장 많은 내국법인'이라는 요건('최대주주 요건')을 모두 갖춘 내국법인을 '당해 공익법인의 출연자와 특수관계에 있는 내국법인'으로 규정하고 있다.

그러므로 위와 같은 '주주 요건'과 '최대주주 요건'을 모두 갖추어야 출연자와 내국법인 사이에 '특수관계'가 있다고 볼 수 있고, 그러한 경우에 비로소 공익법인에 출연된 내국법인의 주식에 대하여 증여세를 부과할 수 있는 것이다.

## 2) 쟁점

대법원 2011두21447 장학재단 기부 증여세 사건에서, 대법원은 원고의 상고를 받아들여 원심판결을 파기환송하였다. 이 사건의 쟁점은, 출연자가 공익법인인 장학재단에 기부하는 것은 증여세 비과세대상이나, 5%를 초과하는 주식을 출연하면 과세될 수 있는데, 이 경우에도 출연자 등이 주식을 발행한 회사(○○교차로)의 최대주주가 아니면 과세되지 아니한다. 따라서 이 사건의 쟁점은 주식 기부자가 그 주식을 발행한 회사의 최대주주인지 여부이다.

## 3) 대법원의 판단[42]

**가.** 최대주주 판단 시점과 관련하여, ① 출연자가 주식을 출연하기 이전에 보유하던 주식을 기준으로 회사의 최대주주였는지를 판단할 것인지, ② 아니면 출연자가 주식을 출연한 결과 출연자에게 남은 주식과 특수관계로 묶인 공익재단의 보유주식을 모두 합하여 회사의 최대주주가 되었는지를 판단할 것인지 여부가 첫 번째 쟁점이다. 이에 대해 대법원[43] 다수의견은 최대주주 요건은 주식 출연 후의 시점을 기준으로 판단하여야 한다고 판시하였다. 그 이유는 다음과 같다.

첫째, 법령들의 취지는 출연자 등이 최대주주에 해당한다면 공익법인에 대하여 주식을 출연한 뒤 공익법인을 내국법인에 대한 지배수단으로 이용할 우려가 있다고 보아 증여세를 과세하도록 한 것이다. 즉, 주식의 출연 전에 '내국법인의 최대주주였던 자'의 출연을 규제하고자 하는 것이 아니라, 주식의 출연 후에 '내국법인의 최대주주가 되는 자'의 출연을 규제하려는 것이다.

둘째, 한편 주식이 출연되기 전에 출연자가 최대주주였다고 하더라도 공익법인과 특수관계가 없어서 그 출연에 따라 최대주주의 지위를 상실하게 되었다면, 출연자는 더 이상 공익법인을 내국법인에 대한 지배수단으로 이용할 수 없게 된다. 따라서 최대주주 요건에 해당하는지 여부는 주식이 출연된 후의 시점을 기준으로 판단하여야 한다. 이와 달리 '최대주주 요건'에 해당하는지 여부를 주식이 출연되기 전의 시점을 기준으로 판단하게 되면, 출연 전에 내국법인의 최대주주였던 이상 무조건 증여세가 과세된다. 이것은 주식 출연 후에 공익법인을 회사에 대한 지배수단으로 악용할 수 있는 사정이 있는지를 살펴보지도 않은 채 그 악용을 간주하는 결과가 되므로, 과잉

---

42) 대법원, "대법원 2011두21447 장학재단 기부 증여세 사건 보도자료"(2017. 4. 20.)에서 인용하였다.
43) 본 대법원 판결은 다수의견(9인의 대법원)과 반대의견(3인의 대법관)으로 나뉘어 있으며, 판결문의 전체 분량은 64페이지에 이른다.

금지원칙이나 조세법률주의에 부합하는 해석으로 볼 수 없는 것이다.

**나.** 최대주주 판단 시점과 관련하여 위 "②"로 볼 경우 ⓐ 출연자가 공익재단의 설립 과정에서 출연만 하더라도 공익재단이 출연자의 특수관계인으로 묶여 그 공익재단의 보유주식까지 포함시켜 최대주주 여부를 판단하여야 하는지, ⓑ 아니면 출연자가 정관작성이나 이사선임 등 공익재단의 설립 과정에 실질적인 영향력까지 행사하여야만 특수관계인으로 묶여 그 공익재단의 보유주식이 포함되는지 여부이다.

이에 대해 대법원 다수의견은 '재산을 출연하여 설립한 자'는 정관작성, 이사선임 등의 과정에서 비영리법인의 설립에 실질적으로 지배적인 영향력을 행사한 자로 판단하여야 한다고 판시하였다. 그 이유는 다음과 같다.

첫째, 처음의 쟁점에 대하여 주식이 출연된 후의 시점에서 최대주주 여부를 판단하여야 하는데, 이때 내국법인의 주식을 출연받은 '당해 공익법인'이 출연자의 특수관계인이 되는지를 따져보아야 '출연자 등'이 최대주주인지가 결정된다. 상증법 시행령 제19조 제2항 제4호는 '주식 출연자 등이 재산을 출연하여 설립한 비영리법인'을 그 출연자와 특수관계에 있는 것으로 정하고 있다. 재단법인의 운영은 설립 당시 작성된 정관과 최초 선임된 이사들에 의하여 지배되므로 그러한 영향력을 반영하기 위하여 위 시행령 조항에서는 '설립'을 명시적으로 규정한 것이다. 그 밖에 위 시행령 조항의 입법연혁, 특수관계에 있는 비영리법인의 범위를 정한 다른 조세법규의 내용 등을 보더라도 위 조항에서 '설립'은 중요한 의미를 가지고 있다.

둘째, 이와 달리 위 시행령 조항을 '주식 출연자 등이 재산을 출연하여 설립에 이른 비영리법인'이라고 해석하면, 비영리법인의 설립과정에서 주식출연만 하였을 뿐 정관작성이나 이사선임 등에 관여하지 아니하여 비영리법인의 의사결정과정에 참여할 아무런 방법이 없는 주식 출연자의 경우도 비영리법인과 특수관계를 인정하게 된다. 이러한 해석은 비영리법인과 특수관계에 있는 자의 범위를 합리적 이유없이 확장하는 해석으로 받아들이기 어렵다.

## 4) 대법원 판결의 이유

A씨 등이 장학재단인 원고에게 내국법인인 주식회사 ○○교차로 발행 주식을 출연한 후에 A씨가 같은 주식의 10%를, 원고가 같은 주식의 90%를 각 보유하고 있다. 그렇다면 원고가 A씨 등이 '재산을 출연하여 설립한 공익법인'에 해당하여야 A씨 등과 특수관계인에 해당하게 되고, 그 결과 원고가 보유하게 된 ○○교차로 주식도 '최대주주 요건'을 결정하는

주식의 수에 포함시킬 수 있게 된다.

이러한 판단하에, 대법원은 A씨 등이 장학재단에 ○○교차로 주식 90%를 기부함으로써 A씨 등과 장학재단이 보유한 주식을 합하여 최대주주가 되었으므로, 증여세 과세대상이 된다고 본 원심에 대하여, A씨 등이 장학재단을 실질적으로 설립한 것으로 볼 수 있어야만 장학재단의 보유주식을 합산하여 최대주주가 될 수 있어 증여세 과세대상이 되는데 원심은 그러한 사정을 살피지 않고 과세대상이 된다고 잘못 판단하였다는 이유로 파기환송하는 판결을 하였다.[44]

한편, 2011년 세법 개정 시 주식기부를 활성화하고, 경영권 우회 지배 등의 의도가 없는 순수기부 목적의 주식출연에 대해서는 주식보유한도 유예기간을 부여하기로 하여 성실공익법인이 10%를 초과하여 주식을 기부받은 경우 3년 이내에 특수관계가 없는 자에게 그 초과분을 매각하는 경우에는 증여세를 과세하지 않도록 하였다.

## 5) 보론[45]

### 가. 대법원 판결의 반대의견(상고기각)

본 사건에서 대법원의 판결이 선의의 기부자를 보호하고자 하는 의도는 충분히 이해할 수 있으나 다수의견과 같은 결론이 법률해석론으로 가능한지 여부는 보다 정밀한 검토가 필요하다고 판단된다. 일응 관련 법령의 문언해석상으로는 반대의견이 타당해 보이는 측면이 있기 때문이다. 세법은 합목적적으로 해석하여야 하며 유추해석이나 확장해석은 허용되지 않는다는 것이 통설이다(대법원 2010두17564, 2012. 11. 22. 전원합의체 판결 ; 대법원 2014도16164, 2015. 2. 26. ; 대법원 2014두2348, 2014. 5. 29. ; 대법원 2013두12782, 2013. 11. 14.; 대법원 2012다200769, 2013. 10. 31. ; 대법원 2015두48693, 2017. 1. 12. 등 다수).

반대의견의 근거는 다음과 같다.

첫째, 관련 법령상 특수관계인에 해당하는지 여부는 출연 직전을 기준으로 판단하여야 한다. 비과세 요건을 정한 법률문언이 '출연자와 특수관계에 있지 아니하는 내국법인의 주식 등을 출연하는 경우'라고 되어 있어 '주식 출연' 이전의 '특수관계'를 문제삼고 있는 점,

---

44) 대법원은 보도자료를 통해 이 판결의 의미를 다음과 같이 피력하고 있다.
「큰 규모의 주식을 공익법인에 기부하였을 때, 단순히 과거에 최대주주였다는 사정만으로 선의를 배제하고 회사를 지배하는 수단으로 악용하는 것으로 낙인 찍는 것은 합헌적 해석의 테두리를 벗어난 것이므로 그러한 해석은 채택하기 어렵고, 주식의 기부 이후 기부자가 공익재단을 통하여 현실적으로 회사를 지배할 수 있는지를 가려야 한다. 그러기 위해서는 주식을 기부한 후 기부자와 공익재단의 지분을 합쳐서 최대주주여만 하고, 이때 공익재단의 지분을 합치려면 단순히 주식을 출연한 것만으로는 부족하고, 재단의 정관작성, 이사선임 등 설립과정에 지배적인 영향력까지 행사하였을 때 비로소 과세할 수 있다고 본 것이다.」
45) "○○교차로 사건의 함의와 시사점", 이전오(2017). 성균관대학교, 교육자료를 참조하였다.

입법자의 의사는 출연자가 기존에 지배하고 있던 특정한 기업의 주식을 공익법인에 출연하는 경우 출연자의 간접적인 기업승계에 이용되는 것으로 보아 증여세를 과세하려는 것인 점 등을 고려할 때, 주식의 출연 직전을 기준으로 출연자 등이 최대주주였다면 증여세 과세대상으로 보아야 한다.

둘째, 해당 장학재단의 설립과정에서 A씨 관여 여부를 따질 필요는 없다.

상증령 제19조 제2항 제4호에서 정한 '재산을 출연하여 설립한 비영리법인'은 출연자가 재산을 출연함으로써 설립에 이른 비영리법인을 의미하고, 출연자가 공익법인의 설립과정에 구체적으로 관여하지 않더라도 사후에 임원진을 장악할 가능성이 있으므로, 출연자가 꼭 설립 과정에 관여하여야 한다고 볼 수 없다 할 것이다.

그러므로 원심의 결론은 정당하므로 상고는 기각되어야 한다. 해당 장학재단이 주식출연 이전에 최대주주였던 A씨 등으로부터 ○○교차로 주식을 출연받은 이상 증여세 과세대상이 되므로, 해당 재단이 A씨가 출연하여 설립한 법인인지 여부와 관계없이 이 사건 처분은 적법하다.

### 나. 국세기본법 제18조 제1항의 적용여지

세법을 해석·적용할 때에는 과세의 형평과 해당 조항의 합목적성에 비추어 납세자의 재산권이 부당하게 침해되지 아니하도록 하여야 한다(국기법 제18조 제1항). 조세법은 그 속성이 국민의 재산권 보장과의 관계에서 침해법규이다. 그러므로 납세자의 재산권이 부당히 침해되지 않도록 적용하여야 할 것이다.

본 사안에서 관련 법령을 지나치게 문언적으로 해석하는 경우 납세자(해당 장학재단 및 연대납세의무자인 A씨)의 재산권을 부당하게 침해할 우려가 없지 않은바 그렇다면 국세기본법 제18조 제1항에 근거하여 반대의견의 타당성을 보완할 수 있을 것이다.

### 3 공익법인

#### (1) 공익법인의 범위

"제2편 제4장 제3절 공익목적 출연재산의 상속세 과세가액 불산입" 편에서 상술하였다.

#### (2) 공익법인의 과세연도

공익법인 등의 과세기간 또는 사업연도는 당해 공익법인 등에 관한 법률 또는 정관의 규정에 따르되, 과세기간 또는 사업연도가 따로 정해지지 않은 경우에는 매년 1월 1일부터

12월 31일까지로 한다(상증칙 제11조).

### (3) 공익법인의 전용계좌 개설 및 사용 의무

공익법인등(종교의 보급 기타 교화에 현저히 기여하는 사업을 영위하는 공익법인은 제외한다)은 해당 공익법인등의 직접 공익목적사업과 관련하여 받거나 지급하는 수입과 지출의 경우로서 다음 어느 하나에 해당하는 경우에는 대통령령으로 정하는 직접 공익목적사업용 전용계좌("전용계좌")를 사용하여야 한다(상증법 제50조의 2 제1항).

① 직접 공익목적사업과 관련된 수입과 지출을 대통령령으로 정하는 금융회사 등을 통하여 결제하거나 결제받는 경우

② 기부금, 출연금 또는 회비를 받는 경우. 다만, 현금을 직접 받은 경우로서 법령으로 정하는 경우는 제외한다.

③ 인건비, 임차료를 지급하는 경우

④ 기부금, 장학금, 연구비 등 대통령령으로 정하는 직접 공익목적사업비를 지출하는 경우. 다만, 100만 원을 초과하는 경우로 한정한다.

⑤ 수익용 또는 수익사업용 자산의 처분대금, 그 밖의 운용소득을 고유목적사업회계에 전입(현금 등 자금의 이전이 수반되는 경우만 해당한다)하는 경우

공익법인등은 직접 공익목적사업과 관련하여 위의 어느 하나에 해당되지 아니하는 경우에는 명세서를 별도로 작성·보관하여야 한다. 다만, 소득세법 제160조의 2 제2항 제3호 또는 제4호에 해당하는 증명서류를 갖춘 경우 등 대통령령으로 정하는 수입과 지출의 경우에는 그러하지 아니하다.

공익법인등은 최초로 공익법인등에 해당하게 된 날부터 3개월 이내에 전용계좌를 개설하여 해당 공익법인등의 납세지 관할 세무서장에게 신고하여야 한다. 다만, 2016년 1월 1일, 2017년 1월 1일 또는 2018년 1월 1일이 속하는 소득세 과세기간 또는 법인세 사업연도의 수입금액(해당 공익사업과 관련된 「소득세법」에 따른 수입금액 또는 「법인세법」에 따라 법인세 과세대상이 되는 수익사업과 관련된 수입금액을 말한다)과 그 과세기간 또는 사업연도에 출연받은 재산가액의 합계액이 5억 원 미만인 공익법인등으로서 본문에 따라 개설 신고를 하지 아니한 경우에는 2019년 6월 30일까지 전용계좌의 개설 신고를 할 수 있다. 공익법인등은 전용계좌를 변경하거나 추가로 개설하려면 대통령령으로 정하는 바에 따라 신고하여야 한다.

## (4) 공익법인등의 세무확인 및 회계감사의무

### 1) 외부전문가의 세무확인

공익법인등은 과세기간별 또는 사업연도별로 출연받은 재산의 공익목적사업 사용 여부 등에 대하여 대통령령으로 정하는 기준에 부합하는 2명 이상의 변호사, 공인회계사 또는 세무사를 선임하여 세무확인("외부전문가의 세무확인")을 받아야 한다(상증법 제50조 제1항). 공익법인등은 과세기간별로 또는 사업연도별로 외부전문가의 세무확인을 받아야 하며, 이 경우 외부전문가의 세무확인은 해당 공익법인등의 과세기간 또는 사업연도 종료일부터 2개월 이내에 실시하여야 한다(상증칙 제14조).

대통령령으로 정하는 기준이란, 다음 어느 하나에도 해당하지 않아야 한다(상증령 제43조 제1항).

① 해당 공익법인등의 출연자(재산출연일 현재 해당 공익법인등의 총 출연재산가액의 100분의 1에 해당하는 금액과 2천만 원 중 적은 금액 이하의 금액을 출연한 사람은 제외한다), 설립자(이하 이 항에서 "출연자 등"이라 한다) 또는 임직원(퇴직 후 5년이 지나지 아니한 사람을 포함한다)인 경우

② 출연자 등과 친족 등(상증령 제12조의 2 제1항 제1호) 또는 사용인이거나 사용인 외의 자로 본인의 재산으로 생계를 유지하는 자(상증령 제12조의 2 제1항 제2호)의 관계에 있는 사람인 경우

③ 출연자 등 또는 그가 경영하는 회사(해당 회사가 법인인 경우에는 출연자 등이 최대주주 등인 회사를 말한다)와 소송대리, 회계감사, 세무대리, 고문 등의 거래가 있는 사람인 경우

④ 해당 공익법인등과 채권·채무 관계에 있는 사람인 경우

⑤ 위의 사유 외에 해당 공익법인 등과 이해관계가 있는 등의 사유로 그 직무의 공정한 수행을 기대하기 어렵다고 인정되는 사람인 경우

⑥ 위 "①"(임직원은 제외한다) 및 "③~⑤"의 규정에 따른 관계에 있는 법인에 소속된 사람인 경우

외부전문가의 세무확인 항목은 출연받은 재산의 공익목적 사용 여부, 의무사항 이행 여부 및 그 밖에 공익목적 사업운영 등에 관하여 출연받은 재산의 운영 및 수익사업내역의 적정성 여부, 장부의 작성·비치의무의 준수 여부 그리고 공익법인등의 수혜자 선정의 적정성 여부 등을 말한다(상증령 제43조 제5항).

## 2) 외부전문가의 세무확인 면제사유

자산 규모, 사업의 특성 등을 고려하여 다음의 공익법인등은 외부전문가의 세무확인을 받지 않아도 무방하다(상증법 제50조 제1항 단서 및 상증령 제43조 제2항).

① 상증법 제50조 제1항에 따라 외부전문가의 세무확인을 받아야 하는 과세기간 또는 사업연도의 종료일 현재 재무상태표상 총자산가액(부동산의 경우 상증법 제60조·제61조 및 제66조에 따라 평가한 가액이 재무상태표상의 가액보다 큰 경우에는 그 평가한 가액을 말한다)의 합계액이 5억 원 미만인 공익법인등. 다만, 해당 과세기간 또는 사업연도의 수입금액(해당 공익사업과 관련된 소득세법에 따른 수입금액 또는 법인세법에 따라 법인세 과세대상이 되는 수익사업과 관련된 수입금액을 말한다)과 그 과세기간 또는 사업연도에 출연받은 재산가액의 합계액이 3억 원 이상인 공익법인등은 제외한다.

② 불특정 다수인으로부터 재산을 출연받은 공익법인등(출연자 1명과 그의 특수관계인이 출연한 출연재산가액의 합계액이 공익법인등이 출연받은 총재산가액의 100분의 5에 미달하는 경우로 한정한다)

③ 국가 또는 지방자치단체가 재산을 출연하여 설립한 공익법인등으로서 감사원법 또는 관련 법령에 따라 감사원의 회계검사를 받는 공익법인등(회계검사를 받는 연도분으로 한정한다)

## 3) 세무확인 결과의 보고

외부전문가의 세무확인을 받은 공익법인등은 그 결과를 납세지 관할 세무서장에게 보고하여야 한다. 이 경우 관할 세무서장은 공익법인등의 출연재산의 공익목적사업 사용 여부 등에 관련된 외부전문가의 세무확인 결과를 일반인이 열람할 수 있게 하여야 한다(상증법 제50조 제2항).

외부전문가의 세무확인을 받은 공익법인등은 그 결과를 외부전문가의 공익법인등 보고서에 의하여 세무확인을 받은 해당 공익법인등의 과세기간 또는 사업연도의 종료일부터 4개월 이내에 해당 공익법인등을 관할하는 세무서장에게 보고해야 한다(상증령 제43조 제6항).

## 4) 외부감사인에 의한 회계감사

공익법인등은 과세기간별 또는 사업연도별로 「주식회사의 외부감사에 관한 법률」에 따른 외부감사인에게 회계감사를 받아야 한다. 다만, 다음의 어느 하나에 해당하는 공익법인등은 그러하지 아니하다(상증법 제50조 제3항).

① 자산 규모 및 수입금액이 대통령령으로 정하는 규모 미만인 공익법인등

"대통령령으로 정하는 규모 미만인 공익법인등"이란 회계감사를 받아야 하는 과세기간 또는 사업연도의 직전 과세기간 또는 직전 사업연도의 총자산가액 등이 다음의 경우를 모두 충족하는 공익법인등을 말한다(상증령 제43조 제3항, 2020. 2. 11. 개정). 다만, 상증령 제41조의 2 제6항에 해당하는 공익법인 등은 제외한다.

( ⅰ ) 직전 과세기간 또는 직전 사업연도 종료일의 재무상태표상 총자산가액(부동산인 경우 법 제60조·제61조 및 제66조에 따라 평가한 가액이 재무상태표상의 가액보다 크면 그 평가한 가액을 말한다)의 합계액이 100억 원 미만일 것

( ⅱ ) 직전 과세기간 또는 직전 사업연도의 수입금액과 그 과세기간 또는 사업연도에 출연받은 재산가액의 합계액이 50억 원 미만일 것

( ⅲ ) 직전 과세기간 또는 직전 사업연도에 출연받은 재산가액이 20억 원 미만일 것

② 사업의 특성을 고려하여 종교의 보급 기타 교화에 현저히 기여하는 사업 및 「초·중등교육법」 및 「고등교육법」에 의한 학교, 「유아교육법」에 따른 유치원을 설립·경영하는 공익법인등

상증법 제50조 제3항에 따라 회계감사를 받은 공익법인등은 감사인이 작성한 감사보고서를 해당 공익법인등의 과세기간 또는 사업연도 종료일부터 4개월 이내에 관할 세무서장에게 제출하여야 한다. 이 경우 관할 세무서장은 제출받은 감사보고서를 일반인이 열람할 수 있도록 해야 한다(상증령 제43조 제7항).

## 5) 회계감사 적정성에 대한 감리제도의 도입

① 공익법인등에 대한 감사인 지정 및 감리 개요

2019. 12. 31. 상증법 제50조(공익법인등의 세무확인 및 회계감사의무) 제3항 내지 제6항 개정 시, 기획재정부장관이 일정규모 이상의 공익법인에 대하여 감사인을 지정하여 회계감사를 받도록 할 수 있게 하고, 공익법인의 회계감사 적정성에 대한 감리제도를 도입하며, 감리 결과에 따른 조치 근거 등을 마련하였다. 이 규정은 2022. 1. 1. 이후부터 시행한다.

즉, 기획재정부장관은 자산 규모 등을 고려하여 대통령령으로 정하는 공익법인등이 연속하는 4개 과세기간 또는 사업연도에 대하여 제3항에 따른 회계감사를 받은 경우에는 그 다음 과세기간 또는 사업연도부터 연속하는 2개 과세기간 또는 사업연도에 대하여 기획재정부장관이 지정하는 감사인에게 회계감사를 받도록 할 수 있다.[46) 이 경우 기획재정부장관

---

46) 제50조 제4항부터 제6항까지의 개정규정은 2022. 1. 1. 이후 개시하는 과세기간 또는 사업연도분부터 적용한다. 이 경우 제50조 제4항의 개정규정을 적용할 때 연속하는 4개 과세기간 또는 사업연도의 산정은 제50조

은 감사인 지정 업무의 전부 또는 일부를 국세청장에게 위임할 수 있다(상증법 제50조 제4항).

또한, 기획재정부장관은 회계감사를 받을 의무가 있는 공익법인등이 공시한 감사보고서와 그 감사보고서에 첨부된 재무제표에 대하여 감리할 수 있다. 이 경우 기획재정부장관은 감리 업무의 전부 또는 일부를 대통령령으로 정하는 바에 따라 회계감사 및 감리에 관한 전문성을 갖춘 법인이나 단체에 위탁할 수 있다(상증법 제50조 제5항).

② 주기적 감사인 지정 대상 공익법인(상증령 제43조의 2 제1항)

지정기준일이 속하는 과세연도(과세기간 또는 사업연도를 말함)의 직전 과세연도 종료일 현재 재무상태표상 총자산가액이 1,000억 원 이상인 공익법인등에 대하여 감사인을 지정하되, 다만 ⅰ) 감리를 받은 공익법인등으로서 그 감리 결과 법 제50조의 4 제1항에 따른 회계기준을 위반한 사실이 발견되지 않은 공익법인등, ⅱ) 공공기관인 공익법인등 및 ⅲ) 「공공기관의 운영에 관한 법률」 제4조 제1항 각 호의 어느 하나에 해당하는 기관으로서 같은 법에 따른 공공기관으로 지정되지 않은 기관 중 기획재정부령으로 정하는 공익법인등은 지정 대상에서 제외한다.

③ 지정감사인 지정 및 재지정(상증령 제43조의 2 제3항 및 제7항)

기획재정부장관은 「주식회사 등의 외부감사에 관한 법률」에 따른 감사인 중에서 신청을 받아 상증법 제50조 제4항 전단에 따른 감사인을 지정한다. 기획재정부장관의 감사인 지정 통지를 받은 공익법인과 감사인은 2주 이내에 감사계약을 체결하되, 특별한 사유가 있는 경우에는 지정 감사인을 다시 지정해 줄 것을 요청할 수 있다.

④ 지정감사인 지정 배제사유(상증령 제43조의 2 제3항)

기획재정부장관은 「주식회사 등의 외부감사에 관한 법률」에 따른 감사인 중에서 신청을 받아 상증법 제50조 제4항 전단에 따른 감사인을 지정하되, ⅰ) 감사보고서 미기재 또는 허위기재로 공소가 제기된 자, ⅱ) 특별한 사유없이 감사인 지정통지 후 2주 내 감사계약을 체결하지 않은 자, ⅲ) 공익법인 감리 결과 금융위원회 등에 회계기준을 위반한 것으로 통보된 자, ⅳ) 그 밖에 과도한 감사보수를 요구하는 등의 사유로 제6항에 따라 의견이 제출된 자 등 지정감사인으로 지정하는 것이 적절하지 않다고 기획재정부장관이 인정하는 자의 경우에는 감사인으로 지정하지 아니할 수 있다.

⑤ 감사인 지정 통지 등(상증령 제43조의 2 제4항)

기획재정부장관은 지정회계감사의 대상이 되는 과세연도의 직전 과세연도 개시일부터

---

제4항의 개정규정이 최초로 적용되기 이전의 과세기간 또는 사업연도를 포함하여 계산한다(부칙 제7조 제2항, 2020. 2. 11. 개정).

11개월 15일이 되는 날(지정기준일)까지 지정감사인을 지정하고 이를 지정회계감사 대상 공익법인등 및 지정감사인에게 각각 통지해야 한다.

⑥ 감리 업무의 내용 및 감리 결과에 따른 조치(상증령 제43조의 3 제1항 내지 제4항)

기획재정부장관은 공익법인의 회계 관련 법령 위반사실 확인을 위하여 필요한 경우 공익법인이 공시한 감사보고서 등을 감리할 수 있도록 하고, 감리 결과 회계감사기준 등을 위반한 것으로 인정되면 공익법인과 감사인의 명단 및 위반 내용 등을 해당 공익법인의 주무관청, 국세청장 및 금융위원회에 통보해야 한다. 통보를 받은 금융위원회는 그 통보 내용에 따라 해당 감사인에 대하여 징계 등의 조치를 하는 경우 그 내용을 기획재정부장관에게 통보해야 한다.

⑦ 주기적 감사인 지정 및 감리 업무의 위탁(상증령 제43조의 2 제12항, 상증령 제43조의 3 제5항)

기획재정부장관은 공익법인 주기적 감사인 지정 관련 업무는 국세청장에게, 공익법인이 공시한 재무제표 및 회계보고서의 감리 관련 업무는 한국공인회계사회에 위탁한다.

## (5) 출연재산 명세의 보고 등

공익법인등이 재산을 출연받은 경우에는 그 출연받은 재산의 사용계획 및 진도에 관한 보고서를 납세지 관할 세무서장에게 제출하여야 한다(상증법 제48조 제5항). 재산을 출연받은 공익법인등은 결산에 관한 서류[「공익법인의 설립·운영에 관한 법률」 및 그 밖의 법령에 따라 공익법인등이 주무관청에 제출하는 재무상태표 및 손익계산서(손익계산서에 준하는 수지계산서 등을 포함한다)에 한정한다] 및 다음에 규정하는 사항에 관한 서류를 과세기간 또는 사업연도 종료일부터 4개월 이내에 납세지 관할 세무서장에게 제출해야 한다(상증령 제41조).

  1) 출연받은 재산의 명세
  2) 출연재산(출연재산의 운용소득을 포함한다)의 사용계획 및 진도현황
  3) 상증법 제48조 제2항 제4호 및 같은 항 제5호(상증령 제38조 제7항에 해당하는 경우에 한정한다)에 해당하는 경우에는 매각재산 및 그 사용명세
  4) 운용소득의 직접 공익목적사업 사용명세
  5) 그 밖에 기획재정부령으로 정하는 필요한 서류

세무서장은 공익법인등에 대하여 상속세나 증여세를 부과할 때에는 그 공익법인등의 주무관청에 그 사실을 통보하여야 한다(상증법 제48조 제6항). 이 경우 주무관청에의 통보는 공

익법인 과세내용 통보서에 의하여 상속세 또는 증여세를 부과한 날이 속하는 달의 다음달 말일까지 하여야 한다.

공익법인등의 주무관청은 공익법인등에 대하여 설립허가, 설립허가의 취소 또는 시정명령을 하거나 감독을 한 결과 공익법인등이 증여세 부과사유(5% 초과 등)에 해당하는 사실을 발견한 경우에는 설립허가 등을 한 날이 속하는 달의 다음 달 말일까지 그 공익법인 등의 납세지 관할 세무서장에게 그 사실을 통보하여야 한다(상증법 제48조 제7항).

## (6) 결산서류 등의 공시의무

### 1) 공시대상 공익법인과 공시서류

공익법인등(상증령 제12조 제1호의 사업을 영위하는 공익법인등은 제외한다)은 다음의 서류 등("결산서류등")을 해당 공익법인등의 과세기간 또는 사업연도 종료일부터 4개월 이내에 대통령령으로 정하는 바에 따라 국세청의 인터넷 홈페이지에 게재하는 방법으로 공시하여야 한다. 다만, 자산 규모 등을 고려하여 대통령령으로 정하는 공익법인등은 대통령령으로 정하는 바에 따라 간편한 방식으로 공시할 수 있다(상증법 제50조의 3 제1항).

가. 재무제표

나. 기부금 모집 및 지출 내용

다. 해당 공익법인등의 대표자, 이사, 출연자, 소재지 및 목적사업에 관한 사항

라. 출연재산의 운용소득 사용명세

마. 상증법 제50조 제3항에 따라 회계감사를 받을 의무가 있는 공익법인등에 해당하는 경우에는 감사보고서와 그 감사보고서에 첨부된 재무제표

바. 주식보유 현황 등 아래와 같은 사항

   ① 공익법인등의 주식 등의 출연·취득·보유 및 처분사항

   ② 공익법인등에 주식 등을 출연한 자와 그 주식 등의 발행법인과의 관계

   ③ 주식 등의 보유로 인한 배당현황, 보유한 주식 등의 처분에 따른 수익현황 등

   ④ 내국법인의 의결권 있는 주식등을 그 내국법인의 발행주식총수등의 100분의 5를 초과하여 보유하고 있는 성실공익법인등의 경우에는 보유주식에 대한 의결권의 행사 결과

   ⑤ 상증법 제50조 제3항에 따른 외부감사를 받는 공익법인등의 경우에는 출연받은 재산의 공익목적사용 현황

위에서 "대통령령으로 정하는 공익법인등"이란 법 제50조의 3 제1항에 따른 결산서류등

의 공시대상 과세기간 또는 사업연도의 종료일 현재 재무상태표상 총자산가액(부동산인 경우 법 제60조·제61조 및 제66조에 따라 평가한 가액이 재무상태표상의 가액보다 크면 그 평가한 가액을 말한다)의 합계액이 5억 원 미만인 공익법인등을 말한다. 다만, 해당 과세기간 또는 사업연도의 수입금액과 그 과세기간 또는 사업연도에 출연받은 재산가액의 합계액이 3억 원 이상인 공익법인등은 제외한다(상증령 제43조 제2항, 2020. 2. 11. 신설).

공익법인등은 국세청의 인터넷 홈페이지에 접속하여 기획재정부령으로 정하는 표준서식(법 제50조의 3 제1항 각 호 외의 부분 단서에 따른 공익법인등의 경우 기획재정부령으로 정하는 간편서식을 말한다)에 따라 작성된 결산서류등을 직접 공시해야 한다(상증령 제43조의 5 제4항).

국세청장은 국세청의 인터넷 홈페이지에 공시하는 방법, 표준서식과 자율서식의 작성방법, 공시하지 아니하거나 허위공시할 때의 처리 등 공익법인등의 결산서류등의 공시에 필요한 세부적인 사항을 정할 수 있다(상증령 제43조의 5 제7항).

### 2) 국세청장의 공시오류 보정요구

국세청장, 납세지 관할 지방국세청장 또는 납세지 관할 세무서장은 공익법인등이 결산서류등을 공시하지 아니하거나 그 물납재산 불허가 등 및 공시 내용에 오류가 있는 경우에는 해당 공익법인등에 대하여 1개월 이내의 기간을 정하여 공시하도록 하거나 오류를 시정하도록 요구할 수 있다(상증법 제50조의 3 제2항). 또한 국세청장은 공익법인등이 공시한 결산서류등을 국세청장이 지정하는 공익법인에게 제공할 수 있다(상증법 제50조의 3 제3항).

국세청장은 공시요구를 하거나 오류시정을 요구할 때에는 문서로 하여야 하며, 요구를 이행하지 아니하는 공익법인등에 대하여는 상증법 제78조 제11항에 따라 가산세를 부과하고 해당 공익법인등의 주무부장관에게 관련 사실을 통보하여야 한다(상증령 제43조의 5 제5항).

### 3) 공시자료 등의 제공

국세청장은 공익법인등이 공시한 결산서류등을 다른 공익법인이나 연구기관이 신청하는 자에게 제공할 수 있다(상증법 제50조의 3 제3항). 해당 규정은 공익법인의 공시자료 제공대상자 확대를 통하여 공익법인 관련 정보이용을 활성화하기 위하여 신설되었다. 다음의 어느 하나에 해당하는 자는 결산서류등의 제공을 신청할 수 있다(상증령 제43조의 5 제6항).

① 「정부출연연구기관 등의 설립·운영 및 육성에 관한 법률」 제8조 제1항 또는 「과학기술분야 정부출연 연구기관 등의 설립·운영 및 육성에 관한 법률」 제8조 제1항에 따라 설립된 연구기관

② 상증법 제50조의 3에 따라 공시의무를 이행한 공익법인 등
③「기부금품의 모집·사용 및 기부문화 활성화에 관한 법률」제4조 제1항에 따른 등록청이「전자정부법」제72조 제4항에 따라 기부금을 통합하여 관리하는 시스템의 구축 및 운영에 관한 업무를 위탁한 기관
④ 상증법 제50조 제6항 전단 및 이 영 제43조의 3 제5항에 따라 감리 및 자료 제출 등의 요구 업무를 위탁받은 한국공인회계사회

## (7) 공익법인등에 적용되는 회계기준

### 1) 개요

앞서 살펴본 바와 같이, 상증법에서는 공익법인등에 대한 투명성을 제고하기 위하여 결산서류의 공시, 세무확인, 외부회계감사 및 출연재산 명세를 보고하도록 규정하고 있다. 하지만 공익법인등의 결산서류 공시 및 외부회계감사 등에 적용되는 회계기준에 대하여 통일된 기준이 없어 공익법인등 마다 다른 회계기준을 적용하더라도 이를 규제할 규정이 없었다.

이에 공익법인등의 공익법인에 적용되는 회계기준("공익법인회계기준")을 마련하도록 하는 한편, 해당 회계기준을 적용한 결산서류를 공시하고, 외부회계감사를 받도록 하였다(상증법 제50조의 4 제1항). 동 개정규정은 2018년 1월 1일 이후 개시하는 소득세 과세기간 또는 법인세 사업연도분부터 적용한다(상증법 부칙 제12조).

다만, 「의료법」에 따른 의료법인 또는「사립학교법」에 따른 학교법인, 그 밖에 이와 유사한 공익법인등으로서「국립대학법인 서울대학교 설립·운영에 관한 법률」에 따른 국립대학법인 서울대학교 및「국립대학법인 인천대학교 설립·운영에 관한 법률」에 따른 국립대학법인 인천대학교 등은 제외한다.

### 2) 공익법인회계기준 심의위원회

공익법인 등에 적용되는 회계기준 등과 관련된 사항을 심의하기 위하여 기획재정부장관 소속으로 공익법인회계기준 심의위원회("위원회")를 설치하고, 위원회는 위원장 1명을 포함한 15명 이내의 위원으로 구성한다. 그 외 위원회의 운영에 필요한 사항은 기획재정부장관이 정한다(상증령 제43조의 7).

### 3) 공익법인회계기준 제정

공익법인회계기준의 주요내용을 살펴보면 다음과 같다.

공익법인이 상증법 제50조 제3항에 따라 회계감사를 받는 경우 및 같은 법 제50조의 3에 따라 결산서류등을 공시하는 경우 등에 적용하며 재무상태표, 운영성과표와 이에 대한 주석으로 구성된다.

발생주의 회계원칙에 따른 복식부기 방식에 대해 다른 법령에 특별한 규정이 있는 경우 이를 공익법인회계기준에 우선하여 적용하고, 공익법인회계기준에 없는 내용은 일반기업회계기준에 따른다.

재무상태표는 회계연도 말 현재 공익법인의 자산, 부채 및 순자산을 고유목적사업 부분과 수익사업 부분으로 구분하여 표시하고 자산은 유동자산 및 비유동자산으로 구분하고, 부채는 유동부채, 비유동부채 및 고유목적사업준비금으로 구분한다. 순자산은 법령 등에 의해 사용이나 처분 시 주무관청의 허가가 필요한 기본순자산과 주무관청의 허가가 필요 없는 보통순자산 및 순자산조정으로 구분한다.

운영성과표는 사업수익은 고유목적사업수익과 수익사업수익으로 구분 표시하고, 고유목적사업수익은 공익법인의 특성을 반영하여 기부금수익, 보조금수익, 회비수익 등으로 구분한다. 사업비용은 고유목적사업비용과 수익사업비용으로 구분 표시하고 고유목적사업비용은 활동의 성격에 따라 사업수행비용, 일반관리비용, 모금비용으로 구분하고 수익사업비용은 인력비용, 시설비용, 기타비용으로 구분한다.

자산은 원칙적으로 취득원가로 인식하되, 시장가치의 급격한 하락 등이 있는 경우 장부금액을 조정하고 손실로 처리한다.

주석에는 공익법인의 개황, 주요사업 내용, 특수관계인과의 거래 내용 등 재무제표 이해가능성을 높이는 정보를 주석으로 기재한다.

## **4** 성실공익법인[47]

### (1) 성실공익법인의 범위

"제2편 제4장 제3절 공익목적 출연재산의 상속세 과세가액 불산입" 편에서 상술한 바와 같다.

---

47) 상증법의 개정으로 성실공익법인과 공익법인이 통합되었으나 이 법 시행(제48조 제11항 제2호의 경우는 2022년 1월 1일을 말한다) 전에 개시한 과세기간 또는 사업연도분에 대해서는 제16조 제2항 제2호·제3항·제5항, 제48조 제2항·제9항·제11항·제14항 및 제49조 제1항 단서의 개정규정에도 불구하고 종전의 규정에 따른다.

### (2) 성실공익법인의 확인 의무

성실공익법인등은 해당 요건을 모두 충족하였는지 여부를 주무관청을 통하여 관할 지방국세청장에게 확인받아야 하고, 이후 5년마다 재확인받아야 한다. 이 경우 관할 지방국세청장은 관련 사실을 확인하여 성실공익법인등에 해당하는지 여부를 국세청장에게 보고하여야 하고 국세청장은 그 결과를 해당 공익법인등과 주무관청에 통보하여야 한다(상증령 제13조 제5항).

성실공익법인등에 해당하는지 여부를 확인받으려는 공익법인등은 해당 공익법인등의 설립허가서, 등기사항증명서 및 정관, 감사보고서, 운용소득 사용명세서, 이사 등 선임명세서, 특정기업광고 등 명세서, 전용계좌개설(변경·추가)신고서, 공익법인 결산서류등의 공시, 출연자 등 특수관계인 사용수익명세서, 장부의 작성·비치 의무 불이행 등 명세서 등의 서류를 해당 주무관청에 제출하여야 한다(상증칙 제4조 제1항).

성실공익법인등이 상증령 제13조 제5항에 따라 요건을 모두 충족하였는지 여부를 5년마다 재확인받으려는 경우에는 5년간의 제1항 각 호의 서류를 모두 제출하여야 한다(상증칙 제4조 제5항).

## 5 증여세 과세가액 불산입 재산의 범위

### (1) 개요

공익법인등이 출연받은 재산의 가액은 원칙적으로 증여세 과세가액에 산입하지 아니한다. 앞서 언급한 대로 공익법인이 공익사업과 관련해 마련하는 재원에 대해 조세를 부담하지 않게 하는 것이 조세 정의에 부합한다고 보는 것이 기본 취지인 것이다. 이 경우 증여세가 부과되지 않는 출연재산의 범위에는 제한이 없다. 다만, 내국법인의 주식을 출연받은 경우로써 총발행주식수의 5%(법정요건을 갖춘 공익법인[48]) 등에 해당하는 경우에는 10% 또는 20%)[49]를 초과하여 받는 주식에 대하여는 증여세를 과세하고 있다(상증법 제48조 제1항). 보유한 주식을 공익법인등에 증여함에 따른 증여세를 면제받으면서 공익법인등을 직간접적으로 장악함으로써 계열기업을 지배하는 수단으로 이용하는 사례를 방지하기 위하여 공익법인등에 대한 주식출연비율을 제한하고 있는 것이다.

---

48) 운용소득의 80% 이상을 직접 공익목적에 사용하고 출연자 또는 그와 특수관계자가 공익법인등의 이사현원의 5분의 1을 초과하지 아니하고 외부감사, 전용계좌의 개설 및 사용, 결산서 등의 공시를 이행하는 공익법인등을 말한다(상증법 제16조 제2항 및 제48조 제11항).
49) 공익법인등이 특수관계인으로부터 특정법인의 주식을 증여받는 경우라 할지라도 증여세를 부과하지 않는 비율로 이하에서 "법정비율"이라 한다.

## (2) 사례

컴퓨터 박사 A씨는 2011년 11월경 자신이 대주주로 있는 회사의 보유주식 372만 주(37.1%) 중 절반을 기부하겠다고 밝혔다. 이 경우 과세문제는 어떻게 될까? 결론부터 언급하면 다양한 경우의 수가 나올 수 있어 한 마디로 요약하기가 어렵다. 왜냐하면, 주식 출연방식에 따라 증여세, 양도소득세 등 세금항목과 금액이 달라지기 때문이다.

우선 공익법인을 만들어 여기에 주식 절반(18.55%)을 기부할 경우 앞서 언급한 5% 규정에 따라 5%가 넘는 지분(13.55%, 약 136만 주)에 대해서는 공익법인이 증여세를 내야 한다. 다만, A씨가 설립한 법인이 성실공익법인이 되면 5%가 아닌 10%를 초과한 지분에 대해 증여세를 내게 되어 납부해야 할 증여세액이 줄어들 수 있다. 성실공익법인은 설립후 2년간 운용소득의 80% 이상을 공익목적에 사용하고, 출연자나 특수관계자가 이사의 5분의 1을 초과하지 않는 등 법정요건을 지켜야 한다.

10%를 초과하는 잔여 지분(8.55%, 약 85만 6,000주)을 주식 출연 후 3년 안에 제3자에게 매각하면 추가 증여세를 내지 않아도 된다. 대신에 법인은 주식 양도차익에 대한 세금을 납부하여야 한다. 법인세법 제3조 제3항 제1호에서 규정하는 수익사업을 영위하지 아니하는 비영리내국법인이 과세특례 대상자산(주권상장법인의 주식 중 대주주 양도분과 장외양도분, 주권상장법인이 아닌 법인의 주식 등)의 양도로 인하여 발생하는 소득이 있는 경우에는 법인세법 제60조 규정의 법인세 신고 대신 소득세법의 규정을 준용하여 계산한 세액을 법인세로 신고·납부할 수 있다(법인법 제62조의 2). 이는 양도소득세 계산규정을 준용하여 계산한 세액을 법인세로 납부할 수 있다는 의미이다.

증여세를 절감하기 위하여 공익법인을 2개 이상 만들어 주식을 분산하는 경우, 예를 들어 성실공익법인 2개를 세워 각각 9%, 9.55%씩 각각 나눠 기부하면 10% 초과 출연규정에 저촉되지 않을 수 있을까?

공익법인등이 내국법인의 주식 등을 출연받은 경우로서 출연받은 주식 등과 출연자 및 그의 특수관계인이 해당 공익법인등 외의 다른 공익법인등에 출연한 동일한 내국법인의 주식 등의 경우 주식 등을 합한 것이 그 내국법인의 의결권 있는 발행주식총수 등의 100분의 5(성실공익법인등에 해당하는 경우에는 100분의 10)를 초과하는지 여부를 따져 판단하는 것이므로 저촉될 수 있다(상증법 제48조 제1항 제2호).

주식출연에 따른 다양한 규제의 번거로움을 회피하고자 한다면 출연 전 보유주식을 매각하여 그 매각대금을 출연할 수도 있을 것이다. 이 경우 A씨는 주식의 양도차익에 대한 양도소득세를 부담하여야 할 것이다.

### (3) 공익법인등에 대한 주식출연 제한

#### 1) 증여세 과세가액 산입

공익법인등이 출연받은 재산의 가액은 증여세 과세가액에 산입하지 아니한다. 다만, 공익법인등이 내국법인의 의결권 있는 주식 또는 출자지분("주식등")을 출연하는 경우로서 출연받은 주식등과 동일내국법인의 주식등을 합한 것이 그 내국법인의 의결권 있는 발행주식총수 또는 출자총액(자기주식과 자기 출자지분은 제외한다. "발행주식총수등")의 법정비율을 초과하는 경우(제16조 제3항 각 호에 해당하는 경우에는 제외한다)에는 그 초과하는 가액을 증여세 과세가액에 산입한다(상증법 제48조 제1항).

공익법인의 주식보유한도를 적용함에 있어 예외적으로 다음과 같은 경우에는 초과보유를 허용한다(상증법 제16조 제3항).

가. 주무관청이 인정한 경우(다음 요건 모두 충족)
  ① 주식 5% 초과보유 요건을 충족하는 공익법인등 또는 국가 등이 출연한 공익법인등에 해당할 것
  ② 상호출자제한기업집단과 특수관계에 있지 아니한 공익법인등일 것
  ③ 출연자와 특수관계에 있지 아니한 내국법인의 주식 등을 출연할 것
  ④ 주무관청이 공익법인등의 목적사업을 효율적으로 수행하기 위하여 필요하다고 인정할 것
나. 3년 이내 초과 보유분을 매각하는 경우(다음 요건 모두 충족)
  ① 상호출자제한기업집단과 특수관계에 있지 아니한 공익법인등일 것
  ② 주식보유한도를 초과하여 출연받고 초과보유일부터 3년 이내에 초과하여 출연받은 부분을 매각할 것
다. 「공익법인의 설립·운영에 관한 법률」 및 그 밖의 법령에 따라 내국법인의 주식등을 출연하는 경우

#### 2) 증여세 과세가액에 산입하지 않는 경우

다음의 경우에는 공익법인등이 법정비율을 초과하여 취득하더라도 증여세가 과세되지 아니한다(상증법 제48조 제2항 제2호 단서, 상증령 제37조 제6항).

① 상증법 제49조 제1항 각 호 외의 부분 단서에 해당하는 공익법인등으로서 상호출자제한기업집단과 특수관계에 있지 아니한 공익법인등에 그 공익법인등의 출연자와 특수관계에 있지 아니한 내국법인의 주식등을 취득하는 경우로서 주무관청이 공익법인등

의 목적사업을 효율적으로 수행하기 위하여 필요하다고 인정하는 경우

② 「공익법인의 설립·운영에 관한 법률」 및 그 밖의 법령에 따라 내국법인의 주식등을 출연하는 경우

③ 「산업교육진흥 및 산학협력촉진에 관한 법률」에 따른 산학협력단이 주식등을 취득하는 경우로서 다음의 요건을 모두 갖춘 경우(상증령 제37조 제6항)

ⓐ 「산업교육진흥 및 산학협력촉진에 관한 법률」에 따른 산학협력단("산학협력단")이 보유한 기술을 출자하여 같은 법에 따른 기술지주회사("기술지주회사") 또는 「벤처기업 육성에 관한 특별조치법」에 따른 신기술창업전문회사("신기술창업전문회사")를 설립할 것

ⓑ 산학협력단이 출자하여 취득한 주식등이 기술지주회사인 경우에는 발행주식총수의 100분의 50 이상(산업교육진흥 및 산학연협력촉진에 관한 법률 제36조의 2 제1항에 따라 각 산학협력단이 공동으로 기술지주회사를 설립하는 경우에는 각 산학협력단이 출자하여 취득한 주식등의 합계가 발행주식총수의 100분의 50 이상인 경우를 말한다), 신기술창업전문회사인 경우에는 발행주식총수의 100분의 30 이상일 것

ⓒ 기술지주회사 또는 신기술창업전문회사는 자회사 외의 주식등을 보유하지 아니할 것

## (4) 법정비율 초과 여부의 판정기준

공익법인등이 내국법인의 주식등을 출연받은 경우, 아래 주식등을 합하여 발행주식총수등의 법정비율 초과 여부를 판정한다(상증법 제48조 제2항 제2호).

① 취득 당시 해당 공익법인등이 보유하고 있는 동일한 내국법인의 주식등

② 해당 내국법인과 특수관계에 있는 출연자가 해당 공익법인등 외의 다른 공익법인등에 출연한 동일한 내국법인의 주식등

③ 해당 내국법인과 특수관계에 있는 출연자로부터 재산을 출연받은 다른 공익법인등이 보유하고 있는 동일한 내국법인의 주식등

위 "②" 및 "③"에서 "해당 내국법인과 특수관계에 있는 출연자"란 출연자가 해당 내국법인과 상증령 제2조의 2 제3항 각 호의 어느 하나에 해당하는 관계에 있는 경우 그 출연자를 말한다(상증령 제37조 제2항).

## (5) 법정비율 초과 판정기준일

주식등의 초과부분은 다음의 어느 하나에 해당하는 날을 기준으로 하여 계산한다(상증령

제37조 제1항).

① 공익법인등이 매매 또는 출연에 의하여 주식등을 취득하는 경우에는 그 취득일

② 공익법인등이 보유하고 있는 주식등을 발행한 내국법인이 자본 또는 출자액을 증가시키기 위하여 발행한 신주 중 공익법인등에게 배정된 신주를 유상으로 취득하는 경우에는 그 취득하는 날이 속하는 과세기간 또는 사업연도 중 상법 제354조의 규정에 의한 주주명부의 폐쇄일 또는 권리행사 기준일(주식회사 외의 회사의 경우에는 과세기간 또는 사업연도의 종료일로 한다)

③ 공익법인등이 보유하고 있는 주식등을 발행한 내국법인이 자본 또는 출자액을 감소시킨 경우에는 감자를 위한 주주총회결의일이 속하는 연도의 주주명부폐쇄일(주식회사 외의 회사의 경우에는 과세기간 또는 사업연도의 종료일로 한다)

④ 공익법인등이 보유하고 있는 주식등을 발행한 내국법인이 합병을 함에 따라 합병법인이 발행한 주식을 취득하는 경우에는 합병등기일이 속하는 과세기간 또는 사업연도 중 상법 제354조에 따른 주주명부의 폐쇄일 또는 권리행사 기준일(주식회사 외의 회사의 경우에는 과세기간 또는 사업연도의 종료일로 한다)

## (6) 공익법인이 인적분할의 대가로 타법인의 주식을 교부받은 경우

### 1) 개요

공익법인이 보유한 주식을 발행한 법인이 인적분할한 경우 해당 공익법인은 기존에 보유하던 주식("구주")을 반납하고 신주를 교부받게 된다. 이 경우 구주 대신 교부받은 신주를 상증법 제48조 및 그 부칙 제9조(법률 제14388호, 2016. 12. 20.)에서 규정하는 법률 시행 이후 출연받거나 취득한 경우로 보게 되면 공익법인의 타법인 주식보유비율한도를 초과하는 부분은 증여세가 과세된다.[50]

### 2) 신주의 취득으로 볼 수 없다는 견해

타법인의 주식을 보유하던 공익법인이 그 법인의 인적분할로 인하여 구주를 반납하고 신주를 받게 되는 경우 그 신주는 증여세 과세대상이 되는 신주의 취득으로 볼 수 없다. 그

---

50) 상증법 부칙 제9조(공익법인등이 출연받은 재산에 대한 과세가액 불산입 등에 관한 적용례) ① 제48조 제1항, 같은 조 제2항 제2호 및 같은 조 제11항의 개정규정은 이 법 시행 이후 출연받거나 취득하는 분부터 적용한다. 다만, 제48조 제1항 각 호 외의 부분 단서 및 같은 조 제2항 제2호 각 목 외의 부분 본문의 개정규정 중 상호출자제한기업집단과 특수관계에 있지 아니한 성실공익법인등에 대한 개정내용은 2017년 7월 1일 이후 출연받거나 취득하는 분부터 적용한다.

이유는 다음과 같다.

상법에 따르면 분할의 법적성격 내지 본질상 분할신설법인은 분할 전 법인의 권리와 의무를 포괄승계하는 것으로 규정하고 있다(상법 제530조의 10).[51] 이는 분할 전·후의 경제적 실체가 동일(인격합일설)하다는 입장을 취하고 있기 때문이다.

회계상으로도 법인의 분할은 그 실질이 분할 전후에 동일하다고 본다. 법인이 분할과 동시에 분할대가로 수령한 주식을 주주에게 지분율에 비례하여 배분하는 경우, 분할회사의 주주는 분할회사에 존재하던 위험과 효익을 분할 후에도 계속적으로 동일하게 부담하는 것으로 볼 수 있다.

세법에서는 합병 및 분할로 인한 자산의 이전을 과세대상인 양도거래로 본다. 다만, 분할로 인하여 실질의 변화 없이 단순한 형식상의 변화에 불과하여 법 소정의 과세이연 요건을 충족하는 적격분할 및 적격합병의 경우 예외적으로 과세이연의 혜택을 부여한다. 이는 세법이 적격분할·합병에 대해서는 여전히 분할 전·후의 경제적 실체가 동일하다고 보는 것이다.

상증법에 따르면, 유가증권 평가 시 적격분할로 신설된 법인의 사업영위기간을 분할 전 동일 사업부분의 사업개시일부터 기산하도록 규정하고 있다(상증령 제54조 제4항 제2호). 상증법상 분할신설법인과 분할법인을 별개의 법인으로 인식하고 있지 않다는 것을 의미한다.

요약하면 법인의 분할 전후 실질이 동일하다고 간주하는바 타법인의 인적분할로 인하여 공익법인이 구주를 반납하고 신주를 교부받는 경우를 증여세가 과세되는 신주의 취득으로 볼 수는 없다 하겠다.

### 3) 신주의 취득으로 볼 수 있다는 견해

다음과 같은 논리에 터잡아 타법인의 주식을 보유하던 공익법인이 그 법인의 인적분할로 인하여 구주를 반납하고 신주를 받게 되는 경우 그 신주는 증여세 과세대상이 되는 신주의 취득으로 보아야 한다.

분할법인과 분할신설법인은 상법상 법인격이 서로 분리된 별개의 법인체이다. 또한 세법상 분할 및 합병으로 인한 자산의 이전을 원칙적으로 과세대상 양도거래로 보고 있어 분할법인과 분할신설법인을 동일한 법인체로 볼 수 없는바 구주와 신주 역시 별개의 주식으로 보아야 한다.

상증법 제48조의 관련 규정은 최근 개정된바 상호출자제한기업집단이 특수관계 있는 성

---

51) 상법 제530조의 10(분할 또는 분할합병의 효과) 단순분할신설회사, 분할승계회사 또는 분할합병신설회사는 분할회사의 권리와 의무를 분할계획서 또는 분할합병계약서에서 정하는 바에 따라 승계한다(2015. 12. 1. 개정).

실공익법인을 통하여 증여세 부담없이 지분비율을 높이는 수단으로 활용하는 것을 방지하고자 2017. 1. 1. 이후 출연받거나 취득하는 분부터 허용 가능한 지분율을 10%에서 5%로 하향조정한 것으로 보인다.

### 4) 소결

회사분할을 통한 지주사 체제로의 전환은 소유와 경영의 분리와 책임경영을 가능하게 하는 긍정적인 측면이 있다. 반면, 지배주주가 자회사에 대한 지배력을 강화하고 인적분할을 통해 보유하게 된 주식으로부터 자본이득을 얻음으로써 재산증식의 수단으로 활용될 수 있는 부정적인 측면도 있다. 나아가 분할신설회사의 재상장을 통한 주가차익은 사전상속 혹은 증여의 수단이 될 가능성도 있다는 측면에서 일응 공익법인이 보유한 타법인의 주식이 해당 타법인의 인적분할의 결과 신주를 취득하는 경우는 증여세 과세대상이 되는 신주의 취득으로 보아야 한다고 볼 수 있다.

하지만 앞서 언급한 바와 같이 상법, 회계기준 및 세법 공히 법인의 분할 전후 실질이 동일하다고 간주하는 점을 감안하면 타법인의 인적분할로 인하여 공익법인이 구주를 반납하고 신주를 교부받는 행위는 증여세가 과세되는 신주의 취득으로 볼 수는 없다는 것이 타당하다 하겠다.

## 6 증여세가 부과되는 경우 및 증여가액의 계산

재산을 출연받은 공익법인등이 다음 "(1)～(4)", "(6)" 및 "(8)"의 어느 하나에 해당하는 경우에는 그 사유가 발생한 날에 대통령령으로 정하는 가액을 공익법인등이 증여받은 것으로 보아 즉시 증여세를 부과하고, "(5)" 및 "(7)"에 해당하는 경우에는 상증법 제78조 제9항에 따른 가산세를 부과한다. 다만, 불특정 다수인으로부터 출연받은 재산 중 출연자별로 출연받은 재산가액을 산정하기 어려운 재산으로서 종교의 보급 기타 교화에 현저히 기여하는 사업에 출연하는 헌금(부동산 및 주식등으로 출연하는 경우를 제외한다)은 제외한다(상증법 제48조 제2항, 상증령 제38조 제1항).

### (1) 용도 외 사용

### 1) 증여세가 부과되는 경우

출연받은 재산을 직접 공익목적사업등(직접 공익목적사업에 충당하기 위하여 수익용 또는 수익사업용으로 운용하는 경우를 포함한다)의 용도 외에 사용하거나 출연받은 날부터

3년 이내에 직접 공익목적사업등에 사용하지 아니하거나 3년 이후 직접 공익목적사업등에 계속하여 사용하지 아니하는 경우에는 증여세를 부과한다(상증법 제48조 제2항 제1호). 다만, 직접 공익목적사업등에 사용하는 데에 장기간이 걸리는 등 부득이한 사유가 있는 경우로서 보고서를 제출할 때 납세지 관할 세무서장에게 그 사실을 보고하고, 그 사유가 없어진 날부터 1년 이내에 해당 재산을 직접 공익목적사업등에 사용하는 경우는 제외한다.

2011. 1. 1. 이후 상속·증여받는 분부터는 부득이한 사유가 없어진 날부터 1년 이내에 해당 재산을 직접 공익목적사업등에 사용하도록 하여 사용시한을 별도로 규정하였다. 부득이한 사유란 다음 각 호의 어느 하나에 해당하는 사유로 출연받은 재산을 3년 이내에 직접 공익목적사업등에 전부 사용하거나 3년 이후 직접 공익목적사업등에 계속하여 사용하는 것이 곤란한 경우를 말한다(상증령 제38조 제3항).

가. 법령상 또는 행정상의 부득이한 사유 등으로 사용이 곤란한 경우로서 주무부장관(권한을 위임받은 자를 포함한다)이 인정한 경우

나. 해당 공익목적사업등의 인가·허가 등과 관련한 소송 등으로 사용이 곤란한 경우

### 2) 증여가액의 계산

공익법인등이 출연받은 재산을 직접 공익목적사업등 외에 사용한 경우에는 그 사용한 재산의 가액, 재산을 출연받은 3년 이내에 직접 공익목적사업등에 사용하지 아니하거나 미달하게 사용한 경우에는 그 사용하지 아니하거나 미달하게 사용한 재산의 가액, 3년 이후 직접 공익목적사업등에 계속하여 사용하지 않는 경우에는 그 사용하지 않는 재산의 가액을 증여가액으로 본다(상증령 제40조 제1항 제1호).

## (2) 법정비율 초과하여 내국법인의 주식을 취득

### 1) 증여세가 부과되는 경우

공익법인등이 출연받은 재산(그 재산을 수익용 또는 수익사업용으로 운용하는 경우 및 그 운용소득이 있는 경우를 포함한다) 및 출연받은 재산의 매각대금(매각대금에 의하여 증가한 재산을 포함하며 대통령령으로 정하는 공과금 등에 지출한 금액은 제외한다)을 내국법인의 주식등을 취득하는데 사용하는 경우로서 다음의 주식등을 합한 것이 법정비율을 초과하는 경우 그 초과분에 대하여 증여세를 과세한다. 다만, 상증법 제16조 제3항 제1호 또는 제3호에 해당하는 경우(이 경우 "출연"은 "취득"으로 본다)와 「산업교육진흥 및 산학연협력촉진에 관한 법률」에 따른 산학협력단이 주식등을 취득하는 경우로서 대통령령으로

정하는 요건을 갖춘 경우는 제외한다(상증법 제48조 제2항 제2호).

① 취득 당시 해당 공익법인등이 보유하고 있는 동일한 내국법인의 주식등

② 해당 내국법인과 특수관계에 있는 출연자가 해당 공익법인등 외의 다른 공익법인등에 출연한 동일한 내국법인의 주식등

③ 해당 내국법인과 특수관계에 있는 출연자로부터 재산을 출연받은 다른 공익법인등이 보유하고 있는 동일한 내국법인의 주식등

### 2) 증여가액의 계산

법정비율을 초과하여 내국법인의 주식을 취득하게 된 경우에는 그 초과부분을 취득하는 데 사용한 재산의 가액을 증여가액으로 본다(상증령 제40조 제1항 제2호).

## (3) 수익사업용으로 운용하는 경우

공익법인등이 출연받은 재산을 수익용 또는 수익사업용으로 운용하는 경우로서 그 운용소득을 직접 공익목적사업 외에 사용한 경우에는 증여세를 부과한다(상증법 제48조 제2항 제3호).

이 경우 출연재산(직접 공익목적사업에 사용한 분을 제외한다)의 평가가액을 공익목적사업 외에 사용한 금액이 운용소득에서 차지하는 비율에 곱하여 증여가액을 산정한다(상증령 제40조 제1항 제3호).

## (4) 출연받은 재산의 매각

### 1) 증여세를 부과하는 경우

출연받은 재산을 매각하고 그 매각대금을 매각한 날부터 3년이 지난 날까지 대통령령으로 정하는 바에 따라 사용하지 아니한 경우에는 증여세를 부과한다(상증법 제48조 제2항 제4호).

"대통령령으로 정하는 바에 따라 사용하지 아니한 경우"란 매각한 날이 속하는 과세기간 또는 사업연도의 종료일부터 3년 이내에 매각대금 중 직접 공익목적사업에 사용한 실적[매각대금으로 직접 공익목적사업용, 수익용 또는 수익사업용 재산을 취득한 경우를 포함하며, 「독점규제 및 공정거래에 관한 법률」 제31조에 따른 공시대상기업집단(자산총액 5조 원 이상)에 속하는 법인과 같은 법 시행령 제4조 제1항 제1호에 따른 동일인 관련자의 관계에 있는 공익법인등이 매각대금으로 해당 기업집단에 속하는 법인의 의결권 있는 주식등을 취득한 경우는 제외한다[52]]이 매각대금의 100분의 90에 미달하는 경우를 말한다. 이 경우 해

당 매각대금 중 직접 공익목적사업용, 수익용 또는 수익사업용 재산(공익목적사업용, 수익용 또는 수익사업용 재산을 취득하기 전에 일시 취득한 재산을 제외한다)을 취득한 가액이 매각대금의 사용기준에 상당하는 금액에 미달하는 경우에는 그 차액에 대하여 이를 적용한다(상증령 제38조 제4항).

### 2) 증여가액의 계산

출연받은 재산을 매각함으로써 증여세를 납부하게 되는 경우에는 다음 각 목의 구분에 따라 계산한 재산가액을 증여가액으로 본다(상증령 제40조 제1항 제4호).

① 공익목적사업 외에 사용한 분 : 사용기준금액을 공익목적사업 외에 사용한 금액이 매각대금에서 차지하는 비율

② 사용기준금액에 미달하게 사용한 분 : 당해 미달사용금액

### (5) 운용소득 및 출연받은 재산매각대금의 법정기준 미달 사용

위 "(3)"에 따른 운용소득을 법정 기준금액에 미달하게 사용하거나 위 "(4)"에 따른 매각대금을 매각한 날부터 3년 동안 법정 기준금액에 미달하게 사용한 경우에는 증여세를 부과한다(상증법 제48조 제2항 제5호). 운용소득과 관련된 법정기준금액이란 아래 "①"에 따라 계산한 금액에서 "②"의 금액을 뺀 금액("운용소득")의 100분의 70에 상당하는 금액("사용기준금액")을 말한다. 이 경우 직전 과세기간 또는 사업연도에서 발생한 운용소득을 사용기준금액에 미달하게 사용한 경우에는 그 미달하게 사용한 금액(상증법 제78조 제9항에 따른 가산세를 뺀 금액을 말한다)을 운용소득에 가산한다.

① 해당 과세기간 또는 사업연도의 수익사업에서 발생한 소득금액(출연재산과 관련이 없는 수익사업에서 발생한 소득금액 및 상증법 제48조 제2항 제4호에 따른 출연재산 매각금액을 제외하고, 법인세법 제29조 제1항의 규정에 의한 고유목적사업준비금과 해당 과세기간 또는 사업연도 중 고유목적사업비로 지출된 금액으로서 손금에 산입된 금액을 포함한다)과 출연재산을 수익의 원천에 사용함으로써 생긴 소득금액의 합계액

② 해당 소득에 대한 법인세 또는 소득세·농어촌특별세·주민세 및 이월결손금

운용소득의 사용은 그 소득이 발생한 과세기간 또는 사업연도 종료일부터 1년 이내에 직접 공익목적사업에 사용한 실적(해당 과세기간 또는 사업연도 중 고유목적사업비로 지출

---

52) 공익법인등이 출연재산 매각대금으로 공시대상기업집단 소속회사를 지배하기 위하여 주식을 취득하는 것을 제한하기 위하여 개정되었다.

된 금액으로서 손금에 산입된 금액을 포함한다)을 말한다. 이 경우 그 실적 및 기준금액은 각각 해당 과세기간 또는 사업연도와 직전 4과세기간 또는 사업연도와의 5년간의 평균금액을 기준으로 계산할 수 있으며 사업개시 후 5년이 경과되지 아니한 경우에는 사업개시 후 5년이 경과한 때부터 이를 계산한다.

"매각대금을 매각한 날부터 3년 동안 기준금액에 미달하게 사용한 경우"란 매각대금 중 직접 공익목적사업에 사용한 실적이 매각한 날이 속하는 과세기간 또는 사업연도 종료일부터 1년 이내에 매각대금의 100분의 30, 2년 이내에 매각대금의 100분의 60에 미달하게 사용한 경우를 말한다. 이 경우 해당 매각대금 중 직접 공익목적사업용 또는 수익사업용 재산을 취득한 가액이 매 연도별 매각대금의 사용기준에 상당하는 금액에 미달하는 경우에는 그 차액에 대하여 이를 적용한다.

앞서 언급한 바와 같이 운용소득을 법정 기준금액에 미달하게 사용하거나 증여재산의 매각대금을 매각한 날부터 3년 동안 법정 기준금액에 미달하게 사용한 경우에는 운용소득이나 매각대금 중 기준금액에 미달하게 사용한 금액의 100분의 10에 상당하는 금액을 그 공익법인등이 납부할 세액에 가산하여 부과한다(상증법 제78조 제9항).

## (6) 공익법인등이 출연받은 주식의 의결권을 행사한 경우

출연받은 주식등의 의결권을 행사하지 아니할 것과 자선·장학 또는 사회복지를 목적으로 할 것 등의 요건을 모두 충족하는 공익법인등(「독점규제 및 공정거래에 관한 법률」 제31조에 따른 상호출자제한기업집단과 특수관계에 있는 공익법인등과 상증법 제48조 제11항 각 호의 요건을 충족하지 못하는 공익법인등은 제외한다)이 출연받은 주식등의 의결권을 행사한 경우에는 증여세를 부과한다(상증법 제48조 제2항 제6호).

이 경우 해당 공익법인등이 출연받은 주식등의 의결권을 행사한 날에 발행주식총수등의 100분의 10을 초과하여 보유하고 있는 주식등의 가액을 증여가액으로 본다(상증령 제40조 제1항 제3호의 2).

## (7) 기준금액에 미달하여 직접 공익목적에 사용한 경우

다음 각 목의 공익법인등이 대통령령으로 정하는 출연재산가액에 100분의 1(상증법 제16조 제2항 제2호 가목에 해당하는 공익법인등이 발행주식총수등의 100분의 10을 초과하여 보유하고 있는 경우에는 100분의 3)을 곱하여 계산한 금액에 상당하는 금액(이하 상증법 제78조 제9항 제3호에서 "기준금액"이라 한다)에 미달하여 직접 공익목적사업(「소득세법」

에 따라 소득세 과세대상이 되거나 「법인세법」에 따라 법인세 과세대상이 되는 사업은 제외한다)에 사용한 경우에는 증여세를 부과한다(상증법 제48조 제2항 제7호).

　　가. 다음의 요건을 모두 갖춘 공익법인등으로서 대통령령으로 정하는 공익법인등[53]

　　　　1) 내국법인의 주식등을 출연받은 공익법인등일 것

　　　　2) 대통령령으로 정하는 바에 따라 계산한 주식등의 보유비율이 그 내국법인의 발행주식총수등의 100분의 5를 초과할 것

　　나. 가목 외의 공익법인등(자산 규모, 사업의 특성 등을 고려하여 대통령령으로 정하는 공익법인등[54]은 제외한다)

---

53) 법 제48조 제2항 제7호 가목 1) 및 2) 외의 부분에서 "대통령령으로 정하는 공익법인등"이란 법 제48조 제11항 각 호의 요건을 모두 충족하여 법 제16조 제2항, 제48조 제1항, 같은 조 제2항 제2호, 같은 조 제9항 및 제49조 제1항에 따른 주식등의 출연·취득 및 보유에 대한 증여세 및 가산세 등의 부과대상에서 제외되는 공익법인등으로서 다음 각 호의 어느 하나에 해당하는 공익법인등을 말한다(상증령 제38조 제20항, 2024. 2. 29. 신설).
　1. 법 제16조 제2항 및 제48조 제1항에 따라 내국법인의 발행주식총수등의 100분의 5를 초과하여 주식등을 출연받은 공익법인등. 다만, 다음 각 목의 어느 하나에 해당하는 경우는 제외한다.
　　가. 다음의 어느 하나에 해당하는 공익법인등으로서 법 제16조 제3항 제1호에 해당하는 경우
　　　1) 국가·지방자치단체가 출연하여 설립한 공익법인등
　　　2) 제42조 제2항 각 호의 어느 하나에 해당하는 공익법인등
　　나. 법 제16조 제3항 제3호에 해당하는 경우
　2. 법 제48조 제2항 제2호에 따라 내국법인의 발행주식총수등의 100분의 5를 초과하여 주식등을 취득한 공익법인등. 다만, 다음 각 목의 어느 하나에 해당하는 경우는 제외한다.
　　가. 공익법인등(다음의 어느 하나에 해당하는 공익법인등이 제13조 제6항에 해당하는 경우로 한정한다)이 제13조 제7항에 따른 내국법인의 주식등을 취득하는 경우로서 주무관청이 공익법인등의 목적사업을 효율적으로 수행하기 위하여 필요하다고 인정하는 경우
　　　1) 국가·지방자치단체가 출연하여 설립한 공익법인등
　　　2) 제42조 제2항 각 호의 어느 하나에 해당하는 공익법인등
　　나. 「공익법인의 설립·운영에 관한 법률」 및 그 밖의 법령에 따라 내국법인의 주식등을 취득하는 경우
　　다. 「산업교육진흥 및 산학연협력촉진에 관한 법률」 제25조에 따른 산학협력단이 주식등을 취득하는 경우로서 제37조 제6항 각 호의 요건을 모두 갖춘 경우
　3. 법 제48조 제9항에 따른 가산세가 부과되지 않는 공익법인등이 제38조 제13항에 따른 특수관계에 있는 내국법인의 주식등을 보유하는 경우로서 같은 조 제14항에 따른 가액이 0보다 큰 공익법인등. 다만, 다음 각 목의 어느 하나에 해당하는 공익법인등은 제외한다.
　　가. 국가·지방자치단체가 출연하여 설립한 공익법인등
　　나. 제42조 제2항 각 호의 어느 하나에 해당하는 공익법인등
　4. 법 제49조 제1항에 따라 1996년 12월 31일 현재 의결권 있는 발행주식총수등의 100분의 5를 초과하는 동일한 내국법인의 의결권 있는 주식등을 보유하고 있는 공익법인등으로서 해당 주식등을 발행주식총수등의 100분의 5를 초과하여 계속하여 보유하고 있는 공익법인등. 다만, 다음 각 목의 어느 하나에 해당하는 공익법인등은 제외한다.
　　가. 국가·지방자치단체가 출연하여 설립한 공익법인등
　　나. 제42조 제2항 각 호의 어느 하나에 해당하는 공익법인등
54) 여기에서 "대통령령으로 정하는 공익법인등"이란 다음 각 호의 어느 하나에 해당하는 공익법인등을 말한다(상증령 제38조 제22항, 2024. 2. 29. 개정).
　1. 제43조의 5 제1항 및 제2항에 따른 공익법인등

상기 규정에서 "대통령령으로 정하는 출연재산가액"이란 직접 공익목적사업에 사용해야 할 과세기간 또는 사업연도의 직전 과세기간 또는 사업연도 종료일 현재 재무상태표 및 운영성과표를 기준으로 다음의 계산식에 따라 계산한 가액을 말한다. 다만, 공익법인등이 상증령 제41조의 2 제6항에 따른 공익법인등에 해당하거나 상증령 제43조 제3항에 따른 공익법인등에 해당하지 않는 경우로서 재무상태표상 자산가액이 상증법 제4장에 따라 평가한 가액의 100분의 70 이하인 경우에는 같은 장에 따라 평가한 가액을 기준으로 다음의 계산식에 따라 계산한 가액을 말한다(상증령 제38조 제18항).

또한, "대통령령으로 정하는 바에 따라 계산한 주식등"은 상증령 제38조 제20항 각 호의 구분에 따라 출연, 취득 또는 보유하는 주식등을 말한다(상증령 제38조 제21항).

(2020년까지 적용되는 계산식)

★ 출연재산가액 = 수익용 또는 수익사업용으로 운용하는 재산의 〔총자산가액 - (부채가액 + 당기순이익)〕

(2021년부터 적용되는 계산식)

★ 출연재산가액 = 수익용 또는 수익사업용으로 운용하는 재산(직접 공익목적사업용 재산은 제외한다)의 〔총자산가액 - (부채가액 + 당기순이익)〕

(2022년부터 적용되는 계산식)

★ 출연재산가액 = 수익용 또는 수익사업용으로 운용하는 재산(직접 공익목적사업용 재산은 제외한다)의 〔총자산가액 - (부채가액 + 당기순이익)〕

* 총자산가액 중 해당 공익법인이 3년 이상 보유한 유가증권시장 또는 코스닥시장에 상장된 주권상장법인의 주식등의 가액은 직전 3개 과세기간 또는 사업연도 종료일 현재 각 재무상태표 및 운영성과표를 기준으로 한 가액의 평균액으로 한다.

---

2. 「법인세법 시행령」 제39조 제1항 제1호 바목에 따른 공익법인등 중 「공공기관의 운영에 관한 법률」 제4조에 따른 공공기관 또는 법률에 따라 직접 설립된 기관

(2024년부터 적용되는 계산식)

★

출연재산가액 = 수익용 또는 수익사업용으로 운용하는 재산(직접 공익목적사업용 재산은
제외한다)의 〔총자산가액 − (부채가액 + 당기순이익)〕

\* 총자산가액 중 해당 공익법인등에 3년 이상 5년 미만 보유한 유가증권시장 또는 코스닥시장에 상장된 주권상
장법인의 주식의 가액은 직전 3개 과세기간 또는 사업연도 종료일 현재 각 재무상태표 및 운영성과표를 기준
으로 한 가액의 평균액으로 하고, 해당 공익법인등에 5년 이상 보유한 유가증권시장 또는 코스닥시장에 상장
된 주권상장법인의 주식의 가액은 직전 5개 과세기간 또는 사업연도 종료일 현재 각 재무상태표 및 운영성과
표를 기준으로 한 가액의 평균액으로 한다.

상기 규정에서 "직접 공익목적사업에 사용한 실적"은 직접 공익목적사업에 사용해야 할
과세기간 또는 사업연도 중 고유목적사업비로 지출된 금액으로서 손금에 산입한 금액을 포
함하며, 직접 공익목적사업에 사용한 실적을 계산할 때 공익법인등이 해당 공익목적사업
개시 후 5년이 지난 경우에는 직접 공익목적사업에 사용해야 할 과세기간 또는 사업연도와
그 과세기간 또는 사업연도 직전 4개 과세기간 또는 사업연도의 5년간 평균금액을 기준으
로 계산할 수 있다(상증령 제38조 제19항, 2024. 2. 29. 신설).

## (8) 공익목적으로 운용하지 아니한 경우

그 밖에 출연받은 재산 및 직접 공익목적사업을 다음의 어느 하나에 해당하는 방법으로
운용하지 아니하는 경우는 증여세를 과세한다(상증법 제48조 제2항 제8호, 상증령 제38조 제8항).

가. 공익법인등이 사업을 종료한 때의 잔여재산을 국가·지방자치단체 또는 해당 공익법
인등과 동일하거나 주무부장관이 유사한 것으로 인정하는 공익법인등에 귀속시키지
아니한 때

나. 직접 공익목적사업에 사용하는 것이 사회적 지위·직업·근무처 및 출생지 등에 의
하여 일부에게만 혜택을 제공하는 것인 때. 다만, 주무부장관이 기획재정부장관과 협
의(행정권한의 위임 및 위탁에 관한 규정 제3조 제1항에 따라 공익법인등의 설립허
가 등에 관한 권한이 위임된 경우에는 해당 권한을 위임받은 기관과 해당 공익법인등
의 관할 세무서장의 협의를 말한다)하여 따로 수혜자의 범위를 정하여 이를 다음 하
나에 해당하는 조건으로 한 경우를 제외한다.

① 해당 공익법인등의 설립허가의 조건으로 붙인 경우

② 정관상의 목적사업을 효율적으로 수행하기 위하여 또는 정관상의 목적사업에 새
로운 사업을 추가하기 위하여 재산을 추가 출연함에 따라 정관의 변경허가를 받
는 경우로서 그 변경허가조건으로 붙인 경우

## 7 공익법인등의 자기내부거래에 대한 증여세 과세

### (1) 개요

공익법인등이 출연받은 재산, 출연받은 재산을 원본으로 취득한 재산, 출연받은 재산의 매각대금 등을 출연자의 친족 등이 임대차, 소비대차(消費貸借) 및 사용대차(使用貸借) 등의 방법으로 사적목적으로 사용·수익하게 하는 경우에는 법정가액을 공익법인등이 증여받은 것으로 보아 즉시 증여세를 부과한다. 다만, 공익법인등이 직접 공익목적사업과 관련하여 용역을 제공받고 정상적인 대가를 지급하는 등의 경우에는 그러하지 아니하다(상증법 제48조 제3항).

### (2) 특수관계에 있는 자의 범위

즉시 증여세가 부과되는 사적사용의 대상이 되는 특수관계에 있는 자란 출연자 및 그 친족, 출연자가 출연한 다른 공익법인등 및 다음 어느 하나에 해당하는 관계에 있는 자를 말하며, "②~⑤"의 규정에 따른 출연자에는 친족 및 직계비속의 배우자의 2촌 이내의 혈족과 그 배우자("친족 등", 상증령 제2조의 2 제1항 제1호) 관계가 있는 자를 포함한다(상증령 제39조 제1항).

① 출연자가 「민법」 제32조에 따라 설립된 법인인 경우에는 그 법인에 대한 출연자 및 그 출연자와 친족 등(상증령 제2조의 2 제1항 제1호)의 관계에 있는 자

② 출연자가 위 "①" 외의 법인인 경우에는 해당 법인을 출자에 의하여 지배하고 있는 자 및 그와 친족 등(상증령 제2조의 2 제1항 제1호)의 관계에 있는 자

③ 출연자의 사용인

④ 출연자로부터 재산을 출연받은 다른 공익법인등의 임원

⑤ 출연자가 출자에 의하여 지배하고 있는 법인

⑥ 본인이 속한 기업집단의 소속 기업(해당 기업의 임원 및 퇴직임원을 포함한다)과 해당 기업의 임원에 대한 임면권의 행사 및 사업방침의 결정 등을 통하여 그 경영에 관하여 사실상의 영향력을 행사하고 있는 자 및 그와 친족 등에 해당하는 관계에 있는 자(상증령 제28조 제1항 제2호)

⑦ 동일인이 임원의 임면권의 행사 또는 사업방침의 결정 등을 통하여 합병당사법인(합병으로 인하여 소멸·흡수되는 법인 또는 신설·존속하는 법인을 말한다)의 경영에 대하여 영향력을 행사하고 있다고 인정되는 관계에 있는 법인(상증령 제28조 제1항 제3호)

## (3) 정상적인 대가를 지급하는 경우

증여세를 과세하지 않는 "공익법인등이 직접 공익목적사업과 관련하여 용역을 제공받고 정상적인 대가를 지급하는 등의 경우"란 다음 어느 하나에 해당하는 경우를 말한다(상증령 제39조 제2항).

① 출연받은 재산을 출연받은 날부터 3개월 이내에 출연자 및 그 친족, 출연자가 출연한 다른 공익법인 및 그들과 특수관계에 있는 자가 사용하는 경우

② 상증령 제12조 제2호에 따른 교육사업을 영위하는 교육기관이 기획재정부령이 정하는 연구시험용 건물 및 시설 등을 출연받아 이를 해당 공익법인등과 출연자가 공동으로 사용하는 경우

③ 해당 공익법인등이 의뢰한 연구용역 등의 대가 또는 직접 공익목적사업의 수행과 관련한 경비 등을 지급하는 경우

④ 공익법인과 특수관계에 있는 자가 공익법인등이 출연받은 부동산을 상증령 제32조 제3항 제1호에 따른 대가(법인세법 시행령 제89조 제4항 제1호에 따른 금액을 포함한다)를 지급하고 사용하는 경우

## (4) 증여세 과세가액에 산입하는 금액

증여세 과세가액에 산입하는 가액은 해당 공익법인과 특수관계에 있는 자에게 무상으로 사용·수익하게 한 경우에는 해당 출연재산가액을 말하며, 상증령 제32조 제3항에 따른 통상적인 지급대가(법인세법 시행령 제89조 제4항 제1호에 따른 금액을 포함한다)보다 낮은 대가로 사용·수익하게 한 경우에는 그 차액에 상당하는 출연재산가액을 말한다.

상증령 제32조 제3항에 따른 시가는 해당 거래와 유사한 상황에서 불특정다수인 간 통상적인 지급대가에 의한다. 다만, 시가가 불분명한 경우에는 다음의 어느 하나에 의하여 계산한 금액에 의한다.

① 부동산임대용역의 경우 : 부동산가액(상증법 제4장의 규정에 의하여 평가한 가액을 말한다) × 1년간 부동산 사용료를 감안하여 기획재정부령이 정하는 율(2%)

② 부동산임대용역 외의 경우 : 법인세법 시행령 제89조 제4항 제2호의 규정에 의하여 계산한 금액

## 제4절 공익신탁 재산에 대한 증여세 과세가액 불산입

### 1 개 요

증여재산 중 증여자가 「공익신탁법」에 따른 공익신탁으로서 종교·자선·학술 또는 그 밖의 공익을 목적으로 하는 신탁을 통하여 공익법인등에 출연하는 재산의 가액은 증여세 과세가액에 산입하지 아니한다(상증법 제52조).

증여자가 공익신탁을 통하여 공익법인에 증여하는 것이 공익법인에 직접 증여(출연)하는 것과 사실상 동일한 출연효과를 나타내는 점을 고려하여 증여세 과세가액에 산입하지 아니하도록 규정하고 있는 것이다.

### 2 공익신탁의 범위

공익신탁은 다음의 요건을 갖춘 것으로 한다(상증령 제45조 및 상증령 제14조 제1항).

(1) 공익신탁의 수익자가 상증령 제12조에 규정된 공익법인등이거나 그 공익법인등의 수혜자일 것

(2) 공익신탁의 만기일까지 신탁계약이 중도 해지되거나 취소되지 아니할 것

(3) 공익신탁의 중도해지 또는 종료 시 잔여신탁재산이 국가·지방자치단체 및 다른 공익신탁에 귀속될 것

증여세 과세가액에 산입하지 아니하는 재산은 증여세 과세표준 신고기한까지 신탁을 이행하여야 한다. 다만, 법령상 또는 행정상의 사유로 신탁 이행이 늦어지면 그 사유가 끝나는 날이 속하는 달의 말일부터 6개월 이내에 신탁을 이행하여야 한다(상증령 제14조 제2항).

## 장애인이 증여받은 재산의 과세가액 불산입

### 1 개 요

2019년까지는 장애인이 재산을 증여받아 그 재산을 본인을 수익자로 하여 신탁(자익신탁)하는 경우로서 일정한 요건을 충족하는 경우에는 그 증여재산가액을 5억 원을 한도로하여 증여세 과세가액에 산입하지 아니하였다(상증법 제52조의 2 제1항).

이러한 제도하에서 2016년 말까지는 직계존비속과 친족(배우자 제외)으로부터 증여받는경우에 한하여 적용하였으나, 2017. 1. 1. 이후 증여받는 분부터는 타인이 증여한 경우에도증여세 과세가액에 산입하지 않음으로써 장애인에 대한 기부를 활성화되도록 하였다.

그러나 장애인의 법정대리인이 장애인 본인의 의사에 반하여 신탁을 운영할 가능성 등자익신탁의 잠재적 문제점을 보완하기 위하여 타인이 장애인을 수익자로 하여 위탁하는 신탁(타익신탁)의 경우에도 동일한 세제혜택을 부여할 필요가 있어 이를 추가하였다(상증법제52조의 2 제2항, 2019. 12. 31. 신설, 2020. 1. 1. 이후 신탁분부터).

장애인이 증여받은 재산의 증여세 과세가액에 불산입하는 이 제도는 장애인을 배려하는차원에서 마련한 특별규정으로서, 다만 신탁재산을 처분하는 경우 등에는 증여세를 과세하도록 사후관리 제도를 두고 있다.

### 2 적용범위

#### (1) 장애인의 범위

장애인의 범위는 소득세법상 종합소득공제(추가공제)의 대상이 되는 장애인 범위와 동일하다(상증령 제45조의 2 제1항 및 소득령 제107조 제1항).

① 「장애인복지법」에 따른 장애인 및 「장애아동 복지지원법」에 따른 장애아동 중 기획재정부령으로 정하는 사람

② 「국가유공자 등 예우 및 지원에 관한 법률」에 의한 상이자 및 이와 유사한 사람으로서근로능력이 없는 사람

③ 그 외 항시 치료를 요하는 중증환자[지병에 의해 평상시 치료를 요하고 취학·취업이곤란한 상태에 있는 자를 말한다(소득법 기본통칙 50-107…2)]

## (2) 친족의 범위[55]

장애인에게 증여할 수 있는 친족의 범위를 다음과 같이 규정하고 있다(상증령 제45조의 2 및 국기령 제1조의 2). 다만, 배우자를 제외한 이유는 배우자 간 증여소득공제액이 6억 원으로 장애인증여공제액 5억 원보다 많음을 감안한 것으로 보인다.

① 6촌 이내의 혈족

② 4촌 이내의 인척

③ 친생자로서 다른 사람에게 친양자 입양된 자 및 그 배우자・직계비속

## 3 증여세 과세가액 불산입 요건

### (1) 신탁요건

#### 1) 자익신탁

장애인이 재산을 증여받고 그 재산을 본인을 수익자로 하여 신탁한 경우로서 해당 신탁(자익신탁)이 다음의 요건을 모두 충족하는 경우에는 그 증여받은 재산가액은 증여세 과세가액에 산입하지 아니한다(상증법 제52조의 2 제1항).

① 「자본시장과 금융투자업에 관한 법률」에 따른 신탁업자에게 신탁하였을 것

② 그 장애인이 신탁의 이익 전부를 받는 수익자일 것

③ 신탁기간이 그 장애인이 사망할 때까지로 되어 있을 것. 다만, 장애인이 사망하기 전에 신탁기간이 끝나는 경우에는 신탁기간을 장애인이 사망할 때까지 계속 연장하여야 한다.

#### 2) 타익신탁

타인이 장애인을 수익자로 하여 재산을 신탁한 경우로서 해당 신탁(타익신탁)이 다음의 요건을 모두 충족하는 경우에는 장애인이 증여받은 그 신탁의 수익(제4항 단서에 따른 신탁원본의 인출이 있는 경우에는 해당 인출금액을 포함)은 증여세 과세가액에 산입하지 아니한다(상증법 제52조의 2 제2항).

① 신탁업자에게 신탁되었을 것

② 그 장애인이 신탁의 이익 전부를 받는 수익자일 것. 다만, 장애인이 사망한 후의 잔여

---

55) 이 부분은 2016년 말까지 증여받는 경우에 한하여 적용된다. 2017. 1. 1. 이후부터는 증여자의 범위를 한정하고 있지 아니하다.

재산에 대해서는 그러하지 아니하다.

③ 다음의 내용이 신탁계약에 포함되어 있을 것

（ⅰ） 장애인이 사망하기 전에 신탁이 해지 또는 만료되는 경우에는 잔여재산이 그 장애인에게 귀속될 것

（ⅱ） 장애인이 사망하기 전에 수익자를 변경할 수 없을 것

（ⅲ） 장애인이 사망하기 전에 위탁자가 사망하는 경우에는 신탁의 위탁자 지위가 그 장애인에게 이전될 것

## (2) 과세가액 불산입 한도

자익신탁으로 증여받은 재산가액(그 장애인이 살아있는 동안 증여받은 재산가액을 합친 금액을 말한다) 및 타익신탁 원본의 가액(그 장애인이 살아있는 동안 그 장애인을 수익자로 하여 설정된 타익신탁의 설정 당시 원본가액을 합친 금액을 말한다)을 합산한 금액은 5억 원을 한도로 한다(상증법 제52조의 2 제3항, 2019. 12. 31. 신설).

## (3) 불산입 신청 서류의 제출

증여세 과세가액 불산입을 받고자 하는 자는 상증법 제68조에 따른 신고기한(타익신탁의 경우에는 최초로 증여받은 신탁의 수익에 대한 신고기한을 말한다)까지 증여세 과세표준신고 및 자진납부계산서에 다음의 서류를 첨부하여 납세지 관할 세무서장에게 제출하여야 한다(상증법 제52조의 2 제5항, 상증령 제45조의 2 제12항).

① 증여재산명세서 및 증여계약서 사본

② 신탁계약서(「자본시장과 금융투자업에 관한 법률 시행령」 제103조 제2호에 따른 불특정금전신탁의 계약에 있어서는 신탁증서 사본 또는 수익증권 사본으로 갈음할 수 있다)

③ 장애인에 해당하는 자임을 증명하는 서류

한편, 타익신탁을 적용받으려는 사람이 최초로 증여받은 신탁의 수익에 대하여 제68조에 따른 신고 및 상증법 제52조의 2 제5항에 따른 신청을 한 경우에는 최초의 증여 후에 해당 타익신탁의 수익자로서 증여받은 신탁의 수익(상증법 제52조의 2 제2항에 따라 과세가액에 산입하지 아니하는 부분에 한정)에 대하여는 제68조에 따른 신고 및 같은 조 제5항에 따른 신청을 하지 아니할 수 있다(상증법 제52조의 2 제6항).

## 4 사후관리

### (1) 증여세의 추징사유

#### 1) 증여세 부과사유

세무서장 등은 재산을 증여받아 자익신탁을 설정한 장애인이 다음의 어느 하나에 해당할 때 해당 재산가액을 증여받은 것으로 보아 즉시 증여세를 부과한다(상증법 제52조의 2 제4항).

① 신탁이 해지 또는 만료된 경우에는 그 신탁해지일 또는 신탁기간의 만료일. 다만, 해지일 또는 만료일부터 1개월 이내에 신탁에 다시 가입한 경우는 제외한다.

② 신탁기간 중 수익자를 변경하는 경우에는 수익자를 변경한 날

③ 신탁의 이익 전부 또는 일부가 해당 장애인이 아닌 자에게 귀속되는 것으로 확인된 경우에는 그 확인된 날

④ 신탁의 원본이 감소한 경우에는 신탁재산을 인출하거나 처분한 날

#### 2) 증여세 부과의 제외 사유

다만, 다음에서 정하는 부득이한 사유가 있거나 장애인 중 시행령으로 정하는 장애인이 본인의 의료비 등을 다른 용도로 신탁원본을 인출하여 원본이 감소한 경우에는 증여세를 부과하지 아니한다(상증법 제52조의 2 제4항 단서).

##### 가. 부득이한 사유가 있는 경우

부득이한 사유란 다음의 어느 하나에 해당하는 때를 말한다(상증령 제45조의 2 제9항).

① 신탁회사가 관계법령 또는 감독기관의 지시·명령 등에 의하여 영업정지·영업폐쇄·허가취소, 「자본시장과 금융투자업에 관한 법률」에 따른 신탁업자에게 신탁된 재산이 수용 등의 사유로 처분된 경우로 신탁을 중도해지하고 신탁해지일부터 2월 내에 신탁에 다시 가입한 경우

② 신탁회사가 증여재산을 신탁받아 운영하는 중에 그 재산가액이 감소한 경우

③ 「도시 및 주거환경정비법」에 따른 재개발 사업·재건축 사업 또는 「빈집 및 소규모주택 정비에 관한 특례법」에 따른 소규모재건축사업으로 인해 종전의 신탁을 중도해지하고, 준공인가일부터 2개월 이내에 신탁에 다시 가입한 경우. 신탁재산 중도해지 후 재건축 및 재개발 시 소요기간을 감안하여 신탁해지 후 재가입 요건을 신설하였다.

##### 나. 장애인 본인의 의료비를 지출하는 경우

본인의 의료비 등을 인출할 수 있는 장애인의 범위는 다음의 어느 하나에 해당하는 자를

말한다(상증령 제45조의 2 제5항).

① 「5·18민주화운동 관련자 보상 등에 관한 법률」에 따라 장해등급 3급 이상으로 판정된 사람

② 「고엽제후유의증 등 환자지원 및 단체설립에 관한 법률」에 따른 고엽제후유의증환자로서 장애등급 판정을 받은 사람

③ 「장애인고용촉진 및 직업재활법」 제2조 제2호에 따른 중증장애인

본인의 의료비 등의 용도란 다음의 어느 하나에 해당하는 비용에 사용하는 용도를 말한다(상증령 제45조의 2 제6항).

① 「소득령」 제118조의 5 제1항 및 제2항에 따른 장애인 본인의 의료비 및 간병인 비용

② 「소득령」 제118조의 6 제11항에 따른 장애인 본인의 특수교육비

③ 장애인 본인의 생활비(월 150만 원 이하의 금액으로 한정한다)[56]

## (2) 추징세액의 계산

추징되는 증여세는 아래의 증여재산가액에 추징되는 시점의 재산평가액에 증여세 세율을 곱하여 계산한다(상증령 제45조의 2 제11항).

① 신탁이 해지 또는 만료된 경우와 신탁기간 중 수익자를 변경한 경우에는 당해 신탁재산의 가액 전액

② 신탁의 이익 전부 또는 일부가 해당 장애인이 아닌 자에게 귀속되는 것으로 확인되는 경우에는 다음 산식에 의하여 계산한 가액

★

$$\text{신탁재산의 가액} \times \frac{\text{장애인 외의 자에게 귀속된 것으로 확인된 신탁이익}}{\text{신탁이익 전액}}$$

③ 신탁원본이 감소한 경우에는 그 감소한 재산의 가액

## (3) 관련증빙서류의 제출 등

장애인 본인의 의료비 등의 용도로 신탁재산을 인출하려는 장애인은 기획재정부령으로 정하는 장애인신탁 원금 인출신청서와 관련증빙서류 등을 인출일 전후 3개월 이내에 신탁

---

56) 위 "③"은 2020. 2. 11. 이후 인출하는 분부터 적용한다(상증령 부칙 제8조, 2020. 2. 11. 개정).

업자에게 제출하여야 한다.

신탁업자는 장애인으로부터 제출받은 서류를 해당 의료비 등 인출일로부터 5년간 보관하여야 하며 기획재정부령으로 정하는 장애인신탁 원금 인출내역서를 인출일이 속하는 연도의 종료일부터 3개월 이내에 관할 세무서에 제출하여야 한다.

# 증여세 과세가액과 과세표준의 계산

## 제1절   개 요

 증여세의 과세가액은 상증법에 따른 증여재산가액을 합친 금액(다음의 합산배제 증여재산은 제외)에서 증여재산가산액(해당 증여일 전 10년 이내에 동일인 증여분으로 합친 금액이 1천만 원 이상인 경우 합산)을 더하고 비과세, 과세가액불산입 및 채무인수액을 차감하여 계산한다(상증법 제47조 제1항). 합산배제 증여재산은 다음과 같다.

 (1) 재산취득 후 해당 재산가치가 증가에 따른 증여의 이익(상증법 제31조 제1항 제3호)

 (2) 전환사채 등의 주식전환에 따른 이익의 증여(상증법 제40조 제1항 제2호, 제3호)

 (3) 주식 또는 출자지분의 상장 등에 따른 이익의 증여(상증법 제41조의 3)

 (4) 합병에 따른 상장 등 이익의 증여(상증법 제41조의 5)

 (5) 재산 취득 후 재산가치 증가에 따른 이익의 증여(상증법 제42조의 3)

 (6) 재산 취득자금 등의 증여추정(상증법 제45조)

 (7) 명의신탁재산의 증여의제(상증법 제45조의 2)

 (8) 특수관계법인과의 거래를 통한 이익의 증여의제(상증법 제45조의 3)

 (9) 특수관계법인으로부터 제공받은 사업기회로 발생한 이익의 증여의제(상증법 제45조의 4)

| 증여세 과세가액 계산의 구조 |

| 구 분 | 내 용 |
|---|---|
| 증여재산가액 | • 민법·상증법상 증여재산 · 증여추정 · 증여의제<br>※ 합산배제 증여재산 제외 |
| (−) 비과세, 과세가액불산입 재산 | • 사회통념상 인정되는 피부양자의 생활비, 교육비 등<br>• 공익법인등에 출연한 재산 등<br>• 장애인이 증여받은 재산 등 |
| (−) 채무액 | • 증여재산에 담보된 채무인수액<br>(임대보증금, 금융회사 채무 등) |
| (+) 증여재산가산액(재차증여재산) | • 해당 증여일 전 10년 이내에 동일인으로부터 받은 증여재<br>산가액의 합계액이 1천만 원 이상인 경우 그 가액을 가산<br>※ 동일인 : 증여자가 직계존속인 경우 그 배우자 포함 |
| = 증여세 과세가액 | |

## 제2절 증여재산가산액

### 1 증여재산가산액(재차증여재산)

해당 증여일 전 10년 이내 동일인(증여자가 직계존속인 경우 그 배우자를 포함)으로부터 받은 증여재산가액을 합친 금액이 1천만 원 이상인 경우에는 그 가액을 증여세 과세가액에 가산한다. 다만, 앞서 본 합산배제 증여재산은 동일인 재차증여재산 합산과세대상에서 제외한다(상증법 제47조 제2항 단서).

### 2 10년 이내 산정기준

10년의 기간계산은 증여재산의 취득시기로 판단한다. 증여받은 날을 기준으로 1999. 1. 1. 이후 증여받은 재산은 10년간 합산을 하며, 1998. 12. 31. 이전에 증여받은 재산은 5년간 합산한다.

기간의 계산은 상증법에 특별히 규정하고 있지 않은 경우엔 국세기본법 제4조에 따라 민법의 규정을 적용한다. 즉, 기간을 일·주·월 또는 연으로 정한 때에는 기간의 초일은 산입하지 아니한다. 그러나 그 기간이 오전 영시로부터 시작하는 때에는 그러하지 아니하다(민법 제157조).

기간을 일·주·월 또는 연으로 정한 때에는 기간 말일의 종료로 기간이 만료하며 기간을 주·월 또는 연으로 정한 때에는 역에 의하여 계산한다. 또한 주·월 또는 연의 처음으로부터 기간을 기산하지 아니하는 때에는 최후의 주·월 또는 연에서 그 기산일에 해당한 날의 전일로 기간이 만료한다. 그리고 월 또는 연으로 기간을 정한 경우에 최종의 월에 해당일이 없는 때에는 그 월의 말일로 기간이 만료한다. 기간의 말일이 공휴일에 해당하는 때에는 기간은 그 익일로 만료한다(민법 제158조 내지 제161조).

해당 사례를 살펴본다.

A씨가 1998. 12. 30. 아버지로부터 5억 원을 증여받고, 2005. 12. 1.에 어머니로부터 3억 원을 증여받고, 2010. 12. 31. 다시 아버지로부터 2억 원을 증여받는 경우 2010. 12. 31.을 기준으로 증여세 과세가액은 얼마로 보아야 할까?(A씨는 1998년과 2005년 증여받을 당시 증여세는 적절하게 신고를 하였다)

우선 A씨가 1998. 12. 30. 아버지로부터 증여받은 5억 원의 경우 1998. 12. 31. 이전에 증여받은 분으로 5년간만 합산하므로 2004. 12. 30.에 합산기간이 만료되었다. 어머니로부터 2005년 12월에 증여받은 3억 원의 경우는 증여일로부터 2010. 12. 31. 현재 10년이 경과되지 않았다. 따라서 어머니로부터 증여받은 3억 원만 합산하면 되는 것이다.

또 다른 사례를 보자.

A씨가 2005. 12. 31.에 아버지로부터 5천만 원을 증여받으면서 은행채무 4천 5백만 원을 부담하기로 하였다. 이어 2006. 1. 31.자로 어머니로부터는 2천만 원을 증여받았고 다시 아버지로부터 2010. 12. 31. 1억 원을 증여받은 경우 2010. 12. 31. 현재 얼마를 증여재산가액으로 합산하여야 할까?

아버지와 어머니로부터 증여받은 재산의 각각의 취득시점으로부터 10년이 경과되지 않았기 때문에 두 경우 모두 합산대상에 해당된다. 다만, 아버지로부터 증여받은 재산의 경우 은행채무를 제외한 순수 증여분이 5백만 원으로 1천만 원 미만에 해당하므로 합산대상이 아니나, 이후 어머니로부터 2천만 원을 증여받아 이를 합하면 1천만 원 이상이므로 2천 5백만 원을 합산하게 된다.

## ❸ 동일인의 범위

동일인이란 원칙적으로 증여자가 동일한 사람을 의미한다. 그러나 증여자가 직계존속인 경우에는 그 직계존속의 배우자를 포함한다. 아버지와 어머니 그리고 할아버지와 할머니를 동일인으로 보아 증여받은 재산을 합산하는 것이다. 따라서 증여재산 합산 목적상 할아버지와 아버지는 동일인으로 보지 아니한다.

만약 아버지가 어머니와 사별 후 재혼을 하여 계모가 생긴 경우 아버지와 계모를 증여재산가액 합산 목적상 동일인으로 볼 것인가? 혹은 아버지가 어머니와 이혼 후에는 어떻게 볼 것인가?

이에 대하여 세법에 명문의 규정은 없다. 다만, 관련 유권해석[57]에서는 위 두 경우 모두 동일인으로 보지 않도록 했다. 누진세율 구조를 가진 상증법 체계상 증여재산을 합산하여 과세하는 것이 수증자에게 불리하기 때문에 세법의 해석에 있어 불명확한 경우 '납세자에게 유리한 방향으로 해석(in dubio contra fiscum)'한다는 법언에 충실한 해석으로 풀이된다.

## 4 합산하는 증여재산가액의 범위

### (1) 합산대상 증여재산가액의 계산

상증법 제47조 제2항에 따른 재차증여재산을 과세가액에 합산할 때에는 합산대상이 되는 재차증여재산의 가액은 각 증여일 현재의 재산가액에 따른다(상증법 기본통칙 47 - 0…2). 증여재산의 가치가 시간의 흐름에 따라 달라질 수 있으므로 각 증여재산의 실제 증여일 현재의 재산가액에 의하여 합산하도록 한 것이다. 법적 안정성 혹은 예측가능성 측면에서 타당하다.

만약 증여일 현재의 재산가액이 아닌 증여재산 합산시점에서의 가액을 기준으로 증여세를 산정한다면 상당한 혼란이 발생할 것이다. 일반적인 경우처럼 증여재산의 가치가 시간이 흐를수록 상승한다면 큰 문제는 발생하지 않을 것이다. 만약 5년 전 자녀에게 증여한 부동산의 가격이 10억여 원이었던 것이 현재 5억 원으로 폭락 상태에서 1억여 원의 새로운 재산을 증여하게 되면 증여재산 합산시점에서의 가치를 기준으로 두 건의 증여재산가액을 합산하면 당초 증여재산가액인 10억 원에 훨씬 못 미치는 6억 원이 되어 오히려 당초 납부한 증여세액을 환급해 주어야 하는 문제가 발생할 수 있다. 따라서 증여재산의 가액은 각 증여일 현재의 재산가액에 의하여 합산함이 타당하다 하겠다.

### (2) 증여세 대납액의 증여재산 합산

연대납세의무자에 해당하지 아니한 자가 수증자를 대신하여 납부한 증여세는 대신 납부할 때마다 증여에 해당하여 합산 과세한다. 증여세 연대납부의무가 없는 제3자가 증여자 혹은

---

57) 재산 - 399, 2010. 6. 16. 및 재산상속 46014 - 271, 2002. 10. 1.

수증자를 대신하여 납부한 증여세에 대해서도 역시 증여재산으로 합산하여 증여세를 과세한다. 그러나 연대납부의무가 있는 경우에는 그러하지 아니하다(재삼 46014-2116, 1998. 11. 2.).

아들이 이벤트에 당첨되어 아파트를 경품으로 받게 되어 각종 세금(소득세, 주민세, 취득세 및 등록세 등)을 납부할 여력이 없자 그 아버지가 각종 세금을 대납한 경우, 아파트 자체가 아들과 아버지 사이에 직접적인 증여가 이루어진 것이 아니어서 증여자와 수증자 간의 연대납부의무가 성립하지 않는다. 이러한 상황에서 아버지가 아들을 대신하여 납부한 각종 세금은 아버지가 아들에게 증여한 재산의 가액으로 보아 증여세를 과세한다(재산-403, 2010. 6. 16.).

### (3) 재차 증여의제의 경우 등

1) 명의신탁재산 증여의제로 증여세가 과세된 후 동일인으로부터 10년 이내에 같은 증여의제로 재차 증여가 있는 경우 또는 다른 재산을 증여받은 경우 이를 합산한다(서면4팀-73, 2005. 1. 10.).
2) 재산취득자금 등의 증여추정 규정에 의하여 증여세가 과세되는 경우에도 증여자가 동일인일 때에는 합산하도록 해석한다(재삼 46014-1906, 1998. 10. 1.).

## 5 합산하지 않는 증여재산의 범위

### (1) 합산배제 증여재산

증여의제로 증여세가 부과된 경우에도 증여자가 동일인인 경우에는 합산과세한다. 다만, 합산배제대상 증여재산인 경우에는 합산하지 아니한다(상증법 제47조 제2항 단서). 합산배제대상 증여재산이란 재산취득 후 해당 재산가치가 증가에 따른 증여의 이익, 전환사채 등의 주식전환 등에 따른 이익의 증여, 주식 또는 출자지분의 상장 등에 따른 이익의 증여, 합병에 따른 상장 등 이익의 증여, 재산 취득 후 재산가치 증가에 따른 이익의 증여, 재산 취득자금 등의 증여 추정, 명의신탁재산의 증여의제, 특수관계법인과의 거래를 통한 이익의 증여의제, 특수관계법인으로부터 제공받은 사업기회로 발생한 이익의 증여의제가 여기에 해당한다.

합산배제 증여재산의 가액은 상속세 과세가액에 가산하는 증여재산가액에도 포함하지 않는다(상증법 제13조 제3항). 합산배제 증여재산은 다른 증여재산과도 당연히 합산하지 않는다. 합산배제 증여재산은 증여세 과세표준 계산 시에 증여자 구분에 따른 증여재산공제액 대신에 3천만 원을 공제한다. 다만, 명의신탁재산의 증여의제(상증법 제45조의 2), 특수관계법인

인과의 거래를 통한 이익의 증여의제(상증법 제45조의 3) 및 특수관계법인으로부터 제공받은 사업기회로 발생한 이익의 증여의제(제45조의 4)에 따른 이익은 3천만 원 공제를 하지 않는다(상증법 제55조 제1항 제3호).

### (2) 창업자금에 대한 증여세 과세특례

18세 이상인 거주자가 조세특례제한법 제6조 제3항 각 호에 따른 업종을 영위하는 중소기업을 창업할 목적으로 60세 이상의 부모(증여 당시 아버지나 어머니가 사망한 경우에는 그 사망한 아버지나 어머니의 부모를 포함한다)로부터 토지·건물 등 대통령령으로 정하는 재산을 제외한 재산을 증여받는 경우에는 상증법 제53조(증여재산 공제), 제53조의 2(혼인·출산 증여재산 공제) 및 제56조(증여세 세율)에도 불구하고 해당 증여받은 재산의 가액 중 대통령령으로 정하는 창업자금[증여세 과세가액 50억 원(창업을 통하여 10명 이상을 신규 고용한 경우에는 100억 원)을 한도로 하며, 이하 "창업자금"]에 대해서는 증여세 과세가액에서 5억 원을 공제하고 세율을 100분의 10으로 하여 증여세를 부과한다. 이 경우 창업자금을 2회 이상 증여받거나 부모로부터 각각 증여받는 경우에는 각각의 증여세 과세가액을 합산하여 적용한다(조특법 제30조의 5 제1항, 2023. 12. 31. 개정).

창업자금에 대하여 증여세를 부과하는 경우에는 상증법 제47조 제2항에도 불구하고 동일인(그 배우자를 포함한다)으로부터 증여받은 창업자금 외의 다른 증여재산의 가액은 창업자금에 대한 증여세 과세가액에 가산하지 아니하며, 창업자금에 대한 증여세 과세표준을 신고하는 경우에도 상증법 제69조 제2항에 따른 신고세액공제를 적용하지 아니한다(조특법 제30조의 5 제11항).

### (3) 가업의 승계에 대한 증여세 과세특례

18세 이상인 거주자가 60세 이상의 부모(증여 당시 아버지나 어머니가 사망한 경우에는 그 사망한 아버지나 어머니의 부모를 포함)로부터 가업[대통령령으로 정하는 중소기업 또는 대통령령으로 정하는 중견기업(증여받은 날이 속하는 법인세 사업연도의 직전 3개 법인세 사업연도의 매출액 평균금액이 5천억 원 이상인 기업은 제외한다)으로서 부모가 10년 이상 계속하여 경영한 기업을 말한다. 이하 및 제30조의 7에서 같다]의 승계를 목적으로 해당 가업의 주식 또는 출자지분("주식등")을 증여받고 대통령령으로 정하는 바에 따라 가업을 승계한 경우에는 상증법 제53조(증여재산 공제), 제53조의 2(혼인·출산 증여재산 공제) 및 제56조(증여세 세율)에도 불구하고 그 주식등의 가액 중 대통령령으로 정하는 가업자산상당액에 대한 증여세 과세가액(다음의 구분에 따른 금액을 한도로 한다)에서 10억 원을 공제하고 세율을 100분의 10(과세표준이 120억 원을 초과하는 경우 그 초과금액에 대해서는 100분의 20)으로 하여 증여세를 부과한다. 다만, 가업의 승계 후 가업의 승계 당시 상증법 제22조 제2항에 따른 최대주주 또는 최대출자자에 해당하는 자(가업의 승계 당시 해당 주식등의 증여자 및 해당 주식등을 증여받은 자는 제외)로부터 증여받는 경우에는 그러하지 아니하다(조특법 제30조의 6 제1항, 2024. 12. 31. 개정).

① 부모가 10년 이상 20년 미만 계속하여 경영한 경우 : 300억 원
② 부모가 20년 이상 30년 미만 계속하여 경영한 경우 : 400억 원
③ 부모가 30년 이상 계속하여 경영한 경우 : 600억 원

가업승계에 대하여 증여세를 부과하는 경우에는 상증법 제47조 제2항에도 불구하고 동일인(그 배우자를 포함한다)으로부터 증여받은 주식 등 외의 다른 증여재산의 가액은 가업승계에 대한 증여세 과세가액에 가산하지 아니하며, 증여세 과세표준을 신고하는 경우에도 신고세액공제를 적용하지 아니한다(조특법 제30조의 6 제5항).

### (4) 영농자녀가 증여세를 감면받은 농지등

농지·초지·산림지·어선·어업권·어업용 토지 등·염전 또는 축사용지(해당 농지·초지·산림지·어선·어업권·어업용 토지 등·염전 또는 축사용지를 영농조합법인 또는 영어조합법인에 현물출자하여 취득한 출자지분을 포함한다. "농지등")를 농지등의 소재지에 거주하면서 영농(양축, 영어 및 영림을 포함)에 종사하는 대통령령으로 정하는 거주자("자경농민등")가 대통령령으로 정하는 직계비속("영농자녀등")에게 2025. 12. 31.까지 증여하는 경우에는 해당 농지등의 가액에 대한 증여세의 100분의 100에 상당하는 세액(5년간 1억 원 한도)을 감면한다(조특법 제71조 제1항 및 제133조 제2항).

증여세를 감면받은 농지등은 상증법 제47조 제2항에 따라 해당 증여일 전 10년 이내에 자경농민등(자경농민등의 배우자를 포함)으로부터 증여받아 합산하는 증여재산가액에 포함시키지 아니한다(조특법 제71조 제7항).

### (5) 비과세 및 증여세 과세가액 불산입재산

국가나 지방자치단체로부터 증여받는 재산 등 증여세가 비과세되는 재산(상증법 제46조)과 공익법인등에 출연한 재산 등 증여세 과세가액 불산입재산(상증법 제48조, 제52조 및 제52조의 2 등) 등도 증여세 과세가액 산정 시 합산하지 아니한다.

## 제**3**절 　부담부증여 시 채무

### 1 개 요

증여재산가액에서 공제할 수 있는 채무란 해당 증여재산에 담보된 증여자의 채무(증여자가 해당 재산을 타인에게 임대한 경우 그 임대보증금을 포함한다)로 수증자가 인수한 채무를 말한다(상증법 제47조 제1항).

배우자 간 또는 직계존비속 간의 부담부증여(배우자 등에게 양도한 재산의 증여추정규정에 따라 증여로 추정되는 경우를 포함)에 대해서는 수증자가 증여자의 채무를 인수한 경우에도 그 채무액은 수증자에게 인수되지 아니한 것으로 추정한다. 다만, 그 채무액이 국가 및 지방자치단체에 대한 채무 등으로 객관적으로 인정되는 것인 경우에는 그러하지 아니하다(상증법 제47조 제3항).

객관적인 방법에 따라 증명된 것이란 증여 당시 증여자의 채무로서 수증자가 실제로 부담하는 사실이 다음 중 어느 하나에 따라 증명되는 것을 말한다.

　1) 국가·지방자치단체 및 금융회사 등에 대한 채무는 해당 기관에 대한 채무임을 확인할 수 있는 서류

　2) 국가·지방자치단체 및 금융회사 등 외의 자에 대한 채무는 채무부담계약서, 채권자확인서, 담보설정 및 이자지급에 관한 증빙 등에 의하여 그 사실을 확인할 수 있는 서류

### 2 수증자가 실제 인수한 채무의 범위

증여자의 채무가 수증자에게 실제 인수되어야 한다. 이는 단순히 채무자 명의변경만을 의미하는 것이 아니라 수증자가 실제 원금 및 이자를 변제하는 것을 말한다. 실질과세원칙이 적용되는 것으로 풀이된다. 다시 말하여 증여자의 채무를 수증자가 인수하였는지 여부는 채무자 명의변경 여부에 관계없이 증여일 후 당해 채무를 누가 부담하고 있는지에 따라 판단하는 것이다(서면4팀-811, 2007. 3. 8.). 증여약정서 등에 채무인수내용을 기재하지 아니하였다 하더라도 사실상 자녀가 부모의 채무를 인수한 때에는 그 채무액을 증여재산가액에서 차감할 수가 있다(상담4팀-1131, 2005. 7. 5.).

## 3 증여재산에 담보된 증여자의 채무 범위

증여재산가액에서 공제할 수 있는 채무는 증여자의 채무이어야 한다. 또한 당해 증여재산에 담보되어야 한다. 당해 증여재산에 담보되지 아니한 증여자의 일반 채무는 공제대상이 아닌 것이다. 따라서 증여자 채무가 아닌 제3자 채무를 담보하는 부동산을 증여받으면서 제3자의 채무를 인수하는 조건으로 증여받더라도 그 채무액은 당해 증여재산가액에서 공제되지 않는다(서면4팀 - 1299, 2005. 7. 25.). 또한 증여등기 이후에 발생할 증여자의 예상채무를 수증자가 부담하기로 약정하여 인수한 경우에도 그 채무액은 공제되지 않는다고 새긴다(제도 46014 - 11613, 2001. 6. 20.).

# 제4절 증여세 과세표준과 과세최저한

## 1 개 요

증여세 과세가액에서 증여재산공제 및 각종 비용을 공제하면 증여세 과세표준이 된다.

증여세 과세표준(Tax base)이란 증여세액의 산출기준이 되는 금액을 말한다. 과세표준은 과세요건(과세물건, 납세의무자, 과세표준, 세율)의 중요한 구성요소의 하나로 각종 공제액을 차감하여 계산된다.

2003. 12. 31. 이전 증여분은 증여재산 종류에 관계없이 증여세 과세가액에서 증여재산공제, 재해손실공제액을 차감한 금액을 과세표준으로 하였다.

2004. 1. 1. 이후 증여분부터는 일반증여재산, 명의신탁재산, 합산배제 증여재산으로 구분하여 각각 다르게 과세표준을 계산하고 있다(상증법 제55조). 일반증여재산의 경우 증여세 과세가액에서 증여재산공제, 재해손실공제 및 감정평가수수료를 차감하여 과세표준을 계산한다. 명의신탁재산 증여의제의 경우 명의신탁재산의 금액에서 감정평가수수료를 공제하여 과세표준을 계산한다. 그리고 상증법 제45조의 2, 제45조의 3 및 제45조의 4를 제외한 합산배제 증여재산의 경우 증여재산가액에서 3천만 원과 감정평가수수료를 공제하여 과세표준을 계산한다.

또한 2012. 1. 1. 이후 증여분부터는 제45조의 3에 따른 특수관계법인과의 거래를 통한 이익의 증여 의제 및 2016. 1. 1. 이후 증여분부터는 제45조의 4에 따른 특수관계법인으로부터 제공받은 사업기회로 발생한 이익의 증여의제에 대해서는 증여의제이익에서 감정평가수수료를 공제하여 과세표준을 계산한다.

| 증여세 과세표준의 구조 |

| 구 분 | 증여세 과세표준 |
|---|---|
| ① 명의신탁재산의 증여의제 | 명의신탁재산금액 − 감정평가수수료 |
| ② 특수관계법인과의 거래를 통한 이익의 증여의제(§45의 3), 특수관계법인으로부터 제공받은 사업기회로 발생한 이익의 증여의제(§45의 4) | 증여의제이익 − 감정평가수수료 |
| ③ 합산배제증여재산 (위 "①" & "②" 제외) | 증여재산가액 − 3천만 원 − 감정평가수수료 |
| ④ 그 외의 증여재산 | 증여세 과세가액 − 증여재산공제 − 혼인·출산 증여재산공제 − 재해손실공제 − 감정평가수수료 |

## 2 사 례

성인이 된 자녀에게 시가 3억 원 상당의 아파트를 증여하였다고 가정하자. 증여재산을 감정평가하기 위하여 감정평가수수료를 1천만 원 지출한 경우 증여세 과세표준은 얼마로 보아야 할까?

우선 증여재산공제액으로 5천만 원을 공제한다. 이어 감정평가수수료는 5백만 원을 한도로 공제하므로 3억 원에서 5천만 원, 5백만 원을 차례로 공제하여 245백만 원이 증여세 과세표준이 되는 것이다.

거주자가 배우자와 직계존비속 및 친족으로부터 각각 증여를 받은 경우 증여재산공제는 어떻게 계산을 할까? 이 경우는 상증법 제53조 제1항 각 호의 규정에 따른 금액을 각각의 증여세 과세가액에서 각각 공제한다.

예컨대, 성인인 거주자가 배우자로부터 7억 원, 아버지로부터 5천만 원을 증여받은 경우 증여재산공제액은 배우자분 6억 원과 직계존비속분 5천만 원을 합하여 각각 공제받을 수가 있는 것이다.

증여세의 과세표준이 50만 원 미만일 때에는 증여세를 부과하지 않는다(상증법 제55조 제2항). 증여세를 징수하기 위한 비용이 증여세를 부과함으로써 얻는 효익(증여세액)을 초과한다고 보기 때문이다.

**3** 증여재산공제

**(1) 개요**

증여재산공제는 거주자가 배우자, 직계존비속 또는 친족 등으로부터 증여를 받은 경우에는 증여세 과세가액에서 법정액을 증여재산공제액으로 차감하고 있다.

위와 같은 증여재산공제 조항이 입법자의 입법형성권의 한계를 일탈하여 실질적으로 조세법률주의에 위배되거나 혹은 재산권을 침해한다고 볼 여지가 있다. 상증법상의 증여재산공제의 경우 각 개인의 특수한 사정을 고려하지 않은 채 인별로 정액을 공제하도록 하고 있는 점을 문제 삼을 수 있는 것이다. 또한 상속세 납세의무자와의 공제금액상의 형평성 차원에서 문제가 있으며 배우자공제금액과도 현저한 차이가 있는 점은 조세평등주의에 위배된다는 견해도 있다.

헌법재판소는 상증법상의 증여재산공제는 조세법률주의 및 조세평등주의에 위배되지 않는다며, 다음과 같이 결정(2007헌바13, 2008. 7. 31.)하고 있다.

**1) 조세법률주의 위배 여부**

직계존비속 사이의 증여는 재산이전의 경로나 액수가 겉으로 드러나지 않는 경우가 많아 상속세의 면탈수단으로 악용될 가능성이 크고 사전증여를 통한 세대 사이의 부의 이전과 집중을 제한할 필요성이 인정된다. 또한 직계존비속 사이의 증여는 수증자의 나이에 관계없이 다양한 목적과 형태로 다양한 지역에서 이루어지고 있으므로, 특정 지역의 주택 마련을 위한 소액임대차보증금이나 혼인하는 자녀의 생활기반 마련을 위한 재산증여 등 일부의 특수한 목적에 의한 증여만을 기준으로 공제한도를 정하는 것은 불가능하다. 대신 입법자는 다양한 비과세제도(상증법 제46조 제5호, 상증령 제35조 제4항)를 통하여 수증자의 개별·구체적 사정을 고려하고 있다.

한편, 직계존비속으로부터 10년간 증여받은 재산에 관하여는 증여자의 수나 증여의 횟수에 관계없이 일률적으로 3천만 원만 공제하도록 하고 있는 바, 이는 다른 직계존비속을 통한 분할증여로 증여세를 회피할 가능성을 방지하고, 증여받은 재산의 가액이 동일한 납세의무자는 직계존비속의 수에 관계없이 동일한 세액을 부담하도록 함으로써 조세형평의 원칙을 실현하기 위한 것이다.

따라서 증여재산공제 조항은 입법자의 입법형성권의 한계를 일탈하여 실질적 조세법률주의에 위배된다거나 청구인들의 재산권을 침해한다고 볼 수 없다.

## 2) 조세평등주의 위배 여부

### 가. 상속세 납세의무자와의 차별

상속세의 경우 피상속인의 사망이라는 우연한 사정을 원인으로 납세의무가 발생하므로 재산의 상속 여부나 시기, 상속재산의 가액 등을 피상속인이 임의로 선택할 수 없을 뿐만 아니라 수익자인 상속인과 그 순위, 상속분 등을 법에서 정하고 있고, 한 명의 피상속인에 대하여 단 한 번의 납세의무가 발생하는 반면, 증여세의 경우 재산의 증여 여부나 시기, 증여재산의 가액을 증여자가 임의로 선택할 수 있고 수증자가 정해져 있지 않아 증여자가 자유로이 선택할 수 있으며 증여 시마다 여러 차례의 납세의무가 발생하게 되는 등 상속세와 증여세는 그 발생원인이나 시기, 수익자 등 많은 부분에 있어서 본질적인 차이가 있다. 그러므로 증여세에 대한 세액공제의 범위와 한도를 상속세의 공제제도와 달리 규율한 것은 합리성을 현저히 결여한 자의적인 차별이라고 볼 수 없다.

### 나. 배우자인 수증자와의 차별

배우자 간 증여는 재산의 세대 사이의 수직적 이전이 아닌 동일 세대 사이의 수평적 이전으로서 부의 세습방지라는 증여세의 과세목적상 제한의 필요성이 그다지 크지 않고, 친밀 정도가 가장 강하게 인정되는 인적관계로서 재산의 형성과 유지에 많은 부분 배우자의 기여분이 인정되는 반면, 직계존비속 사이의 증여는 세대 사이의 부의 이전으로서 부의 세습을 방지하고 재산의 사회적 환원을 유도하려는 증여세의 과세목적상 이를 제한할 필요성이 크고, 재산형성에 대한 기여도도 배우자에 비하여 경미한 수준에 그치는 것이 일반적이므로, 직계존비속인 수증자의 공제한도를 배우자에 비하여 낮은 수준으로 정한 것은 합리적인 이유가 있는 차별이다.

## (2) 배우자로부터 증여를 받은 경우

### 1) 증여재산공제액

민법상 혼인으로 인정되는 혼인관계에 있는 배우자를 말한다(상증법 기본통칙 53-46…1). 따라서 사실혼 관계에 있는 배우자는 증여재산공제 혜택을 받지 못한다(조심 2009중365, 2009. 3. 18., 국심 2007서3774, 2008. 11. 24. 외 다수). 거주자가 배우자로부터 증여를 받는 경우에는 증여세 과세가액에서 6억 원(2002. 12. 31. 이전 : 5억 원, 2003. 1. 1.부터 2007. 12. 31. : 3억 원, 2008. 1. 1. 이후 : 6억 원)을 공제한다.

| 현행 증여재산공제액의 변화 |

| 구분 | 기간 | '97.1.1.~'02.12.31. | '03.1.1.~'07.12.31. | '08.1.1.~'13.12.31. | '14.1.1.~'15.12.31. | '16.1.1. ~ |
|---|---|---|---|---|---|---|
| 증여자 | 직계존비속 | 3,000만 원(수증자가 미성년자 1,500만 원) | 좌동 | 좌동 | 직계존속 / 5,000만 원(수증자가 미성년자 2,000만 원) | 5,000만 원(수증자가 미성년자 2,000만 원) |
| | | | | | 직계비속 / 3,000만 원 | 5,000만 원 |
| | 배우자 | 5억 원 | 3억 원 | 6억 원 | 6억 원 | 6억 원 |
| | 기타 친족 | 500만 원 | 좌동 | 좌동 | 좌동 | 1,000만 원 |
| | 그 외 | 없음. | 없음. | 없음. | 없음. | 없음. |

## 2) 배우자 증여재산공제의 합산 시 한도[58]

배우자 간 증여의 경우 수증자(증여받는 자)를 기준으로 그 증여를 받기 전 10년 이내(1998. 12. 31. 이전 증여분은 5년)에 공제받은 금액과 해당 증여가액에서 공제받을 금액을 합친 금액이 6억 원을 초과하는 경우에는 그 초과하는 부분은 공제하지 아니한다(상증법 제53조 후단, 재산-637, 2009. 3. 26). 예컨대 배우자로부터 2003년 12월에 5억 원, 2009년 12월에 8억 원을 각각 증여받은 경우 두 건의 증여재산공제 합계액은 6억 원이 된다. 2003년 12월 증여분에서 3억 원을 그리고 2009년 증여분에서 3억 원을 공제받을 수 있기 때문이다. 2009년 증여분만 고려한다면 당연히 6억 원을 공제받아야겠지만 2009년 12월 증여 시점으로부터 10년 이내인 2003년에 이미 5억 원을 증여받으면서 3억 원의 증여공제를 받았기 때문에 2009년 증여 시에는 배우자 증여공제가능액 6억 원 중에서 잔여 3억 원에 대해서만 공제를 받을 수 있는 것이다.

또한 2003년 12월에 5억 원, 2009년 12월에 1억 원을 증여받은 경우라면 2003년 5억 원에 대해서는 3억 원 공제 후 3천만 원의 증여세를 납부하였고 2009년 증여분을 합하여 증여재산가액이 6억 원이므로 공제액 6억 원을 적용하면 납부할 세액이 없게 되어 기납부한 3천만 원이 환급될 수 있을까? 그렇지 않다. 2008년 이후 적용할 공제액은 당해 증여가액을 초과하지 않도록 하여 2009년 공제금액은 1억 원이 되고 전체 공제액은 4억 원이 되어 납부

---

58) 「상속세 및 증여세법」(2007. 12. 31. 법률 제8828호로 개정된 것) 제53조 제1항 제1호의 규정을 적용함에 있어 거주자가 배우자로부터 2008. 1. 1. 이후 재산을 증여받은 경우에는 당해 증여 전 10년 이내에 공제받은 금액과 당해 증여가액에서 공제받을 금액(당해 증여가액을 초과하지 못함)의 합계액이 6억 원을 초과하지 않는 범위 내에서 증여세 과세가액에서 공제하는 것이다(서면4팀-955, 2008. 4. 16.).

할 세액만 없게 된다. 물론 이 경우 추후 2억 원을 더 공제받을 수 있다.

### (3) 직계존속으로부터 증여를 받은 경우

직계존속[수증자의 직계존속과 혼인(사실혼은 제외한다) 중인 배우자를 포함한다]으로부터 증여를 받은 경우에는 5천만 원을 공제한다. 다만, 미성년자가 직계존속으로부터 증여를 받은 경우에는 2천만 원으로 한다. 2014년 법 개정을 통하여 공제금액을 인상하였다.

#### 1) 시부모와 며느리의 경우

시부모와 며느리 간에 증여가 있는 경우 직계존속[59] 증여재산공제를 받을 수가 있을까? 민법상 시부모와 며느리는 직계존비속에 해당하지 아니하므로 5천만 원의 증여재산공제를 받을 수가 없다. 시부모와 며느리는 기타 친족으로 보아 증여세 과세가액에서 10년간 1천만 원을 공제한다. 부부 사이를 무촌으로 본다면 일응 배우자의 직계존비속(위의 예에서는 시부모)으로부터 증여받는 경우에도 증여재산공제를 받도록 하는 것이 합리적인 것으로 판단할 수 있으나, 세법의 엄격해석 원칙상 허용되지 않는다고 새긴다.

#### 2) 성년자와 미성년자

거주자가 직계존속으로부터 재산을 증여받은 경우에는 5천만 원을 공제한다. 수증자가 미성년자(만 19세 미만)[60]이면 2천만 원만 공제한다. 미성년자가 결혼을 한 경우라면 성인으로 의제될 수 있을까? 민법 제826조의 2에 따르면 미성년자가 결혼을 하면 성년으로 의제한다고 규정하고 있다. 따라서 이를 준용하면 상증법상 증여재산공제 시에 성인으로 의제되어 5천만 원을 공제받는다고 해석할 수도 있을 것이다. 하지만 현행 상증법 제53조에는 민법상의 성인의제 규정을 준용하는 별도의 규정이 없다. 따라서 만 20세[61]에 이르지 못한 경우는 결혼을 했더라도 미성년으로 간주되는 것이다(같은 뜻 국심 2001전2217, 2001. 10. 19.).

상기 국심에서는 만 20세에 이르지 못한 경우는 결혼을 했더라도 미성년으로 간주하는 논거를 다음과 같이 들고 있다.

"현행 상속세 및 증여세법 등 세법 관련 규정에는 미성년자에 대한 정의 및 성년의제의

---

59) 직계존비속이란 혈족을 말한다. 출가녀인 경우 친가에서는 직계존속의 관계, 시가에서는 직계비속과의 관계에만 해당한다. 출양한 자의 경우 양가 및 생가 모두 해당한다. 외조부모와 외손자는 직계존비속에 해당한다.
60) 청소년의 조숙화에 따라 성년연령을 낮추는 세계적 추세와 「공직선거법」 등의 법령 및 사회·경제적 현실을 반영하여 성년에 이르는 연령을 만 20세에서 만 19세로 낮추었다(민법 2011. 3. 7. 개정, 2013. 7. 1. 시행).
61) 현행 성년의 연령이 조정되기 전의 국세심판원 결정문의 내용대로 표기하였다.

준용 여부에 대한 직접적인 명문규정은 두고 있지 아니하나, 상속세 결정 시 적용되는 기타 인적공제 중 미성년자공제에 관하여 규정한 상속세 및 증여세법 제20조 제1항 제2호에서 「동거가족 중 미성년자에 대하여는 5백만 원에 20세에 달하기까지의 연수를 곱하여 계산한 금액」이라고 되어 있어, 간접적으로나마 20세에 달하지 아니한 경우에는 미성년자로 보아야 하는 것으로 규정하고 있다.

1977년의 민법 일부개정으로 도입된 성년의제 제도는 미성년인 배우자를 혼인 후에도 행위무능력자로 함으로써 야기되는 법적 거래관계의 혼란을 막고 미성년배우자도 부모의 친권이나 후견으로부터 벗어나 제3자의 간섭을 배제하여, 부부간에 출생한 자녀에 대하여 친권을 행사할 수 있도록 하는 것이 원만한 부부공동체의 유지를 보장할 수 있으며, 미성년자가 혼인을 하면 행위능력을 취득하게 되는 것은 재산거래나 신분법 등 민법상 성년자로 취급하는 것이며, 명문규정이 있는 선거관련 법률(예를 들어 공직선거 및 선거부정방지법은 제15조(선거권) 제1항에서 20세 이상으로 규정하고 있음) 및 미성년자의 보호를 위한 미성년자보호법, 청소년기본법, 근로기준법 및 건설근로자의 고용개선 등에 관한 법률 등에서는 여전히 미성년자로 취급되어야 하는 것이다.

민법에서 미성년자가 혼인을 하는 경우 성년자로 본다고 하는 성년의제 규정을 두고 있다고 하더라도 명문으로 이를 규정하거나 준용하는 규정이 없는 현행 상속세 및 증여세법에서는 동 규정을 준용할 수는 없다 할 것인바, 그러하다면 혼인하였지만 만 20세에 달하지 아니한 청구인의 경우 증여재산공제액 계산시 미성년자로 보아 15백만 원을 공제하여 이건 증여세를 부과한 당초 처분은 잘못이 없는 것으로 판단된다"

### 3) 계부모로부터의 증여

재혼 가정이 증가하는 관습의 변화 추세를 감안하여 2010. 1. 1. 이후 증여분부터는 증여재산공제를 적용할 때에 직계존속의 범위에 수증자의 직계존속과 혼인(사실혼은 제외) 중인 배우자를 포함하고 직계비속의 범위에 수증자와 혼인 중인 배우자의 직계비속을 포함하도록 개정하였다.[62] 다시 말하면, 계부·계모로부터 증여받는 경우에도 직계존속으로부터 증여받은 경우와 동일하게 증여재산공제를 허용하도록 한 것이다.

### (4) 직계비속으로부터 증여를 받는 경우

직계비속(수증자와 혼인 중인 배우자의 직계비속을 포함한다)으로부터 증여를 받은 경우에는 5천만 원을 공제한다. 2013년 이전에는 직계존비속 간 공제금액을 동일하게 하였으

---

62) 상속세 및 증여세법 제53조(법률 제9916호, 2010. 1. 1.)

나 2014년 법 개정을 통하여 직계존속과 직계비속으로부터 증여받는 경우의 공제금액을 달리하고 있다. 그러나 2016. 1. 1.부터는 공제금액을 동일하게 하고 있다.

### (5) 친족으로부터 증여를 받은 경우

직계존속 혹은 비속으로부터의 증여 외에 6촌 이내의 혈족, 4촌 이내의 인척으로부터 증여를 받은 경우에는 1천만 원을 공제한다.

증여재산공제는 거주자만 해당이 되는 것이므로 비거주자에게는 적용되지 아니한다. 앞서 언급한 바와 같이, 증여재산이 합산배제 증여재산이거나 명의신탁 증여의제 재산에 해당되면 증여재산공제가 적용되지 않고 과세표준 산정규정에 따라 일정한 금액을 차감한다.

### (6) 증여재산공제 방법

아버지와 어머니가 각각 1억 원씩 총 2억 원을 성인이 된 아들에게 증여하였다면, 그 아들은 얼마의 증여재산공제를 받을 수 있을까? 아버지와 어머니 각각 5천만 원씩 총 1억 원의 증여재산공제를 받을 수 있을까? 그렇지 않다. 이 경우 아버지와 어머니는 동일인에 해당하면서 직계존속이므로 증여재산공제액으로 5천만을 받을 수 있으며, 아버지와 어머니가 증여한 재산가액이 동일하므로 각 2천 5백만 원씩 공제를 받는 것으로 계산한다. 물론 과세표준계산에 있어서 아버지와 어머니가 증여한 재산은 합산하여 세율이 적용될 것이다.

할아버지와 아버지가 동시에 각각 1억 원씩을 증여하였다면 증여재산공제액은 역시 5천만 원이다. 왜냐하면, 두 사람 모두 직계존속에 해당하고 직계존속으로부터 10년 동안 5천만 원을 공제하기 때문이다. 다만, 할아버지와 아버지는 동일인이 아니므로 증여세 과세가액을 합산하지는 않는다.

할아버지와 아버지가 각각 다른 시기에 1억 원씩을 증여하였다면 이 역시 동일인이 아니므로 합산하지 않는 것은 위와 동일하나, 먼저 증여한 재산에 대해서만 5천만 원을 공제하는 것이 위 경우와 다르다. 나중에 증여한 재산에 대해서는 더 이상 증여재산공제를 계산할 금액이 남아 있지 않은 탓이다.

증여재산공제는 증여세 과세가액에서 공제받을 금액과 수증자가 그 증여를 받기 전 10년 이내에 공제받은 금액(제53조의 2에 따라 증여받은 혼인·출산 증여재산 공제액은 제외한다)을 합한 금액이 증여재산공제 한도액을 초과하면 그 초과하는 부분은 이를 공제하지 아니한다(상증법 제53조 후단, 2023. 12. 31. 개정).

증여재산공제는 증여가 있을 때마다 증여자·수증자별로 구분하여 적용하되 2 이상의 증여가 그 증여시기를 달리하는 경우 2 이상의 증여 중 최초의 증여세 과세가액에서부터 순차로 공제한다. 그러나 증여가 동시에 있는 경우에는 각각의 증여세 과세가액에 대하여 안분하여 공제한다(상증령 제46조 제1항).

2006년부터 창업자금 증여세 과세특례가 적용되는 경우 5억 원을 공제하며 2008년부터 가업승계 주식의 증여세 과세특례가 적용되는 경우 역시 5억 원(2023년부터는 10억 원)을 공제함은 앞서 설명하였다.

## 4 혼인 · 출산 증여재산 공제

### (1) 개요

배우자, 직계존속 등으로부터 증여받는 경우 6억 원, 5천만 원 등을 공제받는 상증법 제53조의 증여재산공제 제도와는 별도로 혼인 · 출산 지원 확대를 위해 2023. 12. 31. 개정된 상증법 제53조의 2에 혼인 · 출산 증여재산 공제 제도가 신설되었다.

당초 정부는 혼인의 경우만 1억 원의 증여재산 공제를 허용하는 법안을 발의하였으나,[63] 국회심의과정에서 출산의 경우도 동일한 기준으로 공제혜택을 부여하는 내용으로 통과되어 2024. 1. 1. 이후 증여받는 분부터 적용된다.

### (2) 각 공제제도의 내용

거주자가 직계존속으로부터 혼인일(「가족관계의 등록 등에 관한 법률」 제15조 제1항 제3호에 따른 혼인관계증명서상 신고일을 말한다) 전후 2년 이내에 증여를 받는 경우에는 제2항(출산 증여재산 공제) 및 제53조(증여재산 공제) 제2호[64]에 따른 공제와 별개로 1억 원을 증여세 과세가액에서 공제한다. 이 경우 그 증여세 과세가액에서 공제받을 금액과 수증자가 이미 전단에 따라 공제받은 금액을 합한 금액이 1억 원을 초과하는 경우에는 그 초과하는 부분은 공제하지 아니한다(상증법 제53조의 2 제1항). 이를 「혼인 증여재산 공제」라 한다.

한편, 거주자가 직계존속으로부터 자녀의 출생일(「가족관계의 등록 등에 관한 법률」 제

---

63) 정부는 부모가 자녀에게 증여할 경우 공제한도를 2014년 5천만 원으로 정한 이후 10년 간의 물가 · 소득상승이 있었고, 전셋집 마련 등 결혼비용의 증가, 우리나라 증여세 부담이 OECD 국가 중 최고수준인 점, 부모입장에서 자녀의 결혼비용을 지원하는 현실 및 일본 등 해외사례 등을 고려하여 결혼 증여공제 제도를 도입하게 되었다(기획재정부, 2023년 세법개정안 28면).

64) 직계존속[수증자의 직계존속과 혼인(사실혼은 제외) 중인 배우자를 포함한다. 이하 제53조의 2에서 같다]으로부터 증여를 받은 경우 : 5천만 원. 다만, 미성년자가 직계존속으로부터 증여를 받은 경우에는 2천만 원으로 한다.

44조에 따른 출생신고서상 출생일을 말한다) 또는 입양일(「가족관계의 등록 등에 관한 법률」 제61조에 따른 입양신고일을 말한다)부터 2년 이내에 증여를 받는 경우에는 제1항(혼인 증여재산 공제) 및 제53조(증여재산 공제) 제2호에 따른 공제와 별개로 1억 원을 증여세 과세가액에서 공제한다. 이 경우 그 증여세 과세가액에서 공제받을 금액과 수증자가 이미 전단에 따라 공제받은 금액을 합한 금액이 1억 원을 초과하는 경우에는 그 초과하는 부분은 공제하지 아니한다(상증법 제53조의 2 제2항). 이를 「출산 증여재산 공제」라 한다. 만약, 혼인 증여재산 공제와 출산 증여재산 공제를 모두 적용받는 경우 이를 합한 금액이 1억 원을 초과 하는 경우에는 그 초과하는 부분은 공제하지 아니한다(상증법 제53조의 2 제3항).

혼인·출산 증여재산 공제는 상증법에 규정된 고저가 양수도, 주식상장이익 등의 증여추 정·증여의제에 따른 증여재산과는 취지를 달리하므로, 이러한 증여추정·증여의제에 따른 증여재산에는 이에 관한 공제를 적용하지 아니한다(상증법 제53조의 2 제4항).

| 양 제도의 비교 |

| 혼인 증여재산 공제 | | 출산 증여재산 공제 | |
|---|---|---|---|
| 증여자 | 직계존속 | 증여자 | 직계존속 |
| 수증자 | 거주자(직계비속) | 수증자 | 거주자(직계비속) |
| 공제한도 | 1억 원 | 공제한도 | 1억 원 |
| 증여일 | 혼인신고일 이전 2년 + 혼인 신고일 이후 2년 이내(총 4년) | 증여일 | 자녀의 출생일*부터 2년 이내<br>* 입양의 경우 입양신고일 |
| 증여재산 | 증여추정·의제 등에 해당하는 경우 제외 | 증여재산 | 증여추정·의제 등에 해당하는 경우 제외 |

## (3) 혼인 증여재산 공제 반환특례 등

### 1) 반환특례

거주자가 혼인 증여재산 공제를 받은 후 약혼자의 사망 등 대통령령으로 정하는 부득이한 사유가 발생하여 해당 증여재산을 그 사유가 발생한 달의 말일부터 3개월 이내에 증여자에게 반환하는 경우에는 처음부터 증여가 없었던 것으로 보아 증여세를 면제한다(상증법 제53조의 2 제5항). "약혼자의 사망 등 대통령령으로 정하는 부득이한 사유"는 약혼자의 사망, 「민법」 제804조 제1호부터 제7호까지의 약혼해제 사유,[65] 그 밖에 혼인할 수 없는 중대한

---

65) 민법 제804조(약혼해제의 사유) 당사자 한쪽에 다음 각 호의 어느 하나에 해당하는 사유가 있는 경우에는 상대방은 약혼을 해제할 수 있다.

사유로서 국세청장이 인정하는 사유로 정하고 있다(상증령 제46조 제2항).

### 2) 가산세 면제 및 이자상당액 부과

① 혼인 전에 혼인 증여재산 공제를 받은 거주자가 증여일(공제를 적용받은 증여가 다수인 경우 최초 증여일을 말한다)부터 2년 이내에 혼인하지 아니한 경우로서 증여일부터 2년이 되는 날이 속하는 달의 말일부터 3개월이 되는 날까지 「국세기본법」 제45조에 따른 수정신고 또는 같은 법 제45조의 3에 따른 기한 후 신고를 한 경우에는 대통령령으로 정하는 바에 따라 같은 법 제47조의 2(무신고가산세)부터 제47조의 4(납부지연가산세)까지에 따른 가산세의 전부 또는 일부를 부과하지 아니하되, 대통령령으로 정하는 바에 따라 계산한 이자상당액을 증여세에 가산하여 부과한다(상증법 제53조의 2 제6항).

② 혼인 증여재산 공제를 받은 거주자가 혼인이 무효가 된 경우로서 혼인무효의 소에 대한 판결이 확정된 날이 속하는 달의 말일부터 3개월이 되는 날까지 「국세기본법」 제45조에 따른 수정신고 또는 같은 법 제45조의 3에 따른 기한 후 신고를 한 경우에는 대통령령으로 정하는 바에 따라 같은 법 제47조의 2(무신고가산세)부터 제47조의 4(납부지연가산세)까지에 따른 가산세의 전부 또는 일부를 부과하지 아니하되, 대통령령으로 정하는 바에 따라 계산한 이자상당액을 증여세에 가산하여 부과한다(상증법 제53조의 2 제7항).

③ 위 두 가지의 경우에 대해 가산세의 면제범위를 대통령령에 구체적으로 위임하고 있는 바, 그 면제범위는 「국세기본법」 제47조의 2 제1항 제2호(무신고가산세율 20% 적용되는 경우), 제47조의 3 제1항 제2호(과소신고가산세율 10% 적용되는 경우) 및 제47조의 4(납부지연가산세)에 따른 가산세이다(상증령 제46조 제3항). 결국, 가산세가 부과되는 경우로는 무신고가산세 및 과소신고가산세가 40% 적용되는 사기 기타 부정행위가 있는 경우에 한한다.

④ 위 두 가지의 경우에 증여세에 가산하여 부과되는 "이자상당액"은 다음과 같이 계산한 금액을 말한다.

1. 약혼 후 자격정지 이상의 형을 선고받은 경우
2. 약혼 후 성년후견개시나 한정후견개시의 심판을 받은 경우
3. 성병, 불치의 정신병, 그 밖의 불치의 병질(病疾)이 있는 경우
4. 약혼 후 다른 사람과 약혼이나 혼인을 한 경우
5. 약혼 후 다른 사람과 간음(姦淫)한 경우
6. 약혼 후 1년 이상 생사(生死)가 불명한 경우
7. 정당한 이유 없이 혼인을 거절하거나 그 시기를 늦추는 경우

★
이자상당액 = 증여세액 × ① × ②
① : 증여세 과세표준 신고기한의 다음 날부터 법 제53조의 2 제6항 또는 제7항에 따라 신고를
    한 날까지의 기간
② : 「국세기본법 시행령」 제27조의 4에 따른 율(1일 10만분의 22)

### (4) 공제방법

혼인·출산 증여재산 공제를 적용할 때 증여세 과세가액에서 공제할 금액의 계산은 다음의 어느 하나의 방법에 따른다(상증령 제46조 제1항).

1. 2 이상의 증여가 그 증여시기를 달리하는 경우에는 2 이상의 증여 중 최초의 증여세 과세가액에서부터 순차로 공제하는 방법
2. 2 이상의 증여가 동시에 있는 경우에는 각각의 증여세 과세가액에 대하여 안분하여 공제하는 방법

## 5 재해손실공제

타인의 증여에 의하여 재산을 취득하는 경우에 증여세 신고기한까지 화재·붕괴·폭발·환경오염사고 및 자연재해 등으로 인한 재난으로 증여재산이 멸실되거나 훼손된 경우에는 그 손실가액을 증여세 과세가액에서 공제한다. 다만, 그 손실가액에 대한 보험금 등의 수령 또는 구상권(求償權) 등의 행사에 의하여 그 손실가액에 상당하는 금액을 보전(補塡) 받을 수 있는 경우에는 그러하지 아니하다(상증법 제54조 및 제23조 준용).

재해손실공제를 받고자 하는 수증자는 재해손실공제 신고서에 해당 손실가액 및 명세와 재난의 사실을 입증하는 서류를 첨부하여 증여세 과세표준신고와 함께 납세지 관할 세무서장에게 제출하여야 한다(상증령 제47조 및 제20조).

## 6 감정평가수수료

상증령 제46조의 2에 규정된 감정평가수수료는 증여세를 신고·납부하기 위하여 증여재산을 평가하는데 소요되는 감정평가법인의 수수료 등을 말한다. 이를 요약하면 다음과 같다.

| 구 분 | 공제액 | 한도액 | 공제요건 |
|---|---|---|---|
| 감정평가업자의 평가수수료 | 해당 수수료 | 500만 원 | 증여세 납부목적으로 감정을 실시하고 당해 평가가액으로 증여세를 신고·납부한 경우 |
| 중소기업 비상장주식 평가심의위원회가 의뢰한 신용평가전문기관의 평가수수료 | 해당 수수료 | 평가대상법인 수 및 신용평가전문기관별 각각 1,000만 원 | |
| 판매용이 아닌 서화·골동품등 예술적 가치가 있는 유형자산 평가에 대한 감정수수료 | 해당 수수료 | 500만 원 | |

## (1) 개요

현금처럼 재산의 가치가 객관적으로 정하여져 있는 경우에는 증여재산을 평가함에 있어 별도의 감정이 필요치 않을 것이다. 반면에 고가의 귀금속, 부동산 및 특허권 등의 권리 등을 증여받은 경우로 증여세를 신고·납부를 하기 위해서는 당해 증여재산을 평가하여야 한다. 이러한 증여재산을 별도의 평가기관에 의뢰하여 평가하는데 소요되는 수수료를 감정평가수수료라 한다. 감정평가수수료는 감정평가법인의 수수료와 신용평가전문기관의 수수료로 구분하며 수수료를 공제받고자 하는 자는 당해 수수료의 지급사실을 입증할 수 있는 서류를 증여세 과세표준신고와 함께 제출하여야 한다.

2004. 1. 1. 이후 증여분부터 적용한다.

## (2) 감정평가법인의 감정수수료

「감정평가 및 감정평가사에 관한 법률」에 따른 감정평가법인등의 평가에 따른 수수료로 당해 평가된 가액으로 증여세를 신고·납부하는 경우에 한하여 적용한다(상증법 제55조, 상증령 제46조의 2 및 제20조의 3). 감정평가수수료가 5백만 원을 초과하는 경우에는 5백만 원까지만 공제한다(상증령 제20조의 3 제3항).

## (3) 신용평가전문기관에 의뢰하여 납세자가 부담한 평가수수료

국세청 혹은 지방청 평가심의위원회에서 신용평가전문기관에 의뢰하여 납세자가 부담한 평가수수료는 평가대상 법인의 수 및 평가를 의뢰한 신용평가전문기관의 수별로 각각 1천

만 원을 한도로 공제한다.

## (4) 유형재산 평가에 대한 감정수수료

상증법 시행령 제52조 제2항 제2호에 따른 판매용이 아닌 서화·골동품 등 예술적 가치가 있는 유형재산에 대한 감정수수료는 500만 원을 한도로 공제한다(2014. 2. 21. 신설).

# 증여세 산출세액 및 결정세액의 계산

## 제1절 증여세 산출세액의 계산

### 1 개 요

증여세의 세율은 상속세의 세율을 그대로 적용하므로 상속세와 세율이 동일하다.

증여세 산출세액은 증여세 과세표준에 세율을 적용하여 계산한다(상증법 제56조). 수증자가 증여자의 자녀가 아닌 직계비속인 경우 이른바 세대생략증여의 경우에는 증여세 산출세액에 100분의 30(수증자가 증여자의 자녀가 아닌 직계비속이면서 미성년자인 경우로서 증여재산가액이 20억 원을 초과하는 경우에는 100분의 40)에 상당하는 금액을 가산한다. 다만, 증여자의 최근친(最近親)인 직계비속이 사망하여 그 사망자의 최근친인 직계비속이 증여받은 경우에는 그러하지 아니하다(상증법 제57조).

★
> 증여세 산출세액 = (증여세 과세표준 × 세율) + 세대생략 할증과세액

### 2 증여세의 과세표준

증여세 과세표준은 일반증여재산, 명의신탁재산, 합산배제 증여재산 등으로 구분하여 각각 다르게 계산한다(상증법 제55조). 일반증여재산의 경우 증여세 과세가액에서 증여재산공제, 재해손실공제, 혼인·출산 증여재산 공제 및 감정평가수수료를 차감하여 과세표준을 계산한다.

명의신탁재산 증여의제의 경우 명의신탁 재산가액에서 감정평가수수료를 공제하여 과세표준을 계산한다. 그리고 합산배제 증여재산 중 특수관계법인과의 거래를 통한 이익 및 특

수관계법인으로부터 제공받은 사업기회로 발생한 이익의 증여의제의 경우에는 증여이익에서 감정평가수수료를 공제하여 과세표준을 계산한다. 그 외의 합산배제 증여재산의 경우 증여재산가액에서 증여재산공제액 대신 3천만 원과 감정평가수수료를 공제하여 과세표준을 계산한다.

## 3 증여세 세율

증여세의 세율은 증여재산에 따라 기본세율과 특례세율로 나눈다.

### (1) 기본세율

#### 1) 초과누진세율

증여세율은 초과누진세율을 적용한다. 초과누진세율이란 과세표준 구간이 높아짐에 따라 전단계에서 적용된 세율이 합산되어 누진되는 세율을 말한다.

현행 증여세율은 다음과 같다(상증법 제56조 및 제26조).

| 과세표준 | 세율(2000. 1. 1. 이후) |
|---|---|
| 1억 원 이하 | 과세표준의 100분의 10 |
| 1억 원 초과 5억 원 이하 | 1천만 원+(1억 원을 초과하는 금액의 100분의 20) |
| 5억 원 초과 10억 원 이하 | 9천만 원+(5억 원을 초과하는 금액의 100분의 30) |
| 10억 원 초과 30억 원 이하 | 2억 4천만 원+(10억 원을 초과하는 금액의 100분의 40) |
| 30억 원 초과 | 10억 4천만 원+(30억 원을 초과하는 금액의 100분의 50) |

#### 2) 세율 연혁

증여세율의 연혁은 다음과 같으며, 누진공제액을 적용하여 간편하게 계산할 수 있다.

| 1997. 1. 1.~1999. 12. 31. | | | 2000. 1. 1. 이후 | | |
|---|---|---|---|---|---|
| 과세표준 | 세율(%) | 누진공제 | 과세표준 | 세율(%) | 누진공제 |
| 1억 원 이하 | 10 | - | 1억 원 이하 | 10 | - |
| 5억 원 이하 | 20 | 1천만 원 | 5억 원 이하 | 20 | 1천만 원 |

| 1997. 1. 1.~1999. 12. 31. | | | 2000. 1. 1. 이후 | | |
|---|---|---|---|---|---|
| 과세표준 | 세율(%) | 누진공제 | 과세표준 | 세율(%) | 누진공제 |
| 10억 원 이하 | 30 | 6천만 원 | 10억 원 이하 | 30 | 6천만 원 |
| 50억 원 이하 | 40 | 1억 6천만 원 | 30억 원 이하 | 40 | 1억 6천만 원 |
| 50억 원 초과 | 45 | 4억 1천만 원 | 30억 원 초과 | 50 | 4억 6천만 원 |

1996. 12. 31. 이전에는 상속세율과 증여세율이 달랐으나 1997. 1. 1. 이후부터는 동일한 세율을 적용하고 있다.

### 3) 과세표준 구간 및 세율개정에 따른 경과조치

2000. 1. 1. 이후 납세의무가 성립되는 상속세 및 증여세를 과세함에 있어서 1999. 12. 31. 시행 전의 증여분을 합산과세하는 경우로서 그 합산한 과세표준이 30억 원을 초과하는 경우 아래와 같이 계산한다(1999. 12. 28. 법률 제6048호 부칙 제5조). 이는 1997. 1. 1.~1999. 12. 31.의 과세표준의 최고구간과 2000. 1. 1. 이후 과세표준의 최고구간이 각각 50억 원에서 30억 원으로 낮아짐에 따라 10년간 증여재산을 합산과세하도록 규정되어 있는 현행 상증법 체계상 경과조치가 필요하게 된 것이다.

**가. 1999. 12. 31. 이전 증여분이 30억 원을 초과하는 경우에는 다음 "①" 및 "②"의 금액을 합산한 금액**

① 1999. 12. 31. 이전의 증여분에 대하여는 종전의 상증법 제26조의 규정에 의한 산출세액

② 2000. 1. 1. 이후 상속·증여받은 재산에 상당하는 과세표준에 100분의 50을 곱하여 산출한 금액

**나. 1999. 12. 31. 이전 증여분이 30억 원 이하인 경우에는 다음 "①, ②" 및 "③"의 금액을 합산한 금액**

① 1999. 12. 31. 이전의 증여분에 대하여는 종전의 상증법 제26조의 규정에 의한 산출세액

② 과세표준을 30억 원으로 하여 상증법 제26조의 규정에 의한 세율을 적용하여 계산한 금액에서 "①"의 금액을 차감한 금액

③ 1999. 12. 31. 이전 증여분을 합산한 과세표준에서 30억 원을 차감한 잔액에 100분의 50을 곱하여 산출한 금액

1998. 6. 30. 어머니로부터 15억 원을 증여받은 상태에서 2008. 6. 30. 다시 어머니로부터 15억 원을 증여받은 경우 증여세 산출세액은 어떻게 계산이 될까? 계산편의상 증여재산공제액 등은 모두 고려가 된 후의 금액으로 가정한다.

(a) 우선 1999. 12. 31. 이전 증여분인 15억 원으로 30억 원 이하이므로 종전 상증법 제26조의 세율을 적용하여 산출세액을 구한다.

(15억 원×40%−1.6억 원=4.4억 원)

(b) 과세표준을 30억 원으로 하여 현행 세율에 따라 계산한 증여세 산출세액에서 위 "(a)"에서 계산된 금액을 차감한 금액

[(30억 원×50%−4.6억 원)−4.4억 원=6억 원]

(c) 1999. 12. 31. 이전 증여분과 최근 증여분을 합산한 금액에서 30억 원을 차감한 잔액에 50%를 곱하여 산출한 금액

(15억 원+15억 원−30억 원)×50%=0억 원

위 "(a), (b)" 및 "(c)"의 금액을 합산한 10.4억 원이 증여세 산출세액이 되는 것이다. 이 금액은 2000. 1. 1. 이후 증여세율을 곱한 금액, 즉 30억 원×40%−1.6억 원=10.4억 원과 동일한 금액이 된다. 결론적으로 1999. 12. 31. 이전 증여받은 재산상당액이 30억 원 이하인 경우는 경과규정 적용하지 않는 경우와 동일한 금액이 산출되는 것이다.

이번에는 1998. 6. 30.에 40억 원, 2008. 6. 30.에 5억 원을 각각 증여받았다고 가정해 보자.

(a) 우선 1999. 12. 31. 이전 증여분인 40억 원에 대하여 종전 상증법 제26조의 세율을 적용하여 산출세액을 구한다.

(40억 원×40%−1.6억 원=14.4억 원)

(b) 2000. 1. 1. 이후 증여받은 재산에 대한 과세표준에 50%를 곱하여 산출한 금액

(5억 원×50%=2.5억 원)

위 "(a)" 및 "(b)"의 금액을 합산한 16.9억 원이 증여세 산출세액이 되는 것이다. 이 금액은 2000. 1. 1. 이후 증여세율을 곱한 금액과 약 1억 원의 차이가 발생한다. 즉, 45억 원×50%−4.6억 원=17.9억 원이 되는 것이다. 결국 이 경우에는 경과규정이 영향을 미치는 것이다.

## (2) 특례세율

증여세는 초과누진세율이 적용되는 것이 원칙이나, 창업자금의 증여(조특법 제30조의 5)는 특례세율 10%, 가업승계 중소기업 등 주식의 증여(조특법 제30조의 6)는 특례세율 10% 또는 20%(30억 원 초과분, 2015. 1. 1. 이후)를 적용한다.

## 4  직계비속에 대한 증여(세대생략증여)의 할증과세

### (1) 개요

할아버지가 손자나 증손자에게 직접 증여하는 것을 세대생략증여라고 한다. 이는 세대생략유증에 상속세를 가중시키는 것과 마찬가지로 증여세 부담을 가중시키고 있다. 이는 미국이 채택하고 있는 세대생략이전세(Generation skipping transfer tax)의 원리를 받아들인 제도라고 할 수 있다.[66)]

수증자가 증여자의 자녀가 아닌 직계비속인 경우에는 증여세 산출세액의 30%에 상당하는 금액을 가산한다. 다만, 증여자의 최근친(最近親)인 직계비속이 사망하여 그 사망자의 최근친인 직계비속이 증여받은 경우에는 그러하지 아니하다(상증법 제57조). 증여자의 아들 등이 사망하여 그 사망자의 직계비속이 대습상속을 받는 경우에는 비록 세대를 건너뛰었다고 하더라도 할증과세를 하지 않는 것이다.

통상적인 경우라면 증여자와 1촌 관계에 있는 자녀들에게 증여가 이루어지고 그 이후 그 자녀들이 다시 자신들의 자녀들에게 증여가 이루어진다. 그런데 증여자가 자신의 자녀를 뛰어넘어 곧장 손자·손녀들에게 증여를 하게 되면 두 번의 증여세를 납부하여야 하는 통상적인 경우와 비교하여 증여세 일실이 발생한다고 간주하고 이를 보충하기 위하여 할증과세를 규정하고 있는 것이다.

### (2) 직계비속에 대한 증여 시 할증과세액의 계산 방법

수증자가 증여자의 자녀가 아닌 직계비속인 경우에는 증여세 산출세액에 30%에 상당하는 금액을 할증과세액으로 계산하여 증여세 산출세액에 가산한다. 다만, 수증자가 미성년자로서 증여재산가액(해당 증여 전 동일인으로부터 10년 내 증여받은 재산을 합산)이 20억 원을 초과하는 경우에는 증여세 산출세액의 40% 상당금액을 할증과세액으로 한다(상증법 제57조).

위 규정을 적용할 때 증여재산가액은 상증법 제47조 제2항[67)]에 따라 증여세 과세가액에 가산하는 증여재산을 포함한다. 증여세 과세가액에 가산하는 증여재산 중 수증자의 부모를 제외한 직계존속으로부터 증여받은 재산이 포함되어 있는 경우 할증과세되는 세액은 다음

---

66) 최명근·최봉길, 『상속증여세법 해설』, 경제법륜사, 2005., 197면
67) 해당 증여일 전 10년 이내에 동일인(증여자가 직계존속인 경우에는 그 직계존속의 배우자를 포함한다)으로부터 받은 증여재산가액을 합친 금액이 1천만 원 이상인 경우에는 그 가액을 증여세 과세가액에 가산한다. 다만, 합산배제증여재산의 경우에는 그러하지 아니하다.

의 구분에 따른 금액으로 한다. 이 경우 그 금액이 음수인 경우, 즉 종전에 납부한 할증과세액이 더 큰 경우에는 할증과세액은 영으로 한다(상증령 제46조의 3 제2항).

### 1) 수증자가 미성년자로서 증여재산가액 합계액이 20억 원을 초과하는 경우

★
$$\text{증여세} \atop \text{산출세액} \times \frac{\text{수증자의 부모를 제외한}}{\text{직계존속으로부터 증여받은 재산가액}} \times \frac{40}{100} - \text{종전에 납부한} \atop \text{할증과세액}$$

### 2) 위 "1)" 이외의 경우와 2016. 2. 5. 현재 수증자가 미성년자이며 증여재산가액이 20억 원을 초과하는 경우로서 2016. 1. 1. 전에 증여받은 재산의 경우[68]

★
$$\text{증여세} \atop \text{산출세액} \times \frac{\text{수증자의 부모를 제외한}}{\text{직계존속으로부터 증여받은 재산가액}} \times \frac{30}{100} - \text{종전에 납부한} \atop \text{할증과세액}$$

### (3) 사례

2010년에 할아버지로부터 20억 원을 증여받는 경우를 가정해 보자. 아버지가 생존해 있는 경우와 사망한 경우 그 증여세액이 각각 다음과 같이 산출된다.

**가. 아버지가 사망한 경우**(상증법 제57조 제1항 단서에 따라 할증과세하지 않음)

(20억 원×40% − 1.6억 원) = 6.4억 원

**나. 아버지가 생존해 있는 경우**

(20억 원×40% − 1.6억 원)×1.3 = 8.32억 원

할증과세규정을 적용함에 있어서는 다음과 같은 사례에 유의하여야 한다.

① 조부가 증여등기를 하지 못하고 사망하여 조부 사망 후 부동산등기특별조치법에 의해

---

[68] 부칙(대통령령 제26960호, 2016. 2. 5.) 제9조(직계비속에 대한 증여의 할증과세액 계산방법에 관한 경과조치) 이 영 시행 당시 수증자가 미성년자이며, 증여재산가액이 20억 원을 초과한 경우로서 2016년 1월 1일 전에 수증자의 부모를 제외한 직계존속으로부터 증여받은 재산에 대하여는 제46조의3의 개정규정에도 불구하고 해당 재산에 대한 할증과세은 위 "2)" 계산식에 따라 계산한 금액으로 한다.

손자에게 증여등기한 경우, 증여등기접수일에 상속인으로부터 증여받은 것으로 본다 (서면4팀 - 3410, 2006. 10. 11.).

② 직계비속에 대한 증여의 할증과세는 수증자가 증여자의 자녀가 아닌 직계비속인 경우 적용되는 것이며, 조카는 직계비속에 해당하지 아니하는 것이다(서일 46014 - 11009, 2002. 8. 2.).

---

## 제2절　증여세 결정세액의 계산

### 1　개 요

증여세 산출세액에서 공제하는 세액공제 항목으로는 납부세액공제, 외국납부세액공제, 신고세액공제 등이 있으며 징수가 유예되는 세액도 있다. 또한 조특법상의 영농자녀가 증여받은 농지등에 대한 증여세 감면세액도 산출세액에서 공제한다. 납부세액공제의 경우 2010. 1. 1. 이후 기존의 "기납부세액공제"에서 "납부세액공제"로 용어가 변경된바 있다. 따라서 산출세액에서 위 언급한 세액공제액 등을 차감하면 증여세 결정세액이 된다. 조특법상의 감면세액은 다음 제3절에서 다룬다.

---

　　증여세 산출세액
( + )　직계비속에 대한 할증과세(세대를 건너뛴 증여에 대한 할증과세)
( - )　납부세액공제
( - )　외국납부세액공제
( - )　신고세액공제
( - )　박물관자료 등 증여세 징수유예액 공제
( - )　영농자녀가 증여받은 농지등에 대한 증여세 감면세액
　=　증여세 결정세액(신고 · 납부세액)

---

## 2 납부세액공제

### (1) 의의

상증법 제47조 제2항(10년 전 증여분 합산)에 따라 증여세 과세가액에 가산한 증여재산의 가액(둘 이상의 증여가 있을 때에는 그 가액을 합친 금액을 말한다)에 대하여 납부하였거나 납부할 증여세액(증여 당시의 해당 증여재산에 대한 증여세 산출세액을 말한다)은 증여세 산출세액에서 공제한다. 다만, 증여세 과세가액에 가산하는 증여재산에 대하여 국세기본법 제26조의 2 제4항 또는 제5항에 따른 부과제척기간의 만료로 인하여 증여세가 부과되지 아니하는 경우에는 그러하지 아니하다(상증법 제58조 제1항). 이를 "납부세액공제"라 한다.

위에서 '납부하였거나 납부할 증여세액'은 '증여 당시의 해당 증여재산에 대한 증여세 산출세액'을 의미한다고 규정하고 있으므로, 납부세액을 공제함에 있어 증여 당시의 해당 증여재산에 대한 증여세 산출세액에서 신고세액공제를 적용하기 전의 산출세액을 공제하여야 한다. 이는 성실신고를 유도하기 위하여 부여한 신고세액공제의 혜택이 다음 증여 시에 납부세액공제 계산 시에 상계되지 않도록 배려한 규정으로 보인다.

### (2) 납부세액의 공제방법

공제할 납부세액은 증여재산에 가산한 증여세 산출세액과 공제한도액 중 적은 금액을 공제한다. 공제한도액은 다음과 같이 계산한다.

★

납부세액 공제액 : Min(①, ②)
① 가산한 증여재산에 대한 증여세 산출세액

② 한도액 = 합산과세된 증여세 산출세액 × $\dfrac{\text{가산한 증여재산에 대한 과세표준}}{\text{해당 증여재산가액과 가산한 증여재산가액의 합계액에 대한 과세표준}}$

증여세 과세가액에서 가산한 증여재산가액에 대하여 납부하였거나 납부할 증여세액을 공제함에 있어 증여세액이란 증여 당시 해당 증여재산에 대한 증여세 산출세액을 말하며, 세대생략으로 인하여 할증된 세액은 제외한다(재삼 46014-99, 1999. 1. 18.).

2007. 1. 1. 이후 조세특례제한법에 따라 영농자녀가 증여받은 농지등에 대한 증여세의 감면규정을 적용받는 경우에는 다른 일반 증여재산과 합산하지 아니하므로 납부세액공제도 적용하지 않는다.

**甲이 세 차례에 걸쳐 부모로부터 증여받은 경우의 사례를 보자.**

- (1차 증여) 2022년 4월에 어머니로부터 4억 원을 증여받음.
- (2차 증여) 2023년 5월에 아버지로부터 2억 원을 증여받음.
- (3차 증여) 2024년 6월에 아버지로부터 2억 원을 증여받음.

위와 같은 상황에서 2024년 6월분 증여세 납부액을 계산함에 있어 납부세액으로 공제를 받을 수 있는 금액은 얼마일까?

① 우선 1차 증여에 대한 세액을 계산하면 4억 원에서 5천만 원을 차감하고 난 후 20% 세율을 적용하여 누진공제액 1천만 원을 제하면 6천만 원의 납부세액이 계산된다.

② 2차 증여의 경우 1차 증여분을 합산하여 증여세 산출세액을 계산하게 된다.
- 산출세액 : (6억 원-5천만 원)×30%-6천만 원=105백만 원
- 납부세액공제 한도액 : 105백만 원×350백만 원/550백만 원=약 67백만원

즉, 6억 원에서 5천만 원을 차감하고 난 후 30% 세율을 적용하면 165백만 원이 된다. 여기서 누진공제액 6천만 원을 공제하면 105백만 원이 되는 것이다. 납부세액공제액은 105백만 원을 기준으로 350백만 원이 550백만 원에서 차지하는 비율한도 내에서 공제된다. 이렇게 산출된 한도액이 약 6천 7백만 원으로 기왕에 납부한 6천만 원을 초과하므로 기납부세액으로 6천만 원이 적용된다. 이에 따라 2차 증여시의 납부할 세액은 105백만 원-60백만 원(기납부세액)=45백만 원이 된다.

③ 3차 증여의 경우도 2차 증여와 마찬가지 방식으로 계산하면 다음과 같이 산출된다.
- 산출세액 : (8억 원-5천만 원)×30%-6천만 원=165백만 원
- 납부세액공제 한도액 : 165백만 원×550백만 원/750백만 원=약 121백만 원

3차증여의 경우도 위 한도액이 2차 증여세 산출세액인 105백만 원을 초과하므로 2차 증여 산출세액 전액이 납부세액 공제대상이 된다. 이에 따라 3차 증여시의 납부할 세액은 165백만 원-105백만 원(기납부세액)=6천만 원이 된다.

따라서 수증자 甲은 부모로부터 3차례에 걸쳐 증여받은 8억 원에 대한 증여세를 총 165백만 원(6천만 원+4.5천만 원+6천만 원)을 납부하게 된다.

## (3) 납부세액공제의 배제

증여세 과세가액에 가산하는 증여재산에 대하여 국세부과의 제척기간이 만료된 증여의 경우 납부세액공제가 적용되지 않는다.

또한, 아버지로부터 증여가 있은 후 아버지가 사망하고 다시 어머니가 증여를 한 경우

아버지가 생전에 증여한 재산은 합산과세하지 않으므로 납부세액공제에서도 배제된다. 이 경우 납부세액으로 공제할 어머니의 증여재산에 대한 증여세액은 아버지의 사망일 전 부모의 증여재산을 합산하여 계산한 증여세 산출세액 중에서 어머니의 증여재산에 상당하는 세액을 말한다(재산-1658, 2008. 7. 15.).

### 3 외국납부세액공제

타인으로부터 재산을 증여받은 경우에 외국에 있는 증여재산에 대하여 외국의 법령에 따라 증여세를 부과받은 경우에는 그 부과받은 증여세에 상당하는 금액을 증여세 산출세액에서 공제한다(상증법 제59조). 외국납부세액공제액은 증여세 산출세액을 기준으로 증여세 과세표준에서 외국의 법령에 의한 증여세 과세표준이 차지하는 비율을 한도로 계산된다(상증령 제48조 및 제21조).

★
외국납부세액공제 : Min(①, ②)
① 한도액 : 외국법령에 의하여 부과된 증여세액
② 증여세 산출세액 × $\dfrac{\text{외국법령에 의해 증여세가 부과된 재산에 대한 증여세 과세표준}}{\text{증여세 과세표준}}$

타인의 증여에 의하여 재산을 취득하는 자가 거주자인 경우에는 증여받은 국내·외에 소재하는 모든 재산에 대하여 증여세 납부의무가 있는 것이며, 당해 증여재산에 대하여 외국법령에 의하여 증여세를 부과받은 경우에는 그 부과받은 증여세 상당액은 외국납부세액으로 증여세 산출세액에서 공제하는 것이다(서일 46014-11228, 2003. 9. 1.).

비거주자는 국내에 있는 증여재산에 대하여 증여세 납부의무가 있으므로 외국납부세액공제의 적용여지가 없다. 거주자에만 해당이 되는 것이다.

외국납부세액공제를 받고자 하는 자는 외국납부세액공제신청서를 증여세 과세표준신고와 함께 납세지 관할 세무서장에게 제출하여야 한다(상증령 제48조 및 제21조).

### 4 신고세액공제

(1) 개요

증여세 납세의무가 있는 자는 증여받은 날이 속하는 달의 말일부터 3개월 이내에 증여세의 과세가액 및 과세표준을 납세지 관할 세무서장에게 신고하여야 한다. 다만, 비상장주식의 상장 또는 법인의 합병 등에 따른 증여세 과세표준 정산 신고기한은 정산기준일이 속하는 달의 말일부터 3개월이 되는 날로 하며, 제45조의 3 및 제45조의 5에 따른 증여세 과세표준 신고기한은 수혜법인 또는 특정법인의 법인세법 제60조 제1항에 따른 과세표준의 신고기한이 속하는 달의 말일부터 3개월이 되는 날로 한다(상증법 제68조 제1항).

증여세 과세표준을 신고기한 내에 신고한 경우에는 증여세 산출세액에서 문화재자료 등에 대한 징수 유예받은 금액 및 상증법 또는 다른 법률에 따라 산출세액에서 공제되거나 감면되는 금액을 차감한 금액의 100분의 3[69]을 공제한다(상증법 제69조 제2항).

한편, 최근 법령개정에 따라 증여세 신고세액공제율은 다음과 같은 변화가 있으므로 적용 시 유의하여야 한다.

| 증여세 신고세액공제율의 변화추이 |

| 구 분 | 2016년 말까지 | 2017년 | 2018년 | 2019년 이후 |
|---|---|---|---|---|
| 공제율 | 100분의 10 | 100분의 7 | 100분의 5 | 100분의 3 |

## (2) 신고세액공제 방법

신고세액공제액을 도식화하면 다음과 같다.

★

〔(증여세 산출세액 + 세대생략 할증과세액) - (박물관자료 등 징수유예세액 + 납부세액공제 + 외국납부세액공제 + 다른 법률에 따른 공제 또는 감면세액)〕× 공제율

산식에서 증여세 산출세액이란 증여세 과세표준 신고기한 내 신고한 과세표준에 대한 산출세액을 말한다(상증령 제65조의 2).

증여세 과세표준 신고기한 내에 증여세 신고서를 제출한 때에는 자진납부를 하지 않은 경우에도 신고세액공제를 적용한다. 또한 신고한 과세표준에 포함되어 있는 상속(증여)재산의 평가가액의 차이 및 각종 공제액의 적용상 오류 등으로 인한 과다신고금액은 신고한 과세표준에서 제외한다. 공동상속인이 상속재산의 과세표준과 세액을 신고함에 있어 각자의 지분별로 각각 신고한 경우에도 지분별로 신고한 상속재산을 합산하여 이를 기준으로 신고세액공제를 적용한다.

---

69) 다만, 2018년 1월 1일부터 2018년 12월 31일까지의 기간에 증여를 받은 분에 대하여 증여세 과세표준신고를 한 경우에는 부칙 제8조(신고세액공제에 관한 특례)에 따라 100분의 5를 적용한다.

## (3) 신고세액공제의 배제

### 1) 수정신고의 경우

수정신고를 통하여 과소납부한 증여세액을 추가로 납부한 경우 신고세액공제를 적용받을 수 있을까 하는 점이다. 왜냐하면 관련 규정(상증령 제65조의 2)에서 증여세 과세표준 신고기한 내에 신고한 과세표준에 대한 산출세액을 신고세액공제대상으로 규정했기 때문이다. 아래에서 보는 바와 같이, 행정해석은 이를 부인하고 있다.

「상증법」 제69조 제1항에서 "상속세 산출세액"이라 함은 같은 법 제67조의 규정에 의한 상속세 과세표준 신고기한까지 신고한 과세표준에 대한 산출세액을 말하는 것이다(재산-169, 2010. 3. 19.).

신고세액공제의 부여취지가 정해진 신고기한 내에 신고를 유도하기 위한 혜택이라는 측면에서 행정해석은 타당한 측면이 있다. 다만, 증여세 신고기한 내에 과세표준신고를 한 경우라면 자기보정을 위한 수정신고의 경우에도 신고세액공제를 전부 또는 일부라도 허용하는 방안을 입법론으로 적극 고려해 볼 수 있다.

### 2) 기타

신고한 과세표준에 포함된 증여재산의 평가오류(평가방법의 차이 포함)로 인한 과다신고금액, 채무의 과소신고, 각종 공제의 과소신고로 인한 과다신고금액 및 증여세 신고 시 합산대상 증여재산을 합산하여 신고하지 않은 경우 증여세 신고를 법정기한 내에 하였더라도 그 금액에 대하여 신고세액공제가 적용되지 않는다.[70]

상증법상의 재산평가 방법에 따른 올바른 평가가 이루어지고 신고기한 내에 적절하게 신고한 과세표준액에 해당하는 신고세액에 대해서만 신고세액공제를 허용하겠다는 것이다.

## 5 박물관자료 등에 대한 증여세 징수유예액 공제

### (1) 개요

징수유예란 확정된 납세의무의 이행이 어려운 납세의무자의 경제적 사정을 고려하여 일정기간 동안 그 징수를 유예하는 것을 말한다. 박물관자료 등에 대한 증여세 징수유예에 대해서는 상증법 제74조의 상속세 징수유예 규정을 준용하도록 하고 있다(상증법 제75조). 상증법 제74조 제2호는, 증여재산 중 「박물관 및 미술관 진흥법」에 따라 등록한 박물관자료

---

70) 재산-35, 2011. 1. 18.

또는 미술관자료로서 같은 법에 따른 박물관 또는 미술관(사립박물관이나 사립미술관의 경우에는 공익법인등에 해당하는 것만을 말한다)에 전시 중이거나 보존 중인 재산("박물관자료")이 포함되어 있는 경우에는 그 재산가액에 상당하는 증여세액의 징수를 유예한다.

이를 산식으로 표시하면 다음과 같다.

★

$$\text{징수유예 증여세액} = \text{증여세 산출세액} \times \frac{\text{징수유예대상 박물관 등 재산가액}}{\text{총증여재산가액}}$$

이 규정의 취지는 박물관자료 등을 수증자가 이를 처분하기보다는 계속 보존하기를 원하고 증여세 부담 때문에 이를 증여재산에서 누락시키는 것을 방지하기 위해 당해 재산의 유상처분 때까지 그 징수를 유예하고 있는 것이다.

한편, 「문화유산의 보존 및 활용에 관한 법률」 제2조 제3항 제3호에 따른 문화유산자료 및 「근현대문화유산의 보존 및 활용에 관한 법률」 제6조 제1항에 따른 국가등록문화유산과 「문화유산의 보존 및 활용에 관한 법률」에 따른 보호구역에 있는 토지 등(즉, 상증법 제74조 제1항 제1호, 제3호 및 제4호)은 상속세 징수유예는 받을 수 있어도 증여세 징수유예는 받을 수 없음을 유의하여야 한다(상증법 제75조 준용규정).

## (2) 징수유예의 배제사유

납세지 관할 세무서장은 박물관자료를 증여받은 수증인이 이를 유상으로 양도하거나 아래에 열거된 사유로 박물관자료를 인출(引出)하는 경우에는 즉시 그 징수유예한 증여세를 징수하여야 한다.

1) 박물관 또는 미술관의 등록이 취소된 경우
2) 박물관 또는 미술관을 폐관한 경우
3) 문화체육관광부에 등록된 박물관자료 또는 미술관자료에서 제외되는 경우

증여세 징수유예를 받으려는 자는 그 유예할 증여세액에 상당하는 담보를 제공하여야 한다. 이 경우 담보제공에 관하여는 상증법 제71조(연부연납)의 규정을 준용한다(상증법 제74조 제4항).

징수유예세액에 미달하는 담보를 제공한 때에는 그 담보재산에 상당하는 세액의 범위 내에서 징수를 유예할 수 있다(상증법 기본통칙 71-67…2).

한편, 납세지 관할 세무서장은 징수유예 기간에 박물관자료를 소유하고 있는 수증자의 사망으로 상속이 개시되는 경우에는 그 징수유예한 증여세액의 부과 결정을 철회하고 그 철회한 증여세액을 다시 부과하지 아니한다(상증법 제75조).

## 제3절 영농자녀가 증여받은 농지등에 대한 증여세 감면

### 1 개 요

농지·초지·산림지·어선·어업권·어업용 토지 등·염전 또는 축사용지(해당 농지· 초지·산림지·어선·어업권·어업용 토지 등·염전 또는 축사용지를 영농조합법인 또는 영어조합법인에 현물출자하여 취득한 출자지분을 포함한다. "농지등")를 농지등의 소재지 에 거주하면서 농지등을 직접 경작하는 거주자가 농지등의 소재지에 거주하면서 직접 경작 하는 직계비속에게 2025. 12. 31.까지 농지등을 증여하는 경우 해당 농지등의 가액에 대한 증여세의 100분의 100에 상당하는 세액을 감면한다(조특법 제71조 제1항).

동 증여세 감면제도는 조세감면규제법 제58조에 처음으로 규정되어 1994. 1. 1.부터 시행 되었으며, 2007. 1. 1. 이후부터는 조세특례제한법 제71조에 규정되어 현재에 이르고 있다.

### 2 자경농민의 요건

#### (1) 증여자 요건

자경농민[71]이란 농지등의 소재지에 거주하면서 직접 영농(영축, 영어 및 영림을 포함) 에 종사하는 거주자를 의미하며 다음과 같은 요건을 모두 갖춘 자를 말한다(조특법 제71조 및 같은 법 시행령 제68조 제1항).

1) 농지등이 소재하는 시·군·구(자치구를 말한다), 그와 연접한 시·군·구 또는 해당 농지등으로부터 직선거리 30킬로미터[72] 이내에 거주할 것

---

71) 자경농민인지 여부를 판단함에 있어 상시 근무하고 있는 다른 직업이 있는지 여부가 중요한 판단요소가 되고 있다(조심 2010중817, 2010. 5. 28., 조심 2009중3257, 2010. 5. 24., 조심 2010광685, 2010. 5. 24., 조심 2009중4146, 2010. 3. 23. 등 다수).
72) 직선거리 30km 규정은 2015. 2. 3. 이후 증여받는 분부터 적용한다(대통령령 제26070호, 2015. 2. 3. 개정). 개정 전에는 20km였다.

2) 농지등의 증여일부터 소급하여 3년 이상 계속하여 직접 영농에 종사(직접 경작)하고 있을 것

위에서 "직접 영농에 종사"하는 경우라 함은 거주자가 다음 중 어느 하나에 해당하는 경우를 말한다(상증령 제16조 제4항, 조특령 제68조 제14항).
① 영농 : 소유 농지 등 자산을 이용하여 농작물의 경작 또는 다년생식물의 재배에 상시 종사하거나 농작업의 2분의 1 이상을 자기의 노동력으로 수행하는 경우
② 양축 : 소유 초지 등 자산을 이용하여 「축산법」 제2조 제1호에 따른 가축의 사육에 상시 종사하거나 축산작업의 2분의 1 이상을 자기의 노동력으로 수행하는 경우
③ 영어 : 소유 어선 및 어업권 등 자산을 이용하여 「내수면어업법」 또는 「수산업법」에 따른 허가를 받아 어업에 상시 종사하거나 어업작업의 2분의 1 이상을 자기의 노동력으로 수행하는 경우
④ 영림 : 소유 산림지 등 자산을 이용하여 「산림자원의 조성 및 관리에 관한 법률」 제13조에 따른 산림경영계획 인가 또는 같은 법 제28조에 따른 특수산림사업지구 사업에 따라 산림조성에 상시 종사하거나 산림조성작업의 2분의 1 이상을 자기의 노동력으로 수행하는 경우

위 증여자 요건 중 영농종사기간을 계산함에 있어서, 해당 영농자녀등의 소득세법 제19조 제2항에 따른 사업소득금액(농업·임업 및 어업에서 발생하는 소득, 소득세법 제45조 제2항에 따른 부동산임대업에서 발생하는 소득과 같은 법 시행령 제9조에 따른 농가부업소득은 제외한다)과 같은 법 제20조 제2항에 따른 총급여액의 합계액이 3천 700만 원 이상인 과세기간이 있는 경우에는 그 기간은 해당 영농자녀등이 영농에 종사하지 아니한 것으로 본다(상증령 제16조 제4항 단서, 2015. 2. 3. 신설).

## (2) 수증자인 영농자녀의 요건

증여자의 직계비속(영농자녀등)이란 다음의 모두에 해당하는 자를 말한다(조특령 제68조 제3항).
1) 농지등의 증여일 현재 만 18세 이상인 직계비속일 것
2) 상증법 제68조에 따른 증여세 과세표준 신고기한까지 재촌요건[73]을 갖추고 증여받은 농지등에서 직접 영농에 종사할 것

---

73) 재촌요건이란 농지등이 소재하는 시·군·구(자치구), 그와 연접한 시·군·구 또는 해당 농지등으로부터 직선거리 30km 이내에 거주할 것을 요건으로 하는 것을 말한다.

2015. 2. 2. 이전에 증여받은 경우에는 수증자인 영농자녀를 영농 및 임업후계자와 그 외의 자를 구분하여 요건을 달리 적용하였으나, 2015. 2. 3. 이후 증여받는 분부터는 위와 같이 단순화하도록 조특법 시행령 제68조 제3항을 개정하였다.

### 3 증여농지등의 범위

아래에서 열거하고 있는 기준을 모두 충족하는 농지·초지·산림지·어선·어업권·어업용 토지 등·염전 또는 축사용지(해당 농지·초지·산림지·어선·어업권·어업용 토지 등·염전 또는 축사용지를 영농조합법인 또는 영어조합법인에 현물출자하여 취득한 출자지분을 포함한다. "농지등")로 증여자가 영농에 종사하던 농지등을 영농자녀등이 증여받은 경우에 적용한다.

영농자녀가 증여받은 농지에 대하여 증여세 감면규정을 적용할 때, 영농 자녀의 인원수 제한은 없으나 농지의 면적한도는 증여자인 자경농민을 기준으로 판단하는 것이며 증여세 감면세액 한도는 수증자별로 각각 적용한다(서면4팀 - 2405, 2007. 8. 9.).

### (1) 다음의 어느 하나에 해당하는 농지등

1) 농지 : 「농지법」 제2조 제1호 가목에 따른 토지로서 4만제곱미터(2014. 12. 31. 이전은 2만9천700제곱미터) 이내의 것

2) 초지 : 「초지법」 제5조에 따른 초지조성허가를 받은 초지로서 14만8천500제곱미터 이내의 것

3) 산림지 : 「산지관리법」 제4조 제1항 제1호에 따른 보전산지 중 「산림자원의 조성 및 관리에 관한 법률」에 따라 산림경영계획을 인가받거나 특수산림사업지구로 지정받아 새로 조림(造林)한 기간이 5년 이상인 산림지(채종림, 「산림보호법」 제7조에 따른 산림보호구역을 포함)로서 29만7천제곱미터 이내의 것. 다만, 조림 기간이 20년 이상인 산림지의 경우에는 조림 기간이 5년 이상인 29만7천제곱미터 이내의 산림지를 포함하여 99만제곱미터 이내의 것으로 한다.

4) 축사용지 : 축사 및 축사에 딸린 토지로서 해당 축사의 실제 건축면적을 「건축법」 제55조에 따른 건폐율로 나눈 면적의 범위 이내의 것(2015. 12. 15. 신설)

5) 어선 : 「어선법」 제13조의 2에 따른 총톤수 20톤 미만의 어선

6) 어업권 : 「수산업법」 제2조 제7호의 어업권, 「내수면어업법」 제7조에 따른 어업권 또는 「양식산업발전법」 제2조 제8호의 양식업권으로서 10만제곱미터 이내의 것

7) 어업용 토지등 : 4만제곱미터 이내의 것

8) 염전 : 「소금산업 진흥법」 제2조 제3호에 따른 염전으로서 6만제곱미터 이내의 것

(2) 「국토의 계획 및 이용에 관한 법률」 제36조에 따른 주거지역·상업지역 및 공업지역 외에 소재하는 농지등

(3) 「택지개발촉진법」에 따른 택지개발지구나 조특법 시행령 별표 6의 2 에서 정하는 개발사업지구로 지정된 지역 외에 소재하는 농지등

별표 6의 2에서 열거하고 있는 개발사업지구(조특령 제68조 제4항 관련)는 다음과 같다.

1) 「경제자유구역의 지정 및 운영에 관한 법률」 제4조에 따라 지정된 경제자유구역

2) 「관광진흥법」 제50조에 따라 지정된 관광단지

3) 「공공주택 건설 등에 관한 특별법」 제6조에 따라 지정된 공공주택지구

4) 「기업도시개발특별법」 제5조에 따라 지정된 기업도시개발구역

5) 「농어촌도로정비법」 제8조에 따라 도로사업계획이 승인된 지역

6) 「도시개발법」 제3조에 따라 지정된 도시개발구역

7) 「사회기반시설에 대한 민간투자법」 제15조에 따라 실시계획이 승인된 민간투자사업 예정지역

8) 「산업입지 및 개발에 관한 법률」 제2조 제5호에 따른 산업단지

9) 「신항만건설촉진법」 제5조에 따라 지정된 신항만건설예정지역

10) 「온천법」 제4조에 따라 지정된 온천 원보호지구

11) 「유통단지개발촉진법」 제5조에 따라 지정된 유통단지

12) 「자연환경보전법」 제38조에 따라 자연환경보전·이용시설설치계획이 수립된 지역

13) 「전원개발촉진법」 제5조에 따라 전원개발사업 실시계획이 승인된 지역

14) 「주택법」 제16조에 따라 주택건설사업계획이 승인된 지역

15) 「중소기업진흥에 관한 법률」 제31조에 따라 협동화사업을 위한 단지조성사업의 실시계획이 승인된 지역

16) 「지역균형개발 및 지방중소기업 육성에 관한 법률」 제9조에 따른 개발촉진지구, 동법 제26조의 3에 따른 특정지역 및 동법 제38조의 2에 따른 지역종합개발지구

17) 「철도건설법」 제9조에 따라 철도건설사업실시계획이 승인된 지역 및 동법 제22조에 따라 지정된 역세권개발구역

18) 「화물유통촉진법」 제28조에 따라 화물터미널설치사업의 공사계획이 인가된 지역

19) 그 밖에 농지등의 전용이 수반되는 개발사업지구로서 농지법·초지법·산지관리법 그 밖의 법률의 규정에 의하여 농지등의 전용의 허가·승인·동의를 받았거나 받은 것으로 의제되는 지역

## 4 감면한도와 사후관리

### (1) 감면세액의 한도

농지등의 소재지에 거주면서 농지등을 직접 경작하는 자경농민등이 영농자녀등에게 2025. 12. 31.까지 농지등을 증여하는 경우 해당 농지등의 가액에 대한 증여세의 100분의 100에 상당하는 세액을 감면한다.

다만, 감면받을 증여세액의 5년간 합계가 1억 원("증여세감면한도액")을 초과하는 경우에는 그 초과하는 부분에 상당하는 금액은 감면하지 아니한다. 이 경우 증여세 감면한도액은 그 감면받을 증여세액과 그 증여일 전 5년간 감면받은 증여세액을 합친 금액으로 계산한다(조특법 제133조 제3항).

### (2) 감면세액의 추징

증여세를 감면받은 농지등을 영농자녀등의 사망 등 정당한 사유없이 증여받은 날로부터 5년 이내에 양도하거나 영농자녀가 질병·취학 등 정당한 사유없이 해당 농지등에서 직접 영농에 종사하지 아니하게 된 때에는 즉시 농지등에 대한 증여세의 감면세액에 상당하는 금액에 대통령령으로 정하는 바에 따라 계산한 이자상당액을 가산하여 징수한다(조특법 제71조 제2항).

추징사유에 해당하는 영농자녀등은 제2항에 해당하게 되는 날이 속하는 달의 말일부터 3개월 이내에 대통령령으로 정하는 바에 따라 납세지 관할 세무서장에게 신고하고 해당 증여세와 이자상당액을 납세지 관할 세무서, 한국은행 또는 체신관서에 납부하여야 한다. 다만, 제2항에 따라 이미 증여세와 이자상당액이 징수된 경우에는 그러하지 아니하다(조특법 제71조 제4항, 2023. 12. 31. 개정). 증여세와 이자상당액을 신고하는 때에는 기획재정부령으로 정하는 영농자녀 증여세 감면 위반사유 신고 및 자진납부 계산서를 납세지 관할 세무서장에게 제출하여야 한다(조특령 제68조 제15항).

## 1) 5년 내 양도의 정당한 사유

증여받은 농지등을 5년 내에 양도하는 경우라도 정당한 사유가 있는 경우에는 증여세를 징수하지 아니한다. "영농자녀등의 사망 등 정당한 사유"란 다음의 어느 하나에 해당하는 경우를 말한다(조특령 제68조 제5항).

　가. 「공익사업을 위한 토지 등의 취득 및 보상에 관한 법률」에 따른 협의매수·수용 및 그 밖의 법률에 따라 수용되는 경우

　나. 국가·지방자치단체에 양도하는 경우

　다. 「농어촌정비법」 그 밖의 법률에 따른 환지처분에 따라 해당 농지등이 농지등으로 사용될 수 없는 다른 지목으로 변경되는 경우

　라. 영농자녀등이 「해외이주법」에 따른 해외이주를 하는 경우

　마. 소득세법 제89조 제1항 제2호 및 법 제70조에 따라 농지를 교환·분합 또는 대토한 경우로서 종전 농지등의 자경기간과 교환·분합 또는 대토 후의 농지등의 자경기간을 합하여 8년 이상이 되는 경우

　바. 그 밖에 기획재정부령이 정하는 부득이한 사유가 있는 경우[74]

## 2) 영농 미종사의 정당한 사유

증여세를 감면받은 농지등에서 직접 영농에 종사하지 아니하더라도 증여세가 추징되지 않는 정당한 사유는 다음과 같다(조특령 제68조 제6항).

　가. 영농자녀등이 1년 이상의 치료나 요양을 필요로 하는 질병으로 인하여 치료나 요양을 하는 경우

　나. 영농자녀등이 「고등교육법」에 따른 학교 중 농업계열 또는 수산계열의 학교에 진학하여 일시적으로 영농에 종사하지 못하는 경우

　다. 「병역법」에 따라 징집되는 경우

　라. 「공직선거법」에 따른 선거에 의하여 공직에 취임하는 경우

　마. 그 밖에 기획재정부령이 정하는 부득이한 사유가 있는 경우[75]

---

74) 기획재정부령(시행규칙)에서는 현재 '부득이한 사유'를 규정하고 있지 않다.
75) 기획재정부령에서는 현재 '부득이한 사유'를 규정하고 있지 않다.

### 3) 이자상당액의 징수

감면받은 증여세를 징수하는 경우에는, 즉시 그 농지등에 대한 증여세의 감면세액에 상당하는 금액에 다음의 방법으로 계산한 이자상당액을 가산하여 징수한다(조특법 제71조 제2항 및 제68조 제7항).

★
> 이자상당액 = 당초 증여받은 농지등에 대한 증여세의 감면세액에 상당하는 금액 × ① × ②
> ① : 당초 증여받은 농지등에 대한 증여세 과세표준 신고기한의 다음날부터 직접 영농에 종사하지 않게 된 날까지의 기간
> ② : 「국세기본법 시행령」 제27조의 4에 따른 율(1일 10만분의 22)

## 5 조세포탈 등으로 형벌(刑罰)이 확정된 경우의 적용

### (1) 증여세 감면의 배제 등

영농자녀등 또는 자경농민등이 영농과 관련하여 조세포탈 또는 회계부정 행위로 징역형 또는 대통령령으로 정하는 벌금형을 선고받고 그 형이 확정된 경우에는 다음의 구분에 따라 증여세 감면을 적용하지 않거나 감면받은 증여세에 이자상당액을 가산하여 징수한다(조특법 제71조 제3항, 2023. 12. 31. 신설).

여기에서 "대통령령으로 정하는 벌금형"이란 상증령 제15조 제19항 각 호의 어느 하나에 해당하는 벌금형을 말한다.

1. 상증법 제76조에 따른 과세표준과 세율의 결정이 있기 전에 영농자녀등 또는 자경농민등에 대한 형이 확정된 경우 : 제1항에 따른 증여세의 감면을 적용하지 아니한다.
2. 제1항에 따라 증여세를 감면받은 후에 영농자녀등 또는 자경농민등에 대한 형이 확정된 경우 : 증여받은 농지등에 대한 증여세의 감면세액에 상당하는 금액에 대통령령으로 정하는 바에 따라 계산한 이자상당액을 가산하여 징수한다.

### (2) 증여세와 이자상당액의 납부

조특법 제71조 제3항 제2호에 해당하는 영농자녀등은 제3항 제2호에 해당하게 되는 날이 속하는 달의 말일부터 3개월 이내에 대통령령으로 정하는 바에 따라 납세지 관할 세무서장에게 신고하고 해당 증여세와 이자상당액을 납세지 관할 세무서, 한국은행 또는 체신관서에 납부하여야 한다. 다만, 제3항 제2호에 따라 이미 증여세와 이자상당액이 징수된 경우에

는 그러하지 아니하다(조특법 제71조 제4항).

증여세와 이자상당액을 신고하는 때에는 기획재정부령으로 정하는 영농자녀 증여세 감면 위반사유 신고 및 자진납부 계산서를 납세지 관할 세무서장에게 제출하여야 한다(조특령 제68조 제15항).

증여받은 농지등에 대한 증여세의 감면세액에 상당하는 금액에 추가하여 징수하는 이자상당액은 다음의 방법으로 계산한다(조특령 제68조 제9항).

★

이자상당액 = 당초 증여받은 농지등에 대한 증여세의 감면세액에 상당하는 금액 × ① × ②
① : 당초 증여받은 농지등에 대한 증여세 과세표준 신고기한의 다음날부터 법 제71조 제3항 제2호의 사유가 발생한 날까지의 기간
② : 「국세기본법 시행령」 제27조의 4에 따른 율(1일 10만분의 22)

## 6 과세특례

### (1) 양도소득세 과세특례

증여세를 감면받은 농지등을 양도하여 양도소득세를 부과하는 경우 소득세법상의 규정에도 불구하고 취득시기는 자경농민이 해당 농지등을 취득한 날로 하고 필요경비는 자경농민의 취득 당시 필요경비로 한다(조특법 제71조 제5항). 자경농민의 직계비속(영농후계자 등)이 증여를 받은 시점의 증여재산취득가액을 기준으로 계산하지 않는 것이다. 일반적으로 증여재산의 가치가 시간이 흐름에 따라 증가한다고 가정하면 취득가액이 낮아진 만큼 양도소득세 부담은 커질 수 있을 것이다. 이 규정은 양도소득세 부담을 줄이기 위하여 증여를 활용하는 것을 방지하는 규정(부당행위계산부인)인 소득세법 제101조 제2항과 그 취지를 같이 한다.

농지등을 양도하는 경우로서 해당 규정에 따라 증여세를 감면받은 농지등이 포함되어 있는 경우에는 증여세를 감면받은 부분과 과세된 부분을 각각 구분하여 양도소득금액을 계산한다(조특령 제68조 제10항).

### (2) 상속세 및 증여세 과세특례

증여세를 감면받은 농지등은 상증법 제3조의 2 제1항에 따른 상속재산가액을 계산할 때 상속재산에 가산하는 증여재산으로 보지 아니하며, 같은 법 제13조 제1항에 따라 상속세 과세가액에 가산하는 증여재산가액에 포함시키지 아니한다. 즉, 상속개시일 전 10년 이내

에 피상속인이 상속인에게 증여한 재산가액에 포함하지 않는 것이다(조특법 제71조 제6항).

또한 증여세를 감면받은 농지등은 상증법 제47조 제2항에 따라 해당 증여일 전 10년 이내에 자경농민등(자경농민등의 배우자를 포함)으로부터 증여받아 합산하는 증여재산가액에 포함시키지 아니한다(조특법 제71조 제7항). 즉, 동일인으로부터 10년 이내에 증여받은 다른 일반증여재산과 합산과세하지 아니한다.

## 7. 감면신청

### (1) 신청서의 제출

증여세를 감면받으려는 영농자녀등은 증여세 과세표준 신고기한까지 감면신청을 하여야 한다(조특법 제71조 제8항). 세액감면신청서에 다음의 서류를 첨부하여 납세지 관할 세무서장에게 제출하여야 한다. 다만, 2009. 1. 1. 이후 증여분부터는 감면을 신청하지 아니한 경우에도 요건만 충족하면 감면이 적용된다.

1) 자경농민 및 영농자녀의 농업소득세 납세증명서 또는 영농사실을 확인할 수 있는 서류
2) 해당 농지등 취득 시의 매매계약서 사본
3) 해당 농지등에 대한 증여계약서 사본
4) 증여받은 농지등의 명세서
5) 해당 농지등을 영농조합법인에 현물출자한 경우에는 영농조합법인에 출자한 증서
6) 자경농민의 가족관계기록 사항에 관한 증명서
7) 후계농업경영인 또는 임업후계자임을 증명하는 서류

한편, 2011. 1. 1. 이후 최초로 신고, 결정 또는 경정하는 분부터 증여세 결정 시 추가로 납부할 세액(가산세액은 제외한다)이 없는 경우 무신고가산세를 부과하지 않는다(구 국기법 제47조의 2 제7항, 2010. 12. 27. 신설, 현재 삭제).

### (2) 감면의 순위

영농자녀등이 농지등을 동시에 2필지 이상 증여받은 경우에는 증여세를 감면받으려는 농지등의 순위를 정하여 감면을 신청하여야 한다. 영농자녀등이 감면받으려는 농지등의 순위를 정하지 아니하고 감면을 신청한 경우에는 증여 당시 농지등의 가액이 높은 순으로 감면을 신청한 것으로 본다(조특령 제68조 제11항).

제**6**장

# 증여세 과세특례

## 제**1**절   창업자금에 대한 증여세 과세특례

### **1** 개 요

청년실업이 갈수록 사회문제화되어 가고 있다. 청년들이 십수 년의 학업을 마치고 다양한 스펙(specification)을 갖추고서도 원하는 직장을 찾지 못하고 방황하는 가운데 국가의 중요한 인적자원이 낭비되고 있다는 지적이 잇따르고 있다. 이런 가운데 창업을 하는 것도 청년실업난 해소에 한 방안이 될 수 있다는 주장이 설득력을 얻고 있다.

창업자금에 대한 증여세 과세특례는 이러한 청년실업 해소방안의 일환으로 청년창업 시에 세제상 혜택을 부여하는 제도이다. 재력이 있는 노령층은 경제활동의 적령기를 넘겨 실패에 따른 위험부담을 가능한 회피하려 한다. 이에 대한 대안으로 자신이 가진 부를 젊은이들에게 이전하여 이를 종잣돈으로 창업에 나서게 하자는 것이다. 하지만 자금의 이전과정에서 부과되는 세금(증여세) 때문에 이전효과가 축소되고 만다.

이 제도의 요지는 중소기업을 창업할 목적으로 60세 이상의 부모로부터 창업자금을 증여받은 경우 증여세 과세가액(50억 원 한도)에서 5억 원을 공제한 후 10%의 낮은 세율로 증여세를 과세하고 증여한 부모의 사망 시에는 증여 당시의 가액을 상속재산가액에 가산하여 상속세로 정산하도록 하는 것이다.

### **2** 적용요건

#### (1) 기본요건

18세 이상인 거주자가 중소기업("창업자금중소기업")을 창업할 목적으로 60세 이상의 부모(증여 당시 아버지나 어머니가 사망한 경우에는 그 사망한 아버지나 어머니의 부모를 포

함한다)로부터 토지·건물 등의 재산을 제외한 재산을 증여받는 경우에는 상증법 제53조 (증여재산 공제), 제53조의 2(혼인·출산 증여재산 공제) 및 제56조(증여세 세율)에도 불구하고 해당 증여받은 재산의 가액 중 대통령령으로 정하는 창업자금[증여세 과세가액 50억 원(창업을 통하여 10명 이상을 신규 고용한 경우에는 100억 원)을 한도로 하며, 이하 이 조에서 "창업자금"이라 한다]에 대해서는 증여세 과세가액에서 5억 원을 공제하고 세율을 100분의 10으로 하여 증여세를 부과한다. 이 경우 창업자금을 2회 이상 증여받거나 부모로부터 각각 증여받는 경우에는 각각의 증여세 과세가액을 합산하여 적용한다(조특법 제30조의 5 제1항, 2023. 12. 31. 개정).

| 한도 개정연혁 |

| 2015년 이전 | 2016~2022년 | 2023년 이후 |
|---|---|---|
| 과세가액 30억 원 | 과세가액 30억 원<br>(창업을 통하여 10명 이상을 신규 고용한 경우에는 50억 원) | 과세가액 50억 원<br>(창업을 통하여 10명 이상을 신규 고용한 경우에는 100억 원) |

## (2) 증여자 및 수증자 요건

### 1) 증여자

창업자금에 대한 증여세 과세특례를 적용받을 수 있는 증여자는 60세 이상의 부모이어야 한다. 만약 증여 당시 부 또는 모가 사망한 경우에는 사망한 부 또는 모의 부모(할아버지와 할머니, 외할아버지와 외할머니)를 포함한다.

### 2) 수증자

수증자는 18세 이상의 거주자여야 한다. 창업자금에 대한 증여세 과세특례는 2005. 12. 31. 법률 제7839호로 신설된 규정으로 규정 당시에는 30세 이상이거나 혼인한 거주자를 수증자 요건으로 하였다가 2007. 12. 31. 법 개정으로 18세 이상으로 개정되었다.

창업자금에 대한 증여세 과세특례에서는 가업승계에 대한 과세특례와 달리 수증자가 1인일 것을 요건으로 하지 않는다. 창업자금을 받은 거주자가 수인이면 수증자별로 창업자금 과세특례를 적용한다.

## (3) 창업(증여)자금의 요건

창업이란 소득세법 제168조 제1항, 법인세법 제111조 제1항 또는 부가가치세법 제8조 제

1항 및 제5항의 규정에 따라 납세지 관할 세무서장에게 등록하는 것을 말한다(조특령 제27조의 5 제3항).

창업자금이라 함은 토지·건물·비상장주식 등 양도소득세 과세대상 재산을 제외한 재산을 말한다. 소득세법(제94조 제1항)에서 규정하는 양도소득세 과세대상 자산은 다음과 같으며, 이런 자산 외의 자산으로는 현금, 주식(상장법인의 소액주주) 등이 있다.

1) 토지[「공간정보의 구축 및 관리 등에 관한 법률」에 따라 지적공부(地籍公簿)에 등록하여야 할 지목에 해당하는 것을 말한다] 또는 건물(건물에 부속된 시설물과 구축물을 포함한다)의 양도로 발생하는 소득

2) 다음의 어느 하나에 해당하는 부동산에 관한 권리의 양도로 발생하는 소득

   가. 부동산을 취득할 수 있는 권리(건물이 완성되는 때에 그 건물과 이에 딸린 토지를 취득할 수 있는 권리를 포함)

   나. 지상권

   다. 전세권과 등기된 부동산임차권

3) 다음의 어느 하나에 해당하는 주식등의 양도로 발생하는 소득

   가. 주권상장법인의 주식등으로서 다음의 어느 하나에 해당하는 주식등

   ① 소유주식의 비율·시가총액 등을 고려하여 대통령령으로 정하는 주권상장법인의 대주주가 양도하는 주식등

   ② 위 "①"에 따른 대주주에 해당하지 아니하는 자가 「자본시장과 금융투자업에 관한 법률」에 따른 증권시장("증권시장")에서의 거래에 의하지 아니하고 양도하는 주식등

   나. 주권비상장법인의 주식등

   다. 외국법인이 발행하였거나 외국에 있는 시장에 상장된 주식등으로서 대통령령으로 정하는 것

4) 다음의 어느 하나에 해당하는 자산("기타자산")의 양도로 발생하는 소득

   가. 사업에 사용하는 위 "1)" 및 "2)"의 자산과 함께 양도하는 영업권(영업권을 별도로 평가하지 아니하였으나 사회통념상 자산에 포함되어 함께 양도된 것으로 인정되는 영업권과 행정관청으로부터 인가·허가·면허 등을 받음으로써 얻는 경제적 이익을 포함한다)

   나. 이용권·회원권, 그 밖에 그 명칭과 관계없이 시설물을 배타적으로 이용하거나 일반이용자보다 유리한 조건으로 이용할 수 있도록 약정한 단체의 구성원이 된 자에게 부여되는 시설물 이용권(법인의 주식등을 소유하는 것만으로 시설물을 배타

적으로 이용하거나 일반이용자보다 유리한 조건으로 시설물 이용권을 부여받게 되는 경우 그 주식등을 포함한다)

다. 법인의 자산총액 중 다음의 합계액이 차지하는 비율이 100분의 50 이상인 법인의 과점주주(소유 주식등의 비율을 고려하여 대통령령으로 정하는 주주를 말하며, "과점주주")가 그 법인의 주식등의 100분의 50 이상을 해당 과점주주 외의 자에게 양도하는 경우에 해당 주식등

① 위 "1)" 및 "2)"에 따른 자산("부동산등")의 가액

② 해당 법인이 직접 또는 간접으로 보유한 다른 법인의 주식가액에 그 다른 법인의 부동산등 보유비율을 곱하여 산출한 가액. 이 경우 다른 법인의 범위 및 부동산등 보유비율의 계산방법 등은 대통령령으로 정한다.

라. 대통령령으로 정하는 사업을 하는 법인으로서 자산총액 중 "다. ①" 및 "②"의 합계액이 차지하는 비율이 100분의 80 이상인 법인의 주식등

마. 제1호의 자산과 함께 양도하는 「개발제한구역의 지정 및 관리에 관한 특별조치법」 제12조 제1항 제2호 및 제3호의 2에 따른 이축을 할 수 있는 권리(이축권). 다만, 해당 이축권 가액을 대통령령으로 정하는 방법에 따라 별도로 평가하여 신고하는 경우는 제외한다.

5) 대통령령으로 정하는 파생상품등의 거래 또는 행위로 발생하는 소득(제16조 제1항 제13호 및 제17조 제1항 제10호에 따른 파생상품의 거래 또는 행위로부터의 이익은 제외한다)

6) 신탁의 이익을 받을 권리(「자본시장과 금융투자업에 관한 법률」 제110조에 따른 수익증권 및 같은 법 제189조에 따른 투자신탁의 수익권 등 대통령령으로 정하는 수익권은 제외하며, 이하 "신탁 수익권"이라 한다)의 양도로 발생하는 소득. 다만, 신탁 수익권의 양도를 통하여 신탁재산에 대한 지배·통제권이 사실상 이전되는 경우는 신탁재산 자체의 양도로 본다.

## (4) 창업요건

### 1) 중소기업의 범위

창업자금을 증여받은 자는 증여받은 날로부터 2년(2019년까지는 1년) 이내에 중소기업을 창업하여야 한다. 이 경우 사업을 확장하는 경우로서 사업용 자산을 취득하거나 확장한 사업장의 임차보증금 및 임차료를 지급하는 경우는 창업으로 본다. 여기서 말하는 중소기업이라

함은 조세특례제한법 제6조 제3항 각 호에 따른 업종을 영위하는 중소기업을 말한다.

여기에는 광업, 제조업(제조업과 유사한 사업으로서 대통령령으로 정하는 사업을 포함), 건설업, 음식점업, 출판업, 영상·오디오 기록물 제작 및 배급업(비디오물 감상실 운영업은 제외), 방송업, 전기통신업, 컴퓨터 프로그래밍·시스템통합 및 관리업, 정보서비스업(뉴스 제공업은 제외), 연구개발업, 광고업, 그 밖의 과학기술서비스업, 전문디자인업, 전시 및 행사대행업, 창작 및 예술관련 서비스업(자영예술가는 제외), 엔지니어링사업, 물류산업, 직업기술 분야를 교습하는 학원을 운영하는 사업, 직업능력개발훈련시설을 운영하는 사업, 관광숙박업, 국제회의업, 유원시설업, 관광객이용시설업, 노인복지시설을 운영하는 사업, 전시산업, 인력공급 및 고용알선업, 건물 및 산업설비 청소업, 경비 및 경호 서비스업, 시장조사 및 여론조사업, 사회복지 서비스업, 보안시스템 서비스업이 해당된다.

## 2) 창업으로 보지 아니하는 경우

합병 등의 경우와 같이 실질적인 창업이라고 볼 수 없는 경우에는 과세특례가 적용되는 창업으로 보지 아니한다(조특법 제30조의 5 제2항).

가. 합병·분할·현물출자 또는 사업의 양수를 통하여 종전의 사업을 승계하여 같은 종류의 사업을 하는 경우

나. 종전의 사업에 사용되던 자산을 인수 또는 매입하여 같은 종류의 사업을 하는 경우로서 인수 또는 매입한 자산가액의 합계액이 사업개시일이 속하는 과세연도의 종료일 또는 그 다음 과세연도의 종료일 현재 제2항에 따른 사업용 자산의 총 가액에서 차지하는 비율이 100분의 50 미만으로서 100분의 30을 초과하는 경우(조특령 제27조의 5 제4항 및 제5항).

다. 거주자가 하던 사업을 법인으로 전환하여 새로운 법인을 설립하는 경우

라. 폐업 후 사업을 다시 개시하여 폐업 전의 사업과 같은 종류의 사업을 하는 경우

마. 다른 업종을 추가하는 등 새로운 사업을 최초로 개시하는 것으로 보기 곤란한 경우, 그 밖에 이와 유사한 것으로서 창업자금을 증여받기 이전부터 영위한 사업의 운용자금과 대체설비자금 등으로 사용하는 경우

## 3) 창업자금 인정 범위

창업자금을 증여받아 창업을 한 자가 새로 창업자금을 증여받아 당초 창업한 사업과 관련하여 사용하는 경우에는 위 "2) 라. 내지 마."를 적용하지 아니한다(조특법 제30조의 5 제3항). 즉, 기존의 창업자금과 합산하여 한도(50억 원) 범위 내에서 창업자금에 대한 증여세

과세특례가 적용되는 것이다.

### 4) 사용요건

창업자금을 증여받은 자는 증여받은 날부터 4년(2019년까지는 3년)이 되는 날까지 창업자금을 모두 해당 목적에 사용하여야 한다(조특법 제30조의 5 제4항).

### 5) 특례의 신청

창업자금에 대한 증여세 과세특례를 적용받고자 하는 자는 증여세 과세표준신고와 함께 창업자금 특례신청서 및 사용내역서를 납세지 관할 세무서장에게 제출하여야 한다. 이 경우 그 신고기한까지 특례신청을 하지 아니한 경우에는 특례규정을 적용하지 아니한다(조특법 제30조의 5 제12항). 특례신청은 강행규정으로 창업자금에 대한 증여세 과세특례를 적용받기 위한 필수적 요소이다.

### 3 과세특례의 내용

### (1) 증여공제와 단일세율의 적용

창업자금에 대한 증여세 과세특례가 적용되는 경우 증여세 과세가액에서 5억 원을 공제하고 10%의 특례세율을 적용하여 증여세를 부과한다. 창업자금을 2회 이상 증여받거나 부모로부터 각각 증여받는 경우에는 각각의 증여세 과세가액을 합산하여 적용한다(조특법 제30조의 5 제1항).

증여세의 과세가액은 50억 원(2022년까지는 30억 원)을 한도로 한다. 창업을 통하여 10명 이상을 신규 고용한 경우에는 100억 원(2022년까지는 50억 원)으로 한다. 초과분에 대해서는 본 과세특례 적용을 배제하고 상증법 제56조에 따른 증여세율(일반세율)을 적용한다. 창업자금에 대하여 증여세를 부과하는 경우에는 상증법 제47조 제2항에도 불구하고 동일인(그 배우자를 포함한다)으로부터 증여받은 창업자금 외의 다른 증여재산의 가액은 창업자금에 대한 증여세 과세가액에 가산하지 아니한다(조특법 제30조의 5 제11항). 동일한 창업자금 증여재산들만 합산한다.

창업자금 과세특례를 적용받은 거주자는 가업승계 주식 등에 대한 증여세 과세특례(조특법 제30조의 6)를 적용받을 수 없다. 반대의 경우도 또한 같다.

창업자금에 대한 증여세 과세표준을 신고하는 경우에는 증여세 신고세액공제(상증법 제69조 제2항)를 적용하지 아니한다(조특법 제30조의 5 제11항). 2014. 12. 31. 이전에는 상증법 제71

조 제1항에 따른 연부연납도 적용하지 아니하였으나, 2015. 1. 1. 이후 증여분부터는 연부연납을 적용한다.

## (2) 창업자금의 상속세 적용 시 과세특례

창업자금은 상증법 제3조의 2 제1항을 적용할 때 상속재산에 가산하는 증여재산으로 본다(조특법 제30조의 5 제8항).

그리고 창업자금은 상속세 과세가액가산액(상증법 제13조 제1항 제1호)을 산정할 때 증여받은 날부터 상속개시일까지의 기간과 관계없이 상속세 과세가액에 가산하되, 상속공제의 한도(상증법 제24조 제3호)를 적용할 때에는 상속세 과세가액에 가산한 증여재산가액으로 보지 아니한다(조특법 제30조의 5 제9항). 다시 말하여 창업자금으로 인한 증여세 과세특례를 적용받은 경우 상속공제 한도액 계산 시 사전증여재산임에도 불구하고 차감하는 사전증여재산으로 보지 않도록 하여 당해 창업자금에 대한 증여세 과세특례가 적용된 증여재산을 상속세 총 과세가액에 산입하여 상속재산가액의 누락을 방지하는 한편, 당해 특례로 인한 사전증여에 따른 혜택을 반감시키지 않도록 하려는 취지로 보인다.

이를 간략히 살펴보면 다음과 같다.

상속세 과세가액은 총 상속재산가액(본래의 상속재산, 간주 및 추정상속재산)에서 과세제외재산, 공과금, 장례비, 채무 등을 차감하고 합산대상 사전증여재산을 더하여 계산된다. 합산대상 사전증여재산은 상속인의 경우 10년, 기타의 경우 5년간 합산하되 10% 증여특례세율 적용재산인 창업자금, 가업승계주식 등은 기간의 제한이 없이 합산하는 것이다.

상속세 과세표준은 위에서 산출된 상속세 과세가액에서 상속공제와 감정평가수수료를 공제하여 계산된다.

상속공제액은 다음 "1)" 및 "2)" 중 적은 금액으로 한다.

1) 기초공제액 + 가업상속공제액 + 영농상속공제액 + 그 밖의 인적공제 + 일괄공제 + 배우자공제 + 금융재산상속공제 + 재해손실공제 + 동거주택상속공제

2) 공제적용종합한도액(상증법 제24조) = 상속세 과세가액 − [상속인이 아닌 자에게 유증·사인증여한 재산 등 + 상속인의 상속포기로 후순위 상속인이 받은 상속재산 + 상속세 과세가액에 가산한 증여재산가액]

여기에서 창업자금 과세특례 금액은 위 한도계산 시 상속세 과세가액에 가산한 증여재산가액으로 보지 않는다는 것이다.

창업자금에 대한 증여세액을 상속세 산출세액에서 공제하는 경우에는 과세표준 한도 내

에서 공제되는 규정(상증법 제28조 제2항)에 불구하고 상속세 산출세액에서 창업자금에 대한 증여세액을 한도없이 공제한다. 다만, 공제할 증여세액이 상속세 산출세액보다 많은 경우 그 차액에 상당하는 증여세액은 환급하지 아니한다(조특법 제30조의 5 제10항).

## 4 사후관리

### (1) 창업자금에 대한 사용명세의 제출

창업자금을 증여받은 자가 창업자금을 증여받은 날로부터 2년 이내 창업하는 경우에는 아래에서 정하는 날에 창업자금 사용명세(증여받은 창업자금이 50억 원을 초과하는 경우에는 고용명세를 포함한다)를 증여세 납세지 관할 세무서장에게 제출하여야 한다. 이 경우 창업자금 사용명세를 제출하지 아니하거나 제출된 창업자금 사용명세가 분명하지 아니한 경우에는 그 미제출분 또는 불분명한 부분의 금액에 1천분의 3을 곱하여 산출한 금액을 창업자금 사용명세서 미제출 가산세로 부과한다(조특법 제30조의 5 제5항 및 조특령 제27조의 5 제6항).
1) 창업일이 속하는 달의 다음 달 말일
2) 창업일이 속하는 과세연도부터 4년 이내의 과세연도(창업자금을 모두 사용한 경우에는 그 날이 속하는 과세연도)까지 매 과세연도의 과세표준신고기한

참고로 협력의무를 위반하여 부과되는 가산세는 그 의무위반 종류별로 1억 원을 한도로 한다. 따라서 창업자금사용 내역을 규정된 기한 내에 제출하지 아니한 경우에는 1억 원(중소기업은 5천만 원)을 한도로 가산세를 납부하여야 한다(국기법 제49조 제1항 제5호). 다만, 당해 창업자금 사용내역을 고의적으로 제출하지 않는 경우에는 가산세 한도를 적용하지 않고 전액 부과한다.

한편, 창업자금에 대한 과세특례의 최고 한도액이 50억 원이므로 그 전액에 대하여 창업자금 사용명세를 제출하지 못한 경우라도 15백만 원(50억 원×1천분의 3)의 가산세가 부과되는 것이므로 1억 원의 한도액에 미치게 못하게 된다.

### (2) 증여세와 상속세의 부과

창업자금을 증여받은 경우로 다음의 추징사유에 해당하는 경우에는 각각의 금액에 대하여 상증법에 따라 증여세와 상속세를 각각 부과한다. 이 경우 이자상당액을 그 부과하는 증여세에 가산하여 부과한다(조특법 제30조의 5 제6항, 조특령 제27조의 5 제9항). 이자상당액이란 부과하기로 결정한 증여세액에 추징기간[76] 동안 1일 10만분의 22를 곱하여 계산한다.

1) 창업자금을 증여받은 날로부터 2년 내에 창업하지 아니한 경우 : 창업자금

2) 창업자금으로 창업자금중소기업에 해당하는 업종 외의 업종을 경영하는 경우 : 창업 자금중소기업에 해당하는 업종 외의 업종에 사용된 창업자금

3) 새로 증여받은 창업자금을 창업목적에 따라 사용하지 아니한 경우 : 해당 목적에 사용 되지 아니한 창업자금

4) 창업자금을 증여받은 날부터 4년이 되는 날까지 모두 해당 목적에 사용하지 아니한 경우 : 해당 목적에 사용되지 아니한 창업자금

5) 증여받은 후 10년 이내에 창업자금(가치증가분 포함, 창업자금 등이라 함)을 해당 사 업용도 외의 용도로 사용한 경우 : 해당 사업용도 외의 용도로 사용된 창업자금 등

6) 창업 후 10년 이내에 해당 사업을 폐업하는 경우 등 대통령령으로 정하는 경우 : 창업 자금(창업으로 인한 가치증가분 포함) 등

"대통령령으로 정하는 경우"란 다음의 어느 하나에 해당하는 경우를 말한다.

가. 수증자의 사망. 다만, 다음의 어느 하나에 해당하는 경우를 제외한다.

① 수증자가 창업자금을 증여받고 법 제30조의 5 제2항의 규정에 따라 창업하기 전에 사망한 경우로서 수증자의 상속인이 당초 수증자의 지위를 승계하여 동 조 제2항 내지 제6항의 규정에 따라 창업하는 경우

② 수증자가 창업자금을 증여받고 법 제30조의 5 제2항의 규정에 따라 창업한 후 동조 제4항의 규정에 의하여 창업목적에 사용하기 전에 사망한 경우로서 수증 자의 상속인이 당초 수증자의 지위를 승계하여 동조 제4항 내지 제6항의 규정 에 따라 창업하는 경우

③ 수증자가 창업자금을 증여받고 법 제30조의 5 제4항의 규정에 따라 창업을 완 료한 후 사망한 경우로서 수증자의 상속인이 당초 수증자의 지위를 승계하여 동조 제6항의 규정에 따라 창업하는 경우

나. 당해 사업을 폐업하거나 휴업(실질적 휴업을 포함한다)한 경우. 다만, 다음의 어느 하나에 해당하는 사유로 폐업하거나 휴업하는 경우를 제외한다.

① 부채가 자산을 초과하여 폐업하는 경우

② 최초 창업 이후 영업상 필요 또는 사업전환을 위하여 1회에 한하여 2년(폐업의 경우에는 폐업 후 다시 개업할 때까지 2년) 이내의 기간동안 휴업하거나 폐업 하는 경우(휴업 또는 폐업 중 어느 하나에 한한다)

---

76) 당초 증여받은 창업자금에 대한 증여세의 과세표준 신고기한의 다음 날부터 추징사유가 발생한 날까지의 기간을 말한다.

7) 증여받은 창업자금이 50억 원을 초과하는 경우로서 창업한 날이 속하는 과세연도의 종료일부터 5년 이내에 각 과세연도의 근로자 수가 다음 계산식에 따라 계산한 수보다 적은 경우 : 50억 원을 초과하는 창업자금

★

창업한 날의 근로자 수 − (창업을 통하여 신규 고용한 인원 수 − 10명)

위와 같이, 상증법에 따라 상속세와 증여세를 부과받은 거주자는 조특법 제30조의 5 제6항 각 호의 어느 하나에 해당하는 날이 속하는 달의 말일부터 3개월 이내에 대통령령으로 정하는 바에 따라 납세지 관할 세무서장에게 신고하고 해당 증여세와 이자상당액을 납세지 관할 세무서, 한국은행 또는 체신관서에 납부하여야 한다. 다만, 같은 법 제6항에 따라 이미 증여세와 이자상당액이 부과되어 이를 납부한 경우에는 그러하지 아니하다(조특법 제30조의 5 제7항). 한편, 증여세와 이자상당액을 신고하는 때에는 기획재정부령으로 정하는 창업자금 증여세 과세특례 위반사유 신고 및 자진납부 계산서를 납세지 관할 세무서장에게 제출하여야 한다(조특령 제27조의 5 제13항).

### 5 과세특례의 적용배제 등

창업자금에 대한 과세특례를 적용받는 거주자는 가업승계에 대한 과세특례를 적용하지 아니한다(조특법 제30조의 5 제14항).
창업자금의 증여세 과세특례와 관련하여 증여세 및 상속세를 과세하는 경우 조세특례제한법 제30조의 5에서 달리 정하지 아니한 것은 상증법에 따른다(조특법 제30조의 5 제13항).

## 제2절 가업승계에 대한 증여세 과세특례

### 1 개 요

일반적으로 상속재산이 30억 원 이상이면 최고세율 50%가 적용된다. 30억 원 이상의 순자산(총자산에서 총부채를 차감한 가액)을 가진 중소기업주가 사망하여 상속이 되면 약 50%에 달하는 세금을 상속세로 납부하여야 한다. 이렇게 되면 평생을 바쳐 키워 온 기업을 상속세로 50% 납부하게 되어 상속인 입장에서는 지속적인 회사경영은 고사하고 당장 유동성위기를 걱정하여야 하는 상황에 직면하게 된다.

가업승계가 보편화되어 있는 이웃 일본과 달리 우리의 정서는 가업을 물려받는 것에 거부감이 있었다. 더구나 선친들이 자신의 어려웠던 경험을 떠 올리며 가급적 자식들은 자신의 길을 걷는 것을 달가워하지 않는 경우도 많았다. 그러다 보니 몇몇 예술적 범주에 속하는 분야를 제외하고는 가업의 승계가 흔한 일은 아니었다.

최근 가업을 승계하는 사례가 증가하고 있다. 그 원인에는 청년실업도 한 몫을 하고 있지만 궁극적으로 가족경영이 전문경영인에 의한 경영에 비하여 장점이 많다며 가업승계를 지지하는 주장도 있는 것으로 보인다.

가업승계에 대한 증여세 과세특례는 이러한 배경하에서 규정된 것이다. 가업을 승계할 때 과중한 조세 부담을 줄여주기 위해 중소기업 주식에 대한 증여세 특례 규정인 '가업의 승계에 대한 증여세 과세특례'를 활용할 수 있도록 한 것이다.

2014. 12. 31. 이전 증여분에 대해서는 만 18세 이상 거주자인 자녀가 사업을 10년 이상 계속하여 영위한 만 60세 이상 부모(증여 당시 부 또는 모가 사망한 경우 사망한 부 또는 모의 부모를 포함)로부터 해당 가업의 승계를 목적으로 주식 또는 출자 지분을 30억 원 한도로 증여받고 가업을 승계받은 경우, 증여세 과세가액에서 5억 원을 공제하고 10%의 특례세율을 적용하도록 하여 증여세 부담을 줄여주고 있다(조특법 제30조의 6 제1항). 지속적인 가업승계를 지원하기 위하여 그동안 적용하여 왔던 일몰조항도 폐지하였다.

2015. 1. 1. 이후 증여분부터는 가업의 승계에 대한 증여세 과세특례요건을 종전 30억 원에서 100억 원으로 상향조정하되, 과세표준이 30억 원을 초과하는 경우 그 초과하는 금액에 대해서는 100분의 20의 세율을 적용하도록 하였다. 또한 사후관리기간도 종전 10년에서 7년으로 완화하였다.

2023. 1. 1. 이후 증여분부터는 가업의 승계에 대한 증여세 과세특례가 적용되는 증여세 과세가액 한도를 부모의 가업 영위기간에 따라 최대 600억 원으로 상향하는 한편, 과세특례를 적용받은 자가 일정 기간 가업에 종사하여야 하는 등의 의무를 부담하는 사후관리기간을 7년에서 5년으로 단축하였다.

한편, 중소기업에 해당하는 가업의 주식 등을 증여받은 경우에는 신설된 「증여세의 납부유예제도」[77]를 활용할 수 있어 중소기업의 원활한 가업 승계가 가능하게 되었다(조특법 제30조의 7 신설, 2022. 12. 31. 신설).

---

77) 이에 대해서는 "제5편 제3장"에서 다룬다.

## 2 적용요건

### (1) 증여자 및 수증자

#### 1) 증여자

증여자는 10년 이상 계속하여 사업을 영위한 60세 이상인 부모(증여 당시 부 또는 모가 사망한 경우에는 사망한 부 또는 모의 부모를 포함)여야 한다.

부모는 다음의 요건을 모두 갖추어야 한다(조특령 제27조의 6 제1항 제1호, 2025. 2. 28. 개정).

① 상증령 제15조 제3항 제1호 가목의 요건을 갖출 것. 이 경우 "피상속인"은 "부모"로 본다.

 상증령 제15조 제3항 제1호 가목 규정

> 중소기업 또는 중견기업의 최대주주등인 경우로서 피상속인과 그의 특수관계인의 주식 등을 합하여 해당 기업의 발행주식총수등의 100분의 40[「자본시장과 금융투자업에 관한 법률」 제8조의 2 제2항에 따른 거래소(이하 "거래소"라 한다)에 상장되어 있는 법인이면 100분의 20] 이상을 10년 이상 계속하여 보유할 것

② 상증법 제30조의 6 제1항 각 호 외의 부분 본문에 따른 가업의 영위기간(상증령 별표에 따른 업종으로서 한국표준산업분류상 동일한 대분류 내의 다른 업종으로 주된 사업을 변경하여 영위한 기간을 합산) 중 다음의 어느 하나에 해당하는 기간을 대표이사로 재직할 것
  ⅰ) 100분의 50 이상의 기간
  ⅱ) 증여일부터 소급하여 10년 중 5년 이상의 기간

#### 2) 수증자

수증자는 만 18세 이상의 거주자를 말한다. 해당 과세특례를 적용받기 위해서는 해당 가업의 주식 또는 출자지분(주식 등)을 증여받은 자(수증자) 또는 그 배우자가 가업을 승계하여야 하며, 이 경우 수증자 또는 그 배우자는 증여세 과세표준 신고기한까지 가업에 종사하고 증여일부터 3년(2022년까지는 5년) 이내에 대표이사에 취임하여야 한다(조특령 제27조의 6 제1항 제2호).

수증자가 가업의 승계를 목적으로 주식등을 증여받기 전에 해당기업의 대표이사로 취임

한 경우에도 가업승계에 대한 증여세 과세특례가 적용되나 이 경우 증여자가 실제 가업을 영위했는지 여부가 확인되어야 한다(재산-2389, 2008. 8. 22.).

## (2) 증여재산의 범위

가업승계 증여세 특례가 적용되는 "가업자산상당액"이란 상증령 제15조 제5항 제2호를 준용하여 계산한 금액을 말한다. 이 경우 "상속재산 중 가업에 해당하는 법인의 주식등"은 "증여받은 주식등"으로 본다(조특령 제27조의 6 제10항). 이를 산식으로 나타내면 다음과 같다.

★
증여받은 주식가액 × (1 − 업무무관 자산가액 / 법인의 총 자산가액)

가업승계 증여세 과세특례에서 업무무관자산의 가액을 배제하여 증여재산 중 가업과 관련된 사업용 자산에 한정하여 지원하도록 하였다.

가업승계에 대한 증여세 과세특례가 적용되는 증여재산은 증여받은 주식 등으로서 주식 등의 가액 중 대통령령으로 정하는 가업자산상당액에 대한 증여세 과세가액(다음의 연혁에 따른 금액을 한도로 한다)에서 10억 원(2022년까지는 5억 원)을 공제하고 세율을 100분의 10(과세표준이 120억 원을 초과하는 경우 그 초과금액에 대해서는 100분의 20)으로 하여 증여세를 부과한다. 주식회사나 유한회사의 지분이 그 대상이 되는 것이다.

| 한도 · 세율 등 개정연혁 |

| 2008~2014년 | 2015~2022년 | 2023년 이후 |
|---|---|---|
| (한도) 과세가액 30억 원<br><br>(세율) 10%<br><br>(공제) 과세가액 −5억 원 공제 | (한도) 과세가액 100억 원<br><br>(세율) 10%, 과세표준 30억 원 초과분은 20% 세율 적용<br><br>(공제) 과세가액 −5억 원 공제 | (한도)<br>−부모가 10년 이상 20년 미만 계속하여 경영한 경우 : 과세가액 300억 원<br>−부모가 20년 이상 30년 미만 계속하여 경영한 경우 : 과세가액 400억 원<br>−부모가 30년 이상 계속하여 경영한 경우 : 과세가액 600억 원<br><br>(세율) 10%, 과세표준 120억 원(2023년 까지는 60억 원) 초과분은 20% 세율 적용<br><br>(공제) 과세가액 −10억 원 공제 |

따라서 개인사업체의 경우에는 가업승계에 대한 증여세 과세특례가 적용되지 아니한다 (재산-1556, 2009. 7. 27.).

한편, 조특법(제100조의 14~26)에서 규정하고 있는 동업기업(Partnership)의 경우 각 구성원의 지분이 정하여져 있으므로 당해 과세특례의 적용대상이 될 수 있을까? 하지만 증여한 주식 등의 발행법인이 조특령 제2조에 의한 중소기업에 한정한다고 규정하고 있으므로 과세특례의 적용이 원천적으로 불가하다. 또한 기본적으로 동업기업은 인적용역을 제공하는 전문적인 영역(변호사, 공인회계사, 세무사 등)으로 증여대상재산이 일신전속적인 권리 등으로 구성되어 있어 가족(특히 부모와 자식 간) 간에 승계가 불가능한 경우가 많아 현실적으로 힘들다고 보는 것이 타당할 것이다.

## (3) 승계대상 중소기업 등의 범위

가업승계에 대한 증여세 과세특례가 적용되는 중소기업은, 증여일이 속하는 소득세 과세기간 또는 법인세 사업연도의 직전 소득세 과세기간 또는 법인세 사업연도 말 현재 다음의 요건을 모두 갖춘 기업을 말한다(조특령 제27조의 6 제14항, 상증령 제15조 제1항).
　① 별표에 따른 업종을 주된 사업으로 영위할 것
　② 「조세특례제한법 시행령」 제2조 제1항 제1호 및 제3호의 요건을 충족할 것
　③ 자산총액이 5천억원 미만일 것

별표에 따른 업종은 "제2편 제5장 제2절 5."을 참조한다.

또한, 가업승계에 대한 증여세 과세특례가 적용되는 중견기업은, 증여일이 속하는 소득세 과세기간 또는 법인세 사업연도의 직전 소득세 과세기간 또는 법인세 사업연도 말 현재 다음의 요건을 모두 갖춘 기업을 말한다(조특령 제27조의 6 제15항, 상증령 제15조 제2항).
　① 별표에 따른 업종을 주된 사업으로 영위할 것
　② 「조세특례제한법 시행령」 제9조 제4항 제1호 및 제3호의 요건을 충족할 것
　③ 증여일의 직전 3개 소득세 과세기간 또는 법인세 사업연도의 매출액(매출액은 기획재정부령으로 정하는 바에 따라 계산하며, 소득세 과세기간 또는 법인세 사업연도가 1년 미만인 소득세 과세기간 또는 법인세 사업연도의 매출액은 1년으로 환산한 매출액을 말한다)의 평균금액이 5천억 원 미만인 기업일 것

## (4) 신청

가업의 승계에 대한 과세특례를 적용받고자 하는 자는 증여세 과세표준신고서와 함께 가업승계 주식등 증여세 과세특례 적용신청서를 납세지 관할 세무서장에게 제출하여야 한다. 그 신고기한까지 특례를 신청하지 않은 경우 이 특례규정은 적용하지 아니한다(조특법 제30조의 6 제4항 및 제30조의 5 제12항).

## 3 과세특례의 내용

### (1) 개요

가업승계에 대한 증여세 과세특례가 적용되는 경우 상증법 제53조(증여재산공제), 제53조의 2(혼인·출산 증여재산 공제) 및 제56조(증여세 세율)의 규정에 불구하고 증여세 과세가액에서 10억 원을 공제하고 10%(과세표준이 120억 원을 초과하는 경우 그 초과금액에 대해서는 100분의 20)의 특례세율을 적용한다. 증여세의 과세가액은 최고 600억 원(2022. 12. 31. 이전은 100억 원)을 한도로 한다(조특법 제30조의 6 제1항).

가업승계에 대한 증여세 과세특례를 적용받는 경우에는 창업자금에 대한 증여세 과세특례를 적용받을 수 없다(조특법 제30조의 6 제7항). 반대의 경우도 또한 같다. 중복적용을 배제하는 것이다.

### (2) 수증자가 2인 이상인 경우 증여세 계산

주식등을 증여받고 가업을 승계한 거주자가 2인 이상인 경우에는 각 거주자가 증여받은 주식등을 1인이 모두 증여받은 것으로 보아 증여세를 부과한다. 이 경우 각 거주자가 납부하여야 하는 증여세액은 대통령령으로 정하는 방법에 따라 계산한 금액으로 한다(조특법 제30조의 6 제2항).

위에서 "대통령령으로 정하는 바에 따라 계산한 금액"은 다음의 어느 하나에 따라 계산한다(조특령 제27조의 6 제2항).

① 2인 이상의 거주자가 같은 날에 주식등을 증여받은 경우 : 1인이 모두 증여받은 것으로 보아 조특법 제30조의 6에 따라 부과되는 증여세액을 각 거주자가 증여받은 주식등의 가액에 비례하여 안분한 금액

② 해당 주식등의 증여일 전에 다른 거주자가 해당 가업의 주식등을 증여받고 조특법 제30조의 6에 따라 증여세를 부과받은 경우 : 그 다른 거주자를 해당 주식등의 수증자

로 보아 조특법 제30조의 6에 따라 부과되는 증여세액

### (3) 수증자의 증여세 계산특례

증여받은 주식등에 대하여 증여세를 부과하는 경우에는 재차증여재산의 합산과세(상증법 제47조 제2항)의 규정에 불구하고 동일인(배우자를 포함한다)으로부터 증여받은 주식등 외의 다른 증여재산의 가액은 가업승계에 대한 증여세 과세가액에 가산하지 아니한다. 다른 증여재산과 합산과세를 하지 않는 것이다. 또한 가업승계에 따라 주식등을 증여받고 증여세 과세표준신고를 하는 경우에는 증여세 신고세액공제를 적용하지 아니한다(조특법 제30조의 6 제4항 및 제30조의 5 제11항). 2014. 12. 31. 이전에는 상증법 제71조 제1항에 따른 연부연납도 적용하지 아니하였으나, 2015. 1. 1. 이후 증여분부터는 연부연납을 적용한다.

### (4) 증여자의 사망 시 상속세 계산특례

일반적인 경우 상속인에게 사전증여한 재산이 있어 상속재산에 합산하는 경우 10년의 합산기간을 적용하고 있지만, 가업승계에 대한 증여세 과세특례가 적용되는 상황에서 증여자가 사망한 경우 당해 가업승계 주식등은 당해 주식등을 증여받은 날부터 상속개시일까지의 기간과 관계없이 상속세 과세가액에 가산한다. 상속공제액의 규정을 적용함에 있어 상속세 과세가액에 가산한 증여재산가액으로 보지 아니한다(조특법 제30조의 6 제5항 및 제30조의 5 제9항). 이에 따라 가업승계로 인한 주식등의 수증으로 인해 증여세 공제한도가 줄어들지 않는 결과가 나오게 된다.

이에 대한 자세한 사항은 앞에서 살펴본 "제1절 창업자금에 대한 증여세 과세특례" 편을 참조하기 바란다.

증여세 과세특례대상 주식등의 증여세액은 한도액을 규정한 상증법 제28조 제2항에 불구하고 상속세 산출세액에서 증여세 과세특례대상 주식등에 대한 증여세액을 한도 없이 공제한다. 이 경우 공제할 증여세액이 상속세 산출세액보다 많은 경우 그 차액에 상당하는 증여세액은 환급하지 아니한다(조특법 제30조의 6 제5항 및 제30조의 5 제10항).

### (5) 증여 후 상속개시 시 가업상속공제의 적용

가업승계 주식등을 증여받은 후 상속이 개시되는 경우 상속개시일 현재 다음의 요건을 모두 갖춘 경우에는 가업상속(상증법 제18조의 2 제1항)으로 보아 관련 규정을 적용한다(조특령 제27조의 6 제9항, 2016. 2. 5. 개정).

1) 상증령 제15조 제3항에 따른 가업에 해당할 것(조특법 제30조의 6에 따라 피상속인이 보유한 가업의 주식등의 전부를 증여하여 상증령 제15조 제3항 제1호 가목의 요건을 충족하지 못하는 경우에는 상속인이 증여받은 주식등을 상속개시일 현재까지 피상속인이 보유한 것으로 보아 같은 목의 요건을 적용하며, 상증법 제18조의 2 제1항에 따른 가업의 해당 여부는 조특법 제30조의 6 제1항에 따라 주식등을 증여받은 날이 포함되는 법인세 사업연도의 직전 3개 법인세 사업연도의 매출액 평균금액 기준으로 판단한다). 다만, 상증령 제15조 제3항 제1호 나목은 적용하지 아니한다.

2) 수증자가 증여받은 주식등을 처분하거나 지분율이 낮아지지 아니한 경우로서 가업에 종사하거나 대표이사로 재직하고 있을 것

## (6) 증여 후 상장 등에 따른 과세특례

가업승계에 따른 증여세 과세특례 적용대상 주식등을 증여받은 후 해당 주식등의 증여에 대하여 다음 중 하나에 해당하는 증여이익이 발생할 수 있다.

1) 주식등의 상장 등에 따른 이익의 증여(상증법 제41조의 3)
2) 합병에 따른 상장 등 이익의 증여(상증법 제41조의 5)

위와 같은 증여이익은 증여세 과세특례대상 주식등의 과세가액과 증여이익을 합하여 100억 원까지 납세자의 선택에 따라 상증법 제30조의 6 제1항에 따른 증여세 과세특례를 적용받을 수 있다. 이 경우 증여세 과세특례 적용을 받은 증여이익은 상속세 과세가액에 가산한다(조특령 제27조의 6 제8항). 즉, 합산배제 규정을 적용하지 않는 것이다.

## 4 사후관리

### (1) 일반적인 경우의 증여세의 부과

주식등을 증여받은 자가 증여세 신고기한까지 가업을 승계하지 아니하거나 가업을 승계한 후 주식등을 증여받은 날부터 5년 이내에 정당한 사유 없이 다음 각 항목의 어느 하나에 해당하게 된 경우에는 그 주식등의 가액에 대하여 상증법에 따라 증여세를 부과한다. 이 경우 이자상당액을 증여세에 가산하여 부과한다(조특법 제30조의 6 제3항).

| 사후관리 기간의 개정연혁 |

| 2014년 이전 | 2015~2022년 | 2023년 이후 |
|---|---|---|
| 10년 | 7년 | 5년[78] |

**1) 가업에 종사하지 아니하거나 가업을 휴업하거나 폐업하는 경우**

수증자(수증자의 배우자 포함)가 주식등을 증여받은 날부터 5년까지 대표이사직을 유지하지 아니하는 경우, 가업의 주된 업종을 변경하거나[79] 가업을 1년 이상 휴업(실적이 없는 경우도 해당)하거나 폐업하는 경우를 포함한다(조특령 제27조의 6 제6항).

**2) 증여받은 주식등의 지분이 줄어드는 경우**

다음의 어느 하나에 해당하는 경우를 포함한다.

가. 수증자가 증여받은 주식등을 처분하는 경우. 다만, 다음의 어느 하나에 해당하는 경우는 제외한다.

① 합병·분할 등 조직변경에 따른 처분으로서 수증자가 상증령 제15조 제3항에 따른 최대주주 등에 해당하는 경우

② 「자본시장과 금융투자업에 관한 법률」 제390조 제1항에 따른 상장규정의 상장요건을 갖추기 위하여 지분을 감소시킨 경우

나. 증여받은 주식등을 발행한 법인이 유상증자 등을 하는 과정에서 실권 등으로 수증자의 지분율이 낮아지는 경우. 다만, ① 해당 법인의 시설투자·사업규모의 확장 등에 따른 유상증자로서 수증자의 특수관계인 외의 자에게 신주를 배정하기 위하여 실권하는 경우로서 수증자가 최대주주 등에 해당하는 경우와, ② 해당 법인의 채무가 출자전환됨에 따라 수증자의 지분율이 낮아지는 경우로서 수증자가 최대주주 등에 해당하는 경우는 그러하지 아니하다.

다. 수증자와 특수관계에 있는 자의 주식처분 또는 유상증자 시 실권 등으로 지분율이 낮아져 수증자가 최대주주 등에 해당되지 아니하는 경우

---

78) 제30조의 6 제3항의 개정규정은 다음의 요건을 모두 충족하는 자 및 이 법 시행 전에 증여를 받은 경우로서 이 법 시행 이후 증여세 과세표준을 신고하는 자에 대해서도 적용한다.
　① 이 법 시행 전에 제30조의 6 제1항에 따른 과세특례를 적용받았을 것
　② 이 법 시행 당시 주식등을 증여받은 날부터 7년이 경과하지 아니하였을 것
　③ 이 법 시행 전에 종전의 제30조의 6 제3항에 따른 증여세 및 이자상당액이 부과되지 아니하였을 것
79) 다만, 한국표준산업분류에 따른 대분류 내에서 변경하는 경우와, 상증령 제49조의 2에 따른 평가심의위원회의 심의를 거쳐 업종의 변경을 승인하는 경우는 제외한다(조특령 제27조의 6 제6항 제2호).

라. 해당 법인의 감자(상증령 제15조 제8항 제3호 바목에 해당하는 경우는 제외)로 인하여 수증자의 보유주식 수가 감소한 경우

가업의 승계를 위하여 주식을 증여받은 후 회사가 신주인수권부사채나 전환사채를 사모 형태로 발행하여 사채권자의 권리 행사로 수증자의 지분율이 낮아지는 경우로 특수관계 외의 자가 신주를 배정받는 경우로서 수증자가 최대주주 등에 해당하는 경우(조특령 제27조의 6 제7항 제2호)에는 지분율이 낮아진 것으로 간주하지 않아 증여세를 추징하지 않는다(재산-821, 2009. 4. 29.). 수증자의 지분율이 사채권자의 불균등 증자참여 등으로 인하여 불가피하게 감소하는 경우라도 여전히 최대주주의 지위에 있게 되면 증여세를 추징하지 않는다는 해석이다.

조경수 도소매업을 영위하는 A씨는 2010년 말에 비상장주식을 증여받아 가업승계 특례를 적용받았다. 이후 가업승계회사의 주업종과 지분율의 변동 없이 동 회사를 농업회사로 전환하고자 하였다. 일반법인에서 농업법인으로 전환하는 것이며 주업종은 그대로 유지되며 추가되는 업종 또한 없는 상황이었다. 이러한 경우 조세특례제한법 제30조의 6 제3항에서 규정하고 있는 가업승계 사후관리 요건을 충족한 것으로 볼 수 있을까?

과세관청은 "조세특례제한법 제30조의 6 제1항에 따라 주식등을 증여받은 자가 같은 법 시행령 제27조의 6 제1항에 따라 가업을 승계하지 아니하거나 가업을 승계한 후 주식등을 증여받은 날부터 10년 이내에 정당한 사유 없이 같은 법 제30조의 6 제2항 각 호의 어느 하나에 해당하게 된 경우에는 해당 주식등의 가액에 대하여 증여세를 부과하는 것으로 「농어업·농어촌 및 식품산업 기본법」에 근거하여 설립된 농업회사법인으로 전환하는 경우에도 위 규정을 달리 적용하지 아니하는 것"으로 해석하였다(재산-596, 2011. 12. 20.).

가업승계규정을 적용받을 당시의 법인의 성격이 변하는 경우에는 사후관리 요건을 충족하지 못하는 것으로 해석하고 있는 것이다. 법문의 규정을 엄격하게 적용하고 있는 것이다. 하지만 이러한 해석은 사업의 다각화 유인을 봉쇄하는 결과를 가져올 수 있어 입법적인 보완이 필요한 것으로 보인다. 예컨대 동일업종을 유지하고 지분율에 변동이 없다면 법인의 성격이 변한다고 하여 달라지는 것은 없는 것이므로 정당한 사유가 있는 것으로 분류함이 타당할 것이다.[80]

---

80) 위 예규(재산-596, 2011. 12. 20.)가 생성된 이후, 조특령 제27조의 6 제6항 제2호가 개정되었으므로, 이 개정규정에 따를 때에는 예규의 해석이 달라질 수 있을 것이다.

### 3) 추징배제의 정당한 사유

아래와 같은 사유가 발생하는 경우에는 기왕에 부여된 증여세 과세특례에 따른 증여세를 추징하지 아니한다(조특령 제27조의 6 제4항 및 조특칙 제14조의 5).

가. 수증자가 사망한 경우로서 수증자의 상속인이 상속세 과세표준 신고기한까지 당초 수증자의 지위를 승계하여 가업에 종사하는 경우

나. 수증자가 증여받은 주식등을 국가 또는 지방자치단체에 증여하는 경우

다. 수증자가 법률에 따른 병역의무의 이행, 질병의 요양, 취학상 형편 등으로 가업에 직접 종사할 수 없는 경우. 다만, 증여받은 주식 또는 출자지분을 처분하거나 그 부득이한 사유가 종료된 후 가업에 종사하지 아니하는 경우는 제외한다.

## (2) 조세포탈 등이 있는 경우 증여세의 부과

거주자 또는 부모가 가업의 경영과 관련하여 조세포탈 또는 회계부정 행위(「조세범 처벌법」 제3조 제1항 또는 「주식회사 등의 외부감사에 관한 법률」 제39조 제1항에 따른 죄를 범하는 것을 말하며, 증여일 전 10년 이내 또는 증여일부터 5년 이내의 기간 중의 행위로 한정한다. 이하 제71조에서 같다)로 징역형 또는 대통령령으로 정하는 벌금형[81]을 선고받고 그 형이 확정된 경우에는 다음 각 호의 구분에 따른다(조특법 제30조의 6 제4항, 2023. 12. 31. 신설).

1. 상증법 제76조에 따른 과세표준과 세율의 결정이 있기 전에 거주자 또는 부모에 대한 형이 확정된 경우 : 가업승계 증여세 과세특례를 적용하지 아니한다.

2. 조특법 제30조의 6(가업의 승계에 대한 증여세 과세특례) 제1항을 적용받은 후에 거주자 또는 부모에 대한 형이 확정된 경우 : 증여받은 주식등의 가액에 대하여 상증법에 따라 증여세를 부과한다. 이 경우 대통령령으로 정하는 바에 따라 계산한 이자상당액을 증여세에 가산하여 부과한다.

## (3) 증여세와 이자상당액의 납부

### 1) 일반적인 경우

가업승계요건을 갖추지 못한 거주자는 ① 가업에 종사하지 아니하거나, ② 가업을 휴업하거나 폐업하는 경우 그리고 ③ 증여받은 주식 등의 지분이 줄어드는 경우에는 그 해당하

---

81) "대통령령으로 정하는 벌금형"이란 상증령 제15조 제19항 각 호의 어느 하나에 해당하는 벌금형을 말한다(조특령 제27조의 6 제11항, 2024. 2. 29. 신설).

게 되는 날이 속하는 달의 말일부터 3개월 이내에 납세지 관할 세무서장에게 신고하고 해당 증여세와 이자상당액을 납세지 관할 세무서, 한국은행 또는 체신관서에 납부하여야 한다. 다만, 조특법 제30조의 6 제3항에 따라 이미 증여세와 이자상당액이 부과되어 납부된 경우에는 그러하지 아니하다(조특법 제30조의 6 제8항, 2023. 12. 31. 개정). 이 경우 증여세와 이자상당액을 신고하는 때에는 기획재정부령으로 정하는 가업승계 증여세 과세특례 추징사유 신고 및 자진납부 계산서를 납세지 관할 세무서장에게 제출하여야 한다(조특령 제27조의 6 제13항, 2024. 2. 29. 개정).

이 경우의 "이자상당액"은 다음 제1호에 따른 금액에 제2호에 따른 기간과 제3호에 따른 율을 곱하여 계산한 금액으로 한다(조특령 제27조의 6 제5항).

1. 법 제30조의 6 제3항 각 호 외의 부분 전단에 따라 결정한 증여세액
2. 당초 증여받은 주식 등에 대한 증여세의 과세표준 신고기한의 다음 날부터 추징사유가 발생한 날까지의 기간
3. 조특령 제11조의 2 제9항 제2호에 따른 율(1일 10만분의 22)

즉, 이자상당액은 상증법에 따라 정상과세하는 경우로서 증여세 결정세액에 당초 증여받은 주식등에 대한 증여세의 과세표준 신고기한의 다음 날부터 추징사유가 발생한 날까지의 기간일수를 곱한 다음 여기에 1일 10만분의 22를 곱하여 산정한다.

## 2) 조세포탈 등이 있는 경우

가업의 경영과 관련하여 조세포탈 또는 회계부정 행위로 조특법 제30조의 6 제4항 제2호에 해당하게 되는 거주자는 제4항 제2호에 해당하게 되는 날이 속하는 달의 말일부터 3개월 이내에 납세지 관할 세무서장에게 신고하고 해당 증여세와 이자상당액을 납세지 관할 세무서, 한국은행 또는 체신관서에 납부하여야 한다. 다만, 조특법 제30조의 6 제4항 제2호에 따라 이미 증여세와 이자상당액이 부과되어 납부된 경우에는 그러하지 아니하다(조특법 제30조의 6 제8항, 2023. 12. 31. 개정). 이 경우 증여세와 이자상당액을 신고하는 때에는 기획재정부령으로 정하는 가업승계 증여세 과세특례 추징사유 신고 및 자진납부 계산서를 납세지 관할 세무서장에게 제출하여야 한다(조특령 제27조의 6 제13항, 2024. 2. 29.개정).

이 경우의 "이자상당액"은 다음 제1호의 금액에 제2호의 기간과 제3호의 율을 곱하여 계산한 금액을 말한다(조특령 제27조의 6 제12항, 2024. 2. 29. 신설).

1. 법 제30조의 6 제4항 제2호 전단에 따라 결정한 증여세액
2. 당초 증여받은 주식등에 대한 증여세 과세표준 신고기한의 다음날부터 법 제30조의 6 제4항 제2호의 사유가 발생한 날까지의 기간

3. 국기령 제27조의 4에 따른 율(1일 10만분의 22)

즉, 이자상당액은 상증법에 따라 정상과세하는 경우로서 증여세 결정세액에 당초 증여받은 주식등에 대한 증여세의 과세표준 신고기한의 다음 날부터 추징사유가 발생한 날까지의 기간일수를 곱한 다음 여기에 1일 10만분의 22를 곱하여 산정한다.

## 제 3 절  국외 증여에 대한 증여세 과세특례

### 1 개 요

전 세계가 하나의 경제권으로 묶여 거주자와 비거주자 간의 거래가 증가하는 추세에 있다. 통상적인 무역거래와 더불어 국외에 소재하는 자산의 무상이전 사례 또한 빈번해지고 있는 것이다. 이러한 거래에 대하여 국제조세조정에 관한 법률("국조법")에서는 거주자와 비거주자 간의 국외 자산 증여에 대한 증여세 납부의무를 해당 거주자에게 부여한다.

거주자와 비거주자 간의 해외 자산 무상이전 시에 해당 자산의 범위를 어디까지로 할 것인지, 시가를 어떻게 볼 것인지 그리고 신고와 납부는 어떻게 할 것인지 등이 문제될 수 있다. 이와 같은 사항에 대하여는 상증법이 아닌 국조법에 관련 규정을 두고 있다. 국제 거래로 보고 있기 때문이다.

거주자와 거주자 간의 해외 소재 자산의 무상이전은 상증법에 따라 과세가 된다. 이 경우 해외 소재 자산의 시가를 어떻게 산정할 것인가가 문제될 수 있다. 이에 대하여는 "제4편 상속·증여재산의 평가"에서 다시 다루기로 한다.

### 2 과세특례의 내용

#### (1) 증여세 납세의무자와 과세대상

거주자가 비거주자에게 국외에 있는 재산을 증여(증여자의 사망으로 효력이 발생하는 증여는 제외한다)하는 경우 그 증여자는 국조법에 따라 증여세를 납부할 의무가 있다(국조법 제35조 제2항). 해당 규정에서 "거주자"란 상증법 제2조 제8호에 따른 거주자를 말하며, 본점이나 주된 사무소의 소재지가 국내에 있는 비영리법인을 포함한다. "비거주자"란 상증법 제2조 제8호에 따른 비거주자를 말하며, 본점이나 주된 사무소의 소재지가 국내에 없는 비영리법인을 포함한다(국조법 제35조 제1항).

　증여자의 사망으로 효력이 발생하는 증여로는 사인증여(死因贈與)와 유증이 있다. 사인증여란 증여자의 생전에 증여계약을 체결해 두고 그 효력이 증여자의 사망 시부터 발생하는 것을 말한다. 사인증여는 유증(遺贈)과 유사하여 민법상 유증의 규정이 준용된다(민법 제562조). 사인증여와 유증의 차이점은 수증자의 승낙 여부에 있다. 유증은 수증자의 승낙없이 유언에 의하여 일방적으로 증여계약이 성립하는 반면, 사인증여는 수증자의 승낙이 있는 증여계약이다. 사인증여와 유증에 의한 증여재산의 경우 피상속인의 상속세 과세대상이 되는 것이므로 증여세 과세대상에서는 제외한다(상증법 제2조 제1호).

　상증법 규정에 의하여 비로소 증여로 의제되는 명의신탁은 구 국조법 제21조의 특례규정에 의하여 증여세 과세대상이 되는 국외 증여에 포함되지 않는다고 보아야 하는바, 구 국조법 제21조 제1항을 적용하여 명의신탁에 대한 증여세를 부과할 수는 없다(대법원 2018두35025, 2018. 6. 28.).

### (2) 증여세 납부의무의 면제

다음 각 호의 요건을 모두 갖춘 경우에는 증여세 납부의무를 면제한다(국조법 제35조 제3항).
가. 수증자가 증여자의 「국세기본법」 제2조 제20호에 따른 특수관계인이 아닐 것
나. 해당 증여재산에 대하여 외국의 법령에 따라 증여세(실질적으로 같은 성질을 가지는 조세를 포함한다)가 부과될 것. 이 경우 세액을 면제받은 경우를 포함한다.

　거주자가 비거주자에게 국외에 있는 재산을 증여하는 경우 증여자는 증여세 납세의무가 있으나, 해당 재산에 대하여 외국 법령에 따라 실질적으로 증여세 혹은 그와 유사한 세금이 부과되는 경우(세액면제 포함)에는 증여세 납부의무를 면제한다(국제세원관리담당관실 – 365, 2014. 10. 1.).

### (3) 증여세 계산특례

　거주자가 비거주자에게 국외에 있는 재산을 증여(증여자의 사망으로 효력이 발생하는 증여는 제외한다)함에 따라 증여세를 과세하는 경우에는 상증법 제4조의 2 제3항, 제47조, 제53조부터 제58조까지, 제68조, 제69조 제2항, 제70조부터 제72조까지 및 제76조를 준용한다. 외국의 법령에 따라 증여세를 납부한 경우에는 대통령령으로 정하는 바에 따라 그 납부한 증여세에 상당하는 금액을 증여세 산출세액에서 공제한다(국조법 제35조 제5항).

　증여세 산출세액에서 공제할 증여세 납부액은 다음 각 호의 세액(가산세는 제외한다)으

로서 증여세 납부의무자가 실제로 외국정부(지방자치단체를 포함한다)에 납부한 세액("외국납부세액")으로 한다(국조령 제72조).

   가. 증여를 원인으로 과세하고, 그 증여한 재산의 가액을 과세표준으로 하여 외국의 법령에 따라 부과된 조세(실질적으로 이와 같은 성질을 가지는 조세를 포함한다)의 세액

   나. "가."에 따른 세액의 부가세액

외국납부세액은 다음 계산식에 따라 산출한 금액("공제한도")을 한도로 증여세 산출세액에서 공제한다. 이 경우 공제한도는 상증법에 따른 증여세 산출세액을 초과할 수 없다.

$$
\text{「상속세 및 증여세법」에 따른 증여세 산출세액} \times \frac{\text{외국의 법령에 따라 증여세를 납부한 증여재산의 과세표준(해당 외국의 법령에 따른 증여세의 과세표준을 말한다)}}{\text{「상속세 및 증여세법」에 따른 증여세 과세표준}}
$$

### (4) 상증법에 따른 증여세 과세표준

증여재산의 과세표준에 대한 원화환산은 증여일 현재의 「외국환거래법」에 따른 기준환율 또는 재정환율에 따르고, 외국납부세액에 대한 원화환산은 기획재정부령으로 정하는 바에 따른다. 외국납부세액을 공제받으려는 자는 증여세 과세표준을 신고할 때 기획재정부령으로 정하는 외국납부세액공제신청서와 증명서류를 납세지 관할 세무서장에게 제출해야 한다(국조령 제72조 제3항 및 제4항).

외국정부의 증여세 결정·통지의 지연, 납부기간의 차이 등의 사유로 증여세 과세표준을 신고할 때 증명서류를 제출할 수 없는 경우에는 외국정부의 증여세 결정통지를 받은 날부터 3개월 이내에 외국납부세액공제신청서와 증명서류를 납세지 관할 세무서장에게 제출할 수 있다(국조령 제72조 제5항). 외국정부가 해당 증여재산에 대하여 결정한 증여세액을 경정함으로써 외국납부세액에 변동이 생긴 경우에도 제5항을 준용한다. 이 경우 환급세액이 발생하면 국기법 제51조에 따라 충당하거나 환급할 수 있다.

## 3 국외 소재 재산의 평가방법

### (1) 원칙

거주자가 비거주자에게 국외에 있는 재산을 증여할 때 증여재산의 가액은 해당 재산이 있는 국가의 증여 당시 현황을 반영한 시가(時價)에 따르되, 그 시가의 산정에 관한 사항은 대통령령으로 정한다(국조법 제35조 제4항). 증여재산의 시가(時價)를 산정하는 경우 다음 각 호의 어느 하나에 해당하는 가액이 확인될 때에는 그 가액을 해당 증여재산의 시가로 한다(국조령 제71조 제1항).

가. 증여재산의 증여일 전후 6개월 이내에 이루어진 실제 매매가액
나. 증여재산의 증여일 전후 6개월 이내에 공신력 있는 감정기관이 평가한 감정가액
다. 증여재산의 증여일 전후 6개월 이내에 수용 등을 통해 확정된 증여재산의 보상가액

### (2) 시가 산정이 어려운 경우

국외 소재 증여재산의 시가를 산정하기 어려운 경우에는 해당 재산의 종류, 규모, 거래 상황 등을 고려하여 대통령령으로 정하는 방법에 따른다(국조법 제35조 제4항 단서). "대통령령으로 정하는 방법"이란 상증법 제61조부터 제65조까지의 규정을 준용하여 증여재산가액을 평가하는 것을 말한다. 다만, 그 평가방법이 적절하지 않은 경우에는 「감정평가 및 감정평가사에 관한 법률」 제2조 제4호에 따른 감정평가법인등이 평가하는 것을 말한다. 유가증권가액의 산정에 관하여는 상증법 제63조에 따른 평가방법을 준용한다(국조령 제71조 제2항 및 제3항).

# 제7장

# 유형별 증여

---

제 **1** 절 **개 요**

## 1 연 혁

2001년부터 시행된 유형별 포괄주의는 일련의 자본거래와 유사한 이익에 대하여 적용하였다. 2003. 1. 1. 이후에는 이를 확대하여 신탁, 보험금 등 8가지 유형 및 그와 유사한 거래 또는 행위로 특수관계인이 직접 혹은 간접적인 방법으로 정상적인 거래에서 지급하여야 할 대가를 지급하지 아니하고 이익을 얻은 경우에도 그에 준하는 증여세를 과세할 수 있도록 유형별 포괄주의 적용대상을 확대하였다.

증여에 완전포괄주의 개념이 도입되기 전(2003. 12. 31. 이전)에는 증여세 과세대상을 민법에서 규정하고 있는 증여, 일반적인 증여의제, 개별적인 증여의제, 유사 유형의 증여의제 및 증여추정 등으로 구분하였다.

2004. 1. 1. 이후 구 상증법 제2조 제3항에서 증여의 개념을 포괄적으로 정의하는 한편, 증여세 과세대상 조문의 법체계를 개선하여 증여세 완전포괄주의를 시행하고 있다.

## 2 완전포괄주의 도입 전의 법체계

### (1) 일반적 증여

구 상증법 제2조(법률 제6780호, 2002. 12. 18.) 제1항은 "타인의 증여(증여자의 사망으로 인하여 효력이 발생하는 증여를 제외한다)로 인하여 증여일 현재 다음의 어느 하나에 해당하는 증여재산이 있는 경우에는 그 증여재산에 대하여 이 법이 정하는 바에 의하여 증여세를 부과한다"고 규정하고 있다.

가. 타인의 증여에 의하여 재산을 취득하는 자("수증자")가 거주자인 경우에는 거주자가
증여받은 모든 증여재산

나. 수증자가 비거주자인 경우에는 비거주자가 증여받은 재산 중 국내에 있는 모든 재산

민법 제554조(증여의 의의)에서는 "증여는 당사자 일방이 무상으로 재산을 상대방에 수여하는 의사를 표시하고 상대방이 이를 승낙함으로써 그 효력이 생긴다."고 규정하고 있다. 구 상증법에서는 위에서 보는 민법상 증여의 규정을 차용하여 사용한 것이다.

## (2) 증여의제 과세대상

다음과 같이 증여의제 과세대상으로 규정된 조문을 두었다(구 상증법 제32조).

"특수관계에 있는 자로부터 경제적 가치를 계산할 수 있는 유형·무형의 재산(금전으로 환가할 수 있는 경제적 이익 및 법률상 또는 사실상의 권리를 포함한다)을 직접적이거나 간접적으로 무상이전을 받은 경우에는 그 무상으로 이전된 재산에 대하여 증여세를 부과한다(2003. 12. 30. 삭제)."

## (3) 개별적인 증여의제

개별적인 증여의제는 상증법에 열거하였으며 일반거래와 자본거래로 구분되어 있다. 일반거래는 신탁, 보험, 채무면제익, 고저가양도, 토지무상사용익, 무상금전대부, 결손법인을 통한 이익 등이 있으며 자본거래는 합병, 증자, 감자, 전환사채, 상장시세차익, 합병시세차익 등이 있다. 명의신탁재산도 증여로 의제하였다. 이러한 증여의제 유형과 유사거래나 행위로 인한 직·간접이익도 증여로 의제하였다.

## (4) 증여추정

증여의 추정항목으로는 배우자 및 직계존비속 간 양도, 재산취득 및 채무상환자금의 출처 불분명분을 증여로 추정하였다.

## 3  완전포괄주의 도입 후 법체계[82]

### (1) 일반적인 증여의 개념 확장

증여세 완전포괄주의는 변칙 증여행위를 효과적으로 차단하여 재산의 무상이전에 대한 공평과세를 실현하고 부의 재분배를 통하여 사회계층 간의 갈등해소에 기여하고자 도입된 것이다.

이러한 취지의 일환으로 상증법 제2조 제3항에서 "증여라 함은 그 행위 또는 거래의 명칭·형식·목적 등에 불구하고 경제적 가치를 계산할 수 있는 유형·무형의 재산을 타인에게 직접 또는 간접적인 방법에 의하여 무상으로 이전(현저히 저렴한 대로 이전하는 경우를 포함한다)하는 것 또는 기여에 의하여 타인의 재산가치를 증가시키는 것을 말한다"는 규정이 신설된 것이다(2003. 12. 30. 신설).

또한 동 법령 제4항에서 "제3자를 통한 간접적인 방법이나 2 이상의 행위 또는 거래를 거치는 방법에 의하여 상속세 또는 증여세를 부당하게 감소시킨 것으로 인정되는 경우에는 그 경제적인 실질에 따라 당사자가 직접 거래한 것으로 보거나 연속된 하나의 행위 또는 거래로 보아 위 제3항의 규정을 적용한다"고 신설하였다.

### (2) 일반적 증여의제와 유사유형 증여의제의 완전포괄주의 전환

구 상증법 제32조에서 규정하고 있던 유·무형의 재산을 직간접적으로 증여받은 경우 증여세를 과세한다는 조항은 삭제하고 대신 이를 완전포괄주의 규정으로 대체하였다. 유사유형의 증여의제 또한 마찬가지이다.

열거규정으로 되어 있던 개별적인 증여의제는 증여예시규정으로 전환되었다. 명의신탁재산은 증여의제로 존치되었다. 명의신탁은 실질적인 증여가 아니므로 증여예시규정에서 제외하였다.

### (3) 증여추정

배우자 및 직계존비속 간 양도, 재산취득 및 채무상환자금의 출처 불분명분 등의 규정들은 종전과 같이 추정규정으로 유지하였다.

---

82) 이에 대한 전반적인 내용은 앞 제1편 제2장 제3절에서 참조.

## 4 2016. 1. 1. 이후 증여세 과세대상의 범위

다음의 표는 2015. 12. 15. 상증법의 체계개편에 따른 현행 증여예시규정 등을 나타낸 것이다. 이에 대해서는 증여유형별로 법령과 사례 등을 병행하여 살펴본다.

| | |
|---|---|
| 17개 증여예시<br>(상증법 제4조<br>제1항 제4호) | ① 신탁이익의 증여(타인을 위한 원금·수익의 신탁)<br>② 보험금의 증여(보험금 불입자와 수취인이 다른 경우)<br>③ 저가양수 또는 고가양도에 따른 이익의 증여<br>④ 채무 면제·변제·인수에 따른 증여<br>⑤ 부동산무상사용에 따른 이익의 증여<br>⑥ 불공정 합병에 따른 대주주 이익의 증여<br>⑦ 증자 시 불균등 저가·고가 신주배정에 따른 이익 증여<br>⑧ 감자 시 불균등 저가·고가 주식소각에 따른 이익 증여<br>⑨ 현물출자 시 불균등 저가·고가 발행에 따른 이익 증여<br>⑩ 전환사채 등의 인수·주식전환·양도 시 이익의 증여<br>⑪ 초과배당에 따른 이익의 증여<br>⑫ 주식등의 상장에 따른 상장시세차익의 증여<br>⑬ 금전의 무상대출·저리대출에 따른 이익의 증여<br>⑭ 주식의 합병 상장에 따른 상장시세차익의 증여<br>⑮ 재산 사용 및 용역 제공 등에 따른 이익의 증여<br>⑯ 포괄적주식교환, 법인 조직변경 등에 따른 이익의 증여<br>⑰ 재산 취득 후 재산가치 증가에 따른 이익의 증여 |
| 2개 증여추정<br>(상증법 제4조<br>제1항 제5호) | ① 배우자, 직계존비속 간에 재산 양도 시 증여추정<br>② 재산취득 또는 채무상환자금에 대한 증여추정<br><br>* 실명이 확인된 계좌(국내·외)에 보유하고 있는 재산은 명의자가 그 재산을 취득한 것으로 추정 |
| 4개 증여의제<br>(상증법 제4조<br>제2항) | ① 명의신탁재산의 증여의제<br>② 특수관계법인과의 거래를 통한 이익의 증여의제<br>③ 특수관계법인으로부터 제공받은 사업기회로 발생한 이익의 증여의제<br>④ 특정법인과의 거래를 통한 이익의 증여의제 |

<table>
<tr><td>제 2 절</td><td>일반거래를 통한 증여의 유형</td></tr>
</table>

## 1 신탁이익의 증여

**사례연구**

금전신탁의 원본 및 수익을 실질적으로 수령한 바가 없다면 각 금전신탁의 원본 또는 수익이 원고들에 대하여 증여로 간주될 수 없어 증여세를 부과할 수 없다.

**현황**

(1) D산업㈜는 1988. 10. 24. J은행 서대문지점에 4억 원을 금전신탁하면서 신탁원본의 수익자를 L로, 신탁이익의 수익자는 D산업㈜로, 만기일을 1989. 10. 24.하였다가 그 후 1991. 10. 30.로 만기를 연장한 후 원본 4억 원은 L 명의로 수령하였고,

(2) S는 1989. 10. 10. H은행 광화문지점에 1억 원을 금전신탁을 하고 신탁원본과 이익의 수익자를 L로, 만기일을 1990. 10. 10.로 하였다가 그 후 1992. 10. 10.로 연장하고 1992. 10. 7. 위 금전신탁의 원본과 이익의 수익자를 S 명의로 변경하여 1992. 10. 10. S가 126백만 원을 수령하였다.

(3) 한편 L의 사망(1990. 9. 25.)으로 원고들이 각 1/2씩 공동상속하여 피고는 1991. 10. 30. 각 2억 원에 대하여, 1992. 10. 10. 각 63백만 원에 대하여 구 상속세법 제32조의 규정에 따라 신탁의 이익을 증여받은 것으로 보아 증여세를 과세하였다.

**쟁점**

금전신탁의 경우 수익자가 실지로 그 금전신탁의 원본 또는 수익을 받은 때에 그 수익자에게 그 원본 또는 수익을 증여한 것으로 간주한다.

위 사실관계하에서 S 등에게 금전신탁의 이익이 발생한 것으로 보아 증여세를 부과할수 있는지 여부가 쟁점이다.

**판단**

(1) 망 L는 H그룹산하 D산업의 대주주로서 1987말경 소외 회사의 발행주식 중 약 10%인 22여만 주를 소유하고 있었다. 그런데 그 당시 소외 회사가 H그룹으로부터 분리되는 과정에서 L의 소외 회사의 소유주식비율을 높일 필요가 생겼고, 그 주식인수자금이 부족했던 L는 J은행으로부터 금 350백만 원을 대출받기 위한 절차를 밟고 있었는데, 위 은행들은 위 L에게 담보가 필요하다고 하면서 위 은행들의 내부규정상 L가 금전신탁예금상의 수익자가 되면 이를 담보로 대출이 가능하다고 하였다. 이에 L는 소외 회사에 담보제공을 요청하였고, 소외 회사는 위 요청을 받아 들여 1988. 10. 24. L로 하여금

대출을 받을 수 있도록 하기 위하여 원본의 수익자를 L로 하여금 4억 원을 J은행금전
신탁을 하고 L는 이를 담보로 350백만 원을 대출받았다. S의 경우에도 동일한 이유와
절차에 의하여 1억 원을 H은행금전신탁을 하고 이를 담보로 90백만 원을 대출받았다.

(2) 대출금의 변제상황을 보면, 1991. 10. 24. 위 S의 상속인들인 원고들이 소외 회사로부
터 주주가불금 형식으로 돈을 차용하여 위 금 350백만 원의 J은행 채무를 변제하였고,
그 만기에 이르러 소외 회사가 그 신탁원본을 반환받아(명의는 사망한 이○자 명의로
반환받았다) 소외 회사가 정기예금 계좌에 입금하였고, H은행금전신탁의 경우에도
1992. 10. 7. 소외 회사로부터 주주가불금 형식으로 돈을 차용하여 위 금 90백만 원의
H은행채무를 변제하였으며, S이 같은 달 H은행금전신탁의 수익자 명의를 위 L에서
S 본인으로 변경한 다음 만기일인 같은 달 10. H은행금전신탁의 원본 및 이익을 반환
받았을 뿐, 원고들은 위 각 금전신탁의 원본 또는 이익을 수령한 바가 없다.

(3) 금전신탁의 경우 수익자가 실지로 그 금전신탁의 원본 또는 수익을 받은 때에 그 수익
자에게 그 원본 또는 수익을 증여한 것으로 간주한다고 할 것인데, 위 인정사실에 의
하면, 원고들이 금전신탁의 원본 및 수익을 실질적으로 수령한 바가 없는 이상 각 금
전신탁의 원본 또는 수익이 원고들에 대하여 증여 간주될 것은 아니라 할 것이므로
각 금전신탁의 원본 또는 수익이 원고들에게 증여 간주된 것으로 보고 증여세를 부과
한 피고의 이 사건 처분은 위법하다고 할 것이다(대법원 98두1069, 1999. 3. 15.).

## (1) 개요

### 1) 신탁의 정의

신탁이란 신탁설정자(위탁을 한 자)와 신탁을 인수하는 자(수탁을 받는 자)가 특별한 신
임관계에 기하여 위탁자의 특정한 재산권을 수탁자에게 이전하거나 기타의 처분을 하고 수
탁자로 하여금 수익자의 이익을 위하여 또는 특정한 목적을 위하여 그 재산권을 관리·처
분하게 하는 법률관계를 말한다(신탁법 제1조). 이러한 신탁은 위탁자와 수탁자 간의 계약
또는 위탁자의 유언에 의하여 설정할 수 있다(신탁법 제2조).

등기 또는 등록하여야 할 재산권에 관하여는 신탁은 그 등기 또는 등록을 함으로써 제삼
자에게 대항할 수 있다. 유가증권에 관하여는 신탁은 증권에 신탁재산인 사실을 표시하고
주권과 사채권에 관하여는 또한 주주명부 또는 사채원부에 신탁재산인 사실을 기재함으로
써 제삼자에게 대항할 수 있다(신탁법 제3조).

신탁계약에 의하여 신탁한 재산의 원본이나 수익을 재산 위탁자가 아닌 타인(수익자)에
게 귀속시키는 경우에는 위탁자가 그 수익자에게 재산을 무상이전하는 효과(증여)가 발생

한다. 그러므로 신탁계약에 의하여 그 신탁이익(원본 또는 수익)의 전부 또는 일부를 위탁자가 아닌 타인을 수익자로 지정하는 경우에는 그 신탁이익이 실제 지급되는 시점에 그 신탁이익을 받을 권리의 가액을 수익자의 증여재산가액으로 한다. 이 경우 증여시기와 여러 차례로 나누어 원본과 수익을 받는 경우 등의 증여재산가액 계산방법 등에 관하여 필요한 사항은 대통령령으로 정한다(상증법 제33조).

신탁의 이익, 즉 원본과 수익의 이익에서 원본은 신탁재산을 수익은 원본으로 인하여 얻은 과실이익을 말한다. 금전신탁에서 신탁한 원본을 받게 되면 이는 원본의 이익에 해당하고 신탁한 금전에서 발생한 이익(이자)를 수령하게 되면 이는 수익의 이익이 되는 것이다.

### 2) 명의신탁과의 구분

신탁계약으로 수익자가 무상으로 얻은 신탁이익은 재산의 무상이전으로 실질적인 증여에 해당한다. 위탁자(증여자)가 수탁자(금융회사)와 신탁계약을 체결하고 수탁자가 당해 신탁계약에 근거하여 수익자(수증자)에게 원본 또는 수익을 지급하는 구조로 위탁자와 수익자가 각각 다른 것이다. 따라서 증여세가 과세된다.

명의신탁은 대외적으로 공부 등 재산의 소유명의가 수탁자로 표시되지만 대내적으로 그 재산을 관리·수익·처분할 권리 및 의무를 위탁자가 갖는 것이다. 다시 말하면, 위탁자가 수탁자의 명의만을 빌릴 뿐 재산의 무상이전 효과가 발생하지 아니하여 실질적인 증여에 해당하지 아니한다.

「부동산 실권리자 명의등기에 관한 법률」(약칭 : 부동산실명법, 제3조 및 제4조)에 의하면, 누구든지 부동산에 관한 물권을 명의신탁약정에 따라 명의수탁자의 명의로 등기하여서는 아니 되며 이를 위반한 부동산의 명의신탁 약정은 무효이다. 부동산실명법을 위반한 경우에는 과징금(같은 법 제5조)·이행강제금(같은 법 제6조)·징역과 벌금(같은 법 제7조) 등이 부과된다.

권리이전이나 그 행사에 등기 등이 필요한 재산(토지, 건물 제외)의 실제소유자와 명의자가 다른 때에는 그 등기 등을 한 날에 명의자가 증여받은 것으로 의제하여 증여세를 부과한다(상증법 제45조의 2). 그러므로 신탁이익의 증여 규정은 명의신탁 증여의제 규정은 적용되지 않는다.

## (2) 증여시기

### 1) 원칙

신탁이익의 증여시기는 원칙적으로 수익자에게 신탁의 이익이 실제 지급되는 때이다(상증령 제25조 제1항). 신탁이익의 증여시기는 신탁계약 시점이 아닌 것이다.

A씨의 할아버지(위탁자)는 금전신탁을 금융기관(수탁자)에 의뢰하면서 A씨가 서울소재 대학에 입학하는 경우에 한하여 졸업할 때까지 당해 신탁의 원본과 수익(이자)을 등록금과 용돈조로 지급하는 계약을 체결하였다. 이른바 조건부 신탁 계약을 체결한 것이다. 이러한 조건부 신탁의 경우 증여시기는 언제로 볼 것인가? 신탁이익의 증여시점이 원칙적으로 수익자에게 신탁의 이익이 실제 지급되는 때이므로 설사 A씨가 서울소재 대학에 합격하여 조건이 성립되었다 하더라도 신탁의 이익이 실제 지급되지 않았다면 증여로 볼 수는 없을 것이다. 또한 실제 신탁의 이익을 수취한 경우라도 10년 단위로 증여재산공제액, 즉 5천만 원(미성년자의 경우 2천만 원)까지는 증여세가 과세되지 않는다.

## 2) 예외적인 경우

신탁이익의 증여시기는 실제 신탁이익을 수취하는 시점이나 다음의 경우에는 예외로 한다(상증령 제25조 제1항 각 호).

가. 수익자로 지정된 자가 그 이익을 받기 전에 당해 신탁재산의 위탁자가 사망한 경우에는 그 위탁자의 사망일

만약 위탁자의 사망일과 실제 신탁이익의 수취일이 3개월(증여세 신고기한) 이상 차이가 난다면 증여세 신고기한까지 증여사실을 신고하고 증여세를 납부하는 데에 어려움이 발생할 수가 있다. 왜냐하면 위탁자가 사망한 날을 증여일로 의제하기 때문이다. 따라서 이 부분은 입법상 보완이 필요하다고 본다.

나. 신탁계약에 의하여 원본 또는 수익을 지급하기로 약정한 날까지 원본 또는 수익이 수익자에게 지급되지 아니한 경우에는 그 지급약정일

다. 원본 또는 수익을 여러 차례 나누어 지급하는 경우: 해당 원본 또는 수익이 최초로 지급된 날. 다만, 다음 각 목의 어느 하나에 해당하는 경우에는 해당 원본 또는 수익이 실제 지급된 날로 한다.

　(a) 신탁계약을 체결하는 날에 원본 또는 수익이 확정되지 않는 경우

　(b) 위탁자가 신탁을 해지할 수 있는 권리, 수익자를 지정하거나 변경할 수 있는 권리, 신탁 종료 후 잔여재산을 귀속받을 권리를 보유하는 등 신탁재산을 실질적으로 지배·통제하는 경우

## (3) 증여재산가액의 계산

### 1) 원칙

신탁이익에 따른 증여재산가액은 신탁의 이익을 받을 권리의 가액으로 계산한다. 증여시기는 원칙적으로 실제 수령일이므로 그 수령한 가액이 증여재산가액이 될 것이다.

### 2) 원본과 수익의 수익자가 동일한 경우

신탁재산의 원본 및 수익의 수익자가 동일한 경우 증여재산가액은 상증법에 의하여 평가한 신탁재산의 가액에 대하여 수익시기까지의 기간 및 수익의 이익에 대한 원천징수세액 상당액 등을 감안하여 다음 산식에 의해 환산한 가액으로 평가한다(상증령 제25조 제2항 및 제61조, 상증칙 제16조 제2항).

★

$$평가액 : \sum_{n=1}^{n} \frac{각\ 연도의\ 수입금액}{(1 + 0.03)^n}$$

n : 평가기준일부터의 경과연수

상기 산식에서 각 연도의 수입금액은 신탁수익에서 원천징수세액을 공제한 금액을 말한다. 이를 산식으로 표시하면 다음과 같다.

★

각 연도의 수입금액 = 신탁재산가액 + 각 연도에 받을 원본 및 수익의 이익
― 원천징수세액 상당액

### 3) 원본과 수익의 수익자가 다른 경우

#### 가. 원본의 이익을 수익하는 경우

원본의 이익을 수익하는 경우에는 평가기준일 현재 원본의 가액에 수익시기까지의 기간에 대하여 아래 산식에 따라 계산한 방법에 의하여 환산한 가액으로 평가한다.

★

$$평가액 : \sum_{n=1}^{n} \frac{평가기준일\ 현재\ 원본의\ 가액}{(1 + 0.03)^n}$$

n : 평가기준일부터의 경과연수

## 나. 수익의 이익을 수익하는 경우

평가기준일 현재 추산한 장래에 받을 각 연도의 수익금(신탁재산의 수익에 대한 수익률이 확정되지 아니한 경우에는 원본의 가액에 3%를 곱하여 계산한 금액)에 대하여 원천징수세액 상당액 등을 감안하여 다음의 산식에 의해 환산한 가액으로 평가한다.

★

$$평가액 : \sum_{n=1}^{n} \frac{각\ 연도의\ 수입금액}{(1 + 0.03)^n}$$

n : 평가기준일부터의 경과연수

각 연도의 수입금액을 산식으로 나타내면 다음과 같다.

★

각 연도의 수입금액 = 각 연도에 받을 수익의 이익 − 원천징수세액 상당액

## (4) 증여세 과세특례

하나의 증여에 대하여 상증법 제33조부터 제39조까지, 제39조의 2, 제39조의 3, 제40조, 제41조의 2부터 제41조의 5까지, 제42조, 제42조의 2, 제42조의 3, 제44조, 제45조 및 제45조의 3부터 제45조의 5까지의 규정이 둘 이상 동시에 적용되는 경우에는 그중 이익이 가장 많게 계산되는 것 하나만을 적용한다(상증법 제43조 제1항).

## 2 보험금의 증여

사례연구

보험계약을 실질적으로 아버지가 체결하고 보험료도 불입한 후 보험금을 수령하여 처분한 것으로 인정되므로 보험금이 증여된 것으로 의제된다는 것을 전제로 한 처분은 위법하다.

현황

(1) 원고는 3차례에 걸쳐 원고 명의로 피보험자 및 수익자 원고, 보험기간 5년의 생명보험인 ○○생명보험의 무배당슈퍼재테크보험(거치형)에 가입하였다.

(2) 2000. 9. 28.자 보험계약의 보험료는 원고의 오빠 정○○의 한국○○은행 계좌에서,

2000. 11. 23.자 보험계약 2건의 보험료 중 5억 원은 원고의 아버지 정××의 한국○○은 행계좌에서, 10억 원은 원고의 어머니 하○○의 한국○○은행 계좌에서 각 인출되어 보험자인 ○○생명보험에 지급되었다.

(3) 원고는 2006. 7. 27. 3건의 보험계약에 정한 만기 도래를 원인으로 ○○생명보험으로부터 보험금 3,238,958,204원을 지급받았다.

(4) 서울지방국세청장은 2007. 8. 13.부터 2007. 10. 2.까지 원고에 대한 세무조사를 실시한 결과 위와 같은 사실관계를 확인하고 이를 피고에게 통보하였고, 이에 피고는 보험금 수취인과 보험료불입자가 다른 경우에 해당한다고 하여 구 상증법(2010. 1. 1. 법률 제 9916호로 개정되기 전의 것) 제34조 제1항에 따라 이 사건 보험금 상당액을 보험금수 취인인 원고의 증여재산가액으로 보아 2008. 1. 2. 원고에게 증여세(가산세 포함) 합계 1,113,145,960원을 부과하였다.

쟁점

보험금수취인과 보험료불입자가 다를 경우 보험료 상당액이 보험금수취인에게 증여된 것으로 의제하는 상증법 제34조 제1항에 따라 증여세를 부과할 수 있는지 여부

판단

(1) 구 상증법(2003. 12. 30. 법률 제7010호로 개정되어 2010. 1. 1. 법률 제9916호로 개정되기 전의 것) 제34조 제1항 전단은 '생명보험 또는 손해보험에 있어서 보험금수취인과 보험료불입자가 다른 경우에는 보험사고가 발생한 경우에 보험금 상당액을 보험금수 취인의 증여재산가액으로 한다.'고 규정하고 있다.

(2) 증여세 과세대상을 규정한 구 상증법 제2조 제1항, 제3항, 제4항의 문언 내용에 의하더라도 타인으로부터 재산의 무상이전을 받거나 타인의 기여에 의한 재산가치의 증가가 있어야 증여세가 과세될 수 있는 점, 소득이나 수익, 재산, 거래 등의 과세대상에 관하여 그 귀속 명의와 달리 실질적으로 귀속되는 자가 따로 있는 경우에는 형식이나 외관을 이유로 그 귀속 명의자를 납세의무자로 삼을 것이 아니라 실질적으로 귀속되는 자를 납세의무자로 하여 세법을 적용하도록 한 국세기본법 제14조 제1항의 취지 등에 비추어 보면, 구 상증법 제34조 제1항 전단이 규정한 증여세 납세의무자인 보험금수취 인은 보험료불입자 이외의 자로서 보험금이 실질적으로 귀속되는 자를 의미한다고 봄이 타당하다. 따라서 보험계약상의 보험금수취인은 명목에 불과하고 보험금의 실질적인 귀속자가 따로 있는 경우에는 명목상의 보험금수취인을 증여세 납세의무자로 볼 수 없다(대법원 2010두14459, 2012. 6. 14. : 서울고법 2009누33692, 2010. 6. 17. : 서울행법 2009구 합12655, 2009. 10. 1.).

## (1) 개요

보험회사들은 보험의 특성을 이용하여 합법적이면서 절세가 가능한 다양한 보험상품을 개발하여 운용하고 있다. 이러한 보험상품들은 자신의 재산을 자손에게 세금부담을 최소화하면서 물려주기를 원하는 많은 자산가들의 관심을 얻고 있다. 보험회사들은 보험계약에 따른 증여세 과세대상 여부를 면밀히 검토하여 증여세를 최소화하는 방향으로 보험계약 상품을 만들고 자산가들은 이해득실을 따져 가입 여부를 타진하는 것이다.

보험계약에 의하여 보험료의 실제 납부자와 보험금액의 수령인이 서로 다르다면 보험금의 수령인은 당해 보험금액을 무상으로 취득한 결과를 갖게 되므로 이는 실질적인 증여에 해당된다.

보험료 납부자와 보험금 수령인이 서로 같은 경우라도 당해 보험료를 타인으로부터 증여받아 불입하면 역시 보험금 수령인에게 실질적인 부의 무상이전 효과가 나타난다. 미성년자 등이 재산을 증여받아 보험에 가입한 후 보험사고의 발생 등으로 재산가치가 증가한 경우에도 타인의 기여에 의해 보험이익이 발생되는 것이므로 부가 무상이전된 것으로 볼 수 있다. 따라서 이러한 경우에도 증여세가 과세되는 것이다.

## (2) 보험의 분류 등[83]

### 1) 보험사고가 발생하는 객체에 의한 구별

보험사고 발생의 객체가 피보험자의 재산인 보험을 재산보험, 사람의 생명인 보험을 인보험이라 한다. 인보험에는 생명보험과 상해보험이 있다.

자산가들 사이에서 인기를 끌고 있는 즉시연금보험은 생명보험의 한 종류로 그 지급방식에 따라 종신형, 상속형 혹은 확정형으로 구분된다. 원리금을 일정기간(예 : 10년, 20년) 동안 나누어 받는 방식을 확정형이라 하며 사망 시까지 나누어 받는 방식을 종신형이라 한다. 상속형의 경우 생전에는 이자만 받고 원금은 사망 시에 수령토록 함으로써 상속세의 재원마련에 도움이 될 수 있다.

### 2) 보험의 지급방법에 의한 구별

보험사고가 발생한 때에 보험자(보험회사)가 지급할 보험금이 보험사고의 발생으로 인하여 피보험자에게 발생한 실제의 재산상의 손해액에 따라서 결정되는 보험을 손해보험이라 한다. 재산보험은 대부분 손해보험이다.

---

83) 국세청, 「상속증여세 실무해설」, 2010 ; 정찬형, 「상법강의(하)」, 박영사, 2009.

보험사고가 발생한 때에 보험자가 지급할 보험금이 피보험자의 실손해액의 유무나 다소를 묻지 않고 보험계약에서 정한 일정한 보험금액을 지급하는 보험을 정액보험이라 한다. 생명보험이 대표적인 정액보험이다.

### 3) 보험계약상의 용어

가. 보험계약의 효력 : 당사자 일방이 약정한 보험료를 지급하고 상대방이 재산 또는 생명이나 신체에 관하여 불의의 사고가 생길 경우에 일정한 보험금액 기타의 급여를 지급할 것을 약정함으로써 효력이 생긴다(상법 제638조).

나. 보험계약자 : 보험계약을 맺은 자를 말한다. 보통의 경우 보험계약자가 불입자가 된다.

다. 보험료 납부자 : 보험회사에 보험료를 실제로 납입한 자를 말한다.

라. 피보험자 : 보험사고의 객체가 되는 사람 등을 말한다.

마. 보험금 수익자 : 보험계약상 보험금을 수령받을 권리를 가진 자를 말한다. 보험금 수익자는 만기수익자·사고수익자 등 달리 정할 수 있다.

바. 보험료 : 보험계약으로 보험사에 지급하는 요금이며 보험금이란 보험사고 등이 발생하여 보험사가 그 수익자에게 지급하는 금액을 말한다.

사. 타인을 위한 보험 : 보험계약자는 위임을 받거나 위임을 받지 아니하고 특정 또는 불특정의 타인을 위하여 보험계약을 체결할 수 있다(상법 제639조 제1항).

## (3) 보험금 증여의 유형

### 1) 보험료 납부자와 보험금 수령인이 다른 경우

#### 가. 개요

생명보험이나 손해보험에서 보험사고(만기보험금 지급의 경우를 포함한다)가 발생한 경우 해당 보험사고가 발생한 날을 증여일로 하여 보험금 수령인의 증여재산가액으로 한다. 보험금 수령인과 보험료 납부자가 다른 경우(보험금 수령인이 아닌 자가 보험료의 일부를 납부한 경우를 포함한다)에는 보험금 수령인이 아닌 자가 납부한 보험료 납부액에 대한 보험금 상당액을 증여가액으로 한다(상증법 제34조 제1항 제1호).

#### 나. 증여시점

생명보험 또는 손해보험에 있어서 보험금 수령인과 보험료 납부자가 다른 경우에는 보험사고가 발생한 때에 보험금 상당액을 보험금 수령인의 증여재산가액으로 한다.

보험료 납부시점을 증여시기로 볼 경우 보험금을 수령하는 시점에는 부과제척기간이 만료되어 과세할 수 없는 문제점이 발생할 수도 있고 보험료 납부 시마다 증여세를 과세하여 야 하므로 과세행정절차상 복잡한데다가 보험의 종류에 따라서는 보험사고가 발생하지 아 니하면 보험금을 수령할 수 없는 경우가 있다는 점 때문에 보험료 납부시점이 아닌 보험사 고 발생일을 증여시기로 하고 있는 것이다(국심 97서1102, 1998. 7. 10.).

초로의 신사(A씨)가 계약자·피보험자·연금수익자를 본인으로, 보험기간은 종신형으 로, 연금개시일은 즉시로 하는 상속형 즉시연금보험의 계약을 체결하고 보험료를 일시에 납부한 후 쟁점보험계약의 계약자 및 연금수익자를 출가한 자신의 아들 B씨로 변경한 사건 이 있었다.

B씨는 보험계약변경일에 쟁점보험을 증여받은 것으로 하여 상증법 제65조 제1항 및 같 은 법 시행령 제62조 제3호에 따라 종신정기금으로 증여재산가액(원금과 매월 수령할 연금 을 현재가치로 할인한 금액)을 산정하고 이에 대한 증여세를 신고·납부하였다.

하지만 과세관청은 세무조사 후, 쟁점보험의 계약변경일에 쟁점보험의 실질적 권리를 이 전받은 것으로 보아 계약변경일까지 A씨가 불입한 보험료 전액을 증여재산가액으로 하여 B씨에게 증여세를 결정·고지하였다.

이에 불복절차를 밟은 B씨는 상속형 연금보험의 경우는 일반적으로 피보험자가 생존 시 에 매월 일정액을 연금형태로 계속하여 지급하다가 피보험자가 사망 시 적립금을 상속인에 게 지급하는 형태의 금융상품으로서 그 증여시기는 상증법 제34조 제1항에 따라 보험사고 의 발생일(연금지급 개시일)이고, 증여가액은 상증법 제65조 제1항 및 같은 법 시행령 제62 조 제3호에 따라 종신정기금으로 평가하는 것이므로 B씨의 당초 증여세 신고가 정당하였 음에도 이를 부인하고 증여시기를 보험계약자 및 수익자의 변경일로, 증여가액을 납입보험 료의 금액으로 하여 증여세를 부과함은 그 잘못이 있다고 주장하였다.

조세심판원은 다음과 같은 이유로 B씨의 주장을 받아들이지 않았다(조심 2014서349, 2014. 5. 22.).

보험금 및 예금은 권리의 이전이나 행사에 등기 등을 요하는 재산이 아니어서 계약자 및 수익자의 명의가 변경된 시점에 증여된 것으로 보아야 할 것인바(조심 2009서4, 2009. 12. 31. 같은 뜻임), 쟁점보험은 계약체결 후 계약자뿐만 아니라 수익자가 본인에서 B씨로 변경된 것으로서 청구인이 보험계약 변경시점에 보험계약의 해지, 연금 및 만기 시 보험금 수령 등 쟁점보험에 대한 모든 실질적인 권한을 행사할 수 있는 지위를 획득하였다고 볼 수 있으 므로, 쟁점보험의 계약변경일을 쟁점보험의 증여일로 보는 것이 타당하고, 또한 증여재산 가액은 정기금을 받을 권리가 발생하기 이전에 계약자 및 수익자를 청구인으로 변경하는 계약이 체결되었으므로 계약변경일 현재 불입한 쟁점보험료를 쟁점보험의 시가로 보아 증여재산가액을 산정함이 타당한 것으로 판단된다(조심 2014서466, 2014. 4. 28., 같은 뜻임).

당초 보험계약자는 보험계약해지권, 해지환급금 수령권, 계약내용 변경권, 보험수익자 지정권 및 변경권 및 보험금 담보 대출권 등 보험계약상의 일체의 권리·의무를 가지고 있는 바 계약자가 변경되는 경우 이를 모두 승계받게 되는 점을 고려하면 심판원의 결정은 타당하다 볼 수 있다.

하지만, 보험계약자 및 보험수익자의 명의가 변경되었다고 하더라도, 그 변경 시에 B씨가 즉시연금불입액 전액에 대한 증여의 효익을 누리는 것이 아니한 점을 감안하면 과세대상이 특정되어 발생하였다고 할 수 없다 할 것이어서 그 변경시점에 증여세를 부과할 수 없는 것으로 새기는 것이 합리적인 해석이 될 것으로 사료된다(같은 뜻, 대법원 2010두5493, 2010. 6. 24.).

### 다. 대상

생명보험과 손해보험인 경우이다. 생명보험은 사람의 신체에 대하여 생긴 보험사고를 보상 목적으로 하는 보험이며 손해보험은 보험사고로 인하여 재산에 생긴 손해를 보상할 것으로 목적으로 하는 보험이다. 상법상으로는 인보험과 손해보험으로 구분함은 앞서 언급하였다.

보험금이 상속세 과세대상 자산인 경우에는 증여세를 과세하지 않는다(상증법 제34조 제2항). 상속재산으로 보는 보험금은 다음과 같다(상증법 제8조).

ⓐ 피상속인의 사망으로 인하여 받는 생명보험 또는 손해보험의 보험금으로서 피상속인이 보험계약자인 보험계약에 의하여 받는 것은 상속재산으로 본다.

ⓑ 보험계약자가 피상속인이 아닌 경우에도 피상속인이 실질적으로 보험료를 납부하였을 때에는 피상속인을 보험계약자로 보아 상속재산으로 본다.

### 라. 증여재산가액

증여재산의 가액은 보험금 상당액이다. 보험금에서 납부한 보험료 총합계액 중 보험금 수령인이 아닌 자가 납부한 보험료의 점유비율에 상당하는 금액을 증여재산가액으로 한다.

예를 들어 보험료 납부자(피보험자)는 아버지이고 수령인(수익자)이 아들인 상황에서 총보험료 2억 원 중 아들이 1억 원을 납부한 후 보험금 3억 원을 수령하였다면 증여재산가액은 1.5억 원이 되는 것이다.[84]

---

84) 3억 원×1억 원/2억 원 = 1.5억 원

## 2) 보험금 수령인이 타인으로부터 재산을 증여받아 보험료를 납부한 경우

### 가. 개요

보험계약 기간에 보험금 수령인이 타인으로부터 재산을 증여받아 보험료를 납부한 경우에는 그 보험료 납부액에 대한 보험금 상당액에서 그 보험료 납부액을 뺀 가액을 보험금 수령인의 증여재산가액으로 한다(상증법 제34조 제1항 제2호).

### 나. 연혁

2002. 12. 31. 이전에는 보험금 수령인이 증여받은 금전으로 보험료를 납입 후 보험금을 수령한 경우에는 납부자와 수령인이 동일하므로 보험금에 대해 증여세를 과세할 수 없었다.

2003. 1. 1. 이후에는 보험금 수령인이 금전을 증여받아 보험료를 납입한 경우에도 증여세 과세대상으로 포함하였으며 2004. 1. 1. 이후부터는 금전뿐만 아니라 재산을 증여받아 불입한 경우에도 과세대상이 되는 것으로 개정하였다.

### 다. 증여재산가액의 계산

보험계약 내에 보험금 수령인이 타인으로부터 재산을 증여받아 보험료를 불입한 경우에는 당해 보험료 불입액에 대한 보험금 상당액에서 당해 보험료 불입액을 차감한 가액을 증여재산가액으로 한다.

예컨대, 아버지와 아들이 불입한 총 보험료 1억 원 중 아들이 증여받은 재산 5천만 원으로 보험료를 불입하고 난 후 보험사고가 발생하여 3억 원의 보험금을 수령하였다면 증여재산가액은 1억 원이 된다.[85]

이를 산식으로 나타내면 다음과 같다.

★

증여재산가액 = 보험금 × 재산을 증여받아 납부한 보험료(A)/총 보험료 - A

보험계약기간 밖에 보험금 수취인이 타인으로부터 재산을 증여받아 보험료를 불입한 경우에도 보험금 수령인의 증여재산으로 본다(서면4팀 - 1186, 2007. 4. 11.).

---

85) 3억 원×5천만 원/1억 원-5천만 원 = 1억 원

## 3 저가양수 또는 고가양도에 따른 이익의 증여

### 사례연구

　시가라 함은 일반적이고 정상적인 거래에 의하여 형성된 객관적 교환가격을 의미하므로 그와 같은 매매사례가액이 시가로 인정되기 위해서는 당해 거래가 일반적이고 정상적인 방법으로 이루어져 증여일 당시의 객관적 교환가치를 적정하게 반영하고 있다고 볼 수 있는 사정이 인정되어야 한다.

### 현황

(1) 주식회사 ZZ종합건축사사무소는 1994. 1. 4. 설립되어 건축설계 및 감리, 건축물 감정, 시공감리, 토목시공, 건축시공 등을 영위하는 회사이다.

(2) 원고 AAA, BBB은 2010. 12. 14. ZZ의 대표이사이자 대주주인 정DD으로부터 ZZ의 주식 각 3,000주를 1주당 15,000원, 총대금 45,000,000원에 각 양수하였고, 원고 CCC은 2011. 11. 28. 위 정DD으로부터 ZZ의 주식 3,000주를 1주당 16,000원, 총대금 48,000,000원에 양수하였다.

(3) 대전지방국세청은 이 사건 각 주식양수와 관련하여 ZZ에 대한 주식변동조사를 실시하였는데, 그 결과 '이 사건 각 주식양수가 시가보다 현저히 낮은 가액으로 이루어졌고 거래의 관행상 정당한 이유가 없으므로, 이 사건 각 주식양수는 재산의 저가양도에 따른 이익의 증여에 해당한다'고 보아 2013. 10. 21. 원고들에게 구 상증법(2011. 12. 31. 법률 제11130호로 개정되기 전의 것) 제60조 제3항, 제63조 제1항 제1호 다목, 구 상증세법 시행령(2011. 7. 25. 대통령령 제23040호로 개정되기 전의 것) 제54조 제1항·제2항·제5항, 제55조, 제56조 제1항 제1호·제2항·제3항의 각 규정에 의한 보충적 평가방법에 따른 이 사건 각 주식의 시가의 차액에 대하여 증여세 과세 예고 통지를 하였다.

(4) 원고들은 2013. 12. 5. 대전지방국세청장에게 과세전적부심사청구를 하였으나, 각 청구에 대하여 2014. 2. 13. 모두 불채택결정이 있었고, 피고 가나세무서장은 2014. 3. 3. 원고 AAA에게 448,207,290원의, 피고 동가나세무서장은 2014. 3. 3. 원고 안○○에게 448,207,290원의, 피고 서가나세무서장은 2014. 3. 3. 원고 CCC에게 378,285,390원의 각 증여세 및 신고·납부 불성실가산세 부과처분을 하였다.

### 쟁점

　원고들이 정한 각 주식의 양수가액은 특수관계가 없고 대등한 거래 당사자들 사이에서 각자 경제적 이익을 추구하여 자유롭게 결정한 것인지 여부, 각 주식양수 이전에 있었던 매매사례가액을 적용한 것인지 여부 및 설령 각 주식의 양수가액이 시가보다 낮다고 하더라도 그와 같이 가액이 형성된 데에는 거래의 관행상 정당한 이유가 인정되는지 여부 등

**판단**

(1) 구 상증법 제35조 제2항은 '특수관계에 있는 자 외의 자 간에 재산을 양수 또는 양도한 경우에는 거래의 관행상 정당한 사유없이 시가보다 현저히 낮은 가액 또는 현저히 높은 가액으로 재산을 양수 또는 양도한 경우에 한하여 그 대가와 시가와의 차액에 상당하는 금액을 증여받은 것으로 추정하여 대통령령이 정하는 이익에 상당하는 금액을 그 이익을 얻은 자의 증여재산가액으로 한다'고 규정하고 있다.

(2) 같은 법 제60조는 제1항과 제3항에서 증여재산의 가액은 증여일 현재의 시가에 의하고 시가를 산정하기 어려운 경우에는 당해 재산의 종류·규모·거래상황 등을 감안하여 제61조 내지 제65조에 규정된 방법에 의하여 평가한 가액에 의하도록 규정하는 한편, 제2항에서 '제1항의 규정에 의한 시가는 불특정다수인 사이에 자유로이 거래가 이루어지는 경우에 통상 성립된다고 인정되는 가액으로 하고 수용·공매가격 및 감정가격 등 대통령령이 정하는 바에 의하여 시가로 인정되는 것을 포함한다'고 규정하고 있고, 그 위임에 의한 구 상증세법 시행령 제49조 제1항 제1호 본문은 시가로 인정되는 것의 하나로 '당해 재산에 대한 매매사실이 있는 경우에는 그 거래가액'을 들면서 그 단서에서 '그 거래가액이 특수관계에 있는 자와의 거래 등 그 가액이 객관적으로 부당하다고 인정되는 경우를 제외한다'고 규정하고 있다.

(3) 따라서 시장성이 적은 비상장주식의 경우에도 그에 대한 매매사실이 있는 경우에는 그 거래가액을 시가로 보아 주식의 가액을 평가하여야 하고 법이 규정한 보충적 평가방법에 의하여 평가해서는 아니되나, 시가라 함은 일반적이고 정상적인 거래에 의하여 형성된 객관적 교환가격을 의미하므로 그와 같은 매매사례가액이 시가로 인정되기 위해서는 당해 거래가 일반적이고 정상적인 방법으로 이루어져 증여일 당시의 객관적 교환가치를 적정하게 반영하고 있다고 볼 수 있는 사정이 인정되어야 한다(대법원 2010두26988, 2012. 4. 26. 등 참조).

(4) 위 관계법령 및 법리에 비추어 보건대, 앞서 인정한 사실에 각 증거 및 변론 전체의 취지를 보태어 인정되는 다음과 같은 사정들, 즉 ① 원고들이 이 사건 각 주식의 양수가액의 산정근거로 제시한 매매거래사례는 그 거래 당사자가 모두 정DD의 가까운 지인 내지 정DD의 자녀로서 이를 불특정 다수인 사이의 일반적이고 정상적인 주식 거래였다고 볼 수는 없는 점, ② 2008년경 경매에서 낙찰된 주식의 가액은, 그 경매의 낙찰자가 ZZ와 소재지가 동일하고 정DD이 대주주로 있는 ㈜ZZ종합건설인바, 이를 불특정 다수인 사이의 일반적이고 정상적인 주식거래였다고 볼 수 없고, 2015년경 경매에서 낙찰된 주식의 가액 역시, 그 경매의 낙찰자가 ZZ와 같은 건물에 위치하고 있고 정DD 및 그 자녀 등이 주식의 대부분을 보유하고 있는 ㈜XX엔지니어링이라는 점에서 이 역시 불특정 다수인 사이의 일반적이고 정상적인 주식 거래였다고 보기 어려운 점, ③ 나아가 위 각 경매 낙찰가액은 모두 이 사건 각 주식의 거래시점으로부터 약 2년 전 내지 약 5년 후에 산정된 것이라는 점에서 이 사건 각 주식이 양도될 당시의 객관적

교환가치를 적정하게 반영하고 있다고 보이지 않는 점, ④ 원고들과 정DD 사이의 이 사건 각 주식양수의 동기 및 경위, 양수 이후의 사정 등에 비추어 볼 때 이 사건 각 주식양수의 양도가액이 정상적인 거래에 의하여 결정된 것이라고 보기 어려운 사정이 존재하고, 이 사건 각 주식의 양수가액인 1주당 15,000원 내지 16,000원은 구 상증세법 상의 보충적 평가방법에 의하여 산정한 가격에 훨씬 미치지 못하는 점(ZZ의 2010년 말 미처분이익잉여금은 15,635,000,000원으로 위 잉여금을 ZZ의 총 발행주식 60,000주로 나누어 계산해도 1주당 260,590원의 가치가 있는 것으로 보인다) 등을 종합하면, 원고들이 이 사건 각 주식을 양수한 가액은 일반적이고 정상적인 거래에 의하여 형성된 객관적 교환가치가 반영된 시가라고 보기 어렵고, 그와 같은 양수가액이 정하여진 것에 구 상증세법 제35조 제2항이 정한 '거래의 관행상 정당한 사유'가 있다고 보기도 어렵다(대법원 2016두54336, 2017. 1. 12. : 대전고법(청주) 2015누10668, 2016. 9. 7. : 청주지법 2015구합10105, 2015. 5. 21.).

## (1) 개요

민법은 사인 간의 거래에 대하여 계약자유의 원칙을 존중한다. 당사자 간의 약정이 그 어떤 법률상의 규정보다 우선하여 적용되는 것이다. 상거래에도 마찬가지의 원칙이 적용된다.

그런데 세법에서는 상호 간 특수한 관계에 있는 자끼리의 거래에 있어서는 부당하게 세금을 줄이는 것을 방지하기 위하여 일정범위 내의 가격("시가")으로 거래가 이루어지지 않는 경우 그 거래가액을 부인하는 규정을 두고 있다. 법인세법(제52조), 소득세법(제41조) 및 부가가치세법(제29조) 등에서는 부당행위계산의 부인에 관한 규정을 두어 부당하게 세금을 줄이는 행위를 부인하고 관련 법령에서 정한 적정시가로 소득금액을 다시 산정하도록 규정하고 있다.

특수관계자 간에 재산을 시가보다 낮은 가액으로 양도하는 경우에는 시가와 대가의 차액에 해당하는 이익이 양수자에게 무상으로 이전되는 효과가 발생한다. 반대로 시가보다 높은 가액으로 양수하는 경우에는 시가와 대가의 차액에 해당하는 이익이 양도자에게 무상으로 이전되는 효과가 발생하게 되는 것이다. 이와 같이 증여계약이 아닌 양도계약으로 재산을 이전시키면서 저가이전 또는 고가이전으로 증여이익을 주는 경우에는 증여세가 과세된다.

2003. 12. 31. 이전에는 특수관계자 간의 저가·고가 거래에 대해서만 증여세 과세대상이었으나 2004. 1. 1. 이후 양도분부터는 특수관계가 있는 자가 아닌 자 간의 거래에 대하여도 거래의 관행상 정당한 사유가 없이 현저하게 저가·고가 거래를 한 경우에는 증여세 과세대상에 포함하였다(상증법 제35조 제2항).

## (2) 특수관계인 간 저가·고가 거래 시 증여

### 1) 개요

특수관계인 간에 재산(전환사채 등 대통령령으로 정하는 재산은 제외한다)을 시가보다 낮은 가액으로 양수하거나 시가보다 높은 가액으로 양도한 경우로서 그 대가와 시가의 차액이 대통령령으로 정하는 기준금액 이상인 경우에는 해당 재산의 양수일 또는 양도일을 증여일로 하여 그 대가와 시가의 차액에서 기준금액을 뺀 금액을 그 이익을 얻은 자의 증여 재산가액으로 한다(상증법 제35조 제1항).

특수관계에 있는 자로부터 재산을 시가보다 낮은 가액으로 양수하거나 특수관계에 있는 자에게 재산을 시가보다 높은 가액으로 양도하는 경우 시가와 대가와의 차액에 해당하는 이익을 양도자 또는 양수자에게 증여한 것으로 보는 것이다. 다시 말하면, 다음의 어느 하나에 해당하는 자에 대해서는 해당 재산을 양수하거나 양도하였을 때에 그 대가와 시가의 차액에 상당하는 금액으로서 증여 이익에 상당하는 금액을 증여재산가액으로 한다.

가. 타인으로부터 시가보다 낮은 가액으로 재산을 양수하는 경우에는 그 재산의 양수자

나. 타인에게 시가보다 높은 가액으로 재산을 양도하는 경우에는 그 재산의 양도자

### 2) 특수관계인의 범위

특수관계인 간 고가·저가 거래 시 증여를 적용함에 있어 특수관계인이라 함은 양도자 또는 양수자와 친족관계, 경제적 연관관계 또는 경영지배관계 등에 있는 자로서 상증령 제2조의 2에서 규정하는 어느 하나에 해당하는 관계에 있는 자를 말한다. 이 경우 본인도 그 특수관계인의 특수관계인으로 본다. 과거에 특수관계인 여부를 판정할 시에 어느 일방을 기준으로 특수관계인으로 판정된 경우라도 타방 입장에서 특수관계인이 아니라면 특수관계인이 아니라고 주장할 수 있었으나 어느 일방을 기준으로 특수관계에 해당하면 타방도 특수관계에 해당함을 2012. 2. 2. 법령 개정 시에 명확히 한 것이다.

### 3) 고가·저가 양수도 적용대상 재산

원칙적으로 모든 양수도 자산이 고가·저가 양수도에 따른 증여 대상이 될 수 있다. 다만, 예외적으로 다음의 자산은 증여세 부과대상 재산에서 제외한다(상증령 제26조 제1항).

가. 전환사채, 신주인수권부사채(신주인수권증권이 분리된 경우에는 신주인수권증권을 말한다) 또는 그 밖의 주식으로 전환·교환하거나 주식을 인수할 수 있는 권리가 부여된 사채

나. 「자본시장과 금융투자업에 관한 법률」에 따라 거래소에 상장되어 있는 법인의 주식 및 출자지분으로서 증권시장에서 거래된 것(시간외시장에서 거래소의 증권시장업무 규정에 따라 시간외대량매매 방법으로 매매된 것(당일 종가로 매매된 것은 제외한다) 매매된 것을 제외한다)

유가증권시장에서 유가증권의 매매 중 유가증권시장 업무규정에 의하여 시간외시장에서 대량 매매된 것은 고가·저가 양수도에 따른 증여대상재산으로 본다. 다만, 시간외대량매매 방법으로 거래하는 경우라 하더라도 당일 종가로 거래한 경우에는 그러하지 아니하다(상증칙 제10조의 6).

유가증권시장에서 거래되는 주식의 경우 불특정 다수의 투자자 간에 수요와 공급의 법칙에 따라 시가가 결정되고 거래가 되는 것이므로 부의 무상이전 여지가 적다고 보아 증여대상에서 제외하고 있는 것이다. 다만, 특수관계인 간에 시간외 대량 매매를 하면서 당일의 종가에 따르지 않고 거래를 하는 경우에는 부의 무상이전 여지가 있다고 보고 해당 규정을 적용토록 한 것이다.

### 4) 대가의 산정 기준일

증여대상 재산의 대가 및 시가의 산정기준일인 양수일 또는 양도일은 각각 해당 재산의 대금을 청산한 날을 기준으로 한다. 해당 재산의 대금을 청산한 날이 불분명하거나 대금청산 전에 등기 등이 이루어진 경우에는 그 등기·등록부 또는 명부 등에 기재된 등기접수일을 기준으로 대가와 시가를 계산한다. 장기할부조건의 경우에는 소유권이전등기(등록 및 명의개서를 포함한다) 접수일·인도일 또는 사용·수익일 중 빠른 날을 기준으로 계산한다. 다만, 매매계약 후 환율의 급격한 변동 등 매매계약일부터 대금청산일 전일까지 환율이 100분의 30 이상 변동하는 경우에는 매매계약일을 기준으로 한다(상증령 제26조 제5항).

### 5) 고가·저가 과세요건 및 증여재산가액의 계산

특수관계인 간의 재산의 저가양수 및 고가양도 시 과세가 되는 기준금액은 다음과 같다(상증령 제26조 제2항). 특수관계인 간 거래에 대해서는 당해 거래뿐 아니라 당해 거래 등을 한 날로부터 소급하여 1년 이내에 동일한 거래 등이 있는 경우에는 이를 합산하여 금액 기준을 적용한다(상증법 제43조 제2항).

### 가. 저가양수의 경우

저가양수의 경우 "저가(낮은 가액)"란 양수한 재산의 시가(상증법 제60조부터 제66조까지의 규정에 따라 평가한 가액을 말한다)에서 그 대가를 뺀 가액이 시가의 100분의 30 이상 차이가 있거나 그 차액이 3억 원 이상인 경우의 그 대가를 말한다.

저가의 요건을 충족한 경우 증여재산가액은 시가에서 대가를 차감한 가액에서 시가의 30%와 3억 원 중 적은 금액으로 한다. 이를 산식으로 나타내면 다음과 같다.

★

증여재산가액 = (시가 − 대가) − (시가의 30%와 3억 원 중 적은 금액)

### 나. 고가양도의 경우

고가양도의 경우 "고가(높은 가액)"라 함은 양도한 재산의 대가에서 그 시가를 차감한 가액이 시가의 100분의 30 이상 차이가 있거나 그 차액이 3억 원 이상인 경우의 그 대가를 말한다.

고가양도의 요건을 충족한 경우 증여재산가액은 대가에서 시가를 차감한 가액에서 시가의 30%와 3억 원 중 적은 금액으로 한다. 이를 산식으로 나타내면 다음과 같다.

★

증여재산가액 = (대가 − 시가) − (시가의 30%와 3억 원 중 적은 금액)

## (3) 특수관계인 외의 자 간 저가 · 고가 거래 시 증여

### 1) 개요

### 가. 입법취지

특수관계인이 아닌 자 간에 재산을 양수하거나 양도한 경우로서 거래의 관행상 정당한 사유 없이 시가보다 현저히 낮은 가액 또는 현저히 높은 가액으로 재산을 양수하거나 양도한 경우에는 그 대가와 시가의 차액에 상당하는 금액을 증여받은 것으로 추정하여 대통령령으로 정하는 이익에 상당하는 금액을 그 이익을 얻은 자의 증여재산가액으로 한다(상증법 제35조 제2항).

상증법 제35조 제2항의 입법 취지는 거래 상대방의 이익을 위하여 거래가격을 조작하는 비정상적인 방법으로 대가와 시가와의 차액에 상당하는 이익을 사실상 무상으로 이전하는 경우에 그 거래 상대방이 얻은 이익에 대하여 증여세를 과세함으로써 변칙적인 증여행위에 대처하고 과세의 공평을 도모하려는데 있다. 그런데 특수관계가 없는 자 사이의 거래에서

는 서로 이해관계가 일치하지 않는 것이 일반적이어서 대가와 시가 사이에 차이가 있다는 사정만으로 그 차액을 거래 상대방에게 증여하였다고 보기 어려우므로, 상증법 제35조 제2항은 특수관계인 사이의 거래와는 달리 특수관계가 없는 자 사이의 거래에 대하여는 '거래의 관행상 정당한 사유가 없을 것'이라는 과세요건을 추가하고 있다.

재산을 고가로 양도·양수한 거래 당사자들이 그 거래가격을 객관적 교환가치가 적절하게 반영된 정상적인 가격으로 믿을 만한 합리적인 사유가 있었던 경우는 물론, 그와 같은 사유는 없더라도 양수인이 그 거래가격으로 재산을 양수하는 것이 합리적인 경제인의 관점에서 비정상적이었다고 볼 수 없는 객관적인 사유가 있었던 경우에도 상증법 제35조 제2항에서 말하는 '거래의 관행상 정당한 사유'가 있다고 봄이 타당하다(대법원 2013두5081, 2013. 8. 23.).

### 나. 해당 법률조항의 위헌 여부

'특수관계에 있는 자 외의 자 간에 거래의 관행상 정당한 사유없이 시가보다 현저히 낮은 가액으로 재산을 양수한 경우'에 관한 부분이 헌법에 위반된다고 볼 수 있을까?

헌법재판소는 최근 재판관 전원 일치 의견으로, 특수관계 없는 자 간에 거래의 관행상 정당한 사유없이 시가보다 현저히 낮은 가액으로 재산을 양수한 경우에 양수인에게 증여세를 부과하는 것은 과잉금지원칙에 위배하여 청구인의 재산권을 침해하지 아니한다는 결정을 선고하였다.[86]

당해 법률조항이 과잉금지원칙에 위배하여 청구인의 재산권을 침해하는지 여부와 관련하여 헌법재판소는 "이 사건 법률조항은 과세의 공평을 도모하여 조세정의를 실현하기 위한 것으로서 그 입법목적의 정당성이 인정되고, 양수인이 시가와 실제 거래가격과의 차액에 상당하는 금액을 증여받은 것으로 추정하고 양수인에게 증여세를 부과하는 것은 위와 같은 입법목적 달성에 기여하므로 수단의 적절성도 인정된다. 또한 이 사건 법률조항은 '거래 관행상 정당한 사유 없이 시가보다 현저히 낮은 가액으로 재산을 양수한 경우'로 과세요건을 한정하고 있고, 나아가 과세대상인 이익의 범위를 정함에 있어 일응 시가와 대가와의 차액을 이익으로 보면서도 다시 그 구체적 범위를 대통령령에 위임함으로써 그 범위를 또 다시 축소할 수 있는 길을 열어 놓고 있는 등 침해의 최소성 요건을 갖추고 있으며, 보호되는 공익과 제한되는 사익 사이에 법익균형성 요건도 충족하므로, 과잉금지원칙에 위배하여 청구인의 재산권을 침해한다고 볼 수 없다"고 그 이유를 밝히고 있다.

헌법재판소의 선고를 보면 당해 법률은 과세의 공평성과 입법의 정당성 측면에서 무리가 없으며 나아가 헌법상의 과잉금지원칙에도 위배되지 않는다는 것이다. 민법상의 사적자치

---

86) 헌재 2012헌바370, 2014. 7. 24.

의 관점에서 보자면 특수관계가 없는 자 간의 거래는 그 자체로 존중되어야 하므로 위헌성을 따져 볼 여지가 없지 않겠으나 세제는 공법의 영역으로 강행규정이 적용되고 조세정책상의 재량이 상당부분 허용된다는 관점에서 위헌성을 따지기에는 무리가 있다고 보여진다.

## 2) 거래 관행상 정당한 사유

상증법 제35조 제2항에 따른 과세처분이 적법하기 위해서는 양도자가 특수관계가 없는 자에게 시가보다 현저히 높은 가액으로 재산을 양도하였다는 점뿐만 아니라 거래의 관행상 정당한 사유가 없다는 점도 과세관청이 증명하여야 한다(대법원 2011두22075, 2011. 12. 22.).

당사자 간에 특수관계인이 아닌 자 간의 저가·고가양수도 거래에 대해서 거래의 관행상 정당한 사유가 있다면 증여규정을 적용하지 않을 수 있다. 다시 말하면, 정당한 사유없이 당해 재산을 시가보다 현저히 낮은 가액 또는 현저히 높은 가액으로 양수도한 경우에 한하여 그 차액에 상당하는 금액을 증여받은 것으로 추정하여 그 이익에 상당하는 금액을 양도자 또는 양수자의 증여재산가액으로 한다.

거래의 관행상 정당한 사유가 어떤 경우인지에 대하여 상증법에서 별도로 규정하고 있는 바는 없다. 이는 사실판단사항으로 본다. 유권해석(서면4팀-403, 2008. 2. 20.)에서는 "「상속세 및 증여세법」 제35조 제2항 및 같은 법 시행령 제26조의 규정에 의하여 특수관계 없는 자로부터 거래의 관행상 정당한 사유없이 시가보다 현저히 낮은 가액으로 부동산을 대물변제로 취득한 경우로서 그 시가와 대가와의 차액이 시가의 30% 이상인 경우에는 시가와 대가와의 차액에 상당하는 금액을 증여받은 것으로 추정하여 시가와 대가와의 차액에서 3억 원을 차감한 가액을 양수자의 증여재산가액으로 하는 것임. 이 경우 거래의 관행상 정당한 사유가 있는지 여부는 당해 거래의 경위, 거래당사자의 관계, 거래가액의 결정과정 등 구체적인 사실을 확인하여 판단할 사항임"을 밝히고 있다.

다른 사례(서면4팀-94, 2005. 1. 12.)에서는 "상증법 제35조 제2항의 규정에 의하여 특수관계에 있는 자 외의 자 간에 재산을 양수 또는 양도하는 경우로서 거래의 관행상 정당한 사유없이 재산을 시가보다 현저히 낮은 가액으로 양수하거나 높은 가액으로 양도함으로써 이익을 얻은 경우에는 증여세가 과세되는 것임. 이 경우 거래의 관행상 정당한 사유가 있는지 여부는 당해 거래의 경위, 거래 당사자의 관계, 거래가액의 결정과정 등을 감안할 때에 적정한 교환가치를 반영하여 거래하였다고 볼 수 있는지 여부 등 구체적인 사실을 확인하여 판단할 사항임"으로 해석하고 있는 것이다.

시가보다 현저하게 높은 가액 혹은 낮은 가액 여부를 가림에 있어서 쟁점이 되는 것은 정당한 사유가 있는지 여부가 될 것인데 이는 개인별로 주관적인 판단의 개입여지를 남기는 것으로 납세자와 과세관청과의 다툼의 소지를 남길 수 있다. 그렇다고 과세관청의 공식 해석으로 정당한 사유가 어떤 경우인지를 규정하기도 현실적으로 용이치 않아 보인다. 결국 각 사안별로 정황을 참작하여 합리적으로 판단하여야 할 것이다.

2004. 1. 1 이후 상증법에 증여세 완전포괄주의가 도입됨에 따라 신설된 상증법 제35조 제2항의 특수관계 외의 자와 저가양도, 고가양수로 인한 증여이익에 대한 과세문제가 생각보다 많이 발생하고 있는 점에서 본 조항의 적용상의 관건이 되는 '정당한 사유'[87]의 판단이 매우 중요하다 할 것이다.

문제는 '정당한 사유'에 대한 판단을 위한 기준이 법령 등에 부재한 관계로(거래형태가 너무나 다양한 관계로 현실적으로 이러한 유형을 법령으로 규정하기도 어렵다), 납세자와 과세관청의 다툼이 앞으로도 계속 발생할 수밖에 없는 실정이라 하겠다.[88]

### 3) 증여세 과세요건과 증여재산가액

#### 가. 증여재산가액

특수관계인이 아닌 자 간에 거래의 관행상 정당한 사유 없이 재산을 시가보다 현저히 낮은 가액으로 양수하거나 시가보다 현저히 높은 가액으로 양도한 경우로서 그 대가와 시가의 차액이 대통령령으로 정하는 기준금액(양도 또는 양수한 재산의 시가의 100분의 30에 상당하는 가액) 이상인 경우에는 해당 재산의 양수일 또는 양도일을 증여일로 하여 그 대가와 시가의 차액에서 대통령령으로 정하는 금액(3억 원)을 뺀 금액을 그 이익을 얻은 자의 증여재산가액으로 한다(상증법 제35조 제2항).

#### 나. 개인과 개인 혹은 법인 간의 양수도 거래

##### ① 법인세법상 시가 거래 시 증여세 과세제외

재산을 양수하거나 양도하는 경우로서 그 대가가 「법인세법」 제52조 제2항에 따른 시가에 해당하여 그 거래에 대하여 같은 법 제52조 제1항 및 소득세법 제101조 제1항(같은 법 제87조의 27에 따라 준용되는 경우를 포함한다[89])이 적용되지 아니하는 경우에는 저가양수 또는 고가양도에 따른 이익의 증여 규정을 적용하지 아니한다. 다만, 거짓이나 그 밖의

---

87) 본 증여추정 규정이 정당성을 가지려면 필수적으로 '정당한 사유'라는 요건을 갖추어야 하고, 이의 판단을 위한 보다 구체적인 기준들의 설정에 노력을 기울여야 할 것이다(같은 취지 : 윤지현, "상속세 및 증여세의 간주·추정규정의 한계", 「조세법연구 XVI-1」, 한국세법학회, 2010., 208면).
88) 나성길·정평조, "자산의 유·무상 거래 등에서 발생하는 유형별 조세문제와 개선방안", 「세무와 회계연구」 (통권 제4호), 한국세무사회 부설 한국조세연구소, 2013., 359면
89) 2021. 12. 21. 개정된 상증세법 제35조 제3항 중 괄호조항(소득세법 제87조의 27에 따라 준용되는 경우에 한정)은 2023년 1월 1일부터 시행한다. 주식등 금융투자소득과세가 실시되는 2023. 1. 1. 시행시기와 맞춘 결과이다.

부정한 방법으로 상속세 또는 증여세를 감소시킨 것으로 인정되는 경우에는 그러하지 아니하다(상증법 제35조 제3항).

② 소득세와 증여세의 과세방법[90]

법인이 소유자산을 특수관계인에게 시가에 미달하여 양도하거나 특수관계인으로부터 시가를 초과하는 가액으로 양수함에 따라 법인세법 제52조(부당행위계산의 부인)의 규정이 적용되는 경우 그 시가와 대가의 차액에 대하여 2007. 2. 27. 이전에는 법인세법 시행령 제106조의 소득처분 규정에 따라 자산의 양수자 또는 양도자에게 소득세가 과세(과세미달·감면·비과세 포함)되고 이 경우는 상증법 제2조 제2항에 따라 증여세를 부과하지 아니하였다(상증법 기본통칙 35-26-1, 2008. 7. 25. 삭제).

2007. 2. 28.부터 2009. 2. 3.에는 행위·계산분에 그 시가와 대가의 차이로 해당 법인에 익금산입하는 금액으로서 그 귀속자(주주·임원 등 여부 불문)에게 상증법상 증여세가 과세되는 때에는 이를 "기타사외유출"로 처분하도록 개정되었다(법인령 제106조 제1항 제3호 자목). 즉, 시가와 대가의 차이를 부의 무상이전으로 보아 증여세로 과세토록 한 것이다. "기타사외유출"로 처분하는 취지는 개인과 특수관계 법인 간의 고가·저가양수도 거래로 인하여 증여세가 과세되는 금액에 대하여는 소득세율 보다 최고 한계세율이 높은 증여세율을 적용함과 아울러 증여세의 경우 소득세보다 부과권의 제척기간이 장기간인 점을 들어 변칙적인 증여를 방지하고 과세를 강화하기 위한 조처였다.

그러나 2009. 2. 4. 이후 행위·계산분부터는 종전과 같이 귀속자에 따라 상여, 배당 등으로 처분하여 소득세가 과세되도록 법인세법 시행령이 다시 개정되었다.

③ 개인이 특수관계법인에게 재산을 고가로 양도 시 소득세와 양도소득세 조정

개인이 법인세법 제52조(부당행위계산의 부인)에 의한 특수관계에 있는 법인에게 양도소득세 과세대상자산을 시가보다 높게 양도한 경우 그 시가 초과분(대가-시가)은 해당 거주자의 상여·배당·기타사외유출 등으로 처분되어 그 소득처분의 귀속자인 양도자에게 증여세(증여세 과세부분, 기타사외유출 처분) 또는 소득세(증여세 과세제외 부분, 상여 등 처분)로 과세된다(재산세과-549, 2009. 2. 17.).

따라서 대가와 시가의 차액은 이미 소득세 또는 증여세로 과세되었으므로 양도자의 양도소득세 계산 시 양도가액은 법인세법 제52조의 규정에 따른 시가를 양도가액(실지거래가액)으로 하는 것이다(소득법 제96조 제3항).

---

90) 국세청, 「상속세·증여세 실무해설」, 2010., 350면

## (4) 개인 간 거래 시 양도소득세와 증여세

### 1) 특수관계인인 개인 간 자산의 저가양도

특수관계인인 개인 간에 양도소득세 과세대상 자산을 저가양도하는 경우로써 양도소득세 부당행위계산부인의 규정(소득법 제101조 제1항)이 적용되는 경우에 양도자에게 양도소득세를 과세할 수 있다.[91] 또한 저가로 양수한 자에게는 상증법 제35조의 규정에 의하여 저가 양수에 따른 이익에 대하여 증여세가 부과될 수 있다. 다만, 최근 법령의 개정으로 개인과 법인 간에 거래하는 경우와 마찬가지로 개인과 개인 간에 상장주식을 해당 거래일의 거래소 최종시세가액 등 「법인세법」상의 시가로 거래한 경우에는 상증법에 따른 시가 기준과 다르더라도 저가양수 또는 고가양도에 따른 증여세를 과세하지 아니하도록 하였다(법률 제18591호, 2021. 12. 21. 개정).

참고로, 대법원 판례(2002두12458, 2003. 5. 13.)에서는 동일한 주식의 거래에 대해 특수관계인 간 저가양도로 보아 양수인에게 증여의제하여 '증여세' 부과하고, 동시에 양도인에게 '양도세' 부과함은 '이중과세'에 해당하지 않는다고 결정하였다. 당초 원심(서울고등법원 2002누6585, 2002. 11. 6.)은 특수관계인 사이의 저가양수도에 대하여 증여의제규정에 의하여 증여세를 부과하면서 동시에 양도인인 원고에 대하여 양도소득세를 부과하는 것은 실질과세의 원칙이나 공평과세의 원칙에 반하여 허용되지 않는다고 판단하였다.[92]

이에 대하여 대법원은 "증여세와 양도소득세는 납세의무의 성립요건과 시기 및 납세의무자를 서로 달리하는 것이어서, 과세관청이 각 부과처분을 함에 있어서는 각각의 과세요건에 따라 실질에 맞추어 독립적으로 판단하여야 할 것으로, 위 규정들의 요건에 모두 해당할 경우 양자의 중복적용을 배제하는 특별한 규정이 없는 한 어느 한 쪽의 과세만 가능한 것은 아니라 할 것이다(대법원 98두11830, 1999. 9. 21. 참조). 그럼에도 불구하고 원심이 피고가 이 사건 주식거래와 관련하여 증여세를 부과하면서 동시에 원고에 대하여 양도소득세를 부과하였다고 하여 이를 실질과세의 원칙이나 공평과세의 원칙에 반하여 위법하다고 판단한 것은 증여세와 양도소득세의 성질에 관한 법리를 오해하여 판결에 영향을 미친 위법이 있다

---

91) 시가와 대가의 차액이 3억 원 이상이거나 그 차액이 시가의 5% 이상인 경우
92) 서울행정법원(2011구합42543, 2012. 8. 17.)은 보유주식을 특정 법인에 증여한 사안에서 당해 주식을 수증받은 법인의 주식가치가 상승한 부분에 대한 증여세를 부과함은 물론 당해 주식을 양도함에 있어 양도소득세를 부과하여도 이중과세가 되지 않는다고 판시한바 있다. 다시 말하면, "주식을 증여함으로써 그 주식가액에서 법인세를 차감한 금액 상당의 순자산이 증가하였고, 주주들이 보유한 지분가치가 증여 전 가액과 증여 후 가액의 차액만큼 상승하였으므로 이 이익은 증여세 과세대상이 되는 것이며, 증가한 부분은 주식의 양도 시 필요경비로 인정되어 추후 그 부분의 이익에 관하여는 양도소득세가 과세되지 않으므로 이중과세의 문제가 발생하지 않는다"는 것이다.

할 것이다. 이 점을 지적하는 상고이유의 주장은 이유 있다"고 판시한 것이다.

## 2) 특수관계 여부를 불문하고 개인 간 고가양도 시 양도세·증여세 조정

특수관계 여부에 불문하고 개인 간에 양도소득세 과세대상 자산을 시가보다 높은 가격으로 고가양도한 경우에는 양도자에게 소득세법에 따른 양도소득세와 상증법 제35조의 규정에 의한 증여세가 부과될 수 있다.

이 경우 시가와 대가의 차액에 대해 양도자에게 양도세와 증여세가 이중으로 과세되는 것을 조정하기 위하여 양도가액(실지거래가액)은 대가에서 상증법 제35조 제2항의 규정에 의한 증여재산가액을 차감한 금액으로 한다(소득법 제96조 제3항).

## (5) 정당한 사유 여부에 대한 대법원의 입장

대법원은 "특수관계가 없는 자 간의 거래에 대해 증여세를 부과하기 위해서는 양도자가 특수관계가 없는 자에게 시가보다 현저히 높은 가액으로 재산을 양도했다는 점뿐만 아니라 거래의 관행상 정당한 사유가 없다는 점도 과세관청이 증명하여야 한다"고 판결(대법원 2011두22075, 2011. 12. 22.)한바 있다.

상증법 제35조 제2항은 "특수관계인이 아닌 자 간에 재산을 양수하거나 양도한 경우로서 거래의 관행상 정당한 사유 없이 시가보다 현저히 낮은 가액 또는 현저히 높은 가액으로 재산을 양도한 경우에는 그 대가와 시가의 차액에 상당하는 금액을 증여받은 것으로 추정한다"고 규정하고 있다.

상기 대법원 판결은 납세자와 과세관청 간에 논란이 될 수밖에 없는 "거래의 관행상 정당한 사유"가 있는지 여부에 대해 과세관청에게 입증책임을 지웠다는데 의의가 있다. 실무적으로 입증이 쉽지 않는 "거래의 관행상 정당한 사유"가 있었는지에 대해 과세관청에게 입증책임을 지움으로써, 특수관계인이 아닌 자 간의 거래에 대한 증여세 과세에 보다 신중한 태도를 취할 것으로 보인다.

특수관계인이 아닌 자 간의 고가양도·저가양수에 증여세를 과세하기 위해서는 정당한 사유의 범위 등 상증법 제35조 제2항의 구체적인 적용요건을 입법적으로 보완해야 할 것으로 보인다.

## 4 채무면제 등에 따른 증여

> **사례연구**
>
> 　이 사건 토지 취득 시 취득대금을 원고가 자신의 시어머니에게 대여하였다는 등의 구체적 입증이 없으므로 원고 주장은 이유 없다. 이 사건 대위변제금 중 토지 취득과 관련된 채무의 정산 등 지급액은 증여액에서 제외되어야 하나, 나머지 금액은 시어머니가 원고의 ○○농협에 대한 채무를 대위변제하여 줌으로써 원고에게 이를 증여하였다고 봄이 타당하다.
>
> **현황**
> (1) 시어머니와 며느리가 공동으로 근저당권이 설정된 토지를 취득한 후 해당 토지를 담보로 며느리가 단독으로 ○○농협으로부터 대출한 금전을 시어머니가 대위변제한 사건에 대하여 과세관청에서 이를 채무면제이익으로 보고 증여세 등을 부과하였다.
> (2) 과세관청은 해당 사안에 대하여 두 차례(1차 양도소득세 및 2차 상속증여세)에 걸쳐 세무조사를 실시하고 증여세 등을 납부 통지하였다.
>
> **쟁점**
> (1) 중복 세무조사 및 세무조사 남용 여부
> (2) 세무조사 결과 통지절차 위반 여부
> (3) 토지 매매대금 대납금 등의 증여 여부
>
> **판단**
> (1) 위 각 세무조사 중 1차 세무조사는 납세의무자 또는 세목, 과세기간 또한 달리하는 점 등을 고려하면, 국세기본법이 금지하는 중복 세무조사라거나 통합조사 원칙을 위반하여 세무조사권을 남용한 세무조사에 해당한다고 할 수 없다.
> (2) 세무공무원이 법정기간을 도과하여 세무조사의 결과를 통지하였다고 하더라도 세무조사의 절차상 하자가 있다고 볼 수 없다.
> (3) 이 사건 수증액에 해당하는 금원에 관하여는 시어머니가 아들의 ○○농협에 대한 채무를 대위변제하여 줌으로써 아들에게 이를 증여하였다고 봄이 타당하다.
> (수원지방법원 2018구합67511, 2019. 6. 13.)

### (1) 개요

　채권자로부터 채무를 면제받거나 채무를 제3자가 인수 또는 대신 변제하면 채무자는 타인으로부터 채무액 상당액만큼 부를 무상으로 이전받은 것과 동일한 효과가 발생한다. 이 경우 채무자가 사업자라면 채무면제익으로 소득금액계산상 익금으로 반영이 되어 세금이 부과된다. 채무자가 자연인인 경우 증여세를 부과한다.

채권자로부터 채무를 면제받거나 제3자로부터 채무의 인수 또는 변제를 받은 경우에는 그 면제, 인수 또는 변제로 인한 이익에 상당하는 금액(보상액을 지급한 경우에는 그 보상액을 뺀 금액으로 한다)을 그 이익을 얻은 자의 증여재산가액으로 한다(상증법 제36조).

## (2) 증여시기

### 1) 채무면제의 경우

채무면제의 효과는 채권자가 채무자에게 채무를 면제하는 의사를 표시한 때이다. 면제의사를 표시한 때에 채권은 소멸하기 때문이다(민법 제506조). 그러므로 채권자가 면제의사를 표시한 때가 증여시기가 되는 것이다.

이 경우 면제의 의사표시는 구두 혹은 서면 모두 가능하다. 그러나 과세관청에서 채권자가 구두로 채무를 면제한다고 의사표시를 한 경우 이를 증여대상으로 간주하여 당해 채무를 면제받은 자에게 증여세를 과세하기는 현실적으로 용이치 않을 것이다. 그러한 사실에 대한 입증이 어려울 것이기 때문이다.

상증령에서는 채권자로부터 채무를 면제받은 경우, 채권자가 면제에 대한 의사표시를 한 날을 증여시기로 본다(상증령 제26조의 2).

### 2) 채무인수의 경우

채무의 인수는 채무의 동일성을 유지하면서 채무가 종전의 채무자로부터 제3자(인수인)에게 이전되는 것으로 계약의 일종이다. 제3자는 채권자와의 계약으로 채무를 인수하여 채무자의 채무를 면하게 할 수 있다. 그러나 채무의 성질이 인수를 허용하지 아니하는 때에는 그러하지 아니하다(민법 제453조). 제3자가 채무자와의 계약으로 채무를 인수한 경우에는 채권자의 승낙에 의하여 그 효력이 생긴다(민법 제454조).

인수자가 채권자와 계약으로 채무를 면하게 한 때에는 당해 계약을 체결한 때를 증여시기로 본다. 반면 채무의 인수자가 채무자와의 계약으로 인수한 경우에는 채권자의 승낙에 의하여 그 효력이 생긴다. 채권자의 채무인수에 대한 승낙은 다른 의사표시가 없으면 채무를 인수할 때에 소급하여 그 효력이 생긴다(민법 제457조). 따라서 당해 계약을 체결하고 채권자의 다른 의사표시가 없다면 그 계약을 체결한 때가 증여시기가 된다.

상증령에서는 제3자로부터 채무의 인수를 받은 경우, 제3자와 채권자 간에 채무의 인수계약이 체결된 날을 증여시기로 본다(상증령 제26조의 2).

### 3) 제3자에 의한 채무변제

채무의 변제는 제3자도 할 수 있다. 그러나 채무의 성질 또는 당사자의 의사표시로 제3자의 변제를 허용하지 아니하는 때에는 그러하지 아니하다. 이해관계 없는 제3자는 채무자의 의사에 반하여 변제하지 못한다(민법 제469조).

제3자가 채무자를 대신하여 채무를 변제한 경우 채무자에게 경제적 이익을 부여한 것이 되므로 채무인수와 같이 세법상 증여로 보아 증여세를 과세한다. 하지만 채무를 변제한 제3자가 본래의 채무자에게 구상권을 행사하는 경우라면 채무자 입장에서는 채무면제이익을 받은 경우에 해당이 되지 않으므로 증여로 볼 수는 없을 것이다.

### 4) 증여세 대납의 경우

증여자가 증여세의 연대납세의무자로서 납부하는 증여세액은 수증자에 대한 증여로 보지 아니한다. 하지만 증여자가 연대납세의무자에 해당되지 아니하고 수증자를 대신하여 납부한 증여세액은 상증법 제36조에 의한 채무면제 등에 따른 증여에 해당하는 것이며 동 증여재산가액은 상증법 제47조 제2항의 규정에 의하여 당초 증여재산가액에 가산한다(상증법 기본통칙 36-0…1).

## 5 부동산 무상사용에 따른 이익의 증여

**사례연구**

특수관계에 있는 자의 토지 위에 건물을 신축하여 사용하는 경우 토지 무상사용 이익을 토지소유자로부터 증여받은 것으로 본다.

**현황**

(1) 원고의 부친인 손CC는 1997. 8. 12. 서울 서대문구 DD동 104-41 대 181.8㎡('이 사건 제1토지')를 소유하게 된 후, 1998년 경 이 사건 제1토지 위에 근린생활시설 및 숙박시설의 건축허가를 받았고, 건축주 명의가 2000. 7. 20. 원고의 남편인 현EE, 2000. 9. 5. 원고로 순차로 변경된 다음, 지하 1층, 지상 13층 규모의 'FFF호텔'이라는 상호의 숙박시설(이후, 'AAA모텔'로 변경되었다. '이 사건 제1건물')이 신축되었으며, 2000. 9. 25. 원고의 명의로 사용승인 및 소유권보존등기가 마쳐졌다.
(2) 원고는 2002. 5. 29. 서울지방법원 서부지원 2001타경10744호 임의경매절차를 통하여 이 사건 제1토지를 낙찰받고, 원고 명의로 소유권이전등기를 마쳤다.
(3) 원고는 2002. 6. 7. 서울 종로구 GG동 181 대 231.4㎡(위 토지로부터 2003. 7. 11. GG동

181-1 대 16.9㎡가 분할되어 그 후 면적이 214.5㎡가 되었다), GG동 183 대 165.3㎡(위 GG동 181 토지와 통틀어 '이 사건 제2토지') 및 그 지상 지하 1층, 지상 8층 규모의 숙박시설인 건물('이 사건 제2건물', 이 사건 제2토지와 통틀어 '이 사건 제2부동산')을 도○○로부터 33억8,000만 원(계약금 2억 5,000만 원, 중도금 9억 원, 잔금 22억 3,000만 원)에 매수한 후 원고 명의로 소유권이전등기를 마쳤다.

(4) 서대문세무서장은 이 사건 제1, 2토지 및 이 사건 제1, 2건물의 취득자금에 관하여 세무조사를 실시하였는데, ① 원고가 이 사건 제1건물의 사용승인일인 2000. 9. 25.부터 임의경매로 이 사건 제1토지를 취득한 2002. 5. 29.까지 약 1년 8개월간 특수관계자인 손CC가 소유하던 이 사건 제1토지를 무상으로 사용한 것으로 보았고, ② 원고가 이 사건 제2부동산의 취득자금 33억 8,000만 원 중 이 사건 제2부동산을 담보로 주식회사 HH은행 장사동지점에서 대출을 받은 23억 원을 제외한 10억 8,000만 원은 원고의 모친인 박BB으로부터 증여받은 것으로 보아, 그 조사결과를 피고에게 통보하였다.

### 쟁점

(1) 이 사건 제1부과처분에 관하여 구 상증령(2002. 12. 5. 대통령령 제17791호로 개정되기 전의 것) 제27조 제1항 제2호는 '건물과 부수토지를 함께 소유하고 있는 특수관계에 있는 자로부터 건물만을 증여받거나 매입하여 사용하는 경우'에는 당해 토지 무상사용 이익을 토지소유자로부터 증여받은 것으로 간주하는데, 원고의 부친 손CC는 이 사건 제1토지와 이 사건 제1건물을 함께 소유하다가 원고에게 이 사건 제1건물만을 증여하거나 양도한 것이 아니므로, 이 사건 제1부과처분을 함에 있어서 위 규정이 적용될 수 없는 것인지 여부 및

(2) 이 사건 제2부과처분에 관하여 증여세의 부과요건인 재산의 증여사실은 과세관청인 피고가 입증할 사항이고, 일정한 직업과 상당한 재력이 있는 자라면 그 자금의 출처를 명확히 밝히지 아니한다 하여 바로 그 만큼의 자금을 다른 사람으로부터 증여받은 것이라고 단정할 수 있는지 여부(원고는 이 사건 제2부동산의 취득자금 중 10억 8,000만 원을 모친 박BB으로부터 일시 차입한 것이지 증여를 받은 것이 아니고, 또한 신촌새마을금고에서 우KK 등의 명의를 빌려 대출받은 9억 원과 이 사건 제2건물에서 모텔을 경영하여 얻은 수익 등으로 박BB에게 위 10억 8,000만 원을 모두 변제하였다 주장한다)

### 판단

(1) 이 사건 제1부과처분에 관하여

1) 구 상증법(2002. 12. 18. 법률 제6780호로 개정되기 전의 것) 제37조 제1항은 건물(당해 토지소유자와 함께 거주할 목적으로 소유하는 주택을 제외한다)을 소유하기 위하여 특수관계에 있는 자의 토지를 무상으로 사용하는 경우로서 대통령령이 정하는 경우에는 당해 토지 무상사용 이익을 토지소유자로부터 증여받은 것으로

본다고 규정하고 있고, 위 규정의 위임을 받아 제정된 구 상증령(2002. 12. 5. 대통령령 제17791호로 개정되기 전의 것) 제27조 제1항 제1호는 '특수관계에 있는 자의 토지 위에 건물을 신축 또는 증축하여 사용하는 경우'를, 제2호는 '건물과 부수토지를 함께 소유하고 있는 특수관계에 있는 자로부터 건물만을 증여받거나 매입하여 사용하는 경우'를 각 규정하고 있다.

2) 위 인정사실에 의하면, 원고는 부(父)로서 특수관계에 있는 자에 해당하는 손CC 소유의 이 사건 제1토지 위에, 이 사건 제1건물을 신축하여 사용승인일인 2000. 9. 25. 그 소유권을 원시취득하고 그때부터 임의경매로 이 사건 제1토지를 취득한 2002. 5. 29.까지 약 1년 8개월간 이 사건 제1토지를 사용한 것이고, 이때 원고가 손 CC에게 이 사건 제1토지의 사용대가를 지급하였다는 점에 부합하는 증거가 없으며, 이에 따라 피고는 구 상증령(2002. 12. 5. 대통령령 제17791호로 개정되기 전의 것) 제27조 제1항 제2호가 아니라, 제1호를 적용하여 이 사건 제1부과처분을 한 것이다.

3) 따라서 피고가 이 사건 제1부과처분을 함에 있어 구 상증령(2002. 12. 5. 대통령령 제17791호로 개정되기 전의 것) 제27조 제1항 제2호를 적용하였음을 전제로 한 원고의 이 부분 주장은 이유 없다.

(2) 이 사건 제2부과처분에 관하여

증여세의 부과요건인 재산의 증여사실은 과세관청인 피고가 입증하여야 한다는 점은 원고의 주장과 같다. 그러나 특별한 직업이나 재력도 없는 사람이, 당해 재산의 취득자금 출처에 관하여 납득할 만한 입증을 하지 못하는 반면, 그 직계존속에게는 증여할 만한 재력이 있는 경우에는, 그 재산의 취득자금을 재력 있는 직계존속으로부터 증여받은 것으로 사실상 추정된다고 할 것이고, 이러한 추정을 번복하기 위하여는 증여받은 것으로 추정되는 자금과는 별도의 재산취득자금의 출처를 밝혀 그 자금의 존재와 아울러 그 자금이 당해 재산의 재산취득자금으로 사용되었다는 점에 대한 입증까지 필요하다(대법원 94누9603, 1994. 11. 8. 참조).

(대법원 2010두24845, 2011. 2. 24. : 서울고법 2010누4621, 2010. 10. 6. : 서울행법 2009구합6261, 2010. 1. 7. : 심사증여 2008-56, 2008. 12. 8.)

(1) 개요

부모 소유의 아파트를 자녀가 무상으로 사용한다면 해당 아파트 사용료(월세 혹은 임대보증금에 대한 이자상당액)를 증여받는 것과 같다. 또한 자녀가 부모의 토지 위에 건물을 신축하여 사용하는 경우 토지사용료 상당액을 무상으로 이전받는 효과가 발생한다.

타인의 부동산(그 부동산 소유자와 함께 거주하는 주택과 그에 딸린 토지는 제외한다)을 무상으로 사용함에 따라 이익을 얻은 경우에는 그 무상사용을 개시한 날을 증여일로 하여 그 이익에 상당하는 금액을 부동산 무상 사용자의 증여재산가액으로 한다. 다만, 그 이익에 상당하는 금액이 대통령령으로 정하는 기준금액 미만인 경우는 제외한다(상증법 제37조 제1항).

또한 타인의 부동산을 무상으로 담보로 이용하여 금전 등을 차입함에 따라 이익을 얻은 경우에는 그 부동산 담보 이용을 개시한 날을 증여일로 하여 그 이익에 상당하는 금액을 부동산을 담보로 이용한 자의 증여재산가액으로 한다. 다만, 그 이익에 상당하는 금액이 대통령령으로 정하는 기준금액 미만인 경우는 제외한다(상증법 제37조 제2항).

다만, 특수관계인이 아닌 자 간의 거래인 경우에는 거래의 관행상 정당한 사유가 없는 경우에 한정하여 부동산 무상사용 및 무상담보 이용에 관한 규정을 적용한다(상증법 제37조 제3항). 거래의 관행상 정당한 사유가 없는 경우가 별도로 규정되어 있지 아니하므로 관습이나 상관행에 비추어 개별사안별로 판단하여야 할 것이다.

## (2) 증여시기

부동산 무상사용에 대한 이익의 증여시기는 사실상 해당 부동산의 무상사용을 개시한 날로 한다. 이 경우 당해 부동산에 대한 무상사용기간이 5년을 초과하는 경우에는 그 무상사용을 개시한 날부터 5년이 되는 날의 다음 날에 새로이 당해 부동산의 무상사용을 개시한 것으로 본다(상증령 제27조 제3항).

부동산을 무상으로 담보로 이용하여 금전 등을 차입함에 따라 얻은 이익은 차입금에 적정 이자율을 곱하여 계산한 금액에서 금전 등을 차입할 때 실제로 지급하였거나 지급할 이자를 뺀 금액으로 한다. 이 경우 차입기간이 정하여지지 아니한 경우에는 그 차입기간은 1년으로 하고, 차입기간이 1년을 초과하는 경우에는 그 부동산 담보 이용을 개시한 날부터 1년이 되는 날의 다음 날에 새로 해당 부동산의 담보 이용을 개시한 것으로 본다(상증령 제27조 제5항).

부동산 무상사용에 대하여 5년(부동산 무상 담보의 경우 1년)의 기간구획 조항을 둔 것은 장래에 발생할 이익을 산정함에 있어 장기간 동안 이익이 발생한다고 가정하는 경우 증여이익을 10년간 합산하는 규정으로 인하여 증여이익이 높아지는 것을 방지하기 위한 합리적인 조정으로 보인다.

2003. 12. 31. 이전 증여분의 경우 건물을 신축하여 사용하는 경우에는 건물사용승인서 교부일 등, 건물을 매입하는 경우에는 잔금청산일 등, 상속이나 증여의 경우에는 상속개시일 또는 증여일, 새로이 무상으로 사용하는 경우에는 무상으로 사용하는 날을 증여시기로 적용한다.

2003. 12. 30. 개정 전 상증법에서 과세대상이 아닌 부동산을 2003. 12. 31. 이전부터 무상

으로 사용하여 2004. 1. 1. 현재 계속하여 사용하는 경우에는 2004. 1. 1.에 새로이 부동산을 무상으로 사용하는 것으로 본다(2003. 12. 30. 개정 상증법 부칙 제5조).

### (3) 증여세 과세요건

#### 1) 수증자

부동산 무상사용자가 타인의 토지 또는 건물만을 각각 무상사용하는 경우에도 이를 적용하고, 수인이 당해 부동산을 무상사용하는 경우에는 다음의 어느 하나에 해당하는 자를 해당 부동산의 무상사용자로 한다(상증령 제27조 제1항).

　가. 해당 부동산사용자들이 부동산소유자와 혈족, 인척 등 친족관계(상증령 제2조의 2 제1항 제1호)에 있는 경우 : 부동산소유자와의 근친관계 등을 고려하여 기획재정부령이 정하는 대표사용자. 이 경우 대표사용자는 당해 부동산 소유자의 최근친인자로 하되, 동친인 자가 둘 이상인 경우에는 최연장자

　나. "가" 외의 경우 : 당해 부동산사용자들(실제 사용한 면적을 기준으로 하되, 실제 사용한 면적이 불분명한 경우에는 각각 동일한 면적을 사용한 것으로 본다)

#### 2) 과세요건

부동산 소유자와 부동산 무상사용자 혹은 담보 무상이용자 간 특수관계인 여부에 관계없이 적용한다. 다만, 특수관계인이 아닌 자 간의 무상사용의 경우 거래의 관행상 정당한 사유가 있는 경우 적용하지 아니한다. 부동산 무상사용의 경우 그 이익이 1억 원 이상, 부동산 담보 무상사용의 경우 1천만 원 이상인 경우에 한하여 증여세를 과세한다(상증령 제27조 제4항 및 제6항).

#### 3) 과세대상

해당 부동산소유자와 함께 거주하는 주택과 그 부수토지를 제외한다. 주택의 일부에 점포 등 다른 목적의 건물이 설치되어 있거나 동일 지번에 다른 목적의 건물이 설치되어 있는 경우에는 주택의 면적이 주택 외의 면적을 초과하는 경우에 한하여 당해 토지소유자와 함께 거주할 목적으로 소유하는 주택으로 보아 부동산 무상사용에서 제외하도록 하였다(상증령 제27조 제7항).

동일 지번에 수채의 단독 주택 혹은 빌라 등을 건축하여 특수관계인이 사용하는 경우에 이를 증여세 과세대상으로 볼 수 있을 것인가 하는 점이 문제될 수 있다. 이 경우 동일 지번에 주택을 소유하는 경우로 상증법 제37조의 규정을 엄격히 해석하면 토지소유자와 함께

거주할 목적에 해당한다고 해석될 수 있어 증여세를 과세하기 힘들다고 볼 수도 있다. 하지만 부동산 무상사용에 따른 이익의 증여규정은 예시에 불과할 뿐이며 실질적인 증여행위가 있다고 보면 포괄주의를 취하고 있는 증여세의 기본 취지상 증여세를 과세할 수 있다는 반론도 성립할 것이다.

## (4) 증여재산가액

### 1) 부동산 무상사용의 경우

부동산 무상사용에 따른 이익을 계산함에 있어 당초 증여시기로부터 5년이 경과한 후에도 계속하여 당해 부동산을 무상으로 사용하는 경우에는 5년이 되는 날의 다음 날 새로이 무상사용을 개시한 것으로 보아 다시 5년간의 부동산 무상사용에 따른 이익을 계산하여 증여세를 과세한다(상증령 제27조 제3항).

부동산 무상사용이익은 다음의 산식에 의하여 계산한 각 연도의 부동산 무상사용이익을 당해 부동산 무상사용기간을 감안하여 기획재정부령이 정하는 방법에 의하여 환산한 가액(1억 원 이상인 경우에 한한다)에 의한다. 이 경우 부동산 무상사용기간은 5년으로 한다.

★

**부동산 무상사용이익 :**

부동산가액(상증법 제4장의 규정에 의하여 평가한 가액을 말한다) × 1년간 부동산사용료를 감안하여 기획재정부령이 정하는 율(2%)

$$\sum_{n=1}^{n} \frac{부동산가액 \times 연\ 2\%}{(1 + 10/100)^n}$$

n : 평가기준일 경과연수

부동산가액은 상증법의 재산평가 방법에 따라 평가한 가액을 말하여 평가기준일 경과 연수는 5년 단위로 계산하며 환산한 가액이 1억 원 이상인 경우에만 적용한다.

### 2) 부동산 담보 무상사용의 경우

부동산을 무상으로 담보로 이용하여 금전 등을 차입함에 따라 얻은 이익은 차입금에 적정 이자율을 곱하여 계산한 금액에서 금전 등을 차입할 때 실제로 지급하였거나 지급할 이자를 뺀 금액으로 한다. 이 경우 차입기간이 정하여지지 아니한 경우에는 그 차입기간은 1년으로 하고, 차입기간이 1년을 초과하는 경우에는 그 부동산 담보 이용을 개시한 날부터 1년이 되는 날의 다음 날에 새로 해당 부동산의 담보 이용을 개시한 것으로 본다(상증령 제

27조 제5항).

위에서 적정 이자율이란 당좌대출이자율을 고려하여 기획재정부령으로 정하는 이자율 (연간 1,000분의 46)을 말한다. 다만, 법인으로부터 대출받은 경우에는 「법인세법 시행령」 제89조 제3항에 따른 이자율을 적정 이자율로 본다(상증령 제31조의 4).

## (5) 경정 등의 청구특례

부동산 무상사용이익은 무상사용을 개시한 날로부터 5년 단위로 과세하고 있으나 5년 이내에 당해 부동산을 상속하거나 증여하는 경우 등의 사유로 더 이상 무상사용하지 않는 경우가 발생할 수 있다. 이 경우 증여세를 과다납부한 결과가 되므로 그 사유가 발생한 날로부터 3월 이내에 결정 또는 경정을 할 수 있다(상증법 제79조 제2항 제1호).[93]

경정 등의 청구를 할 수 있는 사유는 다음 각 항목의 어느 하나에 해당하는 경우를 말한다(상증령 제81조 제6항).

가. 부동산소유자가 당해 토지를 양도한 경우

나. 부동산소유자가 사망한 경우

다. 위 "가". 혹은 "나."의 경우와 유사한 경우로서 부동산 무상사용자가 당해 부동산을 무상으로 사용하지 아니하게 되는 경우

상증법 제79조 제2항에 따라 결정 또는 경정의 청구를 함에 있어서 사유발생일부터 부동산 무상사용기간의 종료일까지의 월수가 부동산 무상사용기간의 월수(60월)가 차지하는 비율을 증여세 산출세액에 곱하여 계산한다. 증여세 산출세액은 직계비속에 대한 할증과세를 포함한다. 이 경우 월수는 역에 따라 계산하되, 1개월 미만의 일수는 1개월로 한다(상증령 제81조 제8항). 이를 산식으로 나타내면 다음과 같다.

$$\text{증여세 산출세액} \times \frac{\text{사유발생일부터 부동산 무상사용기간 종료일까지의 월수}}{\text{부동산 무상사용기간의 월수(60개월)}}$$

---

[93] 상증령 제18177호 부칙 제14조(토지무상사용권리의 증여의제에 대한 쟁송사건 등에 관한 적용례) 종전의 상속세 및 증여세법 시행령(1996. 12. 31. 대통령령 제15193호로 개정되고 2001. 12. 31. 대통령령 제17459호로 개정되기 전의 것을 말한다) 제27조 제5항의 규정을 적용하여 행하여야 할 처분과 행하여진 처분(이의신청·심사청구·심판청구 또는 행정소송이 제기된 것에 한한다)에 관하여는 종전의 상속세 및 증여세법 시행령(2001. 12. 31. 대통령령 제17459호로 개정된 것을 말한다) 제27조 제5항의 규정을 적용한다. 이 경우 당해 토지의 상속 또는 증여 등에 의한 경정에 대하여는 상속세 및 증여세법(2002. 12. 18. 법률 제6780호로 개정된 것을 말한다) 제79조 제2항의 규정을 적용한다.

또한, 부동산 무상사용이익의 증여는 합산배제 대상에 해당하지 않으므로 동일인 증여액을 합산하여야 하는데 5년 이내의 기간 중 위와 같은 사유로 무상사용이 중단된 경우는 위 산식과 같이 증여이익을 산정하여 합산하여야 할 것이다.

## 6  금전무상대출 등에 따른 이익의 증여

### 사례연구

금원이 대출금 상환에 사용되었다는 사실만으로는 금원을 차용하였다고 인정하기 어려우므로 차명명의로 이루어진 것을 전제로 금전무상대부이익과 채무면제이익으로 보아 증여세를 부과함은 위법하다.

#### 현황

(1) 원고는 이 사건 부동산을 45억 9,000만 원에 취득하였고, 같은 날 hj은행으로부터 원고 명의로 대출받은 27억 원의 채무 담보를 위해 채권최고액 32억 4,000만 원의 근저당권이 설정되었다.

(2) 원고의 오빠인 iuy 명의 ty증권 계좌에서 자기앞수표로 출금된 12억 4,560만 원, 원고 명의의 hj은행 계좌에서 이체된 3억 5,000만 원 등 합계 15억 9,560만 원이 iuy 명의 hj은행 계좌에 입금된 다음 이 사건 대출금 상환에 사용되었으며 관련 근저당권은 말소등기가 되었다.

(3) 과세관청은 원고에 대한 자금출처조사를 실시한 다음, 이 사건 금원에 대한 무상대출이익 및 채무면제이익을 얻었다고 보아 증여세(가산세 포함)를 부과·고지하였다.

#### 쟁점

이 사건 근저당권의 말소등기만으로 원고가 채무면제이익을 얻었다고 볼 수 있는지 여부

#### 판단

(1) 일반적으로 조세부과처분의 취소소송에서 과세요건사실에 관한 증명책임은 과세관청에게 있으므로, 과세관청이 구체적인 소송과정에서 과세요건사실을 직접 증명하거나 경험칙에 비추어 과세요건사실이 추정되는 사실을 밝히지 못하면 당해 과세처분은 과세요건을 충족시키지 못한 위법한 처분이 되었다(대법원 2013. 3. 28. 선고, 2010두20805 판결 등 참조).

(2) 이 사건 금원이 iuy 명의의 이 사건 ty증권 계좌에서 출금된 후 이 사건 hj은행 계좌를 거쳐 이 사건 대출금 상환에 사용되었다는 사실만으로는 원고가 iuy로부터 이 사건 금원을 차용하였다고 인정하기 어려우므로, 이를 지적하는 원고의 이 부분 주장은 이유 있다.

(3) 원고가 iuy로부터 이 사건 대출금 상환에 사용된 이 사건 금원을 차용하였다는 전제에서 이 사건 금원에 대한 무상대출이익 및 채무면제이익을 얻었다고 보아 이루어진 이 사건 처분은 위법하므로 취소되어야 한다(대법원 2021두38840, 2021. 9. 9. ; 서울고등법원 2020누59743, 2021. 4. 15. ; 서울행정법원 2019구합58407, 2020. 9. 22.).

## (1) 개요

금전대차는 일상에서 흔히 발생하는 민법 혹은 상법상 계약이다. 일반인이든 상인이든 특수관계가 있건 없건 간에 크고 작은 금전거래가 빈번히 일어난다. 금전을 반대급부 없이 혹은 적정이자율보다 낮은 이자율로 빌려주는 경우 시가와 그 차액에 상당하는 금액만큼 경제적 수혜를 받게 된다. 부의 무상이전이 발생하는 것이다. 따라서 금전대여라는 형식을 통하여 사실상 부를 무상으로 이전하려는 경우에 증여세를 과세할 필요성이 대두된다.

특수관계가 없는 경우라면 정당한 사유없이 무상 혹은 적정이자율보다 낮은 이자율로 대여하는 일은 흔한 일이 아닐 것이다. 이에 상증법에서는 금전무상대출 등에 따른 이익의 증여세에 관한 규정을 두어 과세하고 있다.

## (2) 과세대상

타인으로부터 금전을 무상으로 또는 적정 이자율보다 낮은 이자율로 대출받은 경우에는 그 금전을 대출받은 날에 다음의 구분에 따른 금액을 그 금전을 대출받은 자의 증여재산가액으로 한다. 다만, 다음의 구분에 따른 금액이 1천만 원 미만인 경우는 제외한다. 이 경우 대출기간이 정해지지 아니한 경우에는 그 대출기간을 1년으로 보고, 대출기간이 1년 이상인 경우에는 1년이 되는 날의 다음 날에 매년 새로 대출받은 것으로 보아 해당 금액을 계산한다.[94] 다만, 특수관계인이 아닌 자 간의 거래로서 거래의 관행상 정당한 사유가 있다고 인정되는 경우에는 적용하지 아니한다(상증법 제41조의 4).

　가. 무상으로 대출받은 경우 : 대출금액에 적정이자율을 곱하여 계산한 금액

　나. 적정이자율보다 낮은 이자율로 대출받은 경우 : 대출금액에 적정이자율을 곱하여 계산한 금액에서 실제 지급한 이자 상당액을 뺀 금액

---

94) 2016. 1. 1. 당시 타인으로부터 1억 원 미만의 금전을 무상으로 또는 적정 이자율보다 낮은 이자율로 대출받은 상태로서 그 대출기간이 1년 이상인 경우에는 2016. 1. 1. 이후 종전의 법 제41조의 4 제1항 각 호 외의 부분 후단에 따라 새로 대출받은 것으로 보는 날부터 제41조의 4의 개정규정을 적용함(법 부칙(2015. 12. 15.) 제8조).

특수관계인이 아닌 자 간에 거래의 관행상 정당한 사유가 있는 경우가 어떤 경우인지를 법령에 규정한 바가 없어 과세관청과 수증자 간에 다툼이 발생할 소지가 있다. 타인 간에 거래는 일상에서 무수히 많이 발생하는 것이어서 상거래에 한정하여 적용하여야 한다고 볼 여지도 있다. 이 부분에 대한 법령의 보완이 필요하리라 본다.

적정 이자율이란 당좌대출이자율을 고려하여 기획재정부령(1,000분의 46, 「법인칙」 제43조 제2항)으로 정하는 이자율을 말한다. 다만, 법인으로부터 대출받은 경우에는 「법인령」 제89조 제3항에 따른 이자율을 적정 이자율로 본다(상증령 제31조의 4 제1항).

2003. 1. 1. 이후 적정이자율로 고시된 이율은 9%(국세청 고시 제2009-27호, 2009. 7. 31.)이다. 다만, 2002. 12. 31. 이전에 종전의 고시이자율에 의하여 이자를 수수하기로 약정을 체결한 대여금에 대하여는 당해 약정기간 만료일까지는 종전의 고시이자율에 의한다(국세청 고시 제2002-41호의 부칙).[95] 2010. 11. 5.자 기획재정부 고시 제2010-18호에서는 연 8.5%로 고시 하였다.

## (3) 특수관계인의 범위

특수관계인이란 금전을 대출받은 자와 상증령 제2조의 2 제1항 각 호의 어느 하나에 해당하는 관계에 있는 자를 말한다(상증령 제31조의 7 제4항).

## (4) 대출기간의 계산

대출기간은 계약내용에 의한다. 대출기간이 정하여지지 아니한 경우에는 그 대출기간을 1년으로 보고 대출기간이 1년 이상인 경우에는 1년이 되는 날의 다음 날에 매년 새로 대출 받은 것으로 보아 해당 금액을 계산한다(상증법 제41조의 4 제2항).

증여이익은 금전을 대출받은 날(여러 차례 나누어 받은 경우에는 각각의 대출받은 날을 말한다)을 기준으로 계산한다(상증령 제31조의 4 제3항).

## (5) 경정 등의 특례

상증법 제41조의 4에 따른 증여세를 결정 또는 경정받은 자가 같은 조 제2항의 대출기간 중에 대부자로부터 해당 금전을 상속 또는 증여받거나 대통령령으로 정하는 다음과 같은 사유로 해당 금전을 무상으로 또는 적정이자율보다 낮은 이자율로 대출받지 아니하게 되는

---

95) 2000. 1. 1.~2001. 12. 31.: 11%, 그 이후는 9%(국세청 고시 제99-17호, 1999. 6. 30. 및 제2001-31호, 2001. 12. 31.)

경우 그 사유가 발생한 날부터 3개월 이내에 결정 또는 경정을 청구할 수 있다(상증법 제79조 제2항 제2호, 상증령 제81조 제7항).

　가. 해당 금전에 대한 채권자의 지위가 이전된 경우

　나. 금전대출자가 사망한 경우

　다. "가." 및 "나."와 유사한 경우로서 금전을 무상으로 또는 적정이자율보다 낮은 이자 율로 대출받은 자가 해당 금전을 무상으로 또는 적정이율보다 낮은 이자율로 대출받 지 아니하게 되는 경우

상증법 제79조 제2항에 따라 결정 또는 경정의 청구를 함에 있어서 그 세액은 사유발생 일부터 금전 무상사용기간의 종료일까지의 월수가 금전 무상사용기간의 월수가 차지하는 비율을 증여세 산출세액에 곱하여 계산한다. 증여세 산출세액은 직계비속에 대한 할증과세 를 포함한다. 이 경우 월수는 역에 따라 계산하되, 1개월 미만의 일수는 1개월로 한다(상증 령 제81조 제8항). 이를 산식으로 나타내면 다음과 같다.

★

$$\text{증여세 산출세액} \times \frac{\text{금전을 무상으로 또는 적정이자율보다 낮은 이자율로 대출받은 기간의 종료일까지의 월수}}{\text{금전을 무상으로 또는 적정이자율보다 낮은 이자율로 대출받은 기간의 월수}}$$

결정 또는 경정의 청구를 하고자 하는 자는 청구인의 성명과 주소 또는 거소, 결정 또는 경정 전의 과세표준 및 세액, 결정 또는 경정 후의 과세표준 및 세액, 결정 또는 경정의 사 유에 해당함을 입증하는 서류, 기타 필요한 사항을 기재한 결정 또는 경정청구서를 제출하 여야 한다.

## 7 재산사용 및 용역제공 등에 따른 이익의 증여

### 사례연구

원고는 특수관계자가 아닌 자로부터 신주인수권을 취득하였으나, 행사 시 특수관계에 있는 발행회사에 대하여 신주인수권을 행사하여 이 사건 행사이익을 얻었으므로 이는 특수관계자 간 거래에 해당한다.

#### 현황

(1) C주식회사는 분리형 신주인수권부 사채를 발행하여 비특수관계인인 6개 금융기관에 발행하기로 결의하고 매각하였다.

(2) C주식회사의 대표이사이자 대주주인 원고는 비특수관계인들로부터 해당 신주인수권을 양수하였다.

(3) 이후 원고는 여러 차례에 걸쳐 이 사건 신주인수권을 양도, 증여하거나 행사하였다.

(4) ○○지방국세청장은 원고가 이 사건 신주인수권을 취득하는 과정에 조세회피목적의 우회거래가 있다고 보아 증여세를 부과하였다.

#### 쟁점

해당 거래가 증여세 과세대상인지 여부

#### 판단

원고가 이 사건 신주인수권 중 일부에 기하여 신주인수권을 행사할 당시에 원고는 신주인수권 행사 상대방과 특수관계에 있었으므로, 상증법 제42조 제1항 제3호에 의하여 과세 가능하며, 이는 기존 대법원 법리와 배척되지 아니한다(대법원 2021두41709, 2021. 10. 14. : 서울고등법원 2020누38982, 2021. 5. 21. : 서울행정법원 2019구합52256, 2020. 3. 17.).

### (1) 개요

재산의 사용 또는 용역의 제공에 의하여 법정 기준금액 이상의 이익을 얻은 경우에는 그 이익에 상당하는 금액(시가와 대가의 차액을 말한다)을 그 이익을 얻은 자의 증여재산가액으로 한다. 다만, 특수관계인이 아닌 자 간의 거래인 경우에는 거래의 관행상 정당한 사유가 없는 경우에 한정하여 적용한다(상증법 제42조).

특수관계인이란 본인과 친족관계, 경제적 연관관계 또는 경영지배관계 등 상증령 제2조의 2 제1항 각 호의 어느 하나에 해당하는 관계에 있는 자를 말한다. 이 경우 본인도 특수관계인의 특수관계인으로 본다(상증법 제2조 제10호).

구 상증법(2015년 12월 15일 개정 전의 법률)에서 그 밖의 이익의 증여로 별도로 분류하였던 것을 "제1절 증여재산"에서 열거하고 있는 여타 증여예시 규정과 동일하게 규정하는 것으로 개정하였다. 증여이익 완전포괄주의 과세를 원칙으로 하되 개별적 증여이익을 산정하기 위한 구체적 과세요건을 명확히 규정함으로써 납세자와의 마찰을 줄이려는 취지를 담고 있다. 예컨대 구 상증법에서처럼 본 규정을 "그 밖의 이익의 증여"에서 두게 되면 관련 법령에서 열거되어 있지 아니한 형태의 모든 증여이익을 포괄한다는 의미로 해석될 여지가 있기 때문이다. 그런 의미에서 본 법령개정은 완전포괄주의 과세규정에서 한발 물러선 측면이 없지 않다.

## (2) 증여재산가액의 산정

### 1) 과세요건

재산의 사용 또는 용역의 제공에 의하여 다음의 어느 하나에 해당하는 이익을 얻은 경우에는 그 이익에 상당하는 금액(시가와 대가의 차액을 말한다)을 그 이익을 얻은 자의 증여재산가액으로 한다.

가. 타인에게 시가보다 낮은 대가를 지급하거나 무상으로 타인의 재산(부동산과 금전은 제외한다)을 사용함으로써 얻은 이익이 1천만 원 이상인 경우[96]

이 경우 증여이익은 다음의 구분에 따라 계산한 금액으로 한다.

① 타인의 재산을 무상으로 담보로 제공하고 금전 등을 차입한 경우 : 차입금에 상증령 제31조의 4 제1항 본문에 따른 적정 이자율을 곱하여 계산한 금액에서 금전 등을 차입할 때 실제로 지급하였거나 지급할 이자를 뺀 금액

② "①" 외의 경우 : 무상으로 재산을 사용하거나 용역을 제공받음에 따라 지급하여야 할 시가 상당액

나. 타인으로부터 시가보다 높은 대가를 받고 재산을 사용하게 함으로써 얻은 이익의 경우 대가와 시가와의 차액이 시가의 30%에 상당하는 가액을 초과하는 경우

다. 타인에게 시가보다 낮은 대가를 지급하거나 무상으로 용역을 제공받음으로써 얻은 이익의 경우 시가와 대가의 차액이 시가의 30%에 상당하는 가액을 초과하는 경우

라. 타인으로부터 시가보다 높은 대가를 받고 용역을 제공함으로써 얻은 이익

---

96) 부동산 무상사용의 경우 상증법 제37조에서 별도로 규정하고 있다.

## 2) 용역의 시가

위 규정을 적용함에 있어 용역의 시가는 해당 거래와 유사한 상황에서 불특정다수인 간 통상적인 지급대가로 한다. 다만, 용역의 시가가 불분명한 경우에는 다음의 어느 하나에 따라 계산한 금액으로 한다.

　　가. 부동산 임대용역의 경우 : 부동산가액(상증법 제4장에 따라 평가한 가액을 말한다) × 1년간 부동산 사용료를 감안하여 기획재정부령으로 정하는 율

　　나. 부동산 임대용역 외의 경우 : 「법인령」 제89조 제4항 제2호에 따라 계산한 금액[97]

## (3) 증여시기의 구분

재산의 사용기간 또는 용역의 제공기간이 정해지지 아니한 경우에는 그 기간을 1년으로 하고, 그 기간이 1년 이상인 경우에는 1년이 되는 날의 다음 날에 매년 새로 재산을 사용 또는 사용하게 하거나 용역을 제공 또는 제공받은 것으로 본다(상증법 제42조 제2항).

한편, 구 상증법이 개정됨에 따라 개정규정의 적용시기는 다음과 같다.

　　가. 2016년 1월 1일 당시 1억 원 미만의 재산을 타인에게 무상 또는 시가보다 낮은 대가를 지급하고 사용하거나 타인으로부터 시가보다 높은 대가를 받고 사용하게 한 경우로서 그 재산의 사용기간이 1년 이상인 경우에는 2016년 1월 1일 이후 구상증법 제42조 제2항에 따라 새로 재산을 사용한 것으로 보는 날부터 상증법 제42조의 개정규정을 적용한다(상증법 부칙(2015. 12. 15.) 제9조 제1항).

　　나. 2016년 1월 1일 당시 불특정 다수인 간에 통상적인 지급 대가가 1천만 원 미만인 용역을 타인에게 무상 또는 시가보다 낮은 대가를 지급하고 제공받고 있거나 타인으로부터 시가보다 높은 대가를 받고 제공하고 있는 경우로서 그 용역의 제공기간이 1년 이상인 경우에는 2016년 1월 1일 이후 구 상증법 제42조 제2항에 따라 새로 용역을 제공받은 것으로 보는 날부터 상증법 제42조의 개정규정을 적용한다(상증법 부칙(2015. 12. 15.) 제9조 제2항).

## (4) 증여세 과세특례

하나의 증여에 대하여 상증법 제33조부터 제39조까지, 제39조의 2, 제39조의 3, 제40조,

---

97) 원가$^{(*)}$ + (원가$^{(*)}$ × 수익률$^{(**)}$)
　　$^{(*)}$ 용역의 제공에 소요된 금액을 말하며, 직접비 및 간접비를 포함함.
　　$^{(**)}$ 기업회계기준에 의하여 계산한 매출액에서 원가를 차감한 금액을 원가로 나눈 율로서 당해 사업연도 중 특수관계인 외의 자에게 제공한 유사한 용역제공거래에 있어서의 수익률을 말함.

제41조의 2부터 제41조의 5까지, 제42조, 제42조의 2, 제42조의 3, 제44조, 제45조 및 제45조의 3부터 제45조의 5까지의 규정이 둘 이상 동시에 적용되는 경우에는 그중 이익이 가장 많게 계산되는 것 하나만을 적용한다(상증법 제43조 제1항).

재산사용 및 용역제공 등에 따른 이익을 계산할 때 그 증여일부터 소급하여 1년 이내에 동일한 거래 등이 있는 경우에는 각각의 거래 등에 따른 이익(시가와 대가의 차액을 말함)을 해당 이익별로 합산하여 금액기준(1천만 원)을 계산한다(상증법 제43조 제2항, 상증령 제32조 제2항).

## 8 법인의 조직변경 등에 따른 이익의 증여

### 사례연구

'거래의 관행상 정당한 사유'가 없다는 점에 대한 입증책임이 과세관청에 있음이 원칙이나 해당 사건의 경우 원거래의 관행상 정당한 사유가 없음이 상당한 정도로 증명되었다 할 것이며, 이 사건 계약을 정상적인 거래로 보아야 할 만한 특별한 사정이 있다고 단정할 수 없다.

### 현황

(1) 원고는 R&D기업인 D와 E의 대표이사로서 D의 주식을 보유했던 사람이다.
(2) 원고는 이 사건 법인이 발행한 신주인수권증권을 인수한 후 양도한바 있다.
(3) 과세관청은 이 사건 법인에 대한 주식변동조사를 실시한 후, 원고가 쟁점 신주인수권증권을 양수도 하는 과정에서 무상의 이익을 얻은 것으로 보아 이 사건 증여세를 부과하였다.

### 쟁점

이 사건이 합리적인 경제인의 관점에서 정상적으로 체결된 계약에 해당하는지 여부

### 판단

(1) 해당 법안의 입법 취지는 특수관계인 간의 변칙적인 증여행위에 대처하고 과세의 공평을 도모하려는데 있다. 또한, 특수관계가 없는 자 사이의 거래라고 하더라도, 거래조건을 결정함에 있어서 불특정 다수인 사이에 형성될 수 있는 객관적 교환가치를 적절히 반영하지 아니할 만한 이유가 없으며, 거래조건을 유리하게 하기 위한 교섭이나 새로운 거래상대방의 물색이 가능함에도, 신주인수권의 양도인이 자신의 이익을 극대화하려는 노력도 전혀 하지 아니한 채 자신이 쉽게 이익을 얻을 수 있는 기회를 포기하고 특정한 거래상대방으로 하여금 신주인수권의 취득과 행사로 인한 이익을 얻게 하는 등 합리적인 경제인이라면 거래 당시의 상황에서 그와 같은 거래조건으로는 거

래하지 않았을 것이라는 객관적인 사유가 있는 경우에는, 특별한 사정이 없는 한 '거래의 관행상 정당한 사유'가 있다고 보기 어렵다.

(2) 과세처분의 위법을 이유로 취소를 구하는 행정소송에서 과세처분의 적법성과 과세요건사실의 존재에 대한 증명책임은 과세관청에게 있으므로, 특수관계가 없는 자 사이의 거래에 있어서 '거래의 관행상 정당한 사유'가 없다는 점에 대한 증명책임도 과세관청이 부담함이 원칙이다. 다만, 과세관청으로서는 합리적인 경제인이라면 거래 당시의 상황에서 그와 같은 거래조건으로는 거래하지 않았을 것이라는 객관적인 정황 등에 관한 자료를 제출함으로써 '거래의 관행상 정당한 사유'가 없다는 점을 증명할 수 있으며, 만약 그러한 사정이 상당한 정도로 증명된 경우에는 이를 번복하기 위한 증명의 곤란성이나 공평의 관념 등에 비추어 볼 때 거래경위, 거래조건의 결정이유 등에 관한 구체적인 자료를 제출하기 용이한 납세의무자가 정상적인 거래로 보아야 할 만한 특별한 사정이 있음을 증명할 필요가 있다(대법원 2015. 2. 12. 선고, 2013두24495 판결).

(3) 이 사건의 경우, 계약에 거래의 관행상 정당한 사유가 없음이 상당한 정도로 증명되었다고 할 것이고, 원고가 제출한 증거들만으로는 이를 뒤집기에 부족하며, 달리 반증이 없다. 그렇다면 원고의 청구는 이유없다(대법원 2020두48888, 2020. 12. 24. : 서울고등법원 2019누67526, 2020. 8. 26. : 서울행정법원 2019구합68091, 2019. 11. 29.).

## (1) 개요

주식의 포괄적 교환 및 이전, 사업의 양수 · 양도, 사업 교환 및 법인의 조직 변경 등에 의하여 소유지분이나 그 가액이 변동됨에 따라 이익을 얻은 경우에는 그 이익에 상당하는 금액(소유지분이나 그 가액의 변동 전 · 후 재산의 평가차액을 말함)을 그 이익을 얻은 자의 증여재산가액으로 한다. 다만, 그 이익에 상당하는 금액이 기준금액 미만인 경우는 과세하지 않는다(상증법 제42조의 2 제1항).

법인의 조직 변경 등에 따른 이익의 증여 시 과세대상은 특수관계 여부를 불문하고 모든 거래를 과세대상으로 하고 있다. 다만, 특수관계인이 아닌 자 간의 거래인 경우에는 거래의 관행상 정당한 사유가 있는 경우에는 적용하지 않는다. 특수관계인이란 본인과 친족관계, 경제적 연관관계 또는 경영지배관계 등 상증령 제2조의 2 제1항 각 호의 어느 하나에 해당하는 관계에 있는 자를 말한다. 이 경우 본인도 특수관계인의 특수관계인으로 본다(상증법 제2조 제10호).

## (2) 증여재산가액

법인의 조직 변경 등에 따른 이익을 얻은 자의 증여재산가액은 다음의 구분에 따라 계산

한 금액으로 한다(상증령 제32조의 2 제1항).

**가. 소유지분이 변동된 경우 :** (변동 후 지분 - 변동 전 지분)×지분 변동 후 1주당 가액

지분 변동 후 1주당 가액이란 상증령 제28조, 제29조, 제29조의 2 및 제29조의 3을 준용하여 계산한 가액을 말한다.

**나. 평가액이 변동된 경우 :** 변동 후 가액 - 변동 전 가액

법인의 조직 변경 등에 따른 이익이 기준금액 미만인 경우에는 증여세 과세대상에서 제외되는바, 기준금액이란 다음의 금액을 말한다(상증령 제32조의 2 제2항).

★

기준금액 = Min(① 변동 전 해당 재산가액 × 30%, ② 3억 원)

### (3) 증여세 과세특례

하나의 증여에 대하여 상증법 제33조부터 제39조까지, 제39조의 2, 제39조의 3, 제40조, 제41조의 2부터 제41조의 5까지, 제42조, 제42조의 2, 제42조의 3, 제44조, 제45조 및 제45조의 3부터 제45조의 5까지의 규정이 둘 이상 동시에 적용되는 경우에는 그중 이익이 가장 많게 계산되는 것 하나만을 적용한다(상증법 제43조 제1항).

## 9 재산취득 후 재산가치증가에 따른 이익의 증여

**사례연구**

원고들이 정EE, 정FF로부터 각각 현금을 증여받아 그 금원으로 이 사건 주식을 취득한 행위가 처음부터 조세회피의 목적을 이루기 위한 수단, 즉 이 사건 주식이 장차 상장됨으로써 원고들이 추가로 부담해야 할 증여세를 회피하기 위한 수단에 불과하여 그 실질이 이 사건주식을 증여받은 것과 동일하게 평가될 수 있다고 단정하기는 어렵다.

**현황**
(1) 원고들은 부모로부터 증여받은 현금으로 비상장법인의 주식을 매수하였다.
(2) 해당 비상장법인은 원고들의 주식매수일의 다음 해에 코스닥상장법인이 되었다.
(3) 이에 과세관청은 이 사건 주식을 증여받은 이후 5년 이내에 주식가치가 증가하였다는 사실을 통보하고 증여세를 고지하였다.

쟁점

해당 사건의 경우, 법령에서 규정하고 있는 재산취득요건 및 재산가치증가사유가 충족되는지 여부

판단

(1) 구 상증세법 제2조 제4항에서 제3자를 개입시키거나 여러 단계의 거래를 거치는 등의 방법으로 증여세를 부당하게 감소시키는 조세회피행위에 대하여 그 경제적 실질에 따라 증여세를 부과하도록 한 것은, 증여세의 과세대상이 되는 행위 또는 거래를 우회하거나 변형하여 여러 단계의 거래를 거침으로써 증여의 효과를 달성하면서도 부당하게 증여세를 감소시키는 조세회피행위에 대처하기 위하여 그와 같은 여러 단계의 거래 형식을 부인하고 실질에 따라 증여세의 과세대상인 하나의 행위 또는 거래로 보아 과세할 수 있도록 한 것으로서, 실질과세원칙의 적용 태양 중 하나를 증여세 차원에서 규정하여 조세공평을 도모하고자 한 것이다.

(2) 다만, 납세의무자는 경제활동을 할 때 특정한 경제적 목적을 달성하기 위하여 어떤 법적 형식을 취할 것인지 임의로 선택할 수 있고 과세관청으로서도 특별한 사정이 없는 한 당사자들이 선택한 법적 형식에 따른 법률관계를 존중하여야 하며, 또한 여러 단계의 거래를 거친 후의 결과에는 손실 등 위험 부담에 대한 보상뿐 아니라 당해 거래와 직접적 관련성이 없는 당사자의 행위 또는 외부적 요인 등이 반영되어 있을 수 있으므로, 최종적인 경제적 효과나 결과만을 가지고 그 실질이 직접 증여에 해당한다고 쉽게 단정하여 증여세의 과세대상으로 삼아서는 아니 된다(대법원 2017. 1. 25. 선고, 2015두3270 판결 : 대법원 2017. 2. 15. 선고, 2015두46963 판결 참조).

(3) 그러므로 구 상증세법 제2조 제4항, 제3항에 의하여, 당사자가 거친 여러 단계의 거래 등 법적 형식이나 법률관계를 재구성하여 직접적인 하나의 거래에 의한 증여로 보고 증여세 과세대상에 해당한다고 하려면, 납세의무자가 선택한 거래의 법적 형식이나 과정이 처음부터 조세회피의 목적을 이루기 위한 수단에 불과하여 그 재산이전의 실질이 직접적인 증여를 한 것과 동일하게 평가될 수 있어야 하고, 이는 당사자가 그와 같은 거래형식을 취한 목적, 제3자를 개입시키거나 단계별 거래 과정을 거친 경위, 그와 같은 거래방식을 취한 데에 조세 부담의 경감 외에 사업상의 필요 등 다른 합리적 이유가 있는지 여부, 각각의 거래 또는 행위 사이의 시간적 간격, 그러한 거래형식을 취한데 따른 손실 및 위험부담의 가능성 등 관련 사정을 종합하여 판단하여야 한다(대법원 2017. 2. 15. 선고, 2015두46963 판결 참조).

(4) 이 사건에 관하여 위 법리에 비추어 살피건대, 앞서 인정한 사실들과 위에서 든 각 증거와 각 기재에 의하여 인정되는 사실 및 사정을 종합하면, 원고들이 각각 현금을 증여받아 그 금원으로 이 사건 주식을 취득한 행위가 처음부터 조세회피의 목적을 이루기 위한 수단, 즉 이 사건 주식이 장차 상장됨으로써 원고들이 추가로 부담해야 할

> 증여세를 회피하기 위한 수단에 불과하여 그 실질이 이 사건주식을 증여받은 것과 동일하게 평가될 수 있다고 단정하기는 어렵고, 달리 이를 인정할 증거가 없다. 그러므로 이 사건 청구는 이유 있다 할 것이다(대법원 2017두54784, 2017. 11. 9. : 서울고등법원 2016누65109, 2017. 6. 28. : 서울행정법원 2015구합79826, 2016. 8. 19.).

### (1) 개요

직업, 연령, 소득 및 재산상태로 보아 자력(自力)으로 해당 행위를 할 수 없다고 인정되는 자가 특수관계인으로부터 증여, 내부정보 이용 및 자금차입 등의 방법으로 재산을 취득하고 그 재산을 취득한 날부터 5년 이내에 개발사업의 시행, 형질변경, 공유물(共有物) 분할, 사업의 인가·허가 등 대통령령으로 정하는 사유("재산가치증가사유")로 인하여 이익을 얻은 경우에는 그 이익에 상당하는 금액을 그 이익을 얻은 자의 증여재산가액으로 한다. 다만, 그 이익에 상당하는 금액이 상증령으로 정하는 기준금액 미만인 경우는 제외한다(상증법 제42조의 3).

본 조항은 구 상증법 제42조("그 밖의 이익의 증여")에서 통합하여 규정하고 있었으나, 2015. 12. 15. 법 개정 시 개별 유형별로 분류하였다. 이는 본 조항이 증여 예시적 성격임을 의미한다고 볼 수 있다.

구 상증법에서는 해당 증여이익에 증여세를 부과할 수 있는 자를 미성년자 등 직업·연령·소득·재산상태로 보아 자신의 계산으로 해당 행위를 할 수 없다고 인정되는 자로 한정하였다. 연령을 기준으로 특정행위를 할 수 있는지 여부를 판정하는 것은 동일 연령일지라도 개별적인 재능의 크기나 투자성향 등이 다를 수 있다는 점을 간과한 불합리한 조항임을 감안하여 개정한 것으로 보인다.

### (2) 과세요건

#### 1) 재산취득 유형 및 재산가치 증가사유

재산의 취득유형은 ⅰ) 특수관계인으로부터 재산을 증여받은 경우, ⅱ) 특수관계인으로부터 기업의 경영 등에 관하여 공표되지 아니한 내부 정보를 제공받아 그 정보와 관련된 재산을 유상으로 취득한 경우, ⅲ) 특수관계인으로부터 증여받거나 차입한 자금 또는 특수관계인의 재산을 담보로 차입한 자금으로 재산을 취득한 경우를 말한다(상증법 제42조의 3 제1항).

해당 재산의 취득 후 그 재산의 가치가 증가된 사유는 다음과 같다(상증령 제32조의 3 제1항).

가. 개발사업의 시행, 형질변경, 공유물(共有物) 분할, 지하수개발·이용권 등의 인가·허가 및 그 밖에 사업의 인가·허가

나. 비상장주식의 「자본시장과 금융투자업에 관한 법률」 제283조에 따라 설립된 한국금융투자협회에의 등록

다. 그 밖에 위의 사유와 유사한 것으로서 재산가치를 증가시키는 사유

비상장법인의 주식을 제3자 배정 유상증자로 취득하여 5년 이내 상장으로 차익을 얻은 사례에서 국세청은 그와 같은 경우에도 비공개 내부정보를 제공받아 취득한 것으로 보기 어렵다면 상증법 제42조의 3 규정에 따른 증여세 과세대상으로 볼 수 없다고 해석하였다(적부 2020-0190, 2021. 1. 27.). 또한 해당 규정에 따라 세액을 산정한 경우 상증법 제4조 제1항 제6호 적용 시에도 해당 규정과 유사한 지를 살펴야 한다고 판단하였다.

반면, 대법원은 해당 규정을 적용함에 있어서 재산가치 증가사유와 주식가치 증가분 사이에 인과관계가 인정된다면 그 이익도 증여세 과세대상 이익에 해당한다고 보아야 하고, 취득한 재산과 재산가치 증가사유의 직접적 대상이 되는 재산이 동일하지 않다는 이유만으로 과세대상에서 배제된다고 볼 것은 아니라고 결정한 바 있다(대법원 2023. 6. 29. 선고 2018두41327 판결).

따라서 사안별로 해당 조항의 적용여부를 판단함에 있어서는 직접적인 원인뿐만 아니라 간접적인 인과관계도 함께 고려하여야 할 것으로 본다.

## 2) 과세기준 금액

본 규정이 적용되기 위해서는 해당 재산의 상승금액이 3억 원 이상이거나 재산가치 상승금액이 다음 산식에 따라 계산한 금액의 30% 이상이어야 한다(상증령 제32조의 3 제2항).

★

$$\text{재산가치 상승금액}^{(*)} / (X+Y+Z) \geq 30\%$$

(*) 재산가치 상승금액 : 해당 재산가액 - (X+Y+Z)
    X : 해당 재산의 취득가액
    Y : 통상적인 가치증가분
    Z : 가치 상승 기여분

해당 재산가액이란 재산가치증가사유가 발생한 날 현재의 가액[상증법 제4장에 따라 평가한 가액]을 말한다. 다만, 해당 가액에 재산가치증가사유에 따른 증가분이 반영되지 아니

한 것으로 인정되는 경우에는 개별공시지가·개별주택가격 또는 공동주택가격이 없는 경우로 보아 상증령 제50조(부동산의 평가) 제1항 또는 제4항에 따라 평가한 가액을 말한다]을 말한다. 토지, 주택 등의 재산평가 시에 재산가치 증가분이 누락되지 않도록 보완하기 위한 조치이다.

통상적인 가치 상승분은 상증령 제31조의 3 제5항의 규정에 의한 기업가치의 실질적인 증가로 인한 이익과 연평균지가상승률·연평균주택가격상승률 및 전국소비자물가상승률 등을 감안하여 당해 재산의 보유기간 중 정상적인 가치상승분에 상당하다고 인정되는 금액을 말하며 가치상승기여분은 개발사업의 시행, 형질변경, 사업의 인·허가 등에 따른 자본적지출액 등 당해 재산가치를 증가시키기 위하여 지출한 비용을 말한다(상증령 제32조의 3 제3항).

### 3) 증여재산가액의 산정방법

앞서 살펴본 바와 같이 재산가치의 상승금액은 해당 재산가액에서 당해 재산의 취득가액, 통상적인 가치증가분 및 가치상승기여분을 차감하여 계산한다. 증여재산가액은 재산가치증가사유 발생일 현재의 해당 재산가액, 취득가액(증여받은 재산의 경우에는 증여세 과세가액을 말한다), 통상적인 가치상승분, 재산취득자의 가치상승 기여분 등을 고려하여 계산한 금액으로 한다. 이 경우 그 재산가치증가사유 발생일 전에 그 재산을 양도한 경우에는 그 양도한 날을 재산가치증가사유 발생일로 본다.

## (3) 특례규정

### 1) 사해행위로 증여세를 감소시킨 경우

본 규정을 적용할 때 거짓이나 그 밖의 부정한 방법으로 상속세나 증여세를 감소시킨 것으로 인정되는 경우에는 특수관계인이 아닌 자 간의 증여에 대하여도 적용한다. 이 경우 상증법 제42조의 3 제1항의 규정 중 기간(5년)에 관한 규정은 없는 것으로 본다(상증법 제42조의 3 제3항).

특수관계인이란 본인과 친족관계, 경제적 연관관계 또는 경영지배관계 등 상증령 제2조의 2 제1항 각 호의 어느 하나에 해당하는 관계에 있는 자를 말한다. 이 경우 본인도 특수관계인의 특수관계인으로 본다(상증법 제2조 제10호).

### 2) 증여세 과세특례 및 합산배제

하나의 증여에 대하여 상증법 제33조부터 제39조까지, 제39조의 2, 제39조의 3, 제40조, 제41조의 2부터 제41조의 5까지, 제42조, 제42조의 2, 제42조의 3, 제44조, 제45조 및 제45조의 3부터 제45조의 5까지의 규정이 둘 이상 동시에 적용되는 경우에는 그중 이익이 가장 많게 계산되는 것 하나만을 적용한다(상증법 제43조 제1항).

일반적으로 증여일 전 10년 이내에 동일인(증여자가 직계존속인 경우에는 그 직계존속의 배우자를 포함함)으로부터 받은 증여재산가액을 합친 금액이 1천만 원 이상인 경우에는 그 가액을 증여세 과세가액에 가산한다.

재산 취득 후 재산가치 증가에 따른 증여이익의 경우에는 개별 건별로 과세하는 합산배제증여재산으로 분류되어 합산과세를 하지 아니한다(상증법 제47조 제1항 및 제2항).

### 3) 당초 신고와 경정과의 관계

증여세의 납세의무는 증여에 의하여 재산을 취득하는 때에 성립한다(국기법 제21조). 그리고 증여세의 과세표준과 세액은 정부가 결정하는 때에 구체적으로 확정된다(국기법 제22조 및 국기령 제10조의 2).

타인의 기여에 의한 재산가치의 증가에 대한 과세에 관한 당 규정의 경우, 이미 증여세의 납세의무가 성립·확정되고 난 후 별도의 행위나 거래에 의하여 수증자의 재산이 증가한 경우에 당초의 과세처분을 경정하게 된다. 이에 대하여 증여세의 과세표준 및 세액의 경정 법리와 모순된다는 지적이 있다.[98] 과세권자의 경정은 납세의무가 확정된 이후 오류나 탈루가 발견된 경우에 한하여 이를 시정하는 행정처분으로 추후의 평가나 계산을 달리하는 내용의 행정처분이지 이미 완성된 행위가 아닌 별개의 행위에 대하여 최초의 행위의 일부라고 보아 최초의 신고나 결정을 시정하는 행정처분은 아니기 때문이라는 주장이다.

하지만 증여세를 과세함에 있어 포괄주의 과세체계를 유지하는 현행법률하에서는 당 규정은 하나의 예시에 불과하고 실질적으로 증여세 탈루 행위가 있었다고 인정되는 경우라면 당초 신고 혹은 경정의 법리를 떠나 과세권자가 경정하지 못할 이유는 없다고 볼 만하다는 주장도 가치가 있다고 본다.

### (4) 해당 규정의 위헌 여부에 대한 헌법재판소의 입장

### 1) 개요

헌법재판소는 2006. 6. 29. 재판관 전원일치의 의견으로 구 상속세 및 증여세법(1998. 12. 28. 법률 제5582호로 개정되기 전의 것. "구 상증법") 제42조 제1항 중 "제39조 제1항 제1호 가목의 경우와 유사한 것으로서 정상적인 거래를 통하지 아니하고 대통령령이 정하는 특수

---

98) 박훈·채현석, 「상속증여세 실무해설」, 삼일인포마인, 2010., 887면

관계에 있는 자 간의 거래를 통하여 경제적 가치가 있는 재산이 사실상 무상으로 이전되는 경우에는 대통령령이 정하는 이익에 상당하는 금액이 그 특수관계에 있는 자 간에 증여된 것으로 본다."는 부분("이 사건 법률조항")을 합헌으로 선고하였다.

### 2) 쟁점

○○생활산업 주식회사는 이사회의 결정에 따라 청구 외 주식회사 ○○("청구 외 ○○"), 청구인 및 나머지 주주들에게 신주를 각 배정하고 신주청약을 최고하였다. 한편, 신주청약을 한 청구 외 ○○은 청구인과 나머지 주주들이 신주인수를 포기한 실권주를 재배정받아 신주청약을 하고 그 대금을 납입하였는데, 그 당시 청구인은 청구 외 ○○과 법인세법상 특수관계에 있는 자이었다. 성북세무서장은 실권주를 재배정받은 청구 외 ○○이 청구인에게 이익을 증여한 것으로 보아, 청구인에게 증여세를 부과하는 처분을 하였다. 이에 청구인은 법원에 위 처분의 취소를 구하는 소를 제기한 다음 그 소송계속 중 구 상증법 제42조 제1항에 대한 위헌법률심판제청신청을 하였으나 법원이 이를 기각하자 이 사건 헌법소원심판을 청구하였다.

본 조항의 쟁점은 경제적 가치가 있는 재산이 사실상 무상으로 이전되는 경우에 증여로 의제된다는 법 조항이 조세법률주의 및 포괄위임입법금지원칙에 위배되는지 그리고 평등원칙 및 과잉금지원칙에 위배되는지 여부에 있다.

### 3) 판단

#### 가. 조세법률주의 및 포괄위임입법금지원칙 위배 여부

"구 상증법 제39조 제1항 제1호 가목의 경우와 유사한 것" 부분은 위 조항이 비교기준으로 충분한 기능을 하고 있으며 "정상적인 거래를 통하지 아니하고 대통령령이 정하는 특수관계에 있는 자 간의 거래를 통하여" 부분은, 정상적인 거래는 일반인이라면 통상 선택할 합리적인 거래형식을 의미한다는 점, 위 조항 및 이 사건 법률조항의 입법취지를 고려하여 보면 그 의미를 경험상 쉽게 알 수 있다. 또한 이 사건 법률조항이 "대통령령이 정하는 이익에 상당하는 금액"이라고 규정한 것은 과세대상의 범위 내에서 구체적인 이익의 범위를 대통령령에서 정하도록 위임하는 것이고, 과세대상이 되는 구체적인 이익의 범위는 결국 이를 계산하여 확정하여야 할 것이므로 이 사건 법률조항이 대통령령에 위임한 것은 과세대상이 되는 이익의 계산에 관한 것임을 충분히 예측할 수 있다.

따라서 이 사건 법률조항은 조세법률주의 및 포괄위임입법금지원칙에 위반되지 아니한다.

### 나. 평등원칙 및 과잉금지원칙 위배 여부

청구인은 부당행위계산부인에 따라 익금에 산입된 금액에 대하여 법인세법상의 상여 또는 배당의 소득처분을 하여 청구인에게 소득세법에 의하여 소득세를 부과하여야 함에도 이 사건 법률조항을 적용하여 증여세를 부과하는 것은 평등원칙 및 과잉금지원칙에 위배된다고 주장하나, 부당행위계산부인에 따라 익금에 산입된 금액에 대하여 소득처분을 하는 경우 그 이익의 귀속자가 개인인 경우에도 기타 사외유출의 처분사유에 해당하면 기타 사외유출의 소득처분을 할 수 있고, 이 경우에는 소득세가 부과되지 아니하므로 이 사건 법률조항의 요건에 해당하는 때에는 증여세가 부과될 수 있지만, 그 이익의 귀속자가 개인인 경우로서 배당, 상여 또는 기타소득으로 소득처분이 되면 소득세법에 의하여 소득세가 부과되어 이 경우에는 이 사건 법률조항에 의하여 증여세가 부과될 수 없는 것이므로 이는 결국 법률의 적용 내지 법률의 해석에 관한 문제로서 이 사건 법률조항 자체의 위헌이유로 볼 수 없다(헌재 2004헌바8, 2006. 6. 29.).

## 제3절 증여세 과세특례

### 1 상증법상 증여이익에 적용할 규정이 둘 이상인 경우

하나의 증여에 대하여 두 개의 증여예시 규정이 경합하는 경우 그중 증여이익이 가장 많이 산정되는 규정을 적용한다. 상증법 제33조부터 제39조까지, 제39조의 2, 제39조의 3, 제40조, 제41조의 2부터 제41조의 5까지, 제42조, 제42조의 2, 제42조의 3, 제44조, 제45조 및 제45조의 3부터 제45조의 5까지의 규정이 둘 이상 동시에 적용되는 경우에는 그중 이익이 가장 많게 계산되는 것 하나만을 적용한다(상증법 제43조 제1항).

### 2 동일한 증여이익의 합산

상증법 제31조 제1항 제2호, 제35조, 제37조부터 제39조까지, 제39조의 2, 제39조의 3, 제40조, 제41조의 2, 제41조의 4, 제42조 및 제45조의 5에 따른 이익을 계산할 때 그 증여일부터 소급하여 1년 이내에 동일한 거래 등이 있는 경우에는 각각의 거래 등에 따른 이익(시가와 대가의 차액을 말한다)을 해당 이익별로 합산하여 계산한다(상증법 제43조 제2항). 개별

규정상의 최저기준 금액 이하로 분산하여 거래를 발생시킴으로써 증여이익에 대하여 증여세가 과세되는 것을 회피하는 것을 방지하기 위한 규정이다.

다음의 어느 하나에 해당하는 이익을 계산할 때에는 해당 이익별로 합산하여 각각의 금액기준을 계산한다(상증령 제32조의 4).

가. 상증법 제31조 제1항 제2호의 저가양수 및 고가양도에 따른 이익

나. 상증법 제35조 제1항 및 제2항의 저가양수 및 고가양도에 따른 이익

다. 상증법 제37조 제1항의 부동산 무상사용에 따른 이익

라. 상증법 제37조 제2항의 부동산 담보이용에 따른 이익

마. 상증법 제38조 제1항의 합병에 따른 이익

바. 상증법 제39조 제1항의 증자에 따른 이익(같은 항 각 호의 이익별로 구분된 이익을 말한다)

사. 상증법 제39조의 2 제1항의 감자에 따른 이익(같은 항 각 호의 이익별로 구분된 이익을 말한다)

아. 상증법 제39조의 3 제1항의 현물출자에 따른 이익(같은 항 각 호의 이익별로 구분된 이익을 말한다)

자. 상증법 제40조 제1항의 전환사채등의 주식전환등에 따른 이익(같은 항 각 호의 이익별로 구분된 이익을 말한다)

차. 상증법 제41조의 4 제1항의 금전무상대출에 따른 이익

카. 상증법 제42조 제1항의 재산사용 및 용역제공 등에 따른 이익(같은 항 각 호의 거래에 따른 이익별로 구분된 이익을 말한다)

타. 상증법 제45조의 5 제1항의 특정법인과의 거래를 통한 이익(같은 조 제2항 각 호의 거래에 따른 이익별로 구분된 이익을 말한다)

## 3  합산배제 증여재산

증여세 과세가액은 증여일 현재 이 법에 따른 증여재산가액을 합친 금액[상증법 제31조 제1항 제3호, 제40조 제1항 제2호 및 제3호, 제41조의 3, 제41조의 5, 제42조의 3, 제45조 및 제45조의 2 내지 제45조의 4에 따른 증여재산("합산배제증여재산")의 가액은 제외한다]에서 그 증여재산에 담보된 채무(그 증여재산에 관련된 채무 등 대통령령으로 정하는 채무를 포함한다)로서 수증자가 인수한 금액을 뺀 금액으로 한다(상증법 제47조 제1항).

증여일 전 10년 이내에 동일인(증여자가 직계존속인 경우에는 그 직계존속의 배우자를

포함한다)으로부터 받은 증여재산가액을 합친 금액이 1천만 원 이상인 경우에는 그 가액을 증여세 과세가액에 가산한다. 다만, 위에서 설명한 합산배제증여재산의 경우에는 합산하지 아니한다(상증법 제47조 제2항).

위 규정을 적용할 때 배우자 간 또는 직계존비속 간의 부담부증여(상증법 제44조에 따라 증여로 추정되는 경우를 포함한다)에 대해서는 수증자가 증여자의 채무를 인수한 경우에도 그 채무액은 수증자에게 인수되지 아니한 것으로 추정한다. 다만, 그 채무액이 국가 및 지방자치단체에 대한 채무 등 아래와 같이 객관적으로 인정되는 것인 경우에는 그러하지 아니하다(상증법 제47조 제3항).

　가. 국가·지방자치단체 및 금융회사등에 대한 채무는 해당 기관에 대한 채무임을 확인 할 수 있는 서류

　나. "가." 외의 자에 대한 채무는 채무부담계약서, 채권자확인서, 담보설정 및 이자지급에 관한 증빙 등에 의하여 그 사실을 확인할 수 있는 서류

# 제8장

# 증여추정 및 증여의제

## 제1절  개 요

추정과 의제(간주)는 그 개념을 달리한다. 추정은 반대되는 증거를 제시하게 되면 추정은 효력을 잃고 실제 제시된 증거에 근거하여 그 실질을 판단한다. 하지만 의제의 경우는 추정과 달리 반대되는 증거를 제시한다 하더라도 그 실질을 인정하지 않는다.

증여추정의 경우 납세자의 반대증거가 제시되지 않는 한 증여로 추정한다. 현행 상증법상으로는 배우자 등에 대한 양도 시 증여추정과 재산취득자금의 증여추정 규정이 있다. 가령 가족 간의 자금대여에 대하여 증여로 추정한 규정에 근거하여 과세관청이 증여세를 과세하려고 하는 경우에 금융기관을 통한 금전대차거래의 일환으로 가족 간의 자금대여가 이루어졌음을 입증하게 되면 증여추정 규정이 적용되지 않는 것이다.

증여의제란 실제 증여에는 해당하지 않지만 조세정책적인 목적 등을 달성하기 위하여 법에 의하여 증여로 간주하는 것을 말한다. 납세자가 증여가 아님을 입증한다 하더라도 그 주장은 인정되지 않는다. 상증법상으로는 명의신탁의 증여의제 및 특수관계법인 간의 거래를 통한 이익의 증여의제 규정이 있다.

이하에서 상증법상 증여추정과 증여의제에 대하여 살펴본다.

## 제2절 배우자 등에게 양도한 재산의 증여추정

### 사례연구

원고가 제출한 증거들만으로 조부가 손자로부터 정상적인 대가를 지급받고 부동산을 양도한 사실이 명백히 인정되는 경우에 해당한다고 할 수 없고, 원고가 잔금지급의 방법이라고 주장하는 금전소비대차계약은 가장행위나 조세회피행위에 해당하여 실질과세의 원칙에 따라 부인될 수 있다.

#### 현황

(1) 원고(2017. ○○. ○○.생)는 아버지로부터 현금을 증여받았고, 이에 대하여 증여세를 신고·납부하였다.

(2) 원고의 법정대리인 부모와 조부 사이에 원고가 아버지로부터 이 사건 부동산을 매매하고, 이에 기하여 원고는 그 무렵 이 사건 부동산을 취득하였다.

(3) 아버지는 ○○세무서장에게 이 사건 부동산의 양도가액을 보충적 평가액에 따라 환산한 가액으로 하여 양도소득세를 예정신고·납부하였다.

(4) ○○세무서장은 원고와 아버지 사이의 이 사건 거래를 매매가 아니고 부동산을 증여받은 것이라고 판단하여, 아버지가 기존에 신고·납부한 귀속 양도소득세를 감액경정하는 한편, 피고에게 증여세 과세자료를 통보하였다.

#### 쟁점

이 사건 거래가 특수관계인 간의 부동산 증여인지 여부

#### 판단

(1) 당해 양도행위가 증여추정 배제사유에 해당하는지를 판단함에 있어서는 그 거래조건이 친족관계 없는 일반적인 거래 당사자들 사이에서도 통상적으로 이루어지는 경제적인 합리성을 가지고 있는지가 중요한 기준이 된다. 원고가 제출한 증거들만으로 이 사건 거래의 경우 아버지가 원고로부터 정상적인 대가를 지급받고 이 사건 부동산을 양도한 사실이 명백히 인정되는 경우에 해당한다고 할 수 없다.

(2) 실질과세의 원칙은 납세의무자가 조세를 회피할 목적으로 실질과 괴리되는 비합리적인 거래의 형식이나 외관을 취할 경우 적용할 수 있다. 부자간의 금전소비대차계약은 가장행위나 조세회피 행위에 해당하여 실질과세의 원칙에 따라 부인될 수 있다.

(3) 이 사건 거래행위가 대가를 지급받고 양도한 사실이 명백히 인정되는 경우인지 여부를 판단함에 있어 당해 거래의 경위 및 대가지급의 내용 등과 함께 그 거래조건이 친족관

계 없는 일반적인 거래 당사자들 사이에서도 통상적으로 이루어지는 경제적인 합리성을 가지고 있는 행위인지 등도 종합적으로 참작하여 판단함이 타당하므로 이와 다른 전제에 선 원고의 주장은 이유 없다(대법원 2021두43651, 2021. 10. 14. : 부산고등법원 2021누20092, 2021. 6. 9. : 부산지방법원 2020구합20355, 2020. 12. 10. : 조심 2019부2374, 2019. 12. 18.).

## 1 개 요

배우자 또는 직계존비속("배우자 등")에게 양도한 재산은 양도자가 그 재산을 양도한 때에 그 재산의 가액을 배우자 등이 증여받은 것으로 추정하여 이를 배우자 등의 증여재산가액으로 한다(상증법 제44조 제1항). 배우자 등 상호 간에 양도의 형식을 빌어 거래를 한 경우라 할지라도 그 실질이 증여라면 배우자 등이 증여가 아니라는 반증을 제시하지 않는 한 증여로 추정하는 것이다.

특수관계인에게 양도한 재산을 그 특수관계인("양수자")이 양수일부터 3년 이내에 당초 양도자의 배우자 등에게 다시 양도한 경우에는 양수자가 그 재산을 양도한 당시의 재산가액을 그 배우자 등이 증여받은 것으로 추정하여 이를 배우자 등의 증여재산가액으로 한다. 다만, 당초 양도자 및 양수자가 부담한 「소득세법」에 따른 결정세액을 합친 금액이 양수자가 그 재산을 양도한 당시의 재산가액을 당초 그 배우자 등이 증여받은 것으로 추정할 경우의 증여세액보다 큰 경우에는 그러하지 아니하다(상증법 제44조 제2항).

본 규정은 양도자가 증여세 부담을 줄이기 위하여 특수관계인과 양수도거래(유상 매매) 형식으로 재산을 배우자 등에게 증여하는 편법을 방지하기 위한 증여추정 조항이다.

## 2 배우자 등에게 양도한 경우

### (1) 의의

배우자 또는 직계존비속에게 양도한 재산은 양도자가 당해 재산을 양도한 때에 그 재산의 가액을 배우자 또는 직계존비속이 증여받은 것으로 추정한다. 다만, 양도사실이 명백한 경우에는 증여로 추정하지 아니한다.

본 규정에서 배우자는 법률혼 관계에 있는 자만을 의미한다고 해석된다. 배우자 상속공제(상증법 제19조)나 증여재산공제(상증법 제53조)에서는 기본통칙으로 법률상 배우자에 한하여 적용됨을 규정하고 있다.

국세 심판례(국심 90중1361, 1990, 9, 29.)에 따르면, "(구)상속세법 제34조(배우자 등의 양도 행위) 제1항에서 배우자 또는 직계존비속에게 양도한 재산은 양도자가 당해 자산을 양도한 때에 그 재산의 가액을 그 양수자에게 증여한 것으로 본다라고 규정하고 있는바, 동 규정의 배우자라 함은 법률상 혼인관계에 있는 자를 말하며, 혼인이란 민법 제812조에 의거 형식주 의를 택하여 호적법에 정하는 바에 의하여 신고된 자만을 말하는 것이라 하겠다."고 결정하 여 법률혼 관계에 있는 자만을 배우자로 판단하고 있다. 대법원도 "(구)상속세법 제34조 제1항에서의 배우자"를 국세 심판례와 같이 해석하고 있다.[99) 따라서 사실혼 관계에 있는 배우자는 제외하는 것으로 해석함이 타당하다.

직계존비속은 자기의 자연혈족인 직계혈족 관계를 말하며, 입양으로 인한 법정혈족(양 자)을 포함한다.[100)

## (2) 양도 사실이 명백한 경우의 증여배제

해당 재산이 법원의 결정 등으로 인하여 양도한 사실이 명백한 다음의 경우에는 증여로 추정하지 아니한다(상증법 제44조 제3항).

### 가. 법원의 결정으로 경매절차에 따라 처분된 경우

당해 재산이 법원의 결정으로 경매절차 혹은 법원의 파산선고로 인하여 처분되었거나 국 세징수법에 따라 공매(公賣)된 경우는 배우자 등의 개입으로 당해 거래가 이루어진 경우라 할지라도 객관적이고 공정한 법률절차에 따라 이루어진 거래로 보아 증여로 보지 않는다.

### 나. 파산선고로 인하여 처분된 경우

### 다. 국세징수법에 따라 공매된 경우

### 라. 증권시장을 통하여 유가증권이 처분된 경우

「자본시장과 금융투자업에 관한 법률」 제8조의 2 제4항 제1호에 따른 증권시장을 통하여 유가증권이 처분된 경우 명백히 양도가 이루어진 것으로 본다. 하지만, 당해 거래가 불특정 다수인 간의 거래에 의하여 처분된 것으로 볼 수 없는 경우로서 "시간외시장에서 매매된 것"은 제외한다. 시간외시장에서 매매된 것이란 「자본시장과 금융투자업에 관한 법률」 제 393조 제1항에 따른 한국거래소의 유가증권시장업무규정 및 코스닥시장업무규정에 의하여

---

99) 대법원 90누6897, 1991. 4. 26. : 상증법 집행기준(44-0-2)도 법률혼 관계에 있는 자만을 배우자로 판단하 고 있다.
100) 상증법 집행기준 44-0-2

시간외대량매매 방법으로 매매된 것을 말한다. 다만, 그 경우라도 당일 종가로 매매된 것은 시가거래로 볼 수 있으므로 명백히 양도가 이루어진 것으로 본다.

### 마. 배우자 등에게 대가를 받고 양도한 사실이 명백히 인정되는 경우

배우자 등에게 대가를 받고 양도한 사실이 명백히 인정되는 경우란 다음 어느 하나에 해당하는 경우를 말한다(상증령 제33조 제3항).

① 권리의 이전이나 행사에 등기 또는 등록을 요하는 재산을 서로 교환한 경우
② 당해 재산의 취득을 위하여 이미 과세(비과세 또는 감면받은 경우를 포함한다)받았거나 신고한 소득금액 또는 상속 및 수증재산의 가액으로 그 대가를 지급한 사실이 입증되는 경우
③ 당해 재산의 취득을 위하여 소유재산을 처분한 금액으로 그 대가를 지급한 사실이 입증되는 경우

위와 같이 양도에 대한 사실을 인정하는 경우를 광범위하게 규정하고 있다.[101] 따라서 양수인이 상당한 대가를 지급하였다는 사실을 객관적인 자료를 바탕으로 충분히 입증한다면 증여추정으로 인한 과세는 회피할 수 있을 것이다.

## (3) 증여시기

법은 당해 부동산 등을 양도한 때를 증여시기로 규정하고 있다. 그런데 부동산의 경우 양도시점에 대하여 양도소득세에 있어서의 양도시기와 차이가 있음을 유의하여야 한다. 양도소득세의 경우 대금청산일과 소유권 이전등기일(등기 접수일 기준) 중 빠른 날을 취득·양도시기로 한다(소득법 제162조 제1항). 이에 반해 증여추정의 증여시점은 부동산의 등기접수일로 한다(재일 46014-1813, 1997. 7. 24.).

## 3 특수관계인에게 재산을 양도 후 배우자 등에게 재양도 시 증여추정

### (1) 의의

특수관계인에게 양도한 재산을 특수관계인이 3년 이내에 당초 양도자의 배우자 또는 직

---

101) 이러한 규정에 대해, "입법론으로서도 추정규정의 형태를 취하면서 납세의무자의 반증의 내용을 제한하는 것 자체가 모순이므로 법령에서는 원칙적인 추정규정만 두고 그 해석은 법원의 판단에 맡기되 효율적인 과세를 위한 개별적인 기준은 통칙에서 규정함이 옳을 것이다"라는 견해가 있다(임승순, 「조세법」, 박영사, 2010., 832면).

계존비속에게 양도한 경우에는 그 재산가액을 배우자 등이 증여받은 것으로 추정하여 이를 배우자 등의 증여재산가액으로 한다. 다만, 당초 양도자 및 양수자가 부담한 소득세법에 따른 결정세액을 합친 금액이 양수자가 그 재산을 양도한 당시의 재산가액을 당초 그 배우자 등이 증여받은 것으로 추정할 경우의 증여세액보다 큰 경우에는 그러하지 아니하다(상증법 제44조 제2항).

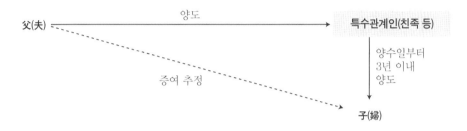

## (2) 양도 사실이 명백한 경우의 증여배제

양도 사실이 명백한 경우에는 증여로 추정하지 아니하며, 그 사유는 앞서 설명한 바와 같다.

## (3) 특수관계인의 범위

본 규정은 특수관계인 간의 거래가 있는 경우에 적용한다. 특수관계인이란 본인과 친족관계, 경제적 연관관계 또는 경영지배관계 등 상증령 제2조의 2 제1항 각 호의 어느 하나에 해당하는 관계에 있는 자를 말한다. 이 경우 본인도 특수관계인의 특수관계인으로 본다(상증법 제2조 제10호).

## (4) 소득세와의 관계

당해 배우자 등에게 증여세가 부과되는 경우에는 소득세법의 규정에 불구하고 당초 양도자 및 양수자에게 당해 재산양도에 따른 소득세를 부과하지 아니한다(상증법 제44조 제4항). 본 규정은 현행 세법 체계가 양도인(증여자)에 대한 부당행위계산부인 규정과 수증자에 대한 증여규정을 원칙적으로 중복 적용하고 있는 점을 고려할 때 예외적인 규정으로 이해된다.[102]

한편, 소득세법에서는 양도소득에 대한 소득세를 부당히 감소시키기 위하여 특수관계인에게 자산을 증여한 후 수증자가 10년 이내에 타인에게 양도 시 증여자가 직접 양도한 것으

---

102) 조세 심판례(조심 2009서3303, 2009. 12. 14.)의 입장도 또한 같다.

로 보고 있다.

소득세법상 거주자가 특수관계인[소득세법 제97조의 2(양도소득의 필요경비 계산특례) 제1항을 적용받는 배우자 및 직계존비속의 경우는 제외한다]에게 자산을 증여한 후 그 자산을 증여받은 자가 그 증여일부터 10년 이내에 다시 타인에게 양도한 경우로서 아래 "가." 에 따른 세액이 "나."에 따른 세액보다 적은 경우에는 증여자가 그 자산을 직접 양도한 것으로 본다. 다만, 양도소득이 해당 수증자에게 실질적으로 귀속된 경우에는 그러하지 아니하다(소득법 제101조 제2항, 2022. 12. 31. 개정).

> 가. 증여받은 자의 증여세(상증법에 따른 산출세액에서 공제·감면세액을 뺀 세액을 말한다)와 양도소득세(소득세법에 따른 산출세액에서 공제·감면세액을 뺀 결정세액을 말한다)를 합한 세액
>
> 나. 증여자가 직접 양도하는 경우로 보아 계산한 양도소득세

증여자에게 양도소득세가 과세되는 경우에는 당초 증여받은 자산에 대해서는 상증법의 규정에도 불구하고 증여세를 부과하지 아니한다(소득법 제101조 제3항).

## 제3절  재산취득자금 등의 증여추정

### 사례연구

최초에 증여의제 대상이 되어 과세될 수 있는 명의신탁 주식의 매도대금으로 취득한 주식이라는 점은 이를 주장하는 자가 입증하여야 하고, 그러함에도 불구하고 이를 인정할 수 없는 특별한 사정에 대한 입증책임은 과세관청에게 있다(일부 국패).

#### 현황

(1) 과세관청은 원고에 대한 증여세 조사를 실시하여, 2007년경부터 2011년경까지 이루어진 원고 명의의 B사 주식 취득에 대하여 이를 B사의 대표이사이자 최대주주인 C가 원고에게 명의신탁한 것으로 보아 주주명부 폐쇄일을 증여의제일로 하여 그날 주주명부에 원고 명의로 등재된 이 사건 B사 주식 가액을 증여의제가액으로 산정하였다.

(2) 또한 과세관청은 원고가 2007년경부터 2012년경까지 C으로부터 신용카드 사용대금, 아파트 취득자금 등을 증여받은 것으로 추정하였다.

**쟁점**

주식의 명의신탁 및 재산취득자금에 대한 증여의제 등 규정 적용 여부

**판단**

원심은 원고가 소외인으로부터 명의신탁받은 이 사건 원고 명의의 B사 주식의 매매차익이 명의수탁자인 원고의 소득에 해당한다고 보기 어려운 점, 2010. 1. 20. △△△△△△ 계좌에서 출금된 아파트 취득자금 1억 원이 이 사건 원고 명의의 B사 주식의 매도대금이라고 단정하기 어려운 점 등의 사정에 비추어 볼 때, 당시 원고가 아파트 등의 재산을 취득할 재력이 충분하여 구 상증세법 제45조 제1항에 따른 재산취득자금의 증여추정을 적용할 수 없다는 원고의 주장을 배척하였다. 관련 규정과 법리에 비추어 기록을 살펴보면, 원심의 이러한 판단에 상고이유 주장과 같이 재산취득자금의 증여추정에 관한 법리를 오해하거나 논리와 경험의 법칙을 위반하여 자유심증주의의 한계를 벗어난 잘못이 없다.

또한 이미 증여의제로 과세된 주식의 매매차익으로 얻은 재산취득자금에 대해 다시 증여세를 부과하는 것은 납세의무자의 헌법상 재산권을 침해하는 이중과세라는 상고이유 주장은 이 사건에서 증여로 추정된 아파트 등의 재산취득자금 출처가 증여의제로 과세된 원고 명의의 이 사건 B사 주식의 매매차익이라는 사실을 전제로 하는 것인데, 앞서 본 바와 같이 그러한 사실을 인정하기 어렵다고 본 원심의 판단에 별다른 잘못이 없는 이상 이 부분 상고이유 주장은 더 나아가 판단할 필요 없이 이유 없다(서울고등법원 2020누46761, 2021. 9. 30. : 대법원 2019두36971, 2020. 6. 25. : 서울고등법원 2017누42264, 2019. 2. 8. : 서울행정법원 2015구합80338, 2017. 3. 23. : 조심 2014서5661, 2015. 9. 1.).

## 1  개 요

재산취득자의 직업, 연령, 소득 및 재산상태 등으로 볼 때 재산을 자력으로 취득하였다고 인정하기 어려운 경우 또는 채무를 자력으로 상환하였다고 인정하기 어려운 경우에는 그 가액을 증여받은 것으로 추정한다(상증법 제45조 제1항 및 제2항). 실명이 확인된 계좌 또는 외국의 관계 법령에 따라 이와 유사한 방법으로 실명이 확인된 계좌에 보유하고 있는 재산은 명의자가 그 재산을 취득한 것으로 추정하여 증여받은 것으로 추정한다(상증법 제45조 제4항).

재력이 있는 부모가 자녀에게 재산취득자금 등을 증여하는 경우 현실적으로 과세관청에서 이를 포착하기는 쉽지 않다.[103] 아울러 세금 납부에는 누구나 거부감이 있기 마련이고,

---

103) 케이블TV에 출연한 여성이 4억여 원에 해당하는 명품을 부모님 도움으로 마련하였다고 발언한 것이 화제가 되어 모 국회의원이 국세청장에게 재산취득자금에 대하여 증여세를 추징하라고 요구하였다(조선일보 2010년 9월 14일자 사설).

부모 등으로부터 재산취득자금을 증여받는 경우라도 자진하여 증여세를 납부할 개연성이 그리 높지 않는 점 등을 고려하여 후술할 국세청장 등이 정한 일정금액 이하의 경우와 출처에 관한 소명이 충분한 경우 외에는 재산의 취득에 대하여 증여추정 규정이 적용된다.

한편, 자금출처에 관한 소명(입증)에 관한 그동안의 대법원 판례(대법원 2008두20598, 2010. 7. 22., 같은 뜻 대법원 94누9603, 1997. 11. 8.)를 종합해 보면, 2004년부터 증여세 완전포괄주의 과세방식이 도입되고 상증법 제45조 제1항이 개정[104]되었다 하더라도, 이와 같이 증여를 추정하기 위하여는 수증자에게 일정한 직업이나 소득이 없다는 점 외에도 증여자에게 재산을 증여할 만한 재력이 있다는 점을 과세관청이 증명하여야 한다고 판시하고 있다는 점을 주의할 필요가 있다.

## 2 증여추정의 기준

### (1) 재산취득자금의 경우

#### 1) 증여추정의 요건

재산 취득자의 직업·연령·소득 및 재산상태 등으로 보아 재산을 자력으로 취득하였다고 인정하기 어려운 경우에는 그 재산을 취득한 때에 그 재산의 취득자금을 그 재산의 취득자가 증여받은 것으로 추정하여 이를 그 재산취득자의 증여재산가액으로 한다(상증법 제45조 제1항).

"재산을 자력으로 취득하였다고 인정하기 어려운 경우"란 다음의 항목에 따라 입증된 금액의 합계액이 취득재산의 가액에 미달하는 경우를 말한다. 다만, 입증되지 아니한 금액이 취득재산가액의 100분의 20에 상당하는 금액과 2억 원 중 적은 금액에 미달하는 경우를 제외한다(상증령 제34조 제1항).

가. 신고하였거나 과세(비과세 또는 감면받은 경우를 포함)받은 소득금액[105]

---

104) 재산취득자금의 증여추정에 관하여 구 상속세 및 증여세법(2003. 12. 30. 법률 제7010호로 개정되기 전의 것, 이하 '개정 전 법'이라 한다) 제45조 제1항(이하 '개정 전 규정'이라 한다)은 "직업·연령·소득 및 재산상태 등으로 보아 재산을 자력으로 취득하였다고 인정하기 어려운 경우로서 대통령령이 정하는 경우에는 당해 재산을 취득한 때에 당해 재산의 취득자가 '다른 자로부터' 취득자금을 증여받은 것으로 추정한다."고 규정하고 있었는데, 2003. 12. 30. 법률 제7010호로 개정된 구 상속세 및 증여세법(2010. 1. 1. 법률 제9916호로 개정되기 전의 것, 이하 '개정 후 법'이라 한다) 제45조 제1항(이하 '개정 후 규정'이라 한다)은 "직업·연령·소득 및 재산상태 등으로 보아 재산을 자력으로 취득하였다고 인정하기 어려운 경우로서 대통령령이 정하는 경우에는 당해 재산을 취득한 때에 당해 재산의 취득자금을 그 재산의 취득자가 증여받은 것으로 추정하여 이를 그 재산취득자의 증여재산가액으로 한다."고 규정하면서 '다른 자로부터'라는 문구를 삭제하였다(출처 : 대법원 2010. 7. 22. 선고 2008두20598 판결문).
105) 재산취득일이 속하는 사업연도의 소득금액 중 자금출처로 인정되는 금액은 비치·기장한 장부 등에 의하여 재산취득일까지 발생한 사실이 확인되는 금액으로 한다(서일 46014-11461, 2003. 10. 16.).

나. 신고하였거나 과세받은 상속 또는 수증재산의 가액

다. 재산을 처분한 대가로 받은 금전이나 부채를 부담하고 받은 금전으로 당해 재산의 취득 또는 당해 채무의 상환에 직접 사용한 금액

한편, 아래의 상증법 기본통칙(45-34…1)은 상증령 제34조 제1항 각 호의 규정에 의하여 입증된 금액으로 보는 경우를 제시하고 있다.

① 본인 소유재산의 처분사실이 증빙에 의하여 확인되는 경우 그 처분금액(그 금액이 불분명한 경우에는 상증법 제60조 내지 제66조의 규정에 의하여 평가한 가액)에서 양도소득세 등 공과금 상당액을 뺀 금액

② 기타 신고하였거나 과세받은 소득금액은 그 소득에 대한 소득세 등 공과금 상당액을 뺀 금액

③ 농지경작소득

④ 재산취득일 이전에 차용한 부채로서 상증령 제10조 규정의 방법에 따라 입증된 금액. 다만, 원칙적으로 배우자 및 직계존비속 간의 소비대차는 인정하지 아니한다.

⑤ 재산취득일 이전에 자기재산의 대여로서 받은 전세금 및 보증금

⑥ 위 "①" 내지 "⑤" 이외의 경우로서 자금출처가 명백하게 확인되는 금액[106]

위 상증법 기본통칙에 따라 자금출처를 입증할 때 그 재산의 취득자금을 증여받은 재산으로 하여 자금출처를 입증하는 경우 상증령 제34조 제1항 단서를 적용하지 아니한다.[107]

## 2) 증여시기

재산을 자력으로 취득한 것으로 인정하기 어려운 경우에는 해당 재산을 취득한 때에 취득자가 그 취득자금을 증여받은 것으로 본다.[108]

---

106) 자금출처 입증 시 현금 등을 증여받은 것으로 소명한 것은 자금출처로 인정하지 않는다.
107) 1992년 로스앤젤레스(LA)에서 폭동이 발생하였을 때 가장 큰 피해를 본 사람들은 한인 상인들로 보도된 바 있다. 1992년 4월 29일에 시작되어 5월 4일까지 6일간 이어진 LA폭동은 역사상 최대 규모의 흑인폭동 이었으며 미국 사회에 큰 파장을 불러왔고, 많은 한인 상인들이 피해를 보았다. 그런데 잘 알려지지 않은 사실 하나가 있다. 미국 정부가 큰 피해를 본 한인들의 규모를 파악하여 보상을 하고자 은행 입출금 자료, 전년도 소득세 신고자료, 매출·매입 등 거래내역을 기록한 장부 등을 제출토록 했는데 한인상인들은 장부를 제대로 유지하지 않은데다가 그나마 수기로 작성한 장부는 불에 타 없어져 버리고 은행거래를 하기보다는 그날그날의 현금거래로 마감을 하다 보니 이를 증명할 방법이 없었다는 것이다. 그러다 보니 적절한 보상을 받지 못하여 이중고를 겪었다고 한다. 거래내역에 대한 적절한 장부유지는 법인세나 소득세의 비용 인정목적뿐만 아니라 때로는 보상을 위한 입증자료로도 활용될 수 있다는 점을 유념해야 할 것이다.
108) 재산취득자금 등의 증여추정 규정은 재산 취득 또는 채무 상환이 있을 때마다 그 해당 여부를 판단한다(상증법 집행기준 45-0-2).

### 3) 증여재산가액(입증하지 못한 금액)

★

> 입증하지 못한 금액=(취득재산가액 − 입증된 금액) ≥ Min(취득재산가액 × 20%, 2억 원)

즉, 증여추정에 따른 증여재산가액은 취득재산의 가액이 아니라 입증하지 못한 금액(취득재산가액 − 입증된 금액)이며, 입증하지 못한 금액이 취득재산가액의 20%와 2억 원 중 적은 금액 이상일 경우이다.

취득재산의 가액은 재산을 취득하기 위하여 실제로 소요된 총취득자금을 말한다. 여기에는 취득세 등 취득부수비용을 포함하고, 재산 취득 당시 증빙불비로 취득재산가액을 확인할 수 없는 경우에는 취득 당시 시가 또는 보충적 평가액을 취득재산가액으로 한다.[109]

## (2) 채무상환자금의 경우

### 1) 증여추정의 요건

채무자의 직업·연령·소득 및 재산상태 등으로 보아 채무를 자력으로 상환(일부 상환 포함)하였다고 인정하기 어려운 경우에는 그 채무를 상환한 때에 그 상환자금을 그 채무자가 증여받은 것으로 추정하여 이를 그 채무자의 증여재산가액으로 한다(상증법 제45조 제2항).

"채무를 자력으로 상환하였다고 인정하기 어려운 경우"란 다음의 항목에 따라 입증된 금액의 합계액이 채무의 상환금액에 미달하는 경우를 말한다. 다만, 입증되지 아니한 금액이 채무상환금액의 100분의 20에 상당하는 금액과 2억 원 중 적은 금액에 미달하는 경우를 제외한다(상증령 제34조 제1항).

① 신고하였거나 과세(비과세 또는 감면받은 경우를 포함)받은 소득금액[110]
② 신고하였거나 과세받은 상속 또는 수증재산의 가액
③ 재산을 처분한 대가로 받은 금전이나 부채를 부담하고 받은 금전으로 당해 재산의 취득 또는 당해 채무의 상환에 직접 사용한 금액

한편, 재산취득의 경우에서 본 상증법 기본통칙(45-34…1)도 채무상환의 경우에도 동일하게 입증된 금액으로 본다.

---

109) 상증법 집행기준 45-0-3
110) 재산취득일이 속하는 사업연도의 소득금액 중 자금출처로 인정되는 금액은 비치·기장한 장부 등에 의하여 재산취득일까지 발생한 사실이 확인되는 금액으로 한다(서일 46014-11461, 2003. 10. 16.).

## 2) 증여시기

채무를 자력으로 상환하였다고 인정하기 어려운 경우에는 그 채무를 상환한 때에 채무자가 그 상환자금을 증여받은 것으로 본다.

## 3) 증여재산가액(입증하지 못한 금액)

★

입증하지 못한 금액=(채무상환금액 − 입증된 금액) ≥ Min(채무상환금액 × 20%, 2억 원)

즉, 증여추정에 따른 증여재산가액은 채무상환금액 전체가 아니라 입증하지 못한 금액(채무상환금액 − 입증된 금액)이며, 입증하지 못한 금액이 채무상환금액의 20%와 2억 원 중 적은 금액 이상일 경우이다.

**사례** 재산취득(채무상환)금액과 입증금액이 아래와 같은 경우 증여추정 여부 및 증여재산가액은?

| 현행 규정상의 입증금액 요건(증여추정 요건) 및 증여재산가액 |

| | |
|---|---|
| 증여추정 제외 요건<br>(영 §34 ① 단서) | 입증하지 못한 금액 〈 Min [① 재산취득가액 × 20%, ② 2억 원] |
| 증여추정 요건<br>(영 §34 ①) | 입증하지 못한 금액 ≥ Min [① 재산취득가액 × 20%, ② 2억 원] |
| 증여재산가액<br>(증여추정금액) | 입증하지 못한 금액(미입증금액) = 재산취득(채무상환)금액 |

| 증여추정 여부 및 증여재산가액(증여추정가액)의 계산사례 |

| 재산취득<br>(채무상환)금액 | 입증금액 | 미입증금액 및 증여추정 요건 검토 | 증여추정<br>여부 및<br>증여재산가액 |
|---|---|---|---|
| ① 8억 원 | 7억 원 | 1억 원〈 Min[① 8억 원×20%, ② 2억 원] = 1.6억 원 | 제외 |
| ② 9억 원 | 6.5억 원 | 2.5억 원 ≥ Min[① 9억 원×20%, ② 2억 원] = 1.8억 원 | 2.5억 원 |
| ③ 15억 원 | 13.5억 원 | 1.5억 원〈 Min[① 15억 원×20%, ② 2억 원] = 2억 원 | 제외 |
| ④ 19억 원 | 16.5억 원 | 2.5억 원 ≥ Min[① 19억 원×20%, ② 2억 원] = 2억 원 | 2.5억 원 |

**(해설)**
- 사례 "①"과 "③"은 미입증금액이 입증금액 요건에 미달되어 증여추정에서 제외됨.
- 사례 "②"와 "④"는 미입증금액이 입증금액 요건 이상에 해당되어 해당 미입증금액 2.5억 원 각각 증여재산가액이 됨.

## (3) 차명계좌 증여추정

### 1) 개요

상증법은 2013. 1. 1. 실명확인계좌의 보유재산에 대한 증여추정(차명계좌 증여추정) 규정을 신설하여, 「금융실명거래 및 비밀보장에 관한 법률」(금융실명법) 제3조에 따라 실명이 확인된 계좌 또는 외국의 관계 법령에 따라 이와 유사한 방법으로 실명이 확인된 계좌에 보유하고 있는 재산은 명의자가 그 재산을 취득한 것으로 추정하도록 하였다(상증법 제45조 제4항).

금융회사 등은 거래자의 실지명의(실명)에 의하여 금융거래를 하도록 하는 '금융실명제'(1993년 실시)하에서 예금의 실질소유자나 명의 대여자에 대한 제재규정이 없었기 때문에 비자금 관리나 탈세 등의 목적으로 다른 사람의 실명계좌(합의 차명계좌)를 사용하는 등 사회적 문제가 발생하였다. 이러한 이유로 증여세 과세에 있어서도, 실명확인을 거친 예금계좌에 타인의 예금을 보유하고 있다는 사실만으로 그 명의자를 예금의 소유자로 인정하는 것은 아니기 때문에 예금 입금 자체를 증여로 보는데 문제가 있었다.

따라서 차명계좌를 이용한 증여세 등 조세탈루를 방지하기 위하여 타인 명의로 계설된 금융계좌에 보유된 재산에 대한 과세를 강화할 필요성에 따라 상증법 제45조 제4항이 신설되어 2013. 1. 1. 이후 신고하거나 결정 또는 경정하는 분부터 적용하도록 하고 있다(상증법 부칙 제4조).

### 2) 증여추정의 요건

금융실명법 제3조에 따라 실명이 확인된 계좌 또는 외국의 관계 법령에 따라 이와 유사한 방법으로 실명이 확인된 계좌에 보유하고 있는 재산은 명의자가 그 재산을 취득한 것으로 추정하여 상증법 제45조 제1항을 적용하도록 하였으므로, 명의자가 증여세를 부과받지 않으려면 차명계좌라는 점을 입증하여야 하며, 차명계좌로 입증되지 않는 경우로서 직업, 연령, 소득 및 재산 상태에 비추어 재산을 자력으로 취득하였다고 인정하기 어려운 경우에는 그 재산을 계좌의 명의자가 증여받은 것으로 추정한다.

한편, 이러한 입증에 따라 증여세 과세에서 제외되는 것과 달리 2014. 5. 28. 개정되어 2014. 11. 29. 이후 시행되는 아래의 개정 금융실명법에 따라, 명의신탁(차명예금) 금지 및 소유 추정제도가 도입되어 직접적인 규제가 가능하게 되었으므로 금융거래 시 이 점을 유의하여야 한다. 즉, 명의신탁을 금지하는 금융실명법상의 '금융거래'는 금융회사 등의 차명계좌를 통한 예금 또는 상장주식 등이 여기에 해당하는바, 이들에 대한 증여세 과세는 아래의 강화된 금융실명법 전에도 가능하였으나, 개정 금융실명법에 따라 명의를 빌린 사람과 빌려준 사람을 모두 처벌하게 됨에 따라, 종전의 세금만 추징되는 문제에서 더 중한 형사처벌이 따르게 되었다.

 개정된 금융실명법의 내용[신설 2014. 5. 28., 시행일 2014. 11. 29.]

#### 제3조(금융실명거래)

③ 누구든지 「특정 금융거래정보의 보고 및 이용 등에 관한 법률」 제2조 제3호에 따른 불법재산의 은닉, 같은 조 제4호에 따른 자금세탁행위 또는 같은 조 제6호에 따른 공중협박자금조달행위 및 강제집행의 면탈, 그 밖에 탈법행위를 목적으로 타인의 실명으로 금융거래를 하여서는 아니된다.(2020. 3. 24. 타법 개정)

④ 금융회사 등에 종사하는 자는 제3항에 따른 금융거래를 알선하거나 중개하여서는 아니 된다.

⑤ 제1항에 따라 실명이 확인된 계좌 또는 외국의 관계 법령에 따라 이와 유사한 방법으로 실명이 확인된 계좌에 보유하고 있는 금융자산은 명의자의 소유로 추정한다.[111]

#### 제6조(벌칙)

① 제3조 제3항 또는 제4항, 제4조 제1항 또는 제3항부터 제5항까지의 규정을 위반한 자는 5년 이하의 징역 또는 5천만 원 이하의 벌금에 처한다.

② 제1항의 징역형과 벌금형은 병과(倂科)할 수 있다.

---

[111] 금융실명법 제3조 제5항의 신설규정은 대법원 판례(대법원 2008다45828, 2009. 3. 19. 외 다수)를 통하여 차명예금의 예금주로서의 권리는 원칙적으로 예금 명의자에게 있는 것으로 인정해오던 것을 법률에 명시하였다는 점에서 의미가 있다. 본 규정을 통하여 명의신탁의 신탁자는 원칙적으로 금융회사 등에 대해 차명계좌 자산의 반환을 청구할 수 없게 되었으나, 명의신탁 계약의 신탁자와 명의자 간 내부관계에서는 여전히 신탁자가 해당 자산의 소유자에 해당하는 것이고, 명의신탁 계약 역시 일종의 위임계약의 한 종류로써 명의자는 민법 제684조(수임인의 취득물 등의 인도, 이전의무)에 따라 신탁자를 위하여 자기 명의로 취득한 자산을 신탁자에게 반환할 민법상 채무를 부담하고 있다.
만약, 명의자가 해당 자산을 자신의 소유로 주장하는 경우 신탁자는 소송 등을 통하여 자산의 소유권을 찾아올 수는 있으나, 신설된 금융실명법 제6조의 벌칙 규정으로 인해 신탁자가 명의신탁 금융자산의 소유권 주장을 위해 명의신탁 관계를 밝히는 경우 형사처벌의 대상이 된다.

### 3) 증여시기

재산 취득자의 직업, 연령, 소득 및 재산 상태에 비추어 재산을 자력으로 취득하였다고 인정하기 어려운 경우에는 그 재산을 해당 예금계좌에 입금한 때에 그 계좌의 명의자가 증여받은 것으로 추정한다. 다만, 명의자가 차명재산임을 입증하는 경우에는 과세에서 제외한다.[112]

상기 규정은 2013. 1. 1. 이후 신고하거나 결정 또는 경정하는 분부터 적용한다(개정 상증법 부칙 제4조). 그러므로 2013. 1. 1. 이후 차명계좌를 이용하는 경우 당해 계좌입금일에 증여가 이루어진 것으로 추정한다. 그렇다면 2012. 12. 31. 이전에 타인명의의 계좌에 입금이 되어 사용되고 있는 현금의 경우 당초 입금일을 증여시점으로 볼 것인지 아니면 실제 사용일을 증여시점으로 볼 것인지가 명확하지 않다. 증여시점을 언제로 볼 것인가 하는 점은 증여세 부과권 제척기간의 개시시점을 판정하는데 중요한 요소이므로 이를 명확히 할 필요가 있다.

가명이나 남의 이름으로 증권회사의 주식예탁관리계좌의 개설이 제한 없이 가능한 상황 하에서 증권회사의 위탁자계좌부에 이를 취득할 자력이 없고 전혀 소득도 없는 아들 명의로 구좌를 개설하여 주식을 취득하였다는 사정만으로 아버지로부터 아들 앞으로 증여에 따른 실질적인 소유권이전이 있는 것으로 단정할 수는 없다(대법원 93누2643, 1993. 8. 24.). 비록 자녀 명의의 계좌에 현금이 입금되었다 하더라도 입금한 시점에서 자녀가 증여받은 사실이 확인되지 아니한 때에는 당해 금전을 자녀가 인출하여 실제 사용하는 날에 증여받은 것으로 보는 것이 타당하다는 것이다.

요약하면, 자력으로 당해 금전을 취득하였다고 인정하기 어려운 경우라면 단순히 실명이 확인되었다는 이유만으로 해당 계좌의 명의자 재산이라고 인정할 수 없다는 해석하는 것이 타당하다 할 것이다(조심 2014서40, 2014. 5. 26. 같은 뜻).[113]

### 4) 증여재산가액(입증하지 못한 금액)

★

입증하지 못한 금액=(차명계좌 입금액 − 입증된 금액) ≥ Min(차명계좌입금액×20%, 2억 원)

즉, 증여추정에 따른 증여재산가액은 재산취득자금 등의 증여추정 방법(입증된 금액의 범위 등)에 따라 자력으로 취득하였다고 입증하지 못한 금액(차명계좌 입금액 − 입증된 금액)이며, 입증하지 못한 금액이 차명계좌 입금액의 20%와 2억 원 중 적은 금액 이상일 경우이다.

---

112) 기획재정부의 2013년 개정세법 해설 참조
113) 2013. 1. 1. 신설된 상증법 제45조 제4항은 차명계좌를 이용한 변칙 증여에 대해 과세를 강화하기 위한 것에 있기 때문이다.

### 5) 현행 법령하에서의 차명예금 증여추정 규정에 대한 평가

차명예금에 대해 현재 금융실명법의 개정으로 명의신탁 금지 및 소유 추정제도가 도입되어 직접적인 규제가 가능하게 되었으나, 이러한 개정 이전에는 예금의 명의신탁 행위에 대한 규제로 상증법상 증여추정 규정이 제재수단으로 작용하여 왔다 할 것이다.

상증법에서는 직업, 연령, 소득 및 재산 상태 등으로 볼 때 자산을 자력으로 취득하였다고 인정하기 어려운 경우로서 신고하거나 과세된 재산가액이 취득재산의 가액에 미달하는 경우 등에는 그 재산을 취득한 때에 그 재산의 취득자금을 증여받은 것으로 추정하는 취득재산 증여규정(상증법 제45조 제1항)이나, 금융실명법 제3조에 따라 실명이 확인된 계좌 등에 보유하고 있는 재산은 명의자가 그 재산을 취득한 것으로 추정하는 규정(상증법 제45조 제4항)을 두어 재산의 명의신탁 행위에 대한 제재를 가하였다.

차명예금은 소득세법상 금융소득 종합과세의 이용 혹은 초과누진세율의 적용을 회피하기 위한 수단으로 활용될 수 있고, 차명예금을 명의신탁한 후 신탁자가 출연자에 대한 예금 반환청구권(민법 제684조)을 자녀에게 승계하는 방식의 증여세 회피 수단으로 작용될 수 있는데 반하여 이를 과세당국이 포착하기 어려운 난점이 있어서 광범위하게 이용되어 왔다할 것이다.

이러한 증여추정 규정에도 불구하고 상증법 제45조 제1항에 의한 무자력자 취득재산 증여추정 규정의 경우, 과세관청이 무자력자인 명의자가 해당 계좌에서 예금을 인출하여 사용한 사실을 포착하지 못하는 경우에는 '재산의 취득' 사실을 입증하지 못하여 이를 통한 과세에 어려움을 겪었으며(국심 99서2691, 국심 2000부1351 등 참고), 상증법 제45조 제4항의 금융실명법상 실명확인 계좌 증여추정 규정에 대해서도 납세의무자가 해당 계좌의 예금은 명의신탁약정에 의한 것임을 밝히는 경우 과세할 수 없는 실정이었다.

그러나 금융실명법의 개정으로 인하여 차명예금에 대해 명의자의 소유로 추정되며, 해당 예금이 명의신탁임을 밝히는 경우 형사처벌을 받게 되므로 상증법상 증여추정 규정의 적용을 회피해 온 논리를 더 이상 주장할 수 없다. 명의신탁 약정으로 차명예금을 보유한 자는 금융실명법에 따른 제재 혹은 상증법에 따른 증여세 과세 중 어느 하나의 제재를 받게 되는 것이다.

## 3 증여추정의 배제

### (1) 증여추정 배제기준

재산의 취득자금 또는 채무의 상환자금이 직업, 연령, 소득, 재산 상태 등을 고려하여 대통령령으로 정하는 금액 이하인 경우와 취득자금 또는 상환자금의 출처에 관한 충분한 소

명(疏明)이 있는 경우에는 증여추정의 규정을 적용하지 아니한다(상증법 제45조 제3항). 대통령령으로 정하는 금액은 재산취득일 전 또는 채무상환일 전 10년 이내에 해당 재산 취득자금 또는 해당 채무 상환자금의 합계액이 5천만 원(2014. 2. 20. 이전에는 3천만 원) 이상으로서 연령·직업·재산 상태·사회경제적 지위 등을 고려하여 국세청장이 정하는 금액을 말한다(상증령 제34조 제2항).

## (2) 국세청장이 정하는 금액의 범위

「상속세 및 증여세 사무처리규정」(2023. 9. 13. 개정) 제42조(재산취득자금 등의 증여추정 배제기준) 제1항에 따르면, 재산취득일 전 또는 채무상환일 전 10년 이내에 주택과 기타재산의 취득가액 및 채무상환금액이 각각 아래 기준에 미달하고, 주택취득자금, 기타재산 취득자금 및 채무상환자금의 합계액이 총액한도 기준에 미달하는 경우에는 상증법 제45조 제1항과 제2항을 적용하지 아니한다.

| 증여추정 배제기준(2020. 7. 20. 이후) | (단위 : 억 원)

| 구 분 | 취득재산 | | 채무상환 | 총액한도 |
|---|---|---|---|---|
| | 주택 | 기타재산 | | |
| 40세 이상 | 3 | 1 | 0.5 | 4 |
| 30세 이상 | 1.5 | 0.5 | 0.5 | 2 |
| 30세 미만 | 0.5 | 0.5 | 0.5 | 1 |

| 증여추정 배제기준(2020. 7. 19. 이전) | (단위 : 억 원)

| 구 분 | | 취득재산 | | 채무상환 | 총액한도 |
|---|---|---|---|---|---|
| | | 주택 | 기타재산 | | |
| 세대주인 경우 | 30세 이상 | 1.5 | 0.5 | 0.5 | 2 |
| | 40세 이상 | 3 | 1 | | 4 |
| 세대주가 아닌 경우 | 30세 이상 | 0.7 | 0.5 | 0.5 | 1.2 |
| | 40세 이상 | 1.5 | 1 | | 2.5 |
| 30세 미만인 자 | | 0.5 | 0.5 | 0.5 | 1 |

| 구 분 | | 취득재산 | | 채무 상환 | 총액한도 |
|---|---|---|---|---|---|
| | | 주택 | 기타재산 | | |
| 세대주인 경우 | 30세 이상 | 2 | 0.5 | 0.5 | 2.5 |
| | 40세 이상 | 4 | 1 | | 5 |
| 세대주가 아닌 경우 | 30세 이상 | 1 | 0.5 | 0.5 | 1.5 |
| | 40세 이상 | 2 | 1 | | 3 |
| 30세 미만인 자 | | 0.5 | 0.5 | 0.5 | 1 |

| 증여추정 배제기준(2018. 4. 1. 이전) |　　　　　　　　　　　　　　(단위 : 억 원)

이에 따라, 재산취득일 전 또는 채무상환일 전 10년 이내에 당해 취득가액 및 채무상환금액이 위 기준금액 미만인 경우에는 증여추정 규정을 적용하지 아니한다. 다만, 상기 증여추정 배제기준에도 불구하고 취득가액 또는 채무상환금액이 타인으로부터 증여받은 사실이 확인될 경우에는 증여세 과세대상이 된다.[114] 이 경우 이에 대한 입증책임은 과세관청에 있다.

## 4 비거주자의 경우

### (1) 개요

비거주자의 경우도 국내의 증여재산에 대해서는 납세의무가 있다(상증법 제4조의 2). 비거주자가 국내에 소재하는 재산을 증여받는 경우 증여세를 납부하여야 하는 것이다. 비거주자가 국내에서 증여받은 재산에 대해 과세하는 것은 국내에 소재하는 재산을 증여자가 보유하고 있는 동안에 발생한 보유이득에 대해서 양도소득세를 부과하지 않는 점을 보완하기 위함이다.

### (2) 비거주자가 증여해 준 자금으로 국내 재산을 취득하는 경우

비거주자가 국내에서 취득하는 재산의 취득자금을 국외에서 다른 비거주자가 증여해 준 경우 증여세 과세 여부는 어떻게 판단할 것인가? 만약 증여받는 재산이 등기·등록을 요하는 부동산인 경우 현금수증 후 재산취득을 하는 경우에 비하여 증여 여부를 판단하기가 용이할 것이다. 그런데 현금을 증여받아 국내 부동산을 취득하는 경우라면 문제가 다소 복잡해 질 수 있다. 현금은 그 자체로 재산가치를 가지고 있는데다가 등기·등록을 필요로 하지

114) 「상속세 및 증여세 사무처리규정」 제42조 제2항

않는다. 따라서 은행계좌를 통하지 않고 당사자 간에 직접 증여가 이루어진다고 하면 자금의 흐름과 그 원천을 입증하기가 용이치 않을 것이기 때문이다.

예를 들어 국외에서 비거주자인 남편으로부터 현금증여를 받은 부인이 그 자금을 국내로 들여와 부동산을 매입한 경우 부인은 자신 소유의 자금으로 국내재산을 매입한 것이 되어 증여세를 부담할 의무가 없다. 다만, 이 경우 국외에서 현금을 증여받은 사실에 대해서 과세관청에서 소명을 요구할 가능성이 있을 수 있다. 특히 그 부인이 한국 국적을 가진 비거주자라면 과세관청의 소명요구 가능성은 커질 수 있을 것이다. 물론 이 문제는 해외에서 증여받은 자금에 대해서 그 나라에서 증여세를 납부하였다면 그 사실을 입증함으로써 간단히 해소할 수 있을 것이다. 하지만 대다수의 나라에서는 부부간의 증여에 대해서 증여세를 과세하지 않고 있다. 따라서 국외에서의 증여 사실을 입증하기가 쉽지 않을 수 있다.

비거주자가 국내부동산 취득 시 국내에 송금한 사실만으로는 당해 부동산 취득에 대한 자금출처재원으로 인정받을 수 없다는 예규(재산 01254-2502, 1988. 9. 6.)가 있다. 그러므로 당해 현금의 증여가 국내에서 이루어진 것으로 추정되는 경우 과세관청에서는 국내에서 부동산을 취득한 시점에 현금증여가 이루어진 것으로 보아 증여세를 과세하려 할 가능성이 있으므로 주의가 요망된다 할 것이다.

### (3) 재산취득자금의 증여추정 규정의 비거주자 적용상의 문제

재산취득자금의 증여추정 규정(상증법 제45조 제1항)은 당해 재산의 소재지가 국내라면 앞서 언급한 규정(상증법 제2조 제1항 제2호)에 따라 비거주자에 대해서도 적용된다고 해석함이 타당하다고 본다. 다만, 상증법 제45조 제1항의 재산취득자금 증여추정 규정은 취득한 재산 자체의 증여를 추정하는 것이 아니라, 취득한 재산의 취득자금의 증여를 추정하고 있다는 점을 유의할 필요가 있다.

이 경우 증여세의 과세대상은 자금이지 부동산과 같은 재산은 아니다. 상증법상 '자금'은 국내에 소재하여야 국내에서 과세할 수 있다. 이는 납세자가 비거주자인 경우로서 해당 재산의 취득자금의 출처를 입증하지 못한 경우 그에게 해당 취득자금을 취득자가 증여받은 것으로 추정할 수는 있지만 그것을 국내에서 증여받은 것으로까지 추정할 수 있는 것은 아니다.

상증법 제45조 제1항의 규정에 의해 비거주자에게 증여세를 부과하기 위해서는 과세관청이 해당 자금의 소재가 국내인 것을 입증하여야 한다는 것이 된다. 해당 자금이 예금의 형태였다면 해당 예금의 금융기관 영업장이 국내에 소재하고 있다는 점을 입증하여야 할 것이다(상증법 제5조 제1항 제8호 및 상증령 제3조). 은행예금은 국가에 따라 차이가 있으나 통상 그 계좌가 관리·유지되는 지점에 소재하는 것으로 본다. 프랑스, 일본, 영국 등이 그러하다. 다만, 미국에서는 피상속인의 은행예금이 피상속인의 상업적·직업적 활동과 유효하게 관련이 되어 있지 않다면 미국에 소재한 것으로 간주되지 않는다.[115]

비거주자에게 상증법 제45조 제1항을 적용하여 증여세를 부과하기 위해서는 과세관청이 해당 재산의 취득자금의 출처가 국내임을 별도로 입증하여야 할 것이다. 이러한 문제 때문에 상증법 제45조 제1항은 비거주자에게 적용하기 어려운 한계를 가지고 있다.

## 5 합산배제 증여재산

증여세 과세가액은 증여일 현재 상증법에 따른 증여재산가액을 합친 금액에서 그 증여재산에 담보된 채무(그 증여재산에 관련된 채무 등 대통령령으로 정하는 채무를 포함한다)로서 수증자가 인수한 금액을 뺀 금액으로 한다. 다만, 재산 취득자금 등의 증여추정 금액은 합산하지 아니한다(상증법 제47조 제1항 괄호 속). 해당 규정은 최근 법령의 개정으로 "합산배제 증여재산"으로 분류되었다(법률 제18591호, 2021. 12. 21.).

## 제4절 자본거래를 통한 증여의 유형

## 1 합병에 따른 이익의 증여

### 사례연구

다자간 합병의 경우에 상증법상 대주주 합병차익이 3억 원 이상일 것이라는 과세요건의 충족 여부는 양자 간 합병의 경우와 마찬가지로 합병당사법인별로 대주주가 얻은 이익에 대하여 각각 판단하여야 한다.

### 현황

(1) 원고는 건설업 관련 회사인 A사, B사 & C사의 주식을 보유하였다.
(2) B사 & C사의 건자재사업 부문을 인적분할하여 A사와 분할합병하였다.

---

115) Wolfe D. Goodman, General Report, Cahiers de Droit Fiscal International, IFA, 1985, pp.28~31

(3) 합병비율을 정하기 위하여 구 상증법(2003. 12. 30. 법률 제7010호로 개정되어 2004. 1. 1. 시행되기 전의 것)에 따라 순자산가액을 평가하고 이를 기초로 주당 평가액을 아래와 같이 산정하였다.

(4) 다만, B사와 C사의 1주당 평가액은 각 법인의 건자재 사업 부문과 기타 부문의 회계상 (대차대조표상) 순자산가액에서 세무상 유보금액을 차감하여 각 사업 부문의 순자산가액을 계산한 후, 전체 순자산가액에서 건자재사업 부문이 차지하는 비율을 구 상증법상 순자산가액에 적용하여 건자재사업 부문의 순자산가액을 산정하고 이를 각 부문별 발행 주식수로 나누어 산정하였다.

(5) A사 등은 위와 같이 A사의 주식 1주당 평가액을 88,865원으로, B사와 C사의 각 건자재 사업 부문의 주식 1주당 평가액을 각 66,229원 및 134,407원으로 산정한 다음, 이에 기초하여 아래와 같은 합병비율에 기하여 A사에 흡수되는 B사 및 C사의 건자재사업 부문의 순자산에 대하여 A사 주식을 새로 발행하여 B사 및 C사의 주주들에게 교부하였다.

(6) 서울지방국세청장은 분할 사업 부문에 대한 주식가액은 구 상증법 제60조 내지 제66조 규정에 의하여 재산평가가 이루어져야 함에도 A사 등이 회계상(대차대조표상) 순자산가액에 법인세법상 유보잔액을 가감한 비율에 의하여 합병비율을 산정한 것은 불공정하고 이로 인해 대주주인 원고에게 구 상증법에 따른 증여이익을 모두 합하여 증여세를 과세하였다.

**쟁점**

(1) 합병비율 산정의 적정성

A사 등은 B사와 C사의 분할되는 건자재사업 부문의 순자산가액을 평가하는 방법에 대한 규정이 모호한 상태에서 인적 분할 당시 취득원가 산정의 일관성을 유지하기 위하여 법인세법에서 정하고 있는 방식에 근거하여 분할사업 부문의 순자산가액을 산정한 것이 적정한지 여부 및 가산세부과의 적법성

(2) 증여의제 금액 산정의 위법성

다자간 인적분할 합병의 경우에 불공정합병으로 인하여 증여이익 여부는 합병주체별로 산정하는 것인지 아니면 합산하여 산정하는 것인지 여부

**판단**

(1) 합병비율 산정방식 및 가산세 부과의 적법성

1) 구 상증령 제28조 제6항은 합병 전 1주당 평가가액은 원칙적으로 상증법 제63조의 규정에 의하여 평가한 가액에 의하도록 규정하고 있다. 그리고 상증법 제63조 제1항 제1호 (다)목, 시행령 제54조 제2항, 제55조는 비상장주식의 1주당 평가가액을 계산할 때 당해 법인의 순자산가액은 평가기준일 현재 당해 법인의 자산을 법 제60조 내지 제66조의 규정에 의하여 평가한 가액에서 부채를 차감한 가액으로 하도록 규

정하고 있다.

2) 원고가 이 사건 각 분할사업 부문의 순자산가액을 산정하고 이를 기초로 합병 전 1주당 평가가액과 합병비율을 계산한 것은 단순한 법령의 부지나 오해에 기인한 것으로 보일 뿐 그 의무 해태를 탓할 수 없는 정당한 사유가 있다고 보기 어렵다고 보아, 가산세 부과처분이 위법하다는 원고의 주장을 배척하였다.

3) 원심판결 이유를 위 규정을 비롯한 관련 규정과 아울러 적법하게 채택된 증거들에 비추어 살펴보면, 위와 같은 원심의 판단에 분할사업 부문의 순자산가액 산정에 관한 법리 및 가산세 부과를 면제할 정당한 사유에 관한 법리를 오해한 위법이 없다.

(2) 증여의제 금액 산정의 적법성

1) 증여세의 과세요건으로 합병 후 1주당 평가가액에서 합병 전 1주당 평가가액을 차감한 금액이 합병 후 1주당 평가가액의 100분의 30 이상일 것을 요구하고 있는데, 그 문언 내용이나 취지에 비추어 볼 때, 다자간 합병의 경우에도 주가가 과대평가된 합병당사법인별로 그 비율을 산정하여 위 요건에 해당하는지 판단하는 것이 자연스러우며, 이에 비추어 보면 제2호의 경우에도 합병당사법인별로 그 요건 해당 여부를 판단함이 상당하다.

또한 다자간 합병의 경우에 대하여 양자 간 순차 합병의 경우와 다른 기준을 적용하여 구 상증령 제28조 제3항 제1호, 제2호에서 정한 증여세 과세요건의 충족 여부를 판단하여야 한다고 볼 합리적인 근거를 찾기도 어렵다.

2) 구 상증령 제28조 제3항 제1호, 제2호가 대주주의 합병 차익이 일정 규모에 미달하는 경우에 증여세 과세 대상에서 제외한 취지는, 합병계약일부터 합병의 효력발생일로서 증여이익 산정의 기준이 되는 합병등기일 사이에 합병당사법인의 주가에 약간의 변동만 있어도 증여세가 과세되는 문제점 등을 해소하려는 데에 있는 것으로서, 이와 같은 문제점의 발생 가능성은 합병당사법인의 수가 늘어날수록 더 커진다.

3) 위와 같은 사정들을 종합하여 보면, 다자간 합병의 경우에 시행령 제28조 제3항 제2호에서 정한 대주주 합병차익이 3억 원 이상일 것이라는 과세요건의 충족 여부는 양자 간 합병의 경우와 마찬가지로 주가가 과대평가된 합병당사법인별로 대주주가 얻은 이익에 대하여 판단함이 타당하다. 따라서 주가가 과대평가된 2개 이상의 합병당사법인에 관한 주식을 보유하고 있던 대주주가 그 합병으로 얻은 이익의 합산액이 3억 원 이상이더라도 합병당사법인별로 계산한 대주주 합병차익이 3억 원에 미달하는 경우에는 그 3억 원에 미달하는 합병당사법인의 대주주 합병차익에 대하여 증여세를 과세할 수 없다고 할 것이다(대법원 2011두18427, 2013. 10. 31. : 서울고법 2010누41071, 2011. 6. 24. : 서울행법 2010구합13975, 2010. 10. 21. : 조심 2009서3540, 2009. 12. 24.).

## (1) 개요

### 1) 합병의 정의

합병이란 2 이상의 회사가 상법에 의하여 하나의 회사로 되는 것을 말한다. 합병의 종류에는 흡수합병, 신설합병, 분할합병이 있으며 각 종류별 형태는 다음과 같다.

| 흡수합병 |

A회사와 B회사가 합병하여 B회사는 소멸, A회사는 존속함.

| 신설합병 |

A회사와 B회사가 합병하여 양 사 모두 소멸하고 C회사가 신설됨.

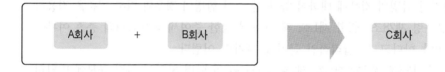

| 분할합병 |

기존 A회사의 사업부(A2)를 분할한 후 B회사와 합병하여 C회사가 됨.

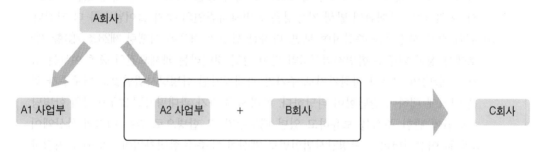

### 2) 합병에 따른 이익의 증여 과세의 의의

두 개 이상의 회사가 합병을 하는 경우 피합병법인과 합병법인의 시장가치에 따라 합병비율을 산정하여 신주를 교부하여야 한다. 특수관계법인 간 합병의 경우 합병비율을 조작할 가능성이 있으며, 합병비율을 조작하여 결과적으로 합병당사회사의 대주주 등이 합병전후를 비교하여 이익을 얻는 경우가 있다. 이러한 자본거래를 이용한 조세부담회피를 방지하기 위하여 기업 간의 합병 시 합병당사회사의 주당 평가가액차이를 이용한 실질적인 이익의 증여행위에 대한 과세체계를 도입하였다(상증법 제38조). 증여세법의 과세논리는 2003. 12. 30. 법 개정으로 통하여 포괄주의 과세로 변경되었으며, 이에 따라 합병 시 증여의제 과세는 열거 규정에서 예시 규정으로 변경되었다(법률 제7010호, 2003. 12. 30.).

## (2) 과세요건

### 1) 원칙

합병 시 증여에 해당하려면 특수관계에 있는 법인 간의 합병이어야 하며 합병당사법인의 주주로서 대통령령이 정하는 대주주가 합병으로 인하여 대통령령으로 정하는 이익을 받는 경우에 해당하여야 한다. 다만, 그 이익에 상당하는 금액이 대통령령으로 정하는 기준금액 미만인 경우는 제외한다(상증법 제38조 제1항).

### 2) 요건

#### 가. 특수관계법인

합병 시 증여에 해당되기 위해서는 그 합병당사법인 간에 특수관계가 있는 법인이어야 한다. "대통령령으로 정하는 특수관계에 있는 법인 간의 합병"이란 합병등기일이 속하는 사업연도의 직전 사업연도 개시일(그 개시일이 서로 다른 법인이 합병한 경우에는 먼저 개시한 날을 말한다)부터 합병등기일까지의 기간 중 다음의 어느 하나에 해당하는 법인 간의 합병을 말한다. 다만, 다음의 어느 하나에 해당하는 법인 간의 합병 중 「자본시장과 금융투자업에 관한 법률」에 따른 주권상장법인이 다른 법인과 같은 법 제165조의 4 및 같은 법 시행령 제176조의 5에 따라 하는 합병은 특수관계에 있는 법인 간의 합병으로 보지 아니한다(상증령 제28조 제1항).

① 「법인세법 시행령」 제2조 제8항에 따른 특수관계에 있는 법인

② 상증령 제2조의 2 제1항 제3호 나목에 따른 법인

③ 동일인이 임원의 임면권의 행사 또는 사업방침의 결정 등을 통하여 합병당사법인(합병으로 인하여 소멸·흡수되는 법인 또는 신설·존속하는 법인을 말한다)의 경영에 대하여 영향력을 행사하고 있다고 인정되는 관계에 있는 법인

합병당사법인의 특수관계를 따짐에 있어서 그 판단 기준은 합병등기일이 속하는 사업연도의 직전 사업연도 개시일부터 합병등기일까지의 기간 중 1회라도 특수관계에 해당한 사실이 있는 경우의 해당 법인을 말한다(상증법 기본통칙 38-28…1).

자본시장과 금융투자업에 관한 법률에 따라 합병하는 경우란 동법에 따른 주권상장법인 또는 코스닥상장법인이 다른 법인과 증권거래법 제190조의 2 및 같은 법 시행령 제84조의 7의 규정에 따라 행하는 합병을 말하며, 이들 법인 간의 합병은 특수관계 법인 간의 합병으로 보지 아니한다.

### 나. 합병당사법인에 특수관계인에 해당하는 대주주가 존재하여야 함

특수관계인에 해당하는 대주주란 해당 주주 등의 지분 및 그의 특수관계인의 지분을 포함하여 해당 법인의 발행주식총수 등의 100분의 1 이상을 소유하고 있거나 소유하고 있는 주식 등의 액면가액이 3억 원 이상인 주주등("대주주등")을 말한다(상증령 제28조 제2항).

### 다. 대주주가 얻은 이익이 일정규모 이상이어야 함

대주주가 얻은 이익이 상증령 제28조 제3항에 따른 이익에 해당되는 경우에 증여가 적용된다.

① 합병대가를 주식등으로 교부받은 경우

　"ⓐ"의 가액에서 "ⓑ"의 가액을 차감한 가액에 주가가 과대평가된 합병당사법인의 대주주등이 합병으로 인하여 교부받은 신설 또는 존속하는 법인의 주식등의 수를 곱한 금액

　ⓐ 합병 후 신설 또는 존속하는 법인의 1주당 평가가액

　ⓑ 주가가 과대평가된 합병당사법인의 1주당 평가가액×(주가가 과대평가된 합병당사법인의 합병 전 주식등의 수÷주가가 과대평가된 합병당사법인의 주주등이 합병으로 인하여 교부받은 신설 또는 존속하는 법인의 주식등의 수)

② 합병대가를 주식등 외의 재산으로 지급받은 경우(합병당사법인의 1주당 평가가액이 액면가액에 미달하는 경우로서 그 평가가액을 초과하여 지급받은 경우에 한정한다) 액면가액(합병대가가 액면가액에 미달하는 경우에는 해당 합병대가를 말한다)에서 그 평가가액을 차감한 가액에 합병당사법인의 대주주등의 주식등의 수를 곱한 금액

## (3) 증여재산가액의 산정

합병대가의 종류에 따른 증여재산가액은 다음과 같다.

| 합병대가 | 증여재산가액 |
|---|---|
| 주식 | $(A-B)^{(*)}$ × 주가가 과대평가된 합병당사법인 대주주의 합병 후 주식수 |
| 주식 외 재산 | {Min(액면가액, 합병대가) − 주식평가액} × 합병당사법인 대주주의 주식수 |

(*) A : 합병 후 신설·존속하는 법인의 1주당 평가가액
　 B : 합병 전 1주당 평가가액

합병에 따른 증여이익에 의제배당금액이 포함된 경우에는 이를 차감하여 계산하여야 한다. 의제배당금액은 소득세법 제17조 제2항 제4호에 따른 의제배당금액을 의미한다(상증법 기본통칙 38 – 28…2).

또한, 합병법인과 피합병법인의 주주가 동일인인 경우에는 본인으로부터 증여받은 금액은 과세가액에서 제외하며 제외금액은 다음과 같이 계산한다(기획재정부 재산 46014 – 46, 1997. 2. 12.).

★

$$\text{동일인이 얻은 전체 증여이익} \times \frac{\text{주가가 과소평가된 합병당사법인의 자기 소유지분율}}{\text{주가가 과대평가된 합병당사법인의 자기 소유지분율}}$$

## (4) 증여시기 등

### 1) 증여시기

합병에 따른 이익의 증여시기는 당해 합병등기일(합병등기를 한 날)이다.

### 2) 증여자와 수증자

상증법 제38조에 따른 합병에 따른 이익의 증여 시 증여자는 주가가 상대적으로 과소평가된 합병당사법인의 주주가 된다. 동 조항에 따른 수증자는 주가가 과대평가된 합병당사법인의 대주주가 된다.

### 3) 납세의무자

합병에 따른 이익의 증여규정에 있어 납세의무자는 그 이익을 얻은 자이다. 증여자는 당해 법인의 대주주 여부를 불문하나 수증자의 경우에는 대주주 요건이 있으므로 소액주주는 증여세 납부의무가 없으며, 증여자는 증여세의 연대납부의무가 없다(상증법 제4조의 2 제6항). 한편, 합병으로 인하여 이익을 얻는다고 하더라도 대주주가 영리법인이면 증여세 납부의무가 없다(재삼 46014 – 1683, 1996. 7. 13.).

## 2 증자에 따른 이익의 증여

### 사례연구

특수관계법인이 제3자 배정에 의해 고가로 증자에 참여 시 법인세법상 부당행위계산부인으로 인한 과세표준의 증가 여부와는 상관없이 그로 인해 이익을 받은 자에게는 증여세가 부과되어야 할 것이고, 이러한 고가증자 여부의 판단시점이자 행위 당시는 이사회결의일이 아닌 주금납입일로 보아야 한다.

#### 현황
(1) 원고는 A 및 B사의 대주주이자 실질적 경영자이다. B사는 이사회를 개최하여 제3자 배정 유상증자 방식을 통해 전환상환우선주를 발행하여 자금을 조달하기로 의결하였다.
(2) A사는 B사가 발행한 우선주를 인수하기로 약정하고 해당 금전을 납입하였다.
(3) 과세관청은 원고와 그 특수관계인들에 대한 증여세 조사를 실시한 후 해당 증여이익에 대하여 증여세를 부과하였다.

#### 쟁점
증여자인 A사의 해당주식 인수행위가 부당행위계산부인의 대상인지 여부

#### 판단
(1) 제3자 배정방식으로 발행되는 신주를 시가보다 높은 가액으로 인수함으로써 그 특수관계인에게 이익이 분여된 경우로서 구 상증세법 제39조 제1항 제2호 (다)목의 요건이 충족되는 경우에는, 그와 같이 신주의 고가인수로 이익을 분여한 자에 대하여 법인세 법령상 부당행위계산부인 규정이 적용되는지 여부와는 무관하게 위 구 상증세법 규정에 따라 그 이익을 분여받은 자에게 증여세 부과가 가능하다고 봄이 타당하다.
(2) 이 사건 주식 인수와 관련하여 부당행위계산 해당 여부에 관한 판단시점은 원고들 주장과 같이 이사회 결의일이 아니라 '이익 분여' 행위가 있었다고 할 수 있는 주금납입일로 봄이 타당하다.
(3) 그렇다면 원고들의 이 사건 청구는 이유 없다(대법원 2020두42392, 2020. 10. 15. : 서울고등법원 2019누61078, 2020. 6. 5. : 서울행정법원 2018구합90435, 2019. 9. 20.).

### (1) 개요

#### 1) 입법취지

증자에 따른 이익의 증여규정(상증법 제39조)의 입법취지는 법인이 신주를 시가보다 낮은

가액으로 발행하는 경우 등 증자에 따른 이익이 실권주 등을 배정받은 주주등에게 무상으로 이전되는 효과가 발생하므로 그 이익에 대하여 과세함으로써 조세평등을 도모하려는 데에 있다. 이사회 결의일과 주식대금 납입일 사이의 주가 상승분 역시 실권주를 배정받은 주주등이 기존 주주등으로부터 무상으로 이전받는 이익이라 할 것이다(대법원 2014두14976, 2017. 5. 17.).

### 2) 증자방법

상법상 법인의 자본금을 증가시키기 위해서는 신주발행을 하여야 한다. 신주발행을 하기 위해서는 유상증자, 무상증자 및 기타의 증자 방법을 통하여야 한다. 유상증자는 누구에게 신주를 인수시킬 것인가에 따라 구주주 배정, 제3자 배정 및 공모의 세 가지 방법이 있다.

구주주 배정은 가장 일반적인 신주배정의 방법으로서, 회사의 기존 주주에게 신주를 배정하는 것을 말한다. 회사의 주주는 다른 사람에 우선하여 그가 가진 주식수에 따라서 신주의 배정을 받을 권리가 있다(상법 제418조). 다만, 예외적으로 회사는 정관에 정하는 바에 따라 제3자에게 주주보다 우선하여 신주인수권을 부여할 수 있다(상법 제418조 제2항).

제3자 배정이란 주주 이외의 제3자가 우선적으로 신주를 배정받는 것을 말한다. 특별법 또는 회사 정관의 규정에 의하여 특정의 제3자에게 신주인수권을 부여할 수 있으며, 제3자 배정은 신기술의 도입, 재무구조의 개선 등 회사의 경영상 목적을 달성하기 위하여 필요한 경우에 한한다(상법 제418조 제2항).

공모란 불특정의 다수인을 대상으로 하여 신주를 발행, 청약자를 구하는 것을 말한다. 공모에는 구주주와 우리사주조합에 우선 청약을 받는 주주우선공모, 구주주의 신주인수권을 완전히 배제하고 일반인에게 청약을 받는 일반공모, 인수기관을 통하지 않고 발행회사가 직접 자기의 책임과 계산하에서 신주를 공모하는 직접 공모의 방식이 있다.

무상증자는 법정준비금의 전부 또는 일부를 자본에 전입하는 것을 말한다(상법 제461조 제1항). 이 경우 주주에 대하여 그가 가진 주식의 수에 따라 주식을 발행하여야 한다(상법 제461조 제2항). 무상증자 시 주주가 가지는 주식의 수에 비례하여 신주를 발행하면 증자에 따른 이익의 증여규정은 적용되지 아니한다.

기타의 증자에는 주식배당, 전환사채 등의 전환, 신주인수권 등의 행사 등이 있다. 기타의 증자 역시 주주가 가지는 주식 또는 권리의 수에 비례하여 신주를 발행하기 때문에 증자에 따른 이익의 증여규정은 적용되지 아니한다.

### 3) 실권주의 발생

법인이 설립 후 추가적인 자금조달 및 기타 목적으로 신주를 발행할 경우, 기존주주는 주주권에 기인하여 주주평등의 원칙에 따라 다른 자보다 우선하여 신주를 인수할 수 있으나(상법 제418조), 주주가 이러한 신주인수권을 행사하지 아니하고 포기한다면 기존주주가 포기한 부분만큼 실권주가 발생하게 된다. 이러한 실권주에 대하여 법인은 일정한 절차를 거쳐 기존주주 외의 제3자에게 실권주를 인수시킬 수 있으며, 제3자 또는 기존 타 주주가 실권주를 인수할 경우에는 증자 전과 비교하여 법인의 주주 지분율이 변동하게 된다. 그 외에도 증자 시 발생한 실권주를 재배정하지 아니하고 이사회의 결의에 따라 실권처리할 경우, 기존주주의 실권 유무에 따라 기존주주의 지분율이 변동할 수 있다. 현행 상법상으로는 실권주의 인수에 대한 강제규정이 별도로 없고 법인이 신주발행의 경우 실권주의 처리를 자체적으로 결정할 수 있다.

### 4) 실권주 배정 여부에 따른 증여

기존주주가 신주인수권을 행사하지 아니함에 따라 실권주가 발생할 때, 신주의 발행가액이 증자하는 주식가액의 시가에 미달하거나 초과하는 경우 그 차액에 상당하는 경제적 이익이 신주인수를 포기한 주주와 제3의 신주인수자 사이에 무상으로 이전되는 효과를 가져올 수 있다. 또한 증자 시 발생한 실권주를 재배정하지 아니하고 이사회의 결의에 따라 실권처리하더라도, 신주의 발행가액이 증자하는 주식가액의 시가에 미달하거나 초과하는 경우 기존 비율의 변동에 따른 기존주주 간 경제적 이익이 무상으로 이전되는 효과를 가져올 수 있다. 따라서 상증법에서는 경제적 실질을 고려하여 증자시 증여의제 규정을 도입하였다.

증자에 따른 이익의 증여 요건 및 증여의제가액을 정리하면 다음과 같다.

| 증여의제 요건 및 증여의제가액의 계산 |

| 구 분 | 요 건 | | 이익 수증자 | 증여의제가액 계산식 |
|---|---|---|---|---|
| | 특수관계 여부 | 30% 여부 | | |
| 저가실권주 재배정 | × | × | 인수자 | (ⓛ-ⓒ) × 배정받은 실권주수 |
| 고가실권주 재배정 | ○ | × | 인수포기자 | (ⓛ-ⓒ) × 인수포기자의 실권주수 × 특수관계인의 실권주수 / 실권주 총수 |
| 저가실권주 실권처리 | ○ | ○ | 인수자 | (ⓛ-ⓒ) × 실권주 총수 × 증자 후 신주인수자 지분비율 × 특수관계인의 실권주수 / 실권주 총수 |

| 구 분 | 요 건 | | 이익 수증자 | 증여의제가액 계산식 |
|---|---|---|---|---|
| | 특수관계 여부 | 30% 여부 | | |
| 고가실권주 실권처리 | ○ | ○ | 인수 포기자 | (ㄴ-ㄷ) × 인수포기자의 실권주수 × 특수관계인의 인수주식수 / 증자주식수 |
| 저가 직접배정 | × | × | 인수자 | (ㄴ-ㄷ) × 초과인수 주식수 |
| 고가 직접배정 | ○ | × | 인수 포기자 | (ㄴ-ㄷ) × 미달 배정받은 주식수 × 특수관계인의 인수주식수 / 균등증자 시 주식수를 초과하여 인수한 신주 총수 |
| 기타 유형 신주배정 등 | ○ | | 인수자, 인수 포기자 | 상기의 증여재산가액 계산방법을 준용함. |

㉠ 증자 전 1주당 평가가액 : 주권상장주식은 증자 전 2월간의 종가평균액이며, 비상장주식은 증자일 현재 시가 또는 보충적 평가액(증자 전을 기준으로 한 가액임)[116]

㉡ 증자 후 1주당 평가가액

★

$$\frac{(\text{증자 전 1주당 가액} \times \text{증자 전 주식수}) + (\text{신주 1주당 인수가액} \times \text{증자 주식수})}{\text{증자 전 주식수} + \text{증자 주식수}}$$

다만, 주권상장주식의 증자 시, 증자 후 2월간의 종가평균액과 상기 산식 중 적은 금액에 의한다.

㉢ 신주 1주당 인수가액 : 1주당 주식대금 납입액

㉣ 30% Rule : 증자 후 1주당 평가가액과 신주인수가액의 차액이 증자 후 1주당 평가가액의 30% 이상 차이가 있거나 1인별 증여재산가액이 3억 원 이상인 경우에 증여세 과세요건 성립된다.

★

$$\frac{ㄴ-ㄷ}{ㄴ}, \frac{ㄷ-ㄴ}{ㄴ} \geq 30\% \text{ 또는 1인당 얻은 총이익이 3억 원 이상인 경우}$$

이 경우 1년 이내 동일거래 시 이익별로 합산하여 과세요건 3억 원 이상 여부를 판단한다.

---

116) 증자 후 매매사례가액을 증자 전 가액으로 볼 수 없다(대법원 2007두5110, 2009. 6. 25.).

## (2) 실권주 재배정 시 증여

### 1) 저가 실권주 재배정 시 증여

신주를 시가(상증법 제60조와 제63조에 따라 평가한 가액을 말한다)보다 낮은 가액으로 발행하는 경우, 해당 법인의 주주등이 신주를 배정받을 수 있는 권리("신주인수권")의 전부 또는 일부를 포기한 경우로서 해당 법인이 그 포기한 신주["실권주(失權株)"]를 배정[『자본시장과 금융투자업에 관한 법률』에 따른 주권상장법인이 같은 법 제9조 제7항[117]에 따른 유가증권의 모집방법(대통령령으로 정하는 경우를 제외한다)[118]으로 배정하는 경우는 제외한다]하는 경우에는 그 실권주를 배정받은 자가 실권주를 배정받음으로써 얻은 이익을 그 이익을 얻은 자의 증여재산가액으로 한다(상증법 제39조 제1항 제1호 가목). 이 경우 신주인수를 포기한 주주와 실권주를 재배정받은 자와의 특수관계 여부를 고려하지 아니하며, 30% 비율기준과 3억 원 가액기준도 역시 고려하지 아니한다.

### 가. 과세요건

실권주 재배정에 따른 증여이익에 대한 과세요건은 신주를 시가보다 낮은 가액으로 발행함에 있어 기존주주가 실권함에 따라 기존주주가 아닌 자가 실권주를 배정받거나 기존주주가 본래의 자기 지분율을 초과하여 실권주를 배정받음으로써 얻는 이익이 있어야 한다.

### 나. 증여재산가액

저가 유상증자 시 실권주 재배정에 따른 증여재산가액은 다음 산식에 의한다. 다만, 증자 전·후의 주식 1주당 가액이 모두 0 이하인 경우에는 이익이 없는 것으로 본다(상증령 제29조 제2항).

★

증여재산가액=(증자 후의 1주당 평가가액−신주 1주당 인수가액) × 배정받은 실권주수

증자 후의 1주당 평가가액은 다음과 같다.

---

117) ⑦ 이 법에서 "모집"이란 대통령령으로 정하는 방법에 따라 산출한 50인 이상의 투자자에게 새로 발행되는 증권의 취득의 청약을 권유하는 것을 말한다.

118) 『자본시장과 금융투자업에 관한 법률 시행령』 제11조 제3항에 따라 모집하는 경우를 말한다(③ 제1항 및 제2항에 따라 산출한 결과 청약의 권유를 받는 자의 수가 50인 미만으로서 증권의 모집에 해당되지 아니할 경우에도 해당 증권이 발행일부터 1년 이내에 50인 이상의 자에게 양도될 수 있는 경우로서 증권의 종류 및 취득자의 성격 등을 고려하여 금융위원회가 정하여 고시하는 전매기준에 해당하는 경우에는 모집으로 본다. 다만, 해당 증권이 법 제165조의 10 제2항에 따라 사모의 방법으로 발행할 수 없는 사채인 경우에는 그러하지 아니하다).

① 비상장법인의 경우

비상장법인의 증자 후 1주당 평가가액은 다음 산식에 의한다.

★

$$\frac{(증자\ 전\ 1주당\ 평가가액 \times 증자\ 전\ 주식수) + (신주\ 1주당\ 인수가액 \times 증자\ 주식수)}{증자\ 전\ 주식수 + 증자\ 주식수}$$

비상장주식의 평가가액은 평가기준일 현재의 시가에 의하되, 시가를 산정하기 어려운 경우에는 상증법 제63조 제1항 제1호 다목 및 같은 법 시행령 제54조 제1항의 규정에 의하여 1주당 순손익가치와 순자산가치를 각각 3과 2(부동산과다보유법인의 경우에는 2와 3)의 비율로 가중평균한 가액으로 평가한다.

② 주권상장법인의 경우

주권상장법인의 증자 후 1주당 평가가액은 비상장법인의 경우와 동일하되, 증자에 따른 권리락일 이후 2월간 공표된 한국거래소 최종시세가액의 평균액이 1주당 평가가액보다 적은 경우에는 최종시세가액의 평균액을 평가가액으로 한다(상증령 제29조 제2항).

★

증자 후의 1주당 평가가액 = Min(①, ②)

① $\dfrac{(증자\ 전\ 1주당\ 가액 \times 증자\ 전\ 주식수) + (신주\ 1주당\ 인수가액 \times 증자\ 주식수)}{증자\ 전\ 주식수 + 증자\ 주식수}$

② 권리락일 이후 2월간 공표된 한국거래소 최종시세가액의 평균액

## 2) 고가 실권주 재배정 시 증여

해당 법인의 기존주주가 신주를 배정받을 수 있는 권리의 전부 또는 일부를 포기한 경우로서, 그 포기한 실권주를 배정하는 경우에는 그 실권주를 배정받은 자가 실권주를 배정받음으로써 그의 특수관계인인 신주인수 포기자가 얻은 이익을 그 이익을 얻은 자의 증여재산가액으로 한다(상증법 제39조 제1항 제2호 가목). 이 경우 30% 비율기준과 3억 원 가액기준은 고려하지 아니한다.

### 가. 과세요건

당해 증여이익은 신주를 시가보다 높은 가액으로 발행할 것, 기존주주가 실권함에 따라 기존주주가 아닌 자가 실권주를 배정받거나 기존주주가 본래의 자기 지분율을 초과하여 실

권주를 배정받을 것, 실권주를 배정받은 자가 그 실권주를 인수함으로써 그의 특수관계인 인 신주인수 포기자가 이익을 얻을 것 등을 과세요건으로 한다.

### 나. 증여재산가액

고가 유상증자 시 실권주 재배정에 따른 증여재산가액은 다음 산식에 의한다. 다만, 증자 전·후의 주식 1주당 가액이 모두 0 이하인 경우에는 이익이 없는 것으로 본다(상증령 제29조 제2항).

★

> 증여재산가액 = (신주 1주당 인수가액 − 증자 후의 1주당 평가가액) × 신주인수를 포기한 주주의 실
> 권주수 × 신주인수를 포기한 주주의 특수관계인이 인수한 실권주수 / 실권주 총수

증자 후의 1주당 평가가액은 다음과 같다.

① 비상장법인의 경우

비상장법인의 증자 후 1주당 평가가액은 다음 산식에 의한다.

★

$$\frac{(증자 전 1주당 평가가액 × 증자 전 주식수) + (신주 1주당 인수가액 × 증자 주식수)}{증자 전 주식수 + 증자 주식수}$$

비상장주식의 평가가액은 평가기준일 현재의 시가에 의하되, 시가를 산정하기 어려운 경우에는 상증법 제63조 제1항 제1호 다목 및 같은 법 시행령 제54조 제1항의 규정에 의하여 1주당 순손익가치와 순자산가치를 각각 3과 2(부동산과다보유법인의 경우에는 2와 3)의 비율로 가중평균한 가액으로 평가한다.

② 주권상장법인의 경우

주권상장법인의 증자 후 1주당 평가가액은 비상장법인의 경우와 동일하되, 증자에 따른 권리락일 이후 2월간 공표된 한국거래소 최종시세가액의 평균액이 1주당 평가가액보다 적은 경우에는 최종시세가액의 평균액을 평가가액으로 한다(상증령 제29조 제2항).

★

증자 후의 1주당 평가가액 = Min(①, ②)

① $\dfrac{(증자\ 전\ 1주당\ 가액 \times 증자\ 전\ 주식수) + (신주\ 1주당\ 인수가액 \times 증자\ 주식수)}{증자\ 전\ 주식수 + 증자\ 주식수}$

② 권리락일 이후 2월간 공표된 한국거래소 최종시세가액의 평균액


## (3) 실권주의 실권처리 시 증여

### 1) 저가 신주발행 시 증여(저가 발행 신주의 실권처리 시)

해당 법인의 주주가 신주를 배정받을 수 있는 권리의 전부 또는 일부를 포기한 경우로서, 실권주를 배정하지 아니하는 경우에는 그 신주인수를 포기한 자의 특수관계인이 신주를 인수함으로써 얻은 이익을 그 이익을 얻은 자의 증여재산가액으로 한다(상증법 제39조 제1항 제1호 나목).

#### 가. 과세요건

해당 증여이익은 신주를 시가보다 낮은 가액으로 발행할 것, 실권주를 배정하지 아니함에 따라 신주인수를 포기한 자의 특수관계인이 신주를 인수함으로써 이익을 얻을 것, 증자후 1주당 평가액의 30% 이상 차이가 있거나 1인별 증여재산가액 합계가 3억 원 이상일 것등을 요건으로 한다.

#### 나. 증여재산가액

저가 유상증자 시 실권주 미배정에 따른 증여재산가액은 다음 산식에 의한다. 다만, 증자 전·후의 주식 1주당 가액이 모두 0 이하인 경우에는 이익이 없는 것으로 본다(상증령 제29조 제2항).

★

증여재산가액 = (증자 후의 1주당 평가가액 - 신주 1주당 인수가액) × 실권주 총수
× 증자 후 인수자 지분율 × 특수관계인의 실권주수 / 실권주 총수


증자 후의 1주당 평가가액은 다음과 같다.

① 비상장법인의 경우

비상장법인의 증자 후 1주당 평가가액은 다음 산식에 의한다.

★

$$\frac{(증자 \ 전 \ 1주당 \ 평가가액 \times 증자 \ 전 \ 주식수) + (신주 \ 1주당 \ 인수가액 \times 증자 \ 주식수^{(*)})}{증자 \ 전 \ 주식수 + 증자 \ 주식수^{(*)}}$$

(*) 실권하지 않은 경우의 증자 주식수

비상장주식의 평가가액은 평가기준일 현재의 시가에 의하되, 시가를 산정하기 어려운 경우에는 상증법 제63조 제1항 제1호 다목 및 같은 법 시행령 제54조 제1항의 규정에 의하여 1주당 순손익가치와 순자산가치를 각각 3과 2(부동산과다보유법인의 경우에는 2와 3)의 비율로 가중평균한 가액으로 평가한다.

② 주권상장법인의 경우

주권상장법인의 증자 후 1주당 평가가액은 비상장법인의 경우와 동일하되, 증자에 따른 권리락일 이후 2월간 공표된 한국거래소 최종시세가액의 평균액이 1주당 평가가액보다 적은 경우에는 최종시세가액의 평균액을 평가가액으로 한다(상증령 제29조 제2항).

★
증자 후의 1주당 평가가액 = Min(①, ②)
$$① \ \frac{(증자 \ 전 \ 1주당 \ 가액 \times 증자 \ 전 \ 주식수) + (신주 \ 1주당 \ 인수가액 \times 증자 \ 주식수)}{증자 \ 전 \ 주식수 + 증자 \ 주식수}$$
② 권리락일 이후 2월간 공표된 한국거래소 최종시세가액의 평균액

## 2) 고가 신주발행 시 증여(고가발행 신주의 실권처리 시)

해당 법인의 주주가 신주를 배정받을 수 있는 권리의 전부 또는 일부를 포기한 경우로서, 실권주를 배정하지 아니하는 경우에는 그 신주를 인수함으로써 그 인수자의 특수관계인인 신주인수포기자가 얻은 이익을 그 이익을 얻은 자의 증여재산가액으로 한다(상증법 제39조 제1항 제2호 나목).

증자 시 1주당 신주인수가액을 증자 후 1주당 가액보다 높게 고가배정하는 경우, 증자에 참여하지 않음으로써 증자 전에 비해 주가차익의 이익을 얻게 되는 때에는 그 신주의 인수를 포기한 자가 그의 특수관계인이 증자에 참여한 자로부터 이익을 증여받은 것으로 보아 과세하는 것이다.

508

## 가. 과세요건

당해 증여이익은 신주를 시가보다 높은 가액으로 발행할 것, 실권주를 배정하지 아니함에 따라 신주인수를 포기한 자가 그와 특수관계에 있는 자의 신주인수로 인해 이익을 얻을 것, 증자 후 1주당 평가액의 30% 이상 차이가 있거나 1인별 증여재산가액 합계가 3억 원 이상일 것 등을 과세요건으로 한다.

## 나. 증여재산가액

고가 유상증자 시 실권주 미배정에 따른 증여재산가액은 다음 산식에 의한다. 다만, 증자 전·후의 주식 1주당 가액이 모두 0 이하인 경우에는 이익이 없는 것으로 본다(상증령 제29조 제2항).

★

$$증여재산가액 = (신주\ 1주당\ 인수가액 - 증자\ 후의\ 1주당\ 평가가액) \times 신주인수포기자의\ 실권주$$
$$수 \times 신주인수포기자와\ 특수관계인이\ 인수한\ 신주수\ /\ 증자주식\ 총수^{(*)}$$

(*) 실권하지 않은 경우의 증자주식 총수

증자 후의 1주당 평가가액은 다음과 같다.

① 비상장법인의 경우

비상장법인의 증자 후 1주당 평가가액은 다음 산식에 의한다.

★

$$\frac{(증자\ 전\ 1주당\ 평가가액 \times 증자\ 전\ 주식수) + (신주\ 1주당\ 인수가액 \times 증자\ 주식수)}{증자\ 전\ 주식수 + 증자\ 주식수}$$

비상장주식의 평가가액은 평가기준일 현재의 시가에 의하되, 시가를 산정하기 어려운 경우에는 상증법 제63조 제1항 제1호 다목 및 같은 법 시행령 제54조 제1항의 규정에 의하여 1주당 순손익가치와 순자산가치를 각각 3과 2(부동산과다보유법인의 경우에는 2와 3)의 비율로 가중평균한 가액으로 평가한다.

② 주권상장법인의 경우

주권상장법인의 증자 후 1주당 평가가액은 비상장법인의 경우와 동일하되, 증자에 따른 권리락일 이후 2월간 공표된 한국거래소 최종시세가액의 평균액이 1주당 평가가액보다 적은 경우에는 최종시세가액의 평균액을 평가가액으로 한다(상증령 제29조 제2항).

★

> 증자 후의 1주당 평가가액 = Min(①, ②)
>
> ① $\dfrac{(증자\ 전\ 1주당\ 가액 \times 증자\ 전\ 주식수) + (신주\ 1주당\ 인수가액 \times 증자\ 주식수)}{증자\ 전\ 주식수 + 증자\ 주식수}$
>
> ② 권리락일 이후 2월간 공표된 한국거래소 최종시세가액의 평균액

## (4) 신주 직접배정 또는 초과배정 시 증여

### 1) 저가 신주발행 시 증여(저가 발행 신주의 직접 배정)

해당 법인의 주주등이 아닌 자가 해당 법인으로부터 신주를 직접 배정(『자본시장과 금융투자업에 관한 법률』 제9조 제12항[119])에 따른 인수인으로부터 인수·취득하는 경우와 그 밖에 대통령령으로 정하는 방법으로 인수·취득하는 경우를 포함한다)받음으로써 얻은 그 이익을 얻은 자의 증여재산가액으로 한다(상증법 제39조 제1항 제1호 다목). "대통령령으로 정하는 방법으로 인수·취득하는 경우"란 각각 제3자에게 증권을 취득시킬 목적으로 그 증권의 전부 또는 일부를 취득한 자로부터 인수·취득한 경우를 말한다(상증령 제29조 제4항).

이 경우 신주를 직접 또는 초과배정받은 자와 신주를 배정받지 아니한 자 간의 특수관계 여부를 고려하지 아니하며, 30% 비율기준과 3억 원 가액기준도 역시 고려하지 아니한다.

### 가. 과세요건

당해 증여이익은 신주를 시가보다 낮은 가액으로 발행할 것, 기존주주가 아닌 자가 해당 법인으로부터 신주를 직접 배정받거나 기존주주가 본래의 자기 지분율을 초과하여 신주를 직접 배정받을 것 등을 과세요건으로 한다.

### 나. 증여재산가액

저가 유상증자 시 실권주 미배정에 따른 증여재산가액은 다음 산식에 의한다. 다만, 증자 전·후의 주식 1주당 가액이 모두 0 이하인 경우에는 이익이 없는 것으로 본다(상증령 제29조 제2항).

★

> 증여재산가액 = (증자 후의 1주당 평가가액 − 신주 1주당 인수가액) × 배정받은 신주수 또는 초과 배정 주식수

증자 후의 1주당 평가가액은 다음과 같다.

---

119) 이 법에서 인수인이란 증권을 모집·사모·매출하는 경우 인수를 하는 자를 말한다

① 비상장법인의 경우

비상장법인의 증자 후 1주당 평가가액은 다음 산식에 의한다.

★

$$\frac{(증자\ 전\ 1주당\ 평가가액 \times 증자\ 전\ 주식수) + (신주\ 1주당\ 인수가액 \times 증자\ 주식수)}{증자\ 전\ 주식수 + 증자\ 주식수}$$

비상장주식의 평가가액은 평가기준일 현재의 시가에 의하되, 시가를 산정하기 어려운 경우에는 상증법 제63조 제1항 제1호 다목 및 같은 법 시행령 제54조 제1항의 규정에 의하여 1주당 순손익가치와 순자산가치를 각각 3과 2(부동산과다보유법인의 경우에는 2와 3)의 비율로 가중평균한 가액으로 평가한다.

② 주권상장법인의 경우

주권상장법인의 증자 후 1주당 평가가액은 비상장법인의 경우와 동일하되, 증자에 따른 주식대금납입일(납입일 이전에 신주인수권 증서를 교부받는 경우는 그 교부일, 대법원 2007두7949, 2009. 8. 20.) 이후 2월간 공표된 한국거래소 최종시세가액의 평균액이 1주당 평가가액보다 적은 경우에는 최종시세가액의 평균액을 평가가액으로 한다(상증령 제29조 제2항).

## 2) 고가 신주발행 시 증여(고가 발행 신주의 직접 배정)

해당 법인의 주주가 아닌 자가 해당 법인으로부터 신주를 직접 배정받거나, 해당 법인의 주주가 그 소유주식수에 비례하여 균등한 조건으로 배정받을 수 있는 수를 초과하여 신주를 직접 배정받음으로써 그들의 특수관계인이 얻은 이익을 그 이익을 얻은 자의 증여재산가액으로 한다(상증법 제39조 제1항 제2호 다목). 이 경우 30% 비율기준과 3억 원 가액기준은 고려하지 아니한다.

### 가. 과세요건

당해 증여이익은 신주를 시가보다 높은 가액으로 발행할 것 및 신주를 균등하게 배정받지 아니한 주주가 그의 특수관계인이 신주 인수로 인해 이익을 얻을 것 등을 과세요건으로 한다.

### 나. 증여재산가액

고가 유상증자 시 실권주 미배정에 따른 증여재산가액은 다음 산식에 의한다. 다만, 증자 전·후의 주식 1주당 가액이 모두 0 이하인 경우에는 이익이 없는 것으로 본다(상증령 제29조 제2항).

★

$$(A-B) \times C \times (D/E)$$

A : 신주 1주당 인수가액
B : 증자 후 1주당 평가액
C : 배정받지 않거나 미달되게 배정받은 주주의 부족한 신주수
D : 미배정, 미달배정 주주와 특수관계자가 인수한 신주수
E : 주주의 배정신주 및 초과배정 인수 총 주식수

증자 후의 1주당 평가가액은 다음과 같다.

① 비상장법인의 경우

비상장법인의 증자 후 1주당 평가가액은 다음 산식에 의한다.

★

$$\frac{(증자 \ 전 \ 1주당 \ 평가가액 \times 증자 \ 전 \ 주식수) + (신주 \ 1주당 \ 인수가액 \times 증자 \ 주식수)}{증자 \ 전 \ 주식수 + 증자 \ 주식수}$$

비상장주식의 평가가액은 평가기준일 현재의 시가에 의하되, 시가를 산정하기 어려운 경우에는 상증법 제63조 제1항 제1호 다목 및 같은 법 시행령 제54조 제1항의 규정에 의하여 1주당 순손익가치와 순자산가치를 각각 3과 2(부동산과다보유법인의 경우에는 2와 3)의 비율로 가중평균한 가액으로 평가한다.

② 주권상장법인의 경우

주권상장법인의 증자 후 1주당 평가가액은 비상장법인의 경우와 동일하되, 증자에 따른 주식대금 납입일(납입일 이전에 신주인수권 증서를 교부받는 경우는 구 교부일) 이후 2월간 공표된 한국거래소 최종시세가액의 평균액이 1주당 평가가액보다 적은 경우에는 최종시세가액의 평균액을 평가가액으로 한다(상증령 제29조 제2항).

## (5) 초과배정된 신주 인수 시 증여의제

### 1) 신주를 시가보다 낮은 가액으로 발행하는 경우

#### 가. 과세요건

신주를 시가보다 낮은 가액으로 발행하는 경우로써 해당 법인의 주주등이 소유한 주식등의 수에 비례하여 균등한 조건으로 배정받을 수 있는 수를 초과하여 신주를 직접 배정받음으로써 얻은 이익은 그 이익을 얻은 자의 증여재산가액으로 한다(상증법 제39조 제1항 제1호 라목).

### 나. 증여재산가액

증여이익은 아래 "①"의 규정에 따라 계산한 가액에서 "②"에 따른 가액을 차감한 가액에 "③"에 따른 실권주수 또는 신주수를 곱하여 계산한 금액으로 한다. 다만, 증자 전·후의 주식 1주당 가액이 모두 0 이하인 경우에는 이익이 없는 것으로 본다(상증령 제29조 제2항).

① 다음 산식에 의하여 계산한 1주당 가액. 다만, 주권상장법인 등의 경우로서 증자 후의 1주당 평가가액이 다음 산식에 의하여 계산한 1주당 가액보다 적은 경우에는 당해 가액

★

$$〔(증자 \ 전의 \ 1주당 \ 평가가액 \times 증자 \ 전의 \ 발행주식총수) + (신주 \ 1주당 \ 인수가액$$
$$\times 증자에 \ 의하여 \ 증가한 \ 주식수)〕 \div (증자 \ 전의 \ 발행주식총수 + 증자에 \ 의하여 \ 증가한 \ 주식수)$$

② 신주 1주당 인수가액
③ 균등한 조건에 의하여 배정받을 신주수를 초과하여 배정받은 신주수

## 2) 신주를 시가보다 높은 가액으로 발행하는 경우

### 가. 과세요건

신주를 시가보다 낮은 가액으로 발행하는 경우로써 해당 법인의 주주등이 소유한 주식등의 수에 비례하여 균등한 조건으로 배정받을 수 있는 수를 초과하여 신주를 직접 배정받음으로써 얻은 이익은 그 이익을 얻은 자의 증여재산가액으로 한다(상증법 제39조 제1항 제2호 라목).

### 나. 증여재산가액

증여이익은 아래와 같이 계산한 금액으로 한다. 다만, 증자 전·후의 주식 1주당 가액이 모두 0 이하인 경우에는 이익이 없는 것으로 본다(상증령 제29조 제2항).

★

(① - ②) × 신주를 배정받지 아니하거나 균등한 조건에 의하여 배정받을 신주수에 미달되게 배정받는 주주의 배정받지 아니하거나 그 미달되게 배정받은 부분의 신주수 × (신주를 배정받지 아니하거나 미달되게 배정받은 주주의 특수관계인이 인수한 신주수 ÷ 주주가 아닌 자에게 배정된 신주 및 당해 법인의 주주가 균등한 조건에 의하여 배정받을 신주수를 초과하여 인수한 신주의 총수)

① 신주 1주당 인수가액

② 다음 산식에 의하여 계산한 1주당 가액. 다만, 주권상장법인 등의 경우로서 증자 후의 1주당 평가가액이 다음 산식에 의하여 계산한 1주당 가액보다 큰 경우에는 당해 가액

★

$$〔(증자 전의 1주당 평가가액 × 증자 전의 발행주식총수) + (신주 1주당 인수가액 × 증자에 의하여 증가한 주식수)〕 ÷ (증자 전의 발행주식총수 + 증자에 의하여 증가한 주식수)$$

## (6) 전환주식을 발행한 경우

「상법」 제346조에 따른 종류주식("전환주식")을 발행한 경우,[120] 발행 이후 다른 종류의 주식으로 전환함에 따라 얻은 다음의 구분에 따른 이익을 그 이익을 얻은 자의 증여재산가액으로 한다(상증법 제39조 제1항 제3호).[121]

가. 전환주식을 시가보다 낮은 가액으로 발행한 경우 : 교부받았거나 교부받을 주식의 가액이 전환주식 발행 당시 전환주식의 가액을 초과함으로써 그 주식을 교부받은 자가 얻은 이익

나. 전환주식을 시가보다 높은 가액으로 발행한 경우 : 교부받았거나 교부받을 주식의 가액이 전환주식 발행 당시 전환주식의 가액보다 낮아짐으로써 그 주식을 교부받은 자의 특수관계인이 얻은 이익

## (7) 증자에 따른 이익의 증여규정이 적용되지 않는 경우

### 1) 우리사주조합원이 취득한 경우 증여세 과세제외

내국법인의 종업원으로서 대통령령으로 정하는 요건을 갖춘 종업원단체(「근로복지기본법」 또는 「자본시장과 금융투자업에 관한 법률」에 따른 우리사주조합을 말한다)에 가입한 자가 해당 법인의 주식을 우리사주조합을 통하여 취득한 경우로서 그 조합원이 소액주주의 기준에 해당하는 경우 그 주식의 취득가액과 시가의 차액으로 인하여 받은 이익에 상당하는 가액에 대해서는 증여세를 부과하지 아니한다(상증법 제46조 제2호).

---

120) 상법 제346조(주식의 전환에 관한 종류주식) ① 회사가 종류주식을 발행하는 경우에는 정관으로 정하는 바에 따라 주주는 인수한 주식을 다른 종류주식으로 전환할 것을 청구할 수 있다. 이 경우 전환의 조건, 전환의 청구기간, 전환으로 인하여 발행할 주식의 수와 내용을 정하여야 한다.
121) 상증법 제39조 제1항 제3호의 개정규정은 2017. 1. 1. 이후 신주를 발행하는 경우부터 적용한다(법 부칙(2016. 12. 20.) 제5조 제2항).

## 2) 주식매수선택권 행사 시 증여세 과세제외

상법 또는 증권거래법에 따라 법인이 그 임직원에게 부여한 신주발행형 주식매수선택권을 행사함에 따라 주식매수선택권을 부여한 법인이 신주를 발행하는 경우, 증자에 따른 이익증여규정을 적용하지 아니한다(서면4팀-55, 2008. 1. 9.).

## 3) 증자 시 발행된 신주인수권증서를 증권사를 통해 불특정인에게 양도한 것

법인이 유상증자를 할 때에 주주가 신주인수권증서를 교부받아 증권사를 통해 불특정 다수인에게 양도하는 경우에는 증자에 따른 증여의제규정을 적용하지 아니하며, 그 양도차익에 대해서는 소득세법 제94조에 의한 양도소득세 과세대상이 되는 것이다(서일 46014-11164, 2002. 9. 6.).

## 4) 회사정리계획안에 의한 유상증자 시 증여세 과세제외

회사정리법에 의거 법원에서 인가한 회사정리계획안에 따라 주주의 의결권이 법률상 또는 사실상 제한된 상태에서 유상증자를 실시하여 신주를 발행한 경우로서 경영권의 이전이나 증여세를 회피할 목적으로 신주를 발행한 것에 해당되지 아니한 경우에는 증여세 과세대상에서 제외하는 것이 타당하다(국심 2000광2543, 2000. 12. 30.).

## (8) 증여시기 등

### 1) 증여시기 – 증자에 따른 이익계산의 기준일

증자에 따른 증여이익을 계산함에 있어 "주식대금 납입일 등 대통령령으로 정하는 날"이란 다음 각 항의 구분에 따른 날을 말한다(상증령 제29조 제1항).

가. 「자본시장과 금융투자업에 관한 법률 시행령」 제176조의 9 제1항에 따른 유가증권시장(이하 "유가증권시장"이라 한다)에 주권이 상장된 법인 또는 대통령령 제24697호 자본시장과 금융투자업에 관한 법률 시행령 일부개정령 부칙 제8조에 따른 코스닥시장("코스닥시장")에 상장된 주권을 발행한 법인("코스닥시장상장법인")이 해당 법인의 주주에게 신주를 배정하는 경우 : 권리락(權利落)이 있은 날

나. 전환주식의 경우 : 전환주식을 다른 종류의 주식으로 전환한 날

다. 그 외의 경우 : 주식대금 납입일(주식대금 납입일 이전에 실권주를 배정받은 자가 신주인수권증서를 교부받은 경우에는 그 교부일을 말한다)

### 2) 할증평가

증자에 따른 이익증여를 적용하는 경우, 증여재산가액을 계산할 때 할증평가 규정을 적용하지 아니한다(상증령 제53조 제6항 제3호).

### 3) 증여자별·수증자별 과세

#### 가. 증여자가 소액주주인 경우

신주를 그 소유주식수에 비례하여 균등한 조건으로 배정받을 수 있는 수에 미달되게 신주를 배정받은 소액주주가 2명 이상인 경우에는 소액주주 1명이 신주를 미달되게 배정받은 것으로 보고 이익을 계산한다(상증법 제39조 제2항). 즉, 증여자가 소액주주로써 2명 이상인 경우는 소액주주 1명이 증여한 것으로 본다.

여기서 소액주주라 함은 당해 법인의 발행주식총수 등의 100분의 1 미만을 소유하는 경우로서 주식 등의 액면가액의 합계액이 3억 원 미만인 주주 등을 말한다(상증령 제29조 제5항).

상증법 제39조 제2항은 신주를 배정받을 수 있는 권리를 포기한 소액주주가 2인 이상인 경우 소액주주 1명이 그 권리를 포기한 것으로 보아 이익을 계산하도록 하고 있는데, 이는 증여자별로 증여이익을 계산하는 것이 복잡하고 그 증여가액이 과세 최저한에 미달하여 과세를 못하게 되면 증여세 회피 수단으로 악용될 우려가 있다는 점을 고려한 것이다. 따라서 위 조항은 증자에 따른 이익에 대한 증여세 과세제도의 목적을 달성하기 위하여 불가피한 것으로 헌법에서 규정하고 있는 과잉금지의 원칙 또는 조세평등주의 원칙에 반한다고 보기 어렵다(대법원 2014두14976, 2017. 5. 17.).

#### 나. 증여자가 소액주주가 아닌 경우

증여재산가액 산식을 계산함에 있어서 신주를 배정받지 아니한 자가 소액주주가 아닌 경우로서 2인 이상인 때에는 그 배정받지 아니한 자 1인별로 계산한다(서면4팀-1495, 2008. 6. 23.).

### 4) 증여세 연대납세의무의 면제

증자에 따른 이익의 증여의제 시 증여자는 수증자가 납부할 증여세를 연대하여 납부할 의무를 지지 아니한다(상증법 제4조의 2 제6항).

## 3 감자에 따른 이익의 증여

**사례연구**

법인이 자본을 감소시키기 위하여 주식 또는 지분을 소각함에 있어서 일부 주주의 주식 또는 지분을 소각함으로 인하여 그와 특수관계에 있는 대주주가 이익을 얻은 경우에 그 이익에 상당하는 금액을 당해 대주주의 증여가액으로 한다고 규정하고 있는바, 감자에 따른 이익에 대한 증여세를 부과함에 있어서 조세회피의 목적이 있을 것을 요구하지 않는다.

**현황**

(1) ○○터미널 주식회사는 2002. 1. 24. 설립된 법인으로서 터미널운송 및 부동산업 등을 목적으로 하고 있다.

(2) 원고 손○○은 ○○터미널의 대표이사로서 ○○터미널의 주식 45,000주를 소유하고 있는 주주이고, 원고 주○○는 원고 손○○의 배우자로서 ○○터미널의 주식 4,000주를 소유하고 있으며, 주AA은 원고 손○○의 처형으로서 ○○터미널의 주식 31,000주를, 주BB(원고 손○○의 처남), 손AA(원고 손○○의 동생)은 각 ○○터미널 주식 10,000주를 각 보유하고 있다.

(3) ○○터미널은 피고에게, 2006. 12. 7. 주AA이 주식회사 ○○멀티미디어에게 31,000주를, 주BB와 손AA이 원고 손○○에게 각 10,000주를 각 양도하였다가 2006. 12. 8. 원고 손○○ 소유 주식 65,000주 가운데 10%인 6,500주를, 원고 주○○ 소유 주식 4,000주 가운데 10%인 400주를, ○○멀티미디어 소유 주식 31,000주 가운데 10%인 3,100주를 각 주당 50만 원에 매수하여 소각하고, ○○멀티미디어 소유 주식 31,000주 가운데 나머지 90%인 27,900주를 각 주당 5,000원에 매수하여 소각하는 방법으로 유상감자하였다는 내용의 주식등변동상황명세서를 제출하였다.

(4) 중부지방국세청은 2012. 9. 10.부터 2012. 10. 19.까지 원고들에 대한 주식변동조사를 실시한 결과, 주AA가 2006. 12. 7. 실제로는 ○○멀티미디어에게 자신이 보유한 주식 31,000주를 양도하지 않았고, ○○터미널이 주AA의 주식만 평가액보다 낮은 가액으로 소각함으로써 주AA과 특수관계에 있는 대주주인 원고 손○○이 7,189,029,391원의, 원고 주○○가 442,401,809원의 각 이익을 얻었다고 보아 피고에게 위 과세자료를 통보하였다.

**쟁점**

불균등 유상감자에 증여세를 회피할 목적이 없었다면 증여세 부과처분은 위법한 것인지 여부

> **판단**
>
> 원고들은 불균등 유상감자를 함으로써 증여세를 회피할 목적이 없었으므로 이로 인하여 원고들이 이익을 얻었다고 하더라도 증여세 과세 대상이 된다고 할 수 없다고 주장하나, 구 상증법(2011. 12. 31. 법률 제11130호로 개정되기 전의 것) 제39조의 2 제1항은 법인이 자본을 감소시키기 위하여 주식 또는 지분을 소각함에 있어서 일부 주주의 주식 또는 지분을 소각함으로 인하여 그와 특수관계에 있는 대주주가 이익을 얻은 경우에 그 이익에 상당하는 금액을 당해 대주주의 증여재산가액으로 한다고 규정하고 있는바, 감자에 따른 이익에 대한 증여세를 부과함에 있어서 조세회피의 목적이 있을 것을 요구하고 있지 않으므로 원고들의 위 주장은 이유 없다(서울고법 2015누51011, 2016. 1. 29. : 의정부지법 2014구합 7249, 2015. 6. 23. : 조심 2013중1320, 2013. 11. 25.).

### (1) 개요

법인이 자본을 감소시키기 위하여 주식 또는 지분을 소각함에 있어서, 모든 주주에 대하여 균등한 비율대로 소각하는 경우에는 지분비율의 변동이 없으나, 일부 주주의 주식 또는 지분만을 소각하는 경우에는 그 감소된 지분권이 다른 주주에게 무상으로 이전되거나, 지분권이 감소되는 주주에게 무상으로 이익이 이전된다.

법인이 자본금을 감소시키기 위하여 주식등을 소각(消却)하는 경우로서 일부 주주등의 주식등을 소각함으로써 법 소정의 이익을 얻은 경우에는 감자(減資)를 위한 주주총회결의일을 증여일로 하여 그 이익에 상당하는 금액을 그 이익을 얻은 자의 증여재산가액으로 한다(상증법 제39조의 2 제1항). 상증법 제39조의 2는 감자에 참여하는 주주와 이익을 얻는 주주 간에 특수관계가 성립하고, 이익을 얻는 주주가 대주주인 경우에 한하여 적용한다.

### (2) 과세요건

#### 1) 일부 주주의 주식 또는 지분을 소각

법인이 자본 또는 출자액을 감소하기 위하여 일부 주주의 주식 또는 지분을 소각하여야 한다. 임의소각, 유상소각, 무상소각 여부를 불문한다. 다만, 주주 간에 균등하게 감자한 경우는 포함하지 않는다.

법인이 보유하고 있는 자기주식을 소각하는 경우에는, 설령 그 소각으로 인해 법인의 이익이 주주에게 이전되더라도 모든 주주에게 균등하게 귀속되므로 주주 간의 이익의 이전이 없고 따라서 주주 간의 증여는 발생하지 아니한다. 다만, 법인이 자기주식의 소각으로 인한 감자차익을 소각일로부터 2년이 경과되기 전에 자본에 전입한 후 주주에게 무상주를 교부하는 경우 의제배당이 발생한다(소득세법 제17조, 법인세법 제16조).

## 2) 이익을 분여받는 특수관계 있는 대주주가 존재

이익을 분여받는 특수관계 있는 대주주가 존재하여야 한다. 특수관계 있는 대주주라 함은 주주등 1인과 상증령 제2조의 2 제1항 각 호의 어느 하나에 해당하는 관계에 있는 자를 말한다.

## 3) 일정금액 이상 증여이익 존재

주식등을 시가보다 낮은 대가로 소각한 경우에는 주식등을 소각한 주주등의 특수관계인에 해당하는 대주주등이 얻은 이익을, 주식등을 시가보다 높은 대가로 소각한 경우에는 대주주등의 특수관계인에 해당하는 주식등을 소각한 주주등이 얻은 이익을 증여재산가액으로 한다. 다만, 그 이익에 상당하는 금액이 대통령령으로 정하는 기준금액 미만인 경우는 제외한다(상증법 제39조의 2 제1항).

"대통령령으로 정하는 기준금액"이란 3억 원을 말한다. 다만, 감자한 주식등의 1주당 평가액과 주식등을 소각할 때 지급한 1주당 금액의 차액이 감자한 주식등의 1주당 평가액의 100분의 30 이상인 경우에는 기준금액은 영(零)으로 한다(상증령 제29조의 2 제2항).

일반적으로 감자에 따른 이익의 증여는 불균등하게 감자대가를 지급하는 경우 부과된다. 예외적으로 감자한 주식 1주당 평가액이 액면가액 이하인 경우로써 그 소각대가를 1주당 평가액보다 과다 지급한 경우 증여세를 과세할 수 있다. 다만, 액면가액을 초과하여 소각대가를 지급한 부분은 의제배당으로 소득세가 과세된다면 증여세는 부과되지 않는다.

## (3) 증여재산의 가액

감자한 주식 1주당 평가액은 증여일을 기준으로 하여 상증법 제60조 및 제63조 제1항의 규정에 의하여 평가한다.

## 1) 일반적인 경우
★

$$(ⓐ - ⓑ) \times ⓒ$$

ⓐ 감자한 주식 1주당 평가액
ⓑ 주식소각 시 지급한 1주당 금액
ⓒ 총감자주식수 × 대주주의 감자 후 지분비율 × $\dfrac{\text{대주주의 특수관계인의 주식수}}{\text{총감자주식수}}$

최대주주 보유주식에 대한 할증평가 규정은 적용하지 아니한다.

## 2) 감자한 주식 1주당 평가액이 액면가액 이하인 경우로써 그 평가액을 초과하여 대가를 지급한 경우

$$(ⓑ - ⓐ) \times 당해\ 주주의\ 감자주식수$$

ⓐ 감자한 주식 1주당 평가액
ⓑ 주식소각 시 지급한 1주당 금액

### (4) 증여시기

불균등감자에 따른 증여재산 가액의 계산의 기준시기는 감자를 위한 주주총회결의일이 된다(상증법 제39조의 2 제1항). 2015. 12. 15. 상증법 개정 시 감자에 따른 이익의 증여시기에 대한 상증령 제29조의 2 제3항 규정을 상증법 제39조 제2항으로 상위 법령화하였다.

### (5) 증여세 과세특례

하나의 증여에 대하여 상증법 제33조부터 제39조까지, 제39조의 2, 제39조의 3, 제40조, 제41조의 2부터 제41조의 5까지, 제42조, 제42조의 2, 제42조의 3, 제44조, 제45조 및 제45조의 3부터 제45조의 5까지의 규정이 2 이상 동시에 적용되는 경우에는 그중 이익이 가장 많게 계산되는 것 하나만을 적용한다(상증법 제43조 제1항).

감자에 따른 이익을 계산할 때 그 증여일부터 소급하여 1년 이내에 동일한 거래 등이 있는 경우에는 각각의 거래 등에 따른 이익을 해당 이익별로 합산하여 금액기준(3억 원)을 계산한다. 이 경우 상증법 제39조의 2 제1항 각 호의 이익별로 구분된 이익을 말한다(상증법 제43조 제2항).

## 4  현물출자에 따른 이익의 증여

**사례연구**

쟁점현물출자는 자본시장법 규정에 따라 공개매수 및 일반공모증자방식에 따라 이루어진 것으로, 현물출자에 따른 이익의 증여 적용대상에서 제외하는 것이 타당하다.

**현황**

(1) 청구인들은 주식회사 ○○○에서 실시한 발행 주식의 공개매수(일반공모증자방식)에 참여하여, 청구인들이 소유하고 있던 ○○○ 발행 기명식 보통주식을 1주당 ○○○원에 ○○○에 현물출자하고, 그 대가로 ○○○ 신주를 1주당 ○○○원에 인수하였다.
(2) 처분청은 청구인들이 쟁점주식을 상증법상 시가인 주당 ○○○원보다 낮은 가액인 주당 ○○○원에 인수함으로써 ○○○의 주주들로부터 경제적 이익을 증여받은 것으로 보아, 상증법 제39조의 3 제1항 제1호에 따라 증여세를 각 결정·고지하였다.

**쟁점**

현물출자에 따른 이익에 증여세를 과세한 처분의 당부

**판단**

(1) 쟁점 현물출자는 법령에 의해 발행가액이 결정된 것이어서 증여이익이 발생하였다고 보기 어렵다.
(2) 상속세 및 증여세법 제39조는 신주를 자본시장법 제9조 제7항에 따른 유가증권의 모집방법으로 배정하는 경우 증여이익 과세대상에서 제외하고 있는데 증자와 경제적 실질이 동일한 현물출자를 증자와 달리 취급할 합리적 이유를 찾기 어렵다.
(3) 그러므로 쟁점현물출자는 상속세 및 증여세법 제39조의 3의 적용대상에서 제외하는 것이 타당하다(조심 2013서5027, 2014. 12. 17.).

### (1) 개요

**1) 상법상 현물출자의 의의**

현물출자는 회사 설립 시 또는 신주발행(유상증자) 시 동산, 부동산, 유가증권, 특허권 등 금전 이외의 자산으로 하는 출자를 말한다. 현물출자의 경우에는 금전출자와는 달리 현물출자되는 재산이 과대평가되거나, 현물출자자에게 부당하게 많은 주식수를 배정함으로써 회사채권자 또는 금전으로 출자한 주주에게 손해가 발생할 수 있다. 따라서 상법상 현물출자를 하는 자의 성명과 그 목적인 재산의 종류, 수량, 가격과 이에 대하여 부여할 주식의

종류와 수를 정관에 기재하도록 하고(상법 제290조 제2호), 법원이 선임한 검사인의 검사나 감정인의 감정을 받도록 규정하고 있다(상법 제422조).

### 2) 상증법상 현물출자

현물출자에 의하여 법인이 발행한 주식 또는 지분을 인수함에 있어 주식등의 시가보다 낮은 가액으로 인수함에 따라 현물출자자가 이익을 얻거나 주식등을 시가보다 높은 가액으로 인수함에 따라 현물출자자와 특수관계에 있는 현물출자자 외의 주주 또는 출자자가 이익을 얻은 경우에는 해당 이익에 상당하는 금액을 그 이익을 얻은 자의 증여재산가액으로 한다(상증법 제39조의 3 제1항).

2013. 2. 15. 상증령 개정 시 주권상장법인이 50인 이상의 다수인에게 모집에 의해 주식을 배정하고 현금으로 납입하는 경우에는 현재 증자에 따른 증여세 과세대상에서 제외하고 있으므로, 일반공모방식에 의한 현물납입도 이와 동일하게 과세에서 제외하도록 개정하였다(상증령 제29조의 3 제1항).

이는 현물출자의 경제적인 실질이 증자와 동일함에도 기존주주에게는 신주인수권이 없다 하여 현물출자 시 고·저가 신주배정으로 얻은 이익에 과세할 수 없다는 대법원 판례(대법원 88누889, 1989. 3. 14.)를 수용하여 현물출자에 따른 이익의 증여규정을 신설하였으며, 이 규정은 2004. 1. 1. 이후 현물출자를 하는 분부터 적용한다(법률 제7010호, 2003. 12. 30. 개정, 상증법 부칙 제6조). 다만, 현물출자 전·후의 주식 1주당 가액이 모두 0 이하인 경우에는 증여이익이 없는 것으로 본다(상증령 제29조의 3 제1항).

## (2) 과세요건

### 1) 현물출자자가 신주를 저가로 인수하는 경우

현물출자자가 법인이 발행한 주식 또는 출자지분을 인수함에 있어 주식등을 시가(상증법 제60조와 제63조에 따라 평가한 가액)보다 낮은 가액으로 인수할 경우 얻은 이익은 증여로 본다. 이때 현물출자자와 현물출자자 외의 주주 또는 출자자가 특수관계일 것을 요구하지 않는다.

### 2) 현물출자자가 신주를 고가로 인수하는 경우

현물출자자가 주식등을 시가(상증법 제60조와 제63조에 따라 평가한 가액)보다 높은 가액으로 인수함으로써 현물출자자와 특수관계인인 현물출자자 외의 주주 또는 출자자가 이익을 얻는 경우 증여로 본다. 이 경우 특수관계인(현물출자자 본인은 제외한다)이란 현물출자자와 상증령 제2조의 2 제1항 각 호의 어느 하나에 해당하는 관계에 있는 주주등을 말한다. 현물출자자와 특수관계인인 현물출자자 외의 주주 또는 출자자가 얻은 이익이 현물출자 후 1주당 평가가액의 30% 이상이거나 1인별 증여재산가액 합계가 3억 원 이상인 경우에 한하여 적용한다(상증령 제29조의 3 제3항).

★

과세요건 : ① 또는 ②

① $\dfrac{(\text{신주 1주당 인수가액} - \text{현물출자 후 1주당 가액})}{\text{현물출자 후 1주당 가액}} \geq 30\%$

② 1인별 증여재산가액 합계 $\geq$ 3억 원

## (3) 증여재산의 가액

### 1) 현물출자자가 신주를 저가로 인수하는 경우

현물출자에 의하여 법인이 발행한 주식 또는 지분을 인수함에 있어 주식등의 시가보다 낮은 가액으로 인수하여 현물출자자가 이익을 얻은 경우에는 다음의 금액을 증여재산가액으로 한다.

★

$$\text{증여재산가액} = \left(\begin{array}{c}\text{현물출자 후의}\\\text{1주당 평가액}\end{array} + \begin{array}{c}\text{신주 1주당}\\\text{인수가액}\end{array}\right) \times \begin{array}{c}\text{현물출자자가}\\\text{배정받은 신주수}\end{array}$$

#### 가. 현물출자 후의 1주당 평가액

다음 산식에 의하여 계산한 1주당 가액으로 한다.

★

$$\text{현물출자 후의 1주당 평가액} = \frac{\left(\begin{array}{c}\text{현물출자 전의}\\\text{1주당 평가액}\end{array} \times \begin{array}{c}\text{현물출자 전의}\\\text{발행주식총수}\end{array}\right) + \left(\begin{array}{c}\text{신주 1주당}\\\text{인수가액}\end{array} \times \begin{array}{c}\text{현물출자에 의하여}\\\text{증가한 주식수}\end{array}\right)}{\text{현물출자 전의 발행주식 총수} + \text{현물출자에 의하여 증가한 주식수}}$$

① 현물출자 전의 1주당 평가액 : 상장법인과 코스닥상장법인의 경우에는 당해 증자에 따른 권리락이 있는 날 전 2월이 되는 날부터 권리락이 있는 날의 전일까지 공표된 한국증권선물거래소 최종시세가액의 평균액으로 한다(상증법 기본통칙 39-29…2). 비상장주식은 시가에 의하되, 시가를 산정하기 어려운 경우에는 보충적 평가가액으로 한다.

② 현물출자 후의 1주당 평가액 : 주권상장법인이나 코스닥시장 상장법인의 경우로서 현물출자 후의 1주당 평가액(증자 후 2월간의 종가평균액)이 상기의 산식에 의하여 계산한 1주당 가액보다 적은 경우에는 당해 가액으로 한다.

### 나. 신주 1주당 인수가액

신주 1주당 인수가액이란 신주 1주당 주금납입액을 말한다(서면4팀 – 3329, 2007. 11. 19.).

### 다. 현물출자자가 배정받은 주식수

자본시장과 금융투자업에 관한 법률에 따른 주권상장법인이 같은 법 제165조의 6에 따른 일반공모증자의 방법으로 배정하는 경우는 현물출자자가 배정받은 주식수에서 제외한다.

### 2) 현물출자자가 신주를 고가로 인수하는 경우

현물출자에 의하여 법인이 발행한 주식 또는 지분을 인수함에 있어 주식등의 시가보다 높은 가액으로 인수하여 현물출자자와 특수관계에 있는 현물출자자 외의 주주 또는 출자자가 이익을 얻은 경우에는 다음의 금액을 증여재산가액으로 한다.

★

$$\text{증여재산가액} = \left( \text{신주 1주당 인수가액} + \text{현물출자 후의 1주당 평가액} \right) \times \text{현물출자자가 배정받은 신주수}$$

$$\times \frac{\text{현물출자 전 현물출자자와 특수관계에 있는 주주 또는 출자자의 주식수}}{\text{현물출자 전의 발행주식 총수}}$$

### 가. 현물출자 후의 1주당 평가액

다음 산식에 의하여 계산한 1주당 가액으로 한다.

★

$$\text{현물출자 후의 1주당 평가액} = \frac{\left( \text{현물출자 전의 1주당 평가액} \times \text{현물출자 전의 발행주식총수} \right) + \left( \text{신주 1주당 인수가액} \times \text{현물출자에 의하여 증가한 주식수} \right)}{\text{현물출자 전의 발행주식 총수} + \text{현물출자에 의하여 증가한 주식수}}$$

① 현물출자 전의 1주당 평가액 : 상장법인과 코스닥상장법인의 경우에는 당해 증자에 따른 권리락이 있는 날 전 2월이 되는 날부터 권리락이 있는 날의 전일까지 공표된 한국증권선물거래소 최종시세가액의 평균액으로 한다(상증법 기본통칙 39 – 29…2). 비상장주

식은 시가에 의하되, 시가를 산정하기 어려운 경우에는 보충적 평가가액으로 한다.

② 현물출자 후의 1주당 평가액 : 주권상장법인이나 코스닥시장 상장법인의 경우로서 현물출자 후의 1주당 평가액(증자 후 2월간의 종가평균액)이 상기의 산식에 의하여 계산한 1주당 가액보다 큰 경우에는 당해 가액으로 한다.

### 나. 신주 1주당 인수가액

신주 1주당 인수가액이란 신주 1주당 주금납입액을 말한다(서면4팀 – 3329, 2007. 11. 19.).

### 다. 현물출자자가 배정받은 주식수

자본시장과 금융투자업에 관한 법률에 따른 주권상장법인이 같은 법 제165조의 6 제1항 제3호에 따른 증자의 방법으로 배정하는 경우는 현물출자자가 배정받은 주식수에서 제외한다.

### 라. 현물출자 전·후 주식평가액 차이가 30% 이상 및 개인별 합계가 3억 원 이상

현물출자에 의하여 법인이 발행한 주식등을 시가보다 높은 가액으로 인수함에 있어 그 증여이익의 계산은 상증령 제29조 제3항 제3호(증자 시 고가발행한 실권주를 재배정) 가목의 규정을 준용하여 계산한 가액에서 동호 나목의 규정을 준용하여 계산한 가액을 차감한 금액이 동호 나목을 준용하여 계산한 가액의 100분의 30 이상이거나 그 이익이 3억 원 이상인 경우에 한정하여 적용한다(상증령 제29조의 3 제2항).

### 3) 증여자 중 소액주주가 2인 이상인 경우

현물출자자가 아닌 주주 또는 출자자 중 소액주주가 2명 이상인 경우에는 소액주주가 1명인 것으로 보고 이익을 계산한다(상증법 제39조의 3 제2항). 소액주주의 다수가 증여자인 경우 증여자의 범위를 명확히 하기 위하여 법령을 개정하였다. 이 경우 소액주주란 당해 법인의 발행주식총수등의 100분의 1 미만을 소유하는 경우로서 주식등의 액면가액의 합계액이 3억 원 미만인 주주등을 말한다(상증령 제29조 제5항).

## (4) 증여시기 등

### 1) 증여시기

현물출자 시 증여시기는 주금납입일을 말한다(상증법 제39조 제1항).

제3편 증여세

### 2) 최대주주 등의 주식 할증평가 여부

현물출자에 따른 이익의 증여재산가액을 계산하는 과정에서 현물출자를 받은 법인이 발행한 주식을 평가하는 경우 할증평가 규정을 적용하지 아니한다(상증령 제53조 제6항 제3호).

### 3) 증여세 과세특례

가. 하나의 증여에 대하여 상증법 제33조부터 제39조까지, 제39조의 2, 제39조의 3, 제40조, 제41조의 2부터 제41조의 5까지, 제42조, 제42조의 2, 제42조의 3, 제44조, 제45조 및 제45조의 3부터 제45조의 5까지의 규정이 둘 이상 동시에 적용되는 경우에는 그중 이익이 가장 많게 계산되는 것 하나만을 적용한다(상증법 제43조 제1항).

나. 현물출자에 따른 이익을 계산할 때 그 증여일부터 소급하여 1년 이내에 동일한 거래 등이 있는 경우에는 각각의 거래 등에 따른 이익을 해당 이익별로 합산하여 금액기준 (3억 원)을 계산한다. 이 경우 상증법 제39조의 3 제1항 각 호의 이익별로 구분된 이익을 말한다(상증법 제43조 제2항).

### 4) 증여세 연대납세의무의 면제

현물출자에 따른 이익의 증여에 해당하는 경우에는 증여자는 수증자가 납부할 증여세를 연대하여 납부할 의무를 지지 아니한다(상증법 제4조의 2 제6항).

## 5 전환사채 등의 주식전환 등에 따른 이익의 증여

### 사례연구

구 상속세및증여세법 제40조 제1항 제2호 나목은 증여재산가액으로 인정함에 있어 이익이 '특수관계 있는 자로부터 비롯되었는지', 해당 이익의 취득에 '거래의 관행상 정당한 사유가 없는지' 등은 전혀 고려하고 있지 않다.

#### 현황
(1) 원고 등은 이 사건 법인의 특수관계인이다.
(2) 해당 법인은 무보증 분리형 사모 신주인수권부사채를 발행하였고, 같은 날 원고 등이 이를 인수하였으며, 이들은 분리된 신주인수권을 모두 행사하여 주식으로 전환하였다.
(3) 조사청은 원고 등에 대한 주식변동조사를 실시한 결과, 해당 법인의 최대주주인 원고 등이 구 상증법 제40조 제1항 제2호 나목에 따라 소유주식수에 비례하여 균등한 조건으로 배정받을 수 있는 수를 초과하여 인수한 후 이익을 얻은 것으로 보아 증여세를 결정·고지하였다.

**쟁점**

　법인의 최대주주 등이 소유주식수를 초과하여 배정받은 신주인수권을 행사하여 얻은 이익이 증여세 과세대상인지 여부

**판단**

(1) 구 상증세법 제40조 제1항 제2호 나목은 '전환사채 등을 발행한 법인의 최대주주가 그 법인으로부터 전환사채 등을 그 소유주식수에 비례하여 균등한 조건으로 배정받을 수 있는 수를 초과하여 인수·취득을 한 경우로서 전환사채 등에 의하여 교부받았거나 교부받을 주식의 가액이 전환가액 등을 초과함으로써 얻은 이익'에 해당하면 그에 상당하는 금액을 증여재산가액으로 보도록 규정하고 있을 뿐, 증여재산가액으로 인정함에 있어 해당 이익이 '특수관계 있는 자로부터 비롯되었는지', 해당 이익의 취득에 '거래의 관행상 정당한 사유가 없는지' 등은 전혀 고려하고 있지 않다.

(2) 최대주주의 소유주식 비율에 따른 몫을 초과하여 실현된 이익인 이상, 그 이익이 특수관계 있는 자로부터 유래하였는지 특수관계 없는 자로부터 유래하였는지(나아가 특수관계 유무의 판단을 전환사채 등을 발행한 법인을 기준으로 하는지 그 법인의 주주를 기준으로 하는지)와 관계없이, 또한 그 이익의 취득에 거래의 관행상 정당한 사유가 있는지 거래의 관행상 정당한 사유가 없는지와 관계없이, 과세의 징표 내지 요건은 동일하게 충족된다고 할 것이므로, 위 조항의 적용에 특수관계의 유무나 정당한 사유의 존부를 고려하지 않는다고 하여 조세평등의 원칙에 반한다고 할 수 없다.

(3) 원고는 위 조항이 최대주주와 다른 주주를 차별하여 조세평등의 원칙에 반한다고도 주장하나, 최대주주가 보유하는 주식에는 회사를 지배할 가능성이 잠재되어 있다는 점 등을 고려하면 최대주주와 최대주주 아닌 주주를 다르게 취급한다고 하여 조세평등의 원칙에 반한다고 할 수도 없다[최대주주가 실질적으로 회사의 경영권(지배권)을 가지고 있는지와 상관없이 그 보유주식의 가액을 할증하여 평가하도록 한 상증법 조항이 위헌이라는 주장을 받아들이지 않은 헌법재판소 2008. 12. 26. 선고, 2006헌바115 결정의 취지 등 참조](대법원 2020두51297, 2021. 2. 4. : 부산고등법원(창원) 2019누12206, 2020. 9. 16. : 창원지법 2019구합51138, 2019. 11. 14. : 조심 2018부2272, 2019. 1. 4).

**(1) 개요**

　전환사채, 신주인수권부사채(신주인수권증권이 분리된 경우에는 신주인수권증권을 말한다) 또는 그 밖의 주식으로 전환·교환하거나 주식을 인수할 수 있는 권리가 부여된 사채("전환사채 등")를 인수·취득·양도하거나, 전환사채 등에 의하여 주식으로의 전환·교환 또는 주식의 인수를 함으로써 이익을 얻은 경우에는 그 이익에 상당하는 금액을 그 이익

을 얻은 자의 증여재산가액으로 한다. 다만, 그 이익에 상당하는 금액이 법령으로 정하는 기준금액 미만인 경우는 제외한다(상증법 제40조 제1항).

전환사채 등에서 전환사채란 일정기간 후에 사채권자가 주식전환을 청구하면 사채가 소멸하고 주식으로 전환할 수 있는 권리를 수반한 사채를 말하며, 신주인수권부사채는 신주를 인수할 수 있는 권리가 부여된 사채로 사채 기능은 그대로 유지하면서 새로이 주금을 납입하여 신주를 인수할 수 있는 권리가 부여된 사채를 말한다. 그리고 교환사채는 사채권 보유자에게 일정기간 내에 사전에 합의된 조건으로 발행법인이 소유하고 있는 타사 유가증권과 교환을 청구할 수 있는 권리가 부여된 사채를 말한다.

### (2) 과세요건

상증법 제40조에서 규정하고 있는 전환사채 등의 주식전환 등에 따른 이익의 증여세 과세유형의 내용을 요약하면 다음과 같다.

### 1) 거래단계별 과세 요건 및 증여재산가액 계산방법 요약[122]

| 거래단계 | 요 건 | 증여이익 산정 |
|---|---|---|
| 전환사채 등의 인수·취득 | ① 특수관계인으로부터 전환사채 등을 저가 취득하는 경우 | $(ⓐ-ⓑ)/ⓐ≥30\%$ 또는 ≥1억 원인 경우 |
| | ② 발행법인의 최대주주 및 그의 특수관계인인 주주가 배정비율을 초과하여 저가로 인수·취득 | |
| | ③ 주주가 아닌 자로서 발행법인의 최대주주의 특수관계인이 저가로 인수·취득하는 경우 | |
| 주식으로 전환·교환 또는 주식의 인수 | ④ 특수관계인으로부터 취득한 자가 주식으로 전환·양도하여 얻은 이익 | $[(ⓒ-ⓔ)×교부받은 주식수]-ⓕ-기과세된 가액(①의 증여가액), 1억 원 이상$ |
| | ⑤ 최대주주 및 그의 특수관계인인 주주로서 배정비율을 초과하여 인수·취득한 자가 주식으로 전환하여 얻은 이익 | $[(ⓒ-ⓔ)×자기지분 초과하여 교부받은 주식수]-ⓕ-기과세된 가액(②의 증여가액), 1억 원 이상$ |

---

122) 국세청, 「상속세·증여세 실무해설」, 2012., 404면

| 거래단계 | 요 건 | 증여이익 산정 |
|---|---|---|
| | ⑥ 최대주주의 특수관계인인 주주 외의 자로서 발행회사로부터 인수·취득한 자가 주식으로 전환하여 얻은 이익 | [(ⓒ-ⓔ) × 교부받은 주식수] -ⓕ-기과세된 가액(③의 증여가액). 1억 원 이상 |
| | ⑦ 전환가액 등이 주식평가액보다 높아 전환사채 등으로 주식을 교부받지 않은 자가 얻은 이익 | [(ⓔ-ⓒ) × (전환 등에 의하여 증가한 주식수) × (주식을 교부받은 자의 특수관계인의 전환 전 지분비율)] |
| 전환사채 등을 양도 | ⑧ 특수관계인에게 시가보다 높은 가액으로 양도한 자가 얻은 이익 | (ⓖ-ⓐ)/ⓖ≥30% 또는 ≥1억 원인 경우 |

ⓐ 전환사채 등의 시가, ⓑ 전환사채 등의 인수·취득가액, ⓒ 교부받은 주식가액
ⓓ 교부받을 주식가액, ⓔ 주식 1주당 전환가액 등, ⓕ 이자손실분 ⓖ 양도가액

## 2) 전환사채 등을 특수관계인으로부터 저가양수하는 경우의 증여

### 가. 개요

특수관계인으로부터 전환사채 등을 시가(상증법 제60조와 제63조에 따라 평가한 가액을 말함)보다 낮은 가액으로 취득함으로써 이익을 얻은 경우에는 그 이익에 상당하는 금액을 그 이익을 얻은 자의 증여재산가액으로 한다(상증법 제40조 제1항 제1호 가목).

### 나. 증여이익의 계산

특수관계인으로부터 전환사채 등을 시가보다 낮은 가액으로 취득함으로써 증여받은 것으로 보는 이익은 전환사채 등의 시가에서 전환사채 등의 인수·취득가액을 차감한 금액이 전환사채 등의 시가의 30% 이상이거나 1억 원 이상인 경우의 당해 이익으로 한다(상증령 제30조 제2항).

★

$$\frac{전환사채\ 등의\ 시가 - 인수·취득가액}{전환사채\ 등의\ 시가} \geq 30\% \ 또는$$

(전환사채 등의 시가 - 인수·취득가액) ≥ 1억 원인 경우의 (시가 - 인수·취득가액)

## 3) 발행법인으로부터 저가로 초과인수·취득하는 경우의 증여

### 가. 개요

전환사채 등을 발행한 법인(「자본시장과 금융투자업에 관한 법률」에 따른 주권상장법인

으로서 같은 법 제9조 제7항[123])에 따른 유가증권의 모집방법(대통령령으로 정하는 경우를 제외한다)[124])으로 전환사채 등을 발행한 법인은 제외한다. 이하 이 항에서 같다)의 최대주주나 그의 특수관계인인 주주가 그 법인으로부터 전환사채 등을 시가보다 낮은 가액으로 그 소유주식 수에 비례하여 균등한 조건으로 배정받을 수 있는 수를 초과하여 인수·취득(「자본시장과 금융투자업에 관한 법률」 제9조 제12항에 따른 인수인으로부터 인수·취득하는 경우와 그 밖에 대통령령으로 정하는 방법으로 인수·취득한 경우를 포함한다. "인수 등")[125])함으로써 얻은 이익은 그 이익을 얻은 자의 증여재산가액으로 한다(상증법 제40조 제1항 제1호 나목).

본 개정규정은 2017. 1. 1. 이후 전환사채 등을 인수·취득하는 경우부터 적용한다(상증법 부칙(2016. 12. 20.) 제6조).

### 나. 증여이익의 계산

전환사채 등의 발행법인 등으로부터 전환사채 등을 시가보다 낮은 가액으로 초과인수·취득함으로써 얻은 이익은 전환사채 등의 시가에서 전환사채 등의 인수·취득가액을 차감한 금액이 전환사채 등의 시가의 30% 이상이거나 1억 원 이상인 경우의 당해 이익으로 한다(상증령 제30조 제2항).

★

$$\frac{\text{전환사채 등의 시가} - \text{인수·취득가액}}{\text{전환사채 등의 시가}} \geq 30\% \text{ 또는}$$

$$(\text{전환사채 등의 시가} - \text{인수·취득가액}) \geq 1억 원인 경우의 (\text{시가} - \text{인수·취득가액})$$

---

123) ⑦ 이 법에서 "모집"이란 대통령령으로 정하는 방법에 따라 산출한 50인 이상의 투자자에게 새로 발행되는 증권의 취득의 청약을 권유하는 것을 말한다.
124) 「자본시장과 금융투자업에 관한 법률 시행령」 제11조 제3항[③ 제1항 및 제2항에 따라 산출한 결과 청약의 권유를 받는 자의 수가 50인 미만으로서 증권의 모집에 해당되지 아니할 경우에도 해당 증권이 발행일부터 1년 이내에 50인 이상의 자에게 양도될 수 있는 경우로서 증권의 종류 및 취득자의 성격 등을 고려하여 금융위원회가 정하여 고시하는 전매기준에 해당하는 경우에는 모집으로 본다. 다만, 해당 증권이 법 제165조의 10 제2항에 따라 사모의 방법으로 발행할 수 없는 사채인 경우에는 그러하지 아니하다]에 따라 모집하는 경우를 말한다.
125) 제3자에게 증권을 취득시킬 목적으로 그 증권의 전부 또는 일부를 취득한 자로부터 인수·취득한 경우를 말한다.

## 4) 주주 아닌 자가 발행법인으로부터 저가로 인수·취득하는 경우의 증여

### 가. 개요

전환사채 등을 발행한 법인의 주주가 아닌 자로서 그 법인의 최대주주의 특수관계인이 그 법인으로부터 전환사채 등을 시가보다 낮은 가액으로 인수 등을 함으로써 얻은 이익은 그 이익을 얻은 자의 증여재산가액으로 한다(상증법 제40조 제1항 제1호 다목).

### 나. 증여이익의 계산

전환사채 등을 발행한 법인의 주주가 아닌 자로서 당해 법인의 최대주주의 특수관계인이 당해 법인으로부터 전환사채 등을 시가보다 낮은 가액으로 인수·취득함으로써 얻은 이익은 전환사채 등의 시가에서 전환사채 등의 인수·취득가액을 차감한 금액이 전환사채 등의 시가의 30% 이상이거나 1억 원 이상인 경우의 당해 이익으로 한다(상증령 제30조 제2항).

★

$$\frac{전환사채\ 등의\ 시가 - 인수\cdot취득가액}{전환사채\ 등의\ 시가} \geq 30\% \ 또는$$

(전환사채 등의 시가 − 인수·취득가액) ≥ 1억 원인 경우의 (시가 − 인수·취득가액)

## 5) 특수관계인으로부터 취득한 전환사채 등의 전환 등에 따른 증여

### 가. 개요

전환사채 등을 특수관계인으로부터 취득한 경우로서 전환사채 등에 의하여 교부받았거나 교부받을 주식의 가액이 전환·교환 또는 인수 가액("전환가액 등")을 초과함으로써 얻은 이익은 그 이익을 얻은 자의 증여재산가액으로 한다(상증법 제40조 제1항 제2호 가목).

### 나. 증여이익의 계산

전환사채 등을 특수관계인으로부터 저가로 취득한 자가 주식전환 등을 한 경우의 증여재산가액은 전환사채 등에 의하여 주식으로의 전환, 교환 또는 주식의 인수를 하는 경우 교부받은 주식가액에서 주식 1주당 전환가액 등을 차감한 가액에 교부받거나 교부받을 주식수를 곱하여 계산한 가액에서 이자손실분 및 전환사채 등을 특수관계인으로부터 저가로 취득하는 경우의 증여재산가액(해당되는 이익이 있는 경우에 한한다)을 차감하여 계산한 금액(당해 금액이 1억 원 이상인 경우에 한한다)을 증여재산가액으로 한다. 다만, 전환사채 등을 양도한 경우에는 전환사채 등의 양도가액에서 취득가액을 차감한 금액을 초과하지 못한

다(상증령 제30조 제1항 제2호).

위에서 이자손실분이란 아래 "(i)"의 가액에서 "(ii)"의 가액을 차감한 가액을 말한다. 다만, 신주인수권증권에 의하여 전환 등을 한 경우에는 상증령 제58조의 2 제2항 제1호 가목에 따라 평가한 신주인수권증권의 가액을 말한다(상증칙 제10조의 2).

( i ) 전환사채 등의 만기상환금액을 사채발행이율에 의하여 취득 당시의 현재가치로 할인한 금액

( ii ) 전환사채 등의 만기상환금액을 영 제58조의 2 제2항 제1호 가목의 규정에 의한 이자율에 의하여 취득 당시의 현재가치로 할인한 금액

해당 증여이익을 산식으로 표시하면 다음과 같다.

★
- 전환사채 등의 전환 시 증여재산가액 : A ≥ 1억 원
- 전환사채 등의 양도 시 증여재산가액 : Min(A, B) ≥ 1억 원

A : [교부받은(을) 1주당 주식가액 – 주식 1주당 전환가액 등] × 교부받은(을) 주식수
　　 – 취득 인수 시 증여세 과세이익과 이자손실분
B : 전환사채 등의 양도차익( = 양도가액 – 취득가액)

① 전환 시 교부받은 주식가액

전환 시 교부받은 주식가액이란 전환사채 등에 의하여 주식으로 전환·교환하거나 주식을 인수("전환 등")한 경우 교부받은 주식가액은 다음 산식에 의하여 계산한 1주당 가액을 말한다. 이 경우 주권상장법인 등의 주식으로 전환 등을 한 경우로서 전환 등 후의 1주당 평가액이 다음 산식에 의하여 계산한 1주당 가액보다 적은 경우(상증법 제40조 제1항 제2호 라목의 경우에는 높은 경우를 말한다)에는 당해 가액에 의한다(상증령 제30조 제5항 제1호).

ⓐ 주권상장법인 또는 코스닥상장법인의 주식으로 전환 등을 한 경우

주권상장법인 또는 코스닥상장법인의 주식으로 전환 등을 한 경우로서 전환 등 후의 1주당 평가가액이 다음 산식에 의하여 계산한 1주당 가액보다 적은 경우에는 당해 가액을 "교부받은 주식가액"으로 한다.

★

- 교부받은 주식가액 : Min(A, B) 〔예외적으로 상증법 제40조 제1항 제2호 라목의 경우
      Max(A, B)〕

$$A : \frac{\left[\left(\begin{array}{c}\text{전환 등 전의} \\ \text{1주당 평가가액}^{(*)}\end{array} \times \begin{array}{c}\text{전환 등 전의} \\ \text{발행주식총수}\end{array}\right)\right] + \left[\left(\begin{array}{c}\text{주식 1주당} \\ \text{전환가액 등}\end{array} \times \begin{array}{c}\text{전환 등에 의하여} \\ \text{증가한 주식수}\end{array}\right)\right]}{\text{(전환 등 전의 발행주식총수 + 전환 등으로 증가한 주식수)}}$$

B : 전환일 이후 2개월간의 최종시세가액의 평균액

(*) 전환 전 1주당 평가액 : 전환 전 2개월이 되는 날부터 전환일 전일까지 2개월간 최종시세가액의 평균액

ⓑ 비상장주식으로 전환 등을 한 경우

전환사채 등을 비상장주식으로 전환 등을 한 경우에는 다음 산식에 의하여 계산한 1주당 가액을 "교부받은 주식가액"으로 한다. 전환 전 1주당 평가액은 시가 혹은 보충적 평가액으로 한다.

★

$$\frac{\left[\left(\begin{array}{c}\text{전환 등 전의} \\ \text{1주당 평가가액}\end{array} \times \begin{array}{c}\text{전환 등 전의} \\ \text{발행주식총수}\end{array}\right)\right] + \left[\left(\begin{array}{c}\text{주식 1주당} \\ \text{전환가액 등}\end{array} \times \begin{array}{c}\text{전환 등에 의하여} \\ \text{증가한 주식수}\end{array}\right)\right]}{\text{(전환 등 전의 발행주식총수 + 전환 등에 의하여 증가한 주식수)}}$$

② 양도 시 교부받을 주식가액

양도 시 교부받을 주식가액이라 함은 양도일 현재 주식으로의 전환 등이 가능한 전환사채 등을 양도한 경우로서 당해 전환사채 등의 양도일 현재 주식으로 전환 등을 할 경우 다음에 의하여 계산한 1주당 가액을 말한다(상증령 제30조 제5항 제2호).

ⓐ 주권상장법인 또는 코스닥상장법인의 경우

주권상장법인 또는 코스닥상장법인의 경우 양도일을 기준으로 한 1주당 평가가액이 다음 산식에 의하여 계산한 1주당 가액보다 적은 경우에는 당해 가액을 "교부받을 주식가액"으로 한다.

★

• 교부받을 주식가액: Min(A, B)

$$A : \frac{\left[\left(\begin{array}{c}\text{양도 전의 1주당}\\\text{평가가액}^{(*)}\end{array} \times \begin{array}{c}\text{양도 전의}\\\text{발행주식총수}\end{array}\right)\right] + \left[\left(\begin{array}{c}\text{주식 1주당}\\\text{전환가액 등}\end{array} \times \begin{array}{c}\text{전환 등을 할 경우}\\\text{증가하는 주식수}\end{array}\right)\right]}{(\text{양도 전의 발행주식총수} + \text{전환 등을 할 경우 증가하는 주식수})}$$

B : 전환일 이후 2개월간의 최종시세가액의 평균액

(*) 양도 전 1주당 평가액 : 전환 전 2개월이 되는 날부터 전환일 전일까지 2개월간 최종시세가액
  의 평균액

ⓑ 비상장주식의 경우

양도일 현재 비상장주식으로 전환 등이 가능한 전환사채 등을 양도한 경우로서 당해
전환사채 등의 양도일 현재 주식으로 전환 등을 할 경우 다음 산식에 의하여 계산한
1주당 가액을 교부받을 주식가액으로 한다. 양도 전 1주당 평가액은 시가 혹은 보충
적 평가액으로 한다.

★

$$\frac{\left[\left(\begin{array}{c}\text{양도 전의 1주당}\\\text{평가가액}\end{array} \times \begin{array}{c}\text{양도 전의}\\\text{발행주식총수}\end{array}\right)\right] + \left[\left(\begin{array}{c}\text{주식 1주당}\\\text{전환가액 등}\end{array} \times \begin{array}{c}\text{전환 등을 할 경우}\\\text{증가하는 주식수}\end{array}\right)\right]}{(\text{양도 전의 발행주식총수} + \text{전환 등을 할 경우 증가하는 주식수})}$$

## 6) 주주의 초과배정 전환사채 등의 전환 등에 따른 증여과세

### 가. 개요

전환사채 등을 발행한 법인의 최대주주나 그의 특수관계인으로서 주주인 자가 그 법인으
로부터 전환사채 등을 그 소유주식 수에 비례하여 균등한 조건으로 배정받을 수 있는 수를
초과하여 인수 등을 한 경우로서 전환사채 등에 의하여 교부받았거나 교부받을 주식의 가
액이 전환가액 등을 초과함으로써 이익을 얻은 경우에는 그 이익에 상당하는 금액을 그 이
익을 얻은 자의 증여재산가액으로 한다(상증법 제40조 제1항 제2호 나목).

### 나. 교부받았거나 교부받을 주식가액

교부받았거나 교부받을 주식가액은 "5) 특수관계인으로부터 취득한 전환사채 등의 전환
등에 따른 증여"에서 설명한 내용과 동일하다.

## 다. 증여이익의 계산

이 경우 증여이익은 교부받았거나 교부받을 주식가액에서 주식 1주당 전환가액 등을 차감한 가액에 교부받거나 교부받을 주식수를 곱하여 계산한 가액에서 기획재정부령이 정하는 바에 따라 계산한 이자손실분과 전환사채 등의 인수·취득 시의 증여이익(해당되는 이익이 있는 경우에 한함)을 차감하여 계산한 금액(당해 금액이 1억 원 이상인 경우에 한함)으로 한다. 여기서 당해 금액이 1억 원 이상인 경우에 한하는 개정규정은 2004. 1. 1. 이후 증여하는 분부터 적용한다.

★

$$증여이익 = (A - B) \times C - 이자손실분 - 인수·취득 시의 증여이익$$
$$(양도 시에는 양도가액에서 취득가액을 차감한 금액을 초과하지 못함)$$

A : 교부받았거나 교부받을 주식가액(전환사채 등을 양도한 경우에는 교부받을 주식가액을 말함)
B : 주식 1주당 전환가액 등
C : 교부받았거나 교부받을 주식수

이자손실분은 "5) 특수관계인으로부터 취득한 전환사채 등의 전환 등에 따른 증여"에서 설명한 내용과 동일하다.

## 7) 제3자로서 배정받은 전환사채 등의 전환 등에 따른 증여과세

### 가. 개요

전환사채 등을 발행한 법인의 주주가 아닌 자로서 최대주주의 특수관계인이 그 법인으로부터 전환사채 등의 인수 등을 한 경우로서 전환사채 등에 의하여 교부받았거나 교부받을 주식의 가액이 전환가액 등을 초과함으로써 얻은 이익은 그 이익을 얻은 자의 증여재산가액으로 한다(상증법 제40조 제1항 제2호 다목).

### 나. 교부받았거나 교부받을 주식가액

교부받았거나 교부받을 주식가액은 "5) 특수관계인으로부터 취득한 전환사채 등의 전환 등에 따른 증여"에서 설명한 내용과 동일하다.

### 다. 증여이익의 계산

교부받았거나 교부받을 주식가액에서 주식 1주당 전환가액 등을 차감한 가액에 교부받았거나 교부받을 주식수를 곱하여 계산한 가액에서 이자손실분과 인수·취득 시의 증여이익(해당되는 이익이 있는 경우에 한함)을 차감하여 계산한 금액(당해 금액이 1억 원 이상

인 경우에 한함)으로 한다. 여기서 당해 금액이 1억 원 이상인 경우에 한하는 개정규정은
2004. 1. 1. 이후 증여하는 분부터 적용한다.

이자손실분은 "5) 특수관계인으로부터 취득한 전환사채 등의 전환 등에 따른 증여"에서
설명한 내용과 동일하다.

★

$$증여이익 = (A - B) \times C - 이자손실분 - 인수 \cdot 취득 시의 증여이익$$
(양도 시에는 양도가액에서 취득가액을 차감한 금액을 초과하지 못함)

A : 교부받았거나 교부받을 주식가액(전환사채 등을 양도한 경우에는 교부받을 주식가액을 말함)
B : 주식 1주당 전환가액 등
C : 교부받았거나 교부받을 주식수

## 8) 교부받았거나 교부받을 주식가액이 전환가액 등보다 낮은 경우의 증여

### 가. 개요

전환사채 등에 의하여 주식으로 전환·교환하거나 주식을 인수한 경우로서 전환사채 등
에 의하여 교부받은 주식의 가액이 전환가액 등보다 낮게 됨으로써 그 주식을 교부받은 자
의 특수관계인이 얻은 이익은 그 이익을 얻은 자의 증여재산가액으로 한다(상증법 제40조 제1
항 제2호 라목).

### 나. 증여이익의 계산

전환사채 등에 의하여 주식으로 전환·교환하거나 주식을 인수한 경우로서 전환사채 등
에 의하여 교부받았거나 교부받을 주식가액이 전환가액 등보다 낮게 됨으로써 주식을 교부
받은 자의 특수관계인이 얻은 이익은 다음과 같이 계산한다(상증령 제30조 제1항 제3호).

★

$$증여이익 = (A - B) \times C$$

A : 주식 1주당 전환가액 등
B : 교부받은 주식가액
C : 전환 등에 의하여 증가한 주식수 × 당해 주식을 교부받은 자의 특수관계인이 전환 등을 하기
   전에 보유한 지분비율

교부받은 주식가액은 "5) 특수관계인으로부터 취득한 전환사채 등의 전환 등에 따른 증
여"에서 설명한 내용과 동일하다.

증여이익을 계산함에 있어서는 이자손실분과 전환사채 등의 인수·취득시점의 증여이익이 차감되지 아니함을 유의하여야 한다.

## 9) 특수관계인에게 전환사채 등을 고가양도 시 증여

### 가. 개요

전환사채 등을 특수관계인에게 양도한 경우로서 양도가액이 시가를 초과함으로써 이익을 얻은 경우에는 그 이익에 상당하는 금액을 그 이익을 얻은 자의 증여재산가액으로 한다(상증법 제40조 제1항 제3호).

### 나. 증여이익의 계산

전환사채 등을 특수관계인에게 시가보다 높게 양도함으로써 얻는 이익은 전환사채 등의 양도가액에서 전환사채 등의 시가를 차감한 가액을 말한다(상증령 제30조 제1항 제4호).

## 10) 증여시기

특수관계인으로부터 전환사채 시가보다 낮은 가액으로 취득함으로써 이익을 얻은 경우 증여시기는 전환사채 등의 취득일이며, 전환사채 등의 취득일은 당해 전환사채 등의 대금을 청산한 날(대금청산일 전에 전환사채 등을 교부받은 경우에는 그 교부일)로 한다(상증법 기본통칙 40-30…1).

## 11) 증여세 과세특례

하나의 증여에 대하여 제33조부터 제39조까지, 제39조의 2, 제39조의 3, 제40조, 제41조의 2부터 제41조의 5까지, 제42조, 제42조의 2, 제42조의 3, 제44조, 제45조 및 제45조의 3부터 제45조의 5까지의 규정이 둘 이상 동시에 적용되는 경우에는 그중 이익이 가장 많게 계산되는 것 하나만을 적용한다(상증법 제43조 제1항).

## 12) 분할증여 방지를 위한 1년간 합산과세

전환사채 등의 주식전환 등에 따른 이익을 계산함에 있어서 당해 그 이익과 관련한 거래 등을 한 날부터 소급하여 1년 이내에 동일한 거래 등이 있는 경우에는 각각의 거래 등에 따른 이익(시가와 대가와의 차액을 말함)을 합산하여 계산한다(상증법 제43조 제2항).

상증법 제40조 제1항의 전환사채 등의 주식전환 등에 따른 이익(같은 항 각 호의 이익별로 구분된 이익을 말한다)을 계산할 때에는 해당 이익별로 합산하여 각각의 금액기준을 계산한다(상증령 제32조의 4 제7호).

## 6  초과배당에 따른 이익의 증여

사례연구

상증법에 따라, 증여일 전 10년 이내에 동일인으로부터 받은 증여재산가액을 증여세 과세가액에 가산하여야 한다.

**현황**

(1) 원고들은 균등배당금에 대한 초과배당금액을 배당소득으로 분류하여 종합소득에 합산한 후 배당소득에 대한 원천징수세액을 공제하여 종합소득세를 각 신고·납부하였다.

(2) 감사원은 과세관청에 대한 감사에서 구 상증세법 제41조의 2 제3항에 따른 "초과배당금액에 대한 증여세액"을 산출함에 있어서는 같은 법 제47조 제2항을 적용하여 해당 증여일 전 10년 이내에 동일인으로부터 받은 증여재산가액을 증여세 과세가액에 가산하여야 하므로, 원고들이 지급받은 초과배당금액에 증여받은 이 사건 주식 가액을 가산하여 초과배당금액에 대한 증여세액을 산출하여야 한다고 지적하였다.

(3) 이러한 경우 초과배당금액에 대한 증여세액이 초과배당금액에 대한 소득세 상당액보다 많으므로, 구 상증세법 제41조의 2 제3항이 적용되지 않아 원고들에게 '같은 조 제1항에 따른 증여세를 부과하여야 한다'라는 취지의 시정요구를 하였다.

**쟁점**

이 사건 초과배당금액이 구 상증세법 제41조의 2 제3항에 따라 증여세 과세대상에 해당하는지 여부

**판단**

(1) 이 사건 초과배당금액에 대한 증여세액이 이 사건 초과배당금액에 대한 소득세 상당액보다 많다. 따라서 이 사건 초과배당금액에 대하여 구 상증세법 제41조의 2 제3항이 적용되지 아니하므로, 구 상증세법 제4조 제1항 제4호, 제41조의 2 제1항에 따라 이 사건 초과배당금액을 증여재산가액으로 하여 증여세를 과세하여야 한다.

(2) 신뢰보호원칙 위반 여부 : 조세법률관계에 있어서 신의성실의 원칙이나 신뢰보호의 원칙 또는 비과세 관행존중의 원칙은 합법성의 원칙을 희생하여서라도 납세자의 신뢰를 보호함이 정의에 부합하는 것으로 인정되는 특별한 사정이 있을 경우에 한하여 적용되는 예외적인 법 원칙이다(대법원 2004. 7. 22. 선고, 2002두11233 판결 등 참조). 그러므로 과세관청의 행위에 대하여 신의성실의 원칙 또는 신뢰보호의 원칙을 적용하기 위해서는, 과세관청이 공적인 견해표명 등을 통하여 부여한 신뢰가 평균적인 납세자로 하여금 합리적이고 정당한 기대를 가지게 할 만한 것이어야 한다. 비록 과세관청이 질의회신 등을 통하여 어떤 견해를 표명하였다고 하더라도 그것이 중요한 사실관계

와 법적인 쟁점을 제대로 드러내지 아니한 채 질의한 데 따른 것이라면 공적인 견해 표명에 의하여 정당한 기대를 가지게 할 만한 신뢰가 부여된 경우라고 볼 수 없다(대법원 2013. 12. 26. 선고2011두5940 판결 참조 : 서울행정법원 2020구합74580, 2021. 4. 23. : 조심 2019서1081, 2020. 6. 16.).

## (1) 개요

이익배당은 상법상 주주평등의 원칙에 따라 주주가 가진 주식수에 비례하여 지급되어야 한다. 이러한 원칙에 벗어나 배당하는 것을 차등배당이라고 한다. 일반적으로 대주주와 소액주주 간의 차등지급으로 소액주주가 보다 높은 배당을 지급받는 것을 일컫는다.

상법에는 주주평등의 원칙의 의의에 관한 규정은 없으나 주주의 이익배당청구권(상법 제464조) 등에 관하여 각 주식을 평등하게 취급하여야 한다는 취지의 규정을 두고 있다.[126] 상법상 차등배당은 별도로 규정하고 있지 아니한바 실무적으로 대주주가 배당포기를 명시적으로 나타낸 근거가 필요하다 하겠다.

법인의 최대주주가 배당받을 권리를 포기하거나 보유지분보다 적게 배당을 받게 되면 그 최대주주의 특수관계인에 해당하는 주주는 자신이 보유한 지분을 초과하는 배당액만큼 이익이 발생한다.

법인의 최대주주 등이 배당을 받지 아니하거나 보유지분에 비하여 과소 배당을 받음으로써 그 최대주주 등의 특수관계인이 본인의 보유지분을 초과하여 받는 배당에 대해서는 증여로 보아 법인이 배당을 한 날을 증여일로 하여 그 초과배당금액에서 소득세 상당액을 공제한 금액에 대해 증여세를 부과한다(상증법 제41조의 2). 본 규정은 2015년 12월 15일자로 신설되어 2016년 1월 1일 이후 상속이 개시되거나 증여받는 경우부터 적용한다(2015. 12. 15. 법률 제13557호).

해당 규정에 따르면, 증여소득공제액 이하의 초과배당분에 대하여는 증여세가 과세되지 않을 수 있다. 이를 방지하기 위하여 국회는 2020. 12. 22. 초과배당에 따른 이익에 대하여 소득세와 증여세를 모두 과세하는 것으로 개정하였다.

기술적으로는 2021년 1월 1일 이후 초과배당에 따른 이익에 대한 증여세는 초과배당을 지급받은 시점에 증여세액을 가계산하여 법정신고기한까지 1차적으로 신고 및 납부한 이후 다음연도 종합소득세 확정신고 시에 실제 소득세액을 반영하여 증여세액을 정산한다. 요약하면, 초과배당금액에 대하여 우선 증여세를 부과하고 이후 소득세 부과 여부를 고려

---

126) 최준선, 「회사법」, 2013. 2. 15., 202면

하여 증여세를 정산하는 것이다.

배당을 함에 있어서 지배주주 등인 법인에게는 배당을 하지 아니하고 기타 주주등에게만 배당을 하는 경우에 지배주주 등인 법인과 배당을 하는 법인 간에는 부당행위계산부인 규정이 적용되지 아니한다. 다만, 주주총회에서 지배주주에 대한 배당결의를 한 후 3개월이 경과할 때까지 그 배당금을 지급하지 아니함으로써 「소득세법」 제132조 제1항에 따라 지급한 것으로 의제되는 금액은 배당결의 후 3개월이 경과하는 날에 지배주주 등이 배당금을 지급하여야 하는 법인에게 동 금액을 대여한 것으로 본다(법인세법 집행기준 52-88-3[차등배당결의에 대한 부당행위계산부인]).

## (2) 과세요건

### 1) 차등배당

초과배당에 따른 증여의 이익에 대하여 증여세를 과세하기 위해서는 다음과 같은 요건을 충족하여야 한다.

#### 가. 법인 이익의 배당

법인이 이익이나 잉여금을 배당 또는 분배("배당등")하는 경우에 해당하여야 한다.

#### 나. 최대주주와 그 특수관계인 간 차등배당의 존재

법인의 최대주주 또는 최대출자자("최대주주등")가 본인이 지급받을 배당등의 금액의 전부 또는 일부를 포기하거나 본인이 보유한 주식등에 비례하여 균등하지 아니한 조건으로 배당등을 받음에 따라 그 최대주주등의 특수관계인이 본인이 보유한 주식등에 비하여 높은 금액의 배당등을 받아야 한다.

#### 다. 최대주주의 특수관계인이 증여이익의 존재

초과배당금액으로 최대주주의 특수관계인인 주주가 이익을 얻어야 한다.

### 2) 이중과세의 조정

증여재산에 대하여 수증자에게 「소득세법」에 따른 소득세 또는 「법인세법」에 따른 법인세가 부과되는 경우에는 증여세를 부과하지 아니한다. 소득세 또는 법인세가 「소득세법」, 「법인세법」 또는 다른 법률에 따라 비과세되거나 감면되는 경우에도 또한 같다(상증법 제4조의 2 제3항).

주주가 수령한 배당금은 소득세 과세대상이 된다. 소득세 과세대상이 되는 경우 상증법 제4조의 2 제3항에 근거하여 증여세를 부과할 수 없다. 하지만 해당 규정에도 불구하고 법인이 배당등을 한 날을 증여일로 하여 그 최대주주등의 특수관계인이 본인이 보유한 주식 등에 비례하여 균등하지 아니한 조건으로 배당등을 받은 금액("초과배당금액")에서 해당 초과배당금액에 대한 소득세 상당액을 공제한 금액을 그 최대주주등의 특수관계인의 증여재산가액으로 한다(상증법 제41조의 2 제1항).

초과배당금액에 대하여 증여세를 부과받은 자는 해당 초과배당금액에 대한 소득세를 납부할 때(납부할 세액이 없는 경우를 포함한다) 대통령령으로 정하는 바에 따라 제2호의 증여세액에서 제1호의 증여세액을 뺀 금액을 관할 세무서장에게 납부하여야 한다. 다만, "가"호의 증여세액이 "나"호의 증여세액을 초과하는 경우에는 그 초과되는 금액을 환급받을 수 있다(상증법 제41조의 2 제2항).

가. 상증법 제41조의 2 제1항에 따른 증여재산가액을 기준으로 계산한 증여세액

나. 초과배당금액에 대한 실제 소득세액을 반영한 증여재산가액("정산증여재산가액")을 기준으로 계산한 증여세액

정산증여재산가액은 아래 "(a)"의 금액에서 "(b)"의 금액을 뺀 금액으로 한다(상증령 제31조의 2 제4항).

(a) 초과배당금액

(b) 초과배당금액에 대하여 기획재정부령으로 정하는 바에 따라 계산한 소득세액

정산증여재산가액의 증여세 과세표준의 신고기한은 초과배당금액이 발생한 연도의 다음 연도 5월 1일부터 5월 31일(소득법 제70조의 2 제2항에 따라 성실신고확인서를 제출한 성실신고확인대상사업자의 경우에는 6월 30일로 한다)까지로 한다(상증법 제41조의 2 제3항).

### 3) 최대주주등

최대주주란 해당 법인의 주주등 1인과 그의 특수관계인의 보유주식 등을 합하여 그 보유주식 등의 합계가 가장 많은 경우의 해당 주주 등 1인과 그의 특수관계인 모두를 말한다(상증령 제31조의 2 제1항). 특수관계인이란 본인과 친족관계, 경제적 연관관계 또는 경영지배관계 등 상증령 제2조의 2 제1항 각 호의 어느 하나에 해당하는 관계에 있는 자를 말한다. 이 경우 본인도 특수관계인의 특수관계인으로 본다(상증법 제2조 제10호).

## (3) 증여이익

### 1) 초과배당금액

초과배당금액은 아래 "가"의 가액에 "나"의 비율을 곱하여 계산한 금액으로 한다(상증령 제31조의 2 제2항).

가. 최대주주등의 특수관계인이 배당 또는 분배("배당등")를 받은 금액에서 본인이 보유한 주식등에 비례하여 배당등을 받을 경우의 그 배당등의 금액을 차감한 가액

나. 보유한 주식등에 비하여 낮은 금액의 배당등을 받은 주주등이 보유한 주식등에 비례하여 배당등을 받을 경우에 비해 적게 배당등을 받은 금액("과소배당금액") 중 최대주주등의 과소배당금액이 차지하는 비율

★

초과배당금액 = (배당등 - 균등배당금액 해당액) × 최대주주 과소배당금액/과소배당금액

### 2) 소득세 상당액의 차감

초과배당금액에 대한 소득세 상당액은 다음의 구분에 따른 금액으로 한다(상증령 제31조의 2 제3항 및 상증칙 제10조의 3).

가. 초과배당금액에 대한 상증법 제68조 제1항에 따른 증여세 과세표준 신고기한이 해당 초과배당금액이 발생한 연도의 다음 연도 6월 1일 이후인 경우 : 상증령 제31조의 2 제4항 제2호에 따른 금액(실제 소득세액)[127]. 이 규정에 해당하는 경우에는 상증법 제41조의 2 제2항과 제3항을 적용하지 않는다(상증령 제31조의 2 제6항).

나. 그 밖의 경우 : 초과배당금액에 대하여 해당 초과배당금액의 규모와 소득세율 등을 고려하여 기획재정부령으로 정하는 율을 곱한 금액

## (4) 증여시점 등

### 1) 증여일

법인의 최대주주등이 배당을 받지 아니하거나 보유지분에 비하여 과소 배당을 받음으로써 그 최대주주등의 특수관계인이 본인의 보유지분을 초과하여 받는 배당에 대해서 증여세를 과세할 때에 증여일은 법인이 배당 또는 분배한 금액을 지급한 날로 한다.

---

127) "실제 소득세액"이란 초과배당금액이 분리과세된 경우에는 해당 세액을, 초과배당금액이 종합과세된 경우에는 종합소득세액에서 해당 초과배당금액을 제외하여 계산한 세액을 공제한 금액을 말한다.

## 2) 증여세 연대납세의무의 면제

초과배당에 대한 이익의 증여에 해당하는 경우, 수증자에 대한 조세채권을 확보하기 곤란한 경우 등 연대납부의무의 발생요건을 충족하였다 하더라도 증여자는 수증자가 납부할 증여세를 연대하여 납부할 의무를 지지 아니한다(상증법 제4조의 2 제6항 단서).

## 3) 증여세 과세특례

하나의 증여에 대하여 상증법 제33조부터 제39조까지, 제39조의 2, 제39조의 3, 제40조, 제41조의 2부터 제41조의 5까지, 제42조, 제42조의 2, 제42조의 3, 제44조, 제45조 및 제45조의 3부터 제45조의 5까지의 규정이 둘 이상 동시에 적용되는 경우에는 그중 이익이 가장 많게 계산되는 것 하나만을 적용한다(상증법 제43조 제1항).

## 7 주식등의 상장 등에 따른 이익의 증여

### 사례연구

구 상속증여세법 제41조의 3 제1항은 그 규정에서 상세히 정한 법인의 주식 취득 등에 대해서만 적용되고, 그 밖에 법인 설립 전 발기인의 주식 인수 등 다른 유형의 주식 취득에 대해서는 이후 상장으로 이익을 얻더라도 증여세를 부과하지 않도록 한계를 정하였다고 봄이 타당하다.

### 현황

신설 법인의 최대주주로 예정되어 있는 자의 특수관계인이 증여받은 자금으로 신설 법인의 발행주식을 인수하였다.

### 쟁점

해당 주식의 상장에 따른 이익이 구 상속세 및 증여세법(2007. 12. 31. 법률 제8828호로 개정되기 전의 것) 제2조 제3항, 제41조의 3에 따른 증여세 부과대상인지 여부

### 판단

(1) 어떤 거래나 행위가 구 상속증여세법 제2조 제3항에서 정한 증여의 개념에 해당하는 경우에는 원칙적으로 증여세를 부과할 수 있다. 그러나 납세자의 예측가능성을 보장하기 위하여 구 상속증여세법 제33조부터 제42조까지 정해진 개별 증여재산가액산정 규정이 특정한 유형의 거래나 행위를 규율하면서 그중 일정한 거래나 행위만을 증여세 부과대상으로 한정하고 과세범위도 제한적으로 규정함으로써 증여세 부과의 범위

와 한계를 설정한 것으로 볼 수 있는 경우에는, 그 규정에서 증여세 부과대상이나 과세범위에서 제외된 거래나 행위가 구 상속증여세법 제2조 제3항의 증여의 개념에 해당할 수 있더라도 증여세를 부과할 수 없다(대법원 2015. 10. 15. 선고, 2013두13266 판결 등 참조).

(2) 구 상속증여세법 제41조의 3은 '주식 또는 출자지분의 상장 등에 따른 이익의 증여'에 관하여 정하고 있다. 위와 같은 이익에 해당하는 금액을 증여재산가액으로 정하기 위한 요건은 다음과 같다. 첫째, 증여자가 기업의 경영 등에 관한 미공개 정보를 이용할 수 있는 지위에 있다고 인정되는 최대주주등이고, 수증자가 최대주주등과 특수관계에 있을 것. 둘째, 특수관계인이 ① 최대주주등으로부터 법인의 주식등을 증여받거나 유상으로 취득할 것 또는 ② 최대주주등으로부터 증여받은 재산으로 최대주주등 외의 자로부터 법인의 주식등을 취득할 것. 셋째, 위 주식등을 취득한 날부터 5년 이내에 주식등이 한국증권거래소에 상장되는 등으로 일정 기준 이상의 이익을 얻을 것이다(제1항). 그 이익은 상장일 등으로부터 3월이 되는 날을 기준으로 계산한다(제2항).

(3) 이 규정의 입법 취지는 최대주주등에 대한 특수관계인이 얻은 비상장주식의 상장이익에 대하여 증여세를 부과하여 최초 증여 또는 취득 당시 실현이 예견되는 부의 무상이전까지 과세함으로써 조세평등을 도모하려는 데에 있다(대법원 2017. 3. 30. 선고, 2016두55926 판결 등 참조). 이 규정의 문언을 보면, 이 규정은 특수관계인이 법인의 주식등을 증여받거나 유상으로 취득한 경우에 그 주식등의 상장 등에 따른 이익을 증여재산으로 정하고 있을 뿐이고, 법인설립 전 발기인이 자금을 증여받아 신설 법인의 주식을 인수한 경우에 대해서까지 규율한 것이라고 볼 수는 없다.

(4) 구 상속증여세법 제41조의 3 제1항은 그 규정에서 상세히 정한 법인의 주식 취득 등에 대해서만 적용되고, 그 밖에 법인 설립 전 발기인의 주식 인수 등 다른 유형의 주식 취득에 대해서는 이후 상장으로 이익을 얻더라도 증여세를 부과하지 않도록 한계를 정하였다고 봄이 타당하다. 이러한 결론은 이 규정의 내용과 문언, 입법 취지, 법인 설립 전 발기인의 주식 인수와 설립 이후 미공개 경영 정보를 이용한 주식 취득 사이의 성질상 차이, 납세자의 예측가능성 등을 종합하여 도출할 수 있다. 따라서 이 규정의 적용 요건에 해당하지 않는 주식의 취득 등에 대해서는 위 규정을 유추하여 증여세를 부과할 수 없다(대법원 2015두40941, 2018. 12. 13. : 서울고등법원 2014누67095, 2015. 3. 25.).

## (1) 개요

### 1) 입법취지

증권거래소에 주권을 매매할 수 있도록 등록하는 것을 상장이라 한다. 영어로는 리스팅(listing)이라 하여 '시세판에 이름을 내걸다'라는 뜻이다. 상장회사는 설립연수, 매출 및 자본금 규모 등 일정한 자격요건과 절차가 요구된다. 상장회사는 증자, 회사채 발행 등을 통해 일반인들로부터 자금을 조달할 수 있는데 이 같은 자금조달방식을 은행 등 금융기관에서의 차입(간접금융)과 구별해 직접금융이라고 한다. 그리고 상장주식은 비상장주식보다 쉽게 거래되는 만큼 기업의 실제가치에 가깝게 주가가 형성되므로 대주주가 제값에 주식을 평가받을 수 있는 효과도 있다.

따라서 회사의 내부정보에 용이하게 접근할 수 있는 자들은 그러한 정보를 이용하여 기업의 실제가치에 따른 주가상승을 예측하여 상장 전에 미리 자녀 등 특수관계인에게 비상장주식을 증여하고, 가까운 장래에 이를 상장하여 큰 폭의 시세차익을 얻게 할 수 있다. 이렇게 기업의 내부정보를 이용하여 상장 또는 코스닥상장에 따른 거액의 시세차익을 얻게 할 목적으로 대주주가 자녀 등 특수관계인에게 비상장주식을 증여하는 경우 상장 또는 코스닥상장에 따른 차익을 사전에 증여할 의사가 있음에도 불구하고 이를 양도하지 아니하고 계속 보유하는 한 과세할 수 없어 사실상 세금부담 없이 계열사를 지배하는 문제가 있었다.

이에 따라 내부정보를 이용하여 유가증권시장 또는 코스닥시장 상장에 따른 막대한 시세차익을 얻을 목적으로 비상장주식을 증여·취득한 경우 이에 해당하는 상장차익에 대해서 적정하게 과세함으로써 변칙적인 부의 세습을 방지하는 규정을 신설하였다(2000. 1. 1. 시행). 이 규정은 무상이전되는 상장시세차익에 대한 평가를 유보하였다가 실제로 상장된 후 평가하여 당초의 비상장주식 증여가액을 상장주식 평가액으로 수정하여 과세하는 것으로 비상장주식의 증여가액과 상장시세차액의 증여이익을 합하여 과세하며 정산하는 규정이다.

## 2) 증여재산가액과 증여시점

기업의 경영 등에 관하여 공개되지 아니한 정보를 이용할 수 있는 지위에 있다고 인정되는 다음의 어느 하나에 해당하는 자("최대주주등")의 특수관계인이 법 소정의 방법으로 해당 법인의 주식등을 증여받거나 취득한 경우 그 주식등을 증여받거나 취득한 날부터 5년 이내에 그 주식등이「자본시장과 금융투자업에 관한 법률」제8조의 2 제4항 제1호에 따른 증권시장으로서 증권시장에 상장됨에 따라 그 가액이 증가한 경우로서 그 주식등을 증여받거나 취득한 자가 당초 증여세 과세가액(상증법 제41조의 3 제2항 제2호에 따라 증여받은 재산으로 주식등을 취득한 경우는 제외한다)[128] 또는 취득가액을 초과하여 이익을 얻은 경우에는 그 이익에 상당하는 금액을 그 이익을 얻은 자의 증여재산가액으로 한다. 다만, 그 이익에 상당하는 금액이 법 소정의 기준금액 미만인 경우는 제외한다(상증법 제41조의 3 제1항).

---

128) 증여받은 재산(주식등을 유상으로 취득한 날부터 소급하여 3년 이내에 최대주주등으로부터 증여받은 재산을 말한다)으로 최대주주등이 아닌 자로부터 해당 법인의 주식등을 취득한 경우

가. 상증법 제22조 제2항에 따른 최대주주 또는 최대출자자[129]

나. 특수관계인의 소유주식 등을 합하여 내국법인의 발행주식총수 또는 출자총액의 100분의 25 이상을 소유한 해당 주주등

주식 또는 출자지분의 상장 등에 따른 이익의 증여에서 증여시점을 언제로 보는지는 증여세 과세에 중요한 요소이다. 법문상 증여시점은 해당 주식을 증여받거나 취득한 날로 규정하고 있다. 해당 주식이 실제 상장되어 상장에 따른 이익이 발생한 날을 증여시점으로 보는 것은 아닌 것이며 상장에 따른 이익이 발생한 날을 정산시점으로 보아 증여세를 부과하는 것이다.

상장 등에 따른 이익의 정산 시 정산기준일 현재의 주식등의 가액이 당초의 증여세 과세가액보다 적은 경우에는 그 차액에 상당하는 증여세액(증여받은 때에 납부한 당초의 증여세액)을 환급받는 것으로 규정하였는바, 동 환급세액은 당초 증여에 대한 증여세액으로서 이를 이익정산시점의 증여세액으로 보기 어렵다 할 것이다.

이익정산시점을 증여시점으로 보는 경우 소급입법 등의 문제가 있어 당초 주식취득시점을 증여시기로 한 입법취지 및 경제적 이익이 발생되는 상장시기를 증여시기로 본다면 증여의제규정이 지나치게 확대되는 것으로 보이는 점 등을 고려하면 상장 등에 따른 이익은 그 평가를 유보하였다가 실제로 상장 또는 등록된 후 일정한 시점인 정산기준일의 가격을 기준으로 평가하도록 한 것일 뿐 증여시기는 당초 주식을 증여받거나 취득한 때로 보아야 할 것이다(조심 2011서357, 2012. 3. 20.).

### 3) 정산기준일

#### 가. 원칙

주식 또는 출자지분의 상장 등에 따른 증여이익은 해당 주식 등의 상장일부터 3월이 되는 날을 기준으로 계산하며, 이 날을 정산기준일이라 한다(상증법 제41조의 3 제3항). 이때 해당 주식등의 상장일은 유가증권시장 및 코스닥시장(자본시장과 금융투자업에 관한 법률 제9조 제13항)에서 최초로 주식등의 매매거래를 개시한 날로 한다(상증법 제41조의 3 제5항).

#### 나. 예외적인 경우

해당 주식등을 보유한 자가 상장일부터 3월이 되는 날까지 사망하거나 해당 주식등을 증여 또는 양도한 경우 그 사망일·증여일 또는 양도일을 기준으로 증여이익을 계산하여야

---

129) 주주등 1인과 그의 특수관계인의 보유주식등을 합하여 그 보유주식등의 합계가 가장 많은 경우의 해당 주주등 1인과 그의 특수관계인 모두를 말한다(상증령 제19조 제2항).

한다(상증법 제41조의 3 제3항). 단, 여기서 상장일부터 3월 이내에 수증자가 사망한 경우 수증자의 증여세 납세의무 성립시기는 수증자의 사망일이 되며, 동 증여세 납세의무는 사망한 수증자의 상속세 계산 시 공과금으로서 공제하게 된다.

(2) 과세요건

주식 또는 출자지분의 상장 등에 따른 이익을 증여세 과세대상 재산에 포함하여 증여로 과세하기 위해서는 다음의 요건을 모두 갖추어야 한다.

### 1) 증여 혹은 유상취득

최대주주등의 특수관계인이 최대주주등으로부터 주식등을 증여 혹은 유상으로 취득하거나 최대주주등으로부터 증여받은 재산으로 최대주주등 외의 자로부터 주식등을 취득하여야 한다. 주식등을 증여받거나 취득한 경우는 최대주주등으로부터 해당 법인의 주식등을 증여받거나 유상으로 취득한 경우 및 증여받은 재산(주식등을 유상으로 취득한 날부터 소급하여 3년 이내에 최대주주등으로부터 증여받은 재산을 말한다)으로 최대주주등이 아닌 자로부터 해당 법인의 주식등을 취득한 경우로 한다(상증법 제41조의 3 제2항).

주식등을 증여받거나 취득한 후 그 법인이 자본금을 증가시키기 위하여 신주를 발행함에 따라 신주를 인수하거나 배정받은 경우를 포함한다(상증법 제41조의 3 제7항).

### 가. 증여자 요건

이때에 증여자는 기업의 경영 등에 관하여 공개되지 아니한 정보를 이용할 수 있는 지위에 있다고 인정되는 자로서 해당 법인의 최대주주이거나 해당법인의 지분율 25% 이상 소유한 대주주이어야 한다.

① 최대주주 : 상증법 제22조 제2항 및 상증령 제19조 제2항에 따른 최대주주 또는 최대출자자("최대주주등")의 판정은 피상속인과 상증령 제19조 제2항 각 호의 어느 하나에 따른 특수관계인의 보유주식 등을 합하여 최대주주등에 해당하는 경우에는 피상속인 및 그와 특수관계에 있는 자 모두를 최대주주등으로 본다. 또한 보유주식의 합계가 동일한 최대주주등이 2 이상인 경우에는 모두를 최대주주등으로 본다.

② 지분율 25% 이상 소유한 대주주 : 100분의 25 이상을 소유한 대주주란 특수관계인의 소유주식등을 합하여 100분의 25 이상을 소유한 경우의 해당 주주등을 말한다(상증령 제31조의 3 제4항).

### 나. 수증자 요건

수증자는 증여자와 특수관계인에 해당하여야 한다. 특수관계인이란 본인과 친족관계, 경제적 연관관계 또는 경영지배관계 등 상증령 제2조의 2 제1항 각 호의 어느 하나에 해당하는 관계에 있는 자를 말한다. 이 경우 본인도 특수관계인의 특수관계인으로 본다(상증법 제2조 제10호).

### 다. 취득유형 요건

주식등의 상장에 따른 이익의 증여과세를 적용함에 있어, 수증자가 해당 비상장주식 등을 취득하는 거래의 방식은 증여나 유상취득 등으로 그 구체적 유형은 다음과 같다(상증법 제41조의 3 제2항).

① 최대주주등으로부터 해당 법인의 주식등을 증여받는 경우

② 최대주주등으로부터 해당 법인의 주식등을 유상으로 취득한 경우. 단, 이 경우 그 가액의 저가 및 고가 여부, 그 취득자금의 출처는 상관없다.

③ 증여받은 재산으로 최대주주등 외의 자로부터 해당 법인의 주식등을 취득한 경우. 이때의 증여받은 재산이란 주식등을 유상으로 최득한 날로부터 소급하여 3년 이내에 최대주주등으로부터 증여받은 재산을 말한다. 이는 특수관계인으로부터 비상장주식을 직접 증여받는 경우에 시세차익에 대해 증여세가 과세됨에 따라 이를 회피하기 위하여 특수관계인으로부터 자금을 제공받아 비상장법인의 주식을 특수관계인 외의 자로부터 우회 취득하는 경우를 과세대상에 포함시키고자 한 것으로, 특수관계인으로부터 자금을 증여받아 주식을 취득하여 상장시세차익을 얻는 것은 특수관계인으로부터 주식을 증여받아 시세차익을 얻는 것과 경제적 실질이 동일하다는 점에서 타당하다. 그런데 증여받은 재산과 다른 재산이 혼재되어 있어 증여받은 재산으로 주식등을 취득한 것이 불분명한 경우에는 해당 증여받은 재산으로 주식등을 취득한 것으로 추정한다. 이러한 증여추정에서 벗어나고자 하는 수증자는 해당 취득이 증여받은 재산이 아닌 자기의 고유재산이었음을 입증하여야 한다.

증여받은 재산과 다른 재산이 섞여 있어 증여받은 재산으로 주식등을 취득한 것이 불분명한 경우에는 그 증여받은 재산으로 주식등을 취득한 것으로 추정한다. 이 경우 증여받은 재산을 담보로 한 차입금으로 주식등을 취득한 경우에는 증여받은 재산으로 취득한 것으로 본다

④ 상기 모두의 요건을 적용함에 있어서 주식등의 취득에는 법인이 자본(출자액 포함)을 증가시키기 위하여 신주를 발행함에 따라 인수·배정받은 신주를 포함한다.

상증법 제41조의 3 제2항에서 주식취득유형으로 규정하고 있지 않은 제3자 배정 혹은 실권주의 재배정으로 주식을 취득하는 경우에도 본 규정을 적용할 수 있을 것인가?

이와 관련하여 과세관청 및 조세심판원은 상기 법령상의 요건을 예시규정으로 보아야 한다며 상장 등의 상장에 따른 이익의 증여를 적용하기 위한 주식취득유형을 폭넓게 해석하고 있다.

조세심판원은 동 법령 제7항에서 제2항의 규정을 적용함에 있어서 주식등의 취득에는 법인이 자본을 증가시키기 위하여 신주를 발행함에 따라 인수·배정받은 신주를 포함한다고 규정하고 있을 뿐, 그 신주가 유상증자 또는 무상증자에 의한 것인지 여부와 전자 경우에도 주주배정인지 또는 제3자 배정인지 여부에 대하여 구별하지 아니하며, 기업의 경영 등에 관하여 공개되지 아니한 정보를 이용할 수 있는 지위에 있는 최대주주등의 특수관계인이 최대주주등으로부터 얻은 주식등으로 인하여 상증령이 정하는 기준 이상의 상장차익을 얻은 것의 실질은 위 상장차익이 발생한 주식을 최대주주로부터 직접 증여 또는 양수받은 경우와 무상증자 또는 유상증자로 취득한 경우가 모두 동일하므로 위와 같은 법규의 문언 및 입법취지에 비추어 보면, 주식의 상장차익에 대한 증여세 과세대상에 최대주주등의 특수관계인이 제3자 직접배정방식으로 인수한 경우도 포함되는 것으로 해석함이 타당하다고 보고 있다(조심 2017구192, 2017. 6. 20. 및 조심 2014서5755, 2015. 6. 15. 등).

하지만 법원은 상기 법령상의 요건을 제한적 열거규정으로 보아 상장 등의 상장에 따른 이익의 증여를 적용하기 위한 주식취득유형을 엄격하게 해석하고 있다.

대법원은 실권주의 재배정으로 인한 주식취득유형에 대하여 "상증법 제41조의 3 제2항 및 제7항이 '최대주주등과 특수관계에 있는 자가 최대주주등으로부터 해당 법인의 신주를 포함한 주식을 증여받거나 유상으로 취득한 경우'만을 적용대상으로 정하고 있는 것은 최대주주등의 특수관계자가 주식을 증여받거나 취득하고 이후 상장 등에 따른 이익을 얻는 거래의 유형 중 위와 같이 특정한 유형의 거래·행위만을 증여세 과세대상으로 제한적으로 규정함으로써 증여세 과세의 범위와 한계를 설정한 것으로 볼 수 있다. 그러므로 위 개별 규정의 과세대상에서 제외된 주식의 상장이익에 대하여는 특별한 사정이 없는 한 구 상증법 제2조 제3항에 근거하여 증여세를 과세할 수는 없다."고 판단하고 있다(대법원 2017두35691, 2017. 9. 21.).

또한 대법원 제3자 배정으로 인한 주식취득유형에 대하여서도 해당 법령의 적용여지가 없는 것이라며, 다음과 같이 엄격하게 해석하고 있다.

상증법 제41조의 3의 입법취지는 기업경영에 관하여 공개되지 않은 내부정보를 이용하여 증권시장 상장에 따른 막대한 시세차익을 얻게 할 목적으로 최대주주등이 자녀 등 특수관계인에게 비상장주식을 증여하거나 유상으로 양도하는 경우 그 상장차익에 대하여 과세를 함으로써 고액재산가의 변칙적인 부의 세습이나 이전을 방지하기 위하여 주식의 상장으로 인하여 증가한 이익 자체를 과세대상으로 포착하여 증여세를 부과하기 위함에 있다.

그리고 상증법 제41조의 3 제7항은 "제2항을 적용할 때 주식등의 취득에는 법인이 자본(출자액을 포함한다)을 증가시키기 위하여 신주를 발행함에 따라 인수하거나 배정받은 신주를 포함한다."고 각 규정하고 있는데, 위 규정은 2002. 12. 18. 개정으로 신설되었다.

이는 종래에 상증법 제41조의 3이 최대주주로부터 직접 증여받거나 유상으로 취득한 주식의 상장차익만을 과세대상으로 삼던 것에서 나아가 그와 동일한 경제적 효과가 있음에도 과세대상에서 제외됨으로써 조세회피수단으로 악용될 수 있는 경우를 과세대상으로 추가하고자 한 것이다. 즉, 기업의 경영에 관하여 비공개정보를 이용할 수 있는 지위에 있다고 인정되는 최대주주는 그 특수관계인에게 자신의 주식을 직접 증여하거나 양도하지 않더라도, 주식취득 자금을 증여하거나(이 부분은 위 개정 때 상증법 제41조의 3 제1항으로 개정함으로써 과세대상으로 추가되었다), 경영권 행사를 통하여 특수관계인에게 신주발행을 하도록 함으로써 그 특수관계인이 상장차익을 얻게 하면서도 그에 대한 증여세 부과는 회피할 수 있으므로, 이와 같이 조세회피수단으로 악용되는 경우를 증여세 과세대상으로 추가하고자 함에 입법취지가 있다.

위와 같은 상증법 제41조의 3 제2항, 제7항의 규정 내용과 그 입법취지, 상증법 제41조의 3 제7항은 '제2항을 적용할 때 주식등의 취득에는 신주를 포함한다'라고 규정하고 있을 뿐, 신주를 최대주주등으로부터 증여받거나 취득한 것으로 본다고 규정하지는 않은 점, 최대주주와 특수관계에 있는 자가 최대주주와 무관하게 독자적으로 제3자 배정 유상증자 방식으로 주식을 취득한 경우까지 상장차익에 관하여 증여세로 과세하게 된다면, 최대주주로부터의 부의 이전에 대하여 과세하려는 상증법 제41조의 3 제2항의 입법취지에 반할 뿐만 아니라, 최대주주 이외의 자로부터 구주를 취득하는 경우에는 법 제41조의 3 제1항에 따라 과세할 수 없는 것과 비교하여 형평에 반하고, 기업집단 소속 기업의 사용인이 기업집단 소속의 다른 기업의 신주를 인수하는 모든 경우 상장차익을 증여세로 과세하게 되어 그 범위가 지나치게 확대될 우려가 있는 점 등에 비추어 보면, 상증법 제41조의 3 제7항에서의 '신주의 취득'은 제1항에서 규정하고 있는 최대주주로부터 주식을 직접 증여받거나, 유상으로 취득한 경우 내지는 최대주주로부터 증여받은 자금으로 취득한 경우와 그 실질이 동일한 경우, 즉 특수관계인이 최대주주등으로부터 증여받거나 유상취득한 주식이나 최대주주등으로부터 증여받은 재산으로 최대주주등이 아닌 자로부터 취득한 주식을 토대로 해당 법인으로부터 발행받은 신주(무상신주뿐만 아니라 유상신주를 모두 포함한다)를 취득한 경우만을 의미한다고 봄이 상당하다(대법원 2017두37871, 2017. 5. 26. 외 다수).

## 2) 증여일 등으로부터 5년 이내에 해당 주식등이 한국거래소에 상장

해당 법인의 주식등을 증여받거나 유상으로 취득한 경우에는 증여받거나 취득한 날, 증여받은 재산으로 최대주주등 외의 자로부터 해당 법인의 주식등을 취득한 경우에는 취득한 날부터 5년 이내에 해당 주식등이 「자본시장과 금융투자업에 관한 법률」에 따라 한국거래소에 상장되어야 한다. 상장준비에 걸리는 기간을 감안하여 증여세 과세대상 상장시한을 종전의 3년에서 5년으로 연장하였다.

## 3) 정산기준일의 가격이 증여·취득 당시의 증여세 과세가액 또는 취득가액에 비해 30% 이상 상승하였거나 그 차액이 3억 원 이상인 경우에 해당

주식등의 상장 등에 따른 이익이 증여세 과세대상 재산에 포함되어 증여세가 과세되기 위해서는 그 상장시세차익이 다음에서 규정하는 기준 이상이어야 성립한다. 따라서 주식의 상장 또는 코스닥상장에 따라 이익이 발생하였다 할지라도 대통령령으로 정하는 기준에 미달하는 경우에는 증여과세 규정이 적용되지 아니한다.

### 가. 차이가 30% 이상인 경우

주식이 상장 또는 코스닥 상장됨에 따라 그 가액이 증가함으로써 당해 주식을 증여받거나 취득한 자가 당초 증여세 과세가액 또는 취득가액을 초과하여 이익을 얻고 그 차이가 30% 이상인 경우 30% 이상인지 여부는 다음의 산식에 의하여 계산한다.

★

$$\frac{(A)\text{1주당 평가가액} - (B)\text{1주당 증여세 과세가액} - (C)\text{기업가치 실질증가액}}{(B)\text{1주당 증여세 과세가액}} \geq 30\%$$

(A) : 정산기준일 현재 1주당 평가가액(상증법 제63조의 규정에 의하여 평가한 가액을 말함)
(B) : 주식을 증여받은 날 현재의 1주당 증여세 과세가액(취득의 경우 취득일 현재의 1주당 취득가액)
(C) : 기업가치의 실질증가액(상증령 제31조의 3 제5항)

① 정산기준일 현재 1주당 평가가액

정산기준일 현재 1주당 평가가액은 상증법 제63조의 규정에 의하여 평가한 가액을 말한다. 따라서 상장주식의 경우에는 정산기준일 이전·이후 각 2개월 동안 공표된 매일의 거래소 최종시세가액의 평균액으로 평가한다. 다만, 평균액 계산에 있어서 평가

기준일 이전·이후 각 2개월 동안에 증자·합병 등의 사유가 발생하여 그 평균액에 의하는 것이 부적당한 경우에는 평가기준일 이전·이후 각 2개월의 기간 중 대통령령으로 정하는 바에 따라 계산한 기간의 평균액에 의한다.

또한 최대주주 및 그의 특수관계인 주식에 대하여는 20%(중소기업의 경우 10%)를 할증평가하며, 최대주주등의 지분율이 50%를 초과하는 경우에는 30%(중소기업의 경우 15%)를 할증평가하여야 한다. 다만, 중소기업의 최대주주 보유주식에 대해서는 한시적으로 상속받거나 증여받는 경우에는 할증평가 규정을 적용하지 아니한다.

② 주식을 증여받은 날 현재의 1주당 증여세 과세가액 또는 취득일 현재의 1주당 취득가액

주식의 상장 또는 코스닥상장에 따른 이익의 증여과세를 적용함에 있어서 "주식을 증여받은 날 현재의 1주당 증여세 과세가액"이라 함은 결국 증여목적물인 비상장주식을 상증법의 규정에 따라 평가한 가액을 의미한다.

"취득일 현재의 1주당 취득가액"이라 함은 양도목적물인 비상장주식을 취득하기 위하여 소요된 금액을 말한다. 상증령 제31조의 6에서는 취득가액에 관한 정의 규정을 별도로 규정하고 있지 아니하고 있으나, 유상양도의 경우 실지거래가액으로 하고, 당해 양도가액이 저가·고가양도로 인한 증여이익도 법리상 취득가액에 포함되어야 할 것이다.

③ 기업가치의 실질적인 증가로 인한 이익

비상장주식의 상장 또는 코스닥상장으로 인하여 얻는 이익을 계산함에 있어 기본적인 정산기준일 현재 상장주식의 평가액에서 비상장주식의 증여세 과세가액을 차감하는 방식이다. 하지만 상장시세차익을 형성하는 요인들 중에는 상장이라는 사건에 의해 증가한 주식가치 이외에도 해당기업의 경영성과 등에 의한 실질적인 주식가치의 증가가 혼재하여 있으므로, 증여세 과세대상에서 동 기업가치의 실질적인 증가로 인한 이익은 제외함이 타당하며 상증령 제31조의 3 제5항에서 이를 차감하도록 규정하고 있다.

기업가치의 실질적인 증가로 인한 이익을 계산하는 방법은 다음과 같다.

★

**1주당 기업가치의 실질적인 증가로 인한 이익 = A × B**

A : 해당 주식등의 증여일 또는 취득일이 속하는 사업연도 개시일부터 상장일 등 전일 사이의 1주당 순손익액의 합계액(기획재정부령이 정하는 바에 따라 사업연도 단위로 계산한 순손익액의 합계액)을 해당 기간의 월수(1월 미만의 월수는 1월)로 나눈 금액

B : 해당 주식등의 증여일 또는 취득일부터 정산기준일까지의 월수(1월 미만의 월수는 1월)

해당 기업에 결손금이 발생하여 1주당 순손익액으로 해당 이익을 계산하는 것이 불합리한 경우에는 상증령 제55조(순자산가액의 계산방법)의 규정에 의하여 계산한 1주당 순자산가액의 증가분으로 해당 이익을 계산할 수 있다.

이 경우 1주당 순손익액의 합계액을 계산함에 있어서 한국거래소에 상장되지 아니한 주식 또는 출자지분의 증여일 또는 취득일이 속하는 사업연도 개시일부터 해당 주식등의 상장일 등이 속하는 사업연도까지의 기간에 대한 순손익액은 상증법 제56조 제3항(1주당 최근 3년간의 순손익액의 계산방법)에 따라 각 사업연도 단위별로 계산한 1주당 순손익액으로 한다. 그러므로 마지막 사업연도분은 중도결산을 하여야 한다.

주식등의 상장일이 속하는 사업연도 개시일부터 상장일 등의 전일까지의 1주당 순손익액을 산정하기 어려운 경우에는 위에 의하여 계산한 상장일 등이 속하는 사업연도의 직전 사업연도의 1주당 순손익액을 해당 사업연도의 월수로 나눈 금액에 상장일 등이 속하는 사업연도 개시일부터 상장일 등의 전일까지의 월수를 곱한 금액에 의할 수 있다. 입증하는 서류로는 재무상태표(대차대조표), 손익계산서 그 밖의 실질적 가치증가의 확인이 가능한 제증빙 등을 들 수 있다.

## 나. 차액이 3억 원 이상인 경우

주식이 상장함에 따라 그 가액이 증가함으로써 당해 주식을 증여받거나 취득한 자가 당초 증여세 과세가액 또는 취득가액을 초과하여 이익을 얻고 그 차액이 3억 원 이상인 경우 증여의 과세요건에 해당되며 이는 다음 제1호 금액에서 제2호 금액을 차감하여 계산한다.

★
　　제1호 금액 : {(A)1주당 평가가액－(B)1주당 증여세 과세가액 또는 취득가액} × 증여받거나 유상
　　　　　　　　으로 취득한 주식수
　　제2호 금액 : (C)1주당 기업가치의 실질적인 증가로 인한 이익 × 증여받거나 유상으로 취득한 주식수

　(A) : 정산기준일 현재 1주당 평가가액(상증법 제63조의 규정에 의하여 평가한 가액을 말함)
　(B) : 주식을 증여받은 날 현재의 1주당 증여세 과세가액(취득의 경우 취득일 현재의 1주당 취득가액)
　(C) : 1주당 기업이익의 실질적인 증가로 인한 이익


만약, 해당 비상장주식의 증여일 또는 취득일부터 상장일 전일까지의 사이에 무상주를 발행한 경우의 발행주식총수는 다음과 같이 계산한다(상증령 제31조의 3 제7항).

$$\text{무상증자의 경우} \atop \text{환산주식수} = {\text{무상증자 전 각} \atop \text{사업연도 말} \atop \text{주식수}} \times \frac{\text{무상증자 직전} \atop \text{사업연도 말 주식수}} {\text{무상증자 직전 사업연도 말 주식수}}$$

### (3) 증여이익

**1) 증여이익의 계산**

앞서 언급한 과세요건을 모두 충족하였다면, 주식 또는 출자지분의 상장 등에 따른 이익은 다음과 같이 산정한다.

$$\{(A) - (B) - (C)\} \times \text{증여받거나 유상으로 취득한 주식수}$$

(A) : 정산기준일 현재 1주당 평가가액(상증법 제63조의 규정에 의하여 평가한 가액을 말함)
(B) : 주식을 증여받은 날 현재의 1주당 증여세 과세가액(취득의 경우 취득일 현재의 1주당 취득가액)
(C) : 기업가치의 실질증가액(상증령 제31조의 6 제5항)

만약, 주식 등의 시가가 하락하여 "(A)"가 "(B)"보다 적다면 "(B)"는 고려하지 아니하며, 이때의 증여재산가액은 아래와 같다.

$$\{(A) - (C)\} \times \text{증여받거나 유상으로 취득한 주식수}$$

1주당 기업가치의 실질적인 증가로 인한 이익은 납세자가 제시하는 재무제표, 손익계산서 및 그 밖에 기업가치의 실질적인 증가를 확인할 수 있는 서류 등에 의하여 확인되는 것으로서 "가."에 따른 금액에 "나."에 따른 월수를 곱하여 계산한다. 이 경우 결손금 등이 발생하여 1주당 순손익액으로 당해 이익을 계산하는 것이 불합리한 경우에는 상증령 제55조에 따라 계산한 1주당 순자산가액의 증가분으로 당해 이익을 계산할 수 있다.

가. 해당 주식등의 증여일 또는 취득일이 속하는 사업연도 개시일부터 상장일 전일까지의 사이의 1주당 순손익액의 합계액(사업연도 단위로 계산한 순손익액의 합계액을 말한다)을 해당 기간의 월수(1월 미만의 월수는 1월로 본다)로 나눈 금액

① 1주당 순손익액의 합계액을 계산할 때 거래소에 상장되지 아니한 주식등의 증여일

또는 취득일이 속하는 사업연도 개시일부터 해당 주식등의 상장일이 속하는 사업
연도까지의 기간에 대한 순손익액은 상증령 제56조 제4항에 따라 각 사업연도 단
위별로 계산한 1주당 순손익액으로 한다.

② 1주당 순손익액의 합계액을 계산할 때 주식등의 상장일이 속하는 사업연도 개시일
부터 상장일의 전일까지의 1주당 순손익액을 산정하기 어려운 경우에는 위 "①"
에 따라 계산한 상장일이 속하는 사업연도의 직전 사업연도의 1주당 순손익액을
해당 사업연도의 월수로 나눈 금액에 상장일이 속하는 사업연도 개시일부터 상장
일의 전일까지의 월수를 곱한 금액으로 할 수 있다.

나. 해당 주식등의 증여일 또는 취득일부터 정산기준일까지의 월수(1월 미만의 월수는
1월로 본다)

## 2) 증여세액의 정산

### 가. 당초의 증여세 과세가액에 가산

증여세액의 정산은 당초의 비상장주식의 증여시점에 과세되었던 증여세를 예납적으로
보고 상장된 후 정산기준일 현재 평가에 의하여 증여세 과세표준 및 세액을 확정하는 것으
로 처음부터 정산기준일 현재의 주식 등의 가액을 증여받은 것으로 보는 것이다.

### 나. 정산 시 적용세율

증여세액의 정산이 의미하는 것이 정산기준일 현재 주식 등의 가액을 증여받은 것으로
보는 것에 해당하므로 증여시기는 정산기준일이며 정산기준일 현재 유효한 증여세율이 적
용되어야 한다.

### 다. 증여세 과세표준의 정산신고기한

상증법 제41조의 3에 따른 비상장주식 등의 상장 또는 코스닥상장에 따른 증여세 과세표
준 정산신고기한은 정산기준일이 속하는 달의 말일부터 3개월이 되는 날로 한다.

### 라. 당초 증여세액의 환급

① 환급의 요건

정산기준일 현재의 주식가액이 당초의 증여세 과세가액보다 적은 경우로써 정산기준
일의 가격이 증여·취득 당시의 증여세 과세가액 또는 취득가액에 비해 30% 이상 하
락하였거나 그 차액이 3억 원 이상인 경우에 해당하여야 한다(상증령 제41조의 3 제4항,
상증령 제31조의 3 제6항).

ⓐ 비율기준(차이가 30% 이상)

$$\frac{((A)1주당\ 평가가액 - (B)1주당\ 증여세\ 과세가액 - (C)기업가치\ 실질증가액)}{(B)1주당\ 증여세\ 과세가액} \geq 30\%$$

ⓘ (A) : 정산기준일 현재 1주당 평가가액(상증법 제63조의 규정에 의하여 평가한 가액을 말함)
(B) : 주식을 증여받은 날 현재의 1주당 증여세 과세가액(취득의 경우 취득일 현재의 1주당 취득가액)
(C) : 1주당 기업가치의 실질증가액(상증령 제31조의 3 제5항)

ⓑ 금액기준(차액이 3억 원 이상)

$$(A)1주당\ 평가가액 - (B)1주당\ 증여세\ 과세가액 - (C)기업가치\ 실질증가액$$

(A) : 정산기준일 현재 1주당 평가가액(상증법 제63조의 규정에 의하여 평가한 가액을 말함)
(B) : 주식을 증여받은 날 현재의 1주당 증여세 과세가액(취득의 경우 취득일 현재의 1주당 취득가액)
(C) : 1주당 기업가치의 실질증가액(상증령 제31조의 3 제5항)

② 기업가치의 실질적인 증가로 인한 이익은 환급대상에서 제외

정산기준일 현재 1주당 평가가액이 주식등을 증여받은 날 현재의 1주당 증여세 과세가액(취득의 경우에는 취득일 현재의 1주당 취득가액)보다 적은 경우에는 1주당 기업가치의 실질적인 증가로 인한 이익에 주식등을 증여받은 날 현재의 1주당 증여세 과세가액(취득의 경우에는 취득일 현재의 1주당 취득가액)에 합산하지 아니한다.

## (4) 기타

### 1) 증여세 과세특례 및 합산배제 증여재산

하나의 증여에 대하여 상증법 제33조부터 제39조까지, 제39조의 2, 제39조의 3, 제40조, 제41조의 2부터 제41조의 5까지, 제42조, 제42조의 2, 제42조의 3, 제44조, 제45조 및 제45조의 3부터 제45조의 5까지의 규정이 2 이상 동시에 적용되는 경우에는 그중 이익이 가장 많게 계산되는 것 하나만을 적용한다(상증법 제43조 제1항).

증여일 전 10년 이내에 동일인(증여자가 직계존속인 경우에는 그 직계존속의 배우자를 포함함)으로부터 받은 증여재산가액을 합친 금액이 1천만 원 이상인 경우에는 그 가액을 증여세 과세가액에 가산하나, 주식등의 상장 등에 따른 이익의 경우에는 개별 건별로 과세하는 합산배제증여재산으로 분류되어 합산과세를 하지 아니한다(상증법 제47조).

## 2) 부정한 방법에 의해 증여세를 감소시킨 것으로 인정되는 경우

거짓이나 그 밖의 부정한 방법으로 증여세를 감소시킨 것으로 인정되는 경우에는 특수관계인이 아닌 자 간의 증여에 대해서도 상증법 제41조의 3 제1항 및 제2항을 적용한다. 이 경우 제1항 중 기간(5년)에 관한 규정은 없는 것으로 본다(상증법 제41조의 3 제9항).

## 3) 전환사채등을 증여받거나 유상취득하는 경우

전환사채등을 증여받거나 유상으로 취득(발행 법인으로부터 직접 인수·취득하는 경우를 포함한다)하고 그 전환사채등이 5년 이내에 주식등으로 전환된 경우에는 그 전환사채등을 증여받거나 취득한 때에 그 전환된 주식등을 증여받거나 취득한 것으로 보아 상증법 제41조의 3 제1항부터 제6항까지의 규정을 적용한다. 이 경우 정산기준일까지 주식등으로 전환되지 아니한 경우에는 정산기준일에 주식등으로 전환된 것으로 보아 상증법 제41조의 3 제1항부터 제6항까지의 규정을 적용하되, 그 전환사채등의 만기일까지 주식등으로 전환되지 아니한 경우에는 정산기준일을 기준으로 과세한 증여세액을 환급한다(상증법 제41조의 3 제8항).

## 8 합병에 따른 상장 등 이익의 증여

> **사례연구**
>
> 상증법 제42조 제4항의 '합병'은 '합병에 따른 상장'으로 제한 해석함이 상당하므로 '합병'만 이루어진 경우 동 조항에 따른 증여세 과세는 위법하다.
>
> **현황**
> (1) 원고들은 아버지로부터 현금을 증여받아 아버지가 설립한 회사의 신주를 인수하였다.
> (2) 해당 회사는 주식회사 GGG에 흡수합병되었고, 원고들은 GGG으로부터 합병신주를 받았다.
> (3) 과세관청은 원고들이 아버지로부터 실질적으로 해당 회사의 주식을 증여받고 그날부터 5년 이내에 해당 회사가 GGG에 합병됨에 따라 그 재산가치가 증가하는 이익을 얻었다고 보고, 원고들에게 구 상증법 제42조 제4항 제1호에 따라 각 증여세를 부과하였다.
>
> **쟁점**
> 이 사건이 '미성년자 등 대통령령으로 정하는 자가 타인으로부터 재산을 증여받아 취득

하고 그 재산을 취득한 날부터 5년 이내에 개발사업의 시행, 형질변경, 공유물 분할, 사업의 인가·허가, 주식·출자지분의 상장 및 합병 등의 사유로 일정한 재산가치 증가의 이익을 얻은 경우'에 해당하는지 여부

**판단**

(1) 이 사건 조항과 구 상증세법 제41조의 3, 제41조의 5 등 관련 규정의 내용 및 입법경위 등에 비추어 보면, 이 사건 조항에서 재산가치증가사유의 하나로 규정하고 있는 '합병'은 구 상증세법 제41조의 5에서 규정하고 있는 '합병에 따른 상장'을 의미하는 것으로 해석하여야 한다.

(2) 원고들이 아버지로부터 실질적으로 해당 법인의 주식을 증여받아 취득한 날부터 5년 이내에 해당 법인이 GGG에 합병되었더라도 해당 법인이 합병에 따라 상장한 경우에 해당하지 않는 이상 이 사건 조항에서 정한 재산가치증가사유가 발생하였다고 볼 수 없다(대법원 2017두37376, 2021. 9. 30. ; 서울고등법원 2016누50503, 2017. 2. 10. ; 서울행정법원 2014구합54639, 2016. 6. 3. ; 조심 2013서4701, 2014. 1. 23).

(1) 개요

**1) 합병에 따른 상장 등 이익의 증여 정의**

최대주주등의 특수관계인이 주식등을 증여받거나 취득한 날부터 5년 이내에 그 주식등을 발행한 법인이 특수관계에 있는 주권상장법인과 합병되어 그 주식등의 가액이 증가함으로써 그 주식등을 증여받거나 취득한 자가 당초 증여세 과세가액(증여받은 재산으로 주식등을 취득한 경우는 제외한다) 또는 취득가액을 초과하여 이익을 얻은 경우에는 그 이익에 상당하는 금액을 그 이익을 얻은 자의 증여재산가액으로 한다. 다만, 그 이익에 상당하는 금액이 법 소정의 기준금액 미만인 경우는 제외한다(상증법 제41조의 5 제1항).

**2) 주식등의 상장 등에 따른 이익의 증여와의 구분**

상장 추진 중에 있는 비상장주식을 증여받거나 취득하여 상장이 된 후에 시세차익을 얻는 것과 비상장법인이 상장법인과 합병하여 상장주식을 교부 받음으로써 이익을 얻는 것은 그 경제적 실질이 동일하므로 이를 증여세 과세대상으로 규정하여 정상적인 합병을 가장한 변칙적인 증여를 방지하기 위하여 마련되었다.

**3) 정산시기**

앞의 "**7** 주식등의 상장에 따른 이익의 증여"에서 설명한 바와 같다.

## (2) 과세요건

### 1) 취득요건

#### 가. 취득유형

최대주주등의 특수관계인이 다음의 어느 하나에 해당하는 경우로서 그 주식등을 증여받거나 취득한 날부터 5년 이내에 그 주식등을 발행한 법인이 특수관계에 있는 주권상장법인과 합병되어 그 주식등의 가액이 증가함으로써 그 주식등을 증여받거나 취득한 자가 당초 증여세 과세가액(증여받은 재산으로 주식등을 취득한 경우는 제외한다) 또는 취득가액을 초과하여 이익을 얻은 경우에는 그 이익에 상당하는 금액을 그 이익을 얻은 자의 증여재산가액으로 한다. 다만, 그 이익에 상당하는 금액이 법 소정의 기준금액 미만인 경우는 제외한다(상증법 제41조의 5 제1항).

① 최대주주등으로부터 해당 법인의 주식등을 증여받거나 유상으로 취득한 경우
② 증여받은 재산으로 최대주주등이 아닌 자로부터 해당 법인의 주식등을 취득한 경우
③ 증여받은 재산으로 최대주주등이 주식등을 보유하고 있는 다른 법인의 주식등을 최대주주등이 아닌 자로부터 취득함으로써 최대주주등과 그의 특수관계인이 보유한 주식등을 합하여 그 다른 법인의 최대주주등에 해당하게 되는 경우

#### 나. 증여자 요건

앞의 " 7 　주식등의 상장에 따른 이익의 증여"에서 설명한 바와 같다.

#### 다. 수증자 요건

앞의 " 7 　주식등의 상장에 따른 이익의 증여"에서 설명한 바와 같다.

### 2) 5년 이내 상장 등 요건

증여일 등으로부터 5년 이내에 해당 법인 또는 다른 법인이 특수관계에 있는 유가증권시장 주권상장법인 또는 코스닥시장 상장법인과 합병하여야 한다.

#### 가. 기간 요건

해당 법인의 주식 등을 증여받거나 유상으로 취득한 경우에는 증여받거나 취득한 날. 증여받은 재산으로 최대주주등 외의 자로부터 해당 법인이나 다른 법인의 주식등을 취득한 경우에는 취득한 날부터 5년 이내에 해당 법인 또는 다른 법인의 특수관계에 있는 유가증권시장 주권상장법인이나 코스닥시장 상장법인과 합병되어야 한다.

### 나. 특수관계에 있는 주권상장법인

위에서 특수관계에 있는 주권상장법인이란 합병등기일이 속하는 사업연도의 직전 사업연도 개시일(그 개시일이 서로 다른 법인이 합병한 경우에는 먼저 개시한 날을 말한다)부터 합병등기일까지의 기간 중 다음의 어느 하나에 해당하는 법인을 말한다(상증령 제31조의 5 제3항).

① 상증법 제41조의 5 제1항에 따라 해당 법인 또는 다른 법인의 주식등을 취득한 자와 그의 특수관계인이 유가증권시장에 주권이 상장된 법인 또는 코스닥시장 상장법인의 최대주주등에 해당하는 경우의 해당 법인

② 상증령 제28조 제1항 제2호 및 제3호의 규정에 의한 법인

  ⓐ 본인이 법인인 경우 : 본인이 속한 기획재정부령으로 정하는 기업집단의 소속 기업(해당 기업의 임원을 포함한다)과 해당 기업의 임원에 대한 임면권의 행사 및 사업방침의 결정 등을 통하여 그 경영에 관하여 사실상의 영향력을 행사하고 있는 자, 그와 친족 및 직계비속의 배우자의 2촌 이내의 혈족과 그 배우자 제1호에 해당하는 관계에 있는 자

  ⓑ 동일인이 임원의 임면권의 행사 또는 사업방침의 결정 등을 통하여 합병당사법인(합병으로 인하여 소멸·흡수되는 법인 또는 신설·존속하는 법인을 말한다)의 경영에 대하여 영향력을 행사하고 있다고 인정되는 관계에 있는 법인

### 3) 증여·취득시점과 상장 후 주식가액의 차액 요건

증여 및 취득시점과 상장 후 주식가액의 차액이 증여일 등의 가액대비 30% 이상이거나 또는 3억 원 이상인 경우에 해당하여야 한다(상증령 제31조의 5 제2항).

★

A : 30% 이상

$$\frac{\text{정산기준일}}{\text{1주당 평가액}} - \left( \begin{array}{c} \text{증여일 등 1주당} \\ \text{증여세 과세가액} \end{array} + \begin{array}{c} \text{1주당 기업가치} \\ \text{실질증가액} \end{array} \right)}{\text{증여일 등 1주당 증여세 과세가액 등}} \geq 30\%$$

B : 3억 원 이상

〔정산기준일 1주당 평가가액(*) − 증여일 등 1주당 증여세 과세가액 등 − 1주당 기업가치 실질증가액〕 × 증여·유상취득 주식수 ≥ 3억 원

(*) "정산기준일 1주당 평가가액"이 "증여일 등 1주당 증여세 과세가액"보다 적은 경우에는 "증여일 등 1주당 증여세 과세가액"을 1주당 기업가치 실질증가액과 합산하지 않는다.

정산기준일 및 무상주가 발행된 경우 등에 관한 사항은 " **7** 주식등의 상장에 따른 이익의 증여"에서 설명한 바와 같다.

## (3) 증여이익

앞의 " **7** 주식등의 상장에 따른 이익의 증여"에서 설명한 바와 같다.

## (4) 기 타

### 1) 증여세액의 정산

앞의 " **7** 주식등의 상장에 따른 이익의 증여"에서 설명한 바와 같다.

### 2) 전환사채 등의 취득에 대한 간주규정

앞의 " **7** 주식등의 상장에 따른 이익의 증여"에서 설명한 바와 같다.

---

## 제 **5** 절  명의신탁재산의 증여의제

### 사례연구

동일한 주식에 대하여 종전의 명의신탁과 동일성이 유지되지 않는 별개의 새로운 명의신탁이 이루어진 이상, 구 상증법 제45조의 2 제2항에 따라 명의신탁자에게 조세회피의 목적이 있었던 것으로 추정되어 연대납세의무자에게 한 증여세 및 가산세 고지처분은 적법하다.

### 현황

(1) 비상장법인인 이 사건 회사는 2002. ×. ×. 국제복합운송 서비스 및 물류 보관업 등을 목적으로 설립되었고, 원고는 이 사건 회사의 최대주주 겸 대표이사이다.

(2) 원고는 이 사건 회사 설립 당시 총 발행주식 30,000주 중 6,000주를 이 사건 회사 직원 B에게 명의신탁하였다가, 다른 직원인 C와의 명의신탁약정에 따라 위 6,000주를 C 명의로 이전하였고, C 명의 6,000주 중 1,500주를 원고의 자녀인 D 명의로 이전하였다. 그 후 C 명의의 잔여주식 4,500주('이 사건 주식')는 다른 직원인 E 명의로 이전되었다.

(3) 과세관청은 원고가 이 사건 회사를 설립할 당시부터 직원들에게 회사의 주식을 명의신탁하여 왔고, C가 E에게 이 사건 주식을 양도한 것도 원고가 E에게 이 사건 주식

을 '명의신탁한 것'으로 판단하여, 구 상증법 제45조의 2 규정에 따라 E에게 증여세를 결정·고지하고, 원고에게 연대납세의무자로서 위 증여세 및 가산세를 결정·고지하였다.

### 쟁점

이 사건 주식에 관하여 구 상증법 제45조의 2 제1항의 증여의제 규정이 적용될 수 있는지 여부

### 판단

(1) 명의신탁약정의 존재 여부 : 증여의제 규정은 권리의 이전이나 행사에 등기 등을 요하는 재산에 있어서 실질소유자와 명의자가 합의 또는 의사소통하에 명의자 앞으로 등기 등을 한 경우에 적용되는 것이므로 명의자의 의사와는 관계없이 일방적으로 명의자 명의를 사용하여 등기한 경우에는 적용될 수 없으며, 이 경우 과세관청이 그 실질소유자가 명의자와 다르다는 점만을 입증하면 그 명의자에로의 등기 등이 명의자의 의사와는 관계없이 실질소유자의 일방적인 행위로 이루어졌다는 입증은 이를 주장하는 명의자가 하여야 한다(대법원 2008. 2. 14. 선고, 2007두15780 판결 등 참조). 그리고 명의신탁관계는 반드시 신탁자와 수탁자 간의 명시적 계약에 의하여서만 성립되는 것이 아니라 묵시적 합의에 의하여서도 성립될 수 있다(대법원 1996. 9. 10. 선고, 95누7239 판결 ; 대법원 2001. 1. 5. 선고, 2000다49091 판결 참조).

(2) 이 사건 명의신탁은 원고의 B, C에 대한 각 명의신탁과 동일성이 유지되지 않는 별개의 새로운 명의신탁에 해당된다고 봄이 타당하고, 이 사건 명의신탁이 별개의 새로운 명의신탁에 해당되는 이상 증여의제 규정이 적용된다고 할 것이다.

(3) 조세회피목적에 대한 판단 : 구 상증법 제45조의 2 제1항의 입법 취지는 명의신탁제도를 이용한 조세회피행위를 효과적으로 방지하여 조세정의를 실현한다는 취지에서 실질과세원칙에 대한 예외를 인정한 데에 있으므로, 명의신탁의 목적에 조세회피의 목적이 포함되어 있지 않은 경우에만 같은 조항 단서의 적용이 가능하고, 이 경우 조세회피의 목적이 없었다는 점에 관한 입증책임은 이를 주장하는 명의자에게 있다(대법원 2004. 12. 23. 선고, 2003두13649 판결 ; 대법원 2005. 1. 28. 선고, 2004두1223 판결 등 참조). 따라서 조세회피의 목적이 없었다는 점에 대하여는 조세회피의 목적이 아닌 다른 목적이 있었음을 증명하는 등의 방법으로 입증할 수 있다 할 것이나, 입증책임을 부담하는 명의자로서는 명의신탁에 있어 조세회피목적이 없었다고 인정될 정도로 조세회피와 상관없는 뚜렷한 목적이 있었고, 명의신탁 당시에나 장래에 있어 회피될 조세가 없었다는 점을 객관적이고 납득할 만한 증거자료에 의하여 통상인이라면 의심을 가지지 않을 정도의 입증을 하여야 한다(대법원 2006. 9. 22. 선고, 2004두11220 판결 ; 대법원 2017. 12. 13. 선고, 2017두39419 판결 등 참조). 나아가 조세회피의 목적이 있었는지 여부는 명의신탁에 따른 증여의제 여부가 문제되는 당해 재산을

　　　명의신탁할 당시를 기준으로 판단할 것이고, 그 명의신탁 후에 실제로 어떠한 조세
　　　를 포탈하였는지 여부로 판단할 것은 아니다(대법원 2005. 1. 27. 선고, 2003두4300 판결
　　　등 참조).

(4) 위 법리에 비추어 이 사건에 관하여 보건대, 이 사건 명의신탁이 종전의 명의신탁과
　　　동일성이 유지되지 않는 별개의 새로운 명의신탁에 해당되는 이상, 구 상속세 및 증여
　　　세법 제45조의 2 제2항에 따라 이 사건 명의신탁 당시 원고에게 조세회피의 목적이
　　　있었던 것으로 추정되므로, 조세회피목적이 없었다는 사정은 원고에게 그 입증책임이
　　　있다(대법원 2021두50512, 2021. 12. 16. : 서울고등법원 2020누61609, 2021. 8. 20. : 의정부지방
　　　법원 2018구합16982, 2020. 10. 20. : 조심 2018중2487, 2018. 9. 13).

# 1　개 요

　　증여의제란 실제 증여가 아님에도 증여로 간주하여 증여세를 과세하는 것을 말한다. 명
의신탁에 대한 증여의제가 여기에 해당한다.[130] 증여의제는 반대의 증거를 제시하는 경우
라 할지라도 받아들여지지 않는다. 추정이 아닌 의제규정이기 때문이다.

　　권리의 이전이나 그 행사에 등기등이 필요한 재산(토지와 건물은 제외한다)의 실제소유
자와 명의자가 다른 경우에는 「국기법」 제14조에도 불구하고 그 명의자로 등기등을 한 날
(그 재산이 명의개서를 하여야 하는 재산인 경우에는 소유권취득일이 속하는 해의 다음 해
말일의 다음 날을 말한다)에 그 재산의 가액(그 재산이 명의개서를 하여야 하는 재산인 경
우에는 소유권취득일을 기준으로 평가한 가액을 말한다)을 실제소유자가 명의자에게 증여
한 것으로 본다. 다만, 다음의 어느 하나에 해당하는 경우에는 그러하지 아니하다(상증법 제
45조의 2 제1항).

　　가. 조세회피의 목적 없이 타인의 명의로 재산의 등기등을 하거나 소유권을 취득한 실제
　　　　소유자 명의로 명의개서를 하지 아니한 경우
　　나. 「자본시장과 금융투자업에 관한 법률」에 따른 신탁재산인 사실의 등기등을 한 경우
　　다. 비거주자가 법정대리인 또는 재산관리인의 명의로 등기등을 한 경우

　　명의신탁은 실정법상의 근거없이 판례에 의하여 형성된 신탁행위의 일종으로, 수탁자에
게 재산의 명의가 이전되지만 수탁자는 외관상 소유자로 표시될 뿐이고, 적극적으로 그 재
산을 관리·처분할 권리의무를 가지지 아니하는 신탁을 말한다.

---

130) 실제의 신탁관계가 아니라 외관만 수탁자의 소유일뿐 위탁자가 관리·처분할 권리의무를 갖는 신탁을 일
　　컬어 명의신탁이라 한다.

국세청 발표자료에 따르면, 2006. 1. 1.부터 2010. 6. 30.까지 약 12,681건의 주식 명의신탁에 대하여 1조 원 이상의 증여세를 추징했다고 밝혔다.[131] 이는 주식을 명의신탁하는 행위가 광범위하게 관행처럼 이루어지고 있음을 보여주는 지표이다. 현행 세법은 주식의 실제소유자와 명의자가 다른 경우, 실제소유자가 명의자에게 주식을 증여한 것으로(조세회피목적이 없는 경우 제외) 판단하도록 되어 있음은 위에서 살펴본 바와 같다. 과세관청에서는 명의신탁 자체를 조세회피목적이 다분한 것으로 간주하고 있는 것이다.

주식 명의신탁의 경우 전·현직 임직원 등 회사 관계자를 통하거나 부모형제 등 가족, 법인 설립 시 지인 등을 통하는 유형이 주로 활용되고 있는 것으로 나타났다. 부동산과 달리 주식은 주주명부에 명의등재(명의개서)만으로 소유권이 이전되기 때문에 증여세 회피를 위한 변칙 증여수단으로 활용되고 있다고 판단하고 있는 것이다. 과세관청에서는 주식의 명의신탁은 배당소득에 대한 종합소득 누진과세 회피, 법인의 제2차 납세의무자로 지정되는 과점주주가 되는 것을 회피하기 위한 수단으로 주로 이용되고 있는 것으로 파악하고 있다.

명의대여 시 발생할 수 있는 세무상 불이익을 정리하면 다음과 같다.[132]

주식의 명의신탁은 위탁자가 수탁자에게 증여한 것으로 보아 명의대여자에게 증여세를 과세한다.[133] 상장법인이 아닌 법인의 주주명부상의 명의자가 과점주주(법인 주식 총수의 50% 초과 보유자)로서 법인의 재산으로 그 법인에 부과되거나 그 법인이 납부할 국세 등에 충당하여도 부족한 경우 제2차 납세의무를 질 수 있다(국기법 제39조).

사업자등록증상 명의자인 대표자는 사업과 관련된 모든 세금(종합소득세, 부가가치세, 주민세 등)을 부담하여야 한다. 다만, 과세의 대상이 되는 소득, 수익, 재산, 행위 또는 거래의 귀속이 명의(名義)일 뿐이고 사실상 귀속되는 자가 따로 있을 때에는 사실상 귀속되는 자를 납세의무자로 하여 세법을 적용한다(국기법 제14조). 하지만 실질에 대한 입증책임 등의 문제로 인하여 명의자에게 많은 불이익이 주어질 수 있을 것이다. 과세관청에서는 사업과 관련된 세금이 체납되는 경우 사업자등록 명의자의 예금이나 부동산 등 소유재산을 압류·공매하여 체납세금에 충당한다.

세금의 체납사실이 금융기관에 통보되어 신용카드 사용정지 등 금융거래상의 불이익을 받을 수 있고 출국금지대상이 될 수도 있다.

---

131) 2010년 9월 28일 국세청 재산세과 발표자료
132) 위 국세청 발표자료 참조
133) 2018. 12. 31. 상증법 개정으로 납세의무자가 실제소유자로 변경되었다.

## 2 증여의제의 요건

### (1) 명의신탁의 증여의제 대상에 해당

#### 1) 증여의제의 대상

명의신탁의 증여의제란 권리의 이전이나 행사에 등기 등을 요하는 재산이 그 대상이 된다. 이 경우 등기 등이란 등기, 등록, 명의개서 등을 말하며 등기 등이 효력발생 요건 내지 대항요건으로 법률상 요구되는 경우만을 말한다.

등기란 등기부상에 소유권이 등기되어야 할 물건을 말한다. 예컨대 공장재단, 광업재단, 선박등기법에 의한 선박 등이다. 부동산 실권리자 명의등기에 관한 법률의 시행으로 1997. 1. 1. 이후 토지와 건물 등을 명의신탁재산에서 제외하였다. 아파트당첨권(대법원 87누118, 1987. 10. 13.) 및 골프회원권은 권리의 이전이나 그 행사에 등기 등을 요하는 재산에 포함되지 않는다고 해석된다(대법원 86누341, 1987. 3. 24.).

등록은 행정관청의 등록원부에 등록하는 재산을 말한다. 예를 들면 특허권, 실용신안권, 의장권, 상표권, 저작권, 수산업법에 의한 어업권, 광업법에 의한 광업권 등이다.

명의개서 등은 명부 등에 명의인의 표시를 고쳐 쓰는 것을 말한다. 주권과 사채권 등이 여기에 해당한다. 권리행사에 명의개서를 요하지 않는 지명채권은 증여의제 대상이 아니다(국심 83서1177, 1983. 8. 6.).

무효인 명의신탁이 증여의제 과세대상이 될 수 있을까?

주식의 명의신탁이 상법이나 자본시장법 등의 강행법규에 위반하여 이루어진 경우 그 명의신탁에 대해 증여의제 규정을 적용하여 증여세를 부과할 수 있는지 여부가 문제될 수 있다. 명의신탁 행위가 강행법규를 위반하여 이루어졌다면 일응 그 자체로 법률상 무효가 되어 증여세를 부과하는 것 자체도 부당한 행정처분이 될 수 있어 취소소송의 대상이 될 수 있을 것이다.

대법원은 상증법 제45조의 2 증여의제 규정의 입법취지는 명의신탁제도를 이용한 조세회피행위를 효과적으로 방지하여 조세정의를 실현한다는 취지에서 실질과세원칙에 대한 예외를 인정한 데에 있다고 해석하였다. 이어 상증법 제45조의 2 제1항 단서 "조세회피의 목적 없이 타인의 명의로 재산의 등기등을 하거나 소유권을 취득한 실제소유자 명의로 명의개서를 하지 아니한 경우"에서 말하는 조세란 증여세에 한정되지 아니하는 점과 이 법률조항이 재산의 실제소유자와 명의자가 다른 경우를 그 규율대상으로 한다고 규정하고 있을 뿐 명의자 앞으로의 등기 등이 법률상 유효할 것까지를 요구하고 있지는 아니한 점 및 명의

신탁약정에 따른 등기 등이 이루어진 이상 그 등기 등이 강행법규 위반 등으로 인하여 무효인 경우에도 조세회피의 목적은 달성될 수 있는 점 등에 비추어 명의신탁약정에 따라 실제소유자가 아닌 제3자 명의로 이루어진 등기 등이 강행법규 위반 등으로 인하여 무효라고 하더라도 증여의제 규정을 적용할 수 있다고 판결하였다(대법원 2007두17175, 2011. 9. 8.).

결국 대법원 판결에 비추어 보면, 사법상 무효인 명의신탁이라고 하더라도 그에 대해 증여의제 규정을 적용하여 증여세를 부과할 수 있는 것이다.

### 2) 증여의제 제외

#### 가. 조세회피목적이 없는 경우

타인의 명의로 재산의 등기 등을 하거나 소유권을 취득한 실제소유자 명의로 명의개서를 하지 아니한 경우에도 조세회피목적이 없는 것으로 인정되는 경우에는 증여로 의제하지 아니한다. 증여세가 과세되지 않는 것이다. 조세회피목적을 판단함에 있어 조세란 국세, 지방세 및 관세(상증법 제45조의 2 제6항)를 말하며 타인의 명의로 재산의 등기 등을 한 경우로 실명전환 유예기간(1997. 1. 1.부터 1998. 12. 31.까지) 중에 주식 등의 명의를 실제소유자 명의로 전환하지 아니하는 경우에는 조세회피목적이 있는 것으로 추정된다. 추정되는 것이므로 반대의 증거를 제시하여 조세회피목적이 없었음을 주장할 수 있다.

한편, 조세회피목적이 없었음을 주장하거나 입증하는 책임은 과세관청이 아닌 명의자가 진다는 것이 대법원 판단이다(대법원 2005두3883, 2005. 7. 22.). 같은 취지의 대법원 판결에서 "명의신탁이 조세회피목적이 아닌 다른 이유에서 이루어졌음이 인정되고 그 명의신탁에 부수하여 사소한 조세경감이 생기는 것에 불과하다면 조세회피목적이 있었다고 볼 수는 없고, 명의신탁에 있어서 조세회피의 목적이 없었다는 점에 관한 입증책임은 이를 주장하는 명의자에게 있다"고 판시하고 있다(대법원 2004두7733, 2006. 5. 12.).

따라서 조세회피의 목적이 없었다는 점에 대하여는 조세회피의 목적이 아닌 다른 목적이 있었음을 증명하는 등의 방법으로 입증할 수 있다 할 것이나(대법원 2004두7733, 2006. 5. 12.), 입증책임을 부담하는 명의자로서는 명의신탁에 있어 조세회피목적이 없었다고 인정될 정도로 조세회피와 상관없는 뚜렷한 목적이 있었고, 명의신탁 당시에나 장래에 있어 회피될 조세가 없었다는 점을 객관적이고 납득할 만한 증거자료에 의하여 통상인이라면 의심을 가지지 않을 정도의 입증을 하여야 할 것이다(대법원 2004두11220, 2006. 9. 22.).

최근에도 대법원은 명의신탁이 조세회피목적이 아닌 다른 이유에서 이루어졌음이 인정되고 그 명의신탁에 부수하여 사소한 조세경감이 생기는 것에 불과하다면 그와 같은 명의신탁에는 조세회피목적이 있었다고 볼 수 없다고 판시한바 있다(대법원 2014두786, 2014. 5. 16.).

　명의신탁제도를 이용한 조세회피행위를 효과적으로 방지하여 조세정의를 실현하려는 상증법의 본 조항의 입법 취지에 비추어 볼 때, 명의신탁이 조세회피목적이 아닌 다른 이유에서 이루어졌음이 인정되고 그 명의신탁에 부수하여 사소한 조세경감이 생기는 것에 불과하다면 그와 같은 명의신탁에는 조세회피목적이 있었다고 볼 수 없다는 것이다(대법원 2004두13936, 2006. 5. 25. : 대법원 2007두19331, 2009. 4. 9. 등).

### 나. 조세회피목적이 있는 것으로 추정하지 않는 경우

　타인의 명의로 재산의 등기등을 한 경우 및 실제소유자 명의로 명의개서를 하지 아니한 경우에는 조세회피목적이 있는 것으로 추정한다. 다만, 실제소유자 명의로 명의개서를 하지 아니한 경우로서 다음의 어느 하나에 해당하는 경우에는 조세회피목적이 있는 것으로 추정하지 아니한다(상증법 제45조의 2 제3항).

① 매매로 소유권을 취득한 경우로서 종전 소유자가 「소득세법」 제105조 및 제110조에 따른 양도소득 과세표준신고 또는 「증권거래세법」 제10조에 따른 신고와 함께 소유권 변경 내용을 신고하는 경우

② 상속으로 소유권을 취득한 경우로서 상속인이 다음의 어느 하나에 해당하는 신고와 함께 해당 재산을 상속세 과세가액에 포함하여 신고한 경우. 다만, 상속세 과세표준과 세액을 결정 또는 경정할 것을 미리 알고 수정신고하거나 기한 후 신고를 하는 경우는 제외한다.

ⓐ 상증법 제67조에 따른 상속세 과세표준신고

ⓑ 「국세기본법」 제45조에 따른 수정신고

ⓒ 「국세기본법」 제45조의 3에 따른 기한 후 신고

　대법원은 명의신탁주식이 상속된 경우에는 명의개서 해태로 인한 증여의제 규정의 적용대상에 해당하지 않고, 명의신탁 증여의제 규정의 과세요건인 상속인과 명의수탁자들 사이에 새로운 명의신탁 합의가 있었던 것으로 추정할 수 없어 증여세 과세는 위법하다고 판시한바 있다(대법원 2014두43653, 2017. 1. 12. 외 다수).

　위에서 언급하고 있는 바와 같이 상속으로 소유권을 취득한 경우로서 위에서 열거하고 있는 어느 하나에 신고와 함께 해당 재산을 상속세 과세가액에 포함하여 신고한 경우에 한하여 조세회피목적이 있는 것으로 추정하지 아니하는 것으로 관련 법령이 개정되었다.

### 다. 유예기간 중 실명 전환한 주식등의 경우

주식 또는 출자지분("주식등") 중 1997. 1. 1. 전에 신탁이나 약정에 의하여 타인 명의로 주주명부 또는 사원명부에 기록되어 있거나 명의개서되어 있는 주식등에 대하여 1998. 12. 31.까지의 기간("유예기간")에 실제소유자 명의로 전환한 경우에는 증여로 의제하지 않으나 그 주식등을 발행한 법인의 주주 또는 출자자와 특수관계에 있는 자 및 1997. 1. 1. 현재 미성년자인 사람의 명의로 전환한 경우에는 증여로 의제한다(상증법 제45조의 2 제1항 제2호).

실제소유자라 함은 애초 주식의 명의신탁 당시 나이, 직업, 소득 및 재산상태 등으로 보아 해당 주식의 실제소유자임이 사실조사에 따라 객관적으로 입증되는 자를 말한다(재재산 46014-145, 1997. 5. 1.).

주주명부 또는 사원명부가 작성되지 아니한 경우에는 법인세법 제109조 제1항 및 제119조에 따라 납세지 관할 세무서장에게 제출한 주주등에 관한 서류 및 주식등변동상황명세서에 의하여 명의개서 여부를 판정한다. 이 경우 증여일은 증여세 또는 양도소득세 등의 과세표준신고서에 기재된 소유권이전일 등 대통령령으로 정하는 날로 한다(상증법 제45조의 2 제4항). "대통령령으로 정하는 날"은 다음의 순서에 따라 정한 날을 말한다(상증령 제34조의 2, 2020. 2. 11. 신설).

① 증여세 또는 양도소득세 등의 과세표준신고서에 기재된 소유권이전일
② 법 제45조의 2 제4항 전단의 주식등변동상황명세서에 기재된 거래일

주식회사는 주식을 발행한 때에는 주주명부에 주주의 성명과 주소, 각 주주가 가진 주식의 종류와 그 수 등의 사항을 기재하여야 한다(상법 제352조 제1항). 또한 주식회사가 배당을 할 때에는 일정한 기간 주주명부의 기재변경을 정지하거나 일정한 날을 기준으로 주주명부에 기재된 주주를 권리자로 정하는 절차를 밟는다(상법 제354조 제1항). 세법상으로도 내국법인은 주주의 성명·주소 등이 적힌 주주명부를 작성하여 갖추어 두어야 할 의무가 있다(법인법 제118조).

대법원은 위와 같은 법령상의 규정에도 불구하고 납세자가 주주명부를 작성하지 않았다면 명의신탁에 따른 증여의제 규정을 적용함에 있어 주주명부가 작성된 사실이 없다는 납세자의 주장을 그대로 인정할 수는 없어 주주명부가 작성되지 아니하였음을 전제로 한 원심의 판단은 잘못된 것인바 원심법원에 환송한다고 판결하였다(대법원 2016두55049, 2017. 5. 17.).

### 라. 자본시장과 금융투자업에 관한 법률에 따른 신탁재산인 사실의 등기 등을 하는 경우와 비거주자가 법정대리인 또는 재산관리인의 명의로 등기 등을 하는 경우

법률이 규정하는 바에 따라 신탁재산 사실을 등기하는 경우에는 조세회피목적이 개입될

여지가 없다고 의제한다. 국내 거주 여부에 따라 비거주자로 분류되는 경우 자신을 대신할 법정대리인 또는 재산관리인을 내세워 재산을 관리할 수 있다. 이 경우 명의신탁 사실을 등기함으로써 증여의제에서 제외될 수 있는 것이다(상증법 제45조의 2 제1항).

### 마. 이익잉여금의 자본전입으로 재차 명의신탁 증여의제가 적용되는 경우

기왕에 명의신탁주식에 대하여 명의신탁 증여의제로 증여세가 과세된 이후 당해 주식을 발행한 법인이 이익잉여금을 자본전입 함에 따라 명의신탁된 기존 주식에 무상주가 배정된 경우 이를 재차 명의신탁 증여의제로 과세할 수 있을 것인가?

이와 관련하여 과세할 수 있다는 견해와 과세할 수 없다는 견해가 상충되어 왔다.

### ① 명의신탁 증여의제로 과세할 수 있다는 견해

과세할 수 있다는 견해의 논거는 법인이 이익잉여금을 자본전입함으로써 기왕의 명의신탁 주식에 무상주가 배정되었다면 이는 당초 주식과 별개의 명의신탁이 이루어진 것으로 보아야 한다는 것이다. 그러므로 기존 명의신탁 주식가액과 합산하여 명의신탁 증여의제로 증여세를 과세하는 것이 타당하다는 것이다.

이 논거에 따르면, 무상증자는 회계학적·경제적 실질면에서 주식의 분할과 유사한 측면이 있으나, 법률적·형식적 측면에서는 신주발행에 의한 유상증자와 마찬가지로 자본의 증가로 인하여 새로이 주식이 발행되는 것이고 이와 같이 발행된 주식은 자본을 구성하는 단위로서 구주와는 별개의 독립된 재산이다. 즉, 기존에 명의신탁된 주식이 상증법 제45조의 2 제1항의 규정에 의하여 명의자에게 증여된 것으로 의제된다고 하여 무상증자로 배정된 주식까지 당연히 명의인의 소유로 의제되는 것은 아니라 할 것이고, 당초 주식과 별개의 재산에 해당된다.

더욱이, 명의인에게 배정된 주식은 이익잉여금을 재원으로 한 것으로서 현금으로 주식을 취득한 것과 그 실질 내용은 동일하다고 할 것이고, 이익잉여금이 기업 내부에 있을 경우와는 달리 실제 무상주로 배당 처분을 하여 기존주주에게 새로운 주식을 교부하여 기존주주의 보유주식의 수량이 증가한 경우에는 사법적인 측면에서는 기존주주의 지분 변동이 발생하지 아니하여 권리·의무관계의 변동이 발생하지 아니한 것으로 보여지는 측면이 있으나, 공법관계인 세법적 측면에서는 기업의 사내유보이익이 현실적으로 처분되었고, 처분가능한 주식의 수량과 명의신탁가액이 증액되어 상증법에서 규정한 명의신탁 증여의제의 과세요건을 적용하여야 할 추가적인 사실관계가 발생하였다고 보여지는 점 및 기업의 경영활동을 통하여 창출된 이익의 사내유보분인 이익잉여금에 대한 분여이익인 무상주교부는 현금배당과 그 실질이 같으므로 과세소득계산에 직접 영향이 있는 점 등을 고려하면 명의신탁

증여의제로 과세함이 타당하다(조심 2010부3527, 2011. 11. 15.).

　② 명의신탁 증여의제로 과세할 수 없다는 견해

　명의신탁된 주식에 이익잉여금의 자본전입에 따른 무상주를 배정받는 것과 관련하여 명의신탁 증여의제가 적용되는 법 소정의 요건을 엄격히 해석하여 추가적인 조세회피의 목적이 있었는지 살펴보아야 하며, 특별한 사정이 없는 한 기존의 명의신탁 주식 외에 이익잉여금의 자본전입에 따라 기존의 명의수탁자에게 그 보유주식에 비례하여 배정된 무상주는 상증법 제45조의 2에 따라 명의신탁 증여의제로 과세할 수 없다는 견해이다.

　상증법 제45조의 2 제1항 본문은 "권리의 이전이나 그 행사에 등기 등을 요하는 재산(토지와 건물을 제외한다. 이하 이 조에서 같다)에 있어서 실제소유자와 명의자가 다른 경우에는 국세기본법 제14조의 규정에 불구하고 그 명의자로 등기 등을 한 날(그 재산이 명의개서를 요하는 재산인 경우에는 소유권취득일이 속하는 연도의 다음 연도 말일의 다음 날을 말한다)에 그 재산의 가액을 명의자가 실제소유자로부터 증여받은 것으로 본다"고 규정하면서, 그 단서 제1호에서는 "조세회피의 목적 없이 타인의 명의로 재산의 등기 등을 하거나 소유권을 취득한 실제소유자 명의로 명의개서를 하지 아니한 경우"에는 그러하지 아니하다고 규정하고 있다.

　이와 같은 상증법 제45조의 2 제1항의 본문은 국세기본법 제14조 소정의 실질과세원칙에 대한 예외의 하나로서 명의신탁이 조세회피의 수단으로 악용되는 것을 방지하여 조세정의를 실현하고자 하는 한도 내에서 제한적으로 적용되는 규정인 점(대법원 2004두11220, 2006. 9. 22. 등 참조), 주식의 실제소유자와 명의자가 다른 상태에서 당해 주식의 발행법인이 이익잉여금을 자본에 전입함에 따라 그 명의인에게 무상주가 배정되더라도 그 발행법인의 순자산이나 이익 및 실제주주의 그에 대한 지분비율에는 변화가 없으므로 실제주주가 그 무상주에 대하여 자신의 명의로 명의개서를 하지 아니하였다고 해서 기존 주식의 명의신탁에 의한 조세회피의 목적 외에 추가적인 조세회피의 목적이 있다고 할 수 없는 점 등을 고려하면, 특별한 사정이 없는 한 기존의 명의신탁 주식 외에 이익잉여금의 자본전입에 따라 기존의 명의수탁자에게 그 보유주식에 비례하여 배정된 무상주는 상증법 제45조의 2 제1항 본문에 의한 증여의제 규정의 적용대상이 아니다(대법원 2009두21352, 2011. 7. 14.).

　③ 유권해석 변경에 따른 논란의 정리

　앞서 본 상충된 견해에서 보았듯이, 의제배당 과세대상 자본잉여금·이익잉여금의 자본전입에 따른 무상주에 대한 명의신탁 증여의제 적용여부에 대하여 그동안 명의신탁 증여의제로 볼 수 있다는 기재부 및 조세심판원의 행정해석과 명의신탁 증여의제로 볼 수 없다는 대법원의 해석이 달랐다.

기획재정부는 국세예규심사위원회를 열어 명의신탁 증여의제로 볼 수 없다는 유권해석을 내놓았다.[134]

| 유권해석의 변경 |

| 무상주<br>전입재원 | 종전 예규<br>(재재산-929, 2007. 7. 27.) | | 변경 예규<br>(재재산-739, 2014. 11. 14.) |
|---|---|---|---|
| | 의제배당<br>과세대상 아님 | 의제배당<br>과세대상 | 의제배당 과세대상 |
| 명의신탁 증여의제 | 적용하지 않음. | 적용 | 적용하지 않음 |

\* 변경예규의 적용시기 : 변경일 이후 결정·경정하는 분부터 적용

새로운 변경해석의 논지는 앞서 본 대법원 판례의 입장에서, 잉여금의 자본전입에 따른 무상주는 별도의 신주 인수절차 없이 소유주식 비율에 따라 무상으로 주식을 배정하는 것에 불과하고, 실제주주가 보유한 주식가치에 변동이 있거나 주식 소유비율이 바뀌는 것이 아니므로 특별한 사정이 없는 한 추가적인 조세회피목적이 있다고 보기 어려워 과세대상으로 볼 수 없다는 것이다. 따라서 앞으로는 명의신탁된 주식(구주)에 기초해 배정받는 무상주(신주)에 대해서는 증여세가 과세되지 않게 된다.

### 바. 재차 증여의제 적용 여부

명의신탁 증여의제 규정에 따라 증여세가 과세된 경우로 증권계좌에서 동일인 명의로 개서된 다른 주식에 대하여 재차 증여의제를 적용할 수 있을까?

주식을 명의신탁하고 조세회피의 목적이 있었다고 인정된다고 할지라도 주식의 종목과 수량이 변경되었을 뿐, 실질적인 재산적 가치는 거의 변경이 없음에도 불구하고 형식적으로 기존의 주식과 별개의 독립된 재산에 해당한다는 이유로 2차례에 걸쳐 과세처분을 한 것은 이중과세이거나 비례의 원칙 또는 과잉금지의 원칙에 위반되어 위법하다고 볼 수 있다.

반면, 상증법 제45조의 2 제1항의 증여의제 규정은 권리의 이전이나 행사에 등기 등을 요하는 독립된 재산별로, 그것이 실질소유자와 명의자를 달리하는 경우 그 형식적 행위사실을 과세요건으로 하여 증여세를 과세하는 규정으로서, 위 규정에 의하여 증여받은 것으로 의제되는 재산은 명의신탁 주식 매수대금이 아닌 명의신탁 주식 자체인 점(대법원 2005두

---

134) 상증법 제45조의 2의 규정을 적용함에 있어서 의제배당 과세대상인 자본잉여금 또는 이익잉여금의 자본전입으로 기존 명의신탁된 주식에 배정된 무상주에 대하여는 같은 조의 규정이 적용되지 아니함(기획재정부 재산세제과-739, 2014. 11. 14.).

10200, 2007. 2. 8. 참조)에 비추어 새로운 주식을 매수하여 명의개서한 것은 새로운 주식에 대한 명의신탁이라고 할 것인바, 이에 대한 증여세 부과를 이중과세라거나 비례의 원칙, 과잉금지의 원칙에 반하여 위법하다고는 볼 수 없다는 견해도 있다.

이에 대하여 대법원은 최초로 증여의제 대상이 되어 과세되었거나 과세될 수 있는 명의신탁주식의 매도대금으로 취득하여 다시 동일인 명의로 명의개서된 주식은 그것이 최초의 명의신탁주식과 시기상 또는 성질상 단절되어 별개의 새로운 명의신탁주식으로 인정되는 등의 특별한 사정이 없는 한 다시 명의신탁 증여의제 규정이 적용되어 증여세가 과세될 수 없다고 판시하였다(대법원 2011두10232, 2017. 2. 21.). 또한 이 판결과 같은 맥락에서 최근 대법원은, "흡수합병이 이루어짐에 따라 소멸회사의 합병구주를 명의신탁받았던 사람이 존속회사가 발행하는 합병신주를 배정·교부받아 그들 앞으로 명의개서를 마친 경우 구 상증법 제45조의 2 조항을 적용하여 증여로 의제하여 과세할 수 있으나, 원고들은 흡수합병에 따라 최초 증여의제 대상이 되는 합병구주에 상응하는 합병신주를 배정받아 그들 앞으로 명의개서를 마친 것에 불과하므로, 이에 대하여 이 사건 법률조항을 다시 적용하여 증여세를 과세할 수 없다"고 판시하고 있다.[135]

## (2) 당사자 간의 합의

명의신탁이란 실제소유자와 공부상 명의자 사이의 계약에 의하여 성립되는 것으로 당사자 간의 합의 없이 명의를 도용한 경우에는 증여세를 부과할 수 없다. 명의를 도용한 사실에 대한 법률위반 여부는 세법과 달리 별도로 판단될 것이다.

---

135) 대법원 2019. 1. 31. 선고, 2016두30644 판결 : 이 판결은 다음의 논점에 근거하고 있다. ① 이 사건 법률조항은 조세회피목적의 명의신탁행위를 방지하기 위하여 실질과세원칙의 예외로서 실제소유자로부터 명의자에게 해당 재산이 증여된 것으로 의제하여 증여세를 과세하도록 허용하는 규정이므로, 조세회피행위를 방지하기 위하여 필요하고도 적절한 범위 내에서만 적용되어야 한다. ② 증여의제 대상이 되어 과세되었거나 과세될 수 있는 최초의 명의신탁 주식인 합병구주에 상응하여 명의수탁자에게 합병신주가 배정되어 명의개서가 이루어진 경우에 그와 같은 합병신주에 대하여 제한없이 이 사건 법률조항을 적용하여 별도로 증여세를 과세하는 것은 증여세의 부과와 관련하여 최초의 명의신탁 주식에 대한 증여의제의 효과를 부정하는 모순을 초래할 수 있어 부당하다. ③ 더구나 흡수합병에 따라 존속회사는 소멸회사의 권리의무를 승계하게 되고, 이때 소멸회사의 주주는 통상 합병구주의 가치에 상응하는 합병신주를 배정·교부받게 되므로, 합병 전·후로 보유한 주식의 경제적 가치에 실질적인 변동이 있다고 보기 어려운 사정도 감안하여야 한다. ④ 또한 최초로 명의신탁된 합병구주와 이후 합병으로 인해 취득한 합병신주에 대하여 각각 이 사건 법률조항을 적용하게 되면 애초에 주식이나 그 인수자금이 수탁자에게 증여된 경우에 비하여 지나치게 많은 증여세액이 부과될 수 있어서 형평에도 어긋난다.

## (3) 조세회피목적의 존재

명의신탁의 증여의제 규정을 적용함에 있어 조세란 상속세 혹은 증여세에 한정하지 않고 국세, 지방세 및 관세를 포함함은 전술하였다. 이 경우 실질적으로 조세를 회피한 사실이 있는 경우뿐만 아니라 조세회피의 개연성이 있는 경우까지를 포함하여 판단하여야 할 것이다.

## 3 증여의제 재산가액 및 납세의무자

### (1) 증여의제 재산가액

명의신탁의 증여의제의 경우 증여의제 재산가액은 증여의제일 현재를 기준으로 상증법상의 재산평가방법(상증법 제60~66조)에 의하여 평가한 가액에 의한다. 명의신탁재산의 증여의제에 있어서는 당해 명의신탁재산의 금액에서 감정평가수수료를 차감한 금액을 증여세 과세표준으로 한다. 그러므로 증여재산공제 및 재해손실공제를 적용하지 않는다.

명의신탁재산은 상증법의 재산평가방법에 따라 평가하는 것이므로 최대주주 주식에 해당하는 경우에는 할증평가의 규정이 적용된다(재재산 46014 – 39, 2002. 2. 15.). 다만, 상증법상에서 할증평가를 배제하는 경우에 해당된다면 배제하게 된다. 예를 들면, 명의신탁대상 주식이 중소기업주식이라면 할증평가규정은 배제될 것이다.

### (2) 명의신탁 증여의제 시 납세의무자

명의신탁 증여의제가 적용되는 경우 실제소유자가 명의자에게 증여한 것으로 보아 증여세를 납부하여야 한다. 구 상증법에 따르면 명의자가 해당 재산을 실제소유자로부터 증여받은 것으로 보아 증여세를 납부하여야 했다. 정부는 명의신탁재산 증여의제 과세제도를 합리화하기 위한 일환으로 다음과 같이 증여세 납세의무자 등을 전환하였다. 증여가 의제되는 명의신탁재산에 대한 증여세 납부의무 등에 관한 경과조치로 개정된 상증법 시행 이전(2018. 12. 31.)에 실제소유자가 소유권을 취득하였으나 명의개서를 하지 아니하여 개정 상증법 시행 이후 증여로 의제되는 분에 대해서는 상증법 제4조의 2 제2항 · 제6항 · 제9항, 제6조 제2항, 제45조의 2 제1항 · 제2항, 제47조 제1항 및 제55조 제1항 제3호의 개정규정에도 불구하고 종전의 규정에 따른다(상증법 부칙 제6조).

#### 1) 증여세 납세의무자 전환

권리의 이전이나 그 행사에 등기 등이 필요한 재산의 실제소유자와 명의자가 다른 명의

신탁재산에 대하여 종전에는 명의자에게 과세하고 실제소유자에게는 연대납세의무만 부여하였으나, 조세회피목적으로 명의신탁을 활용하는 주체는 실제소유자라는 점을 감안하여 앞으로는 납세의무자를 실제소유자로 변경하였다.

### 2) 명의신탁재산에 대한 물적 납세의무 부과(상증법 제4조의 2 제9항 신설)

과세의 실효성 확보를 위하여 증여가 의제되는 명의신탁재산에 대하여 실제소유자의 다른 재산으로 증여세·가산금 또는 강제징수비를 모두 징수하지 못할 경우 명의자에게 증여한 것으로 보는 재산으로도 증여세·가산금 또는 강제징수비를 징수할 수 있도록 하였다.

### 3) 명의신탁재산의 증여재산 합산 및 공제 배제
#### (상증법 제47조 제1항 및 제55조 제1항 제3호)

명의신탁재산에 대한 증여세 납세의무자를 명의자에서 실제소유자로 변경함에 따라 명의신탁재산을 수증자에 대한 증여세 과세를 위하여 합산하는 재산에서 제외하고, 합산에서 제외되는 재산에 대한 증여세 과세표준 계산 시 3천만 원을 공제하도록 한 규정의 적용을 배제하였다.

## 4 증여의제 시기

### (1) 개요

명의신탁의 증여의제 시기는 실제소유자가 아닌 타인의 명의로 등기 등을 한 날에 실질소유자가 그 명의자에게 증여한 것으로 의제한다.

하지만 주식 등 명의개서를 필요로 하는 재산의 소유권을 취득한 자가 본인의 명의로 명의개서를 하지 않고 종전 소유자의 명의로 명의개서를 하고 있는 경우에는 그 소유권 취득일이 속하는 연도의 다음 연도 말일의 다음 날에 종전 소유자에게 명의신탁한 것으로 보아 증여세를 과세한다. 다시 말하면, 주식을 취득한 자가 장기간 본인 명의로 주식을 명의개서하지 않은 경우 실질상 명의신탁임에도 과세관청에서 이를 인지하기가 어렵다. 이를 방지하기 위하여 별도의 증여시기를 개정(2002. 12. 18.)하여 명문화한 것이다(상증법 제45조의 2 제1항).

다시 말하면, 2002. 12. 31. 이전에 소유권을 취득하고 2003. 1. 1. 현재 본인 명의로 개서를 하지 않은 경우, 2003. 1. 1.에 소유권을 취득한 것으로 본다. 또한 2003. 1. 1. 이후에 소유권을 취득하고 실소유자 명의로 명의개서를 하지 않은 경우에는 소유권을 취득한 날이 속하는 연도의 다음 연도 말일의 다음 날에 명의자에게 명의신탁한 것으로 보아 증여세를 과세하는 것이다.

예를 들면, 2005. 5. 1.에 소유권을 취득하고도 본인 명의로 명의개서를 하지 않은 경우에는 소유권을 취득한 날이 속하는 연도의 다음 연도 말일, 즉 2006. 12. 31.의 다음 날인 2007. 1. 1.에 명의자에게 명의신탁한 것으로 간주하는 것이다.

## (2) 주식의 증여의제 시기

명의신탁의 증여의제 규정을 적용함에 있어서 "명의개서를 한 날"이라 함은 상법 제337조의 규정에 의하여 취득자의 주소와 성명을 주주명부(「자본시장과 금융투자업에 관한 법률」 제316조에 따른 실질주주명부를 포함한다)에 기재한 때를 말한다(상증법 기본통칙 45의 2-0…3).

명의신탁재산의 증여의제 규정을 적용할 때 유상증자로 인하여 교부받은 신주를 실제소유자가 아닌 제3자 명의로 명의개서한 경우 명의신탁 재산의 증여시기는 그 제3자 명의로 개서한 날이 된다(서면4팀-109, 2008. 1. 14.).

## **5** 명의신탁의 해지

명의신탁의 해지란 권리의 이전이나 그 행사에 등기 등을 요하는 재산에 있어서 수탁자 명의로 되어 있는 공부상의 소유명의를 명의신탁자인 실제소유자 명의로 환원하는 것을 일컫는다. 상증법 제45조의 2의 규정에 의한 증여에 해당하는 재산의 신탁을 해지하여 그 재산의 실제소유자인 위탁자 명의로 환원하는 경우 그 환원하는 것은 증여에 해당하지 아니하나, 실제소유자 외의 자에게 무상으로 명의이전하는 경우에는 그 명의를 이전한 날에 실제소유자가 그 명의를 이전받은 자에게 증여한 것으로 본다(상증법 기본통칙 45의 2-0…2).

명의신탁된 재산을 유상으로 이전하는 경우에는 양도소득세 과세대상이 되며,[136] 당해 재산의 취득시기는 당초 재산의 취득일로 한다.

## **6** 주식 명의신탁에 대한 제재

주식 명의신탁의 유인으로는 ① 과거(1996. 10. 1.~2001. 7. 23.) 상법상 3인 이상의 발기인 규정에 따른 차명주식 발생, ② 지방세법상 과점주주 취득세 및 제2차 납세의무의 회피, ③ 배당소득의 분산을 통한 소득세 회피, ④ 증여세 회피, ⑤ 경영권 보호를 위한 위장 분산 등의 이유가 있다.

---

136) 명의신탁 부동산을 매각처분한 경우 양도의 주체 및 납세의무자는 명의신탁자이다(국기법 기본통칙 14-0-6).

앞서 살펴본 바와 같이, 금융실명법 개정 이전에는 주식 명의신탁에 대한 제재로는 상증법의 명의신탁 증여의제 규정이 큰 기여를 하였다고 할 것이다. 다만, 명의신탁 증여의제 규정 적용 시 명의수탁자 등이 '조세회피 의도'를 부인하여 이를 입증하는 경우에는 과세할 수 없으므로 여전히 적용에서 회피할 여지가 있다. 개정된 금융실명법에 따를 경우에도 상장주식의 명의신탁에 대해서는 금융실명법에 의한 제재가 가능하나, 비상장주식의 경우에는 금융실명법의 적용대상에서 제외되므로 여전히 상증법에 의한 제재만이 가능하다 할 것이다.

즉, 납세자가 주식의 명의신탁에 있어 조세회피목적이 없었다고 인정될 정도의 뚜렷한 목적을 입증하여 주식 명의신탁 증여의제 규정의 적용을 배제하는 것은 상당히 예외적이고 어려운 경우이지만, 사전에 치밀한 계획에 의해 조세회피목적을 부인할 사유를 마련하는 경우에는 비상장주식의 명의신탁에 대한 제재를 피할 수 있는 여지가 존재한다.

## 7 명의신탁주식 실제소유자 확인제도

한편, 주식 명의신탁의 경우에도 신탁자와 명의자 간 내부관계에서는 여전히 주식은 신탁자의 소유지만, 명의자가 소유권을 주장하는 경우에는 소송 등에 의해 소유권을 반환받아야 한다. 이와 관련하여 국세청에서는 2014. 6. 23.부터 '명의신탁주식 실제소유자 확인제도'를 시행하여 주식의 실제소유자가 소송 등 복잡한 절차에 의하지 않고 보다 간소화된 절차와 증빙에 따라 주식의 실제소유자를 확인할 수 있도록 제도를 운영하고 있다.

이 제도는 세정지원 차원에서 국세청 내부지침으로 실제소유자 환원 여부를 간편하게 확인해 주기 위한 행정적 절차로서 도입되었다. 즉, 명의신탁주식을 실제소유자(명의신탁자)에게 환원하는 경우 관련증빙을 제대로 갖추지 못해 이를 입증하는데 많은 불편과 어려움을 겪는 사정을 고려하여, 일정한 요건을 갖추면 세무조사 등 종전의 복잡하고 까다로운 확인절차없이 간소화한 통일된 절차에 따라 실제소유자를 확인해 줌으로써 납세자(실제소유자)의 입증부담을 덜어주고 원활한 가업승계와 안정적인 기업경영 및 성장을 지원하기 위해 마련된 제도이다.

유의할 것은 이 제도를 통한 실제소유자에게 환원하는 경우에도 당초 명의신탁에 따른 증여세 납세의무 등이 면제되는 것이 아니다. 과거 상증법을 개정하여 1997~1998년 2년간 유예기간에 실제소유자 환원하는 경우 증여세를 과세제외하였으나, 이 제도는 그러한 혜택을 부여하지 않는다는 점이다. 따라서 실제소유자가 실명전환한 것으로 인정받더라도 당초 명의신탁에 대한 부과 제척기간 경과 여부, 조세회피목적 등 과세요건을 검토하여 명의신탁 증여의제에 대한 과세 여부와 배당한 사실이 있는 경우 금융소득 종합과세 여부 등을

검토하여 처리하게 된다.[137]

한편, 신청대상 요건에 해당되어 확인신청하였으나 세무서장으로부터 불인정 통지를 받는 경우에는, 명의개서가 실제소유자의 실명전환이 아닌 것으로 확인되었으므로 「상속세 및 증여세 사무처리규정」에서 정하는 절차에 따라 해당 명의개서의 거래목적과 실질 등 사실관계를 확인하여 양도소득세 또는 증여세 등의 과세 여부를 검토하게 된다.

동 제도의 이용을 위해서는 아래의 3가지 요건을 모두 충족해야 하며, 실제소유자 확인 신청처리 절차의 흐름도[138]는 다음과 같다.

● 실제소유자 확인신청 대상 요건[139] (상속세 및 증여세 사무처리규정 제12조, 2019. 2. 1. 개정)

① 주식발행법인이 2001년 7월 23일 이전에 설립되었고, 실명전환일 현재 조세특례제한법 시행령 제2조에서 정하는 중소기업에 해당할 것
② 실제소유자와 명의수탁자(실명전환 전 주주명부 등에 주주로 등재되어 있던 자)가 법인설립 당시 발기인으로서 법인설립 당시 명의신탁한 주식을 실제소유자에게 환원하는 경우일 것

* 위 "②"의 '법인설립 당시' 명의신탁주식에는 법인설립 이후에 「상법」 제418조 제1항 및 「자본시장과 금융투자업에 관한 법률」 제165조의 6 제1항 제1호에서 정하는 주주배정방식으로 배정된 신주를 기존주주가 실권 없이 인수하는 증자(이하 이 조에서 "균등증자"라고 하며, 무상증자 또는 주식배당을 원인으로 증자한 경우를 포함한다)를 원인으로 명의수탁자가 새로이 취득한 주식을 포함한다.

---

137) 국세청 보도자료, "중소기업 명의신탁주식, 간소한 절차로 실제소유자 환원을 도와드리겠습니다", 2014. 6. 18.
138) 국세청 홈페이지, 「명의신탁주식 실소유자 확인 안내」 등재자료
139) 이 제도 도입 시에는 실제소유자별·주식발행법인별로 실명전환하는 주식가액의 합계액이 30억 원 미만일 것을 요건으로 하였고 자문위원회 상정도 10억 원 이상일 때였으나, 현재는 주식가액 요건이 삭제되었고 자문위원회 상정금액도 20억 원 이상으로 상향되었다.

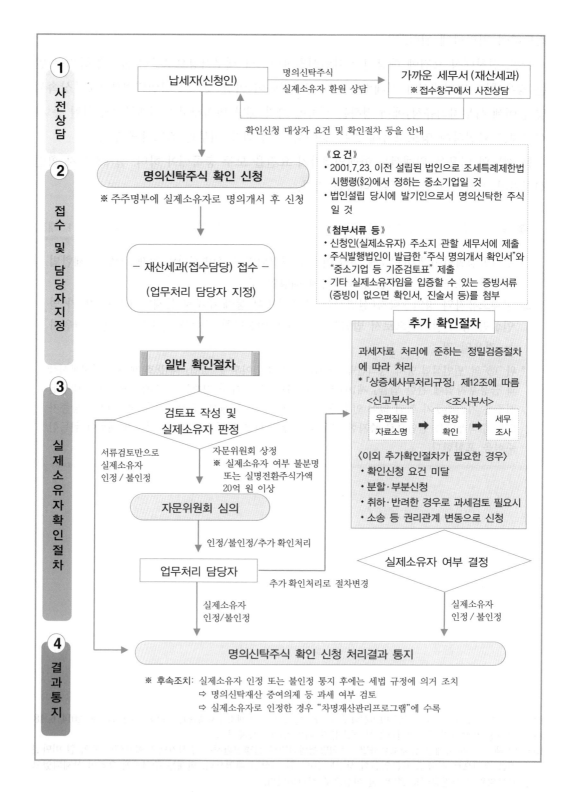

## 8 명의신탁의 증여의제 규정의 위헌 여부

상증법상의 명의신탁에 관한 법률규정이 헌법에 위배되는지 여부에 관하여 헌법재판소는 위배되지 않는다고 하였다. 헌법재판소 전원재판부(주심 권성 재판관)는 2005. 6. 30. 재판관 6 : 3의 의견으로 구 상속세 및 증여세법(1998. 12. 28. 법률 제5582호로 개정된 후 2002. 12. 18. 법률 제6780호로 개정되기 전의 것) 제41조의 2[140] 제1항 본문과 단서 제1호, 제2항 중 '타인의 명의로 재산의 등기 등을 한 경우' 및 제5항이 헌법에 위반되지 않는다는 결정을 선고하였다.

당해 선고 내용을 소개한다.

### (1) 사건의 개요

#### 1) 2004헌바40 사건

가. 중부지방국세청장은 정리회사 ○○화학공업 주식회사의 주식이동상황을 조사하여 위 회사의 전 대표이사 ○○○의 며느리인 ○○○가 청구인 ○○○명의로 위 회사의 주식 상당수를 취득한 사실을 확인하였다. 양천세무서장은 조사결과에 따라 구 상속세 및 증여세법(1998. 12. 28. 법률 제5582호로 개정된 후 2002. 12. 18. 법률 제6780호로 개정되기 전의 것) 제41조의 2 제1항에 의거하여 위 취득주식가액을 증여가액으로 하여 2003. 1. 5. 위 청구인에게 증여세를 부과하였다.

나. 위 청구인은 증여세 부과처분의 취소를 구하는 행정소송을 서울행정법원에 제기하고 위 법률조항에 대하여 위헌법률심판제청신청을 하였으나 모두 기각되자 위 법 제41조의 2 제1항 본문에 대하여 헌법소원을 제기하였다.

#### 2) 2005헌바24 사건

가. 중부지방국세청장은 정리회사 ○○화학공업 주식회사의 주식이동을 조사하고 전 대표이사 ○○○이 청구인 ○○○, 청구인 ○○○, 청구인 ○○○의 각 명의로 여러 회사의 주식을 취득한 사실을 확인하였다.

나. 동작세무서장 등은 위 조사결과에 따라 구 상속세 및 증여세법(1998. 12. 28. 법률 제5582호로 개정된 후 2002. 12. 18. 법률 제6780호로 개정되기 전의 것) 제41조의 2 제1항을 적용하여 위 청구인들에게 그 취득주식가액을 증여가액으로 하는 증여세를 각 부과하였다.

---

140) 구 상증법 제41조의 2의 규정은 현행 제45조의 2로 조문이 변경되었으므로 그 내용은 동일하다.

다. 위 청구인들은 위 증여세 부과처분들의 취소를 구하는 행정소송을 서울행정법원에
   제기하고 위 법률조항에 대하여 위헌법률심판제청신청을 하였으나 모두 기각되자 위
   법 제41조의 2 제1항 본문에 대하여 헌법소원을 제기하였다.

## (2) 심판대상조항

이 사건의 심판대상조항은 구 상속세 및 증여세법(1998. 12. 28. 법률 제5582호로 개정된
후 2002. 12. 18. 법률 제6780호로 개정되기 전의 것, 이하 '구법'이라 한다) 제41조의 2 제1
항 본문과 단서 제1호, 제2항 중 '타인의 명의로 재산의 등기 등을 한 경우' 및 제5항이 헌법
에 위반되는지 여부이며, 그 내용은 다음과 같다.

### 구 상증법 규정

제41조의 2(명의신탁재산의 증여의제) ① 권리의 이전이나 그 행사에 등기 등을 요하는
재산(토지와 건물을 제외한다. 이하 이 조에서 같다)에 있어서 실제소유자와 명의자가
다른 경우에는 국세기본법 제14조의 규정에 불구하고 그 명의자로 등기 등을 한 날에
그 재산의 가액을 그 명의자가 실제소유자로부터 증여받은 것으로 본다. 다만, 다음 각
호의 1에 해당하는 경우에는 그러하지 아니하다.
1. 조세회피목적 없이 타인의 명의로 재산의 등기 등을 한 경우
2. (생략)
② 타인의 명의로 재산의 등기 등을 한 경우와 제1항 제2호의 규정에 의한 유예기간 중
에 주식 등의 명의를 실제소유자명의로 전환하지 아니하는 경우에는 조세회피목적이
있는 것으로 추정한다.
⑤ 제1항 제1호 및 제2항에서 "조세"라 함은 국세기본법 제2조 제1호 및 제7호에 규정
된 국세 및 지방세와 관세법에 규정된 관세를 말한다.

## (3) 다수의견의 결정이유의 요지

### 1) 심판대상조항들의 내용과 법률상 쟁점

가. 구 상증법 제41조의 2 제1항은 "권리의 이전이나 그 행사에 등기 등을 요하는 재산
   (토지와 건물을 제외한다. 이하 이 조에서 같다)에 있어서 실제소유자와 명의자가 다
   른 경우에는 국세기본법 제14조의 규정에 불구하고 그 명의자로 등기 등을 한 날에
   그 재산의 가액을 명의자가 실제소유자로부터 증여받은 것으로 본다"(이하 '증여의
   제조항'이라고 부른다)라고 하고, 다만 "조세회피목적 없이 타인의 명의로 재산의 등

기 등을 한 경우"(제1호 : 이하 '증여의제배제조항'이라고 부른다)에는 그러하지 아니하다라고 규정하고 있다. 그리고 구 상증법 제41조의 2 제2항 전단규정은 "타인의 명의로 재산의 등기 등을 한 경우 … 에는 조세회피목적이 있는 것으로 추정한다"(이하 '조세회피목적추정조항'이라고 부른다)라고 규정하고 있다. 또한 구 상증법 제41조의 2 제5항은 "제1항 제1호 및 제2항에서 조세라 함은 국세기본법 제2조 제1호 및 제7호에 규정된 국세 및 지방세와 관세법에 규정된 관세를 말한다"(이하 '조세범위확장조항'이라고 부른다)라고 규정하고 있다.

나. 이 사건에서는 명의신탁이 증여세 회피의 목적으로 이용되는 경우에 구 상증법 제41조의 2 제1항 본문 및 그 단서 제1호, 제2항 전단이 규정하는 증여의제조항(증여의제의 배제 및 조세회피목적의 추정을 포함한다)이 위헌인지 여부와 명의신탁이 증여세 이외의 조세회피를 목적으로 이용되는 경우에 구 상증법 제41조의 2 제5항이 규정하는 조세범위확장조항이 위헌인지 여부가 법률상 쟁점이 된다.

## 2) 증여의제조항의 위헌 여부

### 가. 비례의 원칙 위배 여부

#### ① 목적의 정당성

주식 등의 재산을 증여하면서 명의신탁을 이용하여 이를 은폐하면 과세관청에서 제한된 인원과 능력으로 이를 찾아내어 증여세를 부과하기가 어렵다. 증여는 통상 부자지간 등 긴밀한 관계에 있는 자 간에 은밀하고 묵시적으로 이루어지는데 이들이 담합하여 증여를 은폐할 경우에는 더욱 그 포착이 어려우므로, 명의신탁이 증여세의 회피수단으로 널리 이용될 우려가 존재한다. 더구나 수인의 명의로 분산까지 할 경우에는 누진세율의 적용도 피할 수 있어 조세 부담이 경감된다. 이러한 현상을 방치하면 교활한 자는 이득을 보고 정직한 자는 손해를 보게 되는데 이것이 만연할 경우 조세체계가 와해될 가능성이 있다. 당사자들은 일단 명의신탁관계를 내세웠다가 조세시효가 완성되기 전에 그것이 증여임이 과세관청에 포착되면 증여세를 납부하고 그것이 포착되지 않은 채 조세시효가 완성되면 영구적으로 증여세를 면탈하려는 유혹에 빠지게 되기가 쉽기 때문이다.

심판대상조항들은 이처럼 명의신탁을 내세워 증여세를 회피하는 것을 방지하여 조세정의와 조세평등을 관철하고 실질과세의 원칙이 형식에 흐르지 않고 진정한 실질과세가 이루어지도록 이를 보완하려는 목적을 가진 것이어서, 이러한 입법목적의 정당성이 인정된다.

② 수단의 적합성

증여세 회피의 목적을 가진 명의신탁에 대하여 증여세를 부과하는 것이 증여세의 회피를 방지하고자 하는 증여의제조항의 목적을 달성하는데 적합한 수단이 된다.

③ 피해의 최소성

명의신탁을 이용한 조세회피행위를 방지하는데 있어서 증여세를 부과하는 방법보다 납세의무자의 피해를 더 적게 하는 다른 대체수단이 존재하는지 여부를 살펴본다.

우선 생각할 수 있는 대체수단은 명의신탁을 아예 금지하면서 그 사법적 효력을 부인하고 위반자에 대하여 형사처벌을 가하는 방법이다. 실제로 「부동산실권리자명의에 관한 법률」(1995. 3. 30. 법률 제4944호로 제정되고 2002. 3. 30. 법률 제6683호로 개정된 것)은 부동산에 관한 명의신탁약정을 금지하고(제3조), 명의신탁약정은 이를 무효로 하며(제4조 제1항), 명의신탁약정에 따라 행하여진 물권변동은 무효이고(제4조 제2항), 이를 위반한 명의신탁자에 대하여는 당해 부동산 가액의 100분의 30의 범위 안에서 과징금을 부과하고(제5조 제1항), 과징금을 부과받은 명의신탁자가 지체 없이 자신의 명의로 등기를 하지 않으면 이행강제금(100분의 10에서 100분의 20, 제6조)이 부과되며, 명의신탁금지규정을 위반한 명의신탁자와 수탁자를 형벌(신탁자는 제7조 제1항에 의거 5년 이하의 징역 또는 2억 원 이하의 벌금, 수탁자는 제7조 제2항에 의거 3년 이하의 징역 또는 1억 원 이하의 벌금)에 처하도록 규정하고 있다.

이러한 방법은 증여세 회피목적의 유무에 관계없이 명의신탁약정을 실체법상 무효로 하는 것인데 이 문제는 본래 사법의 영역에 속하는 것이어서 조세법의 본래적 규율범위에는 포함되지 않는 것이므로 법률의 체계상 조세관련법률에서 이러한 규정들을 두는 것은 적절치 않은데다가 명의신탁자와 수탁자 모두에게 징역 또는 벌금의 형사처벌을 부과하는 것이 과도한 제재가 될 우려가 있다. 이러한 제재는 증여세의 부과보다 납세의무자에게 더 무거운 부담이 될 수는 있을지언정, 본질적으로 보다 가벼운 부담이 된다고는 말할 수 없다.

그 밖의 다른 대체수단으로는 증여세 회피목적이 있는 명의신탁에 대하여 증여세 대신 과징금을 부과하는 방법을 생각할 수 있다. 이 경우에 과징금의 금액과 증여세의 금액을 비교하여 그 경중을 논하는 것은 본질적인 것이 되지 못한다. 왜냐하면 양자 모두 그 금액의 크기는 과징금의 비율 및 증여세의 세율을 정하는 입법의 재량에 의하여 결정되는데 이러한 입법의 재량은 가변적이기 때문이다.

그렇다면 증여세를 회피하는 수단으로 이용되는 명의신탁에 대한 제재방법으로 증여세를 부과하는 것이 다른 대체수단보다 납세의무자에게 더 많은 피해를 준다고 볼 수는 없고 따라서 이것은 최소침해의 원칙에 어긋나지 않는다고 할 것이다.

④ 법익의 비례성

명의신탁을 이용한 증여세 회피행위에 대하여 고율의 증여세를 명의수탁자에게 부과하는 것은 그에게 상당한 금전적 부담이 되지만 이것은 증여세 회피의 목적이 인정되는 경우에 한하는 것인데 명의수탁자는 자신의 명의를 빌려줌으로써 증여세 회피를 가능하게 한 사람이므로 어느 정도 그에 대한 책임을 질 수밖에 없다. 더구나 명의신탁에 조세회피의 목적이 있다고 하는 것은 추정에 불과하므로 그러한 목적이 없음을 반증하면 증여의 의제를 받지 않게 되어 명의수탁자가 증여세를 부담하는 불이익을 입지 않게 된다. 이러한 점을 종합하여 고려하면 증여세 부과를 통하여 명의수탁자가 입는 불이익은 크게 부당한 것이라고 할 수는 없다.

이에 반하여 명의신탁에 대한 증여세의 부과는 명의신탁이 증여의 은폐수단으로 이용되거나 증여세의 누진부담을 회피하는 수단으로 이용되는 것을 방지하는데 결정적으로 기여함으로써 조세정의와 조세공평이라는 공익을 실현하는 중요한 역할을 수행한다.

그렇다면 심판대상조항들은 사익에 비하여 현저하게 다대한 공익의 우선적 추구를 도모하고 있으므로 법익비례의 원칙에도 위배되지 않는다.

⑤ 소결론

그러므로 심판대상조항들은 비례의 원칙에 위배되지 아니한다.

**나. 평등원칙 및 실질적 조세법률주의의 위배 여부**

① 증여를 받지 아니한 사람에게 증여세를 부과하는 것은 실질과세의 원칙에 어긋날 수 있으나, 증여를 은폐하는 수단으로 명의신탁을 이용한 경우에 이를 제재하는 하나의 방법으로 조세회피의 목적이 인정되는 제한적인 범위 내에서 증여세를 부과하는 것은 비례의 원칙에 대한 심사에서 본 바와 같이 조세정의와 조세의 공평을 실현하기 위한 적절한 방법으로서 그 합리성이 인정되므로 실질과세의 원칙에 대한 예외로서 이를 허용할 수 있는 것이고 이는 헌법에 위반되지 않는다.

② 명의를 도용당한 경우는 명의신탁이 아니므로 증여의제조항이 적용되지 아니하고, 증여세 회피의 목적이 인정되지 아니하는 경우(추정의 번복) 역시 증여의제조항이 적용되지 아니한다. 또한 명의신탁에 동조함으로써 명의신탁자의 증여세 회피행위를 가능하게 한 명의수탁자의 책임을 고려할 때 명의신탁자와 명의수탁자 두 사람 중 누구에게 일차적인 납세의무를 부과할 것인지의 문제는 입법의 재량에 속한다. 명의신탁에 이르게 된 경위나 유형, 그에 내재된 반사회성의 정도 등을 참작할 것인지 여부 및

그 참작의 방법이나 정도 등도 역시 입법의 재량에 속한다. 그리고 명의수탁자가 명의신탁에 동조하여 명의신탁자의 증여세 회피를 가능하게 하였다 하더라도 그 책임은 방조 정도에 불과하여 그렇게 크다고는 할 수 없는데도 이를 일반 수증자의 납세책임과 동일하게 평가하여 동일한 세율의 증여세를 부과하는 것은 평등의 원칙에 어긋난다고 생각할지 모른다. 그러나 앞에서 본 바와 같이 그렇게 하지 않으면 증여세의 회피기도를 효과적으로 차단할 수 없다는 합리적인 이유가 있으므로 그러한 취급은 평등의 원칙에 어긋나는 것이 아니라고 할 것이다.

### 다. 죄형법정주의 및 무죄추정의 원칙 위배 여부

심판대상조항들에 의하여 부과되는 증여세는 비록 과징금의 성격을 갖는 면이 있다고는 하지만 어디까지나 법률이 규정하는 세금의 하나일 뿐이어서 이를 형법상의 벌금으로 볼 수 없으므로 이에 대해서는 헌법상의 죄형법정주의나 무죄추정의 원칙이 적용될 수 없다.

### 3) 조세범위 확장조항의 위헌 여부

#### ① 명의신탁을 통한 증여세 이외의 조세회피 방법

명의신탁은 증여세 이외의 조세의 회피방법으로도 얼마든지 이용될 수 있다. 즉, 명의신탁을 이용하여 주식을 미리 상속인에게 이전하여 상속세를 회피할 수 있으며, 명의신탁을 이용하여 주식의 소유를 분산함으로써 주식배당소득에 대한 합산과세를 회피하여 누진적 소득세 부담을 회피할 수 있다. 그리고 구 소득세법 제94조에 의거할 때, 당해법인 주식의 100분의 50 이상을 소유하는 과점주주는 명의신탁을 통하여 과점주주의 지위를 벗어나면 50% 이상의 주식을 양도하는 경우에 발생하는 양도소득에 대한 누진적 소득세부담을 경감 또는 회피할 수 있다.

또한 지방세법 제105조 제6항 등에 의거할 때, 비상장법인의 주식을 취득한 과점주주(51% 이상)는 명의신탁을 통하여 과점주주가 되는 것을 방지하면 과점주주가 부담할 취득세를 회피할 수 있다. 그리고 정상거래를 가장한 부의 이전을 방지하기 위해 세법에서는 특수관계자의 범위를 규정하고 있는데 명의신탁을 이용하여 특수관계자가 되는 범위를 벗어나면 상속세 및 증여세법 상 특수관계자에게 적용되는 각종 조세회피방지규정들을 회피하여 상속세와 증여세를 회피할 수 있다. 그리고 국세기본법 제39조에 의거할 때, 당해법인의 발행주식의 100분의 51 이상을 소유한 과점주주가 명의신탁을 통하여 과점주주의 지위를 벗어나면 당해법인이 납부할 수 없는 조세체납액에 대하여 제2차 납세의무를 면하게 되어 조세를 회피 또는 경감할 수 있다.

### ② 조세범위 확장조항의 위헌 여부

명의신탁에 의한 조세의 회피는 증여세에 한정된 것이 아니고 앞에서 본 바와 같이 상속세, 소득세, 법인세, 부가가치세, 취득세 등 각종의 국세와 지방세 그리고 관세에 대하여도 가능하다. 증여세의 경우에는 증여가 아닌 명의신탁임을 내세워 이를 회피하고, 증여세 이외의 경우에는 명의신탁이 아닌 진정한 양도임을 가장하여 이를 회피하는 것이 다를 뿐이다. 마치 두 얼굴을 가진 가면과 같다. 증여세 이외의 다른 조세에 대하여도 명의신탁의 방법으로 이를 회피하는 것을 방지하고 그 회피행위를 제재하여야 할 필요성은 증여세의 경우와 조금도 다를 바 없다. 그러므로 증여세 이외의 다른 조세를 명의신탁에 의하여 회피하는 행위를 제재하기 위하여 그러한 명의신탁에 대하여 조세회피의 목적을 추정하고 일정한 예외하에 이를 증여로 의제할 수 있도록 조세범위를 확장하는 조항은, 증여세 회피의 경우에 관하여 앞에서 이미 본 바와 동일한 이유로, 그 입법목적이 정당하고 그 수단이 입법목적의 달성에 적합하며 최소침해의 원칙에 어긋나지 아니하고 법익 간의 비례가 유지되어 재산권에 대한 과도한 침해라고 할 수 없고 나아가 평등의 원칙에도 어긋나지 않는다고 판단되므로 이는 헌법에 위반되지 않는다.

### ③ 결론

심판대상조항들이 조세범위 확장조항을 통하여 증여세가 아닌 다른 조세를 회피하려는 목적이 인정되는 경우에, 회피하려는 조세와는 세목과 세율이 전혀 다른 증여세를 부과하도록 증여의제를 하게 되는데 이 경우의 증여세가 비록 과징금의 성격을 갖는다고 하더라도, 이는 체계정당성의 원칙에 위배되는 외관을 가질 수 있다.

그런데 이 사건에서 보면 증여세 이외의 조세를 회피할 목적이 인정되는 경우에 명의신탁을 증여로 의제하여 증여세를 부과하는 입법수단을 입법자가 선택한 것은 이미 앞에서 본 바와 같이 조세회피를 방지하고 이를 제재하기 위한 것으로서 그 입법목적이 정당하고 그 수단이 조세회피행위의 방지라는 입법목적을 달성하는데 적합하고 나아가 증여세 이외의 조세를 회피하고자 하는 명의신탁에 대한 제재방법으로 증여세를 부과하는 것이 형벌이나 과징금을 과하는 등의 다른 대체수단에 비하여 납세의무자에게 더 많은 피해를 준다고 볼 수도 없고 명의수탁자가 입게 되는 재산상의 불이익보다 이로써 달성되는 공익이 현저히 크다고 판단된다.

그렇다면 조세범위 확장조항을 통하여 증여세가 아닌 다른 조세를 회피하려는 목적이 명의신탁에 인정되는 경우에도 명의신탁을 증여로 의제하여 증여세를 부과하도록 한 입법의 선택에는 합리적인 이유가 존재하고 여기에 입법재량의 한계를 현저히 일탈한 잘못이 있다고 볼 수 없고 따라서 체계부정합으로 인한 위헌의 문제는 발생하지 않는다고 할 것이다.

### (4) 다수의견에 대한 반대의견[141]의 요지

#### 1) 심판대상조항들은 헌법상 비례의 원칙에 위배

① 먼저 심판대상조항들이 명의신탁을 이용한 각종 조세의 회피를 방지하여 조세평등과 조세정의를 달성하고자 하는 입법목적은 헌법 제37조 제2항에서 규정하고 있는 공공복리의 증진에 기여한다고 여겨지므로, 정당성이 인정되는 점은 다수의견과 같다.

② 그러나 명의신탁재산에 대하여 증여의제를 한 규정의 취지는 그 실질이 증여임에도 조세회피의 목적으로 명의신탁에 의한 재산으로 거짓 주장하는 것을 방지하기 위한 것이므로 증여세의 부과대상은 명의신탁으로 은폐된 증여에 한정되는 것으로 보아야 한다. 증여의 실질이 없음이 명백함에도 불구하고 일률적으로 증여로 보아 증여세를 부과하는 것은 지나치게 과세행정편의주의적인 발상이고 다른 종류의 조세회피행위임의 명백함이 입증되는데도 증여세를 부과한다는 것은 국가행위형식의 부당한 결부로서 그 남용에 해당한다.

그렇다면 심판대상조항들이 증여세가 아닌 다른 조세의 회피목적이 있다고 인정되는 경우에까지 명의신탁재산에 대하여 증여세를 부과하는 것은 그 방식에 있어서 적합성원칙에 위배된다.

③ 나아가 심판대상조항들이 다수의견이 주장하는 바와 같이 조세회피의 목적이 있다고 인정되는 경우 과징금으로서 제재의 성격을 가진 증여세를 부과하는 것이라면, 그러한 입법목적을 달성하기 위한 대체수단으로는 군이 행정질서벌의 특성과는 거리가 먼 증여세를 부과할 것이 아니라, 제재수단으로 과징금을 부과하는 내용으로 특별법을 제정하는 것이 입법체계에 있어 보다 더 적합할 것이다.

④ 또한 심판대상조항들에 의하여 입게 되는 명의수탁자의 불이익은 조세정의와 조세공평의 실현이라는 공익에 비해 훨씬 크다고 아니할 수 없다.

증여세의 회피행위에 대하여 고율의 증여세를 부과하는 것은 납득할 수 있으나, 증여세가 아닌 다른 조세의 회피행위에 대하여서까지 고율의 증여세를 부과하는 것은 지나치게 과다하다. 왜냐하면 부동산실권리자 명의등기에 관한 법률(제5조)에서 규정하

---

141) 재판관 김경일, 재판관 송인준, 재판관 주선회의 다수의견에 대한 반대의견은 증여세가 아닌 다른 조세의 회피목적이 있다고 인정되는 경우에 증여세를 부과하는 것은 헌법에 위반된다고 본다.

는 과징금은 10% 내지 30%에 해당되고, 국세기본법(제47조)상 가산세는 10% 내지 30%에 해당되는데 반하여, 증여세율은 10% 내지 45%에 해당되기 때문이다.

그리고 심판대상조항들에 의거하여 명의수탁자에게 증여세를 부과하는 제도는 그 자체가 자산의 무상이전이라는 증여세의 실질을 결하는 것으로서, 조세회피의 목적이 없었다는 것을 납세자가 적극적으로 입증할 경우 과세대상에서 제외될 수는 있으나, 실제에 있어서는 모든 경우 조세회피의 목적이 있는 것으로 추정되는 것으로 해석되는 점에 비추어 보면, 모든 명의수탁자에게 증여세를 부과할 수 있는 결과가 되고 그 재산가액이 큰 경우에는 명의수탁자가 그 납세의무를 도저히 감당할 수 없게 된다. 이처럼 심판대상조항들이 명의신탁을 이용하여 증여세가 아닌 다른 조세의 회피행위에 대하여 지나치게 고율의 증여세를 부과하는 것은 조세정의와 납세의 공평성을 구현하고자 하는 공익을 감안하더라도 경우에 따라서는 막중한 금전적인 부담을 담세능력이 전혀 없는 명의수탁자에게 지우게 되는 과중한 결과를 초래하게 되어 법익 간의 균형성을 잃고 있다고 할 것이다.

⑤ 그렇다면 심판대상조항들이 증여세가 아닌 다른 조세의 회피목적이 있다고 인정되는 경우에 명의신탁재산에 대하여 증여세를 부과하는 것은 비례의 원칙에 위배된다고 할 것이다.

## 2) 심판대상조항들은 평등원칙에 위배

심판대상조항들은 증여세가 아닌 다른 조세를 회피하려는 목적이 있는 경우와 심지어 조세회피를 의도하지 않거나 그러한 인식조차 없이 사실상 명의를 빌려준 경우와 같이 경제적 이익의 이전이 없는 통상의 명의신탁을 일률적으로 증여로 보고 담세능력의 정도를 고려하지 아니한 채 고율의 증여세를 부과하고 있다.

그렇다면 이는 심판대상조항들이 명의신탁재산에 대한 실질적인 권리 내지 이익을 취득하지 아니하고 단순히 권리의 외양만을 취득하여 담세능력이 없는 명의수탁자를 재산을 증여받은 자와 동일하게 취급하여 고율의 증여세를 부과하는 것은 명의수탁자를 자의적으로 불리하게 취급하는 것으로서 평등원칙에 위배된다고 할 것이다.

## 제6절 특수관계법인과의 거래를 통한 이익의 증여의제

### 사례연구

수혜법인과 특수관계법인은 명의신탁한 주식에 해당하여 완전지배법인에 해당하므로 특수관계법인과의 거래를 통한 이익의 증여의제 규정을 적용하지 아니한다.

#### 현황

(1) 소외 ○○○○○주식회사(이하 '수혜법인'이라 한다)는 의약외품 조제업을, ○○○○○주식회사(이하 '특수관계법인'이라 한다)는 의약품 도매업을 각 영위하는 법인으로서, 특수관계법인은 수혜법인이 생산한 제품을 전량 납품받아 판매하고 있다.

(2) 수혜법인과 특수관계법인의 각 1% 주주로 등재되어 있는 원고의 동생과 배우자는 모두 명의수탁자에 불과하고, 실질적으로는 원고가 위 각 법인의 100% 주주이므로, 특수관계법인은 구 상증법 시행령 제34조의 2 제10항 제1호의 완전지배법인에 해당한다.

(3) 원고가 신고·납부한 2012년 귀속 증여세에 대하여 2014년에 증여세의 환급을 구하는 경정청구를 하였고, 과세관청은 쟁점거래는 특수관계법인과의 매출액 제외 기준에 해당하지 않는다는 등의 이유로 원고의 경정청구에 대한 거부통지를 하였다.

#### 쟁점

수혜법인과 특수관계법인은 명의신탁한 주식에 해당하여 완전지배법인에 해당하므로 특수관계법인과의 거래를 통한 이익의 증여의제 규정을 적용하지 아니하는지 여부

#### 판단

(1) 특수관계법인 주식의 명의신탁 여부와 관련하여 주식의 소유사실은 과세관청이 주주명부나 주식이동상황명세서 또는 법인등기부등본 등 자료에 의하여 이를 입증하면 되고, 다만 자료에 비추어 일견 주주로 보이는 경우에도 실은 주주명의를 도용당하였거나 실질소유주의 명의가 아닌 차명으로 등재되었다는 등의 사정이 있는 경우에는 단지 그 명의만으로 주주에 해당한다고 볼 수는 없으나 이는 주주가 아님을 주장하는 그 명의자가 입증하여야 한다(대법원 2003두1615, 2004. 7. 9. 등 참조).

(2) 위와 같은 법리를 토대로 이 사건에 관하여 보건대, 특수관계법인의 2014. 12. 31. 기준 주주명부상 원고가 그 주식의 99%, 원고의 배우자인 qqq이 나머지 1%를 보유하고 있는 것으로 기재되어 있음은 앞서 본 바와 같다. 그러나 위 인정사실 및 앞서 든 증거들과 증인 www의 증언에 변론 전체의 취지를 종합하여 인정되는 다음과 같은 사정들에 비추어 보면, 위와 같은 주주명부의 기재에도 불구하고 특수관계법인의 주식 1%에 관하여는 원고가 qqq의 명의를 임의로 사용하였거나 적어도 그 명의를 차용하여 주식을

취득한 것으로 봄이 상당하다. 따라서 수혜법인과 특수관계법인은 명의신탁한 주식에 해당하여 완전지배법인에 해당하므로 특수관계법인과의 거래를 통한 이익의 증여의제 규정을 적용하지 아니한다(대법원 2016두44247, 2016. 9. 28. : 서울고법 2015누70739, 2016. 6. 9. : 서울행법 2015구합64893, 2015. 11. 20.).

## 1 입법취지 및 도입 경과

### (1) 개요

2003년 12월 국회 재정경제위원회는 재정경제부(현 기획재정부)가 발의한 증여세 완전포괄주의 과세 도입법안을 가결시켰다. 증여세 완전포괄주의는 당시 증여세 과세대상을 상증법상 열거되어 있는 항목에 대해서만 과세하던 이른바 열거주의로는 새로운 형태의 거래를 통한 부의 무상이전 등을 효과적으로 차단할 수 없다는 인식에서부터 도입 논의가 시작되었다.

실제로 당시 일부 대기업들이 계열회사 간 일감을 몰아준다거나 거래가액을 시가로 하지 않고 낮추거나 높이는 방식의 변칙적인 거래를 통하여 자산을 불리고 불려진 자산을 세금 부담 없이(혹은 아주 낮은 부담으로) 자녀 혹은 손자녀들에게 이전되도록 하여 경영권 세습체계를 확립하는 등 '국민정서'에 반하는 행보로 사회적 논란을 불러일으켰다. 정부는 당시 적용되던 상증법 체계상 열거주의 과세체계로는 이와 같은 편법행위에 대하여 과세권을 행사할 수 없었던 점을 완전포괄주의 도입을 통하여 차단하고자 의도하였던 것이다.

상증법상 완전포괄주의 도입은 이 같은 행위를 가장 효과적으로 막을 수 있는 방어수단이 될 것이라는 평가가 지배적이었다. 사실 당시에도 일부 대기업들이 특수관계법인 간 '일감몰아주기'를 통해 회사를 키우고 부를 축적하는 정황은 짙었으나 일감몰아주기에 대한 개념적 정립이 미흡하여 증여세 완전포괄주의 도입 논의에서는 주 의제로 다루어지지 않았다.

### (2) 입법취지

특수관계에 있는 법인 간에 거래를 통하여 부가 무상으로 이전되는 데에 대한 과세 방안으로 상증법 제45조의 3에 특수관계법인 간의 거래를 통한 이익의 증여의제 규정이 2011. 12. 31. 신설되었다. 이른바 일감 몰아주기를 통한 편법증여를 증여의제로 보아 증여세를 과세하겠다는 것을 법문으로 명확히 한 것이다.

이러한 규정이 신설된 이유는 대기업집단 소속의 회사들의 비즈니스에 필수적으로 요구되는 광고, 소모성자재(MRO) 구매대행, 시스템통합(SI), 물류업무를 계열사소속 전문업체가

독점적으로 제공하고 해당 거래를 통하여 발생한 이익을 법인의 주주가 향유하게 함으로써 특수관계법인의 부가 무상이전되고 있다고 보았기 때문이다. 일감몰아주기가 세금을 부담하지 않고 부를 이전하는 변칙적인 증여로 활용되고 있는 것을 형평성 차원에서 과세해야 한다는 사회적 공감대가 확산되고 있는 점을 감안하였다는 것이 기획재정부의 입장이다.[142]

대기업 계열사 간의 이러한 내부거래가 특별히 문제가 되는 이유는 내부거래 중 대부분은 경쟁입찰이 아닌 수의계약 방식으로 이루어져 공정거래를 해치고 있는 것으로 분석된 보고도 있어 대기업 계열사 간의 이른바 '일감몰아주기' 규모와 행태가 우려할 만한 수준이기 때문으로 분석되고 있다.[143] 비정상적인 규모의 일감몰아주기는 비계열 독립기업들의 사업참여 기회를 차단할 뿐만 아니라 나아가 대기업 일가의 변칙적인 상속·증여 수단으로 이용될 수도 있다는 점에서 많은 논란이 되어 왔다. 이는 결과적으로는 세부담 없는 부의 이전으로 연결되고 있는 것이다. 이와 같은 과세누락을 방지하기 위하여, 일감몰아주기에 따라 발생하는 주주에게 귀속된 이익 중 소득세 등의 부담 없이 귀속된 부분을 가려내어 이에 대한 추가적인 과세를 할 수 있도록 해야 한다는 의견이 지속적으로 제기되어 왔던 것이다.

특수관계법인과의 거래, 즉 일감몰아주기에 대한 사회·경제적 우려가 증폭됨에 따라 이를 효과적으로 제재할 수 있는 수단에 대한 관심이 집중되면서 앞서 언급한 바와 같이 상증법상에 관련 규정을 신설하기에 이른 것이다. 특수관계법인 간 일감몰아주기를 통하여 발생한 이익을 증여로 의제하여 과세하는 것은 특수관계법인을 이용하여 부를 이전하는 변칙적인 증여 사례를 방지하고 공평과세를 실현하고자 하는 데에 있다. 즉, 일감몰아주기로 이익을 얻은 수혜법인의 영업이익은 배당이나 주가상승 등을 통해 수증자의 이익으로 전환되므로, 영업이익 중 일감몰아주기와 관련된 부분을 지배주주 등이 증여받은 것으로 의제하여 과세하려는 것이다. 이는 2004년 도입된 증여세 완전포괄주의를 보완한다는 측면도 있다.

### (3) 경과

2013년 7월 시행을 목표로 도입된 일감몰아주기 과세제도의 주요내용은 특수관계법인 간 적용되며, 일감을 몰아받는 수혜법인의 지분을 3% 이상 보유한 친족관계의 대주주가 수혜법인의 매출에서 일감몰아주기 비율이 30%를 초과한 경우, 세후 영업이익에 증여세를 부과한다는 내용이었다. 당초 정부가 일감몰아주기 과세제도 도입을 검토하는 과정에서 과거분에 대한 소급적용 문제가 논란이 되기도 했지만, 정치권과 정부는 소급적용을 배제하고 2012. 1. 1. 사업연도부터 제도를 적용하기로 합의했다.

---

142) 기획재정부 발표, 「2012 개정세법해설」을 참조하였다.
143) 공정거래위원회 보도자료, "대기업집단 계열사에 일감 몰아준 88%가 수의계약", 2011. 9.

## **2** 과세요건

### (1) 개요

법인이 아래 "1) 수혜법인"에 해당하는 경우에는 그 법인("수혜법인")의 지배주주와 그 지배주주의 친족[수혜법인의 발행주식총수 또는 출자총액에 대하여 직접 또는 간접으로 보유하는 주식보유비율("주식보유비율")이 대통령령으로 정하는 보유비율("한계보유비율")을 초과하는 주주에 한정한다.]이 아래 "2) 증여의제이익"을 각각 증여받은 것으로 본다(상증법 제45조의 3 제1항). 이 경우 수혜법인이 사업부문별로 회계를 구분하여 기록하는 등 대통령령으로 정하는 요건을 갖춘 경우에는 아래 "1)" 및 "2)"를 적용할 때 대통령령으로 정하는 바에 따라 사업부문별로 특수관계법인 거래비율 및 세후영업이익 등을 계산할 수 있다(상증법 제45조의 3 제1항 후단 신설, 2022. 12. 31.). 후단을 적용하는 경우 아래 "1)"에 해당하는 사업부문이 2개 이상인 때에는 하나의 사업부문으로 보아 이를 적용한다. "대통령령으로 정하는 요건을 갖춘 경우"란, ⅰ) 사업부문별로 자산·부채 및 손익을 법인세법 시행규칙 제77조 제1항을 준용하여 각각 독립된 계정과목으로 구분하여 경리할 것, ⅱ) 한국표준산업분류에 따른 세세분류 이상으로 사업부문을 구분할 것의 두 가지 요건을 모두 갖춘 경우를 말한다(상증령 제34조의 3 제3항).

위 두 가지 요건을 모두 갖춘 경우 아래 "2)"의 증여의제이익을 계산할 때에 사업부문별로 세후영업이익 및 특수관계법인 거래비율을 적용할 수 있다(상증령 제34조의 3 제4항).

### 1) 수혜법인

법인이 다음 어느 하나에 해당하는 경우 수혜법인으로 본다.

가. 법인이 대통령령으로 정하는 중소기업("중소기업") 또는 대통령령으로 정하는 중견기업("중견기업")에 해당하는 경우 : 법인의 사업연도 매출액(「법인세법」제43조의 기업회계기준에 따라 계산한 매출액을 말한다) 중에서 그 법인의 지배주주와 대통령령으로 정하는 특수관계에 있는 법인("특수관계법인")에 대한 매출액(「독점규제 및 공정거래에 관한 법률」제31조에 따른 공시대상기업집단 간의 교차거래 등으로서 "대통령령으로 정하는 거래에서 발생한 매출액"을 포함한다)이 차지하는 비율("특수관계법인거래비율")이 그 법인의 규모 등을 고려하여 대통령령으로 정하는 비율("정상거래비율")을 초과하는 경우

"대통령령으로 정하는 중소기업"이란 「조특법」제6조 제1항 각 호 외의 부분에 따른 중소기업으로서 독점규제 및 공정거래에 관한 법률 제31조에 따른 공시대상기업집단

에 소속되지 아니하는 기업을 말하고, "대통령령으로 정하는 중견기업"이란 「조특령」 제9조 제4항에 따른 기업으로서 독점규제 및 공정거래에 관한 법률 제31조에 따른 공시대상기업집단에 소속되지 아니하는 기업을 말한다.

"대통령령으로 정하는 거래에서 발생한 매출액"은 증여의제이익을 회피할 목적이나, 독점규제 및 공정거래에 관한 법률 제9조 제1항 각 호 외의 부분에 따른 특수관계인에 대한 부당한 이익제공 등의 금지를 회피할 목적으로 독점규제 및 공정거래에 관한 법률 제31조에 따른 공시대상기업집단 간에 계약, 협정, 결의 등에 따라 제3자를 통한 간접적인 방법이나 둘 이상의 거래를 거치는 방법에 의해 발생한 수혜법인의 매출액을 말한다(상증령 제34조의 3 제16항).

나. 법인이 중소기업 및 중견기업에 해당하지 아니하는 경우 : 다음의 어느 하나에 해당하는 경우

① 위 "가"에 따른 사유에 해당하는 경우

② 특수관계법인거래비율이 정상거래비율의 3분의 2를 초과하는 경우로서 특수관계법인에 대한 매출액이 법인의 규모 등을 고려하여 대통령령으로 정하는 금액[144]을 초과하는 경우

### 2) 증여의제이익

다음의 구분에 따른 계산식에 따라 계산한 금액을 수혜법인의 지배주주와 그 친족이 얻은 증여의제이익으로 본다.

### 가. 수혜법인이 중소기업에 해당하는 경우

★

수혜법인의 세후영업이익 × 정상거래비율을 초과하는 특수관계법인거래비율
× 한계보유비율을 초과하는 주식보유비율

---

144) "대통령령으로 정하는 금액"이란 1천억 원을 말한다. 다만, 법 제45조의 3 제1항 각 호 외의 부분 후단에 해당하는 경우에는 다음 계산식에 따라 계산한 금액을 말한다(상증령 제34조의 3 제17항).

$$1천억 \ 원 \times \frac{해당 \ 사업연도의 \ 사업부문별 \ 매출액}{해당 \ 사업연도의 \ 전체 \ 매출액}$$

## 나. 수혜법인이 중견기업에 해당하는 경우

★

수혜법인의 세후영업이익 × 정상거래비율의 100분의 50을 초과하는 특수관계법인거래비율
× 한계보유비율의 100분의 50을 초과하는 주식보유비율

## 다. 수혜법인이 중소기업 및 중견기업에 해당하지 아니하는 경우

★

수혜법인의 세후영업이익 × 100분의 5를 초과하는 특수관계법인거래비율 × 주식보유비율

상증법 제2조 제6호에서 "증여"란 그 행위 또는 거래의 명칭·형식·목적 등과 관계없이 직접 또는 간접적인 방법으로 타인에게 무상으로 유형·무형의 재산 또는 이익을 이전(현저히 낮은 대가를 받고 이전하는 경우를 포함한다)하거나 타인의 재산가치를 증가시키는 것을 말한다. 다만, 유증, 사인증여, 유언대용신탁 및 수익자연속신탁은 제외한다. 상증법 제4조 제2항은 "상증법 제45조의 2부터 제45조의 5까지의 규정에 해당하는 경우에는 그 재산 또는 이익을 증여받은 것으로 보아 그 재산 또는 이익에 대하여 증여세를 부과한다."고 규정하고 있다. 이는 일감 몰아주기에 따른 이익의 증여세 과세 역시 증여세 완전포괄주의 제도하에서 수긍된다고 할 것이다. 상증법 제45조의 3 관련 조항은 과세요건을 법률에 명확히 규정하여야 한다는 조세법률주의하에서 증여세 완전포괄주의 입법의 불완전성을 보완한 것이라 하겠다.

### (2) 납세의무자

#### 1) 지배주주 등

##### 가. 지배주주

일감몰아주기의 과세대상자는 특수관계법인과의 거래를 통하여 수혜를 받은 법인의 지배주주와 그 친족으로서 수혜법인에 대한 직접 및 간접지분이 한계보유비율 이상인 대주주이다. 수혜법인의 최대주주 중 최다 출자자가 법인인 경우에는 수혜법인에 대한 직접·간접출자비율을 모두 합한 비율이 가장 높은 개인이 지배주주가 된다. 수혜법인 및 해당 법인의 주주등이면서 최대주주 등에 해당하지 않으면 제외한다. 또한 수혜법인이 외국법인인 경우 증여세 과세대상에서 제외한다. 납세의무자에게 과도한 납세협력비용(예 : 외국법인

소재지 국제회계기준이 내국법인의 국제회계기준과 다른 점 때문에 발생할 수 있는 영업이익 산정 어려움 등)이 발생하고 과세관청에서 세원관리가 어려운 점을 감안한 조치이다.

상증법 제45조의 3에서 "지배주주"는 「법인세법」 제2조 제1호에 따른 내국법인[「외국인투자 촉진법」 제2조 제1항 제6호에 따른 외국인투자기업으로서 같은 항 제1호에 따른 외국인이 해당 외국인투자기업의 의결권 있는 발행주식총수 또는 출자총액의 100분의 50 이상을 소유하는 법인은 제외한다. 이 경우 거주자 및 내국법인이 의결권 있는 발행주식총수 또는 출자총액의 100분의 30 이상을 소유(「조세특례제한법 시행령」 제116조의 2 제12항에 따라 계산한 간접으로 소유하는 부분을 포함한다)하는 외국법인은 외국인으로 보지 않는다]의 주식등을 직접 또는 간접으로 보유하고 있는 자로서 다음의 어느 하나에 해당하는 자를 말한다(상증령 제34조의 3 제1항 전단).

ⓐ 해당 법인의 최대주주등 중에서 그 법인에 대한 직접보유비율[보유하고 있는 법인의 주식등을 그 법인의 발행주식총수등(자기주식과 자기출자지분은 제외한다)으로 나눈 비율을 말한다]이 가장 높은 자가 개인인 경우에는 그 개인

ⓑ 해당 법인의 최대주주등 중에서 그 법인에 대한 직접보유비율이 가장 높은 자가 법인인 경우에는 그 법인에 대한 직접보유비율과 간접보유비율을 모두 합하여 계산한 비율이 가장 높은 개인. 다만, 다음에 해당하는 자는 제외한다.

（ⅰ） 해당 법인의 주주등이면서 그 법인의 최대주주등에 해당하지 아니한 자

（ⅱ） 해당 법인의 최대주주등 중에서 그 법인에 대한 직접보유비율이 가장 높은 자에 해당하는 법인의 주주등이면서 최대주주등에 해당하지 아니한 자

만약, 지배주주에 해당하는 자가 두 명 이상일 때에는 해당 법인의 임원에 대한 임면권의 행사와 사업 방침의 결정 등을 통하여 그 경영에 관하여 사실상의 영향력이 더 큰 자로서 기획재정부령으로 정하는 자를 지배주주로 한다. 다만, 해당 법인의 최대주주등 중에서 본인과 그의 특수관계인(사용인은 제외하며, "본인의 친족등"이라 한다)의 주식등 보유비율의 합계가 사용인의 주식등 보유비율보다 많은 경우에는 본인과 본인의 친족등 중에서 지배주주를 판정한다(상증령 제34조의 3 제1항 후단)

임원의 임면권의 행사나 사업방침의 결정 등은 통상 이사회를 통하여 이루어지고 있어 이사회 의사록이나 일지 등을 통하여 영향력이 더 큰 자를 판단할 수 있다. 하지만 그 영향력의 크기를 객관적으로 평가하기는 쉽지 않을 수 있다. 또한 이사회 의사록의 형식과 그 실질이 다를 수도 있어 유의할 필요가 있다.

위에서 "기획재정부령이 정하는 자"란 다음의 순서에 따른 자를 말한다(상증칙 제10조의 7).

ⓐ 본인과 그 친족의 수혜법인에 대한 주식보유비율(상증령 제34조의 3 제1항 제1호에 따라 계산된 직접보유비율과 같은 조 제8항에 따라 계산된 간접보유비율을 합하여 계산한 비율을 말한다)을 합하여 계산한 비율이 더 큰 경우의 그 본인

ⓑ 본인의 상증령 제34조의 3 제5항에 따른 특수관계법인에 대한 수혜법인의 매출액이 더 큰 경우의 그 본인

ⓒ 사업연도 종료일을 기준으로 가장 최근에 수혜법인의 대표이사였던 자

## 나. 지배주주의 친족

지배주주의 친족이란 지배주주의 친족으로서 수혜법인(법 제45조의 3 제1항에 따른 수혜법인을 말한다)의 사업연도 말에 수혜법인에 대한 직접보유비율과 간접보유비율(간접출자법인을 통하여 수혜법인에 간접적으로 출자하는 경우의 간접보유비율을 말한다)을 합하여 계산한 비율이 한계보유비율을 초과하는 자를 말한다(상증령 제34조의 3 제8항).

## 다. 직·간접출자법인

증여의제이익의 계산 시 지배주주와 지배주주의 친족("지배주주등")이 수혜법인에 직접적으로 출자하는 동시에 법령으로 정하는 법인을 통하여 수혜법인에 간접적으로 출자하는 경우에는 각각 계산한 금액을 합산하여 계산한다(상증법 제45조의 3 제2항).

위에서 법령으로 정하는 법인을 통하여 수혜법인에 간접적으로 출자하는 경우에 있어 당해 법인이란 다음 어느 하나에 해당하는 간접출자법인을 말한다(상증령 제34조의 3 제18항).

① 지배주주등이 발행주식총수등의 100분의 30 이상을 출자하고 있는 법인

② 지배주주등 및 "①"에 해당하는 법인이 발행주식총수 등의 100분의 50 이상을 출자하고 있는 법인

③ "①" 및 "②"의 법인과 수혜법인 사이에 주식등의 보유를 통하여 하나 이상의 법인이 개재되어 있는 경우에는 해당 법인

수혜법인에 대한 간접보유비율은 개인과 해당 법인 사이에 주식보유를 통하여 한 개 이상의 법인("간접출자법인")이 개재되어 있는 경우("간접출자관계")에 각 단계의 직접보유비율을 모두 곱하여 산출한 비율을 말한다. 이 경우 개인과 해당 법인 사이에 둘 이상의 간접출자관계가 있는 경우에는 개인의 해당 법인에 대한 간접보유비율은 각각의 간접출자관계에서 산출한 비율을 모두 합하여 산출한다(상증령 제34조의 3 제2항).

직접출자 및 간접출자 사례를 살펴보자.[145]

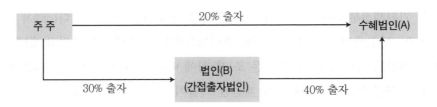

위에서 주주는 직접출자를 통하여 수혜법인(A)의 지분 20%를, 법인(B)을 통하여 간접적으로 수혜법인(A)의 지분을 12%(= 30% × 40%) 보유하고 있어 이를 합산하면 32%를 보유한 것으로 계산된다.

### 2) 지배주주와 특수관계에 있는 법인

특수관계에 있는 법인("특수관계법인")이란 지배주주와 상증령 제2조의 2 제1항 제3호부터 제8호까지의 관계에 있는 자를 말한다(상증령 제34조의 3 제5항). 특수관계법인이 둘 이상인 경우에도 하나의 법인으로부터 이익을 얻은 것으로 본다(상증령 제34조의 3 제19항).

### 3) 한계보유비율

일감 몰아주기에 대한 증여의제이익을 과세하기 위해서는 주식보유비율이 아래와 같이 한계보유비율을 초과하여야 한다. 한계보유비율이란 100분의 3(수혜법인이 중소기업 또는 중견기업에 해당하는 경우에는 100분의 10)을 말한다(상증령 제34조의 3 제9항).

| 한계보유비율의 적용 구분 |

| 구 분 | 한계보유비율 | |
| --- | --- | --- |
| | 2013년 이전 신고분 | 2014년 이후 신고분 |
| 일반기업 | 3% | 3% |
| 중소·중견기업 | | 10% |

한계보유비율이 3% 이하인 경우 수혜법인에 실질적인 영향력을 행사하기가 힘든 점을 고려한 것으로 보인다. 참고로 3% 기준은 상증법 제45조의 3 신설 당시(2011. 12. 31.) 소득세법상 상장법인의 대주주 범위(3% 이상 출자)를 고려한 것이며, 수혜법인에 직접 출자한 경우만 고려할 경우 제3의 법인을 이용한 조세회피의 우려가 있으므로 간접출자비율을 포함하여 계산하도록 하고 있다.[146]

---

145) 기획재정부의 「2012년 개정세법해설」 사례를 참조하였다.
146) 정지선·허선, "일감 몰아주기에 따른 이익에 대한 증여세 과세의 타당성 여부", 「조세법연구」, 한국세법학

### 4) 정상거래비율

일감몰아주기에 대한 증여의제이익을 과세하기 위해서는 특수관계법인 간의 거래비율이 정상거래비율을 초과하여야 한다. 이 경우 정상거래비율은 100분의 30(중소기업에 해당하는 경우에는 100분의 50, 중견기업에 해당하는 경우에는 100분의 40)을 말한다(상증령 제34조의 3 제7항). 중견기업의 정상거래비율은 100분의 50이었으나 2017. 2. 7. 시행령 개정으로 100분의 40으로 낮춰졌다. 개정규정은 2017. 2. 7.이 속하는 연도(2017년)에 개시하는 사업연도부터 적용한다. 예를 들어 사업연도가 2017. 1. 1.부터 2017. 12. 31.인 12월 말 법인의 경우에는 2017년 귀속 사업연도에 대한 신고 시(2018. 6. 30.)에 적용되는 것이다.

| 정상거래비율의 적용 구분 |

| 구 분 | 한계보유비율 | | |
|---|---|---|---|
| | 2013년 이전 신고분 | 2014년 이후 신고분 | 2017년에 개시하는 사업연도 신고분 이후 |
| 일반기업 | 30% | 30% | 30% |
| 중소기업 | | 50% | 50% |
| 중견기업 | | | 40% |

정상거래비율을 30%로 한 것은 상증법상 저가·고가양도에 따른 이익의 증여에 대한 과세 시, 시가와 대가의 차액이 ±30% 미만인 경우 정상거래로 보는 규정(상증법 제35조, 상증령 제26조) 등을 두고 있음을 참고한 것으로 보인다.

## (3) 증여의제이익의 계산

### 1) 증여이익의 산정

#### 가. 산식

앞서 언급한 증여의제이익의 계산식에 현행 규정을 적용하면 그 산식은 다음과 같다.

회, 2012. 12., 4~5면 참조

★
**증여의제이익의 계산**
〔수혜법인이 일반법인인 경우〕
☞ 세후영업이익×〔특수관계법인 거래비율의 5% 초과 거래비율〕×〔주식보유비율〕

〔수혜법인이 중소기업인 경우〕
☞ 세후영업이익×〔특수관계법인 거래비율-정상거래비율〕×〔주식보유비율-한계보율비율〕

〔수혜법인이 중견기업인 경우〕
☞ 세후영업이익×〔특수관계법인 거래비율-정상거래비율의 50%〕×〔주식보유비율〕

지배주주등이 수혜법인에 직접적으로 출자하는 동시에 간접출자법인을 통하여 수혜법인에 간접적으로 출자하는 경우에는 위에 따라 각각 계산한 금액을 합하여 계산한다. 증여의제이익은 각 수증자별로 계산한다.

### 나. 수혜법인의 세후영업이익

수혜법인의 세후영업이익은 아래 "①"의 금액(세무조정 후 영업손익)에서 "②"의 금액(법인세 상당액)을 뺀 금액에 "③"의 과세매출비율을 곱하여 계산한 금액으로 한다(상증령 제34조의 3 제12항).

① 수혜법인의 영업손익(법인세법 제43조의 기업회계기준에 따라 계산한 매출액에서 매출원가 및 판매비와 관리비를 차감한 영업손익을 말한다)에 법인세법 제23조(감가상각비 손금불산입), 제33조(퇴직급여충당금 손금산입), 제34조(대손충당금의 손금산입), 제40조(손익의 귀속사업연도), 제41조(자산의 취득가액) 및 같은 법 시행령 제44조의 2(퇴직보험료의 손금불산입), 제74조(재고자산의 평가)에 따른 세무조정사항을 반영한 가액
② 아래 "ⓐ"의 세액에 "ⓑ"의 비율을 곱하여 계산한 금액
　　ⓐ 법인세법 제55조에 따른 수혜법인의 산출세액(같은 법 제55조의 2에 따른 토지등 양도소득에 대한 법인세액은 제외한다)에서 법인세액의 공제·감면액을 뺀 세액
　　ⓑ 위 "ⓐ"에 따른 가액이 수혜법인의 법인세법 제14조에 따른 각 사업연도의 소득금액에서 차지하는 비율(1을 초과하는 경우에는 1로 한다)
③ 과세매출비율
　　1-(과세제외매출액 ÷ 과세제외매출액이 포함된 사업연도의 매출액)

### 다. 영업이익 계산 시 제외하는 매출액

매출액에서 중소기업인 수혜법인과 중소기업인 특수관계법인과의 거래에서 발생하는 매출액 등은 제외한다(상증법 제45조의 3 제4항). 이 경우 중소기업은 조특법 제5조 제1항의 중소기업을 말한다(상증령 제34조의 3 제6항). 중견기업은 조특령 제9조 제3항(연구 및 인력개발비 세액공제 적용 시 중견기업)에 따른 기업을 말한다(상증령 제34조의 3 제6항).

중소기업인 수혜법인과 중소기업인 특수관계법인 간의 거래에서 발생하는 매출액 등 이란 다음 어느 하나에 해당하는 금액("과세제외매출액")을 말한다. 이 경우 다음의 어느 하나가 동시에 해당하는 경우에는 더 큰 금액으로 한다(상증령 제34조의 3 제10항).

① 중소기업인 수혜법인이 중소기업인 특수관계법인과 거래한 매출액

② 수혜법인이 본인의 주식보유비율이 100분의 50 이상인 특수관계법인과 거래한 매출액

③ 수혜법인이 본인의 주식보유비율이 100분의 50 미만인 특수관계법인과 거래한 매출액에 그 특수관계법인에 대한 수혜법인의 주식보유비율을 곱한 금액

④ 수혜법인이 「독점규제 및 공정거래에 관한 법률」 제2조 제7호에 따른 지주회사인 경우로서 수혜법인의 같은 법 제2조 제8호에 따른 자회사 및 같은 법 제2조 제9호에 따른 손자회사(같은 법 제18조 제5항에 따른 증손회사를 포함)와 거래한 매출액

⑤ 수혜법인이 제품·상품의 수출(「부가가치세법」 제21조 제2항에 따른 수출을 말한다)을 목적으로 특수관계법인과 거래한 매출액

⑥ 수혜법인이 용역을 국외에서 공급(「부가가치세법」 제22조에 따라 영세율이 적용되는 용역의 공급을 말한다)할 목적으로 특수관계법인과 거래한 매출액

⑦ 수혜법인이 「부가가치세법」 제24조 제1항에 따라 영세율이 적용되는 용역의 공급으로서 같은 법 시행령 제33조 제2항 제1호 다목 또는 바목에 따른 용역의 공급(해당 용역을 공급받은 비거주자 또는 외국법인이 공급받은 용역과 동일한 용역을 다시 거주자 또는 내국법인에 공급하는 경우는 제외한다)을 목적으로 특수관계법인과 거래한 매출액

⑧ 수혜법인이 다른 법률에 따라 의무적으로 특수관계법인과 거래한 매출액

⑨ 한국표준산업분류에 따른 스포츠 클럽 운영업 중 프로스포츠구단 운영을 주된 사업으로 하는 수혜법인이 특수관계법인과 거래한 광고 매출액

⑩ 수혜법인이 국가, 지방자치단체, 「공공기관의 운영에 관한 법률」에 따른 공공기관 또는 「지방공기업법」에 따른 지방공기업(이하 이 호에서 "국가등"이라 한다)이 운영하는 사업에 참여함에 따라 국가등이나 「국가재정법」 별표 2에서 규정하는 법률에 따라 설립된 기금(이하 이 호에서 "공공기금"이라 한다) 또는 공공기금이 발행주식총수

또는 출자총액의 100분의 100을 출자하고 있는 법인이 발행주식총수 또는 출자총액의 100분의 50 이상을 출자하고 있는 법인에 출자한 경우 해당 법인과 거래한 매출액 (2020. 2. 11. 신설)

### 라. 과세제외 매출액

증여의제이익을 계산할 때 위에서 언급한 어느 하나에 해당하지 아니하는 경우로서 지배주주등의 출자관계별로 다음 어느 하나에 해당하는 금액을 과세제외매출액에 포함하여 계산한다. 이 경우 동시에 해당하는 경우에는 더 큰 금액으로 한다(상증령 제34조의 3 제14항).

① 수혜법인이 제18항에 따른 간접출자법인인 특수관계법인과 거래한 매출액

② 지주회사의 자회사 또는 손자회사에 해당하는 수혜법인이 그 지주회사의 다른 자회사 또는 손자회사에 해당하는 특수관계법인과 거래한 매출액에 그 지주회사의 특수관계법인에 대한 주식보유비율을 곱한 금액. 다만, 지배주주등이 수혜법인 및 특수관계법인과 지주회사를 통하여 각각 간접출자관계에 있는 경우로 한정한다.

③ 수혜법인이 특수관계법인과 거래한 매출액에 지배주주등의 그 특수관계법인에 대한 주식보유비율을 곱한 금액

④ 제18항에 따른 간접출자법인의 자법인(특정 법인이 어느 법인의 최대주주등에 해당하는 경우 그 법인을 특정 법인의 자법인이라 한다)에 해당하는 수혜법인이 그 간접출자법인의 다른 자법인에 해당하는 특수관계법인과 거래한 경우로서 다음 각 목을 모두 충족하는 경우에는 해당 거래에 따른 매출액에 그 간접출자법인의 특수관계법인에 대한 주식보유비율을 곱한 금액

　(ⅰ) 지배주주등 및 지배주주의 특수관계인(그 간접출자법인은 제외한다)이 수혜법인 및 특수관계법인의 주식등을 보유하지 아니할 것

　(ⅱ) 특수관계법인이 수혜법인의 주식등을 직접 또는 간접으로 보유하지 아니하고 수혜법인이 특수관계법인의 주식등을 직접 또는 간접으로 보유하지 아니할 것

　(ⅲ) 수혜법인 및 특수관계법인이 지배주주등과 수혜법인 및 특수관계법인 사이에 주식보유를 통하여 개재되어 있는 법인의 주식을 직접 또는 간접으로 보유하지 않을 것

### 마. 특수관계법인 거래비율

특수관계법인 거래비율이란 법인의 사업연도 매출액 중에서 지배주주와 특수관계에 있는 법인에 대한 매출액이 차지하는 비율을 말한다.

특수관계법인 거래비율을 계산할 때 특수관계법인이 둘 이상인 경우에는 각각의 매출

액을 모두 합하여 계산하며, 경제적 실질에 따른 과세조항(상증법 제4조의 2)을 적용한다. 이 경우 과세제외매출액은 수혜법인의 사업연도 매출액과 특수관계법인에 대한 매출액에서 각각 제외하여 계산한다(상증령 제34조의 3 제11항). 이를 산식으로 표현하면 다음과 같다.

$$특수관계법인\ 거래비율 = (A-B)/(X-B)$$

A : 특수관계법인 매출액
B : 과세제외매출액
X : 수혜법인 전체 매출액

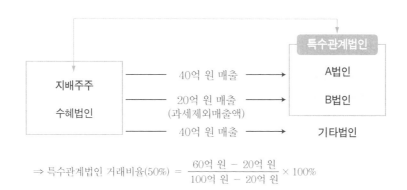

$$⇒ 특수관계법인\ 거래비율(50\%) = \frac{60억\ 원 - 20억\ 원}{100억\ 원 - 20억\ 원} × 100\%$$

## 2) 증여의제이익의 가감

증여의제이익은 사업연도 말 현재 지배주주등의 수혜법인에 대한 출자관계(간접보유비율이 1천분의 1 미만인 경우의 해당 출자관계는 제외)별로 각각 구분하여 계산한 금액을 모두 합하여 계산한다. 이 경우 상증법 제45조의 3 제1항의 계산식 중 "한계보유비율을 초과하는 주식보유비율"을 계산할 때 수혜법인에 대한 간접보유비율이 있는 경우에는 해당 간접보유비율에서 한계보유비율을 먼저 빼고, 간접출자관계가 두 개 이상인 경우에는 각각의 간접보유비율 중 적은 것에서부터 뺀다(상증령 제34조의 3 제13항).

위 규정을 적용할 때 지배주주등이 수혜법인의 직전 사업연도에 대한 법 제68조 제1항 단서에 따른 증여세 과세표준 신고기한의 다음 날부터 해당 사업연도에 대한 같은 항 단서에 따른 증여세 과세표준 신고기한까지 수혜법인 또는 간접출자법인으로부터 배당받은 소득이 있는 경우에는 다음 구분에 따른 금액을 해당 출자관계의 증여의제이익에서 공제한다. 이중과세를 조정하기 위하여 사업연도 말일부터 증여세 신고 전까지 수혜법인 또는 간접출자법인으로부터 받은 배당소득 중 증여의제이익 상당액을 해당 출자관계의 증여의제

이익에서 공제하는 것이다. 다만, 공제 후의 금액이 음수(陰數)인 경우에는 영으로 본다(상증령 제34조의 3 제15항).

① 수혜법인으로부터 받은 배당소득 : 다음 계산식에 따라 계산한 금액. 이 경우 "배당가능이익"이란 법인세법 시행령 제86조의 3 제1항에 따른 배당가능이익을 말한다.

$$\text{배당소득} \times \cfrac{\text{상증령 제34조의 3 제13항에 따라 계산한 직접 출자관계의 증여의제이익}}{\text{수혜법인의 사업연도 말일 배당가능이익} \times \text{지배주주 등의 수혜법인에 대한 직접 보유비율}}$$

② 간접출자법인으로부터 받은 배당소득 : 다음 계산식에 따라 계산한 금액

$$\text{배당소득} \times \cfrac{\text{상증령 제34조의 3 제13항에 따라 계산한 간접 출자관계의 증여의제이익}}{\left[\begin{array}{c}\text{간접출자법인의}\\\text{사업연도 말일}\\\text{배당가능이익}\end{array} + \left(\begin{array}{c}\text{수혜법인의}\\\text{사업연도 말일}\\\text{배당가능이익}\end{array} \times \begin{array}{c}\text{간접출자법인의}\\\text{수혜법인에 대한}\\\text{주식보유비율}\end{array}\right)\right] \times \begin{array}{c}\text{지배주주 등의}\\\text{간접출자법인에 대한}\\\text{직접 보유비율}\end{array}}$$

**사 례   수혜법인의 지배주주의 증여의제이익 계산**

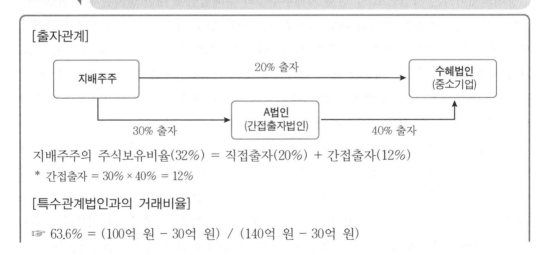

[출자관계]

지배주주 → 20% 출자 → 수혜법인(중소기업)

지배주주 → 30% 출자 → A법인(간접출자법인) → 40% 출자 → 수혜법인

지배주주의 주식보유비율(32%) = 직접출자(20%) + 간접출자(12%)

* 간접출자 = 30% × 40% = 12%

[특수관계법인과의 거래비율]

☞ 63.6% = (100억 원 − 30억 원) / (140억 원 − 30억 원)

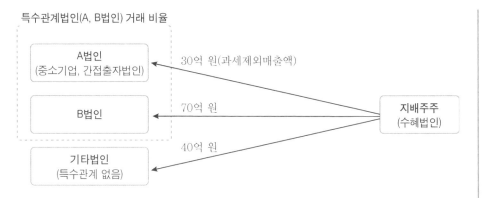

[세후영업이익] : 60억 원

[증여의제이익] : 1.79억 원(1.63억 원 + 0.16억 원)

① 직접출자 : 60억 원×(63.6% − 50%[1])×20%(직접출자) = 1.63억 원

② 간접출자 : 60억 원×(63.6% − 50%)×2%(간접출자 12% − 10%[2]) = 0.16억 원

   1) 2014년 신고 시 중소·중견기업의 정상거래비율은 50%, 2013년 신고분은 30%

   2) 2014년 신고 시 중소·중견기업의 한계보유비율은 10%, 2013년 신고분은 3%

   ※ 간접출자비율에서 한계보유비율 10%를 먼저 차감하므로, 직접출자비율에서는 차감할 수 없음
     (상증령 제34조의 3 제11항).

## 3 증여의제 시기

### (1) 증여의제 시기

특수관계법인간 의 거래를 통한 이익으로 발생한 증여의제이익의 계산은 수혜법인의 사업연도 단위로 하고, 수혜법인의 해당 사업연도 종료일을 증여시기로 본다(상증법 제45조의 3 제3항). 법인의 과세소득은 과세기간이 끝나는 때에 성립(국기법 제21조)하는 점을 고려하여 수혜법인의 사업연도 말일을 증여시기로 의제한 것이다.

법인의 경우 통상 연단위로 사업연도를 정하고 있으므로 사업연도가 1월 1일 시작한다면 12월 말일에 증여가 이루어진 것으로 의제될 것이다.

### (2) 증여세 신고·납부기한

일반적으로 증여세 납세의무가 있는 자는 증여받은 날이 속하는 달의 말일부터 3개월 이내에 증여세의 과세가액 및 과세표준을 납세지 관할 세무서장에게 신고하여야 한다. 그러나 특수관계법인 간의 거래로 인한 증여이익에 대한 증여세 과세표준 신고기한은 수혜법인

의 법인세법 제60조 제1항에 따른 과세표준의 신고기한이 속하는 달의 말일부터 3개월이 되는 날로 한다(상증법 제68조 제1항). 수혜법인의 사업연도 종료일을 기준으로 6월이 신고·납부기한이 되는 것이다.

법인세의 경우 과세표준과 세액을 정부에 신고하는 때에 납세의무가 확정된다(국기법 제22조 제1항 및 동법 시행령 제10조의 2 제1호). 납세의무는 사업연도 종료일로 성립하지만 그 확정은 납세의무자가 신고를 하는 때에 되는 것이다. 납세의무가 있는 내국법인은 각 사업연도의 종료일이 속하는 달의 말일부터 3개월 이내에 그 사업연도의 소득에 대한 법인세의 과세표준과 세액을 납세지 관할 세무서장에게 신고하여야 한다(법인법 제60조 제1항).

결국 특수관계법인과의 거래로 발생한 증여이익이 법인세 신고로 인하여 확정이 된 후 증여세를 신고·납부하도록 한 것이다.

## 4 이중과세 조정 등

### (1) 이중과세의 조정

일감몰아주기에 따른 수혜법인의 주주에 대한 증여세는 실현되지 않은 증여이익에 대한 과세로 향후 주주가 당해 법인으로부터 배당을 수취하거나 주식을 양도하는 경우 배당소득세 혹은 양도소득세를 납부하게 될 경우 이중과세문제가 발생할 수 있다. 이론적으로는 수혜법인으로부터 배당소득을 수취하는 경우 영업이익이 배당의 재원이 된다는 차원에서 이미 과세된 증여이익에 대한 증여세를 공제하는 것이 보다 합리적일 것으로 사료된다.

일감몰아주기에 따른 증여이익에 대하여 증여세를 과세한 후 당해 주식을 양도하는 경우, 이중과세를 조정한다는 취지로 증여세로 과세된 부분은 과세 제외하도록 소득세법에서 규정하고 있다. 상증법 제3조의 2 제2항, 제33조부터 제39조까지, 제39조의 2, 제39조의 3, 제40조, 제41조의 2부터 제41조의 5까지, 제42조 및 제42조의 2, 제42조의 3, 제45조의 3부터 제45조의 5까지의 규정에 따라 상속세나 증여세를 과세받은 경우에는 해당 상속재산가액이나 증여재산가액(같은 법 제45조의 3부터 제45조의 5까지의 규정에 따라 증여세를 과세받은 경우에는 증여의제이익을 말한다) 또는 그 증·감액을 취득가액에 더하거나 뺀다(소득령 제163조 제10항). 다시 말하면, 일감몰아주기로 증여세가 과세된 부분은 해당 주식의 취득원가에 가산하여 주식의 양도차익을 계산하는 것이다. 양도차익 계산 시에 취득가액은 다음과 같이 계산된다.

★

$$양도차익 = 양도가액 - [취득가액 + 증여의제이익 × 양도주식수/보유주식수]$$

## (2) 합산배제 증여재산

일감몰아주기로 인하여 발생한 증여이익은 증여세 과세가액을 계산할 때 합산하는 증여이익으로 보지 아니한다(상증법 제47조 제1항).

## (3) 증여재산공제의 배제

일감몰아주기로 인한 증여이익은 여타의 증여재산가액과 합산하여 과세하지 않으므로 증여재산공제(상증법 제53조)도 적용하지 아니한다.

## 5 일감몰아주기 과세제도 도입 시 제기된 논란

아래 내용은 일감몰아주기에 대한 증여세 과세제도 도입 당시 논란이 되었던 사항들이다. 제도 도입 이후 현시점에서는 논란이 되었던 부분들이 해소되었거나 상당 부분 완화된 부분이 있으나 본 제도의 이해를 위해 살펴보고자 한다.

## (1) 미실현이익에 대한 과세

일감몰아주기에 대한 증여세 과세는 무엇보다도 실현되지 않은 이익에 과세한다는 문제점을 가지고 있다. 예컨대 보유하고 있는 토지의 가격이 상승하였더라도 실제 토지를 양도할 때까지는 과세를 하지 않는다. 수혜법인의 영업이익(세후영업이익) 자체를 특수관계자에게 무상이전된 '부'로 보기에는 어려움이 있다. 이 문제는 미실현이득에 대한 과세문제로 연결되어, 일감몰아주기로 인해 영업이익이 증가하였다고 해서 이것이 바로 주주의 이득으로 귀속되는 것은 아님에도 과세하는 것에 대한 비판으로 이어지게 된다. 일감몰아주기를 통해 발생한 영업이익은 배당되거나 상승된 기업의 가치가 주가에 반영된 후 주식을 양도하는 경우에 비로소 주주의 이득으로 실현될 것이기 때문이다.

참고로 헌법재판소는 1989년 계속되는 지가의 앙등과 토지투기의 악순환, 그에 따른 빈부의 차이의 심화와 국민 간의 이질감 형성을 시정하고자 제정한 토지초과이득세법의 규정들이 토지소유자들의 재산권을 침해하고 조세법률주의에 위배되어 토지초과이득세법 전부가 헌법에 합치되지 아니한다는 결정을 내린바 있다.[147)148)] 토지초과이득세는 1998. 12. 28.

자 법률 제5586호로 폐지되었다.

물론 미실현이득이라 하더라도 과세목적·과세소득의 특성·과세기술상의 문제 등을 고려하여 입법정책상 필요하다고 판단되면 과세할 수 있다. 앞서 언급한 위헌소원에서 헌법재판소는 다음과 같이 설시한바 있다.

"과세대상인 자본이득의 범위를 실현된 소득에 국한할 것인가 혹은 미실현이득을 포함시킬 것인가의 여부는 과세목적·과세소득의 특성·과세기술상의 문제 등을 고려하여 판단할 입법정책의 문제일 뿐, 헌법상의 조세개념에 저촉되거나 그와 양립할 수 없는 모순이 있는 것으로는 볼 수 없다."

### (2) 이중과세

일감몰아주기에 대한 증여세 부과는 하나의 소득에 대하여 여러 차례 과세되는 문제점이 있다. 영업이익의 경우 통상 법인세가 부과되고 이후 주주에게 배당되는 시점에서 배당소득세가 과세되어 이중과세 문제점이 있으나 배당세액공제 제도를 통하여 부분적으로나마 이중과세문제를 조정하고 있다. 앞서 이중과세의 조정에서 언급한 바와 같이, 양도소득세 계산 시에 취득가액에서 당해 일감몰아주기과세로 부과된 증여이익을 포함시켜 이중과세를 조정하는 것과 괘를 같이하여 배당세액공제 적용 시에도 증여이익과세분도 포함할 필요가 있다.[149]

당해 일감몰아주기과세는 취지상 배당소득, 주식양도차익 외에 특수관계 있는 주주가 부당하게 얻은 이득에 대한 추가적인 과세라는 점에서 일종의 징벌적 과세이지 이중과세가 아니라고 볼 수도 있다. 하지만 일감몰아주기와 같은 일종의 불공정거래에 현행「독점규제 및 공정거래에 관한 법률」제23~24조의 2에서는 불공정거래행위를 금지하고 있으며, 이를 위반하는 경우 시정조치를 명하거나 과징금을 부과하도록 하고 있다. 불공정거래행위에는

---

147) 개인이 소유하는 유휴토지(노는 땅)나 법인의 비업무용토지에서 발생하는 초과이득의 일부를 조세로 환수하기 위해 과세하는 개발부담금, 택지소유상한제도와 함께 토지공개념의 근간을 이루는 제도이다. 토지초과이득세는 땅을 보유만 하여 쉽게 얻은 이득에 대해 중과세함으로써 조세부담의 형평과 배분정의를 실현하고, 불필요한 토지수요 증가와 토지소유 편중에 따른 부작용을 억제하며, 땅값 안정과 토지의 효율적 이용을 촉진하기 위해 도입되었다.

148) 헌재 92헌바49, 1994. 7. 29. 등, 토지초과이득세법 제8조, 제10조 등 위헌소원

149) 현행 상증령 제34조의 3(개정 전 제34조의 2) 제13항에서 이중과세 방지를 위한 규정을 두어 논란을 해소하고 있다.
 즉, 다음의 "ⓐ"에서 "ⓑ"의 금액을 공제하여 증여의제이익을 계산한다.
 증여의제이익 = ⓐ − ⓑ
 ⓐ 세후영업이익 × [특수관계법인 거래비율 − 15%(50%*)] × [주식보유비율 − 3%(10%*)]
 ⓑ 수혜법인 등의 배당가능이익, 배당금 등을 감안하여 계산한 금액**
  * 수혜법인이 중소·중견기업인 경우 적용
  ** 배당소득 × 증여의제이익 / (사업연도 말일 배당가능이익 × 주식보유비율)

특수관계인 또는 다른 회사에 대하여 현저히 유리한 조건으로 거래하여 이들을 지원하는 행위가 포함되어 있으며, 이에 대한 과징금(관련매출액 5% 범위 내)은 다른 불공정거래행위(2%)보다 무겁게 부과하도록 하고 있으므로 이미 징벌적 제재를 받고 있다는 점을 들 수 있다. 하지만 동 규정은 지원거래로 인한 수혜법인에 부과하는 과징금이 아니라 부당지원행위를 한 회사에 부과하는 과징금이라는 점에서, 일감몰아주기에 대한 제재방안으로서 한계점을 가지고 있다.[150]

## (3) 증여이익 산정방식의 임의성

일감몰아주기에 따른 이익에 대한 증여세 과세에서 가장 큰 문제점은 과세표준을 객관적으로 산출하기가 어렵다는 점이다. 과세요건 중 과세표준이란 세액산출의 기초가 되는 과세물건의 수량 또는 가액을 의미한다. 일감몰아주기를 통한 부의 무상이전이 인정되어 증여세가 과세되는 경우, 그 '부'의 크기를 어떻게 산정하느냐에 따라 과세표준인 증여의제이익의 크기가 달라지게 된다.

증여의제이익은 수혜법인의 세후영업이익, 정상거래비율을 초과하는 특수관계법인 거래비율, 한계보유비율을 초과하는 주식보유비율 등을 통하여 산정된다. 앞서 언급한 바와 같이 정상거래비율을 30%(40%, 50%)로 한 것은 상증법상 저가 · 고가양도에 따른 이익의 증여에 대한 과세 시, 시가와 대가의 차액이 ±30% 미만인 경우 정상거래로 보는 규정(상증법 제35조, 상증령 제26조) 등을 참고한 것이다.

그런데 시가와의 차액이 30%(40%, 50%)를 넘는 경우, 일반적인 관점에서 비정상적 경제행위로 인정되는 것과 달리, 어떤 기업의 계열사 간 내부거래 비율이 30%(40%, 50%)를 초과한다고 해서 무조건 이를 부당한 지원성 거래에 의한 것으로만 보기에는 어려운 측면이 있다. 물류분야의 경우 비용절감의 측면, SI(시스템통합)의 경우 내부보안이나 효율성 강화의 측면 등과 같은 불가피한 사유로 내부거래의 비율이 높을 수도 있음에도 불구하고, 이를 일률적인 기준으로 구분하는 것은 경제활동에 있어서의 선택권에 대한 과도한 침해가 될 수 있다는 문제점을 가지고 있다.

한계보유비율을 3%(10%)로 규정한 것은 보유지분이 3%(10%) 미만인 경우 수혜법인에 실질적인 영향력을 행사하기가 힘든 점을 고려한 입법으로 보인다 함은 전술하였다. 하지만 3%(10%) 보유지분이 영향력 행사범위 이내인지 여부는 개별기업에 처한 상황에 따라 다를 수 있어 객관적이지 못하다는 문제점이 제기될 수 있다.

---

150) 정지선 · 허선, 앞의 논문, 12면

## (4) 납세순응비용의 증가 문제

증여세는 납세의무자가 증여발생일이 속하는 다음 달부터 3개월 이내에 신고·납부하여야 한다. 세법에 대한 이해가 부족한 개인주주가 일감몰아주기 수혜법인에 근무를 하지 않는 경우라면 일감몰아주기에 따른 증여이익이 발생하였는지 여부를 확인하기가 쉽지 않을 수 있다. 이러한 상황에서 일감몰아주기에 따른 증여의제이익을 스스로 계산하여 신고·납부를 기대하기는 어려울 것이다.[151] 이는 납세순응비용과 징세비용의 증가로 이어질 수 있다.

## 제 7 절    특수관계법인으로부터 제공받은 사업기회로 발생한 이익의 증여의제

### 사례연구

부당행위계산부인 규정을 적용함에 있어 활용한 시가에 합리성이 결여되었다고 보기 어려운바, 특수관계법인으로부터 제공받은 사업기회로 발생한 증여이익에 증여세를 과세함은 정당하다.

#### 현황

(1) 주식회사 A("청구법인")와 주식회사 B는 특수관계법인이다.
(2) 청구법인은 2014~2018사업연도 기간 중 (주)B로부터 인쇄용역("쟁점용역")을 제공받고 인쇄용역대가 합계 ○○○원을 어음으로 지급하였다.
(3) (주)B는 청구법인과 물류관리위탁계약을 체결하고 물류사업을 영위하고 있다.
(4) "조사청"은 청구법인이 (주)B에게 인쇄용역대가를 시가보다 과다하게 지급함으로써 조세부담을 부당하게 감소시켰고, 청구인들이 상증법 제45조의 5(특정법인과의 거래를 통한 이익의 증여의제) 규정에 따른 증여이익을 얻은 것으로 보았다.
(5) 또한, (주)B가 영위하고 있는 물류용역사업이 특수관계법인인 (주)A으로부터 제공받은 사업기회로 인한 것으로, 청구인들이 상증법 제45조의 4(특수관계법인으로부터 제공받은 사업기회로 발생한 이익의 증여의제) 규정에 따른 증여이익을 얻은 것으로 보았다.

---

151) 한편, 제도 도입 이후 현재까지 국세청은 12월 말 결산법인의 법인세 신고내역을 분석하여 일감몰아주기 증여세 신고대상자로 추정되는 지배주주 등에게 신고안내문을 발송하는 등으로 납세자의 납세순응 비용을 낮춰주고 있다. 이와 더불어 수혜법인에게도 해당 지배주주 등이 증여세를 신고하는데 도움을 줄 수 있도록 별도의 안내문을 발송하고 있다(국세청 보도자료, "일감몰아주기 증여세 6월 30일까지 신고·납부하세요", 2014. 6. 10.).

**쟁점**

특정법인과의 거래를 통한 이익의 증여의제를 적용한 처분 및 쟁점물류사업이 사업기회의 제공에 해당한다고 보아 증여세를 과세한 처분의 당부

**판단**

(1) 불특정 다수에게 적용되어 온 가격은 시가에 해당하는 것으로 볼 수 있고, 이를 시가로 볼 수 없는 특별한 사정이 있다는 점에 대하여 청구법인이 이를 입증하지 못하는바 특정법인과의 거래를 통한 이익의 증여의제를 적용할 수 있다.

(2) 사업기회 제공방법을 "임대차 계약, 입점 계약, 대리점 계약 및 프랜차이즈 계약 등 명칭 여하를 불문한 약정"이라고 규정하고 있는 점에 비추어 증여세를 부과한 처분은 정당하다(조심 2020서1544, 2021. 10. 25.).

## **1** 입법취지 및 과세요건

### (1) 입법취지

본 규정은 특수관계법인의 사업과 관련된 기회를 특수관계인에게 대가없이 혹은 시가보다 낮은 대가로 제공함으로써 부를 이전하는 사례를 방지하기 위하여 신설되었다. 이러한 사례로는 불특정다수를 상대로 영화상영업을 주업으로 하는 법인이 영위하던 매장사업을 해당법인의 특수관계인(혹은 특수관계법인)에게 양도하는 경우를 들 수 있다. 이 경우 사업기회를 제공한 법인은 그 기회를 제공받은 법인으로부터 적정 수수료를 수수하여야 한다. 만약 적정수수료를 수수하지 않게 되면 법률상으로는 사업기회 제공에 따른 임원의 책임문제 등, 세무상으로는 특수관계인 간 부당행위계산부인 규정이 적용되는 문제가 발생할 수 있다.

회사의 이사는 이사회의 승인 없이 현재 또는 장래에 회사의 이익이 될 수 있는 다음의 어느 하나에 해당하는 회사의 사업기회를 자기 또는 제3자의 이익을 위하여 이용하여서는 아니 된다. 이 경우 이사회의 승인은 이사 3분의 2 이상의 수로써 하여야 한다(상법 제397조의 2(회사의 기회 및 자산의 유용 금지)).

가. 직무를 수행하는 과정에서 알게 되거나 회사의 정보를 이용한 사업기회

나. 회사가 수행하고 있거나 수행할 사업과 밀접한 관계가 있는 사업기회

위 규정을 위반하여 회사에 손해를 발생시킨 이사 및 승인한 이사는 연대하여 손해를 배상할 책임이 있으며, 이로 인하여 이사 또는 제3자가 얻은 이익은 손해로 추정한다.

상증법상으로는 위와 같은 특수관계법인 간의 사업기회 제공을 통한 부의 무상이전을 방

지하기 위하여 특수관계법인으로부터 제공받은 사업기회로 발생한 이익을 증여로 의제하여 과세하는 규정을 신설하였다(상증법 제45조의 4. 특수관계법인으로부터 제공받은 사업기회로 발생한 이익의 증여의제). 신설규정은 2016. 1. 1. 이후 개시하는 사업연도에 사업기회를 제공받는 경우부터 적용한다.

참고로, 2011. 12. 31. 신설된 상증법 제45조의 3(특수관계법인과의 거래를 통한 이익의 증여의제) 규정은 수혜법인의 매출액 중에서 지배주주와 특수관계법인에 대한 매출액이 차지하는 비율이 정상거래비율을 초과하는 경우에는 증여세 과세대상이 되는 것으로, 특수관계법인으로부터 사업기회를 제공받고 제3자에게 매출이 발생하는 경우에는 과세되지 않는다.

## (2) 과세요건

지배주주와 그 친족("지배주주 등")이 직접 또는 간접으로 보유하는 주식보유비율이 30% 이상인 법인("수혜법인")이 지배주주와 특수관계에 있는 법인(조특법 제5조 제1항에 따른 중소기업은 제외함)으로부터 사업기회를 제공받는 경우에는 그 사업기회를 제공받은 날("사업기회제공일")이 속하는 사업연도("개시사업연도")의 종료일에 그 수혜법인의 지배주주 등이 수혜법인의 이익을 기준으로 계산한 일정 금액("증여의제이익")을 증여받은 것으로 본다(상증법 제45조의 4 제1항).

### 1) 지배주주와 그 친족

"제6절 특수관계법인과의 거래를 통한 이익의 증여의제"에서 설명한 바와 같다.

### 2) 수혜법인

수혜법인은 지배주주와 그 친족이 직접 또는 간접으로 보유한 주식보유비율이 30% 이상인 법인을 말한다. 주식보유비율에 대한 명확한 정의가 상증법 제45조의 4 규정에 정의되어 있지 아니하나, 지배주주 및 수혜법인의 개념은 상증법 제45조의 3 규정에 따르도록 되어 있으므로, 주식보유비율도 상증법 제45조의 3 규정에 따라 판단하는 것으로 보아야 할 것이다.

### 3) 특수관계법인

특수관계법인이란 지배주주와 상증령 제2조의 2 제1항 제3호부터 제8호까지의 규정에 따른 관계에 있는 자를 말하며, 조특법 제5조 제1항에 따른 중소기업 및 수혜법인의 주식보유비율이 100분의 50 이상인 법인은 제외한다(상증령 제34조의 4 제1항, 제6항, 제7항). 특히, 2017. 2. 7. 상증령 개정 시 수혜법인의 주식보유비율이 50% 이상인 사실상 자기 회사에 일감을 주는 부분에 대해 증여세를 과세하는 것을 제외하여 자기증여에 해당하는 사업기회 제공에 대해서는 증여세 과세대상에서 제외하였다.

### 4) 사업기회

앞서 언급한 바와 같이, 개정상법에서는 사업기회유용에 대한 제한규정을 두고 있지만 사업기회유용에 대한 명확한 기준을 두고 있지는 않다. 사업기회 유용 여부는 특수관계인에게 제공한 사업기회가 해당회사의 사업기회와 일치하는지, 회사사업에 포함되는지, 회사사업에 필수적인지, 회사의 이익이나 기대가능성이 존재하는지 혹은 재정능력은 독립되어 있는지 여부 등을 종합적으로 고려하여 판단하여야 할 것으로 사료된다.[152]

상증법상 사업기회를 제공받는 경우란 특수관계법인이 직접 수행하거나 다른 사업자가 수행하고 있던 사업기회를 임대차계약, 입점계약, 대리점계약 및 프랜차이즈계약 등 명칭 여하를 불문한 약정으로 제공받는 경우를 말한다(상증령 제34조의 4 제2항, 상증칙 제10조의 8).

## (3) 증여재산가액

### 1) 증여재산가액의 계산 방식

지배주주등 주식 보유비율이 30% 이상인 수혜법인의 지배주주등이 사업기회를 제공받음에 따라 아래의 증여의제이익을 개시사업연도의 종료일에 증여받은 것으로 보아, 법인세법 제60조 제1항에 따른 과세표준 신고기한이 속하는 달의 말일부터 3개월이 되는 날까지 증여세를 신고·납부하여야 한다.

상증법 제45조의 4 규정은 지배주주등의 증여의제이익을 그 사업기회를 제공받은 연도를 포함한 3년 동안 발생한 수혜법인의 세후영업이익에 지배주주등의 지분율을 곱해 계산한다. 이러한 증여의제이익 계산방법을 살펴보면, 수혜법인의 세무상 영업이익을 기초로 증여이익을 계산하는 방법은 일감몰아주기 증여세(상증법 제45조의 3 특수관계법인과의 거래를 통한 이익의 증여의제)와 유사하고, 수혜법인의 3년간의 손익을 적용하여 증여의제이익으로 계산하는 방법은 상증법상 비상장주식평가에서 과거 3개년 손익을 활용하여 순손익가치를 산출하는 방법과 유사하며 증여의제이익을 증여일 이후 일정시점을 정산시점으로 간주하여 증여의제이익을 재계산하여 증여세를 추가 납부하거나 환급받는 정산방식은 상증법 제41조의 3(주식등의 상장 등에 따른 이익의 증여) 규정과 유사하다.

---

152) 이정훈·홍지윤, 「알기쉬운 개정상법」, 2012. 3. 21., 151면

## 2) 개시사업연도 증여의제이익

아래 산식과 같이 사업기회로 인한 지배주주등의 증여의제이익은 사업기회를 제공받은 수혜법인의 이익을 기준으로 산출하며, 개시사업연도 종료일을 증여일로 보아 추정된 증여의제이익을 일시 신고·납부하되, 일정 기간 후인 사업기회제공일 이후 2년이 경과한 날이 속하는 사업연도("정산사업연도")까지 수혜법인이 제공받은 사업기회로 인하여 발생한 실제이익을 반영하여 정산하도록 하고 있다.

★

〔{(제공받은 사업기회로 인하여 발생한 개시사업연도의 수혜법인의 이익 × 지배주주등의 주식보유비율) − 개시사업연도분 법인세 납부세액 중 상당액} ÷ 개시사업연도의 월 수 × 12〕 × 3

위 계산공식에서 수혜법인의 이익, 법인세 납부세액 중 상당액, 지배주주등의 주식보유비율은 다음과 같다.

① 수혜법인의 이익 = 기업회계기준에 따른 영업이익±법인세법에 따른 세무조정 사항

수혜법인의 이익이란 사업기회를 제공받은 해당 사업부문의 영업이익(법인세법 제43조의 기업회계기준에 따라 계산한 매출액에서 매출원가 및 판매비와 관리비를 차감한 영업이익)에 법인세법에 따른 세무조정 사항을 반영한 금액을 의미한다.

법인세법에 따른 세무조정사항은 감가상각비 손금불산입, 퇴직급여충당금 손금산입, 대손충당금 손금산입, 손익의 귀속사업연도, 자산의 취득가액, 퇴직보험료 등의 손금불산입, 재고자산의 평가규정에 따른 세무조정 사항이다(상증령 제34조의 4 제3항).

다만, 2017. 2. 7. 상증령 제34조의 3 제1항 단서조항이 신설되어, 2017. 2. 7. 이후 증여세 과세표준을 신고하는 분부터는 사업부문별로 회계를 구분하여 기록하지 아니하는 등의 사유로 해당 사업부문의 영업이익을 계산할 수 없는 경우에는 상증칙 제10조의 8 규정에서 정한 방법에 따라 계산하여야 한다.

② 법인세 납부세액 중 상당액 = ㉠ × ㉡

　　㉠ : 수혜법인의 법인세 산출세액 − 공제·감면세액

　　㉡ : 수혜법인의 이익 ÷ 수혜법인의 법인세 각 사업연도 소득

③ 지배주주등의 주식보유비율

지배주주의 주식보유비율은 개시사업연도 종료일을 기준으로 적용한다(상증법 제45조의 4 제4항).

## 3) 소득세 이중과세의 조정

지배주주등이 수혜법인의 사업연도 말일부터 증여세 과세표준 신고기한(상증법 제68조 제1항)까지 수혜법인으로부터 배당받은 소득이 있는 경우에는 다음의 계산식에 따라 계산한 금액을 증여의제이익에서 공제(공제 후의 금액이 음수인 경우에는 영으로 본다)한다(상증령 제34조의 4 제5항).

★

$$
배당소득 \times 법 \ 제45조의 \ 4 \ 제1항에 \ 따라 \ 계산한 \ 증여의제이익 \\
\div (수혜법인의 \ 사업연도 \ 말일의 \ 「법인령」 \ 제86조의 \ 2 \ 제1항에 \ 따른 \ 배당가능이익 \\
\times 지배주주등의 \ 수혜법인에 \ 대한 \ 주식보유비율)
$$

## 4) 증여의제이익의 정산

수혜법인의 개시사업연도부터 정산사업연도(사업기회제공일 이후 2년이 경과한 날이 속하는 사업연도)까지 수혜법인이 제공받은 사업기회로 발생한 실제 이익을 반영하여 계산한 정산증여의제이익과 당초 증여의제이익과의 차액을 납부(환급)한다(상증법 제45조의 4 제3항).

★

$$
정산증여의제이익 = (사업기회 \ 제공받은 \ 개시사업연도부터 \ 정산사업연도까지 \ 발생한 \ 수혜법인의 \\
이익 \ 합계액) \times 지배주주등의 \ 주식보유비율) - 개시사업연도분부터 \ 정산사 \\
업연도분까지 \ 법인세 \ 납부세액 \ 중 \ 상당액
$$

위 계산공식에서 정산증여의제이익을 산출함에 있어 지배주주등의 주식보유비율은 개시사업연도 종료일을 기준으로 적용한다.

한편, 지배주주등이 수혜법인의 개시사업연도 말일부터 상증법 제45조의 4 제5항에 따른 과세표준 신고기한일까지 수혜법인으로부터 배당받은 소득이 있는 경우에는 다음의 계산식에 따라 계산한 금액을 상증법 제45조의 4 제3항의 정산증여의제이익에서 공제[공제 후의 금액이 음수(陰數)인 경우에는 영으로 본다]한다(상증령 제34조의 4 제6항). 특수관계법인으로부터 제공받은 사업기회 이익의 증여의제이익 과세 시뿐만 아니라 정산 시에도 배당소득에 대한 이중과세를 조정하도록 관련 법령이 개정되었다.

★

(상증법 제45조의 4 제1항에 따른 개시사업연도 말일부터 같은 조 제5항에 따른 과세표준 신고기한 종료일까지 수혜법인으로부터 배당받은 소득의 합계) × (상증법 제45조의 4 제3항에 따라 계산한 증여의제이익) ÷ 〔(수혜법인의 상증법 제45조의 4 제1항에 따른 개시사업연도 말일부터 같은 조 제3항에 따른 정산사업연도 말일까지의 기간에 각 사업연도 말일을 기준으로 각 사업연도 단위로 계산한 「법인령」 제86조의 2 제1항에 따른 배당가능이익의 합계) × (지배주주등의 수혜법인에 대한 주식보유비율)〕

## 2 이중과세의 조정 등

### 1) 이중과세의 조정

앞의 "제6절 특수관계법인과의 거래를 통한 이익의 증여의제"에서 언급한 내용과 동일하다.

### 2) 합산배제 증여재산

본 조에 따른 이익의 증여의제는 증여세 과세가액을 계산할 때 합산하는 증여이익으로 보지 아니한다(상증법 제47조 제1항).

### 3) 증여재산공제의 배제

본 규정에 따른 증여의제에 대한 증여이익은 여타의 증여재산가액과 합산하여 과세하지 않으므로 증여재산공제(상증법 제53조)도 적용하지 아니한다.

## 제**8**절  특정법인과의 거래를 통한 이익의 증여의제

### **1** 입법취지 및 과세요건

**사례연구**

원고들의 아버지가 원고들이 50% 이상 주식을 보유한 흑자법인인 이 사건 회사에 부동산을 증여한 것이 구 상증세법 제41조에 해당하는 이상, 구 상증세법 제2조 제2항에 의하여 증여세의 과세대상에서 제외된다고 볼 수 없다.

**현황**

(1) 부동산업 및 임대업 등을 하는 회사의 주주이자 원고들의 아버지인 J는 2014. 9. 24. 및 2014. 9. 25. 이 사건 회사에 부동산 3건을 증여하였다.

(2) 이 사건 회사는 2014사업연도 법인세 신고 시 자산수증이익을 반영하여 법인세를 신고·납부하였다.

(3) 과세관청은 J가 이 사건 증여로 주주들인 원고들이 이익을 얻었다는 이유로 증여세를 각각 부과하였다.

**쟁점**

이 사건 증여가 증여세 과세대상인지 여부

**판단**

(1) 이 사건 증여로 인하여 주주들인 원고들은 이 사건 회사 주식의 가치가 증가하는 이익을 얻었다(이 사건 회사의 자산이 증가할 뿐 아니라, 이 사건 회사가 부동산업 및 임대업을 하는 회사임을 감안하면 향후 영업이익 역시 증가할 것으로 예측된다).

(2) 구 상증법 제2조 제2항은 수증자에게 법인세가 부과되는 경우 증여세를 부과하지 않는다고 규정하고 있다. 그러나 구 상증법 제2조 제2항이 구 상증세법 제41조의 상위 법규라 보아 구 상증세법 제41조에 해당함에도 증여세 과세대상이 아니라 보긴 어렵다.

(3) 원고들은 J의 자녀들이므로 이 사건 증여가 없었더라도 이 사건 부동산을 향후 상속받을 지위에 있다. 그런데 이 사건 증여를 과세대상으로 삼지 않는다면 향후 상속세도 부과할 수 없게 된다(대법원 2018두47356, 2018. 10. 11. : 서울고등법원 2017누84152, 2018. 5. 16. : 서울행정법원 2017구합51938, 2017. 11. 10. : 조심 2016서2494, 2016. 10. 21.).

## (1) 개요

특정법인의 주주와 그의 특수관계인이 당해 법인에 재산을 증여 혹은 현저히 저가·고가 거래를 하거나 용역을 무상제공하는 등의 방법으로 최대주주등에게 부여한 이익은 증여받은 것으로 본다.

본 규정의 취지는 특정법인에 경제적 합리성이 결여된 과도한 무상지원 혹은 시가보다 낮은 가액으로 제공된 재화 혹은 용역거래 시 그 수혜를 받은 법인의 주주에게 증여세를 과세하여 부의 무상이전을 차단하겠다는데 있다.

결손금이 누적되어 회사의 가치가 낮아진 법인 혹은 휴면법인 등의 주식을 시가보다 현저히 낮은 가격으로 자녀 등 특수관계인에게 이전한 후 당해 법인에 재산을 증여 혹은 현저히 낮은 가격으로 매매하거나 채무를 대신 변제하는 등의 방법으로 지원하여 우량기업으로 성장시키게 되면 법인세 및 증여세의 부담 없이 부를 이전하게 되는데, 이러한 증여행위를 방지하기 위하여 1996. 12. 30.에 "상증법 제45조의 5"에 신설하였다.

한편, 휴업 혹은 폐업 중인 법인뿐만 아니라 흑자시현 중인 법인을 이용하여 증여세 등을 부담하지 않으면서 자산을 이전하는 행위가 발생하여 이를 방지하고자 증여세 과세대상 범위에 결손금이 있거나 휴업·폐업 중인 법인뿐만 아니라 지배주주와 그 친족이 지배하는 영리법인까지 포함하는 것으로 2015. 12. 15. 관련규정을 개정하였다.

2019. 12. 31. 상증법 개정 시에는, 특정법인과의 거래를 통한 증여이익에 대한 증여세 과세의 지분율 요건 및 과세대상 주주범위 등을 법인의 결손 여부 등과 관계없이 일원화함으로써 동일 유형의 증여에 대하여 과세방식을 동일하게 정비하고, 직접 증여한 경우보다 증여세액이 커지지 아니하도록 한도를 신설하여 2020. 1. 1 이후 증여받는 분부터 적용하고 있다.

## (2) 과세요건

### 1) 특정거래의 유형과 증여이익

〔2019년 말까지 증여받는 경우의 적용규정〕

증여일이 속하는 사업연도의 직전 사업연도까지 결손금이 있는 법인, 증여일 현재 휴업 또는 폐업 상태인 법인 및 증여일 현재 특정주주의 주식보유비율이 100분의 50 이상인 법인("특정법인")의 대통령령으로 정하는 주주등("특정법인의 주주등")과 특수관계에 있는 자가 그 특정법인과 재산이나 용역을 무상으로 제공하는 거래 등을 한 경우에는 거래를 한 날을 증여일로 하여 그 특정법인의 이익에 특정법인의 주주등의 주식보유비율을 곱하여 계산한 금액을 그 특정법인의 주주등이 증여받은 것으로 본다(상증법 제45조의 5 제1항 및 제2항).

2009. 12. 31. 이전 상증법 제41조 제1항에서는 특정법인과의 재산의 무상제공 등 거래를 통하여 최대주주등이 이익을 얻은 경우에 당해 이익에 대하여 별도의 정의 규정을 두지 아니한 채 그 이익의 계산만을 시행령에 위임했다. 당시 상증령 제31조 제6항은 특정법인이 얻은 이익은 바로 주주등이 얻은 이익이 된다고 보아 증여재산가액을 계산하도록 규정하였다. 한편, 2009년 이전 상증법 제41조 제1항에 의하면, 특정법인에 대한 재산의 무상제공 등이 있더라도 주주등은 실제로 이익을 얻은바 없다면 증여세 부과대상에서 제외될 수 있으나 당시 상증령 제31조 제6항은 특정법인에 재산의 무상제공 등이 있다면 그 자체로 주주등이 이익을 얻은 것으로 간주하여 증여세 납세의무를 부담하게 되므로 결국 당시 상증령 제31조 제6항은 모법 제41조 제1항의 규정취지에 반할 뿐만 아니라 그 위임범위를 벗어난 것으로 무효라고 봄이 타당하다.

헌법 제38조는 '모든 국민은 법률이 정하는 바에 의하여 납세의무를 진다'고 규정하고, 제59조는 '조세의 종목과 세율은 법률로 정한다'고 규정함으로써 조세법률주의를 채택하고 있는바, 이러한 조세법률주의 원칙은 과세요건 등은 국민의 대표기관인 국회가 제정한 법률로써 규정하여야 하고, 그 법률의 집행에 있어서도 이를 엄격하게 해석·적용하여야 하며, 행정편의적인 확장해석이나 유추적용은 허용되지 않음을 의미하므로, 법률의 위임이 없이 명령 또는 규칙 등의 행정입법으로 과세요건 등에 관한 사항을 규정하거나 법률에 규정된 내용을 함부로 유추·확장하는 내용의 해석규정을 마련하는 것은 조세법률주의 원칙에 위반된다(대법원 2006두19693, 2009. 3. 19. : 대법원 2006두8648, 2007. 5. 17. 전원합의체 판결).

이에 2010. 1. 1. 법률개정을 통하여 "그 특정법인의 주주 또는 출자자가 이익을 얻은 경우"를 "그 특정법인의 주주 또는 출자자가 대통령령으로 정하는 이익을 얻은 경우"로 개정하여 상증령 제31조 제6항이 모법인 상증법 제41조 제1항의 위임을 받아 규정하였다. 하지만, 2010년 개정 법률 역시 증여이익이 무엇인지를 법률에 명확히 규정하지 않고 시행령에 위임함으로써 조세법률주의의 근간인 과세요건명확주의를 위배한바 위헌 가능성이 있음을 주장할 여지가 남아 있다.

왜냐하면, 상증법 제41조[153]를 구체화한 상증령 제31조 제6항은 특정법인이 거래로 얻은 이익액을 그대로 주주의 이익액이 된다고 규정하고 있으나, 특정법인의 거래로 그 주주가 실질적인 이익을 얻었는지 여부를 가리지 않고 법인이 일정한 거래로 얻은 이익을 주주도

---

153) 2015. 12. 15. 상증법 개정 시 상증법 제41조를 삭제하고 상증법 제45조의 5 조항을 신설하여 현재 특정법인과의 거래를 통한 이익의 증여의제는 상증법 제45조의 5에서 규정하고 있음.

그 지분비율로 얻었다고 보고 증여세를 과세함은 부당하다고 볼 수 있기 때문이다.

그럼에도 불구하고 조세심판원은 "최대주주등에 대한 증여세 과세대상을 개정 전 법의 "최대주주등이 이익을 얻은 경우"에서 "최대주주등이 대통령령이 정하는 이익을 얻은 경우"로 개정하여 특정법인의 거래로 특정법인의 주주등이 얻은 이익의 개념과 범위를 대통령령에 위임하는 근거를 마련함으로써 당해 시행령의 위법성을 제거한 것으로 볼 수 있다"고 결정한바 있다(조심 2013서1360, 2014. 5. 8.).

앞서 언급한 최근 대법원 판결(대법원 2015두45700, 2017. 4. 20.)은 증여이익을 얻은바 없음에도 증여이익을 얻은 것처럼 의제하여 과세하는 것에 대하여 반대입장을 밝힌 것이다. 단지, 과세의 필요성이 있다는 사정만으로 증여의 본질이나 개념을 고려하지 않은 채 증여세를 과세하는 것에 제동을 걸었다고 볼 수 있다.

상증법 제45조의 5는 2015. 12. 15. 개정되면서 신설된 조항으로 구 상증령 제31조에서 규정하고 있던 증여이익의 계산에 관한 내용을 상위법인 상증법에 규정함으로써 모법의 일탈 여부에 대한 논란의 여지를 없앴다.

과세당국의 입장에서는 증여의제 규정은 주주등이 얻은 이익이 없는 경우라도 반증 여부에 관계없이 증여세를 과세할 수 있다고 주장할 수도 있다. 하지만 증여의제의 경우에도 입법목적의 정당성이 인정되어야 한다. 또한 입법목적의 정당성이 인정되는 경우에도 수단의 적합성, 피해의 최소성 및 법익의 균형성이 인정되어야 한다. 따라서 상증법 제45조의 5의 경우 여전히 위헌성 여부에 대한 판단을 내려야 할 것으로 보인다. 다만, 그 판단은 위헌법률심사에 의하여야 하므로 대법원이 아닌 헌법재판소가 다루어야 할 것이다.[154]

〔2020. 1. 1. 이후 증여받는 경우의 적용규정〕

지배주주와 그 친족("지배주주등")이 직접 또는 간접으로 보유하는 주식보유비율이 100분의 30 이상인 법인("특정법인")이 지배주주의 특수관계인과 다음 열거된 거래를 하는 경우에는 거래한 날을 증여일로 하여 그 특정법인의 이익에 특정법인의 지배주주등이 직접 또는 간접으로 보유하는 주식보유비율을 곱하여 계산한 금액을 그 특정법인의 지배주주등이 증여받은 것으로 본다(상증법 제45조의 5 제1항, 2023. 12. 31. 개정).

① 재산 또는 용역을 무상으로 제공받는 것
② 재산 또는 용역을 통상적인 거래 관행에 비추어 볼 때 현저히 낮은 대가로 양도·제공받는 것

---

154) 조윤희 변호사의 "결손법인에 대한 증여 시 주주가 얻은 증여이익 계산에 관한 시행령 규정은 무효(2017. 5.)"라는 조세법 연구주제발표자료(조세일보)에서 일부 발췌하였다.

③ 재산 또는 용역을 통상적인 거래 관행에 비추어 볼 때 현저히 높은 대가로 양도·제공
  하는 것

④ 그 밖에 제1호부터 제3호까지의 거래와 유사한 거래로서 대통령령으로 정하는 것

이렇게 개정한 이유는, 개정 전에는 결손·흑자법인으로 구분하여 지분율 요건(결손법
인은 없고 흑자법인은 50% 이상)과 과세대상 주주(결손법인은 최대주주등, 흑자법인은 지
배주주등) 등이 달라 흑자법인의 지분율 요건(50% 이상) 등으로 동일 기업이 흑자법인에
서 결손법인으로 전환된 시기, 증여시기 등에 따라 과세 여부가 달라지는 문제가 있었기
때문이다.

이에 따라, 2020. 1. 1. 이후 증여받는 분부터는 종전과 같이 결손·흑자법인을 구분할 필
요가 없으며, 지분율 요건도 지배주주등의 지분율 30% 이상(일감떼어주기의 지분율 요건
과 동일)으로, 과세대상 주주도 지배주주등으로 일원화하게 되었다.

또한 위 제1항에 따른 증여세액이 지배주주등이 직접 증여받은 경우의 증여세 상당액에
서 특정법인이 부담한 법인세 상당액을 차감한 금액을 초과하는 경우 그 초과액은 없는 것
으로 본다(제2항[155])고 규정하여 직접 증여한 경우보다 증여세액이 커지지 아니하도록 증여
세 한도를 신설하였다.

## 2) 대상거래

특정법인과의 거래 중 다음의 하나에 해당하는 경우를 대상거래로 한다.

### 가. 재산 또는 용역을 무상제공하는 거래

재산이나 용역을 무상으로 제공받는 법인은 당해 재산과 용역을 무상으로 제공받음으로
써 얻은 이익(수증이익)을 각 사업연도 소득금액 계산상 익금으로 보아 법인세를 납부하여
야 한다. 그런데 해당 법인이 결손금이 누적된 상태이기 때문에 당해 수증이익과 결손금이
상계되어 법인세 납부액이 없게 되거나 줄어들게 된다. 그러므로 특수관계인이 보유하고
있던 재산을 특정법인에 법인세 부담없이 무상으로 제공함은 물론 당해 법인과 특수관계에
있는 자가 간접적인 수혜를 얻는 결과를 초래하는 것이다.

---

155) 법 제45조의 5 제2항을 적용할 때 증여세 상당액은 같은 조 제1항의 증여일에 제4항 제1호의 금액에 해당
  지배주주등의 주식보유비율을 곱한 금액을 해당 지배주주등이 각각 직접 증여받은 것으로 볼 때의 증여세
  로 하고, 법인세 상당액은 제4항 제2호의 금액에 해당 지배주주등의 주식보유비율을 곱한 금액으로 한다.
  (2025. 2. 28. 개정)

**나. 재산 또는 용역을 통상적인 거래관행에 비추어 볼 때 현저히 낮은 대가로 양도 혹은 제공하는 거래**

1997. 1. 1.부터 1997. 11. 9.까지는 부동산만 해당이 되었다가 1997. 11. 10.부터 1999. 12. 31. 기간 중에는 부동산 및 유가증권이, 2000. 1. 1. 이후에는 모든 재산 및 용역거래로 범위가 확대되었다.

**다. 재산 또는 용역을 통상적인 거래관행에 비추어 볼 때 현저히 높은 대가로 양도 혹은 제공하는 거래**

1997. 11. 10.부터 1999. 12. 31.까지는 부동산 및 유가증권만 해당이 되었으나 2000. 1. 1. 이후에는 모든 재산 및 용역으로 확대되었다.

**라. 해당 법인의 채무를 면제·인수 또는 변제하는 것**

해산(합병 또는 분할에 의한 해산을 제외한다) 중인 법인의 주주 또는 출자자 및 그와 특수관계에 있는 자가 해당 법인의 채무를 면제·인수 또는 변제한 경우를 말한다. 다만, 주주등에게 분배할 잔여재산이 없는 경우에는 비록 채무를 면제·인수 또는 변제한 경우라 하더라도 실질적으로 주주들에게 배분될 재산이 없으므로 이익의 증여가 생길 여지가 없을 것이기 때문에 제외한다.

**마. 시가보다 낮은 가액으로 해당 법인에 현물출자하는 것**

### 3) 현저히 낮은 대가 또는 높은 대가의 범위

"현저히 낮은 대가" 및 "현저히 높은 대가"라 함은 양도·제공·출자하는 재산 및 용역의 시가와 대가(시가보다 낮은 가액으로 당해 법인에 현물출자하는 경우에는 출자한 재산에 대하여 교부받은 주식의 액면가액의 합계액을 말한다)와의 차액이 시가의 100분의 30 이상 차이가 있거나 그 차액이 3억 원 이상인 경우의 당해 가액을 말한다. 이 경우 금전을 대부하거나 대부받는 경우에는 금전 무상대출 등에 따른 이익의 증여(상증법 제41조의 4)의 규정을 준용하여 계산한 이익으로 한다(상증령 제34조의 5 제7항).

한편, 재산 또는 용역의 시가가 불분명한 경우에는 법인세법 시행령 제89조의 규정에 의한 시가에 의한다(상증령 제34조의 5 제8항).

### 4) 지배주주의 범위

상증법 제45조의 5에서 "지배주주"란 「법인세법」 제2조 제1호에 따른 내국법인 또는 같은 조 제3호에 따른 외국법인의 주식등을 직접 또는 간접으로 보유하고 있는 자로서 이 영

제34조의 3 제1항 각 호의 어느 하나에 해당하는 자(이하 "지배주주"라 한다)로 하되, 이에 해당하는 자가 두 명 이상인 경우 지배주주의 판정에 관하여는 같은 항 각 호 외의 부분 본문을 준용하고, 본인과 본인의 친족등의 주식등 보유비율의 합계가 사용인의 주식등 보유비율보다 많은 경우 지배주주의 판정에 관하여는 같은 항 각 호 외의 부분 단서를 준용한다(2025. 2. 28. 신설).

### 5) 특정법인의 이익

상증법 제45조의 5 제1항에서 "특정법인의 이익"이란 "①"의 금액에서 "②"의 금액을 뺀 금액을 말한다(상증령 제34조의 5 제4항).

① 다음의 구분에 따른 금액
　( i ) 재산을 증여하거나 해당 법인의 채무를 면제·인수 또는 변제하는 경우 : 증여재산가액 또는 그 면제·인수 또는 변제로 인하여 해당 법인이 얻는 이익에 상당하는 금액
　( ii ) 위 "( i )" 외의 경우 : 제7항에 따른 시가와 대가와의 차액에 상당하는 금액
② 아래 "( i )"의 금액에 "( ii )"의 비율을 곱하여 계산한 금액
　( i ) 특정법인의 법인세법 제55조 제1항에 따른 산출세액(같은 법 제55조의 2에 따른 토지등 양도소득에 대한 법인세액은 제외한다)에서 법인세액의 공제·감면액을 뺀 금액
　( ii ) 위 "①"에 따른 이익이 특정법인의 법인세법 제14조에 따른 각 사업연도의 소득금액에서 차지하는 비율(1을 초과하는 경우에는 1로 한다)

## (3) 증여재산가액

### 1) 증여재산가액의 계산

특정법인의 지배주주와 그 친족("지배주주등")이 증여받은 것으로 보는 증여재산가액은 위 "5)" 특정법인에 특정법인의 지배주주등의 주식보유비율을 곱하여 계산한 금액으로 하며, 그 금액이 1억 원 이상인 경우로 한정한다(상증령 제34조의 5 제5항, 2020. 2. 11. 개정).

## 2) 증여 유형별 증여이익

### 가. 재산무상증여, 채무면제·인수·변제의 경우

★

증여이익=당해 법인이 얻은 증여재산가액 × 당해 주주의 주식/총발행주식수

### 나. 저가양도의 경우

시가에서 대가를 차감한 금액이 시가의 30% 이상이거나 그 금액이 3억 원 이상인 경우에 한하여 적용하며, 증여이익은 다음과 같이 계산한다.

★

증여이익=(시가 − 대가) × 당해 주주의 주식/총발행주식수

### 다. 고가양수의 경우

대가에서 시가를 차감한 금액이 시가의 30% 이상이거나 그 금액이 3억 원 이상인 경우에 한하여 적용하며, 증여이익은 다음과 같이 계산한다.

★

증여이익=(대가 − 시가) × 당해 주주의 주식/총발행주식수

### 라. 저가 현물출자의 경우

저가 현물출자로 인한 이익의 증여재산가액은 시가에서 교부받은 주식의 액면가액의 합계액을 차감한 가액이 시가의 30% 이상이거나 그 금액이 3억 원 이상인 경우에 한하여 적용하며, 증여이익은 다음과 같이 계산한다.

★

증여이익=(시가 − 교부받은 주식의 액면가액 합계) × 당해 주주의 주식/총발행주식수

다음의 사례를 통하여 증여이익을 계산해 보자.

A씨는 "갑사"의 대주주로 경영에 실질적으로 참여하고 있다. A씨는 갑사 주식의 40%, 2명의 자녀가 각각 15%씩 합하여 30%, 배우자가 5% 그리고 제3자가 나머지 25%를 보유하고 있다. 갑사는 금융위기 이후 거듭된 부진으로 인하여 10억 원의 결손금이 누적된 상태이다.

위와 같은 상황에서 A씨는 갑사의 재정위기를 타파하기 위한 목적으로 자신이 보유 중인 시가 10억 원 상당의 부동산을 갑사에 증여하였다. 갑사는 10억 원의 수증이익을 결손금과 상계할 예정이다.[156]

이 경우 A씨의 자녀, 배우자 그리고 제3자의 증여이익은 다음과 같이 계산하게 된다.

첫째, A씨 본인은 결손금과 상계된 10억 원 중 40%의 증여이익이 발생한다. 하지만 본인이 본인에게 증여하는 경우에 증여이익을 과세하는 것은 모순이므로 별도의 증여세가 부과되지 아니한다.

둘째, 자녀 2명의 경우, 10억 원의 15%인 1.5억 원씩의 증여이익이 발생하여 증여세가 부과된다.

셋째, 배우자의 경우 10억 원의 5%인 0.5억 원의 증여이익이 발생하나 1억 원 미만이므로 증여세 부과대상이 되지 아니한다.

넷째, 제3자의 경우 10억 원의 30%인 3억 원 증여이익이 발생하나 특수관계에 있지 아니하므로 과세에서 제외된다.

### 3) 증여세의 한도

특정법인의 주주등에 대한 증여세는 주주에게 직접 증여한 경우의 증여세 상당액에서 법인세 상당액을 차감한 금액을 한도로 과세한다. 여기에서의 증여세 상당액은 상증법 제45조의 5 제1항의 증여일에 제4항 제1호의 금액에 해당 지배주주등의 주식보유비율을 곱한 금액을 해당 주주가 직접 증여받은 것으로 볼 때의 증여세를 말하고, 법인세 상당액은 상증령 제34조의 5 제4항 제2호의 금액[157]에 해당 지배주주등의 주식보유비율을 곱한 금액을 말한다.

## (4) 증여일 및 신고기한

### 1) 증여일

특정법인과의 거래를 통한 이익의 증여의제의 경우 특정법인과 재산이나 용역을 무상으로 제공하는 날, 재산이나 용역을 통상적인 거래 관행에 비추어 볼 때 현저히 낮은 대가로

---

156) 10억 원 이상을 증여하는 경우 결손금누적액을 초과하는 부분은 포괄주의 과세체계하에서 증여의 이익을 별도로 과세하여야 한다는 논란이 있다.

157) 2. 가목의 금액에 나목의 비율을 곱하여 계산한 금액

　가. 특정법인의 「법인세법」 제55조 제1항에 따른 산출세액(같은 법 제55조의 2에 따른 토지등 양도소득에 대한 법인세액은 제외한다)에서 법인세의 공제·감면액을 뺀 금액

　나. 제1호에 따른 이익이 특정법인의 「법인세법」 제14조에 따른 각 사업연도의 소득금액에서 차지하는 비율(1을 초과하는 경우에는 1로 한다)

양도·제공하는 날, 재산이나 용역을 통상적인 거래 관행에 비추어 볼 때 현저히 높은 대가로 양도·제공받는 날, 해당 법인의 채무를 면제·인수 또는 변제하는 날 및 시가보다 낮은 가액으로 해당 법인에 현물출자하는 날을 증여일로 한다.

### 2) 증여세 신고기한

특정법인과의 거래를 통한 이익의 증여의제에 해당하는 경우에는 상증법 제68조 제1항에 따라 증여세 과세표준의 신고기한은 특정법인의 법인세법 제60조 제1항에 따른 과세표준의 신고기한이 속하는 달의 말일부터 3개월이 되는 날로 한다.

참고로, 법인세법 제60조에 따르면 일반적으로 납세의무가 있는 내국법인은 각 사업연도의 종료일이 속하는 달의 말일부터 3개월 이내에 그 사업연도의 소득에 대한 법인세의 과세표준과 세액을 납세지 관할 세무서장에게 신고하여야 하므로 상증법 제45조의 5에 따른 특정법인과의 거래를 통한 이익의 증여의제 신고기한은 특정법인의 사업연도 종료일이 속하는 달의 말일부터 6개월이 되는 날까지 하여야 하는 것이다.

## 2 증여세 과세특례

### 1) 증여이익 산정의 경합

하나의 증여에 대하여 상증법 제33조부터 제39조까지, 제39조의 2, 제39조의 3, 제40조, 제41조의 2부터 제41조의 5까지, 제42조, 제42조의 2, 제42조의 3, 제44조, 제45조 및 제45조의 3부터 제45조의 5까지의 규정이 둘 이상 동시에 적용되는 경우에는 그중 이익이 가장 많게 계산되는 것 하나만을 적용한다(상증법 제43조 제1항).

### 2) 동일거래에 대한 증여이익의 합산

특정법인과의 거래를 통한 이익(상증법 제45조의 5 제1항 각 호의 거래에 따른 이익별로 구분된 이익을 말함)을 계산할 때 그 증여일부터 소급하여 1년 이내에 동일한 거래 등이 있는 경우에는 각각의 거래 등에 따른 이익(시가와 대가의 차액을 말함)을 해당 이익별로 합산하여 계산한다(상증법 제43조 제2항 및 시행령 제32조의 4 제11호).

### 3) 연대납세의무의 면제

특정법인과의 거래를 통한 이익의 증여의제에 해당하는 경우에 증여자는 수증자가 납부할 증여세를 연대하여 납부할 의무를 지지 아니한다(상증법 제4조의 2 제6항 단서).

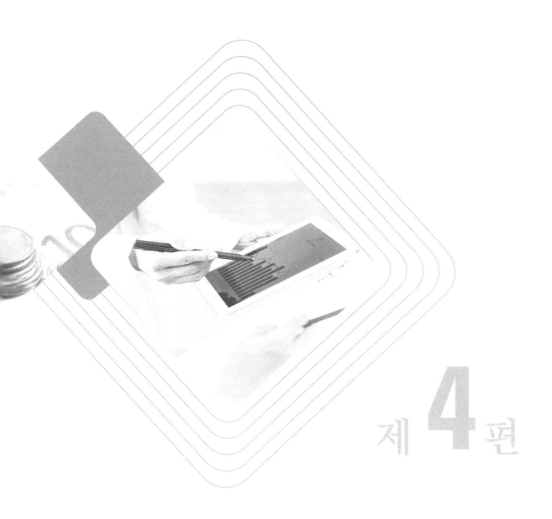

제**4**편

# 상속·증여재산의 평가

# 총 칙

# 제 1 장

## 제 1 절  재산평가의 개요

### 1 재산평가의 의의와 중요성

#### (1) 개요

상속 및 증여세를 부과함에 있어 그 가치를 어떻게 평가할 것인가 하는 문제는 그 과세대상의 포착과 더불어 납세자와 과세관청의 이해가 첨예하게 대립되는 중요한 부분이다. 상속(증여)재산 가치는 곧 바로 납부할 세액가치를 산정하는 기준이 되기 때문이다.

재산의 평가란 특정 재산의 경제적 가치를 화폐라는 하나의 공통의 척도로써 동질화시키는 것을 말한다. 수없이 다양한 재산들의 경제적 가치를 화폐가치로 객관화한다는 것은 매우 어려운 일이지만, 재산의 평가가액에 따라 세부담의 크기가 달라지므로 조세공평의 관점에서 볼 때 객관적이고 통일된 방법으로 재산을 평가하는 것은 무엇보다 중요하다.

상증법에서 상속 또는 증여재산은 시가로 평가함을 원칙으로 하고 있다. 시가를 산정하기 어려운 경우에는 각 재산별로 보충적인 평가방법을 다양하게 규정하고 있는바 재산평가에 있어서 중요한 것은 평가시점과 평가방법이다. 과세관청과 납세자 간에 충돌이 발생하는 주된 분야는 평가방법에 관한 것이다.

#### (2) 재산평가시점에 관한 상증법 규정의 위헌 여부

상증법 제60조 제1항에 따르면, 상속세나 증여세가 부과되는 재산의 가액은 상속개시일 또는 증여일 현재의 시가에 따른다. 해당 조항의 위헌가능성에 대한 헌법소원심판을 청구한 사건이 있었다.[1]

---

1) 헌재 2008헌바140, 2010. 10. 28.

청구인들은 해당 조항에서 시가의 개념이 모호함을 지적하며 과세관청의 자의적인 해석과 집행을 초래할 염려가 있다고 보아 헌법소원을 청구하였다. 다시 말하면, 해당 조항은 조세법률주의의 근간이 되고 있는 과세요건 법정주의와 과세요건 명확주의에 반하여 규정된 개념이며 나아가 이는 국민들의 법적 안정성이나 예측가능성을 해한다는 것이다. 또한 청구인들은 과세관청이 상증령 제49조 제5항을 적용하면서 공동주택에 대하여만 유사한 매매사례가액을 시가로 보아 증여재산가액을 평가하고 있어서 다른 재산을 증여받은 자들에 비하여 공동주택을 증여받은 자들에 대한 차별이 존재하여 조세평등주의에 위반하며 결과적으로 재산권을 침해하였다고 주장하였다.

이에 대하여 헌법재판소는 재판관 전원의 일치된 의견으로 증여세가 부과되는 재산의 가액을 증여일 현재의 시가에 의하도록 평가원칙을 규정한 당 조항은 헌법에 위반되지 아니한다는 결정을 선고하였다. 다음은 그 결정이유의 요지이다.

### 1) 과세요건 법정주의 및 명확주의 위배 여부

가. 이 사건 법률조항들은 구 상속세법에 관하여 대법원 판례들이 형성한 법원의 해석을 받아들여, 증여세액의 산출 근거가 되는 증여재산의 평가방법은 시가에 의한다는 점, 시가의 의미는 불특정 다수인 사이에 자유로이 거래가 이루어지는 경우에 통상 성립된다고 인정되는 가액이라는 점 및 시가로 인정되는 범위를 명확하고 일의적으로 규정하고 있다.

나. 나아가 이 사건 법률조항들에 대한 법관의 법 보충 작용인 해석을 통하여, 증여재산의 가액을 평가하는 기준인 '시가'의 구체적인 의미와 내용이 명확히 정립되어 있다. 대법원 판례에 의하여 시가가 '수용·공매가격 및 감정가격 등 대통령령이 정하는 바에 의하여 시가로 인정되는 것'에 한정되는 것은 아니며, 수용·공매가격 및 감정가격 등이 있다고 하더라도 불특정 다수인 사이에 자유로이 거래가 이루어지는 경우에 통상 성립된다고 인정되는 가액으로 인정할 수 없는 경우에는 '시가'로 보지 않는 법률해석이 확립되어 있다.

다. 평가방법에 따른 복수의 가액이 존재하더라도, 그중 어느 것이 '불특정 다수인 사이에 자유로이 거래가 이루어지는 경우에 통상 성립된다고 인정되는 가액'에 해당하는지에 관한 사실인정의 문제가 있을 뿐, 과세관청의 자의적인 해석과 집행을 초래할 염려가 있다고 보기 어렵다.

또 상증법 제60조 제3항에 따라 이른바 기준시가 등이 적용되는 것은 '시가'를 산정하기 어려운 경우에 한하는 것으로 법문상 우선순위가 명시되어 있고, 유사한 매매사례의 존재는 적정한 시가를 산정하기 위한 여러 참작 요소 중의 하나에 불과한 것이다.

라. 따라서 이 사건 법률조항들이 불명확하여 증여세 납세의무자가 증여재산의 시가를 알 수 없다거나 과세관청의 자의적 판단이 개입될 수 있다고 볼 수 없으므로, 이 사건 법률조항들은 과세요건 법정주의와 과세요건 명확주의를 내용으로 하는 조세법률주의에 반하지 아니한다.

### 2) 포괄위임입법 금지원칙 위배 여부

상증법 제60조 제2항의 위임에 따라 대통령령에 정하여질 내용은 시가를 한정하는 것이 아니라 시가로 볼 수 있는 대표적인 경우를 예시하는 것에 불과하므로, 대통령령에 정하여질 내용은 상증법 제60조 제2항이 이미 명확하게 규정하고 있는 시가의 의미와 범위를 전제로 하여 이를 구체적으로 분류하거나 예시하여 일반 국민들에 대하여는 예측가능성을 제고하고, 과세관청에 대하여는 실무운영을 위한 지침을 주면서 경우에 따라 경제현실 및 조세환경의 변화에 탄력적으로 대응하기 위한 것일 뿐, 새로운 과세요건을 규정한 것이 아니다. 따라서 국민들의 법적 안정성이나 예측가능성을 해한다고 보기 어려우므로, 상증법 제60조 제2항은 포괄위임입법 금지원칙에 위배되지 아니한다.

### 3) 조세평등주의 위배 여부

청구인은 과세관청이 상증령 제49조 제5항을 적용하면서 공동주택에 대하여만 유사한 매매사례가액을 시가로 보아 증여재산가액을 평가하고 있어서, 다른 재산을 증여받은 자들에 비하여 공동주택을 증여받은 자들에 대한 차별이 존재하여 조세평등주의에 위반된다고 주장하고 있다.

그러나 상증령 제49조 제5항의 문언은 증여받은 재산의 종류를 구별하지 않고 있어 차별취급이 존재한다고 볼 수 없을 뿐만 아니라, 법률의 위임에 따른 하위법령의 위헌성 여부는 그 하위법령이 위헌으로 되는 것은 별론으로 하고 수권법률까지 위헌으로 되는 것은 아니므로, 이 사건 법률조항들은 조세평등주의에 위배되지 아니한다.

### 4) 재산권 침해 여부

가. 이 사건 법률조항들로 납세의무자가 입게 되는 불이익은 시가를 기준으로 평가한 과세가 상증법 제60조 제3항에 따른 개별공시지가 등을 기준으로 한 보충적 평가방법에 의한 과세보다 다액인 경우 그 범위에서의 세액부담 증가인데, 이는 국세기본법 제14조 제2항의 실질과세의 원칙에 따라 본래 내어야 할 세금을 내는 것에 불과하다.

반면, 증여재산을 원칙적으로 '시가'에 의한 금액을 기준으로 평가하여 과세가액을 산정하는 것은 조세평등주의 및 국세기본법 제18조 제1항의 과세형평의 이념에 부합한다. 입법자는 합헌적인 부동산평가방법인 시가주의에 의한 평가액의 범위 안에서 시가주의에 근접한 평가방법을 선택할 수 있는 입법재량을 가진다.

나. 따라서 증여재산을 원칙적으로 시가에 의한 금액을 기준으로 평가하여 과세가액을 산정함으로써 납세의무자가 입게 되는 불이익이 공익에 비하여 크다거나, 자의적이거나 임의적인 것이라고 할 수 없으므로, 이 사건 법률조항들은 납세의무자의 재산권을 침해하지 아니한다.

## 2 재산평가의 기본원칙

### (1) 일반적인 경우

일반적으로 시가는 실지거래가격에 대비되는 개념이라 할 수 있다. 당사자가 거래한 실지거래가액이 존재한다면 그 역사적 가액을 기준으로 소득의 크기를 산정하는 것이 실질과세의 원칙이나 응능부담의 원칙상 가장 합리적일 것이다. 그러나 무상취득이나 무상공여의 경우와 같이 평가가 수반되어야 하는 경우, 부당행위계산부인과 같이 세법상 당사자의 거래행위를 실제 내용 그대로 용인하기 어려운 경우 혹은 실지거래가액 자체는 존재하지만 그 내용을 파악하기 어려운 경우 등에 있어서는 그 평가기준으로 시가라는 별도의 개념이 필요하게 된다.[2]

상속세 및 증여세가 부과되는 증여재산의 가액은 평가기준일 현재의 시가에 의하는 것을 원칙으로 한다. 상증법 제61조 내지 제65조에서 상속 혹은 증여받은 재산의 시가를 산정하기 어려운 경우에는 해당 재산의 종류·규모·거래상황 등을 감안하여 보충적 평가방법에 의하여 평가하도록 규정하고 있다. 따라서 재산가액을 평가함에 있어 시가를 산정하기 곤란하여 보충적 평가방법에 의하는 경우를 제외하고는 원칙적으로 시가에 의하여 평가하여야 한다.

다만, 예외적으로 상증법 제66조에서 규정하는 저당권 등이 설정된 재산의 경우 해당 재산이 담보하는 채권액 등을 기준으로 평가한 가액과 시가에 의하여 평가한 가액 중 큰 금액을 적용한다.

---

2) 임승순, 「조세법」, 박영사, 2010., 851면

## (2) 감정가격 등에 의하는 경우

### 1) 개요

상증법 제60조 제2항에서는 시가는 불특정 다수인 사이에 자유로이 거래가 이루어지는 경우에 통상적으로 성립된다고 인정되는 가액으로 하고 수용가격, 공매가격 및 감정가격 등을 시가로 인정하고 있다. 대법원 판례(대법원 93누22333, 1994. 12. 22.)에서 "시가라 함은 일반적이고 정상적인 거래에 의하여 형성된 객관적 교환가치를 의미하므로, 시장성이 적은 자산의 시가는 객관적 교환가치를 적정하게 반영하였다고 인정되는 거래의 실례가 있거나 또는 그러한 실례가 없더라도 해당 거래가 일반적이고 정상적인 방법으로 이루어져 당시의 객관적 교환가치를 적정하게 반영하고 있다고 볼 수는 있는 등의 특단의 사정이 없는 한, 구 법인세법 시행규칙 제16조의 2(1991. 12. 28. 재무부령 제1866호로 개정되기 전의 것. 이하 같다)에 의하여 지가공시 및 토지 등의 평가에 관한 법률에 의한 감정평가업자의 감정가격에 의하거나 구 상속세법 시행령 제5조(1990. 5. 1. 대통령령 제12933호로 개정되기 전의 것. 이하 같다) 제2항 내지 제6항을 준용하여 평가한 가액에 의하고(대법원 86누408, 1987. 5. 26. ; 대법원 86누460, 1987. 10. 28. 각 참조), 위 각 규정에 의하더라도 그 가액을 평가할 수 없는 경우에는 객관적이고 합리적인 방법으로 평가한 가액에 의하여야 할 것이다."라고 판시한 것과 그 의미를 같이 하는 것으로 볼 수 있다.

### 2) 감정가격 결정방법

감정가격을 결정할 때에는 둘 이상의 공신력 있는 감정기관(소득세법 제99조 제1항에 따른 부동산 중 기준시가 10억 원 이하의 경우에는 하나 이상의 감정기관)[3]에 감정을 의뢰하여야 한다.

이 경우 관할 세무서장 또는 지방국세청장은 감정기관이 평가한 감정가액이 다른 감정기관이 평가한 감정가액의 100분의 80에 미달하는 등 대통령령으로 정하는 사유가 있는 경우에는 1년의 범위에서 기간을 정하여 해당 감정기관을 시가불인정 감정기관으로 지정할 수 있으며, 시가불인정 감정기관으로 지정된 기간 동안 해당 시가불인정 감정기관이 평가하는 감정가액은 시가로 보지 아니한다(상증법 제60조 제5항).

위에서 "대통령령으로 정하는 사유"란 납세자가 제시한 감정기관("원감정기관")의 감정가액("원감정가액")이 세무서장 등이 다른 감정기관에 의뢰하여 평가한 감정가액("재감정가액")의 100분의 80에 미달하는 경우를 말한다(상증령 제49조 제7항).

---

[3] 괄호조항은 2018년 4월 1일 이후 감정을 의뢰하는 경우부터 적용한다(법률 제15224호 부칙 제6조, 2017. 12. 19. 개정).

위와 같은 사유에 해당하는 경우 세무서장 등은 평가심의위원회의 심의를 거쳐 부실감정의 고의성 및 원감정가액이 재감정가액에 미달하는 정도 등을 감안하여 1년의 범위에서 기획재정부령으로 정하는 기간 동안 원감정기관을 시가불인정 감정기관으로 지정할 수 있다. 이 경우 그 기간은 세무서장 등이 원감정기관을 시가불인정 감정기관으로 지정하여 통지한 날부터 기산한다(상증령 제49조 제8항).

위에서 기획재정부령으로 정하는 기간이란 다음의 구분에 따른 기간으로 하되, "가." 및 "나." 모두 해당하는 경우에는 해당 기간 중 가장 긴 기간으로 한다.

가. 고의 또는 중대한 과실로 다음의 어느 하나에 해당하는 부실감정을 한 경우 : 1년
　① 평가대상 재산의 위치·지형·이용상황·주변환경 등 객관적 가치에 영향을 미치는 요인을 사실과 다르게 조사한 경우
　② 「감정평가 및 감정평가사에 관한 법률」 제2조 및 제25조 제2항을 위반한 경우
　③ 납세자와 담합하여 상속세 및 증여세를 부당하게 감소시킬 목적으로 감정평가한 경우

나. 원감정가액이 재감정가액에 미달하는 경우 : 재감정가액에 대한 원감정가액의 비율에 따른 다음의 기간
　① 100분의 70 이상 100분의 80 미만인 경우 : 6월
　② 100분의 60 이상 100분의 70 미만인 경우 : 9월
　③ 100분의 60 미만인 경우 : 1년

세무서장 등은 평가심의위원회의 심의 전에 다음의 내용 등을 해당 감정기관에 통지하고 의견을 청취하여야 한다. 이 경우 통지를 받은 감정기관은 통지를 받은 날부터 20일 이내에 의견을 제출하여야 하며, 정당한 사유 없이 의견을 제출하지 아니한 경우에는 의견이 없는 것으로 본다(상증령 제49조 제9항).

가. 시가불인정 감정기관 지정내용 및 법적근거
나. "가."에 대하여 의견을 제출할 수 있다는 뜻과 의견을 제출하지 아니하는 경우의 처리 방법
다. 의견제출기한
라. 그 밖에 의견제출에 필요한 사항

위 규정한 사항 외에 시가불인정 감정기관의 지정 및 통지 등에 필요한 사항은 국세청장이 정하여 고시하며 기획재정부장관은 상속·증여재산을 평가함에 있어서 평가의 공정성을 확보하기 위하여 재산별 평가기준·방법·절차 등에 관한 세부사항을 정할 수 있다(상

증령 제49조 제10항 및 제11항).

### (3) 소결

상증법상의 시가는 주관적인 요소가 배제된 제3자 간의 거래로 객관적인 거래에 의하여 형성된 것, 해당 거래는 일반적이고 정상적인 상태에서 행한 것 그리고 그 기준시점의 재산의 구체적인 현황에 따라 평가된 객관적인 교환가치를 적정하게 반영하는 것이어야 한다. 이러한 요소들이 모두 갖추어져야 시가로 판단할 수 있다.

## 3 재산평가의 기준일

재산평가의 기준일을 정하고 있는 이유는 조세법률주의의 근간인 법적 안정성에 터잡아 예측가능성을 제고하고 형평성을 도모하기 위함이다. 재산평가에 대한 기준일이 정해져 있지 않으면 시시각각으로 변하는 재산가액의 가치를 확정할 수가 없다. 과세관청이나 납세자가 재산가액의 기준일을 임의적으로 정하게 되면 과세가액을 확정할 수가 없어 혼란이 야기될 것이다.

재산가액은 시간의 흐름에 따라 변한다. 현금도 마찬가지이다. 현금의 액면은 변하지 않지만 그 가치는 시간의 흐름에 따라 변하는 것이다. 동산이나 부동산의 경우도 마찬가지로 그 가치가 시시각각으로 변한다. 어느 시점에서 재산을 평가하느냐에 따라 그 가액이 달라질 수 있는 것이다. 특정된 시점에서의 가치가 중요한 이유는 상속세나 증여세가 특정시점의 가치를 기준으로 부과되기 때문이다.

재산의 평가가액이 예측 가능하고 통일되려면 그 평가의 기준 시점을 명확히 정할 필요가 있다. 상증법에서는 상속 또는 증여재산 가액의 평가시점을 원칙적으로 상속개시일 또는 증여일("평가기준일")로 규정하고 있다.

### (1) 상속재산의 평가시점

상속재산의 평가는 상속개시일 현재의 가액으로 평가한다. 상속개시일이란 통상 자연인의 사망일을 말하며, 사망한 것으로 간주되는 실종선고일, 인정사망일도 상속개시일에 포함된다.

## (2) 증여재산의 평가시점

### 1) 증여재산의 평가시점은 증여일

증여재산의 평가는 증여일 현재의 가액으로 평가한다. 증여재산의 취득시기는 상증법에서 별도로 정하고 있는 경우를 제외하고는 재산을 인도한 날 또는 사실상 사용한 날 등 대통령령으로 정하는 날로 한다(상증법 제32조, 상증령 제24조).

### 2) 공익법인이 출연받은 재산의 증여시기

공익법인이 출연받은 재산을 직접 공익목적사업 등(직접 공익목적사업에 충당하기 위하여 수익용 또는 수익사업용으로 사용하는 경우를 포함한다)의 용도 외에 사용하거나 출연받은 날로부터 3년 이내에 직접 공익목적사업에 사용하지 않은 경우, 해당 재산을 그 공익법인이 증여받은 것으로 보아 증여세를 부과한다. 다만, 직접 공익목적사업 등에 사용하는 데에 장기간이 소요되거나 부득이한 사유가 있는 경우로서 납세지 관할 세무서장에게 출연받은 재산 사용계획 및 진도에 관한 보고서를 제출하고 그 사유가 없어진 날로부터 1년 이내에 해당 재산을 직접 공익목적사업 등에 사용하는 경우에는 제외한다(상증법 제48조 제2항 제1호).

해당 재산의 증여세 과세사유가 발생한 경우, 상증법상 증여가액을 결정하는 평가기준일은 해당 재산을 출연받은 날인지 아니면 증여세 과세사유가 발생한 날인지가 불명확하다.

상속재산가액에 합산하는 사전증여 재산가액은 상속개시일이 아닌 당초 증여일 현재의 시가에 따라 평가(상증법 집행기준 13-0-7)하는 점을 감안하면 해당 재산을 출연받은 날을 평가기준일로 보아야 한다고 볼 수 있다. 하지만, 사전증여 재산은 공익법인이 출연받은 재산의 경우와 달리 사전증여 당시 증여세를 납부하였다는 점에서 차이가 있다. 요지는 언제 증여로 보게 되었느냐 하는 점이다.

해당 사안의 경우 증여세 과세사유가 발생한 날 증여로 의제되는 것이므로 그 날을 평가기준일로 보아야 할 것이다. 대법원도 이와 같은 취지로 다음과 같이 판결한바 있다(대법원 2015두50696, 2017. 8. 18.).

"상증법 제48조 제1항은 공익법인 등에 출연된 재산에 대하여 공익법인 등이 해당 재산이나 그 운용소득을 출연목적에 사용할 것을 조건으로 증여세 과세가액에 산입하지 않음으로써 공익법인 등이 그 재산을 출연 받은 시점에는 원칙적으로 증여세 과세대상에서 제외하고 있다. 그리고 상증법 제48조 제2항은 그 사후관리를 위하여 각 호에 규정된 일정한 사유가 발생한 때에는 증여세를 부과하도록 규정하고 있는데, 이때의 증여세 과세대상은 공익법인 등이 당초 출연받은 재산 자체가 아니라, 각 호에 규정된 사유가 발생할 경우에 증여로 의제되는 '대통령령으로 정하는 가액'으로 법문상 규정되어 있다. 이러한 규정들의 문언, 체계와 취지 등을 종합적으로 고려하여 보면, 상증법 제48조 제2항 제1호 본문을 적용함에 있어 증여재산가액의 평가기준일은 공익법인 등이 재산을 출연받은 이후에 위 규정이 정한 과세사유가 발생함으로써 증여로 의제되는 시점으로 보아야 한다. 이러한 해석은 증여재산가액을 증여일 현재의 시가에 따르도록 한 상증법 제60조 제1항 전단의 규정에도 부합한다."

## 3) 증여재산의 구체적 증여시기

### 가. 일반적인 증여의 경우

① 권리의 이전이나 그 행사에 등기·등록을 요하는 재산에 대하여는 등기·등록접수일. 다만, 민법 제187조의 규정에 의한 등기를 요하지 아니하는 부동산의 취득에 대하여는 실제로 부동산의 소유권을 취득한 날로 한다.

② 다음 중 어느 하나에 해당하는 경우에는 그 건물의 사용승인서 교부일. 이 경우 사용승인 전에 사실상 사용하거나 임시사용 승인을 얻은 경우에는 그 사실상의 사용일 또는 임시사용 승인일로 하고, 건축허가를 받지 아니하거나 신고하지 아니하고 건축하는 건축물에 있어서는 그 사실상의 사용일로 한다.

ⓐ 건물을 신축하여 증여할 목적으로 수증자의 명의로 건축허가를 받거나 신고를 하여 당해 건물을 완성한 경우

ⓑ 건물을 증여할 목적으로 수증자의 명의로 당해 건물을 취득할 수 있는 권리("분양권"이라 한다)를 건설사업자로부터 취득하거나 분양권을 타인으로부터 전득한 경우

③ 타인의 기여에 의하여 재산가치가 증가한 경우에는 다음의 구분에 따른 날(상증령 제24조 제1항 제3호, 2015. 2. 3. 신설)

ⓐ 개발사업의 시행 : 개발구역으로 지정되어 고시된 날

ⓑ 형질변경 : 해당 형질변경허가일

ⓒ 공유물(共有物)의 분할 : 공유물 분할등기일

ⓓ 사업의 인가·허가 또는 지하수개발·이용의 허가 등 : 해당 인가·허가일

ⓔ 주식등의 상장 및 비상장주식의 등록, 법인의 합병 : 주식등의 상장일 또는 비상장주식의 등록일, 법인의 합병등기일

ⓕ 생명보험 또는 손해보험의 보험금 지급 : 보험사고가 발생한 날

ⓖ 위 "ⓐ"부터 "ⓕ" 외의 경우 : 재산가치 증가사유가 발생한 날

④ 주식 또는 출자지분의 경우

증여받는 재산이 주식 또는 출자지분인 경우에는 수증자가 배당금의 지급이나 주주권의 행사 등에 의하여 당해 주식등을 인도받은 사실이 객관적으로 확인되는 날. 다만, 당해 주식등을 인도받은 날이 불분명하거나 당해 주식등을 인도받기 전에 상법 제337조 또는 동법 제557조의 규정에 의하여 취득자의 주소와 성명 등을 주주명부 또는 사원명부에 기재한 경우에는 그 명의개서일 또는 그 기재일

⑤ 무기명채권의 경우

당해 채권에 대한 이자지급 사실 등에 의하여 취득 사실이 객관적으로 확인되는 날. 다만, 그 취득일이 불분명한 경우에는 당해 채권에 대하여 취득자가 이자지급을 청구한 날 또는 당해 채권의 상환을 청구한 날

⑥ 위 외의 기타 재산에 대하여는 인도한 날 또는 사실상의 사용일

**나. 민법상 증여재산은 아니지만 상증법상 증여재산에 해당하는 재산의 취득시기**

① 신탁이익 : 지급약정일, 여러 차례로 분할 지급 시에는 최초 지급일 등

② 보험금 : 보험사고 발생일(만기지급의 경우 만기일)

③ 저가 · 고가양도 : 대금청산일(불분명 또는 잔금청산 전 소유권 이전하는 경우에는 소유권 이전 등기접수일)

④ 채무면제 : 채무를 면제받거나 제3자가 인수 또는 변제한 때

⑤ 부동산 무상사용 : 무상사용 개시일, 계속 무상사용하는 경우에는 5년이 되는 날의 다음 날

⑥ 합병 시 증여 : 합병등기일

⑦ 증자 시 증여 : 주금납입일(납입일 전 신주인수권증서 교부 시는 그 교부일)

⑧ 감자 시 증여 : 감자를 위한 주주총회 결의일

⑨ 현물출자 시 증여 : 현물 납입(출자)일

⑩ 전환사채 등의 증여 : 거래단계별로 인수 · 취득일 및 주식 전환일

⑪ 특정법인과의 거래 시 증여 : 특정법인에 재산을 증여하거나 거래한 날

⑫ 금전 무상대부 시 증여 : 대부일, 대부기간이 없거나 1년 이상 시에는 1년이 되는 날의 다음 날을 새로운 대부일로 본다.

⑬ 기타 이익의 증여 : 그 이익을 받은 날

⑭ 배우자 등에 대한 양도 시의 증여추정 : 소유권이전 등기일 등

⑮ 재산취득자금 등의 증여추정 : 재산 취득일 또는 채무 상환일

⑯ 명의신탁재산의 증여의제 : 주주명부 명의개서일 등

## (3) 상속세 과세가액에 가산되는 증여재산 평가

상속개시일 전 10년 이내(1998. 12. 31.까지는 5년)에 피상속인이 상속인에게 증여한 재산과 상속개시일 전 5년 이내(1998. 12. 31.까지는 3년)에 상속인 외의 자에게 증여한 재산가액은 상속세 과세가액에 가산하여 상속세를 과세한다(상증법 제13조). 이 경우 상속세 과세가액에 가산하는 사전증여재산의 가액은 상속개시일 현재로 평가하는 것이 아니라 당초 증여일 현재의 시가에 의하여 평가한다(상증법 제60조 제4항).

예외적으로 유류분 권리자에게 반환된 증여재산의 경우 상속세 과세가액에 산입되며, 이 경우 증여재산가액은 상속개시 당시 시가에 의한다.

## (4) 상속재산으로 추정하는 상속개시 전 처분 재산의 평가

피상속인이 상속개시 전 일정기간 내에 재산을 처분(인출)하거나 채무를 부담한 경우로서 그 처분(인출)가액이나 채무 부담액의 사용처가 명백하지 않은 금액은 상속받은 것으로 추정하여 상속세를 과세하고 있다.

이때에 해당 재산의 처분가액의 평가는 실제 수입한 금액을 기준으로 하되, 그 금액이 확인되지 아니한 경우에는 해당 재산의 처분 당시를 기준으로 상증법 제60조 내지 제66조의 규정에 의하여 평가한 가액으로 한다.

## (5) 합산되는 증여재산(재차증여의 경우)

해당 증여일 전 10년(1998. 12. 31.까지는 5년) 이내에 동일인으로부터 받은 증여재산가액의 합계액이 1천만 원 이상인 경우 그 가액은 해당 증여재산가액에 합산하여 과세하고 있는바, 이 경우 가산되는 각각의 증여재산의 평가가액은 각각의 증여일 현재 재산가액에 의한다.

　　상속·증여재산의 평가는 시가로 평가함을 원칙으로 하지만 시가의 확인이 곤란한 경우에는 상증법상 별도로 규정된 보충적인 평가방법으로 평가하며, 그 외 근저당권 등이 설정된 재산에 대해서는 별도의 특례규정을 두고 있다.

## 1 시가 등

### (1) 평가기준일의 시가

　　상속세 또는 증여세가 부과되는 재산의 가액은 상속개시일 또는 증여일 현재("평가기준일")의 시가에 의한다.

　　이 경우 다음 각 호의 경우에 대해서는 각각 다음 각 호의 구분에 따른 금액을 시가로 본다(상증법 제60조 제1항).

　　가. 「자본시장과 금융투자업에 관한 법률」에 따른 증권시장으로서 대통령령으로 정하는 증권시장에서 거래되는 주권상장법인의 주식등 중 대통령령으로 정하는 주식등(상증법 제63조 제2항에 해당하는 주식등은 제외한다)의 경우 : 제63조 제1항 제1호 가목에 규정된 평가방법으로 평가한 가액

　　나. 「가상자산 이용자 보호 등에 관한 법률」 제2조 제1호에 따른 가상자산의 경우 : 제65조 제2항에 규정된 평가방법으로 평가한 가액

　　상속세 및 증여세가 부과되는 가상자산에 대한 평가규정은 2020. 12. 22. 신설되어 2022. 1. 1.부터 시행한다[상증법 부칙(2020. 12. 22.) 제1조 단서].

　　위에서 말하는 "가상자산"이란 경제적 가치를 지닌 것으로서 전자적으로 거래 또는 이전될 수 있는 전자적 증표(그에 관한 일체의 권리를 포함한다)를 말한다. 다만, 다음 각 목의 어느 하나에 해당하는 것은 제외한다.

　　(a) 화폐·재화·용역 등으로 교환될 수 없는 전자적 증표 또는 그 증표에 관한 정보로서 발행인이 사용처와 그 용도를 제한한 것

　　(b) 「게임산업진흥에 관한 법률」 제32조 제1항 제7호에 따른 게임물의 이용을 통하여 획득한 유·무형의 결과물

　　(c) 「전자금융거래법」 제2조 제14호에 따른 선불전자지급수단 및 같은 조 제15호에 따른

전자화폐

(d) 「주식·사채 등의 전자등록에 관한 법률」 제2조 제4호에 따른 전자등록주식등

(e) 「전자어음의 발행 및 유통에 관한 법률」 제2조 제2호에 따른 전자어음

(f) 「상법」 제862조에 따른 전자선하증권

(g) 거래의 형태와 특성을 고려하여 대통령령으로 정하는 것

시가는 불특정 다수인 사이에 자유롭게 거래가 이루어지는 경우에 통상적으로 성립된다고 인정되는 가액으로 하고 수용가격·공매가격 및 감정가격 등 대통령령으로 정하는 바에 따라 시가로 인정되는 것을 포함한다(상증법 제60조 제2항).

## (2) 평가기간

시가란 불특정 다수인 사이에 자유로이 거래가 이루어지는 경우에 통상 성립된다고 인정되는 가액으로 하고 상증법 제60조 제2항에서 "수용가격·공매가격 및 감정가격 등 대통령령으로 정하는 바에 따라 시가로 인정되는 것"이란 상속개시일 또는 증여일(이하 "평가기준일") 전·후 6개월(증여재산의 경우에는 평가기준일 전 6개월부터 평가기준일 후 3개월까지로 한다. 이하 "평가기간") 이내의 기간 중 매매·감정·수용·경매(민사집행법에 따른 경매를 말한다) 또는 공매(이하 "매매등")가 있는 경우에 다음의 "1)" 내지 "4)"중 어느 하나에 따라 확인되는 가액을 말한다.

다만, 평가기간에 해당하지 아니하는 기간으로서 평가기준일 전 2년 이내의 기간 중에 매매 등이 있거나 평가기간이 경과한 후부터 법정결정기한(상증령 제78조 제1항)까지의 기간 중에 매매등이 있는 경우에도 평가기준일부터 매매계약일등(상증령 제49조 제2항 각 호) 어느 하나에 해당하는 날까지의 기간 중에 주식발행회사의 경영상태, 시간의 경과 및 주위환경의 변화 등을 고려하여 가격변동의 특별한 사정이 없다고 보아 상속세 또는 증여세 납부의무가 있는 자("납세자"), 지방국세청장 또는 관할 세무서장이 신청하는 때에는 상증령 제49조의 2 제1항에 따른 평가심의위원회의 심의를 거쳐 해당 매매등의 가액을 다음의 어느 하나에 따라 확인되는 가액에 포함시킬 수 있다(상증령 제49조 제1항).

◆ 상증령 §49 ① 개정내용(2019. 2. 12. 시행)

○ 증여세 등 신고 이후에도 납세자 및 과세관청이 감정평가를 통해 시가에 근접한 가액
으로 평가할 수 있도록 개정[4)]

| 종 전 | 개 정 |
|---|---|
| 아래 기간 내 발생한 매매·감정가액<br>(원칙) 전·후 6개월(증여 전·후 3개월) 시가<br>(예외) ① 평가기간 외로서 평가기준일 전<br> 2년 내 | 아래 기간 내 발생한 매매·감정가액<br>(원칙) 전·후 6개월(증여 전 6개월·후 3개월)<br> 시가<br>(예외) ① 평가기간 외로서 평가기준일 전 2년 내<br> ② 평가기간 경과 후 법정결정기한까지<br> (추가) |

〈예외 적용 설명〉

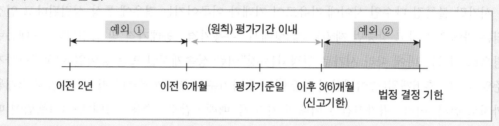

\* 평가기간 : 상속재산은 평가기준일(상속개시일) 전후 6개월, 증여재산은 평가기준일(증여일)
전 6개월부터 평가기준일 후 3개월까지

## 1) 해당 재산에 대한 매매사실이 있는 경우

해당 재산에 대하여 매매사실이 있는 경우는 그 거래가액을 시가로 본다. 다만, 다음의
어느 하나에 해당하는 경우는 제외한다.

---

4) 국세청은, 다른 자산에 비해 시가 대비 저평가된 가격으로 신고되고 있는 비주거용 부동산의 과세형평성 문
제를 바로 잡기 위해, 비주거용 부동산 및 지목의 종류가 대지 등으로 지상에 건축물이 없는 토지(나대지)를
대상으로 감정평가사업을 시행하겠다고 발표하였다(상속·증여세 과세형평성 제고를 위한 꼬마빌딩 등 감
정평가사업 시행 안내, 2020. 1. 31. 보도자료). 이 평가사업은 상증령 제49조 제1항 단서 개정에 따른 것으로
서 보충적 평가방법에 따라 신고하여 시가와의 차이가 크고 고가인 부동산을 중심으로 감정평가를 실시하며,
감정평가는 둘 이상의 감정기관에 의뢰하고 평가가 완료된 후에는 평가심의위원회 심의를 거쳐 시가로 인정
된 감정가액으로 상속·증여 재산을 평가하게 된다. 이 사업은 정부 예산으로 시행하며, 감정평가 대상이 되
는 고가 부동산의 금액기준과 신고가액과 시가의 차액이 큰 경우에 대한 구체적인 기준을 제시하지 않고 있
다. 이는 구체적인 금액 기준 등이 외부로 공개될 경우 조세회피목적에 악용되어 공정한 업무수행에 큰 지장
을 초래할 우려를 고려한 결과이다. 이 제도의 시행으로, 감정가액으로 평가된 상속·증여 부동산을 양도하
는 경우, 양도차익 계산 시 그 감정가액을 취득가액으로 적용하며, 감정가액으로 평가함에 따라 상속세와 증
여세를 추가 납부하는 경우 신고불성실 및 납부지연가산세는 면제되도록 하고 있다.

가. 특수관계인과의 거래 등으로 그 거래가액이 객관적으로 부당하다고 인정되는 경우

나. 거래된 비상장주식의 가액(액면가액의 합계액을 말한다)이 다음의 금액 중 적은 금액 미만인 경우(평가심의위원회의 자문을 거쳐 그 거래가액이 거래의 관행상 정당한 사유가 있다고 인정되는 경우는 제외한다)

① 액면가액의 합계액으로 계산한 해당 법인의 발행주식총액 또는 출자총액의 100분의 1에 해당하는 금액

② 3억 원

## 2) 공신력 있는 감정기관의 감정가액이 있는 경우

해당 재산(상증법 제63조 제1항 제1호에 따른 재산을 제외한다)에 대하여 둘(기준시가 10억 원 이하의 부동산의 경우 하나) 이상의 기획재정부령이 정하는 공신력 있는 감정기관("감정기관")이 평가한 감정가액이 있는 경우에는 그 감정가액의 평균액을 시가로 본다. 다만, 다음의 어느 하나에 해당하는 것은 제외하며, 해당 감정가액이 상증법 제61조·제62조·제64조 및 제65조에 따라 평가한 가액과 해당 재산과 면적·위치·용도·종목 및 기준시가가 동일 또는 유사한 다른 재산 시가의 100분의 90에 해당하는 가액 중 적은 금액("기준금액")에 미달하는 경우(기준금액 이상인 경우에도 상증령 제49조의 2 제1항에 따른 평가심의위원회의 심의를 거쳐 감정평가목적 등을 감안하여 동 가액이 부적정하다고 인정되는 경우를 포함한다)에는 세무서장(관할 지방국세청장을 포함하며, "세무서장 등")이 다른 감정기관에 의뢰하여 감정한 가액에 의하되, 그 가액이 납세자가 제시한 감정가액보다 낮은 경우에는 그러하지 아니하다.

가. 일정한 조건이 충족될 것을 전제로 해당 재산을 평가하는 등 상속세 및 증여세의 납부목적에 적합하지 아니한 감정가액

나. 평가기준일 현재 해당 재산의 원형대로 감정하지 아니한 경우의 해당 감정가액

기획재정부장관이 정하는 공신력 있는 감정기관이란 「감정평가 및 감정평가사에 관한 법률」에 따른 감정평가업자를 말한다(상증칙 제15조 제1항).

## 3) 해당 재산에 대하여 수용·경매 또는 공매사실이 있는 경우

해당 재산에 대하여 수용·경매 또는 공매사실이 있는 경우에는 그 보상가액·경매가액 또는 공매가액을 시가로 본다. 다만, 다음의 어느 하나에 해당하는 경우에는 해당 경매가액 또는 공매가액은 이를 제외한다.

가. 상증법 제73조 또는 제73조의 2에 따라 물납한 재산을 상속인 또는 그의 특수관계인

이 경매 또는 공매로 취득한 경우

나. 경매 또는 공매로 취득한 비상장주식의 가액(액면가액의 합계액을 말한다)이 다음의
금액 중 적은 금액 미만인 경우

① 액면가액의 합계액으로 계산한 해당 법인의 발행주식총액 또는 출자총액의 100분
의 1에 해당하는 금액

② 3억 원

다. 경매 또는 공매절차의 개시 후 관련 법령이 정한 바에 따라 수의계약에 의하여 취득
하는 경우

### 4) 해당 재산과 면적·위치·용도·종목 및 기준시가가 동일하거나 유사한 다른 재산의 경우

위 "1)" 내지 "3)"을 적용함에 있어서 해당 재산과 면적·위치·용도·종목 및 기준시가
가 동일하거나 유사한 다른 재산에 대한 위의 어느 하나에 해당하는 가액[상증법 제67조
또는 제68조에 따라 상속세 또는 증여세 과세표준을 신고한 경우에는 평가기준일 전 6개월
부터 상증령 제49조 제1항에 따른 평가기간 이내의 신고일까지의 가액을 말한다]이 있는
경우에는 해당 가액을 상증법 제60조 제2항의 규정에 의한 시가로 본다(상증령 제49조 제4항).

위에서 동일하거나 유사한 다른 재산에 대한 규정과 관련하여 동일한 재산에 대하여 시
가가 형성되어 있는 경우에는 문제가 없으나 유사한 다른 재산을 어느 범위까지로 볼 것인
가 하는 점이 명확하지 않다. 이는 과세권자에게 지나친 재량의 여지를 주는 반면, 납세자
의 법적 안정성을 해치게 될 것이란 점에서 문제가 있다. 보다 근원적으로 상증령 제49조
제4항이 헌법상의 재산권 보장원칙 등에 위배되거나 위임입법의 한계를 벗어난 것으로 의
심되는 제도라는 주장도 있다.[5]

나아가 국세청이 유사매매사례를 공개하지도 않을뿐더러 납세자가 유사매매사례를 수집
하는 데에는 현실적으로 어려움이 많다. 국토해양부가 제공하는 부동산거래관리시스템의
경우 관련 자료가 업데이트되기까지 상당기간이 소요되어 사실상 신고기한 내에 활용하기
어렵다.

다행히 최근 국세청은 유사매매사례를 납세자가 확인할 수 있는 정보시스템을 구축하여
시행하고 있다.[6]

---

5) 이전오, "유사매매사례가액 시가 간주규정의 문제점과 개선방안", 「법률신문」, 2010. 6. 24.
6) 국세청, "상속·증여재산 평가에 필요한 정보 제공 서비스 시작"(보도자료), 2017. 7. 18.자
"국세청은 납세자가 상속·증여받은 재산에 관한 유사재산 매매사례가액이나 보충적 평가액을 쉽게 확인할
수 없는 불편을 해소하기 위해 재산 평가에 필요한 정보를 최대한 제공하고, 이와 연계하여 편리하게 증여세

위 규정은 2003년 말 신설되었는데 그 취지는 해당 재산에 대한 매매사례가액 등에 한정하여 시가로 인정하는 경우에는, 해당 재산과 면적, 종류, 용도 및 종목이 동일 또는 유사한 다른 재산의 매매사례가액 등이 있음에도 시가로 인정하지 아니하는 불합리가 있기 때문에 그와 같은 점을 해소하기 위한 것이다.[7]

대법원은 "과세대상인 해당 재산과 동일하거나 유사한 다른 재산에 대한 거래가액 등을 시가로 보도록 규정한 것은 모법인 구 상증법 제60조 제2항이 예정하고 있는 시가의 범위를 구체화·명확화한 것으로서 그 비교대상이 되는 다른 재산의 범위도 면적·위치·용도 등 구체적 기준을 정하여 한정하고 있으므로, 이 사건 시행령조항이 헌법상의 재산권보장원칙 등에 위반되거나 위임입법의 한계를 벗어난 것으로서 무효의 규정이라고 할 수 없다."고 판시한바 있다(대법원 2007두23200, 2010. 1. 14.).

기획재정부령이 정하는 바에 따른 해당 재산과 면적·위치·용도·종목 및 기준시가가 동일하거나 유사한 다른 재산에 대한 구체적인 기준은 다음과 같다(상증칙 제15조 제3항, 2017. 3. 10. 신설).

가. 「부동산 가격공시에 관한 법률」에 따른 공동주택가격(새로운 공동주택가격이 고시되기 전에는 직전의 공동주택가격을 말한다)이 있는 공동주택의 경우 : 다음의 요건을 모두 충족하는 주택

① 평가대상 주택과 동일한 공동주택단지(공동주택관리법에 따른 공동주택단지를 말한다) 내에 있을 것

② 평가대상 주택과 주거전용면적(주택법에 따른 주거전용면적을 말한다)의 차이가 평가대상 주택의 주거전용면적의 100분의 5 이내일 것

③ 평가대상 주택과 공동주택가격의 차이가 평가대상 주택의 공동주택가격의 100분의 5 이내일 것

상기 요건을 충족하는 공동주택이 여러 채인 경우 기준시가 차이가 가장 적은 주택을 유사재산으로 인정한다.

나. "가" 외의 재산의 경우 : 평가대상 재산과 면적·위치·용도·종목 및 기준시가가 동일하거나 유사한 다른 재산

한편, 상증령 제49조 제2항 각 호에 따른 날이 평가기준일 전에 해당하는 경우로서 그

전자신고도 할 수 있도록 「상속·증여재산 스스로 평가하기」 시스템을 온라인상 구축하여 '17. 7. 18.부터 서비스를 시작하였다. 동 서비스는 공동주택 및 오피스텔의 유사재산 매매사례가액 등을 납세자에게 제공하는 한편, 토지·개별주택·일반건물의 기준시가 등 보충적 평가액과 상장주식의 시가인 평가기준일 이전·이후 2개월 종가평균액을 제공하고 있다."

7) 재정경제부, 「2003년 간추린 개정세법」, 2004. 5. 13.

날부터 평가기준일까지 해당 재산에 대한 자본적지출액이 확인되는 경우에는 실질적인 재산가치가 증가된 것으로 보아 그 자본적지출액을 더할 수 있다(상증령 제49조 제5항).

### (3) 평가기준일의 해석

#### 1) 개요

평가기준일로부터 전후 6월(증여재산의 경우 3월)은 다른 해석의 여지가 없는 한정규정인가 아니면 특정 시점의 시가를 확정하기 위한 기준에 불과하여 여타 사정을 감안하여 시가 여부를 달리 볼 수 있는 예시규정인가? 이와 관련하여 현행 법령에서 명확히 규정하고 있는 바는 없다 보니 법령에서 규정하고 있는 평가기준일을 초과하여 거래된 경우 혹은 감정평가된 가액이 있는 경우 이를 시가로 인정할 것인가 인정하지 않을 것인가 하는 문제가 발생한다.

그동안의 사례를 살펴보면 6개월 이상의 평가기간 차이가 발생하였음에도 불구하고 시가로 인정한 사례(조심 2008부0953, 2008. 7. 11., 조심 2009부2439 등)가 있는가 하면 불인정한 사례(조심 2008서2228, 2008. 11. 4., 심사상속 2009 - 11, 2009. 8. 27. 등)도 있다. 이는 법령에서 정한 6개월(증여의 경우 3개월)은 법정 신고기한처럼 반드시 지켜야 하는 강제규정으로 해석하기 보다는 예시규정으로 해석하고 있는 방증으로 보인다. 해당 거래의 사실관계를 살펴 시가로 인정할만한 사정, 예컨대 타 사례와의 형평성, 거래 혹은 감정시점과 상속개시일 혹은 증여시점 사이에 시가하락 혹은 상승 등의 변화가 있었다고 볼만한 사정이 존재하지 않는 경우 등이 있는 경우라면 그 실질을 존중하여 시가로 인정하는 편이 실질과세를 표방한 우리 세법의 근원적인 원칙에 부합한다고 보는 것이다.

#### 2) 예시규정으로 본 사례[8]

경기도 소재 도시에서 자영업을 영위하던 A씨는 2006년 8월, 꿈에 그리던 자신의 주택을 장만했다. 비가 오나 눈이 오나 쉴새 없이 일하여 모은 재산 7억 원으로 단독주택("쟁점주택")을 구입한 것이다. 하지만 내 집 장만의 기쁨도 잠시, 2008년 2월 영업을 하면서 쌓인 과로가 겹쳐 그만 세상을 등지고 말았다. A씨에겐 쟁점주택 외에 다른 재산이 없어 상속인들은 상속세 신고를 하지 않았다.

2010년 10월 A씨의 상속인들은 8억 원에 단독주택을 매각하고 취득가액으로 해당 쟁점주택을 매입할 당시 A씨가 지불한 7억 원으로 보아(양도차익을 1억 원) 양도소득과세표준

---

8) 조세심판사례(조심 2009중2755, 2010. 6. 17.)를 일부 각색하여 인용하였다.

예정신고를 하였다. 문제는 2008년 4월 해당 단독주택의 기준시가가 약 3억여 원에 불과하다는데 있었다. 과세관청에서 해당 쟁점주택의 실제 매입가액인 7억 원을 인정하지 아니하고 상속개시 당시 기준시가인 3억 원을 취득가액으로 본 것이다.

상속인들은 피상속인의 해당 쟁점주택 취득일로부터 상속개시일까지 기간은 약 1.6년으로 동 기간 중 시가하락이 될만한 특별한 사정이 없었음에도 불구하고 단지 법령에서 규정한 6개월이 도과하였다는 이유만으로 보충적 평가방법에 의한 기준시가 3억 원을 취득가액으로 하는 것은 합목적적인 해석이 아니며 상증령 제49조 제1항 단서에서 평가기간에 해당하지 아니하는 기간 중에 매매등이 있는 경우에도 시간의 경과 및 주변환경의 변화 등을 감안하여 가격변동의 특별한 사정이 없다고 인정되는 때에는 평가심의위원회의 자문을 거쳐 해당 매매등의 가액을 시가에 포함할 수 있다고 규정하고 있으므로 A씨(피상속인)의 실지취득가액을 시가로 인정하여야 한다고 주장하였다.

처분청은 소득령 제163조에서 상속받은 주택을 양도한 경우 취득 당시 실지거래가액은 상속개시일 현재 상증법 제60조 내지 제66조의 규정에 의하여 평가한 가액에 의하는 것으로 되어 있고, 상속인들이 상속세를 신고하지 아니하여 쟁점주택을 개별주택가격으로 평가하여 상속세를 결정하였으며, 상속개시일은 2008년 2월이고 피상속인이 쟁점주택을 취득한 2006년 8월까지는 평가기준일 전후 6월을 초과하므로 시가로 볼 수 없다는 입장을 굽히지 않았다.

이 건의 다툼은 쟁점주택의 취득가액에 대하여 상속개시 당시 확인되는 시가가 없다고 보아 보충적 평가방법에 의한 기준시가를 시가로 볼 것인지 아니면 평가기간 밖의 실지거래가액(상속개시일로부터 1년 6개월)을 시가로 인정할 수 있는지에 있다.

상증법 제60조 제1항에서 상속세가 부과되는 재산의 가액은 상속개시일 현재의 시가에 의한다고 규정하고 있고, 상증령 제49조 제1항에서 상속재산의 경우 상속개시일 전후 6월 이내의 기간 중 매매가 있는 경우에는 그 거래가액으로 한다고 규정하면서 단서에서 평가기간에 해당하지 아니하는 기간 중에 매매등이 있는 경우에도 시간의 경과 및 주변 환경의 변화 등을 감안하여 가격변동에 특별한 사정이 없다고 인정되는 때에는 제56조의 2 제1항의 규정에 의한 평가심의위원회의 자문을 거쳐 해당 매매등의 가액을 시가에 포함시킬 수 있다고 규정하고 있는바, 이는 시가로 볼 수 있는 매매사례가액의 범위를 확대함으로써 과세의 형평성을 제고하는 한편, 납세자의 권리를 보다 적극적으로 보호하고자 하는 취지로 보인다.

상증령 제49조의 2 제1항의 규정에 의거 설치된 비상장주식 평가심의위원회 설치 및 운영에 관한 규정에 의하면, 비상장주식의 경우 납세자도 평가를 의뢰할 수 있도록 규정(동 규정 제5조 및 제12조)하고 있는데 부동산의 경우에는 평가심의위원회는 과세관청의 시가인정 자문에 응할 수 있다고만 규정(동 규정 제22조)하고 있어 납세자가 평가를 신청할 수 있는 규정을 두고 있지 아니한바, 과세관청은 부동산에 대하여 납세자에게 불리한 경우에도 평가심의위원회의 자문을 거쳐 평가기간 밖의 매매사례가액을 시가로 보아 과세하고 있음에도 납세자가 유리한 경우라 하더라도 납세자가 평가심의위원회의 자문을 신청할 수 있는 규정을 두고 있지 아니한 것으로 보인다.

본 사례의 경우, 쟁점주택의 매매사례가액이 평가기간(상속개시일 전후 6월) 내의 가액은 아니라 하더라도 매매계약일과 상속개시일 사이에 시가하락이나 부동산상황의 변화가 있었다고 볼만한 특별한 사정이 있었다고 보이지 아니하는바, 상속개시 당시 평가기간 내의 확인되는 시가가 없다고 보아 보충적 평가방법에 의한 기준시가(3억 원)를 취득 당시의 시가로 보기보다는 쟁점주택의 상속개시 당시로부터 1년 6개월 전 피상속인의 쟁점주택 취득가액(7억 원)을 매매사례가액으로 인정하여 쟁점주택의 취득 당시 시가로 보는 것이 합리적이라 할 것이다(조심 2009부2439, 2008. 12. 29. 같은 뜻임).

### (4) 감정가액의 요건

다음 어느 하나에 따른 가액이 평가기준일 전후 6개월(증여재산의 경우에는 평가기준일 전 6개월부터 평가기준일 후 3개월까지로 한다) 이내에 해당하는지는 다음 구분에 따른 날을 기준으로 하여 판단하며, 시가로 보는 가액이 둘 이상인 경우에는 평가기준일을 전후하여 가장 가까운 날에 해당하는 가액(그 가액이 둘 이상인 경우에는 그 평균액)을 적용한다. 다만, 해당 재산의 매매등의 가액이 있는 경우에는 상증령 제49조 제4항에 따른 가액(동일 혹은 유사기준)을 적용하지 아니한다(상증령 제49조 제2항).

 1) 매매의 경우 매매계약일
 2) 2개 이상의 감정가액이 있는 경우에는 가격산정기준일과 감정가액평가서 작성일, 소급감정 방지를 위하여 기준일에 대한 요건을 강화하였다.
 3) 보상, 경매 등의 경우에는 보상가액·경매가액 또는 공매가액이 결정된 날

### (5) 평가액의 안분

재산평가 가액에 2 이상의 재산가액이 포함됨으로써 각각의 재산가액이 구분되지 아니하는 경우에는 각각의 재산을 상증법 제61조 내지 제65조의 규정에 의하여 평가한 가액에 비례하여 안분계산하되 각각의 재산에 대하여 감정가액(동일감정기관이 동일한 시기에 감정한 각각의 감정가액을 말한다)이 있는 경우에는 감정가액에 비례하여 안분계산한다. 다

만, 토지와 그 토지에 정착된 건물 기타 구축물의 가액이 구분되지 아니하는 경우에는 다음과 같이 부가가치세법 시행령 제64조에 따라 안분계산한다(상증령 제49조 제3항).

1) 토지와 건물 등에 대한 소득세법 제99조에 따른 기준시가("기준시가")가 모두 있는 경우 : 공급계약일 현재의 기준시가에 따라 계산한 가액에 비례하여 안분(按分)계산한 금액. 다만, 감정평가가액[부가령 제28조에 따른 공급시기(중간지급조건부 또는 장기할부판매의 경우는 최초 공급시기)가 속하는 과세기간의 직전 과세기간 개시일부터 공급시기가 속하는 과세기간의 종료일까지 「감정평가 및 감정평가사에 관한 법률」에 따른 감정평가업자가 평가한 감정평가가액을 말한다]이 있는 경우에는 그 가액에 비례하여 안분계산한 금액으로 한다.

2) 토지와 건물 등 중 어느 하나 또는 모두의 기준시가가 없는 경우로서 감정평가가액이 있는 경우 : 그 가액에 비례하여 안분계산한 금액. 다만, 감정평가가액이 없는 경우에는 장부가액(장부가액이 없는 경우에는 취득가액)에 비례하여 안분계산한 후 기준시가가 있는 자산에 대해서는 그 합계액을 다시 기준시가에 의하여 안분계산한 금액으로 한다.

3) 위 "1)"과 "2)"를 적용할 수 없거나 적용하기 곤란한 경우 : 국세청장이 정하는 바에 따라 안분하여 계산한 금액

## 2 보충적 평가방법 적용

상속·증여재산은 평가기준일의 시가로 평가해야 하는 것이 원칙이지만, 평가대상 재산과 관련된 주변 상황의 변화, 주관적 판단의 존재, 가격의 가변성 등으로 특정 시점의 객관적 교환가치를 반영한 시가를 산정하기란 실무적으로 쉬운 일이 아니다.

따라서 상증법에서는 시가를 산정하기 어려운 경우에는 해당 재산의 종류·규모·거래 상황 등을 감안하여 보충적 평가방법(상증법 제61~65조)에 의한 가액을 상속·증여재산의 가액으로 보도록 규정하고 있다(상증법 제60조 제3항).

### (1) 보충적 평가방법의 의의

"보충적 평가방법"이란 법적인 용어는 아니나 상속 또는 증여재산의 시가를 산정하기 어려운 경우에 제한적으로 별도의 규정을 두어 평가하도록 한 방법을 말한다. 상증령 제50조 내지 제63조에서는 각 재산종류별로 보충적인 평가방법을 구체적으로 규정하고 있다.

## (2) 보충적 평가방법의 적용 요건과 입증 책임

보충적 평가방법을 적용하기 위해서는 "평가대상 재산의 시가를 산정하기 어려운 경우"라는 요건이 먼저 충족되어야 한다. 이 경우 보충적인 평가방법에 의할 수밖에 없었다는 점은 과세관청이 주장·입증하여야 하고 그에 대한 입증을 다하지 못하는 한 과세처분은 위법하다는 것이 판례의 입장이다(대법원 97누8502, 1997. 9. 26. 외 다수).

해당 판례에서는 비상장주식의 평가와 관련하여 다음과 같이 판시하고 있다.

상속재산의 평가는 상속개시 당시 또는 상속세 부과 당시의 각 시가를 산정하기 어려울 때에 한하여 택할 수 있는 보충적인 평가방법이고, 시가를 산정하기 어려워서 보충적인 평가방법을 택할 수밖에 없었다는 점에 관한 입증책임은 과세처분의 적법성을 주장·입증할 책임을 진 과세관청에 있다(대법원 90누1229, 1990. 7. 10., 대법원 92누16218, 1993. 6. 11., 대법원 95누23, 1995. 6. 13. 등 참조). 여기서 시가라 함은 정상적인 거래에 의하여 형성된 객관적 교환가격을 말하는 것으로서, 증권거래소에 상장되지 않은 비상장주식이더라도 위와 같은 객관적인 교환가치가 적정하게 반영된 정상적인 거래의 실례가 있으면 그 거래가격을 시가로 보아 주식의 가액을 평가하여야 할 것이다(대법원 86누318, 1987. 1. 20., 대법원 88누3765, 1989. 6. 13., 대법원 90누1229, 1990. 7. 10. 등 참조).

## 3 저당권 등이 설정된 재산의 평가특례

### (1) 개요

저당권, 「동산·채권 등의 담보에 관한 법률」에 따른 담보권 또는 질권이 설정된 재산, 양도담보재산, 전세권이 등기된 재산(임대보증금을 받고 임대한 재산을 포함한다) 및 위탁자의 채무이행을 담보할 목적으로 대통령령으로 정하는 신탁계약을 체결한 재산 등이 설정된 재산은 상증법 제60조에도 불구하고 그 재산이 담보하는 채권액 등을 기준으로 대통령령으로 정하는 바에 따라 평가한 가액과 제60조에 따라 평가한 가액 중 큰 금액을 그 재산의 가액으로 한다(상증법 제66조).

"대통령령으로 정하는 바에 따라 평가한 가액"이란 다음의 어느 하나에 해당하는 금액을 말한다(상증령 제63조 제1항).

1) 저당권(공동저당권 및 근저당권을 제외한다)이 설정된 재산의 가액은 해당 재산이 담보하는 채권액

2) 공동저당권이 설정된 재산의 가액은 해당 재산이 담보하는 채권액을 공동저당된 재산

의 평가기준일 현재의 가액으로 안분하여 계산한 가액

3) 근저당권이 설정된 재산의 가액은 평가기준일 현재 해당 재산이 담보하는 채권액

4) 질권이 설정된 재산 및 양도담보재산의 가액은 해당 재산이 담보하는 채권액

5) 전세권이 등기된 재산의 가액은 등기된 전세금(임대보증금을 받고 임대한 경우에는 임대보증금)

6) 신탁계약을 체결한 재산의 가액은 신탁계약 또는 수익증권이 우선수익자인 채권자에 대해 담보하는 채권액

상증법 제66조 제4호에서 "대통령령으로 정하는 신탁계약"이란 수탁자가 위탁자로부터 「자본시장과 금융투자업에 관한 법률」 제103조 제1항 제5호 또는 제6호의 재산을 위탁자의 채무이행을 담보하기 위하여 수탁으로 운용하는 내용으로 체결되는 신탁계약을 말한다(상증령 제63조 제3항).

위의 재산을 평가함에 있어서 해당 재산에 설정된 근저당의 채권최고액이 담보하는 채권액보다 적은 경우에는 채권최고액으로 하고, 해당 재산에 설정된 물적담보 외에 신용보증기관의 보증이 있는 경우에는 담보하는 채권액에서 해당 신용보증기관이 보증한 금액을 차감한 가액으로 하며, 동일한 재산이 다수의 채권(전세금채권과 임차보증금채권을 포함한다)의 담보로 되어 있는 경우에는 그 재산이 담보하는 채권액의 합계액으로 한다.

## (2) 평가특례규정의 위헌 여부[9]

일반재산의 경우와 달리 저당권 등이 설정된 재산에 대해서만 시가와 담보 최고액 중 큰 금액을 평가액으로 하는 규정의 위헌가능성에 대하여 살펴본다.

### 1) 해당 법률 조항이 헌법상 조세법률주의와 포괄위임입법금지 원칙에 위배되지 않는다는 입장

#### 가. 위임입법의 허용성

헌법 제38조 및 제59조는 조세법률주의를 규정하고 있으나, 경제현실의 변화나 발전된 평가기술의 수준을 적시에 반영하는 입법이 요청되는 조세관련사항에 대하여는 국회 제정의 형식적 법률보다 더 탄력성이 있는 행정입법에 그 규정을 위임하는 것이 허용된다.

---

9) 헌법재판소는 동 사건에서 합헌으로 결정하였으나, 반대의견이 또한 다수여서 법리상 논란이 매우 컸다. 2003년 이전 법률조항에 대한 헌법소원심판사건을 참조하였다. 현행 상증법 조항과 차이가 있으나 법문의 내용에는 차이가 없다(헌재 2003헌바26, 2004. 8. 26.).

### 나. 위임내용에 대한 예측가능성의 존부

#### ① 상속재산의 가액평가

과세물건인 상속재산의 가액은 상속개시 당시의 현황에 의한다. 여기에서 '상속개시 당시의 현황에 의한 가액'이라 말하는 것은 원칙적으로 상속개시 당시의 교환가치인 시가를 의미하는데 이 시가라는 것은 객관적인 교환가치를 뜻하고 교환가치는 통상 불특정 다수인 간의 자유로운 거래에서 성립·인정되는 가액을 말한다(대법원 88누582, 1988. 6. 28.). 다만, 그 시가를 확인하기 어려울 때에는 보충적인 평가방법을 동원하여 산정한 가액이 시가의 기능을 하게 된다. 그러므로 시가라고 하는 개념은, 객관적이고 합리적인 방법으로 평가되어 시가에 갈음하는 기능을 하는 가액도 포함하는 것이다.

#### ② 해당 법률조항의 입법취지

상속재산에 관하여 저당권이 설정된 경우에는 통상 해당 재산의 객관적인 교환가치의 범위 안에서 피담보채권액이 정하여지므로 그 채권액이 시가에 비교적 근접하게 상속재산의 가액을 반영한다고 볼 수 있으므로, 보충적 평가방법에 의하여 시가에 비하여 불합리하게 낮게 평가된 과세표준액보다는 그것을 상회하는 피담보채무액이 있는 경우에는 이 피담보채무액을 과세표준액으로 삼아서 과세표준액이 가능한 한 시가에 근접되게 함으로써 실질과세의 원칙을 최대한 관철하려고 하는 것이 이 사건 법률조항의 취지인 것이다.

마찬가지로 「감정평가 및 감정평가사에 관한 법률」에 의한 감정평가업자가 감정한 가액을 기준으로 하여 근저당권의 채권최고액이 정하여진 경우라고 한다면 이때의 감정가액은 저당권의 피담보채권액에 못지 않게 시가에 근접한 가액을 반영한다고 볼 수 있으므로 이러한 감정가액에 의하여 시가에 근접한 가액을 추적하고자 하는 것 또한 누구든지 예상할 수 있는 것이다.

#### ③ 위임의 필요성 유무

국회의 전문적·기술적 능력의 한계 및 시간적 적응능력의 한계로 인하여 조세부과에 관련된 모든 법규를 예외 없이 형식적인 법률에 의하여 규정한다는 것은 사실상 불가능할 뿐만 아니라 불합리하기 때문에 경제현실의 변화나 발전된 평가기술의 수준을 적시에 반영하는 입법이 요청되는 조세관련사항에 대하여는 국회 제정의 형식적 법률에 비하여 보다 더 탄력성이 있는 행정입법에 그 규정을 위임하는 것이 허용되어야 하는바, 저당권이 설정된 상속재산의 경우 채권담보액을 기준으로 그 가액을 평가한다고 하더라도 채권담보액과 시가와의 비례적 관계가 경제적 여건의 변화에 따라 달라질 수 있고 부동산가액의 평가방법 또한 기술적 진보에 따라 다양하게 변할 수 있는 것이므로 이러한 사항은 법률이 직접 이를 규정하는 것보다는 행정입법에 이를 위임하는 것이 필요하고 합리적이기도 하다. 그러므로 저당권이 설정된 상속재산에 대한 가액 평가를 이 사건 법률조항이 대통령령에 위임한 것은 그 필요성과 합리성을 충분히 인정할 수 있다.

④ 소결

저당권이 설정된 부동산의 경우에 구법 시행령이 규정하는 보충적 평가방법에 의하는 것보다도 – 시가를 넘지 않는 범위 내에서 – 시가에 보다 근접한 가액을 찾는 하나의 방법이 피담보채무액 또는 공신력 있는 감정평가액을 기준으로 하는 것이 되리라는 것은 누구든지 예상할 수 있는 것에 속한다고 보아야 할 것이고 이러한 기준이나 한계는 이 사건 법률조항에 이미 내재하는 것이라고 보아야 할 것이다. 이렇게 볼 때 해당 법률조항이 과세관청의 자의적인 해석과 집행을 초래할 염려는 없다고 할 것이다.

## 2) 해당 법률 조항은 조세법률주의(과세요건 법정주의와 명확주의) 및 포괄 위임입법금지원칙에 위배된다는 입장

### 가. 이 사건 법률조항의 조세법률주의 위반 여부

① 조세법률주의(과세요건 법정주의와 명확주의)

국민의 기본의무인 납세의무의 중요한 사항 내지 본질적 내용에 관하여는 원칙적으로 의회가 제정한 법률에 명확히 규정되어야 하고 상속재산의 과세표준은 상속재산의 평가에 의하여 결정되므로 그 평가방법 또한 상속세의 중요한 사항 내지 본질적 내용이라 할 것이어서 법률에 명확히 규정되어야 한다.

그런데 헌법재판소는 2001. 6. 28. 99헌바54 사건에서 "상속재산의 가액은 … 상속개시 당시의 현황에 의한다"는 부분에 대하여 과세요건 법정주의에 반하고 과세요건 명확주의의 요청을 충족하지 못한다고 하여 헌법에 합치하지 아니한다는 결정을 선고한바 있다.

따라서 이 사건 구 상속세법 제9조 제1항은 위 헌법불합치결정에서 밝힌 바에 따라 시가를 알 수 없는 경우의 상속재산 평가방법에 관하여는 이 사건 법률로써는 도저히 알 수 없으므로 위 조항이 시가주의를 정한 것이라고 보더라도 과세요건 법정주의에 반하는 점을 피할 수 없고, 관련 조항과의 체계나 내용을 종합하여 보아도 시가주의의 내용이 명확하지 않아 과세요건 명확주의에 반하여 조세법률주의에 위반된다고 본다.

그렇다면 "상속개시 당시의 현황에 의하여 평가한 가액"은 조세법률주의에 위반되는 위헌성이 있고, 이 사건 법률조항이 위 법률조항을 비교기준으로 택하여 하나의 법조문으로 합체된 이상 이 사건 조항 전부가 위헌이라고 볼 수밖에 없는 것이다.

## ② 해당 법률조항의 입법취지

해당 법률이 상속재산 및 공제할 채무의 평가에 관하여 규정하고 담보권이 설정된 재산에 대한 평가에 대하여 별도로 정하고 있는 점을 고려하면, 이 사건 법률조항은 적정한 상속세 부과를 위하여 저당권이 설정된 상속재산의 경우에는 그 재산이 부담하고 있는 채무액보다 낮은 가액으로 평가되는 일이 발생되지 않도록 하려는 것이라 할 것이다.

또한 이 사건 법률조항이 대통령령이 정하는 바에 의하여 평가한 가액과 제1항에 의하여 평가한 가액 가운데 큰 금액으로 한다고 정하고 있는 점을 고려하면, 저당권이 설정된 상속재산의 경우에 재산평가액보다 큰 채무액이 공제되지 않도록 그 비교기준으로 "상속개시 당시의 현황에 의하여 평가한 가액"을 택하여 그보다 크게 평가되도록 하려는데 입법취지가 있다고 할 것이다.

## ③ 이 사건 법률조항의 입법취지의 문제점

합헌의견에서는 보충적인 평가방법을 규정한 구법 시행령은 상속개시 당시의 시가를 산정하기 어려운 경우에 대비한 집행명령으로서 모법에 저촉된다거나 위임근거가 없는 무효의 규정이라고 볼 수 없다고 하나, 상속재산의 가액평가 방법은 상속세 납부의무의 존부 및 범위를 결정하는 매우 중요하고 본질적인 요소로서 과세요건을 구성하는 것이라 할 것이고, 그렇다면 구법 시행령이 보충적 평가방법에 관하여 정하고 있는 것은 국민의 권리·의무에 관한 사항을 정한 것으로서 단순히 상속세 부과 징수에 관하여 필요한 세칙을 규정한 것에 불과하다고 볼 수 없으므로 이를 집행명령으로 파악하여 법률의 위임도 필요하지 않은 것이라고 볼 수는 없다 할 것이다.

따라서 구법 시행령이 보충적 평가방법을 정하고 있는 것은 위 헌법불합치결정에서 본 바와 같이 법률의 위임도 없이 상속세 과세요건을 구성하는 상속재산 평가방법을 정하고 있는 것이어서 조세법률주의에 위반되므로 위 보충적 평가방법으로 예측가능성의 기준을 삼을 수 없고, 위 보충적 평가방법은 이 사건 법률만 가지고는 그 존재 및 내용에 대하여 도저히 파악할 수 없으며, 위 보충적 평가방법을 알 수 없는 이상은 이 사건 법률조항을 아무리 체계적으로 해석한다 하더라도 "상속개시 당시의 현황에 의하여 평가한 가액"보다 큰 가액으로 평가되도록 한다는 것에 대하여 도저히 그 범위를 파악할 수 없게 된다고 할 것이다.

따라서 이 사건 법률조항은 이 사건 법률만으로는 도저히 그 의미를 명확히 알 수 없어 이미 위헌성이 확인된 "상속개시 당시의 현황에 의하여 평가한 가액"을 비교기준으로 삼아 "대통령령이 정하는 바에 따라 평가한 가액"과 비교하도록 함으로써, 명확한 비교를 불가능하게 하고 있으므로 그 자체로 조세법률주의에 위반된다 할 것이다.

### 나. 포괄위임금지원칙 위반

① 해당 법률조항은 상속개시 당시의 시가와 대통령령이 정하는 바에 따라 평가한 가액 중 큰 금액을 상속가액으로 한다고 규정하고 있는바, 저당권이 설정된 재산에 대하여 그 평가방법으로 생각할 수 있는 것은 피담보채무액, 채권최고액, 저당권을 설정하기 위하여 감정평가사가 평가한 평가액, 일본의 경우처럼 국세청 산하의 평가위원회가 평가한 가액 등 다양한 평가방법과 평가시기에 관하여서도 상속개시 당시, 평가 시, 중간시 등이 존재하므로 평가의 방법과 평가시기에 따라 상속재산의 평가액이 달라지므로 과세표준의 기본사항인 상속재산의 평가방법이나 시기에 관하여 대강의 평가기준만이라도 법률에 규정되어야 조세법률주의를 준수하였다 할 것인데 이에 관한 규정을 전혀 두지 아니함으로써 상속세법 자체로부터 대통령령에 규정될 내용의 대강을 도저히 예측할 수 없다 할 것이다.

② 상속세의 본질적 요소로서의 과세요건인 상속재산의 평가방법은 조세법률주의의 원칙상 당연히 법률로서 정하여야 하는데 새로운 과세요건인 시가를 알 수 없는 경우에 적용될 보충적 평가방법이 위 시행령에 규정되어 있어 이미 조세법률주의에 위반될 뿐만 아니라(다수의견과 같이 위 시행령이 집행명령이라는 점도 의문임은 이미 설시한 바와 같다. 우리는 위 조항은 위임명령으로 본다) 위임입법의 한계로서의 예측가능성은 입법취지와 법률자체로부터 그 유무를 판단하여야 함에도 아무런 법적근거도 없는 위 시행령은 예측가능성의 판단자료로 끌어다 쓸 수는 없음에도 이를 근거로 이 사건 법률조항의 예측가능성을 판단하는 잘못을 범하고 있다. 다시 말하면 어떤 법률조항의 위임입법의 한계로서의 예측가능성의 판단자료로서 이미 누차 헌법재판소가 제시한 법률자체와 입법취지 외 만약 다수의견과 같이 시행령을 근거로 한다면 시행령에 법률에 규정될 내용이 규정되어 있기만 하면 언제나 그 법률조항은 예측가능성이 있다는 논리가 되어 이는 위임입법의 한계를 무너뜨리는 모순이 생기게 된다.

따라서 위 시행령을 근거로 이 사건 법률조항이 예측 가능하다는 논리는 도저히 채용할 것이 못 된다.

### 다. 소결

이상과 같은 이유로 합헌의견과는 달리 이 사건 법률조항은 헌법 제59조의 조세법률주의 및 헌법 제75조의 포괄위임금지원칙에 위반된다고 보는 것이다.

## 3) 양 의견에 대한 정리

앞에서 위헌의견과 합헌의견을 각각 제시하였으나, 헌법재판소는 현행 상증법 제66조와 내용상 차이가 없는 구 상속세법(1994. 12. 22. 개정되기 전의 것) 제9조 제1항에 대한 위헌 여부에 대해 2004. 8. 26. 선고한 2003헌바26 결정에서 헌법에 위배되지 않는다는 결론을 내렸다는 점에서 논란은 정리되었다고 할 것이다.

## 4 기타재산 평가방법

### (1) 국외재산의 평가방법

#### 1) 현행 법령의 규정

해외에 소재하고 있는 재산을 국내재산과 동일한 평가방법으로 평가하기는 현실적으로 장소와 시간상의 제약 등으로 용이치 않을 수 있다. 상증령 제58조의 3에 따르면, 상속 혹은 증여재산 중 국외에 소재하고 있는 재산이 있는 경우 평가의 원칙이나 방법은 국내재산과 기본적으로 동일하다.

외국에 소재하는 상속 또는 증여재산으로 상증법 제60조 내지 제65조의 평가규정을 적용하는 것이 부적당한 경우에는 해당 재산이 소재하는 국가에서 양도소득세·상속세·증여세 등의 부과 목적으로 평가한 가액을 평가액으로 한다(상증령 제58조의 3 제1항). 그러나 평가액이 없는 경우에는 세무서장 등이 둘 이상의 국내 또는 국외의 감정기관(주식등에 대한 평가의 경우에는 기획재정부령으로 정하는 신용평가전문기관, 「공인회계사법」에 따른 회계법인 또는 「세무사법」에 따른 세무법인을 포함한다)에 의뢰하여 감정한 가액을 참작하여 평가한 가액으로 한다(상증령 제58조의 3 제2항).

국외재산의 가액은 평가기준일 현재 외국환거래법에 의한 기준환율 또는 재정환율에 의하여 환산한 가액으로 평가한다(상증칙 제15조 제2항). 외화자산 및 부채는 평가기준일 현재 외국환거래법 제5조 제1항에 따른 기준환율 또는 재정환율에 따라 환산한 가액을 기준으로 평가한다(상증령 제58조의 4).

#### 2) 현행 법령의 문제점

국외재산의 평가방법과 관련된 법령상의 문제점을 살펴본다.

첫째, 조세법률주의에 위배될 소지가 있다는 점이다.

조세법률주의에 따르면 헌법상 납세의무는 법률을 통하여서만 창설될 수 있다. 납세의무를 지우기 위해서는 과세요건, 즉 납세의무를 성립시키는 납세자, 과세물건, 과세표준, 과세기간 및 세율 등을 법으로 정하여야 한다. 국외재산의 평가방법은 과세요건인 과세표준을 산정하는 중요한 요소에 해당하는바 반드시 국회에서 제정하는 법률에 따라 규정되어야만 한다. 거주자가 비거주자에게 국외재산을 증여하는 경우 그 가액의 평가방법을 규정하고 있는 국조법 제35조와 같은 규정을 참조하여 보완하여야 할 것으로 사료된다.[10]

둘째, 상위 법령의 위임규정도 없이 시행령에 평가방법을 규정한 점이다.

상증령 제58조의 3[국외재산의 평가]에서는 국외재산의 일반원칙이 부적당한 경우 상증법의 일반적 평가원칙을 따른다고 규정하고 있다. 그런데 해당 규정의 상위 법령인 상증법에는 이와 관련된 규정이 미비한 실정이다. 그러므로 상증령 제58조의 3은 상위 법령의 위임규정도 없이 입법된바 상위 법령을 위반한 규정이라 할 수 있다.

셋째, 국외재산의 평가방법으로 일반원칙이 결여되어 있는 점이다. 상증령 제58조의 3에서는 상증법 제60조 내지 제65조의 평가규정을 적용하는 것이 부적당한 경우에 적용한다고 규정하고 있다. 해당 규정은 상증법에 "국외재산의 평가는 상증법 제60조 내지 제65조의 평가규정을 적용한다"고 규정한 조항이 있다는 것을 전제로 한 규정이다. 그러므로 상증법상 보완이 필요하다.

## (2) 개별재산 평가방법과 계산단위

재산의 가액은 각각의 재산을 개별적으로 평가하여 그 평가액의 합계액을 재산 평가액으로 하는 것이다.

그리고 배율에 의한 부동산의 제곱미터당 가액, 상장주식 1주당 최종시세가액의 평균액과 비상장주식의 1주당 가액, 1주당 순손익액 및 이의 가중평균액 등을 계산할 때에는 원단위 미만의 금액은 이를 절사한다(국고금관리법 제47조 참조).

## (3) 공유 재산의 평가

공유 재산은 전체로서 평가한 재산가액에 그 공유자의 지분 비율에 따라 안분한 가액으로 평가한다.

평가대상 재산이 공유물인 경우로서 해당 재산의 타인 지분에 감정가액이 있는 경우에는 해당 감정가액을 재산의 시가로 볼 수 있다. 다만, 공유물이 계약 등에 의하여 현실적으로 각자가 별도로 관리 · 처분할 수 있는 사실이 확인되거나 상호 명의신탁재산에 해당되어 사실상 공유물로 볼 수 없는 경우에는 타인 지분에 대한 감정가액을 평가대상 재산의 시가로 보지 아니한다(상증법 기본통칙 60-49…3).

---

10) "제6장 제3절 국외 증여에 대한 증여세 과세특례" 편을 참조하기 바란다.

사례를 보자.

A부동산(토지 1필지)의 전체 면적은 1,000㎡인데 [갑]과 [을]이 각 1/2씩 공동으로 소유하고 있다. [갑]은 자기소유 지분재산의 가치를 알아보기 위하여 2 이상의 감정평가업자에게 감정을 의뢰하였고, [갑]지분에 대한 감정가액의 평균액은 2억 5천만 원으로 평가되었다.

위와 같은 상황에서 [을]이 자신의 아들에게 위 A부동산의 자기지분을 증여하고자 하는데, 그 증여재산가액은 어떻게 계산하여야 할까?

이 경우는 타인지분([갑]의 지분)에 대한 감정가액이 있으므로 그 감정가액을 [을]지분에 대한 감정가액으로 보아 2억 5천만 원으로 평가한다.

### (4) 구체적인 평가방법이 규정되지 않은 재산의 평가

상증법에서 따로 평가방법을 규정하지 아니한 재산의 평가는 상증법 제65조 제1항과 제60조부터 제64조까지 규정된 평가방법을 준용하여 평가한다(상증법 제65조 제2항).

복권당첨금을 매월 일정하게 연금식으로 지급(월 5백만 원, 20년 지급)하는 복권상품이 있다. 이 경우에 대해서는 상증법에서 별도로 규정하고 있는 바가 없다. 과세관청은 복권 및 복권기금법에 따른 복권당첨금을 당첨금지급기간(20년) 동안 매월 일정액으로 수령하던 자가 사망으로 인하여 상속인에게 잔여복권당첨금을 매월 지급하는 경우 해당 금액은 상속세 과세대상으로 보았다.

이 경우 상속재산의 평가는 상증령 제62조(정기금을 받을 권리의 평가) 제1호(유기정기금)에 따라 평가한다. 다만, 상속인이 복권 당첨금을 일시금으로 수령하는 경우 기획재정부 복권위원회가 정하여 실제 수령하는 금액으로 평가하는 것이다(재산-767, 2010. 10. 19.).

### (5) 시가가 2 이상의 재산에 포함된 경우 안분 방법

매매가액, 감정가액, 수용·보상가액 등이 2 이상의 재산에 일괄하여 거래 및 설정된 경우로서 각각의 재산가액이 구분되지 아니하는 경우에는 각각의 재산을 상증법 제61조 내지 제65조의 규정(보충적 평가방법)에 의하여 평가한 가액에 비례하여 안분계산한다.

각각의 재산에 대하여 동일 감정기관이 동일한 시기에 감정한 각각의 감정가액이 있는 경우에는 감정가액에 비례하여 안분계산한다. 만약 시기를 달리하여 감정가액이 2 이상이 있다면 평가기준일을 전후하여 가장 가까운 날에 해당하는 가액을 시가로 본다(재산-757, 2010. 10. 14.).

다만, 토지와 그 토지에 정착된 건물, 기타 구축물의 가액이 구분되지 아니하는 경우에는 부가가치세법 시행령 제64조의 규정에 따라 안분계산한다(상증령 제49조 제3항 단서).

# 재산평가의 일반원칙

## 제 1 절    재산의 시가평가

### 1  개 요

상속세 또는 증여세가 부과되는 재산의 가액은 상속개시일 또는 증여일 현재의 시가에 의한다(상증법 제60조 제1항). 이 경우 시가란 불특정 다수인 사이에 자유로이 거래가 이루어지는 경우에 통상 성립된다고 인정되는 가액으로 하고, 구체적으로 평가기준일 전·후 6월(증여재산은 평가기준일 전 6개월부터 평가기준일 후 3개월까지, 이하 "평가기간") 이내에 매매·감정·수용·공매 또는 경매(이하 "매매 등")가 있는 경우 해당 매매가액 등은 시가에 포함된다(상증법 제60조 제2항).

### 2  시가적용의 연혁

2003. 12. 31. 이전 상속 또는 증여 시에는 해당 상속·증여재산에 대한 "매매 등"의 가액에 대하여만 시가로 인정하였으나, 2004. 1. 1. 이후 상속 또는 증여분부터는 상속·증여재산과 면적·위치·용도 등이 동일하거나 유사한 재산의 "매매 등"의 가액도 시가의 범위에 포함되었다.

또한, 2005. 1. 1. 이후에는 상속·증여재산 및 그와 유사한 재산에 대하여 평가기간 내의 "매매 등"의 가액뿐만 아니라 평가기간 밖의 "매매 등"의 가액도 가격 변동이 없다고 인정되는 경우에는 국세청(지방국세청) 평가심의위원회의 자문을 거쳐 확인된 매매가액 등을 시가에 포함하도록 시가범위를 확대하였다.

## 3 시가평가의 원칙

### (1) 시가평가 적용기간

재산 시가평가의 원칙은 상증법 제60조의 규정에 근거하여 상증령 제49조에서 구체적으로 규정하고 있다. 해당 조항은 예시규정으로 해석된다. 열거규정이 아닌 예시규정이기 때문에 달리 볼 여지가 있는 경우 달리 적용될 수 있을 것이다.

시가로 보는 가액은 크게 평가대상인 해당 재산의 매매 · 감정 · 수용 · 경매 또는 공매 등의 가액과 평가대상 재산과 동일하거나 유사한 다른 재산의 매매 · 감정 · 수용 · 경매 또는 공매 등의 가액으로 구분하고 있다. 이들 가액이 시가로 인정되기 위해서는 해당 가액이 먼저 평가기간 이내의 기간 중에 있는 가액에 해당되어야 한다.

다만, 이들 가액이 '평가기간의 밖'에 있다 하더라도 평가기준일부터 매매계약일 등까지의 기간 중에 가격변동의 특별한 사정이 없다고 인정되는 때에는 평가심의위원회의 자문을 거쳐 시가에 포함시킬 수 있다. 이 경우 '평가기간의 밖의 기간'이란 평가기준일 전 2년 이내의 기간을 말한다(상증령 제49조 제1항 단서).

| 평가기간 밖의 기간 | 평가기간 내 |
|---|---|
| 2년　　　　　　　　　　　　　　6월 | 상속개시일 |

| 평가기간 밖의 기간 | 평가기간 내 |
|---|---|
| 2년　　　　　　　　　　　　　　6월 | 증여일 |

### (2) 평가기간을 지나 소급감정한 경우

#### 1) 행정 해석의 입장

평가기간을 지나 소급하여 감정이 이루어진 경우는 이를 시가로 인정할 수 있을 것인가가 문제될 수 있다. 과세관청에서는 소급감정을 허용하는 경우 발생할 수 있는 행정상의 혼란을 고려하여 소급감정가액은 시가로 인정하지 않고 있다.[11]

---

11) 상속세 및 증여세법 시행령 제55조 제1항의 규정에 의하여 비상장법인의 순자산가액을 계산할 때 해당 법인의 자산가액은 같은 법 제60조 내지 제66조의 규정에 의한 평가액에 의하는 것이며 이 경우 평가기준일 후 6월(증여재산인 경우 3월)을 경과하여 2 이상의 공신력 있는 감정기관이 평가한 감정가액의 평균액이 있는 경우 그 가액은 같은 법 제60조 제2항 및 같은 법 시행령 제49조 규정에 의한 시가의 범위에 포함되지 않는 것이다(재산세과-990, 2010. 12. 30.).

조세심판원의 결정(조심 2009서3597, 2010. 11. 2., 조심 2010서282, 2010. 3. 23.)도 아래에서 보는 바와 같이 과세관청과 같은 입장을 유지하고 있다.

"감정가액이 상속 당시 시가에 해당하려면 그 감정가액이 상속개시일 전후 6월 이내 2 이상의 공신력 있는 감정기관이 평가한 감정가액의 평균액이어야 한다. 상속 당시의 시가에 해당하려면 상증령 제49조 제1항 등의 규정에 따라 그 감정가액이 상속개시일 전후 6월 이내 2 이상의 공신력 있는 감정기관이 평가한 감정가액의 평균액이어야 할 것인데 이 건의 경우 그렇지 아니하고, 또한 평가목적도 세무서 제출목적 또는 시가참고용인 점 등에 비추어 볼 때, 청구인이 제시한 감정평가액을 쟁점부동산의 취득가액, 즉 상속 당시의 시가로 보기는 어려워(조심 2008서3350, 2008. 11. 28. 참조) 결국 위 주장은 받아들이기 어려운 것으로 판단된다.

소급감정한 감정가액의 평균액이 세무서 제출용으로 평가하는 등 객관적이고 합리적인 감정평가방법에 의하여 감정한 가액으로 볼 수 없으므로 시가로 볼 수 없다. 상증법 제60조 제1항 및 제3항에 의하면, 상속세 또는 증여세가 부과되는 재산의 가액은 상속개시일 또는 증여일인 평가기준일 현재의 시가에 의하고 이 시가에는 감정가격 등 시가로 인정하는 것도 포함하는 것이나, 같은 법 시행령 제49조 제1항에 의하여 상속재산의 경우 평가기준일 전후 6월 이내의 평가기간 중 해당 재산에 대하여 2 이상의 공신력 있는 감정기관이 평가한 감정가액이 있는 경우에는 그 감정가액의 평균액으로 하되, 일정한 조건이 충족될 것을 전제로 하여 해당 재산을 평가하는 등 상속세 및 증여세의 납부목적에 적합하지 아니한 감정가액은 제외하도록 규정하고 있는바, 상속개시일 전후 6월 이내에 2 이상의 공신력 있는 감정기관이 감정한 가액의 평균액을 시가로 보기 위해서는 객관적이고 합리적인 방법으로 평가되었다는 사실이 인정되어야 하는데, 쟁점부동산에 대한 감정가액의 경우 가격시점은 2007. 11. 1.(상속개시일)인데 반하여 작성일자는 그때로부터 1년 8개월 이상이 경과한 2009. 7. 13.이며 평가 목적도 세무서 제출용인 점 등을 고려할 때, 그 가액을 객관적이고 합리적인 감정평가방법에 의하여 감정한 가액이라고 보기 어렵다."

### 2) 판례의 입장

하급심인 행정법원(서울행법 2009구단13897, 2010. 4. 26.)이나 대법원(대법원 2001두6029, 2003. 5. 30., 대법원 2004두1834, 2008. 2. 1., 대법원 2002두10377, 2004. 3. 12. 등)에서는 소급감정을 통해 상속재산의 시가를 입증한 때에는 그 상속재산의 시가에 의하여 상속세액을 산출함이 타당하다고 결정하고 있다. 그 판단의 근거는 다음과 같다.

"상속세를 부과함에 있어 과세관청이 비록 상속재산의 상속 당시의 시가를 평가하기 어렵다는 이유로 상속재산의 가액을 개별공시지가로 평가하여 과세처분을 하였다고 하더라도 그 과세처분 취소소송의 사실심 변론종결 시까지 상속재산의 시가를 입증한 때에는 그 상속재산의 시가에 의한 정당한 상속세액을 산출한 다음 과세처분의 세액이 정당한 세액을 초과하는지 여부에 따라 과세처분의 위법 여부를 판단하여야 하고, 여기서 '시가'라 함은 원칙적으로 정상적인 거래에 의하여 형성된 객관적 교환가격을 의미하지만 이는 객관적이고 합리적인 방법으로 평가한 가액도 포함하는 개념이므로 거래를 통한 교환가격이 없는 경우에는 공신력 있는 감정기관의 감정가격도 '시가'로 볼 수 있고, 그 가액이 소급감정에 의한 것이라 하여도 달라지지 않는다."

### 3) 각 견해의 종합

앞서 언급한 바와 같이 조세심판원의 결정례(조심 2009서3597, 2010. 11. 2.)에 따르면, 감정가액이 상속 당시 시가에 해당하려면 그 감정가액이 상속개시일 전후 6월(증여의 경우 3월) 이내 2 이상의 공신력 있는 감정기관이 평가한 감정가액의 평균액이어야 할 것이라며 소급하여 평가한 것은 인정하기 어렵고 또한 평가목적도 세무서 제출목적 또는 시가참고용인 경우, 청구인이 제시한 소급감정평가액을 쟁점부동산의 취득가액, 즉 상속 당시의 시가로 보기는 어려워(조심 2010서282, 2010. 3. 23., 조심 2008서3350, 2008. 11. 28. 외 다수) 받아들이기 어려운 것으로 판단하고 있다.

다시 말하면, 부동산을 소급감정한 감정가액의 평균액이 객관적이고 합리적인 감정평가 방법에 의하여 감정한 가액으로 볼 수 없어 시가로 인정될 수 없다는 점을 명확히 하고 있는 것이다.

그러나 법원의 소급감정가액을 인정하는 판례는 과세관청에 비하여 상대적인 열위에 있는 납세자의 입장을 배려한 해석으로 과세관청이 소급감정한 가액을 시가로 인정하고자 하는 건의 경우에는 적용할 수는 없다고 보여진다.

앞서 언급한 바와 같이 하급심 판례(서울행법 2009구단13897, 2010. 4. 26. 등)에서는 부동산의 경우 공신력 있는 감정기관이 객관적이고 합리적인 기준에 따라 감정하였다면 그것이 소급감정이라 하더라도 달라지지 않는다 하여 기존의 대법원의 입장(대법원 99두1595, 1999. 4. 27., 대법원 2002두10377, 2004. 3. 12. 등)을 따르고 있다.

그런데 기존의 대법원 판례의 배경을 보면, 과세관청이 특정 부동산의 시세가 기준시가 보다 더 하락한 상황에서 시가를 인정하지 않고 기준시가를 상속세 혹은 증여세의 과세가액으로 결정한 경우, 납세자가 소급감정을 통하여 적극적으로 시가를 입증한 경우에 앞서 언급한 바와 같이 조세심판원이나 과세관청의 예규 등에서 인정되지 않아 기각되어 사법심의 판결을 구하는 경우에 인정한 사례들(대법원 2001두6029, 2003. 5. 30., 대법원 99두1595, 1999. 4. 27., 대법원 2002두10377, 2004. 3. 12. 등)인 것을 알 수 있다.

위와 반대로, 특정 부동산이 과세관청이 기존에 발표한 기준시가를 상회하는 상황에서 과세관청이 적극적으로 소급감정을 하여 시가조정을 하는 경우는 어떻게 할 것인가가 쟁점이 될 수 있을 것이다. 이와 관련하여 지금까지 과세관청이 소급감정을 받아 증여가액을 조정한 사례는 없는 것으로 보이는바, 그 이유는 다음과 같다.

첫째, 기존의 과세관청의 해석(예규)이나 조세심판원에서는 일관되게 납세자의 소급감정을 시가로 인정하지 않고 있어 과세관청이 소급감정을 받아 이를 시가로 사용하려는 경우 형평성에 어긋나게 된다. 특히 세무공무원의 신의성실의무를 규정한 국세기본법 제15조에 어긋나게 되는 모순이 발생하게 된다. 국세기본법 제15조 후단에서는 "세무공무원이 직무를 수행할 때에도 또한 같다(신의성실의무를 다하여야 한다)"고 규정하고 있다. 결국 소급감정을 시가로 인정하는 문제는 과세관청에서 스스로 천명한 원칙을 스스로 뒤집는 결과를 초래하게 되어 부동산의 시가산정에 일대 혼란이 불가피할 가능성이 높아지므로 받아들이기 어렵기 때문으로 보인다. 따라서 국세청은 신고기한이 지난 후 소급하여 감정한 가액을 시가로 인정하는 것은 법적 안정성을 해치고 조세행정 집행상 혼란을 초래할 우려가 있다는 등의 이유로 일관되게 소급감정가액을 일체 인정하지 않고 있는 것으로 판단된다.

둘째, 과세관청의 힘이 납세자보다 우월적인 지위를 점하고 있는 상황에서 과세관청의 소급감정을 시가로 인정하게 되면 이는 행정편의적인 발상으로 해석될 소지가 다분하며 과세관청 입장에서는 언제든 납세자가 신고한 시가를 인정하지 않을 수 있기 때문이다. 또한 소급감정가액을 시가로 인정하게 되면 결과적으로 시가를 산정하기 어려운 때의 재산평가 시 적용될 보충적 평가방법이 유명무실해져 조세법률주의의 근간을 해칠 가능성이 있기 때문이기도 하다.

### 4 시가로 인정되는 매매 등 가액의 적용요건

#### (1) 평가대상 재산의 거래가액

해당 재산에 대한 매매사실이 있는 경우에는 그 실지거래가액을 시가로 본다. 다만, 그 거래가액이 특수관계자와의 거래 등 객관적으로 부당하다고 인정되는 가액인 경우에는 시가로 보지 아니한다(상증령 제49조 제1항 제1호 가목).

객관적인 거래가액으로 보기 힘든 사례를 살펴보면 다음과 같다.

① 형식상 매매를 원인으로 하여 소유권이전등기를 하였으나 사실상 증여받은 주택에 해당하므로 등기를 위하여 작성된 매매계약서상의 매매가액은 시가에 해당되지 아니한다(서면4팀-3656, 2006. 11. 6.). 그렇다면 이 경우의 시가는 어떻게 평가할 것인가?

상증법 제60조 제1항 및 제2항의 규정에 의하여 증여재산의 가액은 증여일 현재의 시가에 의하는 것이며, 시가란 불특정 다수인 사이에 자유로이 거래가 이루어지는 경우 통상 성립된다고 인정되는 가액을 말하는 것으로서, 상증령 제49조 제1항 각 호에서 예시하는 가액은 해당 증여재산의 시가범위에 포함되는 것이다. 이 경우 증여일 전후 3월 이내의 기간 중에 해당 재산과 면적·위치·용도 및 종목이 동일하거나 유사한 다른 재산에 해당하는 가액이 있는 경우 그 가액은 시가로 인정될 수 있는 것이다. 시가에 해당하는 가액이 없는 경우에는 부동산의 경우 상증법 제61조의 규정에 의하여 평가하여야 할 것이다.

해당 증여사례의 경우 증여받은 재산 또는 증여받은 재산과 면적·위치·용도 및 종목이 동일하거나 유사한 다른 재산에 대한 매매가액 등이 있는지 여부 등 구체적인 사실을 확인하여 시가를 산정하여야 하는 것이며, 시가에 해당하는 가액이 없는 경우에 한하여 상증법 제61조 제1항 제4호의 규정에 의하여「부동산 가격공시에 관한 법률」에 의한 개별주택가격으로 평가하는 것이다(서면4팀-2304, 2005. 11. 23.).

② 특수관계인들 사이의 일회적 거래가격은 주식의 객관적인 교환가치를 적정하게 반영한 시가라고 인정하기는 어렵다고 해석된다(대법원 2005두11913, 2007. 12. 13.). 특수관계인간에는 제3자간의 거래가격과 같은 객관성을 보장할 수가 없는 점과 통정거래를 통하여 시가를 임의로 조정할 여지를 배제할 수 없다는 점에서 일회성 거래가액은 시가로 보지 않는다고 판단하고 있는 것이다.

다음으로, 사전에 특수관계가 없는 자와 소액의 비상장주식 거래를 통하여 매매사례가액을 조작하는 사례를 방지하기 위하여 거래된 주식의 액면가액이 발행주식총액의 1% 혹은 3억 원 중 적은 금액보다 작은 경우 해당 거래가액은 시가로 인정하지 않는다(상증령 제49조 제1항 제1호 나목). 특수관계가 없는 자 간에 최소한 3억 원 이상의 거래가액이 있어야 시가로 인정할 수 있을지 여부를 검토할 수 있는 것이다. 이를 산식으로 나타내면 다음과 같다.

★

거래된 비상장 주식의 가액이 다음 중 적은 금액 미만의 거래
Min{발행주식총액(자본금)의 1%, 3억 원}

특수관계인 간의 거래가액이라 하더라도 해당 거래가 거래소를 통하여 이루어지거나 객관성과 공정성이 담보되는 기관(예 : 금융기관 등)을 통한 경우라면 그 거래가액은 시가로 인정받을 수 있을 것으로 본다.

## (2) 평가대상 재산에 대한 2 이상 감정가액의 평균액

감정가격을 결정할 때에는 둘 이상의 감정기관에 감정을 의뢰하여야 함은 앞서 언급하였다(상증법 제60조 제5항).

특정 재산(상장·코스닥상장 주식 및 비상장주식은 제외한다)에 대하여 둘 이상의 기획재정부령이 정하는 공신력 있는 감정기관이 평가한 감정가액이 있는 경우에는 그 감정가액의 평균액을 시가로 본다(상증령 제49조 제1항 제2호). 최근 상증칙 개정을 통하여 주식 및 출자지분을 제외한 부동산 등을 평가하는 공신력 있는 감정기관을 감정평가법인에서 감정평가업자로 확대하여 개인 감정평가사를 감정기관의 범위에 포함하였다(상증칙 제15조 제1항). 다만, 일정한 조건이 충족될 것을 전제로 해당 재산을 평가하는 등 상속세 및 증여세의 납부목적에 적합하지 아니한 감정가액이나 평가기준일 현재 해당 재산의 원형대로 감정하지 아니한 경우의 해당 감정가액은 시가로 보지 아니한다.

해당 감정가액이 기준금액에 미달하는 경우(기준금액 이상인 경우에도 상증령 제49조의2 제1항의 규정에 의한 평가심의위원회의 자문을 거쳐 감정평가목적 등을 감안하여 동 가액이 부적정하다고 인정되는 경우를 포함한다)에는 세무서장(관할지방국세청장을 포함한다)이 다른 감정기관에 의뢰하여 감정한 가액에 의하되, 그 가액이 상속세 또는 증여세 납세의무자가 제시한 감정가액보다 낮은 경우에는 그러하지 아니하다.

위에서 말하는 기준금액이란 상증법 제61조(부동산등의 평가)·제62조(선박 등 그 밖의 유형재산의 평가)·제64조(무체재산권 등의 평가) 및 제65조(그 밖의 조건부 권리 등의 평가)의 규정에 의하여 평가한 가액과 해당 재산과 면적·위치·용도 및 종목이 동일하거나 유사한 다른 재산에 대한 가액[상증법 제67조 또는 제68조에 따라 상속세 또는 증여세 과세표준을 신고한 경우에는 평가기준일 전 6개월(증여의 경우에는 3개월로 한다)부터 신고일까지의 가액을 말한다]이 있는 경우에는 해당 가액의 100분의 90에 해당하는 가액 중 적은 금액을 말한다.

감정가액을 시가로 보는 범위와 관련된 연혁을 살펴보면 아래와 같다.[12]

가. 1997. 1. 1.~1999. 12. 31. : 상속세 및 증여세 납부외의 목적으로 재산을 평가한 경우

---

12) 국세청, 「상속세 및 증여세법」, 2011., 393면

에 한하여 그 감정가액을 시가로 인정

나. 2000. 1. 1.~2004. 12. 31. : 감정가액 평균액이 공시지가 등의 80%에 미달할 경우에는 세무서장이 다른 감정기관에 재감정을 의뢰하여 감정한 재감정가액과 납세자가 신고한 가액 중 높은 감정가액을 시가로 인정(추가신설)

다. 2005. 1. 1.~2010. 12. 31. : 감정가액의 평균액이 공시지가 등의 80% 이상인 경우에도 국세청 평가심의위원회 자문을 거쳐 감정평가 목적 등에 비추어 해당 감정가액을 시가로 보는 것이 부적정하다고 인정되는 경우에는 세무서장이 다른 감정기관에 의뢰하여 평가한 가액을 시가로 인정(추가신설)

라. 2011. 1. 1. 이후 : 감정가액의 평균액이 보충적 평가액과 유사재산의 매매등 가액의 90% 중 적은 금액에 미달하는 경우 또는 기준금액 이상인 경우에도 평가심의위원회 자문을 거쳐 감정평가 목적 등에 비추어 해당 감정가액을 시가로 보는 것이 부적정하다고 인정되는 경우에는 세무서장이 다른 감정기관에 의뢰하여 평가한 가액을 시가로 인정

## 1) 시가로 인정하지 아니하는 감정가액

특정 재산에 대하여 공신력 있는 감정기관이 감정을 한 경우라 하더라도 아래와 같이 그 평가가 정당하지 못한 경우에는 시가로 인정하지 않는다.

가. 일정한 조건이 충족될 것을 전제로 해당 재산을 평가하는 등 상속세 및 증여세의 납부 목적에 적합하지 아니한 감정가액

나. 평가기준일 현재 해당 재산의 원형대로 감정하지 아니한 경우의 해당 감정가액

다. 부실감정기관의 감정가액[아래 "2)"]

## 2) 부실감정기관이 평가한 감정가액의 시가 제외

납세의무자가 제시한 감정기관("원감정기관")의 감정가액이 세무서장 등이 다른 감정기관에 의뢰하여 평가한 감정가액의 80%에 미달하는 경우에는 원감정기관이 평가하는 감정가액은 부실 감정의 고의성·미달 정도 등을 감안하여 1년의 범위 안에서 "기획재정부령으로 정하는 기간"[13] 동안 이를 시가로 인정하지 아니한다(상증법 제60조 제5항 후단 및 상증령

---

13) "기획재정부령으로 정하는 기간"이란 다음 각 호의 구분에 따른 기간으로 하되, 제1호 및 제2호에 모두 해당하는 경우에는 해당 기간 중 가장 긴 기간으로 한다(상증칙 제15조 제4항, 2018. 3. 19. 개정).
  1. 고의 또는 중대한 과실로 다음 각 목의 어느 하나에 해당하는 부실감정을 한 경우 : 1년
    가. 평가대상 재산의 위치·지형·이용상황·주변환경 등 객관적 가치에 영향을 미치는 요인을 사실과 다르게 조사한 경우
    나. 「감정평가 및 감정평가사에 관한 법률」 제2조 및 제25조 제2항을 위반한 경우

제49조 제8항).

위에서 감정기관이란 「감정평가 및 감정평가사에 관한 법률」에 의한 감정평가업자를 말한다. 감정평가업자의 감정은 객관적인 자료를 바탕으로 정형화된 감정기법에 따라 이루어지는 것이 일반적이므로 감정기관 간에 시가를 기준으로 20% 이상 차이가 생기는 경우는 시가로 인정하지 않겠다는 것이다. 원감정기관과의 주관적인 판단이 지나치게 개입된 것으로 판단되는 감정기관의 감정가액을 시가에서 배제하여 납세자의 부실감정 유혹을 원천적으로 차단하겠다는 것이 이 규정의 취지이다.

## (3) 평가대상 재산의 수용보상가액, 공매 · 경매가액

### 1) 개요

해당 재산에 수용 · 공매 · 민사집행법에 의한 경매 사실이 있는 경우에는 그 보상가액 · 공매가액 · 경매가액은 시가로 본다(상증법 제60조 제2항).

평가기간 이내에 해당하는지 여부는 수용보상가액 · 공매가액 · 경매가액이 결정된 날을 기준으로 적용하고 보상가액이 결정된 날이라 함은 수용보상계약 체결일을 말한다(상증령 제49조 제1항). 그러므로 상속개시 후 6월을 경과하여 보상가액이 결정된 토지보상가액의 경우 시가의 범위에 포함되지 아니할 수 있다(서면4팀 – 2244. 2007. 7. 24.).

### 2) 시가로 인정하지 아니하는 공매가액 등

가. 상속세로 물납한 재산을 상속인 또는 그의 특수관계인이 경매 또는 공매로 취득한 경우의 해당 경매 · 공매가액은 시가로 인정하지 아니한다(상증령 제49조 제1항 제3호 가목). 해당 규정은 물납한 비상장주식 등을 상속인 또는 그의 특수관계인이 시가보다 낮은 가액으로 공매를 받은 후 해당 주식등과 동일한 종목의 주식을 증여하면서 그 공매가액을 시가로 갈음하여 증여세 등을 부당하게 감소시키는 것을 방지할 목적으로 제정되었다. 수용 · 공매가격 및 감정가액 등 시가로 인정되는 것을 규정한 상증령 제49조 제1항에 의하면, 동종의 주식에 대한 공매가격이 존재하는 경우 이를 시가로 볼 수 있다고 규정하고 있다고 하더라도 이러한 공매가격이 공매참여의 동기 및 경위, 공매

다. 납세자와 담합하여 상속세 및 증여세를 부당하게 감소시킬 목적으로 감정평가한 경우
2. 원감정가액이 재감정가액에 미달하는 경우 : 재감정가액에 대한 원감정가액의 비율에 따른 다음 각 목의 기간
가. 100분의 70 이상 100분의 80 미만인 경우 : 6월
나. 100분의 60 이상 100분의 70 미만인 경우 : 9월
다. 100분의 60 미만인 경우 : 1년

가액과 기준시가 등에 의한 보충적평가액과의 격차 등을 감안할 때 정상적인 거래에 의해 형성된 객관적인 교환가격이라고 볼 수 없는 경우에는 시가로 인정할 수 없다는 것이 본 규정의 취지이다(국심 2005서1383, 2005. 6. 30.).

나. 2006. 2. 9. 이후 취득하는 주식 등의 경우로서, 공매 · 경매를 통한 조세회피의 방지를 강화하기 위하여 경매 또는 공매로 취득한 비상장주식의 가액(액면가액의 합계액을 말한다)이 다음의 금액 중 적은 금액 미만인 경우에도 시가로 보지 아니한다(상증령 제49조 제1항 제3호 나목).

★

> Min(액면가액의 합계액으로 계산한 해당 법인의 발행주식총액 또는
> 출자총액의 1%에 해당하는 금액, 3억 원)

다. 경매 또는 공매절차의 개시 후 관련 법령이 정한 바에 따라 수의계약에 의하여 취득하는 경우에도 시가로 인정하지 아니한다(상증령 제49조 제1항 제3호 다목).

라. 상증령 제15조 제3항에 따른 최대주주 등의 상속인 또는 최대주주 등의 특수관계인이 최대주주 등이 보유하고 있던 제54조 제1항에 따른 비상장주식등을 경매 또는 공매로 취득한 경우에도 시가로 인정하지 아니한다(상증령 제49조 제1항 제3호 라목).

## (4) 상장주식 · 코스닥상장주식의 종가 평균액

상장 · 코스닥상장주식의 경우는 증권시장에서 불특정 다수인 간에 자유로이 거래가 이루어지므로 해당 거래가액은 시가로 볼 수도 있으나, 통상 주식의 거래가액은 시시각각 변화하여 특정 시점의 가액을 시가로 하는 경우에는 공평과세에 문제점이 있으므로 상증법에서는 평가기준일 전 · 후 각 2월간의 종가 평균액을 시가로 보도록 규정하고 있다(상증법 제63조 제1항 제1호 가목 및 나목). 상세내역에 대해서는 후술하기로 한다.

## (5) 평가대상재산과 유사한 재산의 매매가액 등(유사사례가액)

해당 재산과 면적 · 위치 · 용도 및 종목이 동일하거나 유사한 다른 재산에 대한 수용가격 · 공매가격 · 감정가격(상증법 제67조 또는 제68조에 따라 상속세 또는 증여세 과세표준을 신고한 경우에는 평가기준일 전 6개월부터 상증령 제49조 제1항에 따른 평가기간 이내의 신고일까지의 가액을 말한다)이 있는 경우에는 해당 가액을 상증법 제60조 제2항에 따른 시가로 본다(상증령 제49조 제4항).

조세법률주의를 근간으로 하는 우리 세법은 과세요건을 명확히 할 것과 모법에서 위임규정을 두지 않은 채 시행령 등에서 하위 규정을 두는 포괄적인 위임입법을 금지하고 있다. 유사한 다른 재산에 대한 거래가액 등을 시가로 보도록 규정한 상기 규정은 조세법률주의 또는 위임입법의 한계를 벗어난 것으로 볼 수 있을까? 이에 대하여 대법원은 다음과 같이 설시하면서 상기 규정은 상증법에서 규정하고 있는 시가범위를 구체화한 것으로 조세법률주의 또는 평등의 원칙 등에 위배되거나 위임입법의 한계를 벗어난 무효의 규정이라고 할 수 없다고 판단하고 있다.

"상증법 제60조는 제1항에서 상속 또는 증여재산의 평가에 있어서 시가주의 원칙을 선언하고 제2항에서 그 시가가 일반적이고 정상적인 거래에 의하여 형성된 것으로서 객관적인 교환가치를 적정하게 반영한 것이어야 함을 전제로 시가로 인정될 수 있는 대략적인 기준을 제시하면서 그 구체적인 범위를 대통령령으로 정하도록 위임하고 있는바, 이에 따른 상증령 제49조 제1항 각 호에서 과세대상인 해당 재산에 대한 거래가액 등을 시가로 규정한 것은 상속 또는 증여재산의 시가로 볼 수 있는 대표적인 경우를 예시한 것이다(대법원 2000두5098, 2001. 8. 21. 참조). 그리고 상증법 제60조 제2항이 과세대상인 해당 재산에 대한 거래가액 등만을 시가에 포함하도록 한정하고 있지 않은 이상, 이 사건 시행령조항에서 과세대상인 해당 재산과 동일하거나 유사한 다른 재산에 대한 거래가액 등을 시가로 보도록 규정한 것은 모법인 상증법 제60조 제2항이 예정하고 있는 시가의 범위를 구체화·명확화한 것으로서 그 비교대상이 되는 다른 재산의 범위도 면적·위치·용도 등 구체적 기준을 정하여 한정하고 있으므로, 상증령 조항이 조세법률주의 또는 평등의 원칙 등에 위배되거나 위임입법의 한계를 벗어난 무효의 규정이라고 할 수 없다"(대법원 2008두8505, 2010. 1. 28.).

아래의 사례를 보자.

[갑]은 보유하던 아파트(○○아파트 101동 601호 85㎡)를 아들에게 2009. 12. 1. 증여하고 시가를 확인할 수 없다 하여 공시된 개별주택가격 3억 5천만 원을 증여재산가액으로 하여 2010. 3. 31. 증여세를 신고·납부하였다.

한편, 증여 당시 증여대상 아파트와 동일한 단지 내 아파트의 시세는 6억 원 정도로 호가되고 있었으며, 같은 아파트 단지 101동 607호 85㎡가 2010. 1. 5. 5억 8천만 원에 매매된 사례가 있었다. 그 외 다른 사례는 없었다고 가정한다.

위와 같은 경우 해당 아파트의 증여재산가액은 얼마로 평가함이 정당한가?

증여재산과 면적·위치·용도 및 종목이 동일하거나 유사한 다른 재산에 대한 매매사례가액은 시가의 범위에 포함되므로 101동 607호 매매사례가액 5억 8천만 원을 시가로 보아야 함(호가의 경우는 시가의 범위에 포함되지 않음)이 일응 타당하다 할 수 있을 것이다.

하지만 동일한 아파트 단지 내에 동일한 동의 동일 층이라 하더라도 그 위치(예컨대 동서향, 남향)가 다르다면 유사 매매사례가액을 적용하는 것에 무리가 있다고 볼 수도 있을 것이다. 왜냐하면 통상 아파트의 위치가 남향을 선호하는 점에 비추어 보면 동서향으로 위치한 아파트는 가격이 남향에 비하여 낮을 수도 있을 것이기 때문이다. 그러하면 같은 단지 내 같은 동의 아파트라도 방향을 달리하는 경우 유사 매매사례가액을 그대로 적용하는 것이 무리일 수 있는 것이다.

반면에 단지와 층이 다른 경우라 할지라도 위치·면적·용도 등이 같다면 유사 매매사례가액을 적용할 수 있다는 것이 과세관청의 입장(심사상속 2011-14, 2011. 8. 26.)이다. 다시 말하면, 단지와 층은 다른 경우라 할지라도, 인접한 단지로 주택공시가격·위치·면적·용도가 같으면서 동일한 남향의 로얄층으로 대로변에서 특정 번째 열에 위치하며, 인터넷상의 시세가 동일하거나 유사한 점이 있으며 상속개시일 전후 6개월 동안 일반거래가의 급격한 변동은 없었던 경우는 면적·위치·용도 등이 유사한 것으로 보는 것이 정당하다는 것이다.

심판원의 기존 결정례를 살펴보면, 유사재산 매매사례가액을 시가로 인정한 사례(조심 2007서4053, 2008. 6. 30., 조심 2008서1154, 2008. 6. 13. 등)와 유사재산 매매사례가액을 시가로 불인정한 사례(조심 2009중301, 2009. 10. 14., 국심 2007중5295, 2008. 5. 29 등)로 사실관계를 중시하여 유사매매사례로 인정할 것인지 여부를 결정하고 있는 것으로 보인다. 특정 사실 한두 가지를 기준으로 유사 매매사례 인정 여부를 판단하는 것은 아니며 여러 사실관계를 종합적으로 고려하여 결정하고 있는 것이다.

**시가의 적용기준**

### 1 시가가 둘 이상 있는 경우

특정 자산에 대한 시가가 둘 이상 존재하는 경우에는 평가기준일로부터 가장 가까운 날에 해당하는 가액을 시가로 본다(상증령 제49조 제2항). 즉, 상속세 및 증여세의 평가기간 이내의 기간 중 시가로 보는 가액이 둘 이상인 경우에는 평가기준일을 전후하여 가장 가까운 날에 해당하는 가액을 시가로 본다. 다만, 해당 재산의 매매등의 가액이 있는 경우라 하더라도 그 가액을 적용하지 아니한다. 다시 말하면, 해당 재산과 면적·위치·용도 및 종목이 동일하거나 유사한 다른 재산에 대한 같은 항 각 호의 어느 하나에 해당하는 가액(상증법 제67조 또는 제68조에 따라 상속세 또는 증여세 과세표준을 신고한 경우에는 평가기준일 전 6개월부터 상증령 제49조 제1항에 따른 평가기간 이내의 신고일까지의 가액을 말한다)이 있는 경우라 하더라도 해당 가액을 시가로 보지 아니한다.

한편, 2011. 1. 1. 이후부터는 평가대상재산에 대한 매매등 가액과 유사재산에 대한 매매등 가액이 있는 경우에는 평가대상재산에 대한 매매등 가액을 우선적으로 적용한다.

### 2 평가기간 내인지 여부의 판단기준

상속대상재산의 매매거래가액 등이 평가기간의 기간 이내에 있는지 아니면 그 기간의 밖에 있는지를 판정하는 경우에는 평가기준일부터 아래의 기준일까지의 기간으로 판단한다. 다만, 해당 재산의 매매등의 가액이 있는 경우에는 유사사례가액(상증령 제49조 제4항)에 따른 가액을 적용하지 아니한다(상증령 제49조 제2항).

가. 해당 재산에 대하여 거래가액이 있는 경우 : 매매계약일
나. 해당 재산이 감정평가한 가액이 있는 경우 : 가격산정기준일과 감정가액평가서 작성일
다. 해당 재산에 대하여 보상·경매 또는 공매가액이 있는 경우 : 보상가액·경매가액·공매가액이 결정된 날

### 3 일괄거래 시 개별자산의 시가 구분

상속대상 재산의 매매·수용·감정·경매 혹은 공매가액에 2 이상의 재산가액이 포함됨으로써 각각의 재산가액이 구분되지 아니하는 경우에는 각각의 재산을 상증법 제61조 내지

제65조의 규정에 의하여 평가한 가액에 비례하여 안분계산하되 각각의 재산에 대하여 감정 가액(동일감정기관이 동일한 시기에 감정한 각각의 감정가액을 말한다)이 있는 경우에는 감정가액에 비례하여 안분계산한다. 다만, 토지와 그 토지에 정착된 건물 기타 구축물의 가액이 구분되지 아니하는 경우에는 부가가치세법 시행령 제64조의 규정에 따라 다음과 같이 안분계산한다.

1) 토지와 건물 등에 대한 소득세법 제99조의 규정에 의한 기준시가가 모두 있는 경우에는 공급계약일 현재의 기준시가에 따라 계산한 가액에 비례하여 안분계산한다. 다만, 감정평가가액[부가가치세법 시행령 제21조에 규정된 공급시기(중간지급조건부 또는 장기할부판매의 경우는 최초 공급시기)가 속하는 과세기간의 직전 과세기간 개시일부터 공급시기가 속하는 과세기간의 종료일까지 「감정평가 및 감정평가사에 관한 법률」에 따른 감정기관이 평가한 감정평가가액을 말한다]이 있는 경우에는 그 가액에 비례하여 안분계산한다.

2) 토지와 건물 등 중 어느 하나 또는 모두의 기준시가가 없는 경우로서 감정평가가액이 있는 경우에는 그 가액에 비례하여 안분계산한다. 다만, 감정평가가액이 없는 경우에는 장부가액(장부가액이 없는 경우에는 취득가액)에 비례하여 안분계산한 후 기준시가가 있는 자산에 대하여는 그 합계액을 다시 기준시가에 의하여 안분계산한다.

3) 위 "1)" 및 "2)"의 규정을 적용할 수 없거나 적용하기 곤란한 경우에는 국세청장이 정하는 바에 따라 안분계산한다.

국세청장이 정하고 있는 「토지와 건물 등의 가액구분이 불분명한 경우 과세표준 안분계산방법」은 다음과 같다(국세청 고시 제2015-43호, 2015. 8. 24.).

## 가. 토지와 건물 등의 가액을 일괄 산정·고시하는 오피스텔, 상업용 건물 및 주택을 공급하는 경우

사업자가 소득세법 제99조 제1항 제1호 다목 및 라목에 규정하는 오피스텔, 상업용 건물, 주택을 공급하는 경우로서 실지거래가액 중 토지의 가액과 건물 등의 가액의 구분이 불분명한 경우에는 다음과 같이 과세표준을 계산한다.

① 토지 및 건물 등의 기준가액 산정

토지의 기준가액은 소득세법 제99조 제1항 제1호 가목에 의한 토지의 기준시가로 하고, 건물 등의 기준가액은 같은 법 제99조 제1항 제1호 나목의 규정에 의하여 국세청장이 고시한 건물의 기준시가의 산정방법을 준용하여 계산한 가액으로 한다.

② 과세표준의 안분계산

★

$$과세표준 = \frac{실지거래가액}{(부가가치세 \ 불포함)} \times \frac{"가. ①"에 \ 따른 \ 건물 \ 등의 \ 기준가액}{"가. ①"에 \ 따른 \ 토지의 \ 기준가액과 \ 건물 \ 등의 \ 기준가액의 \ 합계액}$$

### 나. 건물의 건축 중에 토지와 건물을 함께 공급하는 경우

사업자가 건물의 건축 중에 토지와 건물의 공급계약을 체결하면서 해당 건물을 완성하여 공급하기로 한 경우로서 실지거래가액 중 토지의 가액과 건물 등의 가액의 구분이 불분명한 경우에는 다음의 순서에 의하여 과세표준을 계산한다.

① 토지 및 건물 등의 기준가액 산정

토지는 "가. ①"에 따른 토지의 기준가액에 의하고, 건물 등은 공급계약일 현재에 건축법상의 건축허가조건에 따라 건물이 완성된 것으로 보아 "가. ①"에 따른 건물 등의 기준가액에 의한다. 다만, 당초의 건축허가조건이 변경되거나 건축허가조건과 다르게 건물이 완성되는 경우에는 해당 건물 등이 완성된 날(완성된 날이 불분명한 경우에는 준공검사일)에 정산하여야 한다.

② 과세표준의 안분계산

★

$$과세표준 = \frac{실지거래가액}{(부가가치세 \ 불포함)} \times \frac{"나. ①"에 \ 따른 \ 건물 \ 등의 \ 기준가액}{"나. ①"에 \ 따른 \ 토지의 \ 기준가액과 \ 건물 \ 등의 \ 기준가액의 \ 합계액}$$

③ 과세표준의 정산

"나. ①"의 단서규정에 의하여 토지와 건물 등의 기준가액을 정산하는 경우에는 "나. ②"의 규정에 따른 과세표준을 정산하여야 한다.

### 다. 미완성된 건물 등을 토지와 함께 공급하는 경우

사업자가 토지와 미완성된 건물 등을 함께 공급하며 실지거래가액 중 토지의 가액과 건물 등의 가액의 구분이 불분명한 경우, 토지는 "가. ①"의 기준가액으로 하고, 미완성된 건물 등은 장부가액(장부가액이 없는 경우에는 취득가액)으로 하여 그 가액에 비례하여 실지거래가액을 안분계산한다.

# 부동산과 기타재산의 평가방법

## 제1절 평가방법의 개요

상속·증여재산의 가액은 평가기준일 현재의 시가로 평가하는 것이 원칙이지만 그 시가를 산정하기 어려운 경우에는 상증법 제61조 내지 제65조에서 규정하고 있는 각각의 재산 종류별 보충적 평가액을 시가로 본다(상증법 제60조 제3항).

시가란 일반적이고 정상적인 거래에 의하여 형성된 객관적인 교환가격을 말하므로, 비록 거래 실례가 있다 하여도 그 거래가액을 증여재산의 객관적 교환가치를 적정하게 반영하는 정상적인 거래로 인하여 형성된 가격이라고 할 수 없고 증여의 대상이 비상장주식이라면 그 시가를 산정하기 어려운 것으로 보고 상증법 제63조 제1항 제1호 (다)목에 규정된 보충적 평가방법에 따라 그 가액을 산정할 수 있다는 것이 대법원의 판단(대법원 2011두14142, 2011. 8. 17., 대법원 2003두5723, 2004. 10. 15. 등 참조)이다. 예컨대 특정주식거래가 특정인끼리 한정하여 거래가 있었다면 이는 통상적으로 성립된다고 인정되는 시가로 보기 어려워 보충적 평가방법으로 주식을 평가한 금액을 시가로 보는 것은 정당하다고 본다(조심 2010서3746, 2010. 12. 28.).

상속 혹은 증여 시에 특정 재산의 시가를 산정하기 어려운 경우 대체적 평가방법을 규정하지 않으면 과세관청이나 납세자 모두 상속세 혹은 증여세의 과세표준을 산정하는 데에 심각한 혼란을 초래할 것이다. 이는 법적 안정성과 예측가능성을 근간으로 하는 조세법률주의를 형해화 할 수 있으며, 세무공무원의 재량한계를 일탈하는 일로 번질 수도 있다.

위 상황을 종합적으로 판단해 보면 상속·증여 시 시가 산정이 어려운 경우 보충적 평가방법에 의하여 재산의 시가를 산정하는 것은 적법하다고 할 것이다.

## 제**2**절 　재산별 보충적 평가방법

### 1 　부동산의 보충적 평가

#### (1) 토지의 평가

### 1) 개별공시지가에 의한 평가

토지는 「부동산 가격공시에 관한 법률」에 따라 국토교통부장관이 매년 1월 1일을 가격산정 기준일로 하여 고시하는 개별공시지가("개별공시지가")에 의하여 평가한다(상증법 제61조 제1항 제1호). 개별공시지가는 평가기준일 현재 고시되어 있는 개별공시지가를 적용한다(상증령 제50조 제6항). 다만, 상속재산인 토지의 가액을 보충적인 평가방법인 개별공시지가에 의하여 산정할 경우, 그 토지에 대한 상속개시 당시에는 해당 연도의 개별공시지가가 고시되지 아니하였다가 상속개시 후에 비로소 고시기준일을 같은 해 1월 1일로 한 개별공시지가가 고시되었다고 하더라도 상속개시 당시의 토지 현황을 더 적정하게 반영하여 시가에 근접한 것으로 볼 수 있는 상속개시 후 고시된 해당 연도의 개별공시지가를 기준으로 하여 토지의 가액을 평가하여야 한다(대법원 2007두16493, 2010. 6. 24., 대법원 98두16774, 2000. 2. 11., 대법원 96누4411, 1996. 8. 23. 등). 한편, 개별공시지가가 경정된 경우에는 경정된 새로운 공시지가를 적용한다(재삼 46014-1774, 1998. 9. 17.).

국토교통부장관은 토지이용상황이나 주변환경 그 밖의 자연적·사회적 조건이 일반적으로 유사하다고 인정되는 일단의 토지 중에서 선정한 표준지에 대하여 매년 공시기준일 현재의 적정가격을 조사·평가하고, 중앙부동산평가위원회의 심의를 거쳐 이를 공시하고 있다(부동산 가격공시에 관한 법률 제3조).

다만, 지가가 급등하는 지역으로서 대통령령으로 정하는 지역의 토지 가액은 배율방법(倍率方法)으로 평가한 가액으로 한다. "대통령령으로 정하는 지역"이란 각종 개발사업 등으로 지가가 급등하거나 급등할 우려가 있는 지역으로서 국세청장이 지정한 지역을 말한다(상증령 제50조 제2항).

각종 개발사업 등으로 지가가 급등하거나 급등할 우려가 있어 국세청장이 지정한 지역의 토지 평가액은 평가기준일 현재의 개별공시지가에 국세청장이 고시한 배율을 곱하여 산정한다(상증법 집행기준 61-50-3, 지정지역 토지의 평가방법).

★
지정지역 토지 평가액 = 개별공시지가 × 배율

현재까지 국세청장이 지가급등 지역으로 고시한 지역은 없다.

### 2) 개별공시지가가 없는 토지의 평가

개별공시지가가 없는 토지의 가액은 납세지 관할 세무서장이 인근 유사토지의 개별공시지가를 참작하여 대통령령이 정하는 방법에 의하여 평가한 금액으로 한다(상증법 제61조 제1항 제1호 단서).

대통령령으로 정하는 방법으로 평가한 금액이란 다음의 어느 하나에 해당하는 개별공시지가가 없는 해당 토지와 지목·이용상황 등 지가형성요인이 유사한 인근토지를 표준지로 보고 「부동산 가격공시에 관한 법률」[14] 제3조 제8항에 따른 비교표에 따라 납세지 관할 세무서장(납세지 관할 세무서장과 해당 토지의 소재지를 관할하는 세무서장이 서로 다른 경우로서 납세지 관할 세무서장의 요청이 있는 경우에는 해당 토지의 소재지를 관할하는 세무서장으로 한다)이 평가한 가액을 말한다. 이 경우 납세지 관할 세무서장은 지방세법 제4조 제1항 단서에 따라 시장·군수가 산정한 가액 또는 둘 이상의 감정기관에 의뢰하여 감정한 가액의 평균액을 평가가액으로 할 수 있다(상증령 제50조 제1항).

가. 「공간정보의 구축 및 관리 등에 관한 법률」에 의한 신규등록토지

나. 「공간정보의 구축 및 관리 등에 관한 법률」에 의하여 분할 또는 합병된 토지

다. 토지의 형질변경 또는 용도변경으로 인하여 「공간정보의 구축 및 관리 등에 관한 법률」상의 지목이 변경된 토지

라. 개별공시지가의 결정·고시가 누락된 토지(국·공유지를 포함한다)

증여일과 새로운 개별공시지가의 고시일이 같은 날짜이면 새로운 개별공시지가에 의한다(재삼 46014-35, 1999. 1. 7.).

### 3) 토지평가방법의 특수한 사례

상증법 집행기준(61-50-2)은 공시지가 등으로 토지를 평가하기 어려운 다음과 같은 사례에 별도의 평가방법을 제시하고 있다.

---

14) 종전 '부동산 가격공시 및 감정평가에 관한 법률'은 '부동산 가격공시에 관한 법률'로 법률명이 개정되었다 (2016. 1. 19. 개정, 2016. 9. 1. 시행).

가. 토지의 평가 시 환지 및 택지개발 등에 의하여 토지의 형질이 변경된 경우로서 평가 기준일 현재 고시되어 있는 개별공시지가를 적용하는 것이 불합리하다고 인정되는 경우에는 개별공시지가가 없는 토지의 평가방법을 준용하여 평가한다.

나. 분할 또는 합병된 토지는 개별공시지가가 없는 경우의 토지의 평가방법을 준용하여 평 가하되 분할 또는 합병 전후 해당 토지의 지목변경 및 이용상태 등으로 보아 종전의 개 별공시지가를 적용하는 것이 합리적이라고 인정되는 경우에는 다음의 방법에 의한다.

　① 분할된 토지 : 분할 전 토지에 대한 개별공시지가에 의한다.

　② 합병된 토지 : 합병 전 토지에 대한 각 개별공시지가의 합계액을 총면적으로 나눈 금액에 의한다.

다. 환지예정지의 가액은 환지권리면적에 의하여 산정한 가액에 의한다.

라. 불특정 다수인이 공용하는 사실상 도로 및 하천·제방·구거 등은 상속재산 또는 증 여재산에 포함되나, 평가기준일 현재 도로 등 외의 용도로 사용할 수 없는 경우로서 보상가격이 없는 등 재산적 가치가 없다고 인정되는 때에는 그 평가액을 영(0)으로 한다.

도로로 사용되고 있는 토지의 재산적 가치가 있는지 여부는 사실 판단하여야 할 사항 으로 보인다.

토지의 공부상 지목이 도로이며 종합토지세 등 재산세가 비과세되었으며 토지이용계 획확인서상 도시지역 및 제3종일반주거지역으로 도시계획시설 등에 편입된 사실이 없고 불특정 다수인이 이용하고 있는 사실상 도로(공도)로 사용되고 있다면 재산적 가치가 없다고 보는 것이 타당할 것이다(조심 2010서1134, 2010. 10. 12.).

하지만 도로로 사용되고 있는 토지라 하더라도 사인의 이익을 위하여 설치한 사도로 서 그 재산적 가치가 있는 경우에는 별도의 평가를 거쳐 과세하는 것이 정당하다고 본다(조심 2011서1831, 2011. 8. 11.). 다시 말하면, 도로로 사용되고 있다 하더라도 상속개 시일 당시 실질적으로 재산적 가치가 있는 토지로 봄이 타당한 경우 공시지가를 기준 으로 상속세 부과처분을 한 것은 적법하다는 것이다(인천지법 2010구합1600, 2010. 8. 26.).

마. 조성 중인 토지의 가액은 그 지목에 대한 개별공시지가로 평가한 가액에 그 조성과 관련된 비용(차입금에 대한 이자비용 포함)을 가산한 가액에 의하여 평가한다.

## (2) 건물의 평가

건물의 경우 실지거래가액(시가)이 있는 경우 그 가액은 시가로 하고 시가가 없는 건물 의 경우 별도로 고시하는 가격에 의하여 평가한다.

### 1) 일반건물의 시가평가

일반건물(공동주택, 개별주택, 오피스텔 및 상업용 건물 제외)의 평가는 신축가격·구조·용도·위치·신축연도 등을 참작하여 매년 1회 이상 국세청장이 산정·고시하는 가액으로 평가한다(상증법 제61조 제1항 제2호).

### 2) 오피스텔 및 상업용 건물의 평가

건물에 딸린 토지를 공유(共有)로 하고 건물을 구분 소유하는 것으로서 건물의 용도·면적 및 구분소유하는 건물의 수(數) 등을 고려하여 대통령령으로 정하는 오피스텔 및 상업용 건물(이들에 딸린 토지를 포함한다)에 대해서는 건물의 종류, 규모, 거래 상황, 위치 등을 고려하여 매년 1회 이상 국세청장이 토지와 건물에 대하여 일괄하여 산정·고시한 가액으로 평가한다(상증법 제61조 제1항 제3호).

상증법 제61조 제1항 제3호 및 상증령 제50조 제3항에 따라 국세청장이 고시하는 「상업용 건물 및 오피스텔 기준시가」가 적용되는 지정지역은 서울특별시, 부산광역시, 대구광역시, 인천광역시, 광주광역시, 대전광역시, 울산광역시, 경기도 지역으로 한다(2016. 12. 30. 국세청 고시 제2016-20호).

국세청장이 지정하는 지역 내 적용방법은 다음과 같다. 국세청장이 고시하지 아니하는 오피스텔 등은 일반건물 기준시가를 적용한다.

★

국세청장이 산정·고시한 ㎡당 가액$^{(*)}$ × 건물면적(전유면적+공용면적)

(*) 토지와 건물에 대하여 일괄하여 산정·고시함.

### 3) 주택의 평가

「부동산 가격공시에 관한 법률」에 따른 개별주택가격 및 공동주택가격(같은 법 제18조 제1항 단서에 따라 국세청장이 결정·고시한 공동주택가격이 있는 때에는 그 가격을 말한다). 다만, 다음의 어느 하나에 해당하는 경우에는 납세지 관할 세무서장이 인근 유사주택의 고시주택가격을 고려하여 대통령령으로 정하는 방법에 따라 평가한 금액으로 한다.

가. 해당 주택의 고시주택가격이 없는 경우

나. 고시주택가격 고시 후에 해당 주택을 건축법 제2조 제1항 제9호 및 제10호에 따른 대수선 또는 리모델링을 하여 고시주택가격으로 평가하는 것이 적절하지 아니한 경우

참고로 주택의 고시가격보다 부수토지의 개별공시지가가 더 큰 경우에도 주택은 고시가

격으로 평가한다(상증법 집행기준 61-50-8, 주택의 고시가격보다 부수토지의 개별공시지가가 더 큰 경우 주택의 평가액).

위에서 "대통령령으로 정하는 방법에 따라 평가한 금액"이란 다음 각 항목의 어느 하나에 해당하는 가액을 말한다(상증령 제50조 제4항).

## 가. 다음의 어느 하나에 해당하는 가액

① 「부동산 가격공시에 관한 법률」에 따른 개별주택가격이 없는 단독주택의 경우에는 해당 주택과 구조·용도·이용 상황 등 이용가치가 유사한 인근주택을 표준주택으로 보고 같은 법 제16조 제6항에 따른 주택가격 비준표에 따라 납세지 관할 세무서장(납세지 관할 세무서장과 해당 주택의 소재지를 관할하는 세무서장이 서로 다른 경우로서 납세지 관할 세무서장의 요청이 있는 경우에는 해당 주택의 소재지를 관할하는 세무서장)이 평가한 가액

② 「부동산 가격공시에 관한 법률」에 따른 공동주택가격이 없는 공동주택의 경우에는 인근 유사 공동주택의 거래가격·임대료 및 해당 공동주택과 유사한 이용가치를 지닌다고 인정되는 공동주택의 건설에 필요한 비용추정액 등을 종합적으로 고려하여 납세지 관할 세무서장(납세지 관할 세무서장과 해당 주택의 소재지를 관할하는 세무서장이 서로 다른 경우로서 납세지 관할 세무서장의 요청이 있는 경우에는 해당 주택의 소재지를 관할하는 세무서장)이 평가한 가액

## 나. 지방세법 제4조 제1항 단서에 따라 시장·군수가 산정한 가액이나 둘 이상의 감정평가기관에 해당 주택에 대한 감정을 의뢰하여 산정된 감정가액을 고려하여 납세지 관할 세무서장이 평가한 가액

2009. 12. 31. 이전 상속·증여분으로 개별주택가격 또는 공동주택가격이 없는 주택의 경우 토지는 개별공시지가로 평가하고, 건물은 국세청장이 고시하는 일반건물 기준시가를 적용하여 평가한다.

## 다. 집행기준상의 규정

① 상증법 집행기준(61-50-7, 주택의 평가방법)상의 주택평가방법을 정리하면 다음과 같다.

| 개별주택(단독·다가구주택) | 공동주택(아파트·연립주택) |
|---|---|
| • 국토교통부장관의 표준주택가격<br>• 시·군·구청장의 개별주택가격 | 국토교통부장관 고시가격 |

② 주택의 고시가격이 없는 경우 평가방법(상증법 집행기준 61-50-9, 주택의 고시가격이 없는 경우 평가방법)은 다음의 어느 하나에 해당하는 가액으로 평가한다. 상증령 제50조 제4항의 규정과 거의 유사하여 사실상 확인규정으로 보인다.

ⓐ 단독주택의 경우에는 해당 주택과 구조·용도·이용 상황 등 이용가치가 유사한 인근주택을 표준주택으로 보고 「부동산 가격공시에 관한 법률」에 따른 주택가격 비준표에 따라 납세지 관할 세무서장이 평가한 가액

ⓑ 공동주택가격이 없는 공동주택의 경우에는 인근 유사 공동주택의 거래가격·임대료, 해당 공동주택과 유사한 이용가치를 지닌다고 인정되는 공동주택의 건설에 필요한 비용추정액 등을 종합적으로 고려하여 납세지 관할 세무서장이 평가한 가액

ⓒ 지방세법에 따라 시장·군수가 산정한 개별주택가액, 공동주택가액

ⓓ 2 이상의 감정평가기관에 해당 주택에 대한 감정을 의뢰하여 산정된 감정가액을 고려하여 납세지 관할 세무서장이 평가한 가액

## 4) 기타 건물의 평가

### 가. 평가기준일 현재 현황에 따른 건물평가

평가기준일 현재 다른 법령에 의하여 철거대상에 해당하는 건물의 평가액은 그 재산의 이용도, 철거의 시기 및 철거에 따른 보상의 유무 등 제반 상황을 감안한 적정가액에 의하여 평가한다(상증법 집행기준 61-50-5).

증여 당시 멸실된 건물은 증여세 과세대상에서 제외한다(국심 2002중201, 2002. 4. 22.). 반면에 상속개시 당시 정상적으로 임대용으로 사용된 건물이 상속개시 이후 재난위험물로 지정·철거되었다 하더라도 상속개시 당시 현황에 의해 상속재산으로 평가함은 정당하다고 본다(국심 1999경120, 2000. 3. 33.). 요약하면, 평가기준일 현재 정상적인 건물이었는지 혹은 멸실되었는지 여부에 따라 상속(증여)재산에 포함 여부를 결정하는 것이다. 그러므로 건물의 일부가 훼손·멸실되어 정상가액으로 평가하는 것이 부적당하다고 인정되는 경우에는 이에 상당하는 금액을 공제하여 평가한다.

### 나. 신축 중인 건물의 평가

건설용역을 제공하는 도중에 해당법인의 순자산가치를 산정하는 경우 평가기준일 현재의 자산가액이란 장부상 계상된 자산을 상증법 제60조 내지 제66조에 따라 평가하여 산정한 가액을 말한다(재산-840, 2010. 11. 10.).

따라서 건설 중인 건물의 평가액은 건설에 소요된 비용의 합계액으로 평가되는 것으로

볼 수 있다. 건설에 소요된 차입금이자 또는 이와 유사한 지출금은 건설비용에 포함되는 것으로 본다.

### 다. 증축한 건물의 평가

평가대상건물이 증축된 건물인 경우, 건물기준시가 산정 시 구체적인 산정방법은 국세청 고시 제2016−21호(2016. 12. 30.)「국세청 건물 기준시가 산정 방법 고시」에 의하는 것이며, "경과연수별잔가율"을 적용할 때 신축연도는 증축일이 속하는 연도를 적용한다(상속증여−34, 2013. 4. 9.).

### 라. 기타 시설물 및 구축물의 평가

기타 시설물 및 구축물(토지 또는 건물과 일괄하여 평가하는 것을 제외한다)은 평가기준일에 다시 건축하거나 다시 취득할 때 소요되는 가액("재취득가액 등")에서 그것의 설치일로부터 평가기준일까지의 법인세법상 감가상각비 상당액을 차감한 가액을 말한다(상증법 제61조 제4항, 상증령 제51조 제4항, 상증칙 제16조 제3항). 이 경우 재취득가액 등을 산정하기 어려운 경우에는 지방세법 시행령 제4조 제1항(건축물 등의 시가표준액 결정 등)에 따른 가액을 해당 시설물 및 구축물의 가액(지방세법 시행령 제6조 각 호에 규정된 특수부대설비에 대하여 같은 법 시행령 제4조 제1항에 따라 해당 시설물 및 구축물과 별도로 평가한 가액이 있는 경우에는 이를 가산한 가액을 말한다)으로 할 수 있다(상증령 제51조 제4항 후단).

공동주택에 부속 또는 부착된 시설물 및 구축물은 토지 또는 건물과 일괄하여 평가한 것으로 본다(상증령 제51조 제5항).

## (3) 임대차 계약 혹은 임차권이 등기된 재산의 평가

### 1) 임대차 계약 등이 체결된 재산의 평가

사실상 임대차 계약이 체결되거나 임차권이 등기된 재산의 경우에는 임대료 등을 기준으로 다음과 같이 평가한다(상증법 제61조 제5항, 상증령 제50조 제7항, 상증칙 제15조의 2).

★

평가액 = Max(① 보충적 평가가액, ② 임대료 등의 환산가액$^{(*)}$)

(*)임대료 등의 환산가액 = 임대보증금 + (1년간 임대료 합계액 ÷ 12%)

'1년간 임대료 합계액'이란 평가기준일이 속하는 월의 임대료에 12월을 곱하여 계산한다. 평가기준일 전 1년간 월 임대료를 소급하여 합계하는 것이 아님을 유의하여야 한다(재산−

414, 2011. 9. 2.).

임대료 환산율은 2009. 4. 23. 이후 상속개시 또는 증여받은 분부터 12%를 적용한다. 참고로, 1997. 4. 19.~2009. 4. 22.까지는 18%를 적용하였다.

사례를 보자.

시가(매매가액) 1억 8천만 원, 평가기준일 현재 임대보증금 1억 원이고, 임대료가 5백만 원일 때 재산 평가액은 1억 8천만 원으로 한다. 임대보증금의 환산가액은 6억 원이나 시가가 있는 경우에는 환산가액이 아닌 시가를 우선 적용하기 때문이다.

시가가 없는 경우 보충적 평가액 2억 원, 평가기준일 현재 임대보증금 1억 원이고, 월 임대료 3백만 원일 때 재산 평가액은 4억 원이 된다. 왜냐하면, 보충적 평가액 2억 원과 임대보증금 1억 원에 3억 원(3백만 원×12/12%)의 합계 4억 원 중 큰 금액이 평가액이 되기 때문이다.

### 2) 토지와 건물의 소유현황에 따른 임대료 등 환산가액 적용방법

임대료 등의 환산가액을 적용하여 토지와 건물의 소유현황 등에 따른 가액을 계산할 때에는 다음과 같은 방법으로 한다(상증령 제50조 제8항).[15]

#### 가. 토지와 건물의 소유자가 동일한 경우

토지 및 건물의 소유자가 임차인으로부터 받은 임대료 등의 환산가액을 상증법 제61조 제1항부터 제4항까지의 규정으로 평가한 토지와 건물의 가액("기준시가")으로 나누어 계산한 금액을 각각 토지와 건물의 평가가액으로 한다.

#### 나. 토지와 건물의 소유자가 다른 경우

① 토지 소유자와 건물 소유자가 제3자와의 임대차 계약 당사자인 경우에는 토지 소유자와 건물 소유자에게 구분되어 귀속되는 임대료 등의 환산가액을 각각 토지와 건물의 평가가액으로 한다.

② 토지 소유자와 건물 소유자 중 어느 한 사람만이 제3자와의 임대차 계약의 당사자인 경우에는 토지 소유자와 건물 소유자 사이의 임대차 계약의 존재 여부 및 그 내용에 상관없이 제3자가 지급하는 임대료와 임대보증금을 토지와 건물 전체에 대한 것으로 보아 제3자가 지급하는 임대료 등의 환산가액을 토지와 건물의 기준시가로 나누어 계산한 금액을 각각 토지와 건물의 평가가액으로 한다.

---

15) 2010. 2. 18. 신설된 규정으로 2010. 2. 18. 이후 상속 또는 증여분부터 적용한다.

## 2 기타 지상권 등의 평가

지상권 및 부동산을 취득할 수 있는 권리와 특정시설물을 이용할 수 있는 권리에 대하여는 해당 권리 등의 잔존 기간·성질·내용·거래상황 등을 감안하여 평가한 가액으로 한다 (상증법 제61조 제3항).

### (1) 지상권의 평가

지상권은 물권(物權)으로 타인의 토지에 건물 기타 공작물이나 수목을 소유하기 위하여 그 토지를 사용하는 권리를 말하며 전세권과 지역권은 토지를 이용한다는 점에서는 지상권과 동일하나 타 물건의 소유를 목적으로 하지 않으므로 지상권과는 차이가 있다(상증법 집행기준 61-51-1).

지상권의 가액은 지상권이 설정되어 있는 토지의 가액에 2%를 곱하여 계산한 금액을 이자율 10%로 할인한 가액으로 평가한다. 이 경우 그 잔존 연수에 관하여는 민법 제280조 및 제281조에 규정된 지상권의 존속기간을 준용한다(상증령 제51조 제1항).

★

$$\sum_{n=1}^{잔존연수} \frac{지상권이\ 설정된\ 토지가액 \times 2\%}{\left(1 + \frac{10}{100}\right)^n}$$

n : 평가기준일로부터 잔존연수

지상권의 잔존연수는 다음과 같다(민법 제280조 및 제281조).[16]

1) 석조, 석회조, 연와조 또는 이와 유사한 견고한 건물, 수목의 소유목적 : 30년

2) 그 외 건물 소유 목적 : 15년

3) 건물 외의 공작물 소유 목적 : 5년

---

16) 민법 제280조(존속기간을 약정한 지상권) ① 계약으로 지상권의 존속기간을 정하는 경우에는 그 기간은 다음 연한보다 단축하지 못한다.
   1. 석조, 석회조, 연와조 또는 이와 유사한 견고한 건물이나 수목의 소유를 목적으로 하는 때에는 30년
   2. 전호 이외의 건물의 소유를 목적으로 하는 때에는 15년
   3. 건물 이외의 공작물의 소유를 목적으로 하는 때에는 5년
   ② 전항의 기간보다 단축한 기간을 정한 때에는 전항의 기간까지 연장한다.

## (2) 부동산을 취득할 수 있는 권리 및 특정시설물을 이용할 수 있는 권리의 평가

### 1) 개요

부동산을 취득할 수 있는 권리(건물이 완성되는 때에 그 건물과 이에 부수되는 토지를 취득할 수 있는 권리를 포함) 및 특정시설물을 이용할 수 있는 권리의 가액은 평가기준일까지 납입한 금액(「소득세법」 제89조 제2항에 따른 조합원입주권의 경우 「도시 및 주거환경정비법」 제74조 제1항에 따른 관리처분계획을 기준으로 하여 기획재정부령으로 정하는 조합원권리가액과 평가기준일까지 납입한 계약금, 중도금 등을 합한 금액으로 한다)과 평가기준일 현재의 프리미엄에 상당하는 금액을 합한 금액에 의한다. 다만, 해당 권리에 대하여 소득세법 시행령 제165조(토지·건물 외의 자산의 기준시가 산정) 제8항 제3호에 따른 가액이 있는 경우에는 해당 가액에 의한다(상증령 제51조 제2항).

위에서 "기획재정부령으로 정하는 조합원권리가액"은 「도시 및 주거환경정비법」 제74조 제1항에 따라 인가받은 관리처분계획을 기준으로 다음 계산식에 따라 계산한 가액을 말한다.

★

분양대상자의 종전 토지 및 건축물 가격 × [(사업완료 후의 대지 및 건축물의 총 수입 − 총사업비)
÷ 종전의 토지 및 건축물의 총 가액]

특정시설물을 이용할 수 있는 권리라 함은 특정시설물이용권·회원권 기타 명칭여하를 불문하고 해당 시설물을 배타적으로 이용하거나 일반이용자에 비하여 유리한 조건으로 이용할 수 있도록 약정한 단체의 일원이 된 자에게 부여되는 권리를 말한다(상증법 집행기준 61-51-4).

### 2) 사례

부동산을 취득할 수 있는 권리 및 특정시설물을 이용할 수 있는 권리의 평가 사례로는 다음과 같은 것들이 있다(상증법 집행기준 61-51-6).

① 부동산을 취득할 수 있는 권리 및 특정시설물 이용권 평가 시 평가기준일까지 납입액에 가산하는 평가기준일 현재의 프리미엄에 상당하는 금액은 그 당시 불특정 다수인 간의 거래에 있어서 통상 지급되는 프리미엄을 말한다.

② 구주택을 현물출자하여 신주택을 신축할 경우에 신축 중에 공동주택의 부수토지를 증

여한 경우 이는 부동산을 취득할 수 있는 권리를 증여한 것으로 증여재산가액은 출자한 토지 및 건물의 평가금액과 증여일까지 납입한 부담금과 증여일 현재의 프리미엄에 상당하는 금액을 합한 금액이 된다.

③ 재건축입주권을 증여한 경우 이는 부동산을 취득할 수 있는 권리를 증여한 것으로 평가기준일까지 납입한 금액은 재건축조합이 산정한 조합원의 권리가액과 불입한 계약금, 중도금 등을 합한 금액이며 동 금액에 프리미엄 상당액을 합하여 평가한다.

④ 재개발조합원으로서 평가기준일 현재 상환하지 않은 시유지 불하대금 및 평가기준일까지 발생한 이자 중 미지급금액을 합한 금액을 수증자가 인수하는 경우 해당 금액은 채무로서 공제된다.

재개발조합원으로서 아파트를 분양받을 수 있는 권리를 증여하는 경우 그 권리의 평가는 조합원으로서 출자한 토지와 건물의 감정가액 등을 감안하여 재개발조합이 산정한 조합원의 권리가액과 평가기준일까지 납입한 계약금, 중도금 등을 합한 금액과 평가기준일 현재의 프리미엄에 상당하는 금액을 합한 금액으로 평가한다. 이 경우 "평가기준일 현재의 프리미엄에 상당하는 금액"은 그 당시 불특정 다수인 간의 거래에 있어서 통상 지급되는 프리미엄을 말한다(서면4팀-634, 2007. 2. 20., 재산-119, 2009. 9. 3. 등).

## (3) 선박·항공기 등 기타 유형재산의 평가

선박·항공기·차량·기계장비 및 「입목에 관한 법률」의 적용을 받는 입목에 대하여는 해당 선박·항공기·차량·기계장비 및 「입목에 관한 법률」의 적용을 받는 입목을 처분할 경우 다시 취득할 수 있다고 예상되는 가액을 말하되, 그 가액이 확인되지 아니하는 경우에는 장부가액(취득가액에서 감가상각비를 뺀 가액을 말한다) 및 지방세법 시행령 제4조 제1항의 시가표준액에 따른 가액을 순차로 적용한 가액을 말한다(상증법 제62조 제1항, 상증령 제52조 제1항).

해당 재산이 사실상 임대차 계약이 체결되거나 임차권이 등기된 재산의 경우에는 해당 임대료 등을 기준으로 하여 대통령령으로 정하는 바에 따라 평가한 가액과 상증법 제1항 및 제2항에 따라 평가한 가액 중 큰 금액을 그 재산의 가액으로 한다(상증법 제62조 제3항 및 상증령 제52조 제3항, 2022. 2. 15. 개정).[17]

---

17) 임대차 계약이 체결된 선박, 항공기 등의 재산에 대해서 종전에는 임대차 계약이 체결된 부동산과 동일한 방법으로 평가하던 것을 앞으로는 각 재산의 사용가능기한까지의 연도별 임대료를 고려한 별도의 방법으로 평가하도록 하였다.

1) 선박, 항공기, 차량 및 기계장비 : 임대보증금 및 평가기준일 이후 해당 재산의 사용가
능기한까지의 연도별 임대료를 기획재정부령으로 정하는 방법에 따라 환산한 금액

"기획재정부령으로 정하는 방법에 따라 환산한 금액"이란 다음의 "①" + "②"를 합
한 금액을 말한다(상증칙 제16조의 2, 2023. 3. 20. 개정).

① 임대보증금 × (1 − 기준경비율). 이 경우 기준경비율은 「소득세법 시행령」 제145조
에 따른 기준경비율(이하 "기준경비율")을 말한다.

② 다음의 계산식에 따라 계산한 각 연도별 금액의 합계액

★

$$\frac{\text{각 연도의 임대료} \times (1 - \text{기준경비율})}{(1 + \frac{30}{1,000})^n}$$

각 연도의 임대료 : 임대차계약 기간 동안 임대차계약에 따라 각 연도에 받을 임대료

n : 평가기준일부터 사용가능기한(법인령 제26조의 3 제2항 제1호에 따른 기준내용연수를 말한다)
까지의 경과연수. 다만, 사용가능기한 도래 전에 임대차계약이 종료되는 경우에는 평가기준일
부터 임대차계약 종료일까지의 경과연수로 한다.

2) 위 "1)" 외의 유형재산 : 상증령 제50조 제7항을 준용하여 평가한 금액

★

(1년간의 임대료 합계액 ÷ 기획재정부령으로 정하는 율) + 임대보증금

1년간 임대료 합계액은 평가기준일이 속하는 월의 임대료에 12월을 곱하여 계산한다. 평
가기준일 전 1년간 월 임대료를 소급하여 합계하는 것이 아님에 유의하여야 한다.

## (4) 상품·제품 등의 평가

상품, 제품, 반제품, 재공품, 원재료 기타 이에 준하는 동산 및 소유권의 대상이 되는 동산
의 평가는 그것을 처분할 때에 취득할 수 있다고 예상되는 가액에 의한다. 다만, 그 가액이
확인되지 않을 경우에는 장부가액으로 한다(상증령 제52조 제2항 제1호).

이 경우 "그것을 처분할 때에 취득할 수 있다고 예상되는 가액"이라 함은 재취득가액을
말하며, 사업용 재고자산인 경우 재취득가액에는 부가가치세를 제외한 금액을 말한다(상증
법 집행기준 62-52-1).

## (5) 판매용이 아닌 서화·골동품의 평가

판매용이 아닌 서화·골동품 등 예술적 가치가 있는 유형재산의 평가는 도자기 등 전문 분야별로 2개 이상의 전문감정기관이 감정한 가액의 평균액으로 한다. 다만, 그 가액이 국세청장이 위촉한 3인 이상의 전문가로 구성된 감정평가심의회에서 감정한 감정가액에 미달하는 경우와 특수관계인간에 양도·양수하는 경우로서 감정평가심의회에서 감정한 감정가액의 100분의 150을 초과하는 경우에는 감정평가심의회에서 감정한 감정가액으로 한다. 전문분야는 서화·전적, 도자기·토기·철물, 목공예·민속장신구, 선사유물, 석공예, 기타 골동품 및 기타 앞에서 열거되지 아니한 미술품 등으로 구분한다(상증령 제52조 제2항 제2호).

## (6) 동물 및 별도로 평가방법을 규정하지 않은 유형재산의 평가

소유권의 대상이 되는 동물 및 평가방법을 규정하지 아니한 기타 유형재산의 평가는 그것을 처분할 때에 취득할 수 있다고 예상되는 가액에 의한다. 다만, 그 가액이 확인되지 않을 경우에는 장부가액으로 평가한다(상증령 제52조 제2항 제3호).

## (7) 공채·사채 및 기타 유가증권의 평가

### 1) 의의

#### 가. 공채(국채·지방채)

공채는 국가나 지방공공단체 등 정부기관이 재정자금을 조달하기 위하여 지는 채무로 발행주체에 따라 국채나 지방채로 나눈다.

국채는 국가, 지방채는 지방자치단체 등이 재정상의 필요에 따라 발행하는 채권이다. 즉, 국가나 지방공공단체의 신용으로 설정하는 금전상의 채무 또는 그것을 표시하는 채권이다. 공채(국채 및 지방채)는 발행 시 상환 기간과 금리가 정해져 있어, 구입자는 이에 따른 이자를 받을 수 있다. 상환 기한이 만료되면 원금이 지불된다. 공채는 다른 채권과 마찬가지로 발행된 후에도 시장에서 판매하므로 가격은 항상 변하고 있다. 국채 금리는 적자 재정이라도 강제로 지불할 의무가 있다.

#### 나. 사채

국가나 지방공공단체가 발행하는 공채와 달리 사채는 영리목적을 가진 회사(주식회사)가 회사경영이나 투자를 위해 필요한 자금을 조달하기 위한 수단으로 발행하는 채권이다. 사채권자는 권면에 표시된 이자율에 따라 정해진 기간마다 이자를 지급받으며 만기가 되면 원금을 지급받게 된다.

그동안 통상의 사채, 전환사채 및 신주인수권부 사채 외에 특수한 형태의 사채발행에 논란이 있었으나, 최근 상법의 개정[18]으로 다양한 형태의 사채를 발행할 수 있게 되었다.

### 2) 국채 등의 평가

#### 가. 상장된 경우

거래소에 상장되어 거래되는 유가증권 중 국채·공채·사채(전환사채를 제외하며 "국채 등")의 평가는 평가기준일 이전 2월간에 공표된 매일의 거래소 최종시세가액(거래실적 유무를 불문한다)의 평균액과 평가기준일 이전 최근일의 최종시세가액 중 큰 가액에 의한다(상증령 제58조 제1항 제1호).

★

$$\text{상장된 국채·공채·사채의 평가가액} = Max(A, B)$$

A : 평가기준일 이전 2월간에 공표된 최종시세가액의 평균액
B : 평가기준일 이전 최근일의 최종시세가액

평가기준일 이전 2월의 기간 중 거래실적이 없는 국채 등은 아래 "나"와 같이 상장되어 있지 아니한 경우의 평가방법을 적용한다(상증령 제58조 제1항 제1호).

#### 나. 상장되어 있지 아니한 경우

상장되어 있지 아니하거나 평가기준일 이전 2월의 기간 중 거래실적이 없는 국채 등은 다음과 같이 평가한다(상증령 제58조 제1항 제2호).

#### ① 타인으로부터 매입한 국채 등

타인으로부터 매입한 국채 등(국채 등의 발행기관 및 발행회사로부터 액면가액으로 직접 매입한 것을 제외한다)은 매입가액에 평가기준일까지의 미수이자상당액을 가산한 금액

---

18) 상법 제469조(사채의 발행) ① 회사는 이사회의 결의에 의하여 사채(社債)를 발행할 수 있다.
② 제1항의 사채에는 다음 각 호의 사채를 포함한다.
1. 이익배당에 참가할 수 있는 사채
2. 주식이나 그 밖의 다른 유가증권으로 교환 또는 상환할 수 있는 사채
3. 유가증권이나 통화 또는 그 밖에 대통령령으로 정하는 자산이나 지표 등의 변동과 연계하여 미리 정하여진 방법에 따라 상환 또는 지급금액이 결정되는 사채
③ 제2항에 따라 발행하는 사채의 내용 및 발행 방법 등 발행에 필요한 구체적인 사항은 대통령령으로 정한다.
④ 제1항에도 불구하고 정관으로 정하는 바에 따라 이사회는 대표이사에게 사채의 금액 및 종류를 정하여 1년을 초과하지 아니하는 기간 내에 사채를 발행할 것을 위임할 수 있다.

으로 한다.

★

$$평가액 = 매입가액 + 평가기준일까지의 미수이자상당액$$

② 그 외의 국채 등

위 "①" 외의 국채 등은 평가기준일 현재 이를 처분하는 경우에 받을 수 있다고 예상되는 금액("처분예상금액")으로 평가한다. 다만, 처분예상금액을 산정하기 어려운 경우에는 「자본시장과 금융투자업에 관한 법률」에 따라 인가를 받은 투자매매업자 또는 투자중개업자, 공인회계사법에 따른 회계법인 또는 세무사법에 따른 세무법인 중 둘 이상의 자가 상환기간·이자율·이자지급 방법 등을 감안하여 평가한 금액의 평균액으로 할 수 있다(상증칙 제18조의 2 제1항).

## (8) 전환사채 등의 평가

### 1) 의의

전환사채는 사채의 소유권자가 일정한 조건하에 권리를 행사하면 주식으로 전환되는 사채를 말하며 전환사채, 신주인수권부사채(사채에서 분리된 신주인수권증권 포함), 기타 주식으로 전환·교환하거나 주식을 인수할 수 있는 권리가 부여된 사채를 말한다. 전환의 결과 사채는 소멸하고 신주가 발행되므로 사채권자의 지위가 주주로 변경된다.

### 2) 전환사채의 평가원칙

전환사채는 사채와 주식의 성격을 모두 가지고 있으므로 이러한 부분을 고려하여 평가하는 것이 합리적일 것이다.[19] 예컨대 향후 회사의 큰 성장이 예상되는 상황에서 대주주가 특수관계인이 전환사채를 인수토록 하는 경우 사실상 주식을 증여하는 것과 동일한 효과를 가져오면서도 증여세 부담은 직접 주식을 증여하는 것에 비하여 줄일 수 있을 것이다.

상증법 제40조(전환사채 등의 주식전환 등에 따른 이익의 증여)에서는 전환사채, 신주인수권부사채(신주인수권증권이 분리된 경우에는 신주인수권증권을 말한다) 또는 그 밖의 주식으로 전환·교환하거나, 주식을 인수할 수 있는 권리가 부여된 사채를 인수·취득·양도하거나, 전환사채등에 의하여 주식으로의 전환·교환 또는 주식의 인수를 함으로써 동법에서 정하는 이익을 얻은 경우에는 그 이익에 상당하는 금액을 그 이익을 얻은 자의 증여

---

19) 박훈·채현석, 「상속·증여세 실무해설」, 삼일인포마인, 2010., 439면

재산가액으로 하여 과세토록 규정하고 있다.

### 3) 거래소에서 거래되는 전환사채 등

상증령 제58조 제1항 제1호에서 규정하고 있는 국채 · 공채 등의 평가방법을 준용하여 평가일 이전 2개월 평균금액과 평가기준일 이전 최근일의 최종 시세가액 중 큰 금액으로 평가한다.

#### 가. 거래실적이 있는 경우

평가기준일 이전 2월간에 공표된 매일의 유가증권시장 최종시세가액의 평균액과 평가기준일 이전 최근일의 최종시세가액 중 큰 가액에 의한다(상증령 제58조의 2 제1항).

★

$$\text{전환사채 등의 평가액} = \text{Max}(A, B)$$

A : 평가기준일 이전 2월간에 공표된 최종시세가액의 평균액
B : 평가기준일 이전 최근일의 최종시세가액

#### 나. 평가기준일 이전 2월의 기간 중 거래실적이 없는 경우

① 타인으로부터 매입한 전환사채 등

타인으로부터 매입한 전환사채 등(전환사채 등의 발행기관 및 발행회사로부터 액면가액으로 직접 매입한 것을 제외한다)은 매입가액에 평가기준일까지의 미수이자상당액을 가산한 금액으로 한다.

★

$$\text{평가액} = \text{매입가액} + \text{평가기준일까지의 미수이자상당액}$$

② 그 외의 전환사채 등

평가기준일 현재 이를 처분하는 경우에 받을 수 있다고 예상되는 금액("처분예상금액")이다. 다만, 처분예상금액을 산정하기 어려운 경우에는 「자본시장과 금융투자업에 관한 법률」에 따라 인가를 받은 투자매매업자, 투자중개업자, 공인회계사법에 따른 회계법인 또는 세무사법에 따른 세무법인 중 둘 이상의 자가 상환기간 · 이자율 · 이자지급방법 등을 감안하여 평가한 금액의 평균액으로 할 수 있다(상증칙 제18조의 2 제1항).

## 4) 한국거래소에서 거래되지 않는 전환사채 등

원칙적으로 아래의 가액에 의하여 평가한다. 다만, 해당 전환사채 등의 상환기간·이자율·이자지급방법 등을 참작하여 전환사채 등을 「자본시장과 금융투자업에 관한 법률」에 따라 인가를 받은 투자매매업자, 투자중개업자, 「공인회계사법」에 따른 회계법인 또는 「세무사법」에 따른 세무법인 중 둘 이상의 자가 상환기간·이자율·이자지급방법 등을 감안하여 평가한 금액의 평균액으로 할 수 있다(상증령 제58조의 2 제2항).

### 가. 전환 금지기간 중에 평가하는 경우

만기상환금액(이자 포함)을 사채발행이율과 적정할인율 중 낮은 이율에 의하여 발행 당시의 현재가치로 할인한 가액에서 발행 후 평가기준일까지 발생한 이자상당액을 가산한 가액으로 평가한다(상증령 제58조의 2 제2항 제1호 나목).

이를 산식으로 나타내면 다음과 같다.[20]

★

전환사채 등의 평가액
$$= \{ 만기상환금액 / [1+\min(R, r)^n] \} + 평가기준일까지의 이자상당액$$

R : 사채발행이율
r : 기획재정부장관이 정하는 이자율("적정할인율") : 8%

### 나. 전환 등이 가능한 기간 중에 있는 전환사채의 평가

전환 등이 금지된 기간 중에 평가하는 경우의 평가액(상기 "가")과 해당 전환사채로 전환할 수 있는 주식가액에서 배당차액을 차감한 가액 중 큰 가액으로 평가한다.

★

전환사채의 평가액 $= \max(A, B)$

A: $\{ 만기상환금액 / [1+\min(R, r)^n] \} + 평가기준일까지의 이자상당액$
R : 사채발행이율
r : 적정할인율
B : 전환할 수 있는 주식가액 − 배당차액[*]
(*) [주식 또는 출자지분 1주당 액면가액 × 직전기 배당률 × 신주발생일이 속하는 사업연도 개시일부터 배당기산일 전일까지의 일수] / 365

---

20) 국세청, 「상속세·증여세 실무해설」, 2023, 668면

## (9) 신주인수권증권(warrants)의 평가

신주인수권증권이란 신주인수권부사채에서 신주인수권만 분리해낸 것으로 일정기간에 미리 정해진 가격으로 새로 주식발행을 요구할 수 있는 권리를 나타내는 증서이다. 신주인 수권증서는 한국거래소에서 거래되는 경우와 거래되지 않는 경우를 구분하여 각각 아래와 같이 평가한다(상증령 제58조의 2 제2항). 신주인수권부사채에 대해서는 후술한다.

### 1) 거래소에서 거래되는 경우

거래소에 상장되어 거래되는 신주인수권증서의 평가는 평가기준일 이전 2월간에 공표된 매일의 거래소 최종시세가액(거래실적 유무를 불문한다)의 평균액과 평가기준일 이전 최 근일의 최종시세가액 중 큰 가액에 의한다(상증령 제58조의 2 제1항).

★

**신주인수권증권의 평가액 = Max(A, B)**

A : 평가기준일 이전 2월간에 공표된 최종시세가액의 평균액
B : 평가기준일 이전 최근일의 최종시세가액

평가기준일 이전 2월의 기간 중 거래실적이 없는 신주인수권증서는 거래소에서 거래되 지 않는 경우 아래 "2)"의 평가방법을 적용한다(상증령 제58조 제1항).

### 2) 거래소에서 거래되지 않는 경우

#### 가. 전환 등이 불가능한 기간 중에 평가하는 경우

신주인수권부사채의 만기상환금액(만기 전에 발생하는 이자상당액을 포함한다)을 사채 발행이율에 따라 발행 당시의 현재가치로 할인한 가액에서 그 만기상환금액을 금융회사등 이 보증한 3년만기회사채의 유통수익률을 고려하여 기획재정부령으로 정하는 이자율("적 정할인율")에 따라 발행 당시의 현재가치로 할인한 가액을 뺀 가액으로 평가한다. 이 경우 그 가액이 음수인 경우에는 0원으로 한다(상증령 제58조의 2 제2항 제1호 가목).

이를 산식으로 나타내면 다음과 같다.[21]

---

21) 국세청, 「상속세·증여세 실무해설」, 2023, 670면

★

신주인수권증권의 평가액(a)

$= \{($만기상환금액$/ (1+R)^n) - ($만기상환금액$/ (1+r)^n)\}$

R : 사채발행이율

만기상환금액 : 이자포함 금액

r : 기획재정부령으로 정하는 이자율(적정할인율) : 8%

 

사채발행이율이란, 사채의 발행가액과 사채발행에 따라 만기일까지 지급할 액면이자와 만기상환금액의 합계액 현재가치를 일치시키는 이자율을 말하는 것이며, 만기상환금액에는 상환할증금이 포함된다(재재산 – 1036, 2011. 12. 2.).

### 나. 전환 등이 가능한 기간 중에 평가하는 경우

위 "가. 전환 등이 불가능한 기간 중에 평가하는 경우"의 평가액과 해당 신주인수권증권으로 인수할 수 있는 주식가액에서 배당차액과 신주인수가액을 차감한 가액 중 큰 가액으로 평가한다(상증령 제58조의 2 제2항 제2호 다목).

★

신주인수권증권의 평가액(b) = Max(A, B)

A : $\{($만기상환금액$/ (1+R)^n) - ($만기상환금액$/ (1+r)^n)\}$

R : 사채발행이율

만기상환금액 : 이자포함 금액

r : 적정할인율

B : 신주인수권증권으로 인수할 수 있는 주식가액 – (배당차액[*] + 신주인수가액)

(*) [주식 또는 출자지분 1주당 액면가액 × 직전기 배당률 × 신주발행일이 속하는 사업연도 개시일부터 배당기산일 전일까지의 일수] / 365

## (10) 신주인수권부사채(bond with warrants)의 평가

신주인수권부사채란 회사채의 성격을 가지면서도 회사의 신주를 인수할 수 있는 사채를 말한다. 신주인수권부사채는 전환사채와 같이 통상 일반사채보다 이율이 낮다. 대신에 일정기간 이후 미리 정해진 가격대로 회사의 신주를 인수할 수 있다. 또한 주식시장에서 판매도 할 수 있다. 전환사채가 주식으로 교환됨과 동시에 사채의 권리가 소멸되는 점과 달리 신주인수권부사채는 주식으로 전환되더라도 소멸되지 않는다. 또한 신주인수권부사채는 전환사채와 달리 주식으로 전환하는 경우 추가 자금이 소요된다.

## 1) 거래소에서 거래되는 경우

거래소에 상장되어 거래되는 신주인수권부사채의 평가는 평가기준일 이전 2월간에 공표된 매일의 거래소 최종시세가액(거래실적 유무를 불문한다)의 평균액과 평가기준일 이전 최근일의 최종시세가액 중 큰 가액에 의한다(상증령 제58조의 2 제1항).

★

**신주인수권부사채의 평가액 = Max(A, B)**

A : 평가기준일 이전 2월간에 공표된 최종시세가액의 평균액
B : 평가기준일 이전 최근일의 최종시세가액

평가기준일 이전 2월의 기간 중 거래실적이 없는 신주인수권부사채는 거래소에서 거래되지 않는 경우의 평가방법을 적용한다(상증령 제58조 제1항).

## 2) 거래소에서 거래되지 않는 경우

### 가. 전환 등이 불가능한 기간 중에 평가하는 경우

만기상환금액을 사채발행이율과 적정할인율 중 낮은 이율에 의하여 발행 당시의 현재가치로 할인한 가액에서 발행 후 평가기준일까지 발생한 이자상당액을 가산한 가액으로 평가한다(상증령 제58조의 2 제2항 제1호 나목).

★

**신주인수권부사채의 평가액(c)**
$$= \{\text{만기상환금액} / [1+\min(R, r)^n]\} + \text{평가기준일까지 이자상당액}$$

만기상환금액 : 이자포함 금액
R : 사채발행이율
r : 적정할인율

### 나. 전환 등이 가능한 기간 중에 평가하는 경우

위 "(9) 2) 나." 평가액과 동 가액에서 전환금지기간 중 신주인수권증권 평가액을 차감하고 전환가능기간 중 신주인수권가액을 가산한 가액 중 큰 가액으로 평가한다(상증령 제58조의 2 제2항 제2호 나목).

산식으로 표시하면 아래와 같다.

★

신주인수권부사채의 평가액 = Max(A, B)

A : (c)
B : (c) − (a) + (b)
(a) 전환금지기간 중 신주인수권증권 평가액
(b) 전환가능기간 중 신주인수권증권 평가액
(c) 전환금지기간 중 신주인수권부사채 평가액


## (11) 신주인수권증서의 평가

신주인수권증서란 신주를 인수할 수 있는 권리에 대해 매매를 할 수 있도록 증서화한 것을 말한다.

신주인수권증서의 평가는 다음의 구분에 따른 가액으로 한다(상증령 제58조의 2 제2항 제2호 라목).

가. 거래소에서 거래되는 신주인수권증서 : 거래소에 상장되어 거래되는 전체 거래일의 종가 평균

나. 그 밖의 경우 : 당해 신주인수권증서로 인수할 수 있는 주식의 권리락 전 가액에서 상증령 제57조 제3항의 규정에 의한 배당차액과 신주인수가액을 차감한 가액. 다만, 당해 주식이 주권상장법인 등의 주식인 경우로서 권리락 후 주식가액이 권리락 전 주식가액에서 배당차액을 차감한 가액보다 적은 경우에는 권리락 후 주식가액에서 신주인수가액을 차감한 가액으로 한다.

★

Min〔권리락 후 주식가액, (권리락 전 주식가액 − 배당차액)〕 − 신주인수가액


## (12) 대부금·외상매출금 및 받을어음 등 채권가액과 평가입회금·보증금 등의 채무가액 평가

대부금·외상매출금 및 받을어음 등의 채권가액과 입회금·보증금 등의 채무가액은 원본의 회수기간·약정이자율 및 금융시장에서 형성되는 평균이자율 등을 감안하여 평가한 가액으로 한다. 다만, 채권의 전부 또는 일부가 평가기준일 현재 회수불가능한 것으로 인정되는 경우에는 그 가액을 산입하지 아니한다(상증령 제58조 제2항).

입회금·보증금 등의 채무가액에 대해 현재가치 할인평가를 하여야 하는지와 관련하여

조세심판원은 상증칙 제18조 제2항 제1호는 채권평가규정이지 채무평가규정이 아니라는 이유로 입회금·보증금 등 예수보증금 채무에 대한 현재가치 할인평가를 부정한바 있다(국심 2007서5122, 2008. 6. 16.).[22)]

따라서 입회금·보증금 등의 채무가액에 대해 현재가치 할인평가를 적용하는 당초의 입법 취지를 유지할 수 있도록 상증령에 채무가액의 할인평가 근거 규정을 보완하여 개정하였다.

평가대상법인이 보유한 '회수기간 5년을 초과하는 장기차입금 및 사채'를 '상증령 제58조 제2항'에 따른 현재가치 평가대상 채무에 해당하는지가 문제될 수 있다. 입회금·보증금 등의 채무가액의 범위에 발행회사채 및 장기차입금 등이 포함되는 것으로 본다면 현재가치 평가대상 채무로 보아야 할 것이다.

앞서 설명한 바와 같이, 상증령 제58조 제2항을 '채권가액'에서 '채권가액과 입회금·보증금 등의 채무가액'으로 개정한 것은 채무가액 역시 채권과 동일한 논리로 평가하기 위한 근거법령을 마련한 것으로써 입회금 및 보증금은 예시적인 성격에 해당한다 할 것이어서 장기차입금도 현재가치 평가대상 채무로 보는 것이 타당하다 하겠다.

### 1) 회수기간이 5년을 초과하거나 회사정리절차 등으로 내용이 변경된 경우

대부금 등의 원본의 회수기간이 5년을 초과하거나 회사정리절차 또는 화의절차의 개시 등의 사유로 당초 채권의 내용이 변경된 경우에는 각 연도에 회수할 금액(원본에 이자상당액을 가산한 금액을 말한다)을 기획재정부장관이 고시하는 적정할인율(8%)에 의하여 현

---

22) 콘도회원권의 입회금 및 시설보증금 부채를 현재가치할인 평가하는 것은 부당하다고 주장하므로 이를 살펴본다.
　(가) 콘도회원권의 입회금·보증금 채무는 약정기간 만료 시에 원금을 반환하여야 할 뿐만 아니라 약정기간 중에는 회원에게 시설물을 우선적으로 저렴하게 이용할 수 있는 혜택을 제공할 의무가 있는 것이므로, 콘도회원권의 입회금·보증금 채무에는 시설물 이용의 용역 제공이 포함되었다고 보는 것이 합리적이다. 한편, 채권가액의 평가를 각 연도에 회수할 원리금을 현재가치로 할인하도록 규정한 상속세 및 증여세법 시행규칙 제18조의 2 제2항 제1호를 채무의 평가에 원용하면, 채무가액은 각 연도에 반환할 원리금을 할인한 금액의 합계액으로 하여야 할 것이므로, 콘도회원권의 입회금·보증금 채무의 가액은 각 연도에 반환할 원금과 시설물 이용의 용역을 금전으로 환산한 가액을 할인한 금액의 합계액으로 하는 것이 타당하다. 처분청은 이 건 콘도회원권의 입회금·보증금 채무의 현재가치할인을 함에 있어 청구 외 법인이 만기에 반환할 원금만 평가하였고, 시설물 이용의 용역을 금전으로 환산한 가액을 포함하여 평가하지 아니하였던바, 이는 원금과 이자를 평가대상으로 하는 현재가치할인의 원리에 부합하지 아니하는 것이다.
　(나) 한편, 처분청이 채무의 현재가치할인 평가의 근거로 내세운 상속세 및 증여세법 시행령 제58조 제2항 및 같은 법 시행규칙 제18조의 2 제2항 제1호는, "채권, 회수기간, 회수할 금액" 등의 용어를 보더라도 채권의 평가에 관한 규정이지, 부채로서의 시설물이용권의 입회금·보증금 등 예수금 평가에 관한 규정이라 할 수 없고, 이 규정을 부채에도 적용하도록 준용규정을 마련하지 아니하였으며, 특히 2003. 12. 31. 신설된 같은 법 시행규칙 제18조의 2 제2항 제1호 후단에 부채에 관하여 규정하지 아니하였던 점으로 보아, 이를 부채평가에 관한 규정으로 볼 수 없다.

재가치로 할인한 금액의 합계액으로 한다. 이 경우 소득세법 제94조 제1항 제4호 나목의 규정에 의한 시설물이용권에 대한 입회금·보증금 등으로서 원본의 회수기간이 정하여지지 아니한 것은 그 회수기간을 5년으로 본다(상증칙 제18조의2 제2항 제1호).

★

$$평가액 = \sum 각 연도별 회수할 금액(원본 + 이자상당액) / (1 + 적정할인율)^n$$

　n : 평가기준일로부터 회수일이 속하는 연수

### 2) 회수기간이 5년 미만인 대부금 등의 경우

원본가액에 평가기준일까지의 미수이자 상당액을 가산한 금액으로 평가한다(상증칙 제18조의2 제2항 제2호).

## (13) 집합투자증권의 평가

### 1) 개요

집합투자란 2인 이상에게 투자권유를 하여 모은 금전 등 또는 국가재정법 제81조에 따른 여유자금을 투자자 또는 각 기금관리주체로부터 일상적인 운용지시를 받지 아니하면서 재산적 가치가 있는 투자대상자산을 취득·처분, 그 밖의 방법으로 운용하고 그 결과를 투자자 또는 각 기금관리주체에게 배분하여 귀속시키는 것을 말한다. 다만, 사모(私募)의 방법으로 금전 등을 모아 운용·배분하는 것으로서 투자자의 총수가 49인 이하인 경우, 자산유동화에 관한 법률 제3조의 자산유동화계획에 따라 금전 등을 모아 운용·배분하는 경우 및 그 밖에 행위의 성격 및 투자자 보호의 필요성 등을 고려하여 자본시장과 금융투자업법 시행령 제6조 제4항에서 정하는 경우를 제외한다(자본시장법 제6조 제5항).

집합투자증권이란 집합투자기구에 대한 출자지분(투자신탁의 경우에는 수익권을 말한다)이 표시된 것을 말한다(자본시장법 제9조 제21항). 또한 집합투자기구란 집합투자를 수행하기 위한 기구로서 다음의 것을 말한다(자본시장법 제9조 제18항).

가. 집합투자업자인 위탁자가 신탁업자에게 신탁한 재산을 신탁업자로 하여금 그 집합투자업자의 지시에 따라 투자·운용하게 하는 신탁 형태의 집합투자기구("투자신탁")
나. 상법에 따른 주식회사 형태의 집합투자기구("투자회사")
다. 상법에 따른 유한회사 형태의 집합투자기구("투자유한회사")
라. 상법에 따른 합자회사 형태의 집합투자기구("투자합자회사")

마. 상법에 따른 조합 형태의 집합투자기구("투자조합")

바. 상법에 따른 익명조합 형태의 집합투자기구("투자익명조합")

사. 경영권 참여, 사업구조 또는 지배구조의 개선 등을 위하여 지분증권 등에 투자·운용하는 투자합자회사로서 지분증권을 사모로만 발행하는 집합투자기구("사모투자전문회사")

## 2) 집합투자증권의 평가

「자본시장과 금융투자업에 관한 법률」에 따른 집합투자증권의 평가는 평가기준일 현재의 거래소의 기준가격으로 하거나 집합투자업자 또는 투자회사가 같은 법에 따라 산정 또는 공고한 기준가격으로 한다. 다만, 평가기준일 현재의 기준가격이 없는 경우에는 평가기준일 현재의 환매가격 또는 평가기준일 전 가장 가까운 날의 기준가격으로 한다(상증령 제58조 제3항).

> **집합투자증권 평가액**(상증법 집행기준 63 – 58 – 3)
>
> • 원칙 : 평가기준일 현재 한국거래소의 기준가격 or 집합투자업자 등이 공고한 가격
> • 예외 : 평가기준일 현재 기준가격이 없는 경우 환매가격 or 평가기준일 전 최근 기준가격

집합투자증권의 기준가격은 신탁재산을 주식이나 채권, 유동성자산 등에 투자한 자산의 평가액에 그 투자에 따른 배당, 이자 등을 가산하고 부채나 운용에 소요된 비용을 차감한 순자산가액에 투자한 총좌수로 나누어 계산한다. 기준가격에는 원천징수세액 상당액을 차감하지 않는다(서일 46014 – 10330, 2003. 3. 18.).

한국거래소에 상장되어 거래되는 상장지수집합투자기구(Exchange Trade Fund, ETF)의 평가는 상증법 제58조 제3항에 따라 평가기준일 현재의 한국거래소의 기준가격으로 하거나 집합투자업자 또는 투자회사가 자본시장과 금융투자업에 관한 법률에 따라 산정·공고한 기준가격으로 평가한다. 다만, 평가기준일 현재의 기준가격이 없는 경우에는 평가기준일 현재의 환매가격 또는 평가기준일 전 가장 가까운 날의 기준가격으로 한다(재산 – 399, 2011. 8. 26.).

파생결합증권의 일종인 주가연계증권(Equity – Linked Securities, ELS)의 경우, 그 평가방법이 법에 규정되어 있지 않다. 통상 ELS의 경우 기초자산과 연계하여 평가되는바 거래일별 기준가격을 해당 상품을 판매한 증권회사에서 고시하고 있는 점을 감안하면, ETF와 동일한 평가방법을 적용할 수 있을 것으로 본다.

### 3) 뮤추얼펀드(Mutual fund)의 평가

뮤추얼펀드란 투자신탁의 일종으로 우리나라에서는 유가증권 투자를 목적으로 설립된 법인회사로 주식발행을 통해 투자자를 모집하고 모집된 투자자산을 전문적인 운용회사에 맡겨 그 운용수익을 투자자에게 배당금의 형태로 되돌려주는 투자회사를 의미한다.

뮤추얼펀드는 일반적으로 수십 개의 증권을 소유하므로 단일 주식이나 채권을 소유하는 것보다 투자를 분산시킬 수 있다. 분산은 위험부담률, 즉 가치 하락의 가능성을 포트폴리오 내의 모든 증권에 분배하여 위험부담률 발생 가능성을 줄임으로써 투자자에게 혜택을 준다. 통상 뮤추얼펀드는 전문적인 자산관리자가 관리를 한다.

뮤추얼펀드 또한 집합투자증권의 일종으로 그 평가는 앞의 "2) 집합투자증권의 평가"와 동일하다.

## (14) 예금·저금·적금 등의 평가

예금·저금(저축)·적금 등의 평가는 평가기준일 현재 예입총액과 같은 날 현재 이미 경과한 미수이자 상당액의 합계액에서 원천징수세액 상당금액을 차감한 가액으로 평가한다(상증법 집행기준 63-58의 2-10).

★

평가액 = 예입금액 + 미수이자상당액 − 원천징수세액 상당액

## (15) 무체재산권 등의 평가

### 1) 개요

무체재산권이란 지적 창조물을 독점적으로 이용하는 권리를 말한다. 지적재산권 또는 지식재산권이라고도 한다. 무체재산권은 산업재산권과 저작권으로 구분할 수 있다.

산업재산권이란 지식재산권의 한 유형으로 인간의 정신적 창작의 결과물로서 널리 산업에 이용되는 무형의 재화에 대하여 별도의 재산권으로 보호하는 권리를 말한다. 저작권은 인간의 지적 창작에 의한 문화상 이용가치를 갖는 저작물 등에 대한 권리이다. 저작물은 인간의 지적·정신적 문화활동의 결과 창작된 지적 산물인 문학·학술·예술의 범위에 속하는 창작물을 말한다. 저작권은 별도의 등록을 하지 않아도 창작과 동시에 권리가 발생한다.

산업재산권은 통상 특허권, 실용신안권, 의장권, 상표권 등으로 구분한다. 광의로는 반도체회로 배치설계권, 노하우권, 미등록주지상표권 등 산업상 보호가치가 있는 권리를 포함

한다. 산업재산권은 특허청에 등록함으로써 취득되며, 등록에는 선출원주의가 적용된다(특허법 제36조). 산업재산권은 새로운 창작에 대하여 그 창작자에게 일정기간 동안 독점적 · 배타적 권리를 부여하는 대신 이를 일반에게 공개하여 일정한 존속기간이 지나면 누구나 이용할 수 있도록 함으로써 기술진보와 산업발전을 추구하는 것이다.

참고로 각 산업재산권의 존속기간은 다음과 같다.

가. 특허 : 설정등록일 후 출원일로부터 20년

나. 실용신안 : 설정등록일 후 출원일로부터 10년(단, 1997. 7. 1. 이전에 출원된 경우 15년)[23]

다. 의장 : 설정등록일로부터 15년

라. 상표 : 설정등록일로부터 10년(10년마다 갱신 가능)[24]

## 2) 무체재산권의 평가

무체재산권의 가액은 다음에 따른 금액 중 큰 금액으로 한다. 2013. 12. 31. 이전의 경우 매입가액에서 매입한 날부터 평가기준일까지의 법인세법상의 감가상각비를 뺀 금액으로 평가하였다(상증법 제64조).

가. 재산의 취득 가액에서 취득한 날부터 평가기준일까지의 법인세법상의 감가상각비를 뺀 금액

나. 장래의 경제적 이익 등을 고려하여 대통령령으로 정하는 방법으로 평가한 금액

위에서 감가상각비 상당액이란 매입가액을 법인세법상 무형고정자산의 내용연수로 나눈 금액에 매입시기에서 평가기준일까지 총월수를 곱한 금액을 말한다. 이 경우 월수는 역에 따라 계산하되 1월 미만인 경우에는 1월로 한다. 매입한 무체재산권의 가액에서 차감하는 법인세법상의 감가상각비는 법인이 납세지 관할 세무서장에게 신고한 상각방법에 의해 계산한 감가상각비 상당액이 되며 신고한 상각방법이 없는 경우에는 법인세법 시행령 제26조 제4항의 규정에 의한 상각방법을 적용하여 계산한 감가상각비 상당액이 된다(서면4팀-1420, 2004. 9. 13.).

경제적 이익을 고려하여 대통령령이 정하는 방법이란 예컨대 초과이익을 영업권 지속연수(5년)를 감안하여 환산한 가액을 말한다.

---

23) 실용신안법 제22조
24) 상표법 제42조

## 3) 기타의 경우 평가방법

특허권·실용신안권·상표권·디자인권 및 저작권 등은 그 권리에 의하여 장래에 받을 각 연도의 수입금액을 기준으로 다음과 같이 계산한 금액의 합계액에 의한다(상증령 제59조 제5항).

★

$$특허권\ 등\ 평가 = \sum_{n=1}^{n} \frac{각\ 연도의\ 수입금액}{(1 + 10/100)^n}$$

n : 평가기준일로부터 경과연수

평가기준일부터의 최종 경과연수는 해당권리의 존속기간에서 평가기준일 전일까지 경과된 연수를 차감하여 계산한다. 이 경우 평가기준일부터의 최종 경과연수가 20년을 초과하는 때에는 20년으로 한다(상증칙 제19조 제3항).

특허권·실용신안권·상표권·디자인권 및 저작권 등의 권리에 의한 각 연도의 수입금액이 확정되지 아니한 경우에는 평가기준일 전 최근 3년간(3년에 미달하는 경우에는 그 미달하는 연수로 한다)의 각 연도의 수입금액의 합계액을 평균한 금액을 각 연도의 수입금액으로 할 수 있다. 이 경우 각 연도의 수입금액이 확정되지 아니한 것은 평가기준일 전 3년간의 각 연도 수입금액의 합계액을 시행규칙이 정하는 바에 따라 평균한 금액을 각 연도의 수입금액으로 할 수 있다(상증령 제59조 제5항).

시행규칙에 따르면, 특허권·실용신안권·상표권·디자인권 및 저작권 등의 권리에 의한 각 연도의 수입금액이 확정되지 아니한 경우에는 평가기준일 전 최근 3년간(3년에 미달하는 경우에는 그 미달하는 연수로 한다)의 각 연도의 수입금액의 합계액을 평균한 금액을 각 연도의 수입금액으로 하되, 최근 3년간 수입금액이 없거나 저작권(저작인접권을 포함한다)으로서 평가기준일 현재 장래에 받을 각 연도의 수입금액이 하락할 것이 명백한 경우에는 상증법 제6조 제1항 본문에 따른 세무서장 등이 둘 이상의 공신력 있는 감정기관(「감정평가 및 감정평가사에 관한 법률」에 따른 감정평가업자를 말한다) 또는 전문가의 감정가액 및 해당 권리의 성질 기타 제반사정을 감안하여 적정한 가액으로 평가할 수 있다(상증칙 제19조 제4항).

매입하지 않은 특허권·실용신안권 등 공업소유권은 다음과 같이 평가한다(상증법 집행기준 64-59-4. 특허권·실용신안권 등의 평가방법).

| 원칙적 방법: (a)와 (b) 중 선택 | | | 예외적 방법(c) |
|---|---|---|---|
| (a) | 특허권 등의 취득에 소요된 가액 | | 평가기준일 이전 최근 3년간 수입금액이 없거나 미래 수입금액이 하락할 것이 명백한 경우에는 감정가액으로 평가가능 |
| (b) | 미래의 수입금액이 확정된 경우 | $\sum_{n=1}^{n} \dfrac{\text{미래 각 사업연도 수입금액}}{(1+10/100)^n}$ | |
| | 미래의 수입금액이 미확정된 경우 | $\sum_{n=1}^{n} \dfrac{\text{최근 3년간 수입금액 평균액}}{(1+10/100)^n}$ | |

(a) 특허권 등 취득에 소요된 가액

(b) 미래의 수입금액의 현재가치로 평가할 경우

특허권 · 실용신안권 · 상표권 · 디자인권 및 저작권 등은 그 권리에 의하여 평가기준일로부터 존속기간 동안 받을 미래 각 연도 수입금액의 현재가치로 평가하며, 평가기준일로부터 존속기간이 20년을 초과할 경우에는 20년으로 한다. 다만, 미래수입금액이 확정되지 아니한 경우에는 평가기준일 전 최근 3년간(3년 미만 : 해당연수)의 각 연도 수입금액 합계액의 평균한 금액을 각 연도의 수입금액으로 할 수 있다.

(c) 예외적 평가방법

평가기준일 전 최근 3년간 특허권 등으로부터 수입금액이 없거나 평가기준일 현재 장래에 미래 각 연도 수입금액이 하락할 것이 명백한 경우 세무서장 등이 감정가액 등을 감안하여 특허권 등을 평가할 수 있다.

거주자가 특수관계 있는 법인에게 양도한 특허권 가액의 평가와 관련하여 소득세법 시행령 제98조 제3항(시가의 산정방법은 법인세법 시행령 제89조 제1항 및 제2항 규정 준용), 상증법 제64조, 상증령 제59조 제5항, 상증칙 제19조 제4항을 순차적으로 적용하는 것이며, 수입금액이 없는 무체재산권의 평가는 세무서장 등이 2 이상의 감정평가법인(업자) 또는 발명진흥법상 한국발명진흥회 및 벤처기업육성에 관한 특별조치법상 기술평가기관의 감정가액으로 평가할 수 있다(소득-150, 2011. 2. 18. 및 기존 해석사례(재산-731, 2010. 10. 6.)).

## (16) 영업권의 평가

### 1) 개요

영업권(goodwill)이란 특정기업이 동종의 타기업에 비하여 평균 이상의 초과수익을 얻을 수 있는 능력을 말한다. 다시 말하면, 정상 수익을 초과하여 더 많은 미래 수익을 얻을 수 있을 것으로 기대되는 경우 이와 같은 초과 수익력을 화폐가치(present value)로 환원 평가한 것을 영업권이라고 한다. 초과 수익력의 원천으로는 기업의 명성이나 좋은 평판, 장기간의 고객관계, 독특한 제조비법, 독점적 위치, 탁월한 경영능력, 법률상의 보호, 좋은 입지조건 등을 들 수 있다.

영업권은 무형자산 중에서도 가장 가치평가가 불명확한 자산이므로 무엇보다도 객관적인 측정이 요구된다. 기업 스스로 초과 수익력을 평가하여 영업권으로 계상하는 것, 이른바 자가창설 영업권은 세법상 인정되지 아니하며 외부로부터 유상으로 취득한 영업권에 대해서만 이를 자산으로 계상할 수 있다.

대법원에서는 영업권을 그 기업의 전통, 사회적 신용, 입지조건, 특수한 제조기술 또는 거래관계의 존재 등 영업상의 기능 내지 특성으로 인하여 동종의 사업을 영위하는 다른 기업의 통상수익보다 높은 수익을 올릴 수 있는 초과수익력이라는 무형의 재산적 가치를 말하는 것으로 정의한바(대법원 95누18697, 1997. 5. 28. 참조), 구 상속세법(1996. 12. 30. 법률 제5193호로 전문개정되기 전의 것. 이하 "구 법"이라 한다) 제2조 제1항, 제3조 제1항 제9호의 각 규정에 의하면 상속재산의 하나로 영업권을 들고 있고, 구 시행령 제5조 제5항 제1호는 구 법 제9조 제2항의 위임에 따라 영업권의 가액평가에 대하여 규정하고 있으므로 영업권을 상속재산에 포함시켜 과세한다 하더라도 조세법률주의나 포괄위임금지의 원칙에 위배되지 않는다고 판시(대법원 2000두7766, 2002. 4. 12.)하고 있다.

## 2) 영업권의 평가방법

영업권의 평가는 다음 산식에 의하여 계산한 초과이익금액을 평가기준일 이후의 영업권 지속연수(원칙적으로 5년으로 한다)를 감안하여 기획재정부령이 정하는 방법에 의하여 환산한 가액에 의한다. 다만, 매입한 무체재산권으로서 그 성질상 영업권에 포함시켜 평가되는 무체재산권의 경우에는 이를 별도로 평가하지 아니하되 해당 무체재산권의 평가액이 환산한 가액보다 큰 경우에는 해당 가액을 영업권의 평가액으로 한다(상증령 제59조 제2항).

예를 들어 매입한 영업권이 1억 원인 경우로서 그 가액을 자산에 포함하여 아래 산식과 같이 환산한 가액이 5천만 원인 경우에는 전체 영업권을 매입한 영업권 1억 원으로 하며, 이 경우에는 추가로 자산에 가산할 영업권은 없는 것으로 하는 것이다. 또한, 영업권을 매입한 경우로서 그 평가액(매입가액 – 감가상각비)이 아래 산식에 따라 산정한 금액보다 큰 경우에는 그 평가액으로 한다.

즉, 매입한 영업권(예 : 5천만 원)이 있는 경우 그 영업권을 자산으로 보아 아래 산식으로 평가한 가액이 큰 경우(예 : 2억 원)에는 그 가액(2억 원)으로 하되, 자산에 가산하는 영업권은 그 차액(2억 원 – 5천만 원 = 1억 5천만 원)으로 한다.

## 가. 2004. 1. 1. 이후 영업권 평가방법 산식

① 자기자본을 확인할 수 있는 경우

★

$$영업권 = \sum_{n=1}^{지속연수} \frac{자기자본\ 이익률\ 초과\ 순손익액}{(1 + 0.1)^n}$$

n : 평가기준일로부터 경과연수

★

자기자본 이익률 초과 순손익액 : {최근 3년간(3년에 미달하는 경우에는 해당 연수로 하고, 제55조 제3항 제2호 각 목에 모두 해당하는 경우에는 개인사업자로서 사업을 영위한 기간을 포함한다)의 순손익액의 가중평균액의 100분의 50에 상당하는 가액 − (평가기준일 현재의 자기자본×1년 만기 정기예금이자율을 감안하여 기획재정부령이 정하는 율)}

최근 3년간의 순손익액의 가중평균액을 계산함에 있어 평가기준일 이전 각 사업연도가 2개 또는 1개의 사업연도 밖에 없는 경우에도 그 2개 또는 1개의 사업연도의 순손익액을 기준으로 가중 평균하여 영업권을 평가한다.

위 산식에서 순손익가치는 상증법상 비상장주식의 평가 시 1주당 순손익가치를 계산하는 방법을 준용한다. 그리고 자기자본이란 상증령 제55조 제1항의 규정에 의하여 계산한 순자산가액을 말하며, 자산총계에서 부채총계를 공제하여 계산한다.

이 경우 평가기준일이 속하는 사업연도에 사업을 개시하여 평기기준일 이전 사업연도의 순손익액이 없는 경우에는 영업권가액은 0원이 되며, 영업권 포함 전 순자산가액인 자기자본이 0 이하인 경우에도 0으로 한다.

② 자기자본을 확인할 수 없는 경우

영업권을 평가함에 있어서 제시한 증빙에 의하여 자기자본을 확인할 수 없는 경우에는 다음 산식에 의하여 계산한 금액 중 많은 금액으로 한다.

ⓐ 사업소득금액 ÷ 소득령 제165조 제10항 제1호에서 규정하는 자기자본이익률

ⓑ 수입금액 ÷ 소득령 제165조 제10항 제2호에서 규정하는 자기자본회전율

★
$$자기자본 = Max(A, B)$$

A : 사업소득금액 / 자기자본이익률
B : 수입금액 / 자기자본회전율

부수(−)의 영업권가액과 정수(+)의 영업권가액을 통산할 수 없다. 즉, 영업권 평가 시 영업장이 2개 이상이라 하더라도 각 영업권의 평가가액을 통산하여 산정할 수는 없다.

대법원은 영업권의 평가에 관한 구 상속세법 시행령(1996. 12. 31. 대통령령 제15193호로 전문 개정되기 전의 것) 제5조 제5항 제1호의 산식에 따라 정수(正數, "+")의 가액이 산정되는 영업권만을 상속재산가액에 포함시키고 부수(負數, "−")의 가액이 산정되는 영업권은 이를 없는 것으로 보아 상속재산가액에서 제외하여 상속세를 부과한 처분이 정당하다고 판단(대법원 2000두7766, 2002. 4. 12.)하였다.

영업권이 부수로 나타나는 경우 없는 것으로 보아야 하는 이유는 단순히 영업권이 부수로 평가되었다고 하여 이를 소극적 재산인 채무와 같은 개념으로 보기는 어려워서 상속재산가액에서 공제할 수는 없고, 그러한 의미에서 영업장이 2개 이상이라고 하더라도 각 영업권의 평가액을 통산하여 상속재산가액을 산정할 수 없다는 것으로 보인다.

### 3) 감정평가액의 시가 인정 여부

#### 가. 개요

앞서 언급한 바와 같이, 세무상 제3자로부터 유상으로 취득한 영업권의 경우 자산성을 인정하지만 자가창설영업권은 통상 자산성이 인정되지 아니한다. 따라서 영업권을 평가함에 있어 상증령 제59조 제2항에 따른 보충적 평가방법이 아닌 공신력 있는 감정기관의 감정평가를 받은 가액을 시가로 인정할 수 있을 것인가 하는 점이 쟁점이 될 수 있다.

시가란 원칙적으로 불특정 다수인 간의 자유롭고 정상적인 거래에 의하여 형성된 객관적인 교환가격을 의미하는 것이지만, 객관적이고 합리적인 방법으로 평가한 가액도 포함하는 개념으로 보아야 한다. 그러므로 공신력 있는 감정기관의 감정가액도 해당될 수 있다.

현행 상증법상 영업권 평가에 대해 감정가액을 배제하는 조항이 없는 점을 고려하였을 때 일응 공신력 있는 감정기관이 평가한 영업권 가액도 시가로 인정할 수 있다고 보는 것이 합목적적 해석이라 할 것이다(조심 2016서0162, 2017. 3. 21.).

감정평가받은 영업권 평가액을 시가로 인정받을 수 있다는 견해와 인정받을 수 없다는 견해가 있는바 이하에서 나누어 살펴본다.

### 나. 시가로 인정받을 수 있다는 견해

감정평가를 받은 영업권 가액을 시가로 인정받을 수 있다는 견해는 현행 상증법상 비상장주식 평가 시 순자산가액에 가산하는 영업권에 대해 감정평가액을 부인하는 조항 혹은 영업권 평가 시 보충적 평가방법만 적용하여야 한다는 규정이 없다는 점에 근거를 둔다. 다시 말하면, 현행 상증법상 어디에도 영업권에 대해 감정평가를 배제한다고 규정한 조항은 없으며, 영업권 외 다른 재산에 대한 평가 시에는 감정가액 등을 시가로 인정하면서 유독 비상장주식 평가 시 순자산가액에 합산하는 영업권에 대해서만 보충적 평가를 적용하여야 한다는 것은 상증법상 재산평가의 대원칙인 시가평가에 반한다고 보는 것이다.

예컨대 주식의 경우 감정평가액을 시가로 인정하지 않는다는 규정이 있다(상증령 제49조 제1항 제2호). 하지만, 영업권의 경우 상증법상 어디에도 그러한 규정이 존재하지 않는다.

또한, 동일하게 산정된 영업권 감정가액에 대하여 개별 세법에 따라 인정 여부를 달리하는 것은 논리적으로도 타당하지 아니하다. 즉, 정상적으로 산출된 영업권 감정가액을 법인세법 등 개별 세법상 양도·취득가액 산정 시 인정하면서, 상증법상 비상장주식 평가 시 인정하지 않는다는 것은 형평에 맞지 않는다. 그러므로 감정기관이 평가한 영업권의 감정가액이 적절하지 않은 경우를 제외하고는 인정되어야 한다.

영업권의 경우 매입영업권과 자가창설영업권 중 큰 금액으로 평가하도록 규정한 점(상증법 제64조) 및 상증령 제55조 제3항의 상증령 제59조 제2항에 따른 영업권평가액을 자산가액에 합산하라는 규정은 상증법상 자가창설영업권의 자산성을 인정한 것으로 시가가 없는 경우 최소한 보충적 평가액만큼은 반영되어야 하는 것으로 해석하여야 한다.

2003년 말 신설된 상증령 제55조 제3항은 자가창설영업권에 대한 자산성 인정을 법문상 명확히 한 것으로 상증령 제59조 제2항에 따른 보충적 평가액만으로 평가하라는 의미로 해석해서는 안 된다. 해당조항의 단서를 보면, 사업개시 3년 미만 법인, 3년 연속 결손법인 등 상증령 제59조 제2항에 따른 보충적 평가가 불가능한 사유를 열거함으로써 기계적으로 산출되는 영업권평가액(보충적 평가)이 순자산가액에 합산되지 않도록 한 것이지, 자가창설영업권에 대한 시가평가가 불가능함을 규정한 것은 아니다. 즉, 시가를 우선으로 하되 시가가 없다면, 최소한 보충적 평가액만큼은 자가창설영업권의 자산성을 인정해주겠다는 취지로 해석되어야 한다.

현행 상증법 문언상 영업권을 포함한 모든 순자산가액은 시가평가가 가능한 점(주식 예외), 상증법 제60조 제2항(감정가액 등)과 제3항(보충적 평가액)을 별도로 구분하여 입법하고 있는 점도 영업권의 감정평가액을 인정하여야 한다는 의미로 해석될 수 있다(조심 2016서0162, 2017. 3. 21.).

## 다. 시가로 인정받을 수 없다는 견해

감정평가를 받은 영업권 가액을 시가로 인정받을 수 없다는 주장은 기업회계기준 및 국세청의 훈령(예규)을 그 근거로 삼는다.

자산이란 해당 법인의 재무제표에 반영된 자산을 의미하는 것으로서, 기업회계기준 제12 장에서 사업결합으로 획득한 영업권은 제12장 제32의 규정에 따라 자산으로 인식하도록 하고 있으나, 제11장 제16에서는 내부적으로 창출한 영업권(자가창설영업권)은 자산으로 인식하지 않는다고 규정하고 있다. 즉, 자가창설영업권은 원칙적으로 장부에 계상되지 아니한 자산으로서 법인의 자산가액에 포함되지 않는 것으로 해석된다(법규재산 2013-89, 2013. 3. 14.).

상증법상 보충법 평가방법에 따른 주식 평가 시 상증법 시행령 제55조 제3항에서 "제1항의 규정을 적용함에 있어서 제59조 제2항의 규정에 의한 영업권평가액은 해당 법인의 자산가액에 이를 합산한다"라고 규정하여 법인의 초과수익력을 자산으로 인정하고 있다.

이때 자산가액에 포함되는 영업권평가액은 상증령 제59조 제2항에서 규정하는 바와 같이 "[최근 3년간의 순손익액의 가중평균액의 100분의 50에 상당하는 가액-(평가기준일 현재의 자기자본×1년 만기 정기예금이자율을 감안하여 기획재정부령이 정하는 율)]에 의하여 계산한 초과이익금액을 평가기준일 이후의 영업권지속연수(원칙적으로 5년으로 한다)를 감안하여 기획재정부령이 정하는 방법에 의하여 환산한 가액"에 의하도록 규정함으로써, 영업권은 상증법 시행령에 따라 환산한 가액만 인정하도록 명문화한 것으로 해석하여야 한다.

비상장주식의 평가는 상증법 제60조 제2항 및 상증령 제49조 제1항에 의한 매매 등 가액(감정가액은 제외)이 확인되는 경우 그 가액에 의하는 것이나, 그와 같은 시가를 산정하기 어려운 경우에는 상증법 제63조 제1항 제1호 다목의 규정에 따라 평가하는 것이다. 이 경우 상증령 제55조 규정에 의한 순자산가액에 합산되는 영업권평가액은 상증령 제59조 제2항에 따라 평가하여야 한다(재산-560, 2011. 11. 28.).

## (17) 어업권의 평가

어업권의 가액은 영업권에 포함하여 계산한다(상증령 제59조 제4항). 즉, 영업권의 평가와 동일하게 평가한다.

## (18) 광업권 및 채석권의 평가

### 1) 개요

광업권 및 채석권이란 특정지역에서 각각 광물 및 돌을 캐낼 수 있는 권리를 말한다. 광물자원은 그 특성상 주로 땅속에 매장되어 있어 매장량이 얼마나 되는지 측정이 힘들뿐만 아니라 경제적 가치가 어느 정도인지를 객관적으로 평가하기가 용이치 않다. 또한 경제적 가치가 있는 것으로 판명이 난 광물이라 할지라도 자연경관보전, 환경문제 혹은 군사보호시설 등 정책적인 차원에서 채굴을 허용하지 않는다면 그 가치를 평가하는 것 자체가 의미 없을 수도 있다.

### 2) 조업할 수 있는 광업권 등의 평가

광업권 및 채석권 등은 평가기준일 이후의 채굴가능연수에 대하여 평가기준일 전 3년간 평균소득(실적이 없는 경우 예상 순소득)을 각 연도마다 다음 산식에 의하여 환산한 금액의 합계액을 그 가액으로 한다. 다만, 조업할 가치가 없는 경우에는 설비 등에 의하여만 평가한 가액으로 한다(상증령 제59조 제6항).

★

$$\text{환산가액} = \sum_{n=1}^{n} \frac{\text{평가기준일 전 3년간 평균소득}}{(1 + 0.1)^n}$$

n : 평가기준일로부터 채굴가능연수

평가기준일 전 3년간 평균소득은 광물의 매출액에서 그 광물의 채굴까지 소요되는 생산비용을 차감한 금액으로 하되 평가기준일 전 3년간 평균소득 실적이 없는 경우에는 예상되는 광물의 매출액에서 그 광물의 채굴까지 소요되는 비용을 차감한 금액으로 한다.

평균소득에 관하여 명문의 규정이 없으나 광업권 평가 시의 평균소득도 소득금액의 개념이므로 영업권 평가 시 적용되는 순손익의 개념을 차용하여 매출액에서 매출원가, 판매비 및 일반관리비를 차감하여 계산한다(대법원 2008두7625, 2008. 8. 21.).

그 논거는 다음과 같다(서울행법 2006구합45388, 2007. 5. 22.).

첫째, 상증법 시행령에서 사용하는 '소득'이라는 개념은 법인세법 제14조의 규정에 의한 사업연도 소득(상증령 제56조 제3항) 및 소득세법 제19조 제2항에 규정된 사업소득(상증령 제56조 제1항 제7호) 이외에 달리 생각할 여지가 없고, 광업권과 같은 조항에서 규정하고 있는 영업권의 평가기준인 '순손익'의 산정방법도 법인세법 제14조의 규정에 의한 '사업연도 소득'과 소득세법 제19조 제2항에 규정된 '사업소득'을 기준으로 하고 있는 점,

둘째, 영업권과 같은 무체재산권인 광업권은 광업법에 의하여 등록을 한 일정한 토지의 구역에서 등록을 한 광물과 이와 동일 광산 중에 부존하는 다른 광물을 채굴 및 취득하는 권리를 말하는데, 이러한 광업권의 평가는 현재 조업이 이루어지고 있는 광업권의 경우 이를 운영하는 사업과 일체로 되어 있으므로 무체재산권으로서 그 권리 자체만을 평가하는 것보다 광업용 재산을 포함한 광업 전체의 가치를 평가하는 것이 바람직하고, 이렇게 보는 경우 기업이 가지고 있는 명성, 신용, 고객관계, 영업상의 비결 기타 제요인에 의하여 기대되는 장래의 초과수익력을 자본화한 무형의 기업용 재산인 영업권과 그 평가방법을 달리하여야 할 필요성은 크지 않은 점,

셋째, 영업권과 광업권 이외의 무체재산권인 특허권, 실용신안권, 상표권, 디자인권 및 저작권은 권리자가 그러한 무체재산권을 자신의 영업에 사용하고 있는 경우에는 영업권에 포함하여 평가함이 원칙이고(상증령 제59조 제2항 단서 참조), 권리자가 위와 같은 권리를 대여한 경우에 한하여 권리존속기간 동안의 각 연도의 수입금액을 현재의 가치로 할인한 금액의 합계액을 그 평가액으로 하고 있어(상증령 제59조 제5항), 무체재산권을 대여한 경우에 그 가치를 평가하는 방법은 사업과 일체를 이루고 있는 광업권의 평가방법으로 적용하기에는 부적절한 점,

넷째, 해당 연도의 매출액에서 매출원가를 공제한 매출총이익을 평균한 것이 '평균소득'이라고 한다면 매출액을 유지하기 위하여 필수적으로 수반되는 광물의 판매활동 또는 이러한 광업을 관리·유지하기 위하여 일상적으로 소요되는 영업비용이 광업권의 평가액에서 제외되어 광업권이 실제의 가치보다 훨씬 과대평가되는 점 등

위 내용들에 근거해 보면, 상증령 제59조 제6항에 규정된 평균소득은 법인사업자의 경우 법인세법 제14조의 규정에 의한 '사업연도 소득'을, 개인사업자의 경우 소득세법 제19조 제2항에 규정된 '사업소득'을 말한다고 봄이 상당하므로, 결국 개인사업자가 보유하던 이 사건 광업권의 지분에 관한 평균소득의 산정방법은 소득세법 제19조 제2항에 규정된 해당 연도의 총수입금액에서 필요경비를 공제하는 방법으로 산정하여야 함이 타당하다.

### 3) 조업할 가치가 없는 광업권 등의 평가

조업할 가치가 없는 광산의 광업권의 가액은 설비 등에 의하여 평가한 가액으로 한다(상증령 제59조 제6항 후단). 설비 등이란 광산에 대한 가액은 그 광산이 폐광되는 경우에 타 용도로 전용될 수 있다고 인정되는 고정자산과 유동자산가액의 합계액을 말한다.

### 4) 소득이 발생하지 아니한 광업권 등의 평가

조업은 하고 있으나 소득은 얻지 못하는 광산, 탐광 중인 광산, 채광에 착수하지 않은 광산으로서 가까운 장래에 소득을 얻을 전망이 있는 광업권과 조광권이 설정되어 있는 광산의 광업권 평가는 조업을 할 수 있는 광산의 광업권 등의 평가방법에 의하여 평가한다. 다만, 각 연도의 조광료 수입금액에서 광업권자가 부담할 경비 등을 공제한 금액에 의하여 평가기준일 이전 3년간 평균 순소득을 계산한다.

### 5) 광업권에 저당권이 설정되어 있는 경우의 평가

평가기준일 현재 광업권에 저당권이 설정되어 있는 경우에는 저당권 등이 설정된 평가의 특례규정(상증법 제66조, 상증령 제63조)에 따라 평가한다. 평가기준일 현재의 시가 또는 조업을 할 수 있는 광산의 광업권 등의 평가방법에 의한 평가액과 저당권이 설정된 광업권이 담보하는 채권액 중 큰 금액으로 평가한다.

## (19) 그 밖의 조건부 권리의 평가 등의 평가

### 1) 그 밖의 조건부 권리

조건부 권리, 존속기간이 확정되지 아니한 권리 또는 소송 중인 권리에 대해서는 해당 권리의 성질, 내용, 남은 기간 등을 기준으로 그 가액을 평가한다(상증법 제65조 제1항). 구체적인 평가방법은 다음과 같다(상증령 제60조).

1) 조건부 권리는 본래의 권리의 가액을 기초로 하여 평가기준일 현재의 조건내용을 구성하는 사실, 조건성취의 확실성, 그 밖의 모든 사정을 고려한 적정가액
2) 존속기간이 확정되지 않은 권리의 가액은 평가기준일 현재의 권리의 성질, 목적물의 내용연수, 그 밖의 모든 사정을 고려한 적정가액
3) 소송 중인 권리의 가액은 평가기준일 현재의 분쟁관계의 진상을 조사하고 소송진행의 상황을 고려한 적정가액

주식매수선택권과 같은 조건부 권리에 대한 평가 규정은 위에서 보는 바와 같이 적정가액이라는 표현을 사용함으로써 현실적으로 적용에 어려움이 있다. 과세관청의 해석 또한 불명확개념을 사용하고 있다. 향후 납세자와의 마찰이 예상되는 항목으로 판단된다.

예를 들어 다단계 판매업에 종사하는 자가 자신이 받을 권리수입을 상속하는 경우 그 가액평가를 어떻게 할 것인가에 대한 질의에서 과세관청은 "피상속인에게 귀속되는 재산으로서 금전으로 환산할 수 있고 재산적 가치가 있는 법률상 또는 사실상의 모든 권리는 상속

재산에 포함되는 것이며, 그 권리의 가액은 상속개시일 현재 시가에 의하되 시가를 산정하기 어려운 경우에는 그 권리의 성질과 기간 및 제반사항을 감안하여 상증법 제65조 및 상증령 제62조의 규정을 준용하여 평가하는 것임(재산-967, 2010. 12. 22.)"이라고 해석하였다.

또 다른 사례를 보면 "피상속인에게 부여된 주식매수선택권을 상속받은 경우, 동 선택권은 상속재산에 포함되며, 그 가액은 본래의 권리의 가액을 기초로 상속개시일 현재의 조건 내용을 구성하는 사실, 조건성취의 확실성 등을 감안하여 적정하게 평가한 가액으로 함(재산-808, 2010. 10. 29.)"으로 회신하여 적정평가금액이 무엇인지를 명확하게 밝혀두지 못하고 있다. 이는 권리 자체가 확정되지 않은 상태에서 과세를 위한 평가를 하여야 하는 조건부 권리 자체가 가진 한계점이기도 하다.

### 2) 가상자산의 평가

「가상자산 이용자 보호 등에 관한 법률」제2조 제1호에 따른 가상자산은 해당 자산의 거래규모 및 거래방식 등을 고려하여 대통령령으로 정하는 방법으로 평가한다(상증법 제65조 제2항).

가상자산의 가액은 다음의 구분에 따라 평가한 가액으로 한다(상증령 제60조 제2항).

가. 「특정 금융거래정보의 보고 및 이용 등에 관한 법률」제7조에 따라 신고가 수리된 가상자산사업자("가상자산사업자") 중 국세청장이 고시하는 가상자산사업자의 사업장에서 거래되는 가상자산 : 평가기준일 전·이후 각 1개월 동안에 해당 가상자산사업자가 공시하는 일평균가액의 평균액

나. 그 밖의 가상자산 : "가"에 해당하는 가상자산사업자 외의 가상자산사업자 및 이에 준하는 사업자의 사업장에서 공시하는 거래일의 일평균가액 또는 종료시각에 공시된 시세가액 등 합리적으로 인정되는 가액

### (20) 신탁의 이익을 받을 권리의 평가

신탁의 이익을 받을 권리의 가액은 권리의 성질, 내용 및 남은 기간 등을 기준으로 그 가액을 평가한다. 다만, 평가기준일 현재 신탁계약의 철회, 해지, 취소 등을 통해 받을 수 있는 일시금이 다음에 따라 평가한 가액보다 큰 경우에는 그 일시금의 가액으로 한다(상증법 제65조 제1항, 상증령 제61조).

## 1) 원본을 받을 권리와 수익을 받을 권리의 수익자가 동일한 경우

신탁의 이익을 받을 권리의 평가기준일 현재 법에 따라 평가한 신탁재산의 가액

> ★
>
> $$평가액 = Max(A, B)$$
>
> A : 신탁재산의 가액
> B : 신탁계약의 철회·해지·취소 등을 통해 받을 수 있는 일시금

## 2) 원본을 받을 권리와 수익을 받을 권리의 수익자가 다른 경우

### 가. 원본을 받을 권리를 수익하는 경우

평가기준일 현재 법에 따라 평가한 신탁재산의 가액에서 "나"목의 계산식에 따라 계산한 금액의 합계액을 뺀 금액

> ★
>
> $$평가액 = Max(A, B)$$
>
> A : 신탁재산의 가액 - 신탁의 수익 평가액
> B : 신탁계약의 철회·해지·취소 등을 통해 받을 수 있는 일시금

### 나. 수익을 받을 권리를 수익하는 경우

평가기준일 현재 기획재정부령으로 정하는 방법에 따라 추산한 장래에 받을 각 연도의 수익금에 대하여 수익의 이익에 대한 원천징수세액 상당액등을 고려하여 다음의 계산식에 따라서 환산한 가액의 합계액으로 한다.

"기획재정부령이 정하는 방법에 의하여 추산한 장래받을 각 연도의 수익금"이라 함은 평가기준일 현재 신탁재산의 수익에 대한 수익률이 확정되지 아니한 경우 원본의 가액에 1,000분의 30을 곱하여 계산한 금액을 말한다(상증칙 제19조의 2 제2항). 이때 수익시기가 정해지지 않은 경우 평가기준일부터 수익시기까지의 연수는 상증령 제62조 제2호 또는 제3호(무기정기금과 종신정기금을 받을 권리의 평가)를 준용하여 20년 또는 기대여명의 연수로 계산한다(상증령 제61조 제2항).

★

$$평가액 = Max(A, B)$$

A : 환산가액 $= \displaystyle\sum_{n=1}^{n} \dfrac{각\ 연도\ 수입금액}{(1+r)^n}$

각 연도 수입금액 : 각 연도에 받을 수익의 이익 − 원천징수세액 상당액

r : 신탁재산의 평균 수익률 등을 감안하여 기획재정부령으로 정하는 이자율(1,000분의 30)

n : 평가기준일부터 수익인식시기까지의 연수

B : 평가기준일 현재 신탁계약의 철회·해지·취소 등을 통해 받을 수 있는 일시금

## (21) 정기금을 받을 권리의 평가

정기금은 당사자의 일방이 특정인(자기, 상대방 또는 제3자)과의 약정기한까지 정기적으로 금전 기타의 물건을 상대방 또는 제3자에게 지급할 것을 약정함으로써 성립하는 계약이다.

정기금을 받을 권리의 가액은 다음과 같이 평가한다. 다만, 평가기준일 현재 계약의 철회, 해지, 취소 등을 통해 받을 수 있는 일시금이 다음에 따라 평가한 가액보다 큰 경우에는 그 일시금의 가액에 의한다(상증법 제65조 제1항, 상증령 제62조).

### 1) 유기정기금

유기정기금은 일정기간 정기적으로 금전 기타 물건을 받을 권리로서, 평가기준일 현재 정기금의 급부 잔존기간에 아래 산식과 같이 각 연도에 받을 정기금액을 기준으로 계산한 금액의 합계액에 의한다. 다만, 1년분 정기금액의 20배를 초과할 수 없다.

★

$$평가액 = \sum_{n=1}^{n} \dfrac{각\ 연도에\ 받을\ 정기금액}{(1+r)^n}$$

n : 평가기준일로부터의 경과연수

r : 보험회사의 평균공시이율 등을 감안하여 기획재정부령으로 정하는 이자율(1,000분의 30)

### 2) 무기정기금

무기정기금이란 정기금의 급부사유가 발생한 이후에 장래 무기한 정기적으로 금전 기타 물건을 받게 되는 권리를 말하며, 1년분 정기금액의 20배에 상당하는 금액으로 평가한다.

### 3) 종신정기금

종신정기금이란 당사자 일방이 자기, 상대방 또는 제3자의 종신까지 정기로 금전 기타 물건을 상대방 또는 제3자에게 지급할 것을 약정함으로써 그 효력이 발생하는 것으로서, 상대방 또는 제3자가 사망 시까지 정기적으로 금전 기타 물건을 받을 권리를 말한다. 민법 제725조(종신정기금계약의 의의)에서는 종신정기금계약에 대하여 "당사자 일방이 자기, 상대방 또는 제삼자의 종신까지 정기로 금전 기타의 물건을 상대방 또는 제3자에게 지급할 것을 약정함으로써 그 효력이 생긴다."고 규정하고 있다.

종신정기금은 정기금을 받을 권리가 있는 자의 통계법 제18조에 따라 통계청장이 승인하여 고시하는 통계표에 따른 성별·연령별 기대여명의 연수(소수점 이하는 버린다)까지의 기간 중 각 연도에 받을 정기금액을 기준으로 기획재정부령이 정하는 바에 의하여 계산한 금액의 합계액에 의한다. 산식은 위 "1) 유기정기금"의 경우와 같다.

# 주식의 평가방법

## 제1절  주식의 평가 개요

### 1  상법상 회사와 주권의 발행

상법에서는 회사를 합명회사, 합자회사, 주식회사, 유한회사 및 유한책임회사의 5종으로 구분하고 있다. 이 중 주식회사 제도는 자본을 주식으로 분할하여 주권이라는 유가증권 형태로 자금을 조달하고, 주권을 취득한 투자자들은 이를 자유롭게 유통시킴으로써 필요할 때 환금할 수 있는 제도이다. 주식회사는 자본의 세분화·자본의 증권화·증권의 양도성을 기초로 운영되어 자본 조달을 쉽게 할 수 있다. 오늘날 대부분의 기업은 주식회사 형태를 취하고 있으며 자본주의적 생산 활동의 기본을 이루고 있다.

주권을 발행하는 통상적인 절차는 정관에 특별한 규정이 없는 경우에는 이사회의 결의, 주주모집, 주금납입 및 등기의 순서로 이루어진다. 이사회는 주권발행의 결정을 대표이사에게 위임할 수 없다. 다만, 주주에게 중대한 이해관계가 있는 사항이므로 정관에서 주주총회가 신주발행에 관한 사항을 결정하기로 정한 경우에는 주주총회에서 이를 결정할 수 있다. 신주를 발행할 시에는 신주의 종류와 수, 신주의 발행가액과 납입기일, 무액면주식의 경우에는 신주의 발행가액 중 자본금으로 계상하는 금액, 신주의 인수방법, 현물출자를 하는 자의 성명과 그 목적인 재산의 종류 수량, 가액과 이에 대하여 부여할 주식의 종류와 수, 주주가 가지는 신주인수권을 양도할 수 있는 것에 관한 사항 및 주주의 청구가 있는 때에만 신주인수권증서를 발행한다는 것과 그 청구기간 등을 정관에 규정하여야 하며 정관에 그러한 규정이 없는 경우 이사회의 결의에 따른다(상법 제416조).

## 2 주식과 출자지분

주식이란 주식회사의 주주가 출자자로서 회사에 대하여 갖는 지분권을 말한다. 주식은 자본을 조달하는 회사 입장에서는 자본의 구성 부분을 말하고, 투자자인 주주 입장에서는 회사에 대하여 갖는 권리의무의 기초인 사원의 지위 또는 자격을 의미한다. 주주는 출자한 회사에 대하여 이익배당청구권, 잔여재산분배청구권 등의 자익권과 회사경영의 중요한 사항에 대한 의결권을 그 지분소유 비율대로 갖게 된다.

한편, 출자지분이란 상법에 의하여 설립된 합명회사, 합자회사, 유한회사 및 유한책임회사의 사원으로서 지위 또는 출자자로서의 권리의무를 말한다. 주식과 출자지분을 통칭하여 상증법에서는 "주식등"이라 한다.

## 3 주식거래시장

주식이 거래되는 시장은 한국거래소의 유가증권시장, 코스닥시장, 코넥스시장 및 프리보드와 장외시장 등으로 구분된다. 상증법에서는 한국거래소에서 거래되는 주식의 종류에 따라 각각 평가방법을 구분하고 있는데, 그 시장의 종류는 다음과 같다.

### (1) 유가증권시장

2005. 1. 27. 증권거래소, 코스닥시장, 선물거래소가 통합되어 한국증권선물거래소가 출범하였고, 종전의 증권거래소 시장이 유가증권시장이라는 명칭으로 변경되었다. 유가증권시장에 상장된 주권을 발행한 법인을 주권상장법인이라고 부르며, 동 시장에서는 주식, 채권, 외국주권과 채권 및 외국주식예탁증서, 주식워런트증권 등을 운영하고 있다. 2009. 2. 4. 이후 「자본시장과 금융투자업에 관한 법률」에 따라 한국거래소로 이름을 바꾸었다.

### (2) 코스닥시장

종전에 증권업협회에서 시장을 개설하고 운영하던 것을 2005. 1. 27. 출범한 한국거래소가 그 권한을 이어받았고, 코스닥시장 운영본부가 위임받아 운영하고 있다. 이에 따라 종전의 협회중개시장이 코스닥시장으로 명칭이 변경되었다.

### (3) 코넥스시장

코넥스시장(KONEX, Korea New Exchange)은 자본시장을 통한 초기 중소기업 지원을 강화하여 창조경제 생태계 기반을 조성하기 위해 2013. 7. 1. 개설된 중소기업전용 시장이다. 이 시장은 성장가능성은 크지만 기존의 주식시장인 코스피나 코스닥에 상장하기에는 규모 등이 작은 창업 초반기 중소·벤처기업의 주식을 전문적으로 거래하는 시장이다. 한국거래소에 개설되어 있다.

### (4) 프리보드시장

장외시장인 '프리보드(Free Board, 옛 제3시장)'란 아직 유가증권시장이나 코스닥시장에 입성하지 못한 성장단계에 있는 중소·벤처기업의 자금조달 시장이다. 다시 말하면, 프리보드는 유가증권시장이나 코스닥시장에 상장되지 아니한 비상장주식의 원활한 매매를 위하여 개설·운영하는 제도화된 장외시장을 말한다. 그러므로 프리보드는 유가증권시장이나 코스닥시장에 비해 진입요건과 진입절차가 간단하고, 공시사항 등 유지요건을 최소화하고 있다.

### (5) 장외시장

장외시장이란 한국거래소나 프리보드 등과 같이 조직화된 시장 외에 증권회사의 창구에서 이루어지는 거래 및 투자자 상호 간의 직접적인 접촉과 협상으로 이루어지는 거래 등 비조직적이고 추상적인 시장을 뜻한다.

## 제**2**절  유가증권시장 상장법인주식의 평가

### 1 상장주식

#### (1) 평가원칙

「자본시장과 금융투자업에 관한 법률」에 따른 증권시장으로서 대통령령으로 정하는 증권시장에서 거래되는 주권상장법인의 주식등 중 대통령령으로 정하는 주식등("상장주식")

은 평가기준일(평가기준일이 공휴일 등 대통령령으로 정하는 매매가 없는 날인 경우에는 그 전일을 기준으로 한다) 이전·이후 각 2개월 동안 공표된 매일의 「자본시장과 금융투자업에 관한 법률」에 따라 거래소허가를 받은 거래소("거래소") 최종시세가액(거래실적 유무를 따지지 아니한다)의 평균액으로 평가한다(상증법 제63조 제1항 제1호 가목).

공휴일 등 대통령령으로 정하는 매매가 없는 날이란 「관공서의 공휴일에 관한 규정」에 따른 공휴일, 대체공휴일 및 토요일을 말한다(상증령 제52조의 2 제4항).

평가기준일 이전·이후 각 2월간의 합산기간이 4월에 미달하는 경우에는 해당 합산기간을 기준으로 한다(상증칙 제16조의 3 제1항).

상장주식의 평가방법의 연혁을 살펴보면 다음과 같다.
- 1996. 12. 31. 이전 : 평가기준일 전 1월간의 최종시세가액 평균액과 평가기준일의 최종시세가액 중 적은 금액으로 평가
- 1997. 1. 1.부터 1999. 12. 31. 이전 : 평가기준일 이전 3월간의 최종시세가액 평균액
- 2000. 1. 1. 이후 : 평가기준일 이전·이후 각 2월간의 최종시세가액 평균액

평가기준일 이전·이후 각 2월(총 4개월)간의 최종시세가액의 평균액을 계산함에 있어서 그 각 2월의 기간 계산은 월력에 따라 계산한다.

예컨대 평가기준일이 2010. 7. 6.인 경우 이전·이후 각 2월은 2010. 5. 7.부터 2010. 9. 5.까지가 된다. 그 이유는 평가기준일 이후 2월은 2010. 9. 6.의 전일인 9월 5일이고, 평가기준일 이전 2월은 2010. 5. 6.의 다음 날인 5월 7일이기 때문이다.

최종시세가액 평균액 계산 시 평가기준일의 최종시세가액도 포함된다. 평가기준일이 공휴일, 매매거래 정지일, 납회기간 등인 경우에는 그 전일을 기준으로 하여 계산한다. 그러나 평가기준일 이전·이후 각 2월이 되는 날이 공휴일 등이더라도 그 전일이나 후일은 평가대상기간에 산입하지 아니한다(서면4팀-1646, 2004. 10. 18).

예컨대 평가기준일이 2010. 7. 3.(매매거래가 없는 토요일)인 경우, 기준일은 전일인 2010. 7. 2.이 되고, 이를 기준으로 이전 2월은 2010. 5. 3., 이후 2월은 2010. 9. 1.이 되므로 2010. 5. 3.부터 2010. 9. 1.까지가 평가기간이 된다.

평가기준일이 2010. 7. 5.(거래가 있는 평일)인 경우, 기준일은 2010. 7. 5.이 되고 이전 2월은 2010. 5. 6.(평일)이고, 이후 2월인 2010. 9. 4.은 토요일이 되어 거래가 없다 하더라도 평가기간은 2010. 5. 6.부터 2010. 9. 4.(토요일)까지가 평가기간이며, 거래가 있는 날의 최종시세가액을 합하고 거래가 있는 날의 일수로 나누어 평균액을 구한다.

한편, 평가기준일(2009. 12. 31.)이 납회기간(2009. 12. 29.부터 2009. 12. 31. 내)에 있는

경우 기준일은 2009. 12. 28.이 되고, 이전 2월은 2009. 10. 29.로, 이후 2월은 2010. 2. 27.이므로 2009. 10. 29.부터 2010. 2. 27.까지의 종가평균액으로 평가한다.

최종시세가액의 평균액으로 평가함에 있어 원단위 미만의 금액이 있는 때에는 이를 절사한다.

## (2) 전·후 2월 중에 증자 등의 사유발생 시 평가

평가기준일 이전·이후 각 2월간에 공표된 매일의 유가증권시장의 최종시세가액(거래실적 유무 불문)의 평균액을 계산할 때 평가기준일 이전·이후 각 2개월 동안에 증자·합병 등의 사유가 발생하여 그 평균액으로 하는 것이 부적당한 경우에는 평가기준일 이전·이후 각 2개월의 기간 중 대통령령으로 정하는 바에 따라 계산한 기간의 평균액으로 한다.

다만, 상증법 제38조(합병에 따른 이익의 증여)에 따라 합병으로 인한 이익을 계산할 때 합병(분할합병을 포함한다)으로 소멸하거나 흡수되는 법인 또는 신설되거나 존속하는 법인이 보유한 상장주식의 시가는 평가기준일 현재의 거래소 최종시세가액으로 한다. 2016년 12월 법 개정(단서신설)을 통하여 특수관계에 있는 법인 간의 합병으로 인하여 대주주 등이 이익을 얻어 해당 이익을 계산하는 경우 소멸하거나 흡수되는 법인 또는 신설되거나 존속하는 법인이 보유한 상장주식 등의 시가는 평가기준일의 한국거래소 최종시세가액으로 하도록 하였다.

증자·합병 등의 사유로 신주가 발행되면 권리락이 생기게 되고 이에 따라 권리락 전과 그 후의 주가가 달라지는데, 이러한 주가의 변동을 고려하여 평가기준일 현재 주식과 동일한 상태의 주식에 대한 종가평균액을 적용할 필요가 있다. 권리락이란 신주배정기준일이 경과되어 구주에 부여되어 있는 신주인수권 등이 소멸됨에 따라 이론적으로 계산된 가격(권리부 가격과 권리락 가격의 차이)만큼 주가를 떨어뜨리는 조치를 말한다. 권리락 조치 시기는 배정기준일의 전(前)일이다.

유상증자를 할 때는 먼저 신주인수권을 확정하기 위하여 신주배정 기준일을 정하는데, 이때 그 기준일 이후에 결제되는 주권에는 신주인수권이 없게 된다. 따라서 거래소에서는 배당락의 경우와 마찬가지로 신주배정기준일 전일에 실제로 해당종목에 권리락조치를 취함으로써 주가가 합리적으로 형성되도록 관리한다. 즉, 신주배정기준일 이틀 전까지가 권리부가 되어 신주인수권을 가진다.

따라서 상장주식 평가 시 평균액 계산에 있어서 평가기준일 이전·이후 각 2월간의 기간 중에 증자·감자, 회사의 합병·분할, 주식 등의 액면분할 또는 병합 등의 사유가 발생하여 해당 평균액에 의하는 것이 부적당한 경우에는 증자 등의 사유 발생일에 따라 다음과 같은 기간 동안의 최종시세가액 평균액으로 상장주식을 평가한다(상증령 제52조의 2 제2항).

### 1) 평가기준일 이전에 증자 등이 있는 경우

평가기준일 이전에 증자·합병 등의 사유가 발생한 경우에는 동 사유가 발생한 날(증자·합병 등의 사유가 2회 이상 발생한 경우에는 평가기준일과 가장 가까운 날을 말한다)의 다음 날부터 평가기준일 이후 2월이 되는 날까지의 기간 동안의 평균액으로 평가한다. 이를 그림으로 나타내면 다음과 같다.

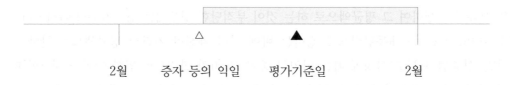

### 2) 평가기준일 이후에 증자 등이 있는 경우

평가기준일 이후에 증자·합병 등의 사유가 발생한 경우에는 평가기준일 이전 2월이 되는 날부터 동 사유가 발생한 날의 전일까지의 기간 동안의 평균액으로 평가한다.

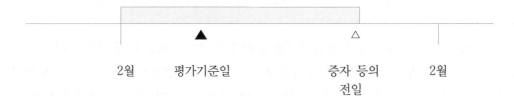

### 3) 평가기준일 전·후에 증자 등이 있는 경우

평가기준일 이전·이후에 증자·합병 등의 사유가 발생한 경우에는 평가기준일 이전 동 사유가 발생한 날의 다음 날부터 평가기준일 이후 동 사유가 발생한 날의 전일까지의 기간 동안의 평균액으로 평가한다.

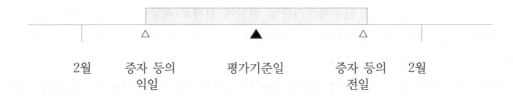

"증자·합병 등이 있는 날의 다음 날"이란 권리락일을 말하며 "증자·합병 등의 사유"에

는 감자, 주식 등의 액면분할 또는 병합, 회사의 분할을 포함한다(상증법 기본통칙 63-0-2).

평가기준일 이전 2월간에 해당 법인의 1주당 액면가액을 분할·병합하여 새로운 주식을 변경 상장하는 경우에는 그 변경 상장일부터 평가기준일 이후 2월이 되는 날까지의 기간에 대한 평균액에 의한다(서일 46014-10382, 2002. 3. 21.).

### (3) 매매거래 정지·관리종목으로 지정된 기간이 있는 경우

상증법 제63조 제1항 제1호 가목 본문에서 "대통령령으로 정하는 주식등"이란 평가기준일 전후 2개월 이내에 거래소가 정하는 기준에 따라 매매거래가 정지되거나 관리종목으로 지정된 기간의 일부 또는 전부가 포함되는 주식등(적정하게 시가를 반영하여 정상적으로 매매거래가 이루어지는 경우로서 기획재정부령으로 정하는 경우는 제외한다)을 제외한 주식등을 말한다(상증령 제52조의 2 제3항).

유가증권시장 및 코스닥시장에서 거래되는 주식등을 평가하는 경우 종전에는 코스닥시장에서 거래되는 주식이 평가기준일 전후 6개월(증여의 경우 3개월) 이내에 매매거래가 정지되거나 관리종목으로 지정된 경우 보충적 평가방법을 적용하였다. 하지만 앞으로는 정상적인 시가의 반영을 위하여 유가증권시장 및 코스닥시장에서 거래되는 주식이 평가기준일 전후 2개월 이내에 매매거래 정지 또는 관리종목으로 지정된 기간이 있는 경우 보충적 평가방법을 적용하도록 하였다.

## 2 코스닥상장주식

### (1) 평가원칙

코스닥상장주식 등은 상장주식과 동일하게 평가기준일 이전·이후 각 2월간에 공표된 매일의 최종시세가액의 평균액으로 평가한다(상증법 제63조 제1항 제1호 가목).

### (2) 관리종목 등으로 지정된 경우 평가

**1) 매매거래 중지 및 관리종목 편입 시 - 비상장주식평가방법을 준용하는 경우**

코스닥상장주식을 4개월 간의 최종시세가액으로 평가하는 것은 시장에서 유통되고 있는 점을 고려한 것이나, 이들 주식이 평가기준일 전후 2개월 이내에 한국금융투자협회가 정하는 기준에 의하여 매매거래가 정지되거나 관리종목으로 지정·고시된 경우에는 그 거래가액을 정상적인 시가로 보기 어려우므로 비상장주식의 보충적 평가방법에 의하여 평가한다. 코스닥시장에서 거래되는 주식의 경우 외부환경의 영향 등에 민감하게 반응하는 경향이 있는 점을 고려한 것이다. 관리종목의 지정고시는 코스닥상장규정 제28조에서, 매매거래의 정지 및 재개에 대해서는 동 규정 제29조에서 상세히 규정하고 있다.

### 2) 매매거래 중지 및 관리종목 편입 시−상장법인평가방법을 준용하는 경우

공시의무 위반 및 사업보고서 제출의무 위반 등으로 인하여 관리종목으로 지정·고시되거나 등록신청서 허위기재 등으로 인하여 일정기간 동안 매매거래가 정지된 경우로서 적정하게 시가를 반영하여 정상적으로 매매거래가 이루어지는 경우에는 상장주식과 동일한 방법(평가기준일 이전·이후 각 2월간에 공표된 매일의 유가증권시장 최종시세가액의 평균액)으로 평가한다(상증칙 제16조의 3 제2항).

위에서 일정기간 매매거래가 정지된 상태에서 적정하게 시가가 반영되어 정상적인 매매거래가 이루어지는 경우를 어떤 상황으로 해석할 것인가에 대한 명확한 판단근거가 되는 규정은 마련되어 있지 않다.

관련 유권해석(서면4팀−1720, 2004. 10. 26.)에서도 주식분산 기준미달로 투자유의 종목으로 지정·고시된 경우에도 시가를 반영하여 정상적으로 매매거래가 이루어지는 것으로 볼 수 있는 경우에는 평가기준일 이전·이후 각 2월간에 공표된 매일의 유가증권시장 최종시세가액의 평균액으로 평가한다고 해석하고 있으나 그 의미가 불명확하다.

과세관청과 납세자 간에 주식평가액의 시가여부에 대한 논란이 예상되는 규정으로 보인다. 적정 혹은 정상적인 매매거래를 어떤 경우로 볼 것인가 하는 점은 개인의 판단기준에 따라 각각 다를 수 있기 때문이다. 입법적인 보완이 따라야 할 것이다.

### (3) 증자·합병 등의 사유 발생 시 평가

코스닥상장주식 평가 시 평균액 계산에 있어서 평가기준일 이전·이후 각 2월간의 기간 중에 증자·합병 등의 사유가 발생하여 해당 평균액에 의하는 것이 부적당한 경우에는 상장주식과 마찬가지로 증자 등의 사유 발생일에 따라 구분한 기간의 평균액으로 평가한다(상증령 제52조의 2 제3항).

## 3  기업공개 준비 중인 주식

### (1) 기업공개 준비 중인 주식의 평가

법인이 최초로 기업공개를 하기 위하여 금융위원회에 유가증권신고를 한 경우에는 아직 상장주식이 아니므로 기업공개를 준비 중인 주식으로 분류된다. 기업공개를 추진 중인 주식은 비록 상장주식은 아니지만 공모가액에 의하여 시가확인이 가능하므로 일반적인 비상장주식과는 다르게 평가하도록 규정하고 있다.

기업공개를 목적으로 금융위원회에 유가증권신고를 한 법인의 주식에 대하여는 해당 법인의 사업성, 거래상황 등을 고려하여 아래와 같이 평가하도록 하고 있다(상증법 제63조 제2항 제1호, 상증령 제57조 제1항).

$$\text{기업공개 준비 중인 주식의 평가액} = Max(A,\ B)$$

A : 「자본시장과 금융투자업에 관한 법률」에 따른 금융위원회가 정하는 기준에 따라 결정된 공모가격
B : 상장주식 등의 평가방법에 의하여 평가한 해당 주식등의 가액(그 가액이 없으면 비상장주식 평가규정에 의한 평가액)

기업공개 준비 중인 기간이란 기업공개를 목적으로 금융감독위원회에 유가증권 신고를 한 법인의 주식으로서 유가증권신고일(유가증권신고를 하지 아니하고 상장신청을 한 경우에는 상장신청일) 직전 6개월(증여세가 부과되는 주식은 3개월)부터 거래소에 최초로 주식을 상장하기 전까지의 기간을 말한다.

### 1) 유가증권신고를 한 경우로 평가기준일이 A와 B 사이의 기간 중에 있는 경우에는 상기 규정을 적용하여 평가

A : 유가증권 신고일 전 6월(증여의 경우 3개월)
B : 상장일 전일
(X) : 유가증권 신고일
(Y) : 상장신청일

## 2) 유가증권 신고 없이 직접 상장하는 경우로서 평가기준일이 A와 B의 기간 중에 있는 경우는 상기 규정을 적용하여 평가

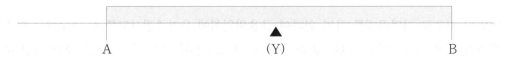

A : 상장신청일 전 6월(증여의 경우 3개월)
B : 상장일 전일
(Y) : 상장신청일

### (2) 코스닥상장 준비 중인 주식의 평가

비상장주식 중 코스닥시장에서 주식등을 거래하고자 유가증권신고를 한 법인의 주식으로서 유가증권신고일(유가증권신고를 하지 아니하고 등록신청을 한 경우에는 등록신청일) 직전 6개월(증여세가 부과되는 주식의 경우에는 3개월)부터 한국금융투자협회에 등록하기 전까지의 기간을 말하며, 거래소에 상장 신청을 한 법인의 주식등의 평가는 아래와 같이 평가한다(상증법 제63조 제2항 제2호).

★
> 코스닥상장 추진 중인 주식의 평가액 = Max(A, B)
>
> A : 「자본시장과 금융투자업에 관한 법률」에 따른 금융위원회가 정하는 기준에 따라 결정된 공모가격
> B : 상증법 제63조 제1항 제1호 나목(비상장주식)의 규정에 의하여 평가한 해당 주식의 가액

## 4 미상장 주식등의 평가

거래소에 상장되어 있는 법인의 주식 중 그 법인의 증자로 인하여 취득한 새로운 주식으로 평가기준일 현재 상장되지 아니한 주식("미상장 주식")은 평가기준일 이전·이후 각 2개월간의 거래소의 최종시세가액의 평균액에서 기획재정부령이 정하는 배당차액을 차감한 가액에 의한다(상증법 제63조 제2항 제3호, 상증령 제57조 제3항).

### (1) 미상장 주식의 평가

미상장 주식의 평가는 다음과 같이 평가한다.

★

미상장 주식의 평가액 = A - B

　A : 거래소에 상장되어 있는 해당 법인의 주식에 대한 평가기준일 이전·이후 각 2월간의 거래소
　　　의 최종시세가액(거래실적 유무를 불문함)의 평균액
　B : 배당차액(상증칙 제18조 제2항)

$$\text{배당차액} = \frac{\text{주식등}}{\text{1주당}} \times \text{직전기} \times \frac{\text{신주발행일이 속하는}}{\text{사업연도 개시일부터 배당}} \div 365$$
$$\text{액면가액} \quad \text{배당률} \quad \text{기산일 전일까지의 일수}$$

"배당차액"은 위의 산식에 의하여 계산한 금액을 말한다. 다만, 해당 법인의 정관에 의하여 해당 법인의 증자로 인하여 취득한 새로운 주식등에 대한 이익을 배당함에 있어서 평가기준일 현재 상장되어 있는 해당 법인의 주식등과 배당기산일을 동일하게 정하는 경우를 제외한다(상증칙 제18조 제2항).

신주의 인수인은 납입 또는 현물출자의 이행을 한 때에는 납입 기일의 다음 날로부터 주주의 권리의무가 있다(상법 제423조 제1항). 그러므로 배당기산일은 신주발행 효력발생시기인 '주금납입일의 익일'이 되는 것으로 해석된다. 다만, 법인정관에 의하여 해당 법인의 증자로 인하여 취득한 새로운 주식에 대한 이익을 배당함에 있어서 평가기준일 현재 상장되어 있는 해당 법인의 주식과 배당기산일을 동일하게 정하는 경우(상법 제350조 제3항 후단의 규정)에는 배당차액이 없는 것으로 본다.

## (2) 증자 기준일부터 상장되기 전까지의 기간 중 평가방법

### 1) 신주의 주금을 피상속인(증여자)이 납입한 경우

상장법인이 유·무상증자를 하고 신주를 아직 상장하지 않은 시점에서 신주의 주금을 피상속인(증여자)이 납입한 후에 상속개시(증여)가 이루어진 경우에는 이미 상장되어 있는 구주식과 아직 상장되지 않은 신주식 모두가 과세대상이 되며, 이 경우 평가액은 다음과 같이 구분된다.
　가. 구주식 평가 : 상장주식의 평가방법(평가기준일 전·후 2월간 종가평균액)
　나. 신주식의 평가 : 구주식의 평가액 - 배당차액

### 2) 신주의 주금을 상속인(수증자)이 납입한 경우

상장법인이 유·무상증자를 하고 신주를 아직 상장하지 않은 시점에서 신주의 주금을 납

입하지 않은 상태로 상속개시(증여)가 이루어져 상속인(수증자)이 주금을 납입한 경우에는 이미 상장되어 있는 구주식과 신주인수권이 과세대상이 되며, 이 경우 평가액은 다음과 같이 구분된다.

　가. 구주식 평가 : 상장주식의 평가방법(평가기준일 전·후 2월간 종가평균액)

　나. 신주식 평가 : 구주식의 평가액－배당차액－주금납입액＝신주인수권

## 3) 기타의 경우

### 가. 상장일에 상속이 개시된 경우

상속개시일 현재 한국거래소에 상장되는 주식의 경우 주식의 가액은 상증법 제63조 제1항 제1호 가목에 따라 평가하여야 한다. 하지만, 평가기준일(상속개시일) 이전은 상장되기 전으로 종가가 존재하지 않으므로 상속개시일 이후 2개월간의 종가평균액으로 주식의 가액을 평가한다. 평가기준일 이전·이후 각 2월간의 합산기간이 4월에 미달하는 경우에는 해당 합산기간을 기준으로 하기 때문이다(상증칙 제16조의 3 제1항). 이 경우 평가기준일이 공휴일(매매거래가 없는 토요일을 포함한다)인 경우에는 그 전일을 기준으로 한다.

### 나. 상속개시 후 상장 폐지된 경우

상속재산에 포함된 상장주식은 상속개시일을 기준으로 평가하는 것이므로 상속개시 후에 비록 상장이 폐지되었다 하더라도 상속개시 시점을 기준으로 주식가액을 평가한다(국심 2000부413, 2000. 10. 11.).

### 다. 액면가액을 분할·합병한 경우

상속세 및 증여세법 제63조 제1항 제1호 가목의 규정에 의하여 한국증권거래소에 상장된 주식을 평가기준일 이전·이후 각 2월간에 공표된 매일의 한국증권거래소 최종시세가액(거래실적의 유무를 불문한다)의 평균액에 의하는 것이나, 평가기준일 이전 2월간에 해당 법인의 1주당 액면가액을 분할·병합하여 새로운 주식을 변경상장하는 경우에는 그 변경상장일부터 평가기준일 이후 2월이 되는 날까지의 기간에 대한 평균액으로 평가한다(서일 46014－10382, 2002. 3. 21.).

상장주식 또는 협회등록주식의 가액은 평가기준일 전후 2월간의 종가평균액을 시가로 보도록 규정하고 있으며, 평가기준일 이전에 합병·증자 등이 있는 경우에는 합병 등의 다음 날부터, 평가기준일 이후에 합병 등이 있는 경우에는 합병 등의 전일까지의 종가평가액으로 평가하는바, 주식 액면가액을 분할하거나 병합하는 경우에도 주식시세에 영향을 주는

것이 현실이고 평가기준일 현재의 주식과 동일한 주식시세를 반영하여 평가하는 것이 합리
적이므로 합병·증자와 동일하게 취급하여 평가하도록 한 것으로 판단된다.

## 제**3**절  비상장주식의 평가

### **1**  개 요

    한국거래소에서 거래되는 주권상장법인의 주식과 코스닥상장법인의 주식 외의 주식을
비상장주식이라고 한다. 비상장주식도 부동산 등과 마찬가지로 평가기준일 전·후 6월(증
여재산의 경우는 3월) 이내에 불특정 다수인 사이의 객관적 교환가치를 반영한 거래가액
또는 경매·공매가액 등의 시가가 확인되는 경우에는 이를 시가로 인정하여 평가한다. 이
와 같은 시가를 산정하기 어려운 경우에는 순손익가치와 순자산가치에 의한 보충적 평가방
법으로 평가한다. 다만, 비상장주식의 감정가액은 시가로 인정되지 않는다.

    상속개시일 전·후 6개월(증여의 경우 3개월) 이내에 불특정 다수 사이의 객관적 교환가
치를 반영한 거래가액이 있다 하더라도 거래가액이 시가로 보기에 무리가 있다고 판단되는
경우에는 이러한 제3자 거래가액을 시가로 볼 것인가가 문제될 수 있다. 예를 들어 비상장
법인 간의 합병 시 2~3주 정도의 주식을 보유한 소액주주가 주식매수청구권을 행사한 가
격을 객관적인 교환가치가 반영된 가격으로 볼 수 있을지에 의문이 생길 수밖에 없다. 대부
분의 비상장주식의 경우 시장성이 거의 없어 유통이 어려울 뿐만 아니라 소액주주의 입장
에서는 배당소득 등을 기대하기 어려운 상황에서 가격결정권을 사실상 회사가 가지고 있을
가능성이 있기 때문이다. 이러한 비상장주식의 특성 때문에 시가왜곡이 발생할 수 있다.

    앞서 언급한 바와 같은 상황에서 2~3주 정도를 가진 소수주주에게 적용된 주식매수선택
권 가액을 특수관계가 있는 주주 중 합병에 반대하는 주주로부터 주식을 인수하는 가액으
로 적용하는 경우 그 가액을 시가로 인정할 수 있을지 여부는 한마디로 단정하기 어려울
수밖에 없는 것이다. 비상장주식의 보충적 평가방법이 필요한 이유가 여기에 있는 것이다.

    비상장주식의 보충적 평가방법으로 순손익가치와 순자산가치의 3 : 2 가중평균(부동산
과다보유법인은 2 : 3임)으로 일률적으로 상증법에서 규정한 것은 여러 가지 문제점을 내
포하고 있음은 부정할 수 없다. 회사의 가치가 시장에서 거래되는 주식가치를 통하여 나타
나는 상장주식과 달리 비상장주식은 시장에서 거래가 되지 않을 뿐만 아니라 설사 장외에

서 거래가 된다 하더라도 특수관계인 간 혹은 제한된 제3자 간에 드물게 거래되는 탓에 그것을 시가라고 주장하는 것이 정당한지에 대해서는 단정적으로 말하기에는 어려움이 있다.

비상장주식의 가치를 어떻게 일률적으로 산정할 수 있단 말인가? 어떤 가치는 계량화 할 수 있는 반면, 어떤 가치는 계량화 할 수 없는 한계가 존재한다. 나아가 해당 회사의 잠재적인 미래가치나 주주의 철학적인 이념까지 포함하여 주식가치를 수치화하기는 불가능할 것이다. 상증법에서 비상장주식의 가치를 평가시점의 재무상태 및 순손익의 가치를 기준으로 판단할 수밖에 없는 데는 그런 한계가 존재하기 때문이다.

비상장주식의 평가방법을 일률적으로 정해 놓은 탓에 비상장회사를 설립하는 방법을 통하여 상속세나 증여세를 줄일 수 있다. 증권회사에 근무하는 송씨의 실제 사례를 통하여 이를 좀 더 자세히 살펴보자.

그는 IMF가 진행되는 와중에 폭락한 상장회사의 우선주에 투자하였다가 그 회사들이 회복하는 과정에서 되팔아 일반인들이 상상할 수 없을 정도의 부를 축적했다. IMF가 진정될 무렵 우선주에 투자한 주식들의 가치가 적게는 10배, 많게는 수백 배 이상 치솟아 있는 것을 증권가 객장에서 흐뭇하게 바라보던 김씨는 이를 전액 현금화하여 은행계좌에 넣어 두고는 증권가를 떠났다. 이후에도 그의 재테크 실력은 빛을 발했다. 광풍처럼 몰아닥친 부동산 상승기류를 틈타 강남의 재건축 아파트에 투자를 통하여 또 한 번 재산을 불리는 수완을 발휘한 것이다.

호사다마라고 했던가? 각종 매체에서 재테크의 달인, 이른바 재야의 고수로 불리던 그에게 시련이 닥쳐왔다. 재산을 불리는 일에는 달인이었지만 자신의 건강은 돌보지 못한 탓에 어느 날 중병에 걸리고 만 자신을 발견했다. 부동산을 차치하고라도 현금만 수백억 원이 쌓인 통장을 들여다보던 그는 문득 자신이 사망하면 상속세가 얼마나 나올 것인지 하는 생각에 이르렀다. 인터넷을 통하여 검색을 해 보고 상속세율이 거의 50%에 이른다는 사실을 알게 되었다. 자신이 애써 일궈온 알토란 같은 재산(현금)의 거의 절반을 국가에 납부하여야 한다는 사실에 놀라고 말았다.

위와 동일한 상황에서 그가 거의 전 재산(현금)을 털어 넣어 투자전문회사(비상장사)를 설립하고 3년이 지난 후 그 주식이 자손에게 상속되는 경우 상속세는 얼마나 차이가 발생할까? 앞서 언급한 바와 같이 비상장사의 가치는 자산가치와 순손익가치를 각각 2 : 3의 비율로 가중평균하여 산정한다. 회사를 갓 설립하고 출자된 현금을 아직 투자하기 전의 상황이라면 3년간 이자수익을 제외하고는 거의 수익이 나지 않았을 것이다.

이 경우 현금은 그대로 존재하는 상황에서도 주식의 가치는 약 40% 가량[(2+0)/5)] 떨어지게 된다.[25] 단순히 그가 300억 원을 출연하여 회사를 설립하였다면 회사를 설립하는 것만으로도 재산의 가치를 약 40% 가량 떨어 뜨려 160억 원으로 산정되고 여기에 50%의 세율을 곱하면 상속세는 약 80억 원이 되는 것이다. 현금을 보유하고 있다가 상속세를 납부하는 경우에 비하여 거의 절반(150억 원 : 80억 원) 정도의 상속세를 절감할 수 있는 것이다.

회사가 설립되면 회사를 운영할 사람을 채용하게 되고 자본이 투자되는 등 현금이 시장에 풀리게 되니 실물경제에 기여할 수 있어 국가경제 측면에서 장려되어야 한다. 젊은이들의 창업은 또한 청년실업률을 줄일 뿐만 아니라 사회 전반에 활력을 불어 넣는 간접 효과도 볼 수 있다. 하지만 단순히 비상장주식의 평가액을 낮추려는 목적의 창업이라면 결코 장려될 수 없을 것이다.

이와 같이 비상장주식의 가치를 순자산과 순손익의 가중평균액을 이용하여 산정하는 방식은 순이익이 없거나 낮은 법인의 주식이 실제 재산적 가치에 비하여 지나치게 과소평가되는 문제점이 있다. 이러한 점을 감안하여 비상장주식평가액을 산정할 때 순자산가치의 80%를 하한으로 설정하는 방식으로 최근 관련 법령을 개정하였다(상증령 제54조 단서. 2017. 2. 7. 개정).

이제 비상장주식의 평가방법을 구체적으로 살펴보자. 비상장주식의 평가는 2단계에 걸쳐 수행되어야 한다.

## (1) 시가 및 의제시가의 존재 확인

제1단계로 시가 및 의제시가의 존재 여부를 확인한다. 해당 가액이 시가로 인정받을 수 있을 정도의 합리적이고 객관성을 가진 경우라면 해당 비상장주식의 시가로 볼 수 있을 것이다. 하지만 어떤 주식의 거래가액이 합리적이고 객관적으로 결정되었다는 것을 입증하기가 용이치 않다. 우선 상증법에 그러한 기준이 마련되어 있지 않다. 그러다 보니 과세관청과 납세자 간 해석이 제각각인 경우가 많다. 또한 합리적이고 객관적으로 거래가 되었는지 여부는 추상적인 개념이어서 가치판단이 개입될 여지가 다분하다. 그래서 과세관청과 납세자 간 시가결정에는 다툼의 소지가 있다.

## (2) 상증법 제63조의 규정에 따른 평가

제1단계에서 해당 비상장주식의 시가 및 의제시가가 존재하지 않는 경우이거나 존재하

---

25) 설립 후 3년이 지난 비상장사 주식은 순자산가치에 2를 곱하고 순손익가치에 3을 곱하는 방식으로 평가를 하도록 규정하고 있기에 순손익가치가 거의 나지 않은 것으로 보면 0이 된다.

더라도 객관성을 담보하기에 미흡한 수준이라면 제2단계로 상증법상의 보충적 평가절차에 따라 시가를 산정한다. 실무적으로는 상증법상 특수관계인 간의 비상장주식 거래의 경우 실제 거래가액이 존재하는 경우에도 시가로 인정하기에 미흡한 점을 보완하거나 보충적 시가평가액과의 차이를 확인하는 수단으로 활용하는 경우가 많다.

## 2 보충적 평가방법

앞서 언급한 바와 같이, 시가나 의제시가가 존재하지 않아 시가를 산정하기 어려운 경우에는 보충적 평가방법으로 평가하게 되는데, 비상장주식의 보충적 평가방법 규정은 그동안 다양하게 개정되어 연도별로 평가방법이 상이하다.

비상장주식을 보충적 평가방법에 따라 평가하는 경우 고려하여야 할 요소가 상당히 많으므로 주의가 필요하다. 우선 그동안 여러 차례의 개정이 있어 온 바, 연도별로 평가방법을 정확히 이해하여야 한다. 기본적으로 순자산가치와 순손익가치라는 두 개의 축을 기준으로 평가가 이루어지지만 예외사항이 많아 평가요소마다 현행 세법의 규정은 물론이거니와 평가기준일이 속하는 해의 세법과 그 이후 개정된 법령 그리고 부칙을 상세하게 검토하여야 한다. 더불어 기본적인 사실관계인 개업일, 결손의 유·무, 계속 사업 여부, 대주주 할증 여부 등을 확인하여야 하며 상세내역에서는 각 계정과목별로 상증법상의 규정에 대비하여 사전에 충분히 검토하여야 평가에 대한 오류를 줄일 수 있을 것이다.

비상장주식의 보충적 평가방법을 연도별로 간략히 살펴보면 다음과 같다.
- 1999년 이전 : 순손익가치와 순자산가치의 단순산술평균 [순손익 + 순자산] / 2
- 2000 ~ 2003년 : 순손익가치와 순자산가치 중 큰 금액
- 2004. 1. 1. 이후 : 순손익가치와 순자산가치의 3 : 2 가중평균(부동산 과다보유법인은 2 : 3임)
- 2017. 4. 1. 이후 : 순손익가치와 순자산가치의 3 : 2 가중평균(순자산가치의 80%를 하한으로 설정)

## (1) 2004. 1. 1. 이후 상속개시분 또는 증여분의 평가

### 1) 산정방식

1주당 순손익가치와 1주당 순자산가치를 각각 3과 2의 비율로 가중평균한 가액에 의한다. 다만, 부동산 과다보유법인(소득세법 제94조 제1항 제4호 다목에 해당하는 법인)의 경우에는

1주당 순손익가치와 순자산가치의 비율을 각각 2와 3으로 한다.

| 원 칙 | $\dfrac{1주당\ 순손익가치 \times 3 + 1주당\ 순자산가치 \times 2}{5}$ |
|---|---|
| 부동산 과다보유법인 | $\dfrac{1주당\ 순손익가치 \times 2 + 1주당\ 순자산가치 \times 3}{5}$ |

'부동산 과다보유법인 주식'이란 해당법인의 자산총액 중 토지 또는 건물(부속된 시설물과 구축물 포함), 부동산을 취득할 수 있는 권리, 지상권 및 전세권과 등기된 부동산임차권 등의 자산(소득세법 제94조 제1항 제1호 및 제2호의 자산) 가액의 합계액이 차지하는 비율이 50% 이상인 법인이 발행한 주식을 말한다.

한편, '부동산 과다보유법인' 판정 시 자산총액 및 자산 가액은 해당 법인의 장부가액(소득세법 제94조 제1항 제1호에 따른 자산으로서 해당 자산의 기준시가가 장부가액보다 큰 경우에는 기준시가)에 의하며 개발비, 사용수익기부 자산가액, 평가기준일부터 소급하여 1년이 되는 날부터 평가기준일까지의 기간 중 차입금 또는 증자에 의하여 증가한 현금·금융자산(상증법 제22조 규정에 의한 금융자산) 및 대여금은 자산 가액에 포함하지 아니한다(소득령 제158조 제4항).

### 2) 평가액의 하한설정

비상장주식평가 산정방식에 따라 가중평균한 가액이 1주당 순자산가치에 100분의 80을 곱한 금액보다 낮은 경우에는 1주당 순자산가치에 100분의 80을 곱한 금액을 비상장주식등의 가액으로 한다(상증령 제54조 제1항 단서). 해당 규정은 2017. 4. 1.부터 시행하되, 다만 2017. 4. 1.부터 2018. 3. 31.까지의 기간 동안에 상속이 개시되거나 증여받는 분에 대해서는 1주당 순자산가치에 100분의 70을 곱한 금액을 비상장주식등의 가액으로 한다(상증령 부칙 제7조, 2017. 2. 7. 개정).

비상장주식의 가치를 순자산과 순손익의 가중평균액을 이용하여 산정하는 방식은 순이익이 없거나 낮은 경우 실제 재산적 가치에 비하여 왜곡 평가되는 문제점이 있다. 이러한 점을 보완하는 측면에서 비상장주식평가액을 산정할 때 순자산가치의 80%를 하한으로 설정하는 방식을 도입한 것이다.

비상장주식 평가의 하한선을 순자산가치의 80%로 설정한 것이 적정한지에 대한 논란이 있을 수 있다. 부동산가액이 총자산의 대부분을 차지하면서 매매차익 혹은 임대수익 등이 전혀 발생하지 않는다면 과연 그 법인의 주식 가치가 해당 법인이 보유한 부동산가액의

80% 이상이 된다고 보기 어려울 수도 있기 때문이다.

### 3) 부동산 과다보유법인 판정기준 보완

앞서 살펴본 바와 같이, 비상장주식을 보충적 평가방식에 따라 평가하는 경우 원칙적으로 1주당 순자산가치와 1주당 순손익가치를 각각 2 대 3의 비율로 가중평균하여 산정한다. 다만, 부동산 과다보유법인의 주식을 평가함에 있어서는 부동산가액이 시가에 상응한 가치만큼 적정하게 반영되지 못하고 있음을 감안하여 1주당 순자산가치와 1주당 순손익가치를 각각 3 대 2의 비율로 가중평균하여 산정하도록 규정하고 있다(상증령 제54조 제1항).

한편, 부동산 과다보유법인이 보유하고 있는 부동산을 물적분할이나 현물출자를 통하여 자회사를 설립하고 당해 자회사가 부동산을 보유하는 방식을 취하게 되면, 모회사의 주식을 보충적 평가방법으로 산정 시 부동산가액은 자회사주식(투자주식)으로 대체(반영)되어 부동산 과다보유법인에서 벗어나게 될 여지가 생긴다. 물적분할 혹은 현물출자 전후 자산의 구성은 변함이 없음에도 불구하고 모회사 주식평가 시 부동산 과다보유법인에서 벗어나게 되는 것이다.

이와 같은 불합리한 점을 개선하기 위하여 소득령 제158조 제1항을 개정하여 부동산비율 계산 시, 당해 법인이 보유한 타 부동산 과다보유법인 주식가액(부동산보유비율상당액)을 합산하도록 하였다. 다시 말하면, 부동산 과다보유법인 여부를 판정함에 있어 당해 법인의 부동산보유비율은 물적분할이나 현물출자 등의 방법으로 부동산을 법인의 자산에서 분리된 경우라 하더라도 분리된 회사의 주식가액이 아닌 부동산보유비율 상당액을 합산하도록 개정한 것이다. 이를 산식으로 나타내면 다음과 같다.

$$\text{부동산 가액 비율} = \frac{\text{해당 법인의 부동산 자산가액} + \text{해당 법인이 보유한 다른 법인의 주식가액}}{\text{해당 법인의 자산총액}} \geq 50\%$$

위 공식에서 해당 법인의 부동산 자산가액에 합산되는 해당 법인이 보유한 다른 법인의 주식가액은 다음과 같이 산정한다.

★

$$\text{다른 법인의 주식가액} = \text{해당 법인이 보유한 다른 법인의 주식가액} \times \frac{\text{다른 법인의 부동산 자산가액}}{\text{다른 법인의 총자산가액}}$$

이 경우 다른 법인이라 함은 자산 총액 중 부동산비율이 50% 이상이거나 부동산비율이 80% 이상인 골프장업, 스키장업, 휴양콘도미니엄 및 전문휴양시설업을 영위하는 법인을 말한다(소득령 제158조 제6항 및 소득칙 제76조 제3항).

## (2) 평가기준일

비상장주식의 상속 및 증여와 관련하여 평가의 기준시점인 평가기준일은 '재산평가의 기준시점', 즉 상속개시일 또는 증여일이다.

### 1) 2002. 1. 1. 이후 상속 또는 증여분

1주당 순손익가치를 계산하기 위한 1주당 최근 3년간 순손익액의 가중평균액을 산정함에 있어 평가기준일이 2007. 12. 31.인 경우 최근 3개년간 순손익액 산정연도인 2007년, 2006년 및 2005년이 된다. 만약 평가기준일이 2009. 12. 30.이라면 최근 3년간 순손익액 산정연도는 2008년, 2007년 및 2006년이 된다.

### 2) 2001. 12. 31. 이전 상속 또는 증여분

2001. 12. 31. 이전 상속 또는 증여분의 경우, 해당 연도의 순손익액은 고려하지 않는다. 예를 들어 평가기준일이 2001. 12. 31.인 경우 최근 3년간 순손익액 산정연도는 2000년, 1999년 및 1998년이 된다.

## (3) 다른 비상장법인의 주식을 10% 이하로 소유하는 경우

비상장주식을 보충적 평가방법으로 평가함에 있어 다른 비상장법인의 발행주식총수등(자기주식과 자기출자지분은 제외한다)의 10% 이하로 소유하는 경우에는 그 다른 비상장주식의 평가는 법인세법 시행령 제74조 제1항 제1호 마목(이동평균법)에 따른 취득가액에 의할 수 있다. 다른 비상장법인 발행주식의 총수 등에서 그 비상장법인이 보유하는 자기주식을 제외하여 보유비율을 계산한다. 다만, 2009. 2. 4. 이후 비상장주식을 평가하는 분부터 상증법 제60조 제1항에 따른 시가가 있으면 시가를 우선하여 적용한다(상증령 제54조 제3항).

2009. 2. 4. 개정 시 신설된 상증령 제54조 제3항 단서를 창설적 규정으로 보아야 하는지 아니면 확인적 규정인지에 대하여 논란이 있다. 당해 규정을 신설하기 전인 2009. 2. 4. 전에 발생한 증여와 관련하여 평가대상 법인이 10% 이하 소유한 다른 비상장법인의 주식을 평가함에 있어 시가로 하는 경우와 취득가액으로 하는 경우에 평가액이 달라질 수 있기 때문이다.

### 1) 창설적 규정으로 보아야 한다는 견해

상증법 제60조 제1항 전단에서 재산평가의 원칙은 시가임을 규정하고 있다. 이어 상증법 제63조(유가증권 등의 평가) 제1항에서는 "유가증권 등의 평가는 다음 각 호의 어느 하나에서 정하는 방법으로 한다"고 규정하고, 그 다목은 "나목 외의 주식 및 출자지분으로서 거래소에 상장되지 아니한 주식 및 출자지분은 해당 법인의 자산 및 수익 등을 고려하여 대통령령으로 정하는 방법으로 평가한다"고 규정하여 비상장주식의 평가에 대한 평가방법을 시행령에 위임하고 있다.

이에 따라 2009. 2. 4. 개정 전의 상증령 제54조(비상장주식의 평가) 제3항은 "제1항 및 제2항의 규정을 적용함에 있어서 상증법 제63조 제1항 제1호 다목의 주식 또는 출자지분을 발행한 법인이 다른 비상장주식을 발행한 법인의 발행주식총수등의 100분의 10 이하의 주식 또는 출자지분을 소유하고 있는 경우 그 다른 비상장주식의 평가는 제1항 및 제2항의 규정에 불구하고 법인세법 시행령 제74조 제1항 제1호 마목의 규정에 의한 취득가액에 의할 수 있다"라는 예외 규정을 두고 있다.

그런데 이와 같은 규정을 2009. 2. 4. 개정하여 "상증법 제60조 제1항에 따른 시가가 있으면 시가를 우선하여 적용한다"라는 단서를 신설한 것이다. 결론적으로 상증령 제54조 제3항은 상증법 제60조의 시가평가원칙의 예외로 취득가액 평가를 규정하여 적용해 오다가 2009. 2. 4. 개정 시에 "시가가 있으면 시가 우선 적용" 규정을 단서로 신설하였으므로 예외의 예외를 규정한 것이므로 창설적 규정으로 보아야 한다.

이에 더하여, 위와 같은 단서 신설 이전에 성립된 납세의무에 대하여 납세의무성립일 이후 신설된 평가방법을 적용하는 것은 헌법상의 소급과세금지원칙에 배치되는 것이므로 인정할 수 없다 할 것이다.

### 2) 확인적 규정으로 보아야 한다는 견해

상증법 제60조 제1항은 상속세 및 증여세가 부과되는 재산의 가액은 상속개시일 또는 증여일 현재의 시가에 따른다는 점을 규정하여, 시가주의 원칙을 선언하고 있으며 같은 법

제60조 제3항에서 시가가 불분명한 경우에 보충적 평가방법에 의하여 시가를 평가하도록 규정하고 있는바, 시가가 있는 경우에는 시가를 적용함이 합목적적 해석이 된다는 데에 이론의 여지가 없다 할 것이다.

상증령 제54조 제3항 본문에 따르면, "주식 또는 출자지분을 발행한 법인이 다른 비상장주식을 발행한 법인의 발행주식총수등의 100분의 10 이하의 주식 또는 출자지분을 소유하고 있는 경우에는 그 다른 비상장주식의 평가는 제1항 및 제2항의 규정에 불구하고 법인세법 시행령 제74조 제1항 제1호 마목의 규정에 의한 취득가액에 의할 수 있다"고 규정하고 있는바, 10% 이하의 지분을 보유하고 있는 비상장주식을 평가하는 경우에도 시가를 원칙으로 하되, 비상장주식의 시가가 불분명하여 상증법상 보충적 평가방법에 따라 평가하여야 할 때에는 상증령 제54조 제1항 및 제2항에서 규정하고 있는 시가산정의 원칙에 불구하고 취득가액을 장부가액으로 할 수 있다고 해석하여야 한다.

2009. 2. 4. 개정된 상증령 제54조 제3항 단서의 개정취지를 보면, 부칙에 의한 소급과세 여부가 초점이라기보다는 비상장주식의 평가에 관련된 것이기 때문에 동 단서 규정의 유무에 관계없이 "상증법 제60조 제1항에 따른 시가가 있는 경우에는 당연히 그 시가를 우선하여 적용한다"는 의미를 시행령에 구체적으로 명문화한 확인적 규정으로 봄이 타당하다.

### 3) 소결론

상증법 제60조에 따르면, 재산평가의 대원칙이 시가이기는 하지만 2009. 2. 4. 개정 전의 법령에서 10% 이하 보유 비상장주식의 경우 납세자에게 유리한 방법으로 선택 적용 가능하도록 한 점, 2009. 2. 4. 이전 유권해석(국세청 재산-1535, 2007. 12. 21., 기재부 재산-34, 2008. 3. 3.)도 개정 법률의 취지와 동일한 점 및 상증령 제54조 제3항 단서의 부칙에서 '상증령 시행령 개정 규정 시행(2009. 2. 4.) 후 최초로 비상장주식을 평가하는 경우'부터 적용하도록 한 바, 만약 동 단서를 확인규정으로 이해하는 경우 소급과세금지원칙에 위배되는 점 등을 종합하여 판단해 보면 창설적 규정으로 해석함이 타당하다고 판단된다.

### (4) 비상장법인 상호 간에 최대주주로서 50% 이상 주식을 보유하고 있는 경우

비상장법인 상호 간에 10% 이상을 상호출자한 경우에는 각 법인의 주식등에 평가를 하는 경우 상호 간에 상증법상 평가한 가액을 반영하다 보면 순환론에 빠지는 모순이 발생하게 된다. 더구나 비상장법인 상호 간에 최대주주로서 각각 50% 이상의 주식을 보유하게 되는 경우 할증률의 적용을 어떻게 할 것인가 하는 문제에 봉착하게 된다.

현행 상증법은 이 경우 어떻게 평가할 것인가에 대한 명문 규정을 두고 있지 아니하다.

상세내역은 해석사례(재재산 46014-201, 2000. 7. 4.)를 참고할 수 있다. 동 해석사례에 따르면, 비상장법인 상호보유주식의 평가는 연립방정식을 대입하여 순환모순을 제거하는 방식으로 이루어져야 하는 것으로 해석하고 있다. 아울러 상호보유주식이라 할지라도 보유비율이 50%를 초과하여 할증대상이 되는 경우에는 상증법에서 정하는 할증률을 적용하여 계산하여야 한다. 이후 해당 주식이 대주주 지분변동 등으로 할증대상이 되는 경우라면 역시 법정 할증률을 적용하는 것으로 규정하였다.

당초 주식평가시점에서 할증이 이루어졌다면 이후 다시 할증을 하게 되면 이 중 할증이 되는 것이 아닌가 하는 의문이 들 수도 있을 것이나 평가시점의 할증과 주식이동 시점의 할증은 별개의 문제이므로 각각 할증하는 것이 법문에 충실한 해석이라고 새길 것이다. 이 부분은 단순한 해석으로 해결할 것이 아니라 입법상의 보완으로 명확히 하여야 혼선을 피할 수 있을 것이다.

## (5) 순자산가치로 평가하는 경우

### 1) 연혁

① 1999. 12. 31. 이전

비상장주식별로 순자산가치로만 평가하는 대상기간은 다음과 같다.

| 구 분 | 평가대상기간 |
|---|---|
| •사업개시 후 3년 미만 | 1991. 1. 1.~1999. 12. 31. |
| •휴·폐업 상태 및 청산 중 | 1991. 1. 1.~1999. 12. 31. |
| •평가기준일 전 3년 계속 결손 | 1997. 1. 1.~1999. 12. 31. |
| •토지 등 부동산가액이 총자산가액의 50% 이상 법인 | 1997. 1. 1.~1999. 12. 31. |
| •1주당 순손익가치가 1주당 순자산가치의 50% 미만 | 1998. 12. 31.~1999. 12. 31. |

② 2000. 1. 1.부터 2003. 12. 31. 기간 중

비상장법인의 주식을 순자산가치로만 평가하는 규정이 없었다.

③ 2004. 1. 1.부터 2004. 12. 31. 기간 중

청산법인, 사업자의 사망 등으로 인하여 사업의 계속이 곤란하다고 인정되는 경우(아래 "2) ①"에 해당하는 경우)에는 납세자가 순자산가치 또는 순자산가치와 순손익가치의 가중평균액 중 선택하여 평가할 수 있었다.

## 2) 순자산가치로만 평가하는 경우

비상장법인이 사업개시 전의 법인이거나 장래의 수익력을 측정할 필요가 없는 청산법인 또는 휴·폐업 법인 등으로 정상적인 순손익가치를 측정하기 어려운 경우에는 순자산가치로만 평가한다(상증령 제54조 제4항).

① 상증법 제67조 및 제68조에 따른 상속세 및 증여세 과세표준신고기한 이내에 평가대상 법인의 청산절차가 진행 중이거나 사업자의 사망 등으로 인하여 사업의 계속이 곤란하다고 인정되는 법인의 주식등

② 사업개시 전의 법인, 사업개시 후 3년 미만의 법인 또는 휴·폐업 중에 있는 법인의 주식등. 이 경우 적격분할 또는 적격물적분할로 신설된 법인의 사업기간은 분할 전 동일사업부분의 사업개시일부터 기산한다.

③ 법인의 업종에 관계없이 자산총액 중 부동산이 차지하는 비율이 100분의 80 이상인 법인의 주식등. 골프장업, 부동산업 및 부동산개발업 등을 하는 법인으로 한정하였던 것을 법령 개정으로 업종에 관계없이 적용하게 되었다.

④ 법인의 자산총액 중 주식등의 가액의 합계액이 차지하는 비율이 100분의 80 이상인 법인의 주식등

⑤ 법인의 설립 시 정관에 존속기한이 확정된 법인으로서 평가기준일 현재 잔여 존속기한이 3년 이내인 법인의 주식등

한편, 평가기준일이 속하는 사업연도 전 3년 내의 사업연도 동안 계속하여 결손금이 발생하는 경우 순자산가치만으로 평가를 하도록 규정한 상기 규정은 평가액을 특정 의도를 가지고 임의로 조정할 여지가 있어 관련 규정이 삭제되었다.

예를 들어 부동산이 자산의 대부분을 차지하는 비상장법인의 주주가 해당 법인의 주식을 증여할 계획을 가지고 있는 경우, 증여일을 기준으로 과거 3년 이상의 기간 동안 결손이 난 상태라면 순자산가치만으로 해당 주식을 평가하게 된다. 하지만 해당 비상장법인과 특수관계에 있는 법인과의 거래를 통하여 의도적으로 과거 3년 중 1개 이상의 사업연도 동안 최소한의 이익을 시현하게 되면 비상장법인의 평가 일반원칙인 순자산가치와 순손익액의 가중평균법을 통하여 평가를 할 수 있게 된다. 즉, 임의로 주식의 가치를 희석시킬 수 있는 것이다. 특수관계법인 간의 거래에서 부당행위계산부인의 규정(법인법 제52조)의 적용 위험을 회피하면서 이익을 시현하면 주식가치 평가를 조정할 수가 있는 것이다.

특히 모자관계에 있는 법인이라면 자회사가 모회사에 배당을 결의하는 방법을 통하여 손쉽게 모회사 이익을 시현시킬 수 있을 것이다. 물론 수익배당금 익금불산입이라는 규정

(법인법 제18조의 2 및 제18조의 3)을 통하여 각 사업연도 소득금액 계산상 익금을 배제하고 있으나 익금불산입비율이 100%가 아닌 경우 배당을 통한 이익조정이 가능해지는 것이다.

### 3) 장부가액을 확인할 수 없는 경우

비상장법인의 1주당 가액의 평가 시 주식발행 법인의 장부 등이 소실된 경우에 세무관서에 제출된 재무제표나 법인세 신고 · 결정내용 등을 확인하여 평가한다. 그러나 법인세 신고 · 결정내용 등도 확인이 불가능하여 평가할 수 없는 때에는 해당 주식의 액면가액에 의한다(서일 46014-10968, 2002. 7. 24.).

## (6) 납세자 신청에 의한 평가심의위원회 평가가액을 따를 수 있는 경우

### 1) 개요

비상장주식을 평가할 때 납세자가 평가심의위원회에 비상장주식의 평가가액 및 평가방법에 대한 심의를 신청하는 경우에는 비상장주식의 일반적 보충적 평가방법에 불구하고 평가심의위원회가 심의하여 제시하는 평가가액에 의하거나 그 위원회가 제시하는 평가방법 등을 고려하여 계산한 평가가액에 의할 수 있다. 재산평가와 관련하여 평가심의회 심의신청자로 국세청장, 지방국세청장 및 세무서장에 한정하였던 것을 법령 개정을 통하여 납세자도 신청할 수 있도록 허용하였다.

### 2) 신청범위의 한정

납세자가 평가한 가액이 보충적 평가방법에 따른 주식평가액의 100분의 70에서 100분의 130까지의 범위 안의 가액인 경우로 한정한다(상증령 제54조 제6항 본문 단서).

비상장법인 주식의 순자산가액과 순손익가치의 가중평균에 의해 산정되는 보충적 평가방법이 가지는 한계점을 보완하되 보충적 평가액의 ±30%를 벗어나지 않도록 범위를 한정한 것이다.

### 3) 심의신청 가능한 평가방법

비상장주식등을 평가할 때 납세자가 다음의 어느 하나에 해당하는 방법으로 평가한 평가가액을 첨부하여 상증령 제49조의 2 제1항에 따른 평가심의위원회에 비상장주식등의 평가가액 및 평가방법에 대한 심의를 신청하는 경우에는 상증령 제54조 제1항 · 제4항, 제55조 및 제56조에도 불구하고 평가심의위원회가 심의하여 제시하는 평가가액에 의하거나 그 위원회가 제시하는 평가방법 등을 고려하여 계산한 평가가액에 의할 수 있다(상증령 제54조 제6항).

① 해당 법인의 자산·매출액 규모 및 사업의 영위기간 등을 고려하여 같은 업종을 영위하고 있는 다른 법인(상증령 제52조의 2 제1항에 따른 유가증권시장과 코스닥시장에 상장된 법인을 말한다)의 주식가액을 이용하여 평가하는 방법

해당 비상장법인과 비교가능한 상장법인의 주식을 보충적 평가방법에 따라 평가함으로써 해당 비상장법인을 보충적 평가방법으로 평가한 결과가 객관적 가치를 반영하고 있지 않음을 주장하는데 유용하게 활용할 수 있을 것이다.

② 향후 기업에 유입될 것으로 예상되는 현금흐름에 일정한 할인율을 적용하여 평가하는 방법

현금흐름할인법은 기업의 영업활동으로 인해 발생되는 미래의 예상현금흐름을 적절한 할인율로 할인하여 구한 현재가치를 기업의 영업가치로 보는 방법이다. 현금흐름할인법의 가장 중요한 요소인 미래의 예상현금흐름과 적절한 할인율은 가정에 의해 추정해야 하므로 정확성의 한계가 있다. 또한 현금흐름할인법은 기업의 미래 이익을 위한 투자활동(R&D 등)에 사용된 자금을 마이너스 현금흐름으로 인식되기 때문에 기업의 가치에 반영되지 못한다는 단점도 있다. 이러한 단점에도 불구하고 현금흐름할인법을 사용하는 이유는 기업의 가치가 과거의 경영성과나 현재의 외부환경요인에 의해서 결정되는 것이 아니라 기업의 미래 현금흐름 창출 역량에 의해 결정된다는 장점 때문이다.

비상장주식의 보충적 평가방법이 과거의 경영성과와 평가일 현재의 자산가치를 기준으로 평가되는 점에 대한 단점을 보완할 수 있는 방법이 될 수 있다.

③ 향후 주주가 받을 것으로 예상되는 배당수익에 일정한 할인율을 적용하여 평가하는 방법

지주회사의 경우 활용해 볼 수 있는 방안이다. 지주회사(持株會社)라 함은 일반적으로 주식을 소유함으로써 다른 회사의 사업활동을 지배 또는 관리하는 회사를 말한다.[26]

---

26) 「독점규제 및 공정거래에 관한 법률」 시행령 제2조(지주회사의 기준) ① 「독점규제 및 공정거래에 관한 법률」(이하 "법"이라 한다) 제2조 제1호의 2 전단에서 "자산총액이 대통령령이 정하는 금액 이상인 회사"란 다음 각 호의 회사를 말한다.
　1. 해당 사업연도에 새로이 설립되었거나 합병 또는 분할·분할합병·물적분할(이하 "분할"이라 한다)을 한 회사의 경우에는 각각 설립등기일·합병등기일 또는 분할등기일 현재의 대차대조표상 자산총액이 5천억 원 이상인 회사
　2. 제1호 외의 회사의 경우에는 직전 사업연도 종료일(사업연도 종료일 이전의 자산총액을 기준으로 지주회사 전환신고를 하는 경우에는 해당 전환신고 사유의 발생일) 현재의 대차대조표상의 자산총액이 5천억 원 이상인 회사
　② 법 제2조(정의) 제1호의 2 후단에 따른 주된 사업의 기준은 회사가 소유하고 있는 자회사의 주식(지분을 포함한다. 이하 같다) 가액의 합계액(제1항 각 호의 자산총액 산정 기준일 현재의 대차대조표상에 표시된

④ 그 밖에 위에 준하는 방법으로서 일반적으로 공정하고 타당한 것으로 인정되는 방법

## 3 구체적인 평가방법

### (1) 순자산가치의 계산

1주당 순자산가치는 평가기준일 현재 비상장법인의 자산총액에서 부채총액을 차감한 순자산가액을 발행주식총수로 나누어 계산한다. 주의하여야 할 사항은 장부상의 순자산가치가 아니라 세무상의 순자산가치를 기준으로 평가를 한다는 것이다. 회계상의 장부를 기초로 하여 세무상 가액을 조정하는 방법으로 평가를 한다. 회계상의 장부란 외부감사에 관한 법률에 따른 공인회계사의 감사를 받은 장부만을 의미하는 것은 아니다. 통상 공인회계사의 감사가 1년 단위로 이루어지는 점을 감안하면 평가기준일마다 공인회계사의 감사를 받기가 현실적으로 어렵다는 점을 감안한 것이다. 따라서 평가기준일에 감사받은 재무제표가 없는 경우 기업회계기준에 근거하여 임의로 결산을 한 자료를 활용할 수 있다고 본다.

상증령 제55조 제1항의 규정에 의하여 비상장법인의 순자산가액을 계산할 때에 해당 법인의 자산가액은 상증법 제60조 내지 제66조의 규정에 의한 평가액에 의하는 것이며, 이 경우 해당 법인의 자산을 상증법 제60조 제3항 및 제66조의 규정에 의하여 평가한 가액이 장부가액보다 적은 경우에는 장부가액에 의하되 장부가액보다 적은 정당한 사유가 있는 경우에는 그러하지 아니하는 것으로서 이때 장부가액은 기업회계기준 등에 의해 작성된 대차대조표상 가액에 의하는 것이 타당하다고 본다(서면4팀-1091, 2004. 7. 14.).

★

$$1주당 \ 순자산가치 = \frac{평가기준일 \ 현재 \ 순자산가액}{평가기준일 \ 현재 \ 발행주식총수등}$$

$$순자산가액 = 자산총액 - 부채총계 + 영업권평가액$$

위와 같이 평가한 결과 순자산가치가 "0" 이하인 경우 "0"원으로 평가한다(상증령 제55조 제1항).

### 1) 순자산가액은 평가기준일 현재 시점으로 평가

순자산가액의 산정은 평가기준일 현재 시점으로 평가한다. 즉, 평가기준일 현재의 기업

---

가액을 합계한 금액을 말한다)이 해당 회사 자산총액의 100분의 50 이상인 것으로 한다.

회계기준에 의하여 가결산된 평가대상법인의 대차대조표상의 장부가액을 기초로 하여 평가하는 것으로, 만약 평가기준일이 사업연도 말일과 일치하지 않는다면 평가기준일 현재를 기준으로 가결산한 후 순자산가치를 산정하여야 한다.

### 2) 발행주식총수 계산

1주당 순자산가치를 계산할 때 발행주식총수등은 평가기준일 현재의 발행주식총수에 의한다. 이때 발행주식총수에는 보통주뿐만 아니라 배당 우선주식 및 상환우선주가 포함되나, 평가기준일 현재 발행되지 않은 신주는 포함하지 않는다.

한편, 법인이 합병으로 인하여 취득한 자기주식 중 주식을 소각하기 위하여 보유하는 자기주식은 발행주식총수에 포함하지 아니한다.

비상장주식의 1주당 순자산가액을 계산할 때 상속개시일 또는 증여일 현재 보유하는 해당 비상장법인의 자기주식은 다음과 같이 구분하여 처리한다(재재산-1494, 2004. 11. 10.).

### 가. 주식을 소각하거나 자본을 감소하기 위하여 보유하는 자기주식인 경우

자기주식을 자본에서 차감할 항목으로 보아 발행주식총수에서 동 자기주식을 차감하여 1주당 순자산가치와 순손익가치를 평가한다.

### 나. 기타 일시적으로 보유한 후 처분할 자기주식인 경우

자기주식을 자산으로 보아 동 자기주식은 발행주식총수에 포함시키고, 자기주식의 가액은 상증령 제55조 제1항의 규정에 따라 계산하여 자산에 가산한다.

자기주식을 보유한 법인의 비상장주식의 1주당 순자산가액을 계산할 때 해당 법인이 일시적으로 보유한 후 처분할 자기주식은 자산으로 보아 상증령 제55조 제1항의 규정에 의하여 평가한다(재재산-1494, 2004. 11. 10.).

## (2) 순자산가액의 평가

### 1) 개요

순자산가액은 해당 법인의 자산을 상증법 제60조부터 제66조의 규정에 의하여 평가한 가액에서 부채를 차감하여 계산한다.

평가기준일 현재 시가로 평가함을 원칙으로 하되, 시가가 불분명한 경우에는 공시지가 등 보충적 방법으로 평가한다. 그러나 2004. 1. 1. 이후 상속 또는 증여분부터는 보충적 평가방법에 의하더라도 최소한 취득원가로는 평가되어야 한다는 취지에서 기준시가가 장부가액(감가상각 대상 자산인 경우는 감가상각비를 차감한 가액)보다 적은 경우로서 정당한 사유가 없는 경우에는 장부가액에 의하여 평가하도록 규정하고 있다.

영업권 평가가액은 원칙적으로 자산가액에 합산하여 계산하지만 순자산가치로만 평가하는 경우에는 자산가액에 가산하지 않는다(상증령 제55조 제3항).

### 2) 보충적 평가액이 장부가액보다 적은 경우로 보충적 평가액을 사용하는 경우

법인의 자산 중 예금·적금을 미수이자에서 원천징수세액을 차감하는 방법으로 평가한 가액 및 원본의 회수기간이 5년을 초과하는 장기채권·채무를 각 연도에 회수할 금액(원본에 이자상당액을 가산한 금액을 말한다)을 적정할인율에 의하여 현재가치로 할인한 금액의 합계액으로 평가한 가액이 장부가액보다 적은 경우에는 장부가액보다 적은 정당한 사유가 있는 것으로 보아 그 가액으로 평가한다(서면4팀－133, 2004. 2. 25.).

### 3) 보충적 평가액과 장부가액 중 큰 금액을 사용하는 경우

장부가액으로 비상장법인의 순자산가액을 계산할 경우로서 해당 법인이 여러 필지의 토지를 소유하고 있는 경우에는 각 필지별로 상증법 제60조 제3항 및 제66조의 규정에 의하여 평가한 가액과 장부가액 중 큰 금액으로 평가하는 것이다. 단, 골프장용지 등과 같이 용도상 불가분의 관계가 있어 각 필지별로 평가하는 것이 불합리한 경우에는 그 용도별로 평가한다(서면4팀－1557, 2004. 10. 5.).

## (3) 순자산가액의 계산

순자산가액은 재무상태표(구 대차대조표상) 자산가액에서 평가차액 등 자산에 가산하는 항목을 더하고, 선급비용 등 자산에서 제외되는 항목을 차감하여 자산총계를 산정하고, 재무상태표상 부채총계에서 법인세 등 부채에 가산하는 항목을 더하고, 제준비금 등 부채에서 제외되는 항목을 차감하여 부채총계를 산정한 후 자산총계에서 부채총계를 차감한 가액에 영업권가액을 더하여 산정한다.

### 1) 재무상태표상의 자산가액

평가기준일 현재의 기업회계기준에 의하여 가결산된 평가대상 법인의 재무상태표상 장부가액을 말한다.

## 2) 평가차액의 계산

앞서 언급한 바와 같이, 비상장법인의 재무상태표는 기업회계기준에 따라 작성되어 있으므로 재무상태표상 자산을 상증법의 규정에 따라 평가하여 그 차액을 가감하여야 한다.

## 3) 법인세법상 유보금액

법인은 기업회계기준에 따라 산출된 당기순이익을 주주총회 등의 결의에 의하여 배당, 상여, 퇴직급여 등과 같이 사외로 유출하는 처분과 적립금의 적립, 잉여금의 차기이월 등과 같이 사내에 유보하는 처분을 함으로써 해당 사업연도의 회계업무를 종결한다.

세법상 각 사업연도 소득은 그 귀속을 결정할 필요가 있으며 결산상 당기순이익에 대하여는 상법에 따라 주주총회에서 그 귀속을 결정하므로 해당 당기순이익에 대한 세무조정을 통하여 각 사업연도 소득 전체에 대한 귀속을 결정하게 된다. 법인세법 제60조에 따라 각 사업연도의 소득에 대한 법인세의 과세표준을 신고하거나 제66조 또는 제69조에 따라 법인세의 과세표준을 결정 또는 경정할 때 익금에 산입한 금액은 그 귀속자 등에게 상여·배당·기타사외유출·사내유보 등 대통령령(법인령 제106조)으로 정하는 바에 따라 처분한다(법인법 제67조).

이와 같이 기업회계상 당기순이익과 세무회계상 과세소득과의 차이를 세무조정하면서 발생한 각 세무조정사항에 대하여 그 귀속자와 소득의 종류를 확정하는 세법상 절차를 소득처분이라 하는데, 이는 크게 사외유출과 사내유보로 구분된다.

사외유출이란 익금산입 및 손금불산입의 세무조정액만큼 기업외부로 유출된 소득처분을 말하는데 사외유출 금액은 해당 귀속자의 과세소득을 구성하여 동 귀속자에게 납세의무를 부여함으로써 종결되나, 사내유보 처분된 금액은 다음 사업연도 이후의 소득금액 계산에 영향을 미치게 된다.

유보란 각 사업연도 소득금액에 가산(차감)하는 세무조정에 대한 소득처분으로 이에 상당하는 금액이 기업내부에 남아 회계상 자본보다 세무상 자본이 증가(혹은 감소)하게 되는 소득처분을 말하므로, 비상장법인의 순자산가액을 계산함에 있어 법인세법상 유보금액은 순자산가액에 가산(차감)하여야 한다. 다만, 상증법에 의하여 평가하는 자산(토지, 건물, 구축물 등)과 관련된 유보금액 및 부채로 보지 아니하는 계정과목(제준비금, 충당금 등)과 관련된 유보금액들은 상증법상 순자산가액과는 무관한 것이므로 법인세법상 유보금액을 감안하지 않는다.

### 가. 양(+)의 유보

통상 유보금액이 양의 숫자(+)로 된 금액의 경우는 통상 순자산을 증가시킨다.

① 상증법상 자산의 평가가 기준시가 등 장부상의 자산가액과 관련이 없는 방법으로 이루어진 경우

이와 관련된 유보금액은 고려하지 아니하고 제외한다. 예컨대, 건설자금이자, 재고자산평가감, 감가상각충당금 한도초과액, 예금이자 미수수익 등이 여기에 해당한다. 다만, 감가상각부인 관련 유보금액 중 재취득가액 등이 없어 장부가액으로 평가하는 자산 관련 유보금액은 반영하여야 한다.

② 이연자산(사용수익기부자산은 제외) 및 환율 조정차

해당 계정은 세무상 자산으로 보지 않으므로 이와 관련된 유보금액은 조정대상에서 제외한다.

③ 대손충당금 한도초과액

대손충당금은 부채로 보지 않는 충당금이므로 순자산가액 계산 시 부채에서 차감하며, 그에 따라 관련 유보금액도 조정대상에서 제외한다.

④ 퇴직급여충당금 한도초과액 및 퇴직보험예치금의 신고조정

평가기준일 현재 재직하는 임원 또는 사용인 전원이 퇴직할 경우에 있어 퇴직급여로 지급되어야 할 총추계액을 부채에 가산하고 있으므로, 퇴직급여충당금 한도초과액 및 퇴직보험예치금의 손금가산액(△유보)은 부채에 가감(加減)할 필요가 없다. 조정대상으로 보지 않는 것이다.

### 나. 음(-)의 유보

음수로 된 유보금액은 통상적 순자산을 감소시킨다.

① 조세특례제한법상 제 준비금

순자산가액 계산 시 부채로 보지 않으므로 손금가산 사항으로 유보처분된 금액은 모두 제외한다.

② 환율조정대

순자산가액 계산 시에 부채로 보지 않으므로 유보금액 계산 시 제외한다.

### 4) 유상증자(감자)

평가기준일이 기중에 있는 경우에는 평가기준일 현재 가결산 등에 의하여 순자산가액을 산정하여야 하나, 부득이 직전 사업연도 말 현재의 대차대조표를 기준으로 순자산가액을

계산하는 경우에는 직전 사업연도 종료일로부터 평가기준일까지 유상증자한 금액을 자산에 가산하고 유상감자한 금액은 차감한다.

## 5) 기타

### 가. 평가기준일 현재 지급받을 권리가 확정된 가액

이 경우 지급받을 권리가 확정된 가액은 평가대상 법인의 재무상태표상에 계상되어 있지 아니한 것만이 대상이 된다. 예를 들어 평가대상 비상장법인이 가지는 손해배상채권은 비록 장부에는 계상되어 있지 않더라도 순자산가액에 산입할 수 있는 것이다(대법원 89누916, 1989. 9. 12.).

### 나. 영업권 평가액

비상장주식의 순자산가액 계산 시 상증령 제59조 제2항에 따른 영업권 평가액은 해당 법인의 자산가액에 합산한다. 다만, 다음의 경우에는 그러하지 아니하다(상증령 제55조 제3항).

① 상증법 제67조 및 제68조에 따른 상속세 및 증여세 과세표준신고기한 이내에 평가대상 법인의 청산절차가 진행 중이거나 사업자의 사망 등으로 인하여 사업의 계속이 곤란하다고 인정되는 법인의 주식등

② 법인의 업종에 관계없이 자산총액 중 부동산이 차지하는 비율이 100분의 80 이상인 법인의 주식등

③ 평가기준일이 속하는 사업연도 전 3년 내의 사업연도부터 계속하여 법인세법상 각 사업연도에 속하거나 속하게 될 손금의 총액이 그 사업연도에 속하거나 속하게 될 익금의 총액을 초과하는 결손금이 있는 법인의 경우

④ 사업개시 전의 법인, 사업개시 후 3년 미만의 법인과 휴업·폐업 중인 법인의 주식등. 다만, 다음의 모두에 해당하는 경우는 영업권을 평가하여 합산한다.

　ⓐ 개인사업자가 상증령 제59조에 따른 무체재산권을 현물출자하거나 조세특례제한법 시행령 제29조 제2항에 따른 사업 양도·양수의 방법에 따라 법인으로 전환하는 경우로서 그 법인이 해당 사업용 무형자산을 소유하면서 사업용으로 계속 사용하는 경우

　ⓑ 위 "ⓐ"에 따른 개인사업자와 법인의 사업 영위기간의 합계가 3년 이상인 경우

## 6) 자산에서 제외하는 선급비용, 이연자산 등

### 가. 선급비용

평가기준일 현재 비용으로 확정된 선급비용은 자산가액에서 제외한다. 장부상 계상되어 있는 선급비용 중 평가기준일 현재 비용으로 확정된 분(자산성이 없는 부분)에 한하여 자산에서 차감하며, 순수한 선급비용(자산성이 있는 것)은 순자산가액에 포함된다.

상증칙 제17조의 2 제2호의 규정에 의하여 해당 법인의 자산가액에서 차감하는 "선급비용"은 장부상 계상되어 있는 선급비용 중 기간경과 등으로 인하여 평가기준일 현재 비용으로 확정된 금액을 말한다(재삼 46014-2524, 1998. 12. 26.).

### 나. 이연자산 등[27]

① 법인세법상 무형고정자산 중 개발비(사용수익기부자산가액은 제외)

종전 법인세법에서는 창업비 및 연구개발비가 개업비 및 사채발행비와 함께 이연자산으로 분류되었으나, 2001년 말 법인세법 시행령 개정 시 창업비와 연구개발비가 무형고정자산으로, 개업비는 당기 비용으로, 사채발행비는 사채할인발행차금에 포함되도록 개정되었다.

한편, 사용수익기부자산은 금전 이외의 자산을 기부한 후 그 자산을 사용하거나 그 자산으로부터 수익을 얻은 경우 해당 자산의 장부가치로 볼 수 있으므로 자산가액 계산 시 제외하지 아니한다.

2002. 1. 1. 이후 최초 개시하는 사업연도부터 적용되는 법인세법 시행령에서는 종전의 이연자산이 폐지되고 무형고정자산 등으로 개정되었다.

② 외화환산차

법인세법 시행령 제76조의 규정에 의한 외화자산 · 부채의 원화기장액과 사업연도 종료일 현재의 환율에 의하여 평가한 금액과의 차액인 외화환산차는 이를 자산에 포함하지 아니한다. 이는 비상장주식의 평가 시 외화자산과 외화부채를 평가기준일 현재 기준환율 또는 재정환율에 의해 평가한 가액을 해당 외화자산과 외화부채의 가액으로 보기 때문이다.

③ 이연법인세차

이연법인세차란 기업회계상으로는 아직 당기순이익에 가산되지 아니하였으나 법인세법에 의하여 사업연도 중 익금 가산되어 해당 연도의 법인세를 상대적으로 많이 납부

---

27) 2002. 1. 1. 이후 무형고정자산으로 개정되었다.

한 부분으로 추후 기업회계상 당기순이익에 가산되는 사업연도에는 법인세를 상대적으로 적게 납부할 수 있는 효과가 있으므로, 이를 대차대조표의 투자자산 중 이연법인세차의 계정과목으로 회계처리하도록 기업회계기준에서 규정하고 있으므로 비상장주식의 보충적 평가방법 적용 시 해당 법인의 자산에서 제외하는 것이다.

### 7) 증자일 전의 잉여금 유보액

증자일 전의 잉여금 유보액을 신입주주 또는 신입사원에게 분배하지 아니한다는 조건으로 증자한 경우 신입주주 또는 신입사원의 출자지분을 평가함에 있어 "순자산가액"에는 신입사원 또는 신입주주에게 분배하지 않기로 한 잉여금에 상당하는 금액은 포함하지 아니한다(상증법 기본통칙 63-55…6).

### 8) 재무상태표상 부채액

평가기준일 현재 재무상태표상 부채총액을 기준으로 작성하며, 그 부채총액은 평가기준일 현재의 확정된 부채 등의 가액으로 한다.

### 9) 부채에 가산하는 항목

#### 가. 평가기준일까지 소득에 대한 법인세액 등

평가기준일까지 납부할 세액에서 재무상태표상(가결산한 것) 미지급법인세를 차감한 금액을 말한다.

이 경우 법인세액 등은 평가기준일 현재 납세의무가 확정된 것과 평가기준일이 속하는 사업연도 개시일부터 평가기준일까지 발생한 소득에 대한 법인세액 등을 말한다.

#### 나. 농어촌특별세

법인세액의 감면액에 부과되는 농어촌특별세를 의미한다.

#### 다. 지방소득세(구 소득할주민세)

지방소득세는 법인(소득)세에 부가되는 지방세를 말한다.

#### 라. 배당금·상여금

평가기준일 현재 이익의 처분으로 확정된 배당금·상여금 및 기타 지급의무가 확정된 금액을 말하고, 배당금과 상여금은 평가기준일 현재 확정되었는지 여부에 따라 다음과 같이 구분된다(상증법 기본통칙 63-55…8).

| 구 분 | 잉여금 처분결의일 | |
|---|---|---|
| | 상속개시일 전 | 상속개시일 후 |
| 배당·상여금 | 상속세 과세가액 산입 | 상속세 과세가액 불산입 |
| 비상장주식 평가 시 미지급 배당·상여금 | 부채로 인정(차감) | 부채로 인정하지 않음. |

배당기준일 현재 생존하고 있던 주주가 주주총회에서 잉여금처분 결의가 있기 전에 사망하였는지 잉여금 처분결의일 이후에 사망하였는지 여부에 따라 부채의 인정 여부를 판단한다. 피상속인의 권리·의무 관계를 상속개시일을 기준으로 판단하는 것이다.

**마. 퇴직급여추계액**

퇴직급여추계액은 평가기준일 현재 재직하는 임원 또는 사용인 전원이 퇴직할 경우에 퇴직급여로 지급되어야 할 금액을 말하며, 법인장부에 계상하였는지 여부에 관계없이 적용하여 부채에 가산한다. 따라서 새로이 퇴직급여추계액을 재무상태표에 계상하므로 기존의 퇴직급여충당금, 단체퇴직보험금은 이중계상을 방지하기 위하여 장부상 계상된 퇴직급여충당금 등은 부채에서 차감한다.

**바. 기타**

① 충당금 중 평가기준일 현재 비용으로 확정된 것

충당금의 경우는 부채로 확정된 것이 아니기 때문에 부채에서 차감하는 것이나, 평가기준일 현재 비용으로 확정된 경우에는 해당 금액을 부채에 포함한다.

② 가수금

비상장법인의 부채 중 주주 및 임원 등으로부터의 가수금 또는 주주, 임원, 종업원 단기채무의 계정과목이 있는 경우 그 부채의 변제의무를 해당 법인이 가지는 경우에는 가수금 등을 부채에 포함한다.

③ 퇴직수당, 공로금 등

해당 법인 종사자의 사망에 따라 그 상속인에게 지급할 것이 확정된 퇴직수당, 공로금 기타 이에 준하는 금액은 부채에 포함한다.

④ 보증채무

보증채무는 채무로 공제하지 아니하나, 주채무자가 변제불능 상태이고 주채무자에게 구상권을 행사할 수 없는 경우에는 부채에 포함한다.

⑤ 보험업을 영위하는 법인의 책임준비금과 비상위험준비금

보험업을 영위하는 비상장법인을 평가하는 경우에는 책임준비금과 비상위험준비금으로 법인세법 시행령 제57조 제1항 내지 제3항에 규정된 범위 내의 것은 부채로 인정한다(상증칙 제17조의 2 제4호).

## 10) 부채에서 차감하는 항목

### 가. 제준비금

조세특례제한법 및 기타법률에 의한 제준비금(중소기업투자준비금, 연구 및 인력개발준비금, 해외시장개척준비금, 수출손실준비금, 증권거래준비금 등)은 부채에서 제외한다. 다만, 앞서 언급한 바와 같이 보험업을 영위하는 법인 관련 준비금은 부채로 인정한다.

순자산가액에서 공제하는 부채란 평가기준일 현재 평가대상법인이 지급 또는 변제하여야 할 채무를 뜻하는 것이나, 이들 준비금은 세법에서 인정하고 있는 것이지만 일정기간 경과 후에 환입하거나 또는 발생된 손금과의 상계처리 등을 예정한 것이므로 이를 채무로서 인정할 필요가 없기 때문이다.

### 나. 제충당금

평가기준일 현재 비용으로 확정된 충당금을 제외한 제충당금(퇴직급여충당금, 단체퇴직급여충당금, 대손충당금 등)은 부채에서 차감한다.

### 다. 기타

① 외화환산대

법인세법 시행령 제76조 규정에 의한 외화자산·부채의 원화기장액과 사업연도 종료일 현재의 환율에 의하여 평가한 금액과의 차액인 외화환산대는 이를 부채에 포함시키지 않는다. 이는 평가기준일 현재 기준환율 또는 재정환율에 의하여 평가한 가액을 부채의 가액으로 하기 때문이다.

② 이연법인세대

이연법인세대란 기업회계상 아직 비용으로 처리되지 않았으나 법인세법에 의하여 해당 사업연도 중 손금 가산되어 법인세를 상대적으로 적게 납부한 부분이며, 추후 회계상 비용처리하는 사업연도에는 법인세를 상대적으로 많이 납부하게 되는 효과가 있으므로 이를 기업회계기준에서는 이연법인세대라는 계정과목으로 처리하고 있다. 이와 같은 이연법인세대는 부채에서 차감한다.

③ 상속개시 후 잉여금의 처분이 확정된 경우

배당기준일 현재 생존하고 있던 주주가 주주총회에서 잉여금 처분결의가 있기 전 사망한 경우로서 상속개시 후 잉여금의 처분이 확정된 경우에는 해당 배당금 및 상여금은 상속세 과세가액에 포함하지 않으며, 비상장주식 평가 시 부채에 포함하지 않는다.

④ 사채할인(할증)발행차금 및 장기 미지급이자

상증령 제55조의 규정에 의한 비상장법인의 순자산가액은 평가기준일 현재 확정된 부채 등을 기준으로 하여 계산하는 것으로, 사채할인(할증)발행차금은 해당 법인의 부채에서 가감하지 아니하는 것이며, 전환사채 및 신주인수권부사채의 권리자가 중도에 전환권 또는 신주인수권을 행사하지 않아 만기 상환할 것을 가정하여 발행회사가 채권자에게 만기에 지급하는 이자비용을 장기미지급이자로 계상한 경우 해당 장기미지급이자는 부채에 가산하지 아니한다(서일 46014-10359, 2001. 10. 26.).

## (4) 자기주식의 평가

### 1) 개요

회사가 자기의 명의와 계산으로 취득한 자기회사의 주식을 자기주식이라 한다. 회사는 원칙적으로 자기주식을 취득할 수 없다. 회사가 설립 또는 신주발행의 경우에 자기의 주식을 인수하는 것은 회사가 동시에 자기의 주주가 되어 논리적으로 맞지 않을 뿐만 아니라 자기주식은 증자 시 주금을 납입할 수 없어 자본충실을 기할 수 없다는 현실적인 이유에서 불가능한 것으로 본 것이다.[28] 하지만 2011. 4. 14. 상법의 개정으로 자기주식 취득방식과 한도에 제한은 있으나 자유롭게 취득할 수 있게 되었다(상법 제341조).

자기주식을 보유한 비상장사의 주식을 평가함에 있어 자기주식을 어떻게 평가할 것인지에 관하여 현행 상증법에서 규정하고 있는 바는 없다. 상속재산의 평가방식에 관하여 규정하고 있는 '상속재산평가준칙'에서는 보유하고 있는 자기주식의 성격에 따라 자산으로 보거나 자본에서 차감하는 방식으로 평가하도록 규정하고 있다(상속재산평가준칙 제50조, 1994. 8. 8.). 상증법 집행기준에서도 상속재산평가준칙과 동일한 방식으로 아래와 같이 규정하고 있다.

평가대상법인이 자기주식을 소각 등 감자 목적으로 보유한 경우에는 자기주식 평가액을 자산에 포함시키지 않고, 일시적 보유목적 등인 경우에는 자기주식 평가액을 자산에 포함하여 순자산을 계산한다(상증법 집행기준 63-55-1, 자기주식의 순자산 포함여부, 2012. 7. 27. 개정).

---

28) 최준선, 「회사법」, 삼영사, 2013., 236면

## 2) 소각목적 보유 시

주식을 소각하거나 자본을 감소하기 위하여 보유하는 자기주식이라면 자본에서 차감한다. 그러므로 발행주식총수에서 동 자기주식을 차감하여 1주당 순자산가치와 순손익가치를 평가한다.

## 3) 매각목적 보유 시

기타 일시적으로 보유한 후 처분할 자기주식이라면 자산으로 보아 평가하는 것이므로 동 자기주식은 발행주식총수에 포함시키고, 자기주식의 평가액을 자산에 포함하여 순자산을 계산한다. 구 상증법 집행기준(2010. 6. 23.)에 따르면 자기주식의 평가액이 아닌 취득가액 상당액을 자산에 포함하여 순자산을 계산하도록 규정하였던바 이에 유의할 필요가 있다.

자기주식을 매각목적으로 보유하는 경우 이를 법인의 자산으로 보아 상증법 제63조 제1항 제1호 나목 및 같은 법 시행령 제54조 제1항에 의하여 평가한 가액을 평가법인의 자산에 가산함과 아울러, 자기주식수를 발행주식총수에 포함하는 것이다.

일시보유목적 자기주식을 보유한 비상장법인 주식의 평가 시 평가산식은 다음과 같다(조심 2011서2545, 2012. 4. 18.).

★

$$\text{주당 주식평가액(A)} = \frac{[\{\text{자기주식 이외 순자산가치} + (\text{자기주식수} \times A)\} / \text{총발행주식수}] \times 3 + \text{주당 순손익가치} \times 2}{5}$$

## 4) 자기주식 할증 여부

비상장법인의 최대주주 및 그 특수관계인이 보유한 주식을 보충적 평가방법에 따라 평가하는 경우 할증평가의 대상이 된다. 이 경우 당해 법인이 일시적으로 보유하고 있는 자기주식을 자산으로 보아 평가하는 경우 자기주식도 별도의 할증평가 대상이 되는 것인지에 대하여 본다.

앞서 언급한 바와 같이, 회사가 자기주식을 보유하는 경우 회사 자신이 회사의 주주가 되는 불합리한 결과가 되는 것과 같이 자기주식에 할증평가를 하게 되면 회사 자신이 자신에게 경영권 프리미엄을 붙이는 불합리한 결과에 이르게 된다. 그러므로 자기주식은 할증평가를 할 수 없다고 보는 것이다.

하지만, 상증법에 달리 규정하고 있지 않는 한 재산의 일반적 평가원칙에 준하여 자기주식 또한 별도로 할증하여 평가하는 것이 타당하다고 보는 견해에 따르면 위 산식은 아래와 같이 될 것이다.

$$
\text{주당 주식평가액(B)} = \frac{[\{\text{자기주식 이외 순자산가치} + (\text{자기주식수} \times B)\} / \text{총발행주식수}] \times 3 + \text{주당 순손익가치} \times 2}{5} \times \begin{array}{c}\text{할증률}\\(\text{예 : 20\%})\end{array}
$$

요약하면, 비상장법인의 최대주주 등이 보유한 주식을 보충적 평가방법에 따라 평가함에 있어, 당해 법인이 보유한 자기주식에 대하여 별도로 할증평가를 하는 경우(B)와 별도로 할증평가를 하지 않는 경우(A) 주식가액이 다르게 산정이 된다.

자기주식 취득사례가 빈번해지는 현재의 추세를 감안할 때 자기주식의 할증평가방법에 대한 법 규정을 신설하거나 명확한 해석을 두어 과세관청과 납세자 간의 혼선의 갈등을 줄여야 할 필요가 있다.

### 4 순손익가치의 산정

#### (1) 순손익가치의 계산방법

순손익가치는 평가대상법인을 계속 기업으로 전제하여 장래 초과 수익력을 측정하는 것이다. 상증법에서는 비상장법인의 순손익가치를 해당 법인의 과거의 수익흐름을 기준으로 한 평가기준일 이전 3년간의 순손익액을 기준으로 평가하도록 규정하고 있다. 단, 3년 기간 중에 증자, 합병, 주요업종 변경 등의 사유가 있는 경우에는 신용평가전문기관 등(신용평가전문기관, 회계법인 및 세무법인 등)의 추정이익에 의하여 평가할 수 있다.

$$
\text{1주당 순손익가치} = \frac{\text{1주당 최근 3년간의 순손익액의 가중평균액 또는 신용평가전문기관 등의 1주당 추정이익}}{\text{자본환원이자율}}
$$

위의 산식에서 1주당 최근 3년간 순손익액의 가중평균액이 "0" 이하인 경우에는 "0"으로 한다. 자본환원이자율은 기획재정부장관이 고시하는 율을 적용한다.

1주당 최근 3년간의 순손익액의 가중평균액은 다음과 같이 계산한다.

★

〔(평가기준일 이전 1년이 되는 사업연도의 1주당 순손익액 × 3) + (평가기준일 이전 2년이 되는 사업연도의 1주당 순손익액 × 2) + (평가기준일 이전 3년이 되는 사업연도의 1주당 순손익액 × 1)〕/ 6

각 사업연도의 1주당 순손익액은 각 사업연도의 순손익액을 각 사업연도 종료일 현재 발행주식총수로 나누어 계산한다.

1주당 최근 3년간의 순손익액의 가중평균액을 계산할 때 사업연도가 1년 미만인 경우에는 1년으로 계산한 가액으로 한다(상증칙 제17조의 3 제2항).

## (2) 최근 3년간 사업연도의 판정

사업연도 종료일이 평가기준일이면 해당 사업연도를 포함하여 최근 3년간을 계산한다. 예를 들어 평가기준일이 2022. 12. 31.이면 직전 3년은 2022년, 2021년, 2020년이 된다.

## (3) 사업개시 후 3년 미만 법인의 순손익가치 평가

사업개시 후 3년 미만 비상장법인은 순자산가치로만 평가한다. 이 경우 사업개시일을 언제로 볼 것인가가 법령에 명확히 규정되어 있지 않아 해석상의 혼선이 있다. 상법상의 회사 설립절차를 완료하고 사업을 위한 업무를 개시한 시점으로 볼 수도 있고, 공장의 가동이 시작된 시점으로 볼 수도 있으며, 실제로 재화 또는 용역이 제공되는 시점 혹은 나아가 매출이 발생한 시점으로도 볼 수 있다.

과세관청의 해석상으로는 사업개시 후 3년 미만의 법인 판정 시 사업개시일은 해당 법인이 처음으로 재화 또는 용역을 개시한 때로 보고 있다(재산-130, 2011. 3. 14.). 법인의 설립일을 사업개시일로 보지 않는 것이다. 실질과세를 표방하고 있는 우리 세제상 타당한 해석으로 보인다. 사업개시를 위한 형식(설립등기 등)보다는 실제로 사업개시를 통하여 수익이 발생한 시점을 개시일로 본 것이다.

한편, 다른 법인의 사업부문을 포괄적으로 양수한 신설법인이 상속세 및 증여세법 시행령 제54조 제4항 제2호의 '사업개시 후 3년 미만의 법인'에 해당하는지 여부는 신설법인의 사업개시일부터 기산하여 판단(재재산-379, 2013. 5. 30.)하며, 개인사업자가 법인으로 전환한 경우의 사업개시일은 법인전환 후 처음으로 재화 또는 용역을 개시한 때를 말한다(재산-397, 2011. 8. 26.).

## (4) 결산시기가 다른 법인이 합병한 후 3년이 경과되기 전의 순손익가치 평가

평가기준일 전 3년 이내에 합병한 비상장법인의 합병전 1주당 순손익액은 합병법인과 피합병법인의 순손익액의 합계액을 합병후 발행주식총수로 나누어 계산한다. 이 경우 합병법인과 피합병법인의 순손익액은 각각 1년간의 순손익액을 기준으로 하되, 1년에 미달하는 사업연도 순손익액은 연으로 환산한 가액에 의한다(서면4팀 – 1071, 2004. 7. 13.).

사업개시 후 3년 이상인 법인이 사업개시 후 3년 미만인 법인을 주식의 평가기준일이 속하는 사업연도 이전 사업연도에 흡수 합병한 경우, 합병법인의 3개 사업연도 중 피합병법인의 사업연도가 없는 사업연도의 1주당 순손익액은 합병법인의 순손익액을 그 합병법인의 해당 사업연도 말 발행주식총수로 나누어 계산한 가액에 의한다(서일 46014 – 945, 2007. 3. 21.).

1년 미만인 사업연도의 순손익액은 연으로 환산한 가액에 의하는 것이나, 합병일이 속하는 피합병법인의 사업연도가 1년 미만으로서 합병 후부터 피합병법인과 합병법인의 순손익액이 합산되어 계산되는 경우에는 연으로 환산하지 아니한다(서일 46014 – 10352, 2001. 10. 24.).

## (5) 순손익액의 계산

### 1) 개요

순손익액은 법인세법 제14조 규정에 의한 각 사업연도의 소득금액에서 소득에 가산할 항목을 더하고 공제할 항목을 차감하여 산정한다. 이 경우 각 사업연도 소득을 계산할 때 손금에 산입된 충당금 또는 준비금이 세법의 규정에 따라 일시 환입되는 경우에는 해당 금액이 환입될 연도를 기준으로 안분한 금액을 환입될 각 사업연도 소득에 가산한다(상증령 제56조 제4항).

각 사업연도 소득금액에서 가감하는 항목에 관한 해당 조항은 열거 혹은 예시규정 중 어떤 규정으로 보아야 하는가? 예컨대 비경상적인 사건으로 발생한 유형자산처분손익은 가감항목으로 열거되어 있지 않다. 해당 유형자산처분손익을 가감항목에 반영 여부에 따라 해당 기업의 순손익가치는 크게 달라질 수 있다. 열거규정으로 보아야 한다는 견해와 예시규정으로 보아야 한다는 견해에 대하여 각각 살펴본다.

### 가. 열거규정으로 보는 견해

해당 조항을 열거규정으로 보아야 한다는 견해는 과세요건은 명확하게 법률로 규정되어야 조세법률주의의 주요 요소인 법적 안정성과 예측가능성을 높일 수 있다는 점에 근거를 둔다. 만약 해당 조항을 예시규정으로 본다면 과세관청 혹은 납세자의 자의적 해석에 따라 과세요건이 달리 해석이 될 수 있다. 그러므로 자의적인 해석은 허용될 수 없다고 보는 것이다.

앞서 언급한 유형자산처분손익의 경우와 같은 일시적이고 우발적인 사건으로 해당 법인의 3년간 순손익액이 증가하는 경우에는 과거 3년간의 순손익액을 사용하는 대신에 미래의 추정이익을 사용하도록 하는 보완적 규정(상증령 제56조 제2항 및 상증칙 제17조의 3)을 두고 있다. 그러므로 해당 조항은 열거규정으로 보아야 하는 것이다(대법원 2013두2853, 2013. 5. 24., 대법원 2006두16434, 2008. 12. 11. 및 대법원 2011두9140, 2012. 5. 24. 판결 등 참조).

### 나. 예시규정으로 보는 견해

해당 조항의 입법취지가 법인의 실질적인 수익가치를 왜곡없이 반영하도록 한다는데 있다는 점을 근거로 해당 조항은 예시규정으로 보아야 한다고 볼 수도 있다. 예컨대 순손익가액이 기업의 실질가치를 명확하게 반영하는 것이라면 비록 법령에 열거되어 있지 않더라도 가감항목으로 보아야 하는 것이다.

비상장주식을 발행한 회사의 특정 사업연도에 일시적으로 발생한 특별손익의 비율이 높고, 그러한 특별손익이 계속 발생할 성질의 것이 아니라면 그와 같은 특별손익에 기초한 최근 3년간의 순손익액의 가중평균액은 일시적·우발적이거나 비정상적일 가능성이 많아 미래의 기대수익을 대신하기에 적합하지 않다는 점에서 비록 그 항목이 해당 조항에 열거되어 있지 않더라도 가감하는 것이 합목적적이라 보는 것이다.

### 2) 각 사업연도 소득

통상 장부상의 당기순이익과 법인세법상 소득금액은 기업회계와 세무회계와의 차이로 인하여 일치하지 않는다. 실무적으로는 기업회계상 당기순이익에 세무상의 익금과 손금의 조정을 통하여 계산한 소득이 각 사업연도 소득이 된다. 각 사업연도 소득이란 법인세법 제14조 규정에 의한 각 사업연도의 소득금액을 말한다. 법인세법상 각 사업연도 소득은 그 사업연도의 익금총액에서 손금총액을 공제한 금액으로서 이월결손금을 공제하기 전의 금액을 말한다.

이 경우 익금이라 함은 자본 또는 출자의 납입을 제외하고 해당법인의 순자산을 증가시키는 거래로 인하여 발생하는 수익의 금액을 말하고, 손금이라 함은 자본 또는 지분의 환급, 잉여금의 처분을 제외하고 해당법인의 순자산을 감소시키는 거래로 인하여 발생하는 손비의 금액을 말한다.

### 3) 소득에 가산할 항목

#### 가. 국세 및 지방세의 과오납금에 대한 환급금이자

법인세법 제18조 제4호의 규정에 의한 국세·지방세의 과오납에 대한 환급금 이자로서 각 사업연도 소득금액 계산상 익금에 산입하지 아니한 금액을 말한다. 국세 및 지방세의 과오납으로 인하여 동 금액만큼의 자금을 다른 용도로 사용할 기회를 상실한 부분(이른바, 기회비용)에 대한 보전차원에서 해당 환급금이자는 세무상 익금에서 제외하도록 규정하고 있다. 하지만 동 환급금은 실제로 회사의 자산을 증가시키고 있으므로 비상장주식평가 목적으로는 익금으로 조정하고 있다.

#### 나. 수입배당금 중 익금불산입된 금액

① 일반법인의 수입배당금 중 익금불산입한 금액

내국법인이 출자한 다른 내국법인으로부터 받은 수입배당금액(법인세법 제18조의 2를 적용받는 수입배당금액은 제외한다) 중 일정 금액은 각 사업연도의 소득금액을 계산할 때 익금에 산입하지 아니한다(법인법 제18조의 2). 일반법인이 출자한 다른 내국법인으로부터 받는 수입배당금 중 이중과세를 방지하기 위하여 익금불산입한 금액을 비상장법인 주식평가목적상으로는 실질적으로 해당 배당금이 법인의 자산을 증가시켰으므로 소득금액에 가산하는 것이다.

② 외국자회사 수입배당금액 중 익금불산입한 금액

내국법인이 해당 법인이 출자한 외국자회사로부터 받은 수입배당금액의 100분의 95에 해당하는 금액은 각 사업연도의 소득금액을 계산할 때 익금에 산입하지 아니한다(법인법 제18조의 4 제1항).

내국법인이 외국자회사로부터 받은 수입배당금에 대한 법인세 과세는 이중과세문제가 발생하므로 이를 조정하기 위하여 내국법인이 일정요건을 갖춘 외국자회사로부터 받은 수입배당금은 일정률에 상당하는 금액을 익금불산입하고 있으나, 비상장주식 평가 시에는 소득금액에 가산하는 것이다.

### 다. 기부금 한도초과 이월액

법인세법 제24조에 의하면, 손금에 산입하지 아니한 일반기부금의 손금산입한도초과 금액 및 특례기부금 손금산입한도초과 금액은 해당 사업연도의 다음 사업연도 개시일부터 10년 이내에 종료하는 각 사업연도에 이월하여 손금에 산입하도록 규정하고 있다.

이와 같이 이월하여 손금산입된 그 한도초과 금액은 각 사업연도 순손익액 계산 시 소득에 가산한다. 이는 기부금이 지출된 사업연도의 순손익액 계산 시 기부금 한도초과액은 각 사업연도 소득에서 이미 차감되었으므로 이중으로 소득금액에서 차감되는 경우를 방지하기 위함이다.

### 라. 법인세 계산시 반영하지 않은 외화환산이익

각 사업연도 소득을 계산할 때 「법인세법 시행령」 제76조에 따른 화폐성외화자산·부채 또는 통화선도등(이하 "화폐성외화자산등")에 대하여 해당 사업연도 종료일 현재의 같은 조 제1항에 따른 매매기준율등(이하 "매매기준율등")으로 평가하지 않은 경우 해당 화폐성 외화자산등에 대하여 해당 사업연도 종료일 현재의 매매기준율등으로 평가하여 발생한 이익은 각 사업연도 소득에 가산한다(상증령 제56조 제4항 제1호 라목).

### 마. 업무용승용차 감가상각비 한도초과 및 처분손실 이월액의 손금산입액

법인세법 제27조의 2 제3항 및 제4항은 업무용승용차 관련 비용은 일정금액을 초과하는 경우에는 해당 사업연도의 손금에 산입하지 아니하고 이월하여 손금에 산입하도록 규정하고 있다. 이와 같이 업무용승용차 관련 비용을 이월하여 손금산입한 금액은 각 사업연도 소득에 가산한다.

### 바. 그 밖에 기획재정부령이 정하는 금액

## 4) 소득에서 공제할 항목

### 가. 법인세 등

해당 사업연도의 법인세액(「법인세법」 제18조의 4에 따른 익금불산입의 적용 대상이 되는 수입배당금액에 대하여 외국에 납부한 세액과 같은 법 제57조에 따라 세액공제를 적용하는 경우의 외국법인세액을 포함한다), 법인세액의 감면액 또는 과세표준에 부과되는 농어촌특별세 및 지방소득세는 소득에서 차감한다.

이 경우 차감할 법인세액 등은 법인세법의 규정에 의하여 각 사업연도의 소득에 대하여 납부하였거나 납부하여야 할 법인세 총결정세액을 말한다. 법인세 경정 시 총결정세액은 법인세 산출세액에서 공제 감면세액을 차감하고, 가산세를 가산한 총결정세액으로 한다. 또한, 이월결손금이 있는 경우에는 이월결손금을 차감하기 전의 소득에 대한 법인세액 상당액을 말하며, 이에 따라 감면세액이 있는 경우에는 그 감면세액을 차감 후의 법인세액 등을 말한다.

### 나. 벌금 · 과료 · 과태료 · 가산금 및 체납처분비

법인세법 제21조 제3호의 규정에 의한 벌금 · 과료 · 과태료 · 가산금 및 강제징수비로서 각 사업연도 소득금액 계산상 손금에 산입하지 아니한 금액은 각 사업연도 소득에서 차감한다.

### 다. 손금으로 용인되지 않는 공과금

법령에 따라 의무적으로 납부하는 것이 아닌 공과금(법인법 제21조 제4호)으로서 각 사업연도 소득금액 계산상 손금에 산입하지 아니한 금액은 각 사업연도 소득에서 차감한다.

### 라. 업무와 관련 없는 지출

법인세법 제27조의 규정에 의하여 법인이 각 사업연도에 지출한 경비 중 법인의 업무와 직접 관련이 없다고 인정되는 다음의 자산을 취득 · 관리함으로써 발생되는 유지비, 수선비 및 이에 관련되는 비용은 각 사업연도 소득금액 계산상 손금에 산입하지 아니하나, 각 사업연도 소득에서 차감한다.

### 마. 징수불이행 납부세액

법인세법 제21조의 2 및 법인세법 시행령 제23조의 규정에 의하여 각 세법에 규정하는 의무불이행으로 인하여 납부하였거나 납부하여야 할 세액(가산세 포함)으로 각 사업연도 소득금액 계산상 손금에 산입하지 않은 금액은 소득에서 차감한다. 의무불이행에는 간접국세의 징수불이행 · 납부불이행과 기타의 의무불이행의 경우를 포함한다(서면4팀 −684, 2007. 2. 22.).

### 바. 기부금 한도초과액

법인세법 제24조의 규정에 의한 기부금 한도초과액 및 비지정기부금(소득금액조정합계표에 계산되어 비지정기부금으로 손금불산입된 금액)은 소득에서 차감한다.

### 사. 접대비 한도초과액

법인세법 제25조(기업업무추진비의 손금불산입) 및 조세특례제한법 제136조(기업업무추진비의 손금불산입 특례)에 따라 손금에 산입되지 않은 의한 금액은 소득에서 차감한다.

### 아. 과다경비 손금불산입액

법인세법 제26조의 규정에 의한 인건비, 복리후생비, 여비 및 교육훈련비, 보험 사업을 영위하는 법인사업비, 법인이 해당 법인 외의 자와 동일한 조직 또는 사업 등을 공동으로 운영하거나 영위함에 따라 발생되거나 지출된 손비 중 과다하거나 부당하다고 인정되는 금액으로 각 사업연도 소득금액 계산상 손금불산입된 금액은 소득에서 차감한다.

### 자. 지급이자 손금불산입액

법인세법 제28조 규정에 의한 지급이자로서 각 사업연도 소득금액 계산상 손금에 산입하지 아니한 아래의 금액은 소득에서 차감한다.
① 채권자가 불분명한 사채의 이자
② 채권, 증권의 이자, 할인액 또는 차익 중 그 지급받은 자가 불분명한 채권, 증권의 이자, 할인액 또는 차익
③ 건설자금에 충당하는 차입금의 이자
④ 업무무관자산 등 관련한 지급이자 등

### 차. 감가상각비 시인부족액

법인세법 시행령 제32조 제1항에 따른 시인부족액에서 같은 조에 따른 상각부인액을 손금으로 추인한 금액을 뺀 금액을 각 사업연도 소득금액에서 차감한다. 이는 자산의 실질가치를 적절하게 평가하기 위하여 실제 감가상각비 계상 여부와 관계없이 세법상의 감가상각비를 인식한 것으로 보아 평가하도록 한 것이다.

### 카. 배당으로 간주된 이자의 손금불산입

「국제조세조정에 관한 법률」 제22조(출자금액 대비 과다차입금 지급이자의 손금불산입)의 규정에 의하여 배당으로 간주된 이자의 손금불산입 금액은 각 사업연도 소득에서 차감한다(상증통 63-56…9 ② 참고).

### 타. 외화환산손실

각 사업연도 소득을 계산할 때 화폐성외화자산등에 대하여 해당 사업연도 종료일 현재의 매매기준율등으로 평가하지 않은 경우 해당 화폐성외화자산등에 대하여 해당 사업연도 종료일 현재의 매매기준율등으로 평가하여 발생한 손실은 각 사업연도 소득에서 차감한다.

## 5) 각 사업연도 종료일 현재 총발행주식수 계산

1주당 최근 3년간의 순손익액의 가중평균액을 계산함에 있어 각 사업연도의 주식수는 각

사업연도 종료일 현재의 발행주식총수에 의한다. 다만, 평가기준일이 속하는 사업연도 전 3년 이내에 증자 또는 감자를 한 사실이 있는 경우에는 증자 또는 감자 전의 각 사업연도 종료일 현재의 발행주식총수는 환산 주식수에 의한다.[29] 또한, 최근 3년간 해당 법인의 1주 당 액면가액을 변경함으로써 총발행주식수가 달라진 경우에는 최종 사업연도의 총발행주 식수를 기준으로 하여 1주당 순손익액을 계산한다.

증자(주식배당 포함) 혹은 감자의 경우 환산 주식수는 다음과 같이 계산한다.

### 가. 증자의 경우 환산 주식수

★

$$\text{증자 전 각 사업연도 말 주식수} \times \frac{(\text{증자 직전 사업연도 말 주식 수} + \text{증자 주식수})}{\text{증자 직전 사업연도 말 주식수}}$$

### 나. 감자의 경우 환산 주식수

★

$$\text{감자 전 각 사업연도 말 주식수} \times \frac{(\text{감자 직전 사업연도 말 주식 수} - \text{감자 주식수})}{\text{감자 직전 사업연도 말 주식수}}$$

### 다. 유상증자 혹은 유상감자를 한 사업연도 및 그 이전사업연도의 순손익액 계산

순손익액을 계산할 때 평가기준일이 속하는 사업연도 전 3년 이내에 해당 법인의 자본 (출자액을 포함)을 증가시키기 위하여 새로운 주식 등을 발행("유상증자")하거나 해당 법인 의 자본을 감소시키기 위하여 주식등을 소각("유상감자")한 사실이 있는 경우에는 유상증 자 또는 유상감자를 한 사업연도와 그 이전 사업연도의 순손익액은 아래와 같이 계산한 금 액(①＋②－③)으로 한다(상증령 제56조 제5항).

① 각 사업연도 소득금액에 수입배당금 등 익금불산입액을 가산하고 충당금 등을 차감한 금액(상증령 제56조 제4항)

② 유상증자한 주식등 1주당 납입금액 × 유상증자에 의하여 증가한 주식등 수 × 기획재 정부령으로 정하는 율("10%")

③ 유상감자 시 지급한 1주당 금액 × 유상감자에 의하여 감소된 주식등 수 × 기획재정부

---

[29] 대통령령 제23040호, 2011. 7. 25.자로 무상증자 혹은 무상감자에서 "증자 혹은 감자"로 관련 법령이 개정되 었다.

령으로 정하는 율("10%")

이 경우 유상증자 또는 유상감자를 한 사업연도의 순손익액은 사업연도 개시일부터 유상증자 또는 유상감자를 한 날까지의 기간에 대하여 월할로 계산하며, 1개월 미만은 1개월로 하여 계산한다(상증령 제56조 제5항 단서).

1주당 순손익액은 각 사업연도별 순손익액을 사업연도 말 발행주식총수 또는 환산 주식 수로 나누어 산정하되, 각 사업연도별로 산정한 1주당 순손익액 중 (-)가 발생한 사업연도가 있는 경우 해당 사업연도의 순손익액을 "0"으로 보지 않고 (-) 그대로 계산한다(서일 46014-11475, 2002. 11. 7.). 평가기준일 이전 3년간의 가중평균액의 결과가 (-)인 경우는 "0"으로 본다.

순손익가치 계산 시 필요한 기획재정부령으로 정하는 이자율은 연 10%이다(상증칙 제17조의 3 제6항).

최근 3년간 순손익액의 가중평균액에 의한 1주당 가액은 3년간 순손익액의 가중평균액을 위의 기획재정부령으로 정하는 이자율로 나누어 산정한다.

## (6) 1주당 추정이익에 의한 순손익가치의 계산

법인이 일시 우발적 사건에 의하여 최근 3년간의 순손익액이 비정상적으로 증가하는 등의 사유로 1주당 최근 3년간의 순손익액의 가중평균액에 의하는 것이 불합리한 경우로 다음 요건을 모두 갖춘 경우에는 상증령 제54조 제1항에 따른 1주당 최근 3년간의 순손익액의 가중평균을 기획재정부령으로 정하는 신용평가전문기관, 공인회계사법에 따른 회계법인 또는 세무사법에 따른 세무법인 중 둘 이상의 신용평가전문기관, 공인회계사법에 따른 회계법인 또는 세무사법에 따른 세무법인이 기획재정부령으로 정하는 기준에 따라 산출한 1주당 추정이익의 평균가액으로 할 수 있다(상증령 제56조 제2항).

위 부분에서 기획재정부령으로 정하는 기준에 따라 산출한 1주당 추정이익의 평균가액이란 「자본시장과 금융투자업에 관한 법률」 시행령 제176조의 5 제2항에 따라 금융위원회가 정한 수익가치에 상증령 제54조 제1항 따른 순손익가치환원율을 곱한 금액을 말한다(상증칙 제17조의 3 제4항).

### 1) 일시적이고 우발적인 사건으로 해당 법인의 최근 3년간 순손익액이 증가하는 등 기획재정부령으로 정하는 경우에 해당할 것

"일시적이고 우발적인 사건으로 해당 법인의 최근 3년간 순손익액이 증가하는 등 기획재정부령으로 정하는 경우"란 다음의 어느 하나에 해당하는 사유로 1주당 최근 3년간의 순손 익액의 가중평균액으로 평가하는 것이 불합리한 경우를 말한다(상증칙 제17조의 3 제1항).

### 가. 사업개시 후 3년 미만 법인

당 규정은 2005. 3. 19.자로 삭제되었다. 따라서 2005. 3. 19. 이후 사업 후 3년 미만의 비상 장법인의 주식을 평가하는 경우는 순자산가치로만 평가한다.

### 나. 기업회계기준상의 자산수증이익의 최근 3년간 가중평균액이 경상손익의 최근 3년 간 가중평균액의 50퍼센트를 초과하는 경우

기업회계기준상의 자산수증익, 채무면제이익, 보험차익 및 재해손실("자산수증이익 등") 의 합계액에 대한 최근 3년간 가중평균액이 법인세 차감전 손익에서 자산수증이익 등을 뺀 금액에 대한 최근 3년간 가중평균액의 50퍼센트를 초과하는 경우를 말한다.

상증령 제56조 제1항 후단 및 상증칙 제17조의 3 제1항 제2호의 규정을 적용함에 있어 기 업회계기준상의 특별손익의 최근 3년간 가중평균액이 경상손익의 최근 3년간 가중평균액의 50퍼센트를 초과하는지 여부는 절대값을 기준으로 판단한다(서면4팀-4182, 2006. 12. 27.).

### 다. 평가기준일 전 3년이 되는 날이 속하는 사업연도 개시일부터 평가기준일까지의 기 간 중 합병 또는 분할을 하였거나 주요업종이 바뀐 경우

사업영위 기간이 3년 이상인 비상장법인이 평가기준일 전 3년이 되는 날이 속하는 사업 연도개시일부터 평가기준일까지의 기간 중에 법인세법 제46조 제1항의 규정에 의한 인적 분할을 한 경우로서 분할 신설법인의 주식을 평가하는 경우 상증령 제56조 제1항 및 상증 칙 제17조의 3 제1항 제3호의 규정에 의하여 상증령 제56조 제1항 제1호의 규정에 의한 1주 당 최근 3년간의 순손익액의 가중평균액과 같은 항 제2호의 규정에 의한 2 이상의 신용평 가전문기관, 회계법인 또는 세무법인이 산출한 1주당 추정이익의 평균가액 중에서 선택하 여 해당 법인의 1주당 순손익가치를 평가할 수 있는 것이다. 분할 신설법인이 부동산 임대 사업을 영위하는 법인인 경우로서 평가기준일 현재 일부 임대사업용 건물이 신축 중에 있 거나 또는 평가기준일 이전에 임대사업용 건물을 신축한 사실이 있는 경우에도 동일하게 평가한다(서면4팀-1473, 2008. 6. 20.).

### 라. 상증법 제38조의 규정에 의한 증여받은 이익을 산정하기 위하여 합병당사법인의 주 식가액을 산정하는 경우

### 마. 최근 3개 사업연도 중 1년 이상 휴업한 사실이 있는 경우

바. 기업회계기준상 유가증권·유형자산의 처분손익과 자산수증이익 등의 합계액에 대한 최근 3년간 가중평균액이 법인세 차감 전 손익에 대한 최근 3년간 가중평균액의 50퍼센트를 초과하는 경우

사. 주요 업종(해당 법인이 영위하는 사업 중 직접 사용하는 유형고정자산의 가액이 가장 큰 업종을 말한다)에 있어서 정상적인 매출발생기간이 3년 미만인 경우

아. 위와 유사한 경우로서 기획재정부장관이 정하여 고시하는 사유에 해당하는 경우

2) 상증법 제67조 및 제68조에 따른 상속세 과세표준 신고기한 및 증여세 과세표준 신고기한까지 1주당 추정이익의 평균가액을 신고할 것

3) 1주당 추정이익의 산정기준일과 평가서 작성일이 해당 과세표준 신고기한 이내일 것

4) 1주당 추정이익의 산정기준일과 상속개시일 또는 증여일이 같은 연도에 속할 것

추정이익에 의한 순손익가치 산정은 상속세 및 증여세 신고기한 내에 신고한 경우로서 1주당 추정이익의 산정기준일과 평가서 작성일이 과세표준 신고기한 내에 속하고, 산정기준일과 상속개시일 또는 증여일이 동일 연도에 속하는 경우에 한하므로(상증령 제56조 제2항) 신고기한 경과 후 소급하여 산정한 추정이익으로는 평가할 수 없는 것이다.

## 5 평가심의위원회의 구성 등

### (1) 도입취지

매매등의 가액의 시가인정, 시가불인정 감정기관의 지정, 비상장주식등의 가액평가 및 평가방법, 업종의 변경, 건물·오피스텔 및 상업용 건물 가치의 산정·고시를 하기 위한 자문 등의 심의를 위하여 국세청과 지방국세청에 각각 평가심의위원회를 둔다(상증령 제49조의 2 제1항).

평가기간에 해당하지 아니하는 기간으로서 평가기준일 전 2년 이내의 기간 중에 매매 등이 있는 경우에도 평가기준일부터 매매계약이 있는 날까지의 기간 중에 주식발행회사의 경영상태, 시간의 경과 및 주위환경의 변화 등을 고려하여 가격변동의 특별한 사정이 없다고 보아

상속세 또는 증여세 납부의무가 있는 자("납세자"), 지방국세청장 또는 관할 세무서장이 신청하는 때에는 평가심의위원회의 심의를 거쳐 해당 매매 등의 가액을 시가로 할 수 있다.

대부분의 비상장주식은 시장성이 부족한 특성으로 인하여 제3자간의 매매가액인 시가를 확인하여 평가하는 것이 쉽지 않아 보충적 평가방법이 주로 이용되고 있다. 한편, 세법에서 정한 보충적 평가방법은 법적 안정성 등을 고려하여 순자산가치와 순손익가치를 기준으로 획일적으로 규정하고 있으므로 구체적인 개별회사의 특성을 감안하기가 곤란하여 기업의 실질가치에 비하여 과대 또는 과소하게 평가되는 사례가 있을 수 있다.

이에 비상장 중소기업 중 시가에 비하여 과대평가되는 주식에 대하여 적정한 주식 평가를 도모하고자 위원회 평가제도를 도입하여 2005. 1. 1. 이후 상속이 개시되거나 증여하는 분부터 시행하고 있다.

비상장 중소기업의 주식 중 보충적 평가가액이 해당 중소기업과 업종, 자본금과 매출액의 규모 등이 유사한 상장 및 코스닥상장법인의 주가에 비해 불합리한 경우에는 납세자가 국세청에 설치된 비상장주식 평가심의위원회에 평가를 신청할 수 있고, 해당 위원회에서는 개별기업의 특성에 맞는 다양한 평가방법에 의하여 산출한 평가가액을 제시하거나 해당 중소기업에 적합한 평가방법을 제시할 수 있도록 하고, 납세자는 동 평가가액 또는 평가방법을 적용한 평가가액으로 상속세 및 증여세를 신고할 수 있도록 함으로써 과세형평 및 납세자와의 마찰 소지를 줄여 나가고 있다.

## (2) 평가 신청 및 결과 통지

상속세 또는 증여세 납세의무가 있는 자로서 위원회에서 제시하는 평가가액 등으로 비상장 중소기업의 주식을 평가하고자 하는 납세자는 비상장법인의 보충적 평가액 및 평가관련 서류 등을 첨부하여 법정기한 내에 비상장주식 평가심의위원회에 신청하여야 하고, 해당 위원회에서는 신고기한 만료 1개월 전(증여의 경우 20일 전)까지 평가가액 등에 대한 결과를 납세자에게 서면으로 통지하여야 한다. 다만, 해당 재산에 대한 매매사실이 있는 경우 중에서 평가기간이 경과한 후부터 법정 결정·경정(제78조 제1항)까지의 기간 중에 매매등이 있은 경우에는 해당 매매등이 있은 날부터 6개월 이내에 자료를 첨부하여 평가심의위원회에 신청하여야 한다. 이 경우 위원회는 신청을 받은 날부터 3개월 이내에 그 결과를 납세자에게 서면으로 통지하여야 한다(상증령 제49조의 2 제5항 및 제6항).

| 신청기한 | 결과 통지기한 |
|---|---|
| -상속세 신고기한 만료 4개월 전<br>-증여세 신고기한 만료 70일 전<br>  (2007. 2. 27. 이전 증여분은 2개월 전)<br>-매매등이 있는 경우에는 해당 매매등이 있는<br>  날부터 6개월 이내 신청 | -상속세 신고기한 만료 1개월 전<br>-증여세 신고기한 만료 20일 전<br>  (2007. 2. 27. 이전 증여분 : 1개월 전)<br>-좌측의 매매등의 경우에는 3개월 이내 |

## 1) 평가신청의 기준

납세자가 비상장주식의 평가를 신청하기 위해서는 비상장중소기업이 해당 법인의 자산·매출액 규모 및 사업의 영위기간 등을 감안하여 동종의 업종을 영위하고 있는 다른 법인(주권상장법인 등을 말한다)의 주식가액과 비교할 때 비상장주식의 보충적 평가방법에 의하여 평가하는 것이 불합리하다고 인정되는 법인이어야 한다(상증령 제54조 제6항).

평가심의위원회는 공정하고 객관적인 심의를 위하여 필요하다고 인정되는 경우에는 상증령 제56조 제2항에 따른 신용평가전문기관 등에 평가를 의뢰하거나 심의에 앞서 관계인의 증언을 청취할 수 있다. 이 경우 납세자가 신용평가전문기관의 평가에 따른 평가수수료를 부담하여야 한다(상증령 제49조의 2 제9항).

## 2) 평가신청서의 반려 및 보정요구

납세자가 평가를 신청한 것 중 납세자가 평가부속서류를 제출하지 아니하거나 상속세 또는 증여세를 부당하게 감소시킬 목적으로 평가를 신청하는 등 국세청평가심의위원회에서 평가가액 또는 평가방법을 제시하는 것이 불합리하다고 인정되는 경우에는 신청을 반려할 수 있다.

한편, 평가신청서류 중 일부를 제출하지 아니하거나 부실하게 제출한 경우 또는 해당 서류에 오류가 있는 경우에는 납세지 관할 지방국세청장이 기한을 정하여 한 차례에 한정하여 보정요구를 할 수 있다(재산평가심의위원회운영규정 제14조).

## (3) 국세청(지방청)평가심의위원회의 구성

평가심의위원회의 설치·운영, 평가신청절차, 비상장주식의 가액산정 및 평가방법 등에 관하여 필요한 사항은 국세청장이 정한다(상증령 제49조의 2 제10항).

평가심의위원회는 다음의 구분에 따른 위원으로 구성한다. 공무원이 아닌 위원의 임기는 2년으로 하며, 한 차례만 연임할 수 있다. 다만, 다음의 "1) 다."에 따른 위원의 임기는 위촉 시부터 해당 심의 종료 시까지로 한다.

**1) 국세청에 두는 평가심의위원회 : 다음에 따른 위원**

가. 국세청장이 소속 공무원 중에서 임명하는 사람 3명

나. 변호사, 공인회계사, 세무사, 감정평가사 및 그 밖에 기업의 인수·합병과 관련하여 학식과 경험이 풍부한 사람 중 국세청장이 성별을 고려하여 위촉하는 9명 이내의 사람

다. 관련 업종에 학식과 경험이 풍부한 전문가 중에서 국세청장이 위촉하는 사람 2명[30]

**2) 지방국세청에 두는 평가심의위원회 : 다음에 따른 위원**

가. 지방국세청장이 소속 공무원 중에서 임명하는 사람 2명

나. 변호사, 공인회계사, 세무사, 감정평가사 및 그 밖에 기업의 인수·합병과 관련하여 학식과 경험이 풍부한 사람 중 지방국세청장이 위촉하는 사람 3명

다. 국세청에 두는 평가심의위원회의 위원 중 각 회의별로 국세청장이 지정하는 공무원인 위원 1명 및 공무원이 아닌 위원 1명

### (4) 위원의 해임 및 해촉

국세청장 또는 지방국세청장은 위원이 다음의 어느 하나에 해당하는 경우에는 해당 위원을 해임 또는 해촉할 수 있다(상증령 제49조의 2 제4항).

가. 심신장애로 인하여 직무를 수행할 수 없게 된 경우

나. 직무와 관련된 비위사실이 있는 경우

다. 직무태만, 품위손상이나 그 밖의 사유로 인하여 위원으로 적합하지 아니하다고 인정되는 경우

라. 위원 스스로 직무를 수행하는 것이 곤란하다고 의사를 밝히는 경우

### (5) 심의의 방법

평가심의위원회가 비상장주식의 가액평가 및 평가방법의 심의를 할 경우에는 다음의 사항을 고려하여야 한다(상증령 제49조의 2 제7항).

가. 상증법 제63조에 따른 유가증권등의 평가방법을 준용하여 평가할 경우 예상되는 적정 평가가액

나. 상증령 제54조부터 제56조까지의 규정에 따라 해당 비상장주식 등을 평가할 경우의

---

30) 이 경우의 위원은 상증령 제15조 제11항 제2호 나목 및 조특령 제27조의 6 제6항 제2호 나목에 따른 업종의 변경에 관한 심의만 참여한다.

적정성 여부

다. 그 밖에 해당 법인의 업종·사업규모·자산상태 및 사회적인 인식 등을 고려할 때 적정하다고 인정되는 평가가액

## 제**4**절  최대주주 등의 주식 할증평가

### 1 할증평가의 정당성

최대주주 등이 보유하는 주식 및 출자지분은 해당 기업의 자산가치와 수익가치 외에도 경영권 지배 프리미엄이 있는 것이 일반적이므로, 상장·코스닥상장주식 및 비상장주식의 평가 시 최대주주 등이 보유한 주식은 일반적인 주식평가액에 일정률을 더하여 평가한다.

이러한 할증평가는 정당한 것인가?

최대주주가 보유한 주식이 가지는 지배권의 가치를 개별적으로 파악하는 것은 결코 쉬운 일이 아니며 지배가치를 평가함에 있어 어떠한 입법방식을 택하고 어느 정도의 가치를 부여할 것인가 하는 문제는 여러 사회적 혹은 경제적 요소들을 고려하여 입법자가 재량을 일탈하지 않는 범위 내에서 선택할 수 있는 사항으로 여겨지고 있다. 그럼에도 불구하고 최대주주의 주식평가액에 일률적으로 할증률을 정하는 것은 입법적 재량을 일탈했다는 견해를 바탕으로 위헌법률심판제청을 신청한 후 기각되자 헌법재판소법 제68조 제2항에 따라 헌법소원을 청구한 한 사례(2006헌바115, 2008. 12. 26.)가 있다.

헌법재판소는 이에 대하여 합헌 결정을 하였다. 결정의 이유는 다음과 같다.

상증법은 최대주주의 주식을 할증 평가토록 규정한 것이 최대주주의 보유주식의 가치를 다른 주주의 보유주식과 달리 취급하면서 예외를 인정하지 아니하는 일률적인 규율방식을 취하였고, 또한 거래 주식의 수량이나 거래의 상대방 등에 따라 그 적용범위를 한정하는 방식을 취하지 아니하였다고 하더라도, 이는 주식의 가치 및 회사 지배권의 특성을 감안한 바탕 위에 공평한 조세부담을 통한 조세정의의 실현 요구, 징세의 효율성이라는 조세정책적, 기술적 요구를 종합적으로 고려하여 결정한 것이라고 할 수 있을 뿐, 그 입법목적에 비추어 자의적이거나 임의적인 것으로서 입법형성권의 한계를 벗어났다고 볼 수 없으므로 조세평등주의에 위반되지 아니한다.

또한 재산권 침해 여부 판단에서도 심판대상조문이 최대주주 등의 주식 등에 포함되어

있는 지배권 프리미엄을 정당하게 계산하여 그 가치를 평가함으로써 정당한 조세부과를 하는 규정으로서 실질과세원칙을 관철하기 위한 규정이라 할 것이고, 그 주식 등의 가치를 평가함에 있어 가산되는 비율이 10%(2006헌바22 사건에서는 20%)로서 일반적인 지배권의 가치에 비하여 지나친 것으로 볼 수 없으므로 재산권을 침해하지 않는다.

선례(2002헌바65, 2003. 1. 30. 및 2006헌바22, 2007. 1. 17. 등)들이 가산율에 대하여 여러 사회·경제적 요소들을 고려하여 입법자가 입법형성적 재량을 일탈하지 않는 범위 내에서 선택할 수 있는 사항이라고 하여 넓은 입법재량을 부여하고 있는 것에 비춰보면, 발행주식수의 100분의 50을 기준으로 100분의 50을 초과하여 보유하는 경우에는 지배권 프리미엄의 가치가 더욱 높아질 것을 감안하여 100분의 30을 가산하도록 한 입법자의 선택은 주식보유비율에 따라 할증률을 차등 적용한 것으로 입법형성적 재량을 일탈하였다고 보기 어렵다. 일률적인 할증률을 규정한 상증법 조항이 선례에 비해 100분의 50을 초과하여 보유한 경우 100분의 30을 가산하도록 한 부분이 추가되었다 하더라도 이것이 선례의 견해를 변경할 만한 사정 변경이라고는 볼 수 없으며 위 선례의 견해는 그 자체로서 지금도 타당하고, 이를 유지함이 상당하므로 이 사건 법률조항은 헌법상 조세평등주의와 실질과세원칙에 반하지 아니하고 재산권을 침해하지 않는다.

## 2 할증대상 최대주주 등의 범위

### (1) 최대주주 등의 정의

현행 상증법 제63조 제1항 제1호(유가증권시장 상장주식·코스닥시장 상장주식·비상장주식의 보충적 평가액), 제2항(기업공개 준비 중인 주식) 및 제60조 제2항(시가)을 적용할 때 최대주주 또는 최대출자자 및 그와 특수관계인에 해당하는 주주등(이하 "최대주주 등")의 주식등에 대해서는 같은 법 제1항 제1호 및 제2항에 따라 평가한 가액 또는 제60조 제2항에 따라 인정되는 가액에 그 가액의 100분의 20을 가산한다(상증법 제63조 제3항).

할증대상이 되는 "최대주주 등"이란 대통령령으로 정하는 최대주주 또는 최대출자자 및 그의 특수관계인에 해당하는 주주등(주주 또는 출자자)을 말한다(상증법 제63조 제3항). 여기에서 "대통령령으로 정하는 최대주주 또는 최대출자자"란 최대주주 등 중 보유주식등의 수가 가장 많은 1인을 말한다(상증령 제53조 제4항).

최대주주 등이 보유하는 주식등의 지분을 계산함에 있어서는 평가기준일부터 소급하여 1년 이내에 양도하거나 증여한 주식등을 최대주주 등이 보유하는 주식등에 합산하여 이를 계산한다(상증령 제53조 제5항). 이는 최대주주 등이 할증률이 적용되는 것을 회피하기 위하

여 일부 주식을 양도 또는 증여한 후 주식을 증여하는 경우를 방지하기 위하여 입법으로
보완한 규정이다.

이 경우 합산 여부는 아래에 따라 구분하여 판단한다.

① 최대주주가 특수관계자에게 양도·증여한 주식은 합산하지 않는다. 최대주주 등의 지
   분율은 주주 1인 및 그와 특수관계자가 보유하고 있는 주식을 합산하여 판단하므로
   최대주주가 특수관계자에게 양도·증여하더라도 결국 최대주주 지분율에 합산되기
   때문이다.

② 양도·양수한 주식이 있는 경우에는 순양도분을 합산한다. 최대주주 등이 해당 주식
   을 반복적으로 양도·양수한 경우에는 최대주주 판단기준일로부터 소급하여 1년 이
   내의 기간 중에 최대주주가 양도한 주식에서 양수한 주식을 차감한 주식수(부수인 경
   우는 "0")를 판단기준일 현재 보유 주식수에 합산한다.

③ 주식 양도 후 최대주주 등에서 제외된 자에게 양도한 주식은 합산하지 않는다. 최대주
   주 등에 해당되던 주주등이 특수관계 이외의 자에게 주식을 양도하여 최대주주 등 판
   단기준일 현재 최대주주 등에 해당되지 않는 경우에는 양도한 주식을 합산하지 않는
   다. 이는 판단기준일 현재 보유하는 주식수에 따라 먼저 최대주주 등을 판단한 후 그
   최대주주 등이 1년 이내 양도·증여한 주식수를 합하여 50% 초과 여부를 판단한다는
   의미이다.

평가기준일 현재 의결권이 제한되는 자기주식 및 배당우선주 등은 발행주식총수에서
제외하고 최대주주 등의 주식보유 지분율을 계산한다.

## (2) 최대주주 등의 범위

연도별 최대주주 등의 범위 개정내역은 다음과 같다.

1) 1993. 1. 1. ~ 1996. 12. 31. : 지배주주 소유 지분율이 1% 이상인 주주로서 그와 특수
   관계에 있는 주주의 주식합계가 해당 법인에서 가장 많은 경우의 해당 주주 등

2) 1997. 1. 1. ~ 1999. 12. 31. : 최대주주 등 주주 1인과 특수관계에 있는 주주가 보유한
   주식의 합계가 10% 이상인 경우로서 해당 법인에서 가장 많은 경우의 해당 주주 등

3) 2000. 1. 1. 이후 : 최대주주 등 주주 1인과 특수관계에 있는 주주가 보유한 주식의 합
   계가 해당 법인에서 가장 많은 경우의 해당 주주 등

4) 2012. 2. 2. 이후 : 주주등 1인과 그의 특수관계인의 보유주식등을 합하여 그 보유주식
   등의 합계가 가장 많은 경우의 해당 주주등 1인과 그의 특수관계인 모두

최대주주 등에 해당되는 주주는 그의 지분율에 관계없이 모두 동일한 할증률을 적용하며, 최대주주 등의 그룹이 2 이상인 경우(즉, 지분율이 같은 경우)에는 그 모두를 최대주주 등으로 보아 할증 평가한다.

비상장법인(A)이 다른 법인(B)의 최대주주로서 주식을 보유하고 있는 경우에는 A법인의 순자산가액 산정 시 B법인의 주식을 할증 평가한 가액으로 하고, A법인의 최대주주 등에 대하여는 그 A법인의 주식 평가액에 대하여 할증평가 규정을 적용한다.

## 3 할증평가율과 할증대상

2004년 말까지 적용된 최대주주 등에 대한 주식등 할증제도는 상증법 제63조 제1항 제1호 등에 따라 평가한 가액에 그 가액의 100분의 20(중소기업의 경우 100분의 10)을 가산하되, 최대주주 등의 지분율이 50%를 초과한 경우에는 100분의 30(중소기업의 경우에는 100분의 15)을 가산하였다. 2005년부터는 연혁에서 보듯이 법령의 개정에 따라 할증률에 변동이 생겼다.

할증대상도 그동안의 연혁에서 보듯이 범위가 계속 축소되어 왔으며, 2022. 12. 31. 상증법 개정으로 대통령령으로 정하는 중견기업도 배제되게 되었다.

### (1) 연도별 할증률

〔2019년 말까지의 적용 규정〕

그동안의 법령 개정에 따라 할증평가율의 변동사항은 아래와 같다.

| 구 분 | 1993~1999년 | 2000년 이후 | 2003년 이후 | | 2005~2019년 | |
|---|---|---|---|---|---|---|
| | | | 중소기업 | 비중소기업 | 중소기업 | 비중소기업 |
| 지분율 50% 이하 | 10% | 20% | 10% | 20% | 배제* | 20% |
| 지분율 50% 초과 | | 30% | 15% | 30% | 배제* | 30% |

\* 조세특례제한법 제101조에 따라 할증배제

위 연혁에서 보듯 할증률은 상증법에 규정되어 있으나, 조세특례제한법 제101조(중소기업 최대주주 등의 주식 할증평가 적용특례)에 따라 2005년부터 2019년까지는 중소기업 최대주주 등의 주식의 경우에는 할증을 배제하는 특례규정이 적용되었다.

상증법상의 할증평가율과 조특법의 특례가 연계되어 적용되어온 변화를 살펴보면, 1993. 1. 1. 이후 지배주주가 보유한 비상장주식에 대하여 10% 할증평가 규정을 신설하였고, 1997. 1. 1. 이후부터 상장법인과 협회등록법인도 할증평가 대상에 포함하였다.

2000. 1. 1. 이후에는 할증률을 최대주주 등의 주식지분율에 따라 차등 적용하도록 하였고 2003. 1. 1. 이후에는 중소기업에 대하여는 50% 경감하도록 하였으며, 2005. 1. 1.부터 2019. 12. 31.까지의 기간 중에 중소기업의 주식을 상속 또는 증여하는 경우에는 할증평가가 면제되었다(조특법 제101조).

〔2020년 이후의 적용 규정〕

그동안 기업규모에 따라 할증률을 차등 적용하여 왔으나, 최대주주 등의 경우로서 지분율과 경영권 프리미엄 수준 간 비례관계가 높지 않다는 연구용역 결과 등을 반영하여 지분율에 따른 할증률에 차등을 두지 않기로 하였고, 중소기업에 대한 할증평가 적용배제 특례의 일몰이 2020년 말까지 임에도 불구하고 2005년 이후 중소기업에 대한 할증배제 특례를 계속 유지해 오고 있는 점과 일반기업에 비해 경영권 프리미엄이 낮게 평가되는 중소기업의 특성을 감안하여 중소기업 최대주주 등 주식에 대해서는 할증을 적용하지 않는 것으로 상증법 제63조 제3항을 다음과 같이 개정하였다.

| 구 분 | 2020년 이후 | | 2023년 이후 | | |
|---|---|---|---|---|---|
| | 중소기업 | 비중소기업 | 중소기업 | 중견기업 | 비중소·중견기업 |
| 할증률 | 배제 | 20% | 배제 | 배제 | 20% |

이와 같이 상증법 제63조의 할증률 차등적용 폐지(2020. 1. 1. 시행)에 따라, 중소기업에 대해 할증을 적용하지 아니하는 조특법 제101조의 특례규정은 의미가 없으므로 이 규정은 삭제되었다(2019. 12. 31. 삭제).

한편, 2023년 이후에는 대통령령으로 정하는 중견기업도 할증배제 대상이 되었다.

(2) 연도별 할증대상

최대주주 등 할증평가대상의 개정연혁은 아래와 같다.

| 구분 | 1997~1999년 | 2000~2002년 | 2003. 1. 1. 이후 | 2005. 1. 1. 이후 | 2023. 1. 1. 이후 |
|---|---|---|---|---|---|
| 할증 대상 | 모든 법인의 최대주주 주식 | 모든 법인의 최대주주 주식(결손법인 제외) | 모든 법인의 최대주주 주식(결손법인 등31) 제외) | 모든 법인의 최대주주 주식(중소기업, 결손법인 등 제외) | 모든 법인의 최대주주 주식(중소기업, 중견기업, 결손법인 등 제외) |

## 4 할증평가 적용대상 주식

현행 상증법 제63조 제1항 제1호(유가증권시장 상장주식·코스닥시장 상장주식·비상장주식의 보충적 평가액), 제2항(기업공개 준비 중인 주식) 및 제60조 제2항(시가)을 적용할 때 최대주주 등의 주식 등에 대해서 할증률을 적용한다(상증법 제63조 제3항 참조).

① 유가증권시장 상장주식과 코스닥시장 상장주식(상증법 §63 ① 1호 가목)
② 비상장주식(상증법 §63 ① 1호 나목)
③ 유가증권시장 상장 추진 중인 주식(상증법 §63 ② 1호)
④ 코스닥시장 상장 추진 중인 주식(상증법 §63 ② 2호)
⑤ 미상장 신주(상증법 §63 ② 3호)

## 5 할증평가의 배제

위 4 의 최대주주 등의 주식 등에는 다음의 어느 하나에 해당하는 경우의 주식 등은 제외한다. 그 이유로는 최대주주의 지위에서 벗어났거나, 합병·증자·감자·현물출자·전환사채 등의 출자전환에 따른 이익을 계산하는 경우 등으로써 경영권 프리미엄을 부여하는 것이 부적절하거나 경영권 프리미엄이 형성되어 있다고 보기 어려운 경우 등에는 할증평가를 하지 않는다(상증법 제63조 제3항 및 상증령 제53조 제8항).

### (1) 결손금이 있는 법인의 주식 등

평가기준일이 속하는 사업연도 전 3년 이내의 사업연도부터 계속하여 법인세법 제14조 제2항에 따른 결손금이 있는 경우에는 할증규정을 적용하지 않는다(상증법 제63조 제3항 괄호부분).

### (2) 최대주주 등의 보유주식 전부 매각

평가기준일 전후 6개월(증여재산의 경우에는 평가기준일 전 6개월부터 평가기준일 후 3개월로 한다) 이내의 기간 중 최대주주 등이 보유하는 주식등이 전부 매각된 경우에는 할증평가 하지 아니한다(상증령 제53조 제8항 제2호). 다만, 다음과 같은 경우에는 할증평가를 하여야 한다.
가. 특수관계인과의 거래 등으로 그 거래가액이 객관적으로 부당하다고 인정되는 경우
나. 거래된 비상장주식의 가액(액면가액의 합계액을 말한다)이 다음의 금액 중 적은 금액 미만인 경우(상증령 제49조의 2 제1항에 따른 평가심의위원회의 자문을 거쳐 그

---

31) 2003. 1. 1. 이후부터는 결손법인 외에 상증령 제53조 제8항의 배제사유가 추가되었다.

거래가액이 거래의 관행상 정당한 사유가 있다고 인정되는 경우는 제외한다)
① 액면가액의 합계액으로 계산한 해당 법인의 발행주식총액 또는 출자총액의 100분의 1에 해당하는 금액
② 3억 원

## (3) 자본거래에 따른 증여이익 계산 시

상증령 제28조, 제29조, 제29조의 2, 제29조의 3 및 제30조의 규정에 의한 이익을 계산하는 경우로 합병·증자·감자·현물출자 혹은 전환사채 등의 주식전환 등의 사유 발생 시에 증여이익을 계산하는 경우에는 할증규정을 적용하지 아니한다(상증령 제53조 제8항 제3호). 이는 주식 자체를 증여한 경우에 발생하는 증여이익을 계산하는 것이 아니라 자본거래를 통하여 발생한 증여의제이익을 계산하는 것이기 때문이다.

## (4) 제2차 출자법인의 주식평가 시

평가대상인 주식등을 발행한 법인이 다른 법인이 발행한 주식등을 보유함으로써 그 다른 법인의 최대주주 등에 해당하는 경우로서 그 다른 법인의 주식등을 평가하는 경우에는 할증 평가하지 않는다(상증령 제53조 제8항 제4호).

또한 상호출자법인의 경우에도 1차 출자법인에 한하여 할증평가한다. 예컨대 A, B, C법인 등이 상호출자하고 있는 경우로서 A법인의 주식을 평가하는 경우에는 1회(A, B법인 간)에 한하여 할증평가를 한다. C법인이 A법인의 최대주주에 해당하는 경우 할증평가율 적용이 무한 순환되는 문제가 발생하기 때문이다.

## (5) 개업일로부터 3년 이내 법인으로 영업이익이 부수인 경우

평가기준일부터 소급하여 3년 이내에 사업을 개시한 법인으로서 사업개시일이 속하는 사업연도부터 평가기준일이 속하는 사업연도의 직전 사업연도까지 각 사업연도의 기업회계기준에 의한 영업이익이 모두 영 이하인 경우에는 할증평가를 하지 아니한다(상증령 제53조 제8항 제5호). 사업 초기에 결손이 발생하는 상태에서는 현실적으로 경영권 프리미엄이 형성되기 어려운 점을 감안하여 할증평가에서 제외한다.

## (6) 청산이 확정된 경우

상증법 제67조의 규정에 의한 상속세과세표준신고기한 또는 같은 법 제68조의 규정에 의한 증여세과세표준신고기한 이내에 평가대상 주식등을 발행한 법인의 청산이 확정된 경우 할증평가를 하지 아니한다(상증령 제53조 제8항 제6호).

## (7) 최대주주 등 이외의 자가 상속·증여받은 경우

최대주주 등이 보유하고 있는 주식등을 최대주주 등 외의 자가 상증법 제47조 제2항에서 규정하고 있는 기간(해당 증여일로부터 10년) 이내에 상속 또는 증여받은 경우로서 상속 또는 증여로 인하여 최대주주 등에 해당되지 아니하는 경우에는 최대주주 등 이외의 자가 소량의 주식 등을 상속·증여받은 경우는 최대주주 등 외의 자 입장에서 보면 경영권을 상속·증여받은 것으로 보기 어려우므로 할증평가에서 제외한다(상증령 제53조 제8항 제7호).

## (8) 명의신탁주식의 증여의제의 경우

주식등의 실제소유자와 명의자가 다른 경우로서 상증법 제45조의 2에 따라 해당 주식등을 명의자가 실제소유자로부터 증여받은 것으로 보는 경우는 실제 소유권이 이전되는 것이 아님을 감안하여 할증평가 대상에서 제외하였다(상증령 제53조 제8항 제8호).

## (9) 대통령령으로 정하는 중소기업이 발행한 주식

상증법 제63조 제3항 전단에서 규정하는 "대통령령으로 정하는 중소기업"이란 중소기업기본법 제2조에서 규정하는 중소기업을 말하고, 이 경우에도 할증규정을 적용하지 아니한다(상증령 제53조 제8항 제9호).

## (10) 대통령령으로 정하는 중견기업이 발행한 주식

상증법 제63조 제3항 전단에서 규정하는 "대통령령으로 정하는 중견기업"이란 「중견기업 성장촉진 및 경쟁력 강화에 관한 특별법」 제2조에 따른 중견기업으로서 상속개시일 또는 증여일이 속하는 소득세 과세기간 또는 법인세 사업연도의 직전 3개 소득세 과세기간 또는 법인세 사업연도의 매출액의 평균금액이 5천억 원 미만인 중견기업을 말하며, 2023. 1. 1. 이후부터 할증규정을 적용하지 아니한다. 이 경우 매출액은 기업회계기준에 따라 작성한 손익계산서상의 매출액을 기준으로 하며, 소득세 과세기간 또는 법인세 사업연도가 1년 미만인 소득세 과세기간 또는 법인세 사업연도의 매출액은 1년으로 환산한 매출액을 말한다(상증령 제53조 제7항 및 제8항 제9호).

<br>

## 제 5 절    자기주식 관련 과세쟁점(보론)

### 1 개 요

자기주식에 대한 논란은 회계학적 관점에서 자산으로 볼 것인가 자본차감으로 볼 것인가 하는 회계이론 측면에서 다루어왔다. 따라서 회계와 밀접한 세무 측면에서도 자산과 자본차감으로 발행되지 않은 주식으로 보아야 하는 것인지 논란이 있다.

자기주식은 당해 기업이 발행한 주식을 당해 기업이 취득 또는 질권의 목적으로 재취득하여 보관하고 있는 주식을 말한다. 기업 스스로가 당해 기업의 구성원이 된다는 것은 논리적으로 모순이다. 기업이 자기 계산으로 자기주식을 취득하는 것은 기업의 자본적 기초를 위태롭게 하여 기업과 주주 및 채권자의 이익을 해할 수 있다. 또 대표이사 등에 의한 불공정한 회사지배를 초래하는 등 여러 가지 폐해가 발생할 수 있다.

자기주식과 관련하여, 개정 전의 상법(2011. 4. 14. 개정 전)은 자기주식 취득을 원칙적으로 금지하되, 예외적으로 자기주식 취득을 인정하였다(개정 전 상법 제341조, 제341조의 2).

한편, 구 증권거래법 제189조의 2와 이를 승계한 「자본시장과 금융투자업에 관한 법률」(이하 "자본시장법") 제165조의 2는 상장법인에 관한 특례규정으로서 배당가능이익 범위 내에서 자기주식 취득을 허용하였다. 그러나 개정 상법(2011. 4. 14. 개정된 상법은 공포 후 1년이 경과한 2012. 4. 15.부터 시행)은 자본시장법에서와 같이 배당가능이익 범위 내에서 자기주식을 취득할 수 있도록 허용하였다. 이에 따라 비상장기업도 배당가능이익으로 자기주식을 취득할 수 있다. 그러나 배당가능이익 외 재원으로 취득하는 것에 대하여는 종전과 같이 취득금지원칙은 유지되고 있다.[32]

---

32) 이철송, 「회사법강의」, 박영사, 2013., 380면

## 2 자기주식의 법적 성격

### (1) 정의

자기주식은 회사가 자신이 발행한 주식을 자기의 계산으로 취득하여 보유하는 것,[33] 또는 당해 기업이 무상으로 증여받은 경우의 주식을 말한다. 여기에서 자기주식을 취득하거나 처분하는 것을 자기주식 거래라 한다. 이때 좁은 의미로의 자기주식은 회사가 자기계산으로 취득하거나 담보로 취득한 발행회사 주식을 뜻하고, 넓은 의미로는 회사가 타인의 계산으로 취득한 자사주식과 자회사의 계산으로 취득한 모회사주식 및 상호소유주식까지 의미한다.[34] 따라서 회사 명의로 자기주식을 취득하는 경우뿐만 아니라 타인명의나 가공명의라도 회사 계산으로 하는 취득도 자기주식 취득이라 한다.

### (2) 성격

자기주식을 자산으로 볼 것인가와 자본성격의 거래, 즉 자본의 차감항목으로 보아야 하는지의 견해가 대립[35]한다.

자기주식 거래를 자산으로 파악하는 경우 법인세법이 이를 옹호하고 자기주식의 처분을 손익거래에서 제외하고 있는 규정이 없다는 점을 들고 있다. 이 입장은 자기주식이 타법인의 주식과 본질적으로 유사성을 가지고 있고 상법상 자본적립금의 적립대상에 제외하고 있다는 점에서도 수긍하고 있다(대법원 91누13670, 1992. 9. 8.).

이와 다르게 자본거래성으로 보는 입장은 자기주식을 미발행주식으로 회계처리하도록 하고 있고 회사가 자기주식을 취득하게 되면 자본 감소 내지 회사 일부 청산과 유사할 뿐 아니라 그것을 처분하게 되면 자본증가가 발생하므로 자기주식 처분은 자본거래에 해당한다는 것이다.[36] 미발행주식설은 자본평가계정설과 자본금평가계정설로 나누는데, 전자는 자기주식을 자본 전체에서 차감하여야 하고 후자는 자본금에서 차감하여야 한다는 입장이다. 우리나라는 한국채택국제회계기준과 일반기업회계기준에서 미발행주식설 중 자본평가계정설을 취하고 있다.[37] 법인세법에서는 자산설에 입각하여 자기주식 양도차익과 차손을

---

33) 금고주(Treasury stock), 사내주, 재취득주(Stock repurchase) 또는 저장주(Store stock)라고도 한다(소재환, "우리나라 자기주식 제도의 현황과 연구과제", 「전자상거래학회지」, 제14권 제1호, 2013., 4면).

34) 박훈, "자기주식 거래에 관한 상법개정과 과세문제", 「조세연구」 9-3, 한국조세연구포럼, 2009. 12., 73면

35) 자산으로 보는 경우는 자기주식을 매각할 경우 현금 등의 자산 증가가 수반된다고 보는 견해이고 자본차감설(미발행주식설)은 자본의 환급 내지 회사의 일부청산에 유사하고 회사가 파산하거나 지급불능상태가 되면 가치는 영이 되므로 미발행주식으로 처리하여야 한다는 입장이다(황남석, "상법상 배당가능이익에 의한 자기주식취득의 쟁점", 「상사법연구」, 제31권 제3호, 한국상사법학회, 2012. 11., 68면).

36) 황남석, 앞의 논문, 73면

익금과 손금으로 처리하고 있다.[38]

## 3 자기주식 취득

### (1) 개요

기업이 자기주식을 취득하는 경우 ① 실질적으로 출자를 환급하는 결과가 되어 자본충실의 원칙에 반하고, ② 특정주주로부터 자기주식을 취득하는 경우 주주평등의 원칙에 반하며, ③ 기업이 자기주식을 보유하는 경우에는 경영위험을 부담하는 외에 주가변동에 따른 위험까지 부담하게 되므로 기업의 위험부담이 커지고, ④ 기업의 사정을 잘 알고 있는 임직원 등 내부자에 의하여 투기거래로 악용될 우려가 있다고 보아 개정 전 상법에서는 주식소각 등 불가피하게 취득[39]하여야 하는 경우를 제외하고는 기업이 자기 계산으로 자기주식을 취득하는 것은 원칙적으로 금지하였다. 그러나 증권거래법과 자본시장법에서 주권상장법인은 배당가능이익 한도 내에서 자기 명의와 계산으로 자기주식을 취득할 수 있도록 하되, 상대방의 선정과 가격결정에 공정을 기하기 위하여 증권시장에서 취득하거나 공개매수의 방법으로 취득하도록 정하고 있었다(자본시장법 제165조의 2 제2항).[40] 개정 상법은 기업의 자기주식 취득은 주주에 대한 이익배당과 유사하고, 자기주식을 모든 주주로부터 지분비율에 따라 취득하면 주주평등의 원칙에 위반하는 문제가 발생하지 않으며, 배당가능이익을 재원으로 한정하여 자기주식을 취득하도록 하면 회사채권자의 이익을 해하지 않는다는 점을 들어 배당가능이익으로 자기주식 취득을 허용[41]하였다.[42]

---

37) 이영철, "자기주식의 취득 및 처분과 관련된 몇 가지 쟁점", 「기업법연구」, 28(3), 한국기업법학회, 2014. 9., 102~103면
38) 일본은 자기주식 처분과 관련하여 과세소득으로 보지 않는다(일본 법인세법 제2조 제17호 구목).
39) 개정 전 상법 제341조(자기주식의 취득) 회사는 다음의 경우 외에는 자기의 계산으로 자기의 주식을 취득하지 못한다.
   1. 주식을 소각하기 위한 때
   2. 회사의 합병 또는 다른 회사의 영업전부의 양수로 인한 때
   3. 회사의 권리를 실행함에 있어 그 목적을 달성하기 위하여 필요한 때
   4. 단주의 처리를 위하여 필요한 때
   5. 주주가 주식매수청구권을 행사한 때
40) 자본시장법 제165조의 2는 2013. 4. 5. 개정 시 제165조의 3으로 되었다.
41) 허용 취지는 주식거래의 자율성을 높이고 증권제도를 선진화함으로써 증권시장의 효율성을 높이기 위해서였고, 다른 한편으로 상장법인의 기업매수에 대처하고 임직원에게 우리사주 또는 공로주로 지급할 수 있는 방안으로 상장법인의 자기주식 취득을 보수적으로 허용하였다. 더 나아가 기업의 재무적 이용전략의 효율성을 높이기 위해 그 취득범위를 확대하였다. 그러나 당초 취지와 다르게 자기주식의 취득이 취득과 처분에 관한 정보가 시세조종과 미공개 정보이용 등 불공정거래에 이용될 수 있으며 취득과 처분을 반복함으로써 주가에 영향을 미치고 증권시장에 부담을 주는 등 악용될 수 있다는 지적도 있다(소재환, 앞의 논문, 6~7면).
42) 정찬형, 「상법강의 요론」, 박영사, 2012., 382면

## (2) 자기주식 취득이 가능한 경우

개정된 상법에서 기업이 자기계산으로 자기주식을 취득하는 경우는 배당가능이익으로 취득(상법 제341조)[43]할 수 있고 배당가능이익과 무관하게 특정목적(상법 제341조의 2)과 자본감소(상법 제343조)를 위해 취득하는 경우를 정하고 있다.[44]

### 1) 배당가능이익 범위 내 취득

기업이 배당가능이익 범위 내에서 자기주식을 취득하는 경우는 배당가능이익을 한도로 하여 일정한 절차와 방법에 따라 자기주식을 취득하여야 한다. 즉 직전 결산기의 대차대조표상 배당가능이익[45]이 있어야 하고 당해 결산기에 배당가능이익이 예상되어야 한다(상법 제341조 제1항, 제3항). 기업은 해당 영업연도의 결산기에 배당가능이익이 없을 우려가 있는 경우에는 자기주식을 취득하여서는 아니 된다(상법 제341조 제3항). 해당 결산기에 배당가능이익이 없음에도 불구하고 기업이 취득한 경우 이사는 기업에 대하여 연대하여 그 미치지 못한 금액을 배상할 책임이 있다. 다만, 이사가 배당가능이익이 없을 우려가 없다고 판단하는 때에

---

43) 제341조(자기주식의 취득) ① 회사는 다음의 방법에 따라 자기의 명의와 계산으로 자기의 주식을 취득할 수 있다. 다만, 그 취득가액의 총액은 직전 결산기의 대차대조표상의 순자산액에서 제462조 제1항 각 호의 금액을 뺀 금액을 초과하지 못한다.
　　1. 거래소에서 시세(時勢)가 있는 주식의 경우에는 거래소에서 취득하는 방법
　　2. 제345조 제1항의 주식의 상환에 관한 종류주식의 경우 외에 각 주주가 가진 주식수에 따라 균등한 조건으로 취득하는 것으로서 대통령령으로 정하는 방법
　　② 제1항에 따라 자기주식을 취득하려는 회사는 미리 주주총회의 결의로 다음 각 호의 사항을 결정하여야 한다. 다만, 이사회의 결의로 이익배당을 할 수 있다고 정관으로 정하고 있는 경우에는 이사회의 결의로써 주주총회의 결의를 갈음할 수 있다.
　　1. 취득할 수 있는 주식의 종류 및 수
　　2. 취득가액의 총액의 한도
　　3. 1년을 초과하지 아니하는 범위에서 자기주식을 취득할 수 있는 기간
　　③ 회사는 해당 영업연도의 결산기에 대차대조표상의 순자산액이 제462조 제1항 각 호의 금액의 합계액에 미치지 못할 우려가 있는 경우에는 제1항에 따른 주식의 취득을 하여서는 아니 된다.
　　④ 해당 영업연도의 결산기에 대차대조표상의 순자산액이 제462조 제1항 각 호의 금액의 합계액에 미치지 못함에도 불구하고 회사가 제1항에 따라 주식을 취득한 경우 이사는 회사에 대하여 연대하여 그 미치지 못한 금액을 배상할 책임이 있다. 다만, 이사가 제3항의 우려가 없다고 판단하는 때에 주의를 게을리 하지 아니하였음을 증명한 경우에는 그러하지 아니하다.
44) 회사가 적법하게 취득한 자기주식이 주주권을 갖는지가 문제이다. 의결권 등 공익권은 성질상 인정될 수 없다는 점에는 이론이 없으나(상법 제369조 제2항은 회사가 가진 자기주식은 의결권이 없다고 규정하고 있다), 이익배당청구권 등 자익권에 대하여는 견해가 나뉘고 있다. 자기주식에 이익배당청구권 등 자익권은 인정된다는 견해도 있으나, 자익권도 인정되지 않는다는 것이 통설이다(이철송, 앞의 책, 398~400면; 송옥렬, 「상법강의」, 홍문사, 2012., 837~838면).
45) 배당가능이익은 직전 결산기의 대차대조표상의 순자산가액으로부터 자본금의 액, 그 결산기까지 적립된 자본준비금과 이익준비금의 합계액, 그 결산기에 적립하여야 할 이익준비금의 액, 대통령령으로 정하는 미실현이익을 공제한 금액을 말한다(상법 제462조 제1항).

주의를 게을리하지 아니하였음을 증명한 경우에는 그러하지 아니하다(상법 제341조 제4항).

배당가능이익의 범위 내로 자기주식을 취득하려는 기업은 미리 주주총회의 결의로 다음의 사항을 결정하여야 한다. 다만, 이사회의 결의로 이익배당을 할 수 있다고 정관으로 정하고 있는 경우에는 이사회의 결의로써 주주총회의 결의를 갈음할 수 있다(상법 제341조 제2항). 기업이 배당가능이익 범위[46] 내 자기주식을 취득하는 경우에는 주주평등의 원칙에 따라 자기의 명의와 계산으로 자기의 주식을 취득하여야 한다(상법 제341조 제1항, 상법 시행령 제9조).[47]

## 2) 배당가능이익과 무관한 취득

### 가. 특정 목적

회사는 자기주식을 취득하여야 할 불가피한 사유가 있는 경우에는 재원상 제약, 방법상 제한을 받지 않고 자기주식을 취득할 수 있다(상법 제341조의 2).

① 합병 또는 다른 기업의 영업전부의 양수로 인한 경우, ② 기업의 권리를 실행함에 있어 그 목적을 달성하기 위하여 필요한 경우, ③ 단주의 처리를 위하여 필요한 경우, ④ 주주가 주식매수청구권을 행사한 경우이다.

### 나. 주식소각

기업이 자본금을 감소함에 있어 주식소각 방법을 사용하고자 하는 경우에는 자기주식을 취득하여야 한다.[48][49] 따라서 자본금의 감소 그 자체는 정관변경을 요하는 사항이 아니지

---

46) 배당가능이익이 아닌 배당가능이익의 범위 내라 규정함으로써 회사가 배당가능이익이 아닌 다른 재원을 활용하여 자기주식을 취득하였더라도 그 총액이 배당가능이익의 범위 내이면 자기주식취득이 허용되는 것으로 오해할 수 있는 여지가 있으므로 법규의 명확성과 안정성을 고려한다면 자기주식의 취득재원은 배당가능이익임을 명시하는 것이 바람직하다는 견해도 있다(정준우, "2011년 개정상법상 자기주식의 취득처분과 그 규제",「한양법학」제38집, 한양법학회, 2012. 2., 249~250면).

47) 첫째, 주주평등의 원칙에 따라 자기주식을 취득하여야 한다. 거래소에서 시세가 있는 주식의 경우에는 거래소에서 취득하는 방법으로 취득하여야 하고, 거래소에서 시세가 없는 주식의 경우에는 각 주주가 가진 주식수에 따라 균등한 조건으로 취득하는 방법에 따라 취득하여야 한다.
각 주주가 가진 주식수에 따라 균등한 조건으로 취득하는 방법이란 회사가 모든 주주에게 자기주식 취득의 통지 또는 공고를 하여 주식을 취득하는 방법(균등조건취득방법)이나 자본시장법 제133조부터 제146조까지의 규정에 따른 공개매수의 방법을 말한다(상법 시행령 제9조).
둘째, 회사가 배당가능이익으로 자기주식을 취득하는 경우에는 자기의 명의와 자기의 계산으로 취득하여야 한다. 자기의 명의로 취득하는 경우에만 자기주식을 취득할 수 있도록 한 것은 취득주체에 대한 공시의 진정성을 확보하기 위해서이다. 따라서 회사가 배당가능이익으로 자기주식을 취득하는 경우라 하더라도 타인의 명의로 취득하는 것은 허용되지 않는다.

48) 자본금을 감소하는 방법에는 액면주식의 경우 주식액면금액의 감소, 주식수의 감소 또는 양자의 병행이 있다. 어떤 경우이든 주주평등의 원칙에 의하여야 한다. 주식액면금액의 감소는 주식액면금액을 감액하는 것으로서 그 감소된 금액을 주주에게 환급하거나(실질적 감자의 경우) 또는 주주가 감소되는 주식액면금액을 포기하는 것이다(형식적 감자의 경우). 주식수의 감소에는 주식의 병합과 주식의 소각의 두 가지 방법이 있다. 주식의 병합이란 다수의 주식을 합쳐서 소수의 주식으로 하는 것이다. 주식의 소각이란 회사의 존속

만, 정관변경의 경우와 같이 주주총회의 특별결의를 받도록 상법은 정하고(상법 제438조 제1항)[50] 있다. 회사는 채권자 보호를 위해 감자 결의일부터 2주간 내에 일정한 기간(1월 이상)을 정하여 그 기간 내에 채권자는 이의가 있는 경우에는 이의를 제출하도록 하는 일반적 공고를 하고, 알고 있는 채권자에 대하여는 개별적으로 최고하도록 하고 있다(상법 제439조 제2항, 제232조 제1항).[51] 기업의 채권자가 이의를 제출한 때에는 회사는 그 채권자에게 변제하거나 상당한 담보를 제공하거나 이를 목적으로 하여 신탁회사에 상당한 재산을 신탁하여야 한다(상법 제439조 제2항, 제232조 제3항).

### 다. 기타취득

회사의 계산으로 자기주식을 취득하는 경우가 아닌 경우, 예컨대 자기주식을 무상으로 취득하는 경우나 신탁회사 또는 위탁매매인이 고객의 계산으로 자기주식을 취득하는 경우 등에는 자기주식 취득이 인정된다.[52]

## (3) 취득제한 자기주식

취득이 제한되는 자기주식은 신주인수권증서나 신주인수권증권도 포함된다. 신주인수권부사채나 전환사채는 자기주식이 아니므로 취득할 수 있으나 이를 행사할 수 없다. 기업이 자기 계산으로 자기주식을 취득하는 경우 제3자 명의로 취득하는 것도 금지된다.[53] 또 회사가 발행하는 주식을 인수하려는 자 또는 이미 발행한 주식을 취득하려는 자에게 금전대여나 보증을 하여 자기주식을 취득시키는 것도 금지된다. 담보목적으로 자기주식을 취득하는 것도 원칙적으로 금지된다.[54]

---

중에 특정한 주식을 절대적으로 소멸시키는 회사의 행위이다. 주식의 소각에는 그 주주의 승낙을 요건으로 하는지 여부에 따라 임의소각과 강제소각, 대가를 주는지 여부에 따라 유상소각과 무상소각으로 분류된다.

49) 기업이 주식소각의 방법에 의하여 자본금을 감소하고자 하는 경우에도 자기주식을 취득하여야 한다. 따라서 개정 상법 제341조의 2에 자본감소를 위하여 주식을 소각하기 위한 경우를 자기주식 취득 허용사유로 규정하지 않은 것은 입법상 미비라고 한다(정찬형, 「상법강의 요론」, 박영사, 2012., 385면).

50) 다만, 결손의 보전을 위한 자본금의 감소는 주주총회의 보통결의에 의한다(상법 제438조 제2항, 제368조 제1항).

51) 결손의 보전을 위한 자본금 감소의 경우에는 이러한 채권자보호절차가 필요 없다(상법 제439조 제2항 단서).

52) 서윤식, "자기주식 취득에 따른 과세문제", 한국조세연구포럼 발표자료, 2014년 1월, 9면, 후술하는 「계간세무사」 봄 및 여름호에 발표하였다.

53) 송옥렬, 「상법강의」, 홍문사, 2012., 840면

54) 기업이 자기주식을 질권의 목적으로 받는 것은 금지된다. 다만, 발행주식 총수의 20분의 1을 초과하지 아니하는 범위 내에서 질권의 목적으로 받을 수 있다(상법 제341조의 3).

## (4) 자기주식 취득방법

자기주식을 취득하는 방법은 기업이 직접 취득하는 방법과 은행의 특정금전신탁 또는 투신사의 자사주 펀드와 같은 신탁계약을 통하여 간접 취득하는 방법이 있다. 즉, 자본시장법 제165조의 2에서 특례규정으로 증권시장에서 취득하는 방법, 공개매수방법, 신탁계약 방법에 따라 자기주식을 취득한 신탁업자로부터 신탁계약이 해지되거나 종료된 때에 반환하는 방법으로 정하고 있다.[55] 신탁계약방법은 금융기관과 자기주식 신탁계약을 통하여 간접적으로 취득하거나 처분하는 간접취득 및 처분방식이다. 공개시장에서의 직접취득과 신탁계약 등을 통한 간접취득방법은 차이점이 있다.

① 취득주체가 전자는 상장기업이 직접 취득하고 후자는 기업이 은행 등과 신탁계약을 체결하고 금융기관이 주식을 취득한다. ② 취득기간의 차이로 전자는 취득공시일 이후 3개월 이내, 후자는 6개월부터 1년, 경우에 따라 2년까지 신탁계약 기간을 정하여 취득 및 처분을 자유롭게 할 수 있다. ③ 전자는 자기주식 취득에 한하여 허용되지만 후자는 시세차익을 얻기 위해 신탁기간 매수한 후 얼마든지 다시 매도할 수 있다. ④ 공시하는 취득목적도 직접취득은 주가안정, 경영권 방어, 임직원 인센티브, 스톡옵션 부여, 이익소각 등이나, 후자는 주가안정으로 공시하는 경우가 대부분이다.[56]

## (5) 위법한 자기주식 취득

기업이 상법 제341조 및 제341조의 2에 위반하여 자기주식을 취득한 경우에 대한 효력이 쟁점이 되고 있다.[57][58] ① 자기주식 취득금지규정을 위반한 취득은 출자금을 환급하는 것과 같은 결과를 가져오는데, 이것은 자본금 충실의 원칙을 침해하는 결과가 되어 주식양도인의 선의·악의에 관계없이 무효이다. ② 상법 제341조 및 제341조의 2의 규정을 단속규정으로 보고, 이에 위반한 취득행위는 유효하다고 본다. ③ 상대적 무효설로서 규정을 위반한 취득행위는 원칙적으로 무효이나, 다만 선의의 제3자에게는 대항하지 못한다고 한다.[59]

---

55) 미국의 경우 공개시장 매입, 공개매수, 대주주와 교섭, 경매취득방법이 있다.
56) 소재환, 앞의 논문, 8~9면
57) 이에 관한 상세한 내용은 이철송, 앞의 책, 393~395면 참조
58) 이사 등이 상법 제341조의 2에 위반하여 회사의 계산으로 자기주식을 취득한 경우 회사 또는 제3자에 대하여 손해배상책임을 지고, 또 그러한 이사 등은 형벌의 제재를 받는다(상법 제399조, 제401조, 제625조 제2호).
59) 대법원은 절대적 무효설의 입장이다(대법원 2001다44109, 2003. 5. 16.).

## 4 자기주식 처분 및 소각

### (1) 자기주식 처분

개정 전 상법 제342조는 주식의 소각목적 취득은 지체 없이 주식실효 절차 등을 밟아야 한다고 정하였다. 그러나 현행 상법 제342조는 회사 보유 자기주식을 처분하는 경우 정관에 규정이 없는 경우 이사회가 결정하도록 정하고 있다.[60] 현행 상법은 자기주식의 처분의무에 관한 내용을 삭제하여 자기주식을 처분할 수도 있고 계속 보유할 수도 있다.[61]

### (2) 자기주식 소각

주식소각은 자본금 감소의 방법으로 소각하는 경우와 주주에게 배당할 이익으로 자기주식을 취득하여 소각하는 경우의 두 가지가 있다. 주식을 소각하는 경우 소각되는 주식만큼 자본금이 감소하므로 반드시 채권자보호절차를 밟아야 하나, 주주에게 배당할 이익으로 자기주식을 취득하여 소각하는 경우에는 이익이 소각의 재원이 되어 자본금이 감소하지 않으므로 채권자보호절차를 밟을 필요는 없다.

개정 상법 제343조 제1항은 '주식은 자본금 감소에 관한 규정에 따라서만 소각할 수 있다. 다만, 이사회의 결의에 의하여 회사가 보유하는 자기주식을 소각하는 경우에는 그러하지 아니하다.'라고 규정하고 있다.[62]

---

60) 처분은 양도가 대부분일 것이나 양도 외에도 담보제공, 상환주식의 상환, 이익배당, 합병교부금 등으로 사용하는 것을 포함한다(이철송, 앞의 책, 396면).

61) '회사가 보유하는 자기주식'은 배당가능이익으로 취득한 주식만을 의미하는 것으로 해석하여야 할 것으로 볼 수 있으나 이렇게 해석하면 특정목적에 의하여 취득한 자기주식의 처분에 대하여는 규정이 없게 되는 문제가 발생한다.

62) 이사회의 결의에 의하여 자기주식을 소각하는 것으로 규정하고 있는 상법 제343조 제1항 단서는 무액면주식에 대하여만 적용되고 액면주식에 대하여는 적용되지 않는다는 주장도 있다(송옥렬, 앞의 책, 863면). 액면주식을 발행한 경우에는 발행주식의 액면총액이 자본금을 구성하므로 주식의 소각은 바로 자본금의 감소를 의미한다. 무액면 주식을 발행할 경우 주식의 발행가액의 일부 또는 자본금에 계상하고 난 후에는 자본금은 주식수와 연관을 갖지 않으므로 자기주식을 소각하더라도 자본금에는 영향이 없다. 자본금의 감소는 주주와 채권자의 이해에 직결되는 문제이므로 주주총회의 특별결의 및 채권자보호절차를 거쳐야 하는데 이를 이사회의 결의만으로 실행할 수는 없다. 따라서 이사회의 결의만으로 자기주식을 소각할 수 있도록 규정한 개정 상법 제343조 제1항 단서는 무액면 주식에 대하여만 적용되는 것이라고 한다(이철송, 앞의 책, 427면). 어떠한 입장을 취하든 제343조 제1항 단서는 배당가능이익으로 취득한 자기주식의 취득에 대하여만 적용된다고 보는 것이다.

## 5 자기주식 관련 주요규정

### (1) 법인세법

① 익금의 범위(법인법 제15조)는 자기주식(합병법인이 합병에 따라 피합병법인이 보유하던 합병법인의 주식을 취득하게 된 경우를 포함한다)의 경우 양도금액으로 한다(법인령 제11조).

② 분배금 또는 분배금의 의제(법인법 제16조)는 법인이 자기주식 또는 자기출자지분을 보유한 상태에서 자본전입함에 따라 그 법인 외 주주등의 지분 비율이 증가한 경우 증가한 지분 비율에 상당하는 주식 등의 가액으로 보도록 하고 있다.

③ 과세되지 아니하는 잉여금의 범위(법인법 제20조) 등에는 자기주식 또는 자기출자지분을 소각하여 생긴 이익(소각 당시 법인법 제52조 제2항에 따른 시가가 취득가액을 초과하지 아니하는 경우로서 소각일부터 2년이 지난 후 자본에 전입하는 금액은 제외한다)으로 규정하고 있다(법인령 제12조).

④ 자본거래 등에서 손금불산입 규정(법인법 제20조)에서 성과급 등의 범위를 정하고 있는 바, 자본시장법 제165조의 3에 따라 취득한 자기주식으로 지급하는 성과급으로서 우리사주조합을 통하여 지급하는 것이 여기에 해당한다. 이 경우 자본시장법에 따른 유가증권시장에서 해당 법인의 주식을 취득하여 조합원에게 분배한 우리사주조합에 해당 법인이 성과급으로 그 대금을 지급하는 것을 포함한다고 정하고 있다(법인령 제20조).

⑤ 합병 시 피합병법인에 대한 과세(법인법 제44조)에 대하여 적격합병의 요건 등에서 합병법인이 합병등기일이 속하는 사업연도의 종료일 이전에 피합병법인으로부터 승계한 고정자산가액의 2분의 1 이상을 처분하거나 사업에 사용하지 아니하는 경우에는 법인세법 제44조 제2항 제3호(합병법인이 합병등기일이 속하는 사업연도의 종료일까지 피합병법인으로부터 승계받은 사업을 계속할 것)에 해당하지 아니하는 것으로 한다. 다만, 피합병법인이 보유하던 합병법인의 주식을 승계받아 자기주식을 소각하는 경우에는 해당 합병법인의 주식을 제외하고 피합병법인으로부터 승계받은 고정자산을 기준으로 사업을 계속하는지 여부를 판정하되, 승계받은 고정자산이 합병법인의 주식만 있는 경우에는 사업을 계속하는 것으로 보도록 정하고 있다(법인령 제80조의 2).

⑥ 자기주식 취득가액은 해당 주식의 취득목적에 따라 매각목적 자기주식과 소각목적 자기주식으로 구분하되, 기본통칙에서 자기주식을 취득하여 소각함으로써 생긴 손익은 각 사업연도 소득계산상 익금 또는 손금에 산입하지 아니하는 것이나, 매각함으로써 생긴 매각차손익은 익금 또는 손금으로 한다. 다만, 고가매입 또는 저가 양도액은 그

러하지 아니한다(법인법 기본통칙 15-11…7).

⑦ 청산소득금액 계산 시 자기주식의 처리는 해산에 의한 청산소득금액을 계산함에 있어서 보유 중인 자기주식의 가액은 법인세법 제79조 제1항에 규정된 해산등기일 현재의 자본금 또는 출자금에서 차감하지 아니하며, 잔여재산가액 계산시의 자산총액에도 포함하지 아니한다고 정하고 있다(법인법 기본통칙 79-0…3).

⑧ 조세의 부담을 부당하게 감소시킨 것으로 인정되는 경우에 포함되지 아니한 경우에 법인이 합병으로 인하여 취득하는 자기주식에 대하여 배당을 하지 아니하는 때(법인법 기본통칙 52-88…3)로 예시하고 있다.

### (2) 상속세 및 증여세법

상증법에서 규정하고 있는 주식의 범위에는 자기주식이 대부분 포함된다. 다만, 예외적으로 정한 규정으로 보면 다음과 같다.

① 상증법에서는 비상장주식 평가 시 법인의 발행주식총수 산정 시 자기주식 등을 제외한다. 즉, 주식 등을 발행한 법인이 다른 비상장주식을 발행한 법인의 발행주식총수 등(자기주식과 자기출자지분은 제외한다)의 100분의 10 이하의 주식 및 출자지분을 소유하고 있는 경우에는 그 다른 비상장주식의 평가는 법인세법 시행령 제74조 제1항 제1호 마목(자산을 취득할 때마다 장부시재금액을 장부시재수량으로 나누어 평균단가를 산출하고 그 평균단가에 의하여 산출한 취득가액을 그 자산의 평가액으로 하는 방법)에 따른 취득가액에 의할 수 있다(상증령 제54조).

② 특수관계법인과의 거래를 통한 이익의 증여의제(상증령 제34조의 2)에서 수혜법인의 최대주주 등 중에서 수혜법인에 대한 직접보유비율 계산 시 보유하고 있는 법인의 주식 등을 그 법인의 발행주식총수 등에서 자기주식과 자기출자지분은 제외하고 나눈 비율로 산정한다.

### 6 자기주식 관련 주요쟁점

#### (1) 위법한 자기주식 취득[63]

자기주식 취득이 무효로 되는 경우 회사가 자기주식 취득대가로 주주에게 지급한 금액은 법률상 원인 없이 주주에게 지급한 금액이 된다. 이 경우 과세당국,[64] 조세심판원[65] 및 법

---

63) 서윤식, "자기주식 취득에 따른 과세문제Ⅰ", 「계간세무사」, 2014년 봄호(140호), 95~110면, "자기주식 취득에 따른 과세문제Ⅱ", 「계간세무사」, 2014년 여름호(141호), 62~78면에서 발췌

원(서울행정법원 2007구합34767, 2008. 4. 18.)은 회사업무와 관련 없는 가지급금에 해당[66]한다는 견해가 지금까지 통설이다.[67] 따라서 당해 회사는 업무와 관련 없는 가지급금으로 보아 가지급금 상당액에 대한 지급이자는 손금불산입하고 그 가지급금에 대한 인정이자를 계산하여 법인의 익금에 산입한다.

또한 자기주식을 거래한 이후 그 거래가 무효로 판명된 경우 주주가 회사에 주식을 양도하여 발생한 소득은 존재하지 않는다. 따라서 납세의무는 성립할 수 없다.

## (2) 거래에 대한 소득구분

소득세법 제17조 제1항 및 제2항 제1호는 주식의 소각이나 자본의 감소로 인하여 주주가 취득하는 금전, 그 밖의 재산의 가액이 그 주식을 취득하기 위하여 사용한 금액을 초과하는 금액은 배당소득으로 규정하고 있다. 한편, 같은 법 제94조 제1항 제3호는 주권상장법인의 주식으로서 대주주가 양도하는 것과 증권거래소에서의 거래에 의하지 아니하고 양도한 것 및 주권상장법인이 아닌 법인의 주식을 양도함으로 인하여 발생하는 소득을 양도소득세 과세대상인 주식양도소득으로 규정하고 있다. 따라서 주주가 주식을 발행한 회사에 주식을 매각함으로 인하여 발생하는 소득이 의제배당인지 양도소득인지 구분할 필요가 있다.

### 1) 과세대상 범위의 차이

주식의 양도소득세 과세대상은 일정 주식으로 한정하고 있다(소득법 제94조 제1항 제3호). 주권상장법인의 주식으로서 소액주주 등이 거래소를 통하여 양도하는 경우 그 소득은 소득세 과세대상에서 제외된다. 반면, 의제배당소득은 소각되는 주식이 주권상장법인 주식인지

64) 법인이 상법 및 기타의 법률에서 자기주식의 취득을 예외적으로 허용하는 경우 외에 자기의 계산으로 자기주식을 취득함으로써, 해당 자기주식 취득행위가 상법 제341조에 위반되어 무효에 해당하는 경우 해당 법인이 특수관계자인 주주에게 자기주식 취득대금으로 지급한 금액은 법률상 원인 없이 지급된 것으로서 이를 정당한 사유 없이 회수하지 않거나 회수를 지연한 때에는 법인세법 시행령 제53조 제1항의 '업무무관 가지급금'으로 보는 것임(법인세과-1148, 2010. 12. 9.).
65) 조심 2013구1670, 2013. 6. 24. 외 다수. 무효에 해당하더라도 부득이한 사유가 있는 경우 가지급금으로 보지 않는 결정도 있다(조심 2014서0397, 2014. 12. 29., 조심 2014구0646, 2014. 9. 22. 외 다수).
66) 법원의 입장은 적법한 자기주식 취득에 해당한다는 판결(대법원 2012두27091, 2013. 5. 9., 대법원 2012두14507, 2012. 10. 11.)과 위법하다는 판결(대법원 2011두32119, 2012. 4. 2.)이 있는바, 사안에 따라 판단하는 것으로 보인다.
67) 법인세법 제28조 제1항 제4호 나목, 같은 법 시행령 제53조 제1항은 법인이 보유하고 있는 특수관계자에 대한 가지급금 등으로서 명칭 여하에 불구하고 당해 법인의 업무와 관련이 없는 자금의 대여액에 상당하는 차입금의 이자는 손금에 산입하지 아니한다고 규정하고 있고, 법인세법 제52조 제1항, 법인세법 시행령 제88조 제1항 제6호, 제89조 제3항은 법인이 특수관계자에게 무상으로 금전을 대여함으로써 그 법인의 소득에 대한 조세의 부담을 부당히 감소시킨 것으로 인정되는 경우에는 과세관청이 이를 부당행위계산으로 보아 그에 관한 인정이자를 계산하여 익금에 산입할 수 있다고 규정하고 있다.

여부와 관계없이 그 양도로 인한 소득(주식의 소각 또는 감자로 인하여 주주가 받는 금액에서 그 주식의 취득에 소요된 금액을 차감한 금액)은 소득세로 과세된다.

### 2) 적용 세율차이

주식 등 양도소득의 경우 중소기업의 주식은 10%, 중소기업 외의 주식으로서 대주주가 1년 미만 보유한 주식은 30%, 그 밖의 주식은 20%의 세율이 적용된다. 의제배당소득은 종합소득세 과세대상으로서 다른 종합소득세 과세대상 소득과 합산하여 과세되며 과세표준의 크기에 따라 6%부터 40%까지의 초과누진세율이 적용된다.

### 3) 구분기준

주식매매가 주식소각이나 자본감소 절차의 일환으로 이루어진 것인 경우는 의제배당에 해당하고, 그 매매가 단순 거래인 경우에는 양도소득에 해당한다(소득 46011-21368, 2000. 11. 27., 상속증여세과-479, 2013. 8. 14.). 이 경우 당해 계약서의 내용이나 형식, 당사자의 의사와 계약체결의 경위, 대금의 결정방법, 거래의 경과 등 거래의 전체 과정을 실질적으로 파악하여 판단하여야 한다(대법원 2001두6227, 2002. 12. 26., 대법원 2008두19628, 2010. 10. 28. 외).

실무상 어려운 것은 회사가 자기주식을 취득하여 일정기간 보유한 후 소각 등의 절차를 취하는 경우 취득 시 주주의 소득이 양도소득인지 의제배당소득인지 여부이다. 이에 조세심판원은 의제배당에 해당한다는 견해(조심 2012중3513, 2012. 11. 26.)를, 법원은 의제배당으로 본 사례(대법원 2001두6227, 2002. 12. 26., 대법원 2008두19628, 2010. 10. 28., 대법원 2012두14507, 2012. 10. 11., 대법원 2012두27091, 2013. 5. 9.)와 양도소득으로 본 사례(대법원 2013두1843, 2013. 5. 24.)가 혼재한다.[68]

## (3) 특수관계인 간 고 · 저가 거래

### 1) 법인주주로부터 고 · 저가로 취득 · 양도하는 경우

법인이 특수관계인으로부터 자산을 시가보다 높은 가액으로 매입하는 경우 그 행위는 법인의 소득에 대한 조세의 부담을 부당하게 감소시킨 경우에 해당한다(법인령 제88조 제1항 제1호). 자산을 고가로 매입한 법인은 부당행위계산부인 규정이 적용되어 시가에 의하여 그

---

[68] 회사가 자기주식을 매입한 후 일정기간 보유하다 소각하는 경우에는 의제배당에 해당하고 자기주식을 매입한 후 바로 양도하는 경우에는 양도소득에 해당하는 것으로 한다면, 주식 매입자인 회사가 자기주식을 취득한 후 어떻게 처리하는지에 따라 소득 구분이 달라지고, 그에 따라 주식 매도 시 그 주식 매도로 인한 소득이 의제배당인지 양도소득인지 구분할 수 없게 된다.

법인의 각 사업연도 소득금액을 계산할 수 있다(법인령 제88조 제3항). 다만, 시가와 거래가액의 차액이 3억 원 이상이거나 시가의 100분의 5에 상당하는 금액 이상인 경우에 한한다(법인령 제88조 제3항). 자기주식도 법인세법상 자산개념으로 자기주식을 법인주주로부터 시가보다 높은 가액으로 매입한 법인은 부당행위계산부인 규정에 따라 시가로 매입한 것으로 보아 당해 법인의 소득금액을 계산한다.

한편, 법인이 특수관계인에게 시가보다 낮은 가격으로 자산을 양도한 때는 조세의 부담을 부당하게 감소시킨 것으로 인정된다(법인령 제88조 제1항 제3호). 이 경우 그 자산을 저가로 양도한 법인에 대하여 부당행위계산부인 규정을 적용하여 시가에 의하여 당해 법인의 소득금액을 계산한다.

## 2) 개인주주로부터 고 · 저가로 취득 · 양도하는 경우

법인이 개인주주로부터 자기주식을 시가보다 높은 가액으로 매입하는 경우 그 법인에 대하여 시가와 대가와의 차액을 익금산입하고 그 익금산입 금액을 주식을 매도한 개인주주에게 배당 등으로 처분하게 된다.

상증법 제35조 제1항은 특수관계에 있는 타인에게 시가보다 높은 가액으로 재산을 양도하는 경우 그 재산의 양도자에 대하여 대가와 시가와의 차액에서 시가의 30%에 상당하는 금액과 3억 원 중 적은 금액을 뺀 가액을 증여재산가액으로 하도록 규정하고 있다. 법인이 자기주식을 개인주주로부터 시가보다 높은 가액으로 매입하는 경우, 상증법 제35조 제1항의 규정에 따라 시가보다 높은 가액으로 주식을 매도한 개인주주에 대하여 증여세 과세문제를 고려할 수 있다. 그러나 자기주식을 고가로 법인에 매도한 주주는 배당으로 소득처분되고 그 금액은 소득세 납세의무가 있으므로 주식의 고가양도에 따른 이익증여에 대한 증여세는 부과되지 아니한다.

한편, 거주자가 주식 등 양도소득세 과세대상 자산을 시가보다 낮은 가격으로 양도한 때는 조세의 부담을 부당하게 감소시킨 것으로 인정된다(소득법 제101조 제1항 제1호). 이 경우 거주자의 양도소득금액을 계산함에 있어서 그 양도가액을 시가에 의하여 계산한다(소득령 제167조 제4항). 다만, 시가와 거래가액의 차액이 3억 원 이상이거나 시가의 100분의 5에 상당하는 금액 이상인 경우에 한한다(소득령 제167조 제3항 제1호).

법인세법 제15조 제2항 제1호는 법인이 특수관계인인 개인으로부터 유가증권을 시가보다 낮은 가액으로 매입하는 경우 시가와 그 매입가액의 차액에 상당하는 금액을 익금으로 규정하고 있다. 따라서 자본감소목적이 아닌 경우 시가와 당해 매입가액의 차액에 상당하는 금액은 법인세법 제15조 제2항 제1호의 규정에 의하여 각 사업연도 소득금액 계산상 익금에 산입한다.[69] 다만, 법인이 자본감소목적으로 특수관계인인 개인으로부터 자기주식을 저가로 매입하는 경우 법인세법 제15조 제2항 제1호 규정을 적용하지 아니한다.[70]

### (4) 감자 및 소각

법인이 자기주식을 매입하여 소각함에 있어 불균등하게 감자하는 경우 그 주식을 매입하거나 매도한 법인·주주에 대하여 부당행위계산부인 규정이 적용되는 것과는 별도로, 그 감자에 의하여 이익을 분여받은 주주에 대하여 상증법상 불균등감자에 따른 증여세 과세문제가 발생한다. 다만, 불균등감자를 하는 경우에도 시가에 의하여 자기주식을 취득하여 소각하는 경우 주주들 간 이익을 주고받는 것이 없으므로 이러한 문제는 발생하지 않는다.

#### 1) 상증법상 불균등감자에 따른 이익증여

법인이 자본을 감소시키기 위하여 주식이나 지분을 소각할 때 일부 주주의 주식 또는 지분을 소각함으로써 그 주주와 특수관계에 있는 대주주가 이익을 얻은 경우에는 그 이익에 상당하는 금액을 그 대주주의 증여재산가액으로 한다(상증법 제39조의2 제1항).[71]

#### 2) 법인세법상 부당행위계산부인 규정

법인의 감자에 있어서 주주의 소유주식의 비율에 의하지 아니하고 일부 주주의 주식을 소각함으로써 주주인 법인이 특수관계인인 다른 주주에게 이익을 분여한 경우에는 이는 조세의 부담을 부당하게 감소시킨 경우에 해당한다(법인령 제88조 제1항 제8호). 자본금 감소절차 일환으로 자기주식을 취득하여 소각함에 있어 시가보다 높은 가액으로 취득하는 경우 그 법인에 대하여 부당행위계산부인 규정이 적용되지 않는다.[72] 이는 소각손익에 대하여

---

69) 비상장 내국법인이 주식매수청구권 행사 주주로부터 자기주식을 취득함에 있어 특수관계자인 개인주주로부터 취득하는 당해 주식 매입가액이 법인세법 제52조 제2항의 규정에 의한 시가에 미달하는 경우 시가와 당해 매입가액과의 차액에 상당하는 금액은 법인세법 제15조 제2항 제1호의 규정에 의하여 각 사업연도 소득금액 계산상 익금에 산입하는 것임(서면2팀-244, 2004. 2. 18.).

70) 비상장 내국법인이 상법 제438조 내지 제446조의 규정에 의하여 자본을 감소할 목적으로 특수관계자인 개인으로부터 자기주식을 시가에 미달하는 가액으로 매입하는 경우 법인세법 제15조 제2항 제1호 및 같은 법 제52조의 규정이 적용되지 아니하는 것임(서면2팀-2066, 2004. 10. 11., 서면2팀-1309, 2005. 8. 17., 서면2팀-795, 2006. 5. 9. 등 동일 취지).

71) 상증법상의 불균등감자에 따른 이익증여에 대하여 증여세를 과세하기 위하여는 다음의 요건이 충족되어야 한다. ① 자본의 감소에 있어 주주의 소유주식의 비율에 의하지 아니하고 일부주주의 주식을 소각하여야 한다. 즉, 불균등감자를 하여야 한다. ② 법인이 주식을 소각하기 위하여 자기주식을 취득함에 있어 시가보다 낮거나 높은 가액으로 자기주식을 매입하여야 한다. ③ 불균등감자로 인하여 이익을 얻는 자가 불균등감자에 따라 이익을 분여한 주주와 특수관계에 있는 대주주로서 개인이어야 한다. ④ 감자주식 1주당 평가액과 주식소각 시 지급한 1주당 금액의 차액이 감자주식 1주당 평가액의 30% 이상이거나 증여재산가액이 3억 원 이상인 경우이어야 한다.

72) 재법인 46012-115, 2002. 6. 20., 법인세과-843, 2009. 7. 22.

법인세법에서 익금이나 손금으로 보지 않아 조세 감소를 초래하지 않기 때문이다. 이 경우 양도한 주주는 당초 취득한 가액을 초과하여 법인으로부터 수령한 금액은 소득처분에서 그 주주의 의제배당소득을 구성한다.

# 재산평가의 특례

제 1 절 **평가특례의 개요**

　앞서 살펴본 바와 같이 상속·증여재산의 가액은 시가평가를 원칙으로 하되, 시가산정이 어려우면 보충적 평가방법을 적용하여 산정한다. 다만, 저당권 등이 설정된 재산에 대하여는 별도의 평가특례 규정을 두고 있다. 즉, 담보채권액을 기준으로 평가한 가액과 시가(또는 보충적 평가가액) 중 큰 금액을 해당 재산의 평가가액으로 하는 것이다. 이는 담보가 설정된 재산의 경우보다 시가에 근접한 가액으로 평가하기 위함이다.

　저당권이 설정된 재산의 기준시가가 채무액보다 적은 경우에 있어서 기준시가로 평가해야 한다면 해당 평가 가액이 채무액보다 적어지는 문제가 발생할 수 있는바, 이 경우 실제는 수증자에게 증여이익이 발생하였음에도 불구하고 평가방법상 채무액과 기준시가의 차액만큼이 오히려 증여자에게 증여되는 이른바 '역증여(逆贈與)' 현상이 발생할 수 있다. 따라서 이러한 문제점을 방지하기 위해 저당권이 설정된 재산의 경우 별도의 평가특례를 두고 있는 것이다. 저당권 등이 설정된 재산의 평가특례규정에서 "담보하는 채권액"이란 채권최고액이 아니라 평가기준일 현재 남아있는 채권액의 합계액을 말한다.

제**2**절 **저당권 등이 설정된 재산의 평가방법**

**1 관련 규정**

저당권·질권·전세권이 설정된 재산 그리고 양도담보된 자산은 시가, 시가가 불분명한 경우에는 보충적 평가방법에 따른 가액과 평가기준일 현재 해당 재산이 담보하는 채권액과 비교하여 큰 금액으로 평가한다(상증법 제66조 제1항). 이를 산식으로 나타내면 다음과 같다 (상증법 집행기준 66-63-1).

★

저당권 등이 설정된 재산의 평가가액 = Max(A, B)

A : 평가기준일 현재의 해당 재산이 담보하는 채권액 등
B : 평가기준일 현재의 해당 재산의 시가 또는 보충적 평가가액

**(1) 저당권 등이 설정된 재산**

저당권 등이 설정된 재산은 저당권, 「동산·채권 등의 담보에 관한 법률」에 따른 담보권 또는 질권이 설정된 재산, 양도담보재산, 전세권이 등기된 재산(임대보증금을 받고 임대한 재산을 포함한다) 및 위탁자의 채무이행을 담보할 목적으로 대통령령으로 정하는 신탁계약을 체결한 재산을 포함한다.

**(2) 해당 재산이 담보하는 채권액**

해당 재산이 담보하는 채권액의 구분은 다음의 어느 하나에 해당하는 금액을 말한다(상증령 제63조 제1항).

가. 저당권(공동저당권 및 근저당권을 제외한다)이 설정된 재산의 가액은 해당 재산이 담보하는 채권액

나. 공동저당권이 설정된 재산의 가액은 해당 재산이 담보하는 채권액을 공동저당된 재산의 평가기준일 현재의 가액으로 안분하여 계산한 가액

다. 근저당권이 설정된 재산의 가액은 평가기준일 현재 해당 재산이 담보하는 채권액

라. 질권이 설정된 재산 및 양도담보재산의 가액은 해당 재산이 담보하는 채권액

마. 전세권이 등기된 재산의 가액은 등기된 전세금(임대보증금을 받고 임대한 경우에는

임대보증금)

바. 상증법 제66조 제4호에 따른 신탁계약을 체결한 재산의 가액은 신탁계약 또는 수익
증권이 우선수익자인 채권자에 대해 담보하는 채권액

상증법 제66조 제4호에서 "대통령령으로 정하는 신탁계약"이란 수탁자가 위탁자로부
터 「자본시장과 금융투자업에 관한 법률」 제103조 제1항 제5호 또는 제6호의 재산을
위탁자의 채무이행을 담보하기 위하여 수탁으로 운용하는 내용으로 체결되는 신탁계
약을 말한다.

외화 채권액의 경우 평가기준일 현재 기준환율 또는 재정환율에 의하여 환산한 가액으로
한다. 해당 채권액에 재산의 물적담보 외 신용보증기관 등의 보증이 있는 경우에는 담보채
권액에서 보증액을 차감하여 평가한다. 또한 동일한 재산이 다수의 채권(전세금채권 및 임
차보증금채권 포함)을 담보하는 경우에는 담보하는 채권 합계액으로 평가한다.

해당 재산에 설정된 근저당의 채권최고액이 담보하는 채권액보다 적은 경우에는 채권최
고액으로 하고, 해당 재산에 설정된 물적담보 외에 기획재정부령이 정하는 신용보증기관의
보증이 있는 경우에는 담보하는 채권액에서 해당 신용보증기관이 보증한 금액을 차감한 가
액으로 하며, 동일한 재산이 다수의 채권(전세금채권과 임차보증금채권을 포함한다)의 담보
로 되어 있는 경우에는 그 재산이 담보하는 채권액의 합계액으로 한다(상증령 제63조 제2항).

해당 근저당권이 설정된 재산이 공유물로서 공유자와 공동으로 그 재산을 담보로 제공한
경우에는 해당 재산이 담보하는 채권액 중 각 공유자의 지분비율에 상당하는 금액을 그 채
권액으로 한다.

평가할 재산과 그 외의 재산에 동일한 공동저당권 등이 설정되어 있거나 동일한 채무를
담보하기 위하여 양도담보된 경우 평가할 재산이 담보하는 채권액은 전체 채권액을 평가할
재산과 그 외 재산의 가액(평가기준일 현재 법에 의한 평가액을 말한다)으로 안분하여 계
산한다.

## **2** 평가기준일

상속·증여받은 재산 중 저당권 등이 설정된 재산에 해당하는 지는 상속개시일 또는 증
여일을 기준으로 판단한다. 따라서 평가기준일 전에 설정된 저당권 등이 평가기준일 현재
에는 말소되었거나 아니면 평가기준일 후에 저당권 등이 설정된 경우에는 본 평가특례가
적용되지 아니한다.

또한, 저당권 등이란 유효하게 설정된 저당권 등을 의미하므로 원인무효로서 근저당권

설정등기가 말소되어야 할 재산은 담보로 제공된 재산이 아니므로 본 평가특례가 적용되지 아니한다(대법원 89누6457, 1990. 1. 25.).

근저당권이 설정된 재산이란 민법상 채권자와 담보제공자 사이에 체결된 근저당권 설정계약에 따라 평가기준일 현재 근저당권이 등기된 재산을 말한다. 따라서 평가기준일 전에 근저당권이 말소된 재산은 근저당권이 설정된 재산에 해당하지 아니한다.

그러나 채권·채무관계의 변동 없이 재산을 증여하기 전에 근저당권을 말소하고 재산을 증여한 후에 동일한 조건의 근저당권을 설정하여 증여일 현재 사실상 근저당권이 말소된 것으로 볼 수 없는 때에는 근저당권이 설정된 재산으로 보는 것이다(서면4팀-1595, 2005. 9. 2.).

증여재산이 공유물로서 증여자의 지분에는 근저당권이 설정되어 있지 않고 타인 지분에만 근저당권이 설정되어 있는 경우 해당 증여재산은 근저당권이 설정된 재산으로 보지 아니한다(서면4팀-1618, 2004. 10. 13.). 한편, 평가대상 재산에 피상속인(증여자)이 아닌 제3자의 채무를 담보하기 위하여 근저당권이 설정된 경우에도 근저당권이 설정된 재산으로 본다(재재산 46014-207, 2001. 8. 21.).

## **3** 담보 유형별 평가방법

### (1) 저당권이 설정된 재산

저당권(공동저당권과 근저당권은 제외)이 설정된 재산의 평가는 해당재산의 시가(또는 보충적 평가가액)와 해당 재산이 담보하는 채권액과 비교하여 큰 금액으로 평가한다.

이 경우 저당권이란 채무자 또는 제3자(물상보증인)가 채무의 담보로 제공한 부동산 기타의 목적물을 인도받지는 아니하고 채무의 변제가 없는 경우에 우선변제를 받을 수 있는 담보 물권을 말한다(민법 제356조). 저당권은 당사자 사이의 저당권 설정계약을 통해 등기·등록함으로써 성립한다.

민법상 저당권의 목적물이 되는 재산으로는 부동산, 지상권 및 전세권, 입목, 어업권, 광업권, 등기된 선박, 자동차, 항공기, 건설기계, 각종의 재단저당법에 의한 재단 등이 있다.

### (2) 공동저당권이 설정된 재산

공동저당권이 설정된 재산의 평가는 해당 재산의 시가(또는 보충적 평가가액)와 평가기준일 현재 해당 재산이 담보하는 채권액과 비교하여 큰 금액으로 평가한다.

공동저당권이란 동일한 채권을 담보하기 위하여 수개의 부동산에 설정된 저당권을 말하는데, 이 경우 평가할 재산이 담보하는 채권액의 계산은 해당 공동담보 재산들이 담보하는 전체 채권액에 대하여 평가할 재산과 그 외 담보재산의 가액(평가기준일 현재 상증법상 평가액을 말한다)을 기준으로 안분하여 계산하는 것이다(상증법 집행기준 66-63-3).

## (3) 근저당권이 설정된 재산의 평가

근저당권이 설정된 재산의 평가는 해당 재산의 시가(또는 보충적 평가가액)와 평가기준일 현재 해당 재산이 담보하는 채권액과 비교하여 큰 금액으로 평가한다.

근저당권이란 계속적인 거래관계로부터 발생하는 다수의 불특정채권을 장래의 결산기에서 일정한 한도까지 담보하려는 저당권을 말한다. 즉, 저당권이 특정의 채권을 담보하는데 비하여 근저당권은 장래의 증감 변동하는 불특정의 채권을 일정한도 내(채권최고액)까지 담보하는 차이가 있다. 이러한 근저당권도 등기·등록을 하여야만 성립한다.

근저당 시 해당 재산이 담보하는 채권액은 다음과 같이 계산한다.

근저당의 채권최고액이 담보하는 채권액보다 적은 경우에는 채권최고액을 담보하는 채권액으로 하며 해당 재산에 물적담보 외에 신용보증기관의 보증이 있는 경우는 담보하는 채권액에서 해당 신용보증기관이 보증한 금액을 차감하여 계산한다.

동일한 채권을 담보하기 위하여 평가대상재산에 물적 담보가 설정된 것 외에 평가대상자산의 담보력이 부족하여 타사로부터 담보 원용을 받은 경우에는 전체 채무액에서 담보 원용받은 금액으로 인하여 발생한 실채무액을 차감하여 계산한다(재재산 46014-233, 2001. 9. 21.).

근저당권이 설정된 부동산과 질권이 설정된 예금·무체재산권(영업권)이 공동으로 하나의 채권의 담보로 제공된 경우에는 부동산이 담보하는 채권액의 계산은 공동으로 담보된 전체 채권액에서 예금과 무체재산권을 평가기준일 현재의 잔액으로 평가하여 각각의 그 평가금액을 공제한 금액으로 계산한다(재재산-257, 2008. 6. 4.).

동일한 재산이 다수의 채권(전세금채권과 임차보증금채권 포함)의 담보로 되어 있는 경우에는 그 재산이 담보하는 채권액의 합계액으로 한다.

사례를 보면 다음과 같다.

시가를 확인할 수 없는 경우로, 개별주택 공시가격이 4억 원인 주택에 대해 은행에 근저당권을 설정(채권최고액 5억 원, 평가기준일 현재 채무액 3억 원)하였고, 해당 주택을 임대하여 전세보증금 2억 원을 받은 경우에 이 주택의 재산평가액은 5억 원이다. 그 이유는 공시가격 4억 원과 담보채무액 5억 원을 비교하여 큰 금액인 5억 원으로 평가하기 때문이다.

## (4) 질권이 설정된 재산의 평가

질권이 설정된 재산의 평가는 해당 재산의 시가(또는 보충적 평가액)와 평가기준일 현재 해당 재산이 담보하는 채권액과 비교하여 큰 금액으로 평가한다.

질권이란 채권자가 채권의 담보로 채무자 또는 제3자가 제공한 물건(재산권)을 점유하고 채무의 변제가 있을 때까지 유치함으로써 채무의 변제를 간접적으로 강제하는 동시에 변제가 없는 때에는 그 목적물로 우선변제받을 권리를 말한다. 민법에서는 질권을 동산 질권과 권리 질권으로 구별하고 있으며, 부동산 질권은 인정하지 않고 있다.

## (5) 양도담보된 재산의 평가

양도담보 재산의 평가는 해당 재산의 시가(또는 보충적 평가액)와 평가기준일 현재 해당 재산이 담보하는 채권액과 비교하여 큰 금액으로 평가한다.

양도담보란 채권담보의 목적으로 채권자 또는 물건의 소유권을 채권자에게 이전하고 채무자가 채무를 이행하지 않은 경우에는 그 목적물로 우선변제를 받고, 채무자가 채무를 이행한 경우에는 목적물의 소유권을 채무자에게 이전하는 것을 말한다.

## (6) 전세권이 등기된 재산의 평가

전세권이 등기된 재산의 평가는 해당재산의 시가(또는 보충적 평가액)와 평가기준일 현재 해당 재산에 대하여 등기된 전세금(임대보증금을 받고 임대한 경우에는 임대보증금)을 비교하여 큰 금액으로 평가(해당 재산이 담보하는 채권액 등에는 등기되지 아니한 전세금 채권을 포함)한다.

전세권은 전세금을 지급하고 타인의 부동산을 그 용도에 따라 사용·수익하는 용익물권이며, 전세권은 보통 부동산소유자와 전세권 취득자 사이의 설정계약과 등기에 의하여 설정·취득된다.

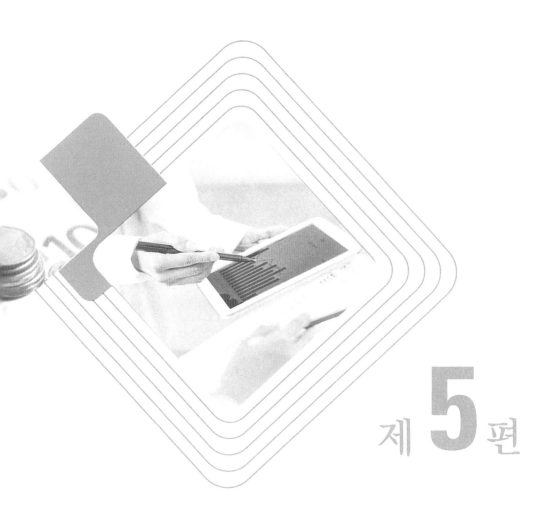

제 **5** 편

# 상속 · 증여세
# 신고 · 납부와 결정

# 제 1 장

# 상속 · 증여세 신고 및 납부

    납세의무는 과세요건의 충족에 의하여 성립한다. 국세기본법은 상속세는 상속이 개시되는 때, 증여세는 증여에 의하여 재산을 취득하는 때를 납세의무의 성립시기로 규정하고 있다(국기법 제21조).

    납세의무가 성립한 경우 그 납세의무의 내용이 구체적으로 실현되려면 그 조세채무의 내용을 구체적으로 확정하여야 한다. 납세의무 확정이란 추상적으로 성립한 납세의무에 대하여 과세요건 사실을 확인하고 세법을 적용하여 과세표준과 세액을 계산하는 등 그 내용을 구체적으로 확인하는 절차를 말한다. 조세의 납세의무 확정방식에는 납세의무자 스스로가 계산한 과세표준과 세액을 정부에 신고함으로써 자동으로 확정되는 신고 · 납세방식과 정부가 과세처분이라는 행정처분을 통하여 납세의무를 확정시키는 정부부과과세방식이 있다.

    우리나라는 과거 모든 세목에 대하여 정부부과과세제도를 채택하고 있었으나 현재는 대부분의 세목을 신고 · 납세방식으로 전환한 상태이다. 하지만 상속세와 증여세는 여전히 정부부과과세방식에 의하여 납세의무가 확정된다. 이는 상속세와 증여세의 부과권 제척기간(통상 10년)이 여타 세목의 부과권 제척기간(일반적으로 5년)보다 긴데다가 과거 10년간의 증여액을 합산하여 신고하도록 하는 제도를 두고 있는 까닭에 납세자가 과거의 증여상황을 기억하지 못할 수 있다는 점, 상속이나 증여가 통상 현금이나 현가성이 높은 재산보다는 부동산 등 현가성이 상대적으로 떨어지거나 시가를 파악하기가 힘든 재산으로 구성된 경우가 많아 이를 일반인들이 적정시가를 파악하여 신고하기가 용이치 않은 점을 고려한 측면, 나아가 상속 혹은 증여가 상시적으로 발생하지 않는 까닭에 상속 혹은 증여상황이 발생하였을 때 당사자들이 납세의무가 있는지 언제 신고하여야 하는지 등에 대한 정보를 인지하기 힘든 점 등을 고려하여 일차적으로는 납세자에게 협력의무를 부여하고 신고토록 하되 그 확정은 정부가 하도록 규정한 것이다.

    상속이 개시되거나 증여에 의하여 납세의무가 성립되면, 납세의무자는 납세의무가 성립된 상속 · 증여세에 관계되는 사항을 정부에 신고하여야 하고, 정부는 그 신고내용을 기초로 조사하여 구체적으로 상속·증여세 납세의무를 확정시키고 그 결과를 통지한다. 납세자의 상속·증여세 신고행위는 상속세와 증여세에 관한 사항을 정부에 보고하는 협력의무에 해당할 뿐이며 그 자체로 확정력을 갖지는 못한다. 구체적으로는 정부가 조사하여 결정 통지함으로써 납세의무가 확정되는 것이다.

다시 말하면, 세무서장 등은 일단 납세의무자의 신고에 의하여 과세표준과 세액을 결정하지만, 신고가 없거나 그 신고한 과세표준과 세액에 탈루 또는 오류가 있는 경우에는 그 과세표준과 세액을 조사하여 결정(상증법 제76조 제1항)하게 되므로 납세자의 신고의무는 궁극적으로 협력의무에 해당하고 그로써 세액을 확정하거나 신고한 납세의무자를 기속하는 등의 법률효과가 발생하는 것은 아닌 것이다(대법원 91다16952, 1991. 9. 10.).

## 제 1 절 　상속세 신고·납부

### 1 　상속세 과세가액과 과세표준 신고

상속세 납부의무가 있는 상속인 또는 수유자는 상속개시일이 속하는 달의 말일부터 6개월 이내에 상속세의 과세가액 및 과세표준을 상속세 과세표준신고 및 자진납부계산서에 의하여 납세지 관할 세무서장에게 신고하여야 한다. 다만, 피상속인 또는 상속인이 외국에 주소를 둔 경우에는 상속개시일이 속하는 달의 말일부터 9개월 이내로 한다(상증법 제67조). 한편, 1998. 2. 25.부터 "상속인이 외국에 주소를 둔 경우"를 '상속인 전원이 외국에 주소를 둔 경우'로 기본통칙에 규정되어 운용하여 왔으나, '외국에 주소를 둔 상속인이 있는 경우'로 개정(상증법 기본통칙 67-0…1, 2024. 3. 15. 개정)됨으로써 상속인 중 1인이라도 외국에 주소를 두었다면 9개월의 특례가 적용되게 되었다.

이러한 개정은 여권, 비자발급, 외국환거래에 관한 사항 등에 제한이 있는 외국의 경우라면 상당기간이 소요될 수도 있어 상속인 전원이 외국에 주소를 두고 있는 경우에 한하여 9개월의 상속세 기한을 연장하도록 해석하는 것은 문제가 있으므로, 상속인 1인으로 완화하여 적용할 수 있도록 기본통칙을 개정하여야 하는 주장을 반영한 것으로 평가된다.

## (1) 신고 의무자

### 1) 상속세 신고의무자(상속인 또는 수유자)

상속세 납부의무가 있는 상속인 또는 수유자는 상속세의 과세가액과 과세표준을 신고기한 내에 납세지 관할 세무서장에게 신고하여야 한다.

구체적으로 '상속인'이란 민법상의 법정상속인·대습상속인·상속을 포기한 자·특별연고자 등을 말하며, '수유자(受遺者)'란 유증(遺贈)으로 재산을 취득한 자, 사인증여로 재산을 취득하는 자, 유언대용신탁 및 수익자연속신탁에 의하여 신탁의 수익권을 취득한 자, 증여채무의 이행 중에 증여자가 사망한 경우의 당해 증여로 재산을 취득하는 자를 말한다. 다만, 특별연고자 및 수유자가 영리법인인 경우에는 법인세 신고 시 자산수증이익으로 과세가 되므로 상속세가 면제되어 상속세 신고의무는 없다. 이는 동일한 증여이익에 대하여 법인세와 증여세를 이중으로 과세하지 않기 때문이다(상증법 제4조의 2 제2항).

### 2) 상속포기자

상속인은 상속개시가 있음을 안 날로부터 3월 이내에 단순 승인이나 한정 승인 또는 상속을 포기(민법 제1019조 제1항)할 수 있으며, 상속인이 상속을 포기하면 상속이 개시된 때에 소급하여 그 효력(민법 제1042조)이 있으므로 민법상으로 상속포기자는 상속인에 해당하지 아니한다.[1]

그러나 상증법에서는 상속포기자도 상속세 납부의무 및 연대납부의무가 있는 것으로 규정(상증법 제3조의 2 제3항. 1999. 1. 1. 이후 상속개시 분부터 적용)하고 있으므로, 상속포기자도 상속세 신고의무자에 포함된다.

## (2) 상속세 과세표준 신고기한

### 1) 상속세 과세표준 신고기한 및 사례

상속세 납세의무 성립시기는 상속개시일(피상속인이 실종된 경우 실종선고일)이다. 2008. 12. 31. 이전 상속세 신고기한은 납세의무 성립일인 상속개시일(실종선고일)부터 6월(또는 9월)이었으나 2009. 1. 1. 이후부터는 상속세 신고기한을 「상속개시일이 속하는 달의 말일부터 6월(또는 9월)」로 개정되었다.

유언집행자 또는 상속재산관리인의 상속세 신고기한의 특례에 대해서는 2013. 12. 31. 이

---

1) 상속인은 상속개시 있음을 안 날로부터 3월 내에 단순 승인이나 한정 승인 또는 포기를 할 수 있다. 그러나 그 기간은 이해관계인 또는 검사의 청구에 의하여 가정법원이 이를 연장할 수 있다.

전에는 그들이 유언집행자 등으로 지정 또는 선임되어 직무를 시작하는 날부터 기산하였으나, 2014. 1. 1. 이후부터는 그들이 상속세 신고기한 내에 지정되거나 선임되는 경우에 한정하며 그 지정되거나 선임되는 날부터 신고기한의 특례를 기산하는 것으로 개정되었다(상증법 제67조 제3항).

또한 2010. 1. 1. 이후부터는 신고기한 중 '6월(9월)'을 '6개월(9개월)'로 변경하는 등 규정을 명확히 하였다. 이상을 종합하여 현재의 상속세 신고의무자별로 신고기한을 정리하면 다음과 같다.

| 신고의무자별 상속세 과세표준 신고기한 |

| 신고의무자 | | 신고기한 |
|---|---|---|
| 상속인 · 수유자 | 피상속인이나 상속인 등이 국내에 주소를 둔 경우 | • 상속개시일이 속하는 달의 말일부터 6개월 이내 |
| | 피상속인이나 상속인이 외국에 주소를 둔 경우 | • 상속개시일이 속하는 달의 말일부터 9개월 이내 |
| 유언집행자 · 상속재산 관리인 | | • 상속개시일이 속하는 달의 말일부터 6개월 이내에 유언집행자 등으로 지정되거나 선임되는 경우에 한정하며, 그 지정되거나 선임되는 날부터 6개월 이내 |

사례를 보자. 상속개시일이 2024. 6. 2.이면, 신고기한은 2024년 6월 말의 다음 날인 7월 1일부터 6개월이 되는 날인 12월 31일이므로 2024. 12. 31.이 상속세 신고기한이 된다.

### 2) 상속인이 확정되지 않은 경우 상속세 과세표준 신고

상속세 신고기한 이내에 상속인이 확정되지 아니한 경우에도 상속개시일부터 6개월(9개월) 이내에 상속세 과세표준 신고를 하여야 하며, 이와는 별도로 상속인이 확정된 날부터 30일 이내에 확정된 상속인의 상속관계를 기재한 서류를 납세지 관할 세무서장에게 제출하여야 한다(상증법 제67조 제5항).

## 2 상속세 자진납부

상속인 또는 수유자로서 상속세신고를 하는 자는 상속세 신고기한 이내에 상속세 과세표준 신고와 함께 자진 납부할 세액을 납세지 관할 세무서에 납부하거나 국세징수법에 의한 납부서에 의하여 한국은행 또는 우체국에 납부하여야 한다.

다만, 납부할 금액이 1천만 원을 초과하는 경우에는 그 납부할 금액의 일부를 납부기한 경과 후 2개월(2008. 12. 31. 이전 상속개시 분은 45일) 이내에 분할 납부할 수 있다. 연부연납을 허가받은 경우에는 분납할 수 없다.

## (1) 상속세 자진납부시기

상속인 등은 상속세 신고서의 제출과 함께 납부하여야 할 세액을 상속세 신고기한 내에 자진납부하여야 한다. 상속인 등은 통상 상속세 납부 영수증을 첨부하여 상속세 신고서를 과세관청에 제출한다.

## (2) 자진납부세액 계산

자진납부할 세액은 상속세 산출세액에서 세대생략할증과세액을 더한 금액에 지정문화재 등의 징수유예액 공제(상증법 제74조), 증여세액공제(상증법 제28조), 외국납부세액공제(상증법 제29조), 단기재상속에 대한 세액공제(상증법 제30조), 신고세액공제(상증법 제69조 제1항), 연부연납을 신청한 금액(상증법 제71조), 가업상속에 대한 납부유예액(상증법 제72조의 2), 물납을 신청한 금액(상증법 제73조) 등을 차감하여 산정한다.

상증법 제67조에 따라 상속세 과세표준을 신고한 경우에는 상속세 산출세액(상증법 제27조[세대를 건너뛴 상속에 대한 할증과세]에 따라 산출세액에 가산하는 금액을 포함한다)에서 다음 각 호의 금액을 공제한 금액의 100분의 3[2])에 상당하는 금액을 공제한다(상증법 제69조 제1항).

가. 상증법 제74조에 따라 징수를 유예받은 금액

나. 이 법 또는 다른 법률에 따라 산출세액에서 공제되거나 감면되는 금액

## (3) 상속인별 납부의무 및 연대납부의무

상속세의 자진납부세액은 피상속인의 상속재산 전체에 대한 세금이지만, 상증법 제3조의 2(상속세 납부의무)에 따라 각 상속인 또는 수유자는 그 전체 상속세액에 대해 상속재산 중 각자가 받았거나 받을 재산의 비율에 따라 상속세를 납부할 의무를 진다.

또한, 각 상속인 또는 수유자는 상속재산 중 각자가 받았거나 받을 재산을 한도로 하여

---

2) 부칙 제8조(신고세액공제에 관한 특례) 2018년 1월 1일부터 2018년 12월 31일까지의 기간 동안에 상속이 개시되거나 증여를 받은 분에 대하여 제67조 및 제68조에 따라 과세표준을 신고하는 경우에는 제69소 제1항 각 호 외의 부분 및 같은 조 제2항 각 호 외의 부분의 개정규정에도 불구하고 "100분의 3"을 각각 "100분의 5"로 하여 제69조를 적용한다.

상속세를 연대하여 납부할 의무가 있다. 상속세 연대납부의 한도는 '각자 받았거나 받을 재산'의 가액이다. 그런데 상증세법은 이러한 재산에 사전증여재산을 포함하도록 규정하고 있으면서, 사전증여재산에 대하여 납부한 증여세액의 처리에 대해서는 아무런 언급을 하고 있지 아니하다. 최근 대법원은 "미리 재산을 증여받은 상속인의 연대납부의무 한도를 정하는 '각자가 받았거나 받을 재산'에 사전증여재산을 가산하였다면 그에 상응하여 부과되거나 납부할 증여세액을 공제하여야 한다"고 판시[3]하여 상속세 연대납부의무 한도를 명확하게 정리하였다.

한편, 상속인 각자가 받은 상속재산을 초과하여 다른 상속인의 상속세를 대신 납부한 경우는 연대납부의무를 초과하여 다른 상속인에게 증여한 것이므로 증여세가 과세되고, 상속인 또는 수유자가 아닌 자가 상속인 또는 수유자를 대신하여 납부한 상속세도 상증법 제36조(채무면제 등에 따른 증여)에 따라 증여세 과세대상이 된다.

### (4) 상속세의 분할납부

상당한 수준의 부를 지닌 자산가라 하더라도 그 자산의 대부분이 현금화가 쉽지 않은 부동산이나 골동품 혹은 고미술품 등으로 구성이 되어 있다면 상속인이 아무리 많은 자산을 상속받았다 하더라도 해당 자산에 대한 상속세를 일시에 납부하기 어려울 수 있다. 분할납부제도는 상속세를 일시에 납부하는 것을 나누어 납부할 수 있게 함으로써 납세자의 부담을 경감시켜주는 제도이다. 다시 말하면, 신고기한 내에 일시에 세금을 현금으로 납부하여야 하는 납세자의 과중한 부담을 고려한 세금납부 편의제도이다.

상속세를 분할납부하고자 할 때에는 '상속세 과세표준 신고 및 자진납부계산서'의 '분납'란에 기재하는 것으로 분할납부신청이 완료되므로, 별도의 분납신청서를 제출할 필요는 없다.

### 1) 분납대상 및 시기

상속세의 경우 납부할 금액이 1천만 원을 초과하면 다음과 같이 납부할 금액의 일부를 납부기한이 지난 후 2개월(2008. 12. 31. 이전 상속개시 분은 45일) 이내에 다음 구분에 따라 분납할 수 있다.

---

3) 대법원 2018. 11. 29. 선고 2016두1110 판결

| 납부할 세액 | 분납 세액 |
|---|---|
| 1천만 원 초과 2천만 원 이하 | 1천만 원을 초과하는 금액 |
| 2천만 원 초과 | 납부할 세액의 50% 이하 금액 |

### 2) 연부연납과의 선택 적용

연부연납을 허가받은 경우에는 상속세 분납이 허용되지 않는다. 연부연납 자체가 상속세를 분할하여 납부하는 것을 허용한 것이므로 이중으로 혜택을 부여하지 않기 위한 규정이다.

## 제2절  증여세 신고·납부

### 1 증여세 과세가액과 과세표준 신고

상증법 제4조의 2에 의하여 증여세 납세의무가 있는 자(원칙, 수증자)는 증여받은 날이 속하는 달의 말일(2008. 12. 31. 이전 증여분은 "증여받은 날")부터 3개월 이내에 증여세 과세가액 및 과세표준을 증여세 신고서에 의하여 납세지 관할 세무서장에게 신고하여야 한다. 다만, 상증법 제41조의 3(주식등의 상장 등에 따른 이익의 증여)과 제41조의 5(합병에 따른 상장 등 이익의 증여)에 따른 비상장주식의 상장 또는 법인의 합병 등에 따른 증여세 과세표준 정산 신고기한은 정산기준일이 속하는 달의 말일부터 3개월이 되는 날로 하며, 상증법 제45조의 3(특수관계법인과의 거래를 통한 이익의 증여의제) 및 제45조의 5(특정법인과의 거래를 통한 이익의 증여의제)에 따른 증여세 과세표준 신고기한은 수혜법인 또는 특정법인의 법인세법 제60조 제1항에 따른 과세표준의 신고기한이 속하는 달의 말일부터 3개월이 되는 날로 한다(상증법 제68조).

### (1) 증여세 과세표준 신고기한

증여세 납세의무가 있는 자는 증여받은 날이 속하는 달의 말일(2008. 12. 31. 이전 증여분은 "증여받는 날")부터 3개월 이내에 증여세의 과세가액 및 과세표준을 증여세신고서에 의하여 납세지 관할 세무서장에게 신고하여야 한다.

## (2) 증여세 과세표준 정산 신고기한

'주식 등 상장에 따른 이익의 증여'(상증법 제41조의 3) 및 '합병에 따른 상장 등 이익의 증여'(상증법 제41조의 5)에 따른 비상장주식의 상장 또는 법인의 합병 등에 따른 증여세 과세표준정산 신고기한은 정산기준일이 속하는 달의 말일(2008. 12. 31. 이전 증여분은 "정산기준일")로부터 3개월이 되는 날이다.

이때에 '정산기준일'이라 함은 해당 주식 등의 상장일(코스닥 상장일 포함)로부터 3개월이 되는 날이며, 만약 상장일로부터 3개월이 되는 날까지의 사이에 해당 주식 등 보유자가 사망하거나 해당 주식 등을 증여 또는 양도한 경우에는 그 사망일 · 증여일 또는 양도일이 정산기준일이다(상증법 제41조의 3 제3항).

## (3) 증여세신고서와 첨부할 서류

증여세 과세가액 및 과세표준을 신고할 때에는 증여세신고서와 그 과세표준의 계산에 필요한 증여재산의 종류 · 수량 · 평가가액 및 각종 공제 등을 증명할 수 있는 서류 등을 첨부하여 제출하여야 한다.

동시에 2 이상의 재산을 증여받고서 그중 일부 증여재산에 대하여는 신고서에 기재함이 없이 증여계약서, 등기부등본 등의 첨부서류만 제출한 경우에는 그 누락 기재한 증여재산은 무신고한 것으로 본다(서면4팀 – 2926, 2006. 8. 24.).

## 2 증여세 자진납부

### (1) 증여세 자진납부 시기

증여세 납세의무자(원칙, 수증자)는 증여세신고서의 제출과 함께 납부하여야 할 세액을 자진납부하여야 한다.

### (2) 자진납부세액 계산

**1) 개요**

증여세 자진납부할 세액은 증여세 산출세액에서 증여세 할증과세액을 더한 금액에서 박물관자료 등의 징수유예(상증법 제75조), 납부세액공제(상증법 제58조), 외국납부세액공제(상증법 제59조), 영농자녀가 증여받은 농지 등 감면세액(조특법 제71조), 신고세액공제(상증법 제

69조 제2항), 연부연납을 신청한 금액(상증법 제71조), 가업승계에 따른 납부유예액(조특법 제30조의 7)을 차감하여 산정한다(상증법 제70조). 증여세의 경우 물납이 허용되지 않는 것으로 2015. 12. 15. 상증법 제73조가 개정되었다.

### 2) 신고세액공제

상증법 제69조 제2항은 '제68조의 규정에 의하여 증여세 과세표준을 신고한 경우에는 증여세 산출세액에서 제75조의 규정에 의하여 징수를 유예받은 금액과 이 법 또는 다른 법률의 규정에 의하여 산출세액에서 공제 또는 감면되는 금액을 공제한 금액의 100분의 3(2018년 1년간은 100분의 5 적용, 부칙 제8조)에 상당하는 금액을 신고세액공제액으로 공제한다'고 규정하고 있다. 상증법 제69조 제2항의 증여세 산출세액은 법 제68조의 규정에 의한 증여세 과세표준 신고기한 이내에 신고한 과세표준에 대한 산출세액을 말한다.

증여세를 신고함에 있어 납세자가 증여자를 사실과 다르게 신고한 경우에도 신고세액공제를 받을 수 있을까? 상증법 제69조 제2항을 엄격히 해석하면 증여자가 사실과 다르다는 이유만으로 증여세액공제를 배제한다는 규정이 없으므로 문리해석상 신고세액공제 대상이 될 수 있다고 볼 수 있다. 하지만 증여자가 누구인지 여부는 증여세의 과세표준을 산정함에 있어 증여재산공제 및 합산과세 등에 대한 중요한 기준에 해당하므로 이를 사실과 다르게 신고했다면 정당한 증여세 신고로 보기 어렵고 따라서 신고세액공제 대상으로 보기 어렵다는 견해도 있다(조심 2010서1363, 2010. 12. 2.).

한편, 사전증여재산가액을 상속개시 전 처분재산으로 보아 과세표준을 잘못 신고한 경우라도 신고한 과세표준에 변함이 없는 경우 동 사전증여재산가액은 신고세액공제 대상에서 제외하지 않는다는 대법원의 판결이 있는바, 그 판단근거는 다음과 같다(대법원 2007두19508, 2009. 10. 29.).

"증여신고세액공제 관련 규정의 내용과 입법취지 및 연혁 등에 비추어 보면, 상속세 신고세액공제의 기준이 되는 과세표준은 원칙적으로 납세의무자가 신고한 과세표준이고, 다만 거기에서 상속재산의 평가상의 차이 및 각종 공제액의 적용상 오류 등으로 인하여 과다신고한 금액이 제외되는 것이므로(대법원 99두486, 2001. 10. 30.), 상속인이 상속세 과세표준을 신고함에 있어 상증법 제13조에 의하여 상속세 과세가액에 가산하여야 할 생전증여재산가액을 상증법 제15조 소정의 상속개시일 전 처분재산으로서 상속세 과세가액에 산입하여 잘못 신고하였다고 하더라도 신고한 과세표준자체가 달라지지 아니하는 이상, 이와 같이 상속인이 상속개시일 전 처분재산으로서 상속세 과세가액에 산입한 생전 증여재산가액 상당액을 신고세액공제의 기준이 되는 납세의무자가 신고한 과세표준에서 공제할 것은 아니라고 할 것이다."

위 대법원의 판결에 따르면, 법원은 관련 법규정을 문리적으로 엄격하게 해석하고 그 입법취지를 고려하여 과세요건의 중요한 기준이 되는 과세표준이 달라지지 않는다면 신고세액공제를 적용함이 타당하다는 입장을 취하고 있다.

증여세는 정부부과 과세제도를 채택하고 있는 세목으로 증여세 신고는 과세자료 제출협조의미가 있는바 신고세액공제는 과세자료제출에 대한 보상차원에서 제공되는 수혜인 점을 감안한다면 증여세를 신고함에 있어 납세자가 증여자를 사실과 다르게 신고한 경우에도 신고세액공제를 받아야 함이 합목적인 해석이 될 것으로 판단된다.

### 3) 세목을 달리하여 납부한 세액의 공제 여부

부동산을 유상 양도한 후 양도소득세를 납부하였으나 과세관청에서 이를 증여로 보아 증여세를 과세하였다면 기왕에 납부한 양도소득세를 기 납부세액으로 공제받을 수 있을 것인가? 증여세와 양도소득세는 규정하는 세목이 달라 기존에 납부한 양도소득세는 증여세에서 공제할 수 없으며 별도의 환급절차를 밟아야 할 것이다(국심 94서4747, 1994. 12. 5.).

## (3) 분납대상 및 시기

분납은 별도의 분납신청서가 없으므로 '증여세 과세표준 신고 및 자진납부계산서'의 '분납'란에 기재하는 것으로 분납신청에 갈음한다.

납부할 금액이 1천만 원을 초과하면 다음의 구분에 따라 납부할 금액의 일부를 납부기한이 지난 후 2개월(2008. 12. 31. 이전 증여분은 45일) 이내에 분납할 수 있다. 다만, 연부연납을 허가받은 경우에는 분납할 수 없다. 분납제도는 상속세와 동일하게 적용된다.

| 납부할 세액 | 분납세액 |
| --- | --- |
| 1천만 원 초과 2천만 원 이하 | 1천만 원을 초과하는 금액 |
| 2천만 원 초과 | 납부할 세액의 50% 이하 금액 |

## (4) 증여세를 증여자가 대납하는 경우

현금 등을 증여하면서 증여자가 증여세를 수증자를 대신하여 납부하는 경우가 있다. 이 경우 수증자가 납부해야 할 증여세를 증여자가 대신 납부하는 경우 그 대신 납부한 세액에 대하여는 증여세가 과세되는 것으로서 계속하여 대신 납부하는 경우에는 대신 납부할 때마다 재차증여에 해당하므로 합산과세되는 것으로 한다. 하지만 수증자가 증여일 현재 비거주자인 경우에는 수증자가 상증법 제4조의 2 제6항 각 호의 1에 해당하지 아니하는 경우에도 증여자는 수증자가 납부할 증여세에 대하여 연대하여 납부할 의무를 지는 것이며, 증여자가 연대납세의무자로서 수증자의 증여세를 대신 납부하는 경우에는 재차증여에 해당하지 않는다.

앞서 설명한 바와 같이 증여세 대납액을 증여로 간주하게 되면 계속하여 증여세를 납부하게 되는 순환구조에 빠지게 된다. 이러한 순환 계산되는 모순을 해결하기 위해서는 세금 대납 전의 금액을 환산하여 세금을 계산할 필요가 있다.[4]

예를 들어 2016년 4월에 1억 원의 현금을 미성년자인 아들에게 증여를 하고 증여세를 대납하게 되는 경우, 납부할 세액은 다음과 같이 7,912,087원으로 계산된다.[5]

증여재산가액 1억 원의 증여세 대납액에 대한 증여재산가액 환산액을 Gross-up 방정식을 이용하여 구하면 7,912,087원이 되어 증여세 과세가액은 107,912,087원이 된다. 증여세 과세가액에서 증여재산공제액 20,000,000원을 공제하고 세율을 곱하면 산출세액은 8,791,207원이 되고 여기에 10%(2019. 1. 1. 이후 증여분의 경우 3%)의 신고세액공제를 제하면 납부할 증여세액은 7,912,087원으로 증여재산가액 환산액과 일치하게 된다. 실제 납부 시에는 10원 미만은 절사한다(국고금관리법 제47조 제1호).

| 구 분 | 2016년 4월 증여세신고<br>(대납분 포함) |
|---|---|
| 증여재산가액 | 100,000,000원 |
| 기증여재산 및 대납액가산 | 7,912,087원 |
| 증여세과세가액 | 107,912,087원 |
| 증여재산공제(미성년자) | 20,000,000원 |
| 과세표준 | 87,912,087원 |
| 세율 | 10% |
| 산출세액 | 8,791,208원 |
| 기납부세액 | |
| 신고세액공제 | 879,120원 |
| 차가감자진납부세액 | 7,912,087원 |

4) $X = G - [(G - 증여재산공제) \times 세율] \times (1 - 0.1)$
   X : 당초 증여재산, G = X + 증여세대납분, (1 - 0.1) = 신고세액공제
5) 2017. 1. 1. 이후 증여분의 경우라면 신고세액공제율이 10%에서 7%로 낮아졌으므로, 이를 반영하여 계산하면 8,175,824원이 된다.

| 제**3**절 | **수정신고, 기한 후 신고와 경정청구** |

## 1 수정신고

### (1) 수정신고 대상

과세표준신고서를 법정신고기한 내에 제출한 자 및 기한 후 과세표준신고서를 제출한 자는 과세표준신고서 또는 기한 후 과세표준신고서에 기재된 과세표준 및 세액이 세법에 의하여 신고하여야 할 과세표준 및 세액에 미달하는 때에는 당해 국세의 과세표준과 세액을 결정 또는 경정하여 통지를 하기 전으로서 부과제척기간이 끝나기 전까지 과세표준 수정신고서를 제출할 수 있다(국기법 제45조 제1항).

과세표준신고서를 법정신고기한까지 제출하지 아니한 기한 후 신고를 한 자에게도 자기시정의 기회를 부여하기 위하여 수정신고를 할 수 있도록 하였다. 이 개정규정은 2020. 1. 1. 이후 적용된다.

### (2) 과세표준 수정신고서의 기재사항 및 신고절차

과세표준 수정신고서에는 당초 신고한 과세표준과 세액, 수정신고하는 과세표준과 세액 및 그 밖에 필요한 사항을 기재하여야 하며, 수정한 부분에 관하여 당초의 과세표준신고서에 첨부하여야 할 서류가 있는 때에는 이를 수정한 서류를 첨부하여야 한다.

### (3) 수정신고의 효과 및 가산세 감면

수정신고를 하더라도 그 수정신고분에 대해서는 상속·증여세 신고세액공제는 적용되지 않는다.

과세표준신고서를 법정신고기한까지 제출한 자가 법정신고기한이 지난 후 6개월 이내에 수정신고를 한 경우에는 그 수정신고분에 대한 과소신고 가산세액의 50%를 감면한다. 다만, 과세표준 수정신고서를 제출한 과세표준과 세액에 관하여 경정이 있을 것을 미리 알고 제출한 경우에는 가산세 감면이 적용되지 않는다.

2009. 1. 1. 이후 수정신고분부터는 법정신고기한이 지난 후 6개월 이내 수정신고하면 과소신고가산세액의 "50%"(6개월 초과 1년 이내 수정신고 시에는 "20%", 1년 초과 2년 이내 수정신고 시에는 "10%")의 금액을 감면한다(국기법 제48조 제2항).

한편, 2020. 1. 1. 이후 수정신고분부터는 과소신고가산세의 감면율을 인상하고, 감면구간을 다음과 같이 세분화하였다.

| 수정신고 시기 | 감면금액 |
|---|---|
| 법정신고기한이 지난 후 1개월 이내 | 해당 가산세액의 100분의 90 |
| 법정신고기한이 지난 후 1개월 초과 3개월 이내 | 해당 가산세액의 100분의 75 |
| 법정신고기한이 지난 후 3개월 초과 6개월 이내 | 해당 가산세액의 100분의 50 |
| 법정신고기한이 지난 후 6개월 초과 1년 이내 | 해당 가산세액의 100분의 30 |
| 법정신고기한이 지난 후 1년 초과 1년 6개월 이내 | 해당 가산세액의 100분의 20 |
| 법정신고기한이 지난 후 1년 6개월 초과 2년 이내 | 해당 가산세액의 100분의 10 |

## 2  기한 후 신고

### (1) 기한 후 신고대상

법정신고기한 내에 과세표준신고서를 제출하지 아니한 자는 당해 국세의 과세표준과 세액(가산세 포함)을 결정하여 통지하기 전까지는 기한 후 과세표준신고서를 제출할 수 있다. 기한 후 과세표준신고서를 제출한 자로서 납부하여야 할 세액이 있는 자는 그 세액을 납부하여야 한다(국기법 제45조의 3).

### (2) 기한 후 신고의 효과 및 가산세 감면

기한 후 신고를 하는 경우에는 기한 후 신고분에 대해 상속·증여세의 신고세액공제는 적용되지 않는다. 과세표준신고서를 법정신고기한까지 제출하지 아니한 자가 법정신고기한이 지난 후 기한 후 신고를 하는 경우에도 2020. 1. 1. 이후부터는 수정신고처럼 감면구간을 다음과 같이 세분화하였다.

| 기한 후 신고 시기 | 감면금액 |
|---|---|
| 법정신고기한이 지난 후 1개월 이내 | 해당 가산세액의 100분의 50 |
| 법정신고기한이 지난 후 1개월 초과 3개월 이내 | 해당 가산세액의 100분의 30 |
| 법정신고기한이 지난 후 3개월 초과 6개월 이내 | 해당 가산세액의 100분의 20 |

## (3) 기한 후 신고의 결정통지

납세자가 기한 후 과세표준신고서를 제출하거나 국기법 제45조 제1항에 따라 수정신고로서 기한 후 과세표준신고서를 제출한 경우 관할 세무서장은 신고 후 3개월 이내에 과세표준과 세액을 결정 또는 경정하여야 하고, 조사 등 부득이한 사유로 3개월 이내에 결정 또는 경정할 수 없는 경우에는 신고인에게 그 사유를 통지하여야 한다(국기법 제45조의 3).

## 3 경정 등의 청구

### (1) 일반적인 경정 등의 청구

과세표준신고서를 법정신고기한까지 제출한 자 및 기한 후 과세표준신고서를 제출한 자는 과세표준신고서 또는 기한 후 과세표준신고서에 기재된 과세표준 및 세액(각 세법에 따라 결정 또는 경정이 있는 경우에는 해당 결정 또는 경정 후의 과세표준 및 세액을 말한다)이 세법에 따라 신고하여야 할 과세표준 및 세액을 초과하거나, 과세표준신고서 또는 기한 후 과세표준신고서에 기재된 결손금액, 세액공제액 또는 환급세액(각 세법에 따라 결정 또는 경정이 있는 경우에는 해당 결정 또는 경정 후의 결손금액, 세액공제액 또는 환급세액을 말한다)이 세법에 따라 신고하여야 할 결손금액, 세액공제액 또는 환급세액에 미치지 못할 때에는 최초 신고 및 수정신고한 국세의 과세표준 및 세액의 결정 또는 경정을 관할 세무서장에게 청구할 수 있다.

과세표준신고서를 법정신고기한까지 제출하지 아니한 기한 후 신고를 한 자에게도 자기시정의 기회를 부여하기 위하여 경정청구를 할 수 있도록 하였다. 이 개정규정은 2020. 1. 1. 이후 적용된다.

일반적인 경정 등의 청구인 경우, 과세표준 및 세액의 결정 또는 경정을 법정신고기한(신고기한이 연장된 경우는 그 연장된 기한)이 지난 후 5년 이내에 관할 세무서장에게 청구할 수 있다. 다만, 결정 또는 경정으로 인하여 증가된 과세표준과 세액에 대하여는 해당 처분이 있음을 안 날(처분의 통지를 받은 때에는 그 받은 날)부터 3개월 이내(법정신고기한이 지난 후 5년 이내로 한정)에 경정을 청구할 수 있다(국기법 제45조의 2 제1항).

납세자의 경정청구기간을 아래와 같이 종전 3년에서 5년으로 연장한 것은 국가의 부과제척기간(단기의 5년)에 일치시켜 납세자의 권익을 강화하고자 함에 있으며, 그동안 경정청구기간을 경과하여 고충민원에 의존하였던 납세자의 권익에 크게 기여할 것으로 판단된다. 경정청구기간에 대한 그동안의 변천연혁을 보면 다음과 같다.

| 경정청구기간의 변천 |

| 1995. 1. 1.~ | 2001. 1. 1.~ | 2005. 7. 13.~ | 2015. 1. 1. 이후 |
|---|---|---|---|
| 1년<br><br>*경정청구제도의<br>신설 | 2년 | 3년 | 5년<br>[부칙]<br>• 2015. 1. 1. 이후 결정 또는 경정을 청구하는 분부터 적용<br>• 다만, 개정규정의 시행 전에 종전의 규정에 따른 청구기간이 경과한 분에 대해서는 개정규정에도 불구하고 종전의 규정을 적용 |

## (2) 후발적 사유로 인한 경정 등의 청구

과세표준신고서를 법정신고기한 내에 제출한 자 또는 국세의 과세표준 및 세액의 결정을 받은 자는 다음 어느 하나에 해당하는 사유가 발생한 때에는 그 사유가 발생한 것을 안 날부터 3월 이내에 결정 또는 경정을 청구할 수 있다(국기법 제45조의 2 제2항 및 국기령 제25조의 2).

가. 최초의 신고 결정 또는 경정에 있어서 과세표준 및 세액의 계산근거가 된 거래 또는 행위 등이 그에 관한 제7장에 따른 심사청구, 심판청구, 「감사원법」에 따른 심사청구에 대한 결정이나 소송에 대한 판결(판결과 동일한 효력을 가지는 화해 기타 행위 포함)에 의하여 다른 것으로 확정된 때

나. 소득 기타 과세물건의 귀속을 제3자에게로 변경시키는 결정 또는 경정이 있은 때

다. 조세조약에 따른 상호합의가 최초의 신고·결정 또는 경정의 내용과 다르게 이루어졌을 때

라. 결정 또는 경정으로 인하여 그 결정 또는 경정의 대상이 된 과세표준 및 세액과 연동된 다른 세목(같은 과세기간으로 한정한다)이나 연동된 다른 과세기간(같은 세목으로 한정한다)의 과세표준 또는 세액이 세법에 따라 신고하여야 할 과세표준 또는 세액을 초과할 때

마. 위와 유사한 사유로서 다음과 같은 사유가 해당 국세의 법정신고기한이 지난 후에 발생하였을 때

　① 최초의 신고·결정 또는 경정에 있어서 과세표준 및 세액의 계산근거가 된 거래 또는 행위 등의 효력에 관계되는 관청의 허가나 그 밖의 처분이 취소된 경우

　② 최초의 신고·결정 또는 경정을 할 때 과세표준 및 세액의 계산 근거가 된 거래 또는 행위 등의 효력과 관계되는 계약이 해제권의 행사에 의하여 해제되거나 해당 계약의 성립 후 발생한 부득이한 사유로 해제되거나 취소된 경우

③ 최초의 신고·결정 또는 경정을 할 때 장부 및 증거서류의 압수, 그 밖의 부득이한
사유로 과세표준 및 세액을 계산할 수 없었으나 그 후 해당 사유가 소멸한 경우
④ 위 "①" 내지 "③"까지의 내용과 유사한 사유에 해당하는 경우

### (3) 경정 등의 통지

결정 또는 경정의 청구를 받은 세무서장은 그 청구를 받은 날부터 2개월 이내에 과세표
준 및 세액을 결정 또는 경정하거나 결정 또는 경정하여야 할 이유가 없다는 뜻을 그 청구
를 한 자에게 통지하여야 한다. 다만, 청구를 한 자가 2개월 이내에 아무런 통지(제4항의
통지를 제외)를 받지 못한 경우에는 통지를 받기 전이라도 그 2개월이 되는 날의 다음 날부
터 이의신청, 심사청구, 심판청구 또는 감사원법에 따른 심사청구를 할 수 있다(국기법 제45
조의 2 제3항).

한편, 일반적 경정청구와 후발적 경정청구를 받은 세무서장은 제3항 본문에 따른 기간 내
에 과세표준 및 세액의 결정 또는 경정이 곤란한 경우에는 청구를 한 자에게 관련 진행상황
및 제3항 단서에 따라 제7장에 따른 이의신청, 심사청구, 심판청구 또는 「감사원법」에 따른
심사청구를 할 수 있다는 사실을 통지하여야 한다(국기법 제45조의 2 제4항, 2020. 12. 22. 신설).

## 4 상속·증여세 경정청구 특례

### (1) 경정청구 특례 대상

상속세 과세표준 및 세액을 신고한 자 또는 결정 또는 경정을 받은 자로서 경정 등 청구
사유가 발생한 경우에는 그 사유가 발생한 날부터 6개월 또는 3개월 이내에 결정 또는 경정
청구서를 제출하여 결정 또는 경정을 청구할 수 있다(상증법 제79조).

부의 무상이동에 대해 과세하는 상속세의 경우, 과세표준이 되는 재산평가액이 시간경과
에 따라 변동하는 특성을 감안하여 국세기본법 제45조의 2에 따른 일반적인 경정청구기한
인 5년이 지난 경우에도 법정사유 발생 시 경정청구를 할 수 있도록 특례규정을 두고 있다.

### (2) 경정청구 특례 사유

#### 1) 사유발생일로부터 6개월 이내 경정청구할 수 있는 경우

상증법 제67조에 따라 상속세 과세표준 및 세액을 신고한 자 또는 상증법 제76조에 따라
상속세 과세표준 및 세액의 결정 또는 경정을 받은 자에게 다음의 어느 하나에 해당하는

사유가 발생한 경우에는 그 사유가 발생한 날부터 6개월 이내에 결정이나 경정을 청구할 수 있다(상증법 제79조 제1항).

## 가. 상속재산에 대한 확정판결

상속재산에 대하여 피상속인 또는 상속인과 그 외의 제3자와의 분쟁으로 인한 상속회복 청구소송 또는 유류분반환청구소송 등의 확정판결이 있어 상속개시일 현재 상속인 간에 상속재산가액이 변동된 경우

## 나. 상속재산의 가액이 크게 하락

① 상속개시 후 1년이 되는 날까지 상속재산의 수용·민사집행법상 경매 또는 국세징수법상 공매된 경우로서 그 보상가액·경매가액 또는 공매가액이 상속세 과세가액보다 하락한 경우

　민사집행법상 경매 또는 국세징수법상 공매의 경우는 2002. 1. 1. 이후 상속개시분부터 적용한다.

② 상증법 제63조 제3항 규정에 의한 주식 등을 할증 평가하였으나 피상속인 및 상속인과 특수관계인 외의 제3자에게 일괄하여 매각함으로써 최대주주 등의 주식등에 해당하지 아니하는 경우

　이 경우에는 "실제 매각가액"이 아닌 "할증 평가 전의 주식등 평가액"으로 경정(2002. 1. 1. 이후 상속개시분부터) 청구할 수 있다. 이는 일반주식 등과의 과세형평을 고려하기 위한 것이다. 그러나 할증 평가되지 아니한 주식의 경우에는 상기 경정청구 특례 적용대상이 아니다.

③ 상속재산이 다음의 주식에 해당하여 그 주식을 의무적으로 보유해야 하는 기간의 만료일부터 2개월 이내에 매각한 경우로서 그 매각가액이 상속세 과세가액보다 낮은 경우. 이 경우 보유하고 있었던 사실을 증명할 수 있는 서류를 국세청장에게 제출한 경우로 한정한다.

　ⓐ 「자본시장과 금융투자업에 관한 법률」에 따라 처분이 제한되어 의무적으로 보유해야 하는 주식

　ⓑ 「채무자 회생 및 파산에 관한 법률」 및 「기업구조조정 촉진법」에 따른 절차에 따라 발행된 주식으로서 법원의 결정에 따라 보호예수(保護預受)해야 하는 주식

## 2) 사유발생일로부터 3개월 이내 경정청구할 수 있는 경우

다음의 경우에는 그 사유가 발생한 날부터 3개월 이내에 결정 또는 경정을 청구할 수 있다(상증법 제79조 제2항). 이와 같은 사유로 경정청구를 하는 경우에는 그 사유 발생일부터 3개월 이내 경정청구를 허용하여 납세자의 세부담을 조기에 완화하도록 하였다.

### 가. 부동산 무상사용

타인의 부동산을 무상으로 사용하는 경우(상증법 제37조)에 따른 증여세를 결정 또는 경정받은 자가 부동산 무상사용기간(이 경우 해당 부동산에 대한 무상사용 기간은 5년으로 하고, 무상사용 기간이 5년을 초과하는 경우에는 그 무상사용을 개시한 날부터 5년이 되는 날의 다음 날에 새로 해당 부동산의 무상사용을 개시한 것으로 본다) 중 부동산소유자로부터 해당 부동산을 상속 또는 증여받거나 다음과 같은 사유로 해당 부동산을 무상으로 사용하지 아니하게 되는 경우에는 그 사유 발생일로부터 3개월 이내에 결정 또는 경정을 청구할 수 있다.

① 부동산소유자가 당해 토지를 양도한 경우
② 부동산소유자가 사망한 경우
③ 위의 경우와 유사한 경우로서 부동산 무상사용자가 당해 부동산을 무상으로 사용하지 아니하게 되는 경우

위의 사유로 결정 또는 경정의 청구를 함에 있어서는 증여세산출세액(상증법 제57조에 따른 산출세액에 가산하는 금액을 포함한다)에 다음의 비율을 곱하여 계산한 금액에 대하여 이를 하여야 한다. 이 경우 월수는 역에 따라 계산하되, 1개월 미만의 일수는 1개월로 한다(상증령 제81조 제9항).

★

사유발생일부터 부동산 무상사용기간의 종료일까지의 월수/부동산 무상사용기간의 월수

### 나. 금전무상대출

타인으로부터 금전을 무상으로 또는 적정 이자율보다 낮은 이자율로 대출받은 경우(상증법 제41조의 4)에 따른 증여세를 결정 또는 경정받은 자가 대출기간(대출기간이 정해지지 아니한 경우에는 그 대출기간을 1년으로 보고, 대출기간이 1년 이상인 경우에는 1년이 되는 날의 다음 날에 매년 새로 대출받은 것으로 본다) 중에 대부자로부터 해당 금전을 상속 또는 증여받거나 다음과 같은 사유로 해당 금전을 무상으로 또는 적정이자율보다 낮은 이자

율로 대출받지 아니하게 되는 경우 그 사유발생일로부터 3개월 이내에 결정 또는 경정을 청구할 수 있다.

① 해당 금전에 대한 채권자의 지위가 이전된 경우

② 금전대출자가 사망한 경우

③ 위와 유사한 경우로서 금전을 무상으로 또는 적정이자율보다 낮은 이자율로 대출받은 자가 해당 금전을 무상으로 또는 적정이율보다 낮은 이자율로 대출받지 아니하게 되는 경우

위의 사유로 결정 또는 경정의 청구를 함에 있어서는 증여세산출세액(상증법 제57조에 따른 산출세액에 가산하는 금액을 포함한다)에 다음의 비율을 곱하여 계산한 금액에 대하여 이를 하여야 한다. 이 경우 월수는 역에 따라 계산하되, 1개월 미만의 일수는 1개월로 한다(상증령 제81조 제9항).

★

사유발생일부터 금전을 무상으로 또는 적정이자율보다 낮은 이자율로 대출받은 기간의
종료일까지의 월수/금전을 무상으로 또는 적정이자율보다 낮은 이자율로 대출받은 기간의 월수

### 다. 재산의 무상담보

타인의 재산을 무상으로 담보로 제공하고 금전 등을 차입(借入)함에 따라 재산사용에 따른 이익의 증여 규정(상증법 제42조)에 따라 증여세를 결정 또는 경정받은 자가 같은 재산의 사용기간(재산의 사용기간이 정해지지 아니한 경우에는 그 기간을 1년으로 하고, 그 기간이 1년 이상인 경우에는 1년이 되는 날의 다음 날에 매년 새로 재산을 사용 또는 사용하게 한 것으로 본다) 중에 재산 제공자로부터 해당 재산을 상속 또는 증여받거나 다음과 같은 사유로 무상으로 또는 적정이자율보다 낮은 이자율로 차입하지 아니하게 되는 경우에는 그 사유발생일부터 3개월 이내에 결정 또는 경정청구를 할 수 있다(2016. 12. 20. 신설).

① 담보제공자가 사망한 경우

② 위와 유사한 경우로서 해당 재산을 담보로 사용하지 아니하게 되는 경우

위의 사유로 결정 또는 경정의 청구를 함에 있어서는 증여세산출세액(상증법 제57조에 따른 산출세액에 가산하는 금액을 포함한다)에 다음의 비율을 곱하여 계산한 금액에 대하여 이를 하여야 한다. 이 경우 월수는 역에 따라 계산하되, 1개월 미만의 일수는 1개월로 한다(상증령 제81조 제9항).

★

사유발생일부터 담보를 제공받은 기간의 종료일까지의 월수/담보를 제공받은 기간의 월수

### (3) 경정 등 청구방법

결정 또는 경정의 청구를 하고자 하는 자는 청구인의 성명과 주소 또는 거소, 결정 또는 경정 전의 과세표준과 세액, 결정 또는 경정 후의 과세표준과 세액, 결정 또는 경정청구의 사유에 해당됨을 입증하는 서류, 기타 필요한 사항을 기재한 결정 또는 경정청구서를 제출하여야 한다(상증령 제81조 제1항)

## 5 상속회복청구소송 등으로 상속재산이 변동되는 경우의 경정청구

### (1) 개요

피상속인이 사망하기 전 상속인들에게 유산분배 계획을 밝히지 않은 경우는 말할 것도 없고, 법적 효력이 있는 방식(예 : 유언장)으로 명확히 밝힌 경우라 하더라도 상속인 간 다툼이 다반사로 발생한다. 피는 물보다 진하다지만 적어도 재물 앞에서는 다른 듯하다. 재물 모으기가 현실적으로 어렵다 보니 상속인들은 상속재산 분배에 극도로 민감할 수밖에 없다. 피로 맺어진 사이라 해도 자신의 몫을 다른 상속인들에게 너그럽게 양보하기가 쉽지 않은 것이다. 법에서 인정하는 최소한의 자기 몫을 찾겠다고 이의를 제기한다는데 누가 돌을 던지겠는가?

상속회복청구소송 또는 유류분반환청구소송의 결과로 법원의 확정판결이 있게 되면 기왕에 납부한 상속세액 자체는 변동이 없는 경우라 할지라도 상속인 간 분여된 재산가액이 달라지므로 인하여 상속인 간에 상속세분담비율이 달라지게 된다. 만약 당초 신고한 상속재산 외에 새로운 재산이 상속재산에 포함된다면 상속세액이 달라질 수도 있을 것이다.

상속회복청구소송 또는 유류분반환청구소송의 확정판결의 범주에 화해나 조정 등으로 결정이 되는 경우도 포함된다. 조정은 재판상의 화해와 동일한 효력이 있기 때문이다(민사조정법 제29조, 조정의 효력). 강제조정은 법률상 정확한 용어로 "조정에 갈음하는 결정"을 말하는바, 조정에 갈음하는 결정문을 송달받은 날로부터 2주일 이내에 쌍방 이의가 없으면 그대로 확정되어 재판상 화해와 동일한 효력이 있다. 조정담당판사는 합의가 성립되지 아니한 사건 또는 당사자 사이에 성립된 합의의 내용이 적당하지 아니하다고 인정한 사건에 관하여 상당한 이유가 없으면 직권으로 당사자의 이익이나 그 밖의 모든 사정을 고려하여

신청인의 신청 취지에 반하지 아니하는 한도에서 사건의 공평한 해결을 위한 결정을 하여야 한다(민사조정법 제30조, 조정을 갈음하는 결정).

## (2) 상속일 현재 상속인 간에 상속재산가액이 변동된 경우

상속재산에 대한 상속회복청구소송 등의 사유로 상속개시일 현재 상속인 간에 상속재산가액이 변동되는 경우 그 사유가 발생한 날로부터 6개월 이내에 경정청구를 할 수 있다. 상증법상의 특례경정청구기한(6월 이내)이 적용되는 것이다.

상증법 제67조의 규정에 의하여 상속세과세표준 및 세액을 신고한 자 또는 상증법 제76조의 규정에 의하여 상속세과세표준 및 세액의 결정 또는 경정을 받은 자로서 상속재산에 대한 상속회복청구소송 등 대통령령이 정하는 사유로 상속개시일 현재 상속인 간에 상속재산가액이 변동되는 경우에는 그 사유가 발생한 날부터 6월 이내에 결정 또는 경정을 청구할 수 있다(상증법 제79조 제1항 제1호). "상속회복청구소송 등 대통령령으로 정하는 사유"란 피상속인 또는 상속인과 그 외의 제3자와의 분쟁으로 인한 상속회복청구소송 또는 유류분반환청구소송의 확정판결이 있는 경우를 말한다(상증령 제81조 제2항).

상증법 제79조 제1항 제1호는 상속재산에 대한 상속회복청구소송 등의 확정판결로 말미암아 상속개시일 현재 상속인 간 상속재산가액의 변동이 있는 경우에 국세기본법상 경정청구제도와는 별도로 경정청구를 허용하되, 나아가 상속회복청구소송 이외에 그에 상당하다고 인정되는 소송에 관하여도 경정청구를 허용할 수 있도록 그 구체적인 대상 또는 범위를 하위법령인 대통령령에 위임하고 있는 것이다(대법원 2005두10743, 2007. 11. 29.).

앞서 살펴본 바와 같이, 재판상의 화해나 조정결정도 법원확정판결과 같은 효력을 가지므로 화해나 조정결정으로 인하여 상속개시일 현재 상속인 간 상속재산가액의 변동이 있는 경우도 경정청구를 할 수 있다.

한편, 경정의 청구에 따라 납부한 세액 또는 환급한 세액을 경정함으로 인하여 환급하는 경우 환급가산금은 경정청구일(경정청구일이 국세 납부일보다 빠른 경우에는 국세 납부일)부터 기산한다(국기령 제43조의 3 제1항 제5호).

## (3) 상속재산에 포함되지 않은 재산이 새로이 상속재산에 포함된 경우

과세표준신고서를 법정신고기한까지 제출한 자 또는 국세의 과세표준 및 세액의 결정을 받은 자는 최초의 신고, 결정 또는 경정에서 과세표준 및 세액의 계산 근거가 된 거래 또는 행위 등이 그에 관한 소송에 대한 판결(판결과 같은 효력을 가지는 화해나 그 밖의 행위를 포함한다)에 의하여 다른 것으로 확정되었을 때 그 사유가 발생한 것을 안 날로부터 3개월 이내에 결정 또는 경정을 청구할 수 있다(국기법 제45조의 2 제2항 제1호). 이와 같은 이른바 후발적 경정청구 사유로 경정하는 경우에는 법정 경정청구기한인 신고기한일로부터 5년 이내라는 제한을 받지 않고 당해 사유가 발생한 날로부터 3개월 이내에 경정청구를 할 수 있다.

당초 상속재산에 포함되지 않았으나 상속회복청구소송 또는 유류분반환청구소송 등의 판결을 받은 결과로 상속재산에 새로이 포함된 경우가 여기에 해당될 수 있을 것이다. 예를 들면, 피상속인이 사망하기 10년 전에 상속인 중 1인에게만 증여를 한 경우(상속재산에 포함되지 않는 사전증여재산)로 당해 증여재산이 유류분반환청구소송의 대상이 되어 법원판결을 받아 다른 상속인에게 분여가 되었다면 당초 당해 재산을 증여받은 사람은 당초 신고한 증여세신고에 대하여 결정 또는 경정을 구하는 청구를 할 수 있다. 이른바 후발적 사유에 의한 경정청구에 따른 권리구제를 허용하고 있는 것이다. 반면, 유류분반환청구소송을 통하여 재산을 분여받은 다른 상속인들은 법원판결 확정일로부터 6개월 이내에 상속세를 신고·납부하여야 한다. 이 기간을 도과하여 신고·납부하는 경우 무신고가산세와 납부불성실가산세가 부과될 것이다.

한편, 사전증여재산이 유류분 재산으로 반환됨에 따라 사전증여재산에 대하여 납부되었던 증여세액을 환급하는 경우에는 국세환급가산금도 지급하여야 하며, 당초 증여세를 납부한 날부터 환급받는 날까지의 환급가산금을 지급하는 것이 타당할 것이나 2015. 2. 3. 이후 경정청구 분부터는 경정청구일의 다음 날부터 기산하게 된다.

# 연부연납과 물납

## 제1절 연부연납제도

### 1 연부연납제도의 취지

상속세 및 증여세는 현금으로 납부하는 것이 원칙이나, 상속재산이나 증여재산이 대부분 부동산 등으로 구성되어 있는 경우에는 거액의 상속세나 증여세를 일시에 현금으로 납부하는 것이 곤란할 수 있다. 이와 같이 세금의 일시 납부에 대한 납세의무자의 납부 어려움을 덜어주기 위해 거액의 세금을 일정기간 동안에 여러 번에 걸쳐 나누어 납부할 수 있도록 세금납부의 기한 편의를 제공하는 제도를 연부연납제도라고 한다.

연부연납제도는 상속세와 증여세에 공히 적용된다. 상속세의 경우 가업상속재산, 증여세의 경우 가업승계증여재산에 관한 연부연납의 특례기간을 두고 있다. 연부연납제도는 국세의 수입을 해하지 않는 한도에서 납세의무자에게 분할납부 및 기한유예의 편의를 제공하려는 데에 그 취지가 있고 납세의무자의 납세 여력이 있는지 여부와는 직접적인 관련이 없다. 그러므로 연부연납의 허가요건이 갖추어져 있고 납세담보를 제공하여 법정기한까지 신청서를 제출한 경우에는 세무서장은 연부연납을 허가하여야 하는 기속재량에 해당한다(대법원 91누9374, 1992. 4. 10.).[6]

---

6) 기속재량이란 법규가 일정한 행정행위의 전제에 대하여 일의적(一義的)으로 규정하지 않고 해석상의 여지를 남겼다고 하여도, 그것은 행정청의 자유로운 판단에 전적으로 위임한다는 것이 아니라, 법규의 해석·적용에 관한 법률적 판단의 여지를 부여하는 것에 그치는 경우의 재량을 뜻한다. 공무원의 판단에 관계없이 공익이나 법익에 비추어 허용이 되어야 하는 경우라면 처분이 내려져야 하는 것이다. 반면, 공무원이 상황에 따라 허용하는 경우와 허용하지 않는 경우를 그때마다 판단을 내려 처분을 행한다면 자유재량에 해당한다고 볼수 있다(임승순, 「조세법」, 박영사, 2010., 791면).

## 2 연부연납 신청요건

납세지 관할 세무서장은 상속세 또는 증여세 납부세액이 2천만 원을 초과하는 경우에는 납세의무자의 신청을 받아 연부연납을 허가할 수 있으며, 이를 허가한 경우에는 납세의무자에게 그 뜻을 통지하여야 한다. 이 경우 납세의무자는 담보를 제공하여야 한다.

연부연납을 신청하려는 경우 상속세 납부세액 또는 증여세 납부세액이 2천만 원을 초과하여야 한다.[7]

또한 상속세 또는 증여세 과세표준 신고기한이나 결정통지에 의한 납세고지서상의 납부기한까지 연부연납신청서를 제출하여야 하며 연부연납을 신청한 세액에 상당하는 납세담보를 제공하여야 한다.

납세담보의 제공은 연부연납에 필수적인 요건으로 이를 제공하지 않는 경우 허가를 하지 않을 수 있다. 상속세와 증여세는 납부하여야 할 세액이 거액인 경우가 많고, 취득재산도 부동산 등 환가에 상당한 기간이 필요한 재산인 경우가 많은데, 그러한 경우까지 징수의 편의만을 내세워 일시납부의 원칙을 고수하게 되면 납세의무자에게 과중한 부담을 주게 되고, 경우에 따라서는 짧은 납기 내에 상속 또는 수증받은 재산 자체의 처분을 강요하는 결과가 되어 납세의무자의 생활기초마저 위태롭게 할 우려가 있으므로, 국세수입을 해하지 아니하는 한도에서 납세의무자에게 분할납부 및 기한유예의 편익을 제공하려는 데에 그 취지가 있다고 할 것이고, 따라서 위 제도는 납세의무자의 납세자력의 유무와는 직접적인 관계가 없다(대전고법 2010누1215, 2010. 12. 16.).

대법원은, 연부연납 허가를 신청한 상속인들이 납세담보를 제공하지 않았다는 이유로 이를 허가하지 아니한 사안에서 다음과 같은 점을 들어 납세자는 법령에서 정한 연부연납의 허가요건에 기속을 받으므로 정당하다고 하면서 다만, 연부연납의 기간에 관하여는 법정기한의 범위 내에서 납세자의 신청에 따라 그 형편과 연부연납제도의 취지를 감안하여 결정할 수 있다고 판시하였다(대법원 91누9374, 1992. 4. 10.).

"조세법률주의 원칙상 납세의무의 성립과 범위, 징수절차 등은 법률로 규정되어야 할 뿐만 아니라, 세법의 해석·적용에 있어서도 행정편의적인 유추해석이나 확장해석은 허용될 수 없고, 과세의 형평과 당해 조항의 합목적성에 비추어 납세자의 재산권이 부당하게 침해되지 아니하도록 한다.

상속세나 증여세의 연부연납제도는 국세징수절차상 일시납부의 원칙에 대한 예외로서 납세의무자에게 분할납부 및 기한유예의 권익을 법으로 보장한 것이다. 허가요건이 구체적

---

7) 2007년 12월 31일 이전 상속·증여분의 연부연납신청기준 납부세액은 1천만 원이었다.

으로 명확하게 규정되어 있어 그 요건의 존부판단에 과세관청의 재량이 개입할 여지가 없고, 납세의무자가 일시에 납부하는 것이 곤란한 사유가 있는 경우를 그 요건으로 규정하고 있지도 아니하다."

위에서 본 법리와 같이 연부연납제도가 납세의무자에게 분할납부 및 기한유예의 편익을 제공하려는 데에 그 취지가 있고, 납세의무자의 실제 납세자력의 유무와는 직접적인 관계가 없으며, 납세자로서도 연부연납의 기간 이외의 허가요건에 기속을 받는다. 따라서 상속인들 사이에 상속재산분할 협의가 이루어지지 않았다는 상속인들 사이의 내부적인 사정을 이유로 납세담보의 제공을 계속해서 연기해 주어야 할 의무가 있다고 볼 수 없고, 체납처분절차로서의 재산의 압류와 연부연납 신청을 위한 담보의 제공은 그 목적이 상이한 별개의 절차로서 재산이 압류되었음을 이유로 납세담보의 제공의무를 면제하여 연부연납을 허가할 수도 없다고 보이므로, 상속인들이 구 상속세 및 증여세법(2007. 12. 31. 법률 제8828호로 개정되기 전의 것) 제71조 제1항의 규정에 따라 연부연납허가에 필요한 납세담보를 제공하지 아니하였다는 이유로 연부연납을 허가하지 아니한 것은 적법하다.

## 3 연부연납 신청 및 허가

연부연납 신청은 상속세 또는 증여세의 과세표준신고서를 신고기한 내에 제출하는 때와 결정에 의한 납세고지서상 납부기한 내에 신청할 수가 있다. 또한, 상속·증여세 신고는 하였으나 납부하지 않은 경우에도 무납부에 대한 납세고지서의 납부기한까지 연부연납 신청이 가능하도록 연부연납 신청요건을 완화하였다. 이는 2010. 2. 18. 이후 납세고지서상의 납부기한이 도래하는 분부터 적용한다(상증령 제67조 제1항 단서).

종전 연부연납의 신청은 상속인 전부의 신청을 받도록 하였으나 관련 법률의 개정을 통하여 부득이한 사유로 상속인 전부 신청이 어려운 경우 일부 상속인이 자기 분에 한해 연부연납신청이 가능하도록 하였다. 상속세는 공동상속인이 연대하여 납부하므로 일부 상속인에게만 연부연납을 허용하는 것이 어려울 수 있다. 특히, 유류분반환청구소송 등을 통해 상속재산을 회복하는 경우 다른 상속인들의 협의를 받아 신청하기 어려운 측면이 있으므로 전부 신청의 예외 사유로 하였다.

국세징수법 제18조 제1항 제1호에서 제4호(납세담보의 종류로 금전, 국채 또는 지방채, 유가증권, 납세보증보험증권, 납세보증서, 토지 등을 열거하고 있다)에서 규정하는 납세담보를 제공하는 경우에는 신청만으로 연부연납이 가능하며 이 경우 신청일에 허가받은 것으로 본다(상증법 제71조 제1항). 납세보증보험이나 납세보증서 등 연부연납세액에 대한 담보가 납부하여야 할 세액의 전액이 보증되는 경우에는 신청만으로 연부연납이 가능하도록 요건을 완화한 것이다.

국세기본법 제45조의 3에 따른 기한 후 신고를 한 경우에도 연부연납을 신청할 수 있다(상증령 제67조 제1항). 또한 국세기본법 제45조에 따른 수정신고를 한 경우에도 연부연납을 신청할 수 있다(상증령 제67조 제1항).

## (1) 과세표준 신고 시 납부할 세액의 연부연납

상속·증여세 신고 시 납부해야 할 세액에 대하여 연부연납을 신청하고자 하는 자는 그 신고기한까지 과세표준 신고와 함께 연부연납신청서를 납세지 관할 세무서장에게 제출하여야 한다.

이 경우 신청서를 받은 세무서장은 신고기한이 경과한 날부터 상속세는 9월, 증여세는 6월 이내에 신청인에게 그 허가 여부를 서면으로 결정·통지하여야 한다. 이 경우 당해 기간까지 그 허가 여부에 대한 서면을 발송하지 아니한 때에는 허가를 한 것으로 본다(상증령 제67조 제2항).

## (2) 수정신고 또는 기한 후 신고 시 납부할 세액의 연부연납

국기법 제45조에 따른 수정신고 또는 같은 법 제45조의 3에 따른 기한 후 신고를 한 경우에는 수정신고 또는 기한 후 신고한 날이 속하는 달의 말일부터 9개월(증여의 경우에는 6개월) 이내에 신청인에게 그 허가 여부를 서면으로 결정·통지하여야 한다. 이 경우 당해 기간까지 그 허가 여부에 대한 서면을 발송하지 아니한 때에는 허가를 한 것으로 본다(상증령 제67조 제2항).

## (3) 납세고지 세액에 대한 연부연납

상속세나 증여세를 무신고하거나 당초 신고내용에 탈루나 오류가 있는 경우에는 정부에서 과세표준과 세액을 결정하여 통지한다. 이와 같은 신고 시 납부하여야 할 세액 외의 세액에 대하여 정부로부터 납부고지서를 받은 자가 연부연납 신청을 하고자 하는 때에는 납부고지서상 납부기한(증여세 연대납세의무자가 납부하는 증여세의 경우에는 납부고지서상 납부기한)까지 연부연납 신청서를 관할 세무서장에게 제출하여야 한다.

종전에는 신고 시 납부하여야 할 세액을 납부하지 않은 경우 연부연납 신청이 가능하지 않았으나, 2010. 2. 18. 이후 납부고지서상의 납부기한이 도래하는 분부터는 신고 후 무납부한 경우에도 연부연납 신청이 가능하게 되었다.

이 경우 신청서를 받은 세무서장은 납부고지서에 따른 납부기한이 지난 날부터 14일 이내에 신청인에게 그 허가 여부를 서면으로 결정·통지하여야 하고, 당해 기간까지 그 허가 여부를 서면 발송하지 아니한 때에는 허가한 것으로 본다.

또한, 납부기한을 경과하여 연부연납 허가 여부를 통지하는 경우에는 그 연부연납액에 상당한 세액을 징수할 때에는 연부연납 허가 여부 통지일 이전에 한정하여 「국세기본법」 제47조의 4 제1항 제1호(납부고지서에 따른 납부기한의 다음 날부터 성립하는 부분으로 한정한다) 및 제3호의 납부지연가산세를 부과하지 않는다(상증령 제67조 제3항, 2021. 2. 17. 개정).

## (4) 특정 납세담보제공과 함께 연부연납 신청 시 연부연납 자동허가

앞서 언급한 바와 같이, 납세자가 국세징수법 제18조 제1호부터 제4호(납세담보의 종류로 금전, 국채증권 등 대통령령으로 정하는 유가증권, 납세보증보험증권, 납세보증서가 해당)의 납세담보를 제공하면서 연부연납 허가를 신청하는 경우에는 그 신청일에 허가받은 것으로 간주하게 된다(상증법 제71조 제1항 후단). 이에 해당하는 경우에는 그 신청일이 허가일자가 되고, 별도로 연부연납 허가통지 절차는 불필요하다.

이상에서 살펴본 연부연납 신청대상 세액별 신청기한과 허가통지기한을 정리하면 다음과 같다.

| 신청대상세액 | 신청기한 | 허가통지기한 |
|---|---|---|
| 과세표준 신고 시 납부할 세액 | 신고기한 이내 | 신고기한으로부터 9개월 (증여세는 6개월) |
| 수정신고 또는 기한 후 신고 시 | 수정신고일 또는 기한 후 신고일 | 신고한 날이 속하는 달의 말일부터 9개월(증여세는 6개월) |
| 신고 후 무납부에 대한 고지세액 무신고자나 미달신고자의 신고세액을 초과한 고지세액 | 납부고지서상의 납부기한 | 납부고지서에 따른 납부기한이 지난 날부터 14일 이내 |
| 상증법 제4조 제4항에 따른 증여자의 연대납세의무에 의하여 납부하는 증여세 | 납부고지서의 납부기한 | |
| 연부연납 신청 시 특정 납세담보물을 함께 제공한 경우 | 연부연납 신청일에 허가된 것으로 간주 (2009. 1. 1. 이후 연부연납 신청분부터 적용) | |

## 4 연부연납과 납세담보의 제공

연부연납을 신청하는 경우 납세의무자는 연부연납 신청세액(연부연납가산금 포함)에 상당하는 납세담보를 제공하여야 하며, 연부연납의 신청 시 제공한 담보재산의 가액이 연부연납 신청세액에 미달하는 경우에는 그 담보로 제공된 재산의 가액에 상당하는 세액의 범위 내에서 연부연납을 허가할 수 있다. 또한, 연부연납을 허가받은 자가 연부연납세액의 각 회분을 납부한 경우에는 동 금액에 상당하는 담보를 순차로 해제할 수 있다.

담보의 제공 및 해제에 관하여는 국세징수법 제18조부터 제23조까지의 규정을 준용한다.

## 5 연부연납기간

### (1) 상속세

#### 1) 일반 상속재산의 경우

상속세 중 일반상속재산이란 아래 가업상속재산이 아닌 재산을 말한다. 이 경우 연부연납기간은 허가일부터 10년으로 한다(상증법 제71조 제2항 제1호 나목, 2021. 12. 21. 개정). 상속세 연부연납 최대 허용기간을 현행 5년에서 10년으로 확대함에 따른 개정이다.

#### 2) 가업상속재산의 경우

일반 상속재산과 달리, 상증법 제18조의 2에 따라 가업상속 공제를 받았거나 대통령령으로 정하는 요건에 따라 중소기업 또는 중견기업을 상속받은 경우로서 대통령령으로 정하는 상속재산(「유아교육법」 제7조 제3호에 따른 사립유치원에 직접 사용하는 교지, 실습지, 교사 등의 상속재산을 포함한다)의 경우 연부연납기간은 연부연납 허가일부터 20년(2022년 이전은 10년)[8] 또는 연부연납 허가 후 10년이 되는 날부터 10년이다(상증법 제71조 제2항 제1호 가목, 2022. 12. 31. 개정).

이와 같이, 대통령령으로 정하는 요건에 따라 중소기업 또는 중견기업을 상속받은 경우 등 기업의 영속성을 감안하여 자금부담을 완화한다는 취지에서 상대적으로 긴 연부연납기한을 허가하고 있다.

위에서 "대통령령으로 정하는 요건에 따라 중소기업 또는 중견기업을 상속받은 경우"란

---

8) 종전에는 일정 요건을 갖추어 중소기업 또는 중견기업을 상속받은 경우 상속재산 중 해당 상속재산이 차지하는 비율이 100분의 50 이상인 경우에만 최대 20년의 연부연납을 허가받을 수 있었으나, 앞으로는 해당 상속재산의 비율에 관계없이 최대 20년의 연부연납을 허가받을 수 있도록 하였다(2022. 12. 31. 개정).

다음의 요건을 모두 갖춘 경우를 말한다(상증령 제68조 제3항, 2023. 2. 28. 개정).

1. 「조세특례제한법 시행령」제2조 제1항에 따른 중소기업 또는 같은 영 제9조 제4항에 따른 중견기업을 상속받은 경우

2. 피상속인이 다음 각 목의 요건을 모두 갖춘 경우

    가. 제1호에 따른 중소기업 또는 중견기업의 최대주주등인 경우로서 피상속인과 그의 특수관계인의 주식등을 합하여 해당 기업의 발행주식총수등의 100분의 40(거래소에 상장되어 있는 법인이면 100분의 20) 이상을 5년 이상 계속하여 보유할 것

    나. 피상속인이 해당 기업을 5년 이상 계속하여 경영한 경우로서 해당 기업의 영위기간 중 다음의 어느 하나에 해당하는 기간을 대표이사등으로 재직할 것

    1) 100분의 30 이상의 기간

    2) 5년 이상의 기간(상속인이 피상속인의 대표이사등의 직을 승계하여 승계한 날부터 상속개시일까지 계속 재직한 경우로 한정한다)

    3) 상속개시일부터 소급하여 5년 중 3년 이상의 기간

3. 상속인이 다음의 요건을 모두 갖춘 경우. 이 경우 상속인의 배우자가 다음의 요건을 모두 갖춘 경우에는 상속인이 그 요건을 갖춘 것으로 본다.

    가. 상속개시일 현재 18세 이상일 것

    나. 상속세과세표준 신고기한까지 임원으로 취임하고, 상속세 신고기한부터 2년 이내에 대표이사등으로 취임할 것

또한 위 상증법 제71조 제2항 제1호 가목에서 "대통령령으로 정하는 상속재산"이란 다음의 구분에 따라 상증령 제68조 제3항 제3호에 해당하는 상속인(요건을 갖춘 것으로 보는 경우를 포함한다)이 받거나 받을 상속재산을 말한다.

1. 「소득세법」을 적용받는 기업 : 기업활동에 직접 사용되는 토지, 건축물, 기계장치 등 사업용 자산[타인에게 임대하고 있는 부동산(지상권, 부동산임차권 등 부동산에 관한 권리를 포함한다)은 제외한다]의 가액에서 해당 자산에 담보된 채무액을 뺀 가액

2. 「법인세법」을 적용받는 기업 : 법인의 주식등의 가액[해당 주식등의 가액에 그 법인의 총자산가액(상속개시일 현재 법 제4장에 따라 평가한 가액을 말한다) 중 상속개시일 현재 사업무관자산을 제외한 자산가액이 차지하는 비율을 곱하여 계산한 금액에 해당하는 것을 말한다]

## (2) 증여세

### 1) 일반 증여재산의 경우

일반적인 증여재산에 대한 증여세의 경우 연부연납기간은 허가일부터 5년으로 한다(상증법 제71조 제2항 제2호 나목).

### 2) 가업승계 증여재산의 경우

가업승계에 관한 과세특례(조특법 제30조의 6)를 적용받은 증여재산은 연부연납 허가일부터 15년으로 한다(상증법 제71조 제2항 제2호 가목).

이상과 같이 상속세 중 가업상속재산의 경우 그 적용요건을 엄격하게 정하고 있으며, 연부연납기간을 알기 쉽게 정리하면 다음과 같다(상증법 제71조 제2항, 2023. 12. 31. 개정).

| 세 목 | | 연부연납 기간 | | | |
|---|---|---|---|---|---|
| | | 2017. 12. 31. 이전 | 2018. 1. 1. 이후 | 2023. 1. 1. 이후 | 2024.1.1. 이후 |
| 증여세 | 일반재산 | 허가일로부터 5년 | 좌동 | 좌동 | 좌동 |
| | 가업승계재산 | | | | 허가일로부터 15년 |
| 상속세 | 일반 재산 | 허가일로부터 5년 | 허가일로부터 5년 (2022. 1. 1. 이후부터는 10년) | 허가일로부터 10년 | |
| | 가업 상속 재산 / 50% 미만 | 허가 후 2년이 되는 날부터 5년 | 허가일로부터 10년 또는 연부연납 허가 후 3년이 되는 날부터 7년 | 허가일로부터 20년 또는 연부연납 허가 후 10년이 되는 날부터 10년 | |
| | 가업 상속 재산 / 50% 이상 | 허가 후 3년이 되는 날부터 12년 | 허가일로부터 20년 또는 연부연납 허가 후 5년이 되는 날부터 15년 | | |

## (3) 연부연납기간의 변경

연부연납 허가를 신청하여 허가통지를 받은 자가 연부연납기간 중에 연부연납세액의 전부 또는 일부를 일시에 납부하기 위하여 그 사실을 서면에 의하여 신청하는 경우 관할 세무서장은 연부연납세액의 전부 또는 일부를 일시에 납부하도록 허가할 수 있다. 이 경우 연부연납가산금은 변경된 연부연납기간에 따라 계산하여 징수한다(상증법 기본통칙 71 - 0···1).

## 6  분할 납부세액(연부연납금액)의 계산

연부연납하는 경우의 납부 금액은 매년 납부할 금액이 1천만 원을 초과하는 금액 범위에서 다음에 따라 계산된 금액으로 납부한다(상증령 제68조 제1항).

### (1) 일반 상속재산에 대한 상속세 및 증여세 연부연납세액

신고·납부기한 또는 납세고지서에 따른 납부기한과 납부기한 경과 후 연부연납기간에 매년 납부할 금액은 다음 산식에 따라 계산한 금액

★

상속세 또는 증여세 연부연납 대상금액 ÷ (연부연납기간 + 1)

### (2) 가업상속재산이 포함된 경우에 대한 상속세 연부연납세액

〔2022년까지의 적용규정〕

#### 가. 가업상속재산이 50% 미만인 경우

★

상속세 연부연납 대상금액 ÷ (연부연납기간 + 1)
 * 연부연납기간 : 가업상속재산 비율 50% 미만 시 연부연납 허가 후 3년 거치 7년 이내(총 10년)
 * 거치기간 중에는 연부연납할 금액이 없음.

#### 나. 가업상속재산이 50% 이상인 경우

★

상속세 연부연납 대상금액 ÷ (연부연납기간 + 1)
 * 연부연납기간 : 가업상속재산 비율 50% 이상 시 연부연납 허가 후 5년 거치 15 이내(총 20년)
 * 거치기간 중에는 연부연납할 금액이 없음.

〔2023년 이후의 적용규정〕

★

상속세 연부연납 대상금액 ÷ (연부연납기간 + 1)
* 연부연납기간 : 가업상속재산 비율과 관계없이 연부연납 허가 후 10년 거치 10년 이내(총 20년)
* 거치기간 중에는 연부연납할 금액이 없음.

위의 연부연납 대상금액은 다음 계산식에 따른다(상증령 제68조 제2항).

★

$$\text{상속세 납부세액} \times \frac{(\text{기업상속재산가액} - \text{상증법 제18조의 2 제1항에 따른 가업상속공제금액})}{(\text{총상속재산가액} - \text{상증법 제18조의 2 제1항에 따른 가업상속공제금액})}$$

위 공식에서 "기업상속재산가액"은 상증령 제68조 제3항 제3호에 해당하는 상속인(요건을 갖춘 것으로 보는 경우를 포함한다)이 받거나 받을 다음의 상속재산의 가액을 말한다(상증령 제68조 제2항 후단).

1. 「소득세법」을 적용받는 기업 : 기업활동에 직접 사용되는 토지(비사업용토지는 제외), 건축물, 기계장치 등 사업용 자산[타인에게 임대하고 있는 부동산(지상권, 부동산 임차권 등 부동산에 관한 권리를 포함한다)은 제외한다]의 가액에서 해당 자산에 담보된 채무액을 뺀 가액
2. 「법인세법」을 적용받는 기업 : 법인의 주식등의 가액[해당 주식등의 가액에 그 법인의 총자산가액(상속개시일 현재 법 제4장에 따라 평가한 가액을 말한다) 중 상속개시일 현재 사업무관자산을 제외한 자산가액이 차지하는 비율을 곱하여 계산한 금액에 해당하는 것을 말한다]

## 7 연부연납기간 중 경정 등으로 세액이 변경된 경우 연부연납 방법

연부연납기간 중 행정소송 등에 의하여 세액이 감액 결정되어 변경된 세액에 대한 연부연납 방법은 최종 확정된 연부연납 각 회분의 납부기한이 경과한 분납세액을 차감한 잔액에 대하여 나머지 분납할 회수로 평분한 금액을 각 회분의 연납금액으로 한다(상증법 기본통칙 71-68…4).

상증령 제67조 제1항 단서의 규정에 의하여 고지서를 받고 연부연납을 신청하여 세무서장으로부터 허가를 받은 경우로서 1회분 분납세액 납부기한 도래하기 전에 이의신청 등에

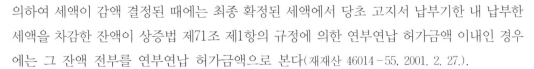

의하여 세액이 감액 결정된 때에는 최종 확정된 세액에서 당초 고지서 납부기한 내 납부한 세액을 차감한 잔액이 상증법 제71조 제1항의 규정에 의한 연부연납 허가금액 이내인 경우에는 그 잔액 전부를 연부연납 허가금액으로 본다(재재산 46014-55, 2001. 2. 27.).

예컨대, 2010. 12. 31. 납부기한으로 상속세 5.5억 원을 확정받아 고지서를 받고 납부기한 내 3억 원을 현금으로 납부하고 잔액 2.5억 원 중 2억 원은 연부연납 허가를 받았으나 0.5억 원은 미납상태인 경우에서 불복청구를 통하여 2억 원을 부과취소결정을 받은 사례의 경우 미납된 0.5억 원을 체납으로 보는 것이 아니라 연부연납을 허가한 금액으로 본다.

## 8 연부연납의 취소와 징수

### (1) 연부연납 허가 취소 또는 변경 사유

연부연납을 허가받은 납세의무자가 다음의 어느 하나의 사유가 발생하면 그 연부연납 허가를 취소 또는 변경하고, 그에 따라 연부연납에 관계되는 세액의 전액 또는 일부를 징수할 수 있다(상증법 제71조 제4항). 연부연납의 허가를 취소한 경우에는 납세의무자에게 그 뜻을 통지하여야 한다.

**가. 연부연납세액을 지정된 납부기한까지 납부하지 아니한 경우**

2009. 1. 1. 이후 신청분부터는 국세기본법 제29조 제1호부터 제5호까지의 규정에 따른 납세담보를 제공하면서 연부연납 신청하여 그 신청일에 허가받은 것으로 보는 경우에는 납부 예정일자까지 납부하지 아니한 경우를 말한다.

**나. 담보의 변경 기타 담보 보전에 필요한 관할 세무서장의 명령에 따르지 아니한 경우**

**다. 납기 전 징수사유(국징법 제9조 제1항 각 호)에 해당되어 그 연부연납기한까지 그 연부연납에 관계되는 세액의 전액을 징수할 수 없다고 인정되는 경우**

**라. 상속받은 사업을 폐업하는 경우 등**

상속받은 사업을 폐업하거나 해당 상속인이 그 사업에 종사하지 아니하게 된 경우 등 다음과 같은 사유에 해당하는 경우

① 상증령 제68조 제4항에 따른 상속재산의 100분의 50 이상을 처분하는 경우(상증령 제15조 제8항 제1호 각 목의 어느 하나에 해당하는 정당한 사유가 있는 경우는 제외한다)

② 다음의 어느 하나에 해당하는 경우(상증령 제15조 제8항 제2호 각 목의 어느 하나에

해당하는 정당한 사유가 있는 경우는 제외한다)

    ⓐ 상속인(상증령 제15조 제3항 제2호 후단에 해당하는 경우에는 상속인의 배우자) 이 대표이사등으로 종사하지 아니하는 경우

    ⓑ 해당 사업을 1년 이상 휴업(실적이 없는 경우를 포함한다)하거나 폐업하는 경우

③ 상속인이 최대주주등에 해당되지 아니하게 되는 경우(제15조 제8항 제3호 다목 및 라목에 해당하는 정당한 사유가 있는 경우는 제외한다)

**마. 「유아교육법」 제7조 제3호에 따른 사립유치원에 직접 사용하는 교지(校地), 실습지(實習地), 교사(校舍)를 다음과 같이 해당 사업에 직접 사용하지 않는 경우**

① 사립유치원이 폐쇄되는 경우

② 상속받은 사립유치원 재산을 사립유치원에 직접 사용하지 아니하는 경우

## (2) 연부연납 허가 취소 또는 변경 방법

연부연납 허가 후 연부연납 허가취소 또는 변경사유에 해당하면 다음과 같은 방법으로 당초 허가한 연부연납을 취소하거나 변경한다(상증령 제68조 제8항). 취소 시에는 납부지연가산세를 부담한다.

가. 허가일부터 10년 이내에 가업상속공제금액 추징사유(상증법 제71조 제4항 제4호 또는 제5호) 발생시 연부연납기간(10년을 초과하는 경우에는 10년으로 한다)에서 허가일부터 같은 항 제4호 또는 제5호에 해당하게 된 날까지의 기간을 뺀 기간의 범위에서 연부연납을 변경하여 허가한다.

나. 납세의무자가 공동으로 연부연납 허가를 받은 경우로서 납세의무자 중 일부가 연부연납 세액을 납부하지 않아 법 제71조 제4항 제1호에 해당하는 경우에는 연부연납 세액을 납부하지 않은 납세의무자(이하 "미납자"라 한다)에 대한 연부연납 허가를 취소하고, 나머지 납세의무자에 대해서는 연부연납기간에서 허가일부터 법 제71조 제4항 제1호에 해당하게 된 날까지의 기간을 뺀 기간의 범위에서 연부연납을 변경하여 허가하며, 미납자가 납부해야 할 연부연납 세액을 일시에 징수한다. 이 경우 법 제71조 제1항 후단에 따라 제공한 담보로써 해당 세액을 징수하려는 경우에는 먼저 미납자가 제공한 담보(미납자가 다른 납세의무자와 공동으로 담보를 제공한 경우로서 미납자의 담보에 해당하는 부분을 특정할 수 있는 경우에는 그 부분을 말한다)로써 해당 세액을 징수해야 한다.

다. 그 밖의 경우

연부연납 허가를 취소하고 연부연납에 관계되는 세액을 일시에 징수한다.

한편, 위 "가" 및 "나"에 따라 연부연납을 변경하여 허가하는 경우 연부연납 금액에 관하여는 다음과 같이 계산한다(상증령 제68조 제8항 후단).

★

$$상속세\ 또는\ 증여세\ 연부연납\ 대상금액 \div (연부연납기간 + 1)$$

## 9 연부연납 가산금

연부연납의 허가를 받은 자는 각 회분 분납세액에 대하여 연부연납 이자율로 계산한 가산금을 분할납부세액에 가산하여 납부하여야 한다(상증법 제72조). 연부연납 허가세액의 전부 또는 일부를 일시에 납부하고자 하는 경우 관할 세무서장에게 신청하여 고지서를 발부받아 납부할 수 있으며, 이자상당액은 당해 고지서상 납부기한까지 다시 계산한다(재삼 46014-1793, 1998. 9. 18).

### (1) 연부연납 이자율

적용기간별 연부연납 이자율은 다음과 같다.

| 적용기간 | '16. 3. 7.~ '17. 3. 14. | '17. 3. 15.~ '18. 3. 31. | '18. 4. 1.~ '19. 3. 19. | '19. 3. 20.~ '20. 3. 12. | '20. 3. 13.~ '21. 3. 15. | '21. 3. 16.~ '23. 3. 19. | '23. 3. 20.~ '24. 3. 21. | '24. 3. 22.~ |
|---|---|---|---|---|---|---|---|---|
| 이자율 | 18/1,000 (연 1.8%) | 16/1,000 (연 1.6%) | 18/1,000 (연 1.8%) | 21/1,000 (연 2.1%) | 18/1,000 (연 1.8%) | 12/1,000 (연 1.2%) | 29/1,000 (연 2.9%) | 35/1,000 (연 3.5%) |

* 기획재정부는 2025. 2. 27. 국세기본법 시행규칙 개정안을 발표하면서 3월 이후 적용될 연부연납 이자율을 연 3.1%로 인하하는 입법예고를 하였다.

### (2) 연납기간 중 이자율 변동에 따른 적용방법

〔2020. 2. 10. 이전까지의 적용규정〕

연부연납 이자율은 연부연납 신청일 현재 시중은행의 1년 만기 정기예금 평균 수신금리를 고려하여 기획재정부령으로 정하는 이자율을 말한다(상증령 제69조, 국기칙 제19조의 3). 연부연납 이자율은 최초로 연부연납을 신청하는 기간의 이자율을 적용한다.

한편, 이자율 적용을 함에 있어서 현행 규정은 '연부연납 신청일 현재'의 이자율을 적용하

는데 문제가 없지만, 연부연납기간을 허가일부터 5년 이상으로 하는 법령하에서 연부연납 신청일 이후 이자율이 변경되는 법령개정이 있는 경우 변경된 이자율을 적용하여야 하는지 규정상 혼선이 있었다.

이에 대해 조세심판원은, 2016. 2. 5. 이전 상속이 개시되거나 증여받는 경우라 할지라도 연부연납 이자율은 최초로 연부연납을 신청하는 기간의 이자율을 적용한다고 결정하였다(조심 2017서2859, 2017. 9. 25. 및 조심 2017서3992, 2017. 11. 3. 등). 연부연납기간 중 이자율이 변동되더라도 그 변경된 이자율을 적용하지 않는다는 것이다. 기한의 이익으로서의 본질을 갖는 연부연납제도에 따른 가산금은 그 기한 유예를 받는 시점에 특정함이 그 취지에 맞는 것으로 본 것이다.

기획재정부 또한 연부연납기간 중에 개정된 연부연납 가산율을 적용할 수 있는지에 관한 질의에 대하여, 개정된 가산율은 최초로 연부연납을 신청하는 분부터 적용하는 것으로 회신(재산세제과-336, 2017. 5. 23. ; 재산세제과-35, 2014. 1. 13.)하였는바, 신청 당시 적용되는 국세환급가산금 이자율을 적용하여 각 회분 연부연납 가산금을 확정하여야 한다는 입장이다.

〔2020. 2. 11.~2023. 2. 27. 이전까지의 적용규정〕

분할 납부세액에 가산하는 연부연납 가산금의 가산율은 종전 연부연납 신청일에서 각각 회분의 분할납부세액의 납부일 현재의 이자율을 적용하도록 개정되었다[9](상증령 제69조).

이렇게 개정됨으로써 각 분할납부세액의 납부일 현재의 이자율로 가산율 적용시점을 변경하여 시중금리 변동을 반영하게 되었다.

〔2023. 2. 28. 이후 적용규정〕

상증법 제72조의 연부연납 가산금을 계산할 때에는 연부연납 각 회분의 분할납부 세액의 납부일 현재 국세기본법 시행규칙 제19조의 3 규정에 따른 이자율을 적용한다. 그러나 상증법 제72조 각 호에 따른 가산금 납부의 대상이 되는 기간 중에 가산율이 1회 이상 변경된 경우 그 변경 전의 기간에 대해서는 변경 전의 가산율을 적용하여 계산한 금액을 각 회분의 분할납부 세액에 가산한다(상증령 제69조 제2항, 2023. 2. 28. 신설).[10]

---

9) 상증령 부칙(2020. 2. 11. 개정) 제12조(연부연납 가산금의 가산율에 관한 적용례) 제69조의 개정규정은 이 영 시행 이후 연부연납을 신청하는 분부터 적용한다. 다만, 이 영 시행 전에 연부연납기간 중에 있는 분에 대해서는 이 영 시행 이후 납부하는 분부터 제69조의 개정규정을 적용할 수 있으며, 같은 개정규정을 적용한 이후 연부연납기간에 대해서는 개정규정을 계속하여 적용해야 한다(2020. 2. 11. 시행).

10) 상증령 부칙(2023. 2. 28. 개정) 제9조(연부연납 가산금의 가산율에 관한 적용례 등) ① 제69조 제2항의 개정규정은 이 영 시행 이후 연부연납 가산금을 납부하는 경우부터 적용한다.
② 제1항에도 불구하고 이 영 시행 전에 연부연납 허가를 받은 자가 이 영 시행 이후 연부연납 가산금을 납부하는 경우에는 연부연납 허가를 받은 자의 선택에 따라 제69조 제2항의 개정규정을 적용하지 않을 수

## (3) 연부연납 가산금의 계산

### 가. 첫 회분 납부할 가산금

첫 회분에 납부할 금액은 연부연납 허가 총세액에 신고기한 또는 납세고지서에 의한 납부기한의 다음 날부터 첫 회 분납세액의 납부기한까지의 일수에 위 적용기간의 이자율(2024. 3. 22. 이후 분에 대해서는 1,000분의 35)을 곱하여 계산한다.

★

$$연부연납 허가 총세액 \times N \times 납부일 현재 이자율$$

  N : 신고기한 또는 납부기한의 다음 날부터 첫 회 분납세액의 납부기한까지의 일수

### 나. 첫 회분 이후 납부할 가산금

첫 회분을 납부한 후 납부할 가산금은 연부연납 허가 총세액에서 직전 회까지 납부한 분납세액의 합계액을 뺀 잔액에 대하여 직전 회의 분납세액 납부기한의 다음 날부터 해당 분납기한까지의 일수에 위 적용기간의 이자율을 곱하여 계산한다.

★

$$〔A-B〕 \times N \times 납부일 현재 이자율$$

  A : 연부연납 허가 총세액
  B : 직전 회까지 납부한 분납세액의 합계액
  N : 직전 회의 분납세액 납부기한의 다음 날부터 해당 분납기한까지의 일수

**사 례**  **매년 납부할 연부연납 대상 금액과 연부연납 가산금의 계산**

○ 상속개시일 : 2022. 2. 10.
○ 연부연납 신청일자 및 기간 : 2022. 8. 31. / 기간은 3년으로 신청함
○ 연부연납 허가일자 : 2022. 8. 31.(연부연납 기간은 3년으로 신청, 가업상속재산 없음)
○ 연부연납 금액 : 300,000,000원(연부연납 금액 4억 원 중 1억 원은 신고기한 내에 납부)
○ 상속세 신고기한 : 2022. 8. 31.
○ 가산율(가정) : 2023. 3. 20. 고시 2.9%, 2024. 3. 20. 고시 3.5%, 2025. 3. 20. 고시 2.4%

있다.
③ 제2항에 따라 제69조 제2항의 개정규정을 적용하지 않는 경우에는 이후의 연부연납 기간 동안에도 같은 개정규정을 계속하여 적용하지 않는다.

〈해설〉

(단위 : 원)

| 회 분 | 납부연월일 | 연부연납 대상 금액<br>(납부할 세액) | 연부연납가산금 | 매년 납부할 세액 |
|---|---|---|---|---|
| 신고기한 | 2022. 8. 31. | 100,000,000 | – | 100,000,000 |
| 1 | 2023. 8. 31. | 100,000,000 | 5,905,710 | 105,905,710 |
| 2 | 2024. 8. 31. | 100,000,000 | 6,340,960 | 106,340,960 |
| 3 | 2025. 8. 31. | 100,000,000 | 3,002,690 | 103,002,690 |
| | 합 계 | 400,000,000 | 15,249,360 | 415,249,360 |

① 1회분 연부연납가산금의 계산

3억 원×1.2%×200일/365일(2022.9.1.~2023.3.19.)+3억 원×2.9%×165일/365일 (2023.3.20.~2023.8.31.) = 5,905,710원

② 2회분 연부연납가산금의 계산

2억 원×2.9%×201일/366일(2023.9.1.~2024.3.19.)+2억 원×3.5%×165일/366일 (2024.3.20.~2024.8.31.) = 6,340,960원

③ 3회분 연부연납가산금의 계산

1억 원×3.5%×200일/365일(2024.9.1.~2025.3.19.)+1억 원×2.4%×165일/365일 (2025.3.20.~2025.8.31.) = 3,002,690원

**물납 제도**

## 1 물납 제도의 취지

물납이란 세금납부를 금전이 아닌 부동산 등 물건으로 대신 납부하는 것을 말한다. 국세의 납부는 금전으로 납부하는 것이 원칙이지만 상속재산 또는 증여재산의 경우 대부분 부동산, 유가증권 등 현금이 아닌 물건으로 구성되어 있는 경우에 납세의무의 이행을 현금납부만 강제한다면 그 이행이 매우 곤란할 수도 있다. 따라서 일정한 법정 요건을 갖춘 경우에는 현금 대신 상속 또는 증여받은 부동산 등으로 납부하는 것을 허용하고 있다. 다만, 2015. 12. 15. 상증법 개정으로 증여의 경우 물납이 허용되지 않는다.

물납허가의 조건 중 일정금액(2천만 원)을 초과하는 경우로 한정하고 있다.[11] 이러한 금액의 한정이 합리적이고 타당한지, 아니면 특정금액 미만인 경우와 비교하여 형평성 위반으로 헌법에 위반되는지 논란이 있었다. 이에 대하여 헌법재판소는 아래와 같은 내용으로 합리적인 이유가 있는 규정이며 헌법상의 평등원칙에 위배되지 않는다고 판단하였다(헌재 2006헌바49, 2007. 5. 31.).

"상속이나 증여로 인해 취득하는 재산에는 통상적으로 부동산이나 유가증권이 많고 이러한 재산은 그 처분에 상당한 기간이 필요한 경우가 많다. 납세의무자가 위 부동산이나 유가증권 외에 자신이 가지고 있는 현금, 예금, 그 밖에 환가가 용이한 재산을 처분하거나 또는 담보부나 신용으로 융자를 받거나 금원을 차용하는 방법 등을 통하여 조세를 납부할 자금을 마련할 수 있을 정도로 그 납부세액이 소액인 경우라고 한다면 상속세나 증여세를 금전으로 납부하기 곤란하다고 보기 어렵다.

반면, 납부세액이 고액인 경우에는 위와 같은 방법으로 그 자금을 마련하기는 어렵고 부득이 위 부동산이나 유가증권을 처분하는데 시간이 걸리므로 무리한 현금화가 뒤따르게 된다. 즉, 이러한 경우에는 금전으로 납부하기 곤란한 사정이 있다고 볼 수 있는 것이고 이런 경우에도 금전납부를 강제하게 되면 물납을 허용하는 취지에 맞지 않게 될 것이다. 따라서 납부세액의 다과를 물납허가의 요건으로 하는 것에는 합리적인 이유가 있다고 본다.

구체적으로 어느 정도의 납부세액이면 앞서 본 바와 같은 방법으로 마련할 수 있을 정도의 금액을 넘어서게 되어 금전으로 납부하기 곤란하다고 볼 수 있게 되는지의 문제는 결국 입법자가 그 입법의 목적, 경제규모, 일반 납세자의 소득수준과 현금 · 저축 · 환가성 있는

---

11) 2014년 1월 1일 개정 전의 경우는 1천만 원이다.

재산 등의 보유 정도나 비율, 금융제도와 그 운용실태 등 제반 사정을 고려하여 정해야 하는 문제라 할 것이고, 그렇게 정해진 금액이 현저하게 과도하거나 불합리한 것이 아닌 한 헌법에 위반된다고 할 수 없다. 그런데 당 법률조항(상증법 제73조 제1항)이 증여세 납부세액이 1천만 원을 초과하는 경우에만 물납을 허용하고 있는 것은 위와 같은 제반사정을 고려한 입법정책적 판단에 기한 것이라 할 것이고 나아가 위 1천만 원이라는 금액은 앞서 본 바와 같은 방법으로 마련할 수 있을 정도의 금액으로서 과도하다고 볼 수도 없으므로 당해 법률조항이 물납허가의 요건인 납부세액의 크기를 1천만 원으로 정한 것이 자의적이거나 임의적인 것이라 할 수 없다. 따라서 당해 법률조항은 평등원칙에 위반되지 아니한다.

물납은 조세 납부방법의 하나로서 조세채무의 임의적 실현절차에 해당하는바, 청구인들이 말하는 물납할 권리란 것은 조세채무자가 조세채무 실현절차상 경제적 득실이 다를 수도 있는 복수의 채무이행방법을 가짐으로써 얻는 단순한 이익에 불과할 뿐만 아니라 이러한 이익 그 자체는 양도·양수할 수 없고 상속의 대상이 되지도 않는다. 따라서 청구인들이 주장하는 물납할 권리라는 것은 사적 유용성 및 그에 대한 원칙적 처분권을 내포하는 재산 가치 있는 구체적 권리라고 볼 수 없으므로 헌법 제23조 제1항에 의하여 보장되는 재산권의 보호대상에 해당하지 아니한다"

물납의 법률적 성격에 관하여는 공법상의 대물변제적 성격을 가지는 행정처분이라고 이해하는 것이 보통이다.[12] 물납이 허가되면 그 허가대상의 조세채권인 금전채무는 소멸하고 이와 동일성을 가진 조세채권인 물건의 급여를 내용으로 하는 채무가 성립하며 그 물납의 이행이 완결된 때에 당해 조세채무는 소멸한다. 물납에 따른 재산의 양도를 양도소득세의 과세대상으로 볼 것인가에 관하여 판례는 소극적으로 보고 있다(대법원 83누307, 1983. 12. 13.). 그 밖에 물납허가로 인하여 변경된 조세채무인 물건의 급여를 내용으로 하는 채무가 시효의 대상이 되는가 하는 점이 문제될 수 있으나 당초의 금전채무와 동일성이 유지되므로 이를 긍정하여야 할 것이다.[13]

## 2 물납의 요건

납세지 관할 세무서장은 상속재산(상증법 제13조에 따라 상속재산에 가산하는 증여재산 중 상속인 및 수유자가 받은 증여재산을 포함한다) 중 부동산과 유가증권(국내에 소재하는 부동산 등 물납에 충당할 수 있는 재산으로 한정한다)의 가액이 해당 상속재산가액의 2분

---

12) 강인애, 「조세법 IV」, 조세통람사, 1991., 94면
13) 임승순, 「조세법」, 박영사, 2010., 793면

의 1을 초과하여야 한다. 종전에는 그 상속재산의 범위에 사전증여재산 전부를 포함하였으나 법령의 개정으로 상속인 및 수유자가 받은 사전증여재산만 포함하도록 하였다.

또한 상속세 납부세액이 2천만 원을 초과하며, 상속세 납부세액이 상속재산가액 중 금전과 금융회사등이 취급하는 예금·적금·부금·계금·출자금·특정금전신탁·보험금·공제금 및 어음등 금융재산의 가액을 초과하는 경우에는 납세의무자의 신청을 받아 물납을 허가할 수 있다. 다만, 물납을 신청한 재산의 관리·처분이 적당하지 아니하다고 인정되는 경우에는 물납허가를 하지 아니할 수 있다(상증법 제73조 제1항).

### (1) 부동산과 유가증권의 가액이 해당 상속재산가액의 50%를 초과

2007. 12. 31. 이전 상속·증여분은 비상장주식의 물납이 허용되었으나 그 이후 물납을 금지하였다. 상속세 혹은 증여세를 납부하기에 충분한 현금성 자산을 보유한 납세의무자가 비상장주식의 적정한 시가를 확인하기가 쉽지 않은 점을 악용하여 상증법상의 평가액으로 물납하였다가 추후 공매를 통하여 당초 상증법상의 평가액보다 낮은 가격으로 재매입하게 되면 국고의 손실이 발생할 가능성이 높은 점을 고려하여 원칙적으로 비상장주식을 물납의 대상에서 제외한 것이다. 다만, 불가피한 사정이 있는 경우에 한하여 비상장주식의 물납을 허용한다.

### (2) 상속세 납부세액이 2천만 원을 초과할 것

상속세 납부세액이 2천만 원을 초과하여야 한다. 2천만 원의 한도를 정함이 타당한지에 대해서는 앞서 살펴본 바와 같다.

### (3) 상속세 납부세액이 상속재산가액 중 대통령령으로 정하는 금융재산의 가액을 초과할 것

상속세 납부세액이 상속재산가액 중 대통령령으로 정하는 금융재산의 가액(상증법 제13조에 따라 상속재산에 가산하는 증여재산의 가액은 포함하지 아니한다)을 초과하여야 한다.

"대통령령으로 정하는 금융재산"이란 금전과 금융회사등이 취급하는 예금·적금·부금·계금·출자금·특정금전신탁·보험금·공제금 및 어음을 말한다(상증령 제73조 제5항).

### (4) 관할 세무서장이 물납을 허가한 경우일 것

물납신청한 재산의 관리·처분이 부적당하다고 인정되는 경우에는 물납허가를 하지 않을 수 있다(상증법 제73조, 상증령 제70~75조). 물납에 충당할 수 있는 재산순위는 정당한 사유가 없는 한 국채 및 공채, 상장주식, 국내 소재 부동산, 유가증권, 비상장주식, 상속인이 거주하는 주택 및 부수토지의 순서에 의하도록 규정하고 있다(상증령 제74조 제2항).

물납신청을 받은 재산이 다음 어느 하나에 해당하는 사유로 관리·처분상 부적당하다고 인정하는 경우에는 그 재산에 대한 물납허가를 하지 아니하거나 관리·처분이 가능한 다른 물납대상 재산으로의 변경을 명할 수 있다(상증령 제71조).

가. 지상권·지역권·전세권·저당권 등 재산권이 설정된 경우
나. 물납신청한 토지와 그 지상건물의 소유자가 다른 경우
다. 토지의 일부에 묘지가 있는 경우
라. 위에서 언급한 사유와 유사한 사유로서 관리·처분이 부적당하다고 인정하는 다음의 경우
　　① 건축허가를 받지 아니하고 건축된 건축물 및 그 부수토지
　　② 소유권이 공유로 되어 있는 재산
　　③ 「자본시장과 금융투자업에 관한 법률」에 따라 상장이 폐지된 경우의 해당 주식등
　　④ 위와 유사한 것으로서 국세청장이 인정하는 것

물납신청한 재산의 관리·처분이 부적당하다고 인정되는 경우에는 그 사유를 납세의무자에게 통보하여야 한다.

## 3 물납의 신청 및 허가

### (1) 물납신청

물납의 신청기간은 연부연납 신청기간을 준용한다. 물납을 위해서는 과세표준신고와 함께 물납신청서를 제출하여야 한다. 상속세 신고를 하지 아니하였거나 신고서 제출 시에 물납신청서를 제출하지 아니한 때 혹은 물납 신청내용의 변경이 있는 때에는 상증법 제77조의 규정에 따른 과세표준과 세액의 결정통지를 받은 후 당해 납세고지서에 의한 납부기한까지 그 신청서를 제출하여야 한다(상증법 제73조, 상증령 제70조 제1항). 법정기한 내에 물납을 신청하지 않은 허가신청은 적법하지 않아 허용될 수 없다는 것이 대법원의 입장이다(대법원 91누9374, 1992. 4. 10.).

## 가. 신고기한 내 신고하는 세액의 물납신청

신고기한 내에 상속세 신고 시 납부하여야 할 세액에 대하여는 그 신고와 함께 납세지 관할 세무서장에게 물납허가신청서를 제출하여야 한다.

## 나. 납세고지세액의 물납신청

신고기한 내 신고 시 물납신청한 세액 외의 세액에 대하여는 과세표준과 세액의 결정통지를 받은 후 당해 납세고지서에 의한 납부기한(상증법 제4조의 2 제5항에 의한 증여세 연대납세의무자의 경우 납부통지서상의 납부기한)까지 그 신청서를 제출할 수 있다.

종전에는 신고 시 납부하여야 할 세액을 납부하지 않은 경우 물납신청이 가능하지 않았으나, 2010. 2. 18. 이후 납세고지서상의 납부기한이 도래하는 분부터는 신고 후 무납부한 경우에도 물납신청이 가능하게 되었다(상증령 제67조).

이 경우 고지서상 납부기한을 경과하여 물납허가 여부 통지를 하는 경우 그 물납액에 상당한 세액의 징수에 있어서는 물납재산의 수납일 이전에 한하여 가산금·중가산금을 부과하지 아니한다.

법정신고기한 내에 과세표준신고서를 제출하지 아니한 자가 기한 후 신고와 함께 물납을 신청하여 허가된 경우에는 신고기한의 다음 날부터 기한 후 신고서 접수일까지의 기간에 대한 납부불성실가산세를 적용한다(서면4팀 – 457, 2008. 2. 25.).

## 다. 연부연납 분납세액의 물납신청

상속세의 연부연납 허가를 받은 자가 연부연납기간 중 분납세액[첫 회분 분납세액(조세특례제한법 시행령 제28조 제1항 각 호 외의 부분 전단에 따른 중소기업자는 5회분 분납세액)으로 한정하되, 상증법 제72조에 따른 연부연납 가산금을 제외한 것을 말한다]에 대하여 상증법 제73조에 따라 물납하려는 경우에는 분납세액 납부기한 30일 전까지 납세지 관할 세무서장에게 신청할 수 있다(상증령 제70조 제2항).

당초 연부연납 기간 중 각 회분의 분납세액에 대해 물납신청이 가능하였으나 연부연납 시 물납신청을 원칙적으로 금지하는 것으로 개정하였다. 일시적으로 거액의 조세부담이 발생한 납세자의 납세편의를 제고하기 위한 물납제도의 취지를 감안하여 연부연납과 물납제도를 병행하려던 납세자의 기대를 일정 수준 보호하되 조세회피 수단으로 악용되지 않도록 첫 회분의 분납세액에 한해서만 물납을 허용하도록 한 것이다.[14]

---

14) 2013년 기획재정부의 개정세법 해설 참조

### 라. 물납신청의 철회 및 재평가

물납을 신청한 납세자는 물납이 허가되기 전에 신청한 물납재산이 상증령 제71조(관리·처분이 부적당한 재산의 물납) 제1항 각 호의 어느 하나에 해당하는 경우에는 기획재정부령으로 정하는 바에 따라 납세지 관할 세무서장에게 물납신청을 철회해야 하며, 상증령 제75조(물납에 충당할 재산의 수납가액의 결정) 제1항 제3호 각 목의 어느 하나에 해당하는 사유가 발생하는 경우에는 기획재정부령으로 정하는 바에 따라 납세지 관할 세무서장에게 물납재산 수납가액 재평가를 신청해야 한다(상증령 제70조 제8항, 2020. 2. 11. 신설).

## (2) 물납허가

### 가. 신고기한 내 신고하는 세액의 물납허가 기한

상속세 신고기한이 경과한 날부터 법정결정기한(신고기한일부터 9월) 이내에 신청인에게 그 허가 여부를 서면으로 결정·통지하여야 한다.

### 나. 납세고지세액의 물납허가 기한

납세고지서에 의한 납부기한이 경과한 날부터 14일 이내에 신청인에게 그 허가 여부를 서면으로 결정·통지하여야 한다.

### 다. 물납허가 기한의 연장

물납 신청한 재산의 평가 등에 소요되는 시일을 감안하여 물납허가 기간을 연장하고자 하는 때에는 그 기간 연장에 관한 서면을 발송하고 1회 30일의 범위 내에서 연장할 수 있다.

이 경우 당해 기간까지 그 허가 여부에 대한 서면을 발송하지 아니한 때에는 허가를 한 것으로 본다. 다만, 물납을 신청한 재산에 사권(私權)이 설정된 재산에 해당하여 국유 재산으로 취득할 수 없는 재산인 경우에는 자동허가 규정을 적용하지 아니한다.

### 라. 재산을 분할하여 물납해야 하는 경우

재산을 분할하거나 재산의 분할을 전제로 하여 물납신청을 하는 경우에는 물납을 신청한 재산의 가액이 분할 전보다 감소되지 아니하는 경우에만 물납을 허가할 수 있다.

### 마. 물납허가의 거부

물납신청한 재산의 관리·처분이 부적당하다고 인정되는 경우에는 물납허가를 하지 않을 수 있다(상증법 제73조).

## (3) 물납재산의 수납

물납을 허가하는 때에는 그 허가를 한 날부터 30일 이내의 범위 내에서 물납재산의 수납일을 지정하여야 한다. 이 경우 물납재산의 분할 등의 사유로 해당 기간 내에 물납재산의 수납이 어렵다고 인정되는 경우에는 1회에 한하여 20일의 범위 내에서 물납재산의 수납일을 다시 지정할 수 있다(상증령 제70조 제5항).

그러나 물납재산의 수납일까지 물납재산의 수납이 이루어지지 아니하는 때에는 당해 물납허가는 그 효력을 상실한다.

## **4**　관리 및 처분이 부적당한 재산

물납신청을 받은 재산이 관리·처분이 부적당하다고 인정되는 경우에는 그 재산에 대한 물납허가를 하지 아니하거나 관리·처분이 가능한 다른 물납대상 재산으로의 변경을 명할 수 있다. 이 경우 부적당하다고 인정한 사유를 납세의무자에게 통보하여야 한다.

### (1) 관리·처분이 부적당한 재산

세무서장은 상증법 제73조 제1항의 규정에 따라 물납신청을 받은 재산이 다음의 구분에 따른 사유로 관리·처분상 부적당하다고 인정하는 경우에는 그 재산에 대한 물납허가를 하지 않거나 관리·처분이 가능한 다른 물납대상재산으로의 변경을 명할 수 있다(상증령 제71조 제1항).

1. 상증령 제74조(물납에 충당할 수 있는 재산의 범위 등) 제1항 제1호에 따른 부동산의 경우 : 다음의 어느 하나에 해당하는 경우
   가. 지상권·지역권·전세권·저당권 등 재산권이 설정된 경우
   나. 물납신청한 토지와 그 지상건물의 소유자가 다른 경우
   다. 토지의 일부에 묘지가 있는 경우
   라. 가목부터 다목까지의 규정에 따른 사유와 유사한 사유로서 관리·처분이 부적당하다고 기획재정부령으로 정하는 경우
2. 상증령 제74조 제1항 제2호에 따른 유가증권 : 다음 각 목의 어느 하나에 해당하는 경우
   가. 유가증권을 발행한 회사의 폐업 등으로 「부가가치세법」 제8조 제9항에 따라 관할 세무서장이 사업자등록을 말소한 경우

나. 유가증권을 발행한 회사가 「상법」에 따른 해산사유가 발생하거나 「채무자 회생 및 파산에 관한 법률」에 따른 회생절차 중에 있는 경우

다. 유가증권을 발행한 회사의 물납신청일 전 2년 이내 또는 물납신청일부터 허가일까지의 기간이 속하는 사업연도에 「법인세법」 제14조 제2항에 따른 결손금이 발생한 경우. 다만, 납세지 관할 세무서장이 「한국자산관리공사 설립 등에 관한 법률」에 따라 설립된 한국자산관리공사와 공동으로 물납재산의 적정성을 조사하여 물납을 허용하는 경우는 제외한다.

라. 유가증권을 발행한 회사가 물납신청일 전 2년 이내 또는 물납신청일부터 허가일까지의 기간이 속하는 사업연도에 「주식회사 등의 외부감사에 관한 법률」에 따른 회계감사 대상임에도 불구하고 감사인의 감사보고서가 작성되지 않은 경우

마. "가목"부터 "라목"까지의 규정에 따른 사유와 유사한 사유로서 관리·처분이 부적당하다고 기획재정부령으로 정하는 경우

## (2) 물납재산의 변경 등

물납 신청한 재산이 관리·처분이 부적당하다고 인정되어 관리·처분이 가능한 다른 물납대상 재산으로의 변경 명령을 받은 자는 그 통보를 받은 날부터 20일 이내(납세의무자가 국외에 주소를 둔 때에는 3월)에 상속받은 재산 중 물납에 충당하고자 하는 다른 재산의 명세서를 첨부하여 납세지 관할 세무서장에게 신청하여야 한다(상증령 제72조).이 경우 변경 신청 기간 내에 신청이 없는 경우에는 당해 물납의 신청은 그 효력을 상실한다.

또한, 물납허가기간 내 물납 허가 후 물납재산의 수납일까지의 기간 중 관리·처분이 부적당하다고 인정되는 사유가 발견되는 때에는 다른 재산으로의 변경을 명할 수 있다.

## 5 물납 세액의 범위

### (1) 물납을 청구할 수 있는 세액의 한도

물납을 청구할 수 있는 납부세액은 다음의 금액 중 적은 금액을 초과할 수 없다. 이를 산식으로 표시하면 다음과 같다.

★
물납을 신청할 수 있는 납부세액 한도 = Min〔①, ②〕

① 상속재산 중 상증령 제74조 제1항에 따라 물납에 충당할 수 있는 부동산 및 유가증권의 가액에 대한 상속세 납부세액[*]
② 상속세 납부세액에서 금융재산(금융회사등에 대한 채무의 금액은 차감한 금액을 말한다)과 거래소에 상장된 유가증권(법령에 따라 처분이 제한된 것은 제외한다)의 가액을 차감한 금액[**]

  (*) 상속세 납부세액 × (부동산+유가증권 가액) / 총상속재산가액
  (**) 상속세 납부세액 − 순금융재산가액 − 상장유가증권가액(처분제한 주식등은 제외)


상속재산인 부동산 및 유가증권 중 납부세액을 납부하는데 적합한 가액의 물건이 없을 때에는 해당 납부세액을 초과하는 납부세액에 대하여도 물납을 허가할 수 있다. 상기 규정에 불구하고 거래소에 상장되어 있지 아니한 법인의 주식등("비상장주식등")으로 물납할 수 있는 납부세액은 상속세 납부세액에서 상속세 과세가액(비상장주식등과 상속개시일 현재 상속인이 거주하는 주택 및 그 부수토지의 가액을 차감한 금액을 말한다)을 차감한 금액을 초과할 수 없다(상증령 제73조 제3항). 상속세액이 비상장주식등을 제외한 상속세 과세가액보다 큰 경우 그 차액(상속세 납부세액 − 비상장주식등을 제외한 상속세 과세가액)에 한하여 비상장주식의 물납을 허용하는 것으로 물납요건을 강화한 것이다.

## (2) 물납을 청구할 수 있는 납부세액 계산

물납을 청구할 수 있는 상속세 납부세액 한도 계산 시 상속재산가액 및 상속재산인 부동산과 유가증권의 가액에는 상증법 제13조(상속개시일 전 10년 이내에 피상속인이 상속인 및 수유자에게 증여한 재산가액에 따라 상속재산에 가산되는 증여재산을 포함하되 비과세되는 상속재산가액과 비과세되는 증여재산가액, 공익법인 등이 출연받은 재산가액, 공익신탁재산가액, 장애인이 증여받은 재산가액) 및 상증법 제47조 제1항에 따른 합산배제증여재산가액은 포함하지 않는다.

또한, 상속개시일 이후 물납신청 이전까지의 기간 중에 해당 상속재산이 정당한 사유 없이 관리 · 처분이 부적당한 재산으로 변경되는 경우에는 당해 관리 · 처분이 부적당한 재산가액에 상당하는 상속세 납부세액은 물납을 청구할 수 있는 납부세액에서 제외한다(상증령 제73조 제3항).

★

물납청구 한도 : 상속세 납부세액 × A/B

A : 부동산·유가증권 – 관리처분이 부적당한 부동산·유가증권
B : 상속재산가액

## 6 물납에 충당할 수 있는 재산의 범위 등

### (1) 물납에 충당할 수 있는 재산의 범위

물납에 충당할 수 있는 부동산 및 유가증권은 다음과 같다(상증령 제74조 제1항).

1) 국내에 소재하는 부동산[15]

2) 국채·공채·주권 및 내국법인이 발행한 채권 또는 증권과 그 밖에 자본시장과 금융투자업에 관한 법률에 따른 신탁업자가 발행하는 수익증권, 집합투자증권 및 종합금융회사가 발행하는 수익증권. 다만, 다음의 어느 하나에 해당하는 유가증권은 제외한다.

　가. 거래소에 상장된 것. 다만, 최초로 거래소에 상장되어 물납허가통지서 발송일 전일 현재 「자본시장과 금융투자업에 관한 법률」에 따라 처분이 제한된 경우에는 그러하지 아니하다. 당초 상장주식 외에 다른 재산이 없는 경우 물납을 허용하였으나 상장주식은 현금화가 용이한 점을 감안하여 삭제하였다.

　나. 거래소에 상장되어 있지 아니한 법인의 주식등. 다만, 상속의 경우로서 그 밖의 다른 상속재산이 없거나 상증령 제74조 제2항 제1호 내지 제3호(국채 및 공채, 처분이 제한된 유가증권으로서 거래소에 상장된 것, 국내에 소재하는 부동산)까지의 상속재산으로서 상속세 물납에 충당하더라도 부족하면 그러하지 아니하다.

### (2) 물납의 충당 순서

물납에 충당하는 재산은 세무서장이 인정하는 정당한 사유가 없는 한 다음의 순서에 따라 신청 및 허가하여야 한다(상증령 제74조 제2항).

　가. 국채 및 공채

　나. 최초로 거래소에 상장되어 물납허가통지서 발송일 전일 현재 「자본시장과 금융투자

---

15) 국내에 소재하는 부동산에 한하여 물납 충당이 가능하다. 해외에 소재하는 부동산의 경우 관리상의 어려움 등으로 인하여 물납을 허용하지 않는다.

업에 관한 법률」에 따라 처분이 제한된 경우에 해당하는 유가증권(국채 및 공채를 제외한다)으로서 거래소에 상장된 것

다. 국내에 소재하는 부동산("바."의 재산을 제외한다)

라. 국채·공채·주권 및 내국법인이 발행한 채권 또는 증권과 그 밖에 기획재정부령으로 정하는 다음의 유가증권("가.", "나." 및 "마."의 재산은 제외한다)

　① 「자본시장과 금융투자업에 관한 법률」에 따른 신탁업자가 발행하는 수익증권

　② 「자본시장과 금융투자업에 관한 법률」에 따른 집합투자증권

　③ 「자본시장과 금융투자업에 관한 법률」에 따른 종합금융회사가 발행하는 수익증권

마. 거래소에 상장되어 있지 아니한 법인의 주식등(다른 상속재산이 없거나 상증령 제74조 제2항 제1호부터 제3호까지의 상속재산으로 상속세 물납에 충당하더라도 부족한 경우에 한함)

바. 상속개시일 현재 상속인이 거주하는 주택 및 그 부수토지

## 7 물납재산의 수납가액

물납에 충당할 부동산 및 유가증권의 수납가액은 다음의 어느 하나의 경우를 제외하고는 원칙적으로 상속재산의 가액으로 한다(상증령 제75조).

### (1) 주식의 경우

물납에 충당할 주식의 수납가액은 원칙적으로 상속재산의 가액으로 한다. 그러나 상속개시일부터 수납일까지의 기간 중에 증자 또는 감자가 있는 경우에는 주식수의 변동에 따른 1주당의 가치가 변동하기 때문에 수납가액을 조정하여 조정 후의 1주당 가액을 기준으로 수납하여야 한다. 납세의무 성립일 이후 수납일 전에 주식발행 법인이 신주를 발행하거나 주식을 감소시킬 때에는 아래와 같이 계산한 가액을 수납가액으로 하는 것이다. 여기서 주식이란 상장주식 및 비상장주식을 모두 포함하는 개념이다(상증령 제75조 제1호, 상증칙 제20조의 2 제1항 제1호 및 제2호).

### 1) 무상으로 주식을 발행한 경우

★

$$\text{구주식 1주당 수납가액} = \frac{\text{구주식 1주당 과세가액}}{1 + \text{구주식 1주당 신주배정수}}$$

## 2) 유상으로 주식을 발행한 경우

★

$$구주식\ 1주당\ 수납가액 = \frac{구주식\ 1주당\ 과세가액 + \left(신주\ 1주당\ 주금납입금액 \times 구주식\ 1주당\ 신주배정수\right)}{1 + 구주식\ 1주당\ 신주배정수}$$

공모증자·조세특례제한법 제49조에 의한 합병(금융기관구조조정법에 의한 합병)·특별법에 의한 증자로 인한 신주발행 시에는 수납가액을 재계산하지 않고 과세표준 결정 당시의 상속재산의 가액에 의한다.

## 3) 무상으로 주식을 감소시킨 경우

★

$$구주식\ 1주당\ 수납가액 = \frac{구주식\ 1주당\ 과세가액}{1 - 구주식\ 1주당\ 감자주식\ 수}$$

## 4) 유상으로 주식을 감소시킨 경우

★

$$구주식\ 1주당\ 수납가액 = \frac{구주식\ 1주당\ 과세가액 - \left(1주당\ 지급금액 \times 구주식\ 1주당\ 감자주식\ 수\right)}{1 - 구주식\ 1주당\ 감자주식\ 수}$$

그러나 「자본시장과 금융투자업에 관한 법률」 제119조에 따라 공모 증자하는 경우의 신주의 발행이거나 특별법에 따라 증자하는 경우의 신주를 발행하는 경우에는 위의 산식에 따른 수납가액 결정방식은 적용되지 아니하므로(상증령 제75조 제1호 단서 및 상증칙 제20조의 2 제2항), 상속세 과세표준을 결정할 때의 주당 평가액대로 수납하여야 한다.

## (2) 연부연납세액을 물납하는 경우

상속세의 연부연납기간 중 각 회분의 분납세액에 대하여 물납에 충당하는 부동산 및 유가증권의 수납가액은 상속세의 과세표준과 세액의 결정 시 해당 부동산 및 유가증권에 대하여 적용한 평가방법에 따라 다음의 어느 하나에 해당하는 가액으로 한다.

가. 상증법 제60조 제2항에 따라 시가로 상속세 과세가액을 산정한 경우에는 물납허가통지서 발송일 전일 현재 동조 동항에 따라 평가한 가액

나. 상증법 제60조 제3항에 따라 보충적 평가방법으로 상속세 과세가액을 산정한 경우에는 물납허가통지서 발송일 전일 현재 동조 동항에 따라 평가한 가액

종전까지는 연부연납에 의한 분납세액을 물납하는 경우 물납재산의 평가를 수납일 현재의 평가한 가액으로 규정하고 있어 물납허가 통지시점과 수납일 사이에 물납재산가액의 변동이 있는 경우 환급(가격이 상승하는 경우 과다 물납) 또는 추가 납부(가격이 하락한 경우 과소 물납) 등의 문제가 있어 물납재산의 평가 시점을 물납허가통지일 전일 현재의 가액으로 하였다.

### (3) 유가증권의 가액이 30% 이상 하락한 경우 수납가액 특례

물납재산인 유가증권의 가액이 현저히 하락한 경우에는 물납 당시의 평가 가액으로 수납함으로써 물납재산의 가격하락에 따른 국고손실을 최소화하도록 하였다.

물납에 충당할 유가증권의 가액이 평가기준일부터 물납허가통지서 발송일 전일까지의 기간(이하 "물납기간") 중 정당한 사유 없이 다음의 어느 하나에 해당하는 사유로 해당 유가증권의 가액이 평가기준일 현재의 상속재산의 가액에 비하여 30% 이상 하락한 경우에는 다음과 같이 평가한 가액으로 수납한다.

가. 상증법 제60조(평가의 원칙 등) 제2항(시가)에 따라 상속세 과세가액을 산정하는 경우에는 물납허가통지서 발송일 전일 현재 동조 동항에 따라 평가한 가액

나. 상증법 제60조 제3항(보충적 평가방법)에 따라 상속세 과세가액을 산정하는 경우에는 물납허가통지서 발송일 전일 현재 동조 동항에 따라 평가한 가액

이 경우 물납 신청한 유가증권(물납 신청한 것과 동일한 종목의 유가증권을 말함)의 전체 평가액이 물납신청세액에 미달하는 경우로서 물납신청한 유가증권 외의 상속받은 다른 재산의 가액을 합산하더라도 해당 물납신청 세액에 미달하는 경우에는 해당 미달하는 세액을 물납신청한 유가증권의 전체 평가액에 가산한다.

위에서 정당한 사유 없이 다음의 어느 하나에 해당하는 사유는 다음과 같다(상증령 제75조 제1항 제3호).

가. 물납기간 중 유가증권을 발행한 회사가 합병 또는 분할하는 경우

나. 물납기간 중 유가증권을 발행한 회사가 주요 재산을 처분하는 경우

다. 물납기간 중 유가증권을 발행한 회사의 배당금이 물납을 신청하기 직전 사업연도의 배당금에 비하여 증가한 경우

라. "가목"부터 "다목"까지의 규정에 따른 사유와 유사한 사유로서 유가증권의 수납가액을 재평가할 필요가 있다고 기획재정부령으로 정하는 경우

### 8  물납재산의 환급

납세자가 상증법 제73조의 규정에 의하여 상속세를 물납한 후 그 부과처분의 전부 또는 일부를 취소하거나 감액하는 경정결정에 의하여 환급하는 경우에는 해당 물납재산으로 환급한다. 물납재산을 환급하는 순서에 관하여 납세자의 신청이 있는 경우에는 그 신청에 따라 관할 세무서장이 환급하고, 납세자의 환급신청이 없는 경우에는 상증령 제74조 제2항에서 규정한 물납충당 재산의 허가 순서의 역순으로 환급한다(국기법 제51조의 2, 국기령 제43조의 2). 물납재산으로 환급하는 경우에는 국세환급가산금을 적용하지 아니한다.

### 9  문화유산등에 대한 물납

2021. 12. 21. 상증법 개정 시 역사적·학술적·예술적 가치가 있는 문화재·미술품에 대한 물납을 허용하였다(상증법 제73조의 2). 이 신설규정은 2023년 1월 1일 이후 상속이 개시되는 경우부터 적용한다. 문화재 보존의 중요성 등을 고려하여 물납신청 시에는 납세지 관할 세무서장이 문화체육부장관에게 통보하는 등의 절차가 마련되어 있다.

### (1) 문화재 등에 대한 물납의 신청

다음의 요건을 모두 갖춘 납세의무자는 상속재산에 대통령령으로 정하는 문화유산 및 미술품(이하 "문화유산등")이 포함된 경우 납세지 관할 세무서장에게 해당 문화유산등에 대한 물납을 신청할 수 있다.

가. 상속세 납부세액이 2천만 원을 초과할 것

나. 상속세 납부세액이 상속재산가액 중 대통령령으로 정하는 금융재산[16]의 가액(제13조에 따라 상속재산에 가산하는 증여재산의 가액은 포함하지 아니한다)을 초과할 것

"대통령령으로 정하는 문화유산 및 미술품"은 다음의 것을 말한다(상증령 제75조의 2 제1항).

---

16) "대통령령으로 정하는 금융재산"이란 금전과 금융회사등이 취급하는 예금·적금·부금·계금·출자금·특정금전신탁·보험금·공제금 및 어음을 말한다(상증령 제75조의 2 제2항).

가. 「문화유산의 보존 및 활용에 관한 법률」에 따른 유형문화유산 또는 민속문화유산으로서 같은 법에 따라 지정된 문화유산

나. 「근현대문화유산의 보존 및 활용에 관한 법률」에 따라 등록된 문화유산

다. 회화, 판화, 조각, 공예, 서예 등 미술품

다만, 물납을 신청한 납세자는 물납 허가를 받기 전에 해당 문화유산등이 상증령 제75조의 4 제1항(관리·처분이 부적당한 문화재 등) 각 호의 어느 하나에 해당하는 경우에는 기획재정부령으로 정하는 바에 따라 물납신청을 철회해야 한다(상증령 제75조의 3 제5항).

## (2) 물납의 적절성에 대한 관계기관 등 검토

문화유산등에 대한 물납 신청을 받은 납세지 관할 세무서장은 법 제73조의 2 제2항에 따라 그 신청을 받은 날부터 2주 이내에 물납신청서 사본 및 관련 자료를 첨부하여 문화체육관광부장관에게 물납 신청 사실을 통보해야 한다(상증령 제75조의 2 제4항).

문화체육관광부장관은 물납을 신청한 문화유산등이 역사적·학술적·예술적 가치가 있는 등 물납이 필요하다고 인정되는 경우 납세지 관할 세무서장에게 대통령령으로 정하는 절차에 따라 해당 문화유산등에 대한 물납을 요청하여야 한다(상증법 제73조의 2 제3항).

위 규정에 따라 문화체육관광부장관은 납세지 관할 세무서장에게 문화유산등에 대한 물납을 요청하려는 경우 상증령 제75조의 2 제4항에 따른 통보일이 속하는 달의 말일부터 120일 이내에 다음 각 호의 자료를 납세지 관할 세무서장에게 제출해야 한다. 다만, 해당 문화유산등에 대한 조사가 지연되는 등의 사유로 제출 기한을 연장할 필요가 있는 경우에는 30일 이내의 범위에서 한 차례만 연장할 수 있다(상증령 제75조의 3 제1항).

가. 문화유산등의 역사적·학술적·예술적 가치를 입증하는 자료 등 물납의 필요성을 입증하는 자료

나. 문화유산등의 활용 방안 및 계획에 관한 자료

다. 그 밖에 물납 허가 여부 판단에 필요한 자료

## (3) 물납의 허가

물납 요청을 받은 납세지 관할세무서장은 다음의 각 구분에 따른 기간 이내에 물납 신청인에게 그 허가 여부를 서면으로 통지해야 한다(상증령 제75조의 3 제2항).

가. 상증법 제67조에 따른 상속세 과세표준신고를 한 경우 : 같은 조 제1항에 따른 신고 기한이 지난 날부터 9개월

나. 「국세기본법」 제45조에 따른 수정신고 또는 같은 법 제45조의 3에 따른 기한 후 신고
를 한 경우 : 수정신고 또는 기한 후 신고를 한 날이 속하는 달의 말일부터 9개월

다. 상증법 제77조에 따른 과세표준과 세액의 결정통지를 받은 경우 : 납부고지서에 따
른 납부기한이 지난 날부터 9개월

물납 요청을 받은 납세지 관할 세무서장은 법 제73조의2제4항에 따른 국고 손실의 위험
여부를 판단하기 위하여 필요한 경우에는 문화체육관광부장관과의 협의를 거쳐 물납 허가
여부를 결정할 수 있다(상증령 제75조의3 제3항).

### (4) 물납의 수납일 지정 및 수납가액

물납에 충당할 문화유산등의 수납가액은 다음의 가액으로 한다(상증령 제75조의 5).

가. 상증령 제75조의 2 제3항에 따라 준용되는 제70조 제2항에 따라 연부연납기간 중 분
납세액에 대하여 물납에 충당하는 문화유산등의 경우 : 법 제76조 제1항에 따른 과세
표준과 세액의 결정시 해당 문화유산등에 대하여 적용한 평가방법에 따라 다음의 어
느 하나에 해당하는 가액으로 한다.

　ⅰ) 법 제60조 제2항에 따라 상속세 과세가액을 산정한 경우에는 물납허가통지서 발
송일 전일 현재 같은 항에 따라 평가한 가액

　ⅱ) 법 제60조 제3항에 의하여 상속세 과세가액을 산정한 경우에는 물납허가통지서
발송일 전일 현재 같은 항에 따라 평가한 가액

나. 위 "가" 외의 경우 : 상속재산의 가액

### (5) 문화유산등에 대한 물납허가 거부 등

납세지 관할 세무서장은 법 제73조의 2 제1항에 따라 물납 신청을 받은 문화유산등이 다
음의 어느 하나에 해당하는 경우에는 물납을 허가하지 않을 수 있고, 물납 허가일부터 물납
재산의 수납일까지의 기간 중 문화유산등이 다음의 어느 하나에 해당하는 경우에는 물납
허가를 취소할 수 있다. 이 경우 물납을 허가하지 않거나 허가를 취소하는 경우에는 물납
신청인에게 그 사유를 통지해야 한다(상증령 제75조의 4 제1항).

가. 문화유산등에 질권 등 재산권이 설정된 경우

나. 문화유산등을 다른 사람과 공유하는 경우

다. 문화유산등이 훼손, 변질 등으로 가치가 감소한 경우

라. 위 "가"부터 "다"까지의 경우와 유사한 경우로서 기획재정부령으로 정하는 경우

　　위 제1항 후단에 따른 통지를 받은 자 또는 상증령 제75조의 3 제5항에 따라 물납 신청을 철회한 자는 통지일 또는 철회일부터 20일 이내에 다른 문화유산등에 대한 물납을 다시 신청할 수 있다. 다만, 다른 문화유산등에 대한 물납 신청이 다시 제1항에 따라 허가 거부·취소되거나 납세의무자가 상증령 제75조의 3 제5항에 따라 그 신청을 철회한 경우에는 다른 문화유산등에 대한 물납을 다시 신청할 수 없다(상증령 제75조의 4 제2항). 물납 신청인이 국외에 주소를 둔 경우 제2항 본문에 따른 기간은 통지일 또는 철회일부터 3개월로 한다(상증령 제75조의 4 제3항).

# 제**3**장

# 상속 · 증여세 납부유예

제**1**절 가업상속에 대한 상속세 납부유예

## 1 납부유예 제도의 취지

　2022. 12. 31. 상증법의 개정 시 원활한 가업 승계를 지원하기 위하여 가업상속공제의 적용 대상 및 공제 한도를 확대하고, 가업상속공제를 받기 위하여 준수하여야 하는 사후관리 기준을 완화하는 한편, 중소기업에 해당하는 가업을 상속받은 경우에는 가업상속공제에 갈음하여 상속세 납부유예 제도를 새로이 도입하였다(상증법 제72조의 2).

　이러한 상속세 납부유예 제도는 중소기업에 해당하는 가업을 상속받은 경우 상속인의 선택에 따라 가업상속공제를 받는 대신 상속세의 납부유예를 통하여 상속인이 승계받은 가업을 영위하는 기간 동안 상속세 납부 부담없이 가업을 경영할 수 있도록 하기 위함이다.

　따라서 납부유예의 신설로 인해 상속인은 가업상속공제 방식과 납부유예 방식 중 하나를 선택할 수 있으며, 납부유예 방식을 선택하면 가업승계를 받은 상속인이 양도 · 상속 · 증여하는 시점까지 상속세 납부를 유예받게 된다. 상속인이 그의 상속인에게 재차 가업상속 시에도 계속하여 납부유예가 적용된다.

　두 제도는 적용대상, 적용한도, 사후관리 등에서 다음과 같이 차이가 있다. 특히 납부유예 방식은 가업상속공제 방식에 비해 혜택의 수준이 낮고 납세담보 제공, 이자 부과 등 부담이 있을 수 있으나, 완화된 사후관리 요건을 적용하고 별도의 한도금액 없이 운영될 수 있으므로, 완화된 사후관리를 원하는 기업 또는 한도 미적용을 원하는 기업은 납부유예방식을 선택할 수 있을 것이다.

|양 제도의 비교|

| 구 분 | | 가업상속공제<br>(상증법 제18조의 2, 2022년 개정) | 상속세 납부유예<br>(상증법 제72조의 2, 신설) |
|---|---|---|---|
| 적용 대상 | | • 중소기업<br>• 중견기업(매출액 5천억 원 미만) | • 중소기업 |
| 적용 혜택 | | • 상속재산 공제 | • 상속인이 양도·상속·증여하는 시점<br>  까지 확정된 상속세 금액 납부유예 |
| 한 도 | | • 가업영위기간에 따라 300억 원~600<br>  억 원 공제 | • 없음 |
| 사후관리 기간 | | • 5년 | • 좌동 |
| 사<br>후<br>관<br>리 | 업종유지 | • 중분류 내 변경 허용 | • 면제 |
| | 고용유지 | • 5년 통산 90% 이상 유지 | • 5년 평균 70% |
| | 지분유지 | • 상속받은 지분 유지 | • 좌동 |

**2** 납부유예 요건

납부유예는 납세의무자의 신청에 의하여 납세지 관할 세무서장이 허가하며, 그 요건은 다음과 같다(상증법 제72조의 2 제1항).

① 상속인이 상증법 제18조의 2(가업상속공제) 제1항에 따른 가업(중소기업으로 한정)을 상속받았을 것

② 가업상속공제를 받지 아니하였을 것. 이 경우 상증법 제18조의 4(가업상속공제와 영농상속공제의 동시 적용 배제)에 따라 가업상속공제 대신 영농상속공제를 받은 경우에는 가업상속공제를 받은 것으로 본다.

납부유예할 수 있는 금액은 다음과 같이 계산한다(상증령 제69조의 3 제1항).

★

$$\text{납부유예할 수 있는 상속세 납부세액} = \text{상속세 납부세액} \times \frac{\text{가업상속재산가액}}{\text{총상속재산가액}}$$

## 3 납부유예의 신청 및 허가

상속세의 납부유예를 신청하려는 자는 상증법 제67조 또는 제68조에 따른 상속세 과세표준신고 또는 증여세 과세표준신고(「국세기본법」 제45조에 따른 수정신고 또는 같은 법 제45조의 3에 따른 기한 후 신고를 포함한다)를 할 때 다음의 서류를 납세지 관할 세무서장에게 제출해야 한다. 다만, 상증법 제77조에 따라 과세표준과 세액의 결정 통지를 받은 자는 해당 납부고지서에 따른 납부기한까지 그 서류를 제출할 수 있다(상증령 제69조의 2 제1항).

가. 기획재정부령으로 정하는 납부유예신청서

나. 상증령 제15조 제22항에 따른 가업상속재산명세서 및 가업상속 사실을 입증할 수 있는 서류(법 제72조의 2 제1항에 따라 신청하는 경우만 해당한다)

다. 「조세특례제한법」 제30조의 6에 따른 과세특례를 적용받거나 같은 법 제30조의 7에 따른 납부유예 허가를 받았음을 증명할 수 있는 서류(법 제72조의 2 제6항 제1호에 따라 신청하는 경우만 해당한다)

라. 가업상속공제를 받거나 상증법 제72조의 2 제1항에 따른 납부유예 허가를 받았음을 증명할 수 있는 서류(법 제72조의 2 제6항 제2호에 따라 신청하는 경우만 해당한다)

제1항에 따른 신청을 받은 납세지 관할 세무서장은 다음의 구분에 따른 기간 이내에 신청인에게 그 허가 여부를 서면으로 통지해야 한다(상증령 제69조의 2 제2항).

가. 상증법 제67조에 따른 상속세 과세표준신고를 한 경우 : 같은 조 제1항에 따른 신고기한이 지난 날부터 9개월

나. 상증법 제68조에 따른 증여세 과세표준신고를 한 경우 : 같은 조 제1항에 따른 신고기한이 지난 날부터 6개월

다. 「국세기본법」 제45조에 따른 수정신고 또는 같은 법 제45조의 3에 따른 기한 후 신고를 한 경우 : 수정신고 또는 기한 후 신고를 한 날이 속하는 달의 말일부터 9개월(법제72조의 2 제6항 제1호에 따라 신청하는 경우에는 6개월)

라. 제1항 단서의 경우 : 납부고지서에 따른 납부기한이 지난 날부터 14일

제2항 "라"에 따른 통지가 납부고지서에 따른 납부기한을 경과한 경우에는 그 통지일 이전의 기간에 대해서는 「국세기본법」 제47조의 4 제1항 제1호(납부고지서에 따른 납부기한의 다음 날부터 성립하는 부분으로 한정한다) 및 제3호에 따른 납부지연가산세를 부과하지 않는다(상증령 제69조의 2 제3항).

납세지 관할 세무서장은 납부유예 허가를 받은 상속인이 법 제72조의 2 제3항 각 호에 해당하는지를 매년 확인·관리해야 한다(상증령 제69조의 3 제10항).

## **4** 납부유예의 취소 및 징수

(1) 상속세의 납세지 관할 세무서장은 상속인이 대통령령으로 정하는 정당한 사유 없이 다음의 어느 하나에 해당하는 경우 납부유예 허가를 취소하거나 변경하고, 다음의 어느 하나에 따른 세액과 대통령령으로 정하는 바에 따라 계산한 이자상당액[17]을 징수한다(상증법 제72조의 2 제3항).

① 소득세법을 적용받는 가업을 상속받은 경우로서 가업용 자산의 100분의 40 이상을 처분한 경우 : 납부유예된 세액 중 처분 비율을 고려하여 대통령령으로 정하는 바에 따라 계산한 세액[18]

② 해당 상속인이 가업에 종사하지 아니하게 된 경우[19] : 납부유예된 세액의 전부

③ 주식등을 상속받은 상속인의 지분이 감소한 경우 : 다음의 구분에 따른 세액

　ⅰ) 상속개시일부터 5년 이내에 감소한 경우 : 납부유예된 세액의 전부

　ⅱ) 상속개시일부터 5년 후에 감소한 경우 : 납부유예된 세액 중 지분 감소 비율을 고려하여 대통령령으로 정하는 바에 따라 계산한 세액[20]

---

17) "대통령령으로 정하는 바에 따라 계산한 이자상당액"이란 다음 "①"의 금액에 "②"의 기간과 "③"의 율(법 제72조의 2 제6항에 해당하는 경우에는 "③"의 율에 100분의 50을 곱한 율)을 곱하여 계산한 금액을 말한다 (상증령 제69조의 3 제7항).
　① 법 제72조의 2 제3항 각 호에 따른 상속세액
　② 당초 상속받은 가업상속재산에 대한 상속세 과세표준 신고기한의 다음 날부터 법 제72조의 2 제3항 각 호의 사유가 발생한 날까지의 기간
　③ 법 제72조의 2 제3항에 따른 납부유예 허가의 취소 또는 변경당시의 국기령 제43조의 3 제2항 본문에 따른 이자율(국세환급가산금 이자율)을 365로 나눈 율. 다만, 위 "②"의 기간 중에 국기령 제43조의 3 제2항 본문에 따른 이자율이 1회 이상 변경된 경우 그 변경 전의 기간에 대해서는 변경 전의 이자율을 365로 나눈 율을 적용한다.
18) "처분비율을 고려하여 대통령령으로 정하는 바에 따라 계산한 세액"이란 다음 계산식에 따라 계산한 금액을 말한다. 이 경우 가업용 자산의 범위 및 그 처분 비율의 계산에 관하여는 상증령 제15조 제9항 및 제10항을 준용한다(상증령 제69조의 3 제3항).

> 법 제72조의 2 제1항에 따라 납부유예된 세액 × 가업용 자산의 처분 비율

19) 다음의 경우는 해당 상속인이 가업에 종사하지 아니하게 된 것으로 본다(상증령 제69조의 3 제4항).
　ⅰ) 상속인(제15조 제3항 제2호 후단에 해당하는 경우에는 상속인의 배우자)이 대표이사등으로 종사하지 않는 경우(상속개시일부터 5년 이내의 기간 중으로 한정한다)
　ⅱ) 해당 가업을 1년 이상 휴업(실적이 없는 경우를 포함)하거나 폐업하는 경우
20) "지분감소 비율을 고려하여 대통령령으로 정하는 바에 따라 계산한 세액"이란 다음 계산식에 의하여 계산한 금액을 말한다(상증령 제69조의 3 제6항).

> * 세액 = A × (B ÷ C)
> A : 법 제72조의 2 제1항에 따라 납부유예된 세액
> B : 감소한 지분율
> C : 상속개시일 현재 지분율

④ 상증법 제18조의 2(가업상속공제) 제5항 제4호 각 목(정규직근로자 및 총급여 요건)에 모두 해당하는 경우(이 경우 같은 호 가목 및 나목 중 "100분의 90"은 각각 "100분의 70"으로 본다) : 납부유예된 세액의 전부

⑤ 해당 상속인이 사망하여 상속이 개시되는 경우 : 납부유예된 세액의 전부

위 규정에서, "정당한 사유가 있는 경우"에는 납부유예 세액과 이자상당액을 징수하지 않는바, 정당한 사유는 다음과 같다(상증령 제69조의 3 제2항).

| 추징제외 사유(상증령 제15조 제8항) |

| 구 분 | 정당한 사유 |
|---|---|
| 위 "①"의 경우<br>(처분한 경우) | • 가업용 자산이 「공익사업을 위한 토지 등의 취득 및 보상에 관한 법률」, 그 밖의 법률에 따라 수용 또는 협의 매수되거나 국가 또는 지방자치단체에 양도되거나 시설의 개체(改替), 사업장 이전 등으로 처분되는 경우<br>• 가업용 자산을 국가 또는 지방자치단체에 증여하는 경우<br>• 합병·분할, 통합, 개인사업의 법인전환 등 조직변경으로 인하여 자산의 소유권이 이전되는 경우. 다만, 조직변경 이전의 업종과 같은 업종을 영위하는 경우로서 이전된 가업용 자산을 그 사업에 계속 사용하는 경우에 한함.<br>• 내용연수가 지난 가업용 자산을 처분하는 경우<br>• 가업의 주된 업종 변경과 관련하여 자산을 처분하는 경우로서 변경된 업종을 가업으로 영위하기 위하여 자산을 대체취득하여 가업에 계속 사용하는 경우<br>• 가업용 자산의 처분금액을 「조세특례제한법」 제10조에 따른 연구·인력개발비로 사용하는 경우 |
| 위 "②"의 경우<br>(가업에<br>미 종사) | • 가업상속받은 재산을 국가 또는 지방자치단체에 증여하는 경우<br>• 상속인이 법률에 따른 병역의무의 이행, 질병의 요양 등 기획재정부령으로 정하는 부득이한 사유에 해당하는 경우 |
| 위 "③"의 경우<br>(지분감소) | • 합병·분할 등 조직변경에 따라 주식등을 처분하는 경우. 다만, 처분 후에도 상속인이 합병법인 또는 분할신설법인 등 조직변경에 따른 법인의 최대주주등에 해당하는 경우에 한함.<br>• 해당 법인의 사업확장 등에 따라 유상증자할 때 상속인의 특수관계인 외의 자에게 주식등을 배정함에 따라 상속인의 지분율이 낮아지는 경우. 다만, 상속인이 최대주주등에 해당하는 경우에 한함.<br>• 주식등을 국가 또는 지방자치단체에 증여하는 경우<br>• 「자본시장과 금융투자업에 관한 법률」 제390조 제1항에 따른 상장규정의 상장요건을 갖추기 위하여 지분을 감소시킨 경우. 다만, 상속인이 최대주주등에 해당하는 경우에 한함.<br>• 주주 또는 출자자의 주식 및 출자지분의 비율에 따라서 무상으로 균등하게 감 |

| 구 분 | 정당한 사유 |
|---|---|
|  | 자하는 경우<br>• 「채무자 회생 및 파산에 관한 법률」에 따른 법원의 결정에 따라 무상으로 감<br>자하거나, 채무를 출자전환하는 경우 |

한편, 납세지 관할 세무서장은 납부유예 허가를 받은 자가 다음의 어느 하나에 해당하는 경우 그 허가를 취소하거나 변경하고, 납부유예된 세액의 전부 또는 일부와 대통령령으로 정하는 바에 따라 계산한 이자상당액을 징수할 수 있다(상증법 제72조의 2 제5항).

① 담보의 변경 또는 그 밖의 담보 보전에 필요한 관할 세무서장의 명령에 따르지 아니한 경우

② 국세징수법 제9조의 '납부기한 전 징수' 사유에 해당되어 납부유예된 세액의 전액을 징수할 수 없다고 인정되는 경우

위에서 "대통령령으로 정하는 바에 따라 계산한 이자상당액"이란, 다음 "①"의 금액에 "②"의 기간과 "③"의 율(법 제72조의 2 제6항에 해당하는 경우에는 "③"의 율에 100분의 50을 곱한 율)을 곱하여 계산한 금액을 말한다(상증령 제69조의3 제9항).

① 법 제72의 2 제5항 각 호에 따른 상속세액

② 당초 상속받은 가업상속재산에 대한 상속세 과세표준 신고기한의 다음 날부터 법 제 72조의 2 제5항 각 호의 사유가 발생한 날까지의 기간

③ 법 제72조의 2 제5항에 따른 납부유예 허가의 취소 또는 변경 당시의 국기령 제43조의 3 제2항 본문에 따른 이자율(국세환급가산금 이자율)을 365로 나눈 율. 다만, 위 "②" 의 기간 중에 국기령 제43조의 3 제2항 본문에 따른 이자율이 1회 이상 변경된 경우 그 변경 전의 기간에 대해서는 변경 전의 이자율을 365로 나눈 율을 적용한다.

(2) 아울러, 상속인이 위 납부유예액 징수사유(상증법 제72조의 2 제3항 제1호부터 제5호까지)에 해당하는 경우 납부유예 허가를 받은 자는 그 날이 속하는 달의 말일부터 6개월 이내에 대통령령으로 정하는 바에 따라 납세지 관할 세무서장에게 신고하고 해당 상속세와 이자상당액을 납세지 관할 세무서, 한국은행 또는 체신관서에 납부하여야 한다. 이때 상속세와 이자상당액을 납부하는 때에는 기획재정부령으로 정하는 납부유예 추징사유 신고 및 자진납부 계산서를 납세지 관할 세무서장에게 제출하여야 한다. 다만, 상증법 제72조의 2 제3항에 따라 이미 상속세와 이자상당액이 징수된 경우에는 그러하지 아니하다(상증법 제72조의 2 제4항, 상증령 제69조의 3 제8항).

(3) 납부유예액 징수사유 중 주식등을 상속받은 상속인의 지분이 감소한 경우와 해당 상속인이 사망하여 상속이 개시되는 경우로서 납부유예된 세액과 이자상당액을 납부하여야 하는 자는 다음의 어느 하나에 해당하는 경우 상증법 제72조의 2 제3항 및 제4항에도 불구하고 납세지 관할 세무서장에게 해당 세액과 이자상당액의 납부유예 허가를 신청할 수 있다(상증법 제72조의 2 제6항).

① 상증법 제72조의 2 제3항 제3호(주식등을 상속받은 상속인의 지분이 감소한 경우)에 해당하는 경우로서 수증자가 조특법 제30조의 6에 따른 가업의 승계에 대한 증여세 과세특례를 적용받거나 같은 법 제30조의 7에 따른 가업승계 시 증여세의 납부유예 허가를 받은 경우

② 상증법 제72조의 2 제3항 제5호(해당 상속인이 사망하여 상속이 개시되는 경우)에 해당하는 경우로서 다시 상속을 받은 상속인이 상속받은 가업에 대하여 가업상속공제를 받거나 납부유예 허가를 받은 경우

## 제2절 가업승계 시 증여세 납부유예

### 1 납부유예 제도의 취지

2022. 12. 31. 조세특례제한법 개정 시 원활한 가업승계를 지원하기 위하여 가업승계 주식 등에 대한 증여세 과세특례(증여세 저율과세 방식)의 공제 한도 등을 확대하고 사후관리 기준을 완화하는 한편, 중소기업의 주식 등을 증여받는 경우에 증여세 납부유예 방식을 새로이 도입하였다(조특법 제30조의7).

이러한 증여세 납부유예 제도는, 수증자의 선택에 따라 중소기업 가업 주식 등에 대한 증여세 저율과세 방식 대신, 증여세의 납부유예를 통하여 승계받은 가업을 영위하는 기간 동안 증여세 부담없이 가업을 경영할 수 있도록 하기 위함이다. 따라서 납부유예의 신설로 계획적 가업승계를 위한 사전 증여가 보다 활성화 될 것으로 예상된다.

납부유예 방식을 선택하면 가업승계를 받은 수증자가 가업기업 주식 등을 양도·상속·증여하는 시점까지 증여세 납부를 유예받게 된다. 수증자가 그의 자녀에게 재차 가업승계 시에도 계속하여 납부유예가 적용된다.

증여세 납부유예 제도는 가업승계 증여세 특례제도(증여세 저율과세 방식)와 적용대상,
적용한도, 사후관리 등에서 다음과 같은 차이가 있다.

| 양 제도의 비교 |

| 구 분 | | 가업승계 증여세 과세특례<br>(조특법 제30조의 6, 2022년 개정) | 증여세 납부유예<br>(조특법 제30조의 7, 신설) |
|---|---|---|---|
| 적용 대상 | | • 중소기업<br>• 중견기업(매출액 5천억 원 미만) | • 중소기업 |
| 대상 자산 | | • 주식·출자지분 | • 좌동 |
| 적용 혜택 | | • 증여시점에 저율로 증여세 과세<br>→ 상속시점에 상속세 정산 | • 수증자가 양도·상속·증여하는 시<br>점까지 확정된 증여세 납부유예<br>→ 상속시점에 상속세 정산 |
| 한 도 | | • 가업영위기간에 따라 300억 원<br>~600억 원 공제 | • 없음 |
| 사후관리 기간 | | • 5년 | • 좌동 |
| 사후<br>관리 | 업종유지 | • 중분류 내 변경 허용 | • 면제 |
| | 고용유지 | • 없음 | • 5년 평균 70% |
| | 지분유지 | • 증여받은 지분 유지 | • 좌동 |

## 2 납부유예 요건

납부유예는 납세의무자의 신청에 의하여 납세지 관할 세무서장이 허가하며, 그 요건은
다음과 같다(조특법 제30조의 7 제1항).

① 거주자가 대통령령으로 정하는 바에 따라 가업(대통령령으로 정하는 중소기업[21]으로
한정)의 승계[22]를 목적으로 해당 가업의 주식 또는 출자지분(이하 "주식등")을 증여
받았을 것

② 조특법 제30조의 5(창업자금에 대한 증여세 과세특례) 또는 제30조의 6(가업의 승계

---

21) "대통령령으로 정하는 중소기업"이란 상속개시일이 속하는 소득세 과세기간 또는 법인세 사업연도의 직전
소득세 과세기간 또는 법인세 사업연도 말 현재 다음의 요건을 모두 갖춘 기업을 말한다.
① 별표에 따른 업종을 주된 사업으로 영위할 것
②「조세특례제한법 시행령」제2조 제1항 제1호 및 제3호의 요건을 충족할 것
③ 자산총액이 5천억 원 미만일 것
22) "가업의 승계"란, 해당 가업의 주식 또는 출자지분을 증여받은 자("수증자") 또는 그 배우자가 상증법 제68
조에 따른 증여세 과세표준 신고기한까지 가업에 종사하고 증여일부터 5년 이내에 대표이사에 취임하는 경
우를 말한다(조특령 제27조의 7 제6항).

에 대한 증여세 과세특례)에 따른 증여세 과세특례를 적용받지 아니하였을 것

납부유예할 수 있는 금액은 다음과 같이 계산한다(조특령 제27조의 7 제4항). 이 경우 가업자산상당액이란 상증령 제15조 제5항 제2호를 준용하여 계산한 금액을 말한다.

$$\text{증여세 납부세액} \times \frac{\text{가업자산상당액}}{\text{총증여재산가액}}$$

## 3 납부유예의 신청 및 허가

증여세의 납부유예를 신청하려는 자는, 증여세 과세표준신고를 하는 경우(국기법 제45조에 따른 수정신고 또는 같은 법 제45조의 3에 따른 기한 후 신고를 하는 경우를 포함)에는 납부해야 할 세액에 대하여 기획재정부령으로 정하는 납부유예신청서를 증여세 과세표준신고와 함께 납세지 관할 세무서장에게 제출해야 한다. 이때, 가업주식 명세서 및 기획재정부령으로 정하는 가업승계 사실을 입증할 수 있는 서류도 제출하여야 한다. 다만, 상증법 제77조에 따른 과세표준과 세액의 결정통지를 받은 자의 경우에는 해당 납부고지서의 납부기한까지 납부유예신청서를 제출할 수 있다(조특령 제27조의 7 제1항).

납부유예신청서를 받은 세무서장은 다음 어느 하나에 따른 기간 이내에 신청인에게 허가 여부를 서면으로 통지해야 한다(조특령 제27조의 7 제2항).

① 상증법 제67조에 따른 상속세 과세표준신고를 한 경우 : 같은 조 제1항에 따른 신고기한이 지난 날부터 9개월

② 상증법 제68조에 따른 증여세 과세표준신고를 한 경우 : 같은 조 제1항에 따른 신고기한이 지난 날부터 6개월

③ 국세기본법 제45조에 따른 수정신고 또는 같은 법 제45조의3에 따른 기한 후 신고를 한 경우 : 수정신고 또는 기한 후 신고를 한 날이 속하는 달의 말일부터 6개월(법 제30조의 7 제6항 제2호에 따라 신청하는 경우에는 9개월)

④ 과세표준과 세액의 결정통지를 받은 경우 : 납부고지서에 따른 납부기한이 경과한 날부터 14일

⑤ 제1항 각 호 외의 부분 단서의 경우 : 납부고지서에 따른 납부기한이 지난 날부터 14일

납세지 관할 세무서장은 납부유예 허가를 받은 거주자가 법 제30조의 7 제3항 각 호에 해당하는지를 매년 확인·관리해야 한다(조특령 제27조의 7 제17항).

## **4** 납부유예의 취소 및 징수

(1) 납세지 관할 세무서장은 거주자가 대통령령으로 정하는 정당한 사유 없이 다음의 어느 하나에 해당하는 경우 납부유예 허가를 취소하거나 변경하고, 다음의 어느 하나에 따른 세액과 대통령령으로 정하는 바에 따라 계산한 이자상당액[23]을 징수한다(조특법 제30조의 7 제3항).

① 해당 거주자가 가업에 종사하지 아니하게 된 경우[24] : 납부유예된 세액의 전부

② 주식등을 증여받은 거주자의 지분이 감소한 경우[25] : 다음의 구분에 따른 세액

　ⅰ) 증여일부터 5년 이내에 감소한 경우 : 납부유예된 세액의 전부

　ⅱ) 증여일부터 5년 후에 감소한 경우 : 납부유예된 세액 중 지분 감소 비율을 고려하여 대통령령으로 정하는 바에 따라 계산한 세액[26]

③ 다음에 모두 해당하는 경우 : 납부유예된 세액의 전부

　ⅰ) 증여일부터 5년간 대통령령으로 정하는 정규직근로자(이하 "정규직근로자") 수

---

[23] "대통령령으로 정하는 바에 따라 계산한 이자상당액"이란 다음 "①"의 금액에 "②"의 기간과 "③"의 율(법 제30조의 7 제6항에 해당하는 경우에는 "③"의 율에 100분의 50을 곱한 율)을 곱하여 계산한 금액을 말한다. 이 경우 "②"의 기간 중에 "③"의 이자율이 변동된 때에는 상증령 제69조제2항을 준용한다(조특령 제27조의 7 제14항).
　① 법 제30조의 7 제3항 각호에 따른 증여세액
　② 당초 증여받은 가업 주식등에 대한 증여세 과세표준 신고기한의 다음 날부터 법 제30조의 7 제3항 각호 의 사유가 발생한 날까지의 기간
　③ 법 제30조의 7 제3항에 따른 납부유예 허가의 취소 또는 변경 당시의 국기령 제43조의 3 제2항 본문에 따른 이자율을 365로 나눈 율. 다만, 위 "②"의 기간 중에 국기령 제43조의 3 제2항 본문에 따른 이자율이 1회 이상 변경된 경우 그 변경 전의 기간에 대해서는 변경 전의 이자율을 365로 나눈 율을 적용한다.
[24] 다음의 경우는 해당 거주자가 가업에 종사하지 아니하게 된 것으로 본다(조특령 제27조의 7 제8항).
　① 가업의 주식등을 증여받은 거주자(제5항에 따른 거주자의 배우자를 포함한다)가 대표이사로 종사하지 않는 경우(증여일부터 5년 이내의 기간 중으로 한정한다)
　② 해당 가업을 1년 이상 휴업(실적이 없는 경우를 포함)하거나 폐업하는 경우
[25] "거주자의 지분이 감소한 경우"란, ① 수증자가 증여받은 주식 등을 처분하는 경우(예외 있음), ② 증여받은 주식 등을 발행한 법인이 유상증자 등을 하는 과정에서 실권 등으로 수증자의 지분율이 낮아지는 경우(예외 있음), ③ 수증자와 특수관계에 있는 자의 주식처분 또는 유상증자 시 실권 등으로 지분율이 낮아져 수증자가 최대주주등에 해당되지 아니하는 경우(예외 있음)를 포함한다(조특령 제27조의 7 제9항).
[26] "지분감소 비율을 고려하여 대통령령으로 정하는 바에 따라 계산한 세액"이란 다음 계산식에 의하여 계산한 세액을 말한다(조특령 제27조의 7 제10항).

> \* 세액 = A × (B ÷ C)
>
> A : 법 제30조의 7 제1항에 따라 납부유예된 세액
> B : 감소한 지분율
> C : 증여일 현재 지분율

의 전체 평균이 증여일이 속하는 사업연도의 직전 2개 사업연도의 정규직근로자 수 평균의 100분의 70에 미달하는 경우

ii) 증여일부터 5년간 대통령령으로 정하는 총급여액(이하 "총급여액")의 전체 평균이 증여일이 속하는 사업연도의 직전 2개 사업연도의 총급여액 평균의 100분의 70에 미달하는 경우

④ 해당 거주자가 사망하여 상속이 개시되는 경우 : 납부유예된 세액의 전부

위 규정에서, "정당한 사유가 있는 경우"에는 납부유예 세액과 이자상당액을 징수하지 않는 바, 정당한 사유는 다음과 같다(조특령 제27조의 7 제7항).

① 수증자가 증여받은 주식 등을 국가 또는 지방자치단체에 증여하는 경우

② 수증자가 법률에 따른 병역의무의 이행, 질병의 요양, 취학상 형편 등으로 가업에 직접 종사할 수 없는 경우(다만, 증여받은 주식등을 처분하거나 그 부득이한 사유가 종료된 후 가업에 종사하지 아니하는 경우는 제외)

한편, 납세지 관할 세무서장은 납부유예 허가를 받은 자가 다음의 어느 하나에 해당하는 경우 그 허가를 취소하거나 변경하고, 납부유예된 세액의 전부 또는 일부와 대통령령으로 정하는 바에 따라 계산한 이자상당액을 징수할 수 있다(조특법 제30조의 7 제5항).

① 담보의 변경 또는 그 밖의 담보 보전에 필요한 관할 세무서장의 명령에 따르지 아니한 경우

② 국세징수법 제9조의 '납부기한 전 징수' 사유에 해당되어 납부유예된 세액의 전액을 징수할 수 없다고 인정되는 경우

(2) 아울러, 수증자가 위 납부유예액 징수사유(조특법 제30조의 7 제3항 제1호부터 제4호까지)에 해당하는 경우 그 날이 속하는 달의 말일부터 3개월 이내에 대통령령으로 정하는 바에 따라 납세지 관할 세무서장에게 신고하고 해당 상속세와 이자상당액을 납세지 관할 세무서, 한국은행 또는 체신관서에 납부하여야 한다(조특법 제30조의 7 제4항). 이때 상속세와 이자상당액을 납부하는 때에는 기획재정부령으로 정하는 납부유예 추징사유 신고 및 자진납부 계산서를 납세지 관할 세무서장에게 제출하여야 한다. 다만, 조특법 제30조의 7 제3항에 따라 이미 증여세와 이자상당액이 징수된 경우에는 그러하지 아니하다.

(3) 납부유예액 징수사유 중 주식등을 증여받은 거주자의 지분이 감소한 경우와 해당 거주자가 사망하여 상속이 개시되는 경우로서 납부유예된 세액과 이자상당액을 납부하여야 하는 자는 다음의 어느 하나에 해당하는 경우 조특법 제30조의 7 제3항 및 제4항에도 불구

하고 납세지 관할 세무서장에게 해당 세액과 이자상당액의 납부유예 허가를 신청할 수 있다(조특법 제30조의 7 제6항).

① 조특법 제30조의 7 제3항 제2호(주식등을 증여받은 거주자의 지분이 감소한 경우)에 해당하는 경우로서 수증자가 조특법 제30조의 6에 따른 가업의 승계에 대한 증여세 과세특례를 적용받거나 같은 법 제30조의 7에 따른 가업승계 시 증여세의 납부유예 허가를 받은 경우

② 조특법 제30조의 7 제3항 제4호(해당 거주자가 사망하여 상속이 개시되는 경우)에 해당하는 경우로서 상속인이 상속받은 가업에 대하여 상증법 제18조의 2 제1항에 가업상속공제를 받거나 같은 법 제72조의 2 제1항에 따른 납부유예 허가를 받은 경우

# 상속 · 증여세 결정 및 경정

## 1 상속 · 증여세 과세표준과 세액의 결정

상속세 또는 증여세는 신고에 의하여 과세표준과 세액을 결정한다. 다만, 신고를 하지 아니하였거나 그 신고한 과세표준이나 세액에 탈루 또는 오류가 있는 경우에는 그 과세표준과 세액을 조사하여 결정한다(상증법 제76조 제1항).

### (1) 상속세 또는 증여세의 결정

납세의무자가 신고한 과세표준 및 세액이 조사 내용과 동일하다면 정부는 신고내용에 따라 과세표준 및 세액을 결정한다. 그러나 신고하지 아니하였거나 신고내용에 탈루 또는 오류가 있어 조사한 내용과 다른 경우에는 그 조사된 내용으로 결정하고 조사결과 추가로 납부하여야 할 세액은 가산세를 가산하여 납세자로부터 징수하는 절차를 밟는다.

상속세 또는 증여세는 신고에 의하여 납세의무가 확정되는 것이 아니라 정부의 결정에 의하여 납세의무가 확정되는 세목이다. 따라서 '신고에 의하여 결정한다'는 것은 납세의무자가 신고한 내용을 기초로 정부가 이를 조사하여 납세의무를 확정시키는 것을 의미한다. 즉, 결정이란 납세의무를 정부가 개별적 · 구체적으로 확정시키는 행위(처분)를 말하는 것이다.

### (2) 수시 결정

국세, 지방세 또는 공과금의 체납으로 체납처분을 받은 때, 강제집행(민사소송법상의 강제집행을 말한다)을 받은 때, 어음법 및 수표법에 따른 어음교환소에서 거래정지 처분을 받은 때, 경매가 개시된 때, 법인이 해산한 때, 국세를 포탈하려는 행위가 있다고 인정될 때, 납세관리인을 정하지 아니하고 국내에 주소 또는 거소를 두지 아니하게 된 때(국세징수법 제9조 제1항 "납기 전 징수 사유")에 해당하면 신고기한 전이라도 수시로 상속세 또는 증여세를 결정할 수 있다(상증법 제76조 제2항).

## (3) 신고분에 대한 법정결정기한

납세자의 신고분에 대한 법정결정기한은 다음과 같다(상증령 제78조 제1항).
가. 상속세 : 상속세 과세표준 신고기한으로부터 9월
나. 증여세 : 증여세 과세표준 신고기한으로부터 6월

세무서장 또는 지방국세청장은 법정신고기한 내 상속세 또는 증여세 신고를 받은 경우에는 그 신고를 받은 날부터 "법정결정기한" 이내에 과세표준과 세액을 결정하여야 한다. 다만, 상속재산 또는 증여재산의 조사, 가액의 평가 등에 장기간이 소요되는 등 부득이한 사유가 있어 그 기간 이내에 결정할 수 없는 경우에는 그 사유를 상속인 · 수유자 또는 수증자에게 통지하여야 한다(상증법 제76조 제3항).

## (4) 상속세 또는 증여세의 경정결정

### 1) 의의

세무서장 등은 당초 결정 후 그 과세표준과 세액에 탈루 또는 오류가 있는 것을 발견한 경우에는 즉시 그 과세표준과 세액을 조사하여 경정한다. 납세의무자의 신고 또는 과세자료에 의하여 과세관청이 처음으로 결정하는 처분을 결정 또는 당초 결정이라 하고, 당초 결정에 오류 또는 탈루가 있어서 다시 고쳐 결정하는 처분을 경정결정이라 한다.

조세채무의 확정행위(조세부과처분)를 준법률적 행정행위인 확인행위라고 그 법적성질을 규정지을 때 확인이란 기존의 사실 또는 법률관계의 존부나 정부(正否)를 의문의 여지가 없도록 확정 · 선언하는 것이기 때문에 그것은 법선언적 행위이며 따라서 불가변력 내지 실질적 확정력이 발생하게 된다. 따라서 확정이 이루어진 경우 그 효과는 임의로 변경할 수 없다 할 것이다. 하지만 세법은 신고 또는 결정으로 확정된 이후에 오류 또는 탈루가 발견된 때에는 즉시 이를 다시 경정하도록 규정함으로써 이 확정력의 효력을 배제시킨다.[27]

---

27) 최명근, 「세법학총론」, 세경사, 2006., 382면

## 2) 경정 등의 청구 특례

결정 또는 경정의 청구를 하고자 하는 자는 청구인의 성명과 주소 또는 거소, 결정 또는 경정 전의 과세표준 및 세액, 결정 또는 경정 후의 과세표준 및 세액 및 법령에서 정하는 사유에 해당됨을 입증하는 서류 등을 기재한 결정 또는 경정청구서를 제출하여야 한다.

### 가. 6개월 이내 청구의 경우

상증법 제67조에 따라 상속세 과세표준 및 세액을 신고한 자 또는 상증법 제76조에 따라 상속세 과세표준 및 세액의 결정 또는 경정을 받은 자에게 다음의 어느 하나에 해당하는 사유가 발생한 경우에는 그 사유가 발생한 날부터 6개월 이내에 결정이나 경정을 청구할 수 있다(상증법 제79조 제1항).

① 상속재산에 대한 상속회복청구소송 등의 사유로 상속개시일 현재 상속인 간에 상속재산가액이 변동된 경우

상속회복청구소송 등의 사유란 피상속인 또는 상속인과 그 외의 제3자와의 분쟁으로 인한 상속회복청구소송 또는 유류분반환청구소송의 확정판결이 있는 경우를 말한다(상증령 제81조 제2항). 유류분반환청구소송이 빈번히 발생하는 점을 감안하여 법개정을 통하여 유류분반환청구소송으로 상속재산가액이 변경되는 경우 경정청구할 수 있도록 하였다.

② 상속개시 후 1년이 되는 날까지 상속재산의 수용 등의 사유로 상속재산의 가액이 크게 하락한 경우

상속재산의 수용 등의 사유란 다음의 어느 하나에 해당하는 경우를 말한다(상증령 제81조 제3항).

ⓐ 상속재산이 수용·경매(「민사집행법」에 의한 경매를 말한다) 또는 공매된 경우로서 그 보상가액·경매가액 또는 공매가액이 상속세 과세가액보다 하락한 경우

ⓑ 상증법 제63조 제3항에 따라 주식등을 할증평가하였으나 일괄하여 매각(피상속인 및 상속인과 상증령 제2조의2 제1항 제1호의 관계에 있는 자에게 일괄하여 매각한 경우를 제외한다)함으로써 최대주주등의 주식등에 해당되지 아니하는 경우. 당해 사유로 결정 또는 경정의 청구를 하는 때에는 상증법 제63조 제3항에 따른 할증평가된 가액에 대하여 하여야 한다.

ⓒ 상속재산이 다음의 주식에 해당하여 그 주식을 의무적으로 보유해야 하는 기간의 만료일부터 2개월 이내에 매각한 경우로서 그 매각가액이 상속세 과세가액보다 낮은 경우. 이 경우 보유하고 있었던 사실을 증명할 수 있는 서류를 국세청장에게 제출한 경

우로 한정한다.

(a) 「자본시장과 금융투자업에 관한 법률」에 따라 처분이 제한되어 의무적으로 보유해야 하는 주식

(b) 「채무자 회생 및 파산에 관한 법률」 및 「기업구조조정 촉진법」에 따른 절차에 따라 발행된 주식으로서 법원의 결정에 따라 보호예수(保護預受)해야 하는 주식

### 나. 3개월 이내 청구의 경우

다음 어느 하나에 해당하는 경우에는 그 사유가 발생한 날부터 3개월 이내에 결정 또는 경정을 청구할 수 있다(상증법 제79조 제2항).

① 상증법 제37조(부동산 무상사용에 따른 이익의 증여)에 따른 증여세를 결정 또는 경정받은 자가 부동산 무상사용기간(5년) 중 부동산소유자로부터 해당 부동산을 상속 또는 증여받거나 다음과 같은 사유로 해당 부동산을 무상으로 사용하지 아니하게 되는 경우

ⓐ 부동산소유자가 당해 토지를 양도한 경우

ⓑ 부동산소유자가 사망한 경우

ⓒ 위의 경우와 유사한 경우로서 부동산 무상사용자가 당해 부동산을 무상으로 사용하지 아니하게 되는 경우

② 상증법 제41조의 4(금전 무상대출 등에 따른 이익의 증여)에 따른 증여세를 결정 또는 경정받은 자가 같은 조 제2항의 대출기간 중에 대부자로부터 해당 금전을 상속 또는 증여받거나 다음과 같은 사유로 해당 금전을 무상으로 또는 적정이자율보다 낮은 이자율로 대출받지 아니하게 되는 경우

ⓐ 해당 금전에 대한 채권자의 지위가 이전된 경우

ⓑ 금전대출자가 사망한 경우

ⓒ 위와 유사한 경우로서 금전을 무상으로 또는 적정이자율보다 낮은 이자율로 대출받은 자가 해당 금전을 무상으로 또는 적정이자율보다 낮은 이자율로 대출받지 아니하게 되는 경우

③ 타인의 재산을 무상으로 담보로 제공하고 금전 등을 차입함에 따라 상증법 제42조(재산사용 및 용역제공 등에 따른 이익의 증여)에 따른 증여세를 결정 또는 경정받은 자가 같은 조 제2항에 따른 재산의 사용기간 중에 재산 제공자로부터 해당 재산을 상속 또는 증여받거나 다음과 같은 사유로 무상으로 또는 적정이자율보다 낮은 이자율로 차입하지 아니하게 되는 경우

ⓐ 담보제공자가 사망한 경우

ⓑ 위와 유사한 경우로서 해당 재산을 담보로 사용하지 아니하게 되는 경우

위의 세 가지 사유로서, 결정 또는 경정의 청구를 함에 있어서는 아래 "ⓐ"의 금액에 "ⓑ"의 비율을 곱하여 계산한 금액에 대하여 이를 하여야 한다. 이 경우 월수는 역에 따라 계산하되, 1개월 미만의 일수는 1개월로 한다(상증령 제81조 제9항).

ⓐ 증여세 산출세액(상증법 제57조에 따른 산출세액에 가산하는 금액을 포함한다)

ⓑ 다음의 구분에 따른 비율

· 부동산 무상사용의 경우

★
　　사유발생일부터 부동산 무상사용기간의 종료일까지의 월수 / 부동산 무상사용기간의 월수

· 금전 무상대출의 경우

★
　　사유발생일부터 금전을 무상으로 또는 적정이자율보다 낮은 이자율로 대출받은 기간의 종료일까지의 월수/금전을 무상으로 또는 적정이자율보다 낮은 이자율로 대출받은 기간의 월수

· 재산의 무상담보의 경우

★
　　사유발생일부터 담보를 제공받은 기간의 종료일까지의 월수 / 담보를 제공받은 기간의 월수

### 3) 당초처분과 확정처분에 대한 학설

상속세 및 증여세와 같이 정부부과주의를 채택한 세목에 있어서는 당초의 부과처분과 경정결정과 어떤 상호관계가 있는가에 대하여 병존설, 소멸설(흡수설) 및 흡수병존설 등으로 견해가 나누어져 있다.[28]

병존설은 분리설이라고도 한다. 병존설에서는 당초 처분 또는 확정이 있은 후 행한 경정처분의 효력은 그에 의하여 증가 또는 감소된 과세표준 및 세액의 부분에 대해서만 발생하고 이미 확정된 납세의무는 영향을 받지 않는다는 것이다. 당초처분과 경정처분은 별개의 처분으로 병존한다고 보는 것이다.

---

28) 최명근, 앞의 책, 383~388면

소멸설은 흡수설이라고도 한다. 흡수설은 병존설과 반대의 견해를 취한다. 다시 말하면, 당초 결정 이후에 행한 증액경정처분 등에 의하여 당초처분의 효력은 소멸하여 경정처분 등에 흡수되어 버리고 경정처분 등에 의해 과세표준 및 세액이 증액된 경우 그 증액된 부분을 포함하여 확정된 과세표준 및 세액 전체에 걸쳐 새로이 효력이 발생하는 것이다. 과세처분 또는 신고확정이 이루어진 뒤에 감액경정처분을 한 경우에는 당초처분 또는 신고확정된 과세표준과 세액의 일부가 취소되고 잔여부분의 확정력만 지속하는 것으로 보고 있다.

흡수병존설은 절충설이라고도 한다. 당초 결정 또는 신고확정이 있은 후에 경정결정 등이 행해지면 그 경정결정 등의 효력은 과세표준 및 세액의 증차액에 대해서만 발생하나 당초결정 또는 신고확정은 경정처분 등에 흡수되어 일체가 된다고 보는 견해이다.

## 4) 증액 및 감액 경정의 효력

세법의 규정에 의하여 당초확정된 세액을 증가시키는 경정은 당초확정된 세액에 관한 국기법 또는 세법에서 규정하는 권리·의무 관계에 영향을 미치지 아니한다(국기법 제22조의 3 제1항). 세법의 규정에 의하여 당초확정된 세액을 감소시키는 경정은 그 경정에 의하여 감소되는 세액 외의 세액에 관한 국기법 또는 세법에서 규정하는 권리·의무 관계에 영향을 미치지 아니한다(국기법 제22조의 3 제2항).

국기법 제22조의 3 제1항 및 제2항을 살펴보면, 우리 세법은 당초확정과 경정확정에 대하여 법문으로 보면 병존설의 입장에 기초하고 있는 것으로 볼 수 있다.[29] 증액(혹은 감액)확정은 그 증(감)액된 부분에 대해서만 효력이 발생하고 당초 결정의 효력은 그 효력을 계속 유지하는 것이다.

증액확정의 경우 당초확정에 기초를 둔 징수권의 시효 중단과 정지의 효력은 그대로 지속하게 되고, 당초확정에 기초를 둔 납부는 과오납금이 되지 아니하며, 당초확정에 기초를 둔 독촉, 압류, 징수유예, 체납처분유예 등 각종처분의 효력에도 영향을 미치지 아니하게 된다.

감액확정의 경우에는 감액된 잔액의 범위 안에서 당초확정의 효력이 증액확정의 경우처럼 계속 유지된다고 보면 될 것이다.

## 5) 현행 규정[30]에 대한 판례의 입장[31]

종래 대법원은 증액경정처분에 대해 흡수설의 입장에 있었다. 그러나 대법원 판례에 따라 흡수설을 견지하는 경우 당초 처분에 근거한 가산금결정, 체납처분 등의 선행절차가 모

---

29) 일본 국세통칙법도 우리와 법문의 구조 및 내용이 동일하다.
30) 판결 당시에는 국기법 제22조의 2에 규정되었으나, 현재는 제22조의 3에 규정되어 있다.
31) 국세공무원교육원, 「국세기본법」, 2015., 119면

두 무효가 되는 법적 문제점이 있고, 납세자가 고의적으로 적은 금액의 경정사유를 제공하여 증액경정처분을 받아 이미 불복제기기간이 경과한 당초결정에 대하여도 불복청구를 하는 등의 악용사례가 빈번하여 2002. 12. 18. 국기법 제22조의 2에 '경정 등의 효력'이라는 규정을 신설하여 경정처분의 효력은 그 경정에 의하여 증감된 부분에만 영향을 미치고 당초 확정된 세액에는 영향을 미치지 아니한다고 규정하였다.

그러나 현행 법령의 규정에도 불구하고 대법원 판례에는 '경정 등의 효력'에 관한 규정을 해석함에 있어 제한적 흡수설의 입장을 취한 판례[32]와 병존설의 입장을 밝힌 판례[33] 등이 공존하고 있다.

### 2 고액 상속자 재산 사후관리

세무서장 등은 고액 상속인의 주요 재산이 상속개시 후 일정 기간 내에 현저하게 증가하였을 경우 그 정당성 여부를 조사하여야 한다. 이는 당초 결정에서 발생할 수 있는 오류 또는 탈루를 시정하기 위하여 시행하는 규정이다.

#### (1) 사후관리 대상

세무서장 등이 당초 결정한 상속재산의 가액이 30억 원 이상인 경우로서 상속개시일부터 5년이 되는 날("조사기준일"이라 한다)까지의 기간 이내에 상속인이 보유한 주요 재산의 가액이 상속개시 당시에 비하여 현저히 증가한 경우에는 그 결정한 과세표준과 세액에 탈루 또는 오류가 있는지 여부를 조사하여야 한다(상증법 제76조 제5항).

당해 사후관리는 상속인이 보유한 주요 재산의 가액이 상속개시일부터 조사기준일까지의 경제상황 등의 변동 등에 비추어 보아 정상적인 증가규모를 현저하게 초과하였다고 인정되는 경우로서 그 증가요인이 객관적으로 명백하지 아니한 경우에 한하여 실시한다.

#### (2) 관리 대상 주요 재산의 범위

상속개시 당시부터 상속개시 후 5년이 되는 조사기준일까지의 기간 중 현저히 증가하였는지를 파악해야 하는 주요 재산은 부동산, 주식, 금융재산, 서화·골동품, 기타 유형재산, 무체재산권(영업권, 공업소유권, 어업권, 특허권, 실용신안권, 상표권, 디자인권, 저작권, 광업권, 채석권 등) 등이다(상증령 제78조 제3항).

---

32) 대법원 2006두17390, 2009. 5. 14.
33) 대법원 2010두9808, 2011. 4. 14.

## (3) 경정조사 적용 배제

상속인이 그 증가한 주요 재산에 관한 자금출처를 다음과 같은 방법에 따라 입증하는 경우에는 경정조사 적용을 배제한다(상증법 제76조 제5항, 상증령 제78조 제5항, 상증령 제34조 제1항).

가. 신고하였거나 과세(비과세 또는 감면받은 경우를 포함)받은 소득금액

나. 신고하였거나 과세받은 상속 또는 수증재산의 가액

다. 재산을 처분한 대가로 받은 금전이나 부채를 부담하고 받은 금전으로 당해 재산의 취득 또는 당해 채무의 상환에 직접 사용한 금액

## 3 과세표준과 세액의 결정통지

세무서장 등은 상증법 제76조에 따라 결정한 과세표준과 세액을 상속인·수유자 또는 수증자에게 통지하여야 한다. 이 경우 상속인이나 수유자가 2명 이상이면 그 상속인이나 수유자 모두에게 통지하여야 한다(상증법 제77조).

### (1) 통지 내용

과세표준과 세액을 통지하는 경우에는 납부고지서에 과세표준과 세액의 산출 근거를 적어 통지하여야 한다. 이 경우 지방국세청장이 과세표준과 세액을 결정한 것에 대하여는 지방국세청장이 조사·결정했다는 것을 적어야 한다(상증령 제79조).

### (2) 상속인 또는 수유자가 2인 이상인 경우

개정 전의 규정에 따르면, 상속인 또는 수유자가 2인 이상인 경우에는 상속세 법정신고기한 내 상속세 과세표준신고서를 제출한 자 혹은 상속인 대표자 중 어느 하나에 해당하는 자 1인에게만 할 수 있으며, 이 통지의 효력은 상속인 또는 수유자 모두에게 미친다고 규정하였다. 그러나 납세자의 편의와 권익보호 차원에서 그 상속인이나 수유자 모두에게 통지하여야 하는 것으로 2015. 12. 15. 상증법이 개정되었다.

한편, 다음의 내용들은 상증법 제77조가 개정되기 전의 규정에 대해 판시한 대법원 판례를 정리한 것으로서 결정통지의 중요성을 여실히 나타내 주고 있다.

공동상속인 중 1인에게 상속세 고지를 하면서 납세의무자별로 그 상속분에 상응하는 부과세액을 특정하지 않는 경우 고지서를 받지 못한 납세의무자에게는 과세처분이 존재하지 않는다(대법원 98두3556, 2000. 10. 13.).

국세징수법 제9조 제1항은 '세무서장은 국세를 징수하고자 할 때에는 납세자에게 그 국세의 과세기간 · 세목 · 세액 및 그 산출근거, 납부기한과 납부장소를 명시한 납세고지서를 발부하여야 한다'고 규정[34]하고 있는바, 납세고지서에 의한 과세처분의 경우 그 납세의무자는 납세고지서의 형식적 기재에 따라 객관적으로 판단하여 확정하여야 한다.

세무관청이 공동상속인에 대하여 납세고지서를 발부할 때에는 그 납세고지서에 납세의무자인 공동상속인들의 성명은 물론 납세의무자별로 그 상속분에 상응하여 세분된 세액으로 부과세액을 특정함과 아울러 그 산출근거 내지 계산명세를 반드시 기재하거나 첨부하여야 하므로(대법원 93누3387, 1993. 5. 27., 대법원 90누7401, 1991. 4. 9., 대법원 87누545, 1988. 11. 22. 등 참조), 공동상속인들에 대하여 각기 세분된 세액을 구분 기재하지 아니한 채 그 세액의 합계액만을 기재한 납세고지서를 공동상속인들 중 1인에 대해서만 송달한 경우에는 그 송달을 받은 상속인에 대하여서는 그 납세고지에 의한 과세처분이 위법하기는 하나 존재하지 않는다고 할 수 없지만, 나머지 공동상속인들에 대하여서는 그 납세고지서 송달의 효력을 인정할 수 없으므로, 이에 의한 과세처분은 존재한다고 할 수 없다.

## 제**2**절　납세관리인

납세관리인 규정은 종전에는 상증법 제81조에서 규정하고 있었으나 2007. 12. 31. 상증법 개정 시 삭제되어 국기법 제82조 제5항 및 제6항으로 이관되었다.

### 1　납세관리인 선정

아래에 해당하는 경우에는 상속세의 신고 · 납부 등 국세에 관한 사항을 처리하기 위하여 납세관리인을 정하여야 한다. 납세자는 국세에 관한 사항을 처리하게 하기 위하여 변호사, 세무사 또는 세무사법 제20조의 2 제1항의 규정에 따라 등록한 공인회계사를 납세관리인으로 둘 수 있다.

(1) 납세자가 국내에 주소 또는 거소를 두지 아니하거나 국외로 주소 또는 거소를 이전

---

34) 국징법 기본통칙 9−0…1(연대납세의무자 등에 대한 납세의 고지), 국세기본법 제25조(연대납세의무)와 상속세 및 증여세법 제3조의 2(상속세납부의무) 및 제4조의 2(증여세납부의무)에 따라 연대납세의무를 지는 자에게 납세고지를 하는 경우에는 연대납세의무자 전원을 고지서에 기재하여야 하며, 각자에게 모두 고지서를 발부하여야 한다.

하려는 때

(2) 상속인이 확정되지 아니하였거나 상속인이 상속재산을 처분할 권한이 없는 경우

(3) 비거주자인 상속인 또는 수유자가 금융기관에 상속재산의 지급 · 개서 또는 변경을 청구하는 경우

## 2  납세관리인의 업무 및 권한

납세관리인은 국기법 및 세법에 의한 신고 · 신청 · 청구 기타 서류의 작성 및 제출, 세무서장 등이 발부한 서류의 수령 및 국세 등의 납부 또는 국세환급금의 수령에 관하여 납세자를 대리할 수 있다.

납세자의 해임행위(민법 제128조), 납세자 또는 납세관리인의 사망 및 금치산 또는 파산 등의 사유가 발생한 때 납세관리인의 권한이 소멸한다(국기법 기본통칙 82-0…1).

다만, 납세관리인의 권한 소멸 후 그 소멸한 사실을 모르고 그 납세관리인에게 행한 행위 또는 그 납세관리인이 행한 행위는 당해 납세자(납세의무승계자 포함)에게 효력이 있다.

## 3  납세관리인의 설정 · 변경 · 해임의 신고

납세자가 납세관리인을 정하거나 납세관리인을 변경 또는 해임하는 때에는 납세관리인 설정(변경, 해임) 신고서(국기칙 제33조의 별지 제43호 서식)에 의하여 다음 사항을 관할 세무서장에게 신고하여야 한다.

(1) 설정 시 : 납세자 및 납세관리인의 성명, 주소(거소), 설정의 이유

(2) 변경 시 : 납세자 및 변경 전 · 납세관리인의 성명, 주소(거소), 변경의 이유

그러나 납세관리인이 부적당하다고 인정되는 때에는 세무서장은 기한을 정하여 납세자에게 그 변경을 요구할 수 있다. 이 경우 요구를 받은 납세자가 정하여진 기한 내에 납세관리인 변경의 신고를 하지 아니한 때에는 납세관리인의 설정은 없는 것으로 본다(국기령 제65조).

## 4  납세관리인의 지정통지

관할 세무서장은 납세자가 납세관리인 설정(변경) 신고를 하지 아니한 때에는 납세자의 재산 또는 사업의 관리인을 납세관리인으로 정할 수 있다.

관할 세무서장이 납세자의 재산이나 사업의 관리인을 납세관리인으로 정한 때에는 해당

납세자와 납세관리인에게 지체 없이 그 사실을 납세관리인 지정통지서(국기칙 제33조의 3의 별지 제43호의 3 서식)에 의하여 통지하여야 한다.

## 5 추정상속인·유언집행자 또는 상속재산관리인

세무서장 또는 지방국세청장은 상증법에 따라 상속세를 부과할 때에 납세관리인이 있는 경우를 제외하고 상속인이 확정되지 아니하였거나 상속인이 상속재산을 처분할 권한이 없는 경우에는 특별한 규정이 없으면 추정상속인·유언집행자 또는 상속재산관리인에 대하여 상증법 중 상속인 또는 수유자에 관한 규정을 적용하여 상속세 납세의무를 지울 수 있다.

---

## 제3절 세원 확보를 위한 조사권 등

### 1 금융재산 일괄조회

#### (1) 개요

금융재산 일괄조회란 과세관청이 상속세 또는 증여세 과세의 실효성을 확보함과 동시에 행정력 소모를 줄이기 위하여 상속인 및 피상속인 또는 증여자 및 수증자의 금융재산에 관한 자료를 금융회사 등의 장에게 일괄적으로 조회할 수 있는 제도를 말한다. 상속인 등은 금융감독원장에게 피상속인 등의 산재한 금융정보를 일괄하여 조회한 후 개별 금융회사를 방문하여 필요한 금융거래정보를 확보할 수 있다.

#### (2) 일괄조회대상

국세청장(지방국세청장을 포함한다)은 세무서장 등이 상증법 제76조에 따른 상속세 또는 증여세를 결정하거나 경정하기 위하여 조사하는 경우에는 금융회사 등의 장에게 「금융실명거래 및 비밀보장에 관한 법률」 제4조에도 불구하고 다음의 어느 하나에 해당하는 자의 금융재산에 관한 과세자료를 일괄하여 조회할 수 있다(상증법 제83조 제1항).

1) 직업, 연령, 재산 상태, 소득신고 상황 등으로 볼 때 상속세나 증여세의 탈루 혐의가 있다고 인정되는 자

2) 상증법 제85조(납세자별 재산 과세자료의 수집·관리) 제1항을 적용받는 상속인·피
  상속인 또는 증여자·수증자

### (3) 조회방법 등

국세청장은 금융회사 등의 장에게 과세자료를 조회할 때에는 다음의 사항을 적은 문서로
요구하여야 한다.

1) 피상속인 등의 인적사항
2) 사용 목적
3) 요구하는 자료 등의 내용

금융재산에 대한 조회를 요구받은 금융회사 등의 장은 그 요구받은 과세자료를 지체 없
이 국세청장에게 제출하여야 한다.

## 2 질문·조사

### (1) 세무공무원의 질문조사권

세무에 종사하는 공무원은 상속세나 증여세에 관한 조사 및 그 직무 수행에 필요한 경우
에는 다음의 어느 하나에 해당하는 자에게 질문하거나 관련 장부·서류 또는 그 밖의 물건
을 조사하거나 그 제출을 명할 수 있다. 이 경우 세무에 종사하는 공무원은 질문·조사하거
나 장부·서류 등의 제출을 요구함에 있어 직무상 필요한 범위 외에 다른 목적 등을 위하여
그 권한을 남용해서는 아니 된다(상증법 제84조).

1) 납세의무자 또는 납세의무가 있다고 인정되는 자
2) 피상속인 또는 위 "1)"의 자와 재산을 주고받은 관계이거나 재산을 주고받을 권리가
  있다고 인정되는 자
3) 상증법 제82조에 규정된 지급명세서 등을 제출할 의무가 있는 자

최근 정부는 질문·조사권 남용 금지 규정을 신설하여 투명하고 객관적으로 사후검증 대
상자가 선정되도록 하고, 필요 최소한의 범위 내에서 사후검증이 실시될 수 있도록 하였다.

지급명세서 등을 제출할 의무가 있는 자로는 생명보험이나 손해보험의 보험금(해약환급
금 및 중도인출금을 포함한다)을 지급하거나 명의변경을 취급하는 자 및 퇴직금, 퇴직수당,
공로금 또는 그 밖에 이와 유사한 금액(연금은 제외)을 지급하는 자 등이 포함된다.

한편, 상속재산 및 증여재산에 대하여 공신력 있는 감정기관의 감정가액이 있는 경우 상증법 제84조에 따라 세무서장은 그 감정가액을 조회할 수 있다(상증법 기본통칙 84-0…1).

## (2) 조사원증 제시

세무에 종사하는 공무원이 상속세 또는 증여세에 관한 조사를 하는 경우에 장부·서류·기타 물건의 조사를 할 때에는 조사원증을 관계자에게 제시하여야 한다(상증령 제86조).

## 3 납세자별 재산 과세자료의 수집·관리

### (1) 납세자별 과세자료의 관리

국세청장은 재산 규모, 소득수준 등을 고려하여 대통령령으로 정하는 자에 대해서는 상속세 또는 증여세의 부과·징수 업무를 효율적으로 수행하기 위하여 세법에 따른 납세자 등이 제출하는 과세자료나 과세 또는 징수의 목적으로 수집한 부동산·금융재산 등의 재산 자료를 그 목적에 사용할 수 있도록 납세자별로 매년 전산조직에 의하여 관리하여야 한다(상증법 제85조 제1항). 대통령령으로 정하는 자는 다음과 같다(상증령 제87조 제1항).
 1) 부동산과다보유자로서 재산세를 일정금액 이상 납부한 자 및 그 배우자
 2) 부동산임대에 대한 소득세를 일정금액 이상 납부한 자 및 그 배우자
 3) 종합소득세(부동산임대에 대한 소득세를 제외한다)를 일정금액 이상 납부한 자 및 그 배우자
 4) 납입자본금 또는 자산규모가 일정금액 이상인 법인의 최대주주 등 및 그 배우자
 5) 기타 상속세 또는 증여세의 부과·징수업무를 수행하기 위하여 필요하다고 인정되는 자로서 기획재정부령이 정하는 자

기획재정부령이 정하는 자의 범위는 다음과 같다(상증칙 제23조 제1항).
 1) 고액의 배우자 상속공제를 받거나 증여에 의하여 일정금액 이상의 재산을 취득한 자
 2) 일정금액 이상의 재산을 상속받은 상속인
 3) 일정금액 이상의 재산을 처분하거나 재산이 수용된 자로서 일정 연령 이상인 자
 4) 기타 상속세 또는 증여세를 포탈할 우려가 있다고 인정되는 자

재산 과세자료에 대한 납세자별 전산조직의 관리·운영에 필요한 세부 사항은 국세청장이 정한다(상증법 제85조 제5항).

## (2) 재산 자료 수집·관리 대상자의 선정 기준

상증령 제87조 제1항 제1호 내지 제5호의 규정에 의한 대상자의 선정·부동산과다보유 및 금액기준은 납세자 등이 제출한 과세자료나 과세 또는 징수목적으로 수집한 재산 및 소득자료 중 부동산보유현황·주식변동상황·소득세 및 법인세의 납부실적의 분석 등을 통하여 국세청장이 정하는 기준에 의한다(상증칙 제23조 제2항).

## (3) 과세자료의 관리

국세청장은 수집·관리하고 있는 재산 과세자료를 과세 목적 외의 용도로 사용하거나 타인에게 제공 또는 누설해서는 아니 되며, 누구든지 국세청장에게 재산 과세자료의 제공이나 이용을 요구해서는 아니 된다. 다만, 다음의 어느 하나에 해당하는 경우에는 그러하지 아니하다(상증법 제85조 제2항, 국기법 제81조의 13).

1) 지방자치단체 등이 법률에서 정하는 조세의 부과·징수 등을 위하여 사용할 목적으로 과세정보를 요구하는 경우
2) 국가기관이 조세쟁송이나 조세범 소추(訴追)를 위하여 과세정보를 요구하는 경우
3) 법원의 제출명령 또는 법관이 발부한 영장에 의하여 과세정보를 요구하는 경우
4) 세무공무원 간에 국세의 부과·징수 또는 질문·검사에 필요한 과세정보를 요구하는 경우
5) 통계청장이 국가통계작성 목적으로 과세정보를 요구하는 경우
6) 사회보험의 운영을 목적으로 설립된 기관이 관계법률에 따른 소관업무를 수행하기 위하여 과세정보를 요구하는 경우
7) 국가행정기관 등이 급부·지원 등을 위한 자격의 조사·심사 등에 필요한 과세정보를 당사자의 동의를 받아 요구하는 경우
8) 다른 법률의 규정에 따라 과세정보를 요구하는 경우

위와 같은 재산 과세자료의 제공 및 요구는 그 구체적인 목적을 밝혀 납세자 비밀보장의 본질을 해치지 아니하는 범위에서 하여야 하고, 제공된 재산 과세자료는 당초에 요구한 목적으로만 사용되어야 하며 타인에게 누설해서는 아니 된다.

## (4) 과세자료의 서면 요구

국세청장에게 재산 과세자료를 요구하는 자는 납세자 등의 인적사항, 사용 목적, 요구하

는 재산 과세자료의 내용을 적은 문서로 요구하여야 한다(상증법 제85조 제4항).

## (5) 해외이주비 자금출처 확인

### 1) 개요

1970년대 초반 중소기업을 운영하며 상당한 자산을 축적한 A씨는 전 가족이 캐나다로 이민을 갔다. 출국 당시 50대 초반이었던 A씨는 80대에 접어들자 향수병이 생겨 국내로 역이민했다. 마침 캐나다에서 대학을 졸업하고 한국에서 첫 직장을 구한 아들 B씨 가족도 국내로 들어와 살기로 하였다.

국내로 들어 온 B씨는 수십억 원 이상을 호가하는 아파트와 고급주택(빌라)을 각각 매입 하였다. B씨의 주택매입자금에 대한 출처를 조사하던 과세관청은 증여세를 부과하여야 하 는지에 대하여 고민에 빠졌다. B씨가 부친인 A씨로부터 20여 년 전 캐나다에서 증여받은 자금으로 해당 아파트와 빌라를 취득하였다고 소명하였기 때문이었다. B씨가 제출한 서류 에서 그러한 사실을 확인할 수 있었다.

과세관청은 당시 관련 법령을 여러 차례 검토를 하였지만 결국 증여세를 부과할 수 없는 것으로 결론을 내리고 해당 사안을 종결했다. 해당 재산의 증여가 이루어진 시점으로부터 20여 년 이상이 지나 부과권을 행사할 수 없었던 점과 증여 당시 두 사람 모두 비거주였던 점 및 증여장소가 국내의 과세권이 미치지 못하는 캐나다였던 점 등을 고려한 결정이었다.

이 사안을 이른바 '거주지국 선택을 통한 증여세 회피사례'로 파악한 정부는 외국환거래 규정 등 관련 법령을 정비하여 상속세 및 증여세 탈루방지책을 마련하였다. 이하에서 관련 내용을 살펴본다.

### 2) 외국환거래규정

해외이주자(해외이주예정자를 포함)가 출국하는 시점에서 보유하고 있는 재산의 현황을 파악하기 위한 절차로 해외이주자는 세대별 해외이주비 지급누계금액이 미화 10만 달러를 초과하는 경우에는 해외이주자의 관할 세무서장이 발급하는 해외이주비 전체 금액에 대한 자금출처 확인서를 지정거래외국환은행의 장에게 제출하여야 한다(외국환거래규정 제4-6조).

### 3) 해외이주비 자금출처 확인서의 발급

외국환거래규정 제4-6조에 규정된 해외이주자 및 해외이주예정자("해외이주자 등")가 신청한 해외이주비 자금출처 확인서(별지 제19호 서식)는 해외이주자 등의 최종 주소지를 관할하는 세무서장(재산세제 담당과장)이 재산반출금액이 국세의 신고·납부 금액과 대비하여 적정한지 다음 각 호의 내용을 확인하여야 하며 서면으로 자금출처를 확인할 수 없는 경우에는 실지조사 후 발급할 수 있다(상속세 및 증여세 사무처리규정 [2021. 12. 13. 국세청 훈령 제2476호] 제57조【해외이주비 자금출처 확인서의 발급】).

　　가. 신청인 및 그 세대원의 부동산 매각자금에 대한 양도소득세, 상속 또는 수증재산에 대한 상속세 및 증여세 등의 신고·납부 여부
　　나. 국세의 체납 여부
　　다. 국세징수법 제9조 제1항 각 호의 납기 전 징수 사유 해당 여부

　해외이주비 자금출처 확인서는 국세징수·예금 압류 등 조세채권확보에 필요한 조치 후 접수일로부터 10일 이내에 전산으로 발급하여야 한다. 다만, 조세채권확보 및 실지조사 등에 시간이 추가 소요되는 경우 1회에 한하여 발급기한을 20일 이내에서 연장할 수 있다.

　세무서장(재산제세 담당과장)은 세대별 해외이주비 지급 누계액이 미화 10만 달러를 초과하는 경우에는 해외이주비 전체 금액에 대하여 자금출처 확인서를 발급하여야 한다.

### 4) 소득세법상 출국세의 신설

　2016년 12월 소득세법 제118조의 9 신설로 출국세 규정이 신설되었다. 출국세는 거주자가 해외이주 시에 보유하고 있던 주식등을 양도한 것으로 보거나 해외이주 후 양도하는 경우 거주자로 보아 과세하는 제도를 말한다. 이는 거주지국을 변경하여 양도소득세를 회피하는 것을 방지하기 위한 제도적 장치로 볼 수 있다. 신설 규정은 2018. 1. 1.부터 시행되었다.

### 5) 국외 상속재산에 대한 부과권제척기간의 보완

　상속세 및 증여세는 부과할 수 있는 날부터 10년이 지난 후에는 부과할 수 없다. 다만, 납세자가 부정행위로 상속세 및 증여세를 포탈하거나 환급·공제받은 경우에는 15년간으로 한다(국기법 제26조의 2 제4항 제1호).

　나아가 납세자가 부정행위로 상속세 및 증여세를 포탈하는 경우로서 국외에 있는 상속재산이나 증여재산을 상속인이나 수증자가 취득한 경우, 비거주자인 피상속인의 국내재산을 상속인이 취득한 경우, 명의신탁재산의 증여의제에 해당하는 경우, 가상자산을 가상자산사업자를 통하지 아니하고 상속인이나 수증자가 취득한 경우 등에 대해서는 해당 재산의 상속 또는 증여가 있음을 안 날부터 1년 이내에 상속세 및 증여세를 부과할 수 있다. 다만, 상속인이나 증여자 및 수증자가 사망한 경우와 포탈세액 산출의 기준이 되는 재산가액이 50억 원 이하의 경우에는 그러하지 아니하다(국기법 제26조의 2 제5항).

앞서 본 사례에서 만약 수증자 혹은 증여자가 증여세를 포탈할 목적으로 거주지국을 선택한 것으로 볼 수 있고 해당 증여재산가액이 50억 원을 초과하는 경우라면 현행 법령에 따라 과세관청에서 증여세를 부과할 수도 있었을 것이다.

## 4 지급명세서 등의 제출

### (1) 개요

상속재산가액을 확정함에 있어 각종 보험 및 퇴직 후 지급되는 근로의 보상(대가) 등은 세원포착에 어려움이 있다. 이를 보완하기 위하여 상증법에서는 보험을 취급하는 자나 퇴직금 등을 지급하는 자에게 지급조서제출의무를 부과하고 있다.

국내에서 생명보험이나 손해보험의 해약금(해약환급금 및 중도인출금을 포함한다)을 지급하거나 명의변경을 취급하는 자와 퇴직금, 퇴직수당, 공로금 또는 그 밖에 이와 유사한 금액(연금을 제외한다)을 지급하는 자는 대통령령이 정하는 바에 따라 지급명세서 또는 명의변경 내용을 지급일이 속하는 분기종료일의 다음 달 말일까지 관할 세무서장에게 제출하여야 한다.

### (2) 지급조서 제출대상

#### 1) 보험 및 퇴직 후 지급하는 근로의 대가

국내에서 다음 어느 하나에 해당하는 자는 대통령령으로 정하는 바에 따라 지급명세서 또는 명의변경 내용을 관할 세무서장에게 제출하여야 한다(상증법 제82조 제1항).

가. 상증법 제8조와 제34조에 규정된 생명보험이나 손해보험의 보험금(해약환급금 및 중도인출금을 포함한다)을 지급하거나 명의변경을 취급하는 자

나. 상증법 제10조에 규정된 퇴직금, 퇴직수당, 공로금 또는 그 밖에 이와 유사한 금액(연금은 제외한다)을 지급하는 자

#### 2) 주식 등

다음 어느 하나에 해당하는 자는 대통령령으로 정하는 바에 따라 명의개서 또는 변경 내용을 관할 세무서장에게 제출하여야 한다(상증법 제82조 제3항, 2020. 12. 22. 개정).

가. 국내에서 주식, 출자지분, 공채, 사채, 채권, 「자본시장과 금융투자업에 관한 법률」 제9조 제21항에 따른 집합투자증권 또는 같은 법 제279조 제1항에 따른 외국 집합투자

증권, 특정시설물을 이용할 수 있는 권리 등의 명의개서 또는 변경을 취급하는 자
(명의개서 또는 변경에 관한 확인업무를 국가나 지방자치단체로부터 위탁받은 자
및 「자본시장과 금융투자업에 관한 법률」 제6조 제1항 제1호에 따른 투자매매업 또
는 같은 항 제2호에 따른 투자중개업을 하는 자를 포함한다)

나. 국내에서 투자자로부터 예탁받은 「외국환거래법」 제3조 제1항 제8호에 따른 외화증
권을 「자본시장과 금융투자업에 관한 법률」 제294조에 따른 한국예탁결제원에 다시
예탁하는 예탁자

### 3) 신탁재산

신탁업무를 취급하는 자는 대통령령으로 정하는 바에 따라 수탁재산(受託財産) 중 위탁
자와 수익자가 다른 신탁의 구체적 내용을 관할 세무서장에게 제출하여야 한다(상증법 제82
조 제4항).

### 4) 전환사채 등

상증법 제40조 제1항에서 규정하는 전환사채 등을 발행하는 법인(「자본시장과 금융투자
업에 관한 법률」에 따른 주권상장법인으로서 같은 법 제9조 제7항에 따른 유가증권의 모집
방법으로 전환사채 등을 발행하는 법인은 제외하며, 같은 법에 따른 인수인은 포함한다)은
대통령령으로 정하는 바에 따라 그 전환사채 등의 발행 및 인수인의 구체적 사항을 관할
세무서장에게 제출하여야 한다(상증법 제82조 제6항).

### 5) 주식등의 계좌 간 이체[35]

「자본시장과 금융투자업에 관한 법률」 제8조 제1항에 따른 금융투자업자는 그가 관리하
는 증권계좌를 통하여 주식등이 계좌 간 이체된 경우(주식등의 양도로 이체되는 경우는 제
외)에는 대통령령으로 정하는 바에 따라 그 이체내용 등을 관할 세무서장에게 제출하여야
한다(상증법 제82조 제7항, 2021. 12. 21. 신설).

---

35) 개정 전에는 「증권거래세법」에 따라 증권계좌를 통해 주식등을 양도한 경우에만 금융투자업자가 그 이체내
역을 관할 세무서장에게 제출하고 있었는바, 양도 외의 방식으로 증권계좌 간 이체를 한 경우에도 그 이체내
역을 제출하도록 하여 세원관리를 강화하였다.

## (3) 지급명세서 제출시기

① 상증법 제82조 제1항에 따라 지급명세서 또는 명의변경 내용을 제출하는 경우에는 지급자 또는 명의변경을 취급하는 자별로 기획재정부령으로 정하는 지급명세서 또는 명의변경명세서를 그 지급일 또는 명의변경일이 속하는 분기종료일의 다음 달 말일까지 본점 또는 주된 사무소의 소재지를 관할하는 세무서장에게 제출하여야 한다. 다만, 상증법 제82조 제1항 제1호를 적용할 때 보험금수취인과 보험료 납입자가 같은 경우로서 보험금 지급누계액이 1천만 원 미만인 경우에는 그러하지 아니하다(상증령 제84조 제1항).

② 상증법 제82조 제3항에 따라 명의개서 또는 변경내역은 명의개서 또는 변경을 취급하는 자와 외화증권을 한국예탁결제원에 예탁하는 자는 명의개서 취급자별로 명의개서 또는 변경된 내용을 기획재정부령이 정하는 바에 의하여 명의변경 또는 이전된 날이 속하는 분기종료일의 다음 달 말일까지 본점 또는 주된 사무소의 소재지를 관할하는 세무서장에게 제출하여야 한다(상증령 제84조 제3항).

③ 상증법 제82조 제4항에 따라 신탁업무를 취급하는 자는 신탁업무를 취급하는 자별로 다음의 기준에 따라 당해 신탁의 내역을 본점 또는 주된 사무소의 소재지를 관할하는 세무서장에게 제출하여야 한다(상증령 제84조 제4항).
  ⓐ 위탁자와 수익자가 다른 신탁재산의 수탁계약을 체결하는 날(계약을 체결하는 날에 원본 및 수익의 이익이 확정되지 아니하는 경우에는 실제로 원본 및 수익의 이익이 확정되어 지급하는 날)이 속하는 분기종료일의 다음 달 말일까지
  ⓑ 계약기간 중에 수익자 또는 신탁재산가액이 변경된 경우에는 그 변경된 날이 속하는 분기종료일의 다음 달 말일까지

④ 상증법 제82조 제6항에 따라 전환사채 등의 발행 및 인수자의 구체적 사항은 전환사채 등을 발행한 날이 속하는 분기종료일의 다음 달 말일까지 기획재정부령으로 정하는 바에 따라 해당 법인(「자본시장과 금융투자업에 관한 법률」에 따른 인수인을 포함)의 본점 또는 주된 사무소의 소재지를 관할하는 세무서장에게 제출하여야 한다(상증령 제84조 제5항).

⑤ 상증법 제82조 제7항에 따라 「자본시장과 금융투자업에 관한 법률」 제8조 제1항에 따른 금융투자업자는 그가 관리하는 증권계좌를 통하여 주식등이 계좌 간 이체된 경우(개인에게 이체된 경우로 한정) 다음 각 호의 사항을 모두 적은 이체명세서를 이체한 날이 속하는 분기의 말일부터 2개월 이내에 관할 세무서장에게 제출해야 한다(상증령 제84조 제6항).
  ⓐ 이체명세서를 제출하는 금융투자업자의 상호

　　ⓑ 이체한 자 및 이체받은 자의 상호 또는 성명

　　ⓒ 이체 연월일

　　ⓓ 이체 대상 주식등의 종목명

　　ⓔ 이체 수량

## (4) 지급명세서 제출방법

생명보험이나 손해보험의 보험금(해약환급금 및 중도인출금을 포함한다)을 지급하거나 명의변경을 취급하는 자 중 전산처리시설을 갖춘 자는 대통령령으로 정하는 바에 따라 지급명세서를 정보통신망을 통하여 제출하거나 디스켓 등 전자적 정보저장매체로 제출하여야 한다(상증법 제82조 제2항). 지급명세서에는 보험의 종류, 지급보험금액, 보험금지급사유, 보험계약일, 보험사고발생일(중도해지일), 보험금수취인, 보험계약자 및 명의변경일자 등 보험금(해약환급금 및 중도인출금을 포함한다) 지급내용을 확인할 수 있는 사항을 포함하여야 한다(상증칙 제22조 제1항).

세무서장에게 제출하는 명의개서 또는 변경내역에는 명의개서 또는 변경 전후의 명의자의 인적사항, 발행회사 또는 예금기관, 수량 및 금액 등을 적어야 한다. 이 경우 권리관계의 확정을 위하여 주주명부(「자본시장과 금융투자업에 관한 법률」 제309조 및 제310조에 따라 주권을 직접 보유하지 아니하고 한국예탁결제원에 예탁한 주식의 경우에는 같은 법 제316조에 따른 실질주주명부를 말한다)의 기재사항 변경이 있는 경우에는 해당 주주명부를 작성할 때마다 주주명부에 등재된 명의자의 인적사항, 발행회사, 수량 및 금액 등을 별도로 적어야 한다(상증칙 제22조 제2항).

전자계산조직에 의하여 명의개서 또는 변경을 취급하는 자는 상증법 제82조 제3항의 규정에 의한 명의개서내역 또는 변경내역과 동조 제4항의 규정에 의한 신탁의 내역을 전산처리된 테이프 또는 디스켓 등으로 제출할 수 있다(상증칙 제22조 제3항).

소득세법 제164조에 따른 지급명세서, 법인세법 제119조에 따른 주식등변동상황명세서 또는 조세특례제한법 제100조의 23에 따른 동업기업의 소득의 계산 및 배분명세에 상증법 제82조 제1항부터 제3항까지의 지급명세서 등의 해당 사항이 있는 경우에는 그 지급명세서 등을 제출한 것으로 본다(상증법 제82조 제5항).

## 5 부가세의 부과금지

　지방자치단체나 그 밖의 공공단체는 상속세 또는 증여세의 부가세(Sur-tax)를 부과할 수 없다(상증법 제86조). 소득세 및 법인세에는 부가세로 지방소득세가 부과된다. 하지만 상속세 및 증여세에는 상기 규정에 따라 지방자치단체 등은 부가세를 부과할 수 없다.

　국세인 방위세는 1990. 12. 31. 이전 납세의무가 발생한 상속세 및 증여세에 대해서 부과되었다. 1990. 12. 31. 방위세의 폐지로 인해서 1991. 1. 1. 이후 납세의무가 발생하는 상속세 및 증여세에 대해서는 과세되지 아니하고 있다.

　1950년 3월 상속세 및 증여세를 제정할 당시 세율이 90%로 거의 몰수에 가까웠던 점을 고려하면 지방자치단체 등이 원천적으로 부과하기 어려웠다. 현재도 상속세 및 증여세의 최고한계세율이 50%로 법인세와 소득세의 최고한계세율인 25% 및 42%를 훨씬 상회하는 점을 고려하면 타당한 규정으로 판단된다.

# 제5장

# 상속·증여세의 가산세

## 제1절　개 요

### 1　가산세의 의의

　가산세는 세법에 규정하는 의무를 태만히 함으로써 각 세법이 규정하는 바에 따라 본세에 가산하여 부과된다. 본세에 가산하여 부과되는 가산세는 이중과세에 해당된다는 견해가 있으나 가산세는 그 본질이 조세과태료에 해당하고 국가 및 지방자치단체 등이 조세행정의 질서위반에 대한 제재로써 조세와 별도로 부과되는 것인 만큼 이중과세에 해당하지 않는다 (대법원 96누13361, 1997. 7. 25.).

　종전에 각 세법마다 다르게 규정된 가산세 체계를 전면 개정하여 2007. 1. 1. 이후에는 국세기본법에 공통적인 가산세를 일괄하여 규정하고 있다.

　일반적으로 가산세는 개별 세법마다 달리 규정하고 있어 가산세 체계가 복잡하고 선진국에 비해 가산세 부담수준이 상대적으로 낮다는 지적이 있어 2007년 1월 대폭적인 개정이 있었다. 우선 신고 및 납부불성실가산세를 국세기본법에 통합규정하여 일관성 있게 적용하도록 체계화하였다.

　모든 세목에 대하여 부당한 신고위반과 단순한 신고위반으로 구분하여 부당한 신고위반의 경우 가산세를 중과함으로써 성실신고를 유도하고, 신고기한 후 1개월 이내에 하자를 치유하는 지연신고 시 협력의지에 대한 대가로 가산세의 50%를 감면하도록 하여 단순과실에 대한 가산세 부담을 완화하였다. 또한 고의성 없는 단순협력의무 위반에 대해서는 가산세 한도제를 도입하여 위반 정도에 비하여 가산세 부담이 한도 없이 높아지지 않도록 하여 이른바 헌법상 과잉금지원칙에 부합하도록 조정하였다.[36] 또한 중소기업의 부담을 줄여주

---

36) 헌법 제37조 제2항은 "국민의 모든 자유와 권리는 국가안정보장·질서유지 또는 공공복리를 위하여 '필요한

기 위하여 단순협력위반 시 가산세 상한을 종전 1억 원에서 5천만 원으로 완화하였다.

2011. 1. 1. 이후 신고·결정·경정분부터는 결정·경정 시 추가 납부세액(가산세 제외)이 없는 경우 무신고·과소신고가산세를 면제하고, 상속·증여세 합산신고누락분에 대한 신고불성실가산세 부과와 관련하여 국세기본법 제47조의 2를 개정하여 산출세액 계산방식을 변경함으로써 사전증여 또는 재차증여재산의 합산불이행으로 인한 가산세가 과도하게 부과되지 않도록 보완하였다.

그리고 2011. 1. 1. 이후 결정분부터 상증법상 지급명세서 등 미제출·누락에 대한 가산세에 대하여 한도제를 도입하고 가산세율을 종전 누락금액의 2%에서 0.2%로 줄였다. 또한 2011. 1. 1. 이후 기한 후 신고분부터 법정신고기한 경과 후 1개월 초과 6개월 이내에 기한 후 신고에 대하여 신고불성실가산세 20%를 감면하는 규정을 신설하였다.

한편, 2014. 12. 23. 국세기본법 개정 시 무신고가산세, 과소신고·초과환급신고가산세의 산출방식 체계를 변경하였다. 그 이유는 무신고가산세 계산의 기초가 되는 무신고납부세액에 세액공제·감면액이 포함되는 문제와 과소신고세액에 경정으로 인해 증가된 세액공제·감면액이 포함되는 등으로 납세자에게 불합리한 부담을 유발하는 문제가 있었기 때문이다. 이러한 체계개편의 특징은 개정 전이 산출방식을 기초로 하여 기납부세액을 빼는 구조였다면, 개정 후에는 세액공제·감면와 기납부세액 등을 차감한 후의 무신고·과소신고 납부세액에 가산세율을 곱하는 구조로 변경된 것이다. 또한 종전 10%, 20%, 40%의 가산세율에 추가하여 국제거래 시 부정행위로 무신고하거나 과소신고·초과환급신고하는 경우에 적용할 60%의 가산세율이 추가로 신설되었다.

아울러, 2016. 12. 20. 국세기본법 개정시에는 법 적용의 용이성을 위해 조문의 체계를 변화시키고, 신고불성실가산세 분야에서 일부 개정이 있었다.

## 2 가산세 부과 규정의 위헌 논란

법률에서 규정하고 있는 가산세 규정이 헌법에 보장되는 재산권 보호, 평등원칙 등에 위배된다는 논란이 있었다. 이에 대해 헌법재판소는 상증법상의 신고불성실가산세와 납부불성실가산세에 대하여 다음과 같은 이유를 들어 위헌이 아니라는 입장을 밝힌 바 있다.[37]

---

경우에 한하여' 법률로써 제한할 수 있다"고 하여 과잉금지의 원칙을 규정하고 있다. 과잉금지의 원칙은 일명 비례의 원칙이라고도 하며 국민의 기본권을 제한함에 있어 국가 작용의 한계를 명시한 것으로 크게 목적의 정당성, 수단의 적합성, 침해의 최소성, 법익의 균형성 등을 들 수 있다.
37) 헌재 2007헌바13, 2008. 7. 31.

## (1) 신고불성실가산세의 경우

신고불성실가산세 조항의 입법취지는 납세의무자의 성실신고를 유도하고 납세의무 확정에 소요되는 과세관청의 인력과 예산상의 낭비를 방지하기 위한 것이다. 위 조항은 과소신고의 비율에 따라 가산세액에 차등을 둠으로써 납세의무자의 의무위반의 정도에 비례하여 가산세를 부과하고 있으므로 의무위반의 정도와 제재 사이에 적정한 균형을 이루고 있다.

증여세의 경우 재산이전의 경로나 액수가 겉으로 드러나지 않아 과세대상의 포착이 어렵다는 점에서 타 세목에 비하여 높은 수준의 가산세율을 적용한다. 신고의무에 대한 위반행위를 예방하고 규제의 실효성을 확보하기 위한 목적을 가진다. 또한 불성실한 납세의 의도가 없는 수증자로서는 의무 해태에 정당한 사유가 있음을 주장하여 가산세의 부담에서 벗어날 수 있는 구제수단이 인정되고, 위 조항으로 인하여 납세의무자가 입게 되는 불이익은 신고의무를 불이행함으로써 위 공익 목적을 침해한 한도에서 그에 대한 책임을 부담하는 정도에 그치는 반면, 증여세 제도의 실효성 확보와 조세행정의 원활한 운영이라는 공익은 매우 중대하다. 그러므로 신고불성실가산세 조항은 납세자의 재산권을 침해한다고 볼 수 없다.

헌법재판소는 상속세 신고 시 합산되는 증여재산을 합산신고하지 않은 사안에 대하여 상속세와 별도로 신고불성실가산세를 부과하는 것은 합헌이라는 판결을 내린바 있다(헌재 2003헌바79, 2006. 4. 27.). 헌법재판소가 든 근거는 다음과 같다.

상속세 과세표준 신고 시 신고하여야 할 재산가액의 범위에 제3자에 대한 사전증여재산가액이 포함된다는 점 및 그 신고의무의 불이행으로 인한 미달신고에 대해 가산세를 부과한다는 점이 명백하므로, 당해 법률조항은 조세법률주의의 내용인 과세요건명확주의에 위배되지 아니한다는 점, 당해 법률조항은 상속세의 성실신고를 유도하기 위한 목적과 납세의무자의 성실한 신고를 독려함으로써 납세의무 확정을 위하여 투입될 국가나 지방자치단체의 행정력을 절감하고 성실신고의무의 위반을 미연에 방지하는 기능을 가지므로 그 입법의 목적 및 방법이 적절하다는 점, 또한 구체적인 세율은 입법정책적으로 결정될 수 있는 문제이므로 청구인들의 재산권을 부당하게 과잉 침해하는 것이라고 볼 수 없고, 국세기본법 제48조 및 제49조와 법원의 판결을 통해 가산세 감면의 가능성이 열려 있어 당 법률조항으로 인한 재산권 침해를 최소화하는 장치도 갖추고 있으며 아울러 이 사건 법률조항으로 인하여 납세의무자가 입게 되는 불이익이 이 사건 법률조항이 추구하는 공익에 비하여 현저하게 크다고 볼 수도 없다는 점을 근거로 당해 법률조항은 비례의 원칙에 위배되어 재산권을 침해하는 규정이라 할 수 없다는 점, 당해 법률조항은 제3자에 대한 사전증여와 관련한 신고불성실가산세에 있어서 수증자가 개인인 경우와 영리법인인 경우를 구별하고 있지 않으므로 양자를 차별 취급한다고 할 수 없어, 헌법상의 평등원칙에 위반된다고 할 수 없으며 일반적으로 상속인은 피상속인과 동일한 또는 근접한 생활영역에 있기 때문에 과세관청에 비하여 피상속인의 경제활동을 확인하기가 훨씬 용이하다고 할 것이므로, 피상속인의 제3자에 대한 사전증여 내용에 관하여 알고 있을 가능성이 높은 상속인에게, 그 의무이행을 기대하는 것이 무리라고 할 만한 정당한 사유가 있는 경우 적용이 배제되는 가능성을 열어두고 그 재산가액의 신고의무를 부과하면서 그 의무의 불이행 시 제재를 가하는 이 사건 법률조항은 자기책임의 원리에 반한다고 할 수 없다는 점 등이 그것이다.

### (2) 납부불성실(납부지연)가산세의 경우

납부불성실(납부지연)가산세는 원활한 조세행정을 위하여 조세법상 협력의무의 이행을 확보하고, 성실히 납세한 사람과 그렇지 않은 사람 사이에 조세부담의 공평을 기하며, 납세자가 납부기한을 준수하지 아니하여 얻게 된 미납액에 대한 이자 상당액의 이익을 박탈함으로써 재원을 적기에 확보하지 못한 국고재정과의 손익을 조정하기 위한 목적으로 부과한다.[38]

납부불성실가산세 규정은 미납세액과 미납기간의 장단을 고려하고 있으므로 납세의무자의 의무위반의 정도와 제재 사이에 적절한 균형을 이루고 있다. 위 조항에 의한 가산세는 미납부기간 동안의 이자에 상당한 금액을 징수하는 것으로 하고 있다.

또한 불성실한 납세의 의도가 없는 수증자로서는 의무 해태에 정당한 사유가 있음을 주장하여 가산세의 부담에서 벗어날 수 있는 길이 있고, 납세자는 해당 세액에 상당한 금원을 미납기간 동안 사용하여 수익을 얻을 수 있었을 것이므로 이러한 불이익이 조세법의 실효성 확보와 조세형평의 실현이라는 공익에 비하여 현저하게 크다고 볼 수 없다.

---

38) 법률 제16096호(2018. 12. 31.) 개정으로 기존의 납부불성실가산세와 가산금을 통합하였다. 관련 규정은 2020. 1. 1. 이후 시행한다(국기법 부칙 제1조).

제**2**절 **국세기본법상의 가산세**

앞서 설명한 바와 같이 구 상증법 제78조 제1항과 제2항에서 규정하였던 신고 · 납부불성실가산세 부과 규정을 삭제하고 국기법에 일괄규정하여 2007. 1. 1. 이후 상속이 개시되거나 증여하는 분부터 적용하도록 하였다.

**1** **일반무신고가산세**

납세자가 법정신고기한 내에 상속세 또는 증여세 과세표준신고서를 제출하지 아니한 경우에는 그 신고로 납부하여야 할 세액(무신고납부세액)의 100분의 20에 상당하는 금액을 일반무신고가산세로 부과한다(국기법 제47조의 2 제1항 제2호). 한편, 다음과 같이 그동안 국세기본법의 개정연혁에 따라 일반(부정)무신고가산세의 계산공식이 변경되었음에 유의하여 적용시기에 따라 달리 적용하여야 한다.

· 2011. 12. 31. 이전 상속 · 증여분

★

$$일반무신고가산세 = 산출세액 \times \left\{ \frac{과세표준 - 부정무신고 \ 과세표준}{과세표준} \right\} \times 20\%$$

· 2012. 1. 1. 이후 상속 · 증여분

★

$$일반무신고가산세 = 산출세액(할증과세액 \ 포함) \times 20\%$$

2011. 1. 1. 이후 신고 · 결정 또는 경정분부터는 결정 · 경정 시 추가 납부세액(가산세 제외)이 없는 경우 무신고 · 과소신고가산세를 면제한다(국기법 제47조의 2 제3항). 위 산식을 적용시기납부세액을 산출세액에서 차감한다.

또한 상속세 또는 증여세를 납부할 때 상증법 제28조(증여세액공제) 또는 제58조(납부세액공제)에 따라 공제되는 증여세액을 산출세액에서 뺀다(국기법 제47조의 2 제5항).

- 2015. 7. 1. 이후 상속 · 증여분

★

$$일반무신고가산세 = 무신고납부세액^* \times 20\%$$

\* 무신고납부세액(그 신고로 납부하여야 할 세액) : 세액공제 · 감면, 기납부세액, 당초 신고세액 등을 차감한 후 가산세 가산 전의 금액을 말한다. 이 법 및 세법에 따른 가산세와 세법에 따라 가산하여 납부하여야 할 이자상당 가산액이 있는 경우 그 금액은 제외한다.

2014. 12. 23. 국기법 개정 시 무신고, 과소신고가산세의 기준세액을 종전 산출세액에서 무신고납부세액으로 변경하여 2015. 7. 1. 이후 상속 · 증여분부터 적용하도록 하였다(국기법 제47조의 2 및 부칙 제10조 제4항).

## 2 부정무신고가산세

### (1) 개념

일반무신고가산세의 규정에 불구하고, 납세자가 '사기나 그 밖의 부정한 행위', 즉 부정행위로 법정신고기한까지 상속세 또는 증여세 과세표준신고를 하지 아니한 경우에는 그 신고로 납부하여야 할 세액(무신고납부세액)의 100분의 40(역외거래에서 발생한 부정행위인 경우에는 100분의 60)에 상당하는 금액을 부정무신고가산세로 부과한다(국기법 제47조의 2 제1항 제1호).

### (2) 가산세 계산방법

부정무신고가산세는 2011. 12. 31. 이전에는 일반무신고가산세와 부당무신고가산세 규정으로 분류하여 시행하였으나, 이를 단순화하는 것으로 개정하여 2012. 1. 1. 이후 상속 · 증여하는 분부터 적용한다.

- 2012. 1. 1. 이후 상속 · 증여분

★

$$부정무신고가산세 = 산출세액(할증과세액 포함) \times 40\%$$

2011. 12. 31.까지 상속 또는 증여받은 분까지는 사전증여 및 재차증여 합산과세 누락한 경우 기납부세액을 산출세액에서 빼서 계산하고, 2012. 1. 1.~2015. 6. 30. 기간 중 상속 또는

증여분은 부정행위로 인한 무신고의 경우 기납부세액를 빼지 않음에 주의하여야 한다.

▪ 2015. 7. 1. 이후 상속 · 증여분

★

부정무신고가산세 = 무신고납부세액* × 40%(국제거래에서 발생한 부정행위는 60%)

* 무신고납부세액(그 신고로 납부하여야 할 세액) : 세액공제 · 감면, 기납부세액, 당초 신고세액 등을 차감한 후 가산세 가산 전의 금액을 말한다. 이 법 및 세법에 따른 가산세와 세법에 따라 가산하여 납부하여야 할 이자상당 가산액이 있는 경우 그 금액은 제외한다.

## (3) 부정행위의 예시

### 1) 개요

'사기나 그 밖의 부정한 행위', 즉 '부정행위'란 조세의 부과와 징수를 불가능하게 하거나 현저히 곤란하게 하는 적극적인 행위를 말한다(국기령 제12조의 2 제1항, 조처법 제3조 제6항).

부정한 행위를 적용함에 있어 허위 문서는 사실이 아닌 것을 사실처럼 작성한 문서로, 예를 들면 위 · 변조 계약서, 통정에 의한 허위계약서를 말한다. 허위 증빙이란 사실이 아닌 것을 거짓으로 꾸며 사실처럼 작성한 증빙을 말하며, 재산의 은닉은 상대방과 통정하거나 작위에 의해 재산을 숨기는 행위를 포함한다. 위계란 행위자의 행위목적을 이루기 위해 상대방에게 오인 · 착각 · 부지를 이용하는 것을 말한다.

### 2) 명의신탁의 증여의제로 인한 증여세 과세의 경우

명의신탁 증여의제로 증여세 과세 시, 과세관청은 부당[39] 무신고가산세를 적용하여 왔다. 하지만 대법원은 명의신탁 증여의제를 무신고한 경우, 그 명의신탁 행위를 국기법에 따른 부당한 방법으로 보아 부당무신고가산세를 부과하여야 하는 것은 아니라는 취지의 판결을 하였다(대법원 2015두52876, 2016. 1. 14.).

해당 대법원 판결에 따르면, 부당무신고가산세는 부당한 방법으로 과세표준 등의 기초가 되는 사실을 은폐 · 가장하여 신고의무가 있는 특정 조세를 무신고하는 행위를 제재하는 것인바, 증여의제의 경우 신고대상은 명의신탁에 근거한 증여세이므로 과세표준 등의 기초가 되는 사실은 명의신탁이라는 것이다. 따라서 그 은폐 · 가장의 대상도 명의신탁 자체에 한정될 뿐 명의신탁으로 회피된 조세의 기초가 되는 사실에까지 확장된다고 보기 어렵다는 것이다.

---

39) 부당과 부정은 같은 의미이다. 국세기본법이 개정되기 전에는 부당무신고가산세로 칭하다가 현재는 부정무신고가산세로 칭한다. 용어가 변경되기 전의 사안을 다룬 판결에서 쓰고 있는 용어를 그대로 사용하였다.

증여의제로 인한 증여세는 조세회피목적의 명의신탁에 대한 일종의 제재라고 할 것인데, 이에 대하여 거의 예외없이 고율의 부당무신고가산세까지 부과하는 것은 실질적으로 조세회피목적의 명의신탁에 대한 과도한 제재가 될 수 있어 과잉규제를 금지한 헌법의 원칙에도 어긋난다는 것이다. 따라서 명의신탁에 따라 증여세 과세표준을 신고하지 않은 것을 부당한 방법으로 과세표준을 무신고하였다고 인정하기는 어렵다고 판단하였다.

해당 대법원 판결은 주식을 명의신탁하였으나 명의신탁에 따른 증여의제(증여세)를 무신고한 경우, 그 명의신탁 행위를 국기령 제12조의 2 및 조처법 제3조 제6항에 따른 부당한 방법 중 하나인 '재산의 은닉 등'으로 보아 부당무신고가산세를 부과할 수 있는지가 쟁점이 된 판결이었다. 해당 대법원 판결은 명의신탁 행위를 부당한 방법으로 보아 부당무신고가산세를 부과하여야 한다는 피고의 상고에 대하여 본안 심리를 속행하지 않고 기각하였다. 이는 명의신탁 증여의제(증여세) 무신고의 경우 예외없이 부당무신고가산세를 부과하는 과세관행을 부인하고 일반무신고가산세를 적용할 수 있음을 의미한다고 볼 수 있다.

### 3) 부정한 행위의 유형

### 가. 이중장부의 작성 등 장부의 거짓 기장

- 최대주주 등 이중장부의 작성을 알 수 있다고 인정되는 지위에 있는 자가 당해 이중장부를 근거로 주식·출자지분 등을 실질과 다르게 평가한 경우
- 상속재산 및 증여재산 평가와 관련된 장부를 실질거래 내용과 다르게 작성하거나 거짓 기장

### 나. 거짓 증빙 또는 거짓 문서의 작성 및 수취(허위임을 알고 수취한 경우에 한함)

- 부정한 행위로 재산을 평가하여 작성하거나, 상속·증여계약서 등을 거짓으로 작성
- 재산평가기관과 통모하여 시가에 비해 낮게 평가한 감정 서류를 근거로 상속·증여계약서 과세표준 신고를 한 경우
- 당해 재산에 대한 매매사실이 있는 경우 그 거래가액에 대한 거짓계약서를 작성 제출한 경우
- 거래사실 없이 또는 거래사실과 다르게 계약서 등을 수취

### 다. 장부와 기록의 파기

- 장부, 기록, 문서 및 증빙을 고의로 파기·삭제·소각하여 거래의 사실을 확인할 수 없는 경우

## 라. 재산 은닉 및 소득·수익·행위·거래의 조작·은폐

- 조세탈루 및 증거인멸 등의 목적으로 상속재산을 은닉하거나 등기원인 등을 다르게 하여 증여행위를 은폐
- 부동산, 주식, 예금 등을 미등기·명의신탁·차명계좌 등의 방법으로 재산을 은닉하여 상속·증여세를 탈루한 경우
- 특수관계자 간의 증여 행위를 매매 행위로 가장하여 상속·증여세를 탈루한 경우
- 재산을 은닉하거나 소득·수익·행위·거래를 조작·은폐하여 사실과 다르게 신고한 경우

## 마. 그 밖에 위계(僞計)에 의한 행위 또는 부정한 행위

- 당사자 간의 통정에 의해 사실조사가 제대로 이루어지지 아니한 판결문(궐석 재판) 등을 근거로 부당하게 환급·공제받거나 과소 신고한 경우

## 3  일반 과소신고·초과환급신고가산세

납세자가 법정신고기한 내에 상속세 또는 증여세 과세표준신고서를 제출한 경우로서 납부할 세액을 신고하여야 할 세액보다 적게 신고('과소신고')하거나 환급받을 세액을 신고하여야 할 금액보다 많이 신고('초과신고')한 경우에는 과소신고한 납부세액과 초과신고한 환급세액을 합한 금액('과소신고납부세액등')의 100분의 10에 상당하는 금액을 일반 과소신고·초과환급신고 가산세로 부과한다(국기법 제47조의 3 제1항 제2호).

상속재산 또는 증여받은 재산에 대하여 다음의 사유로 상속세·증여세 과세표준을 과소신고한 경우에는 일반(부정) 과소신고·초과환급신고 가산세를 적용하지 아니한다(국기법 제47조의 3 제4항). 과세표준의 과소신고에 정당한 사유가 있음을 고려한 결과이다.

① 신고 당시 소유권에 대한 소송 등의 사유로 상속재산 또는 증여재산으로 확정되지 아니하였던 경우
② 상증법 제18조(기초공제), 제18조의 2(가업상속공제), 제18조의 3(영농상속공제), 제19조(배우자 상속공제)부터 제23조(재해손실공제)까지, 제23조의 2(동거주택 상속공제), 제24조(공제적용의 한도), 제53조(증여재산공제), 제53조의 2(혼인·출산 증여재산공제) 및 제54조(준용규정)에 따른 공제의 적용에 착오가 있었던 경우
③ 상증법 제60조(평가의 원칙 등) 제2항·제3항 및 제66조(저당권 등이 설정된 재산평가의 특례)에 따라 평가한 가액으로 과세표준을 결정한 경우(다만, 부정행위로 상속

세 및 증여세의 과세표준을 과소신고한 경우는 제외한다.[40])

④ 법인세법 제66조에 따라 법인세 과세표준 및 세액의 결정·경정으로 상증법 제45조의 3(특수관계법인과의 거래를 통한 이익의 증여의제)부터 제45조의 5(특정법인과의 거래를 통한 이익의 증여의제)까지의 규정에 따른 증여의제이익이 변경되는 경우(부정행위로 인하여 법인세의 과세표준 및 세액을 결정·경정하는 경우는 제외한다)

⑤ 상증법 제60조 제2항·제3항 및 제66조에 따라 평가한 가액으로 소득세법 제88조 제1호 각 목 외의 부분 후단에 따른 부담부증여 시 양도로 보는 부분에 대한 양도소득세 과세표준을 결정·경정한 경우(부정행위로 양도소득세의 과세표준을 과소신고한 경우는 제외한다)(2023. 12. 31. 신설)

위 "②"와 "③"의 경우와 같이, 공제적용의 착오나 평가액의 차이에 대해서는 2009. 2. 5. 이전에는 기획재정부 해석에 의하여 가산세를 부과하지 않았다. 즉, 신고한 재산으로서 평가가액의 차이로 인하여 미달 신고한 금액, 상속(증여)공제 적용의 착오로 인하여 미달 신고한 금액은 신고불성실가산세가 부과되지 않는다고 해석하였다(기획재정부 조세정책과-1386, 2007. 12. 6.).

명의신탁된 주식을 증여받으면서(위탁자가 아닌) 수탁자를 증여자로 하여 증여세를 신고한 경우 신고불성실가산세를 부과하는 것이 타당할까? 위에서 살펴본 것처럼, 신고불성실가산세는 법정신고기한 내에 세법에 따른 과세표준신고서를 제출한 경우로서 신고한 과세표준이 세법에 따라 신고하여야 할 과세표준에 미달한 경우에 부과하는 것으로 증여자를 사실과 다르게 신고하였더라도 납세자가 신고하여야 할 과세표준에 미달하게 신고한 금액이 없으므로 신고불성실가산세를 부과하는 것이 부당하다고 볼 수도 있다. 하지만 수증자는 증여세 과세표준 산정에 필수적인 사항이므로 이를 사실과 다르게 신고하였다면 별개의 증여세 과세표준을 신고한 것으로 이를 신고하여야 할 과세표준을 신고하였다고 보기 어려울 것이다. 또한 증여자를 사실과 다르게 신고했을 경우 명의신탁을 은폐하려는 의도가 있었던 것으로 볼 여지가 있음을 감안할 때, 증여자가 사실과 다르다면 신고불성실가산세를 부과하는 것이 타당하다 판단된다(조심 2010서1363, 2010. 12. 2.).

한편, 다음과 같이 그동안 국기법의 개정연혁에 따라 일반(부정) 과소신고·초과환급신고 가산세의 계산공식이 변경되었음에 유의하여 적용시기에 따라 달리 적용하여야 한다.

---

40) 평가방법에 차이가 있는 경우에도 부정행위로 과세표준을 과소신고한 경우에는 가산세를 부과하도록 하여 탈세행위를 방지하도록 하였다(국기법 제47조의 3 제4항 제1호 다목, 2022. 12. 31. 개정).

• 2012. 1. 1. 이후 상속 · 증여분

★

$$\text{일반과소신고가산세} = \left[ \binom{\text{산출세액}}{(\text{할증과세액 포함})} \times \left( \frac{\text{과소신고 과세표준}}{\text{과세표준}} \right) - \binom{\text{기납부세액}}{\text{공제액}} \right] \times 10\%$$

• 2015. 7. 1. 이후 상속 · 증여분

★

$$\text{일반과소신고가산세} = \text{과소신고 납부세액등}^* \times 10\%$$

\* 과소신고 납부세액등(과소신고한 납부세액+초과신고한 환급세액) : 세액공제 · 감면, 기납부세액, 당초 신고세액 등을 차감한 후 가산세 가산 전의 금액을 말한다. 이 법 및 세법에 따른 가산세와 세법에 따라 가산하여 납부하여야 할 이자상당 가산액이 있는 경우 그 금액은 제외한다.

2014. 12. 23. 국세기본법 개정 시, 위와 같이 산출방식을 변경함에 따라 일반과소신고산출세액 등에서 기납부세액이 있는 경우에는 과소신고산출세액 등에서 기납부세액을 뺀다는 규정(국기법 제47조의 3 제5항)과 부정행위로 소득세 등의 세액감면 또는 세액공제를 신청한 경우 40%의 가산세를 부과하는 규정(국기법 제47조의 3 제2항 제1호의 2)이 삭제되었다.

## 4 부정과소신고 · 초과환급신고가산세

부정행위로 과소신고 · 초과신고한 과세표준이 있는 경우에는 다음 "(1), (2)"의 금액을 합한 금액을 부정무신고 · 초과환급신고가산세로 부과한다(국기법 제47조의 3 제1항 제1호).

### (1) 부정한 행위로 과소신고한 과세표준에 대한 가산세액

• 2012. 1. 1. 이후 상속 · 증여분

과세표준 중 부정한 행위로 과소신고한 과세표준에 상당하는 금액이 과세표준에서 차지하는 비율을 산출세액에 곱하여 계산한 금액의 100분의 40에 상당하는 금액을 가산세로 부과한다.

★

$$\text{부정과소신고 가산세} = \binom{\text{산출세액}}{(\text{할증과세액 포함})} \times \left( \frac{\text{부정과소신고 과세표준}}{\text{과세표준}} \right) \times 40\%$$

• 2015. 7. 1. 이후 상속 · 증여분

★
> 부정과소신고가산세=부정과소신고 납부세액등* × 40%(역외거래에서 발생한 부정행위는 60%)
>
> * 과소신고 납부세액등(과소신고한 납부세액+초과신고한 환급세액) : 세액공제 · 감면, 기납부세액, 당초 신고세액 등을 차감한 후 가산세 가산 전의 금액을 말한다. 이 법 및 세법에 따른 가산세와 세법에 따라 가산하여 납부하여야 할 이자상당 가산액이 있는 경우 그 금액은 제외한다.

## (2) 부정과소신고분 외의 부분(일반과소신고)에 대한 가산세액

• 2012. 1. 1. 이후 상속 · 증여분

총과소신고한 과세표준 상당액 중 부정과소신고 과세표준을 차감한 과세표준이 과세표준에서 차지하는 비율을 산출세액에 곱하여 계산한 금액의 100분의 10에 상당하는 금액을 가산세로 부과한다.

★

$$\text{일반과소신고 가산세} = \left[ \text{산출세액(할증과세액 포함)} \times \left( \frac{\text{총과소신고 과세표준} - \text{부정과소신고 과세표준}}{\text{과세표준}} \right) - \text{기납부세액 공제액} \right] \times 10\%$$

• 2015. 7. 1. 이후 상속 · 증여분

★
> 일반과소신고가산세 = (총과소신고 납부세액* − 부정과소신고 납부세액*) × 10%
>
> * 과소신고 납부세액등(과소신고한 납부세액 + 초과신고한 환급세액) : 세액공제 · 감면, 기납부세액, 당초 신고세액 등을 차감한 후 가산세 가산 전의 금액을 말한다. 이 법 및 세법에 따른 가산세와 세법에 따라 가산하여 납부하여야 할 이자상당 가산액이 있는 경우 그 금액은 제외한다.

## 5 부정행위로 세액감면 또는 공제받은 경우 가산세

부정행위로 상속세 및 증여세의 세액감면 또는 세액공제를 신청한 경우에는 부정세액감면 또는 공제금액의 100분의 40에 상당하는 금액을 가산세로 부과한다(국기법 제47조의 3 제2항 제1호의 2, 2013. 1. 1. 신설).

· 2013. 1. 1.~2015. 6. 30. 기간 중 상속 · 증여분

★

부정행위로 세액감면 또는 세액공제를 받은 금액 × 40%

## 6  납부불성실 · 환급불성실가산세(2019. 12. 31.까지 적용)

납세의무자(연대납세의무자, 납세자를 갈음하여 납부할 의무가 생긴 제2차 납세의무자 및 보증인을 포함한다)가 상속세 또는 증여세를 납부기한까지 납부하지 아니하거나 납부하여야 할 세액보다 적게 납부('과소납부')하거나 환급받아야 할 세액보다 많이 환급('초과환급')받은 경우에는 다음의 구분에 따라 계산한 금액을 합한 금액(①+②)을 납부불성실 · 환급불성실가산세로 부과한다(국기법 제47조의 4 제1항).

① 납부불성실가산세

★

납부하지 아니한(과소납부분) 세액[주1] × 경과일수[주2] × 가산세율(1일 3/10,000, 연 10.95%)
* 1일 2.5/10,000(2019. 2. 12. 이후 신고 · 부과분부터)

주1) 세법에 따라 가산하여 납부하여야 할 이자상당가산액을 포함하여 산정(국기법 §47의 4 ①)
주2) 납부기한의 다음 날부터 자진납부일 또는 납세고지일까지의 기간

② 환급불성실가산세

★

초과환급받은 세액[주1] × 경과일수[주2] × 가산세율(1일 3/10,000, 연 10.95%)
* 1일 2.5/10,000(2019. 2. 12. 이후 신고 · 부과분부터)

주1) 세법에 따라 가산하여 납부하여야 할 이자상당가산액을 포함하여 산정(국기법 §47의 4 ①)
주2) 환급받은 날의 다음 날부터 자진납부일 또는 납세고지일까지의 기간

위 납부불성실 · 환급불성실가산세를 적용할 때, 법인세법 제66조에 따라 법인세 과세표준 및 세액의 결정 · 경정으로 상증법 제45조의 3(특수관계법인과의 거래를 통한 이익의 증여의제)부터 제45조의 5(특정법인과의 거래를 통한 이익의 증여의제)까지의 규정에 따른 증여의제이익이 변경되는 경우(부정행위로 인하여 법인세의 과세표준 및 세액을 결정 · 경정하는 경우는 제외한다)에는 이를 적용하지 아니한다(국기법 제47조의 4 제3항 제4호).[41]

41) 이 가산세 배제규정 중 제45조의 3은 2015. 1. 1. 이후, 제45조의 5는 2016. 1. 1. 이후 증여세를 결정 · 경정하

한편, 상속세의 물납을 신청한 경우로 과세관청으로부터 물납허가 통지를 받기 전 스스로 물납신청을 철회하고 현금으로 납부한 경우, 당초 상속세 신고 · 납부기한의 다음 날부터 자진납부일까지의 기간에 대하여 납부불성실가산세를 과세할 수 있을까?

법정신고기한 내에 상속재산을 처분하여 현금화하는데 상당한 기간이 소요되는바 물납신청 후 물납허가 통지일 전에 납세의무자 스스로 상속재산을 처분하여 현금을 납부하는 것은 국가와 납세자 모두에게 상호이익이 된다. 또한 법률 해석상 철회에는 소급효가 없고 법정신고기한 다음 날로부터 철회 시까지의 기간에 대하여는 국기법상의 납부불성실가산세를 부과할 수 없다(대법원 95누1705, 1995. 10. 12., 국심 2006서2289, 2007. 10. 2.).

하지만 조세채무는 현금납부가 원칙이고 납세자의 입장에서 환가의 어려움 등을 고려하여 예외적으로 물납을 허용하고 있는 것인데 물납을 신청하였다는 이유만으로 사실상 납부기한이 연장되는 효과가 발생하는 점, 납부기한 내에 납부한 납세자와의 형평성 측면에서 불합리한 점 및 나아가 납부불성실가산세는 납부기한 내 납부한 자와의 형평성을 고려하여 미납부한 세액에 대한 지연이자 성격을 가지는 점 등을 고려하면 납부불성실가산세를 부과하는 것이 타당하다는 조세심판원의 결정도 있다(조심 2011전3129, 2012. 12. 31.).

납세자가 물납요건을 갖추고 있고 물납제도를 악용하여 상속세를 면탈하거나 지연납부할 의도가 없는 상황이라면, 과세관청이 물납허가 기한 내에 물납허가를 한 경우에는 납부불성실가산세를 적용되지 아니하는 점을 감안하면, 상속세의 물납을 신청한 경우로 과세관청으로부터 물납허가 통지를 받기 전 스스로 물납신청을 철회하고 현금으로 납부한 경우, 당초 상속세 신고 · 납부기한의 다음 날부터 자진납부일까지의 기간에 대하여 납부불성실가산세를 과세하지 않는 것이 타당하다고 본다.

## 7 납부지연가산세[42](2020. 1. 1.부터 시행)

납세의무자(연대납세의무자, 납세자를 갈음하여 납부할 의무가 생긴 제2차 납세의무자 및 보증인을 포함한다)가 법정납부기한까지 상속세 및 증여세를 납부(중간예납 · 예정신고납부 · 중간신고납부를 포함한다)하지 아니하거나 납부하여야 할 세액보다 적게 납부(이하

---

는 분부터 적용한다.

[42] 국세기본법의 개정(2018. 12. 31.)으로 납부불성실가산세와 가산금을 납부지연가산세로 통합하였다(제47조의 4 제1항, 제47조의 4 제7항부터 제9항까지 신설). 비슷한 제도를 중첩적으로 운영하여 발생하는 납세자의 혼란을 완화하기 위하여 납세자가 세법에 따른 납부기한까지 세금을 완납하지 아니한 경우에 납부고지 전에 적용되는 이 법에 따른 납부불성실가산세와 납부고지 후에 적용되는 「국세징수법」의 가산금을 일원화하여 이 법에 따른 납부지연가산세로 규정하였다. 동 규정은 2020. 1. 1.부터 시행하며 그 이전에 납세의무가 성립된 분에 대해서는 종전 규정에 따른다(국기법 부칙 법률 제16097호 제1조 및 제11조).

"과소납부")하거나 환급받아야 할 세액보다 많이 환급(이하 "초과환급")받은 경우에는 다음의 금액을 합한 금액을 가산세로 한다(국기법 제47조의 4 제1항).

## (1) 과소납부가산세

★

납부하지 아니한(과소납부분) 세액$^{주1)}$ × 경과일수$^{주2)}$ × 가산세율(1일 22/100,000, 연 8.03%)$^{43)}$

　주1) 세법에 따라 가산하여 납부하여야 할 이자상당가산액을 포함하여 산정(국기법 §47의 4 ①)
　주2) 법정 납부기한의 다음 날부터 납부일까지의 기간(납세고지일부터 납세고지서에 따른 납부기한까지의 기간은 제외한다)

## (2) 초과환급가산세

★

초과환급받은 세액$^{주1)}$ × 경과일수$^{주2)}$ × 가산세율(1일 22/100,000, 연 8.03%)

　주1) 세법에 따라 가산하여 납부하여야 할 이자상당가산액을 포함하여 산정(국기법 §47의 4 ①)
　주2) 환급받은 날의 다음 날부터 납부일까지의 기간(납세고지일부터 납세고지서에 따른 납부기한까지의 기간은 제외한다)

## (3) 체납가산세

★

체납세액$^{주1)}$ × 가산세율(100분의 3)$^{주2)}$

　주1) 법정납부기한까지 납부하여야 할 세액(세법에 따라 가산하여 납부하여야 할 이자상당가산액이 있는 경우에는 그 금액을 더한다) 중 납세고지서에 따른 납부기한까지 납부하지 아니한 세액 또는 과소납부분 세액(국기법 §47의 4 ①)
　주2) 국세를 납세고지서에 따른 납부기한까지 완납하지 아니한 경우에 한정한다.

체납가산세율은 구 국징법 제21조 제1항의 가산금 요율을 그대로 유지하였다. 납부고지 후 미납된 세액에 3/100을 부과한다.

---

43) 이 영 시행(2022. 2. 15) 전에 납세의무가 성립한 납부지연가산세를 이 영 시행 이후 납부하는 경우 이 영 시행일 전의 기간분에 대한 납부지연가산세의 계산에 적용되는 이자율은 제27조의 4의 개정규정에도 불구하고 종전의 규정에 따르고, 이 영 시행 이후의 기간분에 대한 납부지연가산세의 계산에 적용되는 이자율은 제27조의 4의 개정규정에 따른다(국기령 부칙 제6조, 2022. 2. 15. 개정). 개정 전에는 1일 10만분의 25이다.

### (4) 납부지연가산세의 적용

납부지연가산세를 적용할 때, 세액의 결정 · 경정으로 상증법 제45조의 3(특수관계법인과의 거래를 통한 이익의 증여의제)부터 제45조의 5(특정법인과의 거래를 통한 이익의 증여의제)까지의 규정에 따른 증여의제이익이 변경되는 경우(부정행위로 인하여 법인세의 과세표준 및 세액을 결정 · 경정하는 경우는 제외한다)에는 위 "(1) 과소납부가산세" 및 "(2) 초과환급가산세(법정납부기한의 다음 날부터 납세고지일까지의 기간에 한정한다)"를 적용하지 아니한다(국기법 제47조의 4 제3항 제4호).[44]

납부지연가산세를 적용할 때 납세고지서에 따른 납부기한의 다음 날부터 납부일까지의 기간(「국세징수법」 제17조에 따라 체납액의 징수를 유예한 경우에는 그 징수유예기간은 제외한다)이 5년을 초과하는 경우에는 그 기간은 5년으로 한다.

또한, 2021. 1. 1. 이후 결정 · 경정분부터는 「상속세 및 증여세법」 제67조 또는 제68조에 따라 상속세 또는 증여세를 신고한 자가 같은 법 제70조에 따라 법정신고기한까지 상속세 또는 증여세를 납부한 경우로서 법정신고기한 이후 대통령령으로 정하는 방법에 따라 상속재산 또는 증여재산을 평가하여 과세표준과 세액을 결정 · 경정한 경우에도 위 "(1) 과소납부가산세" 및 "(2) 초과환급가산세(법정납부기한의 다음 날부터 납세고지일까지의 기간에 한정한다)"를 적용하지 아니한다(국기법 제47조의 4 제3항 제6호).

위에서 "대통령령으로 정하는 방법"이란 「상속세 및 증여세법 시행령」 제49조 제1항 각 호 외의 부분 단서에 따라 평가심의위원회를 거치는 방법을 말한다.

한편, 체납된 국세의 납부고지서별 · 세목별 150만 원(2021년까지는 100만 원) 미만인 경우에는 위 "(1) 과소납부가산세" 및 "(2) 초과환급가산세"를 적용하지 아니한다(국기법 제47조의 4 제8항).

### 8 가산세의 면제 · 감면

### (1) 가산세의 면제

정부는 이 법 또는 세법에 따라 가산세를 부과하는 경우 그 부과의 원인이 되는 사유가 다음의 어느 하나에 해당하는 경우에는 해당 가산세를 부과하지 아니한다(국기법 제48조 제1항).

---

44) 이 가산세 배제규정 중 제45조의 3은 2015. 1. 1. 이후, 제45조의 5는 2016. 1. 1. 이후 증여세를 결정 · 경정하는 분부터 적용한다.

## 1) 국세기본법 제6조에 따른 기한 연장 사유에 해당하는 경우

천재지변이나 그 밖에 대통령령으로 정하는 사유로 이 법 또는 세법에서 규정하는 신고, 신청, 청구, 그 밖에 서류의 제출, 통지, 납부를 정해진 기한까지 할 수 없다고 인정하는 경우나 납세자가 기한 연장을 신청한 경우에는 관할 세무서장은 대통령령으로 정하는 바에 따라 그 기한을 연장할 수 있다(국기법 제6조 제1항).

위에서 "그 밖에 대통령령으로 정하는 사유"란 다음의 어느 하나에 해당하는 경우를 말한다.

① 납세자가 화재, 전화(戰禍), 그 밖의 재해를 입거나 도난을 당한 경우
② 납세자 또는 그 동거가족이 질병이나 중상해로 6개월 이상의 치료가 필요하거나 사망하여 상중(喪中)인 경우
③ 납세자가 그 사업에서 심각한 손해를 입거나, 그 사업이 중대한 위기에 처한 경우(납부의 경우만 해당한다)
④ 정전, 프로그램의 오류, 그 밖의 부득이한 사유로 한국은행(그 대리점을 포함한다) 및 체신관서의 정보통신망의 정상적인 가동이 불가능한 경우
⑤ 금융회사 등(한국은행 국고대리점 및 국고수납대리점인 금융회사 등만 해당한다) 또는 체신관서의 휴무, 그 밖의 부득이한 사유로 정상적인 세금납부가 곤란하다고 국세청장이 인정하는 경우
⑥ 권한 있는 기관에 장부나 서류가 압수 또는 영치된 경우
⑦ 납세자의 형편, 경제적 사정 등을 고려하여 기한의 연장이 필요하다고 인정되는 경우로서 국세청장이 정하는 기준에 해당하는 경우(납부의 경우만 해당한다)
⑧ 「세무사법」 제2조 제3호에 따라 납세자의 장부 작성을 대행하는 세무사(같은 법 제16조의 4에 따라 등록한 세무법인을 포함한다) 또는 같은 법 제20조의 2에 따른 공인회계사(「공인회계사법」 제24조에 따라 등록한 회계법인을 포함한다)가 화재, 전화, 그 밖의 재해를 입거나 도난을 당한 경우
⑨ "①, ②" 또는 "⑥"에 준하는 사유가 있는 경우

## 2) 납세자가 의무를 이행하지 아니한 데에 대한 정당한 사유가 있는 경우

납세자가 의무를 불이행한 것에 대하여 정당한 사유가 있는 때에는 가산세를 부과하지 않으며 정당한 사유에 대한 입증책임은 납세자에 있다. 2007. 2. 28. 이후 가산세 감면신청서를 제출하는 분부터 적용한다.

세법상 의무 위반이 있다 하여 개별적·구체적인 의무위반의 정도나 원인 등을 살피지

않고 가산세를 부과하는 것은 과세 형평에 맞지 않고 불합리한 결과를 초래할 수 있다는 대법원 판례[45]의 취지를 감안하여 판례에 의하여 확립된 정당한 사유가 있는 경우에는 위법성 또는 책임이 많지 않다고 보아 가산세를 감면하는 법적 근거를 마련하였다.

가산세는 고의나 과실의 유무와는 관련 없이 의무위반 사실만 있으면 가산세 부과요건이 성립되는 것이므로 고의·과실 및 납세자의 세법에 대한 부지·착오는 정당한 사유에 해당되지 않는다. 납세자에 있어서 진정으로 어쩔 수 없는 사정이 있고 가산세를 부과하는 것이 부당 또는 가혹한 경우에만 정당한 사유를 인정하며 과세객체(상속재산 등)에 직접 관계되는 사실 등에 한정하고 신고할 과세표준이나 세액 등의 단순한 계산상의 오류나 착오 문제는 이에 해당되지 않는 것이라고 할 것이다. 과세관청에 상담·질의 등 조언을 구하는 경우에 납세자에게 한 회신이나 납세지도가 잘못된 경우, 일관된 태도는 아니나 과세관청의 언동(행위)과 납세자의 귀책 사유와의 경중을 비교하여 과세관청의 귀책 사유가 중한 경우에는 정당한 사유로 인정하는 것이 타당할 것이다.

### 3) 그 밖에 "1)" 및 "2)"와 유사한 경우로서 대통령령으로 정하는 경우

"그 밖에 제1호 및 제2호와 유사한 경우로서 대통령령으로 정하는 경우"란 다음의 어느 하나에 해당하는 경우를 말한다(국기령 제28조 제1항, 2019. 2. 12. 신설).

① 국기령 제10조에 따른 세법해석에 관한 질의·회신 등에 따라 신고·납부하였으나, 이후 다른 과세처분을 하는 경우

②「공익사업을 위한 토지 등의 취득 및 보상에 관한 법률」에 따른 토지 등의 수용 또는 사용,「국토의 계획 및 이용에 관한 법률」에 따른 도시·군계획 또는 그 밖의 법령 등으로 인해 세법상 의무를 이행할 수 없게 된 경우

그동안 가산세 면제의 정당한 사유에 대하여 과세당국과 납세자 간 다툼이 이어진 점을 감안하여 2018. 12. 31. 국기법 개정으로 정당한 사유 여부에 대한 납세자의 예측가능성을 높였다.

---

45) 세법상 가산세는 조세채권의 실현을 용이하게 하기 위하여 납세자가 정당한 이유 없이 법에 규정된 신고·납세 등 각종 의무를 위반한 경우에 부과되는 행정상의 제재로서 납세자의 고의·과실은 고려되지 않는 반면, 납세의무자가 그 의무를 알지 못한 것이 무리가 아니었다고 할 수 있어 그를 정당시할 수 있는 사정이 있거나 그 의무의 이행을 당사자에게 기대하는 것이 무리라고 하는 사정이 있을 때 등 그 의무해태를 탓할 수 없는 정당한 사유가 있는 경우에는 이를 과할 수 없다. 법령의 무지 및 오해는 정당한 사유에 해당하지 않는다(대법원 2001두7886, 2003. 1. 10.).

## (2) 가산세의 감면

다음의 어느 하나에 해당하는 경우에는 국기법 또는 세법에 따른 해당 가산세액의 일부를 감면한다(국기법 제48조 제2항).

### 1) 법정신고기한 경과 후 수정신고를 한 경우

과세표준신고서를 법정신고기한까지 제출한 자가 법정신고기한이 지난 후 1개월 이내에 수정신고를 하면 과소신고가산세액의 90%(1개월 초과 3개월 이내는 75%, 3개월 초과 6개월 이내는 50%, 6개월 초과 1년 이내는 30%, 1년 초과 1년 6개월 이내는 20%, 1년 6개월 초과 2년 이내는 10%)에 상당하는 금액을 감면한다(국기법 제48조 제2항 제1호). 수정신고는 과소신고가산세만 적용되며, 과세표준과 세액을 경정할 것을 미리 알고 과세표준수정신고서를 제출한 경우는 감면에서 제외한다.

### 2) 법정신고기한 경과 후 기한 후 신고를 한 경우

과세표준신고서를 법정신고기한까지 제출하지 아니한 자가 법정신고기한이 지난 후 1개월 이내에 기한 후 신고를 하면 무신고가산세액의 50%(1개월 초과 3개월 이내는 30%, 3개월 초과 6개월 이내는 20%)에 상당하는 금액을 감면한다(국기법 제48조 제2항 제2호). 기한 후 신고는 무신고가산세만 적용되며, 과세표준과 세액을 결정할 것을 미리 알고 기한 후 과세표준신고서를 제출한 경우는 감면에서 제외한다.

### 3) 과세전적부심사 결정·통지기간 이내에 그 결과를 통지하지 아니한 경우

국기법 제81조의 15에 따른 과세전적부심사 결정·통지기간에 그 결과를 통지하지 아니한 경우에 결정·통지가 지연됨으로써 해당 기간에 부과되는 납부불성실·환급불성실가산세의 50%의 금액을 감면한다(국기법 제48조 제2항 제3호 가목).

### 4) 세법에 따른 제출, 신고, 가입, 등록, 개설의 기한이 지난 후 1개월 이내에 해당 세법에 따른 제출 등의 의무를 이행하는 경우

제출 등의 의무위반에 대하여 세법에 따라 부과하는 가산세의 50%의 금액을 감면한다(국기법 제48조 제2항 제3호 나목).

## (3) 가산세 감면신청

가산세의 감면 등을 받으려는 자는 다음의 사항을 적은 신청서를 관할 세무서장(세관장 또는 지방자치단체의 장을 포함한다)에게 제출하여야 한다(국기령 제28조 제1항).

  1) 감면을 받으려는 가산세와 관계되는 국세의 세목 및 부과연도와 가산세의 종류 및 금액
  2) 해당 의무를 이행할 수 없었던 사유(국세기본법 제6조에서 규정하는 기한연장사유에 해당하거나 납세자가 의무를 이행하지 아니한 데 대한 정당한 사유가 있는 때에 한하며 이를 증명할 수 있는 서류가 있는 때에는 이를 첨부하여야 한다)

가산세감면신청서를 제출받은 관할 세무서장은 그 승인 여부를 신청자에게 통지하여야 한다.

## 9 가산세의 한도

다음의 어느 하나에 해당하는 가산세에 대하여는 그 의무 위반의 종류별로 각각 1억 원을 한도로 한다. 중소기업기본법상 중소기업에 대하여는 2011. 1. 1. 이후 의무를 위반하는 분부터 그 한도를 5천만 원으로 하향 조정하고, 2011. 1. 1. 이후 결정·경정분부터 지급명세서 미제출가산세에 대하여도 한도액을 적용하도록 추가하였다. 다만, 해당 의무를 고의적으로 위반한 경우에는 가산세 한도규정을 적용하지 아니한다(국기법 제49조 제1항).

가산세 한도의 적용기간은 다음의 상증법 및 조특법에 따른 가산세는 같은 법에 따라 의무를 이행하여야 할 기간 단위로 한다(국기령 제29조의 2 제2항).

### (1) 상증법 제78조 제3항 및 제5항 등의 규정에 따른 가산세

상증법 제78조 제3항의 공익법인등이 제출하여야 할 보고서를 제출하지 아니하였거나 제출된 보고서가 불분명한 경우 및 제5항의 공익법인등이 외부 전문가의 세무확인에 대한 보고 의무를 이행하지 아니하거나 장부의 작성·비치의무를 이행하지 아니한 경우에 가산세 한도가 적용된다.

또한 상증법 제78조 제12항 및 제13항에 따른 지급명세서(전환사채 발행내역, 생명보험·퇴직금 지급명세서 등)를 미제출하거나 누락한 경우와 제14항[46]에 따른 가산세가 부과되는 경우 가산세 한도가 적용된다.

---

46) 세무서장등은 공익법인등이 상증법 제48조 제13항에 따라 신고하지 아니한 경우에는 신고해야 할 과세기간 또는 사업연도의 종료일 현재 그 공익법인등의 자산총액의 1천분의 5에 상당하는 금액으로서 대통령령으로 정하는 금액을 대통령령으로 정하는 바에 따라 그 공익법인등이 납부할 세액에 가산하여 부과한다(2020. 12. 22. 신설).

## (2) 조세특례제한법 제30조의 5 제5항의 규정에 따른 가산세

창업자금을 증여받은 자가 창업자금 사용내역을 관할 세무서장에게 제출하지 아니하거나 불분명한 자료를 제출한 경우에 해당한다.

**사례**　**유류분 소송의 결과로 상속세를 추가납부하는 경우 가산세**

2007년 초 건실한 중견기업 오너가 사망한 후, 상속인인 미망인과 세 자녀(두 아들과 한 명의 딸(Y씨))은 피상속인 재산을 법정상속분에 따라 나누어 상속재산에 대한 다툼이 전혀 없었다. 하지만 피상속인 사망 후 1년이 거의 다 되어 갈 무렵 느닷없이 여동생 Y씨가 큰 오빠를 상대로 유류분 청구소송을 제기하였다. 생전에 아버지가 큰오빠에게만 본인이 보유하던 주식의 상당부분을 증여한 사실을 우연히 알게 되어 그 부분도 나누어 줄 것을 요구하다 거절당하자 소송을 제기한 것이다. 아버지가 큰오빠에게 주식을 증여한 시점이 아버지가 돌아가시기 10년 전의 일이었기 때문에 상속재산에 포함되지 않았고 따라서 유류분 대상이 되는지 알 수 없어 상속 당시에 분여요구를 하지 않았다는 항변이었다.

우여곡절 끝에 판사의 조정으로 Y씨는 30억 원에 달하는 거금을 손에 쥘 수 있었다. 막대한 현금을 챙겼다는 기쁨도 잠시 곧 이어 세무서로부터 상속세 추가납부예고통지를 받은 Y씨는 망연자실하고 말았다. 상속세와 가산세를 합하여 약 23억 원을 납부하라는 안내를 받았기 때문이었다.

법정 최고세율인 50%로 상속세를 납부한 탓에 30억 원의 절반인 15억 원은 상속세였으며 나머지 8억 원은 1일 1만분의 3(연 환산 10.95%)으로 계산된 납부불성실가산세였다. 상속세 신고기한일로부터 거의 5년이 경과한 시점이라 납부불성실가산세가 상속세 미납세액인 15억 원의 55% 수준에 달하였던 것이다.

Y씨는 곧 바로 세무서장을 상대로 납부불성실가산세 부당성에 대한 이의를 제기하였다. 다행히 국세청에서 나온 해석사례(징세과-219, 2012. 2. 16.)[47]를 근거로 구제를 받을 수 있어 가슴을 쓸어내렸다.

유류분 소송의 결과로 상속재산이 늘어나게 되면 추가로 상속세를 납부해야 함은 당연하지만, 가산세에 대해서는 다시 생각해 볼 여지가 있다. 과소신고가산세의 경우 현행 법령(국기법 제47조의 3 제4항 제1호 가목)[48]에 따라 그 적용이 배제될 수 있을 것이다. 유류분 소송의 경우 상속세 신고 당시 소유권에 대한 소송 등의 사유로 상속재산 또는 증여재산으로 확정되지 아니하였던 경우에 해당하기 때문이다. 유류분 소송의 경우 상속세 신고 당시에 상속재산을 확정할 수 없는 문제가 있어 납세자에게 신고협력의무위반에 대한 책임을 물을 수 없으므로 타당한 규정으로 보인다.

---

47) 납세자가 법원의 확정판결에 따라 유류분으로 반환받은 상속재산에 대한 상속세액을 6개월 이내에 신고·납부하는 경우에는 무신고·과소신고가산세 또는 납부불성실가산세가 적용되지 아니한다.

유류분 소송의 결과로 상속세를 추가 납부하게 되는 경우, 과소신고가산세 적용은 배제된다는 규정이 구비되어 있는 것과 달리 납부불성실가산세에 대해서는 법령이 구체적으로 규정하고 있지 아니하다. 유류분 소송의 결과 확정판결이 있게 되면 그 효력이 상속개시 시점에 소급하여 나타나는 점을 고려하면 그 시점부터 상속재산에 대한 효익을 누리는 것으로 볼 수 있다. 따라서 그 기간에 대한 이자상당액에 해당하는 납부불성실가산세를 부과할 수 있다고 볼 여지가 있다. 하지만 납부에 관한 사항 역시 상속인이 유류분 대가가 확정이 되기 전까지는 납부금액을 확정할 수 없다는 점을 감안하면 위에서 살펴 본 국세청 해석사례는 납세자 입장에서는 매우 의미있고 유리한 해석이다.

가산세도 세금의 일종이므로 국세청의 해석에 의존하여 그 적용 여부를 판단할 것이 아니라 법령에 명확히 규정하는 것이 타당하다 할 것이다.

## 제3절 국세기본법에 일괄규정 전 신고 및 납부불성실가산세

신고 및 납부에 대한 가산세를 국세기본법에 일괄하여 규정하기 전의 가산세 규정은 다음과 같다. 동 규정은 2004. 1. 1.부터 2006. 12. 31.까지 신고분에 적용한다.

### 1 신고불성실가산세

#### (1) 개요

상속세 및 증여세의 신고기한 이내에 신고하여야 할 과세표준에 미달하게 신고한 때에는 결정한 과세표준에 대하여 미달 신고한 금액이 차지하는 비율을 산출세액(할증과세분 포함)에 10%(혹은 20%)에 상당하는 금액을 가산한다(구 상증법 제78조 제1항).

★

가산세 = 산출세액 × (미달 신고한 금액 / 결정과세표준) × 10%(20%)

---

48) 신고 당시 소유권에 대한 소송 등의 사유로 상속재산 또는 증여재산으로 확정되지 아니하여 상속세·증여세 과세표준을 과소신고한 경우

## (2) 신고불성실가산세 20% 적용 대상

다음 중 하나에 해당하는 사유로 법정 과세표준에 미달하게 신고한 때에는 20%에 상당하는 금액을 산출세액에 가산한다.

1) 신고기한 이내 신고하지 아니한 경우
2) 가공 채무·명의신탁 등
3) 재산평가기관(감정평가기관, 신용평가전문기관 또는 회계법인 등)과 통모하여 시가에 비하여 낮게 평가한 경우
4) 당해 재산에 대한 매매사실이 있는 경우에 그 거래가액이 시가로 인정되는 경우 매매가액에 대한 거짓의 증명자료를 제출한 경우
5) 상기 사유 이외에 재산평가 또는 각종 공제와 관련하여 거짓 증명자료를 제출한 경우

## (3) 신고불성실가산세 적용이 제외되는 경우

### 1) 신고한 재산으로서 다음과 같이 평가가액의 차이로 인하여 미달신고한 금액

상속세 과세표준 신고기한 및 증여세 과세표준 신고기한 내에 신고한 상속재산 또는 증여재산에 대하여 평가기준일을 전후하여 6개월(증여재산의 경우 3개월) 이내의 기간 중 매매·감정·수용·경매(민사집행법에 의한 경매를 말한다) 또는 공매가 있는 경우에 객관적으로 확인되는 가액과 신고한 가액과의 차이를 말한다. 또한 시가를 산정하기 어려워 당해 재산의 종류·규모·거래상황 등을 감안하여 상증법 제61조 내지 제65조의 규정에 의한 보충적 평가방법으로 평가한 경우와 신고한 가액과 비교하여 미달하게 신고한 경우를 말한다.

### 2) 신고한 재산으로서 소유권에 관한 소송 등의 사유로 인하여 상속 또는 증여재산으로 확정되지 아니한 금액

### 3) 상속공제 및 증여공제의 적용 착오로 인하여 미달신고한 금액

구 상증법 제78조 제1항 및 상증령 제80조 제1항에서 상속재산의 평가방법을 달리함에 따라 발생한 평가가액의 차이로 인하여 신고하여야 할 과세표준에 미달한 금액은 신고불성실가산세를 부과하지 아니한다고 규정하고 있고, 이렇게 예외규정을 둔 취지는 단순한 재산평가상의 차이로 인하여 과소신고한 경우에는 과세관청이 동 법에 따라 적정하게 평가하여 과세할 수 있기 때문인 것으로 판단된다(국심 2001서1311, 2001. 11. 23.).

다만, 상증법에서 상속세 납부기한 내에 상속세를 납부하지 아니한 경우에는 납부하지

아니한 세액에 대하여 가산세를 부과하도록 규정하고 있고, 상속(증여)재산을 평가함에 있어 법이 정한 보충적 평가방법의 계산산식을 잘못 적용하여 상속세를 납부기한 내에 납부하지 못하였을지라도 납부불성실가산세는 과소납부세액에 대한 지연이자적 성격이 강하므로 납부불성실가산세는 부과되어야 한다고 본다(국심 96중2768, 1998. 1. 14. 합동회의 같은 뜻).

## 2 납부불성실가산세

납부할 세액을 신고기한 이내에 납부하지 아니하였거나 결정한 과세표준에 의하여 납부하여야 할 세액에 미달하게 납부한 때에는 납부하지 아니하였거나 미달하게 납부한 세액(연부연납 혹은 물납을 신청한 경우에는 그 연부연납 또는 물납이 허가되지 아니한 세액을 포함한다)에 자진납부일 또는 고지일까지의 기간에 대통령령이 정하는 율(연 10.95%)을 곱하여 산출한 금액을 가산세로 납부한다.

★
> 가산세 = 무납부 세액(미달 납부세액) × 3/10,000(연 10.95%)
> × 납부기한의 다음 날부터 자진납부일 또는 납세고지일까지의 기간

## 제**4**절 상증법상의 의무불이행 등 가산세

## 1 출연재산 계획·진도보고서 제출불성실 가산세

공익법인 등이 재산을 출연받은 경우 그 출연받은 재산의 사용에 대한 계획 및 진도에 관한 보고서를 제출하여야 한다. 보고서를 제출하지 아니하였거나 제출된 보고서에 출연재산 등의 명세를 누락 또는 잘못 기재하여 사실을 확인할 수 없는 경우 그 제출하지 아니한 부분 또는 불분명한 분의 금액에 상당하는 상속세액 또는 증여세액의 100분의 1에 상당하는 금액을 징수한다(상증법 제78조 제3항, 같은 법 제48조 제5항).

당해 가산세가 5천만 원(중소기업기본법 제2조 제1항에 따른 중소기업이 아닌 기업은 1억 원)을 초과하는 경우 5천만 원을 한도로 한다. 다만, 당해 협력 의무를 고의적으로 위반한 경우에는 가산세 한도 규정을 적용하지 아니한다(국기법 제49조 제1항).

★

$$가산세 = Min(A, B)$$

A : 보고서 미제출·불분명한 분의 금액에 상당하는 상속세액 또는 증여세액 × 1%

B : 5천만 원(중소기업기본법상 중소기업이 아닌 기업은 1억 원)

## 2 공익법인 주식등의 보유기준 초과가산세

공익법인등이 발행주식총수 등의 100분의 5를 초과하는 동일한 내국법인의 의결권 있는 주식 또는 출자지분("주식등")을 보유하고 있는 경우에는 그 발행주식총수등의 100분의 5를 초과하여 보유하지 아니하도록 하여야 한다. 다만, 성실공익법인등과 국가·지방자치단체가 출연하여 설립한 공익법인등에 대하여는 그러하지 아니한다(상증법 제49조, 상증령 제42조).

공익법인등이 동일한 내국법인의 발행주식총수의 5%를 초과하여 보유하는 경우에는 매 사업연도 종료일 현재 그 보유기준을 초과하는 의결권 있는 주식등에 대하여 매년 말 현재 시가의 100분의 5에 상당하는 금액을 당해 공익법인이 납부할 세액에 가산하여 부과한다. 이 경우 가산세의 부과기간은 10년을 초과하지 못한다(상증법 제78조 제4항).

★

### 가산세 = 보유기준 초과 주식등의 매년 말 시가의 5%

\* 보유기준을 초과하여 보유하는 주식등에 대한 가산세를 부과함에 있어서는 나중에 취득한 주식등 부터 이를 부과한다(상증령 제80조 제6항).

## 3 외부 전문가의 세무확인, 장부의 작성비치 및 회계감사 불이행 가산세

### (1) 가산세의 적용

세무서장등은 공익법인등이 다음에 해당하는 경우에는 대통령령으로 정하는 소득세 과세기간 또는 법인세 사업연도의 수입금액과 그 과세기간 또는 사업연도에 출연받은 재산가액을 합친 금액에 1만분의 7을 곱하여 계산한 금액[49]을 상속세 또는 증여세로 징수한다(상증법 제78조 제5항).

1) 상증법 제50조 제1항 및 제2항에 해당하는 2인 이상의 변호사, 공인회계사 또는 세무

---

49) 상증법 제50조 제1항 및 제2항에 따른 외부전문가의 세무확인에 대한 보고의무 등을 이행하지 아니한 경우에 해당되어 계산된 금액이 100만 원 미만인 경우에는 100만 원으로 한다.

사 등 외부전문가의 세무확인에 대한 보고의무 등을 이행하지 아니한 경우

2) 상증법 제51조에 따른 장부의 작성·비치 의무를 이행하지 아니한 경우

3) 상증법 제50조 제3항 또는 제4항에 따른 회계감사를 이행하지 아니한 경우(제50조 제4항에 따라 지정받은 감사인이 아닌 다른 감사인에게 회계감사를 받은 경우를 포함 한다)(2022. 12. 31. 개정)

★

$$가산세 = Min(A, B)$$

A : Max(①, ②)
  ① (당해 사업연도의 수입금액 + 당해 사업연도의 출연받은 재산가액) × (7/10,000)
  ② 100만 원
B : 5천만 원(중소기업기본법상의 중소기업이 아닌 기업은 1억 원. 다만 협력 의무를 고의적으로 위반한 경우 한도 없이 가산세가 부과된다)

위 가산세 규정에서, "대통령령으로 정하는 소득세 과세기간 또는 법인세 사업연도의 수입금액"이란 다음의 금액의 합계액을 말한다(상증령 제80조 제7항).

① 상증법 제50조 제1항에 따른 외부전문가의 세무확인을 받지 아니하거나 같은 조 제2항에 따른 보고를 이행하지 아니한 소득세 과세기간 또는 법인세 사업연도의 수입금액

② 상증법 제50조 제3항에 따른 회계감사를 이행하지 아니한 소득세 과세기간 또는 법인세 사업연도의 수입금액

③ 상증법 제51조에 따른 장부의 작성·비치의무를 이행하지 아니한 소득세 과세기간 또는 는 법인세 사업연도의 수입금액

또한 "출연받은 재산가액"이란, 상증법 제50조 제1항 및 제2항에 따른 외부전문가의 세무확인에 대한 보고를 이미 이행한 분으로서 계속 공익목적사업에 직접 사용하는 분을 차감한 가액과 상증법 제50조 제3항에 따른 회계감사를 이미 이행한 분으로서 계속 공익목적사업에 직접 사용하는 분을 차감한 가액의 합계액을 말한다(상증령 제80조 제8항).

## (2) 가산세 부과의 제외

공익법인등의 특성, 출연받은 재산의 규모, 공익목적사업 운용 실적 등을 고려하여 아래와 같은 경우에는 가산세를 부과하지 아니한다(상증법 제78조 제5항 단서, 상증령 제80조 제9항).

**1) 위 "(1) 1)" 및 "(1) 2)"의 경우로서 공익법인등이 상증령 제43조 제2항 각 호의 어느 하나에 해당하는 경우**

① 상증법 제50조 제1항에 따라 외부전문가의 세무확인을 받아야 하는 과세기간 또는 사업연도의 종료일 현재 대차대조표상 총자산가액(부동산의 경우 상증법 제60조·제61조 및 제66조에 따라 평가한 가액이 대차대조표상의 가액보다 큰 경우에는 그 평가한 가액을 말한다)의 합계액이 5억 원 미만인 공익법인등. 다만, 해당 과세기간 또는 사업연도의 수입금액(해당 공익사업과 관련된 소득세법에 따른 수입금액 또는 법인세법에 따라 법인세 과세대상이 되는 수익사업과 관련된 수입금액을 말한다)과 그 과세기간 또는 사업연도에 출연받은 재산가액의 합계액이 3억 원 이상인 공익법인등은 제외한다.

② 불특정다수인으로부터 재산을 출연받은 공익법인등(출연자 1명과 그의 특수관계인이 출연한 출연재산가액의 합계액이 공익법인등이 출연받은 총재산가액의 100분의 5에 미달하는 경우로 한정한다)

③ 국가 또는 지방자치단체가 재산을 출연하여 설립한 공익법인등으로서 감사원법 또는 관련 법령에 따라 감사원의 회계검사를 받는 공익법인등(회계검사를 받는 연도분으로 한정한다)

**2) 위 "(1) 3)"의 경우로서 공익법인등이 상증령 제43조 제3항 및 제4항에 해당하는 경우**

① 회계감사를 받아야 하는 과세기간 또는 사업연도의 직전 과세기간 또는 직전 사업연도 종료일의 대차대조표상 총자산가액(부동산인 경우 법 제60조·제61조 및 제66조에 따라 평가한 가액이 대차대조표상의 가액보다 크면 그 평가한 가액을 말한다)의 합계액이 100억 원 미만인 공익법인등

② 상증령 제12조 제1호 및 제2호의 사업을 영위하는 공익법인등

## 4 출연자 등의 이사·임직원 초과 가산세

출연자 또는 그와 특수관계에 있는 자가 공익법인등의 이사 현원(이사 현원이 5인에 미달하는 경우에는 5인으로 본다)의 5분의 1을 초과하여 이사가 되거나 당해 공익법인등의 임·직원(이사 제외)으로 되는 경우 해당 이사 또는 임직원을 위하여 지출한 급료, 판공비, 차량유지비 등 직접 또는 간접 경비에 상당하는 금액 전액을 매년 당해 공익법인등이 납부

할 세액에 가산하여 부과한다(상증법 제48조 제8항, 제78조 제6항, 상증령 제80조 제10항).

★

가산세 = 당해 이사 또는 임직원과 관련하여 지출된 직·간접경비

"여기서의 직접경비 또는 간접경비"란 해당 이사 또는 임직원을 위하여 지출된 급여, 판공비, 비서실 운영경비 및 차량유지비 등[의료기관의 의사, 학교의 교직원(교직원 중 직원은 「사립학교법」 제29조에 따른 학교에 속하는 회계로 경비를 지급하는 직원만 해당한다), 아동복지시설의 보육사, 도서관의 사서, 박물관·미술관의 학예사, 사회복지시설의 사회복지사 자격을 가진 사람, 「국가과학기술 경쟁력 강화를 위한 이공계지원 특별법」 제2조 제3호에 따른 연구기관의 연구원으로서 기획재정부령으로 정하는 연구원과 관련된 경비는 제외한다]을 말한다. 이 경우 이사의 취임시기가 다른 경우에는 나중에 취임한 이사에 대한 분부터, 취임시기가 동일한 경우에는 지출경비가 큰 이사에 대한 분부터 가산세를 부과한다.

다만, 이사의 사망 또는 사임 및 특수관계인에 해당하지 아니하던 이사가 특수관계인에 해당하는 경우 등 부득이한 사유로 출연자 또는 그의 특수관계인이 공익법인등의 현재 이사 수의 5분의 1을 초과하여 이사가 된 경우로서 해당 사유가 발생한 날부터 2개월 이내에 이사를 보충하거나 개임(改任)하는 경우에는 가산세를 부과하지 아니한다(상증법 제48조 제8항 단서).

### 5 특수관계에 있는 법인의 주식보유에 대한 가산세

공익법인등이 특수관계에 있는 내국법인의 주식등을 보유하는 경우로서 내국법인의 주식등의 가액이 총재산가액의 100분의 30(상증령 제50조 제3항에 따른 회계감사, 제50조의2에 따른 전용계좌 개설·사용 및 제50조의 3에 따른 결산서류 등의 공시를 이행하는 공익법인등에 해당하는 경우에는 100분의 50)을 초과하는 경우에는 매 사업연도 말 현재 그 초과하여 보유하는 주식등의 시가의 100분의 5에 상당하는 금액을 당해 공익법인등이 납부할 세액에 가산하여 부과한다(상증법 제48조 제9항 및 제78조 제7항).

★

가산세 = 매 사업연도 말 현재 초과하여 보유하는 주식등의 시가 × 5%

공익법인 중 국가·지방자치단체가 출연하여 설립한 공익법인등이 재산을 출연하여 설

립한 공익법인등, 공공기관의 운영에 관한 법률 제4조 제1항 제3호에 따른 공공기관이 재산을 출연하여 설립한 공익법인등(그 공익법인등이 재산을 출연하여 설립한 공익법인등 포함) 및 성실공익법인등은 제외한다(상증법 제48조 제9항 본문).

　보유기준을 초과하여 보유하는 주식등에 대한 가산세를 부과함에 있어서는 나중에 취득한 주식등부터 이를 부과한다(상증령 제80조 제11항).

## 6　특수관계에 있는 법인의 광고 등 행위에 대한 가산세

　공익법인이 특수관계에 있는 내국법인의 이익을 증가시키기 위하여 정당한 대가를 받지 아니하고 광고 · 홍보하는 경우에는 당해 행위와 관련하여 직접 지출한 경비에 상당하는 금액을 당해 공익법인등이 납부할 세액에 가산하여 부과한다(상증법 제48조 제10항, 제78조 제8항, 상증령 제38조 제15항 및 제80조 제12항).

　위에서 직접 지출된 경비라 함은 다음의 경비를 말한다.

1) 신문 · 잡지 · 텔레비전 · 라디오 · 인터넷 또는 전자광고판 등을 이용하여 내국법인을 위하여 홍보하거나 내국법인의 특정상품에 관한 정보를 제공하는 행위(다만, 내국법인의 명칭만을 사용하는 홍보를 제외한다)의 경우에는 당해 광고 · 홍보매체의 이용비용
2) 팸플릿 · 입장권 등에 내국법인의 특정상품에 관한 정보를 제공하는 행위(다만, 내국법인의 명칭만을 사용하는 홍보를 제외한다)의 경우에는 당해 행사비용 전액

★

가산세 ＝ 광고 · 홍보 등의 행위와 관련하여 직접 지출한 경비에 상당하는 금액

## 7　출연재산 운용소득 · 매각자금의 미달사용 가산세

　세무서장등은 공익법인등이 다음의 어느 하나에 해당하는 경우에는 다음의 구분에 따른 금액에 100분의 10(상증법 제48조 제2항 제7호 가목의 공익법인등이 이 항 제3호에 해당하는 경우에는 같은 호에 따른 금액의 100분의 200)에 상당하는 금액을 그 공익법인등이 납부할 세액에 가산하여 부과한다. 이 경우 "1)"과 "3)"에 동시에 해당하는 경우에는 더 큰 금액으로 한다(상증법 제78조 제9항, 상증령 제38조 제5항 및 제7항, 상증령 제80조 제13항).

**1) 상증법 제48조 제2항 제5호에 따라 운용소득을 아래 기준금액에 미달하여 사용한 경우 : 운용소득 중 사용하지 아니한 금액**

운용소득과 관련된 기준금액이란 "가."에 따라 계산한 금액에서 "나."의 금액을 뺀 금액("운용소득")의 100분의 70에 상당하는 금액("사용기준금액")을 말한다. 이 경우 직전 과세기간 또는 사업연도에서 발생한 운용소득을 사용기준금액에 미달하게 사용한 경우에는 그 미달하게 사용한 금액(상증법 제78조 제9항에 따른 가산세를 뺀 금액을 말한다)을 운용소득에 가산한다.

가. 해당 과세기간 또는 사업연도의 수익사업에서 발생한 소득금액(출연재산과 관련이 없는 수익사업에서 발생한 소득금액 및 상증법 제48조 제2항 제4호에 따른 출연재산 매각금액을 제외하고, 법인세법 제29조 제1항의 규정에 의한 고유목적사업준비금과 해당 과세기간 또는 사업연도 중 고유목적사업비로 지출된 금액으로서 손금에 산입된 금액을 포함한다)과 출연재산을 수익의 원천에 사용함으로써 생긴 소득금액의 합계액

나. 해당 소득에 대한 법인세 또는 소득세·농어촌특별세·주민세 및 이월결손금

★

가산세 = 사용기준금액에 미달하게 사용한 금액 × 10%

**2) 상증법 제48조 제2항 제5호에 따라 매각대금을 대통령령으로 정하는 기준금액에 미달하여 사용한 경우 : 매각대금 중 사용하지 아니한 금액**

"매각대금을 대통령령으로 정하는 기준금액에 미달하여 사용한 경우"란 매각대금 중 직접 공익목적사업에 사용한 실적이 매각한 날이 속하는 과세기간 또는 사업연도 종료일부터 1년 이내에 매각대금의 100분의 30, 2년 이내에 매각대금의 100분의 60에 미달하게 사용한 경우를 말한다. 이 경우 해당 매각대금 중 직접 공익목적사업용 또는 수익사업용 재산을 취득한 가액이 매 연도별 매각대금의 사용기준에 상당하는 금액에 미달하는 경우에는 그 차액에 대하여 이를 적용한다.

★

가산세 = 매각대금 중 사용기준에 미달하게 사용한 금액 × 10%

## 3) 상증법 제48조 제2항 제7호에 해당하는 경우 : 기준금액에서 직접 공익목적 사업에 사용한 금액을 차감한 금액

여기에서 기준금액이란, 다음 각 목의 공익법인등이 대통령령으로 정하는 출연재산가액에 100분의 1(제16조 제2항 제2호 가목에 해당하는 공익법인등이 발행주식총수등의 100분의 10을 초과하여 보유하고 있는 경우에는 100분의 3)을 곱하여 계산한 금액에 상당하는 금액에 미달하여 직접 공익목적사업(소득세법에 따라 소득세 과세대상이 되거나 법인세법에 따라 법인세 과세대상이 되는 사업은 제외한다)에 사용한 경우를 말한다(2023. 12. 31. 개정).

  가. 다음의 요건을 모두 갖춘 공익법인등으로서 대통령령으로 정하는 공익법인등(2023. 12. 31. 신설)

    1) 내국법인의 주식등을 출연받은 공익법인등일 것(2023. 12. 31. 신설)

    2) 대통령령으로 정하는 바에 따라 계산한 주식등의 보유비율이 그 내국법인의 발행주식총수등의 100분의 5를 초과할 것(2023. 12. 31. 신설)

  나. 가목 외의 공익법인등(자산 규모, 사업의 특성 등을 고려하여 대통령령으로 정하는 공익법인등은 제외한다)(2023. 12. 31. 신설)

## 8 공익법인 등의 전용계좌 미개설·미사용 가산세

### (1) 전용계좌를 사용하지 않은 경우

공익법인(사업의 특성을 고려하여 상증령 제12조에서 열거하고 있는 공익법인등은 제외)등은 직접목적사업과 관련하여 지급받거나 지급하는 수입과 지출의 경우로서 다음의 어느 하나에 해당하는 경우에는 직접 공익목적 사업용 전용계좌를 사용하여야 한다(상증법 제50조의 2 제1항, 상증법 제78조 제10항, 상증령 제43조의 2). 2009. 1. 1. 이후 개시하는 과세기간(사업연도)분부터 적용한다.

  1) 직접 공익목적사업과 관련된 수입과 지출을 금융기관을 통하여 결제하거나 결제받는 경우

  2) 기부금·출연금 또는 회비를 지급받는 경우. 다만, 현금으로 직접 지급받은 기부금·출연금 또는 회비를 지급받는 날부터 5일(5일이 되는 날이 공휴일·토요일 또는 「근로자의 날 제정에 관한 법률」에 따른 근로자의 날에 해당하면 그 다음 날)까지 전용계좌에 입금하는 경우에는 전용계좌를 사용하지 않아도 된다. 이 경우 기부금·출연금 또는 회비의 현금수입 명세를 작성하여 보관하여야 한다.

3) 인건비·임차료를 지급하는 경우

4) 기부금·장학금·연구비·생활비 등 직접 공익목적사업비를 지출하는 경우. 다만, 100만 원을 초과하는 경우로 한정한다.

5) 수익용 또는 수익사업용 자산의 처분대금, 그 밖의 운용소득을 고유목적사업회계에 전입(현금 등 자금의 이전이 수반되는 경우만 해당)하는 경우

공익법인등은 위에서 열거하고 있는 어느 하나에 해당하는 경우로서 전용계좌를 사용하지 아니한 경우에는 전용계좌를 사용하지 아니한 금액의 1천분의 5에 해당하는 금액을 가산세로 부과한다(상증법 제78조 제10항 제1호).

★
$$가산세 = 전용계좌를\ 사용하지\ 않은\ 금액 \times (5/1{,}000)$$

## (2) 전용계좌를 개설·신고하지 않은 경우

공익법인등은 최초로 공익법인등에 해당하게 된 날로부터 3개월 이내에 전용계좌를 개설하여 해당 공익법인등의 납세지 관할 세무서장에게 신고하여야 한다(상증법 제50조의 2 제3항). 공익법인등이 전용계좌의 개설신고를 하지 아니한 경우에는 다음의 금액 중 큰 금액을 가산세로 부과한다(상증법 제78조 제10항 제2호, 2021. 12. 21. 개정).

1) 다음 계산식에 따라 계산한 금액[50]

★
$$A \times \frac{B}{C} \times 1천분의\ 5$$

A : 해당 각 과세기간 또는 사업연도의 직접 공익목적사업과 관련한 수입금액의 총액
B : 해당 각 과세기간 또는 사업연도 중 전용계좌를 개설·신고하지 아니한 기간으로서 신고기한의 다음 날부터 신고일 전날까지의 일수
C : 해당 각 과세기간 또는 사업연도의 일수

2) 상증법 제50조의 2 제1항 각 호에 따른 거래금액 합계액의 1천분의 5에 상당하는 금액

---

50) 개정공식에 따를 때, 공익법인등이 공익목적사업과 관련한 수입과 지출 시에 사용하는 전용계좌를 개설·신고하지 아니한 경우 해당 사업연도 전체의 공익사업 목적 관련 수입금액을 기준으로 가산세를 부과하던 것을, 미신고 기간의 해당 수입금액을 기준으로 가산세를 부과하게 된다.

## 9 결산서류 등의 공시의무 불이행 가산세

공익법인등(종교의 보급 기타 교화에 현저히 기여하는 사업을 영위하는 공익법인등은 제외)은 다음의 서류 등(결산서류)을 해당 공익법인등의 과세기간 또는 사업연도 종료일부터 4개월 이내에 국세청 인터넷 홈페이지에 게재하는 방법으로 공시하여야 한다(상증법 제50조의 3, 상증령 제43조의 5).

1) 재무상태표
2) 운영성과표
3) 기부금 모집 및 지출 내용
4) 해당 공익법인등의 대표자, 이사, 출연자, 소재지 및 목적사업에 관한 사항
5) 아래와 같은 주식보유 현황 등
   ① 공익법인등의 주식등의 출연·취득·보유 및 처분사항
   ② 공익법인등에 주식등을 출연한 자와 그 주식등의 발행법인과의 관계
   ③ 주식등의 보유로 인한 배당현황, 보유한 주식등의 처분에 따른 수익현황 등
   ④ 내국법인의 의결권 있는 주식등을 그 내국법인의 발행주식총수등의 100분의 5를 초과하여 보유하고 있는 성실공익법인등의 경우에는 보유주식에 대한 의결권의 행사 결과
   ⑤ 외부감사를 받는 공익법인등의 경우에는 출연받은 재산의 공익목적 사용현황

결산서류 등을 공시하지 아니하거나 공시내용에 오류가 있는 경우로서 공시 또는 시정요구를 지정된 기한 이내에 이행하지 아니하는 경우에는 공시하여야 할 과세기간 또는 사업연도 종료일 현재 자산총액의 1천분의 5에 상당하는 금액을 납부할 세액에 가산하여 부과한다. 다만, 상증법 제50조의 3(공익법인등의 결산서류 등의 공시의무) 제1항 각 호 외의 부분 단서에 따른 공익법인등의 2022. 12. 31. 이전에 개시하는 과세기간 또는 사업연도분의 공시에 대하여는 본문에 따른 가산세를 부과하지 아니한다(상증법 제78조 제11항, 2019. 12. 31. 단서신설, 상증령 제80조 제16항).

"자산총액"이란 공시하여야 할 과세기간 또는 사업연도의 종료일 현재 재무상태표상 총자산가액(부동산인 경우 법 제60조·제61조 및 제66조에 따라 평가한 가액이 재무상태표상의 가액보다 크면 그 평가한 가액을 말한다)의 합계액을 말한다.

★
　가산세 = 공시하여야 할 과세기간(사업연도)의 종료일 현재 공익법인등의 자산총액 × (5/1,000)

## 10 지급명세서 미제출 등에 대한 가산세

상증법 제82조 제1항, 제3항 및 제4항 또는 제6항에 따라 지급명세서 등을 제출하여야 할 자가 지급명세서 등을 제출하지 아니하거나 누락한 경우 또는 제출한 지급명세서 등에 불분명한 부분이 있는 미제출분, 누락분 또는 불분명한 부분에 해당하는 금액의 1천분의 2(상증법 제82조 제3항 및 제4항의 경우에는 1만분의 2)에 상당하는 금액을 소득세 또는 법인세에 가산하여 징수한다. 이 경우에 산출세액이 없을 때에도 가산세는 징수한다(상증법 제78조 제12항).

지급명세서 등을 제출기한이 지난 후 1개월 이내에 제출하는 경우에는 1천분의 1(상증법 제82조 제3항 및 제4항의 경우 1만분의 1)에 상당하는 금액을 소득세나 법인세에 가산하여 징수한다(상증법 제78조 제13항). 이 경우 산출세액이 없을 때에도 가산세는 징수한다.

지급명세서의 미제출 등에 대한 가산세는 5천만 원(중소기업기본법상의 중소기업 외의 경우 1억 원)을 한도로 하향조정되었다. 하향조정된 금액은 2011. 1. 1. 이후 결정 · 경정분부터 적용한다(국기법 제49조 제1항).

| 지급명세서 구분 | 미제출, 누락, 불분명 제출 | 제출기한 경과 후 1개월 이내 제출 |
|---|---|---|
| 보험, 퇴직금 등, 전환사채 (상증법 제82조 제1항 · 제6항) | 2/1,000 | 1/1,000 |
| 주식, 공채, 사채, 채권, 특정시설물 (골프회원권 등), 신탁재산 (상증법 제82조 제3항 · 제4항) | 2/10,000 | 1/10,000 |

위에서 "불분명한 부분이 있는 경우"란 제출된 지급명세서 등에 지급자 및 소득자의 주소, 성명, 고유번호(주민등록번호로 갈음하는 경우에는 주민등록번호를 말한다), 사업자등록번호, 소득의 종류, 소득귀속연도 또는 지급액을 기재하지 아니하였거나 잘못 기재하여 지급사실을 확인할 수 없는 경우 및 제출된 지급명세서와 이자 · 배당소득지급명세서에 유가증권표준코드를 기재하지 아니하였거나 잘못 기재한 경우를 말한다. 다만, 다음의 어느 하나에 해당하는 경우는 제외한다(상증령 제80조 제17항).

가. 지급일 현재 사업자등록증을 교부받은 자 또는 고유번호를 부여받은 자에게 지급한 경우

나. 위 "가." 외의 지급으로서 지급 후 그 지급받은 자가 소재불명으로 확인된 경우

## 11  공익법인등 의무이행 미신고자에 대한 가산세

세무서장등은 공익법인등이 제48조 제13항에 따라 신고하지 아니한 경우에는 신고해야 할 과세기간 또는 사업연도의 종료일 현재 그 공익법인등의 자산총액의 1천분의 5에 상당하는 금액을 대통령령으로 정하는 바에 따라 그 공익법인등이 납부할 세액에 가산하여 부과한다(상증법 제78조 제14항, 2020. 12. 22. 신설, 상증령 제80조 제18항).

## 12  지정문화유산 보유현황 등 미제출 등에 대한 가산세

세무서장등은 상증법 제74조 제5항(지정문화유산 등에 대한 징수유예 시 납세담보 미제공)에 따라 납세담보를 제공하지 아니한 자가 다음의 어느 하나에 해당하면 다음 규정에 따른 금액을 징수하여야 한다(상증법 제78조 제15항, 2022. 12. 31. 신설).

1) 상증법 제74조 제6항에 따른 국가지정문화유산등 및 천연기념물등의 보유현황 자료를 제출하지 아니한 경우 징수유예받은 상속세액의 100분의 1에 상당하는 금액

2) 상증법 제74조 제7항에 따른 국가지정문화유산등 및 천연기념물등의 양도 사실을 신고하지 아니한 경우 징수유예받은 상속세액의 100분의 20에 상당하는 금액

이러한 가산세 규정을 둔 이유는, 지정문화유산 등에 대한 상속세 징수유예 시 납세담보 제공의 면제를 허용하되, 효율적인 관리를 위해 상증법 제74조 제6항 및 제7항에서는 매년 세무서장에게 지정문화유산등의 보유현황을 제출하도록 하고 동시에 상속인이 지정문화유산등을 양도하기 전에 세무서장에게 이를 사전 신고하도록 의무를 부여하였다. 그럼에도 불구하고 이러한 의무규정을 이행하지 않는 경우에는 위와 같이 상속세액의 1% 또는 상속세액의 20%를 가산세로 부과한다.

별 첨

# 용어해설

- **가상화폐** : 가상화폐는 실물 없이도 거래가 가능한 다양한 결제수단을 포함한다. 온라인 상에서 결제가 가능한 카카오페이 등의 간편결제가 대표적이다. 유럽중앙은행(ECB)은 가상화폐를 '민간 개발자가 발행·통제하며 정부 규제가 없는 화폐'로 '특정 가상 세계에서 통용되는 전자화폐의 하나'라고 정의했다.

- **가업** : 가업이란 중소기업(조세특례제한법 제5조 제1항에 따른 중소기업)으로서 피상속인이 10년 이상 계속하여 경영한 기업을 말한다. 이러한 가업이 상속되는 경우에는 상증법상 가업상속공제를 적용하여 상속세를 경감하여 가업이 원활하게 승계되도록 지원한다.

- **간주** : 특정사안에 대하여 반대증거의 제출을 허용하지 않고서 법률이 정한 효력이 당연히 생기게 되는 것으로 의제라고도 표현한다.

- **감자** : 주식회사가 자본금을 줄이는 것을 감자라 한다. 감자의 방법으로는 주식수를 줄이거나 액면가액을 줄이는 방법이 있다.

- **거주자** : 국내에 주소를 두거나 183일 이상 거소(居所)를 둔 사람을 말한다. 비거주자는 거주자가 아닌 사람을 말한다. 이 경우 주소와 거소의 정의 및 거주자와 비거주자의 판정 등에 필요한 사항은 상증세법 시행령으로 정한다.

- **결격상속인** : 다음 중 어느 하나에 해당한 자는 상속인이 되지 못하는 결격상속인이 된다.
  (1) 고의로 직계존속, 피상속인, 그 배우자 또는 상속의 선순위나 동순위에 있는 자를 살해하거나 살해하려 한 자
  (2) 고의로 직계존속, 피상속인과 그 배우자에게 상해를 가하여 사망에 이르게 한 자
  (3) 사기 또는 강박으로 피상속인의 상속에 관한 유언 또는 유언의 철회를 방해한 자
  (4) 사기 또는 강박으로 피상속인의 상속에 관한 유언을 하게 한 자
  (5) 피상속인의 상속에 관한 유언서를 위조·변조·파기 또는 은닉한 자

- **공공단체** : 공공단체란 국가, 지방자치단체 또는 지방자치단체조합, 공공도서관, 공공박물관을 말한다.

- **공과금** : 상증법 제14조[상속재산의 가액에서 빼는 공과금 등] 제1항 및 제2항 적용 시 공과금이란 상속개시일 현재 피상속인이 납부할 의무가 있는 것으로서 상속인에게 승계된 조세·공공요금과 기타 국세징수법에서 규정하는 체납처분의 예에 따라 징수할 수 있는 채권 중 국세, 관세, 임시수입주세, 지방세와 이에 관계되는 가산금 및 체납처분비를 말한다.

- **공매** : 법률규정에 따라 공적 기관에 의하여 강제적으로 이루어지는 매매를 공매라 한다.

경매(競賣)가 개인에 의하여 이루어지는 사적(私的) 경매인 반면, 공매는 국가기관에 의해 이루어지는 공적(公的) 경매를 말한다. 공매에는 담보권의 실행방법으로 행하여지는 임의경매(任意競賣 : 민사집행법 제264조 내지 제275조)와 강제집행의 수단으로 이루어지는 강제경매(强制競賣)가 있다. 강제경매는 사법상의 권리의 실현을 위하여 민사집행법(제80조 내지 제162조)에 따라 행하여지는 경우와 공법상의 권리의 실현을 위하여 국세징수법(제61조)에 따라 행하여지는 경우로 구별할 수 있다. 단순하게 공매라고 할 때에는 통상 국세징수법에 따라 이루어지는 경우를 말하며, 공법상 금전급부의무의 불이행에 대한 강제집행으로서 체납처분 절차에서 압류한 물품을 환가하는 수단으로 행하여진다.

- **공유물** : 공유물이란 두 사람 이상이 공동으로 소유하고 있는 물건을 말한다.
- **공익법인 등** : 공익법인의 설립·운영에 관한 법률 시행령 제2조에서는 공익법인을 "사회일반의 이익에 공여하기 위하여 학자금·장학금 또는 연구비의 보조나 지급, 학술·자선에 관한 사업을 목적으로 하는 법인"으로 정의하고 있다. 상증법상 공익법인 등이란 종교, 자선, 학술 또는 그 밖의 공익을 목적으로 상증법 시행령 제12조[공익법인 등의 범위]의 어느 하나에 해당하는 사업을 영위하는 자를 말한다.
- **공익신탁** : 공익신탁이란 학술, 종교, 제사, 자선, 기예 기타 공익을 목적으로 하는 신탁은 이를 공익신탁으로 한다(신탁법 제65조).
- **기여분** : 공동상속인 중 피상속인의 재산의 유지 또는 증가에 기여하거나 특별히 피상속인을 부양한 자가 있는 경우에 상속분 산정에 그러한 기여나 부양을 고려하는 제도를 말한다(민법 제1008조의 2).
- **납부유예** : 가업승계의 지원 등 정책적인 이유로 상속세 및 증여세 등의 납부를 일정기간 유예(연기)해 주는 것을 말한다.
- **단순승인** : 피상속인의 권리·의무를 무조건적으로 승계하는 상속형태 또는 이것을 승인하는 상속방법을 말한다.
- **대습상속인** : 대습상속인이란 상속인이 될 직계비속 또는 형제자매가 상속개시 전에 사망하거나 결격자가 된 경우에 그 직계비속이 있는 때에 그 직계비속이 사망하거나 결격된 자의 순위에 갈음하는 상속인을 말한다.
- **동시사망** : 2인 이상이 동일한 위난으로 사망한 경우에 동시에 사망한 것으로 추정하는 것을 말한다.
- **명의개서** : 명의개서(名義改書)란 권리자의 변경에 따라 장부 또는 증권의 명의인의 표

시를 고쳐 쓰는 것을 말한다. 기명식증권(記名式證券)의 권리이전의 사실을 공시하여 제 3자에게 대항할 수 있도록 하기 위해 이루어진다. 주식회사에 있어서, 주주명부에는 주주의 성명과 주소, 각 주주가 가진 주식의 종류와 그 수, 주권의 번호, 각 주식의 취득 연월일을 기재하는데(상법 제352조 제1항 제1~3호), 주식의 이전으로 주주가 교체되었을 경우 그 취득자를 주주명부에 주주로 기재하는 것을 말한다.

- **명의신탁** : 대내적으로 신탁자가 소유권을 보유하여 이를 관리·수익하면서 공부상의 소유명의만을 수탁자 앞으로 해 두는 것, 즉 당사자 간의 신탁에 관한 채권계약에 의하여 신탁자가 실질적으로는 그의 소유에 속하는 부동산의 등기명의를 실체적인 거래관계가 없는 수탁자에게 매매 등의 형식으로 이전하여 두는 것을 말한다.

- **무채재산권** : 무채재산권이란 지적 활동을 통하여 창조한 무형물을 독점적으로 이용하는 권리를 말한다. 지적재산권 또는 지식재산권이라고도 한다. 무체재산권은 산업재산권(産業財産權)과 저작권(著作權)으로 구분할 수 있다. 무체재산권은 무체물(無體物)을 대상으로 한다는 점에서 물권(物權)이 유체물(有體物)을 대상으로 하는 것에 대응한다. 그러나 무체재산권도 배타적 이익을 향유할 수 있는 권리라는 점에서 물권에 준하며, 성질이 허용하는 범위 내에서 물권의 규정이 유추적용될 수 있다.

- **물납** : 세금의 납부는 현금으로 이루어지는 것이 원칙이다. 다만, 상속세의 납부의무자가 유동성 부족으로 인하여 현금으로 세금을 납부하기가 어려운 경우 예외적으로 상속받은 재산 중 부동산과 유가증권 외에는 상속재산이 없는 경우 부동산과 유가증권으로 세금을 납부하는 것을 허용하는 제도를 말한다.

- **배우자 상속공제** : 피상속인이 거주자로서 상속개시일 현재 배우자가 있는 경우에는 배우자 상속공제가 적용된다. 배우자란 민법상 혼인으로 인정되는 혼인관계에 의한 배우자만 해당된다. 피상속인의 배우자가 이혼조정을 신청하여 상속개시일 현재 조정이 성립된 경우에는 가족관계등록부 여부에 불구하고 배우자공제가 안 된다. 배우자가 단독으로 상속받은 경우는 신고 여부와 상관없이 일괄공제 5억 원은 적용되지 않는다. 즉, 기초공제와 기타 인적공제 합계금액으로만 공제한다.

- **법정상속분** : 재산상속에 있어서 피상속인이 상속분을 유언으로 지정하지 않은 경우에는 공동상속인의 상속분은 민법 제1009조의 법정상속분에 따르게 된다. 동 순위의 상속인이 수인인 때에는 그 상속분은 균분으로 하며, 피상속인의 배우자의 상속분은 직계비속(또는 직계존속)의 상속분에 5할을 가산하게 된다. 예를 들어 피상속인의 배우자와 직계비속이 1명인 경우 배우자와 직계비속이 각각 1.5대 1로 법정상속분이 결정된다. 민법

제1000조[상속의 순위]에 따르면, 상속에 있어서는 다음 순위로 상속인이 된다. 1. 피상속인의 직계비속, 2. 피상속인의 직계존속, 3. 피상속인의 형제자매, 4. 피상속인의 4촌 이내의 방계혈족

- **보험계약(contract of insurance)** : 보험계약이란 당사자 일방이 보험료를 지급하고 상대방이 재산 또는 생명이나 신체에 불확정한 사고가 생길 경우 일정한 보험금액, 그 밖의 급여를 지급할 것을 약정하는 계약이다. 인보험과 손해보험이 있다. 보험계약은 보험계약자의 청약에 대해 보험회사의 승낙으로 체결되고, 보험회사의 책임은 다른 약정이 없으면 최초보험료를 받은 때부터 시작된다.

- **보험계약자(insured)** : 보험계약자란 보험자(보험회사 등)와 계약을 체결하는 상대방 당사자를 말한다. 보험계약자는 보험계약이 체결되면 보험료 납입, 보험사고발생의 통지 등의 의무를 부담하고, 보험금 지급청구, 손해발생 시 보상청구 등의 권리를 가진다. 보험계약자 또는 피보험자는 보험사고가 발생하면 보험회사에 사고접수와 함께 보험금 지급신청을 한다. 보험회사는 보험금액의 지급에 약정기간이 없는 경우 보험사고 통지를 하면 즉시 보험금액을 정하고 보험금을 지급해야 한다. 보험계약자와 보험회사는 일정한 경우에 보험계약을 철회, 취소, 해지할 수 있다. 보험료 연체로 보험계약이 해지된 경우 보험계약자는 계약의 부활을 청구하고 미납된 보험료를 납입하면 보험계약을 유효하게 유지할 수 있다. 보험계약자는 보험회사와 분쟁이 발생한 경우 금융감독원에 민원을 제기하여 분쟁조정 신청을 할 수 있는데, 조정이 이루어지지 않은 경우 법원의 민사소송을 통해 권리를 구제받을 수 있다.

- **보험금(insurance benefits)** : 보험금이란 보험사고 등이 발생하여 보험자가 그 수익자에게 지급하는 금액을 말한다. 보험금은 손해보험에서는 원칙적으로 피보험자에게, 생명보험에서는 보험금 수령인에게 지급된다. 손해보험에서의 보험금액은 현실의 손해액에 상응하여 보험금액의 범위 내에서 또한 원칙으로 보험금액의 보험가액에 대한 비율에 의해서 정해진다. 생명보험의 보험금액은 일반적으로 약정된 보험금액과 일치하지만, 피보험자가 불측(不測)의 재해나 법정전염병으로 사망한 때에 보험금액의 배액을 지급하는 특약을 맺는 경우도 있다.

- **보험금 수익자(insurance beneficiary)** : 보험금 수익자란 보험계약상 보험금을 수령받을 권리를 가진 자를 말한다.

- **보험료(premium)** : 보험료란 보험계약으로 보험자(보험회사 등)에 지급하는 요금을 말한다. 보험료는 순(純)보험료와 부가(附加)보험료로 이루어지는데, 전자는 보험금의 지급

에 충당되고 후자는 그 주요부분이 인건비・물건비 등의 영업비에 충당된다. 보험료의 산출은 보험금액을 기준으로 하며, 위험률에 따라 보험료 기간을 단위로 하여 정해진다.

• **보험사고** : 보험사고란 계약상 보험자의 보험금지급책임을 구체화시키는 사고를 말하며, 상증법상 이러한 보험사고에는 만기보험금 지급의 경우를 포함한다.

• **보험차익** : 재해 등으로 고정자산이 손실을 입었을 때 보험회사로부터 수령하는 보험금이 해당 고정자산의 장부가액보다 많을 경우 그 초과금을 보험차익이라 한다.

• **부담부증여(負擔附贈與)** : 부담부증여는 수증자가 증여를 받는 동시에 일정한 부담, 즉 일정한 대가를 지급 하여야 할 채무를 부담할 것을 부수적(附隨的)으로 요구하는 증여계약이다. 증여의 규정 외에 쌍무계약(雙務契約)에 관한 규정이 일반적으로 준용된다(민법 제561조).

• **분묘** : 상증법 시행령 제8조[비과세되는 상속재산] 적용 시 분묘란 피상속인이 제사를 주재하고 있던 선조의 분묘를 말한다.

• **비거주자** : 비거주자란 거주자가 아닌 사람을 말한다.

• **비영리법인** : 학술・종교・자선・기예・사교・기타 영리 아닌 사업을 목적으로 하는 사단법인 또는 재단법인을 말한다.

• **사인증여(死因贈與)** : 생전에 증여계약을 체결해 두고 그 효력이 증여자의 사망 시부터 발생하는 것으로 정한 증여를 말한다. 유증(遺贈)과 유사하므로 유증의 규정이 준용(민법 제562조)된다. 유증은 수증자의 승낙없이 유언에 의하여 일방적으로 증여되지만(단독행위이다). 사인증여는 수증자의 승낙이 있는 계약이라는 점이 다르며 반드시 유증의 규정 전부가 준용되는 것은 아니다. 따라서 사인증여는 생전의 "계약"으로 승낙이 필요하기 때문에(즉, 단독행위가 아니므로), 유증에 관한 규정 중에서 단독행위로서의 성격을 갖는 민법 제1061조 내지 제1063조, 민법 제1065조 내지 제1072조, 유언의 철회(민법 제1108조 이하)의 규정은 사인증여에 관하여는 적용되지 아니한다.

• **산업재산권** : 산업재산권은 인간의 지적 창작에 의한 산업상 이용가치를 갖는 발명 등에 관한 권리이다. 산업재산권은 보통 특허권(特許權)・실용신안권(實用新案權)・의장권(意匠權)・상표권(商標權)・서비스표권의 5가지를 말하지만, 넓게는 반도체회로배치설계권・노하우권・미등록주지상표권 등 산업상 보호가치가 있는 권리 전부를 포함한다. 산업재산권은 특허청에 등록함으로써 취득되며, 등록에는 선출원주의(先出願主義)가 적용된다(특허법 제38조, 실용신안법 제8조, 의장법 제16조, 상표법 제9조). 산업재산권은 새로운 창

작에 대하여 그 창작자에게 일정기간 동안 독점적·배타적 권리를 부여하는 대신 이를 일반에게 공개하여 일정한 존속기간이 지나면 누구나 이용할 수 있도록 함으로써 기술진보와 산업발전을 추구하는 것이다.

• **상속** : 상속은 피상속인의 사망에 의하여 상속인이 피상속인에 속하였던 모든 재산상의 지위(또는 권리의무)를 포괄적으로 승계하는 것을 말하며, 상증법상으로는 유증, 사인증여 및 특별연고자(민법 제1057조의 2)에 대한 상속재산의 분여를 포함한다.

• **상속분** : 각 공동상속인이 소극재산을 포함하는 포괄적인 상속재산에 대하여 가지는 권리·의무의 비율을 말하는데, 각 상속인이 받을 구체적인 상속재산가액은 적극·소극의 전 상속재산에 각자의 상속분을 곱하여 산정된다.

• **상속개시일** : 상속개시일이란 피상속인이 사망한 날을 말한다. 다만, 피상속인의 실종선고로 인하여 상속이 개시되는 경우에는 실종선고일을 말한다.

• **상속개시지** : 상속개시지란 피상속인의 주소지를 말하며, 주소지가 없거나 분명하지 않은 경우에는 거소지를 말한다.

• **상속세 과세가액** : 상속세 과세가액이란 상속재산의 가액에서 상증법 제14조[상속재산의 가액에서 빼는 공과금 등]에 따른 것을 뺀 후, 상속개시일 전 10년 이내에 피상속인이 상속인에게 증여한 재산가액과 상속개시일 전 5년 이내에 피상속인이 상속인이 아닌 자에게 증여한 재산가액을 가산한 금액을 말한다.

• **상속세과세표준신고기한** : 상속세과세표준신고기한이란 상증법 제67조[상속세 과세표준신고] 규정에 의한 상속세과세표준신고기한을 말한다.

• **상속인** : 상속인이란 피상속인의 사망 시에 피상속인의 재산을 승계하는 사람으로서, 상속의 순위(민법 제1000조)에 따른 상속인, 대습상속인(민법 제1001조), 배우자(민법 제1003조), 결격상속인(민법 제1004조) 및 민법 제1019조[승인·포기의 기간] 제1항에 따른 상속포기자와 특별연고자(민법 제1057조의 2)를 포함한다.

• **상속의 포기** : 상속으로 인하여 생기는 권리·의무의 포괄적 승계를 전면적으로 거부하여 처음부터 상속인이 아니었던 효과를 생기게 하는 상속인의 단독행위를 말한다(민법 제1041조).

• **상속재산의 분할** : 공동상속의 경우에 상속개시와 동시에 피상속인의 재산이 공동상속인의 공유로 되는 것은 어디까지나 잠정적·과도적 현상에 지나지 않으며, 결국 분할에 의하여 해소되어야 하는바 이를 위하여 마련한 제도이다.

- **상속회복청구** : 상속인 또는 그 법정대리인은 스스로 상속인이라고 칭하며 상속권을 침해하는 참칭상속인에게 상속회복청구권을 행사하여 상속권을 회복할 수 있다. 상속회복청구권은 그 침해를 안 날부터 3년, 상속권의 침해행위가 있은 날부터 10년 내에 행사해야 한다(민법 제999조 제2항).

- **상속회복청구권** : 상속권이 참칭상속권자로 인하여 침해된 경우 상속권자 또는 그 법정대리인이 그 침해의 회복을 위해 갖게 되는 청구권을 말한다(민법 제999조 제1항). 청구권자는 상속인 또는 그 법정대리인이고, 상대방은 참칭상속인이다. 다만, 참칭상속인으로부터 상속재산을 양수한 제3자가 있으면 그 제3자도 상대방이 된다. 상속회복청구의 재판 외 청구는 구두 또는 서면으로 가능하며, 서면 청구를 하는 경우 내용증명을 해 두는 것이 증거확보에 유리하다. 포괄적 유증을 받은 수증자도 상속회복청구를 할 수 있다(대법원 2000다22942, 2001. 10. 12.).

- **상장지수펀드(ETF, Exchange Trade Fund)** : 주식·채권·원자재 등 여러 자산을 합쳐서 투자하기 편하게 만든 인덱스 펀드(index fund)의 일종이다. 상장지수펀드는 주식처럼 거래소에서 사고팔 수 있다.

- **상호출자제한기업집단** : 상호출자제한기업집단이란 「독점규제 및 공정거래에 관한 법률」 제9조에 따른 상호출자제한기업집단을 말한다.

- **성실공익법인 등** : 주식 등의 출연일 혹은 취득일을 기준으로 외부감사를 이행한 공익법인, 전용계좌를 개설하여 사용하고 있는 공익법인, 결산서류 등의 공시를 이행한 공익법인 및 해당 공익법인의 운용소득을 일정비율 이상 공익목적에 사용하면서 공익법인 등의 이사현원의 5분의 1을 초과하지 아니하는 공익법인을 성실공익법인 등이라 한다. 상증법 제16조 제3항의 어느 사유에 해당하면, 성실공익법인 등이 주식보유한도(100분의 10)를 초과하더라도 그 초과하는 가액을 상속세 과세가액에 산입하지 아니한다.

- **세대생략 할증과세** : 세대생략 할증과세란 상속인이나 수유자가 피상속인의 자녀를 제외한 직계비속인 경우에는 상속세 산출세액에 상속재산(증여재산) 중 그 상속인 또는 수유자가 받았거나 받을 재산이 차지하는 비율을 곱하여 계산한 금액의 30%(피상속인의 자녀를 제외한 직계비속이면서 미성년자에 해당하는 상속인 또는 수유자가 받았거나 받을 상속재산의 가액이 20억 원을 초과하는 경우에는 100분의 40)에 상당하는 금액을 가산하여 과세하는 제도를 말한다. 예를 들어 할아버지의 재산이 아버지를 거치지 않고 손자에게 직접 상속되거나 증여되는 경우 적용이 된다. 다만, 대습상속의 경우에는 세대생략 할증과세규정이 적용되지 아니한다.

- **세무서장 등** : 세무서장 등이란 세무서장 및 국세청장이 특히 중요하다고 인정하는 경우의 관할 지방국세청장을 말한다.

- **소비대차** : 소비대차(消費貸借)는 당사자의 일방(貸主)이 금전 기타 대체물(代替物)의 소유권을 상대방(借主)에게 이전할 것을 약정하고 상대방이 동종·동질·동량(同量)의 물건을 반환할 것을 약정함으로써 성립하는 계약(민법 제598~608조)이다. 예를 들어 돈이나 쌀 등을 빌려 소비하고, 나중에 다른 돈이나 쌀로 갚는 경우와 같다. 차주(借主)가 빌린 물건 그 자체를 반환하지 않고 다른 동종·동질·동량의 것으로 반환하는 점에서 동일한 물건을 돌려주는 사용대차나 임대차와 구별된다.

- **수유자** : 수유자란 유증을 받은 자 또는 사인증여에 의하여 재산을 취득한 자를 말한다. 자연인 외에 법인도 수유자가 될 수 있으며, 유언자의 상속인도 수유자가 될 수 있으나 일정한 사유가 있으면 수유결격자(受遺缺格者)가 된다. 수유자는 원칙적으로 유언자가 사망할 때에 존재하는 것이지만, 예외로 태아(胎兒)의 유증에 있어서는 이미 출생한 것으로 보게 되며(민법 제1064조), 또 조건부유증이나 기한부유증에 있어서는 그 조건의 성취 시 또는 기한의 도래 시에 존재하면 된다. 수유자는 유언의 효력발생과 동시에 당연히 일정한 권리를 취득하게 되지만, 받기를 원하지 않을 때는 거절할 수도 있다.

- **수익자연속신탁** : 신탁행위로 수익자가 사망한 경우 그 수익자가 갖는 수익권이 소멸하고 타인이 새로 수익권을 취득하도록 하는 뜻을 정할 수 있다. 이 경우 수익자의 사망에 의하여 차례로 타인이 수익권을 취득하는 경우를 포함한다. 수익자연속신탁 또한 자산의 소유권은 수탁자가 지닌 채, 수익권에 대하여 피상속인이 생전 계약한 사항대로 수익자를 지정하여 그 계약 사항대로 이행할 수 있다는 장점이 있다.

- **수증자** : 수증자(受贈者)란 증여재산을 받은 거주자(본점이나 주된 사무소의 소재지가 국내에 있는 비영리법인을 포함한다) 또는 비거주자(본점이나 주된 사무소의 소재지가 외국에 있는 비영리법인을 포함한다)를 말한다.

- **신주인수권부사채** : 신주인수권부사채란 발행 시에 미리 정해진 일정한 조건에 근거해 그 회사의 주식을 인수할 권리가 붙은 사채를 말한다. 신주인수권부사채는 보통사채와 신주인수권이 하나로 결합된 증권인데 사채보유자가 인수인수권을 행사할 때는 약정된 매입대금을 납입하고 인수를 인수하게 된다. 신주인수권부사채가 전환사채와 다른 점은 전환사채는 주식으로 전환될 경우 채권의 효력이 없어지게 되나 신주인수권부사채는 신주인수권을 행사하여 추가자금을 납입하고 주식을 취득하게 되므로 채권의 효력은 만기까지 존속하게 된다는 점이다. 사채보유자는 당초 정해진 행사가액으로 부여비율의 한도

까지 만기 전까지 미리 정한 행사기간 중에는 언제라도 그 회사의 주식을 인수할 수 있다. 신주를 인수할 수 있는 권리 혹은 그 권리를 나타낸 증권을 워런트채라고 하며 그 종류로는 분리형과 비분리형이 있다. 우리나라는 분리형이 허용되어 인수인수권만 따로 분리하여 거래가 가능하다.

- **신주인수권증서** : 신주인수권증서란 유상증자에 참여할 수 있는 구 주주의 권리를 서류화한 시한부 증서를 말한다. 채권과 신주인수권이 결합된 신주인수권부 채권과는 다른 것으로 발행사가 증자를 결의하면서 구 주주의 신주인수권 양도를 허용하고 또 기존주주가 발행을 청구할 때 선별적으로 발행된다. 따라서 신주인수권증서는 유상증자기준일로부터 청약일까지 약 2주일 정도 증서로서 효력을 지니며 청약일 이후에는 효력을 상실한다.

- **신탁** : 신탁(信託)은 일정 목적으로, 재산권을 처분하는 계약을 말한다. 신탁법 제2조에 따르면, 신탁이란 "신탁을 설정하는 자(위탁자)와 신탁을 인수하는 자(수탁자) 간의 신임관계에 기하여 위탁자가 수탁자에게 특정의 재산(영업이나 저작재산권의 일부를 포함한다)을 이전하거나 담보권의 설정 또는 그 밖의 처분을 하고 수탁자로 하여금 일정한 자(수익자)의 이익 또는 특정의 목적을 위하여 그 재산의 관리, 처분, 운용, 개발, 그 밖에 신탁 목적의 달성을 위하여 필요한 행위를 하게 하는 법률관계를 말한다"고 규정하고 있다. 재산의 운영으로부터 생기는 이익은 특약으로 정해진 수익자(위탁자뿐만 아니라 제3자라도 가능)가 취득한다. 이것은 재산을 맡긴다는 점에서 임치와 비슷하나 단순히 보관뿐만 아니라 신탁재산의 처분까지도 맡긴다는 점에 특색이 있다. 보통은 계약으로 행하는데 유언에 의한 경우도 있다(신탁법 제3조).

- **신탁계약** : 타인을 위해 그 재산을 관리할 목적으로 그 재산의 소유권을 갖게 되는 관계를 신탁이라 한다. 신탁의 기본 구성요소는 자기 소유의 재산을 신탁하기 위해 필요한 조치를 취하는 '신탁설정자(또는 위탁자, settler)', 법률상의 재산권을 부여받아 당해 재산을 관리하는 '수탁자(trustee)', 당해 재산으로부터 궁극적인 이익을 받는 사람이나 단체인 '수익자(beneficiary)'이다.

- **실권주** : 회사가 유상증자를 실시할 때 주주는 정해진 날짜에 자신에게 배정된 유상증자분을 인수하겠다는 청약을 하고 해당 금액을 납입해야 한다. 그러나 청약기일까지 청약을 하지 않거나 청약을 하고도 정해진 납입일까지 돈을 내지 않으면 유상신주를 인수할 권리를 상실하게 되는데, 실권주는 이로 인해 발생한 잔여 주식을 말한다.

- **실종선고** : 부재자의 생사불명의 상태가 일정기간 계속된 경우에 가정법원의 선고에 의하여 사망으로 의제하는 제도를 말한다.

- **양도담보** : 양도담보(讓渡擔保)는 채권담보의 목적으로 물건의 소유권(또는 기타의 재산권)을 채권자에게 이전하고, 채무자가 이행하지 아니한 경우에는 채권자가 그 목적물로부터 우선변제를 받게 되지만, 채무자가 이행을 하는 경우에는 목적물을 다시 원소유자에게 반환함으로써 채권을 담보하는 비전형적인 담보를 말한다. 예컨대 금전 소비대차계약 시에 부동산을 담보로 제공하면서 그 소유권을 채권자에게 이전하고 이후 채무이행이 있을 시에 소유권을 이전받는 경우가 이에 해당한다.

- **연부연납** : 일시적인 상속세 혹은 증여세의 납부부담을 줄여주기 위하여 상속세 혹은 증여세액 납부를 일정기간 늦추어 주는 제도를 연부연납이라 한다. 연부연납이 허용되는 경우 납세자는 담보를 제공하여야 한다.

- **영농상속** : 피상속인이 영농(양축·영어 및 영림을 포함한다)에 종사한 경우로서 상속재산에 상증령 제16조 제1항에서 규정하고 있는 농지, 초지 등을 상속받는 것을 영농상속이라 하며 공제혜택이 주어진다.

- **영업권** : 특정 기업이 다른 동종의 기업들에 비하여 초과수익력(超過收益力)을 가질 경우 그 배타적 영리기회를 가질 수 있는 권리를 영업권이라 한다. 영업권이 생기는 원인은 입지조건·생산기술·조직의 우수성, 상호·상표·상품에 대한 신용, 거래선이나 단골과의 특수관계, 제조·판매면에서의 법적·경제적 독점성, 고객 등 이해자 집단의 호의, 기업의 역사 등이 있는데, 이것들이 결합하여 초과수익력을 형성한다. 통상적인 M&A 시에 매수자가 매도자에게 회사의 가치에 더하여 지급하는 것이 보통이다.

- **우리사주조합** : 종업원이 자기 회사의 주식을 보유하여 기업의 경영과 이익분배에 참여하게 함으로써 종업원의 근로의욕을 고취시키고 재산 형성을 촉진시키기 위해 만든 종업원지주제의 일환으로 결성된 조직이다. 자주적이며 자율적인 단체로 종업원의 자유로운 의사에 따라 조합에 가입·탈퇴할 수 있고, 조합은 당해 회사 및 지주관리회사(증권금융회사)와 대등한 입장에서 종업원지주제의 운영에 관한 사항을 협의·약정하고 그 관리 운영의 주체가 된다.

- **유류분** : "유류분(遺留分)"이란 상속재산 중에서 상속인 등의 일정한 사람에게 돌아가도록 되어있는 몫을 말한다. 민법은 유언을 통한 재산처분의 자유를 인정하고 있으므로 피상속인이 유언으로 타인이나 상속인 일부에게만 유증을 하면 상속인에게 상속재산이 이전되지 않을 수 있다. 그러나 상속재산처분의 자유를 무제한적으로 인정하게 되면 가족생활의 안정을 해치고, 피상속인 사망 후의 상속인의 생활보장이 침해된다. 이러한 불합리를 막고 상속인의 생활을 보장하기 위해 우리 민법은 유류분제도를 인정하고 있다.

- **유류분권리자** : 유류분을 가지는 사람은 피상속인의 직계비속, 피상속인의 직계존속, 피상속인의 형제자매 또는 배우자인 상속인이다(민법 제1112조). 따라서 피상속인의 방계혈족인 상속인은 유류분을 가지지 못한다. 유류분은 태아에 대해서도 인정되며, 대습상속인은 피대습자의 상속분의 범위내에서 유류분을 가진다(민법 제1118조). 그러나 상속을 포기한 사람은 상속인이 아니므로 유류분반환청구를 할 수 없다.

- **유류분권리자의 유류분** : 유류분권리자의 유류분은 다음과 같은 순서에 따라 권리가 있다. 1순위 유류분권리자가 없는 경우 2순위, 2순위도 없는 경우 3순위까지 내려갈 수 있다. 피상속인의 배우자가 있는 경우에는 1순위 또는 2순위 유류분권리자와 함께 유류분 권리를 갖게 되며, 그의 유류분율은 법정상속분의 1/2이다.

| 1 | 피상속인의 직계비속 | 법정상속분 × 1/2 |
| 2 | 피상속인의 직계존속 | 법정상속분 × 1/3 |
| 3 | 피상속인의 형제자매 | 법정상속분 × 1/3 |

- **유류분의 산정** : 유류분은 피상속인의 상속개시 시에 있어서 가진 재산의 가액에 증여재산의 가액을 가산하고 채무의 전액을 공제하여 이를 산정한다(민법 제1113조 제1항).

- **유언** : 유언자가 자기의 사망과 동시에 일정한 법률효과를 발생시킬 목적으로 일정한 방식에 따라 행하는 상대방 없는 단독행위이다.

- **유언대용신탁** : 유언대용신탁이란 상속 시 재산을 물려주는 사람("피상속인, 위탁자")이 수탁자("금융기관")와 계약을 맺고 피상속인의 생전과 사후로 나누어 재산의 수익자와 상속받을 사람을 정하는 신탁의 한 형태이다(신탁법 제59조). 즉, 위탁자가 수탁자에게 자산을 맡기고 위탁자 생존 시에 운용수익을 받다가, 위탁자가 사망한 이후에는 미리 계약한 내용대로 자산을 상속·배분하는 계약이다. 특히, 상속인의 의사가 아닌 피상속인(위탁자)이 생전 맺은 계약에 따라 자산의 분배, 처분제한 등의 조건을 설정할 수 있다는 장점이 있다. 피상속인이 살아 있을 때 돈을 맡기기 때문에 생전신탁으로도 불리며, 유언을 대체하는 효과가 있다. 2012년 7월 26일부터 개정 「신탁법」이 발효되면서 민법에서 허용하는 자필증서 등 다섯가지 유언방식 외에 유언대용신탁도 유언의 효력을 발휘할 수 있게 되었다.

- **유증** : 유증이란 유언자의 유언에 의하여 그 재산상의 이익을 수증자에게 무상으로 증여하는 것을 이르며 단독행위이다. 유증은 타인에게 재산적 이익을 주는 행위이기 때문에 수증자에게 채무를 부담시키는 유언은 유증이라고 볼 수 없어 유증의 효력은 발생하지

않는다. 유증은 반드시 재산을 목적으로 하여야 한다. 적극적인 재산을 주는 것 뿐만 아니라 유언으로 채무를 면제시켜 주는 것도 유증이다. 그리고 유증이 목적이 되는 재산은 수증자의 재산으로서 상속재산을 이루는 것이 보통이다. 유증은 유언에 의한 무상증여로 증여와 유사하지만 증여는 생전행위이고 또 수증자와의 계약이다. 그러나 유증은 유언에 의한 것이기 때문에 단독행위이고 사실행위이다.

- **유증 등** : 유증 등이란 유증과 사인증여 및 상속개시일 전 10년 이내에 피상속인이 상속인에게 진 증여채무와 상속개시일 전 5년 이내에 피상속인이 상속인이 아닌 자에게 진 증여채무의 이행 중에 증여자가 사망한 경우의 증여를 말한다.

- **인정사망** : 관공서의 보고에 의하여 사망한 것으로 취급하는 제도이다.

- **임원** : 상증법상 임원이란 법인세법 시행령 제20조 제1항 제4호에 따른 임원과 퇴직 후 5년이 경과되지 아니한 그 임원이었던 자를 말한다. 법인세법 시행령 제20조 제1항 제4호에 따른 임원이란 다음 각 항목의 어느 하나의 직무에 종사하는 자를 말한다.

  가. 법인의 회장, 사장, 부사장, 이사장, 대표이사, 전무이사 및 상무이사 등 이사회의 구성원 전원과 청산인

  나. 합명회사, 합자회사 및 유한회사의 업무집행사원 또는 이사

  다. 감사

  라. 그 밖에 "가목"부터 "다목"까지의 규정에 준하는 직무에 종사하는 자

- **자기주식의 취득** : 회사가 이미 자신이 발행한 주식을 주주로부터 다시 취득하는 것을 의미하는 것으로, 회사는 원칙적으로 자기주식을 취득할 수 없다. 하지만 2011년 4월 상법개정으로 자기주식 취득방식과 한도에 제한은 있으나 자유롭게 취득할 수 있게 되었다.

- **자산수증이익** : 자산을 증여받음으로써 얻는 이익을 자산수증이익이라 한다.

- **재산분할청구권** : 이혼한 부부의 일방이 타방배우자에 대하여 혼인 중 취득한 재산의 분할을 청구하는 가족관계에 기초한 법정채권을 말한다.

- **재해손실공제** : 거주자의 사망으로 상속이 개시되는 경우로서 상속세 신고기한 이내에 화재ㆍ붕괴ㆍ폭발ㆍ환경오염사고 및 자연재해 등의 재난으로 인하여 상속재산이 멸실되거나 훼손된 경우에는 그 손실가액을 상속세 과세가액에서 공제한다. 이를 재해손실공제라 한다.

- **저당권** : 저당권(抵當權)은 담보물권의 일종으로서 채권자가 채무자 또는 제3자(물상보증인)의 채무담보로서 제공한 부동산 또는 부동산물권(지상권ㆍ전세권)을 인도받지 않

고, 다만 관념상으로만 지배하여 채무의 변제가 없는 때에 그 목적물로부터 우선변제를 받는 권리를 말한다(민법 제356조).

• **저작권** : 저작권은 인간의 지적 창작에 의한 문화상 이용가치를 갖는 저작물 등에 대한 권리이다. 저작물은 인간의 지적・정신적 문화활동의 결과 창작된 지적 산물인 문학・학술・예술의 범위에 속하는 창작물을 말한다. 저작권은 별도의 등록을 하지 않아도 창작과 동시에 권리가 발생한다. 저작권은 저작인격권과 저작재산권으로 이루어진다.

• **전환사채** : 회사채를 발행한 회사의 주식으로 전환할 수 있는 권리가 인정되는 사채를 전환사채라 한다. 전환사채권자는 회사의 영업성적이 부진한 때에는 확정이자를 받고 영업이 호전되면 사채를 주식으로 전환하여 주주가 되어 이익배당을 받을 수 있으므로 사채의 확실성과 주식의 투기성 효과를 함께 누릴 수 있다. 회사는 사채모집이 용이하게 되어 편리한 자금조달방법이 될 수 있다. 현행 상법상 전환사채의 발행은 정관으로 주주총회에서 결정하기로 정한 경우 외에는 이사회가 결정한다(민법 제513조 제2항 단서). 전환사채는 주주에게 또는 주주총회의 특별결의가 있으면 주주 외의 사람에게 발행할 수 있다. 정관 또는 이사회의 결의에서 주주에게 전환사채의 인수권을 주기로 정한 경우 그 인수권을 가진 주주는 그가 가진 주식의 수에 따라서 전환사채를 배정받을 권리가 있다. 전환사채의 주식으로의 전환은 사채권자가 주주명부 폐쇄기간을 제외하고 전환기간 중 언제든지 전환청구서를 회사에 제출한 때 효력이 생기며, 회사의 승낙을 요하지 않는다. 전환이 되면 그 사채는 소멸하고 새로이 주식이 발행된다. 다만, 사채의 이자지급 또는 주식의 이익배당에 관해서는 그 영업 연도 말에 전환되는 것으로 본다(제350조・제516조). 전환사채의 질권자(質權者)는 전환 후의 주식에 대해서도 질권을 행사한다. 일반적인 사채와 달리 전환사채를 발행하면 소정기일 내에 소정사항을 등기해야 한다(제514조의 2). 또한 전환사채의 전환이 있으면 전환사채의 총액이 감소하고 발행주식총수 및 자본액이 증가하므로 전환에 의해 생긴 등기사항의 변경도 소정기일 내에 등기해야 한다(제351조・제516조).

• **정기증여(定期贈與)** : 정기증여는 정기적으로 어떤 물건을 준다는 증여(예 : 매분기마다 수업료를 증여한다)이다. 당사자 간의 인적 관계(人的關係)에 의하는 경우가 많으므로 어느 때까지라는 기간이 있어도 증여자・수증자의 어느 한 편이 사망하면 효력을 상실한다(민법 제560조).

• **주식** : 자본의 구성분자로서의 의미 및 사원의 출자단위로서의 기능을 수행하는 것을 말한다.

- **주식의 분할** : 자본을 증가하지 않고 발행한 주식수를 증가시키는 것을 말한다.

- **주식양도** : 법률행위에 의하여 주식을 이전하는 것을 말한다.

- **주식의 포괄적 교환** : 현존하는 두 회사 사이에 완전모회사로 되는 회사가 완전자회사로 되는 회사의 주식 전부를 취득하고, 그 대가로 완전자회사로 되는 회사의 주주들에게 완전모회사로 되는 회사의 주식을 신주발행 또는 구주이전의 방법으로 배정하여 줌으로써 완전모자관계를 창설하는 제도를 의미한다.

- **증여** : 민법상 증여는 계약으로서, 증여자가 아무런 대가 없이 재산을 상대방인 수증자에게 수여할 의사표시를 하고, 수증자가 이를 승낙함으로써 성립된다. 계약이기 때문에 물론 수증자가 거절하면 증여는 성립하지 아니한다. 또 증여자와 수증자 사이에서 자유로이 증여의 형식·내용을 결정할 수가 있다. 증여계약은 별반 문서를 교환하지 않아도 구두약속(口頭約束)만으로 유효하게 성립하지만(불요식계약), 구두약속뿐인 증여는 효력이 약하다(민법 제555조). 증여 계약은 일시적 계약에 속한다. 증여가 계약으로 이루어진다는 점에서 단독행위인 유증(민법 제1074조 이하)과 구별된다. 상증법상 '증여'란 그 행위 또는 거래의 명칭·형식·목적 등과 관계없이 직접 또는 간접적인 방법으로 타인에게 무상으로 유형·무형의 재산 또는 이익을 이전(移轉)(현저히 낮은 대가를 받고 이전하는 경우를 포함한다)하거나 타인의 재산가치를 증가시키는 것을 말한다. 다만, 유증과 사인증여는 제외한다.

- **증자** : 주식회사 등에서 자금을 추가로 늘리는 행위를 증자라 한다.

- **지상권** : 지상권(地上權)이라 함은 타인소유의 토지에 건물 기타 공작물 또는 수목을 소유하기 위하여 토지를 사용하는 권리이다(민법 제279조). 다시 말해 타인의 소유권을 제한해서 토지를 일면적으로 지배하는 용익물권이다. 지상권은 토지소유자와 지상권자 사이의 설정계약(지상권의 설정을 목적으로 하는 물권적 합의)과 등기에 의하여 취득된다. 지상권은 부동산의 사용가치를 독점적으로 지배하는 것을 내용으로 하는 용익물권이라는 점에서 지역권 및 전세권과 공통되나, 건물 기타 공작물이나 수목을 '소유'하기 위하여 타인의 토지를 사용한다는 점에서 소유를 목적으로 하지 않는 지역권이나 전세권과 다르다. 용익물권은 사용가치를 지배하는 제한물권의 하나이다. 지상권, 지역권, 전세권 등을 포함한다.

- **참칭상속인(僭稱相續人)** : 참칭상속인이란 상속권이 없으면서 자기가 상속권이 있는 상속인이라고 주장하여 진정한 상속인의 상속재산을 점유하는 사람을 말한다(대법원 90다카 19470, 1991. 2. 22.). 참칭상속인이 될 수 있는 사람으로는 공동상속인(대법원 90다5740, 1991.

12. 24. 전원합의체), 후순위상속인, 상속결격자, 무효혼인의 배우자, 허위의 기재로 호적상 자녀로 올라가 있는 사람, 무단으로 상속재산의 전부나 일부를 점유하고 있는 사람, 참칭 상속인으로부터 법률행위 그 밖에 계약에 따라 상속재산을 취득한 사람(대법원 79다854, 1981. 1. 27. 전원합의체)을 포함한다. 참칭상속인이 될 수 없는 사람은 스스로 상속인이라고 만 하고 달리 재산의 점유 등 상속침해행위를 하지 않는 사람(대법원 92다7955, 1992. 5. 22.) 을 말한다.

- **채권자대위권** : 채권자대위권이란 채권자가 자기의 채권을 보전하기 위해 자기의 이름 으로 채무자의 권리를 행사할 수 있는 권리를 말한다.

- **채무** : 상증법 제14조[상속재산의 가액에서 빼는 공과금 등] 제1항 제3호의 채무란 명칭여 하에 불구하고 상속개시 당시 피상속인이 부담하여야 할 확정된 채무로서 공과금 외의 모 든 부채를 말하며, 이 경우 상속개시일 전 10년 이내에 피상속인이 상속인에게 진 증여채무 와 상속개시일 전 5년 이내에 피상속인이 상속인이 아닌 자에게 진 증여채무는 제외한다.

- **채무면제이익** : 부채를 탕감받음으로써 얻은 이익을 채무면제(debt forgiveness)이익이 라 한다.

- **추정** : 추정이란 확실하지 않은 사실을 그 반대 증거가 제시될 때까지 진실한 것으로 인 정하여 법적 효과를 발생시키는 것을 말한다.

- **출연** : 민법상 출연이란 본인의 의사에 의하여 자신의 재산을 감소시키고 타인의 재산을 증가시키는 효과를 가져오는 행위를 말하며, 상증법상 출연이란 기부 또는 증여 등의 명 칭에 불구하고 공익사업에 사용하도록 무상으로 재산을 제공하는 행위를 말한다.

- **출연재산** : 상증법상 출연재산이란 상증법상의 출연에 의하여 제공된 재산을 말한다.

- **특수관계인** : 특수관계인이란 본인과 친족관계, 경제적 연관관계 또는 경영지배관계 등 상증법 시행령으로 정하는 관계에 있는 자를 말한다. 이 경우 본인도 특수관계인의 특수 관계인으로 본다.

- **파산선고** : 파산선고란 파산신청에 의해 법원이 채무자의 파산원인을 인증(認證)하고 파산결정을 내리는 행위를 말한다. 파산신청은 채권자 또는 채무자가 하며, 법인이나 주 식회사인 경우에는 이사, 합명회사나 합자회사인 경우는 무한책임사원이 할 수 있다. 파 산신청이 적법한가에 대해서는 법원이 직권으로 조사하며 적법하다고 인정되는 경우에 한해 파산원인의 존재 여부를 밝히게 된다. 파산원인이라 함은 채무자가 경제적으로 파 탄 상태에 이르러 채무변제 능력이 없다고 인정될 때의 법이 정한 사유를 말한다. 파산선

고 결정은 법관이 파산선고의 연월일시(年月日時)와 이유를 적은 결정서를 작성하고 서명날인했을 때 성립한다. 파산선고와 동시에 법원은 파산관재인(破産管財人)을 선임하여 파산자의 재산 변동에 관한 사항을 관리하도록 한다. 또한 파산자는 파산에 관하여 필요한 설명을 할 의무가 있으며 법원의 허가 없이는 거주지를 떠날 수 없을 뿐 아니라, 후견인이나 유언집행자·공무원·변호사·변리사·공인회계사·공증인 등이 될 수 없는 등 법률상 여러 가지 자격제한을 받게 된다. 파산선고 결정에 대하여 이해관계인은 즉시항고(卽時抗告)를 할 수 있는데, 즉시항고의 기간은 재판공고를 한 경우에는 그 공고를 한 날로부터 계산하여 14일로 한다. 즉시항고가 이유 있다고 인정될 때 법원은 파산선고를 취소하며, 파산선고에 의해 잃어버린 법률상의 자격은 모두 회복(복권)된다.

- **피보험자(assured)** : 피보험자란 보험사고의 객체가 되는 사람, 즉 생명이나 신체에 대하여 보험에 부쳐진 대상을 말한다. 생명보험계약에 있어서는 보험사고 발생의 객체가 되는 사람, 즉 보험에 붙여진 자를 피보험자라고 하며, 손해보험계약에 있어서는 피보험이익의 주체, 즉 보험사고가 보험목적에 발생함으로써 손해를 입는 자로서 보험회사에 보상을 청구할 수 있는 사람을 의미한다. 피보험자가 반드시 계약당사자가 아닌 점은 생명보험계약이나 손해보험계약에 있어서나 동일하다.

- **피상속인** : 유산을 남기고 사망한 사람 또는 행방불명이 되어 생사를 알 수 없는 경우에 이해관계를 가진 사람의 청구에 의해 법원이 '실종선고'를 내린 사람을 피상속인이라 한다. 민법에서는 사람이 사망하거나 실종선고를 받아서 피상속인의 재산 등이 배우자와 자손들 같은 다른 사람에게로 이전하게 되는 경우 상속개시라 한다.

- **한정승인** : 상속인이 상속으로 인하여 얻을 재산의 한도에서 피상속인의 채무와 유증을 변제할 것을 조건으로 하는 조건부의 상속형태 또는 그러한 조건으로 상속을 승인하는 것을 말한다.

- **합병** : 2개 또는 그 이상의 독립적인 기업이 하나의 기업으로 결합하는 것을 말한다. 보통 하나 또는 그 이상의 기업들을 지배적인 기업이 흡수한다. 합병은 하나의 기업이 다른 기업의 자산을 현금 또는 자사의 증권으로 구입하거나 다른 회사의 주식을 구매하거나 자사의 주식을 피합병기업의 주주가 가지고 있는 주식과 교환하여 피합병기업의 자산과 부채를 획득함으로써 이루어진다.

- **현물출자** : 회사의 설립 또는 신주(新株)의 발행시에 현금 이외의 재산을 가지고 출자하는 것을 현물출자라 한다. 현물출자의 재산은 동산·부동산·유가증권·광업권·특허권 등의 유형·무형의 재산을 의미한다. 주금(株金)의 납부방법에는 상법상 금전출자가 원

칙이나 예외로 발기인에 한해서 정관에 다른 재산으로 납입하도록 되어 있는 경우에 현물출자가 이루어진다. 현물출자는 금전이 아니므로 평가를 해야 하는데, 과소평가를 할 경우에는 현물출자자가 부당한 손실을 볼 염려가 있고 과대평가를 할 경우에는 기업의 자본적 기초를 위태롭게 할 우려가 있어서 합명회사 또는 합자회사와 같은 인적 회사보다 주식회사·유한회사 등의 물적 회사의 경우에 회사 채권자의 보호를 위해 상법상으로 규제한다.

- **혼합증여(混合贈與)** : 혼합증여는 다른 계약유형(契約類型)이 혼합한 것(예 : 증여의 의사를 가지고 100,000원의 물품을 1,000원으로 매매하겠다고 하는 것)이다. 당사자의 진의는 증여에 있으므로 계약의 무상성이라는 본질(本質)은 상실되지 않는다. 따라서 혼합한 다른 계약유형의 규정 외에 증여의 규정(특히 민법 제555조와 제559조)이 적용된다.

- **회사분할** : 하나의 회사를 둘로 나누는 것을 분할이라 한다. 인적분할과 물적분할로 나눈다. 인적분할은 하나의 회사를 단순히 둘로 나누는 것으로 주주는 둘로 나누어진 회사 각각의 주주가 된다. 주주에 변동이 없는 것이다. 물적분할의 경우 하나의 회사를 둘로 나누되 나누어진 회사의 주식을 존속회사가 가지는 것으로 주주의 변동이 생기는 점에서 인적분할과 차이가 있다.

참고
문헌

**1** 단행본

• 강석규, 『조세법쟁론』, 삼일인포마인, 2018.

• 강인애, 『조세법 IV』, 조세통람사, 1991.

• 곽윤직, 『상속법』, 박영사, 2004.

• 김두형, 『상속세 및 증여세법 강의』, 광교이택스, 2012.

• 김완석·정지선, 『소득세법론』, 삼일인포마인, 2018.

• 김완일·고경희, 『상속·증여세 실무편람』, 이택스코리아, 2014.

• 김유찬·이유향, 『주요국의 조세제도』, 조세연구원, 2009.

• 김주수·김상용, 『친족·상속법』, 법문사, 2014.

• 김진·원종학, 『상속·증여세의 경제적효과연구』, 조세연구원, 2006.

• 김철수, 『헌법학개론』, 박영사, 2008.

• 박훈·채현석, 『상속·증여세 실무해설』, 삼일인포마인, 2010.

• 송옥렬, 『상법강의』, 홍문사, 2012.

• 안창남, 『주요국의 조세제도』, 조세연구원, 2009.

• 오윤, 『국제조세법론』, 삼일인포마인, 2016.

• 윤진수, 『친족상속법강의』, 박영사, 2016.

• 이광재, 『상속·증여세의 이론과 실무』, 세경사, 2014.

• 이준봉, 『조세법총론』, 삼일인포마인, 2018.

• 이철송, 『회사법강의』, 박영사, 2013.

• 임승순, 『조세법』, 박영사, 2010.

• 임채문·김금호·김주석, 『상속증여세』, 광교이택스, 2012.

• 임채문·김주석, 『상속증여세』, 광교이택스, 2014.

- 정찬형, 『상법강의(하)』, 박영사, 2009.

- 정찬형, 『상법강의 요론』, 박영사, 2012.

- 채수열, 『상속세 및 증여세법』, 박영사, 2012.

- 최명근, 『세법학총론』, 세경사, 2006.

- 최명근·최봉길, 『상속세 및 증여세의 해설』, 경제법륜사, 2004.

- 최명근·최봉길, 『상속증여세법해설』, 경제법륜사, 2005.

- 최준선, 『회사법』, 삼영사, 2013.

- 국세공무원교육원, 『상속세 및 증여세법』, 2011.

- 국세공무원교육원, 『재산제세실무』, 2014.

- 국세공무원교육원, 『상속세 및 증여세 실무』, 2015.

- 국세공무원교육원, 『국세기본법』, 2015.

- 국세청, 『개정세법 해설』, 2004.

- 국세청, 『상속세·증여세 실무해설』, 2010.

- 국세청, 『상속세·증여세 실무해설』, 2012.

- 국세청, 『상속세·증여세 실무해설』, 2013.

- 국세청, 『상속세·증여세 실무해설』, 2023.

- 국세청, 『상속세 및 증여세법』, 2011. 3.

- 국세청, 『국세통계연보』, 2023.

- 국세청, 『상속세 및 증여세 집행기준』, 2022.

- 국세청·뉴욕총영사관, 『재미동포가 알아야 할 한·미 세금상식』, 2013.

- 국세청, 『중소·중견기업 경영자를 위한 가업승계 지원제도 안내』, 2016. 3.

- 기획재정부, 『개정세법해설』, 2012.~2023.

- 기획재정부, 『완전포괄주의 관련 자료집』, 2003. 12.

- 재정경제부, 『2002년 간추린 개정세법』, 2003.~2023.

## 2 논문

- 강석훈, "증여세 완전포괄주의 적용범위와 한계", 『2015년 조세법 주요 판례 분석』, 조세일보, 2016. 1. 20.
- 김갑순·정운오·전병욱, "세법의 허점(Loophole)을 이용한 공격적 세무계획과 세금외비용 – 삼성에버랜드 전환사채 사례 – ", 『세무학 연구』 제27권 제2호, 한국세무학회, 2010. 6.
- 김상조, "재벌 불법상속의 진화 과정", 경제개혁연대(www.ser.or.kr) 보도자료, 2011. 4. 13.
- 김재진, "가업승계지원을 위한 상속·증여세 운영방향에 관한 공청회 자료", 한국조세재정연구원, 2014. 6.
- 김홍철, "흑자법인에 대한 재산증여와 그 법인주주에 대한 증여세 과세여부( – 대법원 2015. 10. 15. 선고 2013두 13266 판결을 중심으로 – )", 한국조세법학회 제18차 학술발표회 자료집, 2016. 4. 29.
- 나성길, "배우자 등 특수관계인 사이의 고·저가 양도거래에 대한 실무상 쟁점과 법 해석론( – 양도소득세와 증여세의 과세문제를 중심으로 – )", 한국조세연구포럼, 『조세연구』(제14권 제1집), 2014. 4.
- 나성길·정평조, "자산의 유·무상 거래 등에서 발생하는 유형별 조세문제와 개선방안", 『세무와 회계연구』(통권 제4호), 한국세무사회 부설 한국조세연구소, 2013.
- 박 훈, "자기주식 거래에 관한 상법개정과 과세문제", 『조세연구』 제9 – 3, 한국조세연구포럼, 2009. 12.
- 박요찬, "상속세 및 증여세법의 완전포괄증여규정과 개별예시규정을 중심으로 한 해석론", 『조세법연구』 제17 – 1, 한국세법학회, 2011. 4.
- 백경엽, "상속증여세 과세체계 국제비교 분석 및 정책적 시사점", 국회입법조사처, 2023.
- 백제흠, "흑자법인에 대한 재산증여와 그 주주에 대한 완전포괄주의 증여과세", 한국세정신문, 2016. 1. 6.
- 서윤식, "자기주식 취득에 따른 과세문제", 한국조세연구포럼 발표자료, 2014. 1.
- 성낙인·김정훈·이창희, "상속세 및 증여세의 완전포괄주의 도입방안에 관한 연구", 서울대학교 법학연구소, 2003. 10.
- 소재환, "우리나라 자기주식 제도의 현황과 연구과제", 『전자상거래학회지』, 제14권 제1호,

2013.

- 우창록, "과세권의 기초로서의 거주자 개념", 『조세법연구 Ⅱ』, 1996. 9.
- 윤지현, "상속세 및 증여세의 간주·추정규정의 한계", 『조세법연구 ⅩⅥ-1』, 한국세법학회, 2010.
- 이동건, "규제적 조세의 입법원칙에 관한 연구", 박사학위논문, 고려대학교대학원 법학과, 2016. 12.
- 이동식, "변칙상속·증여에 대한 적정과세", 『조세법연구』, 한국세법연구회, 2001.
- 이성우, "이산가족의 재결합에 따른 상속문제와 그 해결방안", 『통일과 법률』, Vol. – No.7., 2011.
- 이세진·김준헌, "우리나라 상속세제의 현황과 과제", 국회입법조사처, 2021. 5. 28.
- 이영철, "자기주식의 취득 및 처분과 관련된 몇 가지 쟁점, 『기업법연구』, 28(3), 한국기업법학회, 2014. 9.
- 이전오, "유사매매사례가액 시가 간주규정의 문제점과 개선방안", 『법률신문』, 2010. 6. 24.
- 이진영, "해외진출 기업과 개인의 거주성 판정요인의 분석", 홍익대학교 박사학위논문, 2012.
- 전경근, "북한주민의 상속에 관한 제문제–대법원 2013. 7. 25. 선고 2011므3105 판결을 중심으로", 『아주법학』, Vol.8 No.4., 2015.
- 정승영, "가상화폐에 대한 부가가치세 과세문제", 『국제조세협회지』, 국제조세협회, 2016. 2.
- 정준우, "2011년 개정상법상 자기주식의 취득처분과 그 규제", 『한양법학』 제38집, 한양법학회, 2012. 2.
- 정지선·허선, "일감몰아주기에 따른 이익에 대한 증여세 과세의 타당성 여부", 『조세법연구』, 한국세법학회, 2012. 12.
- 정찬우, "북한주민의 남한재산 상속 시 세제상 거주자 지위 여부와 과세문제", 『조세연구』(제18-4권), 한국조세연구포럼, 2018. 12.
- 정찬우, "증여세 완전포괄주의의 문제점과 입법적 개선방안", 석사학위논문, 고려대학교 정책대학원, 2012. 8.
- 정평조·나성길, "상속세 및 증여세법상 포괄증여규정의 적용상 쟁점과 입법적 개선방안", 『조세연구』(제11-3권), 한국조세연구포럼, 2011. 12. 25.

- 조경엽, "합리적인 상속세제 개편방향", 한국경제연구원, 2016.
- 채현석, "무상이전 자산의 과세제도에 관한 연구", 서울시립대학교, 2007. 2.
- 최금숙·안소영, "남북 주민의 가족관계와 북한주민의 상속권 : 남북 주민 사이의 가족관계와 상속 등에 관한 특례법안 검토를 중심으로",『법학논집』, Vol.16 No.2., 2011.
- 최명근, "개정된 상속세 및 증여세법을 보고 : 증여세와 자본이득세와의 관계",『월간조세』통권 제188호, 영화조세통람, 2004. 1.
- 최명근, "상속과세제도의 합리적 개편방안", 한국경제연구원, 2006.
- 최성경, "북한주민의 상속회복청구권과 제척기간 − 대법원 2016. 10. 19. 선고 2014다46648 전원합의체 판결",『최신판례분석』, Vol.66 No.1., 2017.
- 황남석, "상법상 배당가능이익에 의한 자기주식취득의 쟁점",『상사법연구』, 제31권 제3호, 한국상사법학회, 2012. 11.
- 황남석, "이혼 시의 재산분할과 실질과세",『속보 삼일총서』(제36호), 2017. 9.

**3** 기타

- 국세청 보도자료, "일감몰아주기 증여세 6월 30일까지 신고·납부하세요", 2014. 6.
- 국세청 보도자료, "상속·증여재산 평가에 필요한 정보 제공 서비스 시작", 2017. 7. 18.
- 국세청 보도자료, "중소기업하기 좋은 환경!「가업승계 세무컨설팅」최초 실시", 2022. 6. 23.
- 국회 재정경제위원회, "상속세 및 증여세법 중 법률개정안 검토보고서", 2003. 10.
- 국회, "상속세 유산취득세 방식 긍정적 검토를 위한 토론회", 2023. 4. 21.
- 공정거래위원회 보도자료, "대기업집단 계열사에 일감 몰아준 88%가 수의계약", 2011. 9.
- 대법원, "대법원 2011두21447 장학재단 기부 증여세 사건 보도자료", 2017. 4. 20.
- 한국조세재정연구원,『상속·증여세제 개선방향』, 2017. 6. 공청회자료
- 한국조세재정연구원, "유산세 방식과 유산취득세 방식의 장단점 비교", 2021. 11. 12.
- 일본 국세청 홈페이지 http://www.nta.go.jp.
- Wolfe D. Goodman, General Report, Cahiers de Droit Fiscal International, IFA, 1985.
- Don Tapscott / Alex Tapscott, Blockchain revolution(블록체인혁명), 을유문화사, 2017. 1.

- https://www.bloombergquint.com/business/2018/02/13/bitcoin-industry-grapples-with-age-old-problem-of-inheritance
- 통일부, 이산가족정보통합시스템

색 인

색인

## ▌저▐자▐소▐개

### ■ 나 성 길(羅 盛 吉)

(현) 길 세무회계 대표세무사
　　경희대학교 경영대학원 객원교수
　　백석대학교 경상학부 초빙교수
　　동국대 경영대학원 조세전략과정 특임교수
　　국세청 국세공무원교육원 외래교수
　　평택대학교 재정위원회 위원장
　　한국세무사회 조세연구소 운영 및 연구위원
　　한국세무사석박사회 수석부회장

**(학력)**
• 국립세무대학 졸업
• 한국방송통신대학교 법학과 졸업
• 경희대 경영대학원 경영학 석사(조세법)
• 경희대 법과대학 법학박사(조세법)
• 부산대 행정대학원 최고위과정 수료

**(경력)**
• 국세청 국세심사위원
• 평택세무서장(부이사관 명예퇴직)
• 수영세무서장
• 금정세무서장
• 국세공무원교육원 전임교수
• 기획재정부 세제실, 관세청 근무
• (사)한국조세연구포럼 1~2대 학회장
• 경희대, 성균관대, 국립세무대학, 서울시립대, 감사원, 법무연수원, 세무사회 등에서 세법강의
• 설린 최명근 조세대상 수상(2023)

**[주요 저서]**
• 조세법총론(공저, 국세공무원교육원)
• 국세기본법(공저, 국세공무원교육원)
• 양도소득세실무(공저, 국세공무원교육원)
• 부가가치세법론(공저, 삼일인포마인)

### ■ 정 평 조(鄭 坪 朝)

(현) 광교세무법인 대표세무사

**(학력)**
• 국립세무대학 졸업
• 명지대학교 경영학과 졸업
• 경희대학교 경영대학원 경영학 석사
• 명지대학교 대학원 경영학 박사

**(경력)**
• 남양주세무서장(부이사관 명예퇴직)
• 포천세무서장
• 동울산세무서장
• 중부지방국세청 징세과장, 조사1・2・3국 근무
• 중부지방국세청 감사관실, 국세청 감사관실 근무
• 국세청 종합부동산세과, 반포세무서 등 근무
• 경희대 테크노경영대학원 조세전략 강사
• 단국대학교 경영대학원 강사
• 한국조세연구포럼 창립회원, 조세정책위원장, 부회장

### ■ 정 찬 우(鄭 燦 宇)

(현) 법무법인 원 고문
　　조세일보 행복상속 칼럼위원
　　롯데복지재단 감사
　　사단법인 선 감사

**(학력)**
• 서울시립대학교 세무학과 졸업
• 한국방송통신대학교 법학과 졸업
• 고려대학교 정책대학원 경제학석사
• 성균관대학교 법학전문대학원 법학박사(조세법)

**(경력)**
• 삼일세무법인 대표이사
• 삼일회계법인(pwc) Tax 파트너
• (사)한국조세연구포럼 학회장
• 동국대학교 경영대학 객원교수
• 한국정보기술연구원 고문
• 서울시 지방세심의위원회 위원
• ㈜CSA코스믹 사외이사
• 중부지방국세청 국세심사위원
• 기획재정부 자체규제심의위원회 위원
• 국토해양부 공공기관 지방이전 자문위원
• 서울시 공무원
• 세무사, 미국공인회계사
• 우수박사학위논문상 수상(조세법학회, 2022)

**[주요 저서]**
• 통일세 도입론(박영사)
• 포르투나의 선택 I, II(아라 e-book)

**사례와 함께하는**
2025년 개정증보판 **상속세 및 증여세법 해설**

2014년 9월 24일 초판 발행
2015년 5월 15일 2판 발행
2017년 9월 15일 3판 발행
2018년 3월 13일 4판 발행
2019년 2월 25일 5판 발행
2020년 2월 28일 6판 발행
2021년 4월 5일 7판 발행
2022년 3월 7일 8판 발행
2023년 3월 29일 9판 발행
2024년 4월 15일 10판 발행
2025년 3월 31일 11판 발행

| | | |
|---|---|---|
| 저 자 | 나 성 길 |
| | 정 찬 우 |
| | 정 평 조 |
| 발 행 인 | 이 희 태 |
| 발 행 처 | **삼일피더블유씨솔루션** |

저자협의
인지생략

서울특별시 용산구 한강대로 273 용산빌딩 4층
등록번호 : 1995. 6. 26 제3 - 633호
전    화 : (02) 3489 - 3100
F A X : (02) 3489 - 3141
I S B N : 979 - 11 - 6784 - 375 - 3  93320

정가 80,000원

※ '삼일인포마인'은 '삼일피더블유씨솔루션'의 단행본 브랜드입니다.
※ 파본은 교환하여 드립니다.

삼일인포마인 발간책자는 정확하고 권위 있는 해설의 제공을 목적으로 하고 있습니다. 다만 그 완전성이 항상 보장되는 것은 아니고 또한 특정 사안에 대한 구체적인 의견제시가 아니므로, 적용결과에 대하여 당사가 책임지지 아니합니다. 따라서 실제 적용에 있어서는 충분히 검토하시고, 저자 또는 능력 있는 전문가와 상의하실 것을 권고합니다.